x Mallers Laubhütte.

Karl Haller von Hallerstein : plan du temple d'Apollon à Bassae (1811-1812).

À la suite de fouilles qui révélèrent un extraordinaire ensemble d'architecture et de sculpture monumentale – l'un des chefs-d'œuvre d'un art grec qui était alors encore ignoré en Occident, sinon à travers l'académisme – l'information est portée par un dessin original, conservé dans un carnet qui ne sera publié qu'en 1976 par les soins de Georges Roux. Le plan du bâtiment proprement dit est complété par les indications pittoresques du relief, avec les blocs épars et les tambours de colonne roulés pêle-mêle et, vers la droite, la cabane de branchages du fouilleur, ronde, accrochée au sol par ses haubans. Dans son unicité, le document (qui échappa par miracle à un naufrage, la nuit de Noël 1812) donne des indications sur un état du site depuis longtemps bouleversé et sur un moment de la vie des archéologues (collection Bibliothèque nationale et universitaire de Strasbourg, Ms. 2724).

LE GRAND ATLAS DE L'ARCHÉOLOGIE

LE GRAND ATLAS DE L'ARCHÉ

ENCYCLOPÆDIA UNIVERSALIS

OLOGIE

LE GRAND ATLAS DE L'ARCHÉOLOGIE
a été réalisé
par
ENCYCLOPÆDIA UNIVERSALIS

JACQUES BERSANI
conseiller éditorial

HANS SCHWEIZER
directeur de la production

JEAN GALL
secrétaire général de la publication

MICHEL LARDY
adjoint

conception et mise en œuvre éditoriales
CHRISTINE FLON

indexation
GILBERT GIANNONI

recherche iconographique
BERNADETTE MONTAGU

service de correction
**JACQUES JOLY, ALINE ELMERICH
MARIE-ANNICK BOUTEFEU, CHRISTIAN CHARRON, ANNE-MARIE CHENET,
MAÏTÉ DUPORT, YVETTE HERRMANN, PIERRE LAGRUE,
LUC PIRONIN, JEAN-CLAUDE SLYPER, MARC TOMSIN**

service graphique
**JOOP VAN COUWELAAR, ALAIN COYARD
CATHERINE FLAGEL**

secrétariat
**MIREILLE DURAND
CLAUDINE DIOLOGENT, MARIE-JEANNE GUILLEN, MIREILLE MAURICE**

Ont collaboré :

FRANÇOISE PRIMACK
assistance au service graphique

ANIMEX PRODUCTIONS
dessins et cartes

Table des matières

Préface

Ce livre, atlas de l'archéologie, n'est ni un livre d'art ni l'exposé systématique d'une méthode ou de plusieurs méthodes. Mais, par l'accumulation des résultats, choisis parmi les plus spectaculaires ou les plus nouveaux, il est la présentation très large d'une discipline. Il est permis, en l'ouvrant, de s'interroger sur l'archéologie et les archéologues, sur leur spécificité, leurs finalités, sur le rôle enfin qu'ils peuvent remplir dans le monde actuel fortement dominé par le développement de techniques dont le renouvellement rapide montre plus les nouveautés et les changements que les permanences et les continuités.

On dit volontiers, et certains chapitres de cet ouvrage vont dans ce sens, que l'archéologie telle qu'on l'entend de nos jours n'est plus, en effet, ce qu'elle fut ; on a beaucoup parlé, et on parle encore, surtout dans les pays anglo-saxons, d'une « nouvelle » archéologie. Le temps des fondateurs paraît loin, celui de Winckelmann que Goethe admirait tant, ou de son contemporain Caylus ; celui-ci rassembleur d'objets qu'il interrogeait avec curiosité et qu'il publia, celui-là initiateur de la longue tradition germanique qui fait de l'histoire de l'art une des finalités fondamentales de l'archéologie. Aujourd'hui, d'un chantier à l'autre, on peut avoir l'impression qu'une immense distance sépare l'archéologue qui cherche à dater un fragment statuaire ou à restituer l'élévation d'un temple ou d'un palais et celui qui prélève des pollens pour reconstituer l'environnement végétal d'un site ou qui tâche de comprendre, d'après les restes d'un four, les procédés techniques des bronziers ou des potiers. Trop souvent s'opposent, dans les institutions qui organisent ou orientent la recherche archéologique, ceux qui, à l'image des préhistoriens, cherchent à comprendre des cultures dont nous ne possédons que les restes matériels et ceux qui, dans le domaine classique ainsi qu'en archéologie médiévale et moderne, peuvent donner l'impression qu'ils ne font guère que compléter ou illustrer ce que nous connaissons déjà par les textes.

Il est vrai que, du point de vue des procédés et des méthodes mais aussi des interrogations et des problèmes, les sciences dites exactes ont largement contribué à donner à l'archéologie d'aujourd'hui sa physionomie propre. Laissons ici de côté la généralisation de la fouille stratigraphique et l'opposition, plus importante qu'on ne le dit souvent, entre les tenants de coupes verticales, qui montrent la superposition et la succession des états, et les tenants des décapages horizontaux, qui seuls rendent visible la réalité de chacun de ces états ; les premières sont mieux adaptées aux sites qui comportent une architecture plus ou moins conservée qui, par elle-même, organise l'espace ; les seconds aux chantiers de type préhistorique où seule une large vue de chaque niveau permet de le comprendre. Signalons aussi, car ce n'est pas le propos de cet atlas, le rôle grandissant de l'informatique dans l'exploitation des données et des objets : si, pour les « artefacts » complexes, les informaticiens archéologues en sont souvent encore au stade de l'élaboration des systèmes de description et d'exploitation, il est évident que l'accroissement du nombre des données comme le souci de négliger le moins possible d'éléments obligent à des procédés documentaires de type mathématique. Mais cela ne modifie pas fondamentalement les modes de raisonnement et ne saurait détrôner le livre, seul susceptible de formuler de façon accessible à tous les problèmes et les résultats. Il faut de plus en plus d'archéologues ouverts aux méthodes informatiques et d'informaticiens s'intéressant à l'archéologie pour faire l'effort de s'adapter à cet aspect particulier des sciences humaines.

Car, du chantier de fouille au laboratoire, nous nous acheminons vers une archéologie interdisciplinaire, le plus souvent grâce à des spécialistes des sciences exactes ou naturelles curieux du passé et de ses témoignages. L'inverse semble plus difficile, aussi longtemps du moins que les archéologues n'auront pas, au départ, une double formation. Le terme d'« archéométrie » venu d'Angleterre est maintenant entré dans l'usage, malgré la variété des problèmes et des procédés qu'il recouvre. On sait les progrès décisifs que la physique nucléaire a fait faire aux méthodes de datation : du carbone 14, « corrigé » depuis peu par un raffinement plus grand des méthodes, irremplaçable pour les niveaux d'ancienneté moyenne, à la thermoluminescence, et aux « calendriers » plus complexes mis au point par les préhistoriens pour les périodes très anciennes, qui permettent de remonter aux âges géologiques et, en particulier, de dater l'apparition de l'homme, les procédés sont de plus en plus nombreux et les résultats de plus en plus sûrs.

Plus récemment encore, malgré les remarquables précurseurs du XIXe siècle, c'est l'étude des matériaux et donc celle des techniques qui est l'objet des recherches les plus actives. Il y a longtemps qu'on a identifié dans les monuments de Rome le cipolin, marbre veiné bleu-vert, apporté de Karystos en Eubée, le marbre africain, rouge et noir, ou, parmi les marbres blancs, celui de Thasos. Cela oppose l'architecture de Rome à celle de la Grèce, qui n'a jamais poussé aussi loin, dans le choix des marbres, le souci des couleurs. Tout au plus, les architectes du temps de Périclès avaient, sur l'Acropole, associé à deux marbres blancs, le Pentélique du gros œuvre et le Paros des sculptures, le marbre bleuté d'Éleusis, pour les seuils des Propylées – passage du monde profane au domaine sacré – et pour le fond de la frise de l'Érechthéion faite de figures rapportées en marbre blanc. Le géologue et le pétrographe sont devenus d'indispensables auxiliaires des spécialistes d'architecture et de sculpture, et les développements récents de l'étude des minéraux ouvrent de nouvelles perspectives. S'il reste encore bien des problèmes à propos des marbres grecs et romains, en revanche on sait désormais assez bien distinguer les diverses obsidiennes ou reconnaître, à l'examen microscopique des céramiques, les différentes inclusions, ce qui est parfois plus décisif, pour déterminer le lieu de fabrication d'une catégorie de vases, que l'analyse de la pâte céramique elle-même. La détection des faux – sculptures ou objets divers – n'est qu'un des résultats de ces recherches, qui permettent avant tout l'étude du transport et du commerce de la pierre, nécessaire à la compréhension des préoccupations esthétiques des artistes ou des commanditaires.

L'étude des pigments colorés permet à la fois de déceler la provenance des matières premières et d'identifier les techniques employées ; vers 1500 avant notre ère, les peintres de Santorin ont des traditions d'atelier qui les distinguent à la fois de leurs contemporains d'Égypte et de ceux de Crète. Pour les métaux, domaine où ces études sont plus largement développées, l'examen technologique est inséparable de l'interprétation historique. À la traditionnelle et indispensable typologie s'allient désormais la reconstitution des procédés de fabrication et la détermination de l'origine des minerais. Celle-ci a d'abord intéressé les numismates dans le domaine européen et méditerranéen, celle-là les protohistoriens. L'archéologie classique intègre peu à peu ces deux préoccupations ; c'est grâce à elles, pour une part, que le passage de l'Âge du bronze à l'Âge du fer en Grèce et en Europe occidentale est compris d'une façon nouvelle, même si, entre les linguistes qui ont déchiffré l'écriture mycénienne et les spécialistes de métallurgie, le dialogue n'est pas toujours facile.

Tout cela – et il faudrait parler d'autres techniques, en particulier de la céramique – ne doit pas faire prendre les moyens que nous donne la physique moderne pour une fin. On peut, à feuilleter des revues d'archéométrie, mesurer le risque de s'en tenir à des diagrammes de composition ou à des photographies de structure cristalline. Le but de l'archéologie est de comprendre les modalités et les fins d'une activité humaine : ici, c'est le rapport des techniques et des formes qui est le vrai problème. L'étude précise du « poli des céréales » sur un silex préhistorique, la reconstitution du plan d'une cabane néolithique, la détermination de la température de cuisson d'un vase nous renvoient à l'homme et à son geste. Il faut alors sortir du laboratoire pour regarder travailler un tailleur de pierre ou un bronzier africain. Les observations scientifiques font appel aujourd'hui le plus souvent aux vieilles techniques, bien souvent en voie de disparition : les recherches de laboratoire ont comme complément nécessaire l'observation des traditions, et c'est une première raison de se référer souvent aux mondes non européens qui les conservent encore.

Nous sommes apparemment assez loin de l'image traditionnelle de l'archéologie héritée du XIXᵉ siècle. Il y a cent ans, l'archéologie était, dans le domaine classique, une archéologie directement liée aux textes, pour le meilleur et pour le pire. Le pire fut probablement la reconstitution graphique d'œuvres perdues d'après des descriptions antiques, du coffret de Kypselos vu par Pausanias à Olympie aux peintures murales des Cnidiens à Delphes. En revanche, la grande fouille de Delphes fut menée, en quelque sorte, avec Pausanias comme guide à la main ; et c'est ce même chantier qui fut longtemps, et qui reste peut-être, le meilleur exemple de l'éclairage réciproque que se renvoient les textes transmis par la tradition manuscrite et les inscriptions découvertes par la fouille elle-même.

Le développement de l'archéologie des civilisations sans écriture tend à faire négliger un peu cet aspect, jusqu'à prétendre qu'il suffit par exemple, dans le domaine classique, d'un seul spécialiste de la langue, capable de comprendre les inscriptions, par équipe de fouille. On n'a pourtant pas fini d'interroger les textes et, quand on a la chance d'en posséder, eux seuls souvent permettent de comprendre vraiment ce que la fouille découvre. Pour prendre quelques exemples, on vient de faire le rapprochement décisif entre un texte et une image à propos de la célèbre mosaïque d'Alexandre de Pompéi. C'est grâce aux descriptions des Espagnols qu'on a immédiatement reconnu le grand temple de Mexico, découverte majeure de ces dernières années. La découverte de nouveaux fragments du trône de Bathyclès, dédié à Apollon à Amyclées, près de Sparte, permet de relire la description donnée par Pausanias, qui éclaire en retour les fragments, et suggère une restitution vraisemblable. Dans un domaine plus éloigné de l'archéologie technique, la grande peinture de la tombe de Philippe II, postérieure d'assez peu aux textes de Platon, permettra de mieux saisir ce que le philosophe a écrit sur l'imitation et l'illusion, peu après que les mathématiciens, les philosophes et les peintres – sans oublier les décorateurs de théâtre – eurent jeté en intime collaboration les bases des règles de la perspective, créant ainsi l'espace pictural. Bref, il y a une spécificité des civilisations à écriture dont l'archéologie du monde moderne doit tenir compte. Les techniques nouvelles, l'apport des sciences exactes modifient et enrichissent cette archéologie ; elles n'en changent pas la nature.

Pourtant – ou peut-être à cause de cela – l'étude des civilisations sans textes a apporté une autre dimension, la plus importante sans doute, à l'archéologie actuelle. N'ayant pas, ou ne pouvant pas avoir, le souci de découvrir les traces d'événements connus par ailleurs, l'archéologie préhistorique et celle de la plupart des mondes non européens ont évolué sous la pression des sciences sociales ou humaines. Il y a là un extraordinaire élargissement lié à celui que connaissait en même temps l'histoire.

De même qu'il y a aujourd'hui une histoire de la longue durée, il y a une archéologie des techniques et des mœurs qui met en évidence des permanences et des évolutions lentes, où ce qui compte n'est pas l'événement ponctuel. Les cabanes de bergers de la Grèce d'hier, les araires turques d'il y a trente ans, où le soc était un silex, n'étaient pas des fossiles ; c'étaient les dernières manifestations d'une phase de l'activité humaine. Ce que l'archéologie découvre sous terre s'éclaire bien souvent par les permanences que l'ethnologie décèle dans les civilisations en voie de disparition.

Comme nous l'avons déjà dit, les techniques priment ; l'intérêt qu'on leur porte aujourd'hui, sans être totalement nouveau, renouvelle souvent les perspectives générales. L'archéologie est alors non plus une simple science auxiliaire de l'histoire, mais un de ses éléments ou de ses moteurs essentiels. On sait depuis longtemps que l'usage ou l'ignorance de la roue créaient une coupure plus importante dans le monde, à la veille de la conquête de l'Amérique, que les régimes politiques ou les religions. On parle, au second Âge du fer dans le monde celte, d'une révolution du fer, dans l'invention de procédés, mal élucidés encore, qui ont permis la fabrication en série d'objets courants et d'armes : changement technique, dont on constate qu'il accompagne des transformations dans la façon de faire la guerre et des transformations sociales, liées, avec les oppidums, à l'apparition du phénomène urbain.

C'est là, à l'évidence, un ensemble de phénomènes plus importants que la prise de Rome ou de Delphes par les Gaulois ; leur interprétation n'est pas, pour autant, immédiate, d'autant qu'elle varie selon qu'on tend à faire découler les changements sociaux des changements techniques ou inversement. Les fouilles récentes du Moyen-Euphrate ont montré que, dans une région peut-être privilégiée par la nature, la sédentarisation apparaît bien avant l'agriculture, alors que l'on pense souvent que les contraintes techniques de celle-ci seraient à l'origine de la constitution des premiers établissements sédentaires et des règles d'organisation sociale qu'ils supposent ou qu'ils suscitent.

Les aspects les plus féconds de la recherche archéologique, de l'analyse des nécropoles à une nouvelle approche des images les plus connues, comme celles des vases grecs, conduisent aujourd'hui à l'étude des sociétés. C'est le fonctionnement des communautés humaines que l'archéologie cherche à dégager, en utilisant toutes les données possibles, celles des trouvailles « nobles » comme celles qui ne le seraient pas.

Dans le domaine gréco-romain, il en naît parfois une opposition, factice, entre archéologues traditionnels, accusés volontiers de n'être que des historiens de l'art déguisés, et les tenants d'une archéologie plus globale et plus moderne à la fois. Il n'y a pas à séparer les diverses directions. Aucun domaine ne le montre mieux que l'architecture et l'urbanisme où l'importance des problèmes techniques et matériels est évidente sans que l'on puisse s'en tenir à ce seul aspect si l'on veut rendre compte des phénomènes socio-politiques présents dans la création et l'évolution d'une ville, ainsi que des mœurs et des croyances qu'elle reflète.

Ces ambitions nouvelles fondent le rôle actuel de l'archéologie. Il ne suffit pas de dire, pour citer un exemple, que les principes de l'urbanisme rationnel élaborés par la charte d'Athènes de 1924 sont déjà définis et mis en œuvre dans les créations urbaines du Vᵉ et du IVᵉ siècle avant notre ère. Il faut ajouter pour expliquer la vogue actuelle du passé que l'apparente uniformisation du monde moderne rend les hommes de la fin du XXᵉ siècle de plus en plus soucieux de leur identité culturelle et de leurs racines. La détermination des faciès régionaux des grandes civilisations, l'importance donnée aux contacts, aux superpositions et aux mélanges, l'attrait pour les zones périphériques autant que pour les grands centres, tout ce qu'on met sous le terme un peu trop commode d'acculturation, tout cela définit le domaine de l'archéologue. Ces préoccupations répondent également aux besoins du monde actuel, où les phénomènes de contacts entre cultures différentes, plus faciles peut-être à observer objectivement dans le passé, ont d'autant plus d'importance que ceux qui les vivent aujourd'hui n'en sont pas toujours exactement conscients. C'est la raison pour laquelle, par-delà de nécessaires mutations, l'archéologie a un tel avenir.

Roland MARTIN

L'archéologie et l'homme

L'idée même de travail archéologique suscite, dans notre société actuelle, des réactions divergentes, parfois passionnelles. D'un côté, l'archéologie est très évidemment – l'étymologie du mot l'indique bien – l'étude des choses anciennes, occupation qui peut apparaître comme désuète, en tout cas vaine, voire suspecte dans un monde qui semble largement faire confiance, pour illuminer l'avenir, aux promesses de l'innovation technologique ou sociale ; et, effectivement, l'archéologue donne quelquefois l'impression de se retourner vers le passé par une sorte de réaction conservatoire, combinant le refus du présent et l'inquiétude devant le futur. Mais, d'un autre côté, le rayonnement de l'archéologie, qui suscite des phénomènes d'engouement et de mode, sa place dans l'édition et dans les communications de masse (pour les pays anglo-saxons plus encore qu'en France), l'appui dont elle bénéficie de la part de régimes politiquement avancés sont des réalités qui semblent répondre à un besoin profondément ressenti, comme si l'homme occidental se préoccupait de plus en plus de retrouver concrètement son passé, dont la quête avait commencé avec la Renaissance, comme si plus généralement l'homme, sur l'ensemble de la planète, découvrait progressivement ce besoin. Ainsi semble fermement établie une liaison entre certaines demandes fondamentales de l'humanité, actuelles ou réactualisées, qu'il nous faudra essayer de mieux comprendre, et une discipline, l'archéologie, dont nous devons tout d'abord préciser le domaine et les démarches, pour essayer de mieux les situer par rapport à ces demandes.

Extensions du champ de l'archéologie...

L'étymologie, déjà évoquée, du mot archéologie lui assigne comme objet d'étude le passé, et plus précisément, par une restriction de sens largement acceptée, les vestiges physiques du passé, dont on attend qu'elle tire des connaissances sur des situations et des événements impliquant l'homme. Dans la réalité historique de son développement, cette étude a d'abord été extrêmement limitée, et dans l'espace, et dans le temps, et dans le contenu ; il est remarquable que ces limitations soient tombées petit à petit, si bien que le champ de l'archéologie embrasse, à l'heure actuelle, la totalité des cultures, pour la presque totalité de leur développement, à travers la totalité de leurs vestiges matériels.

... dans l'espace,

L'accroissement, à travers le temps, du domaine géographique de l'archéologie est peut-être le phénomène le plus facile à constater. Lorsqu'elle naît – véritablement à la Renaissance –, elle s'intéresse d'abord à Rome : les premières fouilles, au XVIe siècle, portent sur le forum Romanum ou sur la villa Hadriana ; elles s'élargissent, au XVIIIe siècle, à la Campanie, avec les travaux à Herculanum puis, vers le milieu du siècle, à Pompéi et à Stabies ; c'est au XVIIIe siècle encore que débute l'exploration de l'Étrurie. La première moitié du XIXe siècle voit l'exploitation intensive des nécropoles étrusques et l'ouverture de chantiers en Italie méridionale et en Sicile ; mais c'est aussi le moment où le travail débute en Grèce (à Égine, à Olympie, dans Athènes libérée à partir de 1835) ; ce sont aussi les premières grandes missions en Égypte, en rapport avec l'expédition de Bonaparte, et les premières explorations au Proche et au Moyen-Orient (à Pétra, Khorsabad, Ninive), qui ajoutent désormais au monde classique le monde de la Bible ; c'est de plus, dans un tout autre domaine, l'ouverture de chantiers en Scandinavie. Avec la seconde moitié du XIXe siècle, toutes ces mêmes régions connaissent un accroissement considérable du nombre des chantiers (on rappellera seulement ici l'activité des Français en Grèce, à Délos à partir de 1877, à Delphes à partir de 1892) ; l'Asie Mineure est très largement étudiée, mais aussi commence le travail méthodique en France, en Allemagne et en Autriche, en Espagne, dans les pays slaves, et l'anthropologie américaine inaugure l'archéologie du Nouveau Monde. Avec le début du XXe siècle, les chantiers se multiplient sur ces mêmes aires géographiques et s'ouvrent en Crète, en Palestine, à Chypre, sur l'Indus, dans l'ensemble du monde islamique, un peu partout en Asie, en Afrique, en Amérique centrale et du Sud ; si bien qu'il n'est pas, à l'heure actuelle, de région au monde où ne se développe le travail archéologique, selon des formes et avec des moyens plus ou moins ambitieux ; même, dans les pays où l'activité de recherche est, traditionnellement, particulièrement intense, comme en Grèce, des zones géographiques qui avaient été un peu négligées, comme la Macédoine, sont l'objet désormais d'un intérêt tout particulier (fig. 1). Dans la plupart des cas, l'initiative individuelle a depuis longtemps cédé la place à une organisation nationale de la recherche, qui parfois continue à faire appel à la collaboration internationale : les archéologues français, par exemple, travaillent sur notre territoire, dans le cadre d'une « archéologie nationale » extrêmement féconde, mais aussi sur les grands chantiers qui leur ont été confiés dans le monde classique, ou en Égypte et au Proche-Orient, et aussi jusqu'en Amérique du Sud et en Extrême-Orient. Ces liaisons tissent autour du monde un réseau de communications très diversifié, à travers lequel l'information est distribuée par de nombreuses publications ponctuelles ou périodiques, ou lors de rencontres et de congrès.

... dans le temps,

En même temps que s'élargissait ainsi le domaine géographique de l'archéologie, qui du cœur de l'Italie s'est étendu à l'ensemble de la planète, son domaine temporel s'est élargi d'une manière tout aussi significative. L'archéologie a d'abord été, on l'a vu, celle de Rome – en fait surtout celle de la Rome impériale ; le XVIIIe siècle commence à remonter dans le temps, avec la découverte de la civilisation hellénistico-romaine de la Campanie, et des civilisations nettement plus anciennes de l'Étrurie. Mais c'est le XIXe siècle qui réalise les extensions chronologiques les plus considérables – pour le monde grec et romain d'abord puisqu'on s'intéresse essentiellement, dans la première moitié du siècle, au « classicisme » (en gros le Ve et le IVe siècle avant notre ère) et à l'archaïsme du VIe siècle ; la seconde moitié du XIXe siècle remonte volontiers vers des périodes plus hautes et découvre, à partir de 1870, Troie et toute la civilisation « mycénienne » (XVe-XIIe s. avant notre ère) ; il faut attendre le tournant du XIXe au XXe siècle pour que l'on retrouve des périodes plus anciennes encore, la civilisation crétoise (qui fleurit dans la première moitié du IIe millénaire) et celle du monde égéen (qui fleurit au IIIe millénaire) : c'est l'ouverture de l'« archéologie préhellénique », par laquelle se précisent les relations entre la protohistoire de la Grèce et les archéologies de l'Égypte et du Proche-Orient. Pour ces mondes non classiques eux-mêmes, l'impulsion avait été donnée dès les débuts du XIXe siècle quand, à travers les premières trouvailles des grands sites orientaux, on commençait à étudier les deux millénaires qui avaient précédé le monde classique ; en même temps débutait, dans les pays scandinaves, la recherche sur la protohistoire et la préhistoire européennes. Ces travaux aboutissent vers le milieu du même siècle, pour l'Europe, aux découvertes célèbres de Halstatt, de La Tène, de Villanova, d'Altamira, qui fondent l'étonnant développement des archéologies protohistorique et préhistorique ; le même épanouissement caractérise, vers le dernier quart

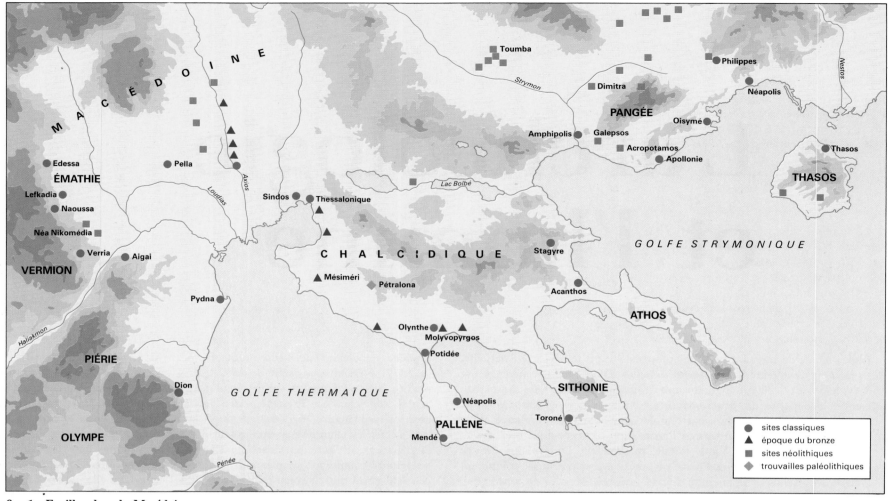

fig. 1 – Fouilles dans la Macédoine grecque

Alors que, vers le début des années 1950, le travail archéologique en Macédoine consistait encore largement à exploiter les trouvailles fortuites sur les sites connus, la fin de la décennie a vu le commencement des grandes fouilles méthodiques, qui se sont par la suite développées non seulement pour les villes de la Grèce historique (cercles bleus) mais aussi sur les installations de l'époque du bronze (triangles violets) ou d'époque néolithique (carrés rouges), et même autour de trouvailles d'époque paléolithique (losange jaune).

du siècle, l'archéologie de l'Égypte et du Moyen-Orient ; et souvent il semblerait que la recherche aille dans le sens d'une remontée vers les origines, comme en Grèce où c'est seulement à une date relativement récente qu'on a pu établir l'existence de gisements paléolithiques. En sens inverse, il faut attendre le milieu du XIXᵉ siècle pour voir se constituer véritablement une archéologie paléochrétienne, prolongée par une archéologie byzantine ; l'archéologie islamique, l'archéologie slave débordent largement de ces limites ; bientôt on parlera d'une archéologie médiévale (parfois appelée, pour notre territoire national, « archéologie française »), puis d'une « archéologie industrielle » (l'expression avait déjà été employée épisodiquement en France et en Grande-Bretagne dans le dernier quart du XIXᵉ siècle, pour des recherches qui ne se sont vraiment développées qu'après la Seconde Guerre mondiale) ; et maintenant il est ouvertement question d'une « archéologie moderne et contemporaine », institutionnalisée en France, depuis quelques années, par un enseignement dans l'une des universités de Paris. Et certes, si l'archéologie est l'étude des réalisations matérielles du passé, il est logique de lui attribuer celles du passé même le plus récent – même celles de notre siècle –, à condition (et on évite ainsi le scandale étymologique) que ces documents appartiennent véritablement au passé, c'est-à-dire qu'ils ne fassent plus partie (sinon éventuellement à titre de survivance) du système des objets à travers lequel, *hic et nunc*, fonctionne notre civilisation : pour nos pays industrialisés, un ordinateur des deux premières « générations » est désormais réellement un objet de musée archéologique. Dans cette perspective, on voit que le domaine de l'archéologie s'est étendu progressivement des premiers siècles de notre ère à l'ensemble de l'histoire de l'humanité. Ainsi, d'ailleurs, devient possible une « archéologie générale », dégagée de l'historicité, soucieuse d'abord de comparer et de contrôler les problématiques et les méthodes.

... dans le contenu.

À ces élargissements du domaine de l'archéologie dans l'espace et dans le temps s'en est ajouté un troisième, dont les conséquences sont au moins aussi considérables. L'archéologie a d'abord été à peu près exclusivement la quête des objets d'art : à la Renaissance – et longtemps après – on fouille pour retrouver les chefs-d'œuvre de l'Antiquité classique, qui constitueront pour les amateurs des objets de délectation esthétique en même temps qu'ils serviront de modèles à la création ; et cette poursuite de l'objet exceptionnel, ou simplement de l'œuvre d'art, qui fait de la fouille la pourvoyeuse des musées et des collections, a laissé bien des traces : jusque vers le milieu

du XXᵉ siècle encore, la chaire dite d'archéologie dans les universités françaises est en réalité une chaire d'histoire de l'art antique, de préférence grec ou romain. Pourtant, on se rendait compte progressivement que la fouille pouvait apporter bien davantage : des informations directes sur la vie concrète des hommes. Ce fut déjà un bouleversement des habitudes lorsqu'on cessa d'arracher aux murs et aux sols de Pompéi les plus belles parties des mosaïques et des peintures, pour conserver aux volumes habités leur unité décorative ; et aussi lorsque les archéologues classiques commencèrent à récolter l'ensemble des tessons, même lorsqu'ils portaient des représentations considérées longtemps comme « barbares » (par exemple celles de l'art « géométrique » des IXᵉ et VIIIᵉ siècles), plus encore lorsqu'il s'agissait de vaisselle commune, sans décor ; et lorsqu'on se mit à fouiller, avec la même attention que pour les temples et les palais, les plus humbles habitations. En passant ainsi de l'œuvre d'art au document journalier, souvent répétitif, on élargissait d'une manière considérable la vision du passé, on intégrait au domaine archéologique l'ensemble des produits culturels ; c'est ainsi que le monde subaquatique, par exemple, a rendu à l'art classique, souvent à la suite de trouvailles fortuites, quelques-uns de ses chefs-d'œuvre les plus prestigieux (des grands bronzes dont la destinée paradoxale était d'être sauvés par leur naufrage) : il est désormais l'objet d'une exploration minutieuse qui prend en compte la totalité du navire englouti, son équipement comme ses marchandises les plus vulgaires. La quête archéologique d'ailleurs ne se borne plus maintenant aux objets fabriqués par l'homme, ceux que les Anglo-Saxons appellent les *artefacts* : on s'intéresse, en même temps qu'aux tombes et à leur matériel, aux ossements qu'elles contiennent, qui peuvent tellement nous apprendre sur les caractères des populations, leurs maladies, leur taux de mortalité ; aux débris animaux, qui renseignent sur la domestication et l'élevage, sur l'alimentation ; aux pollens, qui révèlent les formes, les équilibres de la végétation et des cultures ; aux formations géologiques, aux sols, finalement à une « archéologie du paysage » et des systèmes écologiques, qui permettra de saisir les phénomènes culturels à travers les phénomènes naturels. Ainsi, l'objet d'archéologie n'est plus seulement l'ensemble des créations matérielles dues au travail humain, mais aussi l'ensemble des transformations que l'homme a imposées à la faune, à la flore, au milieu géographique, et, en définitive, l'ensemble des relations réciproques, avec son environnement, de l'homme tout entier.

On comprend mieux, devant cette triple extension du domaine archéologique, l'extension symétrique des groupes sociaux intéressés par l'archéologie : réservé d'abord à quelques « antiquaires », à des désœuvrés et à des curieux – ceux qui se nommaient eux-mêmes, dans l'Angleterre du XVIIIe siècle, les « Dilettanti » –, l'attrait pour l'archéologie s'est élargi, en proportion de l'élargissement de la discipline à une plus grande partie de la culture humaine, à un public beaucoup plus large, où le travail des professionnels (chercheurs spécialisés, le plus souvent universitaires) s'associe à celui d'amateurs de mieux en mieux formés, les uns et les autres également dévoués à ce qui est le plus souvent pour eux une passion. D'autant que l'affinement et la diversification des méthodes susceptibles de répondre aux nouvelles problématiques tendent elles aussi à rapprocher l'archéologie de l'homme.

La fouille

La fouille en elle-même implique, on le sait, un emploi aussi rigoureux que possible de la technique stratigraphique qui, en distinguant les divers niveaux et les diverses sortes de couches qui les séparent (couches d'occupation, couches de destruction, tranchées de fondation, poches d'inclusion, etc.), met en lumière des distributions et des associations fondamentales pour la reconstruction des cultures. Encore convient-il de l'adapter chaque fois aux besoins : la régularité formelle de la fouille en carrés égaux, héritée de l'enseignement du célèbre théoricien anglais M. Wheeler, ne représente probablement pas la tactique la plus efficace dès que l'on travaille sur des constructions, pour lesquelles les coupes stratigraphiques doivent être réalisées en des endroits spécialement choisis par le fouilleur à cause de leur signification, et toujours perpendiculairement aux murs ; et la juxtaposition de sondages réduits et profonds à laquelle conduit cette technique risque de privilégier une vision un peu abstraite de l'histoire du site (ce que Wheeler lui-même appelait un horaire de chemin de fer, sans le train), par opposition aux larges fouilles de surface, qui seules permettent de saisir le fonctionnement concret des systèmes culturels (mais qui risqueraient, elles, d'être des chemins de fer sans horaire, si elles n'étaient constamment contrôlées par la technique stratigraphique). Nous nous rendons mieux compte, aussi, que la fouille est exécutée par des hommes qui sont eux-mêmes dans l'histoire, et que ses résultats ne peuvent donc être que relatifs : on se consolait, naguère, de la destruction qu'elle entraîne, en admettant que l'archéologue pouvait lire les pages du livre qu'en même temps il déchirait, et en lui demandant de le transcrire aussi complètement et aussi fidèlement que possible ; mais nous savons maintenant que la réalité archéologique n'est pas un texte déchiffrable une fois pour toutes, car la récolte de l'information ne peut être ni réellement exhaustive, ni réellement objective : le fouilleur prend en compte, au mieux, tout ce qui lui est accessible par les moyens dont il dispose, et tout ce qui répond à sa

problématique ; cela signifie que, consciemment ou, le plus souvent, sans s'en rendre compte, il procède à des choix, que ne viendront pas nécessairement compenser les documents graphiques et photographiques sur lesquels il voudrait pouvoir compter pour éterniser tout le reste : le progrès continu des méthodes d'analyse et d'enregistrement, l'ouverture constante de nouvelles interrogations font que le travail devrait pouvoir être indéfiniment repris. C'est pourquoi on a bien raison d'affirmer que, s'il y a une infinité de mauvaises manières de fouiller, il n'y en a aucune de bonne ; ou plutôt il faudrait dire que la meilleure méthode n'est bonne que par rapport aux exigences d'un moment précis dans le développement de la recherche. Dès lors, il semble déraisonnable d'ouvrir de nouveaux chantiers qui ne feraient que redoubler des résultats déjà obtenus ailleurs : la fouille est une opération trop grave pour être laissée à la responsabilité des archéologues – des archéologues qui ne seraient attirés que par le plaisir, trop évident, de l'exploration et de la découverte ; il est certainement beaucoup plus utile, à l'heure actuelle, de se préoccuper en priorité des fouilles d'urgence, là où l'évolution du monde (sur laquelle nous aurons à revenir) risque de détruire définitivement le passé, et surtout de constituer des « réserves archéologiques » par lesquelles sera préservée la possibilité d'étudier l'homme d'autrefois selon les exigences successives des hommes du futur, en fonction de programmes eux-mêmes déterminés progressivement par l'évolution des problématiques.

Prospections

On imagine quel rôle est appelé à jouer, dans cette perspective, le développement des techniques de prospection « scientifique », qu'elles utilisent la reconnaissance aérienne (pour déceler les indices « hygrographiques », par exemple les teintes sombres que produit l'humidité des fossés anciens, ou les indices phytologiques, différences de hauteur ou de couleur de la végétation en rapport avec les vestiges enterrés, ou les indices sciographiques, quand la lumière rasante accroche sur les microreliefs des ombres révélatrices, ou les indices pédologiques, traces dessinées sur le sol par les éléments anciens que remontent les labours profonds, ou les indices topographiques, qui par exemple dénoncent une voie antique disparue à travers l'alignement de réalités sans signification individuelle) ou qu'elles utilisent un appareillage scientifique au sol, fondé sur les principes de la résistivité électrique (fig. 2), ou sur les anomalies magnétiques, ou sur la transmission des ondes dans la terre, ou sur des phénomènes chimiques : en permettant la détermination des zones où la conservation du patrimoine apparaît comme le plus souhaitable, ces techniques donnent à l'archéologue la possibilité de prévenir les destructions, au lieu d'intervenir lorsqu'il est déjà trop tard – la chance de proposer, au lieu de s'opposer. Car trop souvent

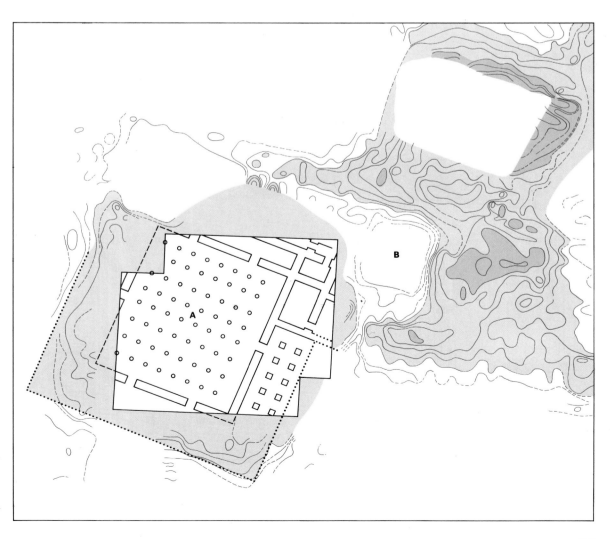

fig. 2 – Palais de Chaour à Suse
À côté de la fouille d'une salle hypostyle d'époque achéménide (A), les mesures de résistivité électrique permettent de reconnaître les alignements et les angles droits des constructions ensevelies tout comme le vide d'une cour intérieure (B), indications qui orienteront la suite du travail. Les courbes d'égale résistivité traduisent l'importance des restes ensevelis (la surface en jaune signale les valeurs supérieures à 4 Ωm, caractérisant la présence d'un radier de galets sur lequel est bâti le palais). D'après A. Hesse, *Manuel de prospection géophysique appliquée à la reconnaissance archéologique*, université de Dijon, 1978, fig. 15.

les grands travaux d'aménagement du territoire, l'extension de l'urbanisme, les transformations de l'agriculture sembleraient devoir imposer le sacrifice du passé aux intérêts, parfaitement légitimes, du présent ; seul le dialogue de l'archéologue avec l'urbaniste ou le responsable de l'aménagement, fondé sur une connaissance préalable du sous-sol, peut conduire à préserver les zones qui seront réservées pour les fouilles futures, en attendant d'être intégrées harmonieusement dans le tissu urbain et plus généralement dans le milieu vivant où s'inscrit l'activité des hommes.

Conservation, présentation

Il est bien certain, en effet, que l'archéologue ne saurait, après la fouille, se désintéresser du chantier qu'il a ouvert, non plus que des documents qu'il y a découverts : leur conservation, leur présentation font partie de ses tâches fondamentales. Trop souvent on a vu le spécialiste, considérant qu'il avait fait suffisamment lorsqu'il avait tiré du site la matière d'une savante publication, destinée aux autres spécialistes, le laisser dans un semi-abandon, c'est-à-dire devenir un lieu où les ruines elles-mêmes vont périr, un terrain de décharge s'il est en ville, de toute manière un espace où les murs anciens vont continuer à se dégrader, à moins qu'ils ne soient exploités comme source de matériaux de construction, et que la végétation va envahir, faisant éclater les blocs et s'effondrer les témoins qui pouvaient subsister de la stratigraphie ; certes, l'entretien, l'aménagement d'un site coûtent cher, autant parfois que la fouille elle-même, mais ils constituent des devoirs absolus, si l'on veut que, au lieu d'apparaître comme une zone morte, inutile sinon gênante pour l'épanouissement de la réalité vivante dans lequel il se trouve, il y soit naturellement incorporé : un parc archéologique peut présenter les ruines protégées et expliquées ; certains bâtiments exigent ce que l'archéologie classique appelle des « anastyloses », au sens étymologique l'action de remonter des colonnes écroulées, dans un sens plus général l'action de remettre en place, dans toute la mesure du possible, les éléments architecturaux – ce travail pouvant se limiter à quelques actions de consolidation et de protection, indispensables parce que le bâtiment sorti de terre n'y est plus étayé par l'accumulation des siècles, pouvant aboutir aussi, dans les cas extrêmes, à une complète reconstruction, dont le portique d'Attale sur l'agora d'Athènes donne un magnifique exemple, où l'homme d'aujourd'hui peut goûter les mêmes plaisirs que l'homme du passé à la beauté des volumes et des décors, au paysage, à la fraîcheur ; et, dans ce cas précis, une partie de l'édifice a été aménagée en musée ; mais rien ne s'oppose non plus à ce qu'on réinstalle un théâtre ancien pour des représentations qui y rassembleront les mêmes foules que jadis, à condition que l'étude en ait été préalablement achevée ; et nous savons bien que les villes les plus agréables à vivre sont celles qui ont su intégrer à leur présent cette profondeur temporelle du passé. De la même manière, les objets arrachés au sol doivent être nettoyés, protégés (pour les métaux par exemple, la fouille ayant brisé l'équilibre qui s'était lentement établi pendant leur

ensevelissement entre eux et le milieu, il importe d'arrêter la corrosion qui les ramènerait au minéral d'origine), éventuellement restaurés, mais toujours avec le souci de rendre sensible, tout autant que des formes, des significations : il ne conviendrait pas de redresser une épée trouvée dans une tombe, tordue lors d'un rite funéraire, car l'action humaine est ici plus intéressante que l'objet en lui-même. Les musées, où les documents vont être conservés et présentés, peuvent aussi contribuer à cette communication entre le présent et le passé si, tout en facilitant le travail des spécialistes (ce qui implique, en particulier, des « réserves » importantes), ils sont organisés d'une manière à la fois didactique et vivante, pour appeler la participation du public le plus large. Et, plus généralement encore, il est bien certain que le travail de l'archéologue ne doit pas rester réservé au cercle étroit des spécialistes : sa responsabilité sociale est de rendre compte des résultats de son action à la collectivité qui lui a donné la mission et les moyens de l'accomplir, de lui expliquer, en termes accessibles, l'apport de ses découvertes à la connaissance de l'homme du passé : la « vulgarisation », au sens noble du terme, est un devoir d'autant plus urgent que nos disciplines deviennent plus difficiles, que nos méthodes mettent en jeu davantage d'appareillages empruntés aux sciences physiques et mathématiques. Mais, avec cette exigence, nous entrons dans la seconde phase du travail archéologique, celle qui, après la fouille, en exploite les résultats.

༺༻

Il est trop évident, en effet, que la recherche archéologique ne se limite pas à la fouille, même si une certaine vision simpliste fait de l'archéologue d'abord un fouilleur, même si trop souvent ce fouilleur lui-même, entraîné par le plaisir de la trouvaille matérielle, risque d'oublier combien de journées d'étude implique chaque heure passée sur le chantier, et qu'il doit proportionner ses découvertes à la possibilité qu'il aura de les exploiter : car la découverte physique ne constitue pas un résultat, mais un point de départ. À plus forte raison, on ne saurait accepter que le fouilleur, au nom d'une prétendue « propriété scientifique », se réserve, quelquefois pendant des dizaines d'années, le droit de publier ce qu'il a découvert en utilisant les fonds publics, et prive ainsi la communauté scientifique d'une information qui lui est destinée : la trouvaille ne donne pas de droits, mais un devoir, celui de publier aussi rapidement que possible, ou de laisser la publication à un spécialiste plus qualifié, ou dont le plan de travail permet l'accomplissement de cette tâche dans un délai plus raisonnable. Il est vrai que la découverte la plus sensationnelle, même si elle peut apporter une certaine notoriété (et éventuellement faciliter une carrière), ne constitue pas en elle-même la preuve d'une particulière qualité du travail, sauf dans des cas exceptionnels où elle vient récompenser une longue patience et la finesse d'une intuition nourrie de raisonnements et de connaissances. La recherche archéologique fondamentale se bâtit, autant et plus que sur ces trouvailles parfois impressionnantes, sur la masse des objets découverts, éventuellement depuis longtemps (d'autant que, pour l'archéologie moderne et contemporaine, la recherche porte souvent sur des objets qui n'ont pas à être extraits

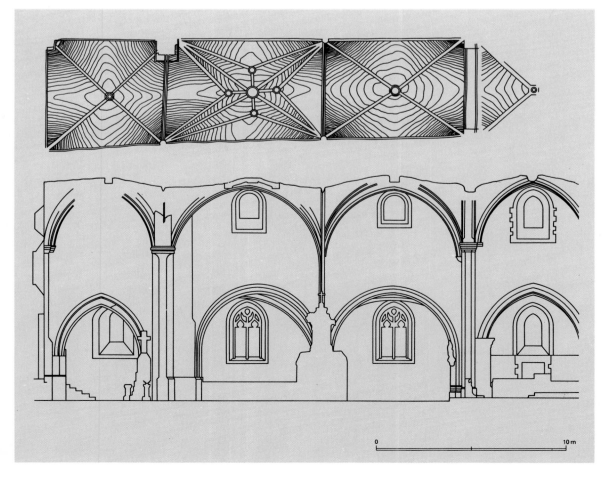

fig. 3 – Église Saint-Médard à Chalo-Saint-Mars, Essonne

Cette coupe longitudinale sur la nef avec élévation gauche et le plan de voûtement de trois travées montrent comment la photogrammétrie réalise des relevés rigoureux, révélant nettement les déformations de l'architecture. Pour une qualité égale, ces relevés sont d'ailleurs sensiblement moins chers que ceux qui sont obtenus par les techniques traditionnelles. D'après *Les Relevés photogrammétriques d'architecture de l'Inventaire général*, ministère de la Culture et de l'Environnement, château de Chambord, 1977, p. 28, fig. 88.

d'une fouille puisqu'ils n'ont jamais été ensevelis), et, tout autant que sur les objets eux-mêmes, sur leurs relations spatiales dans la réalité stratigraphique, sur leur environnement, sur des configurations et des associations, pour reconstruire aussi complètement que possible les cultures anciennes : il y a déjà longtemps que l'archéologue ne cherche plus des objets, mais des connaissances sur l'homme du passé.

Archéographie, archéométrie

Ce travail de l'archéologue comporte un certain nombre d'étapes, qu'il est commode de dissocier pour la clarté de la présentation, même si dans la pratique elles sont étroitement liées. La première est sans doute la description, dont on voit mieux maintenant combien, loin d'être une opération mécanique, une sorte de photographie du document original (que d'ailleurs la photographie ou le dessin pourraient éventuellement remplacer), elle est relative à l'individu qui décrit (mais même l'objectif photographique est beaucoup moins objectif que son nom ne le laisserait supposer) ; nous avons déjà évoqué, à propos du travail sur le chantier, l'impossibilité de tout prendre en compte, et d'une manière totalement neutre ; de même, devant l'objet à décrire, l'archéologue effectue nécessairement des choix, c'est-à-dire qu'il abandonne nécessairement une partie de l'information ; et il est d'autant plus indispensable de contrôler ce qui n'est pas lecture passive, mais construction fondée sur des présupposés souvent implicites, que le travail comparatif se fera, par la suite, sur les caractères sélectionnés, ce qui n'est pas trop inquiétant dans la pratique traditionnelle (où souvent la publication illustrée nous permet de refaire, devant les images, une description personnelle, adaptée à nos besoins), mais qui devient inacceptable lorsque les résultats de l'opération sont destinés à être traités, comme nous allons le voir, par des procédures automatisées. La création d'un terme nouveau, « archéographie », pour désigner ce travail de transposition de l'objet à son image linguistique, manifeste au moins le nouvel intérêt qu'on est désormais appelé à y porter. D'un autre côté, la description de l'objet archéologique, des matières organiques, des sédiments, tend à intégrer de plus en plus le résultat de mesures et d'analyses, souvent obtenu au moyen d'appareillages scientifiques très complexes : le terme « archéométrie » met l'accent sur cette utilisation de valeurs numériques. Certains types de relevés photogrammétriques (fig. 3) apportent aussi des équivalents de descriptions chiffrées, dont les valeurs peuvent être extraites automatiquement. Mais dans aucune de ces opérations l'archéologue ne perd le contrôle de la représentation qu'il réalise du document originel : c'est par une décision consciente et rationnelle qu'il adopte un système linguistique pour normaliser et formaliser ses descriptions, une technique scientifique pour réaliser ses analyses ; ainsi, la nouveauté fondamentale n'est pas dans l'emploi d'un appareillage impressionnant ou d'un langage devenu « métalangage », mais dans le caractère explicite et régulier des opérations.

Publication et banques de données

Dans ces conditions, la publication du document tend à changer d'apparence. Jadis confiée à la « correspondance » entre érudits (la revue de l'École française d'Athènes, appelée *Bulletin de la correspondance hellénique*, garde encore dans son nom le souvenir de cette époque), elle a ensuite adopté des formes diverses, du rapport préliminaire à la « publication définitive », mais en hésitant entre la dissertation de type littéraire et la froideur du catalogue ; depuis une vingtaine d'années, on a cherché dans la mécanisation une solution aux problèmes que pose l'inadaptation de ces formules devant la croissance exponentielle de l'information, dont le flot ne peut plus être contrôlé même par le spécialiste pourtant enfermé dans un champ de plus en plus étroit, et que sa présentation irrégulière rend difficilement utilisable pour la recherche comparative. En face de ces conditions, l'ordinateur semble bien constituer un outil idéal, parce qu'il est capable d'enregistrer, dans les banques de données, des masses considérables d'informations normalisées (fig. 4), qui ensuite deviennent très largement accessibles, et d'abord pour la recherche documentaire de l'archéologue, fondée traditionnellement sur l'appel aux comparaisons, à ces « parallèles » que la machine peut retrouver instantanément selon les formules les plus complexes. Ainsi, l'informatique devrait permettre de remplacer les longs dépouillements individuels, indéfiniment recommencés, par l'apport immédiat d'une information sur laquelle il redeviendrait loisible de penser, étant bien entendu que cette information aurait été recueillie d'abord non par des documentalistes polyvalents, mais par les chercheurs eux-mêmes, acceptant de consacrer à cette tâche leur compétence irremplaçable de spécialistes et une partie du temps que de toute manière ils consacrent au rassemblement de leur documentation personnelle, pour en retirer, en échange, le droit d'utiliser une documentation commune, et donc infiniment plus riche. Les banques de données peuvent être prévues aussi pour servir, non plus à la seule documentation, mais au calcul de

structuration qui, mettant en œuvre des algorithmes plus ou moins complexes, permet de reconnaître dans le corpus étudié des ordres qui n'apparaissaient pas auparavant, sériations, classifications, etc. : la statistique multidimensionnelle en effet, que la puissance de l'ordinateur autorise à appliquer à des quantités de caractéristiques sur des quantités de documents (cette masse d'information, souvent répétitive, qu'apporte désormais la fouille), décèle des phénomènes qui autrement ne pourraient guère être appréhendés. Ainsi, le rôle de l'ordinateur se situerait à la fois en deçà et au-delà des tâches traditionnelles de l'archéologue, en deçà dans la mesure où la mécanisation devrait contribuer à alléger les tâches mécaniques de la documentation, au-delà pour les opérations synthétiques dépassant les possibilités normales de notre entendement, mais, dans l'un et l'autre cas, sous le contrôle de l'intelligence humaine, dont il élargirait ainsi le champ d'application tout en le libérant pour les étapes ultérieures de la recherche.

Il ne faut pas craindre que ces techniques, lorsqu'elles seront généralisées (et leur mise en œuvre suppose que soient levés bien des obstacles, techniques, psychologiques, institutionnels), condamnent la publication imprimée : ce qui est condamné, c'est le livre qu'on ne lit pas parce que de toute manière il n'est plus destiné à être lu, accumulation de données, de mesures, de stratigraphies dont il semble parfois que l'auteur a oublié d'expliquer ce qu'elles apportent à notre connaissance de l'homme, et qui n'est même pas facilement consultable, transportant un luxe de précisions non systématiques, souvent impossibles à mettre en parallèle ; au contraire, débarrassé de tout ce qui pourra trouver place dans des archives publiques (ce qui ne veut pas dire nécessairement publiées), allégé des informations utilisables pour la recherche comparative, qui prendront place, sous une forme normalisée et immédiatement accessible, dans une banque de données, toujours susceptible d'ajouts et de modifications selon les développements de la recherche, le livre pourra redevenir le support du raisonnement et de l'idée, pour tout ce qui concerne, au-delà de la description, la reconstruction archéologique.

L'archéologie des documents

Cette reconstruction elle-même (et nous entrons maintenant, après l'archéo*graphie*, dans le domaine propre de l'archéo*logie*) se développe à deux niveaux différents. Il est bien certain qu'elle doit porter d'abord sur les documents en eux-mêmes, pour chacun desquels se posent les questions essentielles : qu'est-il ? de quand date-t-il ? quel est son lieu d'origine, ou son auteur ? Car l'objet archéologique a perdu, en traversant les distances temporelles plus ou moins grandes qui séparent de nous sa création et son utilisation (éventuellement ses utilisations successives), une part plus ou moins grande de ses évidences. C'est pourquoi il faut d'abord, éventuellement, le restituer, dans sa forme (qui peut avoir été altérée) et dans sa fonction (que peut-être on ne pourra reconnaître qu'en s'appuyant sur des textes, ou des images, ou d'autres objets analogues mais plus riches d'enseignements). Il faut le dater – avec une précision qui, selon les époques et le type de document, peut varier de quelques années à quelques siècles. Il faut le situer dans la zone géographique de sa création, éventuellement l'attribuer à un maître, ou à une école, s'il s'agit d'une œuvre d'art, à un atelier, s'il s'agit d'un objet courant. Pour répondre à ces interrogations, indispensables puisqu'elles permettent de donner au document sa place exacte dans les divers systèmes des hommes du passé, l'archéologue use de méthodes complexes, tirant de la trouvaille elle-même le maximum d'indications et les mettant en rapport avec l'énorme trésor des connaissances déjà accumulées, éventuellement à partir de textes descriptifs ou critiques appartenant à la même culture, utilisant, de plus en plus, toute la gamme des techniques scientifiques, par exemple, pour la datation, celles qui se fondent sur les isotopes radioactifs (dont le carbone 14 est le plus connu), ou la thermoluminescence, ou les variations du champ magnétique terrestre et, pour la localisation, les analyses qui permettent par exemple de rattacher telle fabrique céramique à une carrière d'argile parfaitement située. Mais, ici encore, il ne faudrait pas succomber au mirage des moyens. La pertinence d'une analyse n'est pas nécessairement fonction de sa finesse, et, plus que la sophistication de l'appareillage, c'est la qualité du raisonnement qui conditionne celle des résultats : la méthode scientifique implique, pour les sciences de la culture auxquelles appartient l'archéologie tout comme pour les sciences de la nature, d'abord une démarche contrôlée du raisonnement, partant de postulats explicites, testant les hypothèses et leurs conséquences, cherchant la preuve et la vérification – une démarche toute de rigueur, à l'opposé de l'intuition, de l'« impressionnisme » qui le plus souvent caractérisent la démarche traditionnelle de l'archéologue. Mais ne devrait-on pas parler, plutôt que d'opposition, de complémentarité ? Pour toute une tranche de la recherche au moins – celle qui concerne les personnalités artistiques et les écoles –, la sensibilité personnelle, le « flair » du connaisseur restent des instruments privilégiés, qu'une approche formelle pourrait seulement simuler au prix d'une lourdeur difficilement acceptable, comme le laissent pressentir les premiers essais, pourtant si prometteurs, de

```
415  *************************************************************
MOSAIQUE = PERGAME / INCOMPLET
NUMERO = 4
COMMENTAIRE = MOSAIQUE D'HEPHAISTION
SIGNATURE = HEPHAISTION
LIEU DE DECOUVERTE = PERGAME / PALAIS / V / PIECE N 1
LIEU DE CONSERVATION = BERLIN / MUSEE
DATATION = -199 A -150
DIMENSION 1 = 850
TECHNIQUE = OPUS TESSELLATUM / FIN
NOMBRE DE COULEURS = 99
NOMBRE DE TAPIS = 1
    ( PARTIE = RACCORD / LARGE
      DECOR = MONOCHROME
      COULEUR = BLANC / INCERTAIN
    ( PARTIE = TAPIS
      FORME = CARRE
      DIMENSION 1 = 650
      NOMBRE DE PANNEAUX = 2

    ***********************************************
    ( PARTIE = BORDURE
      NOMBRE DE PARTIES = 20
      NOMBRE DE BANDES DECOREES = 7   .
      COMMENTAIRE = 1 BANDE DISPARUE
      TECHNIQUE = LAMES DE PLOMB / INCERTAIN
          ( PARTIE = BANDE

    ***********************************************
          ( PARTIE = BANDE
            POSITION = CENTRE / EXTERIEUR
            DECOR = COMPOSITION / LINEAIRE / TRESSE / 3
            TRAITEMENT = DEGRADE
            COULEUR = NOIR / BLANC / ROUGE / BLEU / BEIGE
            COULEUR FOND = NOIR
          ( PARTIE = BANDE
            POSITION = CENTRE
            DECOR = COMPOSITION / LINEAIRE / ANIME / RINCEAU
            TRAITEMENT = RENDU NATURALISTE
            CHANGEMENT D'ORIENTATION = 8
            POSITION = MILIEU / COTE / ANGLE
            ORIENTATION = MULTIPLE / VU EXTERIEUR
                ( DECOR = FEUILLE / FEUILLE ENGAINANTE / VIGNE / CORNET / VRILLE /
                          CROISE / FRUIT / RAISIN
                ( DECOR = FLEUR / COMPOSITE / PERSPECTIVE / VU DESSOUS / VU DESSUS
                ( DECOR = CULOT / FEUILLE / ACANTHE
                  POSITION = ANGLE
                ( ANIMAL = SAUTERELLE
                ( PERSONNAGE = EROS
                  NOMBRE = 3
                  PRESENTATION = VOLANT / NU / AILES
          ( PARTIE = BANDE
            POSITION = CENTRE / INTERIEUR
```

fig. 4 – Mosaïque hellénistique d'un palais de Pergame

Une banque de données sur la mosaïque grecque, renfermant des descriptions régulières d'un matériel jusqu'à présent très dispersé, permet, lorsqu'on recherche des documents, de les retrouver immédiatement à partir de l'énoncé des caractéristiques souhaitées et de leurs combinaisons. Document A.-M. Guimier-Sorbets, LA 375 du Centre national de la recherche scientifique et de l'université de Paris-X.

construction de « systèmes experts » en archéologie ; plus généralement, on ne ferait qu'appauvrir la connaissance en écartant ce qu'apporte une longue familiarité avec les objets, qui nous les fait proches et, pour ainsi dire, amicaux. Mieux vaut donc imaginer, pour cette archéologie des documents, une double démarche, celle du raisonnement formel qui seul peut contrôler l'intuition et lui donner valeur scientifique, et celle de l'intuition qui seule peut donner vie à la recherche, en nous faisant participer, à travers les objets et leurs relations, à l'existence des hommes de jadis.

L'archéologie des systèmes culturels

Car cette archéologie des documents ne saurait être le but ultime du travail archéologique : comment le serait-elle d'ailleurs pour les périodes les plus récentes sur lesquelles il porte, et pour lesquelles on connaît, de chaque objet, la date, le lieu de fabrication, le fonctionnement et la fonction ? Au-delà de ces recherches visant à rendre au document la portion d'identité qu'il a pu perdre, viennent celles qui intègrent les documents, de quelque nature qu'ils soient, dans les systèmes culturels du passé, systèmes que nous sommes amenés à distinguer un peu artificiellement pour la commodité de l'étude, mais dont le fonctionnement conjoint, en constante interaction, est à la fois condition et résultante, moteur et reflet de la vie des hommes dans leur milieu.

C'est la culture matérielle, à laquelle le document archéologique a participé directement, révélant les capacités techniques de la création dans un lieu et à une époque : technologies de l'agriculture et de l'élevage, de l'approvisionnement et des transports (pour les nourritures comme pour les matériaux), de la construction, du vêtement, du décor. C'est la vie économique, sur laquelle des textes sont, lorsqu'ils existent, tellement discrets, et que contribuent à éclairer par exemple les trouvailles de trésors monétaires, la proportion, sur chaque site, de céramiques locales et importées, le contenu des bateaux naufragés ; la prospection aérienne reconnaît dans nos grandes plaines l'emplacement et le plan des villas antiques, la densité de leur implantation, le tracé des voies (fig. 5) et, pour certains cas privilégiés de l'Afrique du Nord, jusqu'aux trous qui dans l'Antiquité avaient reçu chacun un olivier, avec leur système d'irrigation ; les techniques du filtrage optique permettent de retrouver, sous la confusion du paysage actuel, des structures agraires fossiles, en particulier les centuriations antiques (fig. 6), quelquefois même superposées ; ainsi se précisent les relations d'adaptation des groupements humains à leur environnement, dans ce qu'on appelle l'écologie historique. C'est la vie sociale, dont témoignent la disposition et la distribution des habitations, leurs dimensions et leur décor, l'agencement des exploitations agricoles, l'organisation des cimetières, la répartition, dans la ville, des zones de bâtiments publics, de jardins – et les Anglo-Saxons regroupent sous l'expression *spatial archaeology* tout un ensemble d'études situant ces phénomènes sociaux, et les phénomènes économiques dont ils sont inséparables, dans un espace géographique (fig. 7) dont on met en valeur l'importance comme on l'avait fait, auparavant, pour la dimension temporelle. C'est la vie politique, intellectuelle, religieuse, l'idéologie, sur laquelle nous renseignent et l'architecture des sanctuaires, des temples, des bibliothèques, et l'iconographie, à la fois par ce qu'elle montre et par la manière dont elle le montre, le choix des formes et des moyens d'expression traduisant le mouvement des mentalités (fig. 8). C'est la vie artistique – car, si la notion d'« art »

appartient à des tranches relativement limitées de l'histoire et des sociétés, la qualité esthétique est une composante fondamentale de la création humaine. S'ouvrant à ces dimensions de la recherche, l'archéologie ne saurait se réduire à une « discipline auxiliaire de l'histoire », comme on la caractérise parfois : elle est l'histoire elle-même pour toutes les périodes et tous les lieux où manquent les textes, mais aussi pour toutes les questions auxquelles les textes n'apportent pas de réponse, ou apportent des réponses trop lacunaires, et aussi, même lorsque les textes sont à leur maximum de richesse, pour les enrichir encore, en leur offrant, non pas les simples illustrations que trop longtemps on a cherché dans la documentation archéologique, mais le contrepoint de la réalité matérielle et technique, conditionnée par, et conditionnant, l'ensemble des faits culturels. Et l'archéologie n'est pas seulement histoire, travaillant à reconstituer une création ordonnée dans la dimension temporelle : on a déjà évoqué l'importance qu'y prend désormais la dimension spatiale ; et n'est-elle pas appelée, en tant qu'anthropologie, à essayer de *comprendre* le fonctionnement, pour chaque époque, des différents systèmes sociaux-culturels, en s'efforçant de reconnaître les lois générales de leur développement, c'est-à-dire en définitive du comportement humain ?

❧

L'archéologie apparaît ainsi comme un moyen privilégié de retrouver l'homme du passé, à travers ses créations techniques, par lesquelles il exprime certaines de ses aptitudes et certains de ses besoins fondamentaux ; de le retrouver dans une quête qui elle-même dépend des moyens et révèle les aspirations des hommes de notre temps. Car chercher l'homme du passé, c'est chercher le passé que nous portons en nous : ainsi pourrait bien se

fig. 5 – Carte de l'habitat antique dans la région d'Amiens
La prospection aérienne permet de repérer, en même temps que les voies romaines (traits rouges), les oppidums (cercles rouges), les substructions gallo-romaines (triangles rouges) et les villas de même époque (carrés rouges), ainsi que les substructions médiévales (triangles verts) souvent superposées à des constructions plus anciennes. D'après R. Agache, « Bassin de la Somme, l'habitat antique de la Somme d'après les prospections aériennes », in *Revue du Nord,* n° 216, janv.-mars 1973.

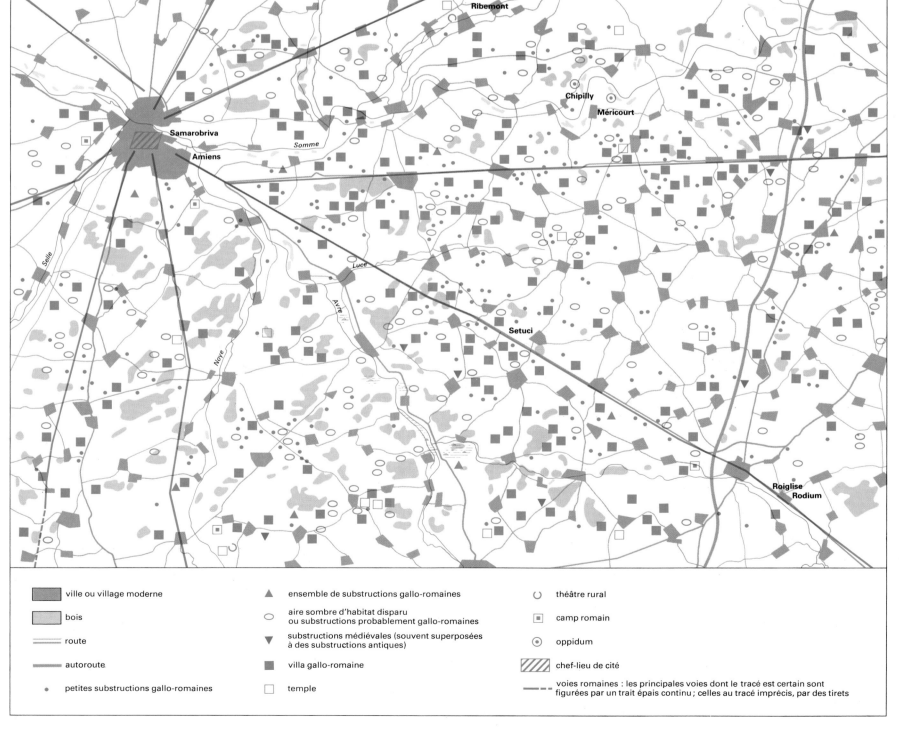

▮ ville ou village moderne	▲ ensemble de substructions gallo-romaines	◡ théâtre rural
▢ bois	○ aire sombre d'habitat disparu ou substructions probablement gallo-romaines	▫ camp romain
route	▼ substructions médiévales (souvent superposées à des substructions antiques)	⊙ oppidum
autoroute	▪ villa gallo-romaine	▨ chef-lieu de cité
• petites substructions gallo-romaines	□ temple	voies romaines : les principales voies dont le tracé est certain sont figurées par un trait épais continu ; celles au tracé imprécis, par des tirets

I.G.N.

P. Lévêque

fig. 6 – Centuriation fossile de Valence

La méthode du « filtrage optique en lumière cohérente » (celle que fournit un laser) permet de retrouver, sous la confusion du paysage actuel tel qu'il apparaît dans une photographie aérienne (voir la photographie du haut), les parallèles équidistantes et les perpendiculaires (voir les flèches en haut, en bas, à droite de la photographie du bas) correspondant à la division romaine du sol, qui continue à structurer l'espace rural sous forme de traces plus ou moins évanides (chemins, alignements de pierres, fossés, etc.) mais révélant une certaine périodicité. Il devient ainsi possible de reconstituer le paysage antique, moment essentiel pour la compréhension de l'histoire rurale. Centre de recherches d'histoire ancienne, Besançon.

justifier l'engouement pour l'archéologie que nous évoquions en commençant.

Dans cette perspective, les plus anciennes origines sont peut-être les plus significatives. Comment mieux juger de la spécificité de l'humanité qu'en la regardant à la première aube de son développement, en examinant comment ces êtres dont nous sommes les très lointains descendants ont su s'adapter au monde en utilisant l'outil pour renforcer leur action, et en créant des images pour fixer leurs fantasmes et éventuellement agir par l'imaginaire sur la réalité, bien longtemps avant qu'ils n'aient commencé à modifier leur milieu naturel par la culture et l'élevage ? Pour la suite, l'intérêt envers l'archéologie ne se distingue pas sensiblement de l'intérêt envers l'histoire : l'homme sait bien qu'il ne peut se connaître en profondeur, et par là essayer de maîtriser son présent, qu'en connaissant son passé individuel mais aussi son passé collectif, et la somme de ses possibilités telles qu'elles se sont exprimées à travers la création matérielle.

C'est pourquoi il est compréhensible que les différents États se préoccupent toujours davantage de protéger, et éventuellement de récupérer, leur patrimoine culturel. Ce souci s'exprime par les législations qui, dans de très nombreux cas, excluent totalement l'exportation des antiquités, et par la lutte contre les fouilles clandestines, qui alimentent le commerce des antiquités, responsable il est vrai d'une perte considérable pour la science, avec la disparition d'objets qui, même s'ils sont retrouvés un jour, auront perdu tout rapport avec leur stratigraphie et parfois même leur lieu d'origine. Caractéristique aussi est la passion avec laquelle un pays comme la Grèce réclame officiellement le retour sur son sol d'un certain nombre de chefs-d'œuvre qui lui ont été arrachés : quelle que soit la sympathie avec laquelle de telles revendications puissent être reçues, il ne faudrait pas oublier que si le cloître de Saint-Guilhem-le-Désert (Hérault) ne se trouvait pas à l'heure actuelle au musée des Cloisters, à New York, il ne se trouverait nulle part, sinon sous forme de pierres de construction dans les murs de quelques fermes ; ni que l'arrivée à Londres des marbres du Parthénon, emportés par lord Elgin, a ouvert pour tout l'Occident une nouvelle vision de l'art grec ; ni, plus généralement, que certains musées, rassemblant des œuvres qui sont devenues le patrimoine commun de l'humanité, ont joué un rôle exceptionnel pour la création d'une culture universelle. Mais il est bien vrai que l'archéologie peut servir de support à des revendications de type nationaliste : l'archéologie de l'Europe centrale et des Balkans après

fig. 8 – Marianne, sur une fontaine de Neschers (Puy-de-Dôme)
Quelle qu'en soit la valeur esthétique, l'objet fabriqué signifie. Une « archéologie de la République » peut se fonder sur les nombreux emblèmes dont s'entoure cette Marianne pour reconstituer des représentations politiques telles qu'elles étaient vécues jusque dans des groupes les plus lointains.

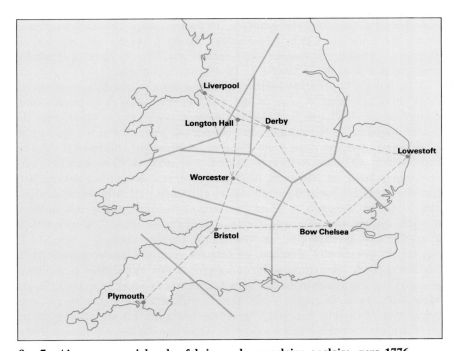

fig. 7 – Aires commerciales des fabriques de porcelaine anglaise, vers 1776
Ce schéma propose une délimitation hypothétique des zones de vente, pour chacun des principaux centres de création. D'après David L. Clarke éd., *Spatial Archaeology*, Londres, 1977, p. 370, fig. 9, P. Danks, *Some Observations on Medieval and Post-medieval Artefact Distributions : A Spatial Model at the Regional Scale.*

la Première Guerre mondiale, celle de la Macédoine actuellement partagée entre trois pays, celle des terres bibliques, celle de l'Inde et du Pakistan, celle de la colonisation romaine, dont certains ont tendance à juger les produits en fonction de l'opinion qu'ils portent sur les colonisations du XIXe siècle. Ainsi les peuples et les nations, et en premier lieu celles qui viennent d'émerger à l'existence ou à l'indépendance, peuvent-ils être tentés de chercher dans l'archéologie une confirmation de leur légitimité et de leurs droits.

L'individu, lui, peut vouloir s'accrocher à son passé pour d'autres raisons encore, plus personnelles. Le monde technologique dans lequel nous vivons, et dont les acquis et les réussites ne sauraient être niés, est nécessairement réducteur de différences : les mêmes formes architecturales se retrouvent en Irak et au Canada, au mépris des plus évidents contrastes climatiques

et psychologiques ; nos manières de nous vêtir, de nous nourrir, mais aussi nos distractions et nos musiques tendent à s'uniformiser ; la banalisation de certains enseignements, de certaines machines, risque d'abolir, au profit d'une simple consommation de produits culturels, les dernières survivances du savoir-faire artisanal, des traditions orales, de tout ce qui est créativité originale – en même temps que les grands travaux d'aménagement et la transformation de l'agriculture, en bouleversant des paysages restés stables pendant des siècles, détruisent les vestiges du passé qu'ils conservaient. Pour ceux qui se sentent autant menacés par cette uniformisation et par cette sorte d'amnésie collective qu'ils le seraient par une perte de leur individualité, le recours peut prendre la forme d'un retour vers le passé, vers la continuité d'une histoire concrète dans laquelle chacun peut s'intégrer. Car travailler sur un site, ce n'est pas seulement reconstruire la vie de jadis (celle des puissants, mais aussi celle de l'ensemble de la communauté dans son existence journalière), c'est aussi entrer en sympathie avec un paysage, avec les hommes qui continuent à y vivre et qui en portent l'empreinte ; et le petit garçon du Languedoc, qui, dans les vignes humides de l'automne, voit luire entre les souches les tessons rouges de la Graufesenque, se sent le descendant d'une très longue tradition et reconnaît son appartenance à un terroir dans lequel il est appelé à trouver un jour sa place.

Ainsi, pour l'homme de notre vieil Occident, et pour tous ceux qui participent à notre culture, l'archéologie classique et l'archéologie proche-orientale sont un moyen de retrouver, dans leur actualité, les sources d'un héritage sur lequel cette culture se fonde encore très largement. Et, pour chaque homme, l'archéologie tout court est un moyen de reconnaître d'un côté, dans toute sa généralité, la nature de l'humanité, mais aussi de retrouver, à côté d'une civilisation en train de devenir universelle, une communauté plus proche, dont l'échelle est mieux accordée à ses désirs et à son action, riche d'un patrimoine original que le temps lui a transmis, et qu'il a pour vocation de préserver et de comprendre avant de continuer à l'enrichir. La quête souvent passionnée du passé exprime alors, en même temps que le refus d'un certain présent mutilateur et banalisant, surtout des exigences pour l'avenir de l'homme.

René GINOUVÈS

L'Europe préhistorique

Le Paléolithique et le Mésolithique

L'histoire de la recherche préhistorique est aussi une histoire des mentalités. Jusqu'au XVIIIᵉ siècle, en effet, le problème des origines de l'homme ne se pose pas puisqu'il est résolu par la Genèse : les traces des premiers hommes ont été détruites par le Déluge et seuls ont survécu Noë et ses fils, dont les descendants formèrent les diverses nations du monde. En 1650, l'archevêque Ussher, se fondant sur les généalogies des personnages bibliques, propose pour la création de l'homme la date de 4004 avant Jésus-Christ. À partir des mêmes documents, J. Lightfoot précise un peu plus tard que cet événement eut lieu le 23 octobre à 9 heures du matin ! La date de 4004 avant J.-C. fut consignée dans les marges de la version autorisée de la Bible, et devint aussi sacrée que les Écritures elles-mêmes.

Les hommes ont toujours ramassé dans les champs fraîchement labourés ou ravinés par les orages des haches polies et des pointes en silex taillé, mais ils leur attribuaient une origine surnaturelle et pensaient que ces objets aux formes très régulières apparaissaient là où la foudre avait frappé. Jusqu'à la fin du XIXᵉ siècle, ces « pierres de foudre » sont soigneusement collectées pour leurs vertus tant magiques que curatives. Dès le XVIᵉ siècle, toutefois, certains avaient pensé à les comparer aux outils de pierre des Indiens d'Amérique. M. Mercati* fut le premier à suggérer que les flèches de silex avaient été fabriquées par les hommes des temps antérieurs à la métallurgie.

Cette opinion n'est reprise qu'au XVIIIᵉ siècle, lorsque les voyages d'exploration se multiplient. Des savants, comme A. de Jussieu, pensent désormais que la comparaison des mœurs et des outils des « sauvages » pourrait aider à mieux comprendre ceux des « peuples de France, d'Allemagne et des autres pays du Nord », avant l'usage du fer. Certains philosophes commencent à soutenir que l'homme ne fut pas créé tel qu'il est, mais qu'il a évolué d'un âge de barbarie primitive à celui de la civilisation.

L'éveil du romantisme et le développement des sentiments nationalistes conduisent à rechercher, dans tous les pays d'Europe, les traces des Celtes, des Germains, des Goths ou des anciens Bretons. Les fouilles qui sont alors entreprises ne fournissent encore que des collections d'objets, sans référence chronologique, mais il devient clair que le cadre de la Genèse est maintenant trop étroit pour inclure à la fois les Romains, les Grecs, les Égyptiens et les Barbares européens. Aucun élément ne permet encore de dater et d'ordonner les multiples découvertes, et il faut attendre le début du XIXᵉ siècle pour que le Danois J.-C. Thomsen propose, en 1819, de les classer en trois âges : Âge de pierre, Âge du bronze et Âge du fer. Perçue jusqu'ici plus ou moins implicitement, cette classification, d'abord spéculative, se voit confirmée par les fouilles menées au Danemark par J. J. A. Worsaae, assistant de Thomsen.

Vers la même époque, l'étude de la formation de la Terre et celle des fossiles contenus dans ses différentes couches amènent à réfuter les théories « catastrophistes » et « diluvianistes » en cours jusqu'alors et, en 1822, Cuvier, parlant des espèces animales éteintes, constate que « les différences qui existent entre les animaux fossiles et les animaux vivants augmentent en raison de l'âge des couches qui les recèlent ». Entre 1820 et 1845, divers géologues et paléontologues découvrent, en particulier dans des grottes, des ossements d'espèces animales disparues associés à des outils de pierre et d'os, et quelquefois même à des restes humains. Les découvreurs se heurtent cependant au scepticisme de leurs pairs, et il faut attendre la publication, en 1846, du premier volume des *Antiquités celtiques et antédiluviennes* de J. Boucher de Perthes* pour que soit sérieusement abordée la question de l'existence d'un homme antédiluvien. Partant d'une idée fausse – le Déluge

ne peut avoir effacé toutes les traces d'un homme antérieur à ce cataclysme – , Boucher de Perthes soutient que les silex taillés qu'il a retrouvés avec des restes d'animaux fossiles dans les alluvions de la Somme (qui dateraient du Déluge) sont bien l'œuvre d'hommes contemporains de ces grands animaux antédiluviens. Ses conclusions déchaînent une controverse, mais l'un de ses plus farouches adversaires, le Dr Rigollot, doit se rendre à l'évidence, lorqu'il découvre lui-même en 1853 des restes semblables dans une carrière de Saint-Acheul, près d'Amiens. En 1857, on trouve à Neandertal (Allemagne) les restes d'un homme nettement différent de l'homme actuel, puis, en 1858, à Brixham (Angleterre), des silex taillés scellés sous une couche stalagmitique, enfin, en 1859, plusieurs savants anglais, en visite chez Boucher de Perthes, se rallient à ses conclusions. L'existence d'un homme fossile est officiellement reconnue en 1859, avec la présentation de deux mémoires, l'un devant l'Académie des sciences de Paris, l'autre devant l'Académie royale de Londres. Cette même année paraît *L'Origine des espèces* de Darwin : l'histoire humaine peut désormais être intégrée à l'échelle géologique et mesurée à l'aune de l'évolution biologique.

À la suite de Boucher de Perthes, les archéologues français avaient divisé l'Âge de pierre en un Âge de la pierre taillée et un Âge de la pierre polie, mais c'est en 1865 que J. Lubbock propose pour ceux-ci les termes de Paléolithique et de Néolithique. Les années qui suivent sont marquées par d'intenses recherches dans toute l'Europe, et plus particulièrement dans le sud-ouest de la France, où les travaux de É. Lartet* et H. Christy en Périgord serviront bientôt de référence. Malheureusement l'enthousiasme remplace souvent la rigueur scientifique et bien des gisements paléolithiques sont vidés sans que l'on conserve la trace de l'origine stratigraphique des milliers d'objets qui en sont exhumés. Certains savants, pourtant, cherchent déjà à établir des chronologies, et, dès 1860, Lartet, constatant que « la disparition des espèces animales considérées comme caractéristiques de la dernière période géologique a été successive et non simultanée », propose une division des temps paléolithiques fondée sur la faune. En 1869, G. de Mortillet*, chargé de classer les collections préhistoriques destinées au futur musée des Antiquités nationales, présente une autre classification à partir de l'outillage lui-même. Les époques de Moustier, de Solutré (Solutréen*), d'Aurignac (Aurignacien*) et de La Madeleine (Magdalénien*), nommées d'après les gisements caractéristiques de chaque époque, seront complétées ensuite par l'Acheuléen*, antérieur au Moustérien*. D'autres divisions, qui recoupent plus ou moins les classifications paléontologiques et typologiques de Lartet et de Mortillet, seront proposées plus tard par divers chercheurs, mais c'est le cadre établi par Mortillet, qui, avec quelques modifications, fera autorité jusqu'à la fin du siècle.

Toutefois, entre 1880 et 1890, une période intermédiaire est ajoutée entre le Paléolithique et le Néolithique. L'opinion généralement admise était qu'il existait un hiatus entre ces deux périodes, et que les derniers chasseurs de rennes étaient remontés vers le nord à la suite des troupeaux, lorsque le climat s'était radouci ; les premiers agriculteurs, venus ensuite d'Asie, auraient trouvé une Europe entièrement dépeuplée. Les travaux de E. Piette* dans les Pyrénées, notamment au Mas-d'Azil, montrent que les niveaux de l'Âge du renne sont directement recouverts par des niveaux dans lesquels le cerf domine, et où l'on trouve des harpons plats en bois de cerf et des galets peints à l'ocre. Cet Azilien*, clairement post-glaciaire, est sous-jacent aux niveaux néolithiques. D'autres gisements prénéolithiques sont découverts à la même époque à Sauveterre-la-Lémance (Lot-et-Garonne) et dans la

Fouille au pied d'une pierre dressée dans l'île de Lewis, Grande-Bretagne. Illustration de William Daniell extraite de *A voyage round Great Britain*, 1819.
Les premières fouilles, entreprises au XVIIIe siècle, concernent les monuments mégalithiques – pierres dressées, dolmens – que l'on attribue généralement aux Celtes ou aux Druides. Dès 1797, J. Frere reconnaît à Hoxne, dans le Suffolk, des silex taillés datant d'une époque « très reculée », et vers 1815 – 1816 F. B. Jouannet fouille les premières grottes paléolithiques de Combe-Grenal et du Pech-de-l'Aze, en Périgord.

région de Tardenois (Aisne), puis dans toute l'Europe, depuis le Portugal jusqu'à la Norvège. Les cultures de ces derniers chasseurs, dont le Sauveterrien*, le Tardenoisien* et le Maglemosien* sont parmi les plus connues, présentent diverses particularités régionales, mais elles sont toujours caractérisées par un outillage en silex de très petite taille, avec des microlithes* aux formes géométriques et armatures de flèches. Si le terme de Mésolithique, proposé dès 1892 pour cette période de transition, n'est pas immédiatement adopté, tout le monde s'accorde maintenant à penser que le fameux hiatus est un mythe.

L'homme paléolithique, dont on connaissait seulement les outils et les armes, est enfin trouvé par la fouille. C'est en 1868 que l'on découvre les premières sépultures reconnues comme telles. Cinq squelettes, portant des parures de coquilles, sont mis au jour dans l'abri de Cromagnon, aux Eyzies. Un peu plus tard, d'autres sépultures sont trouvées à Laugerie-Basse (Dordogne), à Duruthy (Landes) et dans les grottes de Baoussé-Roussé, près de Menton. En dépit de nombreuses réticences, les chercheurs finissent par admettre que l'homme du Paléolithique supérieur a pu enterrer ses morts.

La fin du XIXe siècle est aussi marquée par la reconnaissance d'un art paléolithique. L'existence d'un art mobilier avait dû être admise en 1864, lorsque Lartet et Christy avaient exhumé dans l'abri de La Madeleine un fragment d'ivoire, gravé d'une fine représentation d'un mammouth, preuve irréfutable de l'ancienneté de la pièce ; mais, lorsque, en 1879, M. de Sautuola prétend que les bisons peints du plafond d'Altamira sont l'œuvre d'hommes du Paléolithique, très peu de préhistoriens le suivent. Entre 1890 et 1900, toutefois, les découvertes de grottes ornées se multiplient dans le sud-ouest de la France, et ce sont celles de Font-de-Gaume et des Combarelles explorées en 1901 par H. Breuil*, L. Capitan et D. Peyrony* qui finiront par forcer la conviction des savants.

La vision que l'on a alors de l'homme préhistorique reflète les doctrines philosophiques du temps : on pense que l'homme a progressé de façon unilinéaire depuis les origines, et que les époques de Mortillet correspondent plus à une logique d'évolution technologique qu'à une véritable stratigraphie* temporelle. L'usage des comparaisons ethnographiques aide à dépasser la simple description des vestiges matériels pour évoquer les aspects sociaux et culturels. On suit en cela les théories de E. Tylor et L. H. Morgan sur les origines et le développement des sociétés, depuis les âges de « sauvagerie » et de « barbarie » jusqu'à celui de la « civilisation ».

Dès le début du XXe siècle, ces conceptions quelque peu théoriques sont complètement abandonnées pour des programmes intensifs de fouille, où l'on se préoccupe exclusivement de la typologie des outils et de la structure géologique des niveaux archéologiques. Les outils sont collectés à l'intérieur d'unités stratigraphiques visibles, représentant des épisodes majeurs de l'histoire des dépôts. Le but est de définir les similarités et les différences des assemblages lithiques et osseux, et, en comparant les stratigraphies, de les organiser en séquences régionales que l'on tente de mettre en relation. S'appuyant sur les travaux de Peyrony en Périgord, Breuil reprend les collections anciennes et publie en 1912 *Les Subdivisions du Paléolithique supérieur,* où il distingue trois phases dans l'Aurignacien, un Solutréen et six phases dans le Magdalénien. Vers la même époque, V. Commont reprend, sur les terrasses de la Somme, les divisions du Paléolithique ancien et moyen. Ces classifications seront remaniées et affinées par Breuil et Peyrony jusqu'en 1933. Les termes de Mortillet sont toujours en usage, mais à la notion d'âges ou d'époques se succédant dans un ordre immuable se substitue celle de

cultures caractérisées par des assemblages d'outils typiques, appelés « fossiles directeurs ». Certaines d'entre elles peuvent s'être développées simultanément dans différentes régions, comme le prouve Breuil en 1932, avec les industries à éclats et les industries à bifaces du Paléolithique inférieur. Fondamentales pour construire un cadre chronologique cohérent, ces méthodes d'analyse ont cependant privilégié à l'excès le concept de fossile directeur, aux dépens des autres catégories de vestiges. Il est remarquable de constater que, à l'exception de quelques rares synthèses, l'homme n'est presque jamais mentionné dans les publications de cette époque.

Cette tendance s'inverse après la Seconde Guerre mondiale et l'on cherche désormais à replacer l'homme dans son milieu naturel. Les méthodes de datation relative*, fondées jusqu'alors sur la géologie et les séquences typologiques, sont maintenant complétées par celles de datation absolue*, dont la plus célèbre est le carbone 14 ou radiocarbone* mise au point par W. F. Libby en 1949. Dès 1950, F. Bordes* met au point une méthode d'analyse statistique des outillages lithiques, qu'il considère dans leur ensemble. L'établissement de listes types, puis de pourcentages des divers types d'outils à l'intérieur d'un niveau donné permet de comparer objectivement les séries typologiques entre elles, et de les replacer dans un cadre culturel plus vaste. Enfin, on assiste depuis une vingtaine d'années à une explosion des techniques d'investigation des documents préhistoriques. La fouille n'est plus considérée comme le moyen le plus simple d'obtenir des outils en stratigraphie, mais comme un préalable essentiel à la compréhension de la vie préhistorique. Les décapages de sols préhistoriques sur de grandes surfaces, déjà effectués en 1930 dans les sites de plein air en U.R.S.S., privilégient désormais la recherche des « structures d'habitat » ; l'enregistrement minutieux de tous les vestiges est le point de départ de multiples études en laboratoire sur l'organisation spatiale des campements, sur le comportement et l'habileté technique de leurs occupants, sur les choix qu'ils ont opérés dans les ressources du milieu. Les analyses sédimentologiques, botaniques (pollens fossiles et restes végétaux) et fauniques concourent non seulement à placer les assemblages culturels sur une échelle chronologique, mais aussi à reconstituer le climat et le milieu dans lequel les hommes vivaient. Les analyses technologiques, associées aux reconstitutions des techniques de fabrication, la détermination des traces d'usage sur les outils (tracéologie*), la recherche des sources de matières premières, enfin l'emploi raisonné d'analogies ethnographiques renouvellent totalement l'approche du document préhistorique : les objets deviennent enfin les témoins de gestes et d'activités. La vie préhistorique n'a plus besoin de philosophes pour être décrite, ce sont les hommes de la préhistoire eux-mêmes qui commencent à nous la révéler.

Michèle JULIEN

Les premiers habitants de l'Europe

L'homme, parti d'Afrique à la recherche de nouveaux gibiers, a commencé à s'aventurer en Europe au tout début du Pléistocène*. Les premiers indices de sa présence ont été découverts en France, dans des gisements ossifères du Massif central, qu'il est encore malheureusement impossible de dater : à Chilhac III, en Haute-Loire, quelques galets portent en effet des traces d'éclatement qui paraissent bien intentionnelles. Au cours de l'immense période que couvrent le Pléistocène ancien – près de un million d'années –, puis le Pléistocène moyen – jusque vers 120 000 ans avant notre ère –, les hommes vont occuper toute l'Europe du Sud (l'Espagne, la France, l'Italie et la Yougoslavie) et, lors des phases de réchauffement climatique, remonter jusqu'à l'Angleterre, la Belgique, l'Allemagne, la Tchécoslovaquie et le sud de l'U.R.S.S.

Qui étaient ces premiers habitants de l'Europe ? Jusqu'en 1983 aucun reste humain n'avait été trouvé dans les niveaux du Pléistocène ancien. La découverte, à Venta Micena, près de Grenade en Espagne, d'un crâne daté de 1 200 000 années permet désormais de confirmer ce que l'on soupçonnait : les plus anciens chasseurs d'Europe étaient bien des *Homo erectus**. Par la suite, leur présence n'est plus attestée, en de nombreux endroits, que par des outils de pierre et des restes d'animaux abattus à la chasse, et il faut attendre le Pléistocène moyen pour retrouver à nouveau des squelettes humains. Il ne s'agit jamais d'individus entiers, mais de fragments – crânes, mandibules, bassins, os longs ou dents – entremêlés aux os des animaux consommés dans les habitats. Les morts ne devaient pas être inhumés à cette époque, mais plutôt abandonnés sur le sol des grottes. Réduits à l'état d'ossements dispersés, les restes de ces hommes finissaient par se mélanger aux autres déchets animaux et s'enfouissaient peu à peu dans les sols d'habitat. La centaine de restes humains datant du Pléistocène moyen retrouvés à ce jour a permis d'identifier une vingtaine d'adultes, parmi lesquels sept femmes et trois hommes de vingt à cinquante ans, et une douzaine d'enfants. Ces quelques fossiles doivent donc témoigner pour les milliers de générations qui se sont succédé durant plus d'un million d'années.

La capacité crânienne d'*Homo erectus* varie de 1 100 à 1 300 cm³ et, sur les crânes les mieux conservés comme ceux de l'Arago XXI (Tautavel, France) ou de Petralona (Grèce), un épais bourrelet surmonte des orbites profondes et larges. Le front est fuyant et la voûte crânienne basse et allongée. Il existe de grandes similitudes entre les caractères de ces deux crânes et ceux des restes plus fragmentaires des autres Européens

de cette époque, mais ils sont tous malaisés à dater avec certitude. Divers procédés de datation sont utilisés, mais ils sont à la fois imprécis et difficiles à faire concorder, c'est pourquoi l'éventail des dates proposées pour certains fossiles peut varier de 200 000 à 500 000 ans. Les estimations les plus raisonnables, fondées à la fois sur des méthodes de datation absolue* et relative*, confèrent à la mandibule de l'Homme de Mauer, aux crânes de l'Arago et de Vertesszöllös (Hongrie) et à ceux de Petralona et de Bilzingsleben (R.D.A.) un âge compris entre 450 000 et 250 000 ans. Actuellement, les anthropologues débattent pour déterminer si les hommes du Pléistocène moyen sont des variantes européennes de l'*Homo erectus*, ou si, dérivés de cette espèce ancienne, ils représentent déjà des formes archaïques de *l'Homo sapiens**. En effet, par un certain nombre de caractères, les fossiles les plus complets s'apparentent au type *erectus*, mais ils présentent aussi des caractères plus évolués qui les rapprochent du type néandertalien. Certains fossiles comme ceux de Swanscombe (Angleterre) et de Steinheim (Allemagne), d'âge probablement un peu plus récent, seraient déjà des « prénéandertaliens » comme ceux, plus jeunes, de la Chaise et de Biache-Saint-Vaast (France) ou de Ehringsdorf (Allemagne), vieux de 170 000 à 90 000 ans. Admettre la filiation directe de l'*Homo erectus* à l'*Homo sapiens neandertalensis** éviterait d'aller chercher en Afrique des ancêtres « présapiens » comme certains spécialistes l'ont proposé.

On ignore quelle part tenait l'alimentation végétale dans le régime des très anciens chasseurs du Pléistocène, même si l'étude microscopique de certaines couronnes dentaires a révélé qu'ils se nourrissaient surtout de viande. Les animaux chassés sont extrêmement divers et, d'après les restes retrouvés dans les habitats, variaient semble-t-il en fonction de l'époque et du climat. Si la chasse des cervidés, des chevaux et autres mammifères de taille moyenne ne devait pas poser de problèmes particuliers, celle des éléphants, des rhinocéros, des hippopotames ou de grands bovinés était sans doute alors autrement plus dangereuse. Les chasseurs paraissent alors s'attaquer aux bêtes très jeunes ou âgées, plus faciles à isoler et à abattre, et ils ne dédaignaient pas de consommer des animaux morts naturellement.

Pendant tout le Pléistocène ancien, l'habitat n'est caractérisé que par quelques concentrations d'outils taillés, associés, lorsque la conservation l'a permis, à des ossements animaux plus ou moins concassés. Vers 950 000 à 900 000 ans, la grotte du Vallonnet (France) n'est encore qu'une simple tanière où quelques outils lithiques gisent au milieu des os. À Soleilhac (France),

entre 900 000 et 800 000 ans, les hommes sont installés sur les berges d'un lac d'origine volcanique : des outils et des os brisés sont regroupés sur une aire d'une centaine de mètres carrés délimitée par des blocs de basalte. Au cours de la phase suivante, et jusque vers 400 000 ans environ, les formes d'habitat restent encore très rudimentaires. Dans les campements de plein air d'Isernia La Pineta et de Venosa en Italie, ou dans la grotte de l'Arago (France), on commence à discerner certaines concentrations d'ossements et d'éclats de débitage. Il est encore difficile d'y voir une véritable organisation de l'espace habité.

Aucune trace de feu n'a été découverte dans les gisements de cette époque. La seule exception concerne la grotte de l'Escale (France) où, dans des niveaux datés de 700 000 ans environ, quelques galets chauffés accompagnent des nappes de charbon. Cette « utilisation » précoce du feu pourrait être accidentelle, car il faut encore attendre 300 000 ans avant de trouver de véritables foyers aménagés. Vers 400 000 ans à Vertesszöllös en Hongrie, et vers 380 000 ans à Terra Amata en France, de petits feux sont allumés à même le sol ou dans des cuvettes creusées. C'est aussi à partir de ce moment qu'apparaissent de véritables aires d'habitation délimitées par des cordons de blocs, des « murets » de pierres sèches ou même peut-être de véritables calages de poteaux. Les campements de cette époque sont cependant rarement conservés et leur agencement est encore mal connu.

En dépit de ces lacunes dans l'information, on observe que la maîtrise du feu et une concentration de l'espace habité contribuent au développement des structures sociales. L'évolution et la diversification des outillages lithiques donnent naissance à plusieurs grandes traditions culturelles régionales (complexes acheuléens de types variés). C'est au cours de cette période que des Acheuléens mettent au point la technique de débitage Levallois* : il est désormais possible d'obtenir des éclats de forme prédéterminée à partir de nucléus soigneusement préparés. Ces techniques témoignent de l'épanouissement de l'intelligence humaine à la fin du Pléistocène moyen. Le développement psychique accompagne donc l'évolution physique de ces chasseurs de l'Acheuléen* supérieur ; ils se rapprochent beaucoup de l'*Homo sapiens* qui va apparaître en Europe sous la forme de l'*Homo sapiens neandertalensis* aux alentours de 100 000 ans avant notre ère.

Michèle JULIEN et Catherine FARIZY

Les premiers Européens

Parmi les restes humains du Pléistocène moyen, les crânes de Tautavel (Arago XXI reconstitué à gauche) et de Petralona sont les mieux conservés. Tous deux présentent une face massive et un vigoureux bourrelet sus-orbitaire. Par certains caractères, ils sont plus évolués que les *Homo erectus*.

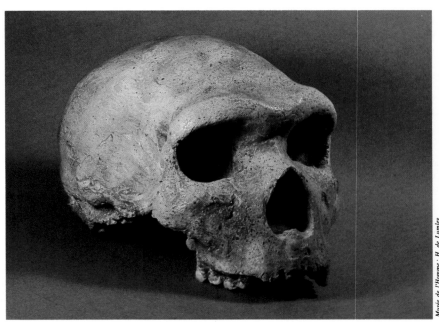

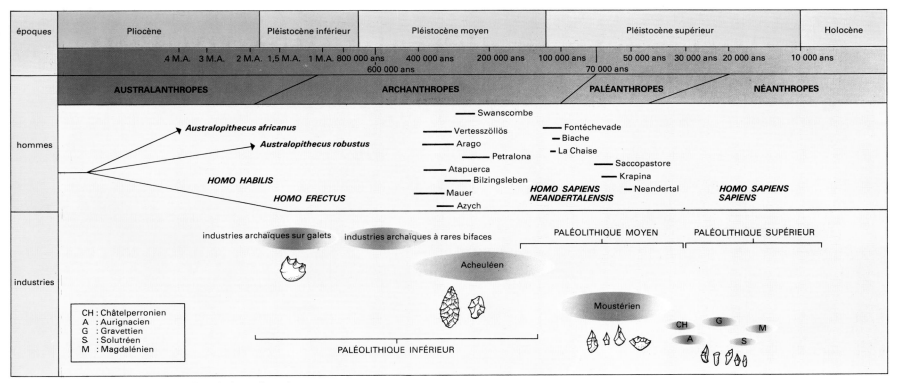

époques	Pliocène		Pléistocène inférieur	Pléistocène moyen		Pléistocène supérieur		Holocène

4 M.A. 3 M.A. 2 M.A. 1,5 M.A. 1 M.A. 800 000 ans 400 000 ans 200 000 ans 100 000 ans 50 000 ans 30 000 ans 20 000 ans 10 000 ans
600 000 ans 70 000 ans

	AUSTRALANTHROPES	ARCHANTHROPES	PALÉANTHROPES	NÉANTHROPES

hommes

Swanscombe
Australopithecus africanus — Vertesszöllös — Fontéchevade
Australopithecus robustus — Arago — Biache
Petralona — La Chaise
HOMO HABILIS — Atapuerca — Saccopastore
— Bilzingsleben — Krapina
HOMO ERECTUS — Mauer *HOMO SAPIENS* — Neandertal *HOMO SAPIENS*
— Azych *NEANDERTALENSIS* *SAPIENS*

industries

industries archaïques sur galets   industries archaïques à rares bifaces   PALÉOLITHIQUE MOYEN   PALÉOLITHIQUE SUPÉRIEUR

Acheuléen

Moustérien

CH : Châtelperronien
A : Aurignacien
G : Gravettien
S : Solutréen
M : Magdalénien

CH   G   M
A   S

PALÉOLITHIQUE INFÉRIEUR

Tableau évolutif des industries et des phylums humains

Bifaces et chopper

Le biface cordiforme (ci-dessous à gauche) en silex bleuté mesure 145 mm de hauteur ; large de 80 mm, il est moins épais que le biface à patine jaune de type micoquien. Ces deux outils finement façonnés ont un tranchant très régulier. Provenance des bifaces : Rosny-sur-Seine, Yvelines. Collection Patte.
Le chopper a été taillé sur un galet de quartzite (diamètre : 80 mm ; épaisseur : 50 mm). Il a pu servir de nucléus. Provenance : Mauran, Haute-Garonne. Musée de Nemours.

La Caune de l'Arago, Tautavel (Pyrénées-Orientales)

Ouverte dans les escarpements surplombant la rivière, la caverne, située au carrefour de diverses niches écologiques, servit souvent de halte de chasse au Pléistocène moyen. Les analyses de pollens et des restes de faune ont permis de reconstituer son environnement. On reconnaît ici un mouflon antique, chassé sur le plateau, et des bisons des steppes paissant dans la plaine. Reconstitution. Fresque peinte par Eric Guerrier.

Sol acheuléen de Castel di Guido (Italie)

Pour l'Acheuléen, la structuration de l'espace est rarement perceptible. Sur ce sol, l'association d'os brisés de grands mammifères, de galets percuteurs et de quelques outils tranchants suggère un lieu de consommation.

Foyer acheuléen de la Roche-Gélétan (Manche)

Onze foyers étaient superposés dans un creux de rocher sur une plage du Cotentin. Bordés de galets de granit et associés à du débitage, ces foyers seraient parmi les plus anciens d'Europe.

Les cultures du Paléolithique moyen

La division du Paléolithique en trois stades – inférieur, moyen et supérieur – couvre partiellement des réalités culturelles dont on fixe arbitrairement les limites sur des coupures chrono-climatiques. Le Paléolithique moyen émerge en Europe occidentale à la fin de la glaciation rissienne, vers 165 000 ans avant J.-C. et dure jusque vers – 40 000 ans. Au froid sec de la fin du Riss succède le réchauffement humide du dernier interglaciaire dont peu de gisements sont conservés. Après une brève détérioration du climat au début du Wurm, puis une période tempérée et humide de quelque vingt millénaires, suivent 60 000 ans de froid moins humide. Ces périodes sont marquées par l'avènement d'un type humain, le Néandertalien (*Homo sapiens neandertalensis**) et par une industrie de pierre taillée, le Moustérien*. Cette industrie, caractérisée par un outillage sur éclats où les racloirs abondent, s'oppose en Europe de l'Ouest à l'industrie acheuléenne qui la précède et qui est beaucoup plus riche en bifaces*.

Jusqu'à ces dernières années, le terme « moustérien » s'appliquait seulement aux outillages complexes et variés du début de la dernière glaciation. Des travaux récents confirment la présence d'industries tout à fait identiques au cours de l'avant-dernière glaciation, souvent qualifiées jusqu'à présent de prémoustériennes. Élargir la période que couvre le Moustérien permet de rendre compte d'une réalité plus riche où Épi-Acheuléen* et Moustérien peuvent être contemporains.

Étant donné l'abondance des gisements wurmiens par rapport aux gisements rissiens ou risso-wurmiens, l'approche détaillée d'industries apparemment plus homogènes que celles qui les précèdent a pu être réalisée. En France, une différence nette entre des assemblages à variabilité réduite a été démontrée grâce à une méthode d'étude mise au point au cours des années 1950 par F. Bordes*. Cette méthode, qui a considérablement développé la compréhension des industries moustériennes, a paradoxalement mis en lumière notre incapacité à comprendre le développement des cultures auxquelles elles appartiennent.

L'identification de groupes repose encore exclusivement sur le matériel lithique : on observe des pourcentages variables de différents outils – racloirs, denticulés, bifaces, outils foliacés, outils sur galets –, l'utilisation de la technique Levallois ou de telle ou telle technique de façonnage. Rares encore sont les outils caractéristiques d'un seul groupe typologique.

Un certain nombre d'industries du Paléolithique moyen sont bien individualisées. Certaines sont caractérisées par des bifaces, tels l'Épi-Acheuléen et le Moustérien de Tradition acheuléenne en Angleterre et en France ; le Micoquien d'Europe centrale où abondent des bifaces à base épaisse amincis vers la pointe, des pointes foliacées plano-convexes et des racloirs foliacés (les outils sont souvent sur rognons) ; le Jungacheuléen d'Europe centrale, contemporain de l'Épi-Acheuléen,

qui comprend, outre de grands bifaces à base épaisse et des racloirs foliacés, des lames retouchées et de nombreuses pointes Levallois. Dans d'autres industries, les bifaces sont absents et les racloirs prédominent : ce sont les industries charentiennes du sud de la France, du nord de l'Italie, de la Yougoslavie, de l'Autriche, de la Roumanie, et le Pontinien d'Italie. D'autres enfin sont caractérisées par l'absence d'outils propres et par une proportion équilibrée des différents objets : denticulés, couteaux, pointes, grattoirs sont à peine dominés par les racloirs. C'est le Moustérien au sens large : il correspond au Moustérien typique tel qu'il a été défini en France. On le retrouve dans toute l'Europe, de l'Espagne jusqu'au Caucase, mais les industries du Caucase semblent plus comparables aux industries d'Europe de l'Ouest qu'à celles des vallées du Danube et du Rhin. Quelques industries comportent un tel nombre d'éclats de technique Levallois* qu'on les a regroupées sous le terme de Levalloiso-Moustérien.

On n'a pas pu montrer de réelle relation de dépendance entre les groupes d'industrie ainsi distingués et le climat, l'époque, l'habitat ou une activité particulière ; seule une signification culturelle a pu être avancée. Mais il n'est pas aisé de passer de l'équipement lithique au groupe culturel, surtout lorsqu'on doit faire face à une telle disparité géographique et chronologique. On a pu mettre en évidence des variantes régionales – qui sont parfois tellement sensibles que chaque gisement pourrait localement représenter un groupe particulier. La carte de l'Europe au Paléolithique moyen montre que les régions riches en industries très différentes – comme par exemple le sud-ouest de la France – sont beaucoup plus rares que celles qui sont dominées par un seul type d'industrie. Il y a certainement eu des isolats culturels, une même industrie pouvant perdurer au même endroit pendant des millénaires. Pour différentes raisons, des sites identiques ne nous parviennent pas dans le même état, car les conditions de conservation furent très différentes : sous certains climats, par exemple, des grottes ont pu être totalement vidées de leur contenu par lessivage.

La chronologie la plus élémentaire, celle que donnent les séquences stratigraphiques d'un gisement, nous apprend certes que les couches placées au-dessus sont les plus récentes, mais ni l'épaisseur des sédiments ni l'identification d'hiatus ne permettent de connaître la durée. Des critères évolutifs ont été mis en évidence pour certaines industries (le Moustérien de Tradition acheuléenne et le Quina* en France, le Micoquien en Allemagne) et de façon locale ; pour d'autres, on a l'impression qu'elles retournent au point de départ. De surcroît, des indices d'évolution définis dans un endroit seront inverses dans un autre. Lorsqu'on sort d'unités géographiques précises, les données chronologiques échappent presque totalement.

Le besoin de comprendre la position chronologique

de ces industries a été tel que les recherches faites pendant la première moitié du XXe siècle ont le plus souvent négligé les habitats et les témoins autres que lithiques de la vie des hommes du Paléolithique moyen. Les faunes ne sont restées longtemps qu'un indicateur chrono-climatique avant qu'on y voie un gibier, source de compréhension des activités de l'homme. La répartition spatiale des vestiges a été longtemps négligée. Que savons-nous exactement de la vie des hommes du Paléolithique moyen ?

Plus nombreux que leurs prédécesseurs, ces hommes sont exclusivement des chasseurs nomades. La concentration des habitats pendant de longues périodes, en plein air comme en grotte, semble montrer qu'ils privilégiaient certains lieux pour y vivre. On ne sait rien de la dimension de leurs groupes ; on peut seulement dire qu'ils étaient suffisamment organisés pour chasser du gros gibier, tels le mammouth ou l'aurochs. Quand ces chasseurs avaient la possibilité de chasser de grands herbivores, ils les choisissaient à l'exclusion de tout autre animal. Certains rapportaient sur les lieux de l'habitat la totalité du gibier qui était alors débité et consommé, mais on ignore encore si les aliments étaient consommés crus ou cuits. La présence d'ossements brûlés dans les foyers n'indique pas forcément la cuisson des aliments. L'étude des ossements montre que les grosses diaphyses étaient souvent broyées pour en extraire la moelle. Si nous connaissons des hommes du Paléolithique moyen, nous ne connaissons pas leurs armes ; la présence d'un environnement boisé et l'abondance d'outils denticulés permettent de penser que ces hommes ont beaucoup travaillé le bois, même si ce bois a disparu. Nous ne connaissons ni peinture ni gravure moustériennes, cependant plusieurs sépultures – les premières de l'humanité – prouvent que certains Néandertaliens enterrèrent leurs morts.

Une vision verticale et partielle de nombreux gisements est peu à peu remplacée par une vision horizontale et globale de quelques-uns ; plus sélective mais aussi plus propice à la compréhension des habitats et des modes de vie, permettra-t-elle une meilleure compréhension des processus culturels ?

Plutôt qu'une réelle période de transition, le Paléolithique moyen représente en Europe occidentale l'aboutissement de tendances engagées depuis plusieurs centaines de milliers d'années qui semblent laisser place, de façon presque synchrone, à un monde très différent, le Paléolithique supérieur, dont l'industrie lithique, très laminaire, est accompagnée d'outillage en os et d'art mobilier. Il n'en est peut-être pas de même en Europe centrale où certaines industries (Szeletien*, Jerzmanowicien*) pourraient marquer un passage moins abrupt vers le Paléolithique supérieur.

Catherine FARIZY

A. Tuffreau

Habitat du Paléolithique moyen de Mauran (Haute-Garonne)
La couche principale de ce gisement de plein air, enfouie sous 4 mètres de sédiment, renferme de nombreux ossements de grands bovinés (aurochs et bison) et quelques restes de chevaux. Ces déchets culinaires (ici mandibules, métapodes, côtes, extrémités de grosses diaphyses brisées pour l'extraction de la moelle) sont accompagnés de mobilier lithique. Petits éclats et outils de silex côtoient des galets de quartzite bruts ou aménagés (choppers). De nombreux fragments d'os brûlés ont été trouvés dans ce dépôt, mais aucun foyer à ce jour.

Biache-Saint-Vaast (Pas-de-Calais, France)
Décapage de la partie supérieure de la couche II a (couche du crâne) située dans le lit majeur de la rivière. Le tuf rissien a conservé des empreintes : sabots de bovidés, d'un petit équidé et peut-être un pas humain. L'industrie lithique abondante est en silex noir.

C. Farizy

M. Piperno

Intérieur de la grotte Guattari (mont Circé, Latium, Italie)

Un éboulement provoqua la fermeture de la cavité au Würm II, et la surface du niveau 1 – constituée de galets et de blocs de calcaire concrétionnés, mêlés aux ossements (cerfs, bovinés, chevaux) et à l'industrie – nous apparaît telle qu'elle a été abandonnée par les Moustériens.

G. Vega Toscano

Coupe stratigraphique de Carihuela (Granada, Espagne)

La séquence que renferme cette grotte va du Paléolithique moyen à l'Âge du bronze. Avec ses 61 niveaux, le remplissage moustérien – daté du Würm II – est l'un des plus importants d'Espagne. L'étude sédimentologique de ces dépôts permet de comprendre leur dynamique et le climat sous lequel ils se sont constitués.

Les Ateliers M.S.

Industrie lithique moustérienne

Ces racloirs (un convergent, trois transversaux, deux simples) sont façonnés sur des éclats de silex patiné. Leur dimension maximale atteint 10 cm. Plusieurs rangs de retouche écailleuse déterminent un tranchant acéré convexe (Champlost, Yonne).

Principaux gisements du Paléolithique moyen européen

La géographie du Paléolithique moyen est établie en fonction des connaissances actuelles et réunit ce qui s'étale dans le temps sur plus de 100 000 ans. C'est une fiction donc, à travers laquelle transparaît une part de la réalité du peuplement concentré le long des grandes vallées et dans certaines régions abritées. Il est difficile de déceler des courants culturels à partir des seules industries lithiques, et les méthodes d'étude varient d'un bout à l'autre de l'Europe ; on observe cependant que les affinités entre les différents types d'industries vont surtout d'ouest en est. Les industries à bifaces abondent de l'Angleterre à l'Allemagne, en passant par le nord de la France ; des industries de type Quina (voir n° 14) vont du sud de la Hongrie à la France du Sud-Ouest.

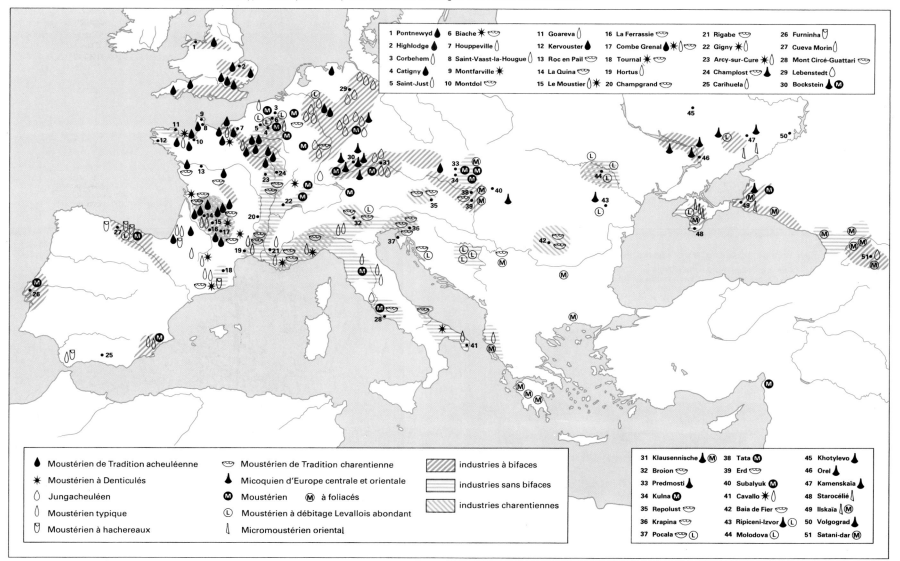

1 Pontnewyd	6 Biache	11 Goareva	16 La Ferrassie	21 Rigabe	26 Furninha
2 Highlodge	7 Houppeville	12 Kervouster	17 Combe Grenal	22 Gigny	27 Cueva Morin
3 Corbehem	8 Saint-Vaast-la-Hougue	13 Roc en Pail	18 Tournal	23 Arcy-sur-Cure	28 Mont Circé-Guattari
4 Catigny	9 Montfarville	14 La Quina	19 Hortus	24 Champlost	29 Lebenstedt
5 Saint-Just	10 Montdol	15 Le Moustier	20 Champgrand	25 Carihuela	30 Bockstein

♠ Moustérien de Tradition acheuléenne
✳ Moustérien à Denticulés
◡ Jungacheuléen
◡ Moustérien typique
⬡ Moustérien à hachereaux

〰 Moustérien de Tradition charentienne
▲ Micoquien d'Europe centrale et orientale
Ⓜ Moustérien Ⓜ à foliacés
Ⓛ Moustérien à débitage Levallois abondant
◺ Micromoustérien oriental

▨ industries à bifaces
▭ industries sans bifaces
▨ industries charentiennes

31 Klausennische	38 Tata	45 Khotylevo
32 Broion	39 Erd	46 Orel
33 Predmosti	40 Subalyuk	47 Kamenskaïa
34 Kulna	41 Cavallo	48 Starocélié
35 Repolust	42 Baia de Fier	49 Ilskaia
36 Krapina	43 Ripiceni-Izvor	50 Volgograd
37 Pocala	44 Molodova	51 Satani-dar

Le passage de l'homme de Neandertal à l'Homo sapiens sapiens

C'est dans une grotte de la petite vallée de Neandertal, proche de Düsseldorf, que furent trouvés en 1856 quelques ossements, dont une calotte crânienne, qui prirent place dans l'histoire des races humaines. Il y eut ensuite multiplication des découvertes en Europe occidentale : homme de Spy et du Trou de la Naulette en Belgique, crânes de Saccopastore et du mont Circé en Italie, deux cents fragments humains à Krapina en Croatie représentant les restes de plus de quinze individus, d'autres en Espagne et d'assez nombreuses découvertes en France dont les plus connues sont celles de La Ferrassie, de La Chapelle-aux-Saints, d'Arcy-sur-Cure et de L'Hortus. Les principaux caractères anatomiques de ces ossements sont un crâne aplati avec un front fuyant, bien que sa capacité cérébrale soit élevée ; un bourrelet suborbitaire épais et continu, des mâchoires massives et une mandibule à peu près dépourvue de menton. Dans l'évolution humaine, les Néandertaliens se situeraient parmi les *Homo erectus** et ils sont classés comme une sous-espèce de l'*Homo sapiens**, l'*Homo sapiens neandertalensis**, laissant au type de l'homme actuel le terme d'*Homo sapiens sapiens**.

Il y a quelques années, une coupure assez brutale séparait ces deux individus. Le premier, associé à une industrie nommée moustérienne, était considéré comme un être encore primitif et obtus. Mais, à mesure des fouilles, son image a évolué. Certains habitats se sont révélés fort bien structurés et même en partie construits autour de foyers. Ces Paléanthropiens au front bas n'avaient ni bijoux ni art, mais il observaient des rites funéraires. En France, à La Ferrassie, six sépultures montraient la disposition volontaire de pierres bien choisies ; à Teschik-tach en Ouzbekistan, le crâne d'un jeune enfant était couronné par cinq paires de cornes de bouquetin ; enfin l'exemple de Shanidar en Irak, où le corps avait été déposé sur un lit de fleurs, montre bien l'importance attachée aux pratiques mortuaires dès ces époques.

L'homme moderne, avec son crâne élevé, son front redressé et sans bourrelet, son menton, apparaît alors en Europe occidentale. Il est associé à de nouveaux outils de silex qui seront caractéristiques du Paléolithique supérieur. Le Périgordien ancien ou Châtelperronien est la première culture du Paléolithique supérieur. Puis, lui faisant suite et plus évolué encore, car comportant maintenant des outils en os et des productions artistiques, est apparu l'Aurignacien. Le Paléolithique moyen – industrie moustérienne – était donc considéré comme lié aux Néandertaliens et le Paléolithique supérieur, débutant avec le Châtelperronien et l'Aurignacien, lié à l'homme moderne, *Homo sapiens sapiens*. Pour ces époques lointaines, les datations étaient incertaines et il était possible d'imaginer que 5 000 ou 10 000 ans les séparaient, ce qui a permis à certains de formuler l'hypothèse, cependant difficile à soutenir, qu'un des groupes descendait de l'autre.

La frontière entre le Paléolithique moyen et le Paléolithique supérieur paraissait donc assez nette, bien qu'un certain nombre d'outils de type moustérien aient été retrouvés dans les sites châtelperroniens. Mais tout s'est compliqué au fur et à mesure des nouvelles fouilles. Vers 1960, une première découverte faite à Arcy-sur-Cure, dans l'Yonne, causa un certain embarras. Il s'agissait de plusieurs dents humaines, trouvées dans les niveaux châtelperroniens, qui présentaient certaines similitudes avec celles de la mandibule paléanthropienne du niveau moustérien plus ancien : donc, des dents difficiles à attribuer sans réticence à l'homme moderne. En outre, ces dernières années, et bien que la méthode de datation au radiocarbone devienne relativement imprécise à partir de 35 000 ans, de nouvelles dates obtenues par ce procédé ont donné un cadre chronologique qui semblait supprimer l'hiatus entre Moustérien et Châtelperronien. À cela se sont ajoutées plusieurs analyses sédimentologiques et palynologiques* mettant en évidence un réchauffement débutant lors du dépôt de couches moustériennes et se terminant lors du Châtelperronien, confirmant ce rapprochement entre les deux cultures. Malgré l'existence de phases climatiques un peu perturbées, avec des épisodes très humides provoquant des lessivages dans les gisements, la chronologie s'est ainsi beaucoup précisée. C'est alors qu'advint la découverte de Saint-Césaire qui bouleversa un certain nombre d'idées reçues.

À une dizaine de kilomètres de Saintes, le gisement de Saint-Césaire, découvert en 1977, offre une stratigraphie* dont la clarté écarte toute discussion. L'ensemble inférieur comprend trois couches de Moustérien surmontées par trois couches à industries châtelperroniennes. Dans le niveau moyen, avec des « pointes à dos » classiques dans cette industrie, ont été découverts des restes humains ; ils ont été étudiés par B. Vander-'meersch, et se rattachent indubitablement au type néandertalien. Le squelette est incomplet, mais comprend la moitié du corps ; la plupart des os sont représentés. Le puissant bourrelet suborbitaire, la mandibule longue et sans menton ainsi que des parties de l'omoplate et du radius correspondent aux caractéristiques distinctives des Néandertaliens. Bien évidemment, cette découverte modifie considérablement les conceptions qui avaient été envisagées au sujet de la disparition des Néandertaliens et du passage à l'homme moderne. Tout d'abord, nous savons maintenant que les premiers se sont maintenus beaucoup plus tardivement qu'on ne le pensait, au moins jusque vers 30 000 avant notre ère. Or, des Aurignaciens, dont nous savons qu'ils étaient des hommes modernes, sont déjà attestés antérieurement à cette date, particulièrement dans le Midi : il apparaît donc que les deux populations ont été contemporaines pendant environ 3 000 ans, et que l'homme de Neandertal s'est éteint sans laisser de postérité, bien que les raisons de sa disparition restent mystérieuses.

Du point de vue de l'anthropologue, la coupure entre les types humains ne se situe donc plus entre Paléolithique moyen et Paléolithique supérieur mais entre Châtelperronien et Aurignacien. Du point de vue du préhistorien, des vues générales peuvent être avancées ; qu'il y ait autant de silex de type moustérien dans le Châtelperronien devient compréhensible et une évolution dans les industries est normale, si l'on considère qu'elle a porté sur environ 3 000 ans. Mais beaucoup de questions se posent encore. Ainsi, l'industrie de l'os, inconnue des Moustériens, existe néanmoins à Arcy-sur-Cure où l'on trouve des baguettes et des poinçons ainsi que des pendentifs d'os découpé et des dents animales percées dans les niveaux à dents humaines de « type ancien ». Y a-t-il donc eu des échanges ou des copies ? Cela paraît très probable, étant donné la fréquence de ces faits dans toutes les populations. La palynologie qui permet une chronologie relativement fine devrait aider à une meilleure connaissance du recul des Néandertaliens et de l'avancée des Aurignaciens en les situant plus précisément sur l'échelle chronologique en fonction de leur répartition géographique. Deux stations préhistoriques ont déjà montré l'alternance des deux cultures dans un même site ; sans doute les recherches interdisciplinaires permettront-elles d'expliquer certains métissages dans les industries. Toutefois, les documents sont encore trop rares et de nouvelles découvertes devront être faites avant qu'il soit possible de reconstituer avec certitude cette étape de l'évolution humaine.

Arlette LEROI-GOURHAN

Tombe de Shanidar IV

Cette tombe située dans le Kurdistan irakien est celle d'un Néandertalien inhumé sur un tapis de fleurs dans une sorte de niche en blocs. Les échantillons de terre nᵒˢ 326, 315 et 271 provenaient d'un dépôt postérieur à l'enterrement. Les analyses de pollens de ces sédiments entraient dans la norme des autres échantillons prélevés dans la grotte. Par contre, les trois autres (313, 314, 304), pris dans le sol brun sur lequel le corps était déposé, contenaient les nombreuses étamines de huit espèces de fleurs. Comme il est impossible que des fleurs entières et groupées puissent se trouver à 15 mètres à l'intérieur d'une grotte sans intervention humaine, ce dépôt volontaire a ainsi démontré l'existence de certains rites mortuaires, il y a environ 50 000 ans.

Comparaison d'un homme fossile et d'un homme moderne

Mandibule d'homme actuel, à droite, et mandibule d'Arcy-sur-Cure, à gauche, trouvée dans les couches moustériennes. Les dents de ces fossiles ont une grande similitude avec celles qui ont été trouvées isolément dans les niveaux sus-jacents, châtelperroniens. De type néandertalien, celles-ci ont été trouvées il y a trente ans, associées à des industries du Paléolithique supérieur, alors que les préhistoriens pensaient que l'homme de Neandertal s'était éteint à la fin du Paléolithique moyen. Musée de l'Homme, Paris.

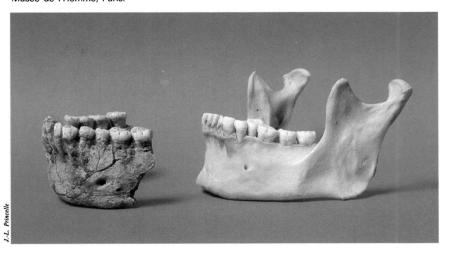

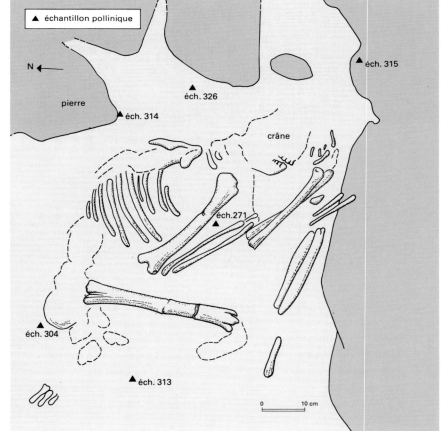

▲ échantillon pollinique

N

pierre

éch. 314

éch. 326

éch. 315

crâne

éch.271

éch. 304

éch. 313

0   10 cm

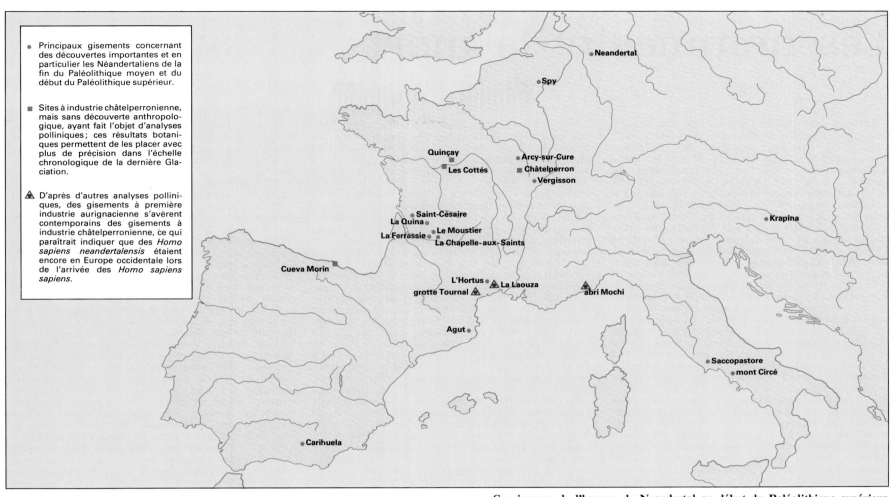

- Principaux gisements concernant des découvertes importantes et en particulier les Néandertaliens de la fin du Paléolithique moyen et du début du Paléolithique supérieur.

- Sites à industrie châtelperronienne, mais sans découverte anthropologique, ayant fait l'objet d'analyses polliniques ; ces résultats botaniques permettent de les placer avec plus de précision dans l'échelle chronologique de la dernière Glaciation.

- D'après d'autres analyses polliniques, des gisements à première industrie aurignacienne s'avèrent contemporains des gisements à industrie châtelperronienne, ce qui paraîtrait indiquer que des *Homo sapiens neandertalensis* étaient encore en Europe occidentale lors de l'arrivée des *Homo sapiens sapiens*.

Neandertal
Spy
Quinçay
Arcy-sur-Cure
Les Cottés
Châtelperron
Vergisson
Krapina
Saint-Césaire
La Quina
Le Moustier
La Ferrassie
La Chapelle-aux-Saints
Cueva Morin
L'Hortus
La Laouza
grotte Tournal
abri Mochi
Agut
Saccopastore
mont Circé
Carihuela

Survivances de l'homme de Neandertal au début du Paléolithique supérieur

Outils châtelperroniens

Tout en conservant quelques traits archaïques – persistance de racloirs (a) et de pointes moustériennes – l'industrie lithique châtelperronienne est très différente de celles qui la précèdent. Outre la fabrication de vraies lames, on y observe l'emploi massif de burins (b) et de grattoirs (c). La pointe de Châtelperron (d, e, f) est l'outil caractéristique de cette industrie : le couteau (f) qui possède un tranchant brut opposé à un dos recourbé était probablement emmanché. Dessins de R. Humbert.

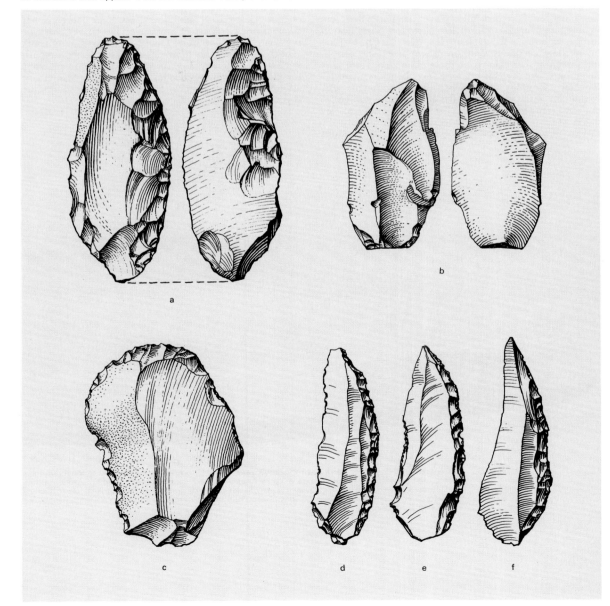

a
b
c
d
e
f

Le crâne de Saint-Césaire

Bien que cette pièce soit en morceaux et incomplète, la mandibule, les dents, le maxillaire ainsi que le front fuyant et le puissant bourrelet sus-orbitaire sont suffisamment caractéristiques des Néandertaliens classiques d'Europe occidentale pour que sa place, du point de vue anthropologique, soit évidente. Le fait très nouveau est la position chronologique de ce Néandertalien. Il est en effet contemporain de nos ancêtres *Homo sapiens sapiens* qui, à la même époque, occupaient déjà l'Europe centrale et le sud de la France.

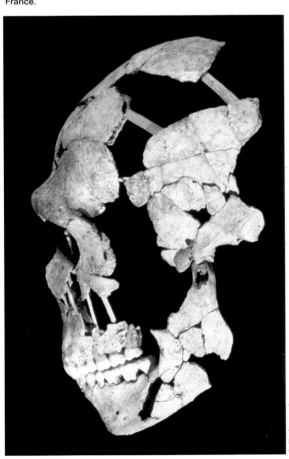

B. Vandermeersch

27

Les hommes et la mort

Lorsque, entre 1868 et 1872, des squelettes couverts de parures furent mis au jour dans divers gisements du Paléolithique supérieur, beaucoup de préhistoriens crurent qu'il s'agissait de restes d'hommes morts accidentellement, écrasés par des éboulements ou emportés par les crues. À la fin du XIXe siècle, l'idée de sépulture était encore liée à celle de religion, et l'on imaginait mal en effet que ces « primitifs » aient pu avoir des préoccupations spirituelles. Toutefois, l'existence au Paléolithique supérieur d'inhumations intentionnelles finit par être acceptée. Les découvertes en 1908 et en 1909 de sépultures en fosse datant du Moustérien* à La Chapelle-aux-Saints et à La Ferrassie, en Dordogne, firent admettre l'inconcevable : même les « brutes » néandertaliennes avaient leurs sépultures ! Suivit alors une période où la description romantique des rituels funéraires paléolithiques dépassa de beaucoup l'observation objective des faits : les viatiques pour l'au-delà, les repas funéraires, les foyers pour réchauffer les morts et le culte des crânes furent les thèmes favoris de nombreux spécialistes pendant des décennies. Des synthèses critiques, élaborées depuis une quinzaine d'années, permettent aujourd'hui de revenir à une évaluation plus juste de la réalité.

L'inhumation volontaire, pour ces temps très anciens, se déduit surtout du fait que les os d'un squelette que l'on retrouve sont rassemblés en un même lieu ; un corps abandonné à l'air libre a en effet peu de chances de parvenir jusqu'à nous, sinon sous la forme d'ossements dispersés. Rien ne permet donc d'affirmer que les hommes du Paléolithique ancien observaient des rites funéraires. Tout au plus devaient-ils parfois consommer leurs congénères.

Parmi les quelque cent quarante sépultures connues à ce jour, toutes ne sont pas révélatrices au même degré, car elles ne sont pas toujours bien conservées ou n'ont pas été fouillées avec tout le soin requis. Néanmoins, il est possible de dégager certaines lignes générales. Toutes se trouvent dans des habitats, le plus souvent en grotte ou en abri, et l'on ne sait rien d'éventuelles inhumations isolées. Aucune ségrégation de sexe ou d'âge n'est perceptible : hommes, femmes, enfants (et même fœtus) ont été inhumés dans des proportions à peu près équivalentes. Les squelettes reposent, dans près de la moitié des cas, au fond de fosses creusées, mais il est possible que la trace d'autres fosses ait disparu ou qu'elle n'ait pas été observée par les fouilleurs.

La pratique de l'inhumation apparaît au Paléolithique moyen, probablement dès 75 000 ans avant notre ère. Les sépultures moustériennes se concentrent surtout en Périgord et en Israël, mais on en trouve aussi en Belgique et en Crimée. À deux exceptions près – un enfant et un fœtus à La Ferrassie (Dordogne) et une femme et un enfant à Qafzeh (Israël) –, ce sont des inhumations individuelles. Les corps sont généralement fléchis, et l'on ne note aucune orientation préférentielle des sépultures. Dans l'ensemble, l'agencement des tombes est réduit : quelques fosses sont entourées ou recouvertes de pierres ; une des tombes d'enfant de La Ferrassie était fermée par une grande dalle creusée de cupules sur la face inférieure. Enfin, les dépôts intentionnels, « offrandes » ou « mobilier funéraire », sont extrêmement rares en dépit des affirmations des fouilleurs anciens qui sélectionnaient parmi les silex et les os contenus dans les sédiments de remplissage quelques « beaux· outils » ou des « quartiers de venaison ». Seul l'enfant H 11 de Qafzeh paraît avoir été inhumé avec les bois d'un daim et avec un œuf d'autruche. Hors d'Europe, on connaît une sépulture d'enfant recouvert de cornes de bouquetins à Techik-Tach (Ouzbékistan) et à Shanidar (Iraq), des analyses de pollens fossiles ont montré qu'un homme et un enfant avaient été déposés dans des fosses jonchées de fleurs.

Les Néandertaliens paraissent avoir eu d'autres pratiques face à la mort : au mont Circé, en Italie, un crâne isolé gisant à l'intérieur d'un cercle de pierres a été retrouvé. Le trou occipital en avait été artificiellement élargi – sans doute pour en consommer le cerveau, suggéra l'auteur de la découverte, A. C. Blanc. La consommation reste difficile à démontrer, mais le dépôt intentionnel d'un crâne décharné dans un endroit reculé de la grotte Guattari au mont Circé semble indéniable. Enfin, à diverses reprises, des os humains brisés furent retrouvés mélangés aux déchets culinaires des habitats moustériens. À Krapina, en Yougoslavie, les os de treize individus ont manifestement été concassés pour en extraire la moelle : sans aller jusqu'à évoquer un « cannibalisme* rituel », tout porte à croire que, à l'occasion, l'homme de Neandertal ne dédaignait pas de consommer ses semblables.

Avec le Paléolithique supérieur, les sépultures deviennent plus nombreuses et plus variées. Les centres principaux sont le Périgord, la Ligurie, la Moravie et l'U.R.S.S. Les sépultures individuelles sont toujours les plus fréquentes, mais il existe aussi des sépultures doubles, triples et même une collective : à Predmost, en Moravie, dix-huit individus furent inhumés successivement dans la même structure. L'orientation et la position des corps sont variées : corps plutôt fléchis vers la gauche en Périgord, allongés en Italie, fléchis vers la droite en Moravie, quelquefois accroupis ou en flexion forcée, comme s'ils avaient été ligotés. En Europe occidentale, certaines sépultures comportent des pierres qui servent d'« oreiller » au mort ou le recouvrent plus ou moins. La célèbre femme de Saint-Germain-la-Rivière (Gironde) était même placée sous un petit « dolmen » fait de deux dalles horizontales soutenues par des éléments verticaux. En Europe orientale, les dalles sont remplacées par des os de mammouth. À Pavlov et à Dolni Vestonice, en Moravie, de grandes omoplates peintes ou gravées étaient déposées sur les corps, et à Kostienki XVIII, en U.R.S.S., un enfant retrouvé sous un amoncellement d'os de mammouth avait probablement été enterré dans une sorte de caveau construit.

D'autres innovations caractérisent le Paléolithique supérieur : dans la moitié des cas, les morts reposent sur une couche d'ocre* rouge ou en sont recouverts. Bien des interprétations ont été faites à ce sujet – le rouge couleur du sang, couleur de la vie –, mais des expérimentations récentes ont montré que l'ocre avait la propriété de conserver les collagènes, et il est possible qu'il ait été aussi utilisé pour préserver les corps de la décomposition. Hommes, femmes et enfants paraissent avoir été enterrés sans distinction avec des outils et des armes ; les lames tranchantes, les pointes et les grattoirs de silex, les pointes d'os et les bâtons percés en bois de cervidé sont généralement placés près de la tête, dans la main ou près des hanches (dans une poche ?).

Dans près des trois quarts des cas on a trouvé une parure près du mort ; l'usure de certains éléments suggère qu'ils devaient être portés par les vivants et conservés dans la tombe. Les parures de coquilles dominent en Europe occidentale, avec des pièces rondes (nasses, littorines, cyprées) et allongées (dentales, turritelles) associées à des canines de renard et à des croches de cerf ; ces mêmes formes rondes ou allongées sont sculptées dans l'ivoire de mammouth en Europe orientale, où elles sont accompagnées de dents de renard bleu. Les plus parés sont les hommes et les enfants : en Ligurie, à Combe-Capelle et à La Madeleine en Dordogne, à Sounguir en U.R.S.S., ils devaient être coiffés d'une sorte de bonnet sur lequel étaient fixées des perles rondes formant résille ; des pendants allongés, sans doute attachés sur le bord des coiffes, tombaient sur les épaules. À l'exception d'un « pagne » de coquilles rondes porté par la femme de Saint-Germain-la-Rivière et par les deux enfants de la grotte 1 de Baoussé-Roussé (Ligurie), la présence d'un vêtement n'est suggérée en Occident que par des objets isolés, fixés à la hauteur des hanches, des genoux et des chevilles. À Sounguir, en revanche, les centaines de perles d'ivoire qui soulignaient les jambes et la poitrine de l'homme adulte devaient être cousues sur un pantalon et sur une chemise de peau. L'habillement est enfin complété par de nombreux colliers et bracelets, faits de vertèbres de poisson et de coquilles à l'Ouest, et de perles d'anneaux et d'ivoire, découpés dans des défenses de mammouth à l'Est. C'est grâce à leurs morts que nous pouvons imaginer la magnificence et le degré de raffinement atteints par les peuples chasseurs du Paléolithique supérieur.

Michèle JULIEN

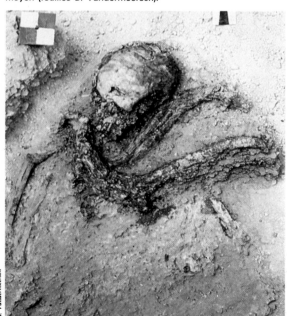

Homo 11 de Qafzeh (Israël)
Une ramure de cervidé fut déposée sur les mains, ramenées vers le cou, de cet enfant moustérien de treize ans. C'est l'un des rares exemples incontestables d'une offrande funéraire au Paléolithique moyen (fouilles B. Vandermeersch).

Sépulture double de Sounguir (U.R.S.S.)
Deux enfants de huit et treize ans reposaient dans une étroite fosse ocrée de 3 m de longueur. Leur tête était couverte de perles d'ivoire et de canines de renard, les poignets et les doigts étaient ornés d'anneaux d'ivoire. Deux lances très longues, une quinzaine de javelots et de poignards, deux disques perforés et deux bâtons percés en font la sépulture la plus remarquable du Paléolithique supérieur (fouilles O. Bader).

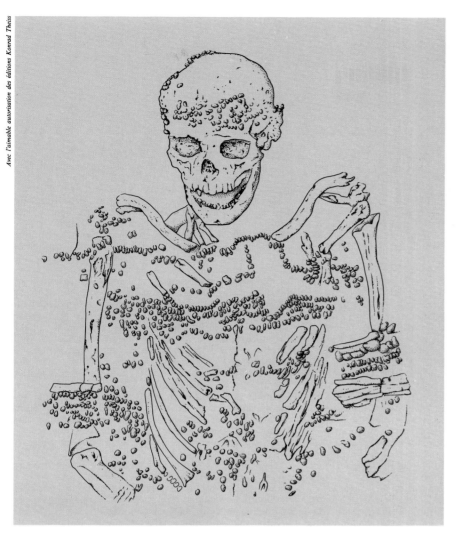

Homme de Sounguir (U.R.S.S.)

Cet homme de cinquante-cinq ans était couvert de vêtements ornés de 1 500 perles d'ivoire. Des traces de feu décelées sur les os des pieds et sur quelques perles suggèrent qu'il fut déposé sur des braises dont les résidus subsistaient dans la fosse (fouilles O. Bader).

L'Homme de Menton, grotte du Cavillon (Ligurie)

Un poinçon d'os était déposé près du front de cet Aurignacien portant une « coiffe » de 200 nasses, bordée de 22 canines de cerf. Du visage partait un sillon d'ocre rouge, long de 18 cm, tracé dans le sol (fouilles E. Rivière).

Le premier squelette moustérien de La Ferrassie (Dordogne)

La découverte, par D. Peyrony*, d'un premier squelette néandertalien à La Ferrassie, en 1909, donna lieu à l'établissement d'un compte rendu de Henri Breuil* montrant le caractère intentionnel de l'inhumation. Les préhistoriens ne furent toutefois convaincus qu'en 1912, après que trois autres sépultures eurent été mises au jour dans le même abri. H. Breuil, en présence de nombreux préhistoriens, rédigea alors sur le terrain un procès-verbal affirmant l'existence de rituels funéraires au Paléolithique moyen. Musée de l'Homme, Paris.

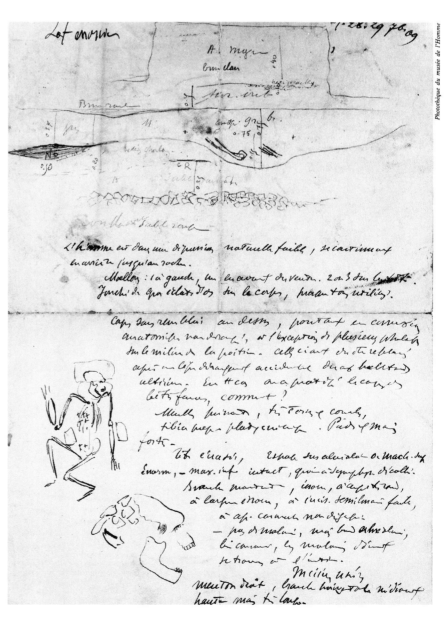

Le rôle de la femme

Tout récemment encore, anthropologues et préhistoriens pensaient que le processus d'hominisation était lié au développement des stratégies de chasse, et donc que les premiers outils façonnés avaient été des armes ou les instruments permettant de les fabriquer. Mais en 1981 des anthropologues américaines ont réfuté cette théorie qui leur semblait refléter un mode de pensée propre à la culture occidentale où l'homme joue un rôle prépondérant aux dépens de l'« autre moitié de l'humanité ». Pour N. Tanner, ce n'est pas l'« homme chasseur » mais la « femme cueilleuse » qui serait responsable de l'émergence humaine. Se fondant sur l'étude de chasseurs-cueilleurs actuels et surtout sur l'observation du comportement des grands primates, N. Tanner propose le modèle suivant : les premiers hominiens à avoir régulièrement utilisé des outils étaient des femelles accompagnées de leur petit, qui, à l'aide d'un bâton, déterraient dans la savane africaine divers tubercules, capturaient des insectes, et emportaient dans des sortes de paniers des fruits ou des œufs. Contrairement aux chimpanzés, ces femmes, en effet, ne devaient pas consommer sur place les aliments qu'elles collectaient, mais les rapportaient vers des endroits mieux protégés, à l'abri des grands prédateurs. La taille des bâtons en pointe, la confection de récipients demandaient des outils qu'elles auraient peu à peu inventés et conservés ; en outre, le partage de la nourriture dans les tanières communes aurait entraîné le développement de nouveaux types de relations sociales entre les femelles et les petits d'un même groupe. Selon H. Fisher, la permanence de la station verticale eut pour conséquence de transformer la morphologie du bassin des femmes, et rendit les accouchements difficiles. Seules survécurent celles qui accouchaient prématurément ; mais les enfants nés avant terme demandaient des soins prolongés, et les mères, moins mobiles, recherchèrent la protection des mâles. Ceux-ci restèrent près d'elles lorsque, progressivement et par voie de sélection naturelle, s'allongea le temps mensuel d'attirance sexuelle, et par conséquence de copulation. Ainsi, les liens mère-enfant, la sexualité et la production d'outils pour la collecte de nourriture seraient à l'origine de la nouvelle structuration sociale des hominidés. Ces théories, parfois poussées à l'extrême, procèdent évidemment du courant de pensée féministe élaboré depuis la fin des années 1960. Elles sont difficilement contrôlables et ne rendent compte, elles aussi, que d'une partie de la réalité ; mais elles ont toutefois le mérite de mettre l'accent sur le rôle des femmes dans le développement des sociétés humaines.

Pour les périodes plus récentes du Paléolithique moyen et du Paléolithique supérieur, il devient a fortiori plus difficile de se référer au comportement des grands primates pour déterminer le rôle des femmes, et les seules voies d'investigation restent la comparaison ethnographique et les données apportées par la fouille.

Depuis la fin du XIXe siècle, les préhistoriens tiennent pour acquis que, dans une économie mixte fondée sur la cueillette et la chasse, les femmes collectaient les végétaux, ramassaient les mollusques et capturaient peut-être de petits animaux, alors que les hommes se consacraient à la chasse des grands mammifères. Si ces hypothèses, dans leurs grandes lignes, restent vraisemblables, il ne faut pourtant pas oublier qu'au cours de cette très longue période l'importance relative des ressources animales et végétales a considérablement varié en fonction des climats et des régions. La part respective des tâches masculines et féminines a donc dû subir d'innombrables modifications, et les solutions de complémentarité économique furent indubitablement multiples. Les documents de fouille restent en outre singulièrement muets quant à la répartition des activités. S'il est désormais possible de retrouver les gestes et les opérations effectués grâce à l'étude des traces d'usage sur les outils (voir pp. 32-33), le sexe des individus qui ont manié ces outils reste inconnu. Une autre voie d'étude est celle de la répartition des différents outils dans l'habitat : il pouvait exister dans les sociétés préhistoriques, comme dans certaines sociétés actuelles, un espace réservé aux femmes et un autre aux hommes. C'est ce que suppose le préhistorien soviétique M. Gerassimov à propos de deux habitations du Paléolithique supérieur découvertes à Malta en Sibérie. Dans les deux cas, deux secteurs se différencient respectivement par la présence d'objets « masculins » – couteaux, poignards, statuettes d'oiseaux – et d'objets « féminins » – aiguilles, alènes, grattoirs, colliers, statuettes féminines. Cet exemple reste unique pour le moment, mais il peut toutefois être interprété autrement : l'endroit où se trouvaient les couteaux et les poignards était peut-être simplement réservé à la boucherie, et celui où se trouvaient les aiguilles et les alènes, à la couture, sans que cela implique un partage sexuel des tâches.

En outre, rien ne prouve que les colliers du second secteur de Malta appartenaient à des femmes ; les sépultures du Paléolithique supérieur témoignent en effet que le port de la parure ne leur était pas spécifique, et que, au contraire, les hommes et les enfants en avaient davantage. En revanche, aucune différence n'est sensible lorsque l'on compare les modes d'inhumation ou le mobilier accompagnant les morts : les outils de silex et d'os déposés près des corps semblent bien être les mêmes pour les femmes et les hommes (voir pp. 28-29).

La minceur des informations a donc quelquefois entraîné les préhistoriens à combler par l'imagination les lacunes de nos connaissances, et ils ont projeté sur la femme préhistorique le rôle assigné à la femme dans leur propre société : femme passive, simple génitrice, gardienne des enfants et du feu et donc inapte à tailler le silex ou à fabriquer des outils. La femme préhistorique, inutile dans la vie active, aurait cependant été déifiée dans des cultes de fécondité. De nombreuses figurations féminines aux caractères sexuels hypertrophiés ont en effet été réalisées durant le Paléolithique supérieur. « Si l'on en croit les documents d'art mobilier et d'art pariétal, la femme paléolithique était une créature simple, nue et les cheveux bouclés, qui vivait les mains jointes sur sa poitrine, dominant sereinement de sa tête minuscule l'épouvantable affaissement de sa poitrine et de ses hanches » (A. Leroi-Gourhan, *Préhistoire de l'art occidental*, 1965). Ce portrait se réfère aux « vénus » gravettiennes sculptées sur pierre ou ivoire entre 25 000 et 20 000 ans avant J.-C., qui paraissent effectivement obèses ou lourdement enceintes, et que l'on retrouve depuis les Pyrénées jusqu'en U.R.S.S. Plus tard, entre 15 000 et 10 000 ans, apparaît un autre type de figures féminines plus svelte, fréquemment gravées ou peintes de profil, quelquefois encore sculptées en statuettes. Les quelques représentations de femmes associées à des animaux indiquent sans doute qu'elles participaient à la symbolique de la pensée paléolithique, mais elles n'ont que de lointains rapports avec la réalité quotidienne.

Toutefois, la volonté de stylisation n'a pas toujours exclu l'indication de certains détails plus réels : chevelures mi-longues et ondoyantes sur les statuettes de Sibérie, chignon relevé sur la « tête négroïde » de Grimaldi, boucles serrées ou résille sur celle de Willendorf, capuche ou cheveux nattés de la dame de Brassempouy. Quelquefois même, le vêtement est indiqué ; en Europe occidentale, il est réduit : bracelets, colliers ou pagne ; en Sibérie, au contraire, il semble qu'un vêtement enveloppe étroitement tout le corps à l'exception du visage. Quelques détails suggèrent même qu'il pourrait s'agir d'une « combinaison de fourrure ». Enfin, à Gönnersdorf (Allemagne), une femme gravée de profil paraît porter sur son dos un personnage plus petit, fragile indice qui laisse à penser que la femme paléolithique pouvait ne pas rester clouée au foyer lorsqu'elle avait un enfant. Il faut bien reconnaître que l'on ne sait d'ailleurs rien de beaucoup plus précis sur les activités des chasseurs paléolithiques eux-mêmes, et que, pour l'instant, nos lointains ancêtres restent pour nous des êtres relativement asexués.

Michèle JULIEN

Femmes en file, Gönnersdorf (Allemagne)

La stylisation de ces femmes représentées sans tête ni pieds et gravées sur une plaquette de schiste est typique du Magdalénien. Selon G. Bosinski, les incisions horizontales et verticales pourraient suggérer un vêtement. Il est possible aussi que la silhouette plus petite soit la représentation d'un enfant porté sur le dos de sa mère. Institut de protohistoire et de préhistoire, Cologne.

Image de la femme préhistorique

Cette gravure, de la fin du XIXe siècle, est l'une des seules représentations de femme taillant la pierre. Pour beaucoup de préhistoriens, en effet, ce travail difficile et délicat ne pouvait être fait que par les hommes...

G. Fischer, Institut de protohistoire et de préhistoire

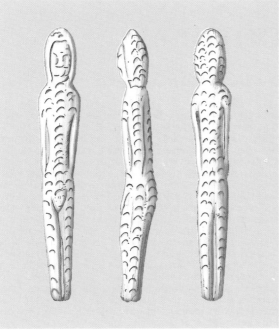

Statuette en ivoire de Bouret (Sibérie)

Le sexe féminin de cette statuette, à silhouette mince, est indiqué par le triangle pubien. On remarque que l'arrière de la tête est traité de la même façon que le reste du corps : peut-être cette femme était-elle vêtue d'une combinaison à capuche. Musée d'Ethnographie de Leningrad.

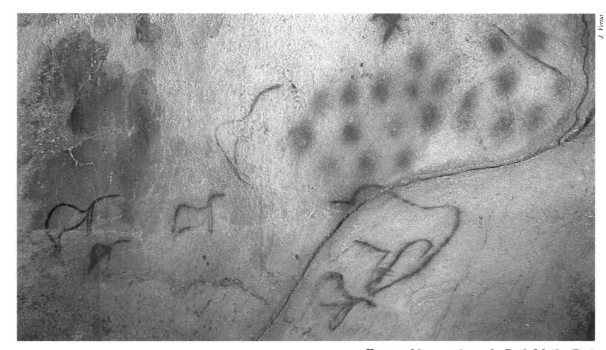

J. Vertut

Femmes-bisons peintes de Pech-Merle (Lot)

André Leroi-Gourhan a montré que ces silhouettes très stylisées de femmes pouvaient aussi être vues comme des silhouettes de bisons : les seins pendants et la tête correspondant à l'arrière-train et à la queue redressée, la courbure des fesses dessinant le garrot.

André Leroi-Gourhan

La Magdelaine (Tarn)

Les deux femmes sculptées en bas-relief sur le porche de la grotte de la Magdelaine ont une position abandonnée, exceptionnelle pour le Paléolithique. La femme visible ici est allongée sur le dos, une jambe repliée, un bras soutenant la tête seulement esquissée.

« Vénus » de Vestonice (Tchécoslovaquie)

Cette « Vénus » obèse est typique de la génération gravettienne des figurations féminines. Cas très rare au Paléolithique, elle est modelée dans un mélange d'argile et de poudre d'os. La rainure horizontale sur les hanches suggère peut-être une ceinture. Musée de Brno.

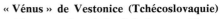

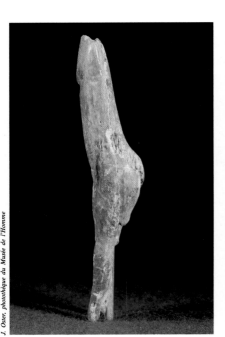

J. Oster, photothèque du Musée de l'Homme

J. Oster, photothèque du Musée de l'Homme

Musée de Brno

La « Vénus impudique » de Laugerie-Basse (Dordogne)

Comme beaucoup de figurations féminines du Magdalénien, cette statuette d'ivoire, à la mince silhouette, ne possède ni tête, ni bras, ni seins. La figuration précise du triangle pubien et de la vulve rendent toutefois son attribution sexuelle sans équivoque. Musée de l'Homme, Paris.

Scènes de la vie magdalénienne

Tout archéologue a rêvé, au moins une fois dans sa vie, qu'il remontait le temps afin de voir vivre les hommes dont il étudie les outils usagés et les déchets culinaires. L'histoire suivante se passe il y a environ 12 000 ans, et peut-être est-elle le début de la réalisation de ce rêve.

« Par un matin brumeux de la fin du printemps, un " voyageur " s'est caché à quelque distance d'un petit campement saisonnier, établi à proximité d'une rivière. Le brouillard l'empêche de voir distinctement toute la scène, mais des éclaircies lui permettent souvent de discerner des détails. Plusieurs silhouettes s'activent non loin de la masse sombre d'une habitation, dont il devine seulement qu'elle est circulaire. Un des individus a ramassé au bord de la rivière deux rognons de silex et il vient s'asseoir sur une grosse pierre un peu à l'écart ; il examine soigneusement l'un des rognons. Il paraît s'installer plus commodément, en repliant la jambe gauche et en allongeant la droite, puis il frappe le rognon à l'aide d'un percuteur de pierre. Une série d'enlèvements alternés lui permet d'aménager une crête longitudinale sur le flanc du bloc, et, d'un coup précis, il détache une lame allongée, puis d'autres, et le débitage se poursuit pendant une dizaine de minutes. Pendant ce temps, une autre silhouette s'active près d'un grand foyer ; l'observateur ne la distingue pas clairement, mais il suppose qu'il s'agit d'une femme qui a entrepris de nettoyer la cuvette du foyer. À l'aide d'une omoplate de renne, elle recueille dans un récipient les cendres et les petits fragments de pierres éclatées à la chaleur, puis termine en raclant les abords du foyer, encombrés de débris de silex et d'os. Après avoir déversé le tout sur le dépotoir situé à quelques mètres, elle revient disposer des pierres dans la cuvette et rallume promptement le feu. Notre observateur, qui n'a pas vu comment elle s'y prenait, imagine qu'elle a dû garder quelques braises de la nuit précédente. Peu après, elle s'installe près d'une peau de renne qui sèche et se met à la racler avec un grattoir de silex. Pendant deux heures, elle gratte soigneusement la peau, puis entreprend de l'imprégner d'une substance graisseuse rouge (de l'ocre*, sans aucun doute, se dit l'observateur).

Tout en surveillant cette opération, notre observateur cherche à comprendre ce que fait le tailleur de pierre, qui est revenu, avec quelques lames robustes, s'asseoir près du foyer où se trouve un autre compagnon. Il a rapidement façonné les lames en outils, puis a sectionné un bois de renne assez épais en le sciant. Tout en bavardant, il taraude ensuite un trou dans l'épaisseur du bois. L'observateur remarque alors qu'il est gaucher, et, apercevant à quelque distance les fragments d'un instrument semblable, comprend enfin que le Magdalénien fabrique un redresseur de flèche. Son compagnon, agenouillé près du feu, répare une sagaie barbelée de lamelles de silex. Il fait fondre à la chaleur la résine qui maintient les lamelles le long du fût, laisse tomber celles qui sont brisées, et en réinsère de nouvelles. L'observateur s'explique enfin pourquoi il voyait tant de lamelles près du feu. Le travail de la peau étant terminé, le troisième individu revient aussi près du feu, et se met à griller de la viande sur les dalles brûlantes posées dans la cuvette. "Décidément, cette personne ne peut être qu'une femme, songe l'observateur"... »

Contrairement à ce que l'on pourrait croire, cette histoire n'a rien d'une fiction romanesque, et ce qui vient d'être décrit n'est qu'un exemple des mouvements et des activités de l'homme paléolithique, que les préhistoriens sont désormais en mesure de reconstituer. Ils se fondent pour cela sur plusieurs méthodes d'approche, dont la première est la fouille de sols archéologiques sur de grandes surfaces. Leur mise au jour restitue une image presque réelle d'un campement abandonné, où il ne manque que les matières périssables (bois, cuir, viande). L'enregistrement extrêmement précis, sur plans et photos, de tous les vestiges jusqu'aux plus menues esquilles permet, lorsque ceux-ci ont été enlevés et répertoriés, d'étudier leur organisation dans l'espace. En laboratoire, la recherche systématique de raccords entre les fragments dispersés sur le sol par les habitants, qui tend à reconstituer les blocs initiaux de silex, les pierres utilisées dans les foyers, et même les os brisés pour en extraire la moelle, permet de retrouver la succession des opérations qui ont abouti à leur abandon. Le report de ces liaisons sur un plan traduit alors les circulations dans l'habitat. C'est ainsi par exemple que l'on peut retrouver, à partir d'esquilles oubliées sur le sol, l'endroit où un tailleur de pierre était installé lorsqu'il débitait un rognon de silex, alors que les plus gros déchets du débitage ont été jetés dans un dépotoir, et que les outils ainsi fabriqués se trouvent dans la zone où ils ont été utilisés.

Le remontage des éclats de silex sur des nucléus* aide à reconstituer la chaîne technique des gestes effectués pour obtenir des outils. À partir de ces observations, certains spécialistes sont capables de débiter le silex de la même façon que les tailleurs préhistoriques d'un gisement particulier. Par l'expérimentation, non seulement on contrôle les hypothèses techniques, mais aussi on retrouve, en observant l'agencement des déchets sur le sol, la position exacte du tailleur lors de l'opération.

Pendant plus de cent ans, les préhistoriens ont tenté de deviner la fonction des outils de silex en se fondant sur la forme de leurs bords et en les comparant avec d'autres outils ethnographiques. Une nouvelle discipline, la tracéologie*, permet depuis une dizaine d'années de comprendre le véritable usage de ces outils. L'examen sous divers grossissements de leurs bords utilisés révèle des traces d'usage différentes, qu'il est possible de reproduire en utilisant expérimentalement les mêmes types d'outils sur différentes matières. Avec un grossissement de 200 à 400 fois, on décèle non seulement la direction du mouvement effectué par l'outil – longitudinal, transversal, rotatif –, mais aussi la nature précise des matières travaillées : os, bois de cervidé, bois végétal, peau sèche, viande, etc. Lorsque la surface des outils n'est pas altérée, les résultats sont stupéfiants : des traces d'écaillage de poisson, par exemple, sont décelées sur des pièces provenant de gisements dans lesquels aucun os de poisson n'avait été conservé ; les marques du mouvement de rotation d'un perçoir indiquent s'il était tenu par un droitier ou par un gaucher ; l'étendue et l'intensité du poli d'usage donnent une indication du temps d'utilisation de l'outil. Personne n'imaginait, il y a dix ans, que l'on pourrait arriver à ce degré de précision.

Pourtant, si, dans le conte qui précède, notre « voyageur » était quelque peu gêné par une brume fictive, c'est que bien des questions restent encore sans réponse. Dans la plupart des cas, les préhistoriens ne savent rien de la nature des abris temporaires des hommes paléolithiques : le plan au sol de ces habitations est parfois décelable par l'organisation des vestiges, mais comment savoir s'il s'agissait d'une tente de peaux conique ou d'une hutte d'écorces hémisphérique ? Les exemples ethnographiques montrent que bien des superstructures sont possibles au-dessus d'un plan donné. De même, il est encore difficile d'évaluer l'importance d'un groupe dans un campement donné, ou de savoir comment y étaient distribuées les tâches. Les exemples actuels de groupes de chasseurs-cueilleurs comblent bien mal nos lacunes dans ce domaine ; et l'interprétation plus ou moins inconsciente des préhistoriens travestit bien souvent une réalité encore insaisissable. Que dire alors des structures sociales, des rites ou de la religion ?

Néanmoins, les recherches en cours depuis quelques années incitent à l'optimisme ; grâce aux centaines de détails apparemment insignifiants qu'ils regroupent, les préhistoriens sont en voie de constituer une véritable ethnologie du passé.

Michèle JULIEN

Hutte en os de mammouth (U.R.S.S.)

Seul un dégagement minutieux des vestiges enfouis dans le sol donne au préhistorien une vision proche de celle que pouvait avoir un chasseur paléolithique de son campement abandonné. À Mezhiritch (Ukraine), plusieurs huttes en os de mammouth, au dôme effondré, ont ainsi été mises au jour (fouilles M. I. Gladkikh).

La Vigne-Brun, Villerest (Loire)

Un foyer central et un sol légèrement creusé en cuvette caractérisent les habitations gravettiennes de Villerest. Un bourrelet de terre renforcé par de gros blocs devait servir d'assise à ces huttes circulaires qui correspondent probablement à un campement de longue durée (fouilles J. Combier).

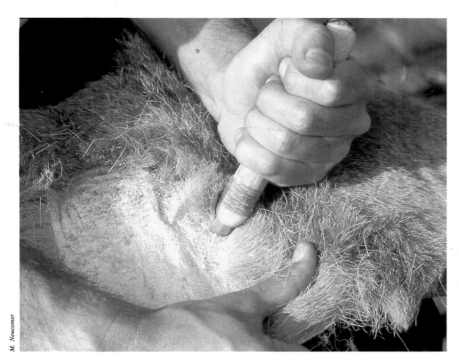

Traces d'utilisation

Au microscope, le tracéologue peut reconnaître sur les bords usagés des outils de pierre les stigmates caractéristiques d'un travail sur une matière donnée. Cette microphotographie montre le poli obtenu par un travail sur peau sèche (grossissement X 200). Expérimentation Hugues Plisson.

Reconstitution expérimentale

À l'aide de répliques modernes d'outils préhistoriques, diverses expérimentations techniques permettent de retrouver la nature des gestes accomplis et la fonction des outils. Un grattoir de silex emmanché est ici utilisé pour épiler une peau. Expérimentation réalisée par Mark Newcomer.

Ébauche de harpon magdalénien

Les instruments abandonnés en cours de fabrication sont très utiles au préhistorien pour reconstituer les techniques de façonnage. Sur cette pièce de Laugerie-Basse (Dordogne), présentée ici sur les deux faces principales, on voit que la section quadrangulaire de la baguette de bois de renne a été d'abord amincie sur un bord, puis que l'on a procédé au dégagement des barbelures. Musée de l'Homme, Paris.

Remontage de lames de silex

À partir des fragments dispersés sur le sol, les spécialistes reconstituent le bloc originel de pierre et les étapes de son débitage. Sur cet ensemble de débitage du Magdalénien trouvé à Étiolles (Essonne), la forme du nucléus (non retrouvé) est délimitée par les lames et éclats qui l'entouraient. On notera les dimensions exceptionnelles du remontage (fouilles Y. Taborin, remontage N. Pigeot). Institut d'Art et d'Archéologie, Paris.

Travail de boucherie

Sans l'analyse tracéologique, il aurait été impossible de savoir que cet ensemble de lames, retrouvé dans un espace vide, non loin d'un foyer magdalénien, avaient servi à découper de la viande (Verberie, Oise ; fouilles F. Audouze).

Le feu et la cuisine

Beaucoup de foyers paléolithiques sont remplis de pierres portant des traces de feu. Ces pierres, qui emmagasinent la chaleur, servaient, entre autres, à isoler des flammes les aliments à griller. Les Magdaléniens de Pincevent (Seine-et-Marne) paraissent aussi avoir fait bouillir des liquides en plongeant des pierres chaudes dans des récipients dont on retrouve les empreintes circulaires près des foyers (fouilles A. Leroi-Gourhan).

L'art pariétal et sa signification

En 1879, la révélation d'un art pariétal préhistorique, les bisons peints du plafond d'Altamira, allait susciter l'admiration et surtout l'incrédulité des spécialistes. Lorsque, par la suite, on découvrit beaucoup de grottes ornées dans le sud de la France, l'authenticité et l'âge des figures peintes ne furent plus remis en question ; en effet, certaines d'entre elles étaient recouvertes par des niveaux préhistoriques en place.

À l'exception de certaines grottes dont le sol d'occupation a été préservé, en particulier la grotte de la Tour blanche découverte en Dordogne en 1983, la majorité des grottes ornées ont été reconnues au début du XXᵉ siècle, époque à laquelle les fouilles ressemblaient plus à une « chasse au trésor » qu'à une exploitation scientifique des vestiges. Or c'est la fouille méticuleuse des sols qui pourrait nous renseigner sur les activités de l'homme préhistorique dans ses sanctuaires. C'est pourquoi les découvertes récentes de grottes ornées sont rares mais précieuses.

Un inventaire de l'art préhistorique ne peut être que partiel, puisque sa conservation est liée à des phénomènes physico-chimiques et que beaucoup d'œuvres ont disparu. Les œuvres d'extérieur, exposées aux intempéries dans les abris-sous-roche ou sous le porche des grottes, ont pour la plupart souffert de l'érosion. Il s'agit le plus souvent de bas-reliefs dont l'exécution nécessitait un éclairage naturel prolongé, et un espace suffisamment dégagé pour que les gestes ne soient pas entravés. Ces grands ensembles étaient vraisemblablement peints comme le suggèrent les traces d'ocre* rouge qui subsistent.

Les sanctuaires profonds sont mieux conservés. Gravés ou peints, ils sont situés à plusieurs dizaines de mètres de l'entrée de la grotte, dans une obscurité totale. Leur création suppose l'existence d'un éclairage, et il n'est pas rare de retrouver des « lampes », blocs de grès à cupule naturelle ou aménagée qui, alimentés de graisse animale, fournissaient la lumière nécessaire pour éclairer les parois.

L'homme préhistorique a parfaitement maîtrisé l'ensemble des techniques artistiques, de la plus simple à la plus élaborée. Dans certaines grottes, des doigts enduits de colorant ou traînés dans l'argile meuble des parois ont laissé des lignes sinueuses. Ces tracés digitaux, parce qu'ils exigeaient peu de moyens, ont été considérés à tort comme les manifestations artistiques les plus anciennes.

La gravure semble bien être la technique la plus ancienne de l'art paléolithique. Effectuée à l'aide d'outils de silex, elle est profonde et irrégulière à ses débuts, puis s'affine progressivement pour donner des contours souples et précis, sans reprise. Elle est fréquemment employée conjointement avec la peinture, cernant un contour, précisant un détail. La peinture fut aussi utilisée très tôt, comme semble le prouver la présence abondante d'ocre dans les habitats. Les pigments minéraux, broyés, étaient appliqués à l'aide de touffes de poils ou de fibres végétales, mais on retrouve aussi de véritables « crayons » d'ocre. Le tracé des figures est linéaire ou fait de points juxtaposés. L'application des couleurs en aplat ou en dégradé, l'utilisation de réserves ou de hachures donnent une impression de volume et de relief. Les modelages en argile sont plus rares, mais leur conservation est si précaire qu'on peut certainement les imaginer plus nombreux à l'époque préhistorique. Enfin, les bas-reliefs sur pierre, d'exécution plus longue, ne se retrouvent que dans les sites d'extérieur. Ils ont été très fréquemment réaménagés à des époques postérieures à leur création.

Les sujets privilégiés de l'art pariétal sont des animaux, associés à des signes abstraits. On trouve en majorité de grands herbivores, bisons, aurochs, chevaux, auxquels se mêlent en moindre nombre des cervidés (biches, cerfs, rennes), des capridés (bouquetins) et des mammouths. Les animaux dangereux comme les lions, les ours, les rhinocéros sont beaucoup plus rares. Il faut souligner que les représentations pariétales n'offrent pas un recensement de la faune comestible de l'époque, car un nombre important d'espèces chassées par l'homme préhistorique sont peu représentées ou sont ignorées. À Lascaux, par exemple, le renne constitue plus de 90 p. 100 des déchets culinaires alors qu'il n'existe dans la grotte qu'une seule représentation, et encore douteuse, de cet animal. Certains carnivores – le loup, le renard, l'hyène –, les reptiles, les batraciens, les poissons, les oiseaux, les insectes ne figurent qu'exceptionnellement dans le bestiaire. L'environnement et la végétation ne sont jamais représentés.

La même restriction se retrouve pour les figurations humaines. Par rapport aux animaux, elles sont d'une facture négligée, néanmoins il s'en dégage un certain nombre de conventions stylistiques strictes qui les éloignent du portrait.

Certaines figures mystérieuses mi-homme mi-bête, des animaux acéphales, des empreintes de mains viennent compléter l'inventaire des thèmes représentés et nous suggèrent que l'artiste préhistorique délaissait l'anecdote et le réalisme au profit du symbole. Les surfaces décorées ont été choisies avec soin par l'homme préhistorique qui a su habilement profiter d'une corniche pour suggérer une ligne de sol ou aménager un accident naturel et suggestif de la roche. Les figures sont soit immédiatement visibles au centre de grands panneaux, soit plus secrètes, dissimulées dans une anfractuosité ou derrière un pendentif rocheux.

La localisation de l'art pariétal rend sa datation difficile car il est rarement en rapport avec un contexte archéologique. Il est donc daté par des méthodes indirectes qui reposent essentiellement sur le style des figures. Au début du siècle, H. Breuil*, se fondant sur les superpositions et les représentations perspectives des sabots et des encornures, a tenté d'en établir la chronologie. Cette méthode avait pour principal défaut de ne pas tenir compte des superpositions volontaires qui pouvaient être synchrones. Dès 1959, A. Leroi-Gourhan, à partir de documents datés avec certitude par la stratigraphie*, prend les représentations de chevaux et de bisons (qui groupent à elles seules plus de la moitié des figures animales) comme fil directeur de son étude sur l'art préhistorique. Il constate que, à certaines périodes, le graphisme des animaux correspond au même schéma de construction, les détails aux mêmes conventions. Il distingue quatre styles représentant chacun un stade d'évolution.

Simultanément, la signification de l'art paléolithique est bouleversée par la mise en évidence de compositions organisées dans les grottes. Au début du siècle, des comparaisons ethnologiques hâtives avaient donné naissance à des théories explicatives fondées sur la chasse et la fécondité, théories dépassées, encore appliquées par quelques préhistoriens.

Or, A. Laming-Emperaire* a montré que les animaux qui couvrent les parois ne sont pas le fait de superpositions qui se seraient produites au cours des temps, mais correspondent à des assemblages volontaires et significatifs qui forment l'ossature d'une idéologie.

En même temps, A. Leroi-Gourhan étudie la répartition des sujets à l'intérieur des cavernes. Il démontre, parallèlement à A. Laming-Emperaire, que l'organisation des grottes n'est pas anarchique et qu'elle répond à un schéma très structuré que l'on retrouve sensiblement identique dans tous les cas. Cette étude statistique fait apparaître l'existence d'un thème principal permanent constitué par une diade bovidé-cheval à laquelle se juxtapose une diade similaire : des signes pleins associés à des signes minces. Ce thème principal peut subir des variations régionales : les bovidés sont alors supplantés par la biche ou par le mammouth. Chaque figure occupe une place bien définie par rapport à la topographie de la grotte et par rapport aux autres éléments qu'elle côtoie. La similitude de situation entre les bovidés et les signes pleins a amené A. Leroi-Gourhan à considérer les bovidés comme investis d'un potentiel femelle. Les signes minces et les chevaux répondent à une distribution identique : ils occupent une position centrale, associés à leurs complémentaires (bisons, signes pleins), mais on les retrouve aussi tous les deux en périphérie et dans les fonds, ce qui permet d'assimiler les équidés à un principe mâle.

À cette diade s'ajoutent des animaux périphériques, placés en marge des panneaux et dont l'espèce varie suivant les époques et les régions (bouquetins, cerfs, rennes, quelquefois mammouths).

La décoration des parois forme donc un ensemble constitué d'associations précises entre des animaux et des signes abstraits, reposant essentiellement sur un dispositif binaire d'opposition ou de complémentarité. Les grottes apparaissent alors comme des sanctuaires ornés d'assemblages symboliques qui révèlent la complexité de la pensée préhistorique. L'introduction de sciences comme la zoologie ou l'éthologie dans l'analyse de l'art pariétal fait évoluer les recherches actuelles, mais leur apport ne concerne que l'étude des formes et non pas celle de la signification. L'important travail d'analyse d'A. Leroi-Gourhan continue donc à servir de base aux études actuelles malgré certaines controverses de détail qui ne remettent pas en cause sa théorie générale.

Dominique BAFFIER

Abri Cellier (Dordogne) ; style I

Un bloc de pierre de 45 cm de côté est profondément gravé d'une tête d'herbivore (probablement un cheval) et d'une représentation sexuelle féminine associée à des bâtonnets.
L'art figuratif apparaît à l'Aurignacien, vers 27 000 avant notre ère. Les œuvres de cette époque sont peu nombreuses, on en compte à peu près une vingtaine, retrouvées pour la majorité en Dordogne (Abri Cellier, Castanet, La Ferrassie), dans des niveaux bien datés. Dans la majorité des cas, le traitement fruste et encore maladroit des figures animales, souvent limitées à la tête et à l'encolure, ne permet pas l'identification de l'espèce. Dès les origines, le thème fondamental de l'art paléolithique est déjà fixé. En effet, l'association de figures animales et de représentations sexuelles restera constante.

La Grèze à Marquay (Dordogne) ; style II

Ce bison gravé est une des figures bien conservées de la petite grotte de La Grèze. Au Gravettien (entre 25 000 et 18 000 avant notre ère), les œuvres pariétales proprement dites apparaissent. Ce sont essentiellement des gravures et des bas-reliefs situés sur des parois proches de l'entrée.
Au style II, les animaux sont figurés entiers et répondent au même schéma graphique : toutes les espèces présentent une ligne cervico-dorsale sinueuse ayant grossièrement la forme d'un S couché qui gonfle démesurément l'avant-train. Quelques détails spécifiques peu nombreux, crinière ou encornure, viennent s'y accrocher et rendent l'espèce identifiable. L'animal est vu de profil, les membres, aux extrémités le plus souvent absentes, ne sont qu'ébauchés et assez fréquemment juxtaposés. Les ramures et les encornures sont vues de face. Les signes sexuels commencent à se styliser.

Répartition de l'art pariétal franco-cantabrique

Le foyer le plus important de l'art pariétal franco-cantabrique, qui groupe à lui seul plus d'une centaine de grottes ornées, se trouve dans un rayon de 30 km autour des Eyzies de Tayac en Dordogne. La distribution géographique de l'art pariétal – art par définition sur paroi – dépend fortement de la géologie : sa répartition correspond aux zones calcaires dans lesquelles l'érosion a creusé des cavernes. Cependant, l'occupation préhistorique n'est pas uniquement liée à la présence de grottes et, dans les régions au nord de la Loire, on constate l'absence presque totale de grottes ornées, alors que des vestiges d'habitat prouvent une implantation paléolithique.

La zone franco-cantabrique constitue un ensemble homogène présentant les mêmes moyens d'expression, les mêmes techniques, les mêmes styles stéréotypés correspondant aux mêmes époques. Certaines grottes ont connu différentes périodes d'occupation. Les figures ajoutées postérieurement peuvent concerner les panneaux déjà décorés, par réaménagement ou adjonction de motifs, ou les parties vierges de la grotte.

Les différents styles, définis par A. Leroi-Gourhan, représentent chacun un stade de maturation de cet art, l'acquisition d'une certaine maîtrise des techniques employées, mais non un changement de sens du message exprimé.

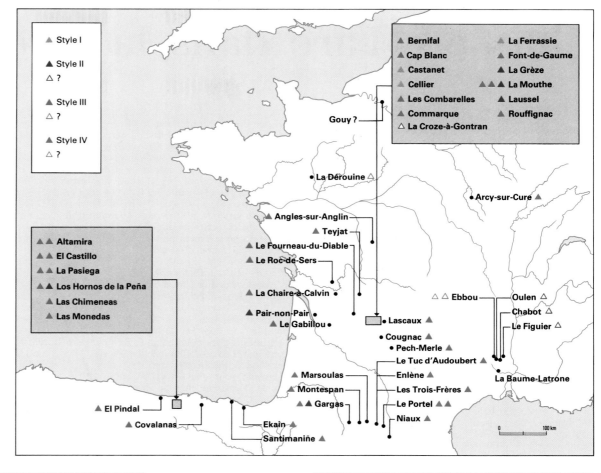

Style I ▲
Style II ▲
△ ?
Style III ▲
△ ?
Style IV ▲
△ ?

Bernifal ▲ — La Ferrassie ▲
Cap Blanc ▲ — Font-de-Gaume ▲
Castanet ▲ — La Grèze ▲
Cellier ▲ — La Mouthe ▲▲
Les Combarelles ▲ — Laussel ▲
Commarque ▲ — Rouffignac ▲
La Croze-à-Gontran △

Gouy ?

La Dérouine △

Arcy-sur-Cure ▲

Angles-sur-Anglin ▲
Teyjat ▲
Le Fourneau-du-Diable ▲
Le Roc-de-Sers ▲
La Chaire-à-Calvin ▲
Pair-non-Pair ▲
Le Gabillou ▲
Lascaux ▲
Cougnac ▲
Pech-Merle ▲
Ebbou △△ — Oulen △
Chabot △
Le Figuier △
Le Tuc d'Audoubert ▲
Enlène ▲
Les Trois-Frères ▲
Le Portel ▲▲
Niaux ▲
La Baume-Latrône ▲
Marsoulas ▲
Montespan ▲
Gargas ▲
Ekaïn ▲
Santimaniñe ▲

Altamira ▲▲
El Castillo ▲▲
La Pasiega ▲▲
Los Hornos de la Peña ▲▲
Las Chimeneas ▲
Las Monedas ▲

El Pindal ▲
Covalanas ▲

0 — 100 km

S 1

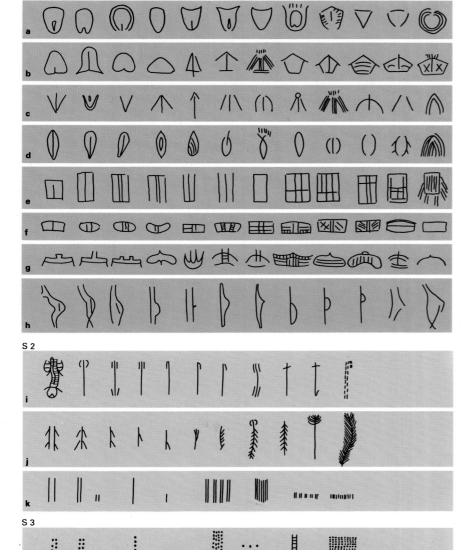

a b c d e f g h

S 2

i j k

S 3

A. Leroi-Gourhan

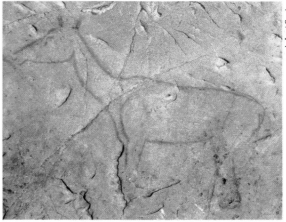

La Pasiega (galerie A), Santander, Espagne, style III

Biche peinte en tracé linéaire à l'ocre rouge. Ce thème est fréquent en Espagne.

Au style III (entre 17 000 et 13 000 avant notre ère : Solutréen et Magdalénien ancien), la ligne cervico-dorsale est encore sinueuse, mais des détails conventionnels plus nombreux viennent la compléter. En France, la représentation des animaux est caractérisée par un corps énorme, « gonflé », la tête est exagérément petite, l'encolure fine. Les membres courts et écartés ne semblent pas encore reposer sur le sol. Les encornures et les bois sont fréquemment figurés de trois quarts. En Espagne, le style III est un peu moins archaïque et tend à se rapprocher du style IV qui marque l'apogée de l'art pariétal.

Niaux (Ariège) ; style IV. Fissure enduite d'ocre rouge

La grotte elle-même semble avoir joué un rôle important dans la localisation des figures. La caverne devait être investie d'un symbolisme sexuel qui transparaît quelquefois de manière évidente. Ainsi certaines cavités ovales ou fissures ont été couvertes d'ocre rouge et des signes minces à connotation masculine ont été très fréquemment représentés sur leurs bords. Le choix de cet emplacement ne peut être accidentel.

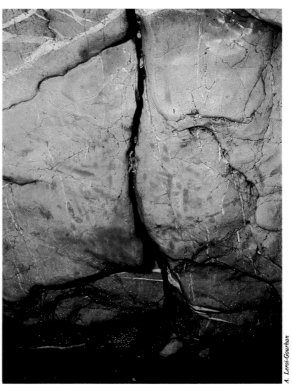

A. Leroi-Gourhan

L'évolution des signes d'après A. Leroi-Gourhan

S 1 : signes pleins à connotation féminine. Ils sont dérivés de représentations vulvaires ou de figures stylisées de la femme de profil, ils se schématisent rapidement et finissent par perdre tout lien perceptible avec la figuration première.

S 2 : signes minces à connotation masculine. Ils sont dérivés de représentations phalliques réalistes qui se transforment en tirets simples ou doubles, en signes ramifiés, crochus ou barbelés.

S 3 : points, lignes de points et bâtonnets sont assimilables aux signes S 2. Ils semblent entretenir des relations privilégiées avec certains accidents naturels de la caverne eux-mêmes investis d'un potentiel féminin, comme les fissures avec lesquelles ils sont souvent associés. Ils sont complémentaires des signes pleins.

Les signes pleins et les signes minces sont souvent couplés entre eux. Leur signification première est sexuelle, mais l'art préhistorique n'a jusqu'à ce jour fourni aucun exemple d'accouplement. Souvent associés aux animaux, ces signes posent encore le problème de leur signification et du lien qui les unit aux autres figures. Leur comparaison morphologique est intéressante car certains signes sont caractéristiques d'une région. La variété de leurs formes marque l'individualité de chacun de leurs éléments et fait apparaître des unités culturelles ou ethniques.

Chasse à l'arc dans la forêt d'Europe

C'est pendant la période qui a succédé aux grands froids de la dernière glaciation et qui a précédé les défrichements de l'époque néolithique que s'est formée l'Europe telle que nous la connaissons. Cette image se précise entre 10 000 et 5000 avant J.-C. : submersion du plateau continental et isolement progressif de l'Irlande et de l'Angleterre, disparition des glaciers de basse altitude, extension de la mer du Nord et formation de la Baltique, naissance d'une multitude de lacs et de marais. La toundra du Nord fait alors place aux conifères et au bouleau, à l'orme et au noisetier ; les feuillus de la chênaie mixte couvrent l'Europe moyenne, et les espèces méditerranéennes s'échappent de leurs refuges pour coloniser les arrière-pays. C'est alors que cesse la coexistence paradoxale du renne et du cerf, du renard polaire et de l'antilope saïga, du bison et du chamois ; chacun trouve la niche écologique qui nous est familière. Les chasseurs de rennes du Paléolithique supérieur changent donc nécessairement de gibier ; à l'ouest et au nord de l'Europe, ils perdent les territoires submergés, mais ils gagnent les terres libérées par les glaces et profitent de l'accroissement considérable de la longueur des rivages et de milieux dont les ressources alimentaires sont riches et variées (fjords, marais et lacs).

Situé entre le Paléolithique des chasseurs et le Néolithique des agriculteurs, ce lent changement de paysage correspond à l'époque mésolithique selon le terme employé dans les classifications ternaires. Indépendamment des changements climatiques, une innovation dans la technique de chasse se manifeste à la fin du Paléolithique supérieur, par l'apparition de petites pointes en silex, parfois de formes géométriques (microlithes*), destinées à armer des flèches sans doute tirées par un arc ; la discrétion du lancer du projectile, la précision du tir et la force de pénétration du trait confèrent à l'arc une supériorité évidente sur le propulseur* (ce dernier exigeait en outre un geste plus brutal qui risquait d'effrayer le gibier) ; l'installation de la forêt dense a pu favoriser l'arc qui nécessite moins d'espace libre autour du chasseur que le propulseur. Quoi qu'il en soit, cette innovation, apparue vers 10 000 avant J.-C., est diversement accueillie, même dans des cultures géographiquement proches ; mais après un ultime et sévère coup de froid, entre 9000 et 8000 avant J.-C., elle est adoptée sans réticence. Partout en Europe les outillages de silex sont caractérisés par des armatures de flèches de types variés qui tendent à devenir de plus en plus microlithiques et géométriques (triangles, segments de cercle, rhombes, trapèzes) ; de façon très générale (sauf en Angleterre), les trapèzes dominent à la fin du Mésolithique ; toutes ces pointes sont obtenues en fractionnant des lamelles, souvent selon la technique du microburin*. La diversité de leurs formes permet d'individualiser une multitude de cultures régionales, dont l'extension est beaucoup plus limitée que celle des cultures des millénaires précédents. De la Lituanie à l'Angleterre, ces petites armatures sont associées à de gros outils en pierre destinés au travail du bois : lames d'herminettes taillées ou piquetées et tranchets ; dans le sud-ouest de l'Europe, les outils lourds sont confectionnés dans des bois de cerf, du grès et des galets parfois aménagés en forme de pics. L'équipement des archers mésolithiques est mieux connu que celui des chasseurs de rennes grâce aux découvertes effectuées dans les sites des tourbières de l'Europe septentrionale : arcs et flèches de types divers, pirogue, pagaies, ski, patin de traîneau, nasse, filet, récipient en écorce.

L'opposition qui a été longtemps faite entre l'artiste paléolithique, chasseur de rennes et de mammouths, et l'archer « décadent », terreur des escargots, ne correspond pas à la réalité des faits ; ce dernier, peut-être aidé de ses chiens, traque l'aurochs, le cheval, l'élan, le cerf, le sanglier, le chevreuil, le mouton, le castor et bien d'autres petits mammifères. L'utilisation de l'arc permet un prélèvement plus important qu'au Paléolithique dans la faune d'oiseaux et particulièrement dans celle des bords de l'eau ; à côté de ces ressources, qui diffèrent peu de celles du Paléolithique, se développent la récolte massive de mollusques et la pêche. Les coquilles de mollusques terrestres ou marins ont formé des accumulations qui atteignent parfois plusieurs mètres d'épaisseur dans les abris-sous-roche et des centaines de mètres de longueur près des rivages maritimes. Les populations mésolithiques améliorent la pêche par l'emploi d'hameçons en os ; elles sont les premières à s'aventurer loin des côtes, où le dauphin et l'orque sont chassés et où sont pêchés les petits requins, l'ange de mer, le maquereau et divers gadiformes (morue, aiglefin, colin). La navigation hauturière permet alors à l'homme de s'installer en Corse. Les végétaux laissent peu de traces, et leur part dans l'alimentation mésolithique reste conjecturale ; il est certain que les forêts tempérées sont plus riches en espèces comestibles que les flores froides ; en Europe de l'Ouest et du Nord, des graines de lis, des châtaignes d'eau et des coquilles de noisettes sont présentes, souvent en grande quantité, dans de nombreux sites d'habitat. Dans les pays méditerranéens, en dehors de la cueillette des céréales sauvages (orge, avoine) dont la répartition ne s'étend pas à l'ouest de la Grèce, la récolte des lentilles, des vesces, des pistaches et des amandes est attestée depuis le Paléolithique final ; au Mésolithique s'y ajoutent les pois et les poires, les noix et le raisin.

Les habitations mésolithiques, en plein air ou sous abri rocheux, sont connues par des données provenant d'une cinquantaine de sites ; leurs traces au sol sont très variées : plates-formes de bois ou de pierres, trous de poteaux organisés ou non, alignements de pierres plus ou moins fermés ; ces structures présentent une forme courbe ou rectangulaire, et leur surface, qui peut couvrir de 5 à 110 mètres carrés, est le plus souvent comprise entre 5 et 20 mètres carrés ; les foyers, au centre ou à l'extérieur de l'habitation, sont parfois entourés de dalles ou garnis de pierres ; la cuisson sur des pierres chaudes ou à l'étouffée (comme dans les « fours polynésiens ») est pratiquée. Le mode de vie mésolithique, réglé par des déplacements saisonniers à l'intérieur d'un territoire limité, ne marque pas de rupture avec celui du Paléolithique supérieur ; par contre, l'art et les sépultures reflètent une conception du monde et de l'au-delà qui s'éloigne progressivement de celle des chasseurs de rennes. L'art rupestre du Levant espagnol, figuratif et très animé, met en scène l'acteur humain au détriment de l'inlassable répétition des diades animales qui ornent les grottes à l'Âge glaciaire. En Europe moyenne, les œuvres d'art sont relativement rares ; des œuvres figuratives coexistent quelque temps avec des tracés abstraits de barres et de points peints ou gravés sur des galets, des os ou les parois d'abris gréseux ; cet art schématique s'était affirmé depuis longtemps dans les cultures méditerranéennes. Dans le nord de l'Europe, les œuvres d'art se comptent au contraire par centaines : figurines et pendeloques en ambre, mais surtout décoration géométrique, losanges, triangles, chevrons, damiers, organisée en compositions savantes sur les objets en bois de cerf, le cortex des silex, les objets en bois. Les représentations humaines et animales, traitées schématiquement, sont rares ; parmi ces dernières, l'élan constitue un thème commun aux cultures mésolithiques depuis la Suède jusqu'à l'Oural. Les sépultures sont beaucoup plus nombreuses qu'au Paléolithique supérieur ; fait nouveau, elles peuvent être groupées en nécropoles de plusieurs dizaines de tombes. Les tombes contiennent un ou plusieurs individus ensevelis simultanément ou successivement, en position allongée ou fléchie ; les plus élaborées, délimitées par un coffrage de pierres, se signalent par un petit tumulus ; un entrelacs de bois de cerf couronne parfois les crânes. Les inhumations sont souvent associées à de l'ocre rouge et accompagnées d'offrandes de venaison et de parures (coquillages, dents d'animaux) et d'un dépôt d'outils ou d'armes (flèches, poinçons, outils en silex). Une estimation de l'importance du peuplement mésolithique, établie à partir du nombre de sites connus, montre un accroissement régulier de la population et une augmentation importante de celle-ci par rapport au Paléolithique supérieur. Les archers ne semblent pas avoir souffert de malnutrition ni de guerres tribales ; ils étaient dans des conditions favorables pour accueillir et assimiler les destructeurs de forêts de la révolution néolithique, ou tout au moins pour accepter la cohabitation pacifique.

Michel ORLIAC

Chasse au cerf.
Cueva de los Caballos,
Barranco de la Valltorta,
Castellón,
Levant espagnol
Un relevé effectué en 1919 par H. Obermaier et P. Wernert avant la dégradation de la paroi (représentée par des aplats de couleur ocre sur le dessin ci-contre) montre un groupe de quatre archers décochant des flèches sur une harde composée de six biches, deux faons, un daguet et un douze cors. La scène mesure une cinquantaine de centimètres de haut.

Flèches d'Holmegaard, Danemark (6500-6000 av. J.-C.)

D'un diamètre d'un centimètre, les fragments de ces flèches en bois mesurent 26 et 8 cm (à gauche), 28 et 29 cm (à droite) ; leur longueur totale était d'environ 90 cm. Généralement confectionnées dans du bois de cœur de pins à croissance lente, les hampes sont polies avec soin ; leur base, encochée pour l'appui sur la corde de l'arc, était probablement empennée ; leur extrémité appointée était armée de microlithes en silex encastrés dans une rainure (visible sur les flèches de droite) et fixés par un goudron naturel (brai) obtenu en chauffant de l'écorce de bouleau ; il existait également des flèches à extrémité mousse (à gauche) semblables à celles qu'utilisaient naguère les Eskimo et les peuples de Sibérie pour chasser les oiseaux et les petits animaux dont on ne voulait pas endommager la fourrure. Musée national, Copenhague.

Arcs d'Holmegaard, Danemark (6500-6000 av. J.-C.)

Deux arcs en orme, de même forme et de même dimension (entre 1,50 m et 1,60 m), ont été découverts à Holmegaard ; leur poignée est marquée par un rétrécissement. D'autres arcs mésolithiques sont en orme, en frêne ou en résineux ; en général, leur forme est régulière, à simple courbure ; cependant, un des arcs de Wis (U.R.S.S.) est de forme dite réflexe (à trois courbures). Musée national, Copenhague.

Bateau de Pesse (province de Drenthe, Pays-Bas)

Datée des environs de 6500 avant J.-C., cette pirogue longue de 3 m, large de 0,45 m a été confectionnée en évidant le tronc d'un pin par brûlage et grattage. Au VIIIe millénaire, des embarcations de forme et de dimension inconnues mais sans doute plus grandes ont permis d'importer en Grèce continentale l'obsidienne de l'île de Milos ; elles ont également rendu possible le peuplement de la Corse (avant 6500 av. J.-C.) et de l'Irlande (début du VIe millénaire) ; la pêche en pleine mer, attestée en Europe du Nord entre 5500 et 5000 avant J.-C., nécessitait elle aussi des bateaux plus stables que celui-ci. Musée provincial d'Assen.

Pagaie et massues en bois

Provenant d'habitats maglemosiens des tourbières d'Holmegaard (Danemark), ces objets sont datés entre 6500 et 6000 avant J.-C. ; la massue de gauche mesure 35 cm, la pagaie à sa droite 32 cm, la massue de droite 31 cm. Des massues mésolithiques ont été découvertes à Braband (Danemark) et à Wis (U.R.S.S. ; 500 km à l'est d'Arkhangelsk). Une pagaie, plus ancienne, découverte à Star Carr (Yorkshire, Grande-Bretagne) date de 7600 avant J.-C. ; d'autres pagaies mésolithiques sont connues dans plusieurs sites du Danemark, d'Allemagne fédérale et d'U.R.S.S. Musée national, Copenhague.

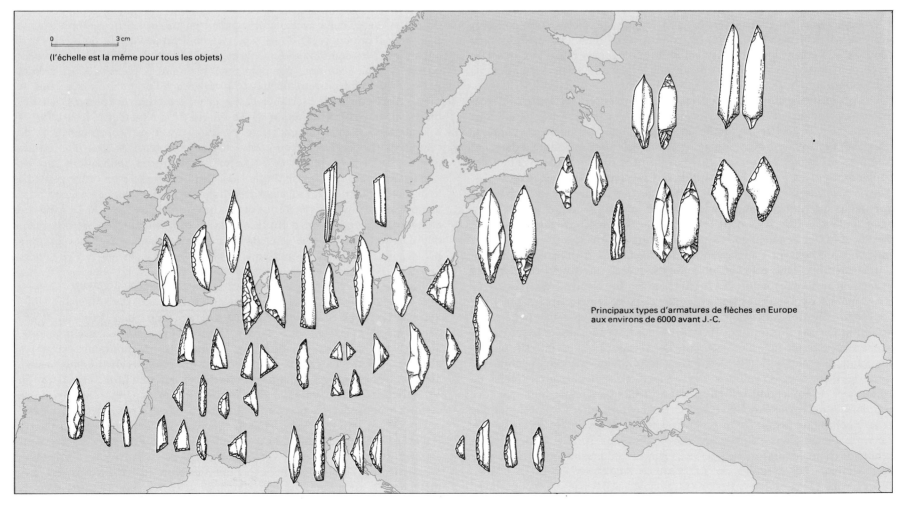

0   3 cm

(l'échelle est la même pour tous les objets)

Principaux types d'armatures de flèches en Europe aux environs de 6000 avant J.-C.

L'Europe préhistorique

Le Néolithique

Le Néolithique a d'abord été conçu comme une phase évoluée de la préhistoire, caractérisée par le polissage de la pierre, par contraste avec les temps plus anciens dits de la pierre taillée. Cette opposition technique s'est avérée impropre. Le terme même de « néolithique », apparu en 1865, s'est révélé plus satisfaisant dans la mesure où il s'attachait moins à une technique sélectionnée parmi d'autres (car on a continué de tailler la pierre au Néolithique, sinon plus tard) qu'à évoquer un stade plus général de l'histoire de l'homme au cours duquel se constituaient les premières sociétés agricoles. Aux débuts de la recherche préhistorique en Europe, la transition entre la chasse et l'agriculture ne pouvait guère s'exprimer qu'en termes d'opposition économique et donc de rupture. Ainsi fut forgée la notion d'hiatus. Le comblement progressif de cet hiatus par la mise en évidence de cultures épipaléolithiques ou mésolithiques venant s'insérer entre les grandes civilisations de chasseurs et les premières civilisations paysannes ne modifia pas le problème posé par le Néolithique en Europe. Il y apparaît dès le début comme un modèle économique en rupture avec les genres de vie plus anciens. On attribue dès lors à des populations nouvelles la diffusion de techniques concernant l'élevage et l'agriculture, car l'Europe, où n'existent guère de céréales sauvages, est exclue du débat sur la domestication. En ce domaine, c'est le Croissant fertile (Égypte, Proche-Orient, Mésopotamie) qui monopolise l'attention. La « civilisation » émerge d'abord à l'est. Dans des synthèses magistrales, V. Gordon Childe* est certainement l'auteur qui a soutenu ces idées diffusionnistes avec le plus de succès. Ces concepts trouvaient d'ailleurs une sorte de confirmation dans les méthodes de l'époque : la construction de systèmes chronologiques régionaux que l'on raccordait les uns aux autres s'opérait par le biais de vestiges comparatifs sélectionnés.

Les problèmes demeuraient pourtant. Les expressions culturelles différenciées qui s'affirment dès les phases les plus reculées du Néolithique contribuèrent à mettre en doute la validité de ce modèle économique standard. Par ailleurs, l'émergence de systèmes culturels distincts dans des contextes écologiques diversifiés invitait à mieux saisir le rôle éventuel des populations locales dans la constitution des premières sociétés agricoles. Ainsi naquit le concept d'acculturation qui, sans nier les introductions imputables à quelques groupes agissants, met surtout l'accent sur l'évolution des populations indigènes dont le statut se trouve progressivement modifié par l'acquisition de techniques externes (élevage, agriculture, terre cuite par exemple). Ce concept s'appliquerait notamment aux régions comportant à la fois un important peuplement mésolithique et un environnement bien pourvu en ressources naturelles (Méditerranée, Europe du Nord), et, de ce fait, capables de mieux résister à de nouveaux systèmes économiques. Par opposition, l'Europe moyenne, très fournie en forêts et moins peuplée au Mésolithique que l'Europe occidentale ou nordique, aurait été le théâtre de phénomènes beaucoup plus nets de colonisation. À partir des années cinquante, les tentatives d'explication du Néolithique européen balancèrent entre la théorie de l'évolution des populations autochtones et celle de l'influence des phénomènes culturels et techniques introduits par des populations plus avancées. On recherche des nuances entre l'Épipaléolithique et le Néolithique primitif. On tenta également d'éclaircir le rôle joué par l'environnement dans l'émergence des civilisations rurales demeurées en dehors de toute pression allogène ou ne recevant qu'une influence très limitée de l'extérieur. Les exemples de Star Carr en Angleterre (J. G. D. Clark), de Lepenski Vir et de l'abri Rouge (D. Srejovic, A. Benac) en Yougoslavie,

entre autres, sont autant d'essais plaqués sur ces schémas spéculatifs. Ces concepts ont eu d'intéressants prolongements dans la mesure où ils ont essayé de détruire la coupure catégorique entre Mésolithique et Néolithique et où ils ont montré à la fois l'inévitable processus évolutif autochtone des sociétés et l'inanité de certaines équations : poterie = agriculture, par exemple. La sédentarisation plus ou moins poussée – dès l'Épipaléolithique – de sociétés « mésolithiques » exploitant de façon rationnelle leur environnement, la naissance du stockage bien avant l'apparition de l'agriculture, l'existence de systèmes économiques faisant appel à un balancement entre la production et la prédation sont autant d'idées qui ont germé dans les esprits à partir d'une telle vision.

Depuis les années soixante, les chercheurs ne considèrent plus les terres européennes comme étroitement dépendantes des mondes égéen ou proche-oriental, mais comme le lieu d'une évolution propre. La datation des témoins organiques par le carbone radioactif (ou radiocarbone*), largement vulgarisée dès lors, allait apporter à ces concepts des arguments irréfutables. Le carbone 14 a contribué à vieillir considérablement certains phénomènes et, par là même, à réduire à néant l'hypothèse des influences orientales. Il a, par contrecoup, souligné la précocité, la vigueur et l'originalité de certains traits culturels européens. Ainsi en fut-il du mégalithisme. Dans les années cinquante, le mégalithisme était encore conçu comme un héritage du Proche-Orient (Palestine, Jordanie) : par le relais de Malte, de géniaux architectes auraient gagné le sud de la France et la péninsule Ibérique avant de se répandre en Europe du Nord-Ouest. Or il apparaît que les communautés néolithiques de l'aire atlantique, à un moment ancien de leur évolution, ont opté pour des tombes collectives en grosses pierres, à l'architecture d'ailleurs très variée dès l'origine. De son côté, le mégalithisme de la Méditerranée s'est exprimé à travers des formes originales qu'il était impossible de réduire à un unique fil conducteur. Le carbone 14 a également permis de mieux relier les civilisations européennes et de remplacer des systèmes trop contractés par des chronologies plus étirées et plus conformes à la longue évolution des premières civilisations rurales. C'est sans doute en Europe du Sud-Est que cette remise en ordre perturba le plus profondément les schémas traditionnels qui mettaient en concordance les premiers niveaux de Troie et le Bronze ancien de l'Égée avec les complexes à production d'objets en cuivre des Balkans. Le vieillissement des datations a sonné le glas de la méthode comparative. Les groupes néolithiques primaires (Néolithique « ancien » grec, Proto- et Pré-Sesklo, Starcevo, Karanovo) apparaissent au VIe millénaire en chronologie [14]C. Les civilisations du Néolithique final, ou « chalcolithiques » (Vinča, Gumel-nitsa, Cucuteni), connaissent leur pleine floraison au IVe millénaire, donc antérieurement au Bronze ancien de l'Égée, région où, par ailleurs, les débuts de la métallurgie sont plus tardifs. L'utilisation, encore parcimonieuse, d'autres méthodes de datation (par exemple la thermoluminescence*) a confirmé les chronologies hautes, apportant des résultats encore plus précis : ainsi au Portugal les premiers dolmens à couloir furent-ils datés du Ve millénaire (Poço da Gateira, Gorginos). Les progrès sensibles de la dendrochronologie, science de la datation à partir des cernes des arbres, ont permis d'avoir une idée plus juste encore du déroulement du temps. Il s'avère que pour la période néolithique les données du radiocarbone sont en deçà de la réalité, parfois de plusieurs siècles. Il faut donc corriger les dates par la calibration* pour avoir une meilleure idée du temps réel. Les méthodes de datations absolues ont donc joué un rôle essentiel dans la

**La Pierre-Levée de Poitiers,
d'après une gravure du XVIe siècle**

Les monuments mégalithiques ont toujours hanté l'imagination des hommes. En 1532, Rabelais attribue à Pantagruel la construction du dolmen de Poitiers : cette table devait servir aux étudiants pour banqueter et y graver leur nom. Considérés en général dans la tradition populaire comme les demeures d'êtres fantastiques (fées, lutins, sorciers), ce n'est que peu à peu que le statut de tombe préhistorique a été reconnu aux dolmens. La fouille en 1685 du dolmen de Cocherel (Eure), qui révéla la présence de plusieurs sujets enterrés, constitue l'une des plus anciennes explorations de mégalithes en Europe (in Alexandre Bertrand, *Archéologie celtique et gauloise*, 1889).

compréhension du Néolithique européen. Aujourd'hui, les physiciens en ont montré les limites et ont un peu déçu quelques préhistoriens qui croyaient pouvoir régler certaines questions de chronologie fine.

Parallèlement à cette évolution théorique, les recherches de terrain ont inévitablement subi, depuis leurs débuts, de très sensibles modifications. Quelques points forts jalonnent, dans diverses aires culturelles européennes, l'histoire de ces opérations de terrain dont quelques-unes ont été déterminantes par leur envergure et les moyens mis en œuvre, ou par leur nouveauté. On peut citer dans le domaine des tells les fouilles par C. Tsountas de Sesklo (dès 1901) et de Dimini (1903), en Grèce, de Vinça en Yougoslavie (par M. Vasic dès 1908), de Karanovo (par V. Mikov et G. I. Georgiev de 1936 à 1957). On peut y adjoindre les fouilles plus récentes de J. D. Evans dans le Néolithique de Cnossos (1957-1960). En Roumanie et en Ukraine a eu lieu le dégagement de plusieurs agglomérations de terrasses ou de promontoires que l'on peut dater du IVe millénaire (Cucuteni dès 1901, Vladimirovka dès 1927, Habasesti en 1949, Trusesti en 1951...). Dans le domaine danubien, on citera Koln-Lindenthal en Allemagne (Butler et Haberey, 1929-1930) et Bylany en Tchécoslovaquie (fouilles de B. Soudsky* de 1953 à 1961).

L'évolution du Néolithique méditerranéen de l'Ouest a été précisée pour la première fois par les recherches à la grotte des Arene Candide, près de Gênes, publiées par L. Bernabo-Brea (1946-1956). Dans le secteur lacustre l'idée de villages bâtis sur pilotis, en terrain tourbeux ou en bords de lacs, a été reconsidérée depuis la fouille du site d'Ehrenstein et les thèses d'O. Paret qui font une large place à des habitations édifiées sur la terre ferme, beaucoup plus rarement sur plate-forme surélevée. Il faut signaler à ce propos tout un ensemble de travaux récents sur les sites en milieu noyé d'Italie du Nord, de Suisse, de France de l'Est. Sur les rivages de l'Atlantique, on a surtout privilégié l'étude des monuments mégalithiques : dolmens du Sud et de l'Ouest ibérique révélés dès le siècle dernier par les frères Siret, tertres à nombreuses chambres à couloir de l'ouest de la France, *longs barrows* britanniques, *henges* du bassin de Londres... L'archéologie du nord-ouest de l'Europe a développé, grâce à l'analyse palynologique* de ses tourbières, d'intéressantes méthodes de restitution de la végétation ancienne. Aujourd'hui, grâce à l'action combinée de plusieurs techniques, s'est constituée une archéologie du paysage qui tente de percevoir l'évolution végétale dès le Néolithique. Il n'est pas jusqu'à la prospection* qui n'ait bénéficié de techniques toujours plus neuves : ainsi la photographie aérienne, appliquée depuis plusieurs décennies, se complète, au sol, de mesures de la résistivité des sols ou de magnétométrie.

Les progrès des sciences physico-chimiques ont en outre donné à la recherche néolithique européenne une charpente mieux assurée. Les analyses de matériaux organiques ont permis une vision plus réaliste de certains phénomènes, notamment l'origine et la circulation des documents. C'est donc tout l'aspect économique et social qu'on approche aujourd'hui avec plus de finesse grâce aux analyses pétrographiques ou à l'activation neutronique permettant l'identification d'éléments-traces : exploitation des matériaux, préparation des ébauches ou des produits finis, colportage, interpénétration et fluidité des marchés, zones frontières, notions d'échanges ou de dons, etc. On perçoit mieux aujourd'hui la diffusion réelle des matériaux ou des objets manufacturés : exportation des spondyles égéens dans le bassin du Danube, utilisation des roches dures alpines ou armoricaines dans la fabrication de haches polies ou de pièces d'apparat, divulgation des pièces

de silex (Le Grand Pressigny) ou d'obsidienne (Melos, Lipari, Monte Arci, Bukk), à partir des gîtes originels, analyses des pâtes céramiques. Les recherches en laboratoire font depuis plusieurs années une place toujours plus large à des disciplines visant à mieux cerner le paléoenvironnement : sédimentologie, analyses polliniques, anthracologie, étude des céréales, étude de la composition isotopique des carbonates (paléotempérature, paléosalinité), analyses chimiques en vue d'évaluer la plus ou moins forte humanisation des sols d'habitat. L'étude des faunes néolithiques s'est aussi diversifiée : morphologie, quantification des espèces, courbes d'abattage et structure des populations, nourriture carnée et poids de viande, techniques de boucherie, etc. Longtemps dédaignées, la malacologie et l'étude de la microfaune apportent désormais de précieuses indications quant à l'impact de l'homme sur le milieu.

Enfin l'ampleur même des sites et la masse des documents à traiter expliquent l'entrée de l'informatique et des statistiques dans l'archéologie néolithique. Ces outils permettent de maîtriser de façon plus rigoureuse une information croissante.

Les tendances actuelles vont dans le sens d'une diversification des approches. Ainsi les travaux de restitution paléoécologique ont inspiré à E. Higgs et à ses disciples une vision quelque peu rénovée du Néolithique européen. L'accent est mis dans tous les cas sur l'analyse du territoire d'approvisionnement d'un site donné (*site catchment*) ; il s'agit de mieux évaluer, par l'analyse des sols, de la végétation et des caractères de la faune, les potentialités réelles d'un habitat et de son territoire. Les résultats ont souligné le caractère progressif des débuts de l'exploitation du milieu, remis en question la rupture entre le Paléolithique et le Néolithique par la notion d'évolution graduelle ; enfin, ils ont favorisé une re-discussion du concept de domestication.

L'archéologie expérimentale* est aussi en plein essor : la taille et le polissage de la pierre ou de l'os, le modelage de la poterie, la construction de cabanes grandeur nature à partir de maquettes ou de plans de fouilles, le levage de menhirs ou de dolmens, l'ensemencement de céréales anciennes pour évaluer les rendements peuvent témoigner de certains comportements passés.

L'appel à l'ethnoarchéologie* n'est pas moins important. On la sollicite pour vérifier par exemple certaines hypothèses sur les rites de la mort, l'analyse sociale des nécropoles ou des habitats – démarches qui expliquent les missions de certains spécialistes du Néolithique européen en Afrique ou ailleurs. Le recours à l'ethnologie est encore présent dès lors qu'il s'agit d'établir des modèles pour les premières sociétés paysannes d'Europe, compte tenu de leur niveau d'évolution. Arriver à mieux pénétrer les mécanismes du fonctionnement des sociétés constitue l'approche la plus spéculative mais sans doute la construction la plus passionnante si l'on en juge d'après les publications d'archéologie « sociale », anglo-saxonnes, parues au cours des vingt dernières années. Pour certains auteurs, la dynamique interne, favorisée par des interactions entre la production, les échanges, la hiérarchisation, le domaine symbolique, etc., a joué un rôle essentiel dans la progression des sociétés néolithiques d'Europe.

Jean GUILAINE

L'agriculture à la conquête de l'Europe

L'apparition des communautés agricoles en Europe relève d'un processus qui, amorcé d'abord dans sa partie sud-est, s'est progressivement étendu à la presque totalité du continent. On estime que les facteurs qui ont permis, dans le monde égéen, la constitution des premières sociétés paysannes trouvent leur origine en Anatolie. On ne peut toutefois imaginer un simple transfert de culture car vers 6000 avant notre ère, date approximative des prémices du Néolithique dans le sud-est de l'Europe, l'Anatolie possédait déjà un Néolithique élaboré et tout à fait original (Çatal Huyuk). On peut supposer l'existence de contacts venant stimuler des populations dont la maturation allait favoriser le passage au stade agricole. C'est ainsi que dans plusieurs régions du sud-est de l'Europe (Thessalie, Crète, Chypre) se développera, à la façon du Proche-Orient mais avec un sensible décalage dans le temps, un Néolithique précéramique, pratiquant la culture des céréales et l'élevage des caprins, des bovidés et des suidés. Cette situation implique donc, en dépit d'introductions techniques, un déroulement plutôt indépendant du premier Néolithique de ces régions. D'autre part, la présence, dans certains sites mésolithiques méditerranéens (Franchti au Péloponnèse, l'Abeurador en Languedoc), de légumineuses susceptibles d'avoir été sinon cultivées du moins « exploitées » avant la mise en place d'une véritable économie céréalière n'est pas sans soulever certains problèmes : faut-il envisager une diffusion de ces espèces à partir du Proche-Orient, ce qui implique des communications maritimes précoces, phénomène aujourd'hui reconnu ? Doit-on revoir au contraire les cartes de répartition des légumineuses spontanées en faisant figurer ces dernières dans les pays de la Méditerranée occidentale ? Si la réponse à la deuxième question est positive, quelle a pu être, au Mésolithique, la nature exacte des relations entre l'homme et le domaine végétal ? Quelle a pu être, parallèlement, la part jouée par la faune autochtone (aurochs, sanglier) dans la domestication ? Pour beaucoup d'auteurs, ovicaprins, suidés et bovidés ont été domestiqués dans l'aire turque et mésopotamienne. D'autres chercheurs estiment que l'Europe du Sud-Est a pu contribuer à la maîtrise du monde animal (E. Higgs évoque le cas du bœuf en Thessalie et du porc en Crimée).

La question paraît plus claire en ce qui concerne les céréales fondamentales, qui ne poussent pas naturellement en Europe sauf, peut-être, le millet et une variété de blé connue dans l'aire balkanique. La contribution de l'Europe à la domestication des céréales se limite probablement à celle du seigle, relativement tardive (Ier millénaire av. J.-C.). Plusieurs qualités de blé (engrain, amidonnier, blé tendre) ou d'orge (orge polystique à grain vêtu ou nu) sont déjà présentes, ainsi que des légumineuses, dans les couches les plus profondes de divers sites néolithiques européens.

Dès les phases les plus reculées du Néolithique, et en dépit de la circulation de quelques matériaux sur des distances de plusieurs centaines de kilomètres, certains cloisonnements culturels se font jour dont la tradition se perpétuera pendant plusieurs millénaires. Dès la première moitié du VIe millénaire, des villages permanents d'agriculteurs sont implantés en Grèce et en Crète. Les ovicapridés y constituent l'espèce élevée la plus répandue mais les bovidés devaient déjà fournir la part la plus forte de l'alimentation carnée, comme cela sera le cas dans la plus grande partie du Néolithique européen. À une phase à poterie sans décor (Argissa Magula) succéderont des stades à poterie peinte (Sesklo, Dimini) caractéristiques des Ve et IVe millénaires. Presque aussi ancienne qu'en Égée, la colonisation des terres balkaniques s'effectue par l'intermédiaire du complexe de Starčevo-Karanovo, matérialisé par des localités sédentaires (tells) ou mobiles, selon les régions, et par une solide agriculture céréalière. La poterie aux formes peu variées porte tantôt un décor d'impressions, tantôt des renflements de coulées d'argile (barbotine), tantôt une ornementation peinte de grande qualité, notamment dans l'aire bulgare. En Europe centrale, l'économie agricole s'installe sous l'impulsion des groupes dits danubiens dont la dispersion, particulièrement vaste, s'étend du Dniestr et de la Vistule jusqu'à l'embouchure du Rhin et au Bassin parisien, de la Hongrie jusqu'à la Pologne centrale. Cet immense territoire forme un ensemble homogène de villages à maisons rectangulaires en bois, construits au Ve millénaire sur les riches terres à lœss des terrasses fluviales. Leurs habitants apportent, dans un milieu forestier qu'ils contribuent à éclaircir, la culture des céréales et un élevage dominé par les bovidés. En Méditerranée centrale (monde périadriatique) et occidentale (sud de la France, Espagne, Portugal), l'économie de production se met en place grâce à la navigation à la fin du VIe et au Ve millénaire par l'intermédiaire des groupes à poterie imprimée. Au IVe millénaire, des populations fabriquant de la poterie lisse prendront la succession des paléoagriculteurs méditerranéens et danubiens dans la majeure partie de l'Europe occidentale, gagnant même de nouvelles terres à l'économie agricole (culture de Windmill Hill en Grande-Bretagne). L'Europe septentrionale (nord de l'Allemagne, Pologne, Tchécoslovaquie, Pays-Bas, Danemark, Suède) n'accède au stade néolithique que dans la seconde moitié du IVe millénaire, en chronologie radiocarbone. La progression agricole danubienne avait été stoppée ici par des conditions naturelles favorables à la prédation (régions maritimes et lacs poissonneux, terrains sablonneux privés de lœss et réfractaires à la culture). Ce n'est

donc qu'avec un certain retard que l'important fonds mésolithique local s'effacera devant la « civilisation des gobelets en entonnoir » qui introduisit la culture des céréales, l'élevage (souvent orienté vers les suidés) et la construction de maisons rectangulaires. Au nord de la zone tempérée, dans l'aire de la forêt de résineux, l'économie de chasse et de pêche s'est maintenue à travers des cultures originales, utilisant parfois la poterie par suite de contacts avec les agriculteurs installés plus au sud. Vers 3000, en chronologie non calibrée, vers 4000 en chronologie réelle (voir calibration*), l'Europe, excepté ses franges septentrionales, est sans doute à peu près totalement entrée dans le cycle des producteurs de nourriture. Certes, l'implantation de terres cultivées fut certainement au début tout à fait sélective. Ce n'est qu'avec le perfectionnement des techniques et l'introduction de l'araire que des terres moins favorables furent défrichées et gagnées à la culture. Cette progression des territoires cultivés se combina dans certaines régions avec une plus grande sédentarité et une pression démographique accentuée. Les riches plaines de l'Europe du Centre-Est offrirent sans doute, dès le Néolithique ancien et sans discontinuité, les meilleurs exemples de communautés villageoises prospères. L'évolution technique y fut plus rapide qu'ailleurs. Dès la fin du Ve millénaire le travail du cuivre s'amorce en Roumanie (Boian, Néolithique moyen) ou en Yougoslavie (Vinča). Au IVe millénaire, un ensemble de brillantes civilisations maîtrisent définitivement les techniques métallurgiques : Salcuta dans les Balkans, Gumelnitsa en Bulgarie et Roumanie, Cucuteni-Tripolyé en Roumanie et en Ukraine, Lengyel, Tiszapolgar et Bodrogkeresztur en Hongrie. L'apparition de la métallurgie en Égée, en Italie et en Espagne ne sera pas antérieure à la première moitié du IIIe millénaire. Dans le reste du continent européen, l'avènement de la métallurgie, qui met un terme à la période néolithique, ne s'imposera qu'aux alentours de 2000 avant J.-C. (date non calibrée).

Au IIIe millénaire, l'abandon de certains grands habitats des terres riches de l'Europe du Centre-Est, leur raréfaction, la montée du pastoralisme et une plus grande mobilité, la chute des productions métalliques sont parfois interprétés comme les effets d'une crise entraînée par l'épuisement des sols consécutif à trois mille ans de culture intensive. Certains auteurs évoquent une détérioration climatique, d'autres attribuent cet état à des invasions qu'ils mettent en parallèle avec des mouvements de populations perçus en Europe occidentale. Quoi qu'il en soit, de nouvelles structures sociales (hiérarchisation, spécialisation des individus) se dégagent de l'étude des sépultures et de leur mobilier, qui mettent un terme au premier monde agricole européen et inaugurent l'Âge du bronze.

Jean GUILAINE

Blés cultivés

Dès les débuts du Ve millénaire (chronologie non calibrée), les paysans néolithiques de l'Europe cultivèrent plusieurs variétés de blé. En milieu favorable, ces grains, préalablement brûlés, sont bien conservés. Sur le site de la Cova de l'Or, près de Valence, en Espagne, dans un contexte néolithique ancien, plusieurs espèces de blés domestiques ont été reconnues : l'engrain (*Triticum monococcum*) aux grains étroits, l'amidonnier (*Triticum dicoccum*) aux grains plus grands et plus larges, des blés durs et des blés tendres (*Triticum aestivo compactum, Triticum aestivum*) aux grains courts et arrondis (d'après M. Hopf).

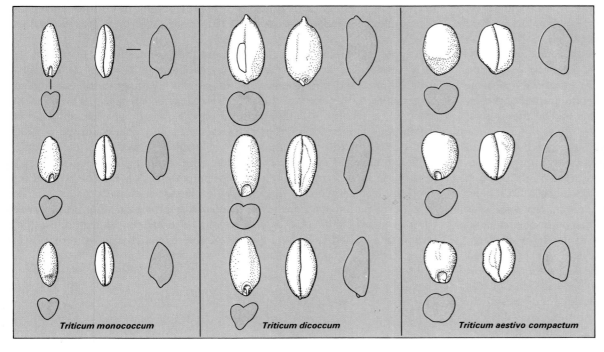

Triticum monococcum   *Triticum dicoccum*   *Triticum aestivo compactum*

Orge cultivée

L'orge fut cultivée en Europe à la même époque que le blé. À la Cova de l'Or, deux variétés d'orge (*Hordeum vulgare* L.), à plusieurs rangs de grains, ont été reconnues, les unes à grains nus, les autres à grains vêtus. Les orges à grains nus, d'abord prépondérantes, ont été peu à peu concurrencées puis supplantées à l'Âge du bronze par les orges à grains vêtus (d'après M. Hopf).

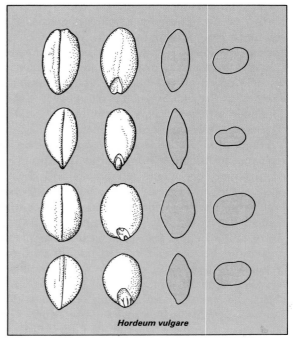

Hordeum vulgare

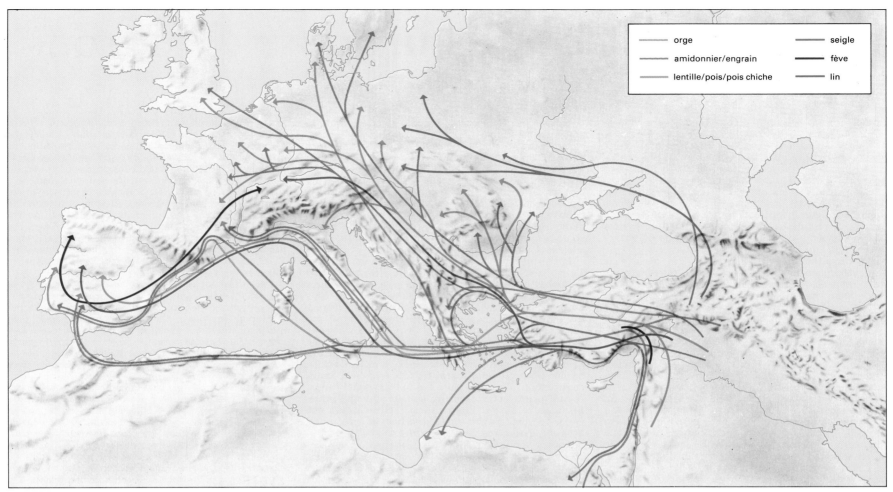

orge — seigle
amidonnier/engrain — fève
lentille/pois/pois chiche — lin

Diffusion des plantes cultivées en Europe

C'est à partir du Proche-Orient, où eut lieu leur domestication, que furent diffusées les céréales cultivées et certaines techniques de l'agriculture primitive. En effet, il n'existe guère en Europe de céréales sauvages susceptibles d'avoir été domestiquées sur place. On admet qu'il en a été de même pour les légumineuses, bien que la découverte d'échantillons sur certains sites épipaléolithiques de l'Ouest méditerranéen semble évoquer l'existence d'espèces spontanées au-delà du bassin oriental. Les sites correctement datés dans lesquels figurent des vestiges botaniques permettent de dresser des cartes très précises qui jalonnent l'apparition des espèces cultivées (d'après M. Hopf).

D. Helmer

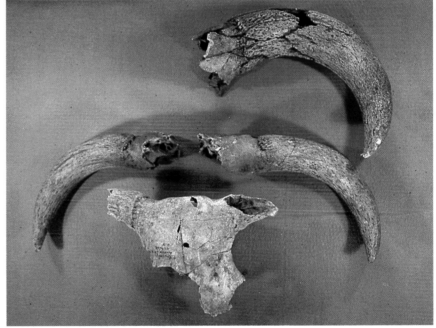

Bœufs sauvages et bœufs domestiques

On peut comparer ici les cornes robustes d'un bœuf sauvage (aurochs) et celles, de moindre volume, d'un bœuf domestique du Néolithique du midi de la France. L'intervention de l'homme et la sélection des espèces, jointes à des problèmes d'évolution, ont entraîné, sur la variété domestique, certaines modifications morphologiques comme la réduction de la taille et des cornes. Dépôt de fouilles du fort Saint-Jean, Marseille.

J. Coularou

Poterie décorée, Néolithique méditerranéen

Sur la plupart des aires littorales de la Méditerranée, les premiers paysans ont modelé des récipients qu'ils ont décorés de motifs imprimés. Ici, à gauche, un vase à goulot, anses en tunnel et fond plat du Néolithique ancien de l'Italie du Sud, région de Matera (VIe millénaire, non calibré).

Poterie décorée, Néolithique d'Europe centrale

Les premières communautés paysannes de l'aire danubienne ont fréquemment décoré leurs vases de motifs spiralés ou en méandres. On voit ici, à droite, un vase à fond rond, muni de boutons, appartenant à la civilisation de la céramique rubanée (Ve millénaire, non calibré). Vase provenant de l'habitat de Vaux-et-Borset, province de Liège. Musées royaux d'art et d'histoire, Bruxelles.

J. Lefrancq

Premiers villages d'Europe

Dans l'Europe néolithique, l'habitat était tributaire de données culturelles (la tradition ou, au contraire, certaines innovations dans l'art de construire), d'éléments naturels (le matériau disponible), de préoccupations socio-économiques ou défensives, enfin de facteurs propres à l'évolution des cultures elles-mêmes.

La gamme des matériaux utilisés reste limitée ; en revanche, l'habitat néolithique européen est loin d'être uniforme. Cette diversité s'exprime à travers le choix du site, le plan des cabanes, la disposition des diverses unités bâties, les systèmes de bornage ou de retranchement, etc.

La fréquentation des grottes et des abris s'est largement poursuivie, dans les régions calcaires, à toutes les phases du Néolithique. Il faut voir dans ces lieux, selon toute vraisemblance, des habitats temporaires liés à une certaine mobilité de vie.

En plein air, les habitats de type paléolithique en « hutte » n'ont certainement pas disparu immédiatement. Certaines de ces cabanes ont des formes particulières, comme c'est le cas au « proto-Néolithique » de Lepenski Vir (Yougoslavie) : là, des huttes trapézoïdales à charpente et assemblage de bois abritaient un foyer construit. On a signalé aussi des huttes creusées dans le sol, par exemple dans la culture du Néolithique ancien de Starčevo (Hongrie) où l'on envisage l'existence de cabanes faites d'un toit en bâtière reposant sur le sol et abritant un espace creusé. Le caractère peu élaboré de ces constructions peut être lié à une sédentarité imparfaite ou au poids des traditions.

L'utilisation de la pierre semble se limiter d'abord aux pays de l'est du bassin méditerranéen, où elle apparaît dans des soubassements (ils peuvent toutefois atteindre 2 m de haut dans les maisons circulaires en toit en dôme de Khirokitia (Chypre). Excepté dans sa partie nord, l'aire égéenne reste le domaine des maisons en brique crue, quadrangulaires, parfois avec porche d'entrée, et gagnant peu à peu en complexité. Le passage à l'Âge du bronze est marqué par une utilisation accrue de la pierre, par le développement occasionnel de constructions circulaires ou semi-circulaires, et par une plus grande tendance à l'agglomération des cabanes (murs mitoyens). Dans la Méditerranée occidentale, en dépit de cas isolés, la construction en pierre ne prend une réelle extension qu'au IIIe millénaire. Les exemples les plus représentatifs en sont les « castros » portugais, petites forteresses ceinturées par plusieurs murs de protection et par des bastions. Les cabanes pouvaient être rondes ou quadrangulaires ; le bois intervenait probablement dans la charpente et dans les parties supérieures. De nombreux cas similaires existent dans le sud-est de l'Espagne (Los Millares). Des cabanes rondes, ovales ou allongées, terminées par une abside, caractérisent en Languedoc oriental le groupe de Fontbouisse. Dans certains cas, de petites pièces

circulaires ont été voûtées en dôme à l'aide de pierres plates (Boussargues).

Une autre variété de village en pierre est constituée par les établissements de Rinyo et de Skara Brae dans les îles au nord de l'Écosse. Les maisons, carrées ou oblongues, possédaient des angles arrondis. Les murs de pierre étaient bâtis en encorbellement jusqu'à une certaine hauteur, la couverture pouvant être assurée par du bois ou des os de cétacés. Ces habitations étaient de faible hauteur, mitoyennes ou séparées par d'étroits couloirs couverts. Cette architecture était parfaitement adaptée à un environnement éventé.

En Europe balkanique (Bulgarie, Roumanie, Hongrie, Yougoslavie), l'habitat en tell est très fréquent. Dans les riches plaines agricoles de ces pays, les premiers paysans se sont d'abord installés sur des terrains plats ou peu élevés. L'abondance des déchets et la construction superposée de nouveaux établissements ont fini par créer des localités surplombant de plusieurs mètres le paysage environnant (en Thrace, Karanovo accuse une surélévation de plus de 12 m, Diadovo de quelque 18 m). Le bois et le torchis (argile imbibée d'eau, mêlée de paille hachée et de graviers) jouent un rôle essentiel dans la construction des maisons. Les plans sont carrés, rectangulaires ou trapézoïdaux, les toits en double pente. En Bulgarie, au Néolithique ancien, les maisons à une pièce peuvent n'avoir que 5 mètres de côté mais dépasser, dans certains cas, 19 mètres de longueur. Les intérieurs comportent en général un four, une « réserve » (vases ou silos), un foyer, une fosse à ordures, des banquettes. Des maisons rectangulaires à plusieurs pièces apparaissent assez tôt dans les Balkans (Nea Nikomedia, Azmak). Ces maisons balkaniques se maintiendront sans grand changement jusqu'à l'Âge du bronze.

Dans le domaine de la culture danubienne qui s'étend depuis la Pologne et l'Ukraine jusqu'aux Pays-Bas et au Bassin parisien, on trouve un modèle stéréotypé d'habitation de plan rectangulaire allongé. La longueur de ces maisons varie en général de 10 à 40 mètres pour une largeur de 6 à 8 mètres. On pense que les plus grandes abritaient plusieurs familles. La structure en était bien établie et comportait cinq rangées longitudinales de poteaux : la plus haute au centre, deux autres l'encadrant, enfin deux rangées latérales faisant office de murs et dont les poteaux étaient plus rapprochés. La charpente, en bois, pouvait être complétée par un treillage de branches, de roseaux ou de chaume. Le toit était en bâtière. Implantées en fonction des vents, ces maisons s'ouvraient sur le petit côté le moins éventé. Il a pu exister des divisions internes. Une évolution de ce type primitif est constituée par les maisons en trapèze du groupe de Roessen, correspondant à un stade évolué de la culture danubienne.

Un cas particulier, fréquent en Europe centrale, est

constitué par les habitats de bords de lacs ou de rivières et de tourbières. Ils sont nombreux dans les régions alpines. La restitution des plans des maisons et de leur disposition n'est pas toujours aisée, en raison de la permanence de l'habitat et des reconstructions successives. Néanmoins, il apparaît que les types rectangulaires restent essentiels. On a longtemps pensé que ces habitations s'étaient construites sur pilotis avaient été dressées sur l'eau. Des recherches récentes ont montré que, sauf cas particuliers, la plupart de ces villages ont été érigés sur la terre ferme, à proximité du rivage, mais parfois en position surélevée pour éviter l'humidité. Certaines maisons ont conservé leurs sols en planches soigneusement assemblées.

Les archéologues étudient aussi les systèmes de protection ou la délimitation des villages préhistoriques. Ce sont surtout les sociétés néolithiques avancées qui ceinturent leur village d'un rempart ou d'un fossé, bien que l'on connaisse quelques exemples précoces. Les dispositions variées peuvent exister : enceintes de pierre (comme à Dimini, en Grèce), fossés creusés dans la roche (comme à Passo di Corvo et dans des centaines de sites des Pouilles, en Italie), clôtures de bois dans les régions lacustres. Un exemple remarquable est constitué par les camps à fossés interrompus (causewayed camps) de Grande-Bretagne, du Bassin parisien ou des Charentes : les sites sont ceinturés d'un ou de plusieurs fossés concentriques, ces aménagements pouvant se compléter de levées de terre, de remparts ou de palissades. Tout aussi classiques sont les sites de hauteur protégés par une fortification ou un fossé ; souvent concentrés sur des points névralgiques, ces éperons barrés survivront largement au Néolithique.

L'organisation même de ces villages néolithiques, leur plan, leurs dimensions, restent à éclaircir. Seules des recherches extensives sont à même de maîtriser certains problèmes touchant aux rapports sociaux (présence à côté des habitations de constructions pour le bétail, spécialisation de certaines familles ou de certains individus dans une fonction intéressant la communauté, présence de monuments de prestige à vocation cultuelle ou à utilisation collective, taille des localités, etc.). Or la mise au jour de villages complets a été rarement menée à bien, et l'on ne dispose le plus souvent que d'un éclairage très partiel. Dans le domaine des fouilles extensives, c'est l'Europe du Centre-Est qui a fait les investissements les plus poussés. Citons les exemples de Bylany (Tchécoslovaquie), Trusesti, Cascioarele, Habasesti (Roumanie), Vladimirovka (Ukraine). Les plus gros villages paléoagricoles de l'Europe ont pu compter de cent à deux cents maisons, mais ces cas sont exceptionnels. Au Néolithique, le modèle du petit village a été rarement transgressé.

Jean GUILAINE

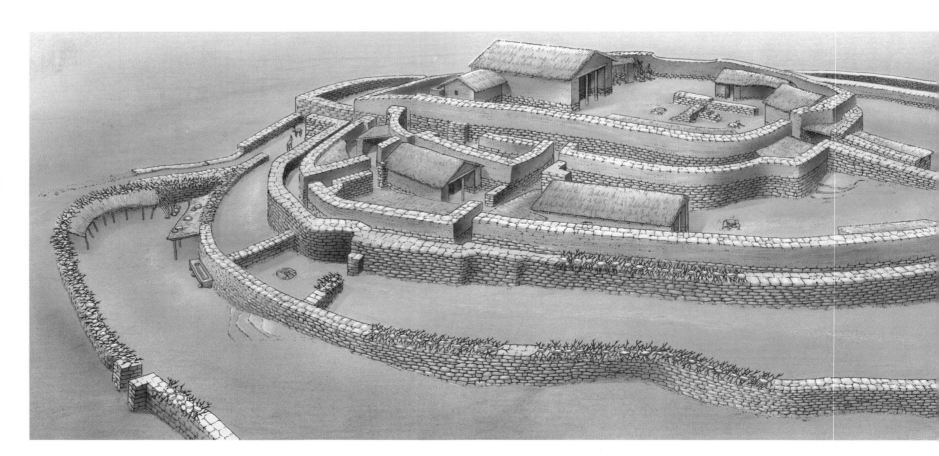

Habitat de Habasesti
(Roumanie)

La fouille exhaustive de sites néolithiques reste la seule méthode pour appréhender correctement la disposition des habitations, le plan d'ensemble des villages et leur organisation, enfin les systèmes de protection ou de délimitation. Dans les pays d'Europe centrale, la pratique des fouilles extensives est fréquente. De gros villages y sont le signe de communautés prospères. Le site d'Habasesti, fermé par deux fossés successifs, appartient à la civilisation de Cucuteni (IVe millénaire, non calibré). Reconstitution d'après V. Dumitrescu.

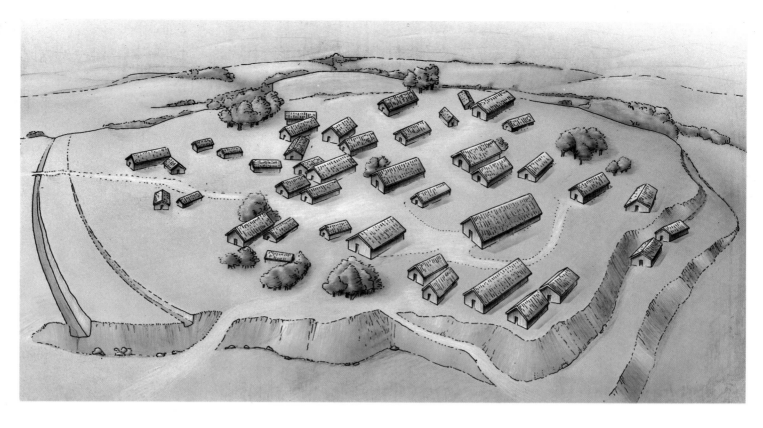

Enceinte à bastions
de Vila Nova de São Pedro (Portugal)

À partir du IIIe millénaire (non calibré), le recours à la pierre se généralise en Méditerranée. Des sites fortifiés, aux murs flanqués de bastions semi-circulaires, sont édifiés dans toute la moitié sud de la péninsule Ibérique.

Maison danubienne reconstituée
(maison 90 du site de Cuiry-les-Chaudardes, Aisne)

Les murs sont constitués de poteaux courts (2 m) et rapprochés, supportant un clayonnage de saule sur lequel on a plaqué du torchis. Les poteaux centraux supportent la faîtière, les poteaux intermédiaires, les chevrons et les voliges. Le toit était à double pente (Ve millénaire, non calibré).

Habitat néolithique
de Dimini (Grèce)

Très tôt, les paysans du sud-est de l'Europe ont fait appel à la pierre (moellons) pour construire les soubassements de murs en brique crue. On voit ici l'abondant usage de ce matériau dans l'aménagement d'une série d'enceintes (dont la fonction exacte n'est pas démontrée) entourant l'« acropole » de Dimini (IVe millénaire, non calibré). Essai de reconstitution d'après M. Korres.

Stratigraphie
du tell de Karanovo
(Bulgarie)

Dans les riches terres de Thrace, les villages néolithiques furent fréquemment édifiés en plaine, à proximité de leur terroir. Progressivement reconstruits sur les mêmes lieux pendant plusieurs millénaires, leurs restes finirent par former d'imposantes buttes (tells), où l'archéologue distingue, en superposition, les vestiges des occupations successives.

Les outils du paysan

Sur un territoire aussi vaste que l'Europe, il est possible qu'il ait existé, dès les débuts du Néolithique, des techniques agricoles diversifiées. Nos informations sont beaucoup trop lacunaires pour pouvoir les déceler. La transmission de l'agriculture céréalière à partir du sud-est du continent jusque sur ses terres les plus occidentales, en deux millénaires au maximum, laisse plutôt envisager la diffusion de techniques simples, progressivement adaptées à des conditions écologiques et culturelles disparates.

L'utilisation attestée de la hache de pierre (généralement polie) pour l'abattage des arbres a donné lieu à des polémiques sur la résistance aux chocs des instruments préhistoriques. Diverses expériences, réalisées par exemple au Danemark et plus récemment en Océanie, ont montré les larges possibilités de tels outils, dont l'efficacité était liée à des gestes précis. L'utilisation permanente de roches dures devait d'ailleurs être à la base d'un commerce d'ébauches ou de produits finis, sur des distances atteignant parfois plusieurs centaines de kilomètres. L'abattage favorisait la création de nouveaux champs et permettait la récupération de bois pour la construction. On a retrouvé, en milieu palafittique, des haches enchâssées dans leur gaine et ayant quelquefois conservé leur manche. Le défrichement par le feu a dû être largement pratiqué, mais nous connaissons mal sa mise en œuvre. On effectua par essartage de larges percées à travers la forêt postglaciaire de l'Europe tempérée. La colonisation par les groupes danubiens des terres à lœss qui s'étendent de l'Ukraine au Rhin inférieur constitue, pour le Néolithique, l'un des exemples les plus remarquables d'une agriculture sur brûlis. Le domaine végétal méditerranéen, à la flore plus fragile et à l'érosion plus intense, fut plus facile à défricher.

L'utilisation du bâton à fouir pour l'ensemencement est vraisemblable, mais reste hypothèse. Des boules de pierre perforées ayant coulissé et tournoyé autour d'un manche ont pu servir de lest à de tels instruments ou constituer des casse-mottes, encore utilisés en Afrique. Ces « poids », dont l'usure de la perforation atteste le tournoiement, sont rares et paraissent limités à quelques groupes néolithiques primaires (par exemple à Pasardjik, dans la civilisation de Karanovo, ou dans quelques sites du Cardial franco-ibérique). C'est dire que leur usage fut peut-être de courte durée. On ne les confondra pas avec d'autres boules perforées dites « masses d'armes », souvent polies et en roche noble, qui, aux IVe et IIIe millénaires, étaient sans doute des emblèmes sociaux.

Haches et herminettes ont constitué, semble-t-il, les principaux instruments pour la préparation du sol. Les pierres polies étaient peut-être fixées, tranchant à plat, sur des manches à extrémité recourbée : ainsi conçu, l'instrument permettait de piocher et de remuer la terre. Ces lames de pierre ont quelquefois un profil dissymétrique. Chaque région a pu engendrer très tôt des formes spécifiques. Ainsi, dans la culture mégalithique portugaise, on trouve fréquemment des haches relativement allongées, planes, à profil quelquefois légèrement courbe. Les haches en « forme de bottier » de l'aire danubienne sont parfois considérées comme des socs de pioche. Les palafittes suisses, riches en documents ligneux, permettent de se faire une idée plus complète des herminettes préhistoriques. À Egolzwill, par exemple, un manche de bois est terminé par une branche oblique qui devait servir à fixer une lame de pierre ou d'os. On a trouvé au Danemark des bêches de bois. Des bâtons courbes, découverts en milieu lacustre, pouvaient être utilisés pour tracer des sillons droits et pour nettoyer le sol entre les rangées. D'autres pièces ont pu être confectionnées avec le bois de cerf ; ainsi en est-il des gros outils destinés à travailler les terres d'Europe du Centre-Est. Les civilisations de Gumelnitsa et de Cucuteni, au IVe millénaire, ont produit de nombreux socs de pioche comportant deux extrémités à tranchant biseauté et poli et une douille verticale aménagée au centre pour recevoir un manche. On connaît même des bêches totalement en pierre (San Martinho, au Portugal, dans un contexte du IIIe millénaire), mais la qualité du matériau peut, dans ces cas rarissimes, faire penser à des outils cérémoniels, peut-être liés à des cultes agraires.

On demeure mal renseigné sur l'introduction de l'araire en Europe. On est sûr de son existence à l'Âge du bronze ancien (début du IIe millénaire) : des attelages de bovidés tirant un araire conduit par un cultivateur ont été piquetés à cette époque sur les rochers du mont Bego (Alpes-Maritimes). L'Âge du bronze suédois a fourni de son côté des gravures représentant des scènes de labour où l'on a reconnu deux variétés d'araires (araire houe et araire bêche). Les plus vieux araires découverts ne remontent guère au-delà du IIe millénaire (comme celui de Ledro, en Italie) tandis que d'autres, attribués à l'Âge du fer, proviennent du Jutland (Hvorslev, Vebbestrup, Sejbaek). Certains auteurs font remonter l'apparition de cet instrument bien plus haut que ces témoignages. Des scènes de labour à l'araire sont signalées au Val Camonica, en association avec des figurations de poignards de style remedellien (IIIe millénaire). D'assez nombreux gisements, concentrés dans le nord de l'Europe, présentent des traces de labour quadrillé antérieures au IIe millénaire car sous-jacentes à des tumulus de l'Âge du bronze ancien. Des datations du IIIe millénaire sont dans plusieurs cas vraisemblables (si l'on élimine la possibilité d'un labour rituel précédant la construction des tombes) et paraissent confirmées par les vestiges inclus dans les labours eux-mêmes. Le même phénomène a été mis en évidence dans les Alpes occidentales, sous un site du Néolithique final des Grisons, et en Grande-Bretagne, sous des tombes du IIIe millénaire (tumulus de South West). S'appuyant sur ces observations et sur des considérations économiques et démographiques plus générales, divers auteurs spéculent même sur une introduction de l'araire en Europe dès le IVe millénaire, sinon avant.

Les faucilles des paléoagriculteurs sont de types variés. Dans les groupes primaires du Sud-Est européen (Karanovo), on a utilisé des bois de cerf courbes auxquels on a fixé par incision des éclats de silex ou des fragments de lames disposés côte à côte : le fil de ces outils pouvait être droit ou en chicane. Dans les palafittes, où quelques manches ont été conservés, on a retrouvé des montures de bois rectilignes dans lesquelles une lame de silex a été fichée en oblique (Egolzwill, IVe millénaire). On trouve une autre variété de couteau à moissonner à manche droit et crochet déjeté, dont les tranchants de silex sont fixés sur la partie droite du manche : on pense que le crochet servait à réunir des épis que l'on tranchait ensuite (Burgaschisee-Sud). Des lames de silex dont la longueur peut atteindre plus de 20 centimètres ont été fréquemment utilisées au IIIe millénaire comme couteaux ; elles devaient s'adapter à des manches plutôt droits, comme en témoignent l'aspect lustré par l'usage d'un des bords et la présence sur le côté opposé de goudrons permettant la fixation au manche. Au Portugal, on connaît un modèle de faucille emmanché à fil légèrement convexe (Carenque). L'évolution généralisée vers les manches courbes, déjà connus au Néolithique dans le Sud-Est (Karanovo), ou dans l'aire danubienne (Koln-Lindenthal, en Allemagne), pourrait répondre au besoin de combiner dans un même geste deux intentions : attraper et sectionner. Des exemplaires comme la faucille de Barchè di Solferino (Italie) peuvent être considérés comme les prototypes des faucilles de l'Âge du bronze.

Les meules néolithiques sont presque toujours des pierres plates ou concaves, de dimensions diverses, quelquefois piquetées pour avoir plus de « mordant ». Des broyeurs servaient à écraser le grain. On pouvait utiliser aussi des mortiers en pierre ou en bois et des pilons.

Il n'est pas sûr que des animaux aient été utilisés pour le travail du sol avant l'invention de l'araire. Toutefois, leur collaboration est vraisemblable pour le nettoyage des champs, l'enlèvement d'arbres abattus, etc. Certaines modifications morphologiques découlant des efforts de traction ont été observées sur des bovidés du IVe millénaire en Roumanie (Vadastra). Et des jougs du IIIe millénaire ont été découverts (Vinelz, en Suisse).

L'apparition des chars et des chariots est liée à la découverte de la roue. Les plus anciens véhicules sur roues apparaissent en Mésopotamie vers la fin du IVe millénaire. Par l'Anatolie et les régions caucasiennes, cet usage gagnera l'Europe où il se diffusera très vite. Des chars à roues pleines sont présents dans les tombes en fosses de Géorgie au IIIe millénaire et dans les régions danubiennes (peut-être même avant 3000). Le plus bel exemple en est constitué par le petit chariot de Budakalász (Hongrie) qui appartient à la civilisation de Baden (vers 2700-2400 av. J.-C.). Des roues pleines proviennent de sites hollandais et suisses de la seconde moitié du IIIe millénaire. Le chariot apparaît en Crète au début du IIe millénaire (Palaikastro).

Jean GUILAINE

K. Szelényi, archives des éditions Corvina, Budapest

Chariot de Budakalász (Hongrie)

La fabrication de chariots renseigne sur les techniques de menuiserie des paysans néolithiques. Le transport tracté permit une plus grande circulation des matériaux, des denrées ou des personnes. Ce chariot miniature, en terre cuite, donne une idée de ces premiers véhicules (IIIe millénaire, non calibré). Musée national hongrois, Budapest.

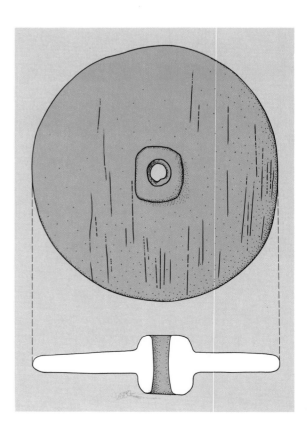

Roue de Eese, Âge du cuivre (Pays-Bas)

À partir de l'Europe sud-orientale, la connaissance de la roue s'est rapidement diffusée à l'ensemble du continent. Sa présence aux Pays-Bas est attestée par plusieurs découvertes dans des contextes du Néolithique final ou de l'Âge du cuivre, dans la seconde moitié du IIIe millénaire (non calibré). D'après J.-D. Van der Waals.

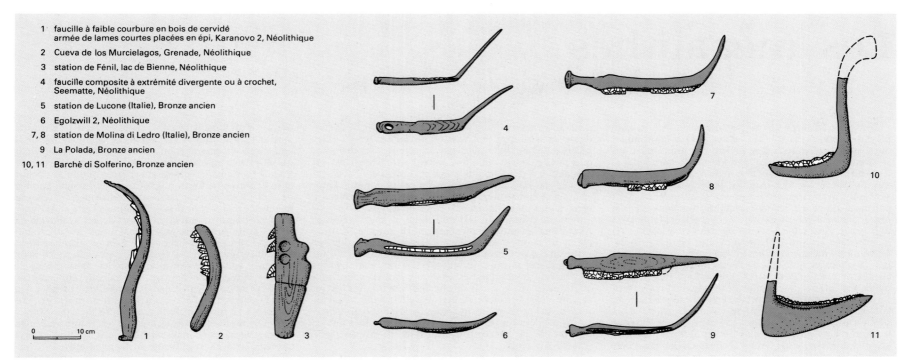

1 faucille à faible courbure en bois de cervidé armée de lames courtes placées en épi, Karanovo 2, Néolithique

2 Cueva de los Murcielagos, Grenade, Néolithique

3 station de Fénil, lac de Bienne, Néolithique

4 faucille composite à extrémité divergente ou à crochet, Seematte, Néolithique

5 station de Lucone (Italie), Bronze ancien

6 Egolzwill 2, Néolithique

7, 8 station de Molina di Ledro (Italie), Bronze ancien

9 La Polada, Bronze ancien

10, 11 Barchè di Solferino, Bronze ancien

Faucilles du Néolithique et des débuts de l'Âge du bronze

De nombreux types de faucilles caractérisent le Néolithique et les débuts des Âges des métaux. Tous comportent des éléments isolés ou juxtaposés de silex enchâssés dans des manches de bois, de bois de cerf ou d'os. Les modèles les plus courbes serviront de prototypes aux faucilles du plein Âge du bronze. Types de faucilles néolithiques : 1, 2, 3, 4, 6. Modèles de l'Âge du bronze ancien : 5, 7, 9, 10 (d'après H. Camps, J. Courtin, R. Tringham).

J. Desse

Outils néolithiques (Suisse)

Les sédiments lacustres ont fréquemment permis une bonne conservation des instruments préhistoriques. On distingue ici, de bas en haut : une hache de pierre emmanchée, destinée à l'abattage des arbres (site de Wetzikon) ; une faucille constituée par une lame de silex fichée dans un manche droit (station 3 d'Egolzwil, Lucerne, Suisse) ; une faucille à manche courbe (station 4 d'Egolzwil) ; une houe reconstituée comportant un manche (station 4 d'Egolzwil) auquel a été fixée une lame en os (site de Hitzkirch « Seematte »). Musée national Suisse.

J. Guilaine

Boule perforée, grotte Gazel (Aude)

Sur quelques sites du plus ancien Néolithique de la Méditerranée occidentale, on a retrouvé des boules de calcite perforées ayant coulissé le long d'un manche. On pense qu'il peut s'agir de poids servant à équilibrer des bâtons à fouir. De tels bâtons appointés ont donc certainement servi dans la paléoagriculture méditerranéenne.

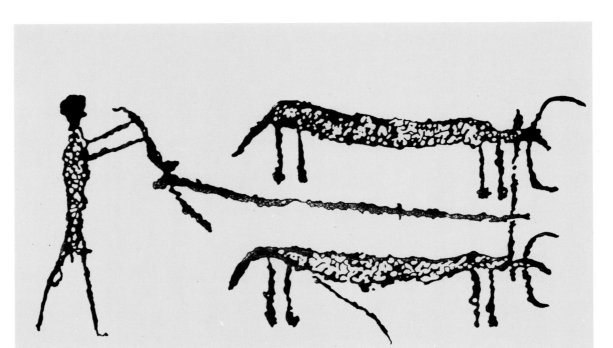

Scène de labour, Val Camonica (Italie)

On discute encore aujourd'hui sur l'époque de l'apparition de l'araire, ancêtre de la charrue. Les vestiges d'araires les plus anciens ne sont guère antérieurs à l'Âge du bronze. On connaît pourtant des traces de labour quadrillé remontant au moins au IIIᵉ millénaire. De même, les représentations rupestres de certains rochers des Alpes, dans le Val Camonica, montrent comme ici des attelages de bovidés tirant un araire conduit par un homme. Le style de l'œuvre et les représentations voisines font rattacher cette scène à l'Âge du cuivre (IIIᵉ millénaire, non calibré). D'après E. Anati.

Les mégalithes

Il existe en Europe des milliers de mégalithes, grosses pierres, le plus souvent brutes, disposées par les hommes dans un but religieux, où se mêlent des préoccupations spirituelles et sociales. La période de construction et d'utilisation de ces monuments va du Ve au IIe millénaire avant notre ère (époque néolithique et début de l'Âge du bronze). Certains monolithes dressés, ou menhirs, sont parfois isolés dans le paysage. D'autres peuvent être regroupés en alignements dont les plus célèbres sont ceux de Carnac (Morbihan), ou en cercles (cromlechs), fréquents dans les îles Britanniques. Les chambres funéraires ou dolmens constituent la catégorie de mégalithes la plus répandue en Europe : l'archéologue Glyn Daniel les évalue à 40 000 ou 50 000 exemplaires, chiffre sans doute bien inférieur au nombre de monuments construits. La couverture de la chambre peut être un encorbellement, comme à Newgrange en Irlande, ou une grosse dalle qui peut peser jusqu'à 100 tonnes comme à Mount Browne dans le même pays. Certains de ces dolmens sont de grandes dimensions : le Grand Dolmen de Bagneux, près de Saumur, mesure près de 20 mètres de long et 5 mètres de large. Les dolmens étaient le plus souvent recouverts d'un tumulus, ou cairn, architecture, qui transformait le sépulcre collectif en un véritable sanctuaire.

Nous savons maintenant, grâce aux datations au carbone 14*, que le phénomène mégalithique a duré longtemps (3 à 4 millénaires) et que les premiers monuments sont beaucoup plus anciens qu'on ne le pensait. Ces deux constatations ont remis en cause les hypothèses diffusionnistes (celle de Gordon Childe*, par exemple) qui faisaient venir « la religion mégalithique » de l'Orient et qui expliquaient ainsi trop facilement ce phénomène occidental aux multiples aspects.

En Europe, deux ensembles de mégalithes s'imposent par leur importance : le premier occupe le nord et l'ouest du continent, et le second le monde méditerranéen.

La pratique des sépultures collectives semble attestée dans les coffres mésolithiques entourés de dallettes de Téviec (Morbihan) : ces coffres sont datés par le ^{14}C du milieu du Ve millénaire. D'autres formes sépulcrales semblables, plus récentes, montrent la tradition de rites qui peuvent expliquer une genèse locale des mégalithes occidentaux, au Portugal, dans le centre-ouest de la France et en Bretagne. Les plus anciens dolmens à couloir sont des chambres funéraires rondes couvertes d'un encorbellement de pierres sèches et présentant un accès souvent orienté à l'est ; plusieurs de ces chambres sont souvent réunies sous le même tumulus architectural : c'est le cas des monuments de La Hogue à Fontenay-le-Marmion (Calvados), de Barnenez à Plouézoch (Côtes-du-Nord), de l'île Carn (Finistère) et de Bougon (Deux-Sèvres). La datation ^{14}C obtenue pour ces monuments est de 3850 avant J.-C. (4500 en datation* réelle). La chambre à plan rond semble avoir été en vogue jusqu'au milieu du IVe millénaire, tandis que le petit dolmen mégalithique à plan polygonal, carré ou rectangulaire et à couloir, côtoie le plan rond à Barnenez, par exemple. Au IVe millénaire, le dolmen rectangulaire à couloir se multiplie : Portugal, ouest de la France, îles Britanniques, Allemagne du Nord et Scandinavie méridionale. On distingue plusieurs groupes régionaux comme le groupe de l'Alentejo (Portugal), le groupe angoumoisin (Centre-Ouest), le groupe de Severn-Costwold (Grande-Bretagne). Quelques dalles de ces dolmens sont décorées de motifs peints (Portugal) ou de motifs piquetés (Bretagne et Centre-Ouest).

À partir de cette forme simple, une évolution aboutit aux dolmens à transept de Bretagne, d'Irlande (New Grange) et des îles Orcades (Maes Howe) ou aux dolmens « en entonnoir » à couloir moins différencié (Gavrinis, Morbihan). Les dalles du dolmen ou celles des parements extérieurs du tumulus sont alors parfois richement décorées de motifs stellaires ou de représentations anthropomorphes schématisés ; la Bretagne (Gavrinis, la Table des Marchands) et l'Irlande (vallée de la Boyne avec New Grange et Knowth) sont les grands foyers de cet art abstrait. Des études et des expériences ont montré le haut niveau de technicité des constructeurs de dolmens mégalithiques, certaines dalles atteignant en effet une centaine de tonnes ; à Bougon (Deux-Sèvres), en 1979, il a fallu deux cents personnes pour tirer et lever un bloc de 32 tonnes. L'importance sociale de ces travaux collectifs a pu être ainsi évaluée tandis que le dénombrement des inhumés, relativement peu nombreux dans chaque sépulture, semble montrer dans certaines régions l'existence d'une hiérarchie sociale et sans doute religieuse, évidente dans certaines nécropoles (Bougon en France ou Knowth en Irlande). Il existe dans l'ouest de la France, le sud et l'est de la Grande-Bretagne, au Danemark, en Allemagne du Nord et en Pologne des monuments rectangulaires ou trapézoïdaux de grandes dimensions (de 20 m à 120 m de longueur) appelés *longs tumulus* et limités par un parement extérieur formé de pierres sèches et parfois de gros blocs ; une façade rectiligne ou concave est souvent visible sur l'un des petits côtés. Ils recouvrent en général les restes d'une sépulture, les vestiges fréquents d'une construction en bois et de palissades (fouilles récentes de Lochhill et de Slewcairn dans les îles Britanniques). Ces longs tumulus peuvent être construits en adjonction à des tumulus existants (Bougon C et F, en France) ou recouvrir et réunir de petits tumulus antérieurs à chambre mégalithique interne (Mid Gleniron I et II, en Grande-Bretagne).

Dans le courant du IIIe millénaire, la chambre funéraire a un plan allongé aussi bien dans le nord de l'Europe qu'en Bretagne, dans le Bassin parisien, en Belgique et jusqu'en Hesse. Ces monuments sont soit recouverts d'un tumulus, soit enterrés dans le sol. Les inhumations sont en général très nombreuses. Quelques motifs évoquant la « déesse mère » ou la hache sont parfois gravés ou sculptés sur certaines dalles. Parallèlement, d'autres formes sont utilisées, des hypogées dans la Marne, équivalents des allées couvertes et des dolmens simples à hublot de l'est de la France (Aillevans) et de Suisse (type d'Aesh-Auvernier).

Dans le nord et l'ouest de l'Europe, les menhirs sont très nombreux. On les trouve de nos jours soit isolés, soit groupés en alignements ou en cercles. En Bretagne, quelques trouvailles d'offrandes à la base de menhirs isolés et le décor de certains autres confirment que ces monolithes sont pour la plupart néolithiques. Les fouilles récentes de l'alignement de Saint-Just (Ille-et-Vilaine) ont révélé des structures complémentaires telles que des trous de poteau et quelques vestiges archéologiques qui datent l'ensemble du Néolithique final. Des relevés précis des trois ensembles d'alignements de Carnac (Morbihan) prouvent l'organisation voulue de ces pierres dressées autour du grand menhir brisé de Locmariaquer. Nous avons peu de renseignements sur les cercles de pierres (cromlechs ou henges). Certains sont spectaculaires comme celui d'Avebury qui est complété par un large fossé circulaire creusé à la fin du Néolithique. Le complexe monumental de Stonehenge, non loin d'Avebury, au nord de Salisbury, est non moins spectaculaire et célèbre. Il a été construit en plusieurs étapes : la première phase est néolithique (à partir de 2800 av. J.-C.) et les autres phases datent du début de l'Âge du bronze. On a beaucoup écrit sur cet étrange monument d'une technicité parfaite, qui semble organisé en fonction de la position du soleil au moment du solstice. D'autres positions du soleil et de la lune y étaient probablement observées, mais il est difficile d'aller plus loin dans ces interprétations en l'absence de preuves indiscutables. Le rôle du soleil a souvent été évoqué à propos de l'orientation donnée aux couloirs des dolmens, à Newgrange en particulier, mais aussi à propos de cercles comportant des pierres de visée, en Écosse par exemple.

Jean-Pierre MOHEN

Les civilisations méditerranéennes engendrèrent, dans certaines régions, diverses formes de mégalithes. L'éclosion de monuments aux formes différentes dans le Bassin méditerranéen dresse un obstacle non négligeable aux schémas diffusionnistes simplistes comme cela a déjà été dit pour le mégalithisme nordique et occidental. Les décalages chronologiques parfois sensibles qui ont été enregistrés font récuser l'idée d'une expression architecturale transmise selon un itinéraire bien défini.

En tenant compte des différences chronologiques, de la diversité des expressions architecturales et du jeu des influences, on peut tracer l'évolution complexe du mégalithisme méditerranéen. L'émergence du phénomène aux deux extrémités de la Méditerranée paraît vraisemblable. Au Proche-Orient, un noyau se met en place dès le IVe millénaire (Palestine, Syrie) : à Ala Safat, dans la vallée du Jourdain, à côté de petits monuments (cistes* rondes ou quadrangulaires, tertres, cercles de pierre), de grands dolmens à couloir insérés dans des tumulus cerclés de pierre sont construits par des populations de l'Âge du cuivre. Sensiblement à la même époque, ce sont des populations néolithiques qui, dans la moitié sud du Portugal ou dans le sud-est de la péninsule Ibérique, passent insensiblement de la sépulture simple ou double à la sépulture collective. Au Portugal, l'analyse des mobiliers montre clairement l'évolution des petites cistes individuelles (Caldas de Monchique) aux premiers monuments à chambre circulaire « aérienne » et couloir court, tels ceux de la région de Reguengos de Monsaraz (dolmen I de Poço de Gateira, dolmens de Gorginos). Cette mutation s'effectue environ au début du IVe millénaire en chronologie radiocarbone *, vers le milieu du Ve millénaire en chronologie réelle. Même changement à Almería : de petites fosses rondes, bordées de murettes, accueillent bientôt plusieurs corps ; on aménage ensuite des fosses de plus en plus grandes, on les ceinture de dalles de pierre ; on construit enfin un couloir d'accès. Dans la région de Grenade, on assistera à la même évolution à partir de petits coffres de pierre, prototypes des chambres quadrangulaires ou polygonales construites en lauzes et munies d'un couloir court. L'évolution de l'architecture joue ensuite sur des modifications de détail (forme de la chambre et du couloir, renforcement du tertre protecteur qui enserre la construction centrale). La construction de grands monuments allongés trapézoïdaux où le couloir et la chambre ne font qu'un (Cueva de Menga, dolmen de Soto) indique déjà une évolution avancée. Le stade final de ce mégalithisme sud-ibérique se situe au IIIe millénaire, époque des brillants débuts de la métallurgie du cuivre. Il est caractérisé par des tholos dont les parois sont soit constituées de piliers régularisés et soigneusement assemblés, soit réalisées en pierre sèche. Dans les deux cas, une voûte de pierre disposée en fausse coupole formait le toit de la chambre : parfois, un pilier central, de pierre ou de bois, maintenait la solidité de l'édifice. Un couloir permettait d'accéder à la chambre funéraire (Los Millares). Le tout était enfin recouvert d'un tertre protecteur. Des monuments de ce type, en pierre appareillée ou à orthostates, sont connus en Almería, à Málaga, en pays sévillan, en Algarve et jusqu'en Portugal moyen.

On trouve des dolmens dans d'autres secteurs de la Méditerranée occidentale : ainsi dans le midi de la France et dans l'aire pyrénéenne. Quelques variétés originales émergent de ce grand noyau géographique qui regroupe plusieurs milliers de monuments : ainsi les longs monuments rectangulaires des Pyrénées et de l'Aude pourvus de dalles échancrées (Llanera, Artajona, Pépieux, Saint-Eugène), les dolmens à couloir du Languedoc oriental, parfois précédés d'une antichambre (Lamalou), les dolmens bas-rhodaniens à parois de pierre sèche (Coutignargues). Les chambres quadrangulaires simples dominent de l'Ardèche au Quercy ainsi que dans les Pyrénées. Dans le domaine insulaire (Corse, Sardaigne, Baléares), les tombes sont le plus souvent des coffres cerclés de pierre se rattachant plutôt à un sub-mégalithisme bien méditerranéen (Arzachena).

Dans le sud-est de l'Italie existent quelques spécimens remarquables comme le dolmen de Bisceglie. La datation de ces monuments est incertaine et paraît quelquefois tardive. Il en va de même des « dolmens » de la région d'Otrante ou de Malte – chambres limitées par des blocs grossièrement appareillés et qui n'ont pas fourni de mobilier remontant au-delà des débuts de l'Âge du bronze. Même difficulté de datation pour des dolmens d'Afrique du Nord, surtout concentrés dans l'est de l'Algérie et en Tunisie occidentale. À côté de quelques grands dolmens littoraux, on rencontre surtout de petites tombes à socle regroupées parfois par milliers (Bou Nouara), pour lesquelles on avance un âge prépunique, sans plus de précision pour l'instant. Au-delà du phénomène du dolmen proprement dit, des monuments très originaux sont apparus en Méditerranée. Ainsi, à Malte, des temples tréflés, à trois ou cinq chambres le plus souvent, associent piliers régularisés et appareil robuste : ils datent du IIIe millénaire (Ggantija, Tarxien). Une datation plus basse (débuts du IIe millénaire) est généralement proposée pour les tombes de Géants de Sardaigne. Ce sont d'étroites et longues galeries construites en piliers ou en blocs ; elles sont précédées d'une façade courbe parfois rehaussée d'un fronton monumental en arceau et flanquée d'une porte basse. De même style sont les *navetas* des Baléares, chambres allongées, construites en appareil cyclopéen et caractérisées par une abside semi-circulaire s'opposant à une façade rectiligne ; elles dateraient du IIe millénaire. Quant aux tholos crétoises (Platanos, Lebena, Koumasa, Krasi), longtemps évoquées comme prototypes possibles de beaucoup d'architectures occidentales, elles ne sont pas antérieures au IIIe millénaire.

Les hypogées sont a priori sans rapport avec le mégalithisme. Toutefois certains d'entre eux sont fréquemment les répliques souterraines de tombes collectives édifiées sur le sol ; en outre, les fonctions sépulcrales sont les mêmes. Comme pour les mégalithes, le développement des grottes artificielles est étroitement lié au développement interne des sociétés néolithiques. L'évolution des tombes artificielles en puits du Néolithique moyen et supérieur, vers des tombes collectives aux chambres plus vastes, a bien été mise en évidence dans l'Italie péninsulaire, en Sardaigne et à Malte. Apparues avant les véritables débuts de la métallurgie en Grèce (Athènes), en Sardaigne (Su Cuccurru Arrius), en Italie (Serra d'Alto et Diana), à Malte (tombes de Zebbug), en France (Laudun), au Portugal (Carenque), c'est évidemment avec l'Âge du cuivre que ces tombes connaîtront leur plus grand développement. Des types variés existent : tombes à chambres lobées (Malte), tombes à nombreuses logettes rayonnantes (Sardaigne), chambres allongées et à façade (Baléares). L'aménagement interne soigné (murs et plafonds sculptés ou peints) trahit l'utilisation de certains de ces monuments comme lieu de culte, parallèlement à leur destination sépulcrale. Certains hypogées tels que Sant Andrea Priu, en Sardaigne, ou Hal Saflieni, à Malte, prennent place parmi les chefs-d'œuvre de la protohistoire méditerranéenne.

Jean GUILAINE

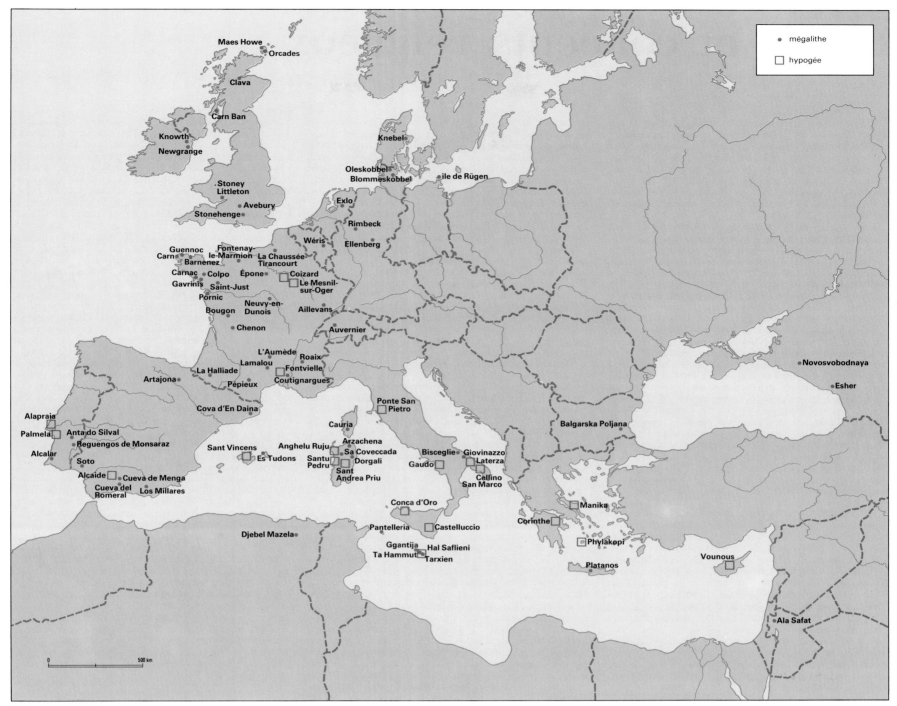

Legend:
- mégalithe
- hypogée

Map labels:
Maes Howe, Orcades, Clava, Carn Ban, Knowth, Newgrange, Stoney Littleton, Avebury, Stonehenge, Knebel, Oleskobbel, Blommeskobbel, île de Rügen, Exlo, Rimbeck, Wéris, Ellenberg, Guennoc, Carn, Fontenay-le-Marmion, Barnenez, La Chaussée-Tirancourt, Carnac, Colpo, Épone, Coizard, Gavrinis, Saint-Just, Le Mesnil-sur-Oger, Pornic, Neuvy-en-Dunois, Bougon, Aillevans, Chenon, Auvernier, L'Aumède, Roaix, Lamalou, Fontvielle, La Halliade, Pépieux, Coutignargues, Artajona, Cova d'En Daina, Ponte San Pietro, Cauria, Balgarska Poljana, Alapraia, Arzachena, Palmela, Anghelu Ruju, Sa Coveccada, Anta do Silval, Reguengos de Monsaraz, Sant Vincens, Santu Pedru, Dorgali, Bisceglie, Giovinazzo, Laterza, Alcalar, Soto, Es Tudons, Gaudo, Cellino San Marco, Alcaide, Cueva de Menga, Sant Andrea Priu, Cueva del Romeral, Los Millares, Conca d'Oro, Manika, Corinthe, Novosvobodnaya, Esher, Djebel Mazela, Pantelleria, Castelluccio, Ggantija, Hal Saflieni, Ta Hammut, Tarxien, Platanos, Phylakopi, Vounous, Ala Safat

0 — 500 km

Monuments mégalithiques et hypogées de l'Europe néolithique

L'utilisation de grosses pierres ou mégalithes dans des monuments religieux aussi variés que des dolmens ou des alignements de pierres levées est fréquente en Europe occidentale entre 4000 et 2000 avant J.-C. Les plus vieux monuments sont signalés en Bretagne, dans le centre-ouest de la France et au Portugal. La Scandinavie méridionale, l'Angleterre occidentale et l'Irlande sont d'autres centres de développement de ces architectures. En Méditerranée, le mégalithisme se manifeste par de grandes variétés architecturales : tables de pierre d'Italie du Sud et de Malte, *sesi* de Pantelleria, monuments allongés d'Andalousie et des Pyrénées, tholos du Sud-Est ibérique, etc. Une autre particularité caractérise le monde méditerranéen : de grandes tombes creusées dans le roc ; les îles (Malte, Sicile, Sardaigne, Baléares) abritent les plus remarquables de ces hypogées.

Intérieur de la chambre A de la nécropole mégalithique de Bougon (Deux-Sèvres)

Cette chambre, construite vers 3500 avant J.-C., comprend : une dalle de couverture monolithique qui pèse 90 tonnes, des parois faites de piliers et de pierres sèches, et deux piliers médians hauts de 2,35 m (au premier plan de la photographie). Un long couloir d'accès de 10 mètres menait à cette chambre couverte d'un grand tumulus architecturé de parements concentriques. Deux cents squelettes y avaient été déposés en deux phases séparées d'environ 1 000 ans.

J.-P. Mohen

Temple sud de Ggantija (île de Gozo, Malte)

L'une des plus grandes originalités du mégalithisme méditerranéen réside dans l'édification, dans l'archipel maltais, de monuments construits en blocs cyclopéens et comportant des piliers. Ces bâtiments cultuels avaient une imposante façade courbe, comme c'est le cas ici, et des plans tréflés à 3 ou 5 chambres. IIIe millénaire (non calibré).

J. Guilaine

Cultes et concepts religieux

On ne sait pas clairement si les concepts religieux qui avaient inspiré les populations de chasseurs-cueilleurs ont été adoptés par les producteurs de nourriture. Tout porte à croire que le caractère progressif de l'émergence de l'économie de production n'a pas entraîné une cassure brutale avec les principes antérieurs. On serait plutôt tenté de supposer une adaptation insensible de ces croyances aux nouvelles structures socio-économiques.

Le concept de la Déesse mère (déesse de la Vie), traduction d'un possible héritage des temps paléolithiques, réactualisé par la vision agraire des phénomènes, est parfois avancé à propos de nombreuses figurines néolithiques. On conviendra toutefois que les stades de cette mutation demeurent spéculatifs et, de plus, se heurtent en Europe à l'indigence des figurations mésolithiques, bien que parfois une certaine homogénéité des canons soit vérifiée, comme dans le cas de la figurine sculptée sur bois de cerf de l'abri de Gaban, en Italie du Nord.

La reconnaissance même des concepts religieux fait problème. À Çatal Hüyük (Turquie), où les lieux cultuels ont été bien étudiés, modelages et peintures mettent en avant un principe féminin, plus ou moins assimilé par certains préhistoriens à celui de la Déesse mère. Un autre principe pourrait être reconnu dans les têtes sculptées ou modelées de bovidés : signes de puissance et de vitalité, elles pourraient être la traduction symbolique d'un culte peut-être amorcé dès le IXe millénaire à Mureybet (Syrie) et qui connaîtra tout au long du Néolithique et de la Protohistoire un succès certain en Europe du Sud-Est. On le retrouve aussi en Méditerranée occidentale au IIIe millénaire (hypogées de Sardaigne).

Les multiples figurines féminines ou masculines, voire androgynes, nombreuses dans les domaines méditerranéen et balkanique mais fort rares en Europe de l'Ouest, sont surtout considérées par certains auteurs comme des représentations de déesses ou de dieux, représentations centrées – si l'on tient compte du plus grand nombre des statuettes féminines – sur le thème de la fécondité. Mais peut-on considérer que les nombreuses figurines féminines sont autant de variantes d'un même principe, ou faut-il envisager plusieurs divinités distinctes ? Les explications les plus audacieuses sur ce plan ont été formulées par M. Gimbutas qui, à partir de la statuaire et des signes reconnus en Europe du Sud-Est, envisage l'existence d'une déesse-oiseau ou d'une déesse-serpent, parfois combinées, divinités des eaux, de la pluie et de l'air auxquelles sont associés certains signes (la spirale, le méandre, le chevron, l'eau). Une Grande Déesse recouvrirait les mythes de la vie, de la mort et de la régénération et serait liée au thème de l'œuf et de la grossesse, à des signes en croissant ou en cercles concentriques. Son pouvoir s'incarnerait dans des insectes et dans certains animaux propres à l'espace européen (différents des compagnons de la déesse anatolienne) : le chien, le cerf, l'ours, la tortue, la grenouille, le papillon, l'abeille. Une divinité de la végétation et de l'agriculture serait, à l'inverse de la précédente, une création plus spécifiquement néolithique. Plus rares sont les thèmes masculins : motifs phalliques, taureau à visage humain, dieu masqué ithyphallique préfigurant Dionysos... Des divinités masculines ont pu être aussi liées à l'agriculture si l'on interprète comme un dieu la statuette de Szegvar-Tüzkoves : un personnage tenant sur son épaule un instrument servant à moissonner (à moins qu'il ne s'agisse d'un sceptre ou d'un symbole de puissance, ce qui toutefois pourrait confirmer sa fonction surnaturelle). Selon M. Gimbutas, les premières civilisations sédentaires ont bâti un panthéon qui, enraciné pendant plusieurs millénaires, se transmettra, au moins en partie, à l'Europe protohistorique puis gréco-romaine.

Cette théorie suscite bien des réserves. D'ailleurs la fonction religieuse des figurines n'est pas fermement démontrée en dépit de la découverte de certaines d'entre elles dans des bâtiments probablement cultuels. Certains auteurs ne voient dans ces objets miniatures que la transcription réaliste ou approximative du quotidien : on serait donc en présence de jouets (voir *Le monde grec*, p. 66). Les mêmes difficultés d'interprétation surgissent dès que l'on essaie d'expliquer les nombreux symboles qui, dès le Néolithique ancien, apparaissent en Europe du Sud-Est, tracés sur la céramique ou sur des objets divers (comme les célèbres tablettes de Tartaria) : idéogrammes, préécriture ou symboles à valeur religieuse ? À ce jour, la porte demeure ouverte à toute hypothèse, religieuse ou profane. On discute de la même façon sur la signification des maquettes de terre cuite qui pourraient représenter des temples pour certains auteurs, de simples maisons pour d'autres. On sait pourtant que des maquettes de temples ont bel et bien existé (Malte). Si figurines et constructions modelées peuvent faire l'objet d'interprétations divergentes, le doute recule quand il s'agit d'édifices à destination cultuelle. Il paraît en effet difficile d'interpréter comme de simples bâtiments d'habitation les constructions maltaises baptisées « temples », compte tenu de leur petit nombre, de leur envergure et du soin mis à les construire, de leur architecture tréflée originale et de certains détails (trous d'oracles, autels, logettes). De plus, les façades courbes précédées d'un parvis semblent mettre en valeur la différence entre un espace profane, destiné au plus grand nombre, et un espace sacré, dont l'accès était peut-être réservé à un groupe sélectionné. Ces sociétés du Néolithique finissant semblent donc bien avoir vu l'émergence de personnages chargés du spirituel et des relations avec le domaine idéologique (divinités, ancêtres...). Il paraît également difficile de ne pas considérer comme d'authentiques divinités certaines statues disposées à l'intérieur d'espaces sacrés. Celle de Hal Tarxien, à Malte, atteignait près de trois mètres de hauteur. Les stèles ou statues-menhirs sculptées du IIIe ou du IIe millénaire que l'on trouve de la Bulgarie à la Bretagne, mais surtout en Méditerranée de l'Ouest, peuvent faire l'objet d'interprétations diverses : on peut y voir soit des dieux, soit des héros.

Le culte des ancêtres, le sentiment d'appartenir à un terroir ou à une communauté et de l'affirmer à travers des constructions hors du commun caractérisent le mégalithisme de l'Europe de l'Ouest. Les proportions de certains monuments, l'investissement physique et matériel nécessité par de tels édifices, leur décoration interne ont parfois suggéré qu'ils aient pu, parallèlement à des fonctions d'ordre funéraire, jouer le rôle de temple. L'idée paraît vraisemblable. La place tenue par les défunts dans l'esprit des vivants ne devait pas être négligeable si l'on pense à ces grandes constructions en bois que l'on élevait à proximité des caveaux de pierre ou qu'on leur surimposait parfois (maisons des morts* du Danemark ou d'Allemagne).

Concepts de fertilité, culte des morts, culte des éléments naturels, telles sont les notions qui semblent émerger des préoccupations métaphysiques des hommes du Néolithique. Il demeure, certes, bien difficile d'aller au-delà de ces simples constatations. De la même façon, l'évolution de ces concepts est difficile à interpréter. La disparition des figurines vers le IIIe millénaire est-elle liée, comme certains l'ont écrit, à la fin d'un monde agricole à dominance matriarcale ? Cela reste peu clair (on trouve beaucoup de figurines à Mycènes, qui relève pourtant de la culture indo-européenne). À en juger d'après la seule statuaire, une certaine masculinisation s'affirme à partir du second millénaire. L'Âge du bronze semble adopter des héros ou des divinités mâles, ce qui pourrait être interprété comme une montée du patriarcat. Ces mutations sont vraisemblablement le reflet de transformations sociales. Faute de textes, l'archéologue ne peut évaluer la distance qui sépare l'idéologique de la réalité, et ses conclusions ont souvent un caractère spéculatif.

Jean GUILAINE

Symbole taurin, hypogée d'Anghelu Ruju (Sardaigne)

Dans plusieurs hypogées de Sardaigne, des têtes de bovidés, parfois schématisées aux seules cornes, ont été sculptées ou peintes. Un certain nombre de ces tombes, compte tenu de leurs dimensions et de leurs détails architecturaux, ont aussi été des lieux de culte. Le taureau (ou les bovidés), symbole de force, principe mâle, semble avoir joué un rôle important parmi les conceptions religieuses de la Sardaigne néolithique (IVe ou IIIe millénaire, non calibré). Museo archeologico nazionale, Cagliari.

Statue-menhir de Saint-Sernin (Aveyron)

Nombreuses dans le midi de la France et notamment en Rouergue, les statues-menhirs, gravées ou sculptées, représentent schématiquement un dieu humanisé ou un être humain héroïsé, nanti d'attributs (sceptre, hache, etc.). On remarquera ici les traits sur le visage, un collier à cinq rangs, un attribut en Y, des bras à l'horizontale, une robe à plis, une ceinture à deux bourrelets, les jambes séparées (IIIe millénaire, non calibré). Musée Fenaille, Rodez.

**« Dieu à la faucille »
(Szegvar-Tüzkoves, Hongrie)**

En dépit de l'expression qui la désigne, on ne sait pas en réalité si cette statuette, probablement masculine, est nantie d'une faucille ou d'un sceptre. Il semble s'agir d'un attribut conférant au personnage représenté un statut particulier (culture de Tisza, IVe millénaire, non calibré). Musée de Szentes.

Statuette de Golovita (Roumanie)

Le schématisme, que l'on peut mettre en rapport avec des concepts de fertilité, caractérise certaines figurines néolithiques. Il s'exprime à la fois par une exagération des zones génitrices (le bassin) ou nourricières (la poitrine), les membres étant atrophiés, la tête réduite à un appendice cylindrique comme dans la culture de Hamangia (IVe millénaire, non calibré). Musée d'Histoire de Roumanie, Bucarest.

« Le Penseur de Cernavoda » (Roumanie)

Trouvée dans une tombe avec une statuette féminine, cette figurine est célèbre pour son attitude : mains ramenées sur les côtés du visage. Pour certains, l'artiste a voulu traduire un état de réflexion, de calme, de paix. D'autres y voient, comme sur de nombreuses idoles balkaniques, le port d'un masque lié au besoin de cacher le visage d'une possible divinité (IVe millénaire, non calibré).

**« Autel » de Fafos I,
Kosovska (Yougoslavie)**

Récipient à représentation anthropo-zoomorphe. Personnage tenant dans ses bras un vase et dont la partie inférieure est celle d'un animal. Civilisation de Vinça, phase ancienne (Ve millénaire, non calibré). Musée de Kosovo, Pristina.

**« Autel » de Divostin,
Kragujevac
(Yougoslavie)**

« Autel » tripode à récipient cylindrique. Les pieds sont arqués et percés à leur partie supérieure. La fonction de ces vases originaux, habituellement considérée comme rituelle, n'est pas connue avec certitude. Civilisation de Vinça (IVe millénaire, non calibré). Musée national, Kragujevac.

Char de Trundholm (Danemark)

Longue de 0,60 m, cette œuvre comporte un axe sur lequel viennent se fixer trois paires de roues. Les premières servent d'appui à un cheval préparé pour la parade. Le char présente un disque de bronze couvert d'une plaque d'or ornée de spirales et de cercles concentriques. Ce document est interprété comme un symbole solaire. Il souligne le rôle joué dans les mythes de l'Âge du bronze par un élément naturel, le Soleil, et l'animal (le cheval) qui lui est parfois associé (Âge du bronze moyen, vers 1200 av. J.-C.). Musée de Copenhague.

L'Europe préhistorique

La protohistoire

Le terme de « protohistoire » apparaît à la fin du XIXe siècle sous la plume de savants comme Gabriel de Mortillet* qui participe à la création de l'Union internationale des sciences pré- et protohistoriques (U.I.S.P.P.), laquelle tient encore régulièrement ses réunions à travers le monde. Cette notion, qui isole une période comprise entre la fin de la préhistoire et les débuts de l'histoire, a été adoptée dans les différents pays avec des nuances de sens. La langue anglaise utilise l'adjectif *protohistoric* plutôt que le substantif. La langue allemande distingue bien *Frühgeschichte* (protohistoire) de *Vorgeschichte* (préhistoire), mais elle attribue à la protohistoire des limites chronologiques larges qui peuvent aller jusqu'aux temps de Charlemagne.

La protohistoire est la science qui étudie les peuples sans écriture, contemporains des premières civilisations historiques. Cette définition négative et conventionnelle ne doit pas cacher la profonde originalité de cette phase de l'évolution de l'humanité qui correspond en Europe aux Âges des métaux (entre 3000-2500 av. J.-C. et le début de notre ère, et même un peu plus tard dans les pays nordiques). Il apparaît en effet que la recherche des métaux natifs puis celle des minerais, l'exploitation de l'or, du cuivre et de l'argent apparue à la fin du Néolithique, correspondent à un changement de société ; une spécialisation plus poussée de l'artisanat, des échanges plus lointains, des techniques guerrières mieux adaptées à la défense d'une hiérarchie plus affirmée, une expression artistique particulière liée à une pensée religieuse nouvelle à prédominance masculine déterminent les aspects économiques, sociaux et spirituels du monde protohistorique.

Des découvertes spectaculaires ont attiré assez tôt dans le courant du XIXe siècle l'attention des archéologues sur les vieilles cités des légendes grecques et romaines et sur les peuples appelés par Hérodote « barbares » par opposition au monde classique parlant et écrivant la langue grecque. Dès 1824, K. Pollhammer découvre à Hallstatt, en Autriche, des tombes riches en mobilier funéraire ; J. Ramsauer y explore entre 1846 et 1863 une nécropole qui s'étend sur 9 000 mètres carrés : 980 sépultures contenaient 19 500 objets en céramique, en bronze, en fer et en diverses matières dont

Guerriers de l'Âge du bronze transportés sur un bateau

Les statuettes en bois, aux yeux incrustés de quartz, ont été trouvées en Angleterre près de Ross Carr, Holderness (Yorkshire). Elles évoquent les dessins rupestres de Scandinavie (longueur du bateau : 51 cm). Musée de Hull.

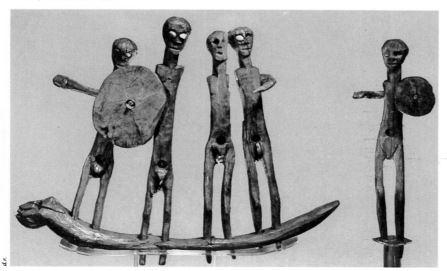

de l'ambre et de l'ivoire. En 1830, le kourgane de Koul-Oba, près de Kertch, livre ses trésors. À la suite de l'hiver rigoureux de 1853-1854, les eaux des lacs suisses avaient baissé et les pieux de plusieurs villages lacustres étaient apparus ; F. Keller a commencé l'étude de ces vestiges et a trouvé, entre autres, la station de La Tène sur le lac de Neuchâtel, qui contenait 2 500 objets de la fin du deuxième Âge du fer. En 1861, le roi Frédéric VII de Danemark assiste à l'ouverture d'un cercueil en bois de l'Âge du bronze, enfoui sous le tumulus de Trindhoj. Et, en 1891, on découvre dans ce même pays le fameux chaudron de Gundestrup. Entre-temps, à partir d'un voyage en Grèce et en Asie Mineure entrepris en 1871, H. Schliemann* identifie les cités de Troie puis de Mycènes. La preuve était faite que les vestiges archéologiques pouvaient fournir une information historique concrète et émouvante alors que les textes étaient allusifs (*L'Iliade*, par exemple) ou tout simplement absents. À la même époque, d'autres grandes découvertes se faisaient dans les domaines de la préhistoire et de l'archéologie classique : toutes provoquèrent beaucoup d'enthousiasme et des interprétations souvent hâtives que l'on qualifie de nos jours de « romantiques ». Cette phase initiale de la protohistoire est pourtant capitale dans l'histoire de la discipline.

De grands musées d'archéologie furent créés pour conserver et étudier ces vestiges abondants devenus « patrimoine », source d'une nouvelle identité culturelle pour les nationalités qui s'éveillent alors en Europe : en 1852 est inauguré le Römisch-Germanisches Zentralmuseum de Mayence ; en 1862, Napoléon III intervient personnellement pour créer le musée des Antiquités nationales de Saint-Germain-en-Laye, tandis qu'il favorise les fouilles de l'oppidum* gaulois d'Alésia ; en 1866, le Musée archéologique de Lisbonne est créé et, en 1867, le Musée archéologique national de Madrid ; en 1876, est conçu le Musée archéologique de Rome, le musée Pigorini, alors que des recherches sont entreprises pour vérifier et expliquer l'origine mythique de la Ville éternelle ; en 1890, le Schweizerisches Landesmuseum de Zurich est organisé pour sauvegarder les vestiges souvent très fragiles trouvés dans les lacs. Dans tous ces musées, des laboratoires et des bibliothèques possèdent des archives de fouilles et des publications archéologiques qui vont servir à l'élaboration des premières classifications des objets protohistoriques. Celles-ci sont en effet établies à partir des collections des musées : C.-J. Thomsen définit dès 1836 le système des trois périodes (Pierre, Bronze et Fer) à partir des antiquités danoises rassemblées au musée de Copenhague ; ce système est affiné en 1865 par J.-J. Worsaae qui travaille sous l'autorité de Thomsen. Dans le nouveau musée de Mayence, L. Lindenschmit* applique à partir de 1852 les principes classificatoires de Thomsen. À Saint-Germain-en-Laye, G. de Mortillet est chargé de mettre de l'ordre dans les collections : son « musée préhistorique », achevé en 1881, définit les grandes subdivisions du Paléolithique toujours admises, une période néolithique et deux phases de l'Âge du bronze, le Morgien et le Larnaudien ; le premier, daté du Bronze ancien, tire son nom des vestiges de la station lacustre des Roseaux à Morges (Suisse), et le second, daté du Bronze récent, est décrit d'après les bronzes du dépôt de Larnaud (Jura). Un peu plus tard, J. Déchelette*, conservateur du musée de Roanne, rédige avant 1914 le *Manuel*, qui a été en France une référence pendant plus d'un demi-siècle : la protohistoire y est bien étudiée ; un volume est consacré à l'Âge du bronze, un autre au premier Âge du fer ou période de Hallstatt et le dernier au deuxième Âge du fer ou période de La Tène. J. Déchelette s'inspirait alors des premiers travaux de P. Reinecke*, conservateur du Service du patrimoine à Munich. Son système chronologique en quatre

M. Haller, Naturhistorisches Museum, Vienne

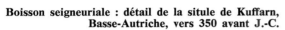

Boisson seigneuriale : détail de la situle de Kuffarn, Basse-Autriche, vers 350 avant J.-C.

Un haut personnage, vêtu d'un long vêtement raffiné et coiffé d'un chapeau à larges bords, est assis confortablement sur une chaise à dossier. Il tend un gobelet à un serviteur qui, avec une louche, puise du vin dans une situle. À gauche, un autre serviteur emporte deux situles vides, tandis qu'à droite un enfant se tient devant des situles accrochées à un portique. La présence d'une scène historiée sur cette vaisselle et la composition révèlent une influence du monde classique, mais le support en tôle de bronze, le traitement des personnages et le thème de la boisson à caractère peut-être funéraire sont typiques du monde protohistorique qui a tant étonné les historiens grecs de l'Antiquité. Musée d'Histoire naturelle, Vienne.

phases (de A à D) est appliqué à l'Âge du bronze et aux deux Âges du fer de l'Allemagne du Sud et de l'Europe centrale en général. D. Viollier, du musée de Zurich, subdivise dans le même temps la période du deuxième Âge du fer en Suisse. Deux universitaires suédois, O. Montelius puis N. Aberg, appliquent la méthode typologique à l'élaboration des chronologies de la protohistoire nordique puis étendent leurs recherches à l'ensemble de l'Europe et surtout à l'Italie. Les six périodes de l'Âge du bronze (I à VI), définies par O. Montelius à la fin du XIXe siècle, sont de nos jours encore considérées comme pertinentes. D'autres professeurs, comme F. Holste, W. Dehn, W. Kimmig, H. Müller-Karpe en Allemagne, G. Childe* et C. Hawkes en Grande-Bretagne, J.-J. Hatt en France... ont proposé pour la protohistoire des systèmes de chronologie* relative plus ou moins proches les uns des autres, qui sont le point de départ de recherches plus poussées concernant les modes de vie. Celles-ci se sont développées à la suite de fouilles de plus en plus minutieuses et grâce à la mise au point de méthodes d'investigation sur le terrain ou en laboratoire de mieux en mieux adaptées. La spécificité dans la recherche aboutit à l'élaboration d'une véritable discipline protohistorique.

Cette dernière a pu se développer à la suite de la « révolution du carbone 14* », selon l'expression de C. Renfrew, qui, à partir de 1950, a fourni le schéma chronologique général de la préhistoire récente et de la protohistoire. En vieillissant les datations qui étaient communément admises, cette méthode a remis en question l'idée d'une origine commune proche-orientale des civilisation complexes ; par voie de conséquence, la culture du Wessex, par exemple, devait être comprise en dehors de l'influence de Mycènes. Les temps protohistoriques de l'Europe évalués par la méthode du 14C sont de nos jours précisés grâce à une échelle dendrochronologique mise au point en Suisse à partir des pieux des stations lacustres.

La fouille protohistorique consiste, comme la fouille préhistorique, à décrypter dans le sol le maximum d'anomalies géologiques et à les relier à des faits naturels (période pluvieuse, irruption volcanique, etc.) ou anthropiques (fosses creusées, terrasses aménagées, etc.), mais l'ampleur de la plupart des sites protohistoriques oblige le plus souvent à coordonner la recherche sur plusieurs hectares. Des ensembles comprenant un habitat fortifié principal et des habitats secondaires dispersés, diverses nécropoles, des zones d'extraction de certaines roches et même des champs limités par des talus font de nos jours l'objet de recherches d'archéologie spatiale, typiques de la protohistoire. De même, la fouille subaquatique qui permet d'explorer tel village du lac de Neuchâtel en Suisse ou tel autre du lac de Charavines en France, tel habitat de berge immergé dans la Saône (Ouroux) ou telle épave méditerranéenne chargée de bronzes (Rochelongue, dans l'Hérault) ou d'amphores (Le Grand-Congloué) met en œuvre une méthodologie propre élaborée au cours des dernières années. La prospection* est devenue indispensable pour étendre la recherche à des sites aussi larges : les ramassages de surface sont souvent complétés par des vols pendant lesquels sont prises les photographies aériennes qui renseignent sur la topographie des paysages anciens et qui révèlent souvent des centaines de traces protohistoriques (vieux parcellaires, habitats isolés, nécropoles et structures funéraires variées, pilotis de villages immergés, épaves, etc.). Les méthodes de prospection géophysique* au sol sont aussi très efficaces pour détecter les fossés remblayés, les silos et autres fosses, les bases de murs de ces époques (étude de la résistivité du sol, par exemple). Des plans complets de villages entiers, de nécropoles, de systèmes de champs ont ainsi

été découverts. La conservation et l'étude des objets protohistoriques sont assurées par des méthodes qui tiennent compte de la spécificité des matériaux : méthodes de conservation des bois gorgés d'eau, par exemple, ou méthodes de la paléométallurgie*, qui est à elle seule une discipline à part entière. Celle-ci s'est d'abord intéressée au cours de la fouille à toutes les traces de l'activité métallurgique (vestiges de fours, amas de fragments de moules en terre cuite, de scories, outils des orfèvres et des artisans du cuivre et du fer). Elle a ensuite utilisé les méthodes métallographiques pour explorer les compositions des métaux (analyse chimique et spectrographie), et les différentes technologies (radiographies et micrographies) qui peuvent être retrouvées dans le cadre d'un programme d'archéologie expérimentale*. L'approche écologique se fait classiquement grâce aux déterminations des différents horizons pédologiques, des ossements animaux et humains, des pollens et des graines carbonisées. De nombreuses autres informations sont données par des analyses variées : examen pétrographique, définition de certaines argiles provenant d'un même atelier de potier (céramiques grecques, amphores), des éléments de productions de pâte de verre, etc. De nombreuses analyses font appel à des données mesurables que l'archéométrie* se donne pour but de traiter. La maîtrise des grands nombres correspondant à l'abondance des informations recueillies est maintenant assurée grâce à l'utilisation de l'ordinateur : pour sérier et classer des vases selon leur morphologie, pour faire apparaître des groupes métallurgiques selon la composition du métal, la fonction et la chronologie des types d'objet (analyse discriminante et étude de corrélation), pour gérer la saisie des données d'une fouille aux chantiers dispersés, des programmes spécifiques ont été élaborés. La richesse documentaire reflétée par la pléthore de la littérature spécialisée sur le sujet est si grande et en même temps si peu complète que les protohistoriens comme les archéologues en général ont dû aborder le délicat problème des travaux de synthèse. Des théoriciens comme L.-R. Binford, D. L. Clarke et J.-C. Gardin ont montré à partir des années soixante que le temps des classifications et de la seule recherche de techniques nouvelles de fouilles devait être dépassé et qu'il fallait inventer les « modèles » qui mettent en œuvre ces données pour des reconstitutions économiques, sociales, culturelles des sociétés anciennes. G. Childe avait déjà eu cette optique à partir de 1930, mais la pertinence de l'archéologie analytique* n'est vraiment apparue que ces dernières années, avec des applications spectaculaires en protohistoire qui se prête particulièrement bien à ce type d'étude, à cause de la variété documentaire et des dimensions spatiales qu'elle implique. La protohistoire n'est plus seulement descriptive : elle s'interroge surtout sur les processus d'évolution et de changement. Ainsi peut-on reconstituer le monde égéen pendant le IIIe millénaire avant notre ère (C. Renfrew, 1973), suivre le développement de l'Âge du fer en Aquitaine, pendant le Ier millénaire (J.-P. Mohen, 1982), aborder la vie des communautés protohistoriques du sud de la Scandinavie (Jensen, 1983), etc. Ainsi peut-on aborder de nombreux thèmes caractéristiques de la protohistoire : celui de l'urbanisation et de la proto-urbanisation, celui des artisanats spécialisés comme l'orfèvrerie et la métallurgie, celui des relations pacifiques ou guerrières entre peuples, celui de religions aux symboles communs (soleil, oiseau migrateur, cerf), celui de la naissance de l'écriture, et par là même celui de la conscience de l'histoire, avec entre autres l'apparition des premiers noms de peuples et la formation des familles linguistiques, telles que les familles indo-européennes.

Jean-Pierre MOHEN

Les Âges des métaux

Pour C. J. Thomsen, qui adopte en 1836 la classification des trois Âges préhistoriques (celui de la pierre, celui du bronze et celui du fer), les métaux ont joué dans l'évolution de l'humanité un rôle primordial. Tout en nuançant ce point de vue selon les régions considérées, les archéologues qui s'intéressent à la paléométallurgie* s'accordent à penser que la connaissance du métal a souvent modifié les relations entre les groupes humains. Ce changement est particulièrement perceptible en Europe. En effet, la métallurgie favorise grandement la possibilité d'accumuler une richesse matérielle. Le cuivre, l'or, le fer sont des matières premières recyclables. À l'inverse de l'outil en silex et du vase en céramique qui, une fois brisés, sont irrécupérables, l'objet métallique cassé vaut toujours par le poids du métal qu'il représente ; il est remis en forme à la suite d'une refonte ou d'un martelage. L'épanouissement d'un artisanat spécialisé du métal, dans des régions souvent assez éloignées des zones de traitement du minerai et de production des lingots, a stimulé dans certaines contrées, comme la Scandinavie méridionale, la Normandie ou l'Allemagne du Sud, des centres d'invention d'objets, voire de technologies. Quelques vestiges de la première métallurgie sont maintenant connus en Europe. Ils sont un peu postérieurs aux plus anciennes traces repérées au Proche-Orient, où elles apparaissent au début du IVe millénaire. Or il semble qu'il y ait eu des contacts entre l'Anatolie (Troie I, II et III) et les Balkans, ce qui favorisa à partir du milieu du IVe millénaire le développement de centres d'extraction et de réduction de minerais de cuivre, comme à Rudna Glava en Yougoslavie. Les outils en cuivre des mineurs, masses et pics, se retrouvent en Hongrie dans les vieux massifs riches en cuivre de Transylvanie ; plus à l'est, à Ai Bunar, en Bulgarie, des exploitations de cuivre étaient sans doute, pour les princes de la nécropole proche de Varna, l'occasion d'accroître richesse et puissance. Parures et objets symboliques sont en cuivre et en or. L'affirmation d'une hiérarchie sociale explique sans doute aussi la présence au nord du Caucase du kourgane de Maïkop, sépulture de chef aux nombreuses offrandes en cuivre, en or et en argent, datée du milieu du IIIe millénaire. Des scories de cuivre abandonnées vers 3000 avant J.-C. à Diana, sur l'île Lipari, révèlent des contacts avec les Balkans et leur métallurgie. Pendant les siècles qui suivent, des centres de travail du métal apparaissent en plusieurs endroits d'Europe occidentale : les minerais de cuivre de Cabrières (Hérault) sont exploités et traités ; dans la péninsule Ibérique, la mine de cuivre de Mola Alta de Serelles contenait des moules de haches plates, et le fortin de Zambujal à l'ouest était sans doute destiné à contrôler l'activité des mines de cuivre proches. Ces exploitations se retrouvent jusqu'en Irlande (mont Gabriel, région de Cork) : de grosses masses à rainure en pierre polie y sont souvent trouvées.

À partir de ces ressources naturelles, des groupes culturels réunis sous l'appellation de Bronze ancien se forment : groupes de Tiszapolgar et d'Unetice en Europe centrale, groupes de Remedello, de Rinaldone et de Gaudo en Italie, groupes de la Montagne Noire en France, groupes d'El Argar et du Tage dans la péninsule Ibérique. Les îles Britanniques et l'ouest de la France participent aussi à la constitution d'un Âge du métal avec la fabrication d'objets en cuivre et en or, de plus en plus nombreux, éléments de parure (perles, épingles), outils (alènes, haches), armes de parade (haches de combat, hallebardes, poignards). Le cuivre et l'arsenic forment un alliage naturel plus dur que le cuivre seul : les métallurgistes ont utilisé cette particularité et l'ont même recherchée artificiellement dans des régions aussi éloignées que le Caucase ou la Bretagne (lames d'épée de Carnoët, datant de 1700 av. J.-C.). Le bronze, alliage de cuivre et d'étain, fait son apparition au cours du IIIe millénaire, au Proche-Orient d'abord, vers 2800 avant J.-C. (tombes royales d'Our), et un peu plus tard dans les régions européennes riches en étain, en Bohême, dans le Wessex ou en Bretagne, à partir de 1800 avant J.-C. L'approvisionnement en étain des grands ateliers de bronziers protohistoriques, en particulier ceux de la Grèce et de l'Italie et ceux de la Scandinavie, devait être assuré grâce à une organisation des échanges à longue distance : le précieux minerai des îles Cassitérides est à rechercher en Cornouailles ou en Bretagne, et quelques épaves chargées d'objets en bronze jalonnent peut-être la « voie maritime de l'étain » : Douvres en Angleterre, Huelva en Espagne et Rochelongue, près de Sète, en France,. La grande période du bronze à l'étain (15 à 20 p. 100) est celle du Bronze moyen (1500 -1200 av. J.-C.). Les productions de la zone atlantique sont abondantes (haches à talon, épées, pointes de lance, bracelets...) et rivalisent avec celles de l'Europe centrale (haches à talon, épées, épingles, bracelets et jambières) et avec celles de l'Europe septentrionale qui produit aussi une riche orfèvrerie (vaisselles et bijoux). Avec l'Âge du bronze final (1200-700 av. J.-C.), le plomb est progressivement introduit dans l'alliage et se substitue en partie à l'étain. La maîtrise de la métallurgie du bronze permet de grandes réussites technologiques, lurs (trompettes) moulés scandinaves, cuirasses, casques, boucliers et vaisselles martelés. L'organisation du travail du bronzier peut être étudiée grâce à la fouille de centres métallurgiques comme celui du Fort-Harrouard, à Sorel-Moussel (Eure-et-Loir), qui a livré des vestiges de fourneaux, de tuyères, de creusets, de moules et toute une série d'outils (marteaux et ciselets). Le fer météoritique n'a été qu'épisodiquement travaillé pendant l'Âge du bronze. La réduction du minerai de fer et la mise en forme du nouveau métal exigent une technologie bien plus délicate que celle du cuivre. Le fer plus ou moins riche en carbone présente des qualités incomparables qui sont pleinement exploitées à partir de l'Âge du fer, qui commence entre 1100 et 700 avant J.-C. selon les régions d'Europe. Les innovations technologiques viennent d'Anatolie probablement, mais très vite, sous la double influence des peuples cavaliers qui se répandent en Europe centrale et des colons méditerranéens qui progressent vers l'ouest, des centres de travail se développent et modifient la géographie humaine de l'Europe protohistorique : tous les grands peuples « barbares » connus par les premiers textes antiques se mettent alors en place. Les archéologues distinguent deux phases dans l'Âge du fer : le premier Âge du fer va jusqu'au Ve siècle avant J.-C. Les objets en fer de la nécropole de Hallstatt (Autriche), encore peu nombreux, sont avant tout des armes, de longues lames d'épée surtout et des pointes de lance, accessoirement des couteaux. Certaines régions adoptent le fer plus facilement que d'autres, comme le pays aquitain, le pays lorrain, ou la Bohême. D'une manière générale, le bronze est alors réservé à des vaisselles, à des parures, ou à des statuettes (tombes princières des VIe-Ve s. av. J.-C.), tandis que le fer n'est complètement intégré à la vie quotidienne qu'au second Âge du fer : des milliers de clous entrent dans la fabrication des murailles armées de poutres clouées (*murus gallicus*) des oppidums* et dans la construction des maisons. Certaines épées de La Tène (Suisse) présentent des corroyages* d'une qualité qui annonce les réussites technologiques du Haut-Moyen Âge.

Jean-Pierre MOHEN

Moule, hache et lingot en bronze du dépôt de Petit-Villate (Loir-et-Cher)

Les objets trouvés à Petit-Villate datent de la fin de l'Âge du bronze (IXe s. av. J.-C.). Il n'est pas rare de trouver des dépôts de fondeur datant de cette période qui rassemblent des fragments d'objets en bronze (parfois des milliers) destinés à la refonte. Certains de ces dépôts, comme celui-ci, contiennent des vestiges directement liés à la métallurgie : ce sont des lingots en cuivre ou en bronze de formes diverses, allongées ou plano-convexes, et des moules bivalves en bronze qui permettaient, comme ici, de couler des haches à ailerons. Les archéologues se sont demandé si ces moules métalliques étaient prévus pour préparer des modèles en cire qui servaient ensuite à fabriquer un moule en terre cuite ou bien s'ils étaient utilisés pour la coulée directe. Des expériences ont prouvé qu'on avait pu recourir à la coulée directe qui permet d'utiliser le même moule pour plusieurs coulées successives dans un processus quasi industriel. La possibilité de développer une métallurgie de refonte a permis la création de centres de travail du métal situés loin des zones d'exploitation des minerais. Musée des Antiquités nationales de Saint-Germain-en-Laye.

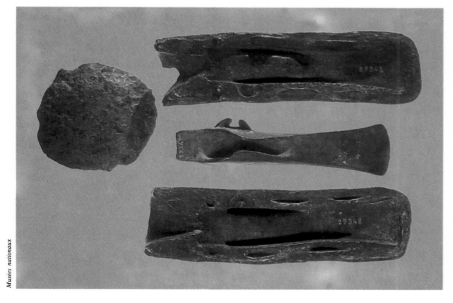

Lunule en or de Saint-Potan (Côtes-du-Nord)

L'orfèvrerie a débuté en Europe en même temps que la métallurgie du cuivre. L'or, inaltérable mais très ductile, que l'on trouve à l'état natif, a été réservé à la fabrication de parures et de vaisselles d'apparat liées probablement aux libations. Ces objets précieux accompagnent parfois dans sa tombe un défunt de haut rang ou bien ont été thésaurisés pour leur valeur ; les dépôts que nous retrouvons aujourd'hui sont soit des cachettes, soit des offrandes. La lunule de Saint-Potan, qui était cachée dans l'anfractuosité d'un rocher, était portée comme un large collier. Cette parure finement gravée est typique de l'Âge du bronze ancien d'Irlande, de Grande-Bretagne et de Bretagne (début du IIe millénaire avant notre ère). Musée des Antiquités nationales de Saint-Germain-en-Laye.

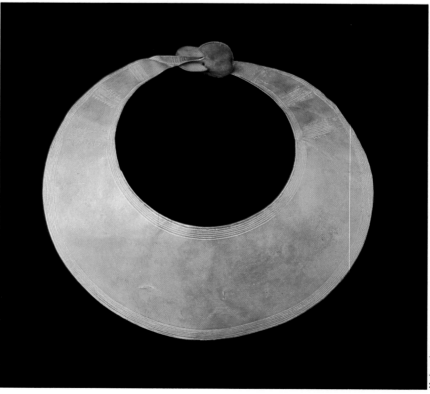

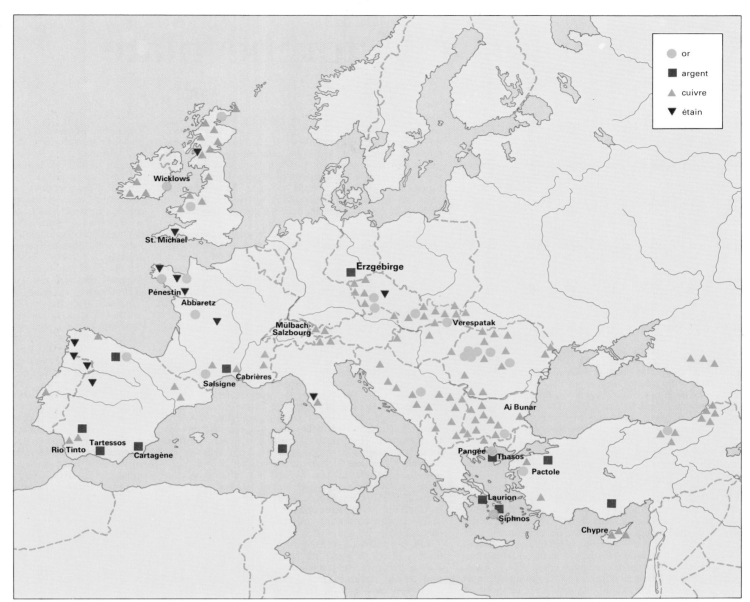

Richesse métallique de l'Europe

La variété géologique du continent européen et la présence de nombreux affleurements de massifs anciens expliquent la relative richesse métallique qui a favorisé l'essor de la métallurgie protohistorique. Celle-ci semble avoir bénéficié de prospections intenses et de l'exploitation des principaux gisements existants, à quelques exceptions près : les cuivres suédois n'avaient pas été repérés et l'étain du nord de l'Espagne n'a été probablement utilisé en grande quantité qu'à l'Âge du fer. Les cuivres natifs puis les différents minerais de cuivre sont recherchés très tôt dans le Caucase, en Europe centrale, dans le midi de la France, dans la péninsule Ibérique et en Grande-Bretagne. L'or, sous forme de pépites trouvées dans les mêmes régions, donne naissance à une orfèvrerie dynamique. L'étain est beaucoup plus rare : il apparaît sous la forme d'un minerai alluvionnaire, la cassitérite, dont les grands gisements se trouvent en Bretagne et en Cornouailles, et d'une façon moins importante en Bohême. Le trafic de l'étain est l'un des grands problèmes que pose la métallurgie du bronze protohistorique. L'argent exige la technologie particulière de la coupellation*. Les gisements de minerai de fer ne sont pas cartographiés ici car ils sont très largement répandus.

Légende de la carte :
- or
- argent
- cuivre
- étain

Toponymes : Wicklows, St. Michael, Erzgebirge, Pénestin, Abbaretz, Mülbach-Salzbourg, Verespatak, Salsigne, Cabrières, Ai Bunar, Rio Tinto, Tartessos, Cartagène, Pangée, Thasos, Pactole, Laurion, Siphnos, Chypre

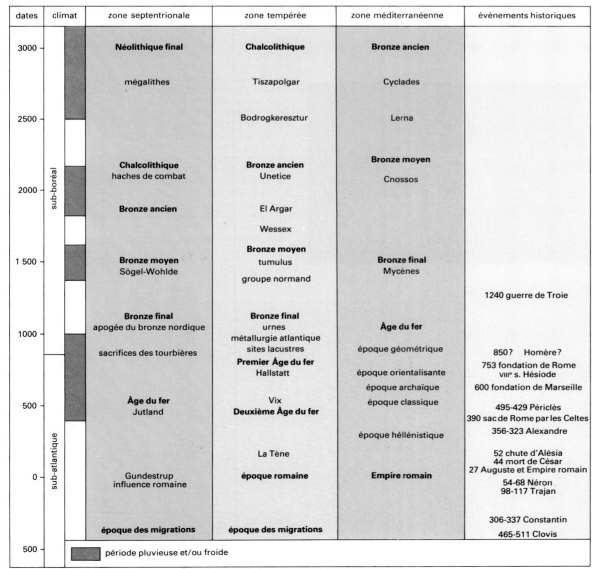

dates	climat	zone septentrionale	zone tempérée	zone méditerranéenne	événements historiques
3000		**Néolithique final**	**Chalcolithique**	**Bronze ancien**	
		mégalithes	Tiszapolgar	Cyclades	
2500			Bodrogkeresztur	Lerna	
		Chalcolithique haches de combat	**Bronze ancien** Unetice	**Bronze moyen** Cnossos	
2000		**Bronze ancien**	El Argar		
			Wessex		
1500		**Bronze moyen** Sögel-Wohlde	**Bronze moyen** tumulus groupe normand	**Bronze final** Mycènes	
					1240 guerre de Troie
1000		**Bronze final** apogée du bronze nordique	**Bronze final** urnes métallurgie atlantique sites lacustres	**Âge du fer**	
		sacrifices des tourbières		époque géométrique	850 ? Homère ?
			Premier Âge du fer Hallstatt	époque orientalisante VIIIᵉ s. Hésiode	753 fondation de Rome
				époque archaïque	600 fondation de Marseille
500		**Âge du fer** Jutland	Vix **Deuxième Âge du fer**	époque classique	495-429 Périclès 390 sac de Rome par les Celtes
				époque héllénistique	356-323 Alexandre
0		Gundestrup influence romaine	La Tène époque romaine	**Empire romain**	52 chute d'Alésia 44 mort de César 27 Auguste et Empire romain 54-68 Néron 98-117 Trajan
		époque des migrations	**époque des migrations**		306-337 Constantin 465-511 Clovis
500					

sub-boréal / sub-atlantique

☐ période pluvieuse et/ou froide

Chronologie comparée des différentes phases de la protohistoire de l'Europe

Dépôt du marécage de Mariesminde à Kirchspiel Rönninge, Danemark

Cette trouvaille du début de l'Âge du fer (VIIIᵉ s. av. J.-C.) comprend un grand récipient en bronze décoré, qui contenait une dizaine de vases en or dont la poignée est ornée d'une tête de cheval. Le motif solaire associé aux oiseaux, visible sur la situle en bronze, est un thème religieux très répandu à cette époque dans toute l'Europe. Les premiers objets en fer sont fabriqués à la même époque ; ce sont uniquement des armes et des outils. Musée archéologique de Copenhague.

Du tumulus à la tombe plate

Une gravure qui montre le roi du Danemark, Frédéric VII, assistant en 1861 à l'ouverture d'un cercueil trouvé au centre d'un tumulus de l'Âge du bronze, à Trindhoj, évoque parfaitement l'affairement des fouilleurs lors de ces découvertes spectaculaires et la fascination des spectateurs devant les corps plus ou moins bien conservés de leurs ancêtres. L'archéologie protohistorique a longtemps été avant tout une archéologie des tombes, et certaines formes funéraires ont donné leur nom à des périodes : période des tumulus, période des champs d'urnes. Nombreuses sont les nécropoles qui ont servi à caractériser des groupes culturels : groupe de Straubing, groupe de Kisapostag... La mort et les multiples manifestations culturelles qui l'entourent sont en effet omniprésentes dans les sociétés protohistoriques. Les tombes contiennent souvent les parures, les armes du défunt, auxquelles il faut ajouter des offrandes et en particulier des vases : ce mobilier funéraire représente un ensemble « clos » qui regroupe des objets tous datés de la même époque permettant de définir un horizon culturel et d'établir, par comparaison, sa chronologie. L'étude des objets personnels et leur position sur le squelette aident à retrouver les modes vestimentaires : c'est le cas de costumes de femmes inhumées dans les tumulus de Schwarza, en Thuringe. Des vêtements, robes, jupes, ceintures, manteaux, bonnets, en textile ou en cuir ont même été trouvés dans des sépultures du Danemark exceptionnellement bien conservées en milieu humide (Egtved). Des différences relevées dans ces modes vestimentaires et les offrandes ont amené à distinguer pour une même époque et une même région des ensembles riches et d'autres pauvres ; ces différences de richesse traduisent sans doute des différences sociale, et, dans le premier cas, les archéologues parlent de « sépultures princières ». Dans le cas des tombes à char princières de la fin du premier Âge du fer bourguignon (Vix) ou rhénan (Hochdorf), la découverte de vastes habitats fortifiés correspondants rend vraisemblable l'existence de cette hiérarchie sociale.

Deux rites funéraires sont connus : l'inhumation et l'incinération. Le défunt inhumé est placé en position allongée, ou bien en position recroquevillée, dans une tombe plate, c'est-à-dire dans une fosse simplement comblée ou sous une sépulture surmontée d'un tumulus appelé kourgane dans l'Europe de l'Est. Le kourgane chalcolithique de Maïkop dans le nord du Caucase recouvrait une vaste fosse divisée en trois compartiments contenant chacun un squelette ; l'un d'eux était associé

à de riches offrandes en or, en argent, en cuivre. Dans les steppes de l'Europe orientale, le kourgane évolue puisqu'il abrite une sépulture formée d'un coffre de pierre au Bronze ancien, puis au Bronze moyen une sépulture en catacombe formée d'un puits donnant accès à une petite chambre latérale, enfin au Bronze final et au début de l'Âge du fer une sépulture à charpente, du nom de la construction en bois qui couvre une grande fosse contenant un cercueil.

En Europe centrale, de grands cimetières de tombes plates aux squelettes en position fléchie sont caractéristiques du Bronze ancien (Straubing) ; ceux de l'Âge du fer sont en position allongée (Hallstatt). Dans cette région, quelques tumulus à riche mobilier comme celui de Leubingen et celui de Helmsdorf en Saxe-Thuringe précèdent dans le temps l'époque des tumulus typiques du Bronze moyen. À l'Âge du fer, de grands tumulus recouvrent des tombes à char princières : certains d'entre eux étaient signalés par des stèles et des statues (guerrier d'Hirschlanden, en Bade-Wurtemberg). En Europe occidentale, le tumulus de l'Âge du bronze ancien à sépulture individuelle s'oppose au tumulus néolithique à tombe collective, en Bretagne ou dans le Wessex, mais l'utilisation de mégalithes dans la construction du caveau peut être commune aux deux époques. Quelques-unes de ces sépultures ont un riche mobilier : tumulus de Bus-Barrow (Angleterre), tumulus de Kernonen (Finistère). Au Bronze ancien, dans le faciès* ibérique d'El-Argar, par exemple, le mort est déposé en position fléchie, dans une jarre enfouie dans une fosse. Dans le centre-ouest de la France, des sépultures à inhumation ont été aménagées vers 1200 avant J.-C. dans des grottes (les Duffaits à La Rochette, en Charente). À la même époque, les princes de Mycènes se faisaient enterrer dans une fosse circulaire limitée par des dalles.

Les inhumations sont encore fréquentes dans des tombes plates de l'Âge du fer (Champagne et Suisse), mais à partir du Bronze final, inhumations et incinérations se côtoient dans certaines nécropoles comme celle du Bassin parisien (Les Gours-aux-Lions, en Seine-et-Marne).

La pratique de l'incinération est, semble-t-il, peu répandue au Néolithique, les sépultures mégalithiques irlandaises étant une exception. Dès l'Âge du bronze ancien, les cendres du mort peuvent être rassemblées avec quelques objets personnels dans une urne fermée par un couvercle et entourée d'autres vases à offrande.

Dans certains cimetières du Bronze ancien, comme celui de Mokrin en Hongrie, les fosses contiennent aussi bien des inhumations que des incinérations, de même que certains tumulus de la même époque, comme le tumulus de Tarnava en Bulgarie. Dans les tumulus du Bronze moyen d'Europe centrale, l'incinération devient plus fréquente : elle est accompagnée de vases au décor cannelé et de bronzes, des parures surtout – épingles et bracelets – d'un style nouveau dont les formes évoluent au Bronze final. Ce complexe culturel relativement homogène se retrouve dans les vastes cimetières appelés « champs d'urnes », qui regroupent des sépultures à incinération disposées dans des fosses souvent creusées au centre de cercles de pierres (Trepcianske Teplice, en Slovaquie) ou d'un fossé circulaire (Broussy-le-Grand, à Saint-Gond, dans la Marne). L'urne-cabane d'Italie ou d'Europe du Nord ainsi que l'urne-visage rappellent le monde des vivants. L'incinération est donc très répandue, et à son propos on a pu évoquer les funérailles de Patrocle conduites par Achille et décrites par Homère. Elle a continué à être pratiquée à l'Âge du fer dans certaines régions de l'ouest de l'Europe. Dans la zone méridionale, on pratique, outre l'incinération en tombe plate ou en tumulus, l'incinération en grotte.

Les rites funéraires protohistoriques se sont certainement déroulés dans un contexte religieux. Par exemple, il existe une relation entre le site mégalithique de Stonehenge (Angleterre) et les nombreux tumulus voisins du Bronze ancien. À la même époque, le squelette désarticulé d'un jeune garçon a été trouvé dans un puits à proximité du temple de Salacea en Roumanie : la présence d'autels, de statuettes en argile cuite (figurines féminines, modèle de bateau, roues de char votif) ne laisse pas de doute sur la destination de ce bâtiment à trois nefs. L'enfant a-t-il été enseveli à l'issue d'un sacrifice ? Des sacrifices humains* ont été pratiqués au début de l'Âge du fer dans la grotte de Byciskala (la grotte du Taureau), en Moravie où, parmi les quarante squelettes entassés, certains n'ont pas de tête ; des os de mains et des calottes crâniennes constituent d'ailleurs des dépôts particuliers. On a découvert récemment, à Ribemont-sur-Ancre, en Picardie, un amas d'os longs humains d'origine celtique. Dans le midi de la France, le culte des crânes humains a été étudié à partir des sanctuaires préromains de Provence (Roquepertuse, Entremont). Des sacrifices expliquent aussi les cadavres des hommes de l'Âge du fer étranglés et jetés dans les tourbières de Tollund et de Grauballe (Danemark). Des animaux sont également tués en offrande : bovidés, suidés et chevaux sont parfois retrouvés dans des tombes ; ils sont soit entiers, soit représentés par un quartier de viande, et, dans ce cas, ils sont peut-être les restes de banquets funéraires dont nous avons d'autres traces avec les vaisselles du service du vin, par exemple, à l'Âge du fer. La religion elle-même possède une iconographie que nous connaissons grâce aux statuettes en terre cuite et en bronze des mobiliers funéraires : une figurine d'oiseau aquatique, de cygne peut-être, revient fréquemment, de même que celle du taureau, du cerf et du cheval. Le disque solaire est associé au char tiré par des chevaux, au bateau et à des processions de fidèles sur les dalles décorées de la sépulture de Kivik au Danemark. Ces thèmes de l'Âge du bronze sont évoqués par piquetage sur les rochers de grands sanctuaires nordiques de plein air et peut-être aussi dans les mythologies méditerranéennes.

Jean-Pierre MOHEN

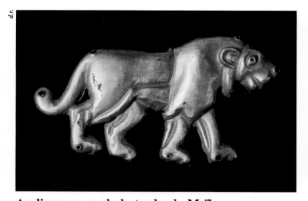

Appliques en or de la tombe de Maïkop (nord du Caucase, U.R.S.S.)

Fouillé en 1897, le kourgane (tumulus) de Maïkop avait 10 mètres de hauteur et protégeait une tombe divisée en trois compartiments contenant chacun un squelette déposé sur le côté, en position recroquevillée. Le personnage principal était entouré d'un riche mobilier funéraire : parures en or et en pierres précieuses, armes en pierre, en or, en argent et en cuivre, vaisselle en argent et en or, éléments d'un baldaquin dont font partie ces appliques en or représentant un taureau et un lion. Ce mobilier funéraire est typique de l'apogée de la première métallurgie, dans la seconde moitié du IIIe millénaire avant notre ère. Musée de l'Ermitage, Leningrad.

**Élévation et plan
de la tombe de Leubingen (Allemagne)**

Sous un gros tumulus en pierre de 34 mètres de diamètre et de 8 mètres de hauteur, une construction en troncs de chêne formant un toit à deux pans protégeait une double inhumation princière de la fin de l'Âge du bronze ancien (1700-1500 av. J.-C.). Sur le sol était étendu le squelette d'un homme âgé entouré de deux haches à rebords, de trois burins, d'une hallebarde, de trois poignards en cuivre et en bronze et d'une hache polie en serpentine. Une fillette de dix ans avait été déposée sur le premier corps : elle était parée de deux épingles de tête, d'un bracelet, de deux anneaux de cheveux (?), et d'un tube en fil enroulé, le tout en or.

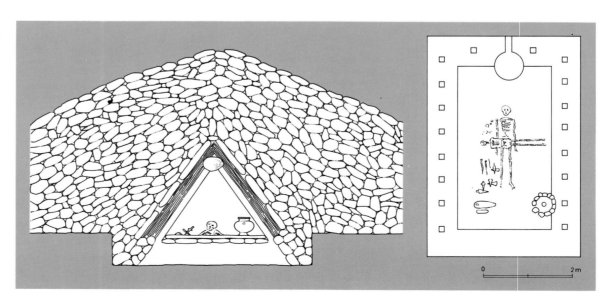

0   2m

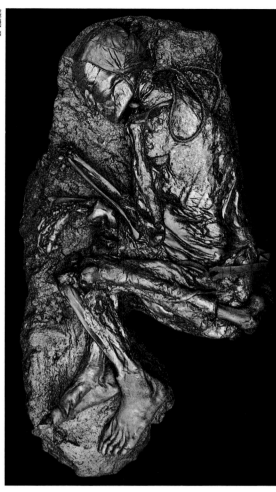

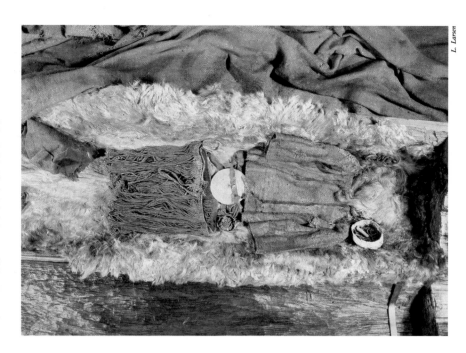

Femme de Egtved (Danemark)

Cette jeune femme âgée de 20 ans environ a été trouvée dans son cercueil de chêne, au centre d'un tumulus de la fin du Bronze ancien (milieu du IIᵉ millénaire av. J.-C.). Les matières organiques de cette sépulture ont été exceptionnellement conservées. Le corps entièrement habillé et paré (bracelets, boucles d'oreilles en bronze, peigne en os) avait été déposé sur une peau de bovidé et il était couvert d'un épais tissu de laine. La femme portait un chemisier et une courte jupe faite de cordelettes. Un disque en bronze ornait sa ceinture. Une boîte contenant un filet à cheveux avait été placée aux pieds de la défunte. Musée archéologique de Copenhague.

Homme de Tollund (Danemark)

La découverte en 1950 de cet homme des tourbières, coiffé d'un bonnet de cuir, a produit dans le monde une grande émotion à cause de la conservation exceptionnelle de ce cadavre qui portait autour du cou la cordelette ayant servi à l'étrangler. Que signifie ce tragique fait divers de l'Âge de fer nordique (probablement contemporain de l'époque romaine) ? S'agit-il d'un crime crapuleux ou d'un sacrifice à une divinité des tourbières ? Il semble bien que la seconde hypothèse soit la plus vraisemblable si l'on considère que parmi les nombreuses offrandes protohistoriques retrouvées dans les marécages danois il y avait d'autres victimes humaines. Musée de Silkeborg (Danemark).

Tombe à incinération de Mailhac (Aude)

Fouillées par Jean et Odette Taffanel, les riches nécropoles de Mailhac (Aude) illustrent les rites de l'incinération, assez bien répandue au premier Âge du fer : les cendres du défunt sont rassemblées dans une urne déposée dans une fosse avec des offrandes métalliques ou organiques ; elles sont parfois conservées dans plusieurs vases.

1 cornes à boire
2 tissu attaché avec des fibules
3 char
4 vases en céramique
5 lit en bronze ou kliné
6 chaudron en bronze
7 chausse avec appliques en or
8 poignard décoré d'or
9 carquois

Restitution de la tombe à char princière de Hochdorf, près de Stuttgart (Allemagne)

Découverte en 1978, cette tombe intacte était protégée par un tumulus en partie arasé de 60 mètres de diamètre. La tombe elle-même est un grand coffre de plan carré de cinq mètres de côté et d'un mètre de hauteur contenant le mobilier funéraire. Le lent travail de fouille, d'étude, de consolidation et de restauration entrepris par le personnel du musée de Stuttgart permet cette restitution qui donne une idée du faste d'un prince qui vivait au début du VIᵉ siècle avant J.-C., marqué par l'abondance des offrandes et le caractère exceptionnel de certains objets, en or (fibules, bracelet, ceinture, décors du poignard et des chausses), en fer (grande corne à boire de 1,05 m de longueur) ou en bronze (litière ou kliné et chaudron importés du sud des Alpes). D'après Jörg Biel.

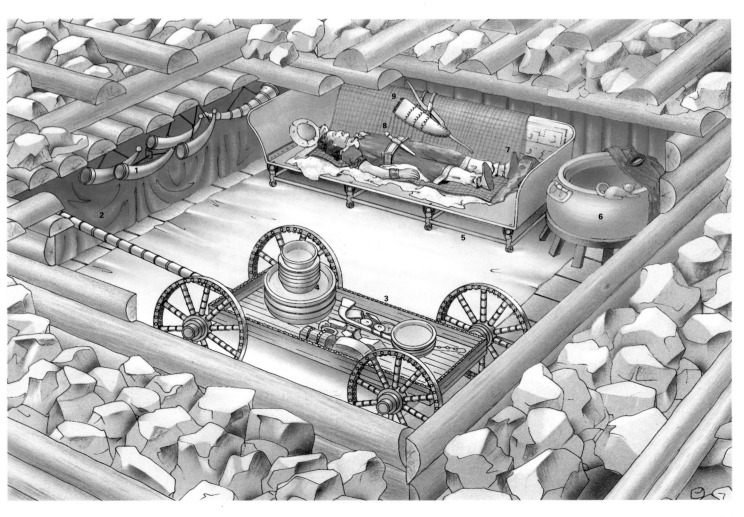

Les routes de l'ambre

L'ambre jaune est une résine fossile que l'on trouve principalement en Allemagne du Nord (Slesvig-Holstein), au Danemark (Jutland) et sur les rives méridionales de la Baltique (Pologne). Il contient alors 3 à 8 p. 100 d'acide succinique. D'autres gisements moins importants ont été signalés en France du Sud, en Espagne, en Italie ou en Syrie, qui ne contiennent qu'environ 0,4 p. 100 d'acide succinique. Quant à l'ambre roumain, sa teneur en acide succinique est de 1 p. 100. À partir du IIIe millénaire avant notre ère, l'ambre nordique, comme en témoignent les analyses chimiques, a été très recherché et a été diffusé à travers toute l'Europe jusqu'en Grèce, où, encore à l'époque classique, il est réservé au culte de Zeus et utilisé pour ses vertus prophylactiques et médicales. Les relations entre le nord et le sud de l'Europe sont confirmées à l'Âge du bronze (IIe millénaire avant notre ère) grâce à la répartition de plusieurs types d'objets archéologiques et grâce à certains motifs décoratifs (soleils et oiseaux). L'exemple des armes défensives du Bronze final est particulièrement éloquent pour mieux comprendre la nature des échanges entre la Méditerranée et les pays nordiques, les hyperboréens de la mythologie grecque. Hérodote puis Pline se sont faits l'écho, quelques siècles plus tard, du trafic de l'ambre venu du nord.

L'ambre a été recueilli par les hommes dès le Paléolithique supérieur (Isturitz dans les Pyrénées et Meziritch en U.R.S.S.). Mais c'est sur les sites néolithiques qu'on le trouve en abondance : dolmens danois, hypogées de la Marne et station de Charavines (Isère), par exemple. Au cours de l'Âge du bronze, il fait l'objet d'une vaste diffusion à travers l'Europe. On a recueilli des milliers de perles et de pendeloques d'ambre dans les pays du Nord. Outre les grains de colliers, on a sculpté dans cette matière de petites statuettes animalières au Danemark et en Pologne.

En Russie du Nord, l'ambre est signalé dans le site lacustre de Modlona et, plus au sud, en Russie centrale, il est abondant dans les sépultures de Saktych : des boutons, perles, plaquettes semblent avoir été cousus sur les vêtements des défunts au début du IIe millénaire. Vers l'ouest, on retrouve des grains d'ambre aussi bien dans les tombes mégalithiques de Los Millares au sud de l'Espagne que dans les tumulus du Wessex au sud de la Grande-Bretagne, et de menus objets, comme les disques polis sertis dans une monture d'or – ceux de Manton, Amesbury et Normanton (Wiltshire) –, que les archéologues ont rapprochés d'un bijou d'époque minoenne trouvé à Isopata en Crète.

La découverte dans la grotte au Collier à Lastours (Aude) d'un squelette de fillette (sept ans environ) parée de bijoux de bronze (bracelet, éléments d'un pectoral), de pâtes de verre (perles) et d'ambre (perles, plaquette multiforée et pendeloque) confirme les relations qui s'étaient établies entre 1600 et 1500 avant J.-C. entre la Baltique, pays d'origine de l'ambre analysé, et la Méditerranée orientale où l'on retrouve le même dessin d'œil gravé identifiable sur la pendeloque, et le même type de plaquette multiforée, dite de Kakovatos, site grec d'âge mycénien.

Situé sur la côte ouest de la Grèce, à l'extrémité de la voie adriatique évoquée par Pline, Kakovatos est particulièrement riche en ambre puisqu'une seule tombe en a fourni 500 grains. La plaquette multiforée peut être un élément de ceinture comme le prouveraient les exemplaires de la tombe « omicron » du cercle B de Mycènes, ou une perle d'espaceur de collier. Ces plaquettes multiforées sont nombreuses en Europe centrale et on les trouve jusque dans le Wessex. On peut se demander si le type est originaire de Grèce comme on le pensait ou d'Europe centrale où elles sont nombreuses ou encore d'Europe occidentale où elles sont anciennes d'après les datations 14C récentes (avant 1600, date des premiers Mycéniens).

En France, l'ambre existe aussi au Bronze ancien dans les tumulus armoricains (perles-plaquettes de Lesconil), puis surtout au Bronze moyen et au début du Bronze final (1500-1200 av. J.-C.) dans la grotte funéraire des Duffaits (Charente) ; on le trouve assez bien représenté dans l'habitat du Fort-Harrouard à Sorel-Moussel (Eure-et-Loir) ainsi que dans les sépultures de l'Aube, les tumulus de la forêt de Haguenau (Haut-Rhin), ou la grotte du Hasard à Tharaux (Gard).

Ces exemples indiquent la large diffusion de l'ambre baltique à travers toute l'Europe, le long des rivages maritimes de l'Ouest ou le long des grands fleuves d'Europe centrale jusqu'à l'Adriatique. L'Allemagne centrale aurait été un lieu d'échange intense de ce commerce. On s'est aussi demandé si la Grèce n'a pas été, dans certains cas, un relais de fabrication pour certaines parures (la pendeloque de Lastours, par exemple) rediffusées à l'ouest. Au-delà de la Grèce continentale, l'ambre est rare : en Crète, il est signalé à Amira et Isopata ; à Rhodes, on ne l'a trouvé qu'à Ialysos.

La diffusion de l'ambre baltique et danois ne se conçoit donc que dans un contexte de relations variées, directes et le plus souvent indirectes, entre le Nord et le Sud. Les perles segmentées de faïence bleue sont un

autre bon exemple de ces relations ; certaines ont peut-être pour origine l'Égypte mais d'autres furent produites localement en Europe centrale et en Grande-Bretagne au début de l'Âge du bronze.

La manière de s'armer est aussi un phénomène culturel que l'on peut suivre depuis la Baltique jusqu'à la Méditerranée. Le port du casque, de la cuirasse, des cnémides, du bouclier, et l'utilisation de la lance et de l'épée sont représentés, par exemple, c'est-à-dire à la fin de l'Âge du bronze. Sur le vase peint aux guerriers trouvé à Mycènes et qui date du XIIe siècle avant J.-C., des hommes portant ce type d'armement sont représentés. Il ne leur manque que l'épée maniée par des guerriers figurés sur certains sceaux mycéniens. Des épées en bronze à languette (type II a de Sprockhoff) sont nombreuses au Danemark et l'on en suit la diffusion régulière jusqu'à Mycènes : quelques exemplaires viennent de Crète, de Chypre (Enkomi) et d'Égypte. Parmi les armes défensives, plusieurs types d'objets se retrouvent en des sites très éloignés les uns des autres, ce qui permet de penser que le guerrier avait dans sa tenue de prestige les mêmes armes en Scandinavie qu'en Grèce, et cela malgré les lacunes évidentes de notre documentation archéologique : par exemple, on n'a pas trouvé de bouclier sur des sites français, ce qui ne signifie nullement qu'il n'en existait pas. Il pouvait être en cuir ou en bois, comme ceux que l'on a trouvés dans les îles Britanniques, et la stèle de Substantion à Castelnau-le-Lez près d'Aups (Hérault) en montre une belle représentation. De même, le petit nombre d'armes défensives réelles trouvées dans la péninsule Ibérique est-il corrigé par l'ensemble de stèles trouvé dans le sud-ouest de ce pays ; sur chacune d'elles est représentée une panoplie assez complète de guerrier, associée le plus souvent à un char tiré par des chevaux comme dans la tradition homérique. Des dessins de ces chars sont gravés sur des céramiques ou sur des rochers jusqu'en Scandinavie (Scanie) ; des modèles réduits de chars sont connus, comme le célèbre char de Trundholm (Danemark) qui porte le disque solaire (ill. p. 49). Les cuirasses en tôle de bronze sont surtout connues dans une zone allant de Crète jusqu'en Europe centrale, mais des spécimens en cuir, probablement ornés de phalères en bronze, ont dû être utilisés également jusque dans les pays du Nord. L'iconographie des oiseaux stylisés associés au soleil, reconnue entre autres sur les cuirasses, les cnémides, les casques est alors répandue dans toute l'Europe entre les XIIe et VIIe siècles avant J.-C.

Jean-Pierre MOHEN

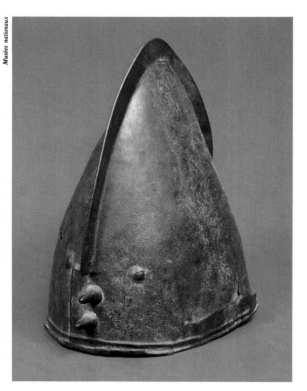

Disque d'ambre à revêtement d'or

Cette parure, trouvée dans un tumulus à Manton (Wiltshire, Angleterre), a souvent été comparée à un objet similaire provenant de la tombe des Haches doubles, à Isopata en Crète. Les analyses chimiques faites sur des ambres trouvés en Grèce, en particulier sur ceux de Mycènes, font apparaître une origine baltique très probable de cette matière précieuse. La diffusion de l'ambre montre des relations entre l'Europe du Nord et la Méditerranée se développent dans la première moitié du IIe millénaire et trouvent leur apogée à l'époque mycénienne (1600-1100 av. J.-C.).

Le casque de Paris et l'une des cuirasses de Marmesse

On distingue différents types de casques et de cuirasses en tôle de bronze. Ainsi, le casque dragué dans la Seine, à Paris, appartient-il au type rond à crête, daté, grâce à la découverte du Theil à Billy (Cher), des environs de 1000 avant J.-C. Ce modèle est assez largement réparti depuis l'Allemagne du Nord jusqu'à l'Italie. Les deux bossettes frontales évoquent des yeux. Les six cuirasses décorées de Marmesse (Haute-Marne) appartiennent à un type connu dans l'est de la France vers les IXe-VIIIe siècles avant J.-C., mais des spécimens apparentés, parfois plus anciens, existent en Europe centrale et méditerranéenne. Musée des Antiquités nationales de Saint-Germain-en-Laye.

L'armement du chef guerrier au début du Iᵉʳ millénaire avant notre ère

À la fin de l'Âge du bronze, l'armement du chef guerrier est celui d'un fantassin que l'on amenait au combat sur un char (voir ci-contre la stèle de Cabañas). L'armement défensif était en cuir ou en bronze ; dans ce cas, il était rutilant et aussi prestigieux que fonctionnel : il comprenait un casque attaché grâce à une jugulaire, une cuirasse en général assez courte formée d'un pectoral et d'une dossière attachés l'un à l'autre, des cnémides lacées au niveau des mollets, un bouclier rond, une grande lance avec une pointe et un talon métalliques et une épée qui servait surtout à frapper d'estoc. La reconstitution théorique proposée ici, à partir de pièces réelles qui ne furent pas trouvées ensemble, est celle du guerrier qu'on pouvait voir à cette époque dans toute l'Europe, comme l'indique la carte de répartition des principales découvertes d'armes défensives en bronze.

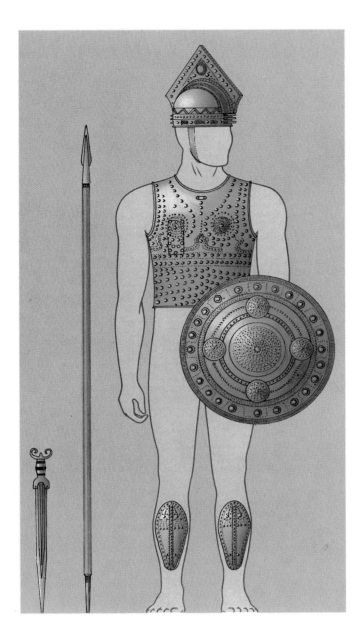

Musée archéologique de Madrid

Stèle gravée de Solana de Cabañas, Logrosan, Cáceres, Espagne

Cette stèle funéraire représente un guerrier, ses armes et son char. De haut en bas, nous pouvons reconnaître une lance, une épée, une gourde (?), un casque et un bouclier à motif en V ; le char à quatre roues est tiré par deux chevaux. IXᵉ-VIIIᵉ siècle avant J.-C. Musée archéologique de Madrid.

Les relations entre le nord et le sud de l'Europe protohistorique

Des liens existent entre l'Europe nordique et le monde méditerranéen aux Âges des métaux ; ils se manifestent de manière variée selon les périodes : quelques types d'objets peuvent être similaires, des rites funéraires analogues, des coutumes vestimentaires ou des pratiques guerrières semblables. Sur un fond de carte indiquant les gisements de l'ambre baltique qui semble bien avoir été diffusé vers le sud selon les directions suggérées depuis l'Âge du bronze ancien jusqu'à la fin de l'Âge du fer, sont indiqués les lieux de trouvailles des armes défensives de la fin de l'Âge du bronze et du début de l'Âge du fer (XIIᵉ-VIIᵉ s. avant J.-C.). Il faut d'ailleurs préciser que les armes défensives ne sont pas nécessairement utilisées au cours de batailles. Ces armes de parade en tôle de bronze, casques, cuirasses, boucliers et cnémides, révèlent, outre les relations typologiques précises, une même idée sociale de la guerre et probablement du chef. Ces armes sont souvent décorées de motifs symboliques, soleil et oiseaux stylisés, trait commun d'une même pensée religieuse.

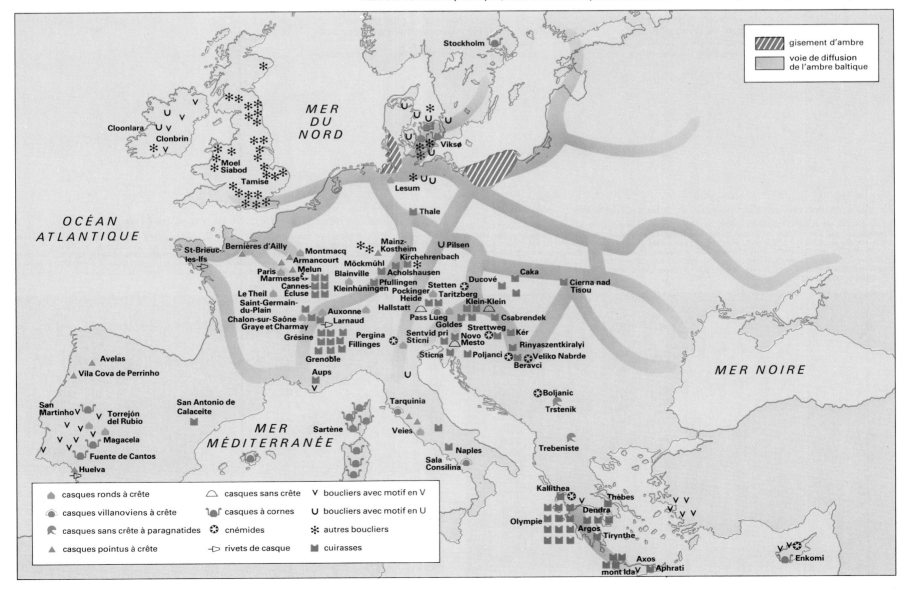

Le cheval et le vin

La présence du cheval et celle du vin dans les mêmes sépultures à char du premier Âge du fer (VIᵉ s. av. J.-C.) caractérisent une société de chefs cavaliers au goût raffiné.

Le cheval a été domestiqué dès le IVᵉ millénaire en Ukraine et peut-être plus au sud, en Iran et en Anatolie. Nous retrouvons dans ces régions les restes des chevaux sauvages ancêtres des premiers chevaux domestiqués, petits et trapus. À Dereivka, en Ukraine, apparaissent à cette époque des branches de mors en bois de cerf. Il n'est pas exclu qu'en Europe centrale (Hongrie) et occidentale des chevaux, descendants peu nombreux des races paléolithiques, aient été aussi domestiqués. Le cheval domestiqué et les pièces de harnachement se généralisent au cours du IIIᵉ millénaire en Europe, en même temps que la métallurgie du cuivre et de l'or. Tout au long de l'Âge du bronze, le cheval est de plus en plus présent : les mors et montants de mors sont diffusés depuis le Caucase jusque dans les îles Britanniques. L'iconographie montre surtout le cheval attelé à un chariot. Le char solaire de Trundholm au Danemark est tiré par un cheval : il date du Bronze moyen. Le cheval attelé figure parmi les représentations schématiques datées du Bronze final : sur le rocher 47 du Val Camonica en Italie, sur les stèles espagnoles de Cabeza de Buey et de Torrejón del Rubio ainsi que sur les dalles de Begby en Norvège et de Frannarp en Suède. Ces chars décorent aussi des céramiques : la figuration est gravée sur la panse de certains vases (Saratov en U.R.S.S., Vel'ke Raskovce en Slovaquie, grotte du Queroy en Charente) ; sur le vase de Sublaines (Indre-et-Loire), le motif est obtenu grâce à de fines lamelles d'étain, collées sur la panse. Ces chars ont quatre ou deux roues : les uns sont des véhicules de parade, les autres servent pour la guerre ; certains enfin semblent être des chars funéraires comme ceux qui sont peints sur les vases grecs du Dipylon.

La présence des cavaliers aux grandes épées de bronze ou de fer est attestée peu après 1000 avant J.-C. dans une bonne partie de l'Europe continentale. Les mobiliers de leurs tombes comprennent des pièces de harnachement choisies pour le cheval monté : tombes de Beilngries et de Gernlinden en Allemagne, tombes de Chavéria et de Mailhac en France, tombe de Court-Saint-Étienne en Belgique. Dans les îles Britanniques, les objets du dépôt de Llyn Fawr correspondent assez bien à la « panoplie » du cavalier. Certaines pièces particulières, comme le bouton en bronze à double bélière permettant le croisement de deux lanières, ont été repérées depuis l'Iran jusque dans le sud-ouest de l'Europe. De même, la coutume d'inhumer le cheval, qui est somme toute assez rare, a été pratiquée depuis le pays des Scythes jusqu'en Espagne. En raison de décalages chronologiques, certains auteurs ont interprété dans cette large diffusion comme la preuve d'invasions successives de cavaliers partis de l'est au début de l'Âge du fer : on a parlé à leur sujet des cavaliers thraco-cimmériens, et on a voulu lier ces signes d'agitation guerrière aux mouvements des peuples qui vinrent jusqu'en Égypte avec leurs chevaux à la fin du IIᵉ millénaire.

Le rôle de ces cavaliers, qui utilisent pour la première fois le fer à grande échelle, semble important. Leur héritage est manifeste chez les princes des VIᵉ-Vᵉ siècles avant J.-C., qui construisent leurs forteresses un peu partout en Europe et qui se font parfois enterrer dans les sépultures à char. Les situles* en bronze du Tessin nous montrent ces personnages conduisant leur char à deux roues, tiré par deux chevaux. Sur le char de Strettweg, en Autriche, des cavaliers accompagnent une divinité féminine dans une cérémonie qui est peut-être un culte lié au cervidé. Le char de Mérida, en Espagne, montre un cavalier de cette époque chassant le sanglier avec sa lance, qui remplace alors dans certaines régions l'épée. Ces œuvres prouvent à l'évidence que le cheval monté est un animal noble.

Par sa rapidité et son agilité par rapport au bœuf, le cheval a certainement favorisé les échanges entre les régions méditerranéennes et le reste de l'Europe, surtout ceux qui nécessitaient le passage des Alpes (col du Brenner). Strabon décrit les gens des provinces danubiennes chargeant leurs chariots avec des tonneaux en bois contenant du vin ou de l'huile d'olive produits à Aquileia, en Étrurie, pour les échanger contre des esclaves, du bétail et des peaux et sans doute aussi contre du sel et de l'ambre. La route des Alpes a été essentielle pour les relations entre l'Étrurie et trois régions avides du vin italique : la région Bourgogne-Rhin moyen, la région comprise entre Salzbourg et Prague, enfin la région nordique comprenant le Danemark et le sud de la Suède. Du vin lui-même nous ne connaissons rien, à l'exception des résidus de poix contenus dans la gourde et dans le stamnos trouvés à Dürrnberg d'Hallein, en Autriche ; par contre, les vaisselles en bronze grecques et étrusques, ou inspirées d'elles, comme les cratères, les stamnos, les situles, les cistes à cordon, les bassins, les louches, les coupes, trouvées le plus souvent dans les tombes et plus rarement dans les habitats, sont toutes liées au service du vin.

Dans l'ouest de l'Europe, ces objets sont surtout étrusques, et quelques importations grecques semblent avoir transité par l'Étrurie. Les plus anciens datent des VIIIᵉ et VIIᵉ siècles avant J.-C., et la majorité d'entre eux datent des VIᵉ-Vᵉ siècles. Ils proviennent des grandes tombes princières comme celle d'Hochdorf ou de Kleinaspergle près de l'habitat fortifié de Hohenasperg en Rhénanie, près de Stuttgart, ou comme celle de Sainte-Colombe ou de Vix près de l'habitat du mont Lassois en Bourgogne. Ces vaisselles de bronze souvent prestigieuses, comme le cratère de Vix, avaient une valeur propre qui s'ajoutait à celle du vin qui les accompagnait. Certaines permettaient de préparer le vin car il était trop lourd pour être bu tel quel. Ces objets représentaient-ils des cadeaux diplomatiques ou des marchandises pour une clientèle nouvelle ? Bernard Bouloumié pense plutôt à des moyens d'échange dans une économie où la circulation des biens se faisait par relais sans qu'il y ait encore de véritable commerce organisé. Le premier relais depuis l'Étrurie aurait été le Tessin ; la région Bourgogne-Rhénanie aurait été un second relais important. Le relais centro-oriental de la région de Salzbourg, qui comprend la grande nécropole d'Hallein, est un peu plus tardif (Vᵉ-IVᵉ s. av. J.-C.), et il a peut-être été en relation avec le précédent. Le relais nordique, plus tardif encore, avait surtout des relations avec la zone Bourgogne-Rhénanie. Il est certain que le vin étrusque jouait un rôle non négligeable dans les rites funéraires de ces princes qui avaient aussi quelques contacts avec les comptoirs grecs des rives de la Méditerranée ; des fragments d'amphores vinaires ioniennes archaïques et massaliètes ont été trouvés au mont Lassois et au camp du Château, en France, et à La Heuneburg, en Allemagne, où l'étrange muraille construite en briques séchées au soleil est d'inspiration méditerranéenne. Les comptoirs méditerranéens des côtes française et espagnole ont eu des contacts avec l'arrière-pays indigène : le sanctuaire orientalisant de Pozo Moro (Albacete), qui marque la naissance, à la fin du VIᵉ siècle, de l'art ibérique, en est un bel exemple. Des techniques artisanales comme la métallurgie du fer ont pu aussi être diffusées à partir de ces centres. Il y a donc en Europe occidentale une situation similaire à celle des régions orientales bordant la mer Noire où les contacts entre les Grecs et les Scythes, par exemple, étaient très actifs.

Jean-Pierre MOHEN

Le repos du guerrier cavalier : plaque de ceinture sibérienne

Cette plaque en or de la seconde moitié du Iᵉʳ millénaire avant J.-C. a appartenu à la collection de Pierre le Grand. Elle illustre l'importance de la cavalerie des steppes eurasiatiques. Le guerrier, après avoir suspendu à l'arbre son goryte contenant l'arc et les flèches, s'est étendu par terre ; il a déposé sa tête sur les genoux d'une jeune femme qui le caresse dans un geste symbolisant les épousailles. L'écuyer tient par la bride leurs deux montures harnachées. Nous avons peut-être là l'une des premières représentations des légendes de chevalerie si répandues dans l'Europe médiévale. Musée de l'Ermitage, Leningrad.

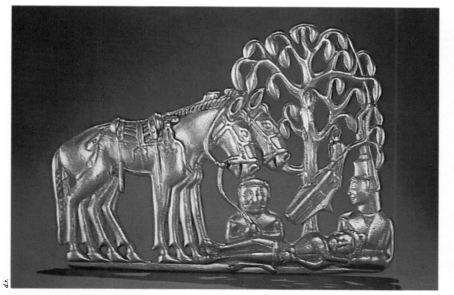

Aurige et hoplite grecs : frise du cratère de Vix (Côte-d'Or)

Trouvée en 1953, la sépulture princière de Vix contenait, entre autres objets prestigieux, un cratère en bronze, œuvre grecque de la fin du VIᵉ siècle avant J.-C. La frise qui orne le col du cratère est constituée d'une série d'appliques représentant alternativement un aurige casqué debout sur son char traîné par quatre chevaux, et un hoplite également casqué portant un bouclier et probablement une lance. Voilà l'image idéalisée de leurs soldats que les Grecs envoyaient aux « Barbares ». Musée de Châtillon-sur-Seine (Côte-d'Or).

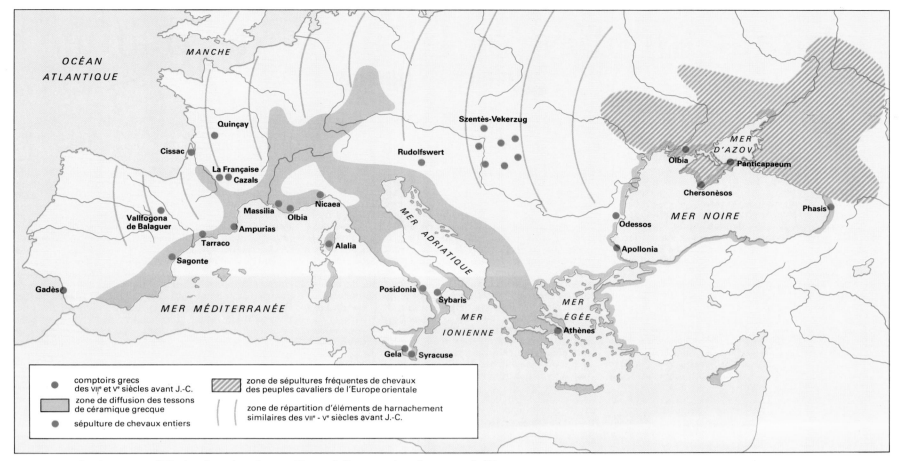

OCÉAN ATLANTIQUE

Légende de la carte :

- comptoirs grecs des VIIe et Ve siècles avant J.-C.
- zone de diffusion des tessons de céramique grecque
- sépulture de chevaux entiers
- zone de sépultures fréquentes de chevaux des peuples cavaliers de l'Europe orientale
- zone de répartition d'éléments de harnachement similaires des VIIe - Ve siècles avant J.-C.

Inhumation de chevaux et diffusion des céramiques attiques à figures noires (Ve s. av. J.-C.)

Pendant le premier Âge du fer, le cheval et la céramique attique à figures noires ont la même valeur économique et sociale : l'un et l'autre se retrouvent en particulier parmi les offrandes funéraires de personnages importants. Mais, tandis que les inhumations de chevaux semblent être une coutume typiquement « barbare », la diffusion de la céramique attique montre l'expansion côtière de la Grande-Grèce et l'attrait que cette production de luxe exerçait sur les princes de l'arrière-pays « barbare ».

Musée des Antiquités nationales

Le char de Mérida (Espagne)

Les archéologues datent de la fin du VIe siècle ce chariot votif en bronze qui montre une chasse au sanglier. La plate-forme munie de clochettes est supportée par quatre roues à long moyeu identiques à celles que l'on trouve dans les sépultures à char de la même époque. Le sanglier est poursuivi par deux chiens et par un cavalier armé d'une lance. Ce thème iconographique est souvent représenté dans l'art ibérique : il devait avoir une signification religieuse précise. Le cheval monté tient une place prépondérante dans la civilisation de l'Âge du fer du sud-ouest de l'Europe. Musée des Antiquités nationales, Saint-Germain-en-Laye.

Plaque de ceinture décorée provenant de Vače (Yougoslavie)

Trouvée en 1883 dans une tombe plate à inhumation datant du Ve siècle avant J.-C., cette plaque en tôle de bronze montre deux cavaliers qui s'affrontent : ils s'attaquent à la lance, et l'un d'eux, casqué, brandit une hache. De part et d'autre, deux fantassins, protégés par un casque à cimier et un large bouclier, possèdent, chacun, deux lances, et l'un d'eux, une hache. À droite, un personnage civil, habillé d'une robe, est coiffé d'un chapeau à larges bords relevés. Musée d'Histoire naturelle, Vienne.

Meyer, naturhistorisches Museum, Vienne

Habitats fortifiés et habitats de plaine

L'occupation du terroir protohistorique est caractérisée par une architecture savante qui comprend des fermes isolées, des villages et des enceintes sur les hauteurs. Des concentrations plus importantes posent le problème de la naissance des premières villes de l'Europe, phénomène qui touche non seulement les pays méditerranéens, mais aussi les zones tempérées. La variété des matériaux utilisés, la pierre, la terre, le bois, le chaume, etc., et la multitude des formules architecturales adoptées révèlent la richesse et l'originalité de l'habitat protohistorique, qui ne peut en aucune façon être réduit à une série de huttes rondes en bois à toit de chaume tel qu'on l'a trop souvent imaginé d'après des témoignages antiques (textes de Strabon et de Tacite, relief de la colonne Trajane).

Comme au Néolithique, on construit des maisons rondes : maisons en pierre de Filicudi (îles Éoliennes) et de Porto Perone à Leporana près de Tarente (Italie), datées du Bronze ancien. Dans les îles Britanniques, le plan rond est généralement adopté pour des maisons aux murs en pierre très épais (Gruting, dans le Shetland) et surtout pour des habitations constituées par des poteaux fichés dans le sol, soutenant une charpente savamment agencée qui était recouverte de chaume : les parois étaient faites de clayonnages recouverts de pisé ou de torchis. On a retrouvé, datant du Bronze final, des « fermes » isolées de ce type ; à Gwithian, en Cornouailles, elles forment un ensemble avec des fossés de drainage et des limites de champs, et, sur les plateaux des Cheviots, elles s'intègrent à des parcellaires rectangulaires. À Stayle Howe, une autre habitation ronde occupée au milieu du Ier millénaire avant J.-C. était associée à des greniers surélevés de plan rectangulaire construits sur quatre, six ou neuf poteaux, des aires de travail semi-enterrées et des silos : le tout était entouré d'une palissade. À Itford Hill, dans le Sussex, plusieurs de ces fermes formaient un hameau. L'étude de ces vestiges a permis la reconstitution d'une ferme de l'Âge du fer à Buster près de Petersfield, dans le Hampshire, et l'élaboration d'un programme d'archéologie expérimentale* sur la vie rurale protohistorique.

Dans la zone tempérée de l'Europe, les maisons de plan rectangulaire sont les plus répandues : des poteaux enfoncés dans le sol ou fixés à un cadre en bois forment l'armature des parois faites de clayonnages enduits d'argile et soutiennent la charpente couverte de chaume ; les techniques d'assemblage se sont développées très tôt, et nous les connaissons grâce aux bois immergés des stations lacustres ; si les mi-bois, les tenons et les mortaises sont utilisés dès le Néolithique, la queue d'aronde semble n'apparaître qu'à l'Âge du bronze. Les instruments utilisés sont la hache, l'herminette ou doloire, le coin, le ciseau et la plane. Le clou en fer est inventé à la fin de l'Âge du fer pour fixer les traverses des remparts, par exemple. Le mobilier des maisons est très réduit : des étagères, quelques planches délimitant une litière, une échelle constituée d'un tronc échancré à intervalles réguliers et une série d'instruments artisanaux. La maison peut être fermée à clé comme en témoigne la série de clés de la fin de l'Âge du bronze trouvée à Morges, en Suisse. Des maisons rectangulaires à deux nefs, reconnues grâce à la présence de trois rangées de trous de poteaux, sont conçues selon un plan simple, fréquent déjà au Néolithique. Datées du Bronze ancien, les maisons à semelle de pierre d'Arbon Bleiche, en Suisse, sont de ce type, de même que la maison d'Aiterhofen ou les longs bâtiments de Manching, en Bavière, datés de la fin de l'Âge du fer. La maison à une seule nef se répand à partir de la fin de l'Âge du bronze : les poteaux latéraux sont reliés par un entrait pour mieux recevoir les pressions d'un toit plus large (Künsing, en Bavière).

En Allemagne du Nord, on a trouvé à Feddersen Wierde quatre-vingts maisons à trois nefs délimitées par deux rangées de trous de poteaux datant de l'Âge du fer. Deux maisons exceptionnelles du second Âge du fer combinent les principes des plans ronds et ceux des plans rectangulaires, la maison de Verberie (Oise), qui couvre 270 mètres carrés, et celle d'Antran (Vienne), qui en couvre 750.

L'architecture tout en bois et en particulier en *Blockbau*, dont les murs sont faits de poutres horizontales entrecroisées dans les angles, est propre aux pays alpins et à l'Europe centrale : à Hallstatt, l'un de ces assemblages a été mis au jour au siècle dernier. Les maisons des stations de bord de lac, construites sur pilotis à l'Âge du bronze, sont également tout en bois et comportent une seule pièce ou plusieurs : dans le village de tourbière, fortifié d'une palissade, trouvé à La Wasserburg, près de Buchau, en Allemagne et occupé au Bronze final, la phase ancienne est caractérisée par des maisons carrées à une pièce, tandis que la phase récente présente des maisons en U à plusieurs pièces. D'autres sites lacustres fortifiés d'une palissade sont célèbres : le site de Fiave, en Italie, datant du Bronze moyen, et les sites de Cortaillod sur le lac de Neuchâtel, en Suisse, et de Biskupin, en Pologne, qui datent du Bronze final.

L'élément défensif est une caractéristique importante d'une partie de l'habitat protohistorique. On appelle « enceintes » des ensembles plus ou moins circulaires de fossés et de remparts construits en bois, en pierre et en terre, ou exclusivement en pierre, qui entourent des sites fortifiés de hauteur ou plus rarement de plaine ; huit cents enceintes sont connues en France, et la plupart sont protohistoriques ; certaines d'entre elles ont été aménagées dès le Néolithique et souvent réoccupées lors des périodes ultérieures ; d'autres ont pu être de simples refuges, mais beaucoup présentent des traces d'occupation permanente avec des zones d'activité artisanale : les bastions successifs de Zambujal, au Portugal, abritaient la population qui contrôlait l'exploitation du cuivre. Les habitats fortifiés de la région d'Alméria (El Oficio, et Ifre près de Murcie) constituaient les villages de populations rurales du Bronze ancien. À partir du Bronze final, les innombrables *castros* ibériques reflètent l'aspect à la fois rural et guerrier des populations. Les *talayots* de Majorque (Ses Paisses) et de Minorque (San Agusti Vell) sont des tours de gué et de refuge. L'équivalent sarde, le *nouraghe*, semble jouer le même rôle (Sant'Antine près de Torralba). Dans les pays méditerranéens, le phénomène urbain qui réunit les activités artisanales, commerciales, religieuses et politiques existe dès le début de la protohistoire en Grèce et en Crète, mais indépendant aussi en Europe tempérée et occidentale : le temple de Sitagroi, en Macédoine, a son équivalent en Roumanie au Bronze ancien, à Salacea. Les palais crétois ont des parallèles à Thapsos puis à Pantalica, en Sicile. Mais les grands sites fortifiés d'Europe tempérée, comme celui de Nitriansky-Hradok en Slovaquie occidentale, du Bronze ancien, ou celui du Fort-Harrouard en France, permettent de supposer que des formes urbaines existaient dans ces régions, dès l'Âge du bronze. Les origines de Rome se situent vers le VIIIe siècle avant J.-C., et la naissance légendaire de la « ville » proprement dite se confirme vers le VIIIe siècle avant notre ère. Les fondations de cités se multiplient sous l'influence de la colonisation grecque en mer Noire et en Méditerranée occidentale à partir de 600 (Marseille) : La Heuneburg, près de Stuttgart, avec son mur en briques et Saint-Blaise (Bouches-du-Rhône) avec sa muraille hellénistique s'en ressentent. César qualifie les *oppidums** des Bituriges, leurs enceintes fortifiées, d'*urbes*, c'est-à-dire de villes. Les fouilles récentes d'Alésia et du mont Beuvray, en France, de Manching, de Kelheim, en Allemagne, de Tavist et Trisov, en Tchécoslovaquie, nous révèlent l'importance de la civilisation urbaine des Celtes : c'est ainsi que le seul oppidum de Grabenstetten, dans le Jura souabe, occupe 1 600 hectares.

Jean-Pierre MOHEN

Le village d'Unteruhldingen sur le bord du lac de Constance, Allemagne

Ce village reconstitué donne une bonne idée de ce que pouvait être un village de bord de lac sur pilotis (ou palafitte). Le choix de ce type de construction était dicté par des raisons économiques et défensives. Les vestiges archéologiques ont révélé qu'à cet endroit un village néolithique avait précédé le village de l'Âge du bronze.

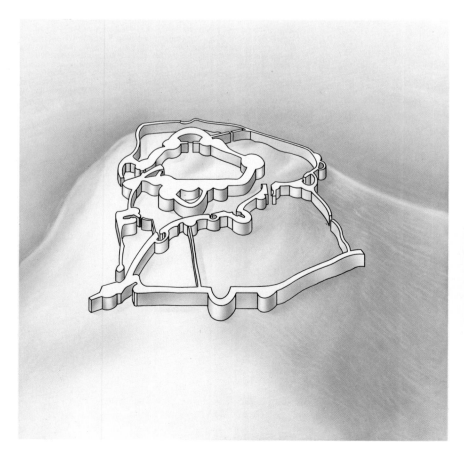

H. Reinerth

La citadelle de Zambujal, Portugal

Fouillé entre 1964 et 1973, ce site nous renseigne sur les sociétés guerrières qui se développèrent au Portugal entre 2400 et 1800 avant J.-C. au moment où l'on commence à exploiter les mines de cuivre et à rechercher les pépites d'or. Les phases successives d'aménagement de la citadelle témoignent toutes d'un renforcement accru des défenses : murs de plus en plus épais, entrées protégées, remparts et tours construites en pierres sèches, remplacement des cours par des tours (d'après E. Sangmeister et H. Schubart).

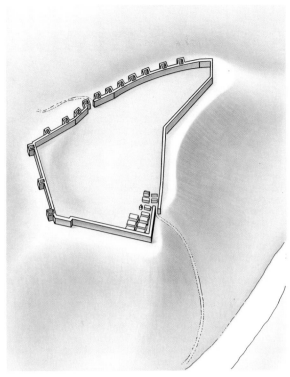

**Plan du site fortifié de La Heuneburg,
Bade-Wurtemberg, Allemagne**

Le site qui domine le Danube fut aménagé au VIe siècle avant J.-C.
sur un plateau de forme triangulaire dont les longs côtés mesurent
300 mètres environ. Un rempart entoure le promontoire : un mur
en briques séchées de 3 à 4 mètres de hauteur s'élève sur une
base en pierre ; cette technique d'origine méditerranéenne a été
commandée par un prince local, admirateur de la civilisation du
monde classique (d'après K. Bittel, W. Kimmig, S. Schieck).

**Reconstitution du rempart en briques séchées
et de maisons de La Heuneburg
(Bade-Wurtemberg, Allemagne)**

Les fouilles de La Heuneburg ont permis de reconstituer une partie
du site. À partir des nombreux vestiges retrouvés, les archéologues
ont pu confirmer l'impact méditerranéen (céramiques grecques à
figures noires, amphores vinaires) exercé sur les princes locaux.
Ceux-ci furent enterrés à Hohmichele et à Hundersingen, non loin
de La Heuneburg dans des tumulus dotés de riches offrandes
(d'après K. Bittel, W. Kimmig, S. Schieck).

Le site fortifié de Saint-Blaise, Bouches-du-Rhône

Ce site présente un système complexe de remparts et de tours
dont les premières assises datent du VIIe siècle avant J.-C.
Saint-Blaise se développe alors, en liaison avec la fondation de
Marseille, grâce au sel provenant des marais salants voisins. Le
rempart hellénistique du IVe siècle avant J.-C. correspond à la
période la plus dynamique de Saint-Blaise, cité fréquentée par les
Celtes, les Étrusques et les Grecs.

Oppidum de la Chaussée-Tirancourt, Somme

L'oppidum occupe l'extrémité triangulaire d'un plateau qui domine
la vallée de la Somme. Un grand fossé complété par un rempart
barre l'éperon. C'est au cours du Ier siècle avant J.-C. que l'oppidum
apparaît et se développe dans l'Europe tempérée occupée par les
Celtes. La fonction exacte de ces grands sites est loin d'être
totalement élucidée.

Les peuples protohistoriques de l'Europe

Nous connaissons les noms de quelques peuples de l'Europe protohistorique grâce à des auteurs grecs et romains : Hérodote (ve s. av. J.-C.), Aristote (v^e), Polybe (IIe), Posidonios (Ier) ; autour de l'ère chrétienne, Cicéron, César, Strabon, Pline. Leurs textes, souvent allusifs, éclairent parfois de manière saisissante certaines découvertes énigmatiques : ce fut le cas des sépultures princières des Scythes du nord de la mer Noire dont Hérodote nous a décrit dans le détail les rites funéraires accompagnés de nombreux sacrifices humains et animaux (des chevaux surtout).

Les Thraces, établis à l'ouest des Balkans, sont d'abord mentionnés par des sources grecques du VIIIe-VIe siècle avant J.-C. Hérodote affirmait que ces peuples étaient parmi les plus puissants, et l'archéologie bulgare confirme la personnalité de ces cavaliers vivant dans des villages puis dans des villes fortifiées comme Seuthopolis. Celles-ci entretiennent des relations diplomatiques et commerciales actives avec les comptoirs grecs de la mer Noire comme Apollonia-Sozopol, ou Odessos-Varna. Vers 500 avant J.-C., leur société très hiérarchisée est prospère : on en trouve le reflet dans les milliers de tumulus de Brezovo près de Plovdiv, de Duvanlij, de Kazanlak, de Seuthopolis... Quelques mobiliers de tombes riches et les pièces d'orfèvrerie de trésors comme celui de Panagurisce et celui de Valci Tran montrent le rôle d'une aristocratie initiatrice d'un art original qui s'inspire de l'art grec. Au IVe siècle avant J.-C., une partie des Thraces est dominée par les Macédoniens, mais les Thraces surent préserver leur culture jusque dans l'Empire romain. Plus au nord, dans l'actuelle Roumanie, la culture géto-dace est l'expression de l'indépendance d'un des peuples thraces dans la seconde moitié du Ier millénaire avant J.-C. : métallurgie du fer et orfèvrerie (argenterie de Sincraeni), architecture (Sarmizegetusa et Piatra Craivei), production céramique et monnaie sont les aspects de cette identité que les pressions celtiques exercées au IIIe siècle avant J.-C. n'ont pas altérée.

Les Illyriens forment le long de la côte adriatique, dans l'actuelle Yougoslavie, une fédération de peuples qui furent victimes d'incursions thraces et en contact constant avec le monde étrusque, d'une part, dont on reconnaît l'influence sur les situles de Vače, et avec le monde grec voisin, d'autre part, comme le prouvent le masque d'or et le cratère de l'une des sépultures de Trebeniste (VIe s. av. J.-C.). Des nécropoles comme Santa Lucia, qui réunit sept mille tombes, et les centaines de tumulus du groupe Stična-Novo Mesto sont révélateurs du dynamisme local. Les Celtes ne peuvent là non plus imposer leur domination, et les Romains créent la province de l'Illyricum (148 av. J.-C.) en respectant les coutumes et les langues locales.

Les Celtes ont occupé dans la seconde moitié du Ier millénaire avant notre ère la Gaule et la Bohême, les îles Britanniques, l'Italie du Nord et le moyen Danube. Ils ont pillé la Grèce, et quelques-uns d'entre eux ont fondé le royaume de Galatie, en Asie Mineure. L'unité de ce monde à la fois rural et guerrier n'est probablement pas politique : elle est dans une certaine mesure linguistique mais surtout artistique. L'art celte apparaît avec le second Âge du fer, vers 450 avant J.-C. Il s'est d'abord inspiré de l'art méditerranéen orientalisant qu'il transforme à sa manière : la coupe attique (ve s. av. J.-C.) provenant de la tombe de Kleinaspergle, en Allemagne, est surchargée d'une feuille d'or découpée dans le nouveau style où esses, volutes et palmettes se succèdent ; d'autres bandeaux en or viennent de Eygenbilsen et de Waldgallscheid, en Allemagne, comme la garniture en or ajouré du bol de Schwarzenbach. Les torques et bracelets en or d'Erstfeld, en Suisse, sont ornés de têtes humaines en relief qui émergent de motifs animaux et floraux. Des phalères discoïdales en or, comme celle d'Auvers (Val-d'Oise), ou en bronze ajouré, comme celle de Cuperly (Marne), montrent le goût celtique pour la ligne courbe que l'on retrouve peinte ou gravée sur les panses des vases. L'apogée de l'art celte se situe à la fin du IVe et au IIIe siècle avant J.-C. : en témoignent les admirables casques en bronze, fer et or d'Agris (Charente) et d'Amfreville (Eure). Le style dit *de Waldalgesheim*, d'après un bracelet et un torque en or trouvés à cet endroit en Allemagne, est caractérisé par des lignes courbes et des grènetis en relief : on le retrouve sur des objets en bronze, des parures par exemple, ou des pièces de harnachement ou encore sur des pierres comme le bétyle de Pfalzfeld, en Allemagne, celui de Kermaria (Finistère) ou encore celui de Turoe (Irlande). Le décor devient exhubérant sur des bracelets à oves creuses, des pièces de harnachement à visage aux yeux globuleux, sur des fourreaux d'épée en bronze et sur les torques et bracelets en or de la région de Toulouse. Les monnaies celtes font leur apparition au IIe siècle avant J.-C. et l'art insulaire se développe autour de l'ère chrétienne : torque en or de Broighter, en Irlande, bouclier en bronze trouvé dans la Tamise à Battersea (Angleterre). Les Celtes vivaient dans une société hiérarchisée que nous connaissons mieux dans son évolution tardive avec son mode de vie, sa religion et son art oral retranscrit dans les premiers textes celtiques : sagas irlandaises de l'Ulaid, par exemple.

Les Ligures, établis dans le sud de la Gaule, étaient en contact avec les Grecs et les Étrusques des comptoirs méditerranéens et avec les Celtes : on leur doit des sculptures sur pierre provenant surtout de sanctuaires : Entremont et Roquepertuse (Bouches-du-Rhône).

Les Aquitains, rassemblés au sud de la Garonne jusque dans les Pyrénées, ont su résister à la pression celtique dont on décèle des traces dans le nord-ouest de la péninsule Ibérique. Les Ibères, établis à l'origine dans le sud et dans l'est de la Péninsule, connurent leur apogée au IVe siècle avant J.-C. avec une culture raffinée que l'on retrouve dans des cités fortifiées (*castros*) et dans de grands sanctuaires (Despenaperros ou Serrata de Alcoy). Il existe une écriture ibérique.

Dans le nord de l'Europe vivaient les Germains ; leurs coutumes sont connues surtout grâce à Tacite. Ces peuples aux origines hétéroclites acquièrent des traditions culturelles très fortes, en particulier religieuses. Ils vont jouer un rôle prépondérant à la fin de la protohistoire dans la formation de l'Europe moderne.

Les linguistes du début du XIXe siècle ont remarqué les ressemblances qui existent entre la langue grecque, la langue latine et le sanscrit et ont formulé le problème des langues indo-européennes auxquelles sont venues s'ajouter, à mesure qu'on les connaissait mieux, les vieilles langues celtiques et germaniques. Seules quelques langues n'appartiendraient pas à cette famille : le basque peut-être, parlé par les Aquitains et apparenté à la langue ibérique (?), le hongrois et le finnois. Si, sur le plan linguistique, on constate une parenté indéniable entre les langues indo-européennes, le problème de leur origine ne peut être résolu. Georges Dumézil a recherché dans les différentes mythologies indo-européennes des schémas communs d'organisation de la société, et il a défini le système de la « trifonctionnalité » indo-européenne qui fait intervenir la souveraineté, la force guerrière et la production. Sur le plan anthropologique, la recherche d'éventuelles races indo-européennes n'a pu aboutir. Enfin, il est difficile pour l'archéologue de retrouver derrière les groupes linguistiques des identités ethniques protohistoriques, d'où les délicats problèmes que pose l'origine des Grecs ou des Étrusques, par exemple.

Jean-Pierre MOHEN

Deux archers scythes, kourgane de Koul-Oba, U.R.S.S.

Cette applique du IVe siècle avant J.-C., qui était sans doute cousue sur un vêtement, nous montre deux personnages dos à dos, prêts à décocher leur flèche. L'origine de la découverte près de Kertch en Crimée, sur les bords de la mer Noire, la forme de l'arc aux dimensions réduites, le vêtement constitué d'un caftan serré à la taille et d'un large pantalon rentré dans des bottes de cuir souples permettent d'identifier deux archers scythes appartenant aux peuples des steppes. Les archers scythes étaient célèbres dans l'Antiquité pour leur célérité et leur habileté. Seule, la coiffure en chignon serait, d'après la description d'Hérodote, plus spécifique des Thraces. Hauteur : 2,8 cm. Musée de l'Ermitage, Leningrad.

Cnémide, tumulus de Mogilanska à Wraza, Bulgarie

Cette jambière ou cnémide provient d'une riche sépulture dont les offrandes en métal précieux présentent un grand intérêt pour la connaissance de l'art thrace du début du IVe siècle avant J.-C. Elle est ornée d'un visage qui évoque la Gorgone de l'art grec. Tandis qu'une couronne et des boucles d'oreilles en or sont des pièces insignes de l'orfèvrerie antique venue d'Asie Mineure, des vaisselles, des appliques de harnais et cette cnémide en argent sont caractéristiques de la production autochtone de royautés puissantes s'inspirant de modèles hellénistiques. Hauteur : 46 cm. Musée historique de Wraza, Bulgarie.

Národní Muzeum, Prague

Tête celtique de Msecké Zehrovice, près de Prague, Tchécoslovaquie

Cette tête sculptée en pierre, qui provient peut-être d'un sanctuaire, est typique de l'art des Celtes orientaux du IIe ou du Ier siècle avant J.-C. : les formes arrondies du front, des joues et du menton sont simplifiées : les mèches de cheveux, les oreilles, le nez, les yeux globuleux sont traités en relief ; les sourcils et la moustache sont terminés par des enroulements. La présence, autour du cou, du torque à extrémités bouletées est une caractéristique que l'on retrouve à travers tout le monde celtique : cette parure a pu être interprétée comme l'attribut d'un héros ou d'une divinité. Hauteur : 25 cm. Musée de Prague.

Museo archeologico nacional, Madrid

La Dame d'Elche, près d'Alicante, Espagne

Cette sculpture en pierre possède encore quelques traces de polychromie ; elle est considérée comme l'un des chefs-d'œuvre de l'art ibérique du IVe siècle avant J.-C. Elle réunit une inspiration orientalisante perceptible dans l'abondance des parures et un classicisme achevé dans le traitement du visage. Dans le monde ibérique, la sculpture sur pierre est très variée : ce sont des femmes assises comme la Dame de Baza (Grenade), des porteuses d'offrande, comme celle de Cerro de los Santos (Albacete), des guerriers et une joueuse de flûte comme à Osuna (Séville) et des animaux plus ou moins stylisés. Hauteur : 56 cm. Musée archéologique national de Madrid.

Musée des Antiquités nationales

Statère* d'or gaulois du peuple des Ambiani, Picardie

Les monnaies gauloises sont précieuses pour étudier certains aspects de l'économie des différents peuples qui se sont mis à frapper monnaie à partir du IIe siècle avant J.-C. en imitant le statère de Philippe de Macédoine. Elles nous renseignent aussi sur l'originalité de l'art celtique : l'exemple de ce statère d'or daté de 30 avant J.-C. est significatif ; à gauche, sur l'avers, la tête de Philippe est traitée en style décoratif de la manière la plus libre ; à droite, sur le revers, le cheval au galop occupe la plus grande place, le char est réduit à une roue, et le conducteur est représenté par sa fibule. Diamètre : 2 cm. Musée des Antiquités nationales de Saint-Germain-en-Laye.

Les peuples protohistoriques de l'Europe

L'écriture apparaît en Grèce à la fin du IIe millénaire avant notre ère et elle est utilisée à partir du milieu du Ier millénaire pour transcrire des événements historiques ou décrire les peuples voisins sans écriture : les « barbares ». Le nom de quelques-uns de ces peuples de l'Europe nous est ainsi connu indirectement grâce aux témoignages des géographes et des historiens grecs, puis romains. À la suite de nombreux contacts économiques et culturels, les peuples protohistoriques acquièrent progressivement l'écriture et entrent dans l'histoire. Nous pouvons suivre en partie cette évolution en rapprochant les conclusions de l'étude des vestiges archéologiques des informations fournies de manière souvent très allusive par les textes antiques.

Le monde classique

Depuis la fin du Moyen Âge, l'archéologie classique a connu plusieurs périodes, marquées chacune par la prééminence d'un type de documents : les textes, les objets d'art, les sites, la « culture matérielle » ont tour à tour donné le ton, entraînant chaque fois une mutation dans l'approche et la perception de l'Antiquité gréco-romaine. Ainsi se sont formées des disciplines – philologie et histoire politique, histoire de l'art et de l'architecture, histoire non événementielle – dont la coexistence n'a pas toujours été pacifique.

Hormis quelques monuments restés visibles et quelques objets trouvés fortuitement, l'Antiquité classique a survécu durant le Moyen Âge grâce aux manuscrits. L'œuvre de Dante et de Pétrarque témoigne de cet humanisme qui resta toujours vivace dans la culture italienne. La chute de Constantinople, en 1453, provoqua l'exil en Italie d'intellectuels grecs qui apportèrent avec eux des manuscrits d'auteurs anciens. Ainsi les grands auteurs grecs, connus jusqu'alors par des traductions partielles et approximatives, revinrent alors au premier plan de la culture : à Florence, Marcile Ficin consacre sa vie à l'édition et au commentaire de Platon ; à Venise, l'érudit imprimeur Alde l'Ancien publie systématiquement les grands auteurs grecs à partir de 1494 et son *Academia aldina*, dont le but est d'établir le meilleur texte à partir des manuscrits disponibles, marque l'apparition de la critique philologique. Dès le début du XVIᵉ siècle, le mouvement humaniste gagne le reste de l'Europe : en France, François 1ᵉʳ fonde, en 1530, à l'instigation de Guillaume Budé, le Collège de France, destiné à l'étude des textes antiques. Le mouvement littéraire de la Pléiade et les *Essais* de Montaigne attestent l'intensité de cet humanisme français qui a jeté les bases du classicisme ultérieur : désormais, et pour trois siècles environ, la culture sera fondée sur la connaissance des textes anciens, incessamment réédités et commentés. Pour désigner cette technique d'édition et de commentaire, le terme de philologie s'est imposé depuis le XVIIIᵉ siècle. Au même moment, un livre de vulgarisation promis à un durable succès, le *Voyage du jeune Anacharsis en Grèce*, de l'abbé Barthelemy (1788), montrait tout le parti qu'on pouvait tirer des sources littéraires pour la connaissance de l'histoire, des idées et des institutions, mais aussi de la géographie, des mœurs et de la vie pratique : fruit de trente années de compilations, cet ouvrage représente le sommet de cette archéologie littéraire, alors déjà battue en brèche par l'étude des objets d'art et des monuments, qui commençait à donner à l'archéologie classique une orientation à la fois plus esthétique et plus concrète. Dès lors, la philologie s'est trouvée reléguée au second plan, quand bien même l'archéologie de terrain lui fournit, avec les inscriptions et les papyrus, un champ d'investigation élargi.

Avec l'essor de l'archéologie philologique au Quattrocento ne tardèrent pas à apparaître en Italie les premières collections d'objets antiques : le pape Paul II (1464-1471) réunit une collection de petits objets, tandis que Poggio Bracciolini (1380-1459) se procure des antiquités jusqu'en Grèce et – nouveau Cicéron – les installe dans sa villa de Toscane pour décorer ce qu'il appelle son « Académie ». Ainsi apparaissent d'emblée en Italie deux types de collections qui vont se développer parallèlement et essaimer dans toute l'Europe jusqu'à l'apparition des grands musées, suscitant chacun une architecture différente : d'une part, le cabinet, héritier du *Studiolo* du XIVᵉ siècle, où sont installés de petits objets précieux (en 1492, au palais Médicis de Florence) ; d'autre part, la villa, où les sculptures sont un élément essentiel de l'ambiance antiquisante (à Rome, la villa Madame entreprise par Raphaël), ou bien, plus ambitieuse et réservée aux grands, la galerie

de sculptures, dont le prototype réalisé à Fontainebleau (1528-1540) sera repris au palais Farnèse de Rome, aux Offices de Florence, au palais ducal de Mantoue, etc. Toutes ces collections d'ambiance, dont la plus célèbre est celle du Belvédère du Vatican, sont accessibles aux connaisseurs. Aussi Flavio Biondo a-t-il pu entreprendre, dès 1457-1459, dans sa *Roma triumphans*, de reconstituer l'Antiquité à partir des objets de collection. En 1510, Francesco Albertini fait paraître en latin le premier guide des antiquités de Rome, *Opusculum de mirabilibus novae et veteris urbis Romae*, dont le deuxième volume est réservé aux statues et aux peintures. Mais ce n'est qu'au XVIIᵉ siècle que paraîtra le premier catalogue véritable, celui de la collection Giustiniani de Rome (1628-1631). Au même moment, Arundel, un aristocrate anglais, réunit la première collection d'objets provenant exclusivement de Grèce (aujourd'hui à l'Ashmolean Museum d'Oxford).

L'apogée de ce dilettantisme friand d'« antiques » glanées au hasard se situe à la fin du XVIIᵉ siècle et au XVIIIᵉ siècle, avec une série de grands recueils, comme le *Thesaurus antiquitatum graecarum* de J. Gronovius (13 vol., Leyde, 1696-1701) et son pendant romain par G. Graevius (12 vol., Utrecht, 1694-1699) : entre 1716 et 1724, le bénédictin Bernard de Montfaucon (1655-1741), qui a séjourné en Italie de 1698 à 1701, publie en dix volumes *L'Antiquité expliquée et représentée en figures* (40 000 illustrations), dont 1 800 exemplaires sont vendus en deux mois. De même le comte de Caylus (1692-1765), « antiquaire acariâtre et brusque » selon Diderot, fait paraître un *Recueil d'antiquités* en sept volumes (1752-1767). Esprit curieux plus qu'érudit, plus attaché aux procédés de fabrication qu'aux notions esthétiques, Caylus, dont l'énorme collection est allée enrichir le cabinet des Médailles de la Bibliothèque nationale, apparaît comme l'antithèse de J. J. Winckelmann* (1717-1768), qui se proposait de mettre un terme au chaos suscité par le zèle brouillon et myope des « antiquaires ». S'il n'a pas eu d'influence sur la constitution de la collection du cardinal A. Albani (1692-1779) ni sur son installation dans la fameuse villa Albani (1746-1758), qui marque l'aboutissement de l'architecture prémuséale, c'est surtout au contact des 677 sculptures réunies là que Winckelmann a élaboré le système esthétique qu'il expose dans son *Histoire de l'art chez les Anciens* (1764), traduit en français dès 1766 – ouvrage capital, puisqu'il marque l'émergence d'une véritable histoire de l'art antique, avec un premier essai de chronologie raisonnée et un principe d'interprétation iconographique : la signification mythologique de toute œuvre antique. C'est à la suite de Winckelmann que l'école allemande, prépondérante jusqu'à la Seconde Guerre mondiale, a pendant cent cinquante ans privilégié une approche esthétique de la civilisation gréco-romaine, fondée surtout sur l'étude de la sculpture, considérée comme l'art majeur de l'Antiquité. L'affinement de la critique stylistique, favorisée par les trouvailles faites en Grèce depuis le milieu du XIXᵉ siècle, est venu à bout de la perspective néo-classique, idéaliste et normative, qui faisait du classicisme athénien l'apogée de l'art grec. Les différentes époques de l'art grec et l'art romain sont ainsi apparus dans leur spécificité, et l'on perçoit désormais l'originalité des styles régionaux durant toutes les périodes. Depuis la dernière guerre, l'appréciation nouvelle du VIIᵉ siècle et de la période hellénistique doit beaucoup à la prise en compte des facteurs techniques et sociaux, qui a ancré la critique esthétique dans l'histoire. Ainsi l'histoire de l'art antique, loin d'être sclérosée, ne cesse d'évoluer, stimulée par la multiplication des fouilles.

Il était naturel que l'engouement pour les objets antiques conduisît à leur recherche systématique, d'abord en Italie, puis en Grèce et dans le

Bibliothèque nationale, Paris

Vue du « temple de l'Ilissos » à Athènes

Gravure illustrant les *Antiquities of Athens* (vol. I, 1761 ; chap. II, pl. 1). Les dessins très précis réalisés par J. Stuart et N. Revett entre 1751 et 1753 sont les seuls documents qui permettent d'étudier ce petit temple ionique, probablement dédié à Artémis Agrotéra vers 435 avant J.-C. : il a été détruit en 1778, de même que le pont, construit entre 140 et 144 après J.-C., qu'on voit à droite à l'arrière-plan.

Proche-Orient. À l'occasion de trouvailles fortuites, quelques fouilles limitées avaient eu lieu dès le XVIe siècle en Italie, mais c'est avec la découverte des villes antiques enfouies par le Vésuve en 79 après J.-C. que l'ère des fouilles commence vraiment : Herculanum est exploré de 1738 à 1766, Pompéi à partir de 1748. Là encore, il s'agit surtout de trouver des objets, puisque les fouilles sont remblayées une fois les bâtiments dépouillés de leurs peintures et de leur mobilier. Le *Museo Ercolanese* (1750) de Portici est le premier musée lié à un site archéologique, de même que les huit volumes des *Antichità di Ercolano* (1757-1792), qui joueront un rôle déterminant dans la formation du style néo-classique, sont la première publication d'une fouille, mais limitée encore aux objets.

Dans l'Empire ottoman, auquel appartient tout entier le domaine grec jusqu'en 1830, les fouilles sont précédées d'une longue période d'exploration et de redécouverte. Le premier en date des voyageurs curieux d'antiquités qui vont parcourir l'Orient classique jusqu'au XIXe siècle est un négociant italien, agent du pape en mer Égée, Cyriaque d'Ancône (1391-1455), qui a décrit et dessiné les antiquités qu'il rencontrait lors de ses voyages. À partir de la fin du XVIIe siècle, les relations de voyage se font plus nombreuses, mais l'insuffisance de leur illustration en réduit la portée. C'est pourquoi la « Société des dilettantes », club aristocratique fondé à Londres en 1733, entreprit de financer le séjour en Orient d'architectes et de dessinateurs chargés d'établir le dossier graphique complet d'un grand site. Ainsi parurent, de 1761 à 1816, les admirables volumes des *Antiquities of Athens* de J. Stuart et N. Revett, qui avaient séjourné en Grèce de 1751 à 1754. Un travail similaire, quoique moins exact, fut réalisé par Piranèse pour les temples grecs de Paestum (1777), suivi par W. Wilkins [*Antiquities of Magna Grecia* (1807)] et étendu à la Sicile par J. I. Hittorff (1827). Au moment même où s'élaborait à la suite de Winckelmann la distinction entre arts grec et romain, l'Europe savante se trouva ainsi disposer d'un répertoire des bâtiments grecs encore visibles ; grâce à cette résurgence de l'architecture grecque, le néo-classicisme, d'abord néo-romain ou plutôt néo-campanien, devint néo-grec, surtout dans les pays germaniques.

La curiosité ainsi éveillée ne pouvait plus se contenter des ruines encore visibles : de 1803 à 1817 ont lieu à Rome les premières fouilles du Forum et, de 1801 à 1803, lord Elgin, ambassadeur d'Angleterre à Constantinople, prélève sur l'Acropole sculptures et blocs d'architecture, qui seront achetés en 1816 par le British Museum. Un peu plus tard, un groupe de philhellènes anglais, allemands et danois fouillant à ses frais découvre et emporte en 1811 les frontons du temple d'Aphaia, à Égine, et, en 1812, la frise du temple d'Apollon à Phigalie (Bassae) ; les premiers, restaurés par le sculpteur néo-classique Thorwaldsen, sont achetés par le roi Louis Ier de Bavière, qui est en train de constituer la glyptothèque de Munich, tandis que la frise de Bassae aboutit au British Museum. À cette archéologie prédatrice, qu'encourage en Grèce l'incurie des autorités turques, correspond en Étrurie l'exploration peu scrupuleuse des nécropoles étrusques (1827, Tarquinia ; 1828, Vulci), qui fait surgir des dizaines de milliers de vases grecs, surtout attiques du VIe et Ve siècle avant J.-C., révélant ainsi un nouveau domaine de l'art grec. Ce n'est qu'avec la formation d'États nationaux en Grèce (1832), en Italie (1860) et en Turquie (1920) que cesseront les transferts d'objets et même de monuments complets (monument des Néréides de Xanthos au British Museum ; Grand Autel de Pergame à Berlin) vers les grands musées européens.

Durant le dernier tiers du XIXe siècle, les fouilles de la nécropole du

Céramique, à Athènes (1863-1913) et du sanctuaire d'Olympie par E. Curtius (1875-1881) marquent les débuts de la stratigraphie*. Ainsi l'archéologie de terrain cessait d'être une quête d'objets ou un dégagement de ruines monumentales pour devenir une discipline historique. L'acquisition et la maîtrise de cette nouvelle dimension furent très lentes : les fouilles de H. Schliemann* à Troie, puis à Mycènes et même celles d'Evans* à Cnossos, qui firent remonter d'un millénaire l'histoire du bassin égéen en révélant les civilisations mycénienne et crétoise, pâtirent de n'avoir pas, ou pas assez, appliqué cette méthode : il en résulta des erreurs chronologiques considérables et des énigmes désormais presque impossibles à résoudre. La fouille de l'agora d'Athènes, menée par l'École américaine d'archéologie depuis 1931, montre en revanche d'une manière exemplaire quel parti historique la stratigraphie permet de tirer d'un site dont l'intérêt monumental est réduit, à cause de sa destruction.

La minutie croissante de la fouille a déplacé peu à peu l'intérêt vers l'histoire sociale et économique : depuis la Seconde Guerre mondiale, l'archéologie de la culture a fait place à une archéologie de la société où l'étude de l'habitat, des objets usuels, du monnayage, etc. est au premier plan. Pour traiter ces nouvelles catégories de matériel, souvent très abondantes et répétitives, des techniques d'analyse documentaire sont apparues depuis quinze ans, que favorisent les derniers développements de l'informatique. En même temps, des moyens d'investigation nouveaux (photographie aérienne, prospection magnétique*) permettent une radio-graphie préliminaire du terrain. D'autre part, divers procédés physico-chimiques d'analyse précisent la provenance des matériaux et donc les courants commerciaux. Enfin, le recours à des disciplines comme l'anthropologie ou la palynologie*, depuis longtemps pratiqué par l'archéologie préhistorique, commence à révéler l'écologie de la civilisation gréco-romaine. C'est donc bien une quatrième phase, sérielle et technicienne, qui s'amorce dans l'évolution de l'archéologie classique – et ce alors que son primat traditionnel est remis en cause par l'essor d'autres archéologies, qui, explorant avec des méthodes neuves d'autres espaces et d'autres temps, paraissent à la culture contemporaine plus séduisantes et fécondes que le sempiternel humanisme classique. Contestée de l'extérieur, l'archéologie gréco-romaine l'est aussi de l'intérieur : la polémique est vive entre les tenants de la nouvelle archéologie, sociale et quantitative, et ceux de l'archéologie traditionnelle orientée vers les textes, les objets et les monuments. Cette dissension, si elle provoquait un cloisonnement durable, serait un symptôme de déclin. Cependant, la manière dont l'archéologie classique a réussi par le passé à intégrer des méthodes et des points de vue nouveaux suggère qu'un dépassement du conflit actuel est possible, pour peu que les archéologues classiques s'efforcent d'être à la hauteur de leur privilège : celui d'étudier une civilisation dont la richesse en documents – textes, images, sites et monuments, produits du commerce et de l'industrie – reste sans pareille. Par-delà l'inévitable spécialisation, seule la connaissance simultanée de la langue, du pays, de la culture, des faits sociaux et économiques peut aujourd'hui donner sa pleine résonance à la recherche en archéologie classique.

Bernard HOLTZMANN

Les figurines néolithiques : idoles ou jouets ?

Idoles de la fécondité ? Images de la divinité ? Moyens primitifs de communication ? Ou simplement jouets d'enfants semblables à nos poupées ? Les figurines néolithiques ne se laissent pas aisément déchiffrer, mais le vieux débat rebondit : découvertes récentes à Cnossos et argumentations nouvelles lui redonnent une actualité. En même temps, c'est toute l'idée que nous nous formons des peuples préhistoriques qui est ainsi en question : est-ce leur pensée métaphysique qui transparaît à travers les figurines, ou simplement leur vie quotidienne ?

Les documents, en tout cas, sont nombreux. Tout au long de l'époque néolithique, du Proche-Orient à l'Europe centrale, les fouilles révèlent depuis longtemps des milliers de figurines anthropomorphes, en terre cuite, dont la hauteur dépasse rarement une quinzaine de centimètres. La Grèce et les Balkans ne font pas exception : l'aspect extérieur des figurines – motifs peints et incisés figurant des détails anatomiques, des vêtements ou un simple décor – y rappelle simplement celui de la céramique et des objets de ces régions. Mais deux tendances se manifestent. Dans bien des cas, c'est le naturalisme qui l'emporte : le personnage représenté, féminin ou masculin, est clairement reconnaissable ; il est debout, les jambes séparées, les bras sur la poitrine et les traits de son visage sont indiqués. Dans d'autres exemples, c'est le schématisme qui caractérise l'objet : le personnage est également debout, mais ses caractères sexuels ne sont pas indiqués, les jambes ne sont pas distinguées, les membres sont parfois atrophiés et les traits du visage sont absents. Souvent, en fait, la figurine combine des caractères schématiques et des caractères naturalistes. La position, enfin, varie quelquefois, en particulier lorsque le personnage est représenté assis : mais – signe d'une discrimination déjà établie ? – l'usage du tabouret ou de la chaise est généralement réservé aux hommes, tandis que les femmes, le plus souvent, sont modestement assises par terre...

Selon une théorie née au siècle dernier et largement dominante depuis une cinquantaine d'années, ces figurines seraient chargées d'une signification religieuse. Elles représenteraient en effet la Déesse-Mère, divinité vénérée, pense-t-on, par les peuples préhistoriques dans les régions les plus diverses, dès le Paléolithique, et effectivement attestée aux périodes historiques en Mésopotamie, en Anatolie et en Grèce. À l'appui de cette théorie, deux arguments essentiels et convergents :
– les caractères sexuels des figurines sont très fortement soulignés ;
– la plupart d'entre elles seraient féminines. Ainsi se traduirait l'importance extrême attachée à la fécondité, qu'il s'agisse de celle des hommes, de celle des troupeaux ou de celle de la terre. Dans certains cas, même, on pourrait tenter d'identifier, à travers la diversité des figurines, les divinités d'un véritable panthéon.

Mais les répétitions innombrables et l'emploi systématique de l'argument d'autorité ne suffisent plus, aujourd'hui, à dissimuler l'absence de confirmations archéologiques. En fait, les études les plus récentes et les plus précises, en particulier à Cnossos, ont montré que l'interprétation religieuse reposait sur des observations incomplètes et sur des conclusions hâtives. L'exagération des caractères sexuels, en effet, peut avoir une explication autre que religieuse, telle que la volonté, élémentaire, de désigner le plus clairement possible certaines figurines comme féminines – ou masculines – et de les distinguer par là de toutes les autres. Il n'est pas exact, en outre, que la plupart des figurines soient féminines : en Crète, par exemple, ces dernières ne représentent que 37 p. 100 du total, tandis que les figurines masculines sont 9 p. 100, les figurines asexuées 41 p. 100 et les figurines indéterminables 13 p. 100 ; on peut évidemment considérer les figurines masculines comme des exceptions, ou y voir des parèdres de la Déesse-Mère, ou encore les passer sous silence ; mais il est plus difficile d'ignorer les figurines asexuées ou de les assimiler aux figurines féminines. Enfin, la faiblesse la plus évidente de la théorie religieuse est qu'aucun argument positif n'oblige véritablement à l'adopter ; sans doute affirme-t-on souvent que les figurines ont été trouvées dans des lieux de culte, mais comme ces lieux de culte sont précisément définis par la présence des figurines, il s'agit simplement d'un cercle vicieux.

En réalité, la plupart des observations vont dans un tout autre sens. Si l'on regroupe en effet les figurines anthropomorphes avec les figurines zoomorphes, les maquettes de bâtiment et les maquettes d'objet, on s'aperçoit qu'il y a là un ensemble dont les caractères sont homogènes. Tous ces objets, en effet, se distinguent par un mode de fabrication sommaire et rapide ; ils figurent en miniature des objets et des êtres non seulement réels, mais familiers, et ils offrent la même diversité que le monde réel. Ils sont, pourtant, souvent difficiles à identifier avec précision : les détails significatifs manquent, les espèces animales se distinguent mal les unes des autres, le sexe des figurines anthropomorphes est souvent indéterminable. Mais puisque ce sexe est dans d'autres cas très clairement indiqué, il faut en conclure que là où il ne l'est pas, c'est que l'on n'a pas voulu le faire : c'est qu'on a cherché, en d'autres termes, à rendre la figurine polyvalente, en lui permettant de représenter, selon les cas, l'un ou l'autre sexe. Tous ces objets, enfin, ont été trouvés dans des habitations ou dans leur voisinage immédiat. Dans le premier cas, ils sont en général assez bien conservés ; en Thessalie, en Macédoine et dans les Balkans, en outre, on les trouve souvent sur une plate-forme construite au voisinage du four ; partout ils sont en compagnie d'objets usuels : meules dormantes, broyeurs, vaisselle... Lorsqu'on les rencontre à l'extérieur des maisons, c'est souvent dans des fosses à ordures : ils sont alors fréquemment brisés et il est clair que c'est pour cette raison qu'ils ont été jetés là.

Figurations en miniature de réalités familières et diverses, réduites à l'essentiel pour rester polyvalentes, posées sur le sol des maisons au milieu des témoins de la vie quotidienne : tout cela fait penser à des jouets d'enfants. L'idée n'est assurément pas nouvelle, mais il est temps de la prendre au sérieux, car d'autres arguments militent en sa faveur. Il est à peine besoin de rappeler, en effet, à quel point les jouets des enfants s'inspirent du monde des adultes : ustensiles, meubles, maisons, animaux et personnages sont ainsi transposés à une échelle réduite. Les jouets, en outre, ne sont pas tous chargés d'une signification univoque : si l'on retrouve bien parmi eux, comme dans les figurines néolithiques, la prédominance du sexe féminin sur le sexe masculin, on y rencontre aussi, comme là, un grand nombre de cas d'ambivalence. L'archéologie et l'histoire confirment, en outre, la vraisemblance de l'hypothèse : présence de figurines et de maquettes dans des tombes d'enfant de l'Âge du bronze et des époques historiques, textes anciens nous décrivant les jeux des enfants grecs et romains... L'ethnologie, enfin, nous prouve que si toutes les figurines ne sont pas des jouets, la majorité d'entre elles sont néanmoins cette fonction.

Tous les problèmes ne sont pas résolus pour autant. On ne sait ni par qui les figurines sont fabriquées ni à quelles occasions. On ignore tout des autres fonctions qu'elles peuvent – cela ne paraît pas contestable – remplir. On s'explique mal qu'à partir du Bronze ancien elles disparaissent presque totalement. Mais l'hypothèse aujourd'hui envisagée paraît plus conforme aux observations archéologiques que l'interprétation religieuse. Elle nous donne un aperçu de la vie quotidienne des populations préhistoriques et nous montre qu'au fond cette vie était déjà, un peu, la nôtre.

René TREUIL

Tête de figurine de Dikili Tash, Macédoine orientale. Néolithique récent

Les traits du visage sont en général peu marqués sur les figurines. Il n'est pas rare qu'ils soient à peine suggérés. Quelquefois, en revanche, les yeux, le nez, la bouche et les oreilles sont indiqués. Mais il ne semble pas qu'il s'agisse jamais de portraits, du moins de portraits réalistes. Pourtant certaines têtes, comme celle-ci, ont un type particulier : yeux en amande, tête aplatie, oreilles perforées – probablement pour passer un anneau. On peut penser qu'elles représentent une divinité précise, ou un type humain bien défini. Mais on les retrouve dans des régions déterminées et à des périodes limitées : il s'agit donc, plus probablement, de reflets des conventions esthétiques qui prévalaient alors. Musée de Kavala.

G. Vassiliou

Musée archéologique, Volos

Figurine masculine de Sesklo, Thessalie. Néolithique moyen

À côté des figurines féminines, asexuées et indéterminables, il existe, dès le début de l'époque néolithique, une minorité de figurines masculines. Difficiles à interpréter dans le cadre d'une théorie religieuse, elles ne peuvent en tout cas pas être confondues avec les autres groupes : leurs caractères sexuels sont sans équivoque et certaines, de surcroît, sont nettement ithyphalliques. L'exemplaire de Sesklo, qui est dans ce cas, représente un personnage assis sur un tabouret, les mains sur les genoux ; son abdomen dessine un large pli et ses jambes se confondent avec les pieds antérieurs du tabouret. Les figurines féminines sont, elles, représentées assises par terre (voir page ci-contre). Faut-il voir là le signe d'une inégalité de statut social entre les hommes et les femmes ? On est tenté de le croire. Musée de Volos.

Maison de Sabatinovka, Moldavie soviétique. Néolithique récent (échelle approximative 1/50)

Ce bâtiment de la civilisation de Cucuteni-Tripolje, fouillé à Sabatinovka dans la vallée du Boug méridional, comporte un certain nombre d'éléments caractéristiques, qui figurent sur le schéma ci-contre sous les numéros suivants : 1. un pavage de pierres faisant office de seuil ; 2. un four circulaire en terre ; 3. une plate-forme rectangulaire en terre ; 4. un siège en terre ; 5. une série de figurines en terre cuite.

Ces dernières sont au nombre d'une vingtaine et groupées, pour la plupart, sur la plate-forme, quelques-unes seulement étant dispersées sur le sol ou même devant l'entrée. On a donc pu supposer que l'on avait affaire à un sanctuaire, ce qui a conduit automatiquement à imaginer une fonction rituelle pour le siège et pour le four. Pourtant, si l'on fait abstraction des figurines, le bâtiment ne se distingue guère des habitations courantes. Il est construit comme elles en torchis sur une armature de poteaux de bois et un clayonnage de branches ; il a comme elles un sol en terre battue. Comme elles encore, il est de forme simple et rectangulaire, et il comporte ces équipements constants que sont le four et la plate-forme. On est donc plutôt conduit à y voir une habitation comme les autres, où les tâches domestiques, en particulier la préparation de la nourriture, sont accomplies au voisinage du four et de la plate-forme ; cette dernière peut se prêter pendant le jour à de multiples usages et la nuit servir de lit. S'il en est bien ainsi, les figurines peuvent fort bien être des jouets, et leur présence à l'intérieur d'une habitation n'a guère à être justifiée. On s'attend même, dans ce cas, à en retrouver sur le sol et dans tous les endroits où des enfants ont pu jouer : à cet égard, la plate-forme du fond, proche à la fois de la source de chaleur et de la zone d'activité maternelle, offre un exemple particulièrement saisissant [d'après M. Gimbutas, « Figurines of Old Europe (6500-3500 B.C.) », in *Les Religions de la préhistoire*, Edizioni del Centro Camuno, Capo di Ponte, 1975, fig. 60, p. 121].

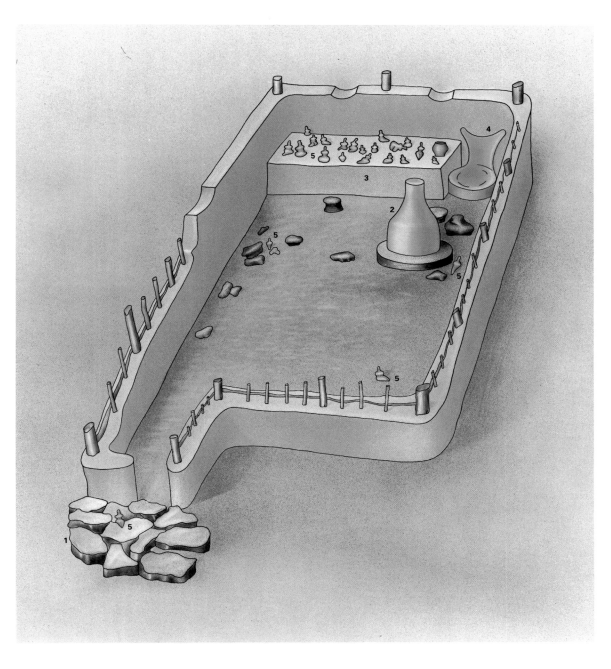

Figurine féminine de la région de Hiérapétra, Crète orientale. Néolithique récent

Le nombre des personnages assis augmente dans la dernière phase de l'époque néolithique. Lorsqu'il s'agit de femmes, elles sont, à quelques exceptions près, assises par terre. Cet exemplaire célèbre présente pourtant quelques particularités : tête petite portée sur un long cou, mains posées sur les hanches, seins et abdomen peu développés. Toute la partie inférieure du corps, en revanche, est caractérisée par ses proportions imposantes. On peut évidemment expliquer ce fait par l'existence d'un culte de la fécondité. Mais la minceur relative du buste ne se comprend guère dans cette hypothèse. Ne doit-on pas plutôt se demander, tout simplement, si la forme de la figurine ne répond pas au souci d'en assurer la stabilité ? Musée d'Iraklion, collection Giamalakis.

Figurines zoomorphes de Dikili Tash, Macédoine orientale. Néolithique récent

Les figurines zoomorphes sont moins fréquentes que les figurines anthropomorphes, mais elles sont loin d'être rares dans les habitats néolithiques. Elles représentent normalement des animaux familiers, ceux que le groupe élève ainsi que ceux qu'il chasse. Mais il est en général bien difficile d'y reconnaître une espèce particulière, surtout dans la série la plus nombreuse, qui est celle des quadrupèdes. On peut invoquer, pour expliquer ce fait, une incapacité supposée des populations néolithiques à rendre les détails anatomiques d'une façon réaliste. Mais on peut aussi bien se demander si cette indétermination n'est pas voulue : elle permet en effet de représenter, à volonté, diverses espèces précises au moyen du même objet qu'un accessoire d'identification ou même un simple acte d'imagination suffit à modifier. Quant aux figurines qui, comme celles-ci, sont doubles, elles posent peut-être un problème supplémentaire ; mais elles peuvent tout aussi bien avoir été conçues, simplement, pour être ambivalentes. Musée de Kavala.

La fin de la civilisation minoenne : cataclysme ou invasion ?

Depuis longtemps déjà, la destruction des palais crétois intrigue archéologues et historiens : quelle cause peut avoir été assez brutale et assez générale pour expliquer la disparition complète d'une civilisation aussi brillante que la civilisation minoenne* ? Faut-il supposer qu'il s'agit de la dernière grande éruption du volcan de Santorin ? Ou faut-il plutôt imaginer une cause humaine, guerre, invasion ou occupation étrangère ? La question reste posée et les recherches récentes permettent seulement de la formuler en termes plus précis que par le passé.

Le problème a pour point de départ la phase de destruction que l'on a constatée en Crète. À un moment donné du Bronze récent, en effet, des destructions généralisées semblent affecter non seulement les seconds palais – à l'exception de celui de Knossos –, mais aussi l'ensemble des habitats de l'île : à Phaistos, Amnisos, Mallia, Gournia, Psira, Mochlos, Zakros..., c'est-à-dire au moins en Crète centrale et orientale – mais l'Ouest est mal connu –, toutes les habitations et tous les palais sont détruits. De plus, ces destructions paraissent assez précisément contemporaines les unes des autres. L'évolution stylistique des décors de la céramique, telle qu'on peut la retracer par l'archéologie, semble en effet parvenue au même point dans chaque cas : le style « floral », qui marque la phase dite Minoen récent I a et secondairement le Minoen récent I b, est encore présent ; le style « marin », qui caractérise le Minoen récent I b, est très abondant, et le style « du palais », qui définit le Minoen récent II, est déjà représenté. On situe donc les destructions au Minoen récent I b, et plutôt vers la fin de la phase : cela correspondrait à une datation* absolue voisine de 1470 avant notre ère. Ces destructions simultanées sont en outre suivies, pense-t-on, d'un abandon généralisé des sites habités. La phase dite Minoen récent II, en effet, n'est représentée nulle part par des vestiges architecturaux ; elle n'est même reconnaissable que dans un très petit nombre d'endroits. C'est seulement avec la dernière phase de l'Âge du bronze, dite Minoen récent III, que certains sites connaissent une réoccupation limitée, tandis que d'autres restent déserts. La civilisation minoenne, en tout cas, disparaît.

On a donc cherché depuis longtemps une explication qui rende compte de la simultanéité des destructions et surtout de l'abandon des habitats. L'éruption du volcan de Santorin a paru susceptible de le faire. La morphologie des îles du groupe de Santorin et la stratigraphie* lisible dans leurs falaises permettent en effet de retracer le déroulement d'une très violente éruption qui, dans la seconde moitié du IIᵉ millénaire avant notre ère, a en peu de temps littéralement volatilisé un dôme volcanique quatre fois plus grand que celui du Krakatoa (Indonésie). L'archéologue grec Spyridon Marinatos a donc émis, dès 1939, l'idée que cette éruption était la cause des catastrophes en Crète.

À partir de 1967, en fouillant le site d'Akrotiri à Santorin, il a eu la confirmation de ce que ses prédécesseurs avaient entrevu en 1870 : une ville importante et prospère, à la civilisation brillante, avait été ensevelie là sous des mètres et des mètres de pierre ponce et de cendre produites par l'éruption.

Mais cette découverte même l'a conduit à modifier sa théorie initiale. La destruction d'Akrotiri, en effet, s'avérait antérieure – en termes stylistiques – aux événements de Crète : elle était à dater du Minoen récent I a. Elle était même antérieure à l'éruption, puisque la ponce et la cendre étaient tombées sur une ville déjà en ruines, que des « squatters » ou des équipes de déblaiement avaient commencé à réaménager. Comme par ailleurs on ne voyait guère comment l'éruption aurait pu provoquer directement des destructions en Crète, Marinatos a proposé alors la séquence suivante :
– destruction d'Akrotiri par un premier tremblement de terre au Minoen récent I a (avant 1500) ;
– destruction des habitats en Crète par un second tremblement de terre au Minoen récent I b (vers 1470) ;
– abandon de ces habitats à la suite de l'éruption (vers 1470 ou 1450).

Il restait alors à expliquer cet abandon. Le raz de marée et la pluie de cendres paraissaient être les deux seules solutions possibles. Pour la première, les observations faites en 1883 lors de l'éruption du Krakatoa avaient montré la réalité et l'ampleur du phénomène. On pouvait donc être certain qu'à Santorin aussi un formidable raz de marée s'était produit et qu'il avait nécessairement entraîné des dégâts, peut-être à une distance considérable. Mais un raz de marée est une onde, qui se propage dans une direction donnée : dans les autres directions, il ne se passe rien, et même dans la direction qu'il suit, il ne se passe rien derrière les obstacles, qu'il ne peut contourner. Un raz de marée parti de Santorin avait donc pu détruire les habitats de la côte nord de la Crète (Amnisos, Mallia, Gournia, Psira...), il n'avait en aucun cas pu atteindre Palaikastro ou Zakros, sur la côte est, ni Phaistos, sur la côte sud. Qui plus est, là où il avait pu causer des dégâts, il n'expliquait pas un abandon des lieux habités : sur les côtes du détroit de la Sonde, après l'éruption du Krakatoa, l'herbe avait repoussé en un mois et la vie avait très vite repris ses droits.

Une pluie de cendres, en revanche, pouvait l'interrompre. Les cendres peuvent en effet être transportées par le vent fort loin du volcan, tomber en couche épaisse, tuer le bétail par fluorose, stériliser la terre et provoquer la famine : c'est ce qui s'est produit en Islande lors de l'éruption du Laki en 1783-1784. Une population pouvait donc être contrainte à abandonner ses terres. Or, des cendres volcaniques analogues à celles de Santorin ont été découvertes en Crète, de Knossos à Zakros, et dans les fonds marins environnants. Il y a donc bien eu un énorme nuage de cendres qui s'est dirigé vers le sud-est et s'est répandu sur la Crète et la mer qui l'entoure ; et la production agricole n'a pas pu ne pas en souffrir.

Tout paraît donc confirmer la théorie de Marinatos. Pourtant des obstacles subsistent, qu'il ne faut pas sous-estimer. En premier lieu, il est difficile d'attribuer l'ensemble des destructions en Crète à un seul et même tremblement de terre : il aurait fallu qu'il affectât en même temps des régions tectoniquement distinctes, ce qui est peu vraisemblable. Il n'est pas évident, par ailleurs, qu'il faille accepter tel quel le schéma chronologique qui sert de base à tous les raisonnements. Malgré l'autorité d'Evans*, qui l'a imposé, il ne possède aucun fondement stratigraphique. Au contraire, partout où l'on dispose d'observations précises, on constate que les trois styles sont présents dans les mêmes couches : il faut très probablement en conclure qu'ils sont plus ou moins contemporains. Mais s'il en est bien ainsi, il s'ensuit qu'il n'y a pas de phase Minoen récent II et donc pas de phase d'abandon : à l'occupation du Minoen récent I succède celle du Minoen récent III. À cela s'ajoute une incertitude sur la datation de la pluie de cendres. La présence de ces cendres dans des niveaux du Minoen récent I, en effet, ne donne pas une date, mais un *terminus post quem*. Elles ont pu aussi bien se déposer à une époque postérieure, puis être entraînées par le ruissellement dans une couche sous-jacente, où nous les retrouvons aujourd'hui.

Le problème de la destruction, et lui seul, demeure donc posé. Mais s'il faut exclure l'hypothèse d'un tremblement de terre, celle d'un raz de marée et celle d'une pluie de cendres (car elle ne détruit pas les bâtiments), il reste à trouver une cause qui explique le nombre des destructions par le feu et leur simultanéité approximative. On écarte souvent l'idée d'une guerre ou d'une invasion, en supposant qu'il eût été contraire à l'intérêt bien compris d'un ennemi de détruire tant d'habitats. Mais quel envahisseur se laisse arrêter par un calcul de ce genre ? Et que savons-nous de son intérêt véritable ? En fait, la guerre est encore la meilleure explication pour les destructions généralisées et l'invasion la meilleure explication pour la fin de la civilisation minoenne. Comme nous le savons par ailleurs qu'au moment de la destruction des seconds palais les Mycéniens se sont implantés à Knossos et ont exercé de là leur hégémonie sur toute la Crète, comme le montrent les archives en linéaire B, ne doit-on pas admettre qu'ils ont fondé cette hégémonie sur une invasion et une occupation militaire de l'île ? S'il s'agit bien d'eux, n'avaient-ils pas intérêt, précisément, à détruire tous les centres rivaux et en particulier les palais ? La question mérite au moins d'être posée.

René TREUIL

Vase à décor floral, trouvé à Akrotiri, Santorin

Ce vase a été trouvé dans les ruines de la ville d'Akrotiri, mais à l'extérieur d'un bâtiment. On l'a comparé à un pot de fleurs et on lui a attribué une fonction religieuse, car il présente une particularité : sa partie supérieure a la forme d'un plat creux à fond convexe et ne comporte qu'une petite ouverture en son centre. En fait, sa fonction exacte n'est pas connue. Le décor peint représente des lis en train de se faner : les fleurs s'inclinent et commencent à tomber. Il est rare que l'on choisisse de figurer ce moment, mais la représentation de fleurs est courante dans la céramique crétoise : c'est leur présence et leur fréquence qui ont conduit à dater la destruction d'Akrotiri du Minoen récent I a. Musée national d'Athènes.

Petit bassin à décor marin, trouvé à Akrotiri, Santorin

On a trouvé dans les ruines d'Akrotiri une série de petits bassins longs et étroits, analogues à celui-ci. Leur fonction demeure totalement inconnue. Leur décor, en tout cas, est exécuté avec soin, en peinture brun et rouge. Sur cet exemplaire, en outre, la polychromie est accentuée par des rehauts blancs, qui soulignent le corps des animaux et le bord du récipient. Sur une face, le décor est constitué de dauphins qui évoluent ensemble, au-dessus d'un fond marin conventionnel, encadrés par des algues ; sur l'autre face, des quadrupèdes galopent dans un paysage de fleurs. La fréquence des décors marins caractérise en principe la phase des grandes destructions en Crète (Minoen récent I b). Musée national d'Athènes.

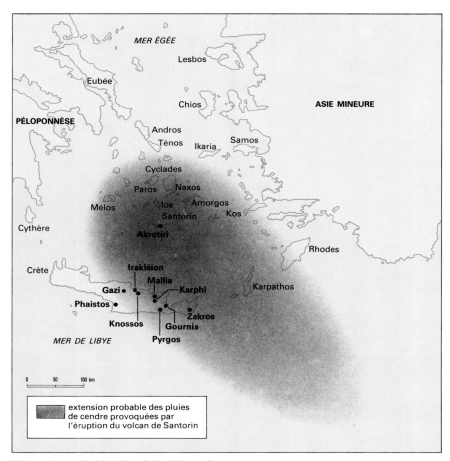

**Extension probable des pluies de cendres
provoquées par l'éruption du volcan de Santorin**

Des carottages effectués en divers points de Crète et de la mer environnante ont permis de déceler la présence de cendres volcaniques déposées à la suite d'une des grandes éruptions du volcan de Santorin, probablement la dernière, datable de la seconde moitié du IIe millénaire avant notre ère. En d'autres points plus éloignés du volcan, en revanche, la couche de cendres était absente. On a donc pu tracer sur la carte l'extension probable du nuage, et donc des pluies de cendres que l'éruption avait provoquées. Si cette interprétation est exacte, on notera que le vent soufflait du nord-ouest au moment de l'éruption, ce qui correspond à une direction dominante en mer Égée, mais qu'il devait être plutôt faible : les cendres n'ont apparemment pas été emportées à plus de 400 ou 500 km, alors que dans le cas du Krakatoa (Indonésie), en 1883, on a constaté des pluies de cendres à 1 600 km du volcan. Cela pouvait suffire, cependant, pour provoquer la famine en Crète centrale et orientale.

Les ruines de la ville de Gournia, Crète

Située en Crète orientale, sur la bordure méridionale du golfe de Mirabello, la ville minoenne de Gournia a été presque entièrement fouillée au début du siècle. Établie sur une colline basse, elle a été fondée à la fin du Minoen ancien ou au début du Minoen moyen ; mais c'est au début du Minoen récent, à la période des seconds palais, qu'elle connaît sa plus grande extension. Desservies par un réseau complexe de ruelles et d'escaliers pavés, analogue à celui d'un village actuel, les habitations se pressent sur les pentes, et les vestiges témoignent des activités artisanales qu'on y pratiquait. Au sommet de la colline, un bâtiment plus important semble bien être un palais. La rue qui le longe, et que l'on voit ici, est en tout cas la plus large de la ville. La destruction, datée comme ailleurs du Minoen récent I b, est due à un incendie, dont on a retrouvé des traces fort nettes. Au Minoen récent III, enfin, une réoccupation se produit en quelques points.

Déroulement schématisé d'une éruption du type de celle de Santorin

Les phases initiales (1 et 2) de l'éruption ont pour effet de vider en grande partie l'intérieur du dôme volcanique : le magma qui s'y trouvait est alors volatilisé sous la forme de très fines particules vitrifiées, dont une partie retombe sur le volcan lui-même, tandis que le reste est emporté par le vent (voir la carte). Dans le même temps, cependant, les parois du dôme cessent d'être soutenues (3). Elles s'effondrent donc et il se forme ainsi un cratère beaucoup plus vaste (4) dont elles obstruent le fond. À mesure que la pression du magma recommence à s'exercer, celui-ci s'infiltre à nouveau à travers ce bouchon et jaillit à la surface (5) sous la forme de petits cratères (les Kaménès, ou îles brûlées) au milieu du grand (le cercle bordé par les îles de Théra, Thérasia et Aspronisi) ; de nouvelles éruptions, mineures, se produisent (d'après D. Page, *The Santorini Volcano and the Destruction of Minoan Crete*, The Society for the Promotion of Hellenic Studies, Londres, 1970, fig. 10, p. 17).

**Statuette féminine
en terre cuite
de Gazi, Crète**

Il s'agit d'un type de statuette féminine caractéristique du Minoen récent III. La partie supérieure du corps, traitée de façon relativement réaliste, contraste avec la partie inférieure, réduite au cylindre que forme la jupe en cloche ; les deux mains sont levées. On connaît un petit nombre de figurines et de statuettes analogues, à Gazi, Karphi et Gournia ; mais celle-ci, qui est haute de 75 cm, est l'une des seules à porter des capsules de pavot fixées à sa coiffure. On suppose en général que tous ces traits relèvent d'une interprétation religieuse. Ils montrent bien, en tout cas, les changements qui affectent la civilisation crétoise après la destruction des seconds palais. Musée d'Irakléion, n° 9305.

Funérailles de princes

Si les vestiges archéologiques de la vie sont souvent ténus et énigmatiques, ceux de la mort sont généralement nombreux et loquaces : l'apparence physique des hommes, leur statut social, leurs croyances, leur goût s'y révèlent ; aussi les tombes sont-elles la grande, parfois même la seule ressource de l'archéologie. Cela vaut également pour la civilisation grecque, quelle que soit la variété des sources documentaires disponibles. Depuis la Seconde Guerre mondiale, un certain nombre de trouvailles spectaculaires ont confirmé l'étonnante pérennité, dans le monde grec, d'un rituel funéraire qui ne fut longtemps connu que par le texte d'Homère.

La découverte à Mycènes, en 1876, d'un groupe de tombes d'une richesse extraordinaire (« cercle A ») avait marqué une étape capitale dans la connaissance de la haute Antiquité grecque : dans l'enthousiasme de sa découverte, H. Schliemann*, dont le grand principe était de se fier au texte d'Homère, crut avoir trouvé la tombe du plus glorieux des Atrides*, Agamemnon, chef des Achéens coalisés lors de l'expédition contre Troie (vers 1200 av. J.-C.). En fait, le progrès de la fouille a montré que le cercle A est plus ancien de quelque quatre siècles : l'étude encore en cours d'un second groupe de tombes (« cercle B »), trouvé en 1952, a permis de compléter les observations souvent insuffisantes de H. Schliemann. Les morts, qui ont vécu en moyenne trente-huit ans, sont généralement étendus à même le sol de gravier, au fond de fosses rectangulaires, le visage parfois couvert d'un masque d'or ; près d'eux sont déposées des objets précieux et des armes ; les femmes sont parées de bijoux. Chaque fosse contient deux, trois, voire quatre morts, hommes et femmes ; les objets et les dépouilles humaines elles-mêmes ont parfois été dérangés sans ménagement pour faire place à un défunt nouveau. Ces tombes sont signalées extérieurement par un petit tertre, où est parfois fichée une stèle en pierre ornée de motifs décoratifs ou figurés, sculptés ou peints, ce qui préfigure les tombes archaïques, plus récentes d'un millénaire, sans qu'on puisse pour autant supposer entre les deux une filiation directe : même si l'on note certaines constantes entre le IIe et le Ier millénaire, l'effondrement de la civilisation mycénienne, vers 1150 avant J.-C., marque dans l'histoire grecque une césure profonde, qui fit reculer l'époque antérieure dans un passé épique. Ainsi la guerre de Troie, dont L'Iliade raconte un épisode, est un fait historique d'époque mycénienne* mis en scène dans un décor social et matériel d'époque géométrique* (1100-700 av. J.-C.). Il est étonnant que H. Schliemann n'ait pas prêté attention à cette distorsion flagrante lorsqu'il crut pouvoir faire coïncider ses trouvailles de Mycènes et le texte d'Homère, car les coutumes funéraires aristocratiques qui y sont évoquées sont très différentes de celles qu'il put constater lors de ses fouilles de Mycènes : au chant XXIII de L'Iliade, le corps de Patrocle est incinéré de nuit au sommet d'un vaste bûcher où Achille a sacrifié quatre chevaux, deux chiens

et douze prisonniers troyens ; au petit matin, ses cendres sont recueillies dans une urne d'or qui sera enterrée par la suite sous un tumulus. Longtemps, on n'a voulu voir dans cette scène grandiose qu'une vision littéraire sans grand rapport avec la réalité des pratiques funéraires, mais les données archéologiques récemment acquises ne cessent d'en confirmer la pratique, tout au moins pour les funérailles de « seigneurs » : rois, chefs de clans et aristocrates, depuis l'époque géométrique jusqu'au seuil de l'époque hellénistique*.

Le monument extraordinaire trouvé en août 1981 à Lefcandi, en Eubée, s'avère être un héroon* datant de 950 avant J.-C. environ. On y a trouvé deux fosses contiguës, de 2,75 mètres de profondeur ; dans l'une reposaient les squelettes de quatre chevaux, tandis que l'autre recelait une amphore en bronze contenant les cendres du mort enveloppées dans une longue tunique de lin très bien conservée. Près de cette urne cinéraire était étendu le squelette d'une femme parée de bijoux d'or, les pieds et les mains croisés comme s'ils avaient été liés ; près de sa tête, un couteau à manche en ivoire et lame de fer conduit à penser qu'il peut s'agir d'un sacrifice humain, le premier archéologiquement attesté dans le monde grec : sans doute est-ce la propre femme du chef ainsi « héroïsée* ». Pour une raison inconnue, ce culte a été interrompu presque aussitôt, et l'édifice enfoui sous un tumulus.

Un autre héroon, découvert en 1965 à Érétrie, au sud de Lefcandi, date du début du VIIe siècle et présente le même rituel : le « héros » de la tombe no 6 a été incinéré, puis ses cendres, enveloppées dans un linge, ont été déposées dans un bassin de bronze qui a été enterré. La disparition, au bout d'un siècle à peine, de ce culte aristocratique rendu à un chef de guerre, autour duquel ont été ensevelis certains membres de son clan, est peut-être due au déclin de la société féodale, supplantée par de nouvelles classes : paysans-soldats et marchands.

À peu près à la même époque (fin du VIIIe - début du VIIe s.), une des nombreuses tombes de la nécropole de Salamine de Chypre (no 79) atteste qu'au début du haut archaïsme la classe dirigeante locale reste attachée au grand rituel féodal grec, si forte que soit alors l'influence des civilisations orientales toutes proches : les objets de luxe enfouis avec les morts sont égyptiens ou syriens de provenance ou d'inspiration, mais le rituel reste « homérique ». Il s'agit ici d'une tombe à chambre précédée d'une vaste esplanade en pente. La chambre elle-même avait été pillée au XIXe siècle, mais la fouille de l'entrée (dromos), en 1966, a révélé deux emplois consécutifs : on y a retrouvé quatre chars dont trois biges*, dont les chevaux, superbement harnachés à la manière assyrienne, avaient été immolés ; deux grands chaudrons en bronze de fabrication locale, mais dont le décor est très influencé par l'Orient, et des pièces de mobilier précieux de type égyptien. Des amphores entassées dans un coin et des restes épars de poisson et de poulet indiquent d'autre

part qu'un grand banquet a clôturé les funérailles, comme c'est le cas dans L'Iliade après les obsèques d'Hector.

Près de cinq cents ans plus tard, en 311 avant J.-C., c'est toujours le rituel homérique qui préside à l'hommage funèbre rendu au dernier roi de la même Salamine, Nicocréon, qui périt avec sa famille dans l'incendie de son palais, lors du siège de la ville par Ptolémée Ier (Diodore, XX, 21). Sous le tumulus, on n'a retrouvé qu'une vaste plate-forme en briques crues dont le centre était occupé par un bûcher dans les cendres duquel gisaient diverses offrandes, et surtout les restes de grandes statues-portraits en argile, qui avaient été fichées dans des cavités tout autour du bûcher – sans nul doute les simulacres de la famille royale.

Ainsi, tandis que l'évolution des institutions vers des régimes plus ou moins représentatifs a, semble-t-il, mis fin à ces coutumes funéraires féodales en Grèce même, on les voit se perpétuer sur les confins du monde grec, où le pouvoir personnel s'est maintenu. L'exemple de la Macédoine, maintenant bien connu par les découvertes faites depuis 1977 à Vergina – l'ancienne Aigai, première capitale du royaume avant Pella – le confirme d'une manière éclatante. Les tombes, enfouies sous un tumulus, sont ici de grandes chambres voûtées dont la façade stuquée et peinte s'inspire librement de l'architecture grecque. En revanche, le rite est purement grec : les membres de la famille royale ont été incinérés, et leurs cendres, enveloppées dans un tissu, placées dans un coffret ou un vase autour duquel sont disposés des objets ayant appartenu au mort. Au-dessus de la voûte de la tombe no 2, dont tout porte à croire qu'il s'agit de celle de Philippe II, père d'Alexandre, on a trouvé des restes du bûcher, rassemblés là après l'incinération du corps : des ossements calcinés, deux épées en fer, des éléments de harnais de chevaux et même quelques glands d'or appartenant à la couronne posée dans le coffret cinéraire – assez pour indiquer qu'on a dû ici aussi sacrifier des chevaux sur le bûcher funéraire. De telles funérailles, qui étaient aussi celles de l'aristocratie, à en juger par les nombreuses tombes à chambre voûtée retrouvées, montrent combien la classe dirigeante macédonienne tenait à affirmer son ascendance grecque face à la Grèce des cités, qui considérait ces cousins du Nord comme des rustres attardés.

Une pompe funéraire homérique, qui nimbe d'une aura sacrée le mort héroïsé, s'est donc perpétuée jusqu'au seuil de l'époque hellénistique ; quand on sait le souci des rois de cette époque de légitimer un pouvoir dont l'origine est souvent violente, nul doute que ce rituel qui scelle la divinité du prince n'ait continué d'être en faveur auprès d'eux ; peut-être le heureux hasard d'une découverte viendra-t-il le vérifier un jour.

Bernard HOLTZMANN

Hérôon de Lefcandi (Eubée)

Située entre Chalcis et Érétrie, les deux grandes cités eubéennes, l'agglomération de Lefcandi, dont le nom antique reste obscur, a joué un grand rôle au IIe millénaire à sa disparition, vers 700 avant J.-C. Les fouilles conjointes menées par les archéologues anglais et grecs ont notamment montré son étonnante prospérité durant les « siècles obscurs » (1100-850 av. J.-C.) qui suivent l'effondrement de la civilisation mycénienne. La découverte de ce bâtiment long de plus de 45 mètres la confirme d'une manière sensationnelle, puisqu'elle fait remonter d'environ cinquante ans l'existence en Grèce d'une architecture monumentale, attestée seulement jusqu'à présent par les édifices très ruinés de Thermos et de Samos, également de plan absidal. Les murs, conservés par endroits jusqu'à 1,50 m de hauteur, sont en brique crue sur un socle de moellons et enduits de plâtre à l'intérieur. La toiture était supportée par une rangée axiale de colonnes en bois reposant sur des dalles de pierre, alors que le sol était en argile. Une colonnade extérieure ceinture le bâtiment, à 2 mètres des murs. Avec sa division tripartite de l'espace intérieur, cet édifice sacré, bien daté de 950 avant J.-C., apparaît comme l'ancêtre lointain mais direct des temples classiques.

Tombe no 47 de Salamine de Chypre

Devant la chambre funéraire (4 × 2,2 m), pillée au XIXe siècle, s'étend une esplanade dallée (10,65 × 4,60 m) à laquelle on accède par trois degrés depuis le plan incliné d'accès (dromos), large de 13,65 m et long de 20 m, au sol cimenté. C'est là qu'avaient été immolés, lors du premier enterrement, les deux chevaux attelés au char funéraire. Une génération plus tard, entre 700 et 650 avant J.-C., on se contenta, lors d'un second enterrement, de creuser dans le remblai sous lequel la tombe avait été enfouie une tranchée axiale, à un mètre au-dessus du sol primitif. On y a retrouvé six chevaux (un bige et un quadrige) dans un désordre qui traduit leur panique au moment de l'immolation.

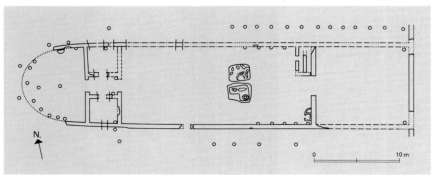

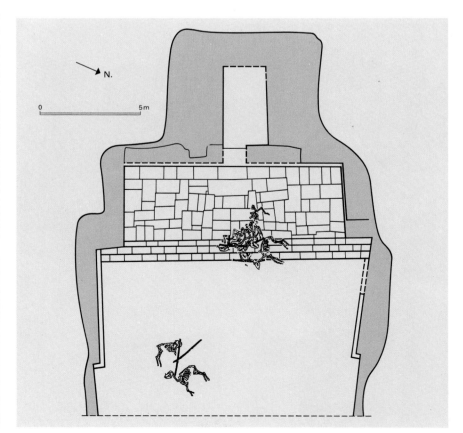

Objets de la tombe royale n° 2 de Vergina

Cette tombe à chambre voûtée, la première trouvée inviolée, recelait les cendres d'un homme dans la chambre et d'une femme dans l'antichambre. Dans le coffret (*larnax*) en or contenant les restes du roi avait été déposée une couronne d'or faite de deux rameaux de chêne, la plus imposante connue à ce jour, tant par son poids (400 g) que par la qualité de son travail. Dans un angle de la chambre avaient été entassés divers objets personnels du défunt : de gauche à droite, un grand chaudron en bronze sur trépied de fer ; une magnifique lanterne sourde ajourée en bronze ; derrière elle, un trépied de bronze, dont l'inscription gravée indique qu'il s'agit d'un prix remporté aux concours sportifs en l'honneur d'Héra disputés à Argos, dont était originaire la dynastie macédonienne ; appuyé au mur un couvercle de bronze protégeant un bouclier d'apparat prodigieux à décor d'or, d'ivoire et de verre, dont la restauration a demandé plusieurs années ; devant lui, trois récipients en bronze devant lesquels on distingue à gauche une éponge encore souple et, à droite, un casque macédonien en fer que son cimier recourbé apparente à un bonnet phrygien ; contre le mur, une paire de jambières en bronze ; plus à droite, un grand anneau creux en argent doré, peut-être le diadème royal ; au premier plan, une autre paire de jambières. Le coffret cinéraire de l'antichambre réservait une surprise de taille : les cendres de la défunte étaient enveloppées dans une étoffe (ci-contre) très bien conservée où des motifs végétaux raffinés sont tissés en pourpre sur fond d'or.

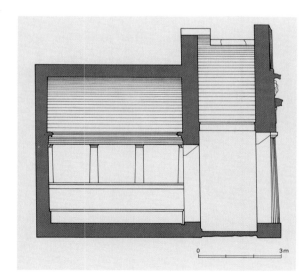

Grande tombe de Lefcadia (Macédoine). Façade restituée et coupe

Cette tombe découverte en 1954 est constituée d'une antichambre à voûte en berceau (6,50 × 2,12 m) haute d'environ 7,70 m et d'une chambre plus étroite (4,80 × 4,72 m) et moins haute (5,26 m), dont les parois sont rythmées par des pilastres blancs déterminant des panneaux peints en rouge. Ce décor, en ce début du IIIe siècle avant J.-C., préfigure les trompe-l'œil des maisons déliennes puis pompéiennes ; il convient donc d'en chercher l'origine plutôt en Macédoine même qu'à Alexandrie. L'excentricité du goût macédonien, combinant avec désinvolture des éléments fonctionnels de la tradition architecturale grecque pour produire un effet décoratif chatoyant, s'affiche dans l'ordonnance étonnante de la façade, dont les ordres superposés sont séparés par une frise continue haute de 1,21 m, ornée de reliefs stuqués représentant une bataille. Hormis les personnages peints sur la zone supérieure des entrecolonnements du rez-de-chaussée (à gauche, le mort et Hermès ; à droite, deux juges des Enfers), rien n'annonce ici la fonction et la structure de l'édifice : ce décor bigarré est un masque.

Les écritures dans le monde égéen

L'écriture sumérienne est née en Mésopotamie, vers la fin du IVe millénaire ; après quelques décennies, l'égyptienne fait son apparition sur les bords du Nil ; ce ne sera qu'à un millier d'années plus tard que les premières traces d'écriture se manifesteront dans le monde égéen et, jusqu'à preuve du contraire, nous devons considérer l'« hiéroglyphique crétois » et le « linéaire A » comme des créations originales, formellement indépendantes de leurs devancières. Elles seront en usage pendant moins de cinq cents ans, mais la seconde se survivra dans le « linéaire B » (qui disparaît vers 1200) et dans le syllabaire classique de l'île de Chypre (qui sera pratiqué jusqu'au IIIe siècle avant notre ère, coexistant dans la dernière partie de son histoire avec l'alphabet grec).

Les écritures crétoises sont d'une conception et d'un emploi nettement plus compliqués que les écritures orientales : il s'agit de syllabaires qui, pour figurer la parole, utilisent chacun moins d'une centaine de signes, notant en général des syllabes ouvertes simples (*ma, me, mi...*) et non pas des systèmes logo-syllabiques qui recourent à plusieurs centaines de signes représentant des mots entiers ou des groupes de sons plus ou moins complexes (l'écriture grecque du Ier millénaire, d'origine phénicienne, sera encore plus simple : alphabétique, elle ne comptera qu'une vingtaine de signes, valant chacun un son).

En Crète et sur le continent grec, la découverte de ces écritures ne remonte pas à plus d'un siècle, ayant débuté avec les travaux d'Arthur Evans*, lequel a très largement contribué à notre connaissance des civilisations minoenne* et mycénienne* ; découverte qui a eu lieu principalement au cours des fouilles des établissements minoens de Cnossos, La Canée, Mallia, Phaistos et Zakros d'une part, des palais mycéniens de Cnossos, Pylos, Mycènes, Thèbes et Tirynthe de l'autre ; elles sont au nombre de trois :
— L'*écriture hiéroglyphique crétoise* (baptisée traditionnellement ainsi par référence à l'hiéroglyphique égyptien) est attestée durant toute la période des premiers palais crétois, de 1900 à 1625 environ.
— L'*écriture linéaire A* (qualifiée de « linéaire » parce que le tracé des signes a pu sembler moins « dessiné », moins « réaliste » que celui de l'hiéroglyphique crétois) apparaît sans doute déjà vers le XVIIIe siècle et on l'utilisera durant la période des seconds palais crétois, de 1625 à 1450 environ.
— L'*écriture linéaire B* (appelée « B » pour la raison

qu'elle a tout de suite été reconnue comme une proche parente de la précédente) est employée à l'époque mycénienne, de 1450 à 1200 environ ; les premiers témoignages qu'on en a ne remontent toutefois qu'aux alentours de 1375.

À Chypre, sans doute à partir du XVIe siècle, se développera un autre rejeton du linéaire A, le *chyprominoen*, sans que l'on puisse dire exactement ni où ni comment l'adoption a eu lieu. Cette écriture se maintiendra jusqu'au XIe siècle et se perpétuera dans le syllabaire chypriote classique qui transcrit le grec.

Dans l'état actuel de la recherche, le linéaire A ne semble pas procéder de l'hiéroglyphique crétois et il se révèle peu vraisemblable que ces deux systèmes aient servi à noter une même langue ; indépendants, ils ont toutefois coexisté pendant quelque deux cents ans et on les a trouvés au moins une fois ensemble dans un même dépôt, à Mallia : il est donc probable qu'ils se sont influencés de façon non négligeable.

Au contraire, le linéaire B a très certainement été constitué à partir du linéaire A dont il a pu se séparer dès le XVIe siècle ; la cause de cette création paraît simple : le linéaire A, tel qu'il était, n'a pas semblé suffisamment apte (pour des raisons que nous ignorons) aux Mycéniens pour enregistrer leur langue, le grec, et ces derniers l'ont remanié en conséquence.

Ce qui subsiste, à l'heure actuelle, des écritures crétoises ne représente très certainement que quelques millionièmes de ce qui a dû être réellement écrit (quel que soit et que puisse être encore le « hasard des fouilles »).

N'était éventuellement destiné à survivre que ce qui avait été gravé sur matériau résistant (pierre, métal ou poterie) ou bien encore peint, le plus généralement sur l'argile d'un vase : de la sorte, nous sont parvenues 163 inscriptions en écriture hiéroglyphique crétoise, 86 en linéaire A et 150 en linéaire B.

En revanche, les pièces comptables inscrites sur argile crue n'étaient nullement destinées à survivre ; si certaines sont arrivées jusqu'à nous, c'est parce qu'elles ont été cuites lors de la destruction par le feu des bâtiments dans lesquels elles étaient conservées (cela a été le cas pour 3 400 tablettes en linéaire B dans le palais mycénien de Cnossos et 1 100 tablettes dans celui de Pylos) ; mais elles n'ont pu connaître que si elles avaient été rédigées dans les derniers jours ou les derniers mois précédant la destruction : les plus anciennes avaient déjà été éliminées,

soit qu'elles fussent devenues complètement inutiles, soit que leur contenu eût été recopié sur un support moins fragile, moins lourd et moins encombrant (papyrus par exemple) qui, lui, s'est consumé dans l'incendie ; s'il n'y a pas eu incendie, l'humidité et les occupations humaines successives se sont chargées de tout anéantir, argile aussi bien que papyrus : ainsi, du dernier palais minoen de Cnossos, « réoccupé » plus ou moins pacifiquement par les Mycéniens vers 1450, ne nous est parvenu de façon assurée que 8 documents en argile, portant en tout 53 signes du linéaire A.

Le naufrage de la documentation écrite se révèle donc quasi total. Mais quelle civilisation se soucie vraiment de communiquer avec la postérité, en se donnant les moyens de son ambition ? La cuisson nous a conservé certaines tablettes cunéiformes, le climat désertique, quelques papyrus égyptiens, la pierre, des inscriptions mésopotamiennes, égyptiennes, grecques et latines. Que restera-t-il de nos bandes magnétiques ?

Quoi qu'il en soit, l'état d'avancement du déchiffrement des écritures crétoises est assez logiquement en proportion de leur « abondance » : les 57 000 signes du linéaire B ont permis à M. Ventris* de le déchiffrer en 1952 (c'était du grec) ; les 7 000 signes du linéaire A nous autorisent à penser que nous lisons de façon assurée une dizaine de signes (sur les 67 que compte le syllabaire) et une quarantaine d'autres de façon probable (mais à des degrés très divers) : cela ne suffit pas pour affirmer quoi que ce soit de définitif sur la langue notée ; on ne lit rien de l'écriture hiéroglyphique crétoise dont les deux syllabaires (l'un monumental, l'autre cursif) sont encore en cours d'établissement : les 1 500 signes connus ne laissent guère d'espoir d'arriver à des résultats autres qu'extrêmement fragiles.

Dans les deux derniers cas, seule la découverte de centaines de textes fournissant des milliers de signes supplémentaires nous ferait progresser : dans la lecture certainement, dans le déchiffrement peut-être. L'étrusque, qu'on lit depuis longtemps puisqu'il s'écrit au moyen d'un alphabet grec légèrement modifié, mais qu'on ne déchiffre toujours pas car il s'agit d'une langue inconnue, sans lien de parenté avec aucune autre, reste là pour nous inciter à la plus grande prudence.

Jean-Pierre OLIVIER

Hiéroglyphique crétois : médaillon en argile (Cnossos ; HM 1274)

Cette étiquette, percée d'un trou de suspension, montre deux groupes de signes, précédés chacun d'une croix qui indique souvent le début des « mots » en hiéroglyphique : la lecture se fait donc ici de la gauche vers la droite. On reconnaîtra les signes n° 02, 813 et 810. Au verso figurent des chiffres. Musée d'Iraklion.

Hiéroglyphique crétois : tablette en argile (Phaistos ; HM 1)

Document économique – comme toutes les pièces d'archives crétoises sur argile – qui donne, de gauche à droite, après un « texte » de trois signes, deux fois la même séquence d'idéogrammes symbolisant des produits agricoles : blé (n° 120), huile (?), olives (n° 122), figues (n° 30) suivis chacun de l'indication de la quantité fournie, au moyen d'un système de chiffres et de fractions (le point représente la dizaine et le trait vertical l'unité : on lira aisément 20 et 25 précédant des fractions notées ici par un crochet et une croix). Musée d'Iraklion.

Hiéroglyphique crétois : empreinte de sceau sur argile (Mallia, Quartier Mu ; HM 1052)

Sur cette boulette d'argile de 2,20 cm de hauteur a été imprimée l'inscription gravée sur un cachet rond qui, étant donné la finesse des traits, devait être de métal. La « croix initiale », dans une composition décorative circulaire comme celle-ci, ne permet pas de déterminer le sens de lecture. La fonction du document (qu'aucun dispositif particulier ne permettait d'attacher à quoi que ce soit) nous échappe. Musée d'Iraklion.

Linéaire A : épingle en argent (Mavro Spelio ; HM 540)

Trouvée dans une tombe située à quelques centaines de mètres à l'est du palais de Cnossos, cette épingle (probablement à cheveux), d'une longueur de 15 cm, porte une des plus longues inscriptions en linéaire A connues : plus de quarante signes répartis en au moins neuf mots séparés par de petits traits verticaux ; la lecture s'effectue de gauche à droite comme dans la plupart des documents en linéaire A et comme dans tous ceux en linéaire B. Musée d'Iraklion.

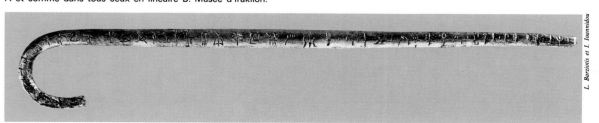

Linéaire A : bague en or (Mavro Spelio ; HM 530)

Provenant de la même tombe que l'épingle illustrée ci-contre, ce bijou dont le chaton n'a pas plus d'un centimètre de diamètre présente une inscription en spirale qui se lisait de l'extérieur vers l'intérieur et dont les mots ne sont pas séparés par des marques de ponctuation. Musée d'Iraklion.

Linéaire A : tablette en argile (Haghia Triada ; HM 1363)

Une des cent cinquante tablettes d'Haghia Triada (à 3 km à l'ouest de Phaistos). Il s'agit d'un compte de blé : l'idéogramme n° 120, précédé du nom du fournisseur (ou du bénéficiaire) est suivi de chiffres allant de 20 à 74. Musée d'Iraklion.

Chypro-minoen : cylindre en argile (Enkomi ; CM 1619)

Ce rouleau en terre cuite de 5,2 cm de largeur et de 4 cm de diamètre était, tout récemment encore, unique en son genre. Le texte, gravé, compte 27 lignes comportant au total 179 signes ; son début est marqué par une ligne horizontale et il se lisait de gauche à droite. On a comparé cet objet (dont la cuisson a été délibérée) aux « documents de fondation » mésopotamiens qui avaient pour fonction de commémorer la construction d'un bâtiment ; toutefois, comme son écriture – un syllabaire d'environ 85 signes, manifestement d'origine crétoise – n'est toujours pas lue et que la langue qu'elle note demeure bien entendu inconnue, cela reste une hypothèse. Avec l'aimable autorisation du directeur des Antiquités de Chypre. Musée de Nicosie.

Linéaire B : tablettes en argile (Cnossos ; HM 5753, 979 et 906)

Œuvre d'un même scribe, ces documents (dont le plus grand mesure 17,5 cm de long) traitent d'animaux domestiques. Le premier mentionne l'envoi de 5 vaches et 8 bœufs à Cnossos (la couleur différente des deux parties de la tablette est due à une oxygénation différente lors de la cuisson) ; le second fait état de la livraison d'un cochon dans quatre localités de Crète centrale ; le troisième dénombre, dans un canton de l'ouest de la Crète, 100 béliers, 650 brebis, 40 boucs, 150 chèvres, 80 truies et 6 vaches. Musée d'Iraklion.

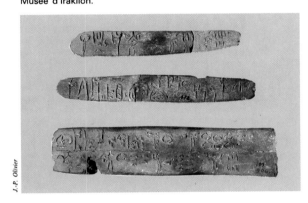

Linéaire B : idéogramme du mouton (Cnossos ; HM 1147)

Cette tête de mouton (n° 106), surmontant un « cou » traversé de deux barres horizontales indiquant ici qu'il s'agit d'un animal châtré, producteur de laine, est suivie d'un cercle qui représente le chiffre cent : c'est là l'importance moyenne des quelque mille troupeaux d'ovins que recensent les archives de Cnossos ; ces troupeaux constituaient la base d'une industrie textile extrêmement organisée. Musée d'Iraklion.

Tableau de certaines ressemblances entre quelques signes des trois systèmes graphiques crétois : hiéroglyphique (H), linéaire A (A), et linéaire B (B)

Dans les deux premiers groupes de colonnes figurent les trente premiers *syllabogrammes** du linéaire B (avec leur valeur phonétique quand elle est connue) ; vingt-quatre ont un correspondant en linéaire A, dix en hiéroglyphique. Dans le troisième groupe on a reproduit quinze des *idéogrammes** du linéaire B (avec leur transcription latine) ; onze ont un correspondant en linéaire A, huit en hiéroglyphique. Dans les quatrième et cinquième groupes on trouve respectivement les quinze premiers signes du linéaire A qui n'ont pas de correspondant en linéaire B (mais ils en ont au moins deux en hiéroglyphique) et les quinze premiers signes de l'hiéroglyphique qui n'ont de correspondant ni en linéaire A ni en linéaire B.

n°	valeur B	H	A	B	n°	valeur B	H	A	B	n°	valeur B	H	A	B	n°	H	A	B	n°	H	A	B
01	da				16	qa				100	VIR				301				801			
02	ro				17	za				102	MUL				302				802			
03	pa				18	-				106	OVIS				303				803			
04	te				19	-				107	CAP				304				804			
05	to				20	zo				108	SUS				305				805			
06	na				21	qi				109	BOS				306				806			
07	di				22	-				120	GRA				307				807			
08	a				23	mu				121	HORD				308				808			
09	se				24	ne				122	OLIV				309				809			
10	u				25	a₂				124	PYC				310				810			
11	po				26	ru				125	CYP				311				811			
12	so				27	re				130	OLE				312				812			
13	me				28	i				131	VIN				313				813			
14	do				29	pu₂				159	TELA				314				814			
15	mo				30	ni				180	-				315				815			

L'expansion grecque en Méditerranée

Dans son acception la plus générale – celle de l'établissement d'une partie d'un groupe humain hors de son territoire d'origine –, la colonisation est un phénomène majeur et récurrent de l'histoire grecque : depuis l'époque néolithique, les civilisations qui se sont développées dans l'aire égéenne ont toutes débordé outre-mer pour échapper à l'étriquement de leur foyer. Grâce à une vitalité et à une faculté d'adaptation et d'assimilation exceptionnelles, la civilisation grecque, très localisée à ses origines, a pu ainsi se répandre dans tout le bassin méditerranéen.

C'est durant les « siècles obscurs » (1100-900 av. J.-C.) que se place la première phase de colonisation durable de l'histoire grecque : une partie de la population du continent s'installe alors dans les îles et sur la côte ouest de l'Asie Mineure – les Éoliens au nord, les Ioniens au centre, les Doriens au sud –, donnant au peuplement de l'aire égéenne l'assiette qu'il conservera jusqu'aux invasions de l'Antiquité tardive. Les causes et les modalités de ces migrations, dont les conséquences furent décisives pour l'évolution de la civilisation grecque, restent très obscures : nulle part, si ce n'est à Smyrne et à Milet, l'archéologie n'a pu jusqu'ici retrouver les traces de ces établissements de l'époque proto-géométrique. En revanche, les recherches archéologiques menées depuis la Seconde Guerre mondiale ont renouvelé dans une large mesure l'étude de la deuxième vague de colonisation d'époque historique, celle qui reste la colonisation grecque par excellence (750-550 av. J.-C.) : les fouilles entreprises surtout en Italie du Sud et en Sicile, mais aussi sur les rives du Pont-Euxin, en Cyrénaïque, en Espagne, en Corse et jusqu'au cœur de Marseille en ont précisé les buts et les modalités.

Le terme de colonisation, qui désigne traditionnellement cette prodigieuse extension du monde grec rendue possible par l'exploration maritime qui commence dès le IXᵉ siècle, ne doit pas prêter à confusion : à l'inverse des colonies conquises par les États européens depuis le XVIᵉ siècle, dont les territoires peuplés d'une très grande majorité d'allogènes sont administrés par la métropole, les colonies grecques de l'époque archaïque – sauf rares exceptions, comme les colonies fondées au VIᵉ siècle par Corinthe sur les rives de l'Adriatique – sont des cités indépendantes fondées par des groupes de citoyens qui se détachent de leur cité d'origine pour des raisons diverses. Loin d'avoir des buts impérialistes, la plupart des métropoles sont soulagées de se séparer d'une partie de leur corps civique, dont le trop-plein créait des tensions qui menaçaient leur organisation politique et sociale. Comme le suggèrent les circonstances particulières que nous révèlent certains textes (fondation de Tarente par des bâtards contestataires qui mettaient en péril la stricte oligarchie terrienne de Sparte, cf. Strabon VI, 3, 2-3 ; fondation de Cyrène par des paysans de Théra tirés au sort à la suite d'une disette provoquée par une sécheresse de sept ans, cf. Hérodote IV, 151-153), seule la conjonction d'une poussée démographique, aujourd'hui confirmée par l'étude anthropologique de certaines nécropoles, et de l'accaparement des terres arables par les grandes familles peut expliquer l'ampleur du phénomène. L'existence, dès le VIIIᵉ siècle, de courants commerciaux bien établis allant chercher très loin des produits de base manquant à la Grèce (métaux, bois, céréales) a sans nul doute orienté la colonisation, mais elle n'a pu la déterminer. Aussi la distinction traditionnelle entre comptoir commercial (*emporion*) et colonie agraire de peuplement (*apoikia*) apparaît-elle aujourd'hui artificielle : l'activité commerciale de telle ou telle colonie est plutôt un gage de réussite supplémentaire qu'un mobile déterminant. Même les fondations chalcidiennes les plus anciennes de la mer Tyrrhénienne (Pithécuses, sur l'île d'Ischia, avant 750 av. J.-C. ; Cumes, en Campanie, vers 740 av. J.-C.) ont été d'emblée autre chose que de simples relais de commerce sans emprise territoriale : une population sédentaire, si restreinte soit-elle, ne peut à cette époque vivre seulement du commerce.

La finalité essentiellement agraire de ces nouvelles cités d'outre-mer transparaît d'ailleurs dans la procédure de fondation, qui est avant tout une prise de possession du sol, symbolique et pratique. Le chef des colons (*oïkistès*), désigné le plus souvent par la cité mère, prend soin d'aller à Delphes quérir l'avis et la protection d'Apollon Pythien, le dieu colon et purificateur, garant du nouvel ordre civique : n'a-t-il pas lui-même, à l'issue d'une navigation aventureuse, « colonisé » Delphes en chassant le possesseur primitif du site pour y instaurer son autorité bienfaisante ? Une fois choisi le site exact de la colonie, un des premiers actes de l'oïkiste est donc généralement d'établir un sanctuaire d'Apollon Pythien et, aussitôt après avec les indigènes le permettent, de procéder à la définition topographique de la nouvelle cité en divisant en lots égaux (*clèroi*) l'emplacement de la ville et la campagne cultivable (*chôra*). Les recherches archéologiques ont permis en quelques cas de retrouver la trace de ces premiers lotissements : celui de la ville à Mégara Hyblaea, Naxos, Camarina ; celui de la campagne à Métaponte et dans certaines cités tardives de Crimée, comme Héracleia et la cité anonyme de la presqu'île de Majačij. C'est sans nul doute ce découpage régulier du sol en longues parcelles généralement orthogonales qui est à l'origine de l'urbanisme rationaliste d'Hippodamos de Milet et des utopies égalitaristes de l'âge classique – ce qui n'empêchera pas nombre de colonies de conserver les institutions oligarchiques, voire despotiques, héritées de leurs premiers temps : la monarchie se maintint à Cyrène jusque vers 440 et la tyrannie resta le régime ordinaire des cités grecques de Sicile jusqu'à la conquête romaine.

Les groupes d'émigrants concernés étaient restreints : le plus souvent quelques dizaines d'hommes seulement. cf. Ainsi s'explique que certaines cités comme Mégare, Chalcis, Milet ou Phocée aient pu fonder un grand nombre de colonies. Sauf rares exceptions où des groupes venus d'horizons différents se sont joints pour une fondation commune, ces cités nouvelles sont l'émanation d'une seule métropole ; ainsi se trouvent reproduits dans ce nouveau monde d'outre-mer les particularismes et les antagonismes qui ont fait la richesse culturelle, mais aussi la faiblesse politique de l'hellénisme. Quoi qu'il en soit, l'installation durable, sur des sites côtiers, de ces groupes réduits mais entreprenants et maîtres de techniques plus avancées que celles des indigènes n'a pu réussir qu'en raison des bons rapports noués avec eux à l'occasion de contacts commerciaux précoloniaux ou lors de la fondation – bonne intelligence souvent scellée par un syncrétisme religieux et par les mariages mixtes conclus par les colons. Ainsi la civilisation grecque a pu non seulement occuper la frange côtière de nombreuses régions de la Méditerranée, mais aussi s'infiltrer par capillarité dans les arrière-pays indigènes. Le progrès des fouilles dans les Balkans, en Italie, en France et en Espagne permet aujourd'hui de suivre les modalités de cette lente acculturation qui a duré jusqu'aux conquêtes romaines : le grand cratère de bronze, sans doute fabriqué en Grande Grèce et trouvé à Vix, en Côte-d'Or, dans la tombe d'une dynaste celte, illustre l'importance de ce processus dès la fin du VIᵉ siècle.

La dernière poussée colonisatrice de l'histoire grecque, amorcée par Alexandre (336-323) et poursuivie par ses successeurs jusqu'à ce que la dépopulation de la Grèce en tarisse la source, au IIᵉ siècle avant J.-C., est de nature toute différente : il s'agit cette fois d'une colonisation intérieure, souvent militaire, destinée à créer des foyers d'hellénisme dans des royaumes de type colonial, puisqu'une minorité de conquérants grecs y administre et exploite de vastes contrées modelées depuis des millénaires par d'autres civilisations. Bien qu'elles aient toutes les apparences de cités grecques traditionnelles (institutions représentatives, monnayage, etc.), ces colonies royales sont loin d'être indépendantes : leur autonomie ne dépasse pas le cadre municipal. En fait, elles dépendent de la protection des rois, qui, en leur accordant des privilèges, notamment financiers, favorisent leur essor. Si hasardeuse que puisse paraître de prime abord une telle situation, force est de constater que la plupart des quelque trois cents nouvelles cités d'Orient seront de grandes réussites : lorsque Rome aura conquis, en 30 avant J.-C., le dernier royaume grec d'Orient, le bassin oriental de la Méditerranée sera suffisamment hellénisé pour que le grec en reste la langue officielle.

Bernard HOLTZMANN

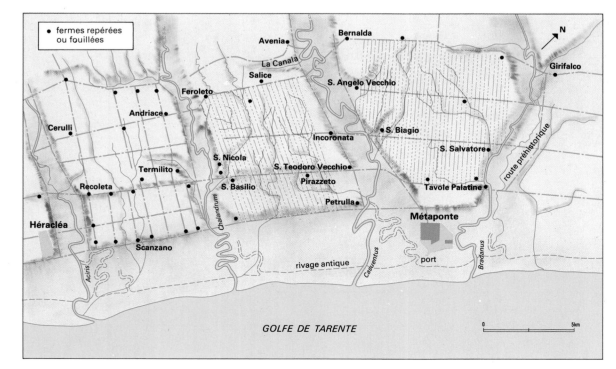

Lotissement rural de Métaponte

Cité fondée vers 630 avant J.-C. par des Achéens de Sybaris et d'autres venus de la métropole, Métaponte est l'exemple typique d'une grande colonie de peuplement dont l'activité est essentiellement agricole. La découverte de la division en lots égaux de cette plaine côtière que les colons durent, selon Strabon (VI, 265), âprement disputer aux indigènes, est sans conteste l'un des résultats les plus spectaculaires de la prospection par photographies aériennes. Les longs axes perpendiculaires à la mer, visibles parfois sur plus de dix kilomètres, se retrouvent tous les 210 mètres. Une reconnaissance systématique, entreprise depuis 1969 par une équipe internationale, a permis de retrouver au sol ces limites de propriété, sous forme de fossés plus ou moins comblés ; certains voudraient y voir d'anciens canaux d'irrigation, mais l'hypothèse de chemins vicinaux est plus plausible. Des centaines de fermes, généralement en bordure des parcelles, ont été également repérées ; certaines ont été fouillées. La date de cette répartition générale des terres arables (*chôra*) est encore discutée : la plupart des fermes fouillées datent du IVᵉ siècle avant J.-C., mais on a trouvé de nombreuses traces d'occupation antérieure, dont aucune ne remonte au-delà de 570-560 avant J.-C. dans l'état actuel de la documentation. D'autre part, les deux lotissements ruraux, d'orientation différente, sont-ils contemporains ? Celui qui est situé près de la ville n'est-il pas antérieur ? On constate enfin qu'il y a solution de continuité entre le lotissement urbain, dont les parcelles sont plus petites (35 × 90 m), et le lotissement rural ; cet espace serait-il resté public et indivis en vue d'une extension ultérieure de la ville ou de l'installation de sanctuaires ou de cimetières ? Quelle que soit la réponse à toutes ces questions, on se trouve ici en présence d'une procédure rationnelle et égalitaire de dévolution du sol qui a dû être utilisée dans la plupart des nouvelles cités d'outre-mer.

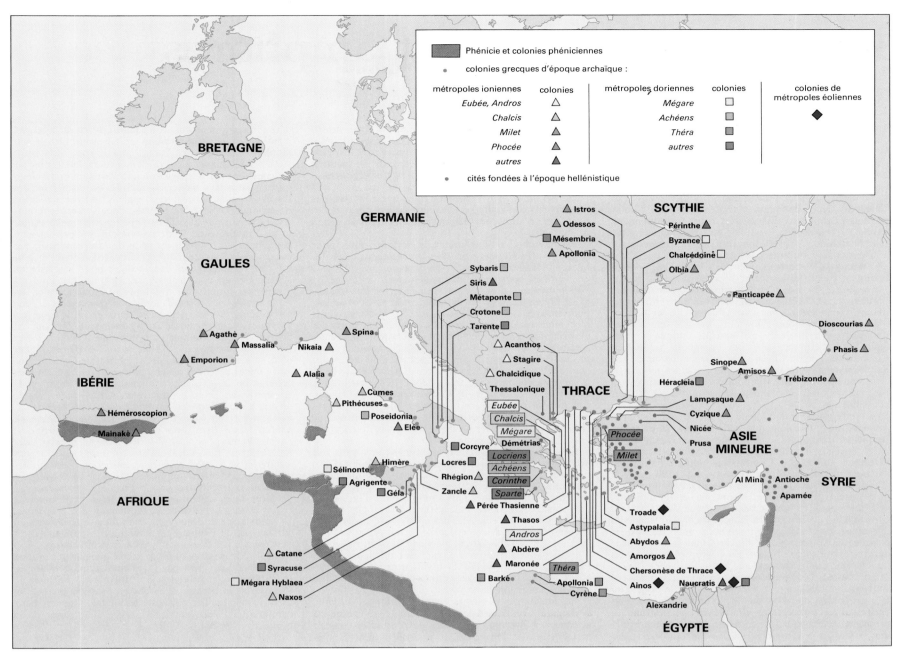

Métropoles et colonies grecques en Méditerranée

À la différence des civilisations de la Haute-Antiquité – Chine, Indus, Mésopotamie, Égypte –, la civilisation grecque ne s'est pas développée dans le bassin d'un grand fleuve, dont la richesse et l'unité auraient permis une autarcie gérée par un pouvoir centralisé : au cloisonnement montagneux de la péninsule grecque correspond un microcosme d'îles abruptes ; la mer, qui s'insinue partout, est le seul trait d'union de ces alvéoles aux ressources limitées. La nécessité du commerce outre-mer et la fatalité du morcellement politique sont donc inscrites dans la nature même de ce cul-de-sac où se fixèrent durant le IIe millénaire avant J.-C. les tribus indo-européennes. On sait aujourd'hui que, dès cette époque, les deux foyers de culture de l'aire égéenne, la Crète et Mycènes, ont connu une expansion outre-mer. Depuis la découverte de la ville minoenne d'Acrotiri, à Théra (Santorin), l'hypothèse d'une colonisation crétoise, qui ne reposait que sur quelques mots de Thucydide (I, 4), a pris corps. Quant à la colonisation mycénienne, l'archéologie ne cesse de la confirmer, en Crète, à Rhodes, à Chypre et sur les côtes de la Turquie méridionale, mais aussi en Italie du Sud (Tarente, îles Lipari). Ces premières implantations outre-mer furent cependant sans lendemain : ces comptoirs ne survivront pas à la destruction des centres politiques dont ils étaient l'émanation. La crise de la fin du IIe millénaire représente ainsi dans l'aire égéenne à la fois un effondrement du niveau culturel et un recroquevillement géographique, phénomènes toujours liés dans l'histoire grecque.

Lorsque après trois siècles d'indigente autarcie (± 1100-800 av. J.-C.) les Grecs s'aventurent hors du bassin égéen, c'est d'abord vers l'Orient qu'ils se tournent, où de grandes civilisations leur proposent des produits et des techniques supérieurs : depuis le début du VIIIe siècle, les objets importés ou fabriqués en matériaux importés (métaux, ivoire) se font de plus en plus fréquents dans les tombes, et l'écriture alphabétique empruntée à la Phénicie se propage. Par le relais de la Crète, de Rhodes et de Chypre, le cabotage grec emprunte en sens inverse la voie sans doute frayée déjà par les commerçants phéniciens, dont la présence dans l'aire égéenne reste toutefois mieux attestée par les textes que par l'archéologie. Aux bouches de l'Oronte, en Syrie du Nord, les commerçants grecs disposent, dès 800 avant J.-C., à Al Mina (Turquie) d'un comptoir permanent qui a été fouillé par L. Wooley peu avant la Seconde Guerre mondiale. C'est là qu'aboutissent les voies de commerce venant au nord des principautés néo-hittites et de l'Ourartou (Arménie), à l'est de la Mésopotamie et au sud de la Phénicie, par où transitent sans doute la plupart des objets égyptiens parvenant en Grèce, avant que le pays du Nil ne s'ouvre largement à l'influence grecque, sous la XXVIe dynastie dite saïte (664-525). Des milliers de mercenaires grecs stationnent alors dans certaines villes de garnison du Delta, mais surtout il existe à Naucratis, depuis la fin du VIIe siècle, une véritable « concession internationale » dont le centre est un sanctuaire administré par les cités ioniennes de Chios, Téos et Phocée, la cité éolienne de Mytilène et les cités doriennes de Rhodes, Cnide, Halicarnasse et Phaselis, tandis qu'Égine, Samos et Milet ont chacune un sanctuaire particulier. Les fouilles assez cursives qui y ont été menées à la fin du siècle dernier (1884-1903) par des archéologues anglais ont confirmé le texte d'Hérodote (II, 178-9) en livrant de grandes quantités de céramique importée des principales cités de la Grèce de l'Est : Chios, Rhodes, Samos... Cette présence très forte explique l'importance des trésors de monnaies grecques trouvés en Égypte. Toutefois, ni Al Mina ni Naucratis ne sont des colonies, au sens grec du mot : ce sont des comptoirs de commerce sans autonomie politique, simplement tolérés par les autorités locales. Les côtes de la Méditerranée orientale, de l'Égypte à l'Asie Mineure, sont alors contrôlées par des États trop puissants pour que les Grecs aient pu s'y installer lorsque le besoin de terres nouvelles s'est fait sentir : jusqu'au Ve siècle, ils feront figure, en Méditerranée orientale, de débiteurs modestes et industrieux. Aussi se dirigèrent-ils vers des rivages qui n'étaient que sporadiquement occupés par des peuples moins développés qu'eux. Encore s'y heurteront-ils parfois à la concurrence des Phéniciens, comme ils l'ont fait antérieurement à Chypre : depuis la fondation de Carthage (en 814 av. J.-C. selon la tradition, mais les témoignages archéologiques la datent d'après 750), le golfe des Syrtes et la côte de l'Afrique du Nord, la pointe ouest de la Sicile, la Sardaigne, les Baléares et les côtes du sud de l'Espagne sont entrés progressivement dans la mouvance punique – un partage géographique de fait que les Grecs ne chercheront vraiment à contester qu'en Sicile. Deux régions restent dès lors ouvertes à l'expansion grecque : au nord-est, les côtes de la Thrace et de la mer Noire ; au nord-ouest, l'Italie du Sud et l'est de la Sicile et, au-delà, le littoral compris entre Gênes et Valence – auxquelles il faut adjoindre la portion de la côte libyenne comprise entre l'Égypte et les Syrtes.

Partout la colonisation grecque archaïque reste côtière ; face aux indigènes solidement établis dans l'arrière-pays qui craignent la piraterie, la supériorité des Grecs est d'abord de maîtriser la mer : par elle, ils restent en contact direct avec la métropole et c'est un refuge possible si l'établissement est menacé. Même dans les régions où l'emprise grecque est très forte, la côte égéenne de la Thrace ou la Sicile, la maîtrise de l'arrière-pays fera longtemps problème et ne sera durablement acquise que par la négociation. Ainsi les Pariens installés à Thasos pourront occuper sur la côte un vaste territoire, mais jamais s'assurer pour longtemps le contrôle direct des mines d'or du Pangée ; il leur faudra s'entendre avec les turbulentes tribus thraces qui occupent la région et se contenter de la

diffusion en Grèce d'une production qui leur échappe. C'est donc partout une frange côtière grecque qui vient s'intercaler entre les indigènes et la mer, jouant un rôle de filtre dans les échanges économiques et culturels.

Dans ces conditions, un site d'établissement doit répondre à quelques nécessités premières : avant tout disposer d'un port – voire de deux – où les bateaux pourront être tirés sur une grève abritée et présenter une défense naturelle sous la forme d'un escarpement qui sera l'acropole, à la fois forteresse et sanctuaire. Les côtes découpées de la Méditerranée offrent en abondance des sites de ce type, dont l'échelle est variée, permettant l'installation de colonies plus ou moins importantes. Leur vocation – peuplement ou commerce – dépendra de l'ampleur du territoire cultivable, mais aussi des voies de communication avec l'arrière-pays indigène.

À la quête de tels sites, les Grecs ne partent pas au hasard : très vite, des spécialisations géographiques apparaissent, qui correspondent à des besoins spécifiques. Ainsi Chalcis, dont le bronze comme son nom même l'indique, est en quête de cuivre : ses premières fondations en mer Tyrrhénienne jalonnent la grande route du cuivre menant en Étrurie, tandis que la triple péninsule qui s'avance dans la mer à l'est de la plaine de Macédoine – une autre région de mines – reçoit d'elle une trentaine de colonies, ce qui lui vaut son nom de Chalcidique. De même Milet, grand port mais aussi point d'aboutissement du commerce caravanier au travers de l'Asie Mineure, et à ce titre, l'une des cités les plus ouvertes et les plus avancées de l'époque archaïque, se tourne vers la mer Noire (le Pont-Euxin des Grecs), fondant d'abord Sinope et Trébizonde, sur la côte nord de l'Asie Mineure, sans doute pour avoir un accès plus direct aux métaux de l'Ourartou (Arménie) et faire profiter sa marine des grandes forêts de l'arrière-pays. Mais la plupart des quatre-vingts cités qu'elle essaime sur le pourtour de cette mer, devenue de la sorte un lac milésien, malgré la concurrence de Mégare qui fonde notamment Byzance, semblent plutôt des colonies de peuplement, ce qui suggère une véritable explosion démographique et peut-être aussi de mauvais rapports avec les dynasties fournisseurs de blé de son arrière-pays. Quant à Phocée, autre grand port de la côte asiatique de la mer Égée, les raisons de son intérêt pour le bassin occidental de la Méditerranée restent mystérieuses ; du moins peut-on supposer que la quête des métaux fut là encore le principal mobile, car ses colonies sont presque toutes sur la route de Tartessos, région minière du sud de l'Espagne, et au débouché des voies terrestres qui drainent vers le sud l'étain des îles Cassitérides (Grande-Bretagne) : sur les côtes du Languedoc et de Provence, où Marseille, fondée vers 600 avant J.-C., jouera un rôle essentiel dans les premiers contacts des tribus gauloises avec les civilisations méditerranéennes.

À partir de 550 avant J.-C., la grande poussée colonisatrice prend fin : le trop-plein du haut archaïsme s'est tari, les meilleurs sites sont occupés. Cependant le phénomène réapparaît sporadiquement à l'époque classique : en 443, les Athéniens fondent Thourioi sur le site de Sybaris détruite depuis 510 ; les Pariens fondent Pharos en 385 dans une île de Dalmatie. Mais il faut attendre le bouleversement de la Méditerranée orientale provoqué par les conquêtes d'Alexandre le Grand pour qu'une nouvelle phase de colonisation intense se déclenche, au début de la période hellénistique. Elle vise essentiellement les régions qui étaient fermées aux Grecs à l'époque archaïque, c'est-à-dire l'ancien Empire perse : l'Asie Mineure, le Proche-Orient, l'Égypte. De plus, l'initiative en revient aux rois grecs, soucieux d'unifier leurs vastes possessions : chaque cité grecque, souvent composée de vétérans, est à la fois un point stratégique et un centre d'hellénisation et de notables indigènes s'initient à la vie urbaine grecque. Aussi cette colonisation s'intéresse-t-elle moins aux côtes trop familières de la Méditerranée qu'aux régions intérieures. L'exemple avait été donné par Alexandre lui-même : hormis les deux Alexandrie fondées sur les côtes de l'Égypte et de la Syrie pour ouvrir ces riches pays au négoce grec, ses autres fondations sont situées sur les marches orientales de l'Empire, au Turkestan, en Afghanistan, au Pakistan. Les fouilles françaises menées ces dernières années sur le site d'Aï-Khanoum (nord de l'Afghanistan) ont illustré d'une manière spectaculaire ce que fut l'hellénisme des confins : une grande ville grecque était implantée sur les bords de l'Oxus (voir p. 233). Même coupés de leurs arrières méditerranéens, ces foyers isolés, qui restent en pleine Asie centrale l'urbanité grecque, seront assez vivaces pour provoquer la naissance d'une civilisation hybride, dite gréco-bouddhique (art du Gandhara). Plus réaliste, la dynastie séleucide fera porter son effort colonisateur sur les régions centrales de son royaume : la Syrie et la Mésopotamie. Séleucos Ier Nicator (301-281) fondera ainsi des dizaines de cités, parmi lesquelles neuf Séleucie et seize Antioche ; certaines deviendront de très grands centres, comme la capitale Antioche, sur l'Oronte, son port Séleucie, Apamée-sur-l'Oronte, Laodicée-sur-Mer et surtout Séleucie-du-Tigre, seconde capitale qui, selon Strabon, avait 600 000 habitants au Ier siècle avant J.-C. Dans la moitié ouest de l'Asie Mineure, les rois de Pergame multiplient eux aussi les cités portant les noms de la famille royale : Attaleia, Eumeneia, Apollonia... Il faudra les conquêtes arabe puis turque pour effacer peu à peu cette hellénisation très profonde du Proche-Orient.

Voies commerciales et amphores

Les amphores sont des vases de transport en terre cuite munis de deux anses, utilisés depuis le milieu du IIe millénaire jusqu'à la fin de l'Antiquité (leur usage subsiste encore dans certaines régions, comme l'Égypte moderne).

D'une capacité qui variait de 3 ou 4 litres à une trentaine de litres (la moyenne se situant autour de 25 litres), leurs contenus étaient variés : vin, huile, poisson en saumure, olives, miel, fruits secs (amandes, dattes...), etc. Mis à part les sacs qui servaient au transport des céréales (et dont toute trace archéologique a disparu), les amphores constituent le grand emballage de l'Antiquité et correspondent aux bouteilles, bocaux, boîtes de conserve, jerricans de notre temps.

La forme de l'amphore permettait de reconnaître immédiatement (sans autre signe distinctif ni étiquetage) une provenance et un contenu. Chaque cité productrice d'amphores possédait ainsi un ou plusieurs types d'amphores destinés à un produit unique : ainsi connaît-on l'amphore à vin et l'amphore à huile de Corinthe, et l'île de Chios authentifiait la forme de son amphore vinaire en la représentant sur ses monnaies. À la vue de l'amphore reproduite ci-contre, un Ancien reconnaissait immédiatement une amphore de Rhodes contenant du vin.

À cette indication globale de la forme s'ajoutait souvent, surtout à l'époque hellénistique, la précision supplémentaire d'un (ou de deux) timbre(s) imprimé(s) dans l'argile fraîche d'une (ou des deux) anse(s) ou, plus rarement, sur le col. Ces timbres portent parfois un symbole officiel de la cité (rose ou buste du Soleil à Rhodes), ou bien une exacte reproduction d'un type monétaire : pour Cyrène, le palmier et le silphium, véritable panacée du monde antique, qui a tant contribué à la célébrité et à la richesse de la grande cité africaine ; pour Chios, le sphinx ; pour Samos, le protomé de taureau (voir l'illustration au bas de la page de droite) ; et même parfois un ethnique* (c'est le cas de Thasos, Cnide, Samos, *ibid.*).

En outre, ces timbres amphoriques fournissent souvent d'autres renseignements, tels que le nom d'un fabricant, sans que l'on puisse décider s'il s'agit d'un potier, d'un propriétaire de poterie ou même du propriétaire terrien sur le domaine duquel fonctionnait une poterie. Les amphores étaient fabriquées par des particuliers mais la cité exerçait un certain contrôle comme le prouvent d'autres indications sur le timbre, telles que le nom d'un éponyme* de la cité (à Rhodes, le prêtre du Soleil ; à Cnide, le démiurge ; à Thasos, le kéramarque, magistrat spécialement affecté à la vérification de la production amphorique), sans que l'on sache à quoi s'appliquait exactement le contrôle de l'État : capacité des amphores, taxes d'exportation...

Les quantités en jeu étaient énormes : le musée d'Alexandrie possède plus de 100 000 anses timbrées représentant presque autant d'amphores, des papyrus égyptiens nous ont conservé des contrats de location de poteries dans lesquels les potiers s'engageaient à produire plus de 15 000 amphores par an dans leur atelier, et enfin les dépotoirs de fours antiques (voir les illustrations ci-dessous) contiennent encore des dizaines de milliers d'amphores brisées sur place, ratés ou débris de cuisson.

Peu commodes pour tout transport terrestre (pour lequel on utilisait plus volontiers des récipients de peau), les amphores sont adaptées au fret maritime (et ont peut-être été conçues spécifiquement pour cet usage ?) : elles fournissent donc l'indice d'une production agricole assez riche pour dégager un excédent et assez organisée pour trouver des débouchés et pour créer des courants d'échange qui dépassent le cadre local. Les apports des amphores à l'archéologie sont remarquables : cette céramique brisable en de multiples fragments mais pratiquement indestructible permet d'établir les routes commerciales de l'Antiquité ; ainsi peut-on suivre la trace des amphores rhodiennes depuis l'Espagne jusqu'à Pondichéry et depuis la Crimée jusqu'à la Haute-Égypte. En revanche, on s'aperçoit que les amphores de Cyrène ou de Samothrace ne connaissaient qu'une distribution restreinte, ne dépassant guère le cadre de leur région de production.

Enfin, certaines amphores présentent aux yeux des archéologues un intérêt d'un autre genre : celui d'être datables avec une précision extrême ; les amphores rhodiennes, on l'a vu, portent le nom de l'éponyme qui changeait chaque année ; elles ont en outre l'indication du mois. Même si les spécialistes ne sont pas encore arrivés à fixer toute la suite des éponymes (ils discutent encore de l'ordre des mois), il n'en reste pas moins que certains de ces magistrats peuvent déjà être datés à quelques années près, voire, dans les meilleurs cas, à l'année près, ce qui fait de l'amphore une aide très appréciée des archéologues pour la datation des couches dans lesquelles on les trouve.

En conclusion, plusieurs zones d'ombre subsistent : bon nombre de formes d'amphores n'ont pas encore été attribuées à des cités, leur lieu de production restant mystérieux. À l'inverse, les sources littéraires, les inscriptions et les monnaies (au symbole de l'amphore ou de la grappe de raisin par exemple) nous indiquent que certaines cités produisaient du vin (et donc des amphores) sans qu'on ait la moindre idée jusqu'à présent sur le type de celles-ci. Dans les deux cas (amphore connue-cité inconnue, et la figure inverse, cité connue comme productrice et amphore inconnue), il s'agit généralement d'amphores non timbrées et parfois aussi

d'amphores timbrées dont les marques restent trop peu explicites pour permettre une identification sûre et leur attribution à une cité.

Le travail qui reste à faire est considérable : il bénéficie du concours des sciences exactes ; l'analyse minéralogique (lecture des lames-minces*) et la recherche des traces de métaux (par fluorescence X* ou par activation neutronique*) sont employées depuis une vingtaine d'années (surtout aux États-Unis, en Grande-Bretagne et en France) pour la détermination des provenances des amphores (comme du reste de la céramique), par comparaison avec du matériel de référence dont l'origine est sûre (argilières par exemple), et pour identifier ou séparer des groupes d'amphores voisines. Ces analyses jouent un grand rôle, notamment pour déceler les imitations et les contrefaçons, peu détectables à l'œil nu : ainsi a-t-on découvert par exemple que les Chypriotes essayaient de faire passer leur vin pour un cru rhodien, en imitant l'amphore de Rhodes ; ils en faisaient de même pour Chios, et les Rhodiens, de leur côté, se sont mis à imiter les amphores de Cnide... Une autre méthode qui se développe depuis quelques années consiste en la recherche systématique des fours sur le territoire des cités productrices. Cette quête sur le terrain a été couronnée par de récents succès à Thasos, à Rhodes et en Égypte (voir illustrations ci-dessous). Elle consiste dans une reconnaissance de surface : l'archéologue, par l'étude des textes anciens, des témoignages des voyageurs, des monnaies et des amphores elles-mêmes, désigne les régions susceptibles d'avoir produit des amphores ; le géologue, avec ses cartes et sa lecture des sols, repère les régions les plus propices à la viticulture ou en étant suffisamment riches en argilières pour la fabrication des amphores. Les indices de la découverte d'un four se traduisent en surface par la présence de nombreux fragments ratés et déformés par la cuisson, parfois surcuits, parfois trop peu cuits, de cendres aussi, de même que par une grande homogénéité des tessons. Dans une seconde phase, le magnétomètre à protons* est utilisé pour localiser le four de façon précise et, enfin, on procède éventuellement à une fouille, qui reste le meilleur moyen pour comprendre l'importance, la variété et la durée de la production de l'atelier.

Cette recherche des fours antiques devra être rapidement étendue à l'ensemble de la Méditerranée orientale, sous peine de voir disparaître irrémédiablement, sous la lame des bulldozers, les restes peu spectaculaires, mais fort instructifs pour l'archéologue, de l'un des artisanats les plus prospères de l'Antiquité.

Jean-Yves EMPEREUR

Dépotoirs de fours d'amphores de la région d'Alexandrie (Égypte)

Les dépotoirs de fours d'amphores de la rive méridionale du lac Mariout, au sud-ouest d'Alexandrie, ont été découverts en 1981, et la prospection de cette région se poursuit actuellement. Cette recherche a permis la localisation d'un chapelet d'une trentaine d'ateliers datables depuis l'époque ptolémaïque jusqu'à la prise d'Alexandrie par les Arabes au milieu du VIIe siècle de notre ère ; ils sont situés sur les vignobles mêmes, à quelques mètres du rivage du lac. La figure humaine, ci-dessous à gauche, donne l'échelle de ces collines qui atteignent une dizaine de mètres de hauteur, sur une superficie de plusieurs centaines de mètres carrés. Les milliers d'amphores brisées accidentellement ou déformées par la cuisson se présentent en couches alternant avec les cendres du four, ci-dessous à droite. Près de ces dépotoirs, on procédait au façonnage de l'amphore (au moyen d'un tour), à son séchage, à sa cuisson, à son poissage (on enduisait la paroi intérieure de l'amphore d'une pellicule de résine naturelle pour la rendre imperméable), à son remplissage et à son obturation (au moyen d'un bouchon de liège ou d'un opercule de terre cuite scellé à la pouzzolane). La proximité de l'eau facilitait le travail du potier ainsi que l'embarquement des amphores aussitôt après leur remplissage.

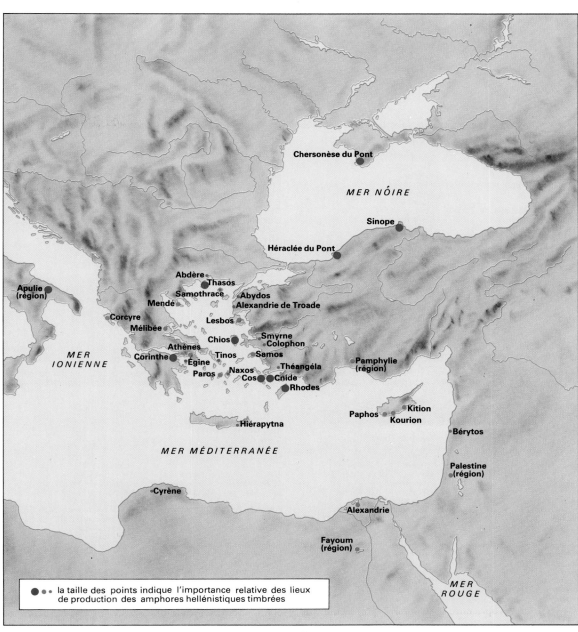

la taille des points indique l'importance relative des lieux de production des amphores hellénistiques timbrées

Amphore rhodienne (fin du IIIᵉ s. av. notre ère)

C'est le type le plus répandu dans le monde hellénistique : toutes les fouilles en ont produit, depuis la Crimée jusqu'à l'Égypte, de l'Inde jusqu'à la Grande-Bretagne. On reconnaîtra sur la photographie les parties constituantes de l'amphore grecque : un col muni de deux anses (ici elles sont timbrées), une épaule et une panse qui se termine par un pied qui servait de troisième point de préhension pour saisir l'amphore et, au moment voulu, aidait à en verser le contenu.

La production des amphores rhodiennes commence à la fin du IVᵉ siècle avant notre ère pour durer cinq siècles, jusque dans la seconde moitié du IIᵉ siècle de notre ère. Depuis l'extrême fin du IVᵉ siècle jusqu'à la fin du Iᵉʳ siècle avant notre ère, chaque amphore portait deux timbres complémentaires, avec sur l'un le nom du « fabricant » (on en connaît plus de 400) et sur l'autre celui du prêtre du Soleil, éponyme de la cité (presque 200). À partir de 240 avant notre ère s'ajoute la mention du mois, qui fait de l'amphore rhodienne l'un des documents les mieux datés de l'Antiquité.

Les cités productrices d'amphores timbrées à l'époque hellénistique

Sur cette carte figurent tous les sites producteurs d'amphores du monde grec, à l'époque hellénistique. Il conviendra d'y ajouter Ikos, petite île à l'est de Mélibée de Thessalie, Acanthe, à l'est de Mendé, et Amastris, sur la côte méridionale de la mer Noire, entre Héraclée et Sinope. Cette quarantaine de sites sont d'importance inégale (ce que signale la grosseur relative des points portés sur la carte) : alors que Cnide inondait le marché égéen, Thasos celui de la mer Noire et Rhodes l'ensemble des deux, les productions de Colophon, de Théangéla et de Hiérapytna restent de diffusion régionale. D'autres cités, telle Laodicée-sur-Mer (la moderne Lattaquié, au nord de Bérytos), connues par les textes comme d'importantes productrices de vin, ne figurent pas sur cette carte, car les archéologues n'en ont pas encore identifié l'amphore. Pour dresser une histoire du commerce du vin et de l'huile, il faut en outre tenir compte des très nombreuses amphores non timbrées, plus difficiles à interpréter et à identifier. Avant d'étudier les voies commerciales proprement dites, avec la distribution et la consommation (grâce notamment à l'étude des bateaux naufragés avec leurs cargaisons et aux nombreuses amphores découvertes au but ultime de leur voyage, dans les fouilles terrestres), les archéologues ont encore à travailler à l'identification des sites de production, pour assurer des bases solides à leur raisonnement.

Anse d'amphore et monnaie de Samos

L'anse d'amphore présentée ci-contre, à gauche, porte un timbre (inédit) qui montre un protomé de taureau entouré d'un cercle de grènetis, accompagné (sous les pattes) des deux premières lettres de l'ethnique SA pour Sa(miôn), « des Samiens ». C'est la première fois qu'apparaît sur l'anse d'une amphore une reproduction exacte du type monétaire de la cité samienne. L'émission de la monnaie présentée ci-contre, à droite, est fixée au Vᵉ siècle, ce qui date également notre amphore. Ce cas d'une représentation plus ou moins fidèle de types monétaires sur des anses d'amphore est largement répandu dans le monde grec (Chios, Cnide, Cos, Cyrène, Rhodes...). Anse P11093, publiée grâce à la courtoisie du Dʳ El Ghariani, directeur général du Musée gréco-romain d'Alexandrie, et monnaie du British Museum, nº 130.

Les trésors monétaires

Ateliers monétaires représentés dans le trésor d'Assiout (Lycônpolis). Nombre de monnaies d'argent par atelier (certaines attributions demeurent incertaines)

Métaponte 2
Caulonia 1
Crotone 1
Rhegion 1 (Reggio de Calabre)
Himère 4
Messine 2
  14, des Samiens de Zancle (Messine)
tribus thraces :
  Derroniens 15
  Ichnéens 5
tribus non identifiées 21
  Oreskiens 36
  Laiens 1
Alexandre Ier de Macédoine 1
Thasos 29
Abdère 15
Dikaia 4
Acanthe 38
Stagire 1
Skionè 2
Aeneia 1
Mendè 17
Olynthe 1
Potidée 6
Sermylée 2
Terōnè 11
Péparethos 1
Skyros 1
Corcyre (Corfou) 4
Leucade 1
Delphes 7
Béotie 4
Carystos 3
Chalkis 1
Érétrie 5
Athènes 166
Égine 133
Corinthe 39
Mélos 3
Naxos 3
Paros 6
Ténos 1
Sinope 1
Cyzique 1
Lampsaque 1
Parion 1
Abydos 1
Lesbos 1
Clazomènes 1
Milet 5
Téos 6
Chios 18
Samos 19
Cnide 3
Carie 25
Carpathos 4
Cos 1
Camiros 9
Ialysos 4
Lindos 5
Perses (Sardes) 18
Phasélis 11
Lycie 31
Sidè 1
Amathonte 1
Idalion 1
Lapethos 5
Paphos 4
Salamine 12
Chypre 9
Cyrène 18
Barcè 11
Cyrénaïque 4

Ateliers monétaires représentés dans le trésor de Demanhour (Hermopolis parva)

Tétradrachmes aux types d'Alexandre le Grand

Pella 56
Amphipolis 1582
atelier macédonien incertain 10
Corinthe 27
Lampsaque 72
Sardes 3
Milet 68
Sidè 155
Tarse 462
Salamine 109
Kition 122
Paphos 16
Amathonte 32
Marion 1
Soli (?) 3
Myriandros 178
Hiérapolis (?) 1
Damas 369
Carnè 2
Arados 317
Byblos 67
Bérytos 1
atelier phénicien incertain 2
Sidon 113
Akè 207
atelier oriental incertain 4
Babylone 630
Alexandrie 217

Tétradrachmes de Ptolémée Ier

frappés à Alexandrie 10

Trésors comprenant des monnaies d'Athènes ou de Thasos

Les trésors sont désignés par le nom de la cité antique sur le territoire de laquelle ils ont été trouvés. Lorsque la cité n'est pas connue, on donne le nom de la région en caractères gras et, lorsque le nom antique de la cité n'est pas connu, on donne le nom moderne en italique.

Des guerres médiques à la fin de la guerre du Péloponnèse

Sounion Ath 4
Éleusis Ath 12 AR fourrés
Eubée Ath 67
Érétrie Ath 25 env.
Érétrie Ath ?
Mégare Ath 44
Phocide Ath nombreux
Olynthe Ath 1
Thasos Tha 27
Drama Tha 100 env.
Pautalia Tha 200+
Philippopolis Tha 51 – Ath 1
Philippopolis Tha 61
Philippopolis Tha nombreux
Philippopolis Tha 21
Serdique Tha 4+
Serdique Tha 100+
Nicopolis de Nestos Tha quelques
Vallée de Strymon Tha 197+
Ionie Tha 1 – Ath beaucoup
Ionie Ath 1
Chios Ath 2+
Cos Ath 1
Rhodes Tha 8
Antiphellos Ath 3
Sidè Ath 1
Pamphylie Ath 2+
Pamphylie Ath 19
Antioche de Taurus Ath 100
Antioche de Taurus Ath 28
Idalion Ath 7
Chypre Tha 1
Baetocaece Tha 1 Ath 34
Phénicie Ath 1
Huran Tha 1 – Ath 31
Bubastis Tha 1 – Ath 34
Xoïs Tha 2
Hermopolis parva Tha 12
Naucratis Ath 6
Naucratis Ath 67
Athribis Tha 2 – Ath 10
Delta Tha 1 – Ath 3
Hermopolis magna Ath 55
Lycônpolis Tha 29 – Ath 166
Ecbatane Ath 167
Bactres Ath 151+
Caboul Tha 1 – Ath 33
Tarente Tha 11 – Ath 8
Rhegion Ath ?
Rhegion Ath 1
Rhegion Ath 1
Naples Ath qq
Caere Ath 4
Messine Ath 2+
Naxos (Sicile) Ath ?
Leontinois Ath 19
Syracuse Ath ?
Camarina Ath 3
Gela Ath 187
Gela Ath 6
Phintias Ath quelques
Enna Ath 7
Sélinonte Ath 4
Hippo Diarrhytos : Ath ?

De la fin de la guerre du Péloponnèse à la conquête de l'Asie par Alexandre

Athènes Ath 2
Athènes Ath 20
Délos Ath 50
Eubée Ath 2
Béotie Ath 5
Béotie Ath 3
Delphes Ath 1
Larissa Ath 1
mont Athos Ath 100
Thermè Ath 2
Thasos Tha 36
Thasos Tha 12+
Thasos Tha 14
Thasos Tha 3
Pautalia Ath 47
Lesbos Ath 1
Clazomènes Ath 5+
Rhodes (île de) Ath 1
Laranda Ath 5
Carie Tha 12
Cilicie Ath 200
Cilicie Ath 6
Cilicie Ath 39
Al Mina Ath 18
Al Mina Ath 26
Sidon Ath 2
Beroea Ath ?
Neapolis de Palestine Ath 1
Neapolis de Palestine Ath 206+
Phénicie Ath 60
Pithom-Héroopolis Ath 6000
Naucratis Ath 70
Naucratis Ath 70
Delta du Nil Ath ?
Delta du Nil Ath 52
Athribis Ath 239
Memphis Ath 39
Babylonie Ath 6
Babylonie Ath 37
Catane Ath 5
Catane Ath 3
Gela Ath 18
Phintias Ath 4
Enna Ath 3
Enna Ath 1
Enna Ath 2
Enna Ath 2
Figueras (Espagne) Ath 2

« Trésor monétaire », le mot a un parfum d'exotisme, évoquant *L'Île au trésor* et les pirates des Caraïbes. Pour le numismate, un trésor est un lot de monnaies, rassemblées volontairement (ce qui exclut les pièces réunies au hasard, par exemple dans un égout) et perdues par leur propriétaire, au cours d'une guerre, d'un naufrage ou de toute autre circonstance. Ainsi définis, les trésors constituent une source de documentation des plus riches pour l'historien : rien que pour l'Antiquité grecque, le dernier recensement, en 1970, en comptait plus de 2 300, depuis l'apparition de la monnaie, vers 600 avant J.-C., jusqu'au début de l'ère chrétienne, allant de la modeste bourse de quelques piécettes jusqu'aux grandes caisses royales comprenant des milliers de tétradrachmes* et de pièces d'or.

Qu'elle note la dispersion des monnaies d'une cité à travers l'espace ou, inversement, le lieu de fabrication des diverses pièces d'un trésor, une carte des trésors grecs montre tout d'abord un réseau très dense d'échanges dans toutes les directions, à travers la Méditerranée familière aux Grecs, c'est-à-dire de la Sicile et de la Cyrénaïque jusqu'au golfe d'Antioche, et des Détroits à l'Égypte. Dépasser cette première image, c'est analyser, par quelques exemples, les traits propres aux monnaies de telle ou telle cité et l'évolution chronologique de ces échanges.

Quatre cas ont été retenus ici : deux trésors retrouvés en Égypte, qui nous donnent l'état de la circulation monétaire au moment de la seconde guerre médique* et au lendemain de la conquête de la région par Alexandre, et deux villes, Athènes, dont la marine de guerre domina l'Égée et fit du Pirée le principal port commercial de la Méditerranée, et Thasos, cité plus modeste du nord de l'Égée, mais qui joua un rôle non négligeable dans les rapports entre les Grecs et le monde thrace.

À Lycônpolis, l'actuelle Assiout, des ouvriers découvrirent, en 1969, un millier de pièces qui passèrent sur le marché en lots séparés. Le trésor original dut être reconstitué, comme c'est souvent le cas, à partir de vagues indications, en tenant compte de la composition des lots, de l'aspect des pièces, de la date de leur mise en vente. De l'opération sortit le plus important trésor de l'époque des guerres médiques : sur la carte, les cercles noirs vont de la Sicile à Chypre qui marque la limite orientale des ateliers alors en activité. Certaines pièces, comme un tétradrachme d'Alexandre Ier de Macédoine, montrent que le trésor ne fut enfoui que vers 470, mais l'essentiel date d'immédiatement avant 480, au moment des derniers préparatifs de défense grecs face à l'invasion perse : c'est le cas des 166 tétradrachmes d'Athènes ou des 133 statères* d'Égine ainsi que des pièces de la plupart des ateliers de Grèce centrale. D'autres pièces ont été émises par des cités déjà asservies par le Grand Roi* auquel elles payaient tribut : ainsi les pièces des ateliers de la côte nord de l'Égée, de l'Asie Mineure et de Chypre. L'Ouest grec, la Sicile et la Grande-Grèce n'ont guère participé à la guerre : leur présence ici, modeste à l'exception de Zancle-Messine où des Samiens étaient venus fuir le tyran imposé par les Perses, atteste seulement la vitalité de leurs liens avec le reste du monde grec. Dans sa diversité, ce trésor – et d'autres – montre que certains avaient su tirer profit de l'expédition de Xerxès, malgré la catastrophe finale.

Cent cinquante ans plus tard, les 8 000 tétradrachmes du trésor d'Hermopolis parva, aujourd'hui Demanhour, dans le Delta, sont, aux 10 tétradrachmes de Ptolémée Ier près, tous aux types d'Alexandre (fig. 5) : si le conquérant a, comme le Grand Roi, laissé aux cités alliées et sujettes le droit de battre monnaie, il a, lui, créé une monnaie d'Empire qui fait prime sur le marché. L'Ouest, où Alexandre n'est pas allé, est ici absent. De même la vieille Grèce, à l'exception de Corinthe occupée par une garnison macédonienne. En revanche, l'importance des ateliers macédoniens, Pella et Amphipolis, montre bien d'où vient le pouvoir. La localisation des autres ateliers témoigne de la réorganisation de l'Empire perse conquis ou rallié : on les trouve soit dans les capitales régionales (Lampsaque pour les Détroits, Milet pour la côte de l'Asie Mineure, Sardes pour la vieille Lydie, Sidè, Tarse...), soit chez les rois vassaux qui se sont soumis à temps (les princes de Chypre, Sidon...), soit enfin dans les villes créées par Alexandre, tout particulièrement cette Alexandrie qui doit rattacher solidement à la Méditerranée l'Égypte nouvellement conquise.

Outre l'Empire perse, l'autre grande victime de la victoire macédonienne avait été Athènes : il n'en est que plus intéressant de comparer la carte de la répartition des « chouettes » athéniennes (dans un cercle rose pour les trésors du ve siècle, dans un cercle noir pour ceux du ive siècle) à celle des ateliers d'Alexandre. Ces tétradrachmes se trouvent d'abord en Égée, dominée par la flotte athénienne au ve siècle et, moins solidement et moins régulièrement, au ive. Ils sont rares sur la côte nord et plus encore dans la région des Détroits où se maintiennent de vieux monnayages comme celui de Thasos. En revanche, ils abondent sur les côtes de l'Empire perse, et tout particulièrement dans les zones agricoles riches comme la vallée du Nil ou la Cilicie autour de Tarse. Bien que le plus souvent en mauvais termes avec le Grand Roi et parfois en guerre ouverte contre lui, Athènes a pendant toute la période un commerce très actif avec l'Empire où elle se procure notamment blé et esclaves et livre du vin et de l'huile, sans parler des mercenaires. Mais le nombre de ces chouettes (fig. 4) dont la venue n'est qu'à peine perturbée par les guerres, même par la guerre du Péloponnèse*, montre surtout que cette monnaie est la grande monnaie internationale du temps.

Face à cette continuité, c'est un exemple de ruptures que nous fournissent les monnaies de Thasos (canthare noir sur cercle bleu au ve siècle, bleu sur fond noir au ive). La première rupture date de 480, de l'expulsion des Perses de la région : alors que jusque-là les statères thasiens (fig. 1) sont assez nombreux dans l'Empire, après 480 plus aucun trésor n'en contient. La seconde, plus surprenante, se place à la fin de la guerre du Péloponnèse : au ve siècle, ces statères pénètrent largement à l'intérieur du monde thrace, au cœur de la Bulgarie actuelle ; ce mouvement cesse totalement au ive siècle et les nouvelles monnaies thasiennes, les tétradrachmes aux types de Dionysos et d'Héraclès (fig. 3), ne circulent guère hors de l'île.

Ces ruptures doivent nous mettre en garde : si riche d'enseignements que soit une carte des trésors et de la circulation monétaire, notre information reste très lacunaire. Moins sans doute parce que les trésors ne nous livrent qu'un infime échantillon des capitaux en circulation : la statistique nous apprend qu'un échantillon pris au hasard, ce qui est le cas, peut être représentatif. Mais parce que ces échanges financiers dépendent de toutes sortes de conditions, politiques, militaires, culturelles qui interfèrent avec les pratiques proprement commerciales et qui pour la plupart nous échappent.

Olivier PICARD

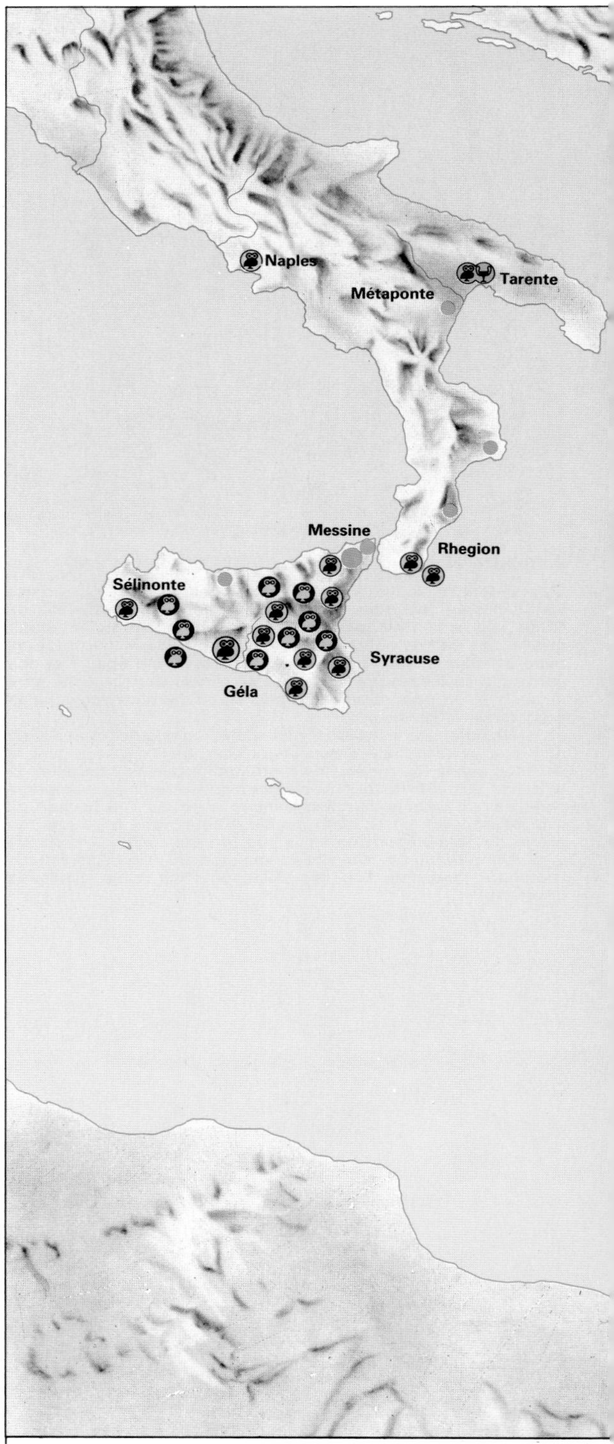

cités dont des monnaies sont présentes dans le trésor d'Assiout (Lycônpolis)
moins de 10 monnaies
de 10 à 49 monnaies
à partir de 50 monnaies

ateliers représentés dans le t[…] de Demanhur (Hermopolis p[…]
moins de 10 monnaies
de 10 à 49 monnaies
à partir de 50 monnaies

fig. 1 - Statère de Thasos (vers 500-480 av. J.-C.)

Droit : scène dionysiaque. Silène (monstre à jambes et oreilles de cheval) enlevant une nymphe (ou mieux une ménade, suivante féminine du thiase dionysiaque). Revers : carré incus.

fig. 3 - Tétradrachme de Thasos (vers 390-380)

Droit : tête à gauche de Dionysos barbu, couronné de lierre. Revers : Héraclès agenouillé, tirant de l'arc, vers la droite ; à gauche ΘΑΣΙΟΝ ; en bas à droite, bouclier rond orné d'une massue ; le tout dans un carré incus.

fig. 5 - Tétradrachme aux types d'Alexandre (vers 330). Atelier d'Amphipolis

Droit : tête à droite d'Héraclès coiffé de la peau de lion. Revers : Zeus trônant à gauche, ΑΛΕΞΑΝΔΡΟΓ à droite.

fig. 2 - Décadrachme d'Athènes (vers 465)

Droit : tête à droite d'Athéna. Revers : chouette debout de face, les ailes éployées.

Toutes ces monnaies sont en argent. Cabinet des Médailles, Bibliothèque nationale, Paris.

fig. 4 - Tétradrachme d'Athènes (vers 300-295)

Droit et revers : tête à droite d'Athéna, chouette debout à droite ; ΑΘΕ ; rameau d'olivier et croissant de lune en haut à gauche ; le tout dans un carré incus.

fig. 6 - Tétradrachme de Ptolémée Ier (vers 312-305). Atelier d'Alexandrie

Droit : tête à droite d'Alexandre. Revers : Athéna Alkis : à gauche, ΑΛΕΞΑΝΔΡΟΓ ; à droite, aigle.

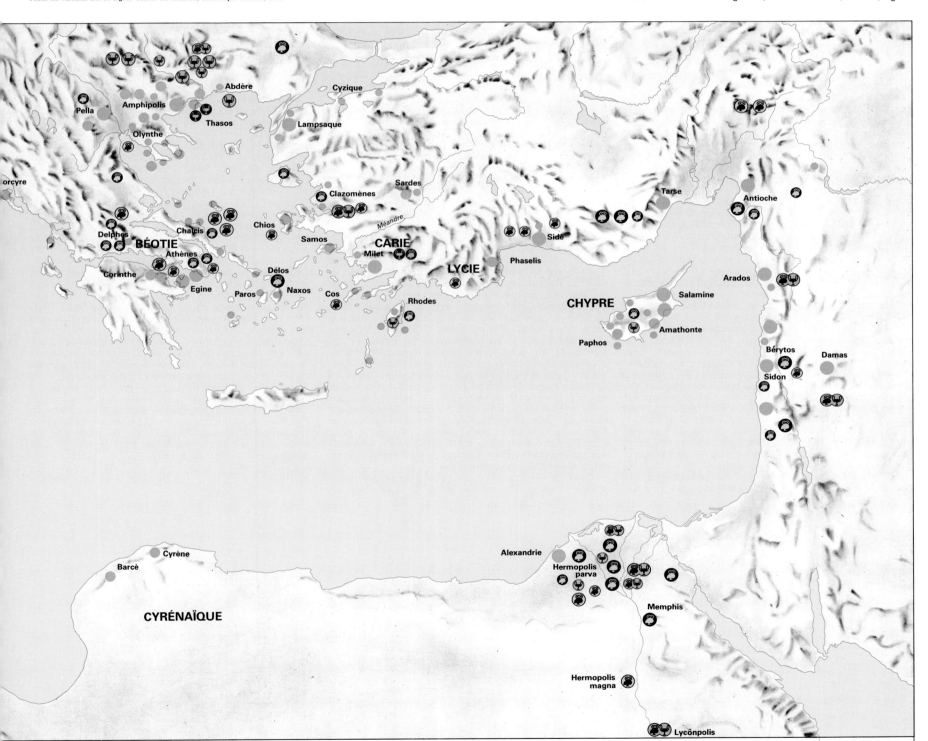

sor du Ve siècle contenant des monnaies d'Athènes

de 1 à 24 tétradrachmes, ou monnaies ayant une valeur comparable

à partir de 25 tétradrachmes

sors du IVe siècle contenant des monnaies d'Athènes

de 1 à 24 tétradrachmes, ou monnaies ayant une valeur comparable

à partir de 25 tétradrachmes

trésors du Ve siècle contenant des monnaies de Thasos

de 1 à 24 tétradrachmes, ou monnaies ayant une valeur comparable

à partir de 25 tétradrachmes

trésors du IVe siècle contenant des monnaies de Thasos

de 1 à 24 tétradrachmes, ou monnaies ayant une valeur comparable

à partir de 25 tétradrachmes

trésors contenant des monnaies d'Athènes et de Thasos

de 1 à 24 tétradrachmes, ou monnaies ayant une valeur comparable

à partir de 25 tétradrachmes

Manuscrits et inscriptions

Jusqu'au XIXᵉ siècle, la connaissance de la civilisation grecque reposa avant tout sur la tradition manuscrite ; depuis lors, l'essor de l'archéologie a fourni une masse sans cesse accrue d'objets de tous ordres qui ont révélé une « civilisation matérielle » qui n'apparaissait qu'allusivement dans les textes. Quel que soit l'intérêt historique et esthétique de tous ces objets, qui ont ouvert nombre de perspectives nouvelles, l'apport des textes reste cependant essentiel à la compréhension profonde de la Grèce antique, et cela d'autant plus qu'aucune des trois grandes catégories de documents écrits grecs ne constitue encore un ensemble clos.

Les inscriptions et les textes sur papyrus* n'étant entrés véritablement dans le champ du savoir qu'au XIXᵉ siècle, ce sont les *manuscrits* sur parchemin* qui ont, pendant quinze siècles, assuré le rayonnement et la survie de la civilisation grecque : aussi chaque « renaissance » a-t-elle été d'abord un effort pour rassembler, publier et commenter les manuscrits des auteurs grecs. La première entreprise de ce genre a eu pour centre le musée d'Alexandrie*, véritable centre de recherches fondé par Ptolémée Iᵉʳ au début du IIIᵉ siècle avant J.-C. pour constituer et transmettre un corpus du savoir grec. Un travail considérable de choix et de critique des textes à partir des volumes alors en circulation fut réalisé là par des générations de philologues éminents, dont le plus célèbre est Aristarque (217-145 av. J.-C.), à qui l'on doit l'établissement du texte d'Homère, accompagné de commentaires. On estime que cette bibliothèque centrale du monde grec devait rassembler environ 500 000 volumes lorsqu'elle brûla en 47 avant J.-C., catastrophe irréparable même si la bibliothèque rivale fondée à Pergame* par les rois attalides et la bibliothèque du gymnase de Ptolémée, à Athènes, ont pu pallier en partie sa perte. Cette dernière, constituée de copies des archétypes du musée d'Alexandrie, fut magnifiquement installée par Hadrien, en 131-132, dans un bâtiment qui devint le nouveau centre de l'érudition philologique, jusqu'au transfert du fonds à Constantinople par Constantin, au début du IVᵉ siècle. Entre-temps, le support des textes avait changé : le livre en parchemin (*codex*), plus solide et économique, avait remplacé le rouleau de papyrus (*volumen*), cher, fragile et encombrant. Tous les textes existant sur papyrus ne furent pas transcrits, et ce phénomène de déperdition se reproduisit lorsqu'on passa au IXᵉ siècle de l'écriture onciale en majuscules à la cursive. Heureusement, cette transcription limitative se produisit dans le cadre de la « renaissance » byzantine » qui suivit la fin de l'iconoclasme*. Une deuxième fois, on s'efforça alors d'épurer la tradition obscurcie en établissant de nouvelles éditions commentées, qui sont la base même de notre connaissance de la littérature grecque : aucun de nos 55 000 manuscrits grecs connus (dont environ 5 000 en France et 2 800 à la Bibliothèque nationale) ne remonte au-delà. Sur les neuf cents auteurs ainsi conservés, cent ne le sont que par une unique copie remontant à un prototype de cette époque. Pour mesurer l'ampleur de la déperdition, accentuée par les terribles vicissitudes qu'a connues ultérieurement l'hellénisme, il suffit d'indiquer que l'on connaît environ 10 p. 100 seulement des œuvres

attestées. Mais combien ont dû disparaître sans laisser même une mention de leur existence ?

L'apport des *papyrus* trouvés en Égypte n'en est que plus précieux : certains proposent des variantes, très antérieures aux manuscrits, de textes déjà connus ; mieux encore, d'autres révèlent des textes nouveaux, parfois d'un intérêt majeur. C'est ainsi que furent découverts, en 1890, la Constitution des Athéniens d'Aristote (British Museum) et, en 1957, la première comédie complète de Ménandre, *L'Atrabilaire* (collection Bodmer, Genève). Sans les papyrus, malheureusement presque toujours fragmentaires, d'autres auteurs importants comme Archiloque (VIIᵉ s.), Bacchylide (Vᵉ s.) ou Hérondas (IIIᵉ s.) seraient réduits à quelques citations insignifiantes. La très grande majorité de ces papyrus littéraires datent des IIᵉ et IIIᵉ siècles après J.-C., apogée de l'Égypte gréco-romaine. Il s'agit dans la plupart des cas de papyrus jetés au rebut ou remployés comme rembourrages de momies, c'est-à-dire de paperasses jugées désormais sans valeur : vieux livres et travaux d'élèves, mais aussi actes officiels et pièces de comptabilité, correspondance privée ou d'affaires, écrits techniques de toutes sortes, etc. Ces dizaines de milliers de documents, qui ne sont encore que très partiellement édités et étudiés, nous révèlent des aspects inconnus de la civilisation grecque, à l'époque hellénistique et impériale, dans le milieu très particulier que constitue l'Égypte colonisée par les Grecs à la suite d'Alexandre : l'administration, la vie économique et quotidienne, les sentiments et les croyances s'en trouvent éclairés avec une richesse de détails que ne fournit aucun autre type de documents de l'Antiquité classique. Malheureusement, les conditions dans lesquelles ont été rassemblés les documents qui constituent les grands fonds européens (Vienne, Londres, Berlin, Paris, Florence) ont été déplorables. Jusqu'aux premières fouilles méthodiques, mais cursives, de B. P. Grenfell et A. S. Hunt à Oxyrhynchos (1895-1907), les papyrus furent recueillis par les paysans ou par des trafiquants sans scrupules : les documents jugés non négociables, parce que trop fragmentaires ou tardifs, étaient tout simplement détruits ; beaucoup d'autres étaient mutilés sciemment ou faute de soin au moment de leur découverte. Ainsi des ensembles ont-ils été dispersés, des pièces intactes démembrées. On estime aujourd'hui qu'une bonne moitié des papyrus découverts au XIXᵉ siècle a aussitôt disparu de la sorte. Même si cette fièvre s'est calmée depuis la Première Guerre mondiale avec la fin des trouvailles massives du Fayoum*, les découvertes sporadiques, officielles et clandestines continuent ; mais le grand barrage d'Assouan, qui a entraîné une humidité permanente du sol égyptien, risque d'être fatal à terme aux papyrus encore enfouis. Quoi qu'il en soit, après les temps héroïques de la collecte et du défrichage des fonds, la papyrologie est entrée dans l'ère des publications systématiques et thématiques, rendant ainsi possible, au moins pour l'Égypte gréco-romaine, une histoire sociale et économique qui reste très aléatoire pour le reste du monde grec, faute d'archives correspondantes.

Quant à l'*épigraphie*, c'est-à-dire l'étude des textes gravés – essentiellement sur marbre, mais aussi sur

bronze ou sur argile –, elle s'est constituée beaucoup plus tôt que la papyrologie : dès le XVᵉ siècle, Cyriaque d'Ancône copiait les inscriptions grecques qu'il rencontrait lors de ses pérégrinations en mer Égée. Les voyageurs érudits des XVIIᵉ, XVIIIᵉ et XIXᵉ siècles en firent souvent autant, pour notre plus grand profit, car nombre de ces inscriptions ont disparu depuis lors. Bien qu'elle puisse encore faire état de moissons appréciables dans certaines régions du Proche-Orient, cette épigraphie, qu'on pourrait dire descriptive, a été éclipsée depuis la seconde moitié du XIXᵉ siècle par l'épigraphie archéologique : la fouille des grands sanctuaires et des lieux publics a amené la découverte de dizaines de milliers d'inscriptions. Au moment où la fin de l'exploration des grands sites et la minutie accrue des fouilles semblaient devoir diminuer le nombre des trouvailles, les labours profonds et l'essor de la construction en Grèce et en Turquie depuis la Seconde Guerre mondiale maintiennent le rythme des découvertes : chaque année, ce sont des centaines d'inscriptions nouvelles qui apparaissent, dont les premières publications sont signalées et critiquées dans le *Bulletin épigraphique* de J. et L. Robert, avant d'être reprises dans le *Supplementum epigraphicum graecum*. Ces documents sur pierre sont toujours des textes officiels : qu'il s'agisse de décrets, de listes de magistrats, de règlements ou de calendriers de culte, de dons faits aux dieux, d'actes d'affranchissement, de comptabilités de constructions ou d'inventaires, d'hommages rendus – souvent en vers – à des bienfaiteurs, à des athlètes vainqueurs ou à des morts, c'est une information importante, soit pour un individu soit pour la collectivité, qu'on a voulu assurer en lui assurant une publicité durable. Aussi ne surprend-on pas dans ces inscriptions, comme dans les papyrus, la vie privée et quotidienne, dont l'effet de réalité n'en reste pas moins saisissant : la vanité et l'ambition des individus, la vivacité persistante de la vie associative, la volonté obstinée d'autonomie des cités, d'abord dans un monde instable dominé par la guerre, puis au sein même de la « paix romaine », s'y dévoilent ; c'est une histoire immédiate, non filtrée par la rhétorique des historiens, qu'on peut y lire, avec ses petits événements et ses grandes constantes. Les quelque deux cent mille inscriptions grecques connues apportent donc une contribution essentielle à notre connaissance de l'histoire et des institutions grecques, d'autant que la plupart des grandes catégories d'inscriptions ont développé un formulaire qui permet de restituer, par analogie, une partie des lacunes que présentent ces textes, la plupart fragmentaires ou usés. De plus, l'évolution de la graphie et de la mise en page, souvent très soignées, voire décoratives, permet de dater à peu près un grand nombre de documents, pourvu que l'on connaisse le style régional, car l'épigraphie, comme tous les arts de la Grèce, a connu ses modes et ses manières locales : ces lapicides* anonymes ne furent pas seulement des lettrés scrupuleux, certains furent aussi des artistes dont on peut reconnaître la main.

Bernard HOLTZMANN

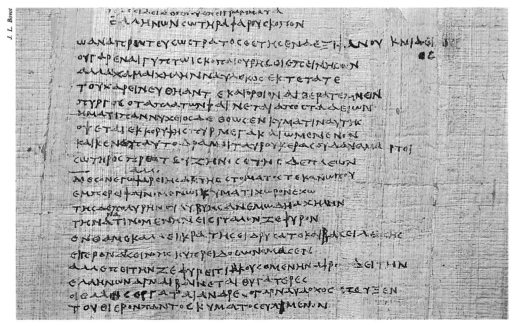

Fragment du papyrus Didot

Ce document datant du IIᵉ siècle avant J.-C. porte à droite, sur sa quatrième et dernière colonne, deux épigrammes de Poseidippos de Pella, poète du début du IIIᵉ siècle. La première est une dédicace en dix vers du célèbre phare d'Alexandrie adressée à Protée, dieu marin, pasteur de phoques, maître de l'île de Pharos selon Homère : « Cette sauvegarde des Grecs, ô veilleur de Pharos, ô seigneur Protée, c'est Sostratos qui l'a érigé, fils de Dexiphanès, de Cnide. C'est qu'en Égypte tu n'as pas comme postes de guet des hauteurs sur des îles : non, la baie qui accueille les navires s'étend au ras des eaux. C'est pour cela que, debout toute droite, se découpe sur le ciel une tour qui se voit à une distance infinie pendant le jour. Pendant la nuit, bien vite au milieu des flots le marin apercevra le grand feu qui brûle au sommet, et il pourra courir droit sur la Corne de taureau, et il ne saurait manquer d'atteindre Zeus Sauveur, ô Protée, celui qui navigue en ces parages » (trad. F. Chamoux). Le phare d'Alexandrie, l'une des sept merveilles du monde ancien, avait une hauteur d'environ 100 mètres : le premier étage était un haut bastion quadrangulaire de 60 mètres de côté et long, octogonal, avait 30 mètres de hauteur et le troisième, haut de 7 mètres, était rond : c'était le socle de la statue colossale de Zeus Sauveur, protecteur des marins. Le phare était relié au continent par une jetée de plus d'un kilomètre, l'Heptastade, délimitant deux ports. Musée du Louvre, AE/E 7172.

Cruche inscrite

Sur l'épaule de ce vase trouvé dans une tombe du Dipylon (Athènes) est gravée cursivement, de droite à gauche, la plus ancienne inscription grecque connue (vers 740 av. J.-C.) : « De tous ceux qui dansent en ce moment, qui est le plus gracieux, ceci le montre. » Il s'agit donc d'un prix pour un concours de danse ou d'un hommage au cours d'un banquet. La forme et la position de certaines lettres – l'A couché notamment – sont très proches encore des modèles phéniciens. Musée national d'Athènes, Inv. 192.

Fond d'un petit vase inscrit

Sur le fond de cet humble gobelet attique, d'usage quotidien, est gravé : « J'appartiens à Phidias », probablement de la main même de l'artiste. Le vase a été trouvé brisé en de nombreux fragments dans un remblai de l'atelier où Phidias réalisa, à une date qui reste incertaine (450 ou 430 av. J.-C.), la statue de culte colossale, en or et en ivoire, de Zeus trônant en majesté. Musée d'Olympie.

Fragment des « lois de Gortyne » (Crète)

Ce texte en dialecte dorien, gravé sur les parois d'un bâtiment public, est réparti en douze colonnes dont les lignes se lisent alternativement de droite à gauche et de gauche à droite (boustrophédon). Cette disposition archaïque et l'alphabet restreint à dix-huit lettres illustrent le conservatisme cultivé par la Crète en plein Ve siècle avant J.-C. Les dispositions juridiques qu'il codifie ne sont pas moins archaïques, puisque y sont mentionnés, outre les hommes libres et les esclaves, des paysans attachés à la terre mais pouvant posséder bétail et objets – une forme de servage qui avait alors disparu depuis longtemps hors de Crète.

Inscription sur le socle d'une statue

« Satyros, fils d'Eumène, de Samos. Premier à se retrouver seul participant à l'épreuve de double-flûte, il remercia le Dieu et les Grecs d'avoir remporté le prix en leur offrant, lors du sacrifice qui, dans le stade pythique, suit le concours sportif, deux extraits des Bacchantes d'Euripide : Dionysos, chant avec chœur, et le morceau pour cithare. » Ce musicien illustre, connu par d'autres inscriptions, commémora sa victoire par forfait aux jeux Pythiques de 194 avant J.-C. en érigeant sa statue et en jouant – ou en faisant jouer ? – deux parties musicales de la célèbre pièce d'Euripide : un choral dansé avec accompagnement de double-flûte (peut-être la première intervention du chœur, qui chante les louanges de Dionysos aux vers 64-169) et un récitatif accompagné non par la double-flûte, comme c'était l'usage, mais par la cithare. Si ce texte elliptique veut dire plutôt qu'il joua lui-même, il s'agit alors d'une transcription pour double-flûte de cette partition exceptionnelle. Ce récital lui aurait ainsi permis de montrer ses talents de concertiste avec le chœur, puis de soliste virtuose avec le récitant. Sanctuaire d'Apollon, Delphes, Inv. 1002.

Rome et la formation de la cité dans le Latium

Les progrès de la recherche archéologique permettent de reprendre sur des bases renouvelées l'analyse de la formation de la cité dans le Latium et l'évaluation de l'incidence sur ce développement de phénomènes extérieurs mais corrélés (colonisation grecque de l'Italie méridionale et de la Sicile, structuration des cités étrusques, rapports avec le monde phénico-punique). Au cœur des discussions se trouve la question de la valeur respective des sources écrites et des documents archéologiques et celle de la légitimité des passages que l'on peut établir entre les deux séries de données. Le récit des « origines », dont l'élaboration est un des signes patents de la structuration politique des groupes en présence (les cultes rendus à des héros fondateurs comme Énée à Lavinium ou Romulus à Rome ne sont que des cas particuliers d'un phénomène largement répandu dans les cités grecques à l'époque archaïque), revêt une importance cruciale puisqu'il offre un trésor d'épisodes exemplaires destinés à servir le temps présent. Les récits, transmis jusqu'à nous sous la forme la plus complète par les écrivains augustéens, se présentent comme une succession de tableaux bien ajustés dans lesquels l'empreinte de l'histoire postérieure de Rome (surtout celle des conflits des deux derniers siècles de la République), les schémas d'analyse de l'historiographie antique ainsi que les schémas légendaires et les traces fossilisées de rites très anciens (voir les travaux de Georges Dumézil) se lisent comme autant de sédimentations et de stratifications du texte. L'enquête archéologique, par ailleurs, met en présence de sites cruciaux pour l'histoire des régions concernées (citons, entre autres, les fouilles d'Ischia, Pontecagnano, Pratica di Mare [Lavinium], Castel di Decima [Politorium ?], de l'Osteria dell'Osa [Gabies], de Pyrgi, de Gravisca...) et a entraîné une multiplication des études sur le matériel, avant tout céramique, servant à établir les chronologies. En outre, l'étude minutieuse des habitats et des nécropoles permet de proposer une analyse anthropologique des groupes en présence qui sait s'inspirer des acquis de la recherche en ethnologie. Rappelons, avant d'en venir aux périodes liées à la formation de la cité dans le Latium, que la connaissance des phases tardives de l'Âge du bronze (XIIIe-Xe s.) a connu depuis 1975 un renouveau très profond qui permet d'aborder sur des bases documentaires élargies le problème fondamental de la structuration des différents faciès régionaux entre le Bronze final (Xe s.) et le premier Âge du fer (IXe s.), lorsque les faciès locaux définis par l'archéologie viennent coïncider pratiquement avec les territoires occupés, à l'époque historique, par les différents peuples italiques. On relève, d'autre part, une importance sans cesse accrue des importations et des présences mycéniennes en Italie méridionale, en Sicile, ainsi qu'en Sardaigne et dans les régions situées au nord de Rome (Luni sul Mignone, zone des monts de la Tolfa). Les séquences postérieures, qui définissent une évolution aboutissant à la formation de la cité, phases I (1000-900), II A (900-830), II B (830-770), III (770-730/720), IV A (730/720-640/630), IV B (640-580), reposent sur l'analyse interne de la documentation archéologique, ce qui implique que chaque période soit définie par un ensemble de structures signifiantes. Mais il paraît nécessaire d'admettre un certain décalage entre les processus qui se déroulent au sein des sociétés et l'inscription d'une organisation (par exemple, dans le plan d'un habitat) ou – à plus forte raison – d'une idéologie (ainsi dans le domaine funéraire), dans la matérialité des objets ou des lieux de la vie courante qui nous sont restitués, à l'état de fragments, par les fouilles archéologiques. On posera donc qu'en l'état des recherches les étapes présentées forment les jalons les plus apparents d'une évolution dont on saisit plutôt les points d'aboutissement que les processus mêmes de déroulement. En face du caractère événementiel des sources écrites, la temporalité restituée par l'analyse archéologique présente les caractères d'une histoire de la « longue durée » dont on comprend sans doute moins le cours constant et quotidien que les accélérations et les « crises » qui se manifestent à des moments cruciaux du développement socio-économique des groupes étudiés. Pendant les périodes I et II A, on relève des traces d'installations très fluides et dispersées, dans des cabanes dont on peut reconstituer la forme à partir des vestiges réels (fonds et trous de poteaux) et des modèles réduits en terre cuite contenant les cendres des morts. Les travaux d'A. M. Bietti-Sestieri, à l'Osteria dell'Osa, ont mis en relief un phénomène très important pour la phase II A, moment où l'inhumation apparaît à côté de l'incinération : les tombes à incinération, avec l'urne-cabane et les objets miniaturisés (dont les armes) distinguent les morts de sexe masculin et paraissent projeter, dans le domaine funéraire, une hiérarchie fondée sur la prééminence du *pater familias* (chef de famille), non décelable antérieurement. Avec la période II B, on relève une nette augmentation démographique et un certain regroupement des habitats qui semblent se répartir le long des voies de communication (par exemple, Castel di Decima, sur la route de Véies vers la Campanie). La phase III, que l'on connaît surtout par le mobilier funéraire, se caractérise par une série d'innovations dans les techniques agricoles et artisanales, ainsi l'introduction de la viticulture ou l'apparition d'une céramique en argile dépurée, faite au tour, de formes traditionnelles mais avec un décor peint qui s'inspire de la céramique géométrique grecque (eubéenne), dont des fragments d'importation furent découverts sur le site même de Rome. Ces changements coïncident avec l'installation des Eubéens à Ischia (Pithécusses), vers 775, et avec la fondation de Cumes, un quart de siècle plus tard. À partir de cette date, l'afflux des colons grecs et le développement du commerce avec l'Étrurie mettent la basse vallée du Tibre au cœur d'une zone d'échanges, ce qui entraîne une accélération et une intensification du processus de différenciation sociale amorcé précédemment et la constitution d'aristocraties locales. La phase IV A voit l'affirmation de cette structuration, amorcée au VIIIe siècle et qui touche, avec le Latium, l'Étrurie voisine. Les signes les plus perceptibles sont livrés par les nécropoles (volonté de souligner la différence des sexes, l'homme étant caractérisé par ses armes, la femme par le luxe de la parure ; richesse des objets importés et fabriqués sur place ; adoption, comme signe distinctif, de coutumes grecques comme la consommation du vin dans les banquets ou celle de l'huile parfumée). Grâce à l'introduction de l'écriture, on constate également que la formule onomastique à deux éléments (prénom et nom de famille) s'est substituée au nom individuel, probablement dès la seconde moitié du VIIIe siècle. Ce trait distinctif des peuples de l'Italie centrale met aussi en relief l'importance du groupe familial. Avec la phase IV B, conséquence ultime de l'évolution, les signes que le passage à la cité est désormais chose faite se lisent de manière particulièrement nette dans la topographie de Rome avec l'apparition d'un espace public et religieux là où se dressaient précédemment les cabanes, elles-mêmes progressivement remplacées par des habitations à toits de tuiles (voir surtout les fouilles du Forum et du Forum Boarium, deux zones soumises aux crues du Tibre dont l'aménagement présuppose d'importants travaux de drainage, eux-mêmes signes d'une organisation collective importante). Si l'on rapproche des sources anciennes ces principales étapes du développement de Rome et du Latium, il est difficile de considérer certaines coïncidences comme purement fortuites, et la tendance actuelle qui s'oriente vers une revalorisation raisonnée de la tradition antique paraît justifiée. Mais l'on distinguera en les opposant les phases antérieures à la fin du VIIe siècle, à propos desquelles on devrait parler plutôt d'un rapport métaphorique entre les deux séries de données – ainsi pour la documentation mycénienne et les traditions sur la venue des héros grecs en Italie (Énée, Hercule, Ulysse...) ou bien pour la « coïncidence » entre le processus enclenché dans les années centrales du VIIIe siècle et la date traditionnelle de la fondation de Rome – et les correspondances précises que l'on peut établir entre les phases archéologiques, à partir de la fin du VIIe siècle, et le règne des trois derniers rois de Rome (Tarquin l'Ancien, Servius Tullius, Tarquin le Superbe). Cette correspondance semble non seulement le signe que le passage à la cité est désormais chose faite, mais elle montre qu'il s'agit d'un phénomène conscient pour l'ensemble du corps politique qui en laisse conjointement les traces dans l'entrelacs des récits et le réseau de pierres.

Agnès ROUVERET

Le forum romain au début de la République

Le plan met en évidence une structuration de l'espace public autour d'un axe matérialisé par la Voie sacrée (*Via sacra*) reliant le forum à la Citadelle (*Arx*). Cet espace correspond, dans le mythe de fondation, au lieu d'affrontement entre Romains et Sabins et à la réconciliation de leurs chefs, Romulus et Titus Tatius, sanctionnant la naissance de la cité par la fusion des deux peuples. Il se répartit en deux pôles. Le premier, siège probable de la demeure des rois, est morcelé sous la République en plusieurs édifices, unis par le symbolisme du « foyer commun » (*regia*, habitation de Numa contenant deux chapelles à Mars et à Ops, *atrium Vestae* réunissant le sanctuaire de Vesta et la demeure des Vestales, *domus regis*, maison du roi des sacrifices). Le second se situe autour du *Comitium* (lieu d'assemblée) avec son sanctuaire, le *Volcanal* (signalé par une « pierre noire », *niger lapis*, dans les dallages qui recouvrent l'ensemble à partir de Sylla), où fut retrouvée la plus ancienne inscription publique romaine (moitié du VIe s.). Le comitium, lié aux activités politiques du roi, entretient un rapport fonctionnel avec l'*auguraculum*, sur la Citadelle, lieu de la prise d'auspices, préalable à tout acte politique. D'après F. Coarelli, *Il Foro Romano*, Ier vol., Rome, 1983.

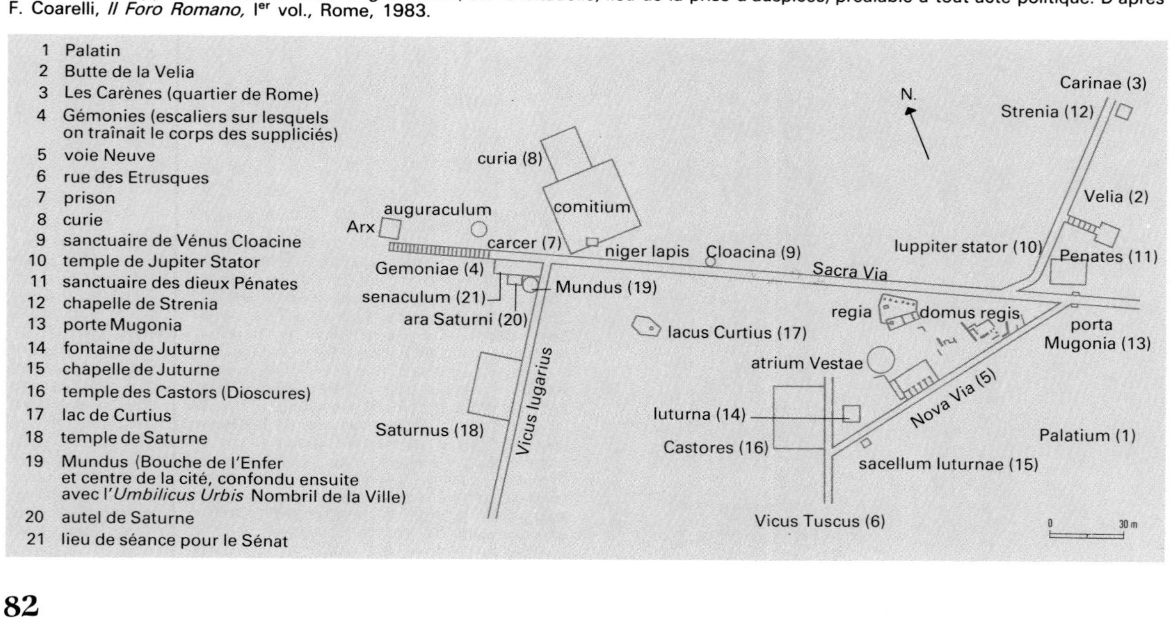
1 Palatin
2 Butte de la Velia
3 Les Carènes (quartier de Rome)
4 Gémonies (escaliers sur lesquels on traînait le corps des suppliciés)
5 voie Neuve
6 rue des Etrusques
7 prison
8 curie
9 sanctuaire de Vénus Cloacine
10 temple de Jupiter Stator
11 sanctuaire des dieux Pénates
12 chapelle de Strenia
13 porte Mugonia
14 fontaine de Juturne
15 chapelle de Juturne
16 temple des Castors (Dioscures)
17 lac de Curtius
18 temple de Saturne
19 Mundus (Bouche de l'Enfer et centre de la cité, confondu ensuite avec l'Umbilicus Urbis Nombril de la Ville)
20 autel de Saturne
21 lieu de séance pour le Sénat
Carinae (3)
N.
Strenia (12)
curia (8)
comitium
Velia (2)
auguraculum
Arx
carcer (7)
niger lapis
Cloacina (9)
Iuppiter stator (10)
Penates (11)
Gemoniae (4)
Sacra Via
Mundus (19)
senaculum (21)
ara Saturni (20)
regia
domus regis
porta Mugonia (13)
lacus Curtius (17)
Vicus Iugarius
atrium Vestae
Nova Via (5)
Iuturna (14)
Saturnus (18)
Castores (16)
Palatium (1)
sacellum Iuturnae (15)
Vicus Tuscus (6)
0
30 m

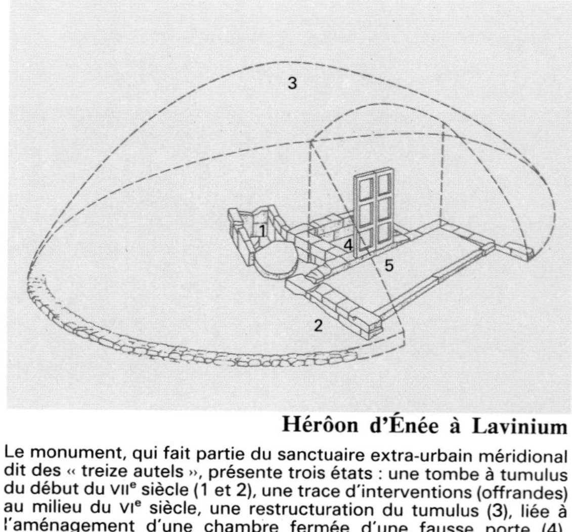
3
1
4
5
2

Hérôon d'Énée à Lavinium

Le monument, qui fait partie du sanctuaire extra-urbain méridional dit des « treize autels », présente trois états : une tombe à tumulus du début du VIIe siècle (1 et 2), une trace d'interventions (offrandes) au milieu du VIe siècle, une restructuration du tumulus (3), liée à l'aménagement d'une chambre fermée d'une fausse porte (4), précédée d'un vestibule (5), à la fin du IVe siècle. Il correspond à la description de l'hérôon d'Énée par Denys d'Halicarnasse (*Antiquités romaines*, I, LXIV, 4-5). Les indices de culte héroïque au milieu du VIe siècle et les remaniements du IVe (le traité entre Rome et Lavinium, après les guerres latines, date de 338) jalonnent des étapes de l'exploitation politique et religieuse de la légende d'Énée à Rome.

Encrier (?) avec alphabet étrusque
(région de Viterbe, fin VIIᵉ-début VIᵉ s.)

L'alphabet emprunté par les Étrusques à la colonie chalcidienne de Cumes fut transmis par leur intermédiaire à Rome et aux autres cités du Latium. Posséder la maîtrise des lettres apparaît dans les tombes du VIIᵉ siècle comme un signe de distinction et de prestige. The Metropolitan Museum of Art, Fletcher Fund, New York.

Statue-acrotère de Poggio-Civitate

Au nombre de treize, ces statues grandeur nature se dressaient sur le toit d'un des édifices du complexe découvert près de Murlò (Sienne), sans doute un « palais ». Datées du début du VIᵉ siècle, exemple précoce de sculpture monumentale en terre cuite, un art où selon Varron (Pline l'Ancien, *Histoire naturelle*, XXXV, 157) l'Étrurie manifestait son excellence, elles représentent peut-être des figures d'ancêtres, tenant dans la main divers attributs et porteurs du grand chapeau, caractéristique de l'Étrurie septentrionale et padane. Musée archéologique, Florence.

Couple d'Hercule et d'une divinité féminine armée

Avec le forum, la zone sacrée découverte près de l'église de Sant'Omobono au débouché du *Vicus Iugarius* (rue des Jougs), qui reliait le forum au port sur le Tibre, présente des indices extrêmement nets et concordants des étapes de formation de la cité. Des deux temples dédiés à Fortuna et à Mater Matuta attribués à cet endroit au roi Servius Tullius, un seul a été découvert pour la phase archaïque. Le couple, placé en acrotère*, haut des deux tiers de la grandeur naturelle et daté des environs de 530, révèle des liens directs avec la plastique de la Grèce de l'Est, définissant un style particulier, distinct de ceux de l'Étrurie voisine (qu'on pense, pour la fin du VIᵉ s., aux statues de Véies rattachées à la personnalité de Vulca). Lié étroitement aux rois étrusques, le sanctuaire est détruit à la fin du VIᵉ siècle, avec le passage à la République. Il est significatif que les réfections et réaménagements des temples coïncident avec des moments cruciaux de la conquête romaine de l'Étrurie (en 396, par Camille, après la prise de Véies, en 264, par M. Fulvius Flaccus, après la prise de Volsinies). Antiquarium communal de Rome.

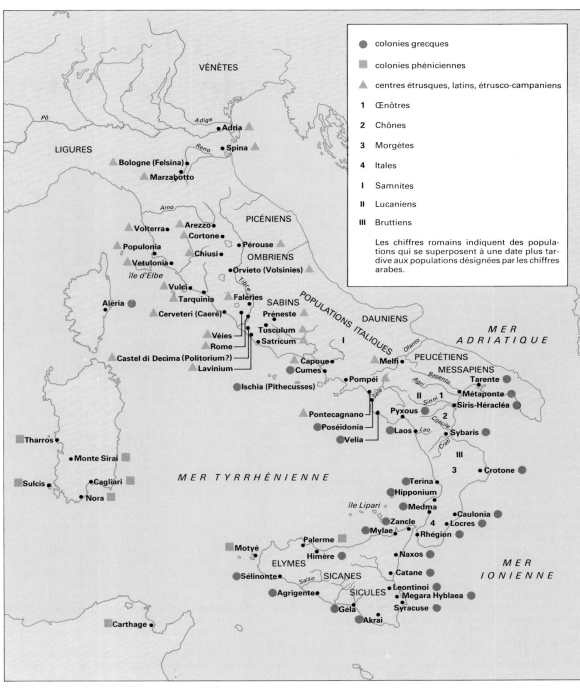

Colonisation grecque et essor des centres étrusques, latins et campaniens

Relief en terre cuite du temple A de Pyrgi

Ce haut-relief, d'un rendu plastique et pictural remarquable, ornait l'extrémité de la poutre faîtière de la façade arrière du temple A de Pyrgi (un des ports de Caeré) datant probablement de 480-470 (bien qu'une chronologie basse vers 450 soit aussi défendue), plus récent que le temple B, voisin, de la fin du VIᵉ siècle avec lequel on doit mettre en rapport les inscriptions étrusques et phénico-puniques des lamelles d'or trouvées entre les deux temples. Un épisode de la légende thébaine est figuré ici ; à l'arrière-plan, à gauche, Athéna, ailée, tenant à la main une cruche d'ambroisie recule, horrifiée, devant la scène présentée au premier plan : Tydée dévorant la cervelle de Mélanippe ; au second plan, à droite, Zeus s'apprête à foudroyer Capanée. Museo di Villa Giulia, Rome.

Le passé d'une capitale : le palimpseste de la Rome républicaine

La croissance et l'aménagement des villes modernes font de l'archéologie urbaine un secteur particulièrement sensible où la recherche scientifique, confrontée à l'action politique et culturelle, peut déboucher sur des projets de grande envergure, capables de restituer dans le tissu urbain d'aujourd'hui la densité et l'épaisseur du passé. Tel est le projet qui envisage la création, en plein centre de Rome, d'un parc archéologique se déployant à partir d'une unité recréée : celle du forum républicain et des forums impériaux. Mais, avant même les destructions – les plus considérables pour le site antique – de l'époque moderne, la Rome impériale avait, dans une large mesure, oblitéré les vestiges de la ville plus ancienne, rendant difficile et nécessairement partielle la reconstitution de ses phases de développement entre les débuts de la République et la prise du pouvoir par Auguste. Pourtant, la recherche archéologique est en mesure de prouver (voir pp. 82-83) que certaines formes de répartition de l'espace urbain, entre la fin du VIIe et le VIe siècle avant J.-C., sont l'expression d'une organisation politique et sociale spécifique et caractéristique du monde gréco-romain antique, celle de la cité-État. Par conséquent, ce que l'on peut saisir des modifications successives de ces ensembles (centres religieux, publics, habitats privés) apparaît comme un signe très révélateur des transformations politiques et sociales qui touchent la cité. Dans des sites dont l'histoire repose essentiellement sur l'archéologie, ces modifications revêtent une importance cruciale : ainsi, les recherches actuelles sur l'urbanisme de Poseidonia-Paestum permettent-elles de souligner l'effet de rupture, par rapport aux périodes grecque puis lucanienne, que représente l'instauration de la colonie latine en 273 avant J.-C., avec l'implantation nouvelle du forum dont le *Comitium* (lieu d'assemblée) présente un plan identique à celui de la colonie fondée la même année en Étrurie, à Cosa, sans aucun doute par référence commune au modèle romain. Pour Rome même, centre du pouvoir, les données topographiques et archéologiques prennent également appui sur les sources écrites et sur le plan de marbre d'époque sévérienne qui était affiché au forum de la Paix, près de la basilique de Maxence. Dans cette entreprise de reconstitution du passé urbain de Rome, une zone et une période peuvent apparaître comme exemplaires : le Champ-de-Mars, aux deux derniers siècles avant notre ère. Ce quartier, qui resta presque entièrement habité au Moyen Âge, conserve une grande partie du réseau antique des rues tout en offrant de magnifiques exemples de continuité architecturale, avec la place Navone qui reproduit la forme du stade de Domitien et la place de la Grotte-Peinte (*Grotta Pinta*) qui conserve celle du théâtre de Pompée. En 1960, les travaux de G. Gatti ont apporté une véritable révolution dans la topographie du secteur

méridional avec la localisation exacte du cirque de Flaminius (*Circus Flaminius*) et, puisque les deux bâtiments se trouvaient intervertis, celle du théâtre de Balbus. Les recherches antérieures de Gatti avaient permis de situer correctement les *Saepta* (« enclos de vote ») et les portiques adjacents, dans la zone immédiatement à l'est du Panthéon et des thermes d'Agrippa. À partir de ces résultats qui donnaient au puzzle son ordonnance exacte, le Champ-de-Mars pouvait devenir le lieu par excellence des confrontations entre les passés et les présents successifs de Rome, comme le ressort des travaux décisifs que F. Coarelli a consacrés aux différents secteurs de cette zone dans laquelle l'archaïsme et l'innovation se côtoient. Au moment où Auguste et ses proches dotent le Champ-de-Mars de superbes complexes édilitaires, le quartier apparaît aux yeux de Strabon comme une sorte de vitrine de Rome qui éclipse le reste de la ville. Dominé par le Mausolée, destiné à la sépulture de la famille impériale, il pourrait être défini, sans exagération, comme la réalisation sur terre de ces Champs-Élysées, chantés dans l'*Énéide* de Virgile, où les héros se retrouvent après leur mort. « Si l'on doit admirer que l'étendue de cette plaine permette simultanément et sans gêne ni pour les uns, ni pour les autres, d'une part les courses de chars et toute la variété des démonstrations hippiques, d'autre part, les exercices à la balle, au cerceau et à la lutte d'une foule considérable, les œuvres d'art qui ornent tout le pourtour, le sol recouvert toute l'année de gazon vert et, au-delà du fleuve, la couronne de collines qui s'avancent jusqu'au bord de l'eau et font l'effet d'un décor de théâtre, tout cela offre un tableau dont l'œil a peine à se détacher. Près de cette plaine se déploie une autre plaine (il s'agit de la zone méridionale autour du *Circus Flaminius*), bordée de nombreux portiques disposés en cercle et suivie de bois sacrés, de trois théâtres, d'un amphithéâtre et de temples somptueux serrés à se toucher, au point que le reste de la ville ne paraît plus jouer, en comparaison, qu'un rôle accessoire. Aussi les Romains ont-ils reconnu à ce lieu plus qu'à tout autre un caractère sacré, et c'est là qu'ils ont voulu dresser les monuments des hommes et des femmes les plus illustres. Le plus remarquable de tous est celui qu'on appelle le Mausolée... » (Strabon, *Géographie*, V, 3, 8, traduction F. Lasserre). Image emblématique du nouveau régime, ce tableau idyllique d'un lieu consacré à la piété religieuse et à la détente escamote une dimension fondamentale de la zone sous la République : l'espace politique, centré sur les *Saepta*, qui forme le pendant du forum. Là se réunissaient les comices centuriates, expression de l'organisation censitaire du corps des citoyens-soldats, attribuée par la tradition au roi Servius Tullius. Liée à la fonction politique de ce lieu, une orientation structure encore

aujourd'hui la partie centrale de ce quartier touffu et foisonnant : comme l'ont souligné F. Castagnoli et F. Coarelli, elle est fondée sur les points cardinaux, parce que les *Saepta*, comme au forum le *Comitium*, se trouvent inscrits, en tant qu'espaces destinés aux assemblées politiques, dans un espace que son orientation définit comme consacré (le *templum*). Par contre, le reste du programme du *princeps* et de ses proches ne faisait que reprendre et porter à son terme une série d'initiatives qui avaient été celles des généraux de la conquête, à partir du IIe siècle avant J.-C. Placée sous le signe de Mars, qui y avait son autel, la zone affirme sous tous ses aspects l'omniprésence de la fonction guerrière dans la définition de la cité romaine. Lieu de rassemblement des citoyens-soldats, elle est aussi l'espace où se déploient la célébration et la consécration des victoires. Cette pratique, qui remonte probablement aux phases anciennes de la cité, est liée à un axe nord-ouest - sud-est qui structure la partie méridionale et qui se lit de façon très nette dans l'orientation du *Circus Flaminius*, édifié en 221 avant J.-C., sans doute point de départ des cortèges triomphaux. C'est pourquoi, à partir du début du IIe siècle, lorsque les victoires « asiatiques » marquent, selon les auteurs anciens, le début de l'invasion de Rome par le luxe oriental, les généraux vainqueurs choisissent ce secteur pour y édifier temples et portiques, fruits et lieux d'exposition du butin amassé dans leurs campagnes. Pour réaliser leurs commandes, dans une course effrénée à la magnificence, ils font venir artistes et artisans de Grèce et de l'Orient hellénisé. Architectes, comme Hermodoros de Salamine, peintres, familles de sculpteurs, comme Timarchidès et ses fils Dionysios et Polyclès, installent au cœur d'une Rome restée fidèle à ses dieux d'argile un îlot d'urbanisme hellénistique. La simple énumération des composantes artistiques intervenant dans ces réalisations fait saisir sur le vif comment les manifestations artistiques nées à Rome à la suite des conquêtes ne pouvaient être qu'éclectiques : la collection d'objets d'art, signes parmi d'autres de la victoire, est le fondement même de l'expression esthétique. Placées dans l'écrin des architectures, les œuvres chargées d'histoire par leur référence à une époque prestigieuse du passé – qu'il s'agisse de l'Athènes de Périclès ou du monde des conquêtes d'Alexandre – s'accumulent au bord du Tibre pour affirmer la vocation de Rome à l'empire universel. Et c'est ainsi que, la conquête achevée et avec elle les luttes fratricides qu'elle avait contribué à faire croître, le Champ-de-Mars augustéen tente de faire oublier dans la blancheur de ses marbres et ses étendues vertes les déchirures de son récent passé.

Agnès ROUVERET

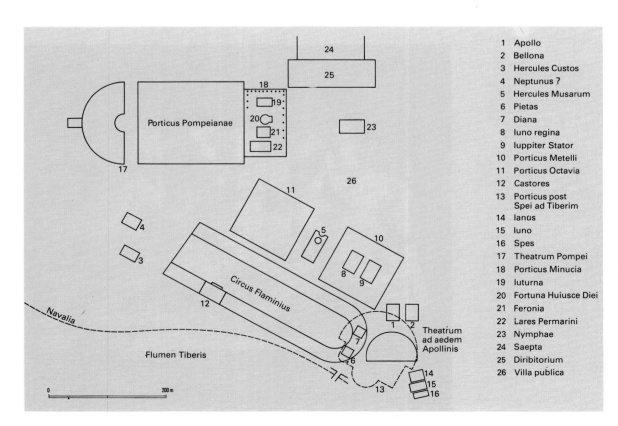

1	Apollo
2	Bellona
3	Hercules Custos
4	Neptunus ?
5	Hercules Musarum
6	Pietas
7	Diana
8	Iuno regina
9	Iuppiter Stator
10	Porticus Metelli
11	Porticus Octavia
12	Castores
13	Porticus post Spei ad Tiberim
14	Ianus
15	Iuno
16	Spes
17	Theatrum Pompei
18	Porticus Minucia
19	Iuturna
20	Fortuna Huiusce Diei
21	Feronia
22	Lares Permarini
23	Nymphae
24	Saepta
25	Diribitorium
26	Villa publica

La zone entourant le cirque de Flaminius

Disposés en cercle, comme le note Strabon, autour du cirque de Flaminius, plusieurs temples sont dus en grande partie aux généraux de la conquête. On relève par ordre chronologique, avec l'indication entre parenthèses des hommes politiques et généraux responsables de la construction, les temples suivants : en 1, Apollon (431 av. J.-C., réfections en 179 av. J.-C. par M. Fulvius Nobilior, reconstruction complète à partir de 34 av. J.-C.) ; en 2, Bellone (296 av. J.-C., Appius Claudius Caecus) ; en 3, Hercule Gardien (220 av. J.-C.) ; en 4, Neptune (fin du IIIe s. av. J.-C.) ou plus probablement Mars (132 av. J.-C., D. Junius Brutus Callaicus) ; en 5, Hercule et les Muses (187 av. J.-C., M. Fulvius Nobilior) ; en 6, Piété (181 av. J.-C., M. Acilius Glabrio) et en 7, Diane (179 av. J.-C., M. Aemilius Lepidus).
Aux temples 6 et 7 se superpose le théâtre de Marcellus (en pointillé sur le plan) qui occupe l'emplacement d'un théâtre provisoire plus ancien (*Theatrum ad aedem Apollinis*). En 8, le temple de Junon Reine (179 av. J.-C., M. Aemilius Lepidus) et, en 9, celui de Jupiter Stator (146 av. J.-C., Q. Cecilius Metellus Macedonicus) se trouvent insérés dans le portique de Metellus (10) édifié en 146 avant J.-C par Metellus Macedonicus, qui devient, sous Auguste, le portique d'Octavie. À côté se trouve le portique d'Octavius (11) édifié en 168 avant J.-C. par Cn. Octavius. En 12 : temple des Castors (Dioscures ; début du Ier s. av. J.-C.). On trouve, au bord du Tibre, les Arsenaux (*Navalia*) réalisés par l'architecte Hermodoros de Salamine et, en 13, « un portique du Tibre, derrière le temple de Spes » (Espérance) dont il ne reste aucune trace ; en 14, 15, 16, les trois temples républicains du *Forum Holitorium* (marché aux herbes) Janus, Junon Sospita et Spes ; en 17, le théâtre et les portiques de Pompée ; en 18, le portique de Minucius ; puis les quatre temples républicains de l'aire sacrée du Largo Argentina (en 19 Juturne, en 20 Fortune du Jour présent, en 21 Feronia, en 22 Lares protecteurs de la mer) ; en 23, le temple des Nymphes, où étaient conservées les archives censitaires ; en 24, les enclos de vote (*Saepta*) ; en 25, la salle des dépouillements ; en 26, la Villa Publique, édifice entouré d'un parc où les censeurs procédaient tous les cinq ans au *census* (recensement et répartition en classes des citoyens). D'après F. Coarelli, *Roma, Guide archéologique Laterza*, p. 271.

Fragments du fronton de Talamone

Découvertes à la fin du siècle dernier sur la colline de Talamonaccio, près du port antique de Télamon, célèbre par la victoire de Rome sur les Gaulois en 225 avant J.-C., les plaques de terre cuite de ce fronton fermé (un type qui apparaît en Étrurie seulement à l'époque hellénistique) n'ont trouvé leur juste place qu'à une date récente après les travaux entrepris sur le monument, à la suite des inondations de 1966. Le motif central du fronton (ci-contre) offre le tableau tragique de la maison de Thèbes : Œdipe, aveugle, entre le corps de ses deux fils, Étéocle et Polynice, l'un déjà mort, l'autre mourant, soutenu par Jocaste, et, de part et d'autre, deux personnages sur des quadriges qui résument l'issue désastreuse de l'expédition des Sept contre Thèbes, dans la partie gauche du fronton (non représentée ici), Adraste, à droite, le devin Amphiaraos au moment où il est englouti dans les Enfers (ci-dessus, à gauche et à droite). Comme d'autres monuments proches de lui (urnes de Volterra, Chiusi, Pérouse), ce fronton est un témoignage significatif des courants qui se manifestent dans la production artistique, à Rome et en Italie, au cours du IIe siècle avant J.-C., avec la présence d'artisans venus du bassin oriental de la Méditerranée, en même temps que progressait la conquête. À la différence des populations méridionales de Lucanie, du Bruttium, d'Apulie que la romanisation avait réduites à néant – de façon définitive après la guerre d'Hannibal – en arrêtant le développement d'une première expression d'un art hellénistique d'Occident, les Étrusques, grâce à l'alliance durable de leurs aristocraties avec Rome, connurent une prospérité relative et toute provinciale (sans commune mesure avec l'enrichissement fébrile de la région campanienne) qui leur permit de participer à des expériences artistiques dont Rome possédait désormais la clé. Musée archéologique de Florence.

Fragment d'un groupe statuaire de Lanuvium

Découvertes au siècle dernier dans le sanctuaire de Lanuvium, un ensemble de statues équestres (sept exemplaires) en marbre grec, actuellement, sauf une restée sur place, au British Museum de Londres et au musée de Leeds, apparaît doublement significatif. Mis en rapport par F. Coarelli avec une réfection du sanctuaire dans les années centrales du Ier siècle avant J.-C. par L. Licinius Murena, légat de Lucullus dans la troisième guerre contre Mithridate et consul en 62 avant J.-C., le groupe est considéré (F. Coarelli, P. Moreno) comme la copie du célèbre monument en bronze de Lysippe figurant Alexandre et ses compagnons tombés à la bataille du Granique. L'original, transporté par Metellus Macedonicus de Dion, en Macédoine, à Rome, fut placé au Champ-de-Mars, dans le portique qui porte son nom. Comme une des batailles importantes de la troisième guerre contre Mithridate eut lieu près du Granique, on peut compter cette copie en marbre parmi les exemples d'*imitatio Alexandri* (« imitation d'Alexandre ») qui hante les généraux de la fin de la République aspirant à un pouvoir personnel de type monarchique.

Relief dit de l'« Autel de Domitius Ahenobarbus »

Ce relief (ci-dessous) fait partie d'une base rectangulaire (5,65 m × 1,75 m) dont les autres côtés se trouvent à Munich. Découverts lors de travaux dans l'église de San Salvatore in Campo, sous laquelle se trouve un temple de marbre identifié par F. Zevi avec le temple de Mars, lié au triomphe de Brutus Callaicus, le monument, étudié dans toute sa complexité par F. Coarelli, formait sans doute la base d'un groupe statuaire (voir Pline l'Ancien, *Histoire naturelle*, XXXVI, 26), en rapport avec le temple de Neptune que tout porte à placer dans l'immédiate proximité du temple de Mars (Torelli). Le contraste entre les reliefs de Munich (noces d'Amphitrite et de Neptune) et celui du Louvre ne tient pas à la technique (il s'agit d'un même atelier néo-attique) mais à la diversité des sujets. En face de schémas hellénistiques bien codifiés, le relief du Louvre, objet d'une analyse récente de M. Torelli, représente le plus ancien relief « historique » romain. Il traduit en images les formules qui sanctionnent le déroulement juridique, politique et religieux d'un cens, emblème de l'organisation civique romaine. On lit de gauche à droite : la déclaration sous serment (*professio*) du citoyen en toge devant l'employé assermenté (*iurator*) qui procède à l'inscription sur les registres, la répartition (*discriptio*) du citoyen debout par le censeur assis dans la classe qui lui revient ; au centre et à droite, la cérémonie religieuse de clôture avec sacrifice et purification (le *lustrum*). Près de l'autel de Mars, dominé par la statue du dieu, le censeur procède aux *suovetaurilia* (sacrifice d'un porc, d'une brebis et d'un taureau). La scène est flanquée de deux groupes de soldats : à gauche deux fantassins ; à droite, deux fantassins et un cavalier, allusion probable à la classification des citoyens-soldats. Malgré de nombreux problèmes qui sont encore posés, le relief peut être situé à la fin du IIe siècle avant J.-C. Musée du Louvre.

Marchandises, marchés et échanges en Méditerranée

L'étude archéologique de la vaisselle de terre cuite, des lampes, des amphores, des briques et des tuiles, ou même des lingots et des objets de métal, a fait de sérieux progrès depuis un quart de siècle ; et ces progrès ont fortement modifié l'idée qu'on se faisait du commerce à l'époque romaine. Dans certains cas, par exemple celui de la « sigillée arétine », céramique fine à vernis rouge produite en Toscane entre le milieu du Iᵉʳ siècle avant J.-C. et le milieu du Iᵉʳ siècle après J.-C., ou celui des « sigillées gauloises », autres céramiques à vernis rouge produites à partir du Iᵉʳ siècle après J.-C. dans le Massif central, puis dans l'est de la Gaule et sur les bords du Rhin, la chronologie est si bien établie qu'une éventuelle inversion des courants commerciaux se date à une ou deux décennies près. Les fouilles nouvelles, les recherches typologiques et les analyses chimiques des matériaux (notamment de la terre cuite) permettent de situer plus précisément les lieux de production. On sait ainsi que l'arétine, d'abord issue, comme son nom l'indique, des ateliers d'Arezzo (Toscane), fut plus tard également fabriquée à Pise, à Lyon, et peut-être dans d'autres centres gallo-romains.

La connaissance archéologique a cependant ses limites propres, qu'il ne faut pas oublier. D'abord, certains objets de commerce importants lui échappent, parce qu'ils n'ont pour ainsi dire laissé aucune trace repérable. C'est le cas des céréales et des autres produits de la terre qui n'étaient pas transportés habituellement en amphores ; c'est le cas aussi des objets de bois et de tous les textiles. Ensuite, l'étude des entreprises industrielles et commerciales, l'identification de leurs propriétaires ne sont possibles que si l'objet archéologique porte des sigles ou des inscriptions suffisamment explicites (qu'ils aient été imprimés au moment de la fabrication de l'objet, ou peints ou gravés par la suite, au cours de sa commercialisation). L'archéologie, sauf exception, ne fournit d'informations ni sur la politique commerciale de l'État ni sur la façon dont l'État traitait les milieux commerciaux. Précisons pourtant qu'à la fin de la République et aux premiers siècles de l'Empire une grande liberté de commerce régnait dans le monde romain, même en ce qui concerne les céréales : le blé fiscal de l'État, destiné à l'approvisionnement de Rome (très attentifs à cet approvisionnement, les empereurs, chaque mois, distribuaient gratuitement du blé à une notable partie de la population de la ville), y était acheminé par des navires privés ; le blé faisait en outre l'objet d'un commerce privé.

Toutes les recherches récentes concluent qu'aux IIᵉ et Iᵉʳ siècles avant J.-C. s'est produit un « boom » commercial au profit de l'Italie romaine, qui se mit alors à vendre ses productions tout autour de la Méditerranée, surtout occidentale. C'est au début du IIᵉ siècle avant J.-C., après la deuxième guerre punique* (qui donne à Rome la maîtrise du commerce en Méditerranée), que certaines céramiques à vernis noir, fabriquées en Campanie (la « campanienne A ») ou en Toscane (la « B »), commencèrent à être massivement vendues et utilisées, puis imitées hors d'Italie. Les lampes à huile à vernis noir, dites de l'Esquilin, que l'on produisait à Rome dès le IIIᵉ siècle avant J.-C., furent exportées à partir de 180, et connurent leur acmé dans les dernières décennies du IIᵉ siècle avant J.-C. À cette même époque, vers 130 avant J.-C., les amphores dites de type Dressel I succédèrent aux « gréco-italiques » pour le transport du vin produit sur les côtes tyrrhéniennes de l'Italie centrale ; on en trouve d'énormes quantités dans certains sites du Languedoc (par exemple, La Lagaste), à Toulouse et Vieille-Toulouse, et jusqu'à Chalon-sur-Saône.

Ce flux impressionnant d'exportations italiennes se tarit après l'époque d'Auguste. Les céramiques fines italiennes (l'arétine, les autres sigillées italiques, les gobelets et tasses « à parois fines ») firent école dans les provinces, puis s'effacèrent devant les productions locales. Au milieu du Iᵉʳ siècle après J.-C., l'arétine disparaît, au profit des sigillées des Gaules, plus proches des marchés que constituaient les armées du Rhin, puis des sigillées claires produites en Afrique du Nord, à une époque où les centres urbains se développaient beaucoup en Numidie et en Maurétanie Césarienne (c'est-à-dire, en gros, en Algérie actuelle). À partir de la fin du Iᵉʳ siècle après J.-C., deux grandes espèces de céramiques à vernis rouge évoluèrent donc parallèlement : les unes, les sigillées claires, étaient surtout vendues sur l'ensemble des côtes méditerranéennes ; les autres, les sigillées gauloises, en Gaule, en Bretagne, en Germanie romaine, et dans les régions d'outre-Rhin, jusqu'aux bords du Danube.

En même temps qu'elle informe sur cette évolution à long terme des courants commerciaux, l'archéologie aide à définir les structures spécifiques de ce commerce antique. C'est avant tout un commerce maritime ou fluvial. Les sigillées gauloises elles-mêmes, quoiqu'elles fussent surtout destinées à des régions intérieures, étaient très souvent transportées par voie d'eau : les épaves retrouvées montrent qu'on descendait l'Allier, qu'on remontait la Tamise avec des cargaisons de sigillées. Quant à l'arétine, elle descendait l'Arno jusqu'à Pise.

Lorsqu'il se faisait avec des peuples étrangers ou des indigènes de l'Empire, ce commerce visait à l'acquisition de biens dont avaient besoin Rome et l'Italie. André Tchernia pense avec raison que les vins exportés en Gaule à la fin de l'époque républicaine étaient échangés contre des métaux et des esclaves ; l'essor du commerce italien aux IIᵉ et Iᵉʳ siècles avant J.-C. explique l'afflux d'esclaves en Italie, et la célèbre agora des Italiens, à Délos, n'était rien d'autre que le marché aux esclaves.

Dans les épaves retrouvées, les amphores de vin, d'huile ou de sauce de poisson occupent une place de choix. D'autres objets fabriqués étaient plutôt embarqués en complément de fret, ou à titre de fret de retour. C'est évidemment le cas des briques et tuiles, des plaques décoratives dites Campana fabriquées en Italie et des meules en pierre volcanique, produites un peu partout dans l'Empire, productions pesantes qui ne faisaient pas l'objet d'un commerce régulier à longue distance. C'est le cas de la céramique commune (un lot en a été retrouvé dans l'épave de la Madrague de Giens à Hyères, dans le Var, épave qui date du Iᵉʳ s. av. J.-C.). C'est même celui de la céramique fine : l'épave du Grand Congloué (Bouches-du-Rhône), qui contenait une tonne et demie de céramique à vernis noir, transportait en outre 108 tonnes d'amphores pleines de vin.

Si l'État n'intervient guère dans cette activité commerciale, elle n'est cependant rendue possible que par l'existence de la domination romaine. Rome a la maîtrise de la Méditerranée et veille à ce qu'on y navigue en sécurité. La capitale de l'Empire est un énorme centre de consommation, et la répartition géographique des ateliers de sigillée montre que l'existence des camps militaires a contribué aussi à stimuler la production et le commerce.

Jean ANDREAU

Une boutique de chaudronnier en Italie romaine

Si certaines fabriques de céramique (par exemple arétine) étaient de véritables manufactures, beaucoup d'artisans travaillaient dans de petits ateliers, qui leur servaient aussi de magasins de vente. C'est le cas du chaudronnier. À gauche, un client avec son enfant qui s'agrippe à sa tunique. Les objets accrochés au mur (et qui ressemblent à des seaux) pourraient être des lingots d'étain, tels que ceux qui ont été trouvés il y a une dizaine d'années sur l'épave « Port-Vendres II ». Musée national de Naples.

Les exportations de lampes italiennes en Méditerranée
(Iᵉʳ s. av. J.-C.-Iᵉʳ s. apr. J.-C.)

La plupart de ces lampes à huile en terre cuite (appelées Dressel, du nom d'un grand érudit allemand de la fin du XIXᵉ s.) étaient fabriquées en Italie centrale, et certaines à Rome même. On voit très bien, par cette carte, que le commerce à longue distance était avant tout maritime ou fluvial.

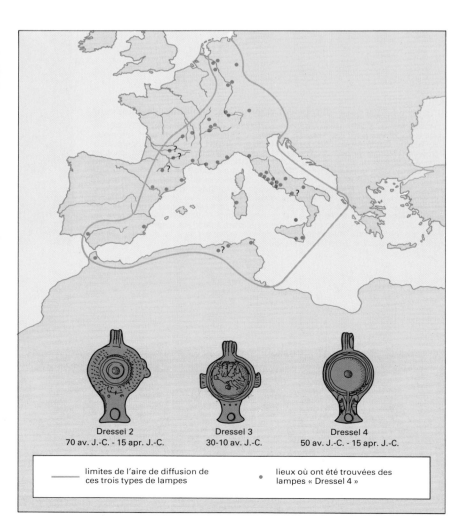

Dressel 2
70 av. J.-C. - 15 apr. J.-C.

Dressel 3
30-10 av. J.-C.

Dressel 4
50 av. J.-C. - 15 apr. J.-C.

——— limites de l'aire de diffusion de ces trois types de lampes

• lieux où ont été trouvées des lampes « Dressel 4 »

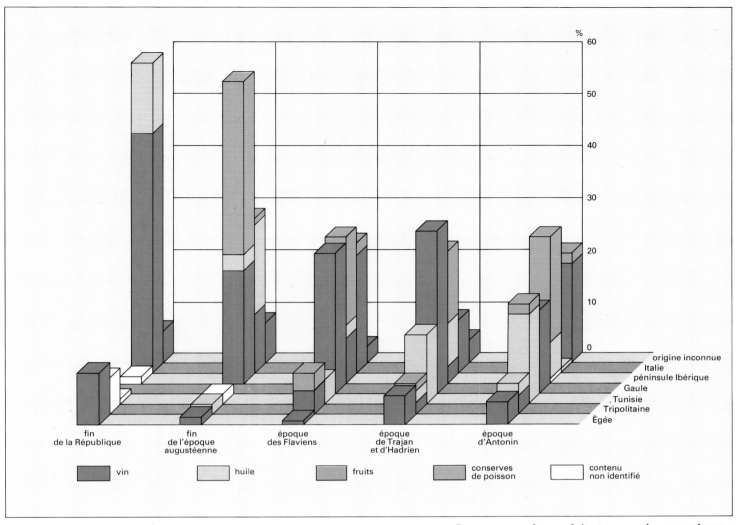

**Le commerce des produits transportés en amphores :
provenance des amphores trouvées à Ostie**

Entre la fin de la République (Ier s. av. J.-C.) et l'époque des Antonins (IIe s. apr. J.-C.), la provenance des amphores trouvées à Ostie (dont la plupart étaient destinées à l'approvisionnement de Rome) change du tout au tout : la part des amphores italiennes (à huile et surtout à vin) ne cesse de décroître, au profit de celle des provinces, et surtout de celle de Gaule et d'Espagne. Les exportations africaines s'accroissent au IIe siècle après J.-C.

Ostie : le bureau des négociants de Cagliari, Sardaigne

Pour assurer le ravitaillement de Rome, les empereurs eurent de plus en plus tendance à intervenir dans la vie commerciale. Le portique d'Ostie, qu'on appelle actuellement place des Corporations, regroupa, à partir du IIe siècle après J.-C., les bureaux de commerçants provenant de divers ports d'Italie et des provinces. Le sol du bureau des « armateurs et négociants de Carales » (Cagliari, Sardaigne) était recouvert de cette mosaïque, qui représente, de part et d'autre d'un navire marchand, deux mesures de blé, indiquant ainsi que ces Sardes transportaient surtout du blé dans le port italien.

1 plate-forme du IIIe siècle
2 plate-forme de 160-190?
3 plate-forme des années 146-159
4 datations variées (145, 147, 149, 160)
5 plate-forme des années 140-145
6 décharge des années 251-256

La décharge publique du port de Rome, le Monte Testaccio

Trop peu connu des touristes, le Monte Testaccio est une colline artificielle d'environ 30 mètres de hauteur, située près du Tibre au sud de l'Aventin et composée de tessons d'amphores. Cette décharge publique du port de Rome n'a été fouillée qu'en superficie. On y a surtout trouvé des amphores à huile de Bétique (Espagne du Sud), qui portent des inscriptions peintes. Sur ces inscriptions sont mentionnés le poids de l'amphore, des noms d'armateurs ou de négociants et des indications de dates qui aident à définir comment la décharge a peu à peu gagné en hauteur, entre le Ier et le IIIe siècle après J.-C.

Agriculture et vie rurale

En matière de vie rurale et d'agriculture, l'archéologie classique a, ces dernières décennies, abordé des thèmes jusqu'alors très négligés et développé des méthodes nouvelles.

Les moyens et grands domaines agricoles d'époque romaine étaient bâtis d'amples constructions, les *villae*, le plus souvent constituées de deux parties : la *villa urbana*, résidence parfois luxueuse du propriétaire (ou, dans certains cas, du fermier ?), et la *villa rustica*, c'est-à-dire les locaux d'exploitation. Ces locaux d'exploitation, auxquels les archéologues s'intéressaient moins qu'aux résidences, sont désormais l'objet de fouilles scrupuleuses. Citons les exemples de Francolise (Campanie), de Settefinestre, à Cosa (Toscane), de La Garde et de Taradeau (Var), etc. De telles fouilles permettent de mieux connaître la nature des cultures pratiquées, l'importance des exploitations, l'éventuelle évolution de l'outillage et des techniques, et de s'interroger, dans de rares cas particulièrement favorables, sur le type de main-d'œuvre employé (s'agissait-il d'esclaves* ou de « colons », c'est-à-dire de fermiers ou de métayers ?). Il y a un demi-siècle, on s'intéressait aux sites archéologiques dans leur individualité et sans craindre de les isoler de leur environnement. Après les recherches de R. Agache en Picardie et de G. Tchalenko* en Syrie du Nord, il est devenu courant de choisir une région pour thème de recherche, en mettant l'accent sur l'occupation du sol, sur les structures agraires et l'histoire du paysage. La terre est devenue aussi intéressante que les architectures, et la prospection* que la fouille. S'appuyant sur une analyse systématique de la toponymie, des cartes et des autres documents historiques, la prospection consiste en des reconnaissances de terrain, accompagnée de ramassages de surface, ou bien elle utilise des techniques empruntées aux sciences exactes. Même s'il est séparé de la villa, l'habitat paysan devient objet de recherche au même titre que la résidence.

Ces approches nouvelles ne vont pas sans soulever quelques difficultés. Il arrive que les constructions les plus légères, ne laissant aucun vestige en surface, passent inaperçues. En outre, quoi qu'en pensent souvent les archéologues (et en particulier les Britanniques qui ont travaillé en Étrurie méridionale), l'archéologie agraire fournit plus d'informations sur la taille des exploitations que sur celle des propriétés. Parce qu'une petite exploitation peut être celle d'un métayer installé sur une fraction d'un grand domaine, il est imprudent de conclure, d'un habitat dense et dispersé, au maintien d'un système de petite propriété. Enfin, l'archéologie agraire nous amène, nous l'avons vu, à sacrifier la fouille à la prospection, parce qu'elle nécessite l'étude de grands espaces. Or la prospection ne rend pas un compte aussi précis de l'évolution chronologique des sites ; et elle

n'est pas toujours possible. Ses résultats, comme le remarquait E. Zadora-Rio, dépendent « de la couverture végétale actuelle, de l'histoire agraire, de la nature du substrat géologique et, à un moindre degré, de l'état du sol au moment de la prospection ».

Quelques conclusions solides se dégagent néanmoins des développements récents de l'archéologie rurale. Elles se fondent sur le travail des archéologues les plus précis, les plus attentifs à la connaissance du terrain, et qui savent, à un certain stade de leur recherche, mobiliser tout ce qu'on connaît du contexte historique. Première de ces conclusions : à la fin de la République et au premier siècle de l'Empire, les esclaves jouaient, certes, un rôle déterminant comme main-d'œuvre agricole, mais pas dans toutes les régions. L'Italie centrale tyrrhénienne, l'Étrurie et la Campanie, était la terre d'élection de l'exploitation esclavagiste. Les esclaves y étaient employés en équipes, selon le système dit de plantation. Dans la villa de Settefinestre, A. Carandini pense avoir retrouvé les cellules où ils étaient logés. À l'inverse, il n'est pas certain que les villas repérées par R. Agache aient été cultivées par des esclaves.

La villa de Settefinestre, sur le territoire de la cité antique de Cosa, a été construite au second quart du Ier siècle avant J.-C., et elle demeure occupée jusqu'au IIe siècle après J.-C. ; elle n'était pas le centre d'un immense domaine (quelques centaines d'hectares ?). À l'époque de sa plus grande prospérité (au Ier siècle avant J.-C.), on y pratiquait la viticulture et l'oléiculture. Une partie des récoltes était consommée par les esclaves et peut-être par le propriétaire, et tout le reste était commercialisé. La fouille a permis de mettre au jour les locaux où étaient faits le vin et l'huile, avec un type de pressoir à vis sans fin dont parle Pline l'Ancien, et qui s'est justement répandu à cette époque.

Il existait par ailleurs des unités d'exploitation beaucoup plus vastes, que les modernes appellent *latifundia**, mais ne parviennent guère à caractériser avec précision. À côté de ces latifundia et des villas à main-d'œuvre servile (dont une quantité non négligeable appartenait à l'empereur), à côté des terres collectives des indigènes (sur lesquelles l'archéologie, jusqu'à présent, n'a guère fourni d'informations), de très petites exploitations et de très petites propriétés se sont maintenues, en quantités variables, à toutes les époques de la romanité. Il serait faux de croire qu'elles ont toujours été vouées à l'autoconsommation et à la polyculture la plus diversifiée ; les fouilles de W. Jashemsky à Pompéi ont révélé l'existence de petits vignobles urbains, dont le vin était vendu sur place.

Les bâtiments des villas, dont les plans, dans beaucoup de régions, ont fait l'objet d'études typologiques, se sont répandus en même temps que l'influence romaine. G. Tchalenko a bien montré comment le désir

d'enrichissement et l'esprit d'entreprise d'une élite urbaine, celle d'Antioche, avaient provoqué, à partir du Ier siècle après J.-C., la mise en valeur du massif de Bélus, devenu un grand centre de production d'huile d'olive. Et P. Leveau, dans le territoire de Césarée de Maurétanie (Cherchel), a distingué deux espèces de campagnes : la campagne romanisée, plus proche du centre urbain, et les territoires de culture indigène ; les villas, très nombreuses dans la première, sont absentes des seconds. L'influence romaine se manifeste assez souvent par la dispersion de l'habitat rural, par l'absence de gros villages. Chez les Bituriges Cubes, dans le département du Cher, A. Leday a repéré une bonne centaine de sites gallo-romains. Presque tous étaient le centre d'une exploitation rurale ; les habitats groupés, les *vici*, ne paraissent pas avoir été des villages de paysans, mais des centres de commerce et d'artisanat.

Il arrive pourtant que d'antiques traditions d'habitat groupé se perpétuent dans les campagnes à travers l'époque romaine, et y reprennent même de la force. En Languedoc oriental, J.-L. Fiches montre qu'aux oppidums* protohistoriques, habitats groupés de hauteur, qui cessent souvent d'être occupés au début de l'Empire, succèdent certes des exploitations agricoles dispersées, mais aussi de nouveaux quartiers installés dans la plaine et qui ont une vocation paysanne, même si l'on y trouve des maisons plus résidentielles. Un tel habitat groupé a été reconnu sous le village de Nages (Gard), au pied de l'oppidum des Castels.

La présence romaine provoqua, dans les campagnes des provinces, beaucoup d'autres transformations. Elle impliquait souvent une cadastration, que les Romains appelaient centuriation*. Elle était susceptible de modifier les types de cultures (en favorisant les cultures arbustives, qu'au moins jusqu'à une certaine date l'on tenait pour très rentables, et dont les produits, le vin et l'huile, étaient abondamment commercialisés). Elle transformait les habitudes alimentaires. Ainsi, alors qu'au Ier siècle avant J.-C. la chasse conservait, à Nages (Gard), une notable importance (même si l'élevage avait le pas sur elle en poids de viande consommée), et alors que les animaux d'élevage y étaient avant tout des ovins et des caprins, un siècle plus tard, dans une bonne partie de la Gaule narbonnaise, l'élevage du porc s'était accru ; les bovidés étaient mieux utilisés et souvent plus robustes ; la chasse, désormais, n'était plus guère qu'un loisir.

Ni en Italie ni dans les provinces, les Romains ne se bornèrent à conquérir et à faire payer des impôts. Volontairement ou non, ils exercèrent une influence économique et culturelle profonde, et imprimèrent leur marque au paysage rural, qui, de nos jours encore, continue à en porter la trace.

Jean ANDREAU

Un domaine de l'époque de Cicéron : la villa de Francolise, Campanie

Fouillée au cours des années 1960 par l'École britannique de Rome et l'université de New York, la *villa* de San Rocco, à Francolise près de Capoue, fut construite peu après l'époque de Sylla et beaucoup agrandie vers 30 avant J.-C. Noter l'importance des citernes servant à la conservation de l'eau de pluie, et celle de la partie résidentielle qui comprenait, autour d'un péristyle, le *tablinum* (pièce de réception des visiteurs), le *triclinium* (salle à manger) et les *cubicula* (chambres). Dans les locaux d'exploitation ont été mis au jour des pressoirs et des vasques pour la production d'huile d'olive, ainsi que deux fours à tuiles (d'après J. Percival, *The Roman Villa*, éd. B. T. Batsford, Londres, 1976).

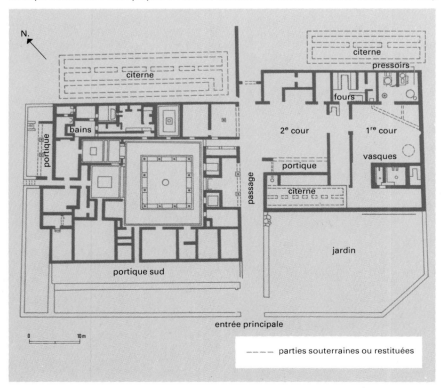

Reconstitution d'une villa du nord de la Gaule, Ier-IIIe siècle après J.-C.

Fondée sur les recherches de Roger Agache, cette maquette aide à se représenter l'aspect des *villae* gallo-romaines du nord de la Gaule. Deux cours, séparées d'un mur : dans la première, la résidence du propriétaire, souvent précédée d'une galerie de façade ; dans la seconde, les bâtiments d'exploitation (et peut-être l'habitation du *vilicus* ?). À la différence de ce que l'on constate en Italie (par exemple à Francolise), la résidence dans le nord de la Gaule ne comportait pas, en général, de péristyle.

Occupation du sol en Picardie romaine : l'exemple de Warfusée-Abancourt

En Artois et en Picardie, les photographies aériennes ont permis à Roger Agache de repérer plus d'un millier de *villae* (qui paraissent dater pour la plupart des Ier, IIe et IIIe siècles après J.-C.), et souvent même d'en tracer les plans. À partir de la fin du IIIe siècle après J.-C., l'habitat paraît s'être regroupé le long des routes, donnant ainsi naissance à des villages dont certains existent encore. Le *locus* est lui aussi un habitat paysan, mais de superficie réduite ; c'est un hameau plutôt qu'un village.

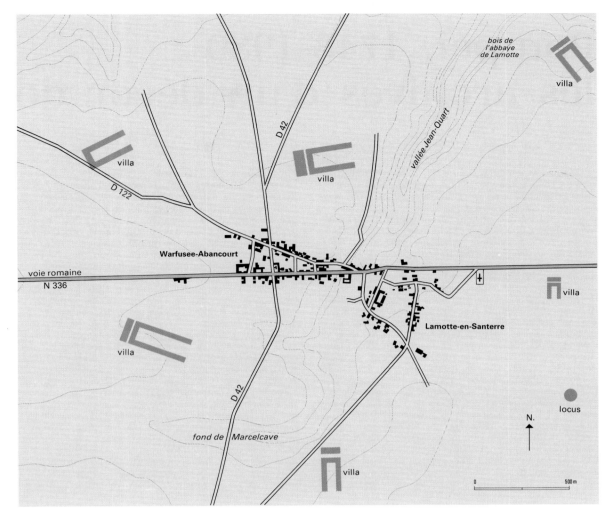

L'esclave intendant et ses subordonnés, les esclaves agriculteurs du domaine

Les esclaves agriculteurs qui travaillaient en équipes étaient sous les ordres d'un intendant, le *vilicus*, lui-même esclave du propriétaire. Au *vilicus* Hippocrate, l'ensemble des esclaves agriculteurs qu'il dirigeait (en latin, la *familia rustica*) a fait don de cette modeste stèle funéraire trouvée à Chieti (Abruzzes). Elle porte l'inscription : « À Hippocrate, esclave *vilicus* de Plautius, qui les a commandés avec modération, les esclaves du domaine offrent cette pierre tombale. » Museo nazionale di antichità degli Abruzzi e del Molise, Chieti.

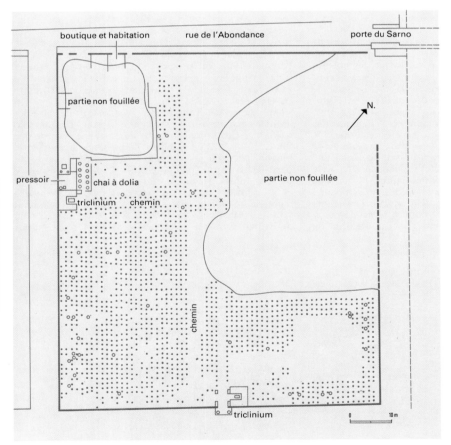

Un petit vignoble « urbain »

Depuis 1966, W. F. Jashemsky a fouillé à Pompéi, à l'intérieur même des remparts de la ville, un vignoble d'environ 70 ares dont le vin était fait et vendu sur place. Elle a retrouvé les cavités laissées dans le sol par les racines d'arbres (une cinquantaine en tout ; on ignore de quels arbres il s'agissait) et par celles des pieds de vigne (plus de 2 000). Le long du mur ouest du vignoble, trois pièces construites, un pressoir, un chai équipé de jarres enterrées, et un débit de boissons où le vin était vendu.

Les cadeaux des métayers à leur propriétaire

La face ouest du célèbre monument d'Igel, en Allemagne (IIe s. apr. J.-C. ?), mausolée des Secundinii, qui auraient été à la fois des négociants et des propriétaires fonciers, porte cette frise, récemment réinterprétée par Paul Veyne. Elle représente six paysans, des métayers ou des fermiers, offrant solennellement au propriétaire, ou plutôt à son représentant, des cadeaux en nature (qu'en France aux XVIIIe-XIXe s. on appelait « suffrages ») : un lièvre, deux poissons, un agneau, peut-être une peau de bête, un coq, un panier de fruits. Rheinisches Landesmuseum, Trèves.

Pompéi, 1748-1980 :
les archives d'un décor domestique

Depuis les premières fouilles en 1736 à Herculanum, puis en 1748 à Pompéi, la mise au jour progressive des villes ensevelies par l'éruption du Vésuve de 79 après J.-C. joue un rôle spécifique dans le regard que les cultures modernes portent sur l'Antiquité gréco-romaine. Écrire l'histoire de ces découvertes, c'est d'abord suivre, sur un exemple privilégié, l'évolution de la recherche et des techniques archéologiques de la fouille à l'enregistrement, la restauration et la conservation des documents, de l'analyse scientifique à la mise en valeur d'un patrimoine. Analyse riche en surprises qui est loin de proposer l'image d'un progrès linéaire et constant. Si l'on prend l'exemple des décors pariétaux, on constate que les recherches actuelles retrouvent des exigences formulées dès la fin du XVIIIᵉ siècle avec le souci de relever, alors par le dessin et l'aquarelle, l'intégralité des parois, afin de saisir le contexte décoratif dans son ensemble, avant que la destruction ne frappe les peintures. Grâce à des ouvrages monumentaux comme *Gli Ornati delle pareti delle stanze dell'antica Pompei* (*Les Décors pariétaux des pièces de l'antique Pompéi*) publiés à partir de 1796, on peut étudier, avec une précision documentaire suffisante, des monuments figurés disparus depuis, alors qu'un recensement, en 1977, des photographies alors existantes révélait que 60 p. 100 des vestiges subsistants n'étaient pas enregistrés. Mais l'analyse des effets de ces découvertes sur les différentes couches du public, qui a lui-même considérablement évolué entre le XVIIIᵉ siècle et nos jours, des voyages d'une petite élite cultivée au tourisme de masse, est un lieu d'observation privilégié des influences exercées par l'Antiquité sur le goût et la sensibilité des modernes à travers les représentations rationnelles, et plus encore imaginaires, qu'ils ont édifiées au fil des découvertes. C'est d'abord le choc des premières explorations : la petite ville romaine saisie au quotidien, un monde antique tout en couleurs dont l'impact rappelle celui qu'eurent les grotesques* à la Renaissance, les polémiques immédiates sur la valeur documentaire et esthétique des fresques (voir par exemple la correspondance entre Diderot et Falconet), les déceptions. « Ce sont là des peintures d'artistes très médiocres », écrit Winckelmann*. C'est aussi, lorsque la technique des moulages eut été mise au point au siècle dernier, la fascination des visiteurs devant les cadavres saisis par la mort, la célébrité posthume de la jeune fille trouvée dans la « villa de Diomède », frêle empreinte qui inspira à Théophile Gautier la nouvelle *Arria Marcella*. Mais il aura fallu la campagne d'archivage et de photographie organisée, sur l'ensemble de la zone archéologique, par l'Istituto Centrale per il Catalogo e la Documentazione (Institut central de

l'inventaire et de la documentation), entre 1977 et novembre 1980 (les travaux furent terminés quelques jours avant le tremblement de terre qui ravagea la Campanie et la Basilicate), pour que l'on dispose d'une documentation complète (en tout, 18 000 photographies), enregistrée systématiquement, maison par maison, en tenant compte simultanément du décor des sols et des parois ; une documentation qui, en l'état actuel, représente moins de 20 p. 100 de ce qui fut mis au jour, sur le site, depuis le début des fouilles. Grâce à ce travail exemplaire, on dispose, sous forme d'une banque de données, de véritables archives du décor domestique à Pompéi. En l'absence des contrats et des devis sur lesquels les spécialistes d'autres périodes fondent leurs analyses, il devient possible de procéder, avec la rigueur nécessaire, à l'analyse sociologique des conditions de réalisation du décor des maisons (intentions, moyens, goûts des propriétaires, définition des ateliers et du rôle qu'ils jouent), en comparant les ensembles ainsi rassemblés et bien analysés, grâce à une série de travaux sur ce que l'on désigne comme les quatre styles pompéiens*. L'analyse présente une double dimension, synchronique et diachronique. Sur une même période, il est possible de dégager une hiérarchie dans les décors fondée sur le statut social des propriétaires. Et l'archéologie retrouve ainsi des distinctions que Vitruve avait codées dans le chapitre V du livre VI de son traité, *De l'architecture*. Les gens de condition commune n'ont pas besoin de pièces de réception somptueuses « parce qu'ils vont ordinairement faire leur cour aux autres et qu'on ne la leur vient pas faire chez eux », mais les dirigeants doivent se distinguer de leurs concitoyens par l'apparat de demeures dans lesquelles on traite des affaires de l'État. Grâce à des travaux récents consacrés aux résidences romaines de ces « grands » (ainsi la Maison d'Auguste sur le Palatin, la villa de la Farnésine dont le commanditaire fut peut-être Agrippa), on peut étudier les transmissions des modes décoratives élaborées au plus haut niveau de l'échelle sociale avant d'être transposées dans de plus modestes maisons. « On s'applique en général à imiter les manières de faire des grands personnages », souligne Cicéron (*Des devoirs*, I, 138). « Qui imite les vertus de ce grand homme que fut Lucullus ? Mais combien prennent pour modèle la magnificence de ses villas ! » En outre, la mise en perspective chronologique permet de dégager les lignes de force d'une évolution entre le Iᵉʳ siècle avant J.-C. et le Iᵉʳ siècle après J.-C. Avec les belles demeures d'époque républicaine – villa des Papyri d'Herculanum, villa des Mystères, maison du Faune à Pompéi, villa de Fannius Synistor à Boscoréale, villa d'Oplontis, pour

ne citer que les plus célèbres –, on se trouve devant de véritables programmes décoratifs, indices de la culture des propriétaires qui y ont exprimé des intentions précises, que l'on peut découvrir grâce à de minutieuses analyses iconographiques. La correspondance de Cicéron, propriétaire de villas magnifiques dans lesquelles les moindres particularités se fondent sur quelque référence culturelle, est un guide précieux dans le déchiffrement des cycles picturaux ou des ensembles statuaires que ces maisons ont livrés. Avec la période julio-claudienne, au contraire, les nouveaux riches qui ont pris la place de la vieille classe dirigeante ne possèdent plus sa culture raffinée, comme le répètent les moralistes du Iᵉʳ siècle, même si l'on ne doit pas toujours les prendre à la lettre : on a en mémoire la superbe caricature qu'est le Trimalcion dans le *Satyricon* de Pétrone. Cette tendance, tout à fait nette à Pompéi, entraîne une modification sensible dans la pratique des ateliers. La production fondée, auparavant déjà, sur une codification stricte du décor, confié à des artisans spécialisés en fonction des motifs (figurés, architecturaux, etc.) qu'ils exécutent, devient de plus en plus standardisée. Et, dans la mesure où les exigences des commanditaires sont moins définies, les ateliers prennent plus d'importance dans le choix des décors, parfois copiés d'une maison à l'autre. On voit ainsi prévaloir des associations génériques : thèmes dionysiaques dans les salles à manger, scènes érotiques ou fables amoureuses dans les chambres à coucher, marbres, mosaïques et stucs ornés de motifs marins dans les bains... Ajoutons que les demeures vivent et se transforment : avec l'évolution économique du Iᵉʳ siècle, générale en Italie, avec aussi les effets du tremblement de terre de 62, on relève des modifications profondes dans l'usage d'une même maison. Les restes de luxueux décors peints de l'époque républicaine abritent des dépôts d'amphores, des ateliers de foulons, des boulangeries. Mais, à côté de cette histoire du décor au quotidien, on doit souligner aussi que, avec sa mise en archives, la documentation pompéienne peut enfin jouer pleinement son rôle dans l'analyse proprement esthétique d'un art décoratif dont les racines plongent dans le monde grec hellénistique mais qui, lorsqu'il disparaît dans la catastrophe de 79, représente une synthèse nouvelle, « tissu connectif entre l'hellénisme grec et le néo-hellénisme byzantin, c'est-à-dire entre la peinture du monde antique et le début de la peinture du monde moderne » (R. Bianchi Bandinelli, *Storicità dell'arte antica*, Bari, De Donato, 1973, 2ᵉ édition, p. 276).

Agnès ROUVERET

Entrepôt d'amphores

Dans une chambre portant des fresques d'époque augustéenne sont entreposées les amphores d'une fabrique de garum (maison 9, îlot 12, région I).

Istituto Centrale per il Catalogo e la Documentazione

Maison de Fabius Rufus, détails de décors des sols et des parois

Deux petites pièces adjacentes du sous-sol (nᵒˢ 13 et 14) avaient un même décor de mosaïque jouant sur l'inversion des couleurs du fond et du quadrillage. Au centre du pavement de la pièce 13 (à droite), un fin motif polychrome (*emblema*) représente un masque de théâtre. Les parois (à gauche) sont restaurées par superposition d'une décoration schématique avec des panneaux blancs et rouges sur un ancien décor de la phase finale du IIᵉ style (fin du Iᵉʳ s. av. J.-C.).

Coupe transversale de la maison du Centenaire (1903)

La restauration de J.-L. Chifflot illustre un parti pris résolument décoratif qui met l'accent sur les détails de l'aménagement intérieur (décors pariétaux, tentures, mobilier). Les mêmes principes inspirent également des réalisations architecturales contemporaines, ainsi l'extraordinaire villa Kérylos édifiée par Pontremoli pour Théodore Reinach et sa famille à Beaulieu-sur-Mer. La restauration guidée par l'archéologie propose une « tranche de vie » antique au cœur du présent. École nationale supérieure des beaux-arts, Paris.

Boulangerie réutilisant un espace d'habitation

Une boulangerie (four et meules) occupe l'ancien *atrium* de la maison 8 du 3ᵉ îlot de la Vᵉ région.

Composition d'A.-F. Normand (1885)

L'architecte A.-F. Normand reconnut avec enthousiasme l'apport décisif de la photographie à la documentation sur les édifices antiques. Il réalisa, dès 1851, à Pompéi une série de photographies en utilisant le nouveau procédé calotype de Talbot (négatif sur papier permettant de tirer des images positives). Dans cette composition de reliefs, de sculptures, de fragments d'architectures provenant de divers édifices s'exprime la vision d'un Antiquaire face à des objets anciens, celle qui sous-tend aussi l'organisation traditionnelle du musée : les pièces détachées de leur contexte (et donc de leur signification historique) sont offertes à la jouissance esthétique, teintée ici d'une touche de mélancolie.

La cité des morts à l'Isola Sacra

Une série de facteurs font de la nécropole du port de Rome à l'*Isola Sacra* (l'île Sacrée) un ensemble particulièrement significatif : son extension aussi bien topographique que chronologique (fin du Ier-IVe s. apr. J.-C.), son état de conservation, la variété et la richesse de la documentation. Proche de Rome, reliée à Ostie et au Port, elle gravite en même temps autour du point de convergence et de diffusion de tous les courants et flux culturels du monde romain impérial, ce qui augmente considérablement la valeur documentaire que toute nécropole, considérée dans sa spécificité, est susceptible de fournir. Après une découverte fortuite, la nécropole fut mise au jour par G. Calza entre 1925 et 1940. Des sondages archéologiques implantés au milieu des années 1970 dans le secteur hâtivement fouillé par Calza sont encore actuellement en cours. Ils apportent un faisceau de données nouvelles du plus haut intérêt sur la chronologie et la structure de la nécropole et permettent de poser avec plus d'exactitude et de précision le problème de l'idéologie funéraire romaine à l'époque impériale. Le secteur d'un kilomètre et demi environ dégagé par les fouilles renferme plus de cent tombes disposées de part et d'autre d'une route à double voie reliant Porto à Ostie. Les résultats récents permettent de dater cette route de l'époque flavienne (les Flaviens l'inaugurèrent) et elle était reliée au port de Claude avant même de l'être au port de Trajan. Deux types de tombes sont attestés : à chambre, précédée ou non d'un enclos, avec un ou deux étages et un toit couvert d'une voûte en berceau ou d'une terrasse ; à coffre (*a cassone*). Il y a aussi des sépultures dans des amphores ou sous de grandes tuiles qui forment un toit à double pente. Elles forment en un endroit une sorte de nécropole dans la nécropole : « le champ des pauvres ». Les tombes des deux premiers types appartiennent, au moins dans la phase la plus ancienne, à des groupes familiaux. Elles permettent d'identifier une *familia urbana*, c'est-à-dire le titulaire de la tombe, ses enfants, les affranchis et leurs descendants, une *familia* qui se définit donc en tant qu'unité de production plutôt que par les liens affectifs qui relient ses membres. Il est impossible de préciser si certaines tombes plus tardives et dépourvues d'inscriptions, furent la propriété de collèges ou d'associations funéraires. Construites d'abord en *opus reticulatum* (appareil réticulé), puis en briques, les tombes présentent un parement plus soigné en façade que sur les autres côtés, néanmoins recouverts d'une épaisse couche d'enduit rouge. En façade, la porte a des montants et une architrave en travertin, elle est surmontée d'une inscription sur marbre, flanquée de deux lucarnes. Souvent un ou deux reliefs figurés en terre cuite sont placés à côté de l'inscription. Ils en complètent les informations en précisant le métier, jamais mentionné dans l'inscription, du titulaire de la tombe. Il est

fréquent qu'à l'extérieur du monument, de part et d'autre de la porte, deux banquettes soient adossées. Elles posent le problème des banquets funéraires, de leur mode de déroulement. Ils avaient certainement lieu en plein air, de façon publique et ostentatoire. Mais la fouille en cours n'a pas encore totalement fait le jour sur cette question. La nature du rite funéraire conditionne étroitement l'organisation interne des tombes à chambre. En cas d'incinération, dont l'usage généralisé est plus ancien, un ensemble d'édicules et de niches pour les urnes en terre cuite, murés à titre de protection, étaient nécessaires. L'inhumation, qui coexista toujours avec le rite précédent dans le monde romain, ne laisse sa marque dans la conception architecturale des tombes à chambre qu'aux alentours de 130-140, avec l'insertion, dans la partie inférieure de chaque paroi ornée de niches, d'un *arcosolium** qui prend place dans la syntaxe d'ensemble du décor, en respectant le principe de composition symétrique. Au même moment, sous les sols couverts de mosaïques, on prévoit des dépositions à l'intérieur de *formae* (réceptacles oblongs à la dimension d'un cadavre), sur deux ou plusieurs épaisseurs. L'emploi des *formae*, sous le dallage, impliquait la destruction et la réfection constantes des mosaïques, ce qui révèle une absence de lien fonctionnel entre la tombe et la sépulture individuelle et met l'accent sur la signification globale du monument chargé d'affirmer et de faire connaître l'identité de la *familia* à laquelle on appartient. À l'intérieur des tombes à chambre, le programme décoratif prévoyait des reliefs en stuc pour tous les éléments d'architecture ainsi que la peinture des plafonds et des espaces entre les niches. Les peintures ne font guère allusion à l'outre-tombe, elles tendent à accentuer la richesse décorative de l'ensemble. Peintures, stucs et mosaïques sont dans leur ensemble le produit d'un artisanat qualifié qui répond aux exigences de sa clientèle : une couche moyenne de la société aux aspirations marquées pour le *decorum* et la promotion sociale. D'autres sources confirment cette définition des occupants de la nécropole : une classe moyenne, évoluant de façon homogène et dont aucun membre n'appartient à une couche plus élevée de la société. L'analyse de la nécropole permet de définir certains comportements de cette classe moyenne, la manière dont elle s'exprime, c'est-à-dire concrètement la façon dont elle se représente. Le principe déterminant qui préside à l'occupation du terrain est celui de la visibilité optimale par rapport à la route (de grand trafic), ce qui souligne l'absence d'un espace cultuel dédié à la cité des morts et le désintérêt du monde romain pour la question de l'immortalité de l'âme et de l'au-delà. La mort se manifeste comme la rupture d'un ordre à l'intérieur du tissu social mais, une fois que les rites funéraires ont donné au défunt son nouveau statut et recomposé l'équilibre, la tombe devient

justement le moyen de le récupérer et de le réinsérer dans le jeu des relations sociales et du vécu quotidien. Le monument funéraire, qui raconte son histoire, détermine son image porteuse d'idéologie, devient à son tour le gage de la continuité de cette image. C'est pourquoi il est le lieu où se concentre l'élaboration idéologique. Tout entier projeté vers la collectivité, il apparaît à la limite indépendant de sa fonction spécifique : contenir les dépouilles. En effet, l'édifice funéraire compte beaucoup plus que l'espace effectivement occupé par le mort : le mobilier est totalement absent des sépultures, l'inscription qui indique globalement la propriété remplace les inscriptions particulières désignant les défunts dans le tombeau. Cette idéologie funéraire se conforme, avec des moyens plus modestes, à celle des classes supérieures. Elle montre l'absence dans le monde romain, au moins pour l'ensemble du IIe siècle, d'une idéologie en marge du modèle dominant. Mais la nécropole dure suffisamment longtemps pour qu'on appréhende un changement dans les attitudes mentales devant la mort. Ces modifications, très lentes à se produire, s'intercalent entre de vastes périodes d'immobilité. Les indices nouveaux que l'on relève dans les tombes du IIIe siècle ne tiennent ni à leur disposition, ni à leur typologie, ni à la richesse de leurs décors qui demeurent inchangés (on note cependant que l'inhumation l'emporte désormais sur l'incinération). Mais le lien fonctionnel avec leur destination, recevoir le corps du défunt, est assuré. Les *formae* sont accessibles sans dégâts et sans rupture grâce à des plaques mobiles qui servent de dallage. Surtout, la tombe n'est plus le lieu où l'on affirme et fait connaître sa propre identité. On a pu identifier des groupes de tombes du IIIe siècle édifiées en même temps, avec des parois continues en arrière et en façade. Elles étaient toutefois divisées en unités de taille moyenne, avec une entrée indépendante, et appartenaient probablement à différents propriétaires. Ce phénomène révèle à la fois l'amenuisement de l'influence précise des choix personnels et privés de la clientèle et l'existence de monuments funéraires standards dont les caractères établis à l'avance répondent avant tout à des exigences fonctionnelles. Tout cela paraît justifier l'hypothèse d'une rupture profonde dans les représentations idéologiques. La mort et la destinée se trouvent au centre d'un intérêt nouveau, elles sont devenues partie intégrante de l'expérience commune dans une société qui a cessé de les exorciser. Les tombes du IIIe siècle, encore toutes païennes, ne recherchent plus un rapport privilégié avec le monde des vivants, elles ne servent plus de prétexte pour l'« autocélébration » de soi-même et de son groupe. Elles sont les documents d'une société qui a désormais intériorisé le concept de la mort.

Ida BALDASSARRE

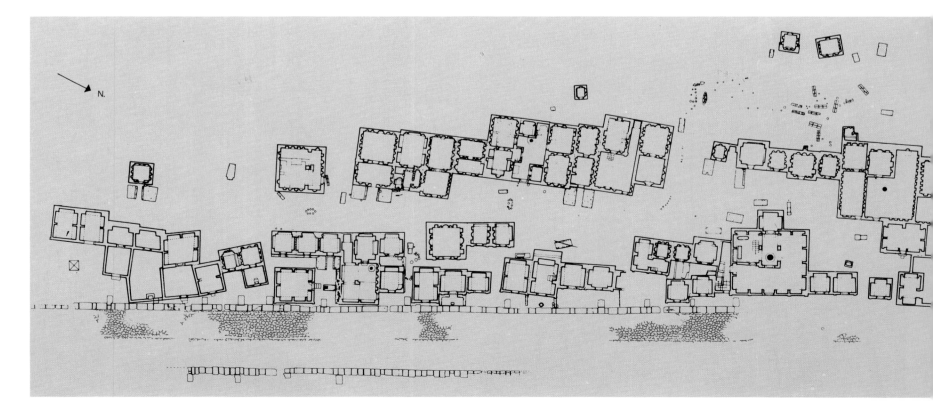

Vue de la nécropole

À gauche, façades des tombes à chambre (n°s 80-77) appartenant à la deuxième rangée de monuments ; à droite, partie arrière des tombes de la première file dont la façade donne sur la route. Au centre, à l'arrière-plan, deux tombes à coffre, au premier plan, sépultures formées à l'aide d'amphores.

Détail de l'organisation des parois de la tombe 92

Dans les tombes à chambre, les édicules et les niches sont coordonnés sur les parois d'après des principes de symétrie qui mettent en relief l'élément central avec une richesse de procédés qui évoquent de toute évidence les *frontes scaenae* (frontispices de scène) et les nymphées. La tombe ne renferme que des incinérations.

Intérieur de la tombe 55

Cette tombe renfermait à la fois des incinérations et des inhumations comme le montre la présence simultanée des niches et édicules pour les urnes et des *arcosolia*, au nombre d'un par paroi, qui affleurent au-dessus du sable recouvrant le pavement. La hiérarchie des éléments d'architecture n'indique pas une hiérarchie de fonctions : puisque rien ne le signale, en particulier aucune inscription, on ne saura jamais à quels individus du groupe familial étaient destinés les divers niches et *arcosolia*.

Arcosolia et *formae*, tombe 34

Arcosolia et *formae* sont typiques du rite d'inhumation. Dans les premiers étaient placés les sarcophages ; dans les secondes, plusieurs corps étaient superposés.

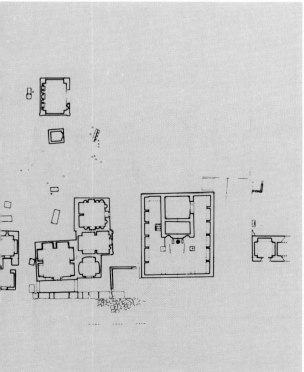

Plan d'ensemble de la nécropole du « port » de Rome à l'Isola Sacra

L'Isola Sacra est formée par une partie du delta du Tibre, située entre les habitats modernes d'Ostia Antica et de Fiumicino, qui ne fut transformée en île qu'en 103 après J.-C., lorsque, au moment de la construction du port de Trajan (*Portus Romae*), la zone fut séparée, au nord, de la terre ferme par un canal (*Fossa Traianea*) creusé pour éviter l'ensablement du port lui-même. Très vite, les tombes ont occupé les deux côtés de la route : dans la partie dégagée – la plus éloignée du port où la nécropole avait débuté –, on trouve des traces d'occupation remontant à la fin du Ier siècle, mais la plus grande extension date du IIe siècle et de la première moitié du IIIe. Au IIe siècle, une deuxième ligne de tombes se forme derrière la première en prenant toujours la route comme référence. Au IIIe siècle, de nouvelles tombes réoccupent l'emplacement de celles de la première file, le long de la route. Grâce à l'élévation du niveau du sol, elles pouvaient englober les édifices antérieurs ou se superposer à eux. Dans la seconde moitié du IIIe siècle et au IVe siècle, on ne trouve que des traces d'utilisation et de réfections : aucune construction neuve n'est réalisée.

Portrait de femme, détail de la niche centrale de la tombe 19

La nécropole de l'Isola Sacra offre, avec les maisons d'Ostie, l'ensemble le plus important de peinture romaine post-pompéienne.

Villes et campagnes dans l'Occident romain

Pendant toute la période antique, philosophes et théoriciens réfléchissant sur la Cité insistent sur l'unité du couple ville-campagne, que, depuis l'avènement de l'âge industriel et à la suite des réflexions de Marx et Engels, on a pris l'habitude de considérer comme antinomique. Dans *Les Lois* (V, 745), Platon proposait d'organiser l'espace de la Cité de sorte que disparaisse toute distinction entre citadins et ruraux. De même à Rome, pour Cicéron, l'agriculture est la seule activité digne d'un homme libre (*De Officis*, I, 151). Pour l'agronome Columelle, un siècle plus tard, il ne « reste qu'un seul [moyen d'accroître sa fortune] qui puisse être regardé comme noble et honnête, c'est la culture de la terre ». Dans le mythe de Dionysos, à la barbarie correspondent l'absence de la ville et l'ignorance de l'agriculture : la civilisation allie l'introduction de la ville et l'apprentissage de l'agriculture. Cette idéologie persiste durant toute l'Antiquité et se retrouve en particulier aux IVe et Ve siècles, période que l'on tend de moins en moins à considérer comme celle d'une irrémédiable décadence urbaine et où l'aristocratie continue à mener cette existence mi-citadine mi-rurale sur laquelle de grands intellectuels aristocrates comme Ausone ou Symmaque nous ont laissé des témoignages littéraires. Sans nier l'existence de situations conflictuelles liées à des pénuries de produits alimentaires ou à une trop grande exploitation de masses pauvres rurales, les historiens actuels renoncent désormais à chercher dans la révolte des campagnes la cause principale de la chute de l'Empire romain.

L'idée d'un parasitisme total de la ville antique étant difficilement soutenable, il reste à expliquer l'origine des énormes capitaux dépensés dans la parure monumentale des villes romaines. Le cas de la ville de Rome doit être distingué de celui des autres villes de l'Empire : à l'origine de son faste, il y eut la guerre et le butin puis les profits du pillage du monde méditerranéen, et, après la normalisation impériale, ce que nous appellerons une rente de situation liée au statut de capitale. Les autres villes sont à beaucoup d'égard de petites Rome, mais leur prospérité ne peut avoir eu la même origine. Quelle était donc la source des capitaux dépensés dans la ville ? Le problème est de situer la place relative des grandes fonctions économiques : artisanat et industrie, commerce, agriculture. D'une manière générale, l'artisanat est lié aux besoins de la vie urbaine, productions de première nécessité ou objets de luxe, et non à

l'approvisionnement d'un marché régional ou interrégional : des activités à caractère industriel importantes sont même totalement ou partiellement extra-urbaines ; c'est le cas de la céramique, ou même des artisanats textiles pour lesquels des installations spécialisées ne sont nécessaires que dans une phase bien précise de la production (foulage ou teinturerie) ; même contrôlées par les marchands installés à la ville, ces activités pouvaient être implantées dans la campagne. Le commerce joue évidemment un rôle essentiel dans la formation du capital consommé dans la ville. Certes, sont particuliers le cas des villes caravanières de Syrie, dont la prospérité est liée au trafic à travers le désert, ou même celui de ports comme Alexandrie d'Égypte. Mais, dans la fortune des notables, à condition de ne pas leur accorder de caractère essentiel, les profits liés au commerce ne doivent pas être négligés. Il reste que l'essentiel des richesses consommées par la ville vient de la campagne.

Pour cette raison et par réaction contre le schéma moderniste d'une ville antique conçue à l'image de la ville médiévale comme née du commerce et de l'artisanat, les historiens se sont interrogés sur le rôle de la ville dans le monde romain. Elle bénéficie de la rente du sol, mais la notion de ville rentière en donne une image trop passive. Le renouveau des études relatives aux campagnes antiques, la multiplication des découvertes archéologiques grâce à de nouvelles méthodes comme la photo-interprétation*, les prospections systématiques au sol ou par observation aérienne obligent parfois à inverser l'image ancienne qui était celle de grandes villes entourées de campagnes cultivées mais non peuplées. Il n'y eut pas un seul type de campagne mais des types de campagnes définis justement par rapport à la ville et valables pour des périodes précises. Le capital foncier est l'assise de la fortune et de la considération des notables municipaux, la condition même de l'accès à la direction des affaires. L'organisation de l'espace rural par la ville ne s'exprime pas seulement par la centuriation* qui aboutissait à l'attribution de lots de terre à des colons organisés en collectivités urbaines et civiques. À la ville est liée la *villa*, terme qui, dans l'Italie du IIe siècle avant J.-C. et par la suite progressivement dans le reste de l'Empire, prend un sens de plus en plus technique et désigne un établissement construit en matériaux non périssables, ayant une certaine taille et constituant le centre de

l'exploitation agricole. Le réseau des *villae* définit géométriquement l'aire d'influence de la ville antique à un moment de son histoire. Une telle organisation est un phénomène historique lié à un moment de l'évolution de la société romaine correspondant en gros à la période allant du IIe siècle avant J.-C. au IIIe siècle après J.-C. Même à cette époque, l'Empire romain n'a jamais constitué un espace homogène. Des régions ont ignoré les aspects complémentaires de la romanisation que sont la ville et la *villa*. À une campagne définie par un réseau de *villae* s'oppose une campagne non romanisée définie négativement par l'absence de *villae*, dualité qui recoupe et réactualise l'opposition culturelle ressentie et exprimée par les Anciens entre monde urbain, civilisé et romain, et monde barbare indigène.

À partir du IIIe siècle en général, mais parfois avant, le rapport entre la ville et la campagne paraît se modifier. La *villa* de type esclavagiste décline sans que sa régression n'implique celui des villes qui auraient été alors privées de la rente foncière nécessaire à leur survie. La *villa* a pu être abandonnée en tant que bâtiment agricole sans que change la propriété. Le prélèvement de la rente urbaine se fait alors directement sur les villages qui servent dans ce cas de relais au contrôle de la ville sur la campagne. Dans beaucoup de régions la diminution du nombre des *villae* à partir du IIIe siècle après J.-C. est sans incidence certaine sur la richesse des villes : il n'y eut pas déclin mais restructuration de l'espace rural. Cette réorganisation a été prise pour une ruralisation de l'ensemble de la société, la ville perdant une partie de son utilité politique et la différence s'estompant entre une campagne où paysans et villages continuent à verser une rente foncière aux propriétaires restés dans les villes et une autre qui dépendait directement et complètement des puissants propriétaires des grandes *villae*, dont certaines sont de véritables palais, caractéristiques de la fin de l'Antiquité.

Ainsi l'examen des formes d'organisation de l'espace rural par la société antique vérifie et renouvelle l'idée qu'à cette époque il n'y a de véritable opposition entre la ville et la campagne que lorsque leur relation est perturbée par d'autres conflits, en particulier par le conflit ethnique et social entre Romains et indigènes.

Philippe LEVEAU

Des colonies romaines et leur espace rural

Les manuscrits des *Gromatici Veteres*, recueil de textes techniques traitant de problèmes d'arpentage (le *groma* est un instrument de topographie utilisé par les arpenteurs), étaient illustrés de vignettes qui donnent de bonnes représentations de l'implantation de villes dans un espace centurié. En voici trois exemples : à gauche, une ville (la *colonia Iulia*) installée au centre d'un territoire divisé géométriquement ; en bas, une cité fortifiée (la *colonia Iulia Spellatium*, en Ombrie) indépendante de la centuriation ; ci-dessous, une troisième ville, *Anxur* (Terracine), assise sur la marge d'un territoire centurié dont le *decumanus* (axe est-ouest) est constitué par la *via Appia* qui traverse la ville.

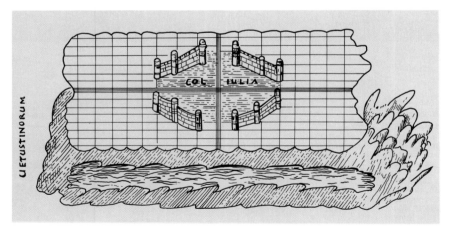

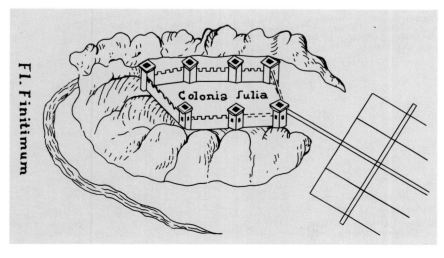

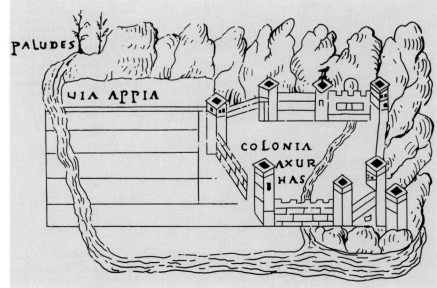

L'organisation d'un espace rural par une ville romaine : l'occupation du sol autour de Caesarea de Maurétanie (Cherchel, Algérie)

Une prospection systématique sur un espace géographique hétérogène (petites plaines, bassins, montagnes et collines) a montré que la répartition des *villae* n'était pas commandée essentiellement par les données de la géographie physique, mais par la proximité du centre urbain : le réseau des *villae* définit géométriquement l'aire d'influence de la ville à un moment de son histoire. La disparition des *villae* est liée à l'éloignement du centre urbain sans que l'élévation d'altitude, l'enclavement d'un bassin dans un secteur montagneux ou la pauvreté du sol apparaissent comme des facteurs décisifs : peu à peu, à un espace agricole, dont la mise en valeur est réalisée par un réseau de *villae*, succède un autre espace où les *villae* sont absentes et où l'élément déterminant du paysage agraire est constitué par les ruines de petites et de moyennes agglomérations.

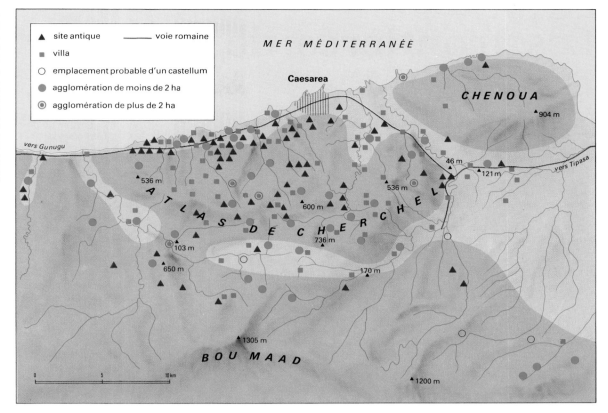

Archéologie rurale et développement industriel

Illustration saisissante de la confrontation entre la recherche archéologique et le monde industriel, de gigantesques excavatrices dégagent les morts-terrains au-dessus d'un énorme gisement de lignite tandis que des archéologues fouillent les vestiges d'un établissement rural. Depuis 1978, un accord entre les compagnies exploitatrices et le musée de l'État de Rhénanie à Bonn permet aux archéologues de tirer profit d'un projet industriel passant par la destruction totale des gisements archéologiques sur une superficie de plusieurs centaines de kilomètres carrés entre Aix-la-Chapelle et Cologne (la *Colonia Agrippina* des Romains). En contrepartie, une étude archéologique systématique de l'occupation du sol, des origines à l'époque mérovingienne, met en évidence les spécificités des habitats à l'époque romaine et permet de saisir les effets de la romanisation des campagnes de Germanie.

Rheinisches Landesmuseum, Bonn

Romanisation et urbanisation des campagnes

On connaît en Charente-Poitou plusieurs sites qui réunissent des ensembles de monuments publics (théâtre, forum, thermes, monuments religieux) sans qu'existent à proximité les quartiers résidentiels correspondant à l'image que l'on se fait habituellement d'une ville. On a voulu y voir des centres urbains sans habitats, héritiers de *conciliabula*, lieux de rencontre des tribus celtiques dont l'administration aurait voulu faire des foyers de romanisation. Il est en réalité plus vraisemblable que l'habitat a disparu parce qu'il n'était pas construit en matériaux durables. Par contre, il est certain qu'il s'agit de la manifestation de l'évergétisme de nobles Gaulois finançant au IIe siècle après J.-C. la construction dans les campagnes de monuments analogues à ceux que leurs parents ou grands-parents avaient édifiés à Saintes un siècle plus tôt. Ici, une vue aérienne oblique du site des Bouchauds dans la région d'Angoulême, Charente.

Photographie archéologique aérienne : J. Dassié

Centre Camille Jullian, C.N.R.S.

Un témoignage monumental de la présence rurale des élites urbaines

Le pont Flavien se trouve à proximité de Saint-Chamas dans les Bouches-du-Rhône. Son caractère monumental ne s'explique ni par l'importance de la petite rivière, la Touloubre, sur laquelle il a été jeté – une seule arche a suffi –, ni par celle du carrefour situé à proximité. C'est une évergésie, un bienfait offert dans son testament par un notable de la colonie d'Arles, Lucius Donnius Flavos, qui fut prêtre du culte de Rome et d'Auguste, comme le rappelle l'inscription gravée sur la face externe des arcs. Peut-être construit à cet endroit pour marquer la frontière entre les colonies d'Arles et d'Aix, peut-être lié au mausolée du même Flavos, ce pont, par sa monumentalité, illustre la présence des élites urbaines dans la campagne. Plusieurs *villae* sont connues à proximité ; il se peut que l'une d'entre elles au moins lui ait appartenu.

Les frontières de l'Empire

L'armée romaine, réputée solide, bien organisée, bien entraînée, efficace, a toujours fasciné militaires et érudits. Aussi l'étude des vestiges militaires – forteresses ou fortifications des frontières – a-t-elle de loin précédé les débuts de l'archéologie scientifique et constitué, à la fin du siècle dernier, la part majeure de l'activité des érudits allemands ou anglais. Problématiques et méthodes nouvelles – en particulier l'exploration aérienne, à la vue ou par photographie, dont le père Poidebard* fut le précurseur inspiré dans la Syrie alors sous protectorat français, et qui se développa surtout après la Seconde Guerre mondiale – ont contribué à modifier sensiblement notre vision du dispositif stratégique et des fonctions multiples de l'armée dans la société et l'histoire romaines.

Aux lendemains de la bataille d'Actium (2 sept. 31 av. J.-C.), les territoires contrôlés par Rome – Italie, Dalmatie, Grèce et Macédoine, Asie Mineure, Cyrénaïque et Maghreb oriental – restent centrés sur la Méditerranée, à l'exception de la Gaule et de l'Espagne, qui constituent deux masses continentales importantes. Au milieu du IIe siècle après J.-C., les frontières de l'Empire ont été poussées jusqu'au Danube, avec au nord l'excroissance de la Dacie, stabilisées sur l'Euphrate en Orient ; elles englobent l'Égypte au-delà de la première cataracte et l'Afrique du Nord jusqu'aux confins du désert, sauf à l'ouest (ouest de l'Algérie et Maroc actuels) où l'occupation est concentrée au nord ; la Bretagne est occupée jusqu'à l'Écosse. Le territoire contrôlé directement a ainsi doublé.

Il faut cependant enregistrer deux échecs majeurs. Malgré des campagnes répétées sous Auguste, toutes difficiles, marquées par le désastre de Varus (trois légions anéanties en 9 apr. J.-C.), le Rhin inférieur n'a pas été franchi durablement ; les Champs décumates* n'ont été grignotés que peu à peu, sous les Flaviens, et consolidés sous Antonin. À l'est, les provinces enfin conquises par Trajan sur l'empire parthe – Arménie, Assyrie, Mésopotamie – furent abandonnées deux ans plus tard par son successeur.

Ces conquêtes ont été réalisées par une armée hétérogène et dérisoirement peu nombreuse. Armée hétérogène dans son recrutement : à côté des légions, formées de citoyens, qui constituent l'élite de l'armée, les troupes auxiliaires sont recrutées parmi les pérégrins (le pérégrin est un homme libre habitant à l'intérieur de l'Empire, mais ne possédant pas la citoyenneté romaine) et ont, au départ, une origine ethnique bien marquée ; au moins équivalentes en nombre aux troupes légionnaires, elles sont moins bien considérées, moins bien payées et doivent un service plus long. Armée hétérogène dans son commandement : si les officiers

subalternes de la légion, les centurions*, sont la plupart du temps sortis du rang et constituent un encadrement de qualité, les officiers supérieurs, issus de l'ordre sénatorial*, n'ont aucune formation militaire particulière. Les chefs des troupes auxiliaires sont des chevaliers* ; ils acquièrent souvent au cours de leur carrière une bonne expérience du commandement, mais les hauts grades leur sont interdits. Surtout, l'armée est peu nombreuse : le nombre des légions oscille autour de trente, soit environ 160 000 hommes ; on admet que les troupes auxiliaires aient fourni un chiffre équivalent. En ajoutant à ces troupes l'effectif des corps d'élite stationnés à Rome – cohortes prétoriennes*, cohortes urbaines*, gardes personnels de l'empereur –, celui de contingents barbares, les numeri*, qui servent à côté des troupes régulières, et celui des flottes qui assurent la tranquillité des mers et des fleuves, on n'atteint qu'à peine le chiffre de 400 000 hommes.

Cette armée est de surcroît dispersée. Elle regroupée sous forme de vexillationes* pour des opérations ponctuelles ou en corps d'armée pour des campagnes d'envergure – douze légions pour la première guerre dacique de Trajan en 101 –, mais couvre, en temps ordinaire, l'ensemble des frontières. La répartition géographique des légions obéit à des considérations stratégiques : elles sont concentrées le long des frontières les plus menacées, ou les plus convoitées, et les camps légionnaires constituent les bases des opérations tant offensives que défensives. La tâche de surveiller et de tenir les frontières incombe principalement aux auxiliaires, répartis dans de nombreux camps et forts. Ce rôle s'accroît au IIe siècle, avec Hadrien et Antonin, au moment où se fixent la plupart des frontières. Même alors, l'Empire n'est pas un vaste camp retranché, entouré de murailles et de fossés défendus pied à pied. Les fortifications continues – murs d'Hadrien* et d'Antonin en Bretagne, limes de Germanie, de Rhétie, du Danube inférieur – ne sont pas, en raison même de leur étendue, des lignes de défense, mais plutôt des lignes de contrôle : leur franchissement signalait la région menacée, où pouvaient se porter rapidement les unités stationnées à proximité. Les tours réparties à intervalles réguliers facilitaient le contrôle à vue de cette limite, autant économique et psychologique que militaire. Ailleurs, en Orient (Cappadoce, Syrie, Arabie) et en Afrique, le limes est une zone de confins, parfois organisée autour d'une route stratégique permettant le déplacement rapide des troupes. La surveillance de la zone est alors assurée par des patrouilles, rayonnant à partir de leurs bases et pratiquant contrôle et recherche du renseignement.

Bâtis selon un schéma unique, malgré les variations

de détail selon les époques et les régions, les camps, castra légionnaires et castella auxiliaires, constituent la marque la plus profonde de l'armée romaine. Les camps de marche, que seule la photographie aérienne permet parfois de repérer, jalonnent les campagnes de Bretagne et de Germanie ; les camps permanents, d'abord de terre et de bois, sont, à partir de la fin du Ier siècle, construits en dur. Le camp, surtout légionnaire, est à lui seul une ville, avec son hôpital, ses thermes ; il s'organise, comme les villes, selon deux axes orthogonaux autour du quartier général, les principia, qui en sont le centre administratif et religieux ; leur rôle comme leur aspect monumental rappellent ou annoncent ceux des forums urbains. Le poids grandissant de l'armée dans la société se marque ainsi dans le rapprochement et la fusion des architectures civile et militaire.

Démobilisé, le légionnaire ou l'auxiliaire, qui acquiert alors la citoyenneté romaine, se fixe souvent dans la région où il a servi, parfois dans la bourgade qui s'est créée à proximité de son camp. Celle-ci peut devenir municipe ou colonie, comme Carnuntum (colonia Septimia), près du camp de la legio XIIII Gemina (aujourd'hui Bad Deutsch Altenburg en Autriche). Outre la défense des frontières, l'armée a assuré le développement urbain et la romanisation des provinces.

Tout change à partir du règne de Marc Aurèle : en 167, Quades et Marcomans franchissent le Danube, menacent Aquilée ; sept ans plus tard, la situation est rétablie, mais l'élan est donné, et au IIIe siècle les Barbares, Alamans, Goths, Vandales, Perses, submergent les défenses statiques de l'Empire. Malgré l'énergie des empereurs, l'armée s'avérait inadaptée à sa tâche. Gallien tentera de créer une armée nouvelle en disloquant les légions et en développant la cavalerie ; sa réforme annonce l'armée du Bas-Empire, qu'organisent Dioclétien et Constantin. Les effectifs sont augmentés (500 000 hommes sous Constantin) ; la distinction entre légions et auxiliaires s'estompe ; à côté des troupes des frontières, mieux réparties, est créée une armée de manœuvre mobile, sous les ordres de deux officiers supérieurs, les magistri peditum et equitum (maîtres de l'infanterie, de la cavalerie). Ces généraux sont souvent des Barbares, comme Stilicon ; leur connaissance de l'ennemi assure divers succès, qui n'empêchent pas, en 455, la prise de Rome par Genséric.

Éliane et Maurice LENOIR

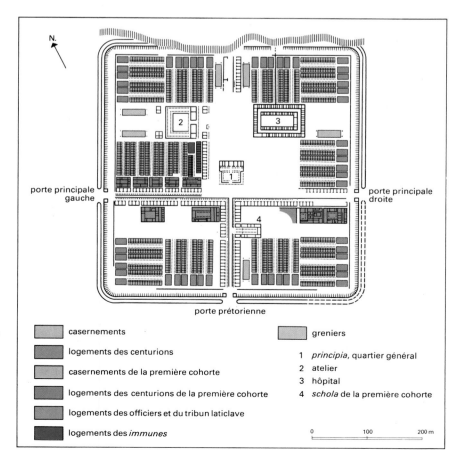

porte principale gauche — porte principale droite — porte prétorienne

casernements	greniers
logements des centurions	1 principia, quartier général
casernements de la première cohorte	2 atelier
logements des centurions de la première cohorte	3 hôpital
logements des officiers et du tribun laticlave	4 schola de la première cohorte
logements des immunes	

0   100   200 m

Plan du camp d'Inchtuthil

Construit vraisemblablement en 83 après J.-C., abandonné en bon ordre et systématiquement détruit par l'armée quatre ans plus tard, Inchtuthil, en Écosse, offre un instantané du camp légionnaire. Le rempart, de mottes de gazon surmontées d'un mur de pierres, doublé à l'extérieur d'un fossé, délimite une surface d'environ 21 ha. En retrait de l'intersection des deux grandes voies, bordées d'un portique, se trouvent les principia ; les casernements des cohortes bordent le rempart et enserrent les bâtiments communs : atelier, hôpital, greniers, lieux de réunion (scholae), et les logements des officiers et des gradés (immunes).

Les principia de la légion X Gemina à Noviomagus (Nimègue)

Les principia sont à la fois quartier général, archives, centre religieux et lieu de rassemblement. Ici, une entrée monumentale donne accès à la cour entourée de portiques sur lesquels s'ouvrent des bureaux ; au centre de la cour, un autel ; une basilique transversale occupe le côté opposé à l'entrée ; la pièce où sont gardées les enseignes de la légion (dont le sous-sol peut abriter une chambre forte) fait saillie à l'arrière du bâtiment. Situation et aspect monumental font des principia le lieu symbolique de l'autorité et de la puissance impériales.

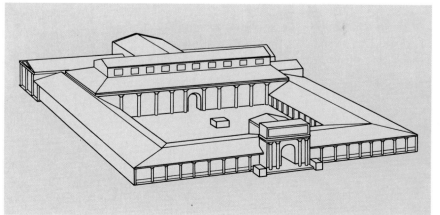

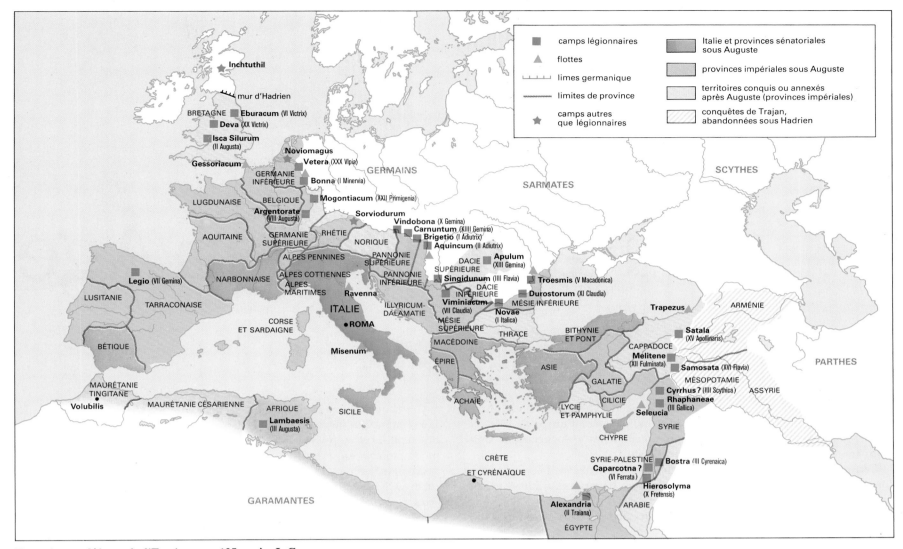

Extension et défense de l'Empire vers 135 après J.-C.

Les provinces administrées par le Sénat n'abritent pas de troupes. Dans les provinces impériales, la répartition des légions reflète l'état des dangers : elles sont concentrées sur le Danube moyen et inférieur (8), où la Dacie vient d'être conquise par Trajan en 107, et en Orient (6), face à l'Empire parthe. Mais l'Espagne, qui en comptait cinq sous Auguste à la fin des opérations de pacification, n'en abrite plus qu'une. L'Afrique, elle aussi, n'a qu'une légion, mais elle est tenue par de nombreuses garnisons d'auxiliaires.

Légende de la carte :
- ■ camps légionnaires
- ▲ flottes
- ⊔⊔⊔ limes germanique
- ≈ limites de province
- ★ camps autres que légionnaires
- Italie et provinces sénatoriales sous Auguste
- provinces impériales sous Auguste
- territoires conquis ou annexés après Auguste (provinces impériales)
- conquêtes de Trajan, abandonnées sous Hadrien

L'infanterie aux frontières

Ce soldat, qui appartient à une cohorte recrutée à l'origine chez les Tongres (peuple de Belgique), est en garnison près de Volubilis (Maroc). Il s'agit peut-être d'un Berbère, enrôlé sur place, comme il est presque de règle à dater du IIe siècle. Il porte sa « tenue de ville » : tunique courte serrée à la taille par une ceinture d'où pend une bulle, cape retenue sur l'épaule droite par une fibule ronde. Son armement comprend une lance, un glaive court, porté à gauche, et un bouclier ovale. Musée archéologique de Rabat.

Armure de parade d'un cavalier auxiliaire (IIIe s. ap. J.-C.)

La cavalerie joue un rôle sans cesse croissant dans la tactique, et jouit d'un certain prestige, dont témoigne la magnificence des armures de parade. Malgré la richesse de leur décoration, ces armures n'ont pas qu'un rôle ornemental : elles sont portées au cours de manœuvres solennelles, ancêtres des tournois du Moyen Âge. Le visage (ci-contre) pouvait être relevé ; les autres pièces – jambière et genouillère (en bas, à droite), têtière de cheval (ci-dessous) – portent des motifs religieux, représentations de divinités militaires : Mars foulant un Géant, tête de Minerve, Castor et Pollux. Trésor d'armurerie découvert à Straubing, Sorviodurum, R.F.A. Gaübodenmuseum Straubing.

Le Haut-Moyen Âge

S'appliquant plus particulièrement à l'Europe de l'Ouest, sans pour autant exclure les îles Britanniques, le monde scandinave et l'Europe de l'Est, le Haut-Moyen Âge, qui a pour cadre chronologique les Vᵉ-Xᵉ siècles, se situe à un tournant décisif de l'histoire européenne.

Cette période clé de transition entre l'Antiquité et le Moyen Âge a longtemps été étudiée à l'aide des seules sources historiques traditionnelles, avant que sa connaissance ne progresse grâce à l'archéologie.

Le Haut-Moyen Âge est traditionnellement scindé en deux périodes : d'une part l'époque mérovingienne, qui s'achève en 751 ; d'autre part l'époque carolingienne, qui s'achève en 911 en Francie orientale et en 987 en Francie occidentale. Malgré sa simplicité, ce découpage n'est pas entièrement satisfaisant. Plusieurs pays, en effet, ont partiellement ou totalement échappé à la domination des dynasties mérovingienne et carolingienne : ainsi les îles Britanniques, l'Espagne et une partie de l'Italie. On peut également s'interroger sur la signification culturelle de cette périodisation, face à des phénomènes de longue durée que les événements politiques ne marquent que rarement dans l'immédiat. Malgré ces réserves, ces deux tranches chronologiques offrent cependant une correspondance effective au niveau des sources.

Tandis que les sources traditionnelles de l'histoire sont parvenues en plus grand nombre jusqu'à nous pour les VIIIᵉ-Xᵉ siècles (pour de simples raisons de conservation), les sources archéologiques sont actuellement beaucoup mieux représentées pour les Vᵉ-VIIIᵉ siècles. Cette disparité des sources archéologiques explique les contrastes qui marquent l'historiographie de l'archéologie du Haut-Moyen Âge.

Durant plusieurs siècles, l'archéologie de la première partie du Haut-Moyen Âge (Vᵉ-VIIIᵉ s.) a eu pour champ d'action privilégié les sépultures, l'un des traits culturels les plus significatifs de la période ayant été le dépôt dans les sépultures d'objets de la vie quotidienne.

La découverte fortuite à Tournai, en 1653, de la tombe du roi franc Childéric Iᵉʳ (mort en 481 ou 482), père de Clovis, a été le point de départ historique de cette recherche remarquablement publiée par J.-J. Chifflet* en 1655. Quelques années plus tard, en 1656, on mit au jour à Paris, dans l'église Saint-Germain-des-Prés, la tombe du roi Childéric II (mort en 673), identifiée par une inscription gravée sur le sarcophage.

Ces deux découvertes ne serviront pas dans l'immédiat d'instruments de référence pour dater les sépultures anonymes qui contenaient des objets mobiliers similaires. À de rares exceptions près (en France, J.-J. Oberlin, 1775 ; en Angleterre, le révérend J. Douglas, 1793), on donna jusqu'à la fin du XVIIIᵉ siècle les attributions chronologiques les plus fantaisistes aux tombes d'époque mérovingienne, imputées selon le cas à des Gaulois, à des Romains ou même à des ecclésiastiques du Moyen Âge.

Au cours de la première moitié du XIXᵉ siècle, la connaissance des sépultures « barbares » progressa de façon spectaculaire, sous l'impulsion de quelques archéologues perspicaces : en France, P. J. B. Legrand d'Aussy (1799) et surtout Arcisse de Caumont* (1830) ; en Allemagne, la publication des fouilles de la nécropole de Selzen par W. et L. Lindenschmit* (1848) constitua une étape décisive ; en Angleterre, ce rôle de pionnier fut notamment dévolu à Roach Smith* (à partir de 1848). L'identification désormais correcte des tombes d'époque mérovingienne était à la fois la conséquence de fouilles de meilleure qualité et celle d'une réflexion critique s'appuyant sur des raisonnements comparatifs et des rapprochements avec les textes.

Ces acquis furent affinés dans la seconde moitié du XIXᵉ siècle et jusqu'à la Première Guerre mondiale. On chercha tout d'abord à préciser la datation des sépultures mérovingiennes. L'étude des associations d'objets dans une même tombe ainsi que l'examen de leur répartition spatiale dans les nécropoles jetèrent les bases des premières classifications chronologiques relatives. On s'efforça ensuite d'établir des chronologies* absolues en ayant recours au *terminus post quem* donné par la date de frappe des quelques monnaies d'époque mérovingienne déposées dans les sépultures. C'est en France que ces recherches débutèrent effectivement, avec J. Pilloy (à partir de 1880) et C. Boulanger (1907), ces travaux étant développés en Allemagne par E. Brenner (1912). En Angleterre, R. Smith (1900-1912), T. Leeds (1913) et G. B. Brown (1915) mirent au point la chronologie des trouvailles funéraires anglo-saxonnes.

Ces progrès méthodologiques se poursuivirent durant l'entre-deux-guerres, avec des orientations diverses et l'Allemagne comme centre de gravité : vastes synthèses régionales, comme celle de W. Veeck sur les Alamans en Wurtemberg (1931) ; nouvelle chronologie fondée sur les tombes d'Austrasie datées par des monnaies, qui a été utilisée jusque vers 1960 (J. Werner*, 1935) ; typologies d'objets mobiliers, comme celles de G. Thiry (1939) et de H. Kühn (1940). Face à l'érudition allemande, un industriel français, É. Salin*, poursuivait des travaux décisifs, publiant en 1943 avec A. France-Lanord *Le Fer à l'époque mérovingienne* : le laboratoire devenait désormais l'auxiliaire indispensable de la recherche archéologique.

L'archéologie des sépultures d'époque mérovingienne n'a pas cessé de se développer depuis la fin de la Seconde Guerre mondiale. C'est à É. Salin que revient le mérite d'avoir réalisé une vaste synthèse fondée sur l'archéologie funéraire, avec *La Civilisation mérovingienne* (1950-1959). La chronologie relative et absolue des sépultures s'est encore précisée avec les travaux de K. Böhner (1958), poursuivis principalement par H. Ament (1973 et 1977), P. Périn et R. Legoux (1980), ces derniers ayant recours à l'informatique. L'interprétation historique des trouvailles funéraires a bénéficié de la fouille exhaustive de vastes nécropoles : par exemple Krefeld-Gellep, en Allemagne ; Mucking, en Grande-Bretagne ; Rhenen, aux Pays-Bas ; Sezegnin, en Suisse ; Frénouville, Bulles et Vicq, en France ; Duraton, en Espagne. On a pu ainsi mieux cerner l'insertion des barbares au sein des populations indigènes de leurs pays d'accueil. L'anthropologie, trop longtemps négligée, a joué ici un rôle essentiel, tant pour les déterminations ethniques (L. Buchet, 1978) que pour les approches démographiques (M. Martin, 1976). L'analyse des pratiques funéraires a aussi trouvé la place qui lui revenait, donnant accès aux mentalités qui échappent aux textes (B.-K. Young, 1975). D'autres archéologues ont montré avec succès que les caractères structurels des sépultures constituaient également de précieux critères chronologiques (M. Colardelle, 1983, pour la région alpine). Il faut enfin mentionner la découverte de plusieurs tombes royales et princières, qui ont bénéficié d'une étude particulièrement soignée : tombe royale de Sutton Hoo, en Angleterre, en 1939 (R. Bruce-Mitford) ; tombes princières de la cathédrale de Cologne, en 1959 (O. Doppelfeld) ; tombe attribuée à la reine Arégonde, femme de Clotaire Iᵉʳ, mise au jour en 1959 dans la basilique de Saint-Denis (M. Fleury et A. France-Lanord).

La fouille des sépultures reste aujourd'hui un terrain privilégié pour les archéologues, mais l'étude de cette période s'est considérablement diversifiée grâce au développement récent de l'archéologie médiévale non monumentale, dont la Grande-Bretagne et plusieurs pays de l'Est ont été les pionniers.

**Vue des fouilles exécutées en 1807
dans l'église Sainte-Geneviève à Paris**

L'église Sainte-Geneviève étant promise à la démolition, le préfet Frochot y fit entreprendre des fouilles afin de retrouver les tombes de Clovis, de Clotilde et de plusieurs de leurs proches. Ces recherches, suivies par les architectes Bourla et Rondelet, ainsi que par Alexandre Lenoir, fondateur du premier musée des Monuments français, aboutirent à la mise au jour de nombreux sarcophages mérovingiens, dont plusieurs furent hâtivement attribués aux souverains. De tels sarcophages, comme on peut l'établir aujourd'hui, ne sauraient avoir été contemporains de Clovis et de Clotilde et correspondent aux inhumations postérieures *ad sanctos** qui furent opérées dans le sous-sol de la basilique primitive des Saints-Apôtres, non loin du tombeau de sainte Geneviève sur lequel Clovis avait fait élever son mausolée. Aquarelle de Bourla fils d'après les esquisses de son père. Cabinet des Estampes, coll. Destailleur, Bibliothèque nationale.

Longtemps, l'architecture du Haut-Moyen Âge n'a pratiquement été connue que par l'étude des monuments conservés en élévation, à vrai dire peu nombreux, ainsi que par celle des fragments architecturaux déposés dans les musées. À de rares exceptions près (« hypogée » des Dunes, à Poitiers : père de La Croix*, 1887), l'apport des fouilles demeurait secondaire, compte tenu de la médiocrité des méthodes de recherche utilisées : sans recours à la stratigraphie*, il était ainsi difficile de reconstituer l'histoire de monuments dont il ne subsistait que des fondations enchevêtrées et très approximativement datées. Depuis une trentaine d'années, les choses ont beaucoup changé. En plein essor, l'archéologie urbaine a provoqué la fouille de nombreuses églises, conservées ou disparues. Il a été ainsi possible de mettre au jour à leur emplacement les vestiges des sanctuaires primitifs, dont on a pu reconstituer avec précision le plan et l'évolution. Les remarquables fouilles menées à Trèves, à Cologne, à Genève et à Lyon ont permis de mieux connaître la genèse des cathédrales. Il en a été de même pour bien des basiliques funéraires suburbaines (La Madeleine, à Genève ; Saint-Laurent-de-Choulans, à Lyon). Ce mouvement a gagné les campagnes, où le sous-sol d'un grand nombre d'églises a été exploré, notamment en Belgique, en Allemagne, en Suisse, en Italie, et plus récemment en France (région alpine). D'autres églises rurales, insoupçonnées dans la mesure où elles ne furent pas à l'origine d'un lieu de culte durable, ont été également découvertes à l'occasion de la fouille des nécropoles.

Si les progrès de l'archéologie urbaine ont entraîné une meilleure connaissance de la topographie générale des villes au cours de la première partie du Haut-Moyen Âge, l'aspect des quartiers d'habitation reste encore incertain.

L'étude des habitats ruraux est également fort récente. En effet, elle n'a pu se développer qu'avec des méthodes de fouilles élaborées, empruntées aux préhistoriens. En dehors des régions méridionales (habitat seigneurial de Larina, Isère), où l'on a construit en pierre, le bois a été utilisé, ne laissant dans le sol que des taches de couleur, correspondant aux trous de poteaux et aux fosses des bâtiments agricoles. Les fouilles de Gladbach et de Warendorf, en Allemagne, celles de West Stow et de Mucking, en Angleterre, ou celles de Brébières (Pas-de-Calais), en France, ont ainsi révélé les plans de plusieurs villages d'époque mérovingienne et permis la reconstitution des différents types de construction.

D'autres directions de recherche, pour l'instant peu exploitées, s'offrent encore à l'archéologie de la première partie du Haut-Moyen Âge : les sites artisanaux (fours de potiers de Huy, en Belgique) ou les épaves (Fos-sur-Mer, dans les Bouches-du-Rhône).

Les historiens de l'art de la seconde partie du Haut-Moyen Âge se sont longtemps contentés de l'étude des monuments conservés en élévation, pour la plupart à caractère religieux. Peu à peu, cependant, le recours aux fouilles s'est imposé à eux, à la suite de découvertes qui ont montré combien l'archéologie pouvait enrichir les connaissances. Il n'est que de citer, parmi d'autres, les fouilles de l'abbatiale Saint-Pierre et Saint-Paul de Flavigny, en Bourgogne (de 1890 à 1905), celles du groupe épiscopal de Metz (1878-1923), de la cathédrale de Reims (1919-1930), des abbatiales de Fulda (1908-1929) et de Reichenau-Mittelzell (1929-1938) en Allemagne. On ne peut manquer d'y ajouter les fouilles menées sur le palais carolingien d'Ingelheim, non loin de Mayence (1909-1914), d'autant plus intéressantes qu'elles concernaient un monument civil.

De telles investigations se sont multipliées au lendemain de la Seconde Guerre mondiale, encore plus fructueuses car elles ont profité du perfectionnement des techniques de fouille. Les découvertes les plus significatives ont été effectuées dans l'église de Corvey-sur-Weser, à proximité de la cathédrale de Paderborn (fouilles du palais épiscopal et du palais impérial), dans la cathédrale de Cologne, dans la basilique de Saint-Denis, ou encore en Italie, à San Salvatore de Brescia, en Belgique (nombreuses fouilles d'églises ayant entraîné la mise au jour d'édifices d'époque carolingienne) et en Suisse, notamment à Genève et dans son canton.

Le contraste est grand si l'on considère maintenant les autres domaines de l'archéologie qui concernent la seconde partie du Haut-Moyen Âge. La situation est ici sensiblement la même que pour la première partie du Haut-Moyen Âge, avec cependant une nuance importante, puisque l'archéologie funéraire est pratiquement absente : en effet, c'est au cours du VIIIe siècle que l'usage d'inhumer le mort habillé et accompagné d'objets usuels a généralement cessé, et avec lui le moyen commode de dater les sépultures.

L'habitat urbain de cette période est mal connu à cause de l'enchevêtrement des couches archéologiques et de la difficulté de datation des objets de la vie quotidienne qui, telle la céramique, pourraient servir de « fossiles directeurs » pour la chronologie. Néanmoins, plusieurs fouilles ont apporté des résultats décisifs : celles de Haitabu, en Allemagne du Nord, et de Douai, en France, ont mis en évidence le processus de formation des noyaux urbains ; celles de Saint-Denis illustrent les modalités de leur développement ; ou encore les fouilles récentes de York, qui ont révélé l'établissement préviking.

D'autres fouilles ont porté sur des habitats ruraux : villages à maisons de bois (Maxey, en Grande-Bretagne ; Burgheim, en Allemagne ; Kootwijk, aux Pays-Bas), mais aussi à maisons de pierre (en France : Mondeville, Calvados ; La Rue-des-Vignes, Nord).

Des conditions de conservation particulières (milieu humide) ainsi que des méthodes de fouille élaborées ont favorisé une meilleure connaissance des architectures de bois, principalement en Allemagne et en Grande-Bretagne : maisons d'habitation (site fortifié d'Husterknupp, en Rhénanie) ; site portuaire (Dorestad, aux Pays-Bas) ; ou encore églises (nombreux exemples en Allemagne et en Grande-Bretagne).

Enfin, si les fouilles de sites artisanaux sont plus nombreuses que pour le début du Haut-Moyen Âge, elles se limitent pour l'essentiel à des ateliers de potiers, principalement en Grande-Bretagne et en Rhénanie (ateliers de Badorf et de Pingsdorf), plus rarement en France (Saran, Loiret). La multiplication de telles recherches ne peut que contribuer à une meilleure connaissance des sites archéologiques de la seconde partie du Haut-Moyen Âge s'il est possible d'identifier et de dater avec précision la céramique qu'ils livrent en abondance.

Patrick PÉRIN

Grandes Invasions et archéologie

Les sources écrites de la fin de l'Antiquité et du début du Haut-Moyen Âge qui ont permis de retracer l'histoire des Grandes Invasions sont d'un maigre secours dès qu'on s'interroge sur les détails de leur déroulement ou sur leurs conséquences ethniques effectives. On a donc cru possible, dès le siècle dernier, de pallier le mutisme des textes en faisant appel à l'archéologie et donc aux témoignages des tombes « barbares ».

L'un des traits culturels les plus marquants du début du Haut-Moyen Âge, pour la majeure partie de l'Europe occidentale, est l'apparition d'innombrables nécropoles aux caractères identiques, comme l'alignement des sépultures, lié à leur orientation prédominante, et la pratique de l'« inhumation habillée », souvent accompagnée d'un mobilier funéraire (limité en général à de la vaisselle). Privilégiant l'organisation topographique des tombes, tenue à tort pour nouvelle par rapport à la fin de l'Antiquité, les archéologues allemands furent amenés à définir dès le XIXᵉ siècle les « cimetières par rangées » (*Reihengräberkultur*) comme typiquement « germaniques », dans la mesure où leur diffusion coïncidait parfaitement avec l'expansion historique des Germains. Ces nécropoles ayant reçu des qualificatifs ethniques selon leur situation géographique au sein des différents royaumes barbares, qui s'étaient substitués à l'Empire romain d'Occident, on pensa ainsi pouvoir mesurer aussi bien les étapes des Grandes Invasions que l'ampleur de la « colonisation germanique » consécutive.

Si cette interprétation historique et ethnique des « cimetières par rangées » paraissait à première vue recevable pour les royaumes barbares qui avaient été stables et bien définis géographiquement, comme l'Angleterre anglo-saxonne ou l'Espagne wisigothique, elle était par contre aléatoire, sans une parfaite connaissance chronologique des objets déposés dans les tombes, pour les États qui avaient été éphémères ou mouvants : ainsi l'Italie ostrogothique, puis lombarde, la Pannonie gépido-lombarde, puis avare, et encore la Gaule, partagée entre Alamans, Burgondes, Wisigoths et Francs, avant d'être unifiée par ces derniers. De plus, pouvait-on affirmer, sur la seule base d'usages funéraires et d'objets mobiliers et sans recours à l'anthropologie, que toutes les tombes des « cimetières par rangées » avaient bien été celles de Barbares ? À partir de l'exemple si complexe de la Gaule, des archéologues et des historiens français et belges réagirent contre ces théories peu nuancées, s'interrogeant en particulier sur les lieux de sépulture de la population indigène romanisée, dont on savait par les textes qu'elle avait été dans l'ensemble ni éliminée, ni déplacée.

Certains chercheurs (É. Salin, 1939 ; H. Zeiss, 1941 ; F. Stein, 1974 ; H. Ament, 1976-1977) proposèrent une répartition ethnique des « cimetières par rangées », en fonction de certains de leurs caractères. La prédominance des inhumations en sarcophages et en coffrages de pierres sèches, avec pratique restreinte de l'inhumation habillée, fut ainsi considérée comme un indice sûr du peuplement indigène romain. C'est au contraire aux nouveaux venus germaniques, en l'occurrence ici des Francs, que furent imputées les inhumations en terre libre, accompagnées d'un mobilier funéraire abondant et diversifié. Ces mêmes critères archéologiques servi-

rent également à différencier, à l'intérieur de certaines nécropoles dites « mixtes », les deux peuplements, du moins jusqu'au VIIᵉ siècle où l'accomplissement du processus de « fusion progressive » était censé avoir provoqué l'uniformisation des modes vestimentaires et des coutumes funéraires.

Ces interprétations n'ont pas résisté à la critique. On a ainsi démontré (E. James, 1979 ; P. Périn, 1981) que les critères allégués n'avaient pu avoir d'emblée une correspondance ethnique directe, dans la mesure où ils témoignaient seulement de l'évolution chronologique des modes vestimentaires et funéraires (les caractères « germaniques » appartenant au début de la période mérovingienne et les caractères « indigènes » à sa seconde partie).

Faisant enfin appel à l'anthropologie, la recherche actuelle s'est détournée d'une interprétation ethnique aussi littérale des modes funéraires. À cet égard, la fouille de la nécropole de Frénouville (Calvados, France) a eu valeur d'exemple : on a pu en effet démontrer que l'évolution significative des modes funéraires, entre le Bas-Empire et l'époque mérovingienne, s'était faite sans que le faciès ethnique de la population ait été modifié de façon notable. On a donc reconsidéré, sur la base de tels résultats, le schéma d'interprétation historique des « cimetières par rangées » (en particulier H. Ament, 1978 ; E. James, 1979).

Revenant aux travaux décisifs de J. Werner (1950), on a rappelé que ce faciès archéologique, qualifié trop rapidement de « germanique », n'était pas né en Germanie libre (où d'ailleurs l'incinération était la règle la plus générale), mais dans l'Empire, en Gaule du Nord. Établis dans ces régions dès le IVᵉ siècle, des auxiliaires germaniques (notamment d'origine franque) adoptèrent, en les complétant, les pratiques funéraires de la population indigène romanisée. L'implantation massive des Francs dans les régions situées entre la Somme et le Rhin inférieur, au cours des trois premiers quarts du Vᵉ siècle, contribua à fixer ce faciès archéologique, commun à la population indigène et aux nouveaux venus, et à lui donner sa physionomie « prémérovingienne » : c'est pourquoi on parle volontiers aujourd'hui d'une culture « romano-germanique ». La diffusion spectaculaire de ces modes funéraires au sud de la Somme et à l'est du Rhin et de la Meuse ayant accompagné l'expansion franque, à partir de la fin du Vᵉ siècle, c'est à juste titre qu'on peut y voir l'une des conséquences de ce phénomène, dont la signification fut davantage politique et sociale qu'ethnique. De nombreux « cimetières par rangées » ayant eu pour point de départ de riches tombes de chefs, on a conclu que les conquêtes de Clovis avaient entraîné la diaspora de familles de l'aristocratie romano-franque de Gaule du Nord : c'est à ces minorités puissantes, et non à d'amples mouvements de population, qu'il convient donc d'imputer la diffusion des modes vestimentaires et funéraires septentrionales. Celles-ci furent d'ailleurs d'autant moins adoptées par le peuplement indigène que l'influence franque demeura faible (en particulier au sud de Lyon et de la Loire). On s'explique enfin qu'elles aient connu une régression générale dès le cours du VIIᵉ siècle, l'assimilation culturelle progressive des minorités franques s'étant accompagnée d'une réapparition générale des modes funéraires de tradition romaine tardive,

demeurées vivaces dans les villes et dans les régions restées les plus romanisées.

Cette nouvelle interprétation globale des « cimetières par rangées » n'a pas exclu des recherches plus ponctuelles sur l'identification ethnique des migrants barbares et sur celle de leurs manifestations culturelles. On s'est ainsi efforcé d'affiner le témoignage des sépultures. Grâce à la cartographie de types d'objets jugés caractéristiques, on est parvenu à mieux cerner les aires culturelles correspondant à divers peuples barbares (franciques et angons, ainsi que divers types de fibules pour les Francs). On a également cherché à préciser les antécédents culturels de ces peuples, afin de tenter de les suivre dans leurs déplacements : il convient de mentionner les travaux de M. Kazanski sur la première culture gothique (dite de « Cernjahov ») des IIIᵉ-Vᵉ siècles en Russie méridionale, déterminants pour l'étude des cultures ostrogothique et wisigothique postérieures. On a étudié, par l'identification et la cartographie des objets exportés, les contacts culturels entre les peuples barbares : on a pu ainsi mettre en évidence les échanges qui eurent lieu, par exemple, entre le Kent anglo-saxon et le monde franc ou entre ce dernier et la Pannonie lombarde corroborant ainsi le témoignage des textes. Au niveau des individus, on est parvenu à identifier par leur mode vestimentaire « nationale » les personnes ou les groupes de personnes qui s'étaient fixés hors de leur patrie.

Parallèlement à ces recherches, fondées sur l'étude des objets mobiliers et des tombes, on a mis l'accent sur l'anthropologie, dont les apports possibles à la connaissance ethnique et historique des Grandes Invasions ont été définis au colloque de Valbonne (France, 1981). Le champ d'application de cette discipline était demeuré limité jusqu'alors à quelques illustrations spectaculaires, comme l'identification du peuplement burgonde primitif en *Sapaudia* (Jura français et suisse), après le milieu du Vᵉ siècle, par des cas de prolongements radiculaires de l'émail dentaire et de déformation artificielle des crânes (ces caractères, propres aux populations asiatiques ou métissées à des Asiatiques, ayant été acquis par les Burgondes à l'époque de leur premier royaume rhénan, alors qu'ils avaient été en contact avec les Huns et des Germains orientaux, satellites de ce peuple asiatique). On insiste désormais sur la nécessité d'études anthropologiques sérielles par nécropoles barbares avec le recours obligatoire à des populations de référence, qu'il s'agisse du peuplement indigène antérieur aux Grandes Invasions ou des différents peuplements germaniques avant leur migration.

Patrick PÉRIN

Mobilier funéraire de la tombe féminine nᵒ 756 de la nécropole mérovingienne de Vicq (Yvelines, France), première moitié du VIᵉ siècle

Originaire d'Espagne wisigothique, la défunte avait conservé jusqu'à sa mort sa parure « nationale » gothique : en l'occurrence, une paire de grandes fibules ansées en tôle d'argent, portées haut sur les épaules, et une plaque-boucle de ceinture de bronze doré et cloisonné. Assimilée, elle avait néanmoins satisfait à la mode de son pays d'accueil par le port d'une seconde paire de fibules zoomorphes en argent doré, de provenance franque (fouilles E. Servat).

Vue aérienne de la nécropole gallo-romaine et mérovingienne de Frénouville (Calvados, France)

L'étude des restes osseux mis au jour dans la nécropole de Frénouville a permis de conclure que la population y était demeurée stable du IVᵉ au VIIᵉ siècle. C'est donc à de stricts phénomènes de mode d'origine « nordique », et non à un apport de population nordique, qu'il convient d'imputer ici l'évolution significative des usages funéraires à l'époque mérovingienne – notamment le changement d'orientation des sépultures : à droite sur la photographie (fouilles C. Pilet ; étude anthropologique L. Buchet).

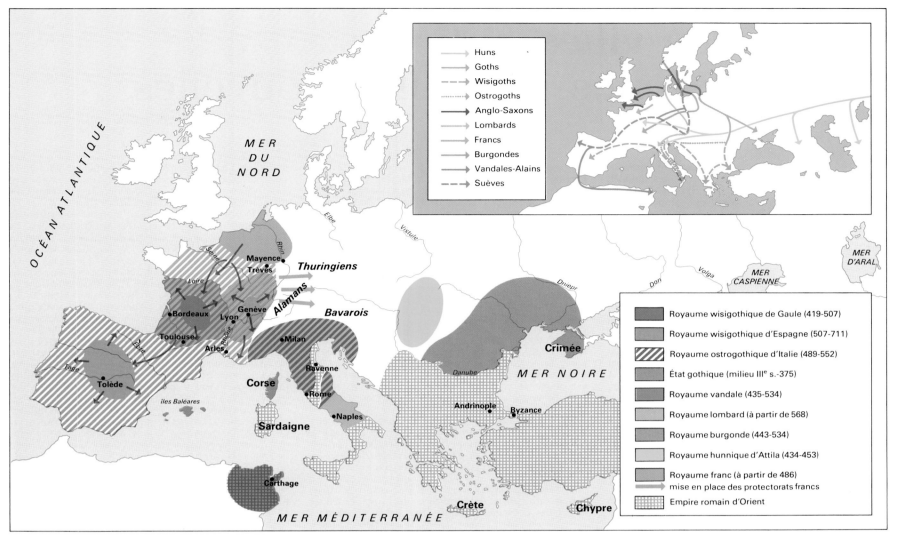

Les grandes invasions germaniques
et la naissance des royaumes barbares (fin IVᵉ-début VIᵉ s.)

L'arrivée des Huns en Occident, en 370, provoqua la mise en mouvement des peuples germaniques qui étaient massés aux frontières du monde romain. Tandis que l'Empire romain d'Orient parvint à surmonter la crise, en détournant les Wisigoths vers l'Italie, l'Empire d'Occident s'effondra en quelques décennies, cédant la place à un certain nombre de royaumes barbares, les uns durables (Anglo-Saxons, Francs, Wisigoths), les autres plus ou moins éphémères (Ostrogoths, Lombards, Burgondes, Suèves, Vandales). Les archéologues s'interrogent aujourd'hui sur les conséquences archéologiques possibles de ces mouvements de peuples, étudiés jusqu'ici à l'aide des seules sources écrites, dans la mesure où ils ont été le fait de minorités confrontées avec des populations autochtones demeurées largement majoritaires.

La répartition des angons et des francisques,
reflet de la première conquête franque

L'étude de la répartition géographique de certains types d'objets, supposés avoir une correspondance ethnique, peut aider à mieux cerner l'histoire des Grandes Invasions. La francisque (hache de jet profilée à tranchant développé) et l'angon (javelot à pointe pyramidale dont le fer mesurait plus d'un mètre de longueur) passent pour avoir été des armes franques par excellence, durant la seconde moitié du Vᵉ siècle et la première moitié du VIᵉ. De fait, leur zone de distribution coïncide parfaitement avec les limites historiques traditionnelles de la première expansion franque, du Rhin à la Seine et aux frontières du royaume burgonde. Cette carte illustre tout autant la diffusion de la mode des inhumations avec armes, véhiculée ou ravivée par les Francs (d'après J. Werner et W. Hübener pour les angons ; d'après W. Hübener pour les francisques).

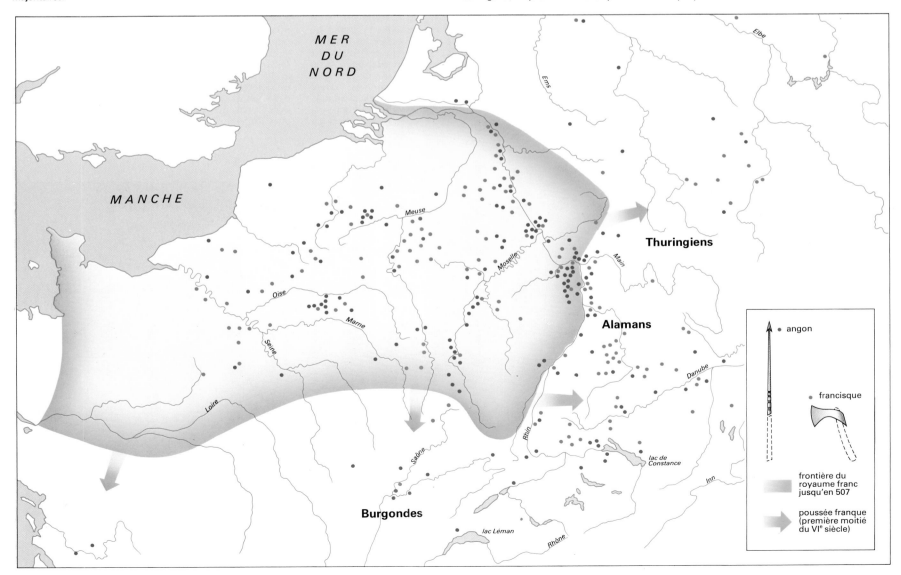

La fin des villes antiques et l'émergence des villes nouvelles

Les connaissances sur les villes d'Occident durant le Haut-Moyen Âge sont longtemps demeurées limitées. L'exploitation des sources écrites, en général peu abondantes et rarement descriptives, n'apportait que peu d'informations sur leur aspect, livrant surtout des listes d'églises et de monastères, à partir desquelles il était tout juste possible d'esquisser les grands traits de leur topographie chrétienne. Quant à l'archéologie, elle s'avérait la plupart du temps décevante, dans la mesure où l'on ne disposait le plus souvent que de quelques fouilles partielles et médiocres d'édifices religieux et de nécropoles, approximativement datés. Le contraste était donc grand par rapport au passé antique et médiéval des cités, illustré par une documentation abondante.

L'essor récent et spectaculaire de l'archéologie urbaine a fait évoluer cette situation. Au lendemain de la Seconde Guerre mondiale, alors que les programmes de reconstruction puis de rénovation urbaine faisaient peser une lourde menace sur les « archives du sol », les historiens et les archéologues mirent tout en œuvre afin que les pouvoirs publics prennent conscience de l'intérêt d'une recherche historique et archéologique globale sur le passé des villes, qui aiderait peut-être à mieux préparer leur avenir. Il importait en effet de saisir l'occasion qu'offrait la multiplication des travaux d'urbanisme public et privé jusqu'au cœur historique des cités. On évalua donc pour un bon nombre de villes (l'exemple de la City de Londres ou celui de Tours comptant parmi les meilleurs) les « risques archéologiques », définissant ainsi les fouilles qui s'imposaient à plus ou moins brève échéance. En Grande-Bretagne et en Europe du Nord d'abord, puis dans d'autres pays comme la France ensuite, un certain nombre de villes ont ainsi fait l'objet de programmes de recherche historico-archéologiques cohérents, qui ne privilégiaient aucune époque ni aucun domaine. On substituait donc à la notion traditionnelle, et plus ou moins développée selon les pays, d'« archéologie en ville » celle d'une « archéologie de la ville », celle-ci devenant l'objet et non plus seulement le lieu d'étude. C'est dans ce cadre que les connaissances sur les villes du Haut-Moyen Âge ont pu progresser de façon notable depuis quelques décennies. Pour évoquer les principaux acquis de ces recherches, il est commode d'établir une distinction entre les villes qui existaient déjà dans l'Antiquité et celles qui se formèrent seulement au cours du Haut-Moyen Âge.

Les nombreuses fouilles qui ont été opérées dans les premières permettent aujourd'hui de conclure qu'elles n'ont pas connu un urbanisme spécifique durant le Haut-Moyen Âge, mais seulement une adaptation du tissu urbain hérité de l'Antiquité tardive. Il suffit d'examiner la répartition des lieux de culte chrétiens, presque tous implantés par rapport à la voirie antique, ou encore celle des cimetières, situés pour la plupart à l'emplacement des champs de sépultures du Bas-Empire. L'espace urbain du Haut-Moyen Âge apparaît donc l'héritier direct de celui de la Basse-Antiquité, qu'il s'agisse des routes d'accès, de la voirie, de l'enceinte réduite, des grands monuments publics (sans préjuger de leur état de conservation et de leur destination) ou des nécropoles périphériques. C'est dans cette perspective qu'il convient d'envisager la question de l'habitat urbain du Haut-Moyen Âge. En effet, les fouilles n'ont guère livré jusqu'ici de vestiges des quartiers d'habitation du Haut-Moyen Âge. On est donc en droit de se demander si l'habitat urbain de la fin de l'Antiquité, dont on connaît la qualité, n'a pas survécu dans une large mesure pendant le Haut-Moyen Âge (la situation étant comparable, toute proportion gardée, à celle d'immeubles des XVIIe ou XVIIIe siècles toujours occupés aujourd'hui). Faute d'une problématique appropriée et aussi sans doute par méconnaissance relative des témoins de la culture matérielle (prolongements de la céramique de tradition antique, par exemple), ce fait a pu échapper à l'enquête archéologique et mériterait en tout cas d'être vérifié.

Si l'aspect des villes du Haut-Moyen Âge a dû être assez proche de celui des cités de la fin de l'Antiquité, il en différait cependant par la présence de très nombreux lieux de culte, à l'origine semble-t-il des seules modifications importantes du tissu urbain antérieur. À Cologne, à Trèves, à Genève ou à Lyon, l'édification intra-muros de vastes « groupes épiscopaux » (deux églises cathédrales, un baptistère, ainsi que des églises adjacentes et la résidence de l'évêque) et de grandes églises a provoqué la destruction de quartiers d'habitation anciens ainsi que le percement de nouvelles voies d'accès ou l'aménagement de places. L'exemple de l'île de la Cité, à Paris, est significatif : si l'on excepte l'extrémité ouest de l'île, où le palais royal mérovingien résulta de la transformation de bâtiments administratifs antiques, et quelques quartiers d'habitation hérités de la fin de l'Antiquité, le restant de l'île fut profondément remanié par l'implantation du groupe épiscopal et de plusieurs églises, à l'est, ainsi que par celle du vaste monastère Saint-Éloi, mitoyen du palais.

La permanence de la topographie funéraire par rapport à l'Antiquité tardive est encore un trait caractéristique des villes du Haut-Moyen Âge. Le peuplement y étant demeuré stable, malgré les Grandes Invasions, on s'explique que les habitudes funéraires n'aient pas changé, tant pour l'emplacement des nécropoles que pour les usages qui y furent pratiqués (prédominance des inhumations en sarcophage, rareté des dépôts de mobilier funéraire). Comme cela avait déjà été le cas dès le IVe siècle, les basiliques funéraires se multiplièrent au cours du Haut-Moyen Âge, édifiées sur les tombes des martyrs, des confesseurs et des vierges. Quelques villes connurent cependant la création de nouveaux cimetières qui se développèrent autour de sanctuaires suburbains construits à l'écart des cimetières préexistants : ainsi, à Paris, Saint-Germain-des-Prés (anciennement Sainte-Croix-et-Saint-Vincent).

La fouille méthodique d'un nombre croissant de sanctuaires urbains et suburbains (cathédrales de Trèves, de Cologne, de Genève et de Lyon ; basiliques de La Madeleine, à Genève, de Saint-Just et Saint-Laurent de Choulans, à Lyon, de Saint-Pierre, à Vienne, de Saint-Laurent, à Grenoble, etc.) a permis de préciser leur genèse et leur évolution, tout en démontrant la persistance des traditions architecturales antiques.

Dès le cours de l'époque carolingienne, la topographie de ces villes, encore fortement marquée par l'empreinte de l'urbanisme antique, semble avoir connu nombre de modifications, cette évolution ayant été accélérée dans bien des cas par les destructions consécutives aux invasions normandes (à partir du début du IXe siècle). On s'explique ainsi que la majeure partie des villes médiévales n'aient le plus souvent conservé des villes du Haut-Moyen Âge que leur topographie religieuse.

L'archéologie urbaine s'est tout naturellement intéressée aux villes d'Occident qui sont apparues seulement au cours du Haut-Moyen Âge. Certaines d'entre elles ont donné naissance à des cités médiévales, l'exemple de Douai (Nord) étant l'un des plus significatifs, puisque les fouilles pratiquées en plein centre de la cité ont permis de retracer avec précision le processus qui, du VIe-VIIe siècle au Xe siècle, permettra à la résidence fortifiée des comtes de Flandre de devenir une ville médiévale. L'exemple de York, en Grande-Bretagne, est tout aussi intéressant. Des fouilles remarquables ont mis en évidence le rôle joué par les Vikings à partir de 876 : ayant favorisé le développement de l'ancienne cité romaine et anglo-saxonne, ils sont à l'origine de l'essor de la ville médiévale.

Un certain nombre de sites portuaires d'Europe du Nord, comme Haithabu (république fédérale d'Allemagne, près de la ville de Schleswig) et Dorestad (Pays-Bas) ont connu une évolution de type urbain dès le début de l'époque carolingienne, sans donner pour autant naissance à des villes médiévales. Ne possédant pas de passé historique suffisamment ancien, ces sites à vocation marchande furent abandonnés assez vite au profit d'agglomérations voisines, quand les conditions naturelles qui avaient présidé à leur formation se dégradèrent. Compte tenu de leur occupation éphémère, de tels sites constituent de remarquables réserves archéologiques pour la connaissance de la culture matérielle du Haut-Moyen Âge, ce qui n'est pas le cas des villes qui ont eu un développement constant, celui-ci ayant provoqué un incessant bouleversement des couches archéologiques.

Patrick PÉRIN

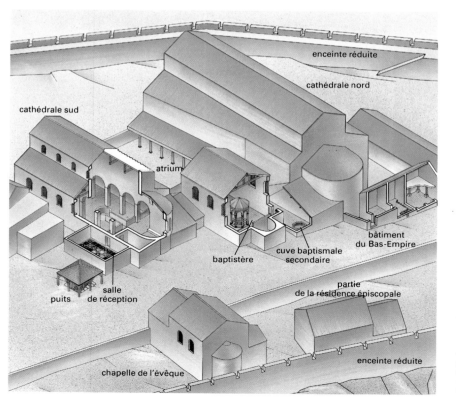

Reconstitution isométrique du groupe épiscopal de Genève (Suisse) et détail d'une mosaïque du palais épiscopal, Ve siècle

Les fouilles récemment menées à Genève, lors de la restauration de la cathédrale Saint-Pierre et de la chapelle mitoyenne des Macchabées, complétant des recherches antérieures, ont totalement renouvelé les connaissances sur le « groupe épiscopal » de l'ancienne capitale burgonde. À partir des fondations mises au jour, il a été possible de proposer une reconstitution isométrique de cet ensemble monumental intra-muros, constitué autour de deux cathédrales primitives encadrant un baptistère (à gauche). La résidence épiscopale était luxueuse et la salle de réception comportait de belles mosaïques de tradition antique (à droite). Fouilles C. Bonnet ; reconstitution isométrique G. Deuber.

Labels on image: enceinte réduite, cathédrale nord, cathédrale sud, atrium, bâtiment du Bas-Empire, cuve baptismale secondaire, baptistère, puits, salle de réception, partie de la résidence épiscopale, enceinte réduite, chapelle de l'évêque

P. Pierrain

Paris à la fin de l'époque mérovingienne, reconstitution

Cette maquette de reconstitution de Paris à la fin de l'époque mérovingienne (VIIe-VIIIe s.) a été réalisée à partir du dépouillement systématique des sources écrites et archéologiques disponibles. Les grands traits de la topographie du Bas-Empire romain étaient encore visibles à la fin de l'époque mérovingienne : axes routiers, principales rues, îlots comportant sans doute de nombreuses habitations plus ou moins remaniées, grands monuments transformés ou abandonnés, remparts de l'île de la Cité, principales nécropoles. C'est d'ailleurs en fonction de la trame urbaine antique que furent implantés les nombreux sanctuaires urbains et suburbains édifiés dans l'ancienne capitale de Clovis. La persistance de la vie urbaine sur la rive gauche est bien attestée, ainsi que le développement d'un faubourg sur la rive droite (en haut de l'illustration). Conception P. Périn ; réalisation L. Renou. Musée Carnavalet, Paris.

Un port du Haut-Moyen Âge sur la mer du Nord : Dorestad (Pays-Bas), fin VIe-fin IXe siècle

Les fouilles entreprises depuis 1967 à Dorestad révèlent progressivement l'aspect de ce port, dont de nombreuses sources historiques attestent l'importance économique durant la seconde partie du Haut-Moyen Âge. À côté d'objets mobiliers abondants et divers, témoins précieux de la culture matérielle, les vestiges les plus significatifs sont les aménagements portuaires proprement dits. À partir de pieux en partie conservés (à gauche), soigneusement relevés (au centre), on a pu reconstituer toute une série de pontons de bois, souvent prolongés et remaniés au fur et à mesure de l'ensablement du port (à droite). Fouilles du Rijksdienst voor het Oudheidkundig Bodemonderzoek, sous la direction de W. A. Van Es.

R.O.B.

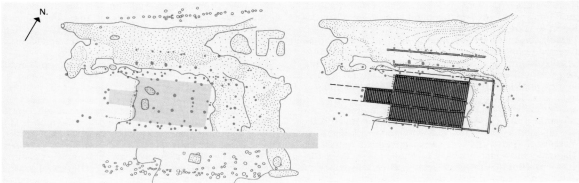

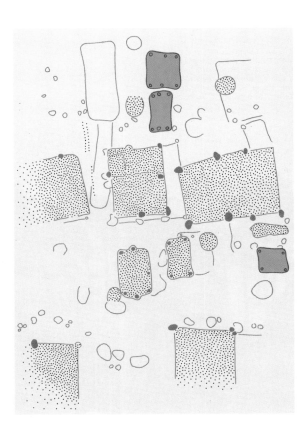

Studio A. Dumont

Aux origines d'une ville : les fouilles de la Fonderie à Douai (Nord, France), VIe-XIIIe siècle

Les fouilles exécutées de 1976 à 1981 en plein centre de Douai, dans l'ancienne Fonderie royale de canons, ont permis l'exploration intégrale de 1 000 m² de terrain. Grâce à des trouvailles significatives, on a pu reconstituer le processus d'émergence de cette ville : modeste habitat aux VIe-VIIe siècles, avec cabanes de bois (structures en violet ou entourées d'un trait simple sur le dessin) ; véritable agglomération pré-urbaine aux VIIIe-IXe siècles, en raison de la densité des maisons de bois (à gauche : période III B-C, IXe siècle, en pointillé sur le dessin) ; puis établissement de la résidence du comte de Flandre, en bois, au cours de la première moitié du IXe siècle, fortifiée par la suite, et qui aura, à la fin du Xe siècle, l'aspect d'un donjon de bois sur motte, entouré d'un rempart de pierre (à droite). Dans le cours du XIIe siècle, un donjon de pierre remplace le donjon de bois. Fouilles P. Demolon ; maquette du musée de la Chartreuse, Douai.

La formation des campagnes médiévales

Jusqu'à ces dernières décennies, les connaissances sur les campagnes d'Occident durant le Haut-Moyen Âge étaient pratiquement tirées des seules sources écrites et toponymiques, faute de découvertes archéologiques significatives. Si l'étude de documents administratifs apportait de précieuses informations sur l'organisation des grands domaines laïques et ecclésiastiques, elle s'avérait cependant fort décevante en ce qui concerne leur aspect et laissait totalement dans l'ombre les autres types d'exploitations rurales. Quant aux toponymes, difficilement datables avec précision, leur interprétation demeurait aléatoire en matière d'occupation du sol ou de topographie historique. Grâce à des fouilles de plus en plus nombreuses, conséquences du développement de l'archéologie médiévale, il est désormais possible de préciser les connaissances historiques traditionnelles et d'avoir une vision plus concrète des campagnes du Haut-Moyen Âge.

Durant longtemps, seuls les vestiges antiques des campagnes se sont imposés aux archéologues, du fait de leur nature et de leur situation : édifiées le plus souvent en pierre, les *villae* romaines étaient aisément repérables et avaient souvent l'avantage de ne pas avoir été cachées par des habitats postérieurs, car l'évolution des modes agraires avait provoqué un déplacement assez général des habitats. Depuis la Seconde Guerre mondiale, la généralisation des prospections* aériennes a révélé d'autres vestiges qui avaient le plus souvent échappé à l'attention jusqu'alors, étant construits en terre et en bois. On a ainsi identifié de nombreuses structures agricoles, défensives, cultuelles ou funéraires se rapportant à la préhistoire, à la protohistoire et au Moyen Âge, mais curieusement fort rarement au Haut-Moyen Âge. On a pu en conclure que l'habitat rural était demeuré relativement stable en Occident depuis le Haut-Moyen Âge et que la plupart des vestiges d'établissements agricoles mérovingiens et carolingiens avaient été oblitérés par des établissements postérieurs. Les possibilités de fouilles étant restreintes à l'emplacement des villages, des hameaux ou des fermes actuels, on a exploré les habitats qui avaient été abandonnés au cours du Haut-Moyen Âge.

Ces fouilles ont révélé, quand leur ampleur a été suffisante, l'aspect de ces villages du Haut-Moyen Âge : en république fédérale d'Allemagne, Gladbach et Warendorf (VIIᵉ-VIIIᵉ s.), respectivement situés en Rhénanie moyenne et en Westphalie ; aux Pays-Bas, Kootwijk (fin du VIIᵉ-fin du Xᵉ s.), dans la province du Gelderland ; en Grande-Bretagne, Catholme (fin du Vᵉ - début du VIᵉ - première moitié du Xᵉ s.) et Church Down à Chalton (VIᵉ-VIIᵉ s.), dans le Staffordshire et le Hampshire.

Ces divers sites, qui semblent être représentatifs de l'habitat en Europe du Nord-Ouest, ont livré différents types de constructions de bois aux fonctions bien spécifiques. Il s'agit tout d'abord de grandes maisons de plan rectangulaire ou naviforme, de 10 à 30 mètres de longueur, construites sur le sol à partir d'une solide armature de poteaux, la charpente reposant directement sur les murs ou étant prolongée jusqu'au sol par des contreforts. Ces constructions comportent en général deux portes ménagées au milieu de leur grand côté, ainsi qu'un foyer, placé non loin de cet accès. On est donc bien en présence de maisons d'habitation qui, dans beaucoup de régions de l'Europe du Nord, ont également abrité du bétail. D'autres maisons de même type, mais plus petites, ont également été trouvées, associées ou non à de grandes maisons : réservées exclusivement à l'habitation, elles ont pu correspondre, selon le cas, à une population de classe inférieure ou à une nette distinction entre habitat et étable. Au voisinage de ces maisons, on a le plus souvent repéré de petites constructions sommaires, élevées à l'aide de quelques poteaux sur des fosses plus ou moins profondes : certaines d'entre elles, fermées par un plancher de bois, comme à West Stow, constituaient de véritables caves. L'interprétation de ces « cabanes » a fait l'objet de nombreuses controverses. À West Stow ou à Mucking (Essex, Vᵉ-début du VIIIᵉ s.), elles ont dû servir d'habitations. Leur destination la plus courante semble cependant avoir été celle d'annexes des maisons, autour desquelles elles étaient groupées. La découverte dans les fosses de fusaïoles et de pesons démontre que ces « cabanes » ont pu notamment être réservées à des activités artisanales spécifiques, comme le filage et le tissage. Leur sol excavé et humide a pu également être propice à la conservation du lait et à la préparation des fromages. À Leibersheim (Haut-Rhin), l'une des cabanes était prolongée par un four à pain. La plupart de ces sites ont enfin livré des groupes de poteaux disposés selon un plan circulaire ou polygonal : il s'agit des supports de greniers à céréales, destinés au stockage et au séchage des épis récoltés tardivement.

La disposition de ces constructions a permis de savoir que les villages du Haut-Moyen Âge, du moins en Europe du Nord-Ouest, étaient constitués d'« unités agricoles » cohérentes, séparées par des palissades ou des clôtures : à Warendorf, par exemple, chaque unité comprenait sur un espace clos d'environ 70 mètres sur 50 une grande maison, huit à dix maisons plus petites, trois ou quatre cabanes et deux greniers à céréales.

Quelques rares exemples archéologiques, comme l'habitat mérovingien de Larina, à Hières-sur-Amby (Isère), attestent la permanence de l'habitat de pierre dans l'Occident méditerranéen au cours du Haut-Moyen Âge. D'autres régions ont connu ce phénomène, ainsi que l'attestent les récentes fouilles de Mondeville (Calvados) : sur ce site, occupé sans discontinuité du Iᵉʳ au XIIᵉ siècle et méthodiquement exploré, des constructions carolingiennes de pierre ont ainsi succédé aux constructions romaines tardives et mérovingiennes de bois (IVᵉ-VIIᵉ s.).

Les progrès décisifs de l'archéologie rurale du Haut-Moyen Âge s'imposent aujourd'hui aux historiens. Ainsi, après la découverte de quelques fonds de cabanes, il n'est plus possible d'étayer des théories sur la totale régression de la vie rurale, comme on l'a fait en France, il y a quelques années encore, à propos du site mérovingien de Brebières (Pas-de-Calais). De même, il convient de renoncer à l'image, popularisée par les manuels scolaires du siècle dernier, de la *villa* mérovingienne ou carolingienne, avec ses bâtiments de bois, ses tours et ses palissades. Les découvertes archéologiques ne sont d'ailleurs pas en contradiction avec les textes. Ces *villae* devaient en fait se composer d'un nombre plus ou moins important d'« unités agricoles », regroupées en villages ou dispersées. Quant aux résidences rurales des grands propriétaires terriens, rois, évêques, membres de l'aristocratie, si souvent mentionnées par les sources écrites, elles demeurent inconnues pour la plupart. En se fondant sur la description que donne Venance Fortunat du domaine de l'évêque de Trèves Nicétius, en bordure de la Moselle (VIᵉ s.), ou sur les fouilles du célèbre palais carolingien d'Ingelheim, non loin de Mayence, il faut admettre que ces résidences luxueuses se situaient dans la tradition architecturale antique, quand elles ne résultaient pas de l'aménagement de *villae* romaines. Ayant presque toujours été à l'origine d'habitats importants, ces résidences rurales n'ont pu faire l'objet d'investigations archéologiques que fort rarement, de même que les nombreux monastères ruraux, recouverts par les abbayes qui leur succédèrent.

L'essor récent de l'archéologie rurale du Haut-Moyen Âge a également favorisé d'autres types de recherches qui ont porté sur l'occupation du sol. En république fédérale d'Allemagne, on a ainsi pu se livrer à une fructueuse comparaison entre la répartition des habitats antiques et celle des habitats du Haut-Moyen Âge (ces derniers identifiés le plus souvent par leurs nécropoles), mettant en évidence de profonds changements dans l'organisation du peuplement. Ailleurs, comme en Champagne, des études analogues ont permis au contraire de conclure à une continuité assez générale de l'occupation des terroirs. Des enquêtes archéologiques poussées ont montré que les déplacements des habitats avaient été fréquents entre l'Antiquité et le Haut-Moyen Âge : aux bâtiments groupés des *villae* romaines succédèrent en général plusieurs « fermes » ou villages, dont beaucoup sont à l'origine des villages actuels.

Ainsi, dès le Haut-Moyen Âge, s'est mise en place la topographie historique des campagnes d'Occident, dont le Moyen Âge devait hériter.

Patrick PÉRIN

De la fouille à la reconstitution :
les villages anglo-saxons de West Stow et Church Down
(Suffolk et Hampshire, Grande-Bretagne), VIᵉ-VIIᵉ siècle

Du village anglo-saxon de Church Down ne subsistaient que des alignements de trous de poteaux et des fossés correspondant aux maisons d'habitation, comme le montre la vue aérienne des fouilles (à droite). C'est à partir de données archéologiques analogues qu'il a été possible de reconstruire sur le site même de West Stow plusieurs maisons anglo-saxonnes sur fosse, en l'occurrence de véritables caves (à gauche). Parc archéologique de West Stow, à gauche ; fouilles P. V. Addyman et P. Leigh, à droite.

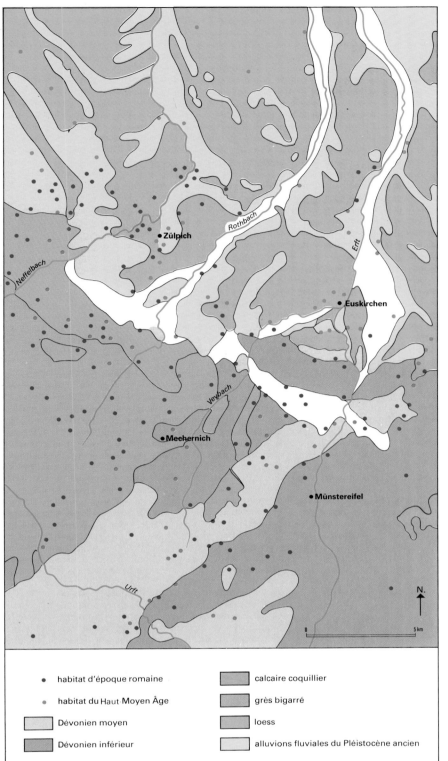

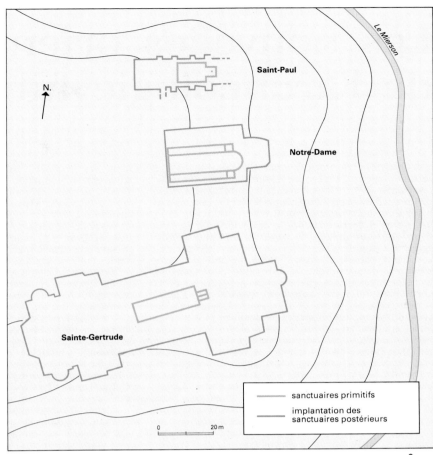

Un monastère rural du Haut-Moyen Âge : Nivelles (Belgique)

Les fouilles menées à Nivelles au lendemain des destructions de la Seconde Guerre mondiale ont révélé le plan de ce monastère, fondé au milieu du VIIe siècle. Outre les bâtiments monastiques, il se composait de trois églises aux fonctions bien spécifiques : Notre-Dame, église principale des religieuses ; Saint-Paul, réservée aux religieux et peut-être aux laïcs du voisinage ; Sainte-Gertrude, enfin, église funéraire des religieuses. C'est cette dernière église qui devait donner naissance à la célèbre collégiale Sainte-Gertrude, qui éclipsera les sanctuaires voisins (d'après J. Mertens).

L'occupation des sols aux époques romaine et franque dans le nord-est de l'Eifel (république fédérale d'Allemagne)

La répartition géographique des trouvailles archéologiques romaines et franques dans le nord-est de l'Eifel est tout à fait significative de l'histoire agraire, si on la replace dans un contexte géologique. On constate ainsi que l'habitat franc s'est concentré sur les terres faciles à cultiver (alluvions fluviales, terres calcaires), désertant les sols sableux, les loess, ainsi que les régions forestières dont l'exploitation n'avait pas été négligée à l'époque romaine (d'après K. Böhner).

Reconstitution du village franc de Gladbach (Neuwied, république fédérale d'Allemagne), VIIe-VIIIe siècle

Grâce aux fouilles menées à Gladbach en 1937, il a été pour la première fois possible de proposer la maquette de reconstitution d'un village franc. Celui-ci se composait d'un certain nombre d'unités agricoles, séparées par des clôtures. Chacune d'entre elles comportait une grande maison d'habitation, construite au niveau du sol au moyen d'une armature de poteaux, ainsi que des cabanes satellites à usage domestique, édifiées sur des fosses à l'aide d'un nombre plus restreint de poteaux. Rheinisches Landesmuseum, Bonn.

Un exemple de topographie historique : le terroir d'Heilbronn-Böckingen (R.F.A.) durant l'époque romaine et le Haut-Moyen Âge

À la fin de l'époque romaine, l'occupation du terroir d'Heilbronn-Böckingen consiste en un *vicus* (village), né du *castellum* voisin et desservi par plusieurs nécropoles. Au lendemain des Grandes Invasions, l'occupation du sol est totalement modifiée. Quatre nécropoles alémaniques, correspondant à autant d'exploitations agricoles, se partagent le terroir. Seule l'une d'entre elles sera durable et donnera naissance au bourg médiéval d'Heilbronn-Böckingen, sans doute parce que l'église paroissiale fut érigée sur son sol (d'après K. Weidemann).

Les nouvelles orientations de l'archéologie funéraire

L'objet de l'archéologie funéraire du Haut-Moyen Âge se limite surtout à l'époque mérovingienne. Dans les campagnes, c'est habituellement au cours du VIIIe siècle qu'on a définitivement cessé de pratiquer l'« inhumation habillée », accompagnée de divers objets, notamment des armes et de la vaisselle : à partir de cette époque, il devient donc difficile de dater les sépultures. C'est également vers le VIIIe siècle que la physionomie des cimetières ruraux a changé de façon radicale, cette mutation, de même que la disparition des dépôts de mobilier funéraire, résultant des progrès décisifs de la christianisation et de l'influence croissante de l'Église. Aux nécropoles rurales de type extensif, juxtaposition constante de sépultures bien individualisées et se prêtant donc aisément à la fouille, ont alors succédé des nécropoles de superficie restreinte, circonscrites aux alentours immédiats des églises : les sépultures s'y sont accumulées sans ordre, constamment bouleversées par les tombes postérieures, parfois même jusqu'à nos jours. On comprend mieux pourquoi l'approche archéologique des cimetières ruraux de l'époque carolingienne, pour la plupart à l'origine des cimetières médiévaux, s'est révélée difficile, sinon impossible. Des conditions de recherche sensiblement identiques s'appliquent aux villes, avec cette différence cependant que ces dernières ont connu beaucoup plus tôt cette évolution caractéristique des usages funéraires, en raison de leur christianisation précoce. Malgré ces obstacles, on s'est efforcé depuis quelques dizaines d'années d'étendre le champ d'application de l'archéologie funéraire à l'ensemble du Haut-Moyen Âge. La recherche a progressé dans deux directions principales, en s'intéressant tout particulièrement à l'évolution générale des nécropoles et aux usages funéraires qui y ont été pratiqués.

La question des nécropoles urbaines ayant été abordée à propos des villes, il a semblé préférable de se limiter ici aux acquis concernant les cimetières des campagnes. Grâce à la multiplication de fouilles méthodiques, portant sur de vastes superficies, on a aujourd'hui une idée plus précise de leur mode de formation. Bien des nécropoles de l'époque mérovingienne ont ainsi pris la succession de cimetières préexistants et remontant au moins à la fin de l'époque romaine : on a pu voir dans ce fait la preuve indiscutable de la stabilité du peuplement et de la permanence de l'habitat (les tombes n'en étant que rarement éloignées). C'est parfois l'arrivée de quelques migrants qui a permis l'introduction des nouvelles modes funéraires, bien vite adoptées par l'ensemble de la communauté d'accueil. La plupart des cimetières mérovingiens paraissent cependant avoir été des créations nouvelles, ce qui soulève des problèmes complexes d'interprétation historique. En effet, à la discontinuité de la topographie funéraire entre la Basse-Antiquité et le début du Haut-Moyen Âge a dû correspondre celle des habitats, sinon du peuplement.

Selon les cas, des explications différentes ont été proposées : colonisation de terres vierges ou désertées (depuis les invasions germaniques du IIIe ou du Ve siècle) par les migrants germaniques ; déplacement des habitats, et donc des nécropoles ; conséquence de l'évolution du mode de vie agraire ; ou encore, pour les fondations plus tardives, essaimage local de la population, la poussée démographique (bien attestée dès le VIIe siècle) conduisant à la conquête de nouveaux terroirs.

Dans les régions où les dépôts de mobilier funéraire ont été fréquents et abondants, on a affiné la chronologie des sépultures par des méthodes statistiques (étude comparative des associations d'objets dans les tombes) et topographiques (étude de la répartition topographique des objets dans les nécropoles, ou « topochronologie »). Il a été ainsi possible de reconstituer avec précision les modalités de développement des nécropoles. Le schéma le plus courant semble avoir été celui d'une croissance par auréoles successives, à partir d'un noyau primitif. Néanmoins, l'organisation des tombes par rangées plus ou moins régulières, ainsi que l'existence d'enclos et de stèles à la surface du sol, réservait toujours la possibilité d'inhumations plus récentes dans les secteurs anciens des nécropoles (cas de « rapprochements familiaux » dans les enclos).

Dans les régions où le mobilier funéraire était rare ou faisait totalement défaut, en raison de la permanence des traditions de la Basse-Antiquité, on s'est efforcé de dater les sépultures par leur type, qu'il s'agisse de la forme des sarcophages, décorés ou non, ou de celle des coffres construits à l'aide de tuiles ou de dalles de pierre. Des résultats tout à fait positifs ont été ainsi obtenus pour l'époque mérovingienne (en Suisse, la nécropole de Sézegnin, dans le canton de Genève) ou pour l'ensemble du Haut-Moyen Âge (dans le sillon rhodanien et la région alpine, par exemple).

Dans la plupart des régions considérées, un fait important, et jusqu'alors insoupçonné, a été mis en évidence et s'est révélé déterminant pour le devenir des cimetières mérovingiens : il s'agit de l'existence de chapelles ou d'églises en bois ou en pierre dans les nécropoles rurales. Si certaines d'entre elles ont eu une vocation initiale de *memoria*, comme c'était courant dans les villes (on y trouve alors souvent une sépulture « privilégiée » par son emplacement, sans qu'on puisse préciser en général l'identité du défunt et les motifs de la vénération dont il était l'objet), beaucoup furent élevées par l'aristocratie dans un but funéraire : la richesse des sépultures qui s'y rencontrent en témoigne. De telles fondations remontant fréquemment au début de la période mérovingienne, il faut admettre que la christianisation des campagnes fut parfois plus précoce qu'on ne le pensait, l'aristocratie ayant joué ici un rôle déterminant en se dotant de mausolées privés, à l'imitation des rois et des princes barbares. Bon nombre

de ces édifices furent éphémères et disparurent lorsqu'au cours du VIIIe siècle la plupart des cimetières furent transférés autour des églises paroissiales nouvellement implantées au cœur des habitats. Dans bien des cas, cependant, ces chapelles funéraires perdurèrent en fixant les cimetières ; c'est presque toujours l'origine des églises paroissiales demeurées à l'écart des villages, ou encore celle de nombreuses chapelles de cimetières, quand l'implantation d'une église paroissiale dans le village ne provoqua ni le transfert du cimetière ni l'abandon du lieu de culte funéraire. La fouille de ces édifices ne laisse pas d'être fort intéressante puisque leur sous-sol recèle les vestiges des sanctuaires antérieurs de bois et de pierre, agrandis et reconstruits à plusieurs reprises entre l'époque mérovingienne et les Temps modernes : de telles recherches, encore peu développées en France, sont couramment pratiquées en Belgique, en Allemagne, en Suisse ou en Italie.

L'étude des pratiques funéraires a progressé de façon décisive grâce au perfectionnement des méthodes de fouille et au traitement statistique des informations. Il a été ainsi permis de corriger un certain nombre d'idées reçues. Il n'est désormais plus guère possible de soutenir que l'axe des sépultures mérovingiennes ait été systématiquement tracé d'après le lever du soleil. Les variantes étant nombreuses, il semble au contraire que les facteurs topographiques aient été déterminants pour l'orientation des fosses et leur alignement (l'origine de cet axe préférentiel demeurant discutée). De même, la présence de quelques pierres au fond des fosses ou celle de clous ne sauraient plus être automatiquement interprétées comme l'« entourage rituel » du corps ou comme un « brancard funéraire » : l'expérience des fouilles récentes montre que les tombes en « terre libre » furent exceptionnelles et que les défunts reposaient le plus souvent dans des coffres de bois construits à l'intérieur des fosses et constitués de planches, clouées ou non et calées par des pierres (il ne s'agit donc pas de cercueils). La fouille minutieuse des restes osseux, menée à l'échelle de milliers de sépultures, a prouvé la rareté des pratiques funéraires « déviantes », trop souvent exagérées (inhumations sur le ventre ou « en chien de fusil ») et dont il est même parfois permis de douter (ainsi les crânes et les membres prétendument « encloués » ou les corps considérés comme « mutilés », enterrés « debout » ou « assis »). Grâce à la fouille du sol superficiel des nécropoles, on a pu encore recueillir de précieuses informations sur l'aspect des cimetières (cheminements, stèles et enclos marquant les sépultures), mettant parfois en évidence les traces de repas funéraires ou les restes d'incinérations, peut-être plus nombreuses qu'on ne l'a cru pour le début de l'époque mérovingienne.

Patrick PÉRIN

Vue partielle des fouilles et maquette de reconstitution de la nécropole mérovingienne d'Hordain (Nord, France)

Au cours du VIe siècle, le développement topographique de la nécropole mérovingienne d'Hordain fut modifié par l'implantation d'une chapelle funéraire de pierre, destinée à recevoir les sépultures de l'aristocratie locale (photo de droite). C'est à partir de cet édifice, soigneusement orienté, que furent désormais alignées les tombes, ainsi que l'enclos quadrangulaire du cimetière (photo de gauche). Fouilles P. Demolon.

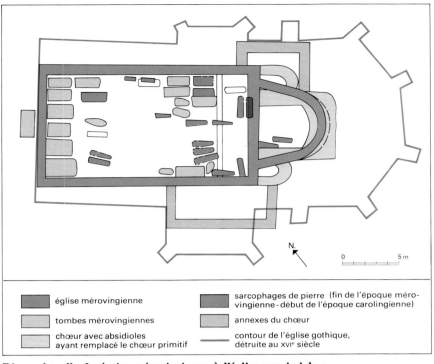

Légende de la carte :

- église mérovingienne
- tombes mérovingiennes
- chœur avec absidioles ayant remplacé le chœur primitif
- sarcophages de pierre (fin de l'époque mérovingienne - début de l'époque carolingienne)
- annexes du chœur
- contour de l'église gothique, détruite au XVIᵉ siècle

0   5 m

N.

D'une chapelle funéraire mérovingienne à l'église paroissiale : l'exemple de Saint-Martin d'Arlon (Belgique)

Les fouilles exécutées en 1936 et 1938 à l'emplacement de l'ancienne église paroissiale Saint-Martin d'Arlon, détruite au XVIIᵉ siècle, ont révélé l'origine et l'évolution de ce lieu de culte. L'édifice primitif, une chapelle funéraire à abside, fut fondé par l'aristocratie mérovingienne locale. Il bénéficia de certaines transformations à l'époque préromane (nouveau chœur à absidioles, flanqué de deux annexes), avant d'être entièrement reconstruit à l'époque romane, pour ne connaître par la suite que des aménagements mineurs (d'après J. Mertens).

Vue aérienne d'un secteur de la nécropole du Haut-Moyen Âge du prieuré Saint-Martin à Niort (Deux-Sèvres, France)

Cette nécropole, récemment fouillée, illustre de façon éloquente la persistance des traditions funéraires antiques en milieu urbain durant la première partie du Haut-Moyen Âge : développement extensif du cimetière par juxtaposition des tombes, prédominance des inhumations en sarcophages de pierre, enfin rareté du mobilier funéraire. L'Église n'a donc pas imposé d'usages funéraires spécifiquement chrétiens, se bornant seulement à marquer son influence par l'implantation de sanctuaires dans les nécropoles suburbaines (fouilles C. Papinot).

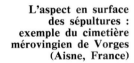

L'aspect en surface des sépultures : exemple du cimetière mérovingien de Vorges (Aisne, France)

À Vorges, l'enfouissement rapide de la nécropole mérovingienne, peu après son abandon, a préservé l'aspect en surface de plusieurs sépultures. Elles étaient délimitées par des entourages rectangulaires de pierres sèches et signalées par des stèles, parfois doubles quand elles avaient été destinées à recevoir deux inhumations. Les pierres visibles au fond des fosses avaient servi à caler les planches des coffres funéraires, beaucoup plus utilisés que les cercueils (fouilles M. Ballan).

Maquette des fouilles de la basilique funéraire de Saint-Julien-en-Genevois (Haute-Savoie, France, Vᵉ-VIIIᵉ s.)

Les fouilles menées à Saint-Julien-en-Genevois de 1975 à 1977 ont permis la découverte d'une basilique funéraire de l'époque mérovingienne, demeurée inconnue jusqu'alors dans la mesure où elle n'avait pas été à l'origine d'un lieu de culte durable. À un premier édifice rectangulaire s'ajouta, dans la seconde moitié du Vᵉ siècle, une petite église à abside (longueur : 45,60 m ; largeur : 8,50 m), elle-même augmentée au VIIIᵉ siècle d'une annexe en L (fouilles M. Colardelle, maquette réalisée par C. Haudebourg).

Quelques types de sépultures mises au jour dans la nécropole mérovingienne de Soyria (Jura, France)

L'observation minutieuse des restes de bois, des traces ligneuses, ainsi que des pierres retrouvées dans les fosses a permis la reconstitution précise des modes de sépulture en usage dans la nécropole mérovingienne de Soyria : cercueils monoxyles, taillés dans un tronc d'arbre (à gauche), et coffres à une ou deux places, construits dans les fosses à l'aide de planches calées par des pierres (d'après A.-M. et P. Pétrequin).

La production artisanale

Les sources écrites du Haut-Moyen Âge énumèrent un certain nombre d'activités artisanales mais elles n'apportent que peu d'informations sur les modalités du travail et sont muettes en ce qui concerne les techniques de production et d'ornementation. Le rôle de l'archéologie est donc déterminant, qu'il s'agisse des sites artisanaux, des monuments et objets parvenus jusqu'à nous (quand ces derniers ont toujours fait partie de trésors d'églises), ou de ceux qui ont été révélés par les fouilles.

Exception faite de fours et d'installations de potiers (Huy en Belgique, pour l'époque mérovingienne ; Pingsdorf, Badorf... en Rhénanie, Saran, dans le Loiret, en France, pour l'époque carolingienne), les fouilles n'ont guère révélé jusqu'ici de sites artisanaux où l'on travaillait les métaux ou le verre. On peut expliquer cette lacune documentaire de diverses manières : difficulté de repérage ou inaccessibilité d'installations recouvertes par des ateliers ou par des habitats postérieurs ; identification aléatoire des sites artisanaux définitivement abandonnés, en raison de la pauvreté ou du caractère atypique des vestiges. Avec celui du Runde Berg, près d'Urach (république fédérale d'Allemagne), le site de Batta, à Huy (Belgique), est actuellement l'un des rares exemples de site artisanal polyvalent du Haut-Moyen Âge. En bordure de la Meuse et à la périphérie de l'agglomération mérovingienne, on a ainsi pu mettre au jour plusieurs fours de potiers avec leurs installations annexes, ainsi que des débris d'os taillés et des fragments de moules à fibules en terre cuite : là des artisans travaillaient l'os et pratiquaient la fonte des métaux. Mais les fours associés n'ont pas été retrouvés, sans doute parce qu'il s'agissait d'installations sommaires et éphémères, à la différence des fours de potiers.

À côté de ces établissements fixes, qui ont dû prédominer dans les faubourgs des villes et les grands domaines laïques et ecclésiastiques, existaient des artisans itinérants. Quelques-uns sont mentionnés par les textes et ils étaient fort recherchés en raison de leur spécialisation : mosaïstes, verriers, fontainiers, sculpteurs... ; certains se déplaçaient d'Italie en Angleterre. D'autres peuvent être identifiés grâce à l'archéologie quand, dans certaines sépultures masculines, le mobilier funéraire était complété par un outillage. De tels dépôts étant exceptionnels, on a suggéré qu'ils correspondaient à des artisans itinérants, morts au cours de leur pérégrination et enterrés, comme le voulaient les usages du temps, avec leurs outils personnels. Ces lots d'outils étant présumés complets, on s'est interrogé sur la fonction de chacun d'entre eux et sur la spécialisation ou les spécialisations possibles de l'artisan. La présence conjointe d'outils lourds (pinces, marteaux, limes, etc.) et fins (petits marteaux, pinces, limes, forces, tenailles, burins, poinçons, enclume de taille réduite, etc.) permet de penser que ce dernier pouvait exercer à la fois des travaux élémentaires de forge, la fonte des métaux (matrices pour estamper les moules d'argile, déchets de bronze), ainsi que l'orfèvrerie (matrices à estamper, très

petits outils, verroteries, pierre de touche, etc.) et peut-être même la damasquinure. Autant qu'on en puisse juger, de tels artisans correspondraient davantage aux réparateurs ambulants en tous genres (les traces de réparations étant visibles sur nombres d'objets de métal retrouvés dans les tombes). La tombe n° 10 de la nécropole d'Hérouvillette (département du Calvados, France), datable du VIe siècle, est l'un des meilleurs exemples d'inhumation de « forgeron-orfèvre » itinérant en Occident. La présence d'un armement considérable, dont une épée longue, témoigne ici du rang important de ce personnage, ce qui n'était pas toujours le cas du forgeron ou de l'orfèvre (*faber ferrarius*, *faber aerarius*, *faber argentarius* ou *faber aurifex* des textes) attaché à un maître.

L'étude des techniques de production a progressé de façon spectaculaire au cours des dernières décennies, selon deux directions différentes mais complémentaires. Au sortir de la fouille, les objets de plus en plus nombreux ont pris le chemin du laboratoire, non seulement pour leur restauration et leur conservation, mais aussi en vue de leur étude technique : nature des matériaux utilisés, dosage des alliages, modes de façonnage et d'ornementation, etc. Ces analyses ont eu pour prolongements logiques des essais de reconstitution qui ont permis, par la reproduction fidèle des modèles, de mieux comprendre les techniques utilisées durant le Haut-Moyen Âge.

D'autres chercheurs se sont tournés vers l'archéologie expérimentale* en s'efforçant de parvenir à la reproduction des modèles par la reconstitution effective ou très approchée des conditions originelles du travail artisanal et de toutes ses étapes. En ce domaine, les résultats les plus spectaculaires ont concerné la paléométallurgie*. C'est ainsi qu'une étroite collaboration entre un spécialiste de la restauration des objets métalliques (J. Ypey, Rijksdienst voor het Oudheidkundig Bodemonderzoek, Amersfoort, Pays-Bas) et un maître-forgeron (M. Sachse, Rheydt, république fédérale d'Allemagne) a permis la reconstitution expérimentale du processus si complexe de fabrication des lames d'épée damassées. Outre une meilleure approche des phases successives de ce travail, il a été possible d'en retrouver certaines modalités d'organisation : par exemple la nécessité de disposer d'une forge solidement équipée, et donc fixe ; également, la collaboration indispensable de plusieurs artisans (notamment pour la torsion à chaud des barres de damas ou le réchauffement des pièces métalliques, à chaque étape du travail) ; ou encore l'obligation d'un classement rationnel des barres de damas (en effet, leur décor n'était visible qu'à la phase finale du travail de forge, où il était révélé par trempage dans un bain d'acide ; il fallait donc repérer avec précision les barres offrant un décor complémentaire, fruit des alternances voulues du corroyage* et des torsions, afin que leur assemblage par soudure donne à la lame de l'épée un décor cohérent de chevrons). Des expérimentations analogues ont porté sur la fonte

des métaux et sur la fabrication en série des objets moulés. On signalera les intéressantes recherches de P. Andrieux (Service archéologique du département du Val-de-Marne, France), relatives à la paléométallurgie du bronze durant la protohistoire, l'Antiquité romaine et le Haut-Moyen Âge. À partir de modèles archéologiques et ethnographiques, cet archéologue est parvenu à reconstituer et à faire fonctionner avec succès des fours de bronziers et, pour le fer, des bas fourneaux d'un type comparable à ceux qui nous sont connus par quelques rares fouilles du Haut-Moyen Âge. Il a pu ainsi montrer que le bronzier du Haut-Moyen Âge pouvait être un artisan mobile, capable d'installer n'importe où (dans un village ou à proximité d'un marché) et en peu de temps son four. Il devait se déplacer avec un matériel léger, comportant deux soufflets de cuir à embouchures de terre cuite, quelques creusets, des matrices à fibules ou à boucles de ceinture (destinées à imprimer les moules d'argile), ainsi qu'un outillage léger, sans oublier les matières premières, étain et cuivre (il s'agissait souvent de déchets destinés à la refonte, quand la clientèle ne fournissait pas elle-même le métal). On comprend donc que de telles installations éphémères n'aient laissé le plus souvent que des traces archéologiques difficiles à repérer.

Le monde des tombiers du Haut-Moyen Âge a été concerné, lui aussi, par ce mode d'expérimentation archéologique. C'est ainsi qu'on a pu élucider différents problèmes posés par la fabrication en série des sarcophages de plâtre moulé, si communs en région parisienne. L'observation des traces de bois et des décors imprimés sur les parois de nombreuses cuves de sarcophages découvertes à Paris a permis la reconstitution au musée Carnavalet d'un double coffrage de planches, démontable (comme c'était le cas à l'époque mérovingienne, ce qui facilitait le démoulage et permettait de réutiliser le moule). À partir d'échantillons analysés en laboratoire (par la société plâtrière Lambert Industrie), on a pu identifier le produit utilisé à l'époque et donc employer un matériau moderne au comportement mécanique parfaitement analogue (bien que son aspect soit plus lisse). Il a été ainsi possible d'infirmer la théorie selon laquelle les cuves de plâtre étaient directement coulées dans les cimetières et au fond des fosses. En effet, outre les difficultés de montage du coffrage et de coulée du plâtre, il aurait été impossible de faire sécher les cuves dans les fosses, faute de ventilation. Au contraire, on peut désormais affirmer que les plâtriers avaient leur chantier à la périphérie des nécropoles. Les cuves étaient coulées sous des hangars aérés et protégés des intempéries. On les démoulait quelques heures après la coulée, et on pouvait les laisser sécher pendant plusieurs semaines. Elles avaient alors la résistance d'un calcaire tendre et elles pouvaient être transportées comme les cuves en pierre, grâce à un bardage adéquat.

Patrick PÉRIN

Le damas soudé : principe et reconstitution expérimentale

La plupart des lames d'épée du Haut-Moyen Âge offrent une structure damassée, à la fois utilitaire (assurer à l'arme souplesse et solidité) et décorative (chevrons, torsades, moires dessinées par les différences de nuance du métal : d'où le nom de damas, par analogie avec les motifs des étoffes de Damas). Des travaux de laboratoire, poursuivis à la forge, ont permis la reconstitution expérimentale de cette métallurgie sophistiquée (à gauche). Le forgeron juxtaposait en les alternant, à droite (a), quatre bandes de fer pur (en blanc sur le dessin) et trois bandes d'acier (en noir), et il les soudait par martelage à chaud (b), pour former des barres d'environ 0,8 cm de côté. Ces barres étaient ensuite torsadées à chaud à intervalle régulier, avant de retrouver à nouveau leur section carrée par martelage à chaud (c, d, et dans la partie droite de la photo, le damas ayant été ici révélé à l'acide pour les besoins de la démonstration). Le forgeron juxtaposait alors trois barres de structure complémentaire (e), puis les soudait par martelage à chaud (f) et les forgeait pour façonner la lame de l'épée (g). Les tranchants d'acier étaient alors rapportés par soudure (h, i). La lame était enfin polie à la meule, puis trempée dans un bain d'acide pour mettre en évidence son décor damassé, blanc pour les veines de fer doux, sombre pour celles d'acier (expérimentation et documents J. Ypey).

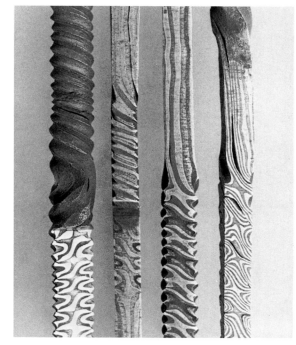
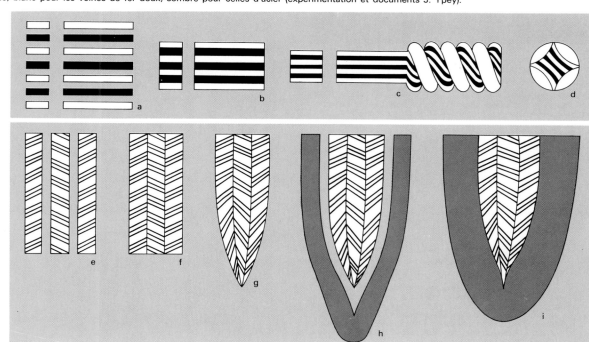

Moule à boucle de ceinture de Guelma (Algérie), VIe siècle

On ne possède que la moitié de ce moule à boucle, ardillon, bossette et plaque-rivet de ceinture, taillé dans une pierre dure et sans doute importé de Gaule mérovingienne en Afrique vandale. À l'origine bivalve, il n'a pas servi à la coulée de métal en fusion, ce qui aurait conduit à son éclatement (il n'y a d'ailleurs pas d'évents). Il servait au contraire à mouler en série des « positifs » en cire, aisément retouchables, que l'on traitait ensuite selon la technique classique de la cire perdue*. Ces positifs étaient engobés d'argile. Après séchage et réchauffement, la cire était évacuée et on lui substituait du métal (or, bronze ou argent), après avoir aménagé un entonnoir de coulée et des évents – fin canaux destinés à l'échappement des gaz du métal en fusion. Bibliothèque nationale, cabinet des Médailles, Paris.

Une expérience paléométallurgique : coulée d'un objet de bronze

Au moyen d'un four artisanal activé par deux soufflets manœuvrés à la main, l'expérimentateur a mis plusieurs heures pour porter le bronze, contenu dans un creuset de terre, à son point de fusion. Le métal incandescent est alors rapidement versé dans des moules bivalves de terre cuite, préalablement réchauffés près du four, puis enterrés à proximité afin d'éviter leur déformation et leur éclatement. Après refroidissement, le moule d'argile est brisé afin de libérer l'objet de bronze à la finition duquel il conviendra de procéder – ébarbage, surfaçage, complément d'ornementation, etc. (expérimentation P. Andrieux).

Paire de fibules moulées en argent doré provenant de Trivières (Belgique), VIe siècle

De nombreuses paires de fibules mérovingiennes de bronze ou d'argent moulé, à première vue identiques et que l'on pourrait croire issues du même moule, présentent en fait de légères variantes de décor. Cette particularité s'explique par le recours à la technique de la fonte à la cire perdue à partir d'un « positif secondaire » : un « positif primaire », ébauche de l'objet à reproduire, servait de matrice pour imprimer des moules d'argile dont on tirait des positifs secondaires de cire, identiques au départ ; ceux-ci recevaient alors par gravure leur ornementation, avec d'inévitables variantes de détail, avant d'être engobés d'argile et traités à la cire perdue. Musée royal de Mariemont.

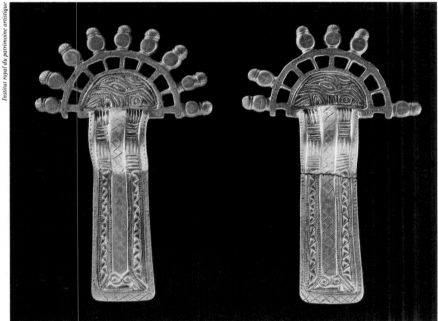

Garniture de ceinture de fer damasquiné de Bern-Bümplitz (Suisse), VIIe siècle

La damasquinure (du nom de la ville de Damas et par analogie avec l'ornementation des étoffes fabriquées dans cette ville), art d'incruster ou de plaquer des métaux sur un support de métal différent, a connu à l'époque mérovingienne un remarquable épanouissement. Les deux principales techniques décoratives utilisées sont représentées sur cette belle garniture de ceinture de fer : d'une part, l'incrustation de fils d'argent et de laiton, d'autre part, le placage de feuilles d'argent, ce style « bichrome » s'imposant au cours du VIIe siècle. Musée d'Histoire, Berne.

Fibule d'orfèvrerie de Rosmeer (Belgique), VIIe siècle

Cette très belle fibule illustre un certain nombre de techniques d'orfèvrerie qui ont été largement utilisées durant le Haut-Moyen Âge : le « cloisonné », art de sertir des pierres plates à l'intérieur d'un réseau géométrique et continu de cloisons métalliques soudées sur la platine du bijou ; les « pierres en bâtes », mises en valeur par leur montage dans des boîtiers individuels isolés ; les « filigranes », fils d'or soudés sur la platine de l'objet et dessinant des motifs géométriques ou zoomorphes. Service national des fouilles de Belgique, Bruxelles.

Coulée expérimentale d'un sarcophage de plâtre de type mérovingien

Dans le Bassin parisien, on a largement utilisé le plâtre pour fabriquer en série et de façon économique des sarcophages, moulés au moyen d'un double coffrage de planches. Certaines d'entre elles portaient un décor gravé qui était ainsi reproduit en relief à l'extérieur et parfois même à l'intérieur des cuves. Ce processus de fabrication, de conception fort moderne, a pu être reconstitué expérimentalement. Après un séchage d'environ un mois, de tels sarcophages étaient aussi résistants que ceux qui étaient taillés dans des blocs de calcaire tendre (expérimentation P. Périn et C. Collot, Lambert Industrie, au musée Carnavalet, Paris).

Les échanges

On ne peut envisager aujourd'hui une connaissance approfondie des échanges commerciaux durant le Haut-Moyen Âge occidental sans un recours obligatoire à l'archéologie, non seulement comme illustration significative des écrits, mais aussi et surtout comme source historique à part entière. En la matière, textes et fouilles sont parfaitement complémentaires. Sans les premiers, on ne saurait pratiquement rien des structures administratives, juridiques et corporatives du commerce mérovingien et carolingien et on ignorerait tout des grands courants d'échanges qui échappent à l'enquête archéologique (esclaves, denrées alimentaires exotiques, étoffes, parfums, etc.). À l'inverse, les fouilles peuvent confirmer les textes, voire livrer des informations qui leur échappent totalement.

Les témoins archéologiques de l'infrastructure commerciale sont peu nombreux, qu'il s'agisse des quartiers spécifiques des villes, des voies de communications et de leurs aménagements, ou encore des moyens de circulation proprement dits. Bien que les sources écrites du Haut-Moyen Âge mentionnent de nombreuses places commerciales, en particulier portuaires, peu d'entre elles ont été jusqu'ici accessibles à l'enquête archéologique, soit qu'elles aient été recouvertes par des agglomérations postérieures (par exemple Rouen, Narbonne, Marseille, Fos-sur-Mer...), soit qu'il n'ait pas encore été possible d'en faire le repérage archéologique (ainsi le port carolingien de Quentovic, en France, sur l'embouchure de la Canche, dans le Pas-de-Calais). La mise au jour progressive du port de Dorestad, aux Pays-Bas, constitue donc pour l'instant une heureuse exception (voir illustrations p. 103). L'*emporium*, dont les textes relatent la prospérité de la fin du VIIᵉ siècle à la fin du IXᵉ, occupait une superficie d'environ 30 hectares, en bordure du Rhin et non loin de son embouchure. D'innombrables pieux de bois, fichés dans l'ancien lit du fleuve, correspondaient aux pontons d'accostage des bateaux. En arrière se trouvaient les maisons de bois des bateliers et des marchands, puis l'agglomération proprement dite. C'est à partir de lui que s'effectuait une grande partie des relations commerciales entre la Gaule et la Germanie, d'une part, et les îles Britanniques et le monde scandinave, d'autre part.

Souvent mentionnée par les sources écrites, la navigation fluviale et maritime n'a laissé que fort peu de traces archéologiques, si l'on excepte les épaves découvertes dans les pays scandinaves et anglo-saxons. Une mention particulière doit donc être faite de l'épave découverte et explorée en 1978 au large de Fos-sur-Mer (Bouches-du-Rhône, France), dans l'anse Saint-Gervais (fouilles M.-P. Jézégou). Grâce à ces recherches, on dispose pour la première fois en Méditerranée occidentale d'informations précises sur l'aspect d'un caboteur du Haut-Moyen Âge, celui-ci ayant été daté du début du VIIᵉ siècle par sa cargaison (notamment des amphores contenant de la poix) et par le matériel de bord, « fossilisé » par la poix lorsque les amphores se brisèrent au moment du naufrage (vaisselle, lampe, accessoires vestimentaires de métal). L'épave de Fos-sur-Mer illustre pour la première fois en Méditerranée la technique de construction dite « sur couples » : les membrures* avaient été mises en place les premières sur la quille avant de recevoir bord à bord les virures* du bordé (voir pp. 130-131). Si l'origine du blé transporté en vrac n'a pu être déterminée (on sait par les textes que du blé de provenance italienne, espagnole et africaine était importé par le port de Fos), il est probable que la poix était d'origine locale ou régionale. Quant à l'équipage, certains de ses membres devaient être des Orientaux, comme l'attestent plusieurs graffiti gravés sur la céramique utilisée à bord.

Les objets retrouvés au cours des fouilles nous renseignent aussi sur les échanges commerciaux au cours du Haut-Moyen Âge. L'étude de ces échanges repose sur l'interprétation de cartes de répartitions par types d'objets : on admet ainsi que les zones de plus grande densité de trouvailles illustrent l'aire de diffusion commerciale habituelle de celles-ci, centrée sur le lieu ou les lieux de production ; par opposition, les trouvailles périphériques moins nombreuses sont considérées comme le fait d'échanges exceptionnels à plus longue distance (quand il ne s'agit pas d'une simple conséquence de la circulation des personnes).

En dehors de productions raffinées, tels ces chapiteaux mérovingiens de marbre pyrénéen, diffusés jusqu'au nord de la Loire, les matériaux architecturaux de pierre ou de terre cuite n'ont en général connu qu'une circulation régionale ou même locale (ainsi les briques décorées, les modillons et les antéfixes à masque humain).

La répartition géographique par type et par décor des sarcophages de pierre fournit des résultats comparables. Elle a fait apparaître un certain nombre d'« écoles » régionales en France (Bordelais, Poitou, Nivernais-Avallonnais, Bourgogne-Champagne, Sénonais), plus ou moins centrées sur les carrières (des études récentes ayant porté sur la comparaison pétrographique méthodique de prélèvements effectués sur les sarcophages et dans les carrières qui avaient pu fournir la pierre). L'étude des anciennes routes romaines et des voies fluviales a montré leur rôle dans l'acheminement à plus longue distance de ces lourds monuments, notamment vers les centres urbains où la demande de sarcophages « de luxe » devait être grande. Des recherches analogues ont concerné les sarcophages mérovingiens de plâtre moulé, fabriqués en série dans la région parisienne (voir *supra*, pp. 108-109). L'étude de la répartition géographique des décors issus des mêmes moules a permis d'établir que les diverses productions reconnues (Paris, Saint-Denis, Chelles, Nanterre...) avaient eu un usage strictement local et que les rares cas d'exportations témoignaient en fait de la circulation des moules de bois et non des cuves de plâtre (à l'intérieur même de Paris, les moules circulaient entre les nombreuses nécropoles du début du Haut-Moyen Âge).

L'examen de la répartition géographique des objets mobiliers, quant à elle, a montré plusieurs schémas d'échange possibles, les conclusions ayant été d'autant plus pertinentes qu'on étudiait des objets identiques (issus des mêmes moules), en partie identiques (moulages partiels, poinçons, molettes identiques) ou analogues (nombreux critères morphologiques, techniques, stylistiques communs). C'est ainsi que la diffusion des vases de terre cuite s'est le plus souvent effectuée à un niveau régional et même local (leurs décors étant par exemple propres à un seul habitat ou à une seule nécropole), ce qui a pu être corroboré quand les fours de potiers correspondants étaient découverts (ainsi à Huy, en Belgique). La circulation des objets de parure et des accessoires vestimentaires de métal, en revanche, a en général concerné des aires plus vastes, celle des objets de luxe ayant pu se faire à très longue distance (tels les vases coptes retrouvés en Allemagne du Sud, le long du Rhin, et en Angleterre).

Reposant sur un état provisoire et nécessairement lacunaire des recherches archéologiques, de telles cartes sont toujours susceptibles de compléments et donc de révisions au niveau de leur interprétation. Il ne faut pas oublier, d'autre part, que la majeure partie des objets mobiliers étudiés appartient à l'époque mérovingienne et ne concerne que les régions où l'inhumation habillée fut pratiquée : on s'explique ainsi certains vides des cartes de répartition. La carte des ateliers monétaires mérovingiens et des balances découvertes dans les tombes de la même époque a soulevé de ce fait des controverses. Si la distribution des ateliers monétaires délimite à coup sûr les régions où la circulation monétaire fut courante, celle des balances reste en partie conjecturale. En effet, sa frontière méridionale peut seulement correspondre à celle de la disparition de l'inhumation accompagnée de dépôts funéraires. Mais il est vrai, en revanche, que sa frontière septentrionale se situe au-delà de celle des ateliers monétaires dans des régions où la circulation des monnaies a dû être épisodique, puisqu'il était nécessaire de les peser. Quant à la présence des balances dans les tombes, elle demeure discutée : cet usage a-t-il été le fait de monétaires, d'orfèvres, de changeurs, de collecteurs d'impôts, ou de marchands ? La question demeure ouverte et témoigne des limites de l'archéologie du Haut-Moyen Âge quand les sources écrites sont muettes.

Patrick PÉRIN

L'épave de l'anse Saint-Gervais à Fos-sur-Mer (Bouches-du-Rhône, France) : un caboteur du VIIᵉ siècle

La seule épave d'époque mérovingienne découverte au large des côtes de la Gaule est celle de Fos-sur-Mer, fouillée en 1978. Il a ainsi été possible de proposer la reconstitution (à gauche) de ce caboteur ventru, qui transportait du blé en vrac et des amphores de poix et a été daté du VIIᵉ siècle par plusieurs objets qui y furent trouvés. Long de 15 à 18 mètres, d'une largeur maximum de 6 mètres, avec une hauteur de cale de 2 mètres et une contenance d'environ 50 tonnes, ce bateau est encore de type antique, mais atteste pour la première fois la technique médiévale de construction « sur couples ». Ce bâtiment disposait d'une pompe de cale dont des éléments ont été conservés, « fossilisés » par la poix qui s'était répandue lors du naufrage (au milieu) : entraînés par un cabestan, des disques de cuir coulissaient à l'intérieur de deux corps en bois, ouverts sur le fond de cale (à droite). Fouilles Marie-Pierre Jézégou.

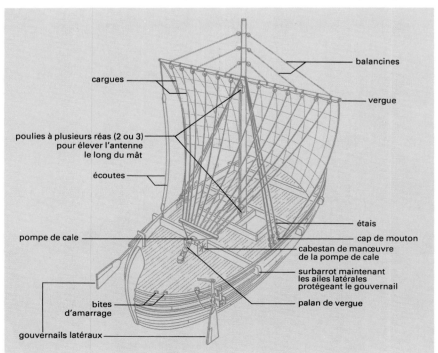

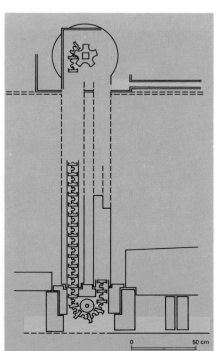

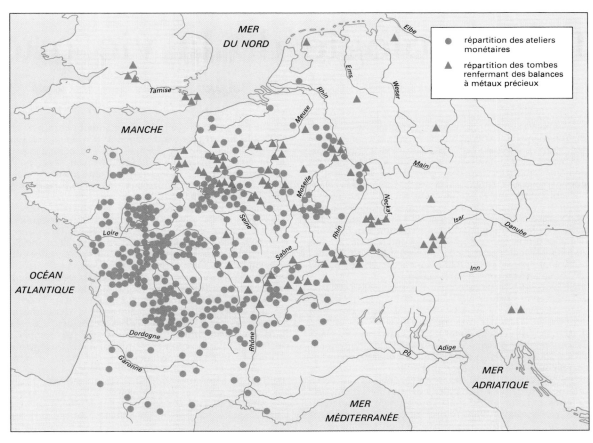

**Carte de répartition
des ateliers monétaires mérovingiens
et des sépultures d'époque mérovingienne
renfermant des balances de bronze**

Il est significatif de constater que le dépôt de petites balances de bronze à plateaux symétriques dans les sépultures d'époque mérovingienne a surtout été pratiqué à la périphérie de l'aire de répartition des ateliers monétaires mérovingiens. Dans ces régions, en effet, où les ateliers monétaires étaient rares ou absents, la circulation monétaire était hétérogène et il était nécessaire de peser les monnaies, de provenances fort variées, pour estimer leur valeur. Badisches Landesmuseum Karlsruhe (d'après J. Werner, complété par H. Gaillard de Semainville).

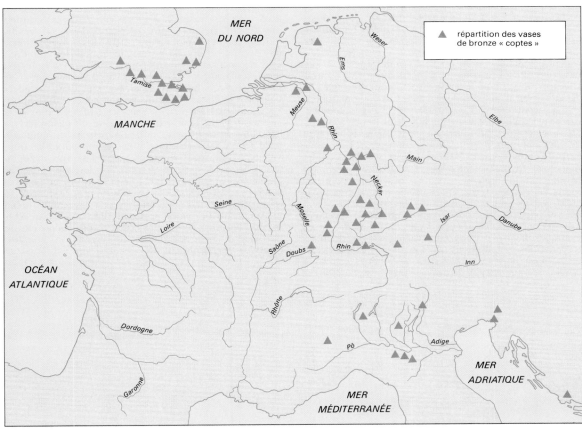

**Carte de répartition
des vases de bronze coptes
découverts dans des sépultures du VIIe siècle**

La répartition caractéristique des sépultures du VIIe siècle renfermant des vases de bronze moulé d'origine copte témoigne de la circulation à longue distance des objets de luxe et atteste l'existence d'un important courant commercial de l'Italie à l'Angleterre, par les cols des Alpes, l'Allemagne du Sud et le Rhin. L'absence de tels vases en Gaule montre bien qu'au VIIe siècle le port de Marseille et le sillon rhodanien échappaient à ces échanges (d'après J. Werner).

**Carte de répartition
des plaques de ceinture mérovingiennes
à masque humain et à décor de vannerie**

La concentration des lieux de trouvaille de ces deux types de plaques de ceinture, entre la Seine moyenne et la Manche, correspond à l'échelle régionale de leur diffusion commerciale et permet de situer approximativement leur atelier de production. Les trouvailles périphériques isolées témoignent soit d'échanges épisodiques à plus longue distance, soit de la circulation des personnes – originaires de l'ouest du Bassin parisien et mortes au cours d'un voyage lointain ; ou bien ayant acquis de tels objets lors d'un voyage dans ces régions et les ayant rapportés dans leur pays d'origine (d'après C. Lorren, P. Périn, P. Simon et F. Vallet). Musée Carnavalet, Paris.

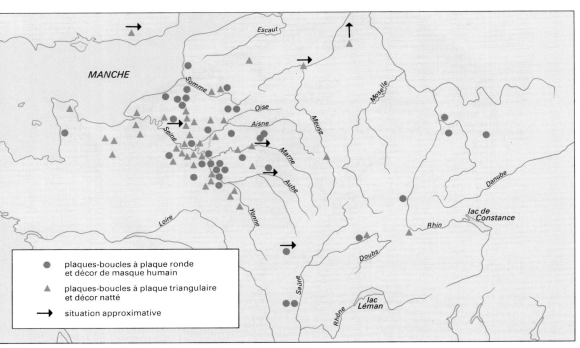

111

L'archéologie de la vie quotidienne

L'apport des fouilles, en ce qui concerne le Haut-Moyen Âge occidental, ne se limite pas à la connaissance des grands thèmes qui ont fait l'objet des pages précédentes, mais touche également à bien d'autres domaines qu'il convient d'évoquer. Il est intéressant de présenter succinctement quelques directions de recherche plus particulières, qui portent sur les personnes et sur la « culture matérielle », avant de souligner le rôle de l'archéologie comme source de l'histoire des structures sociales et des mentalités. C'est à nouveau la fouille des sépultures qui livre ici la documentation la plus abondante, malheureusement circonscrite pour l'essentiel à l'époque mérovingienne, en raison de l'évolution des modes funéraires déjà évoquée.

Si les fouilles urbaines et rurales sont riches d'enseignement pour l'étude de l'espace habité, en revanche, elles se révèlent la plupart du temps beaucoup plus difficiles à exploiter dès qu'il s'agit de la culture matérielle proprement dite. En effet, entretenus au cours de leur période d'utilisation, les habitats ne renferment plus, quand on les explore, que de modestes témoins correspondant à leur phase d'abandon : les objets de métal, d'os ou de verre ayant été récupérés presque en totalité, on trouve généralement des fragments de poteries qui, lorsqu'ils sont suffisamment caractéristiques, peuvent néanmoins fournir de précieuses informations sur des productions échappant en grande partie à l'archéologie funéraire (les tombes ne renferment habituellement que de la « vaisselle de table », à l'exclusion de la vaisselle de cuisson ou de conservation des aliments, dite « commune »). Il en va tout autrement avec les sépultures puisqu'on dispose d'objets intacts ou archéologiquement complets, lorsque l'inhumation habillée accompagnée d'objets usuels a été pratiquée. Si les objets sont en métal, en os, en terre cuite ou en verre, ils se prêtent aisément à l'étude après un simple travail de nettoyage ou une opération plus ou moins complexe de restauration (voir les remarquables restaurations des objets de la tombe royale de Sutton Hoo, en East Anglia, par le British Museum). En revanche, les matériaux organiques (bois, cuirs, tissus, etc.) ont habituellement disparu ou ne subsistent qu'à l'état de fragments, s'ils ont été fixés par l'oxydation des objets de métal au contact desquels ils se trouvaient. Cependant, ils se sont conservés en entier ou en partie dans certaines conditions particulières : c'est le cas des sépultures qui ont toujours été préservées du lessivage des eaux d'infiltration (inhumations placées dès l'origine à l'intérieur de monuments religieux, comme celles de la basilique de Saint-Denis, de la cathédrale de Cologne ou de Saint-Ulrich et Saint-Afra à Augsbourg, par exemple), ou celui de tombes qui, au contraire, ont

bénéficié d'un environnement constamment humide (site d'Oberflacht, en république fédérale d'Allemagne). On conçoit l'intérêt de tels vestiges pour la connaissance de la culture matérielle du Haut-Moyen Âge, qu'il s'agisse d'étoffes, de broderies, de chaussures, d'aumônières, de sacs ou de fourreaux de cuir, de récipients ou d'instruments de musique en bois, etc.

L'observation attentive in situ des objets conservés dans les tombes ainsi que leur étude en laboratoire, après leur prélèvement (parfois accompagné de celui de tout le milieu archéologique environnant, avec fouille au laboratoire même, comme pour plusieurs tombes de la basilique de Saint-Denis), sont à l'origine d'intéressantes reconstitutions des costumes et des détails de certains accessoires vestimentaires (garnitures de ceintures, aumônières, jarretières, chaussures, etc.) : l'exemple des sépultures mérovingiennes de la basilique de Saint-Denis (Seine-Saint-Denis, France) demeure le plus illustre, avec notamment la reconstitution très complète (formes, matières, couleurs, broderies) des vêtements attribués à la reine Arégonde († fin du VIe s.), épouse de Clotaire Ier. Grâce à la multiplication récente de fouilles de sépultures de plus en plus fines, il est aujourd'hui possible de connaître avec une bonne précision les variations de la mode masculine et surtout féminine selon les pays et les époques, du moins pour la période mérovingienne (les témoignages iconographiques se substituant ensuite aux données archéologiques) : les reconstitutions de costumes alémaniques, présentées au Landesmuseum de Stuttgart (république fédérale d'Allemagne) et au Schweizerisches Landesmuseum de Zurich (Suisse), comptent parmi les plus significatives.

L'anthropologie, dont on a vu l'importance à propos des questions ethniques, est également une source irremplaçable pour la connaissance des hommes du Haut-Moyen Âge. L'étude des restes osseux, quand elle est systématiquement pratiquée, renseigne non seulement sur l'aspect physique des individus (taille, morphologie, type ethnique), mais sur leur mode de vie (âge au moment du décès, pratiques alimentaires, activité, liens de parenté, traces laissées par des accidents ou des maladies). De telles recherches, lorsqu'elles portent sur la population homogène d'une nécropole dont les individus peuvent être situés chronologiquement (par les dépôts de mobilier funéraire), aboutissent parfois à de précieuses conclusions démographiques. Quelques exemples archéologiques privilégiés illustrent encore les pratiques médicales du temps : réductions de fractures, trépanations, amputations (avec prothèse), compression de hernies (bandages herniaires métalliques retrouvés en place sur le corps). Il importe enfin de mentionner

les récents travaux sur l'alimentation, essentiellement tirés de l'analyse des restes végétaux et des ossements d'animaux découverts sur les sites d'habitat, mais aussi de l'étude des squelettes humains.

L'archéologie du Haut-Moyen Âge ne révèle pas seulement les principaux aspects de la culture matérielle, mais donne aussi accès au domaine du social et du mental. La tombe peut être considérée comme un véritable « portrait social » quand l'inhumation habillée a été pratiquée, le défunt ayant voulu être représenté dans son ultime demeure avec les signes matériels de son rang social. C'est ainsi que la comparaison de tombes contemporaines, à l'intérieur d'une même nécropole, puis d'une nécropole à l'autre et enfin à une échelle régionale ou plus vaste encore, révèle les hiérarchies sociales que mentionnent les textes. Si certaines interprétations ont été abusives (identification des hommes « libres », « demi-libres » et « serviles » selon le nombre ou l'absence d'armes), d'autres apparaissent parfaitement fondées. L'exemple de la petite nécropole de Bâle-Bernerring (Suisse), celle d'une famille de l'aristocratie franque implantée au VIe siècle en pays alémanique lorsque celui-ci devint un protectorat mérovingien, en est une parfaite illustration : on a pu y mettre en évidence et suivre durant quelques décennies un « chef », son entourage guerrier et familial, ainsi que sa domesticité. Ailleurs, dans les régions où l'inhumation habillée n'est pas pratiquée, c'est parfois l'emplacement « privilégié » des sépultures dans les nécropoles ou à l'intérieur d'édifices cultuels qui reflète la place des individus dans la société.

L'archéologie funéraire du Haut-Moyen Âge autorise une dernière approche historique, et non des moindres, celle des mentalités et des croyances. Si le dépôt d'objets dans les tombes en relation avec la pratique de l'inhumation habillée n'est plus aujourd'hui considéré comme l'indice du paganisme (de telles inhumations sont d'ailleurs fréquentes dans les édifices religieux et ne furent pas condamnées par l'Église, en raison de leur caractère strictement social), certains usages funéraires particuliers paraissent bien illustrer cependant la survivance de croyances païennes : ainsi les rares incinérations, les oboles funéraires ou encore les offrandes alimentaires. Quant à la christianisation, on peut en suivre les progrès tant au niveau collectif, par la multiplication des inhumations *ad sanctos**, qu'au niveau individuel, par la présence d'épitaphes éloquentes ou de stèles ornées de symboles chrétiens, ou encore par celle d'objets porteurs de représentations et d'inscriptions chrétiennes.

Patrick PÉRIN

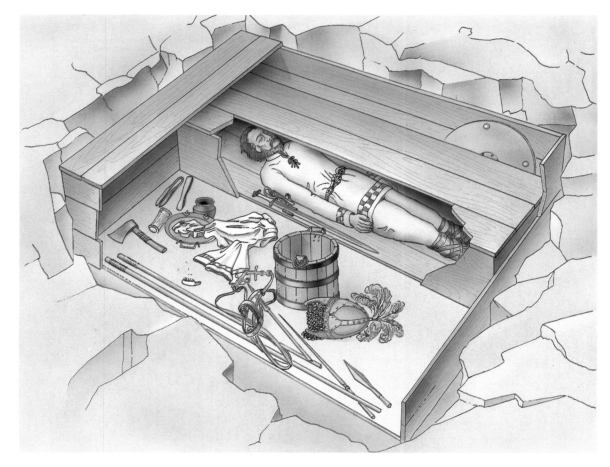

Reconstitution de la tombe du « chef » de Morken († vers 600)

La tombe du « chef » franc de Morken (R.F.A.) illustre l'apport de l'archéologie des sépultures à la connaissance de la société du début du Haut-Moyen Âge, son luxe funéraire s'expliquant par le rang élevé du défunt. Revêtu de ses plus beaux vêtements et ceint de son épée, celui-ci reposait dans un lourd cercueil, lui-même disposé à l'intérieur d'une vaste chambre funéraire en planches et madriers de chêne. L'armement de ce grand personnage (lance, angon, épieu de chasse, hache, casque et bouclier), le harnachement de son cheval ainsi que divers objets personnels (bassin de bronze, serviettes, seau de bois, gobelets de verre et de terre, peigne, couteaux, forces) avaient été soigneusement disposés sur le sol de la chambre souterraine, le bouclier étant glissé entre la paroi et celle du cercueil. Rheinisches Landesmuseum, Bonn.

Plaque-boucle de ceinture de Ladoix-Serrigny (Côte-d'Or, France), fin VIe-VIIe siècle

On peut lire sur la plaque l'inscription latine « LANDELIVS FICIT / NVMEN / QVI ILLA PVSSEDIRAVIT VIVA (T) / VSQVI ANNVS MILI IN D(EO) », que l'on peut ainsi traduire : « Landelinus a représenté la Divinité. Que celui qui la possédera vive jusqu'à mille ans en Dieu. » Il n'y a donc aucun doute sur l'identité de cette représentation fruste d'un cavalier nimbé et tenant une lance : il s'agit bien du Christ, comme sur l'une des faces de la stèle de Niederdollendorf. Collection particulière.

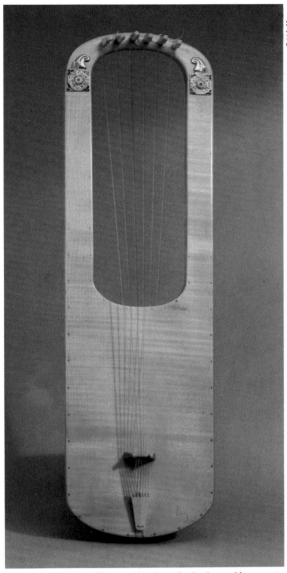

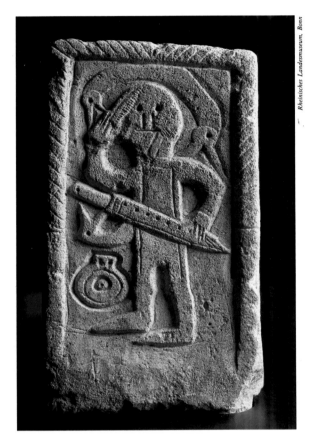

Stèle de Niederdollendorf, VIIe siècle

Sur l'une des faces de cette célèbre stèle (l'autre portant la représentation du Christ triomphant, nimbé et armé d'une lance), le défunt a d'abord voulu manifester sa condition d'homme libre : il est ceint de son sabre et se peigne (la chevelure était chez les Francs la marque des hommes libres et le siège principal de la force vitale). Le serpent bicéphale est une image classique, chez les Germains, du monde souterrain et de la mort. Quant à la gourde, elle peut évoquer l'immortalité, par l'eau (?) qu'elle contenait. Rheinisches Landesmuseum, Bonn.

Reconstitution de la lyre découverte dans la tombe du roi Raedwald († vers 630) à Sutton Hoo (Grande-Bretagne)

L'extraordinaire mobilier funéraire découvert dans la tombe royale de Sutton Hoo a bénéficié de remarquables travaux de laboratoire, au sein du British Museum, qui ont conduit à de spectaculaires reconstitutions, comme celle de cette lyre (H. 73 cm). Ornée d'appliques zoomorphes en bronze doré, elle était en bois d'érable et comportait six cordes (reconstitution du British Museum).

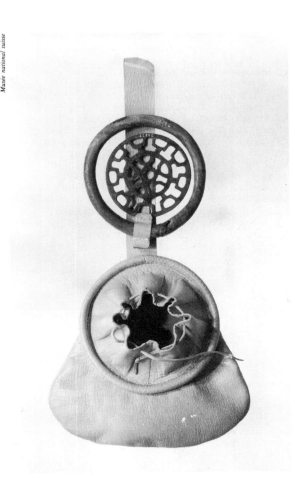

Accessoire vestimentaire alémanique, VIIe siècle.

L'observation minutieuse in situ des objets métalliques et des restes organiques découverts dans les sépultures du début du Haut-Moyen Âge autorise la reconstitution précise des accessoires vestimentaires. Les femmes alémaniques portaient ainsi à la ceinture une aumônière de cuir, fermée par une rouelle de bronze. Musée national suisse, Zurich.

Récipients de bois provenant du cimetière alémanique d'Oberflacht, VIe siècle

Un milieu ambiant privilégié a permis la conservation exceptionnelle des matériaux organiques, et en particulier du bois, dans les sépultures d'Oberflacht (R.F.A.). Il a été ainsi possible de connaître bien des objets de la vie quotidienne qui échappent habituellement aux investigations archéologiques, notamment des récipients de bois, dont l'usage était fort courant : gourdes, tonnelets, seaux, gobelets, écuelles, etc. Württembergisches Landesmuseum Stuttgart.

Les cultures barbares en Europe orientale et septentrionale

Au VIIIe siècle, le monde carolingien se trouve brusquement confronté à deux nouvelles forces hostiles : à l'est, les Slaves et, au nord, les Normands. À cette époque, Slaves et Normands, contrairement à la plupart des autres peuples d'Europe, sont encore païens ; ils n'ont reçu aucun héritage de la culture romaine, la formation de leurs États, notamment, ne devant rien au droit romain.

Faute de sources écrites suffisantes, c'est surtout grâce à l'archéologie que l'on peut reconstituer l'histoire de ces peuples barbares avant le VIIIe siècle, époque de leur apparition aux frontières du monde occidental.

Les témoignages des auteurs antiques sur les anciens Slaves sont très rares. Tacite, qui les mentionne sous le nom de Vénèdes, les localise entre les Germains et les Sarmates. Les théories les plus récentes sur l'origine des Slaves ont toutes été formulées par des archéologues. Deux hypothèses s'affrontent. Pour les uns, à l'époque romaine, les Slaves vivent sur le territoire de la Pologne et de la Russie méridionale où ils sont inclus dans des cultures soumises à une influence de l'Empire, celles de Przeworsk et de Černjahov. Pour les autres, il faut chercher les Slaves les plus anciens dans la région forestière du haut Dniepr qui n'a pas de contacts directs avec le monde romain. Ils seraient dans ce cas représentés par la culture de Kiev. La discussion reste encore ouverte à ce jour, mais la seconde hypothèse nous semble plus vraisemblable car des cultures plus récentes attribuées, elles, de façon incontestable aux Slaves ne fournissent aucun témoignage d'influence romaine, et montrent en revanche des liens étroits avec la culture de Kiev.

Les Slaves ont probablement progressé au cours du Ve siècle des forêts du haut Dniepr vers le Danube, à travers un territoire occupé jusqu'alors par la culture de Černjahov. Celle-ci, regroupant des tribus germaniques et non germaniques, coïncide sans doute avec la fédération des Goths, démantelée à la fin du IVe siècle par les Huns. Les sites les plus anciens que l'on puisse rapporter sans conteste aux Slaves se situent dans cette région et sont datés, précisément, de l'époque hunnique (Kodyn, Teremcy, Hitcy, Pesčanoe, etc.). Dès le VIe siècle, les Slaves sont attestés à la frontière danubienne de l'Empire byzantin.

D'après les sources écrites, les Slaves se divisent au VIe siècle en deux unions tribales : les Sklavènes et les Antes. L'archéologie, quant à elle, permet, pour la période allant du Ve au VIIe siècle, de distinguer trois cultures slaves contemporaines. La culture de Prague-Korčak, attribuée aux Sklavènes, a été découverte en Ukraine occidentale, en Pologne, en Tchécoslovaquie et en Allemagne centrale. La culture de Pen'kovka, qui correspondrait aux Antes, s'étend dans la zone de la steppe forestière, en Ukraine et en Moldavie. Enfin, la culture de Koločin occupe le bassin du haut Dniepr.

Les archéologues ont constaté l'homogénéité de ces cultures. Elles se caractérisent par les traits suivants : 1° Les habitats, de petite dimension, généralement non fortifiés, situés dans des vallées formées par des cours d'eau, sont constitués de petites maisons rectangulaires à sol excavé ou construites au niveau du sol ; elles contiennent soit un poêle en pierre ou en argile, soit un foyer ouvert. 2° Dans les nécropoles, on n'a mis au jour que des incinérations dans des fosses ou dans des urnes, parfois placées sous des kourganes ; le mobilier funéraire est presque toujours absent. 3° La céramique, exclusivement façonnée à la main, est représentée notamment, pour la culture de Prague-Korčak, par des pots ovoïdes ; pour celle de Pen'kovka, par des pots biconiques ou ovoïdes et, pour la culture de Koločin, par des pots cylindroconiques ou tulipiformes. 4° L'armement léger comprend des lances, des javelots, des arcs et des flèches. 5° Les éléments du costume caractérisant les Slaves n'apparaissent qu'au VIIe siècle ; mentionnons notamment les fibules du type « danubien » ou du type « ante » provenant du costume féminin. 6° Le matériel retrouvé ne permet pas de discerner, à l'intérieur de ces cultures, des différenciations sociales.

Les cultures slaves des Ve-VIIe siècles sont donc plus archaïques que les cultures germaniques contemporaines qui, elles, se sont enrichies au contact de la civilisation romaine. Cet archaïsme explique probablement que, contrairement aux Burgondes, aux Francs, aux Goths et aux Vandales, les Slaves conservent, sur le territoire de l'Empire, leurs particularités ethniques et ne s'assimilent que difficilement à la population locale.

À l'est, les Slaves ont pour voisins les nomades turco-bulgares dont on a retrouvé des sépultures dispersées dans la steppe pontique ; parmi celles-ci, les tombes « princières » telles que celles de Pereščepino, Glodosy et Voznesenka contenaient de la vaisselle byzantine, des armes et des bijoux. Au sud, les terres slaves sont attenantes au limes danubien. À l'ouest se trouvent les Germains et au nord les Baltes, les plus proches parents des Slaves du point de vue linguistique ; les cultures de Tušemlja, de Moščino et probablement celle des « longs kourganes » appartiennent aux Baltes de Russie centrale et de Biélorussie. Encore plus au nord, ainsi qu'au nord-est, la zone forestière est occupée par les Finnois (cultures de D'jakovo, de Muroma, de Mordva et culture des « nécropoles à clôtures de pierres »).

Entre 570 et 630, dans le bassin danubien, les Slaves se trouvent sous la domination des Avars qui ont laissé de nombreuses nécropoles (Alatyan, Kiskörös, etc.). Les tombes de guerriers retrouvées dans ces nécropoles ont fourni des épées, des sabres, des étriers (c'est avec les Avars que les sabres et les étriers apparaissent pour la première fois en Europe), des arcs et des flèches, ainsi que des ceinturons à lanières. Au VIIe siècle, on trouve dans cette région des nécropoles « mixtes » avaro-slaves, comme celle de Devinska-Nova Ves, en Tchécoslovaquie.

Aux VIe-VIIIe siècles, les migrations des Slaves prennent trois directions principales. Au sud, les Slaves s'installent dans les anciennes provinces balkaniques de l'Empire. À la fin du VIIe siècle, les Slaves, alliés aux Turco-Bulgares, participent d'ailleurs à la création du premier État bulgare dans la région du Danube inférieur. À l'ouest, ils progressent vers l'Elbe et la mer Baltique, si bien qu'au IXe siècle ils atteignent l'Elbe inférieure. L'apparition du premier État des Slaves occidentaux, la Grande Moravie, date du début du IXe siècle. Dans la seconde moitié du VIIe siècle et au VIIIe siècle, des tribus slaves provenant, pour l'essentiel, de la région du Danube inférieur avancent vers le nord en empruntant le bassin du Dniepr, et écrasent des groupes locaux slaves, balto-slaves et baltes. Des traces d'incendies sur des habitats de cette région (Koločin, Demidovka, Tušemlja, etc.) ainsi que la découverte dans des niveaux de destruction de pointes de flèche de type « avar » et de javelots à deux crochets, armes couramment utilisées par les Slaves du Danube, témoignent sans doute de leur progression. À la suite de ces migrations, de nouvelles cultures slaves apparaissent au VIIIe siècle, telles que celles de Luka-Rajkoveckaja ou de Romny-Borševo qui précèdent immédiatement la culture de la Russie médiévale.

Mais, en Europe orientale, l'histoire des Slaves est également marquée, à cette époque, par l'arrivée de deux nouveaux peuples. D'une part, à la fin du VIIe siècle et au début du VIIIe siècle, les Khazars, originaires du Caucase septentrional, attaquent les Slaves du Dniepr moyen. Dans cette région, ils provoquent la fin de la culture de Pen'kovka qu'atteste l'enfouissement d'une série de trésors, appelés « antiquités des Antes ». La culture de Saltov, qui relève des peuples formant le royaume khazar, se diffuse alors dans les steppes de la Russie méridionale, et les tribus slaves voisines se soumettent aux Khazars.

D'autre part, au VIIIe siècle, les Normands-Varègues venus de la région de la Baltique pénètrent en Europe orientale par les grands fleuves et entrent en contact avec les Finnois, les Baltes et les Slaves. Les premiers centres proto-urbains tels que celui de Ladoga où l'on observe la fusion d'éléments culturels scandinaves, slaves et finnois sont analogues à ceux de Birka* ou de Hedeby* en Scandinavie. En 862, les Slaves de Novgorod et les Finnois concluront une alliance avec les Varègues et accepteront la domination d'un prince scandinave installé à Ladoga. On considère généralement que cet événement marque la naissance de la Russie.

À la fin du VIIIe siècle, les Slaves sont donc présents sur un immense territoire, allant du lac Ladoga au nord jusqu'à la Grèce au sud, et de la Volga à l'est jusqu'à l'Elbe à l'ouest.

Michel KAZANSKI

Pour les auteurs anciens, la Scandinavie reste un pays lointain presque mythique. Jordanès, auteur goth du VIe siècle, en fait la « matrice des peuples ». En effet, dans les premiers siècles de notre ère sont partis de nombreux peuples germains : les Vandales, les Burgondes, les Angles, une partie des Jutes, et peut-être les Lombards et les Goths. Mais les peuples nordiques sont encore au Haut-Moyen Âge des peuples antérieurs à l'histoire puisque les textes scandinaves les plus anciens ne remontent pas au-delà du Xe siècle.

Malgré son caractère périphérique, la Scandinavie fut touchée par les troubles des grandes migrations. De nombreux trésors y sont enfouis au IVe et au Ve siècle ; des forteresses rurales s'édifient sur les côtes ou dans les îles. Les dépôts votifs d'armes et de bijoux se multiplient dans les marais côtiers : ainsi à Skedemosse dans l'île d'Öland. Mais, à partir du VIe siècle, la Scandinavie connaît une période d'accalmie.

Le départ de la plupart des peuples germains n'a laissé en Scandinavie que des peuples nordiques regroupés en nombreux petits royaumes : les trois grands États de la Scandinavie actuelle, en effet, ne seront pas unifiés avant l'époque viking.

Les données archéologiques permettent de constater dès l'époque pré-viking certains traits spécifiques de ces sociétés nordiques, qui perdureront bien au-delà de l'âge viking. Ce sont tout d'abord des sociétés rurales où l'on distingue trois classes d'hommes : les esclaves et les serfs ; les hommes libres, paysans-propriétaires et artisans regroupés le plus souvent en villages ; les riches propriétaires ruraux, souvent chefs de guerre. Ce sont également des peuples de commerçants comme l'attestent, dès l'Empire romain, les nombreux objets importés découverts dans les tumulus royaux de Vendel : armes, verres francs, vaisselle de bronze. Les fouilles de l'agglomération marchande d'Helgö, sur le lac Mälar, ont livré des monnaies d'or impériales des Ve-VIe siècles, des vases coptes et byzantins, des verres syriens, une statuette de Bouddha du VIe siècle, provenant du Turkestan ou du nord-ouest de l'Inde, et même une crosse épiscopale du VIIIe siècle, d'origine irlandaise. Une forte communauté d'artisans s'y adonnaient aux arts du métal. Ils fabriquaient en série des fibules, mais aussi toutes sortes d'objets utilitaires dont un grand nombre destinés à l'exportation. Vers le sud partaient encore les productions locales de fourrures, de cuir, d'ambre, ainsi que des esclaves.

Les Nordiques sont aussi des peuples guerriers. Ils ont participé, soit en groupe (Erules), soit individuellement, aux Grandes Invasions. Un afflux d'or s'est ainsi produit aux Ve et VIe siècles, thésaurisé sous forme de bijoux (bractéates), de spirales ou de monnaies. En témoignent les trésors de Torslunda (Öland) ou les cornes à boire de Caldehus (Jutland). Les armes sont nombreuses dans les sépultures, et les différents éléments des équipements guerriers suscitent l'admiration par la qualité de leur décor (casques, umbos de bouclier et poignées d'épée de Vendel). Ce sont enfin des peuples de marins. Tacite décrivait déjà les bateaux maniables, mais sans voiles, de Svear. Les stèles funéraires figuratives de l'île de Gotland montrent l'évolution de leurs navires du VIIe au XIe siècle, qui nous sont mieux connus encore par les fouilles de tombes à navire de Vendel et de Valsgärde. Les VIIe et VIIIe siècles représentent un tournant pour la navigation qui bénéficie de progrès techniques considérables : l'adoption de la voile, l'amélioration de la quille et la construction de la coque à clin. L'expansion normande de l'âge viking doit beaucoup à ces progrès. Les drakkars des tombes royales norvégiennes d'Oseberg (850) et de Gokstad (vers 900) et les navires volontairement coulés à Roskilde (Danemark) en sont l'aboutissement.

D'autres raisons expliquent l'accélération d'une expansion qui a en fait commencé dès le début du VIIIe siècle, par la fondation par les Suédois de comptoirs sur la rive orientale de la Baltique, et par la colonisation des archipels du nord de l'Écosse par des paysans norvégiens : la pression démographique en Norvège et en Suède, l'occupation par les Slaves des rives de la Baltique, ou la consolidation du pouvoir du roi au Danemark et en Suède.

Les stèles funéraires, notamment celles de l'île de Gotland, témoignent des hauts faits revendiqués par les guerriers, par leurs figurations et de plus en plus par des inscriptions en runes*. Si les rois et les chefs continuent à se faire enterrer dans des navires, les marchands et les guerriers reposent au milieu d'alignements de pierres évoquant la forme d'un bateau, dans le cimetière du bourg marchand de Vendila, près d'Aalborg (Jutland).

Au début de l'époque viking, les pays nordiques s'enrichissent, tandis que la société se transforme et se modernise. De véritables villes sont fondées au IXe siècle et grandissent rapidement : Hedeby, au Danemark, et Birka, en Suède, ont révélé aux archéologues, derrière leurs remparts aux tours de bois, leurs maisons de bois reconstruites tous les quinze ou trente ans. Les vestiges archéologiques attestent le développement du commerce. Birka, première ville de Suède jusqu'au Xe siècle, située sur le lac Mälar, était un vaste entrepôt de redistribution des marchandises avec le monde arabo-byzantin : 60 000 monnaies arabes y ont été trouvées, ainsi que d'innombrables objets de luxe provenant de Rhénanie et des pays slaves et orientaux. Cette place de commerce exportait de l'ambre, des objets en os ainsi que toutes sortes d'objets utilitaires en fer. C'est à Hedeby que furent frappées au début du IXe siècle les premières monnaies scandinaves.

À cette époque, l'art militaire viking se perfectionne. Au Danemark, l'enceinte de Danevirke* est plusieurs fois renforcée. Les forteresses de Trelleborg et d'Aggersborg enferment dans leur enceinte circulaire des bâtiments militaires et utilitaires répartis en quatre quartiers, cependant qu'apparaît à Eketorp (île d'Öland) un village rural fortifié.

Nicole PÉRIN

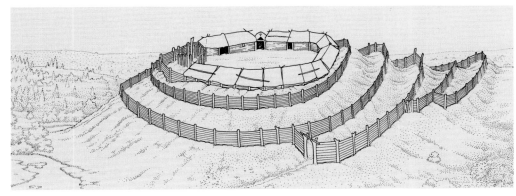

Les Slaves et leurs voisins, de la seconde moitié du Ve siècle au début du VIIIe siècle

Objets caractérisant les cultures slaves des Ve-VIIe siècles

1, fibule « ante » du VIIe siècle, région de Kharkov (coll. de l'Institut d'archéologie de Leningrad) ; 2, pot de la culture de Pen'kovka, Surskaja Zabora (fouilles d'A. V. Bodjanskij) ; 3, pot de la culture de Prague-Korčak, « Kiev-Obolon' » (fouilles d'A.M. Šovkopljas).

Habitat fortifié balte de Tušemlja (Ve s.-VIIIe s.)

Le plan de l'habitat ci-dessous montre la structure sociale de la communauté. Il s'agit d'une « grande famille » de type patriarcal qui vit dans des bâtiments disposés en cercle. Au centre se trouve le sanctuaire avec ses idoles. D'après P. N. Tret'jakov, E. A. Šmidt, *Drevnie gorodišča Smolenščiny* – « Les Anciens Habitats fortifiés de la région de Smolensk » (Éd. de l'Académie des sciences de l'U.R.S.S., Moscou-Leningrad, 1963, fig. 5).

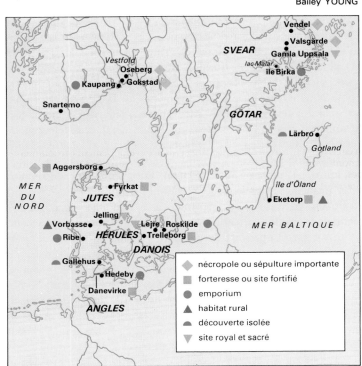

La Scandinavie au premier millénaire

Le monde scandinave est profondément rural ; c'est un tissu de petites communautés vivant sous l'autorité d'un propriétaire chef de guerre et séparées les unes des autres par des marécages, des forêts et des montagnes, autant que par l'hiver long et rude. Mais des contacts existent pourtant avec le reste de l'Europe tout le long de l'époque pré-viking, comme en témoigne dans les sépultures la présence d'objets importés du sud de l'Europe. L'eau, qui baigne ce monde de péninsules et d'îles, est le moyen de contact, et le développement de la technologie maritime (dont témoigne le bateau de Gokstad, vers 900), l'établissement de comptoirs commerciaux à partir du VIIIe siècle (Ribe, Hedeby, Kaupang) vont déclencher l'épopée viking et briser définitivement l'isolement de la Scandinavie.

Bailey YOUNG

Trésor d'Ekerö, Uppland, Suède

Composée de 47 *solidi* d'or échelonnés du règne de Valentinien III (425-455) à celui d'Anastase (491-518) et d'un bracelet d'or, cette trouvaille illustre l'afflux des monnaies romaines et byzantines en Scandinavie, à partir du milieu du Ve siècle. Il peut s'agir de butin ou de la solde de guerriers scandinaves. Historiska Museet, Stockholm.

L'épée de Snartemo

Trouvée en Norvège, cette épée date du VIe siècle. Au sommet de la garde de vermeil, deux quadrupèdes encore identifiables s'opposent symétriquement. Sur les panneaux d'or du pommeau sont ciselés des animaux « décomposés » en éléments tellement stylisés et imbriqués les uns dans les autres que la lecture en devient difficile. University Museum of National Antiquities, Oslo.

B. Y.

Le casque de Valsgärde, tombe 8, Gamla-Uppsala (env. 650)

À Valsgärde (Uppland, Suède), on a fouillé des sépultures datant du IVe au XIe siècle. À Valsgärde, on comptait 25 inhumations masculines par sépulture dans des chambres funéraires ou des bateaux, et une cinquantaine d'incinérations, apparemment des femmes. Dans les sépultures d'hommes, les armes jouent un rôle important : le casque présenté ici rappelle celui de Sutton-Hoo (vers 625-635) par sa calotte supérieure en fer recouverte de feuilles rectangulaires de bronze entièrement décorées, le cimier et les visières de bronze, mais il s'en distingue par la partie inférieure formée de mailles de fer. Musée des Antiquités nordiques, université d'Uppsala.

B. Y.

Le Moyen Âge

En Europe et plus particulièrement en France, l'archéologie médiévale est à la fois une vieille discipline et une activité de recherche très récente. Une pratique archéologique moderne, s'exerçant sur des sites du Moyen Âge, n'existe en effet que depuis un quart de siècle environ. Faire l'histoire de l'archéologie médiévale, c'est aussi dire pourquoi les fouilles d'églises, de cimetières, de châteaux et de villages du Moyen Âge ont été entreprises avec tant de retard.

Il n'est pas aisé de répondre à cette question complexe. Elle touche à la fois à l'histoire des institutions – universités, sociétés savantes, par exemple – et à celle des idées.

Ce qui frappe d'emblée dans l'histoire de l'archéologie au XIXᵉ siècle, tout particulièrement en France, c'est l'absence d'élargissement des préoccupations jusqu'aux objets archéologiques les plus communs. Si la création du service des Monuments historiques et l'action de Prosper Mérimée ont été décisives pour aider à la prise de conscience de l'importance des édifices du Moyen Âge et à leur préservation, force est de constater que celle-ci n'est pas allée jusqu'aux témoins les plus modestes des cultures médiévales.

Vase découvert à Châtenay-Malabry en 1727

Ce vase dont le décor est peint à l'ocre rouge est caractéristique des productions parisiennes des XIIᵉ-XIIIᵉ siècles. Bibliothèque nationale, coll. Pierre de Clairambault, ms. 1138, f° 356.

Mais cette première marginalisation de l'archéologie lors des grandes évolutions institutionnelles du XIXᵉ siècle a été suivie d'autres qui ne concernent pas que le Moyen Âge. Les travaux de recherche sont œuvres d'amateurs, d'une bourgeoisie urbaine cultivée ; ils restent en marge et ne trouvent de soutien que dans des initiatives privées et dans le réseau des sociétés savantes. Arcisse de Caumont*, à la même époque que Prosper Mérimée, par ses ouvrages et la création d'une revue, le *Bulletin monumental*, développe une idée singulièrement ouverte et large de l'étude des « monuments » du Moyen Âge. Dans la seconde moitié du XIXᵉ siècle, bien des articles de cette revue montreront une orientation très archéologique, avec le recours aux prospections de terrain, aux sondages ou aux fouilles, parfois même à l'étude du matériel archéologique. La notoriété de ce type de recherche est alors très grande en France, notamment par le réseau des sociétés savantes, dont la seconde moitié du XIXᵉ siècle est l'âge d'or. En Normandie, les travaux de l'abbé Cochet* sur les sépultures gauloises, gallo-romaines et médiévales sont exemplaires à cet égard. Au-delà de ce chercheur, dont l'activité est connue, il serait facile de citer dans de très nombreux départements ses homologues, plus ou moins actifs, plus ou moins savants, mais tous bien représentatifs d'un type d'études qui reste en marge des universités, de la recherche et de la consécration officielle. Cette situation restera plus ou moins la même jusque dans les années soixante du XXᵉ siècle.

Cela est d'autant plus étonnant que, en Europe, dans la seconde moitié du XIXᵉ siècle, le mouvement des idées et les réformes institutionnelles auraient pu fournir un cadre solide pour aider à une définition et à un développement plus rapide de l'archéologie médiévale.

Vers le milieu du XIXᵉ siècle, l'archéologie européenne se divise en trois grands courants : le premier, le plus connu, celui qui imprègne le plus fort la tradition française à cette époque, est l'exploration, la découverte des civilisations perdues du Moyen-Orient. Le deuxième est le développement, en Allemagne essentiellement, d'une réaction universitaire qui s'appuie sur des créations de chaires, sur le développement de l'étude de la philologie, sur l'examen des monuments de toutes sortes, et qui est orienté exclusivement vers l'Antiquité classique. Le troisième grand courant, la tradition scandinave, est alors mal connu en France. Son influence sera décisive sur l'Allemagne puis, à travers celle-ci, après la Seconde Guerre mondiale, sur toute l'Europe du Nord-Ouest et, plus tardivement, sur la France et l'Italie. Dans les pays scandinaves, peu riches en archives médiévales, un intérêt archéologique apparaît dès le XVIᵉ siècle ; au XVIIᵉ siècle, des législations sont établies et des fouilles organisées. Dans cette recherche, le Moyen Âge tient une place éminente.

En France, après la défaite de 1870, on réorganise l'enseignement universitaire. La France est soucieuse de se donner des universités formant des élites culturelles, techniques et scientifiques et non plus de dispenser un enseignement de haute vulgarisation pour un public cultivé. Dans cette réforme, les grandes préoccupations de l'érudition gréco-latine, l'étude des sociétés classiques méditerranéennes, vont occuper une place d'élection. La préhistoire, la protohistoire, dans une large mesure l'époque gallo-romaine et plus encore l'archéologie du Moyen Âge resteront à l'extérieur de ces nouvelles universités. La France s'affirme l'héritière de la culture gréco-latine, et, pour les dirigeants politiques et culturels de l'époque, Athènes et Rome priment sur les Gaulois et sur les sociétés rurales analphabètes du Moyen Âge. Mais certaines tendances réformatrices dans les institutions universitaires auraient pu jouer dans le sens d'une plus grande ouverture,

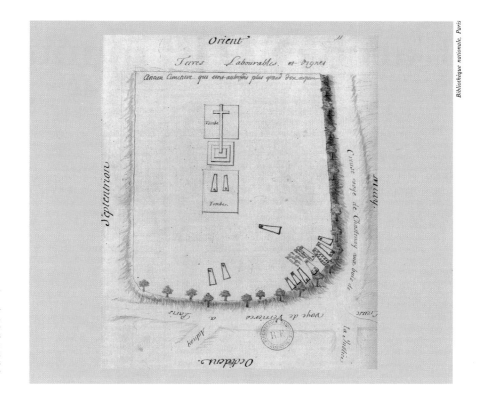

Fouilles à Châtenay-Malabry (Hauts-de-Seine) en 1727
Au XVIIIe siècle apparaissent les premiers « antiquaires » qui rassemblent des représentations de monuments, des dessins d'objets, des relevés d'inscriptions concernant le plus souvent l'époque romaine et découverts fortuitement au cours de travaux ou plus rarement lors de véritables opérations de fouille. Dès 1727, un érudit, Pierre de Clairambault, enregistre, à l'occasion de travaux autour de l'église de Châtenay-Malabry, les premières observations faites sur un cimetière médiéval des XIIe-XIIIe siècles. Bibliothèque nationale, coll. Pierre de Clairambault, ms. 1138, fo 357.

car un décret du 25 juillet 1885 autorisait les municipalités à créer dans les universités des chaires spécialisées consacrées à la recherche régionale.

Or il n'est pas sans intérêt de constater que, près de soixante-dix ans plus tard, c'est de l'une de ces chaires, celle d'histoire de la Normandie occupée alors à Caen par Michel de Bouärd*, que surgiront le renouveau et l'essor de l'archéologie médiévale française.

Quand on examine l'état de l'archéologie en France entre les deux guerres mondiales, on ne peut qu'être frappé par l'absence de changements fondamentaux dans la situation. La perte progressive de dynamisme des sociétés savantes régionales puis l'effondrement de leur participation à la recherche archéologique sont, sinon une explication, du moins un élément de compréhension important de cette stagnation. Quelques aspects de l'archéologie médiévale existent, comme l'étude des tombes mérovingiennes ou certaines recherches sur la fortification, mais il s'agit de travaux de faible envergure, pratiqués par des amateurs de haut niveau, certes, mais peu nombreux et très marginalisés. Dans le domaine des monuments historiques, tout comme au XIXe siècle, la protection et l'étude des sites archéologiques restent secondaires et l'entretien ou la restauration des monuments historiques, avant tout médiévaux, excusent toutes les interventions souterraines brutales et mal conduites, détruisant toutes les couches archéologiques.

Au cours des années d'après guerre, la situation change et l'archéologie médiévale se constitue véritablement. Déjà, dans les années trente, diverses recherches anglaises, danoises ou allemandes, celles de G. Hatt, A. Steensberg, G. Bersu, P. Grimm, H. Jankuhn, en jetaient les bases, aussi bien par les thèmes d'étude (villages désertés*, paysages, sites urbains) que par les méthodes de travail (grands décapages, analyses précises de laboratoire faisant une place importante aux sciences naturelles). Mais il faut attendre les années cinquante dans les îles Britanniques, les Pays-Bas et l'Allemagne, la décennie suivante en France et une date plus récente encore en Italie ou en Espagne pour voir apparaître l'archéologie médiévale moderne.

Dans un premier temps, jusque dans les années soixante-dix, l'essentiel de l'effort de terrain se fonde sur des problématiques d'historiens dont la fouille veut être au pire l'illustratrice, au mieux le complément ou le renforcement. Il est de ce point de vue très significatif de constater qu'en Grande-Bretagne, en France, en Allemagne, le thème essentiel d'activité de ces années de fondation a été souvent la fouille des villages désertés, c'est-à-dire l'étude de sites ordinairement non menacés et où l'objectif de recherche était de connaître les raisons des désertions, problème typiquement historique, plutôt que les conditions de vie des paysans médiévaux, interrogation spécifiquement archéologique. Les débuts de l'archéologie médiévale européenne sont également marqués par l'étude des fortifications de terre ou de la production céramique, par exemple.

Mais cette situation, caractéristique des années soixante et soixante-dix, a, en moins d'une décennie, profondément changé.

Trois éléments fondamentaux, liés les uns aux autres, sont intervenus : l'ampleur des destructions dues aux programmes d'aménagement et d'équipement qui ont suivi la Seconde Guerre mondiale ; le développement, d'abord lent puis très rapide, d'une archéologie de sauvetage active et de plus en plus largement dotée en personnel et en crédit et s'exerçant souvent dans des domaines scientifiques nouveaux, comme l'archéologie urbaine ; enfin, la constitution générale de services archéologiques nationaux fondés

sur des législations nouvelles ou renouvelées, disposant d'un personnel spécialisé.

Ce dernier phénomène est essentiel. À la fin de la période de prospérité de la recherche européenne, dans les années soixante, grâce à une prise de conscience plus précoce des destructions de sites et de l'importance nouvelle de l'archéologie médiévale, certains pays européens, essentiellement les îles Britanniques, ont très largement développé l'enseignement de l'archéologie médiévale dans leurs universités. En France, la prise de conscience a été plus tardive ; les universités ont été plus lentes à promouvoir les disciplines en plein développement : préhistoire, protohistoire et archéologie du Moyen Âge. Le C.N.R.S. a mieux su suivre cette évolution tout en restant fortement attaché aux disciplines archéologiques traditionnelles. En France, comme dans nombre de pays voisins, deux systèmes tendent à se mettre en place, phénomène qui caractérise tout particulièrement le Moyen Âge : à côté du secteur académique (universités, institutions diverses de recherche), surtout orienté vers les chantiers lointains, l'archéologie des territoires nationaux, en particulier pour ce qui concerne le Moyen Âge, se fait plutôt à l'intérieur des services nationaux d'archéologie, dans des structures stables ou temporaires, créées par des collectivités territoriales (départements en France, comtés en Grande-Bretagne) ou dans le cadre de grands travaux nécessitant des fouilles de sauvetage préalables.

Les problèmes de méthode de travail sur le terrain et d'enregistrement des données étant réglés depuis les années soixante-dix, un intérêt croissant va s'affirmer pour les pratiques d'échantillonnage préliminaires à la fouille et pour les recherches de laboratoire (archéologie analytique*, datation*), surtout pour l'étude de l'environnement écologique des sites fouillés.

Les travaux américains récents, que l'on regroupe un peu facilement sous l'appellation générale de *New Archaeology*, sont l'illustration la plus évidente, à l'intérieur de la plus forte communauté scientifique d'archéologues du monde (plusieurs milliers de chercheurs), de cette tendance. Dans ces travaux, le poids des préhistoriens – le poids d'une archéologie sans texte – est indéniable. En Europe, l'évolution est moins avancée, mais elle commence à être perceptible. Néanmoins, pour les médiévistes, l'existence de textes souvent nombreux pose des problèmes méthodologiques de premier plan, extrêmement difficiles à résoudre. Dans le même temps, le développement croissant, notamment au travers des fouilles urbaines, d'une archéologie postmédiévale va jouer un rôle important. Car ainsi, de plus en plus, seront abordés des problèmes de vie quotidienne, d'équipement domestique ou artisanal, qui sont par ailleurs bien documentés par des sources écrites. Une confrontation passionnante, déjà amorcée dans l'archéologie médiévale, entre sources écrites et sources archéologiques va donc se développer de plus en plus.

En plein essor par l'importance croissante des chercheurs et des crédits qui lui sont consacrés dans toute l'Europe, en pleine évolution intellectuelle, capable de se poser des problèmes méthodologiques concernant l'archéologie en général, peu encombrée par le poids de traditions scientifiques, l'archéologie médiévale occupe, et occupera de plus en plus, dans le développement de l'archéologie européenne une place de premier plan.

Jean CHAPELOT

117

L'archéologie monumentale

Nous avons pu observer récemment un glissement de sens au sujet du terme d'« archéologie médiévale ». Durant un siècle, qui a commencé en 1848 avec le renouvellement des études de l'École des chartes, ce terme s'est appliqué à l'acquisition d'une science des monuments du Moyen Âge fondée sur de sérieuses connaissances de l'architecture, mais exigeant également la pratique de toutes les disciplines particulières à l'histoire telle qu'elle était alors enseignée.

Mais voici que depuis quelques décennies l'application au Moyen Âge des méthodes propres à la préhistoire et consistant essentiellement à utiliser la fouille stratigraphique* comme fil conducteur de la recherche a provoqué la naissance puis le développement spectaculaire d'une nouvelle archéologie médiévale. C'est ainsi qu'une archéologie funéraire conjuguant l'étude des données fournies par les fouilles des sépultures, par les textes et par le laboratoire, a contribué à restituer l'atmosphère des périodes les plus mal connues du Haut-Moyen Âge. De même, l'archéologie militaire a connu un véritable renouveau quand on s'est efforcé de situer l'histoire des fortifications dans un contexte d'histoire sociale. On sait aussi que l'habitat rural, longtemps ignoré, fait désormais l'objet de recherches de large portée, notamment en ce qui concerne les villages disparus ou déplacés. Il n'est pas jusqu'à l'archéologie monumentale, c'est-à-dire l'archéologie médiévale traditionnelle, objet de cette étude, qui n'ait profité du renouvellement des méthodes.

Certes, elle n'a pas fondamentalement changé de nature. Elle demeure une « science » du monument, ce qui implique notamment une « archéologie de la construction », avec tout son savoir technique. En outre, pas plus que par le passé, l'archéologue médiéval ne saurait, dans ce domaine comme dans les autres d'ailleurs, faire abstraction de l'histoire, qu'il rencontre sans cesse sur son chemin. Mais peut-être discerne-t-il mieux l'objet de sa connaissance et les moyens les plus appropriés pour y parvenir.

Le regard qu'il jette sur le monument est un regard particulier, différent de celui de l'historien d'art, même si le même personnage pratique généralement les deux disciplines. L'archéologie monumentale considère le monument dans son histoire complète, depuis ses origines les plus lointaines, non comme un développement harmonieux à partir d'un programme et d'un parti définis au départ et suivis sans accrocs, mais comme une succession d'étapes, dont certaines ne sont même plus visibles. En raison des aléas de l'histoire, les monuments médiévaux ont été maintes fois détruits totalement ou partiellement, puis reconstruits ou agrandis. Une partie souvent importante de leur histoire se trouve enfouie dans le sol et ne peut être connue que par la fouille. Celle-ci est conduite à traiter ces vestiges des édifices disparus comme de véritables couches archéologiques.

Nous illustrerons cette première démarche de l'archéologie monumentale avec l'exemple du monastère de Romainmôtier (canton de Vaud, en Suisse), où la recherche systématique a révélé que quatre édifices se sont succédé au bord du Nozon et sur le même emplacement. On n'a pas retrouvé l'oratoire des origines, fondé vers 450 par saint Romain et son frère Lupicin. Sans doute était-il en terre et en bois, et il n'a pas laissé de trace. En revanche sont réapparues la chapelle encore très simple, construite au VIIe siècle par le duc Félix Chramnelène pour un monastère colombanien, puis l'église consacrée en décembre 753 par le pape Étienne II à l'occasion du voyage qu'il accomplit dans le royaume des Francs pour sacrer Pépin, fils de Charles Martel, et enfin l'église du XIe siècle, avec ses agrandissements successifs tant à l'ouest qu'à l'est. Des fouilles semblables, systématiquement menées, surtout en Allemagne, nous ont restitué de larges pans de l'histoire architecturale de l'Occident aux époques carolingienne et ottonienne, qu'on aurait pu croire à tout jamais engloutis dans l'oubli.

La fouille se révèle tout aussi indispensable pour préciser l'histoire du monument intact, ou tout au moins de certaines de ses parties. Nous évoquerons ici l'exemple du chœur de la grande abbatiale de La Charité-sur-Loire. Des fouilles effectuées en 1967 ont rendu compte de son apparente étrangeté. Elles ont révélé qu'on avait d'abord songé, entre 1080 et 1090 peut-être, à lui donner le plan dit « bénédictin » conçu dans sa plus grande extension, comme on le trouve à Châteaumeillant (Cher) et à Saint-Sever (Landes) : une abside flanquée de chaque côté par trois absidioles de profondeur décroissante. Ce chœur fit l'objet d'une consécration de la part du pape Pascal II le 9 mars 1107. Cependant, à ce moment, le chœur de la troisième abbatiale de Cluny, traditionnellement désignée sous le nom de Cluny III, voyait le jour et proposait un modèle prestigieux que l'architecte de La Charité-sur-Loire s'empressa d'imiter en remodelant la partie centrale de son propre chevet. À l'emplacement de l'abside centrale et des absidioles tangentes, il établit un chœur plus profond, flanqué de bas-côtés et terminé par un hémicycle qu'encadre un déambulatoire à cinq chapelles rayonnantes.

La détermination des étapes successives de l'histoire du monument, commencée avec la fouille stratigraphique, se poursuit dans l'étude de l'édifice lui-même, en appliquant une méthode d'analyse archéologique qui s'apparente à la fouille et la prolonge tout naturellement. Cette phase de l'étude vise à retrouver la marche du chantier en isolant des tranches du bâtiment suffisamment homogènes pour qu'on puisse en fixer clairement les limites. On les appelle « campagnes de construction ». Ce sont elles qui fixeront la chronologie* relative et absolue du monument, après avoir été confrontées avec les indications fournies par les textes. On est aussi tenté de les mettre en rapport avec l'arrivée de nouveaux maîtres, mais encore convient-il de se montrer très prudent dans ce domaine si l'on ne dispose pas de documents. Même lorsque ceux-ci existent, l'ajustement n'est pas toujours aisé, car l'analyse archéologique, pas plus que l'interprétation des fouilles, ne saurait parvenir à la vérité absolue, et les textes, même les plus précis, conservent toujours une part d'ambiguïté.

Dans l'étude qu'il a consacrée à la cathédrale de Reims – la dernière en date pour le monument –, Jean-Pierre Ravaux ne distingue pas moins de douze campagnes, dont cinq marquées sur le sol, les autres ne concernant que les parties hautes de l'édifice. Or le fameux labyrinthe n'a conservé le souvenir que de quatre architectes : Jean d'Orbais, représenté en train de tracer le plan de l'abside, Jean le Loup, qui fut maître de l'œuvre pendant seize ans, Gaucher de Reims, qui dirigea les travaux pendant sept ou huit ans, et enfin Bernard de Soissons, dont on sait qu'il fit les voûtes.

L'archéologie monumentale n'est pas seulement source d'un savoir. Au XIXe siècle, elle a contribué – à son corps défendant –, dans le cadre des « restaurations » d'édifices, à la création de véritables monuments archéologiques, comme Saint-Front de Périgueux reconstruit par Paul Abadie. Les restaurateurs prétendaient, en effet, s'appuyer sur une certaine archéologie de la construction pour justifier leurs interventions, y compris les plus brutales. De toute façon, et quel que soit le jugement porté sur les restaurations, il convient de les inscrire dans l'histoire de l'édifice.

Il existe un autre type d'intervention, celui-ci infiniment respectueux du passé, qui utilise la prospection* archéologique et la fouille pour récupérer les fragments des monuments disparus, non dans le but d'une restauration complète, fatalement conjecturale, mais pour en assurer une présentation à la fois sincère et évocatrice. C'est le sens de l'œuvre admirable réalisée par Léon Pressouyre avec la « résurrection » du cloître de Notre-Dame-en-Vaux à Châlons-sur-Marne. Un monument essentiel pour l'histoire du premier gothique, qui avait été démoli au XVIIIe siècle par des chanoines trop appauvris pour assurer son entretien, a retrouvé ainsi une nouvelle vie.

Marcel DURLIAT

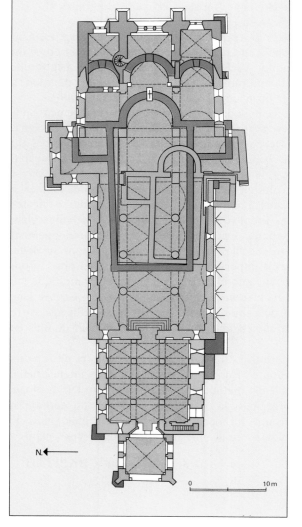

VIIe siècle :
chapelle construite
par le duc
Félix Chramnelène

VIIIe siècle :
chapelle consacrée
en 753 par le pape
Étienne II

XIe siècle :
église actuelle
construite sous l'abbé
Odilon de Cluny

XIe siècle :
absides de l'église
du XIe siècle démolies
au XIVe et au XVe siècle

début du XIIe siècle :
narthex

début du XIIIe siècle :
porche

XIVe siècle :
reconstruction
du chœur

XVe siècle :
agrandissements
de Jean de Juys

XVIe et XVIIe siècles :
époque bernoise

Les églises successives de Romainmôtier, canton de Vaud, Suisse

Au VIIe siècle, le monastère se satisfait d'un édifice de culte aux dimensions modestes et ne comprenant, outre la nef et une abside légèrement outrepassée, que deux annexes latérales. On conserva ce plan pour l'église consacrée en 753. Simplement la fit-on plus vaste. Sous l'influence de Cluny, les structures se compliquent au début du XIe siècle. Alors apparaissent les éléments d'une abbatiale romane : un transept saillant, des collatéraux de nef, un chœur développé et couronné par trois absides. Peu de temps après, suivant une coutume répandue en Bourgogne, on adossa à la nef un grand narthex à deux étages. D'après E. Bach, *Congrès archéologique de France, Suisse romande*, 1952.

D. Glauser, Monuments historiques et archéologie du canton de Vaud, Suisse

Plan et coupe de La Charité-sur-Loire

La juxtaposition du plan et d'une coupe autorise une bonne lecture de l'histoire d'un monument. La grande église de La Charité-sur-Loire, commencée vers 1080, illustrait le plan dit bénédictin, originaire du deuxième Cluny, avec une abside cantonnée de chaque côté par trois absidioles échelonnées. Au-delà du transept, la nef s'apparentait à celle du troisième Cluny, par ses doubles collatéraux et son élévation à trois étages : grandes arcades, triforium, fenêtres hautes. En cours de construction, on substitua à l'abside centrale et aux deux absidioles les plus voisines un chœur à déambulatoire pourvu de cinq chapelles rayonnantes, toujours sur le modèle de Cluny III. C'est à cette époque qu'on éleva la tour de croisée. La marche des travaux pouvait se suivre à travers les variations du décor du triforium. Cependant, l'église ne s'est jamais entièrement relevée d'un terrible incendie qui ravagea toute sa partie occidentale le 31 juillet 1559. Les six travées occidentales furent abandonnées et le reste du vaisseau fut restauré d'une manière brutale par l'architecte Philibert Convers. Il supprima les doubles collatéraux ainsi que toutes les saillies des murs pour obtenir des parements lisses et nus.
Les campagnes de construction et leur datation ont été définies par Jean Vallery-Radot. D'après P. A. Lablaude et M. Duplantier sous la direction de P. Lablaude, *Congrès archéologique de France, Nivernais*, 1967.

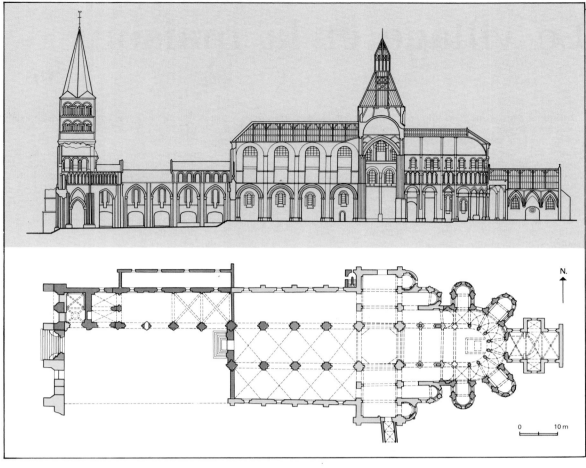

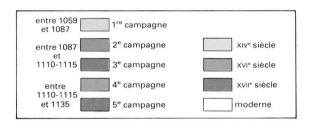

entre 1059 et 1087	1re campagne
entre 1087 et 1110-1115	2e campagne
	3e campagne
entre 1110-1115 et 1135	4e campagne
	5e campagne

	XIVe siècle
	XVIe siècle
	XVIIe siècle
	moderne

N.

0   10 m

Saint-Front de Périgueux avant et après restauration

L'aspect de l'église avait été altéré au cours de son histoire. De grands toits pentus dissimulaient ses cinq coupoles et le chœur oriental était une addition de 1347. Prétextant du mauvais état de l'édifice, Paul Abadie le reconstruisit entièrement, à l'exception du clocher, à partir de 1855. Il rétablit l'unité de style en supprimant l'adjonction gothique et modifia le tracé des grandes arcades « pour mieux en contrôler les poussées ». Il ramena les coupoles au jour et les couronna de lanternons de son invention qui, avec ceux qui surmontent les piliers d'angle, donnent à la construction un pittoresque dans le goût du style « romano-byzantin » du XIXe siècle.

Romainmôtier vu du nord-est (ci-contre, à gauche)

La juxtaposition des volumes et les variations dans l'appareil mural et dans les percements rendent compte des transformations successives du chevet. Des bandes lombardes ornent le transept et le chœur du début du XIe siècle. La tour de croisée conserve le même décor, mais elle est légèrement postérieure. L'abside centrale, avec sa grande fenêtre à réseau, date du début du XIVe siècle. Deux chapelles superposées ont remplacé l'abside romane septentrionale entre 1433 et 1447.

Restauration de la statue-colonne de saint Paul au cloître de Notre-Dame-en-Vaux à Châlons-sur-Marne

Le cloître avait été démoli en 1759, mais une partie de ses éléments fut utilisée par les maçons comme matériau de construction. À l'aide de ces fragments, souvent très petits, récupérés par ses soins, Léon Pressouyre a effectué (entre 1963 et 1977) une restauration dont il a lui-même précisé les phases successives ainsi que les limites. La première opération consista à recomposer, au moyen d'un véritable puzzle, les bases, les fûts de colonnes et les chapiteaux. L'abside fut ensuite complétées pour leurs parties manquantes par un matériau de substitution. Les données certaines dont on disposait n'ayant pas permis la restitution de l'ensemble du cloître, on se contenta d'une présentation « discontinue et muséographique ».

Le village et la maison

En même temps que s'installe en Europe occidentale le système féodal se crée le village tel qu'il existera ensuite jusqu'à nos jours. Si le réseau des paroisses rurales est souvent antérieur au XIᵉ siècle, c'est cependant pratiquement entre 1050 et 1180 que la grande majorité des églises rurales de pierre, celles qui sont encore actuellement visibles en France ou ailleurs, sont construites. C'est vers la même époque que se multiplient, après les premiers grands châteaux des environs de l'an mil et les premières vastes constructions fortifiées de terre et de bois, les châteaux des petits seigneurs ruraux. Enfin, c'est dans le même temps que naissent, autour de ces édifices constitutifs de l'habitat rural – l'église et le château –, les types de villages et les modèles de l'architecture rurale des diverses régions de l'Europe.

Cette dernière est alors, entre 1050 et 1250, dans une phase de croissance démographique, la plus longue que l'Occident ait jamais connue. Il faut loger ces hommes et ces femmes plus nombreux, créer des villages que l'on installe dans les nouveaux terroirs défrichés, ouverts pour la première fois à la culture.

L'effort immense que représenta alors la construction de dizaines de milliers d'églises, des cathédrales aux églises rurales, eut des conséquences directes dans le bâti quotidien des paysans médiévaux. C'est à ce moment, vers les XIᵉ-XIIIᵉ siècles, que l'on passe de la maison habituelle du Haut-Moyen Âge, construite par ses futurs utilisateurs avec des matériaux sommaires, souvent périssables (branchages, perches, bottes de feuillage), à la maison faite pour durer. Dans cette dernière entrent des matériaux acquis auprès des forestiers des seigneurs (qui veillent désormais de plus en plus attentivement sur les forêts), pour les pièces principales de charpente notamment, ou auprès d'artisans spécialisés. La présence croissante de ceux-ci dans le monde rural, les tuiliers à partir du XIIᵉ et surtout du XIIIᵉ siècle, les briquetiers dans certains secteurs de l'Europe, les maçons, souvent formés sur les chantiers des constructions religieuses et militaires multiples, est un des éléments essentiels et caractéristiques de cette période. Ces maisons, qui seront transmises de génération en génération, sont les éléments essentiels du village de cette époque ; par leur forme ou leurs techniques de construction de plus en plus différenciées de région en région, elles déterminent les types d'architecture régionale qui perdureront jusqu'à nos jours.

Il n'est pas facile de suivre clairement la profonde transformation de l'habitat rural pendant cette période essentielle du Moyen Âge. Les sources écrites ou les miniatures médiévales apportent des renseignements insuffisants. Surtout, elles ne permettent pas réellement de suivre la genèse du village et de la maison médiévale. Dans ce domaine, plus sans doute que dans tout autre, la contribution de l'archéologie a été essentielle.

Jusqu'à une date récente, ce sont avant tout les travaux anglais, commencés dès les années cinquante, qui nous apportaient des renseignements précis. Mais, depuis dix ou quinze ans, les secteurs méditerranéens de l'Europe, l'Espagne et surtout l'Italie ainsi que la France, ont entrepris des recherches sur l'habitat rural, et l'on peut, malgré les lacunes, retracer plus facilement l'évolution de ce phénomène.

Dans le domaine des matériaux de construction, par exemple, certaines techniques qui n'étaient connues que dans le monde germanique, du VIIᵉ au XIVᵉ siècle, apparaissent désormais en France grâce à des fouilles très récentes : ainsi la technique de construction des murs par *stabbau*, c'est-à-dire par planches verticales fixées par des assemblages bouvetés. Dans la motte seigneuriale de Mirville, un bâtiment, dont l'évolution est suivie du XIᵉ au XIIᵉ siècle et dont rien ne permet de penser qu'il puisse se distinguer de bien d'autres constructions rurales de la même époque, montre la large diffusion de cette technique en Europe de l'Ouest.

S'il s'agit de murs en matériaux périssables, ces derniers sont désormais traités soigneusement, travaillés avec des outils métalliques avant d'être mis en place. Nous n'en sommes plus aux perches de bois ou aux troncs non équarris de la période précédente. Dans le même temps, signe d'une recherche similaire de matériaux de qualité, dans le sud de l'Europe, les constructeurs ruraux utilisent couramment la pierre et le mortier de chaux. Il en est ainsi dès l'origine dans le village de Rougiers (Var), créé sur le sommet et le flanc du massif de la Sainte-Baume vers la fin du XIIᵉ siècle et si caractéristique de l'habitat rural perché, installé en éventail sur une pente sous le château seigneurial, type que l'on retrouve dans tout le domaine méditerranéen, de l'Espagne à l'Italie.

Entre ces deux extrêmes, pierre et mortier de chaux d'un côté, planches bouvetées de l'autre, les sites ruraux à partir du XIIᵉ ou du XIIIᵉ siècle révèlent l'emploi d'autres matériaux et d'autres techniques, mais dans l'ensemble tous attestent que l'édification de maisons permanentes aux formes variées selon les régions est un processus général.

L'archéologie, autant que l'étude des matériaux et des techniques, permet de suivre l'évolution des plans et de l'utilisation de l'espace dans cet habitat rural. On peut ainsi éclaircir deux problèmes : la place des animaux domestiques et celle du chauffage.

La maison mixte, qui abrite sous le même toit, aux deux extrémités du bâtiment, d'un côté les humains, de l'autre les bovins et moins souvent les ovins, est un bon exemple du premier problème. Certaines fouilles menées dans les îles Britanniques nous montrent l'apparition, vers la fin du XIIᵉ siècle, de ce type de construction qui se généralisera en Europe pendant le siècle suivant avant de céder progressivement la place à d'autres types et de disparaître parfois totalement de certaines régions de l'Europe dès la fin du Moyen Âge. Des aménagements particuliers, comme le drain pour l'assainissement de la partie réservée aux animaux, permettent d'identifier ce type de bâtiment que mentionnent les textes. Sa diffusion au XIIIᵉ siècle, sa localisation en Europe de l'Ouest, sa régression dans certains secteurs ensuite sont autant d'indices intéressants, utilisables seulement quand les fouilles sont assez nombreuses, de l'essor d'une petite paysannerie possédant quelques têtes de bétail et qui se dégage alors de la masse du monde rural moins aisé et moins différencié des périodes antérieures.

Le problème du feu dans l'habitat rural médiéval est une autre de ces questions, sur lesquelles seule l'archéologie peut apporter des informations, essentielles pour comprendre les conditions de vie des paysans médiévaux. Pendant plus de la moitié du Moyen Âge, jusqu'au XIIIᵉ sinon au XIVᵉ siècle, le seul système de chauffage et en même temps la source principale d'éclairage a été le foyer ouvert, disposé le plus souvent au centre de la pièce unique, loin des murs en bois et des autres matériaux combustibles. La cheminée murale, associée ordinairement aux murs de pierre, avec son conduit ménagé au départ dans la construction ou établi contre le mur, apparaît dans les édifices aristocratiques dès l'époque carolingienne, dans l'architecture militaire au XIIᵉ siècle, mais les premiers exemples connus dans l'architecture rurale, par exemple dans le village de Dracy (Côte-d'Or), ne datent guère que du XIVᵉ siècle. Or il s'agit là d'un des éléments fondamentaux de l'habitat rural traditionnel de l'Ancien Régime : la cheminée, centre de la vie familiale, lieu de la veillée, etc.

Ainsi le Moyen Âge, dès cette période centrale des XIIᵉ-XIIIᵉ siècles, a créé les types architecturaux et les techniques de construction qui ont fondé les différenciations régionales, les architectures traditionnelles ; mais cette genèse a été lente et tardive.

L'architecture traditionnelle si différenciée de région en région dans l'Europe contemporaine, avec ses villages de plans variés, ses matériaux distincts (pour la couverture, par exemple), est une création médiévale que les siècles postérieurs enrichiront, préciseront et que l'archéologie, en quelques décennies, a fait renaître.

Jean CHAPELOT

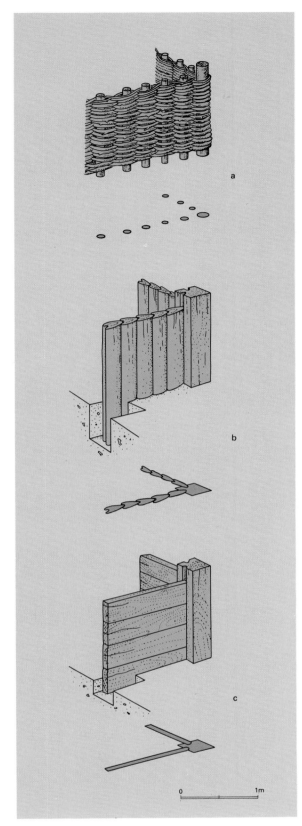

J. Le Maho

Mirville (Seine-Maritime)

Le site de Mirville, établi au XIᵉ siècle, comprenait une enceinte abritant divers bâtiments ; le tout fut recouvert de terre et transformé en motte au début du XIIᵉ siècle. Rien ne permet de penser que ces constructions étaient différentes, par la forme et les matériaux, de ce que l'on trouvait ordinairement dans les sites ruraux contemporains. Pendant tout le XIᵉ siècle, des bâtiments agricoles sont construits là selon la technique des planches verticales de plan triangulaire, larges d'environ 20 cm, et jointes les unes aux autres grâce à un assemblage bouveté (b). L'empreinte de ces planches est exceptionnellement visible dans certaines phases de la fouille grâce aux traces colorées qu'elles ont laissées dans le sol de la tranchée au fond de laquelle elles étaient disposées (photographie ci-dessus).
On trouve sur le même site d'autres modes d'utilisation du bois qui datent au moins de la fin du XIᵉ siècle : les troncs empilés (c), dans une grande maison construite au cours de la dernière phase d'occupation de l'enceinte, et le clayonnage (a), technique classique pour faire des palissades et utilisée bien au-delà du Moyen Âge dans certaines régions (d'après J. Le Maho).

Rougiers (Var)

Rougiers est l'exemple caractéristique des villages perchés de l'Europe méditerranéenne. Vers la fin du XIIᵉ siècle, sur le rebord du massif de la Sainte-Baume, le château de pierre est construit, en même temps qu'une enceinte à l'intérieur de laquelle un espace est aménagé, sous forme de terrasses superposées. Occupé jusqu'aux premières décennies du XVᵉ siècle, Rougiers sera abandonné au profit d'un site établi plus bas, à mi-pente puis dans la plaine, selon un processus classique dans l'histoire de ce type d'habitat. Les maisons ont des traits particuliers qui les distinguent des maisons construites à la même époque dans la moitié nord de l'Europe. Elles sont construites en pierres liées au mortier de chaux, couvertes de tuiles creuses du type dit romain, classique encore dans la moitié sud de la France actuelle. D'autres traits accentuent la différence : une occupation très dense de l'espace à l'intérieur de l'enceinte, sans jardins, sans enclos, sans places, l'existence systématique d'étages que l'on retrouve dans les habitats ruraux des régions méditerranéennes. Ce n'est que tardivement, à l'extrême fin du Moyen Âge sinon au-delà, et dans un nombre réduit d'exemples, que des maisons rurales des îles Britanniques ou d'Allemagne, par exemple, recevront un étage.
À Rougiers, nous entrevoyons l'existence dans le monde rural médiéval européen de traditions et de pratiques architecturales, de modes d'occupation de l'espace très différents d'un secteur à l'autre. Mais, en même temps, comme à Wharram, nous voyons apparaître dès le Moyen Âge un type de village et d'habitat rural qui marquera pour longtemps les campagnes. Maquette. Avec l'aimable autorisation de G. Demians d'Archimbaud).

Ci-contre : le village de Wharram, Yorkshire (Angleterre)

Ce village est l'objet de la plus grande entreprise archéologique menée en Europe sur un site rural médiéval. La fouille, commencée en 1953, n'est pas encore terminée. Elle a permis de mettre au jour une grande partie des constructions du village, occupé dès le VIIIᵉ siècle et abandonné vers 1510. Ce village abritait un manoir seigneurial (établi en son centre au XIIᵉ siècle) qui sera remplacé par un autre manoir construit au nord du village, au XIIIᵉ siècle. Une première église en bois, construite à l'époque saxonne entre le VIIIᵉ et le Xᵉ siècle, fut remplacée par une construction de pierre à la fin de cette époque ; elle sera considérablement agrandie à plusieurs reprises dès le milieu du XIᵉ siècle, à la fin du XIIᵉ et au cours du XIIIᵉ siècle : le chœur fut refait et des bas-côtés ajoutés. Dès le début du XIVᵉ siècle, au contraire, elle sera plusieurs fois réduite, suivant en cela la dépopulation croissante du village qui finira par être abandonné alors que l'église existe toujours (voir illustration p. 124).
Dans le village proprement dit, l'espace occupé par les maisons est distribué comme dans beaucoup d'autres sites ruraux contemporains en Europe : des maisons en longueur, parallèles ou plus souvent perpendiculaires aux chemins, entourées de parcelles occupées par des jardins et limitées par des murs de pierre. Autour du village, les champs, cultivés ici selon le système des billons et des sillons, c'est-à-dire établissant, par un type particulier de labour, de vastes ondulations d'une largeur moyenne de 7 à 10 m séparées par des raies profondes.
Les maisons de Wharram sont très caractéristiques de l'habitat anglais au Moyen Âge. Elles furent d'abord toutes construites en bois. Les remaniements postérieurs empêchent d'en connaître avec précision le plan. Dans la première moitié du XIIIᵉ siècle, on reconstruit progressivement toutes les maisons en pierre, grâce à de la craie extraite sur place, dans les jardins et dans les champs. Vers la fin du XIVᵉ siècle, un nouveau type de technique de construction apparaît : les maisons sont alors d'abord constituées par un solin de pierre, c'est-à-dire un mur bas servant de fondation et sur lequel on construit un mur en charpente de bois, une construction à pans de bois comme on en trouve alors dans nombre de régions de France, des îles Britanniques et dans différents pays européens, aussi bien ici qu'à la campagne. Toutes ces maisons mesurent entre 4,5 m et 6 m de largeur, de 15 à 23 m de longueur, et appartiennent au type de la maison mixte qui abrite et les hommes et les animaux. On notera l'absence de constructions annexes autour de ces maisons d'habitation qui constituent les seules l'unité d'exploitation agricole.
Ce village, tel qu'il est représenté ici dans son état de la fin du XIVᵉ siècle, n'est pas fondamentalement différent de ce que seront, quelques siècles plus tard, les villages de la fin de l'Ancien Régime et même du XIXᵉ siècle (d'après R. Coombs).

C.N.R.S., Folio

La fortification

Les châteaux forts font partie du paysage européen. Mais ces constructions, le plus souvent postérieures au XIIᵉ siècle dans leur état actuel de conservation, ne permettent pas de connaître avec précision l'essentiel de l'architecture fortifiée du Moyen Âge. C'est le développement de l'archéologie (photographies aériennes, prospections* et fouilles) qui a rendu possible l'étude de l'architecture militaire antérieure au XIIᵉ siècle – architecture de terre et de bois – et qui a permis de mieux comprendre l'architecture militaire de pierre des périodes tardives du Moyen Âge que les seuls édifices conservés ne permettent pas de connaître et pour laquelle aussi la fouille est essentielle.

Jusqu'à la fin du Xᵉ siècle, la fortification médiévale est une construction à usage collectif. Les grandes murailles de pierre des villes romaines, remaniées dans la seconde moitié du IXᵉ siècle pour faire face aux invasions scandinaves, sont restées dans de nombreuses régions les seules protections contre cette menace.

Mais, parallèlement, aux IXᵉ et Xᵉ siècles, d'autres formes de fortifications collectives sont utilisées. De grands oppidums* des périodes protohistoriques sont réaménagés, des installations analogues sont construites de toutes pièces. Parfois, ce sont des constructions originales : les rois saxons Arthur et Athelstan construisent dans les îles Britanniques de grandes enceintes quadrangulaires appelées *burhs*. Une dizaine de ces constructions sont attestées avant 850, beaucoup plus ensuite. Un certain nombre deviendront des villes. Sur le continent, on établit alors de grandes enceintes circulaires, de 100 à 500 mètres de diamètre, aux fonctions multiples : au Danemark, ce sont des camps militaires (Trelleborg ou Fyrkat, par exemple) ; en haute Normandie ou en Auvergne, des résidences princières ; en Frise, certaines protègent des habitats ruraux ; ailleurs en Europe elles abritent une agglomération épiscopale ou abbatiale rassemblée autour de son église, comme à Trèves ou à Limoges (Saint-Martial).

Dans d'autres contextes, les réponses à l'anarchie et aux invasions des peuples germaniques des IXᵉ-Xᵉ siècles ont été des enceintes circulaires de plus faibles dimensions (moins de 100 mètres de diamètre, parfois une vingtaine de mètres seulement). Ce type, diffusé largement en Europe, remplit des fonctions très variées : installations de défense des populations rurales contre les invasions hongroises sous le règne de l'empereur Henri l'Oiseleur (919-926) en Allemagne par exemple, résidences de petits chefs locaux en Irlande ou de petits seigneurs en France. Mais, avec ces constructions, dont l'usage s'étend jusqu'au XIIᵉ sinon même jusqu'au XIIIᵉ siècle, il s'agit d'une forme différente de fortification servant à protéger les résidences privées des petits seigneurs ruraux. À la fin du Xᵉ siècle, les mottes, qui apparaissent d'abord entre les vallées de la Loire et du Rhin, sont l'expression la plus caractéristique de ce changement.

Rien dans la fortification antérieure ne correspond à ces accumulations plus ou moins artificielles de terre, dont le diamètre varie à la base de 30 à 100 mètres pour une hauteur totale de 5 à 10 mètres. Sur la plate-forme, on établissait soit une tour, le donjon, soit une enceinte circulaire combinée éventuellement à un donjon. Autour de la motte, une enceinte de taille variable abritait les bâtiments annexes, cuisine, chapelle ou église : cet espace, la basse-cour, pouvait servir de refuge aux populations rurales, mais l'élément essentiel de ce type de fortification est la motte et le donjon qu'elle porte, résidence du seigneur.

Les châteaux à motte sont établis progressivement dans toute l'Europe, à l'exception de la Scandinavie et de la péninsule Ibérique : en Italie du Sud et en Angleterre dès le milieu du XIᵉ siècle ; en Allemagne dès la fin du XIᵉ ou dans le cours du XIIᵉ siècle selon les régions ; au Danemark à la fin du XIIᵉ siècle ; en Pologne et en Russie au cours du XIIIᵉ siècle. Deux phénomènes expliquent la généralisation en Europe de ce type de fortification : la diffusion progressive du système féodal et l'établissement, à partir du XIIᵉ siècle, sur des biens fonciers concédés par leur suzerain, de personnages de moindre importance dans la hiérarchie féodale, les chevaliers qui auparavant résidaient auprès de leur seigneur dans les vastes châteaux des Xᵉ-XIᵉ siècles.

Ce processus de diffusion de la fortification de terre et de bois, puis progressivement de pierre, se poursuivra après le XIIᵉ siècle en Europe occidentale (à un moment où la construction de mottes a cessé) par l'établissement des maisons fortes, les *moated sites* des îles Britanniques. Sur un amoncellement de terre de plan carré ou plus souvent quadrangulaire, faiblement surélevé (moins de 3 mètres le plus souvent), on construit une grosse ferme plus ou moins bien fortifiée. Elle abritera un petit seigneur rural. La grande période de diffusion de maisons fortes est le XIIIᵉ siècle, en Italie, en France comme en Angleterre ; elles sont généralement placées aux confins des terroirs, hors des agglomérations rurales.

Mottes et maisons fortes sont donc l'expression, à partir de l'an mil, de la fortification individuelle. Avec elles apparaît l'utilisation de la pierre – sur les mottes pour les donjons – dont l'emploi deviendra systématique dans les grands châteaux du XIIᵉ siècle.

Le XIIᵉ siècle est, à bien des égards, un moment essentiel de la fortification médiévale. Des évolutions décisives apparaissent alors dans la conception de l'architecture militaire. Les châteaux du XIᵉ siècle et de la première moitié du XIIᵉ siècle étaient avant tout de grands donjons quadrangulaires, de grosses masses de pierre entourées d'une enceinte souvent mal défendue. La fonction résidentielle l'emportait encore sur la stricte valeur militaire.

Pendant le XIIᵉ siècle, les affrontements entre les Plantagenêts et les Capétiens déterminent l'apparition d'armées constituées de soldats professionnels, les mercenaires, l'amélioration des techniques de siège, la nécessité de défendre des frontières menacées ou de consolider des conquêtes incertaines. Une part très importante des revenus des grands souverains est employée pour bâtir ou rénover des châteaux. Le cas du roi de France Philippe Auguste donnera une idée de l'ampleur du phénomène. À son avènement en 1180, il hérite des vingt-deux châteaux de son père, Louis VII. À sa mort, en 1223, il en détient cent quarante-quatre, trente-sept ayant été construits ou reconstruits par lui.

Pour mieux répondre à sa fonction nouvelle de construction militaire, le château de la fin du XIIᵉ ou du XIIIᵉ siècle est restreint et conçu pour la défense : protection des accès, existence d'un réduit défensif, flanquement des enceintes. La logique de défense devient décisive, et progressivement, dans la seconde moitié du XIIᵉ siècle et surtout à partir de Philippe Auguste, le plan du château devient un quadrilatère ou un rectangle, flanqué d'une tour à chaque angle ; deux tours jumelées défendent la porte.

Ce parti sera maintenu au XIIIᵉ et au XIVᵉ siècle, et surtout au XVᵉ siècle, avec les projets coûteux du roi ou des grands seigneurs. Mais ce ne sont pas les plus nombreux. La petite et la moyenne aristocratie aménage, reconstruit, construit même souvent de toutes pièces un nombre infini de châteaux d'ampleur variable qui marquent encore les paysages d'Europe. Mais les éléments les plus caractéristiques de ces trois siècles apparaissent dans les grands chantiers des souverains, des ordres militaires, des grands seigneurs : celui du Château-Gaillard entre 1196 et 1198 ; du Louvre à Paris vers la même époque ; de Coucy entre 1225 et 1242, du krak des Chevaliers au Liban actuel pendant les XIIᵉ et XIIIᵉ siècles, surtout les châteaux des souverains anglais au pays de Galles à partir de 1278.

La fortification est donc reconstituée, dans sa diversité, grâce à l'étude des archives, des édifices subsistants et grâce à l'archéologie. Le château a été dans toute l'Europe un lieu de protection des populations rurales, un centre de commandement et de perception fiscale, la résidence du seigneur et de ses officiers. Très souvent aussi, notamment aux XIᵉ-XIIᵉ siècles avec les mottes, la fortification fut aux origines des peuplements ruraux. Au-delà du pittoresque des ruines « féodales », la fortification représente une part essentielle de l'histoire du Moyen Âge.

Jean CHAPELOT

Loches (Indre-et-Loire)

Les fortifications sont établies sur un plateau rocheux dont le point sud, ici représenté, est le plus faible. Le grand donjon date de la fin du XIᵉ ou du début du XIIᵉ siècle, sa face gauche sur l'illustration étant antérieure. De plan rectangulaire, il mesure 25 mètres sur 13 mètres au sol et est actuellement encore haut de 37 mètres. À droite, une petite cour carrée contenait l'escalier d'accès et protégeait l'entrée. Au sud du donjon, au premier plan, le système de défense fut souvent remanié et particulièrement soigné. Il comprend actuellement deux murs d'enceinte, visibles ici, dont l'un, au premier plan, fut renforcé au XIIIᵉ siècle par trois grosses tours (à gauche) et par plusieurs petites (au centre et à droite).

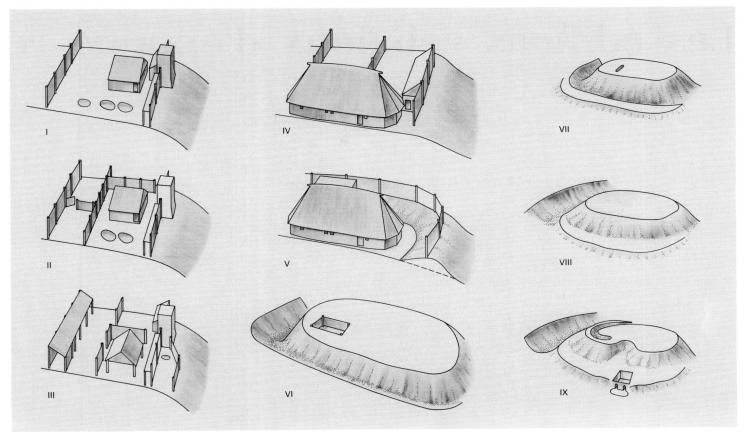

La motte seigneuriale de Mirville (Seine-Maritime)

Cet exemple est caractéristique à la fois de ce que l'archéologie peut apporter à la connaissance de la fortification de terre et de la complexité de l'évolution d'une architecture militaire de terre et de bois. Douze états successifs (neuf sont représentés ici) ont été identifiés par la fouille : à partir du niveau des IIᵉ-IIIᵉ siècles, dont subsistait seulement un fossé de drainage, ont été établies des palissades protégeant des appentis et une tour servant d'entrée, le tout remanié à plusieurs reprises dans le cours du XIᵉ siècle (I à III). À la fin du XIᵉ siècle, après un incendie, l'ensemble est remplacé par une grande maison (IV) qui est ultérieurement entourée d'un fossé et d'une palissade (V), l'ensemble changeant alors de fonction (fin XIᵉ - début XIIᵉ s.). Puis, selon un processus connu par d'autres exemples en Europe, à cette première série de constructions au niveau de sol, on substitue une motte qui recouvre totalement, grâce à la terre extraite d'un fossé, les constructions antérieures. Cette motte, entre son établissement au début du XIIᵉ siècle (VI) et son abandon, fut agrandie deux fois dans le cours du XIIᵉ siècle (VII et VIII) jusqu'à ce que l'on obtienne une plate-forme enclose dans un fossé de 25 mètres de diamètre et de 3 mètres de profondeur (VIII). Elle fut par la suite utilisée comme ornement paysager puis comme soubassement de deux fours à briques au XVIᵉ siècle (IX). À toutes ces époques, les constructions furent faites en bois utilisé selon des techniques plus ou moins sophistiquées (voir l'illustration en haut de la p. 121). Fouilles J. Le Maho.

La fortification de Vismes-au-Mont (Somme)

Dès 1175, les textes indiquent la présence d'une famille noble en ce lieu. C'est sans doute elle qui fit ériger la plus grosse des deux mottes. La seconde doit avoir été faite ultérieurement à l'occasion d'un partage. Autour de ces deux éléments essentiels, une enceinte protégeait les annexes d'habitation. L'importance des fortifications de ce type est attestée par le fait que celle-ci donna son nom à la région, le Vimeu actuel.

Le donjon de Coucy (Aisne)

Cette énorme construction (31 m de diamètre et une hauteur de 55 m, des murs de 7,50 m d'épaisseur à la base), le plus grand donjon de l'Europe médiévale, faisait partie d'un très vaste ensemble fortifié construit entre 1225 et 1242 par Enguerrand III de Coucy, l'un des plus puissants seigneurs de son temps. Sa destruction par les troupes allemandes, le 27 mars 1917, nécessita 27 tonnes d'explosifs.

Le château de Beaumaris (pays de Galles)

Ce château est le huitième et dernier d'une série de forteresses construites par le roi d'Angleterre Édouard Iᵉʳ (qui régna de 1272 à 1307) pour assurer sa conquête du nord du pays de Galles après vingt ans de conflit. Le chantier, commencé en 1295, compta jusqu'à 2 000 manœuvres, 400 maçons, 200 carriers, 30 forgerons, des charpentiers..., 100 charrettes à deux roues, 60 chars à quatre roues, 30 bateaux apportant la pierre et le charbon de terre nécessaires pour faire la chaux ; les travaux durèrent jusqu'en 1330.

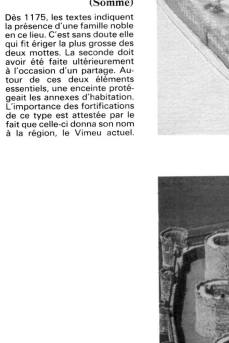

Les édifices religieux d'époque romane

L'archéologie des églises romanes a acquis ses lettres de noblesse entre les deux guerres mondiales. En France, les principales fouilles et études archéologiques de cette époque sont celles de Cluny et de Charlieu. Au lendemain de la Seconde Guerre mondiale, une vive impulsion a été donnée à l'archéologie religieuse : en Grande-Bretagne comme en Allemagne et en Suisse ont été appliqués très tôt les principes de la charte de Venise qui recommande une étude d'ensemble préalable à toute restauration de monuments. Sur les grands chantiers (cathédrales, abbayes) comme sur les petits édifices, les archéologues des différents pays ont pris l'habitude de travailler sur de vastes surfaces (*open area*), de mener de front la fouille et les études d'élévation et d'accorder autant d'importance aux structures, aux sols ou aux sépultures qu'aux séquences stratigraphiques*.

Les résultats de ces recherches n'enrichissent pas seulement la connaissance des édifices romans, mais également celle de toute la civilisation occidentale, car de nombreuses églises ont été fondées durant le Haut-Moyen Âge et perdurent souvent jusqu'à nos jours. Pour l'époque romane, les résultats les plus spectaculaires concernent soit les édifices complètement disparus, soit des édifices reconstruits au cours des âges : ainsi l'image du groupe épiscopal ou de la cathédrale unique s'est précisée, de même que celle des basiliques ou collégiales urbaines et rurales ; en outre, la fouille d'édifices apparemment sans intérêt a démontré de façon éclatante quel pouvait être l'apport d'une archéologie de terrain.

On a pu ainsi mettre en évidence que les différentes fonctions du groupe épiscopal ont eu tendance, dès l'époque carolingienne, à se regrouper dans un même édifice : c'est le cas de Genève, où l'église centrale, construite dans l'axe du baptistère, prend le pas sur les autres qui bientôt disparaissent. Au XIe siècle, cette église s'agrandit vers l'est d'un chevet imposant qui comporte une rotonde centrale, entourée de bas-côtés (ces constructions orientales ont été partiellement détruites pour la mise en chantier de l'édifice gothique). La rotonde du XIe siècle, qui passait pour le mausolée de Sigismond, a été replacée, grâce aux travaux encore en cours, dans le groupe des chevets de transition entre l'art carolingien et l'art roman dont Saint-Bénigne de Dijon reste le meilleur exemple.

À Florence, des fouilles menées sous la cathédrale depuis 1965 ont mis au jour les vestiges des églises paléochrétienne, carolingienne et romane au-dessus des structures romaines.

À l'époque romane, la cathédrale de Florence adopte un plan à transept doté de chapelles orientées. Le chevet prend de l'ampleur et une abside semi-circulaire se greffe sur un chœur dont les bas-côtés se terminent par de petites absidioles. Fait le plus remarquable, une vaste crypte s'étend sous le chevet. La crypte est de plain-pied avec la nef et des escaliers latéraux mènent au chœur surélevé. L'église romane, influencée par Cluny II, remonterait au milieu du XIe siècle.

À Lyon, en revanche, un évident souci de traditionalisme contribue au maintien d'un groupe épiscopal encore composé au XIIe siècle de trois églises : Saint-Étienne, Sainte-Croix – disparues à la Révolution – et Saint-Jean. Des fouilles sur le flanc nord de la cathédrale Saint-Jean ont fait apparaître l'église Saint-Étienne, qui succéda, à la fin du XIe siècle, au baptistère, ainsi que l'église Sainte-Croix, reconstruite à la même époque ; des recherches sous la cathédrale (reprise des fouilles de 1935) ont permis de mieux situer dans le temps les quatre absides qui se sont succédé au même emplacement, du IVe siècle au début du XIIe.

D'autres fouilles, en Grande-Bretagne, par exemple à Winchester, seraient plus spectaculaires encore, mais elles intéressent plus l'époque saxonne que la période romane. De même, les fouilles de Bâle en Suisse, de Brême et de Ratisbonne en Allemagne nous apportent surtout des éléments nouveaux sur l'époque carolingienne.

Parmi les grandes abbatiales ou collégiales qui succédèrent aux basiliques funéraires du Haut-Moyen Âge, l'église Saint-Bénigne de Dijon mérite une étude approfondie : d'importants sondages effectués à l'intérieur et à l'extérieur de l'église actuelle ont permis de situer avec précision le transept – sans doute continu – et surtout la crypte qui s'étendait non seulement sous le transept, mais également sous une grande partie de la nef du début du XIe siècle. Une contre-abside en rotonde fermait l'édifice à l'ouest.

Une rotonde orientale semblable à celle de Saint-Bénigne a été mise au jour sous le chevet de l'église Saint-Pierre de Louvain en Belgique, sur la façade occidentale de l'église d'Eichstatt en Allemagne et sur une église plus ancienne, l'abbatiale Saint-Augustin de Cantorbery, reconstruite en 1049.

De plans plus classiques, les collégiales Saint-Jean de Genève, Saint-Just de Lyon, Saint-Michel de Ratisbonne et l'abbaye de Psalmodi (Bouches-du-Rhône) possèdent une chronologie désormais classique d'édifices se succédant parfois du IVe au XVIIIe siècle.

À Saint-Pierre-l'Étrier, à Autun, à Cruas, les études d'élévation ont été menées de pair avec les fouilles ; à La Charité-sur-Loire, à Marmoutier et à Saint-Martin de Tours, des fouilles ou des sondages ont fait réapparaître des édifices parfois entièrement disparus.

À l'abbaye de la Novalaise, en Italie, les travaux récents effectués dans l'église et dans les chapelles voisines ont mis en évidence l'évolution des différents bâtiments et de leur fonction entre l'époque carolingienne et l'époque romane ; on a pu préciser en particulier le rôle des petites chapelles qui se dressent encore à proximité de l'église abbatiale : elles servaient de stations au cours des processions qui se déroulaient lors des fêtes majeures de la liturgie.

D'importants travaux ont porté, en France comme à l'étranger, sur les abbayes cisterciennes (à l'Escale-Dieu en France, par exemple, ou à Baltinglass en Irlande). L'intérêt s'est déplacé des plans d'églises maintenant bien connus aux bâtiments d'exploitation, comme à Vauclair où ont été récemment étudiés les systèmes d'adduction d'eau, les fours à tuiles, etc.

Les résultats les plus spectaculaires ont parfois été apportés par l'étude d'églises paroissiales apparemment sans grand intérêt ; le caractère exhaustif de la fouille et la qualité des interventions rendent ces études exemplaires, surtout quand le village tout entier a pu être fouillé, comme c'est le cas à Wharram Percy en Grande-Bretagne (voir illustration p. 120).

La fouille de ce village du Yorkshire, commencée en 1953, a porté sur les maisons paysannes en bois, le manoir, l'église et son cimetière. À l'église de bois du VIIIe-IXe siècle succède une église de pierre. Cet édifice, du IXe siècle, est agrandi au XIe vers l'est et vers l'ouest ; au XVe siècle, il est doté d'une tour de façade et doublé de bas-côtés au sud, puis au nord. L'influence du continent est surtout nette dans l'apparition de l'abside semi-circulaire, rare dans les édifices saxons (sauf pour les églises du type Kent). Cette abside est d'ailleurs remplacée au XIIIe siècle par un chevet rectangulaire. Les plans successifs de l'église de Wharram Percy sont bien connus mais l'on pourrait citer des centaines d'édifices fouillés avec la même minutie non seulement en Grande-Bretagne, mais aussi en Allemagne, par exemple à Münstereiffel, en Suisse alémanique (Zurzach), en Suisse romane (Hermance, Satigny) ou dans le Tessin. Le mouvement gagne maintenant l'Italie (en particulier le Val d'Aoste) et la France (Viuz-Faverges dans la région Rhône-Alpes).

L'archéologie thématique a souffert d'une certaine méconnaissance ces dernières années. Nombreux sont les archéologues qui estiment cependant que les édifices religieux sont trop importants du point de vue culturel pour que l'on accepte délibérément de voir disparaître cette partie essentielle de notre patrimoine. L'étude archéologique d'une église apporte des éléments nouveaux sur l'évolution de la liturgie – et donc de la foi –, sur les techniques de construction, sur les progrès économiques ou sur les difficultés d'une communauté, enfin sur les cultes funéraires. L'archéologie urbaine, comme l'archéologie rurale, s'enrichit de l'étude des édifices religieux que l'on croyait à tort bien connaître, sous prétexte qu'ils marquent encore le paysage de nos villes et de nos villages.

Jean-François REYNAUD

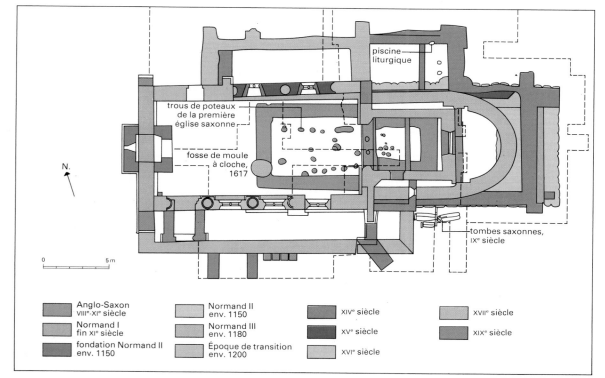

piscine liturgique

trous de poteaux de la première église saxonne

fosse de moule à cloche, 1617

N.

0   5m

tombes saxonnes, IXe siècle

	Anglo-Saxon VIIIe-XIe siècle		Normand II env. 1150		XIVe siècle		XVIIe siècle
	Normand I fin XIe siècle		Normand III env. 1180		XVe siècle		XIXe siècle
	fondation Normand II env. 1150		Époque de transition env. 1200		XVIe siècle		

L'église de Wharram Percy (Yorkshire)

Le plan de l'église montre que les édifices ruraux peuvent être autant chargés d'histoire que les édifices urbains. Ainsi se déroule sous nos yeux le film d'une histoire qui commence à l'époque saxonne et se poursuit jusqu'à nos jours : si nous arrêtons l'image au XIIe siècle, nous constatons une influence de l'architecture religieuse du continent (fouilles J. Hurst).

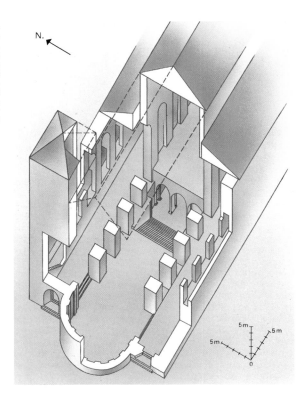

Saint-Bénigne de Dijon

Cette reconstitution a pour point de départ les textes anciens et les fouilles. On peut désormais représenter l'église avec son plan à trois nefs, sans doute voûtées dès l'origine, ainsi qu'une crypte qui s'avançait très loin dans la nef centrale. Une abside fermait vraisemblablement l'édifice à l'ouest (fouilles C. Malone).

La cathédrale de Genève

La fouille de la cathédrale de Genève est spectaculaire par son caractère exhaustif. Non seulement l'intérieur de l'édifice mais le parvis et les rues avoisinantes sont en cours de dégagement, à l'occasion d'une consolidation de l'édifice romano-gothique. Sous le chevet actuel apparaît la rotonde du XIe siècle (fouilles Charles Bonnet).

Saint-Étienne et Sainte-Croix, Lyon

Le jardin archéologique installé au nord de la cathédrale Saint-Jean présente une reconstitution des églises Saint-Étienne et Sainte-Croix : au nord, l'église Sainte-Croix reconstruite au XVe siècle sur les fondations de l'église romane ; au sud, une petite église à plan centré qui succède au baptistère paléochrétien – la cuve que l'on aperçoit à la croisée du transept appartient au baptistère. Les trois églises du groupe épiscopal s'appuyaient sur un mur d'enceinte des IIIe et IVe siècles, qui ne sera abandonné qu'à la fin du XIIe siècle (fouilles J.-F. Reynaud).

La cathédrale de Florence

Reconstruite au Xe siècle, la cathédrale de Florence a pu être dégagée dans le sous-sol de l'édifice actuel ; elle est visible dans une crypte archéologique : la construction romane, assez bien conservée, est privilégiée dans cette présentation. On distingue sur cette photo la chapelle orientée du bras sud du transept roman (à droite) et l'escalier d'accès au chœur surélevé (à gauche). Fouilles G. Morozzi, N. Bemporad.

La ville médiévale

De toutes les installations humaines, la ville est la plus complexe, car elle rassemble sur des surfaces réduites et pendant des durées très longues des populations souvent importantes. L'étude archéologique des villes pose d'abord des questions de méthode qui commencent dans la définition même de la ville. Ces problèmes de base sont encore compliqués par la difficulté qu'il y a à apprécier l'ensemble de l'histoire d'une ville : d'abord la surface à fouiller s'y oppose, mais aussi la rareté des terrains accessibles et les complexités d'interprétation des résultats dans une optique historique. Enfin, dernier problème et non des moindres, l'érosion du sous-sol par les travaux récents. Nulle part plus que dans les villes les travaux souterrains ne sont aussi fréquents, nombreux, destructifs, sans cesse croissants en nombre et en volume, nulle part aussi l'intervention des archéologues n'est aussi délicate.

L'histoire des villes européennes est une donnée essentielle de la problématique archéologique. Les archéologues ne souhaitent plus, en effet, étudier par la fouille un seul aspect de l'histoire d'une ville, une église, un monument, une enceinte fortifiée, mais bien l'ensemble de l'histoire urbaine. Or, en Europe, les villes ont généralement une histoire longue et complexe. Celles qui sont situées sur les terres d'ancienne romanisation (Italie, France, Espagne, une partie des Pays-Bas, de l'Allemagne et des îles Britanniques) peuvent avoir deux millénaires ou plus ; les autres, plus récentes, sont souvent des créations médiévales. D'Arras à Douai, Gand ou Bruges, de Lübeck à Hambourg en Allemagne, de Dublin à Bergen ou La Rochelle, les créations urbaines médiévales sont multiples et souvent décisives pour l'histoire de nombreuses régions ou de certains pays d'Europe.

Par-delà ces oppositions, l'ensemble de l'histoire urbaine européenne suit des cheminements qui, si l'on met de côté les grandes oppositions géographiques et historiques entre l'Europe méditerranéenne, l'Europe atlantique et l'Europe slave ou scandinave et leurs conséquences socio-économiques, posent aux archéologues des problèmes comparables. Cette histoire est jalonnée, pour le seul Moyen Âge, non seulement de créations souvent rapides de centres urbains de premier plan, mais aussi de régressions, de rétractions puis d'expansions, d'intenses périodes d'activités artisanales et commerciales puis de déchéances, parfois irréversibles. Les archéologues doivent donc décider face aux éléments archéologiques qu'ils rencontrent s'ils sont ou non en présence d'une ville.

Une ville peut se définir par un certain nombre de critères dont l'observation archéologique est plus ou moins aisée et évidente : concentration d'une population importante sur une faible surface ; statut juridique différenciant cet espace du monde rural environnant ; existence d'une infrastructure monumentale et d'installations collectives ; activités artisanales spécialisées et échanges à courtes, moyennes et longues distances ; présence d'une enceinte, etc. ; ces différents critères ne sont pas tous nécessaires simultanément pour que l'on puisse parler d'une ville. Or ils ne sont pas faciles à observer dans des secteurs ou pendant des périodes, avant les XIIᵉ-XIIIᵉ siècles notamment, où les matériaux et les techniques de la construction urbaine restent sommaires, où le bâti urbain, au moins pour les maisons d'habitation, n'est pas très différent de celui du monde rural.

Ces questions préliminaires sont d'autant plus importantes que, dans le domaine de la ville comme ailleurs, c'est désormais à partir d'une problématique de recherche et d'une volonté d'étude globale que veulent intervenir les archéologues. Il s'agit bien d'étudier une ville dans son ensemble, tout comme l'on étudie un atelier de potier ou un habitat rural, de connaître la période d'apparition du noyau urbain, d'en suivre les fluctuations, croissance et régression, de situer la mise en place d'une spécialisation et d'une organisation de l'espace bâti, la création d'un réseau de voies de circulation et de quartiers spécialisés, les activités de production et d'échanges, les lieux d'inhumation, les fortifications, etc.

À ces préoccupations, la ville oppose, outre la durée et la complexité de son histoire, des obstacles particuliers : l'épaisseur des sédiments et les difficultés d'interprétation des résultats archéologiques contraignent à ouvrir les chantiers sur des surfaces importantes. La spécialisation de l'espace urbain médiéval pousse à étudier tout un ensemble de secteurs représentatifs ; la généralisation des résultats oblige à intégrer les renseignements issus de la fouille d'une ville dans un ensemble de données concernant l'histoire urbaine d'une région. Dans tous les cas, la ville pose un problème redoutable : la représentativité des zones de fouille, par rapport à l'histoire de la ville étudiée, celle de la ville étudiée par rapport à l'ensemble de l'histoire urbaine, au moins au niveau régional.

Au-delà de ces difficultés méthodologiques d'échantillonnage que rencontrent de plus en plus tous les archéologues, la nature particulière du sol urbain contraint les chercheurs à des démarches complexes. Depuis la fin de la Seconde Guerre mondiale et dans l'ensemble de l'Europe, la reconstruction puis les réaménagements urbains ont eu pour conséquence une intense consommation d'espace : la rénovation urbaine, dans les décennies 1955-1975, a détruit des quantités importantes de sous-sol et très souvent dans le cœur même des villes, c'est-à-dire là où ces couches archéologiques, les archives du sol, étaient les plus significatives et les plus essentielles. Le développement de l'urbanisme souterrain (tunnels routiers, parkings, enceintes à fonctions multiples comme le Forum des Halles à Paris par exemple) est l'un des aspects les plus caractéristiques de l'urbanisme de ces trente dernières années mais aussi l'une de ses formes les plus destructrices de couches archéologiques.

Moins que tous les autres archéologues, les spécialistes de la fouille urbaine ne peuvent se contenter de rester de simples chercheurs dirigeant des fouilles. L'espace qu'ils convoitent est recherché par d'autres. Or les villes sont des éléments essentiels de l'histoire médiévale. Les archives du sol qu'elles renferment sont irremplaçables et en nombre fini.

Une archéologie urbaine dont la finalité est devenue ambitieuse (étudier une ville et non certains secteurs ou quelques monuments), dont les exigences méthodologiques sont fortes (fouiller de grandes surfaces avec des observations stratigraphiques rigoureuses, ce qui suppose du temps, d'importants moyens financiers et un personnel nombreux), implique une prise en compte croissante, dans les plans d'aménagement et d'occupation des sols, de l'importance et de la représentativité des sous-sols. Aussi bien dans les pays développés que dans les pays en voie de développement, une importante archéologie de sauvetage s'est constituée depuis vingt ou trente ans. Mais dans le domaine urbain les contraintes sont si nombreuses — prix des terrains, complexité des décisions d'urbanisme, interventions des promoteurs — qu'il est désormais possible et même indispensable de tenir compte des éléments archéologiques connus ou découverts au cours des travaux. Dans nombre de villes européennes, à côté des documents d'urbanisme (schémas directeurs, plan d'occupation des sols, etc.), il existe de plus en plus souvent des plans archéologiques qui permettent de faciliter le choix des décideurs.

Depuis 1975, l'archéologie urbaine a certainement apporté deux progrès décisifs à l'archéologie médiévale. Par le volume du matériel découvert, notamment de la céramique, par l'épaisseur des sédiments (parfois plus de 10 mètres), par la complexité des stratigraphies, elle a imposé des méthodes de fouille et d'enregistrement plus fines. En révélant la vulnérabilité des couches archéologiques face aux aménagements urbains, elle a sensibilisé l'ensemble des archéologues à ce problème.

Jean CHAPELOT

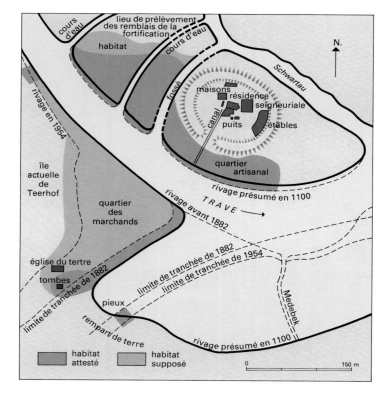

Une ville marchande : Lübeck

Lübeck, qui jouait un rôle essentiel dans le commerce médiéval du nord de l'Allemagne, est en cours d'étude depuis 1975 par les archéologues qui ont fouillé 3 500 mètres carrés au total sur les 135 hectares de la ville. Celle-ci s'est développée autour d'une enceinte fortifiée de grand diamètre protégeant la résidence seigneuriale. Au pied de cette enceinte se sont établis les artisans et des maisons d'habitation. Plus au sud, de l'autre côté de la rivière, les marchands ont construits leurs maisons qui étaient en bois ainsi que la plupart des maisons des villes du nord de l'Europe. Comme dans tous les ports de mer ou de rivière, la topographie a considérablement été modifiée depuis le XIIᵉ siècle : ici, l'anse qui, au sud, servait de port, a été comblée progressivement. Archives préhistoriques de Lübeck.

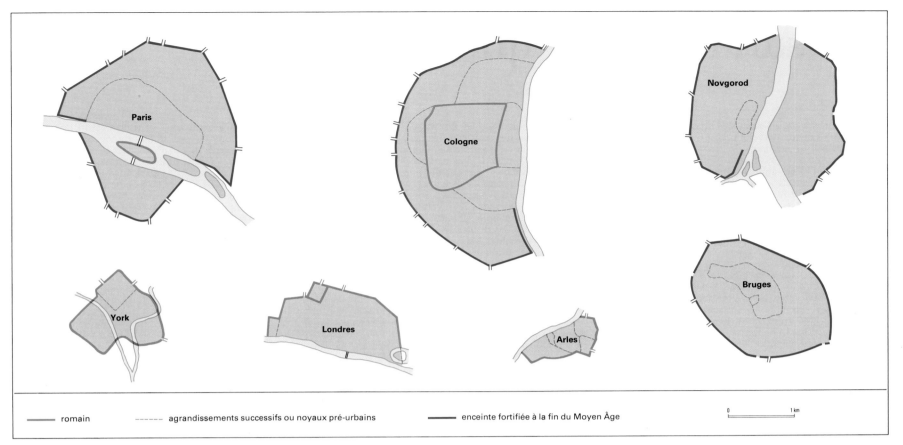

romain — — — — — agrandissements successifs ou noyaux pré-urbains ▬▬▬ enceinte fortifiée à la fin du Moyen Âge

0   1 km

Surfaces comparées de quelques villes historiques européennes

Londres, dans son enceinte édifiée vers 200 de notre ère, est, avec 133 hectares, la plus grande ville romaine des îles Britanniques, tandis que York, Paris et même Cologne sont alors plus petites. Mais au Moyen Âge, contrairement à Londres, ces villes grandissent considérablement et se protègent par de nouvelles fortifications. Si Arles ne sort pas de son enceinte antique, des créations médiévales, comme Bruges ou Novgorod, dépassent en surface la Londres antique.

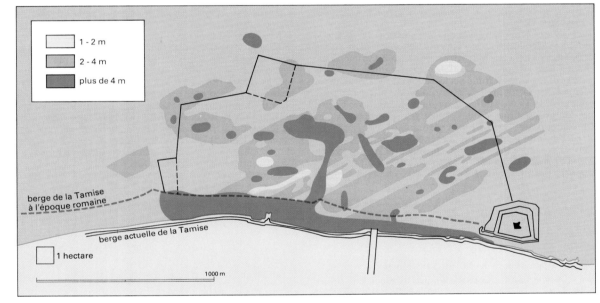

1 - 2 m
2 - 4 m
plus de 4 m

berge de la Tamise à l'époque romaine

berge actuelle de la Tamise

1 hectare

1000 m

Épaisseur des couches archéologiques dans la Cité de Londres

Dans les villes européennes, l'épaisseur des couches archéologiques peut varier et atteindre parfois jusqu'à 12 mètres. La topographie actuelle est souvent le résultat d'aménagements plurihséculaires, et d'importants déplacements de remblais aboutissent à l'adoucissement du relief originel. À Londres, par exemple, la pente générale de la rive nord de la Tamise a été estompée progressivement au cours des siècles. Entre les deux collines de Cornhill à l'est et de Ludgate à l'ouest, une ancienne vallée (Walbrook Valley) a été comblée peu à peu : à son emplacement se trouve la plus grande épaisseur de remblais archéologiques.

Fouille archéologique dans la cour Napoléon du musée du Louvre à Paris

Le projet d'agrandissement du Louvre a permis d'entreprendre, au début de 1984, une fouille de grande ampleur qui doit être menée dans des délais limités. Cette entreprise exceptionnelle, un des plus importants chantiers d'archéologie urbaine de l'Europe, porte sur un secteur peu connu de l'ouest de Paris, au contact de l'enceinte de la fin du XIIe et du début du XIIIe siècle.

Artisanat et vie quotidienne

C'est peut-être dans l'étude des artisanats et de la vie quotidienne que le développement de l'archéologie médiévale en Europe depuis dix ou vingt ans a entraîné le plus de changements. La multiplication des fouilles n'a pas seulement apporté une masse importante d'objets et d'observations, elle a déplacé les centres d'intérêt et surtout les problématiques. Nulle part plus que dans ce domaine il est clair que l'archéologie et l'histoire traditionnelle établie à partir des seuls textes sont, avant d'être complémentaires, sinon antagonistes, du moins fondamentalement différentes dans leurs approches.

Pour les historiens, les deux artisanats principaux, par les capitaux qu'ils mobilisent, l'importance de la main-d'œuvre qu'ils nécessitent, la valeur des productions et du commerce qu'ils entraînent, sont le textile et le bâtiment. Sur le textile se sont fondés la richesse et la puissance de nombre de villes flamandes et l'essor des régions voisines ; à partir du développement du bâtiment, notamment dans les villes, s'est créé le décor urbain, de la cathédrale aux édifices publics. Rien, sinon la guerre, ne mobilise au Moyen Âge des capitaux aussi importants que la construction urbaine, celle des cathédrales notamment.

Or l'archéologie nous apporte, où qu'elle s'exerce, peu de données sur ces deux activités. Les trouvailles de textile sont rares et peu éclairantes. Si la fouille des grands édifices est souvent importante pour préciser des dates de construction, des remaniements, certaines techniques, elle n'est que le complément, essentiel sans doute mais le complément seulement, de l'étude du bâti existant. Dans un cas comme dans l'autre, les possibilités de la fouille restent secondaires, surtout pour le textile, par rapport aux problématiques classiques établies sur l'étude des sources écrites ou des édifices subsistants.

C'est pour des productions artisanales de moindre valeur marchande, moins essentielles aussi pour la vie et le décor de la vie du Moyen Âge, que l'archéologie donne ses apports essentiels. Dans deux secteurs primordiaux pour l'étude socio-économique des sociétés médiévales, la fouille est irremplaçable : elle permet de connaître la vie quotidienne ou de définir les conditions de la production et des échanges et d'établir les fondements de l'histoire des techniques.

Le développement de l'archéologie médiévale a permis et permettra de plus en plus aux historiens du Moyen Âge d'aborder des problèmes qui pouvaient paraître insolubles il y a peu de temps, et pas seulement pour les premiers siècles du Moyen Âge pour lesquels les sources écrites sont rares et peu explicites. Dans le domaine de la vie quotidienne, l'apport de l'archéologie est décisif. Au-delà de quelques éléments spectaculaires ou exceptionnels, comme des données sur les jeux en milieu rural ou urbain ou des morceaux d'instruments de musique, l'importance des trouvailles archéologiques réside avant tout dans leur volume quantitatif et leur présence systématique. Toutes les fouilles médiévales livrent en effet des déchets alimentaires, avant tout des ossements animaux. Malheureusement souvent mal ou peu exploitées, faute de spécialistes en nombre suffisant, les données ostéologiques sont essentielles pour connaître la place de la viande dans l'alimentation, l'importance de la chasse, de l'élevage et de la pêche. L'étude attentive des sédiments archéologiques nous apporte de la même manière des informations irremplaçables pour connaître le développement de l'agrosystème pendant toutes les périodes du Moyen Âge, les plantes cultivées, en particulier les types de céréales utilisés.

Plus prosaïquement, l'étude des restes céramiques, du cuir, du bois, notamment dans les fouilles de sites humides ou subaquatiques, a complètement changé notre connaissance du décor de la table et des pratiques de cuisine, de l'habillement, etc. L'importance de la vaisselle de bois et de terre, la rareté de la vaisselle de métal en milieu rural, éléments mal connus et mal appréciés à partir des sources écrites, ressortent clairement des fouilles de nombreux sites ruraux ou urbains comme Saint-Denis (Seine-Saint-Denis) ou Rougiers (Var). L'étude des formes céramiques permet d'établir, avec certitude, certaines pratiques de table ou de cuisine ou l'absence de celles-ci, par exemple quand on note la rareté des formes ouvertes de terre cuite – comme les plats ou les écuelles – pendant tout le Moyen Âge.

Mais avec l'étude de la céramique nous entrons dans le second type d'apport que le matériel archéologique, correctement étudié, peut nous donner non plus sur le décor de la vie quotidienne et ses habitudes, mais bien sur l'organisation socio-économique et l'histoire des techniques. Si d'une manière générale les trouvailles d'outils, notamment en métal, sont exceptionnelles, car le métal reste coûteux et rare pendant cette période et qu'il est donc réutilisé systématiquement, il nous est cependant possible d'aborder l'histoire des techniques et par elles d'entrevoir les éléments fondamentaux de l'organisation socio-économique.

Nous voyons tout particulièrement apparaître ainsi l'intérêt d'artisanats qui, au contraire du textile et du bâtiment, sont de peu d'importance pour l'économie médiévale, mais sont d'une valeur essentielle pour l'archéologue. Il est difficile d'envisager la découverte d'un métier à tisser dans une fouille médiévale. Essentiellement en bois, il a peu de chance de parvenir bien conservé jusqu'à nous, et, même dans ce cas, une, ou même plusieurs découvertes ne seraient pas très concluantes dans l'optique d'une reconstitution de l'histoire des techniques. En revanche, un artisanat comme la céramique permet l'examen, pratiqué dans des centaines de cas actuellement en Europe, de l'instrument principal, le four de potier ; l'étude des tessons, présents dans toutes les fouilles de cette époque et pratiquement indestructibles dans le sol, permet d'aller très loin, par l'examen direct ou les analyses de laboratoire, dans l'étude des techniques. Il devient alors possible de déterminer, entre la production domestique dans le cadre familial et la fabrication systématique, standardisée, dans des ateliers spécialisés urbains et surtout ruraux, à quel type de production céramique on a affaire, à une époque donnée, dans un secteur géographique précis. Ainsi apparaissent de forts contrastes entre certaines régions de l'Europe, où le tour et le four de potier et la production dans des ateliers spécialisés sont, après l'époque romaine, totalement ou presque complètement absents jusqu'au XIᵉ siècle, comme dans plusieurs régions du sud-est des îles Britanniques, et d'autres où au contraire les ateliers spécialisés utilisant des technologies évoluées réapparaissent dès l'époque mérovingienne, comme l'Eifel ou les environs de Cologne, en Allemagne.

Le développement de l'archéologie médiévale n'a pas seulement permis d'enrichir les collections des musées et l'iconographie de l'artisanat et de la vie quotidienne. En mettant au jour une masse considérable d'objets et d'observations souvent inattendues, il a permis d'établir des problématiques nouvelles, de définir des orientations originales de recherche et il a complètement modifié notre approche de pans entiers de l'histoire médiévale. C'est très vraisemblablement là, par le perfectionnement des techniques d'étude du matériel archéologique, par le recours plus systématique et plus rigoureux au laboratoire pour dater, analyser, identifier, par la croissance enfin du volume de découvertes et d'observations, que se feront les travaux les plus originaux et les plus enrichissants des années à venir.

Jean CHAPELOT

Potier à son tour à la fin du XIVᵉ siècle

Les fouilles livrent des tessons mais peu d'informations sur les artisans potiers sur lesquels les documents d'archives sont souvent muets. Un certain nombre de miniatures représentent cependant ces artisans au travail. Le tour qu'ils emploient restera en usage jusqu'au début du XXᵉ siècle : c'est une sorte de roue de charrette disposée horizontalement, mue par un bâton que l'artisan pose sur l'un des rayons. Détail d'une miniature extraite de *Translation et exposition de la Cité de Dieu* de saint Augustin, ms. fr. 22912, f⁰ 227 v⁰, Bibliothèque nationale, Paris.

La céramique médiévale

Pour la table ou la cuisine, on utilise abondamment au Moyen Âge le bois et la terre cuite, plus rarement le métal. Alors que la vaisselle de table (comme les écuelles ou les assiettes) est rare ou inexistante, l'essentiel de la production de terre cuite est formé de cruches ou de vases à cuire. Des variétés très grandes de forme, de pâte, de qualité et de décor permettent de caractériser les productions d'ateliers définis et de dater les couches archéologiques dans lesquelles les tessons sont découverts. La céramique apporte aussi des informations sur les circuits de distribution et sur des activités commerciales importantes : les trois vases découverts à Saint-Denis (Seine-Saint-Denis) sont des productions locales, celui de gauche, fabriqué en Saintonge au XIIIᵉ ou XIVᵉ siècle, appartient à une production qu'on retrouve en grande quantité dans l'Europe du Nord-Ouest et du Nord, où elle a suivi les routes du vin et du sel qui partaient de la Saintonge et de l'Aunis. Musée des Arts et Traditions populaires, Paris.

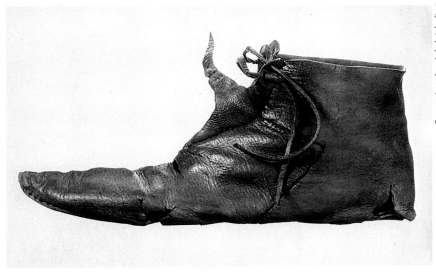

Fragment de tissu

Ce fragment de tissu de laine trouvé à Amsterdam est datable de la première moitié du XIVe siècle. Dans les sols humides des villes, on trouve des objets en matière organique bien conservés. Dans le cas du textile, ce sont généralement des fragments, plus rarement des parties de vêtement identifiables. Une fouille urbaine peut fournir plusieurs centaines de fragments de tissus permettant d'identifier des matières premières, des types de tissage et parfois des substances tinctoriales. Amsterdams Historisch Museum.

Chaussure de cuir

Cette chaussure de la première moitié du XIVe siècle a été découverte à Amsterdam. Au Moyen Âge, ces objets vestimentaires étaient des chaussons de cuir souple cousus et fermés par un laçage, la semelle était formée d'une seule épaisseur de cuir. Ces chaussures sont parfois trouvées en grand nombre dans les fouilles urbaines. Leur remise en forme et leur conservation nécessitent un traitement minutieux en laboratoire. Amsterdams Historisch Museum.

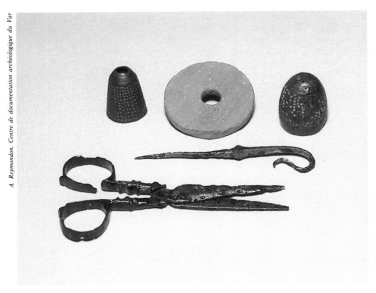

L'industrie du bâtiment
d'après un manuscrit du XVe siècle

La construction des cathédrales ou des châteaux est au Moyen Âge la plus grande activité de production. Cette miniature, racontant la vie de Girart de Roussillon et de sa femme Berthe fondant douze abbayes, en témoigne ; elle montre les cycles du travail : la fabrication de la chaux et la taille des pierres (au premier plan), le transport des matériaux et leur mise en œuvre (au centre), la montée de la bâtisse grâce à des échafaudages (à l'arrière-plan). Ms. 2549, f° 164, Österreichische Nationalbibliothek, Vienne.

Quelques objets de la vie quotidienne
dans le village de Rougiers (Var)

Une paire de ciseaux et une alène pour travailler le cuir et faire des chaussures analogues à celle qui est représentée en haut de la page sont quelques-uns des nombreux objets de métal trouvés dans ce village du midi de la France occupé de la fin du XIIe siècle au début du XVe siècle. Les fusaïoles, ici en terre cuite, servaient à lester les fuseaux utilisés pour filer, tandis que deux dés à coudre illustrent un autre aspect du travail domestique féminin. Centre de documentation archéologique du Var.

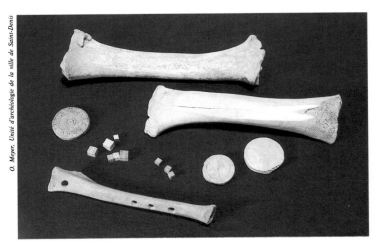

Objets en os trouvés à Saint-Denis (Seine-Saint-Denis)

L'os est une matière très employée au Moyen Âge, souvent sous forme de réutilisation de déchets de cuisine. Ces objets sont alors le fait d'artisans spécialisés ou du travail domestique, comme cela restera courant dans le monde rural jusqu'au début du XXe siècle. Les objets rassemblés ici, une flûte taillée dans un os long (au premier plan), des jetons, des pions d'échec et de petits dés à jouer (au centre) sont caractéristiques des utilisations de l'os. Les deux os longs sont des patins à glace, taillés spécialement pour cet usage et fixés au pied par des lanières ; il s'agit là d'une trouvaille tout à fait exceptionnelle. Unité d'archéologie de la ville de Saint-Denis.

Du bateau viking au trois-mâts

Jusqu'aux années cinquante, tout ce que l'on savait sur les navires du Moyen Âge venait essentiellement de l'iconographie. Si les représentations d'embarcations sont nombreuses dans les manuscrits médiévaux, l'information qu'elles apportent permet difficilement de dépasser une classification très élémentaire établie d'après le système de propulsion (avirons, c'est-à-dire galère, ou voiles) ou le nombre de mâts. Certes, des évolutions apparaissent (voile rectangulaire et unique au début du Moyen Âge, voiles multiples des trois-mâts au XVe siècle) ou des différences régionales (voiles latines*, triangulaires, et voiles carrées ou rectangulaires). Mais cette documentation ne permettait pas de connaître réellement les navires médiévaux : de tous les systèmes techniques conçus par l'homme, le navire est en effet l'un des plus complexes dans sa morphologie et dans son comportement. C'est l'archéologie qui a rendu possible l'étude approfondie du navire médiéval.

À la fin du XIXe siècle, la découverte de bateaux scandinaves sous les tumulus de Gokstad et d'Oseberg (Norvège) révélait pour la première fois des navires médiévaux complets. Reconstitué, le navire de Gokstad qui traversa l'Atlantique en 1892 scellait en outre les relations entre archéologie, expérimentation et ethnologie.

Mais l'archéologie navale allait surtout se consacrer au lendemain de la Seconde Guerre mondiale à la recherche et à l'étude des épaves. Outre les épaves étudiées sous l'eau, les trouvailles en rivière, les bateaux trouvés en Norvège ou à Sutton Hoo en Grande-Bretagne, il faut souligner l'importance de l'exploration d'épaves en milieu humide : quais de ports, alluvions au bord de mer ou ou de berge de rivière. Grâce à ces recherches, nous pouvons, au moins pour le pourtour de la mer du Nord au sens large, décrire l'évolution du navire pendant le millénaire que représente le Moyen Âge. L'archéologie a permis de constater la profonde coupure qui apparaît dès le Haut-Moyen Âge en Méditerranée par rapport à la tradition antique. Pour construire la coque d'un bateau, ou bien on établit d'abord l'ossature, c'est-à-dire la quille et les membrures*, la pose du bordé* n'intervenant qu'ensuite ; ou bien on assemble d'abord les éléments qui constituent le bordé puis on met en place, à l'intérieur de cette enveloppe, la quille et les membrures. Dans le premier cas, nous avons une construction navale à « charpente première », dans le second une construction navale à « bordé premier ».

Toute la construction navale antique appartient à ce dernier type. Or, des découvertes faites depuis quelques années en Méditerranée (en particulier l'épave de Saint-Gervais II dans le golfe de Fos) montrent que, dès le premier quart du VIIe siècle, on utilise dans cette région la construction navale à charpente première. D'autres découvertes, toujours en Méditerranée, attestent le passage d'un système à l'autre : ainsi l'épave de Serçe Liman (Turquie) datée du XIe siècle. D'autres épaves possèdent une structure mixte comme l'épave byzantine de Yassi Ada (Turquie) datant du VIIe siècle : la carène est construite selon la technique du bordé premier et la coque presque entièrement construite selon la technique sur charpente première (voir illustration p. 139). Si ce passage d'un système à un autre, parfaitement attesté dans le domaine méditerranéen, est complètement achevé au milieu du Moyen Âge, aucune des hypothèses avancées pour l'expliquer n'est concluante, qu'il s'agisse du changement des modes de production, de la réduction des échanges maritimes ou de la transformation des structures d'armement. Nous constatons la même évolution, mais plus tardive, à la fin du XVe siècle en Europe du Nord-Ouest, région qui possède en outre une particularité : alors qu'en Méditerranée le bordé est fait de pièces de bois jointives, les virures*, assemblées les unes contre les autres, à franc-bord*, l'Europe du Nord utilise un autre système, celui du clin dont un foyer d'origine se trouve certainement en Scandinavie. Le clin est un mode d'assemblage dans lequel les bordages (planches du revêtement de la coque) sont assemblés par recouvrement partiel comme les ardoises d'un toit. Ce principe de construction attesté dès les premiers siècles de notre ère est du type bordé premier. Tous les éléments du bordé sont eux par recouvrement d'une virure sur l'autre et constituent une sorte de tissu ligneux homogène. La charpente intérieure, introduite une fois le bordé achevé, n'intervient qu'en renfort de la structure de la coque. Cette fonction dominante du bordé influe sur la conception des formes. C'est en effet à partir de la disposition des virures du bordé que le volume de la carène est déterminé.

La stabilité du principe de construction à clin ne signifie pas pour autant qu'il n'a subi aucune évolution technique. Ainsi, les modes d'assemblage entre le bordé et la charpente intérieure ont évolué entre les premiers siècles de notre ère et le XIe ou le XIIe siècle : assemblage souple par ligatures végétales sur le bateau de Nydam (Allemagne fédérale) datant du IVe siècle, mixte par ligatures et chevilles sur le bateau-sépulture de Gokstad (Norvège) datant du milieu du IXe siècle, rigide par chevillage sur les navires de Skudelev (Danemark, fin du Xe-début du XIe s.). Enfin, cette tradition technique s'est diffusée, avec l'expansion scandinave du Haut-Moyen Âge, bien au-delà de son foyer d'origine. Dans l'état actuel de la recherche, nous pouvons assez bien caractériser le navire de la mer du Nord et celui de la Méditerranée. Quand au secteur intermédiaire représenté par l'Europe de la Manche et de l'Atlantique, force nous est de reconnaître que nous sommes moins bien renseignés sur ses caractères spécifiques faute de découvertes. Quelques épaves trouvées en Grande-Bretagne, aux Pays-Bas et en Belgique permettent cependant de définir ce qui semble bien être une troisième tradition. Un exemple très caractéristique est l'épave de Blackfriars I, trouvée dans la Tamise, à Londres, en 1962. Ce bateau, de tradition « celtique », date de la fin du IIe ou du début du IIIe siècle. Le fond plat qui le détermine ne s'inscrit ni dans le système bordé premier ni dans le système charpente première. Il fait appel à l'assemblage particulier entre les virures à franc-bord des fonds de la carène* et les varangues* : les virures en effet définissent la forme et les varangues la cohésion de la structure. L'exemple médiéval le plus significatif de cette tradition est représenté par l'épave de la cogue de Brême (Allemagne fédérale) datée des années 1380. Il est vraisemblable qu'au-delà de ces trois grands groupes une multitude de traditions spécifiques a dû exister, par exemple dans l'Atlantique ou dans le secteur de la navigation fluviale ou lacustre. Mais ce sont des domaines où la recherche n'a guère avancé. En revanche, dans celui de la navigation hauturière, à la fin du Moyen Âge, un processus d'unification des traditions de construction navale se met en place.

À la fin du XVe siècle, l'Europe du Nord et du Nord-Ouest est le théâtre d'une profonde mutation technologique. Le cas de l'Angleterre est à cet égard très révélateur. Dans les années 1490-1495, le principe de construction à clin se voit remplacer progressivement par le principe de construction à carvel (à franc-bord), charpente première. Ce sont avant tout les unités de fort tonnage armées à la guerre qui adoptent ce mode de construction. Plusieurs sources écrites du début du XVIe siècle font même état de navires construits à l'origine à clin et refondus à carvel. La Mary Rose, dont l'épave a été récemment relevée des eaux du Solent, près de Portsmouth, en est l'exemple le plus connu. En Bretagne, l'apparition de ce principe de construction charpente première est attestée en revanche dès les années 1450-1460 sans que l'on puisse expliquer avec précision les conditions de cette antériorité.

Ce passage d'un système de construction à un autre soulève encore de nombreuses questions. On se demande, par exemple, si les chantiers bretons ont joué un rôle dans la diffusion de cette technique comme certains documents de l'époque semblent l'indiquer. On s'interroge aussi sur l'influence des constructeurs méditerranéens appelés à travailler en Europe occidentale. En tout cas, il est très probable que la systématisation de l'emploi de l'artillerie en batterie associée à des sabords* a été un facteur déterminant d'abandon du clin pour la construction des navires de guerre.

La fin du Moyen Âge voit donc se développer des rives de la Méditerranée à celles de la Baltique la construction à franc-bord charpente première limitée jusqu'alors au monde méditerranéen.

L'influence croissante de l'Europe du Nord-Ouest dans la définition du navire de haute mer peut être illustrée encore par l'évolution de l'instrument de direction, c'est-à-dire le gouvernail, et du système de propulsion, c'est-à-dire la voilure.

Une modification profonde du système de direction apparaît à la fin du XIIe siècle en Europe du Nord et du Nord-Ouest avec le passage du gouvernail latéral au gouvernail fixé sur l'étambot, dans l'axe de la coque. Ce n'est que progressivement que ce gouvernail axial sera adopté par les navires méditerranéens.

La voilure subit également des transformations décisives. À un moment qu'il est difficile de dater avec précision (au cours du XIVe s.), le gréement carré, caractéristique des mers septentrionales, pénètre en Méditerranée et se substitue lentement, sur les unités importantes, à la voile latine.

Cette interpénétration de deux ensembles techniques clos – voile carrée au nord, voile latine au sud – est lourde de conséquences. Avec l'augmentation des tonnages au cours du XIVe siècle en particulier, le gréement carré constitué à l'origine d'une voile unique va se fractionner d'abord par la mise en place d'un mât avant puis d'un mât arrière, enfin par la superposition des voiles.

À la fin du Moyen Âge apparaît donc un modèle de voilier hauturier qui possède les principales caractéristiques des trois-mâts des Temps modernes. Certes, de nombreux détails d'équipement différencient les bâtiments entre eux. Il ne faut pas oublier non plus qu'à côté des unités de tonnage important, construites désormais selon la même technique charpente première, de multiples navires et des embarcations moins importantes continuent à être fabriquées selon leurs propres traditions régionales.

Éric RIETH

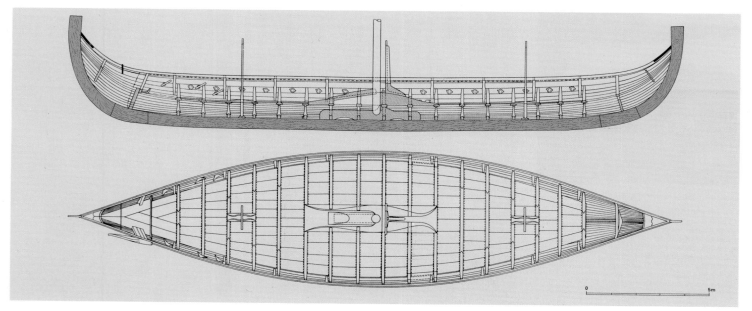

Le navire de Gokstad (Norvège)

Le navire funéraire de Gokstad (milieu du IXe s.) a été découvert en 1880 près d'Oslo. Déposé dans une fosse creusée dans de l'argile bleue – milieu particulièrement favorable à la conservation des bois –, ce navire représente un modèle, parmi d'autres, de la construction navale à clin d'époque viking. La coupe longitudinale et le plan dressé au niveau du pont mettent bien en évidence la forme symétrique de la coque, la légèreté de la charpente intérieure venant en renfort d'un bordé qui constitue l'élément de base de la structure (dessins d'après T. Sjøvold).

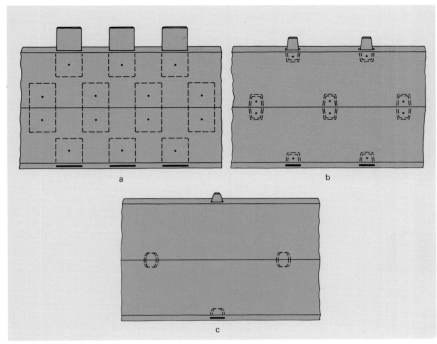

Deutsches Schiffahrtsmuseum

Évolution de l'assemblage des bordés en Méditerranée

Ces trois schémas illustrent l'évolution de l'assemblage des bordés des navires de tradition méditerranéenne, de l'Antiquité au Haut-Moyen Âge. L'assemblage caractéristique de l'Antiquité (a) se traduit par un système très dense de clés enfoncées dans des mortaises creusées dans la tranche des bordages et bloquées par des chevilles. L'intervalle entre chaque point d'assemblage est rarement supérieur à quelques centimètres. Cette multiplication des liaisons souligne le rôle déterminant tenu par le bordé. Progressivement, le rôle du bordé va se réduire. Ainsi, sur l'épave du IVe siècle après J.-C. de Yassi Ada en Turquie (b), l'intervalle entre chaque point d'assemblage est compris entre 7 et 9 centimètres, mais atteint souvent 24 centimètres. Enfin, sur l'épave byzantine de Yassi Ada (c), cet intervalle a fréquemment près de 90 centimètres. En outre, la taille des clés et des mortaises se réduit grandement, et le chevillage disparaît. Cette évolution sensible du mode d'assemblage révèle un changement profond du système de construction faisant intervenir la charpente intérieure comme facteur structural dominant (dessins d'après F. H. Van Doorninck).

Nef de Mataró (milieu du XVe s.)

Cette maquette votive en bois était à l'origine suspendue à la voûte de l'église de Mataró, près de Barcelone. Aujourd'hui exposée au Musée maritime de Rotterdam, elle constitue un exceptionnel document sur la construction navale médiévale. La précision remarquable d'exécution de ce modèle, construit sur une véritable charpente, permet d'observer de nombreux détails techniques comme les fortes préceintes ceinturant le bordé à franc-bord, les extrémités des baux ou la légère couverture à clin reliant le gaillard d'avant à la partie centrale de la coque. Maritiem Museum « Prins Hendrik », Rotterdam.

La cogue de Brême (1380)

L'épave d'une cogue, bâtiment privilégié des armements hanséatiques, a été découverte en 1962 à Brême (R.F.A.) dans la Weser. La totalité de ce navire marchand a été démontée sous l'eau, puis traitée dans des bains de P.E.G. (polyéthylène glycol). Aujourd'hui, l'épave entièrement remontée est exposée au musée de la Marine, à Bremerhaven (ci-dessus). La section transversale au maître couple (ci-contre) souligne quelques caractéristiques de la structure de ce type de bâtiment : fond plat bordé à franc-bord, flancs recouverts de bordages à clin, bau (poutre transversale) de forte section à extrémités saillantes, surbau formant cloison transversale. Deutsches Schiffahrtsmuseum, Bremerhaven. Dessin d'après D. Ellmers.

Maritiem Museum « Prins Hendrik »

Caraque

Cette miniature allemande de la fin du XVe siècle figure une caraque en cours d'appareillage. Ce type de navire, de tradition méditerranéenne, est construit à franc-bord. Les châteaux avant et arrière sont désormais intégrés à la coque. L'augmentation du tonnage s'est traduite par un développement du gréement. La caraque porte ici quatre mâts : de l'avant vers l'arrière, misaine, grand mât, artimon et contre-artimon, ces deux derniers étant gréés de voiles latines. *Histoire des guerres judaïques*, ms. 2538, fo 109, Österreichische Nationalbibliothek, Vienne.

Le sceau de Faversham (Kent). Moulage

Ce sceau (1300) représente un navire de tradition scandinave (coque symétrique bordée à clin, gouvernail latéral à tribord arrière) armé en guerre. À cette fin, des superstructures ont été établies au-dessus des deux extrémités de la coque pour permettre de dominer l'adversaire. Il en est de même pour la hune dressée en haut du mât. Celui-ci porte une voile carrée. Sur le sceau, la vergue est hissée à mi-mât et des marins roulent la voile. On remarquera le modeste bout-dehors, petit mât incliné, fixé sur l'étrave et qui se transformera par la suite en beaupré. National Maritime Museum, Greenwich, Londres.

National Maritime Museum

Österreichische Nationalbibliothek

Le monde byzantin

Décrire le développement de l'archéologie byzantine suppose au préalable la définition des deux termes. Le second, simple en apparence, recouvre en fait deux mondes que séparent chronologiquement les « siècles obscurs » correspondant aux invasions slaves et arabes ainsi qu'à l'iconoclasme*. En amont, l'épithète « byzantine » s'applique à la basse Antiquité en Méditerranée et plutôt dans sa partie orientale, encore qu'il soit souvent délicat et toujours appauvrissant de séparer deux parties d'un même monde et d'une même culture. En aval, le même adjectif définit le Moyen Âge du monde orthodoxe par opposition à l'Occident et à l'Islam. Quant à l'archéologie, il y en a autant de définitions que de « courants » à l'intérieur de la discipline. Peu sont innocentes et objectives. Sa nature, ses méthodes, sa fonction varient d'ailleurs suivant les périodes ou les régions étudiées. Évitons donc d'en donner une définition trop étroite. Caractérisons-la comme l'étude du développement d'un site ou d'une région à l'aide des structures subsistantes et des objets qui s'y rapportent. Peut être également archéologique une enquête portant sur une collection d'objets ou de documents mis en relation pour connaître la culture matérielle d'une civilisation. Bien souvent, la frontière est difficile à tracer, particulièrement lors de l'interprétation des données, entre archéologie et histoire de l'art, par exemple. Il faut aussi faire intervenir d'autres disciplines comme la céramologie, la numismatique, l'épigraphie, etc. Dans ce dialogue entre disciplines, la recherche archéologique prend vie et forme. Aux commencements de l'archéologie byzantine n'est pas la fouille, mais une certaine méthode d'investigation des structures ou des objets.

Précurseur de l'« archéologie urbaine » par son angoisse devant les destructions quotidiennes dont Constantinople était l'objet, par ses exigences scientifiques dans la description des restes monumentaux, par sa compréhension de la nature du site urbain, le naturaliste Pierre Gylles*, originaire d'Albi, explora la ville de 1544 à 1547 et fit la première publication sur la topographie de Constantinople, ouvrage qui restera durant plus de trois siècles la base des études sur ce site.

Il faudra attendre ensuite le milieu ou la seconde moitié du XIXe siècle pour rencontrer autre chose que la curiosité érudite ou dévote de voyageurs et de pèlerins. Apparaissent alors pour Constantinople les travaux de W. Salzenberg, W. George, A. Van Milligen, J. Ebersolt ; pour l'Asie Mineure, ceux de C. Texier, J. Strzygowski, G. Bell et H. Rott. En Syrie, M. de Vogüé tente la première exploration systématique du Massif calcaire (Syrie du Nord) et du Hauran. Les monuments sont remarquablement dessinés et analysés avec le souci d'en dégager un art de bâtir inhérent à la région. Mais le choix des documents relève plus du florilège que d'un compte rendu systématique sur le cadre de vie. Ce dernier nous est beaucoup mieux restitué par les ouvrages de H. C. Butler qui mena dans les mêmes régions deux longues missions. En Palestine, les relevés nombreux faits par R. E. Brunnow et A. V. Domaszewski concernaient en partie les monuments protobyzantins. La présence des lieux saints suscitait chez d'autres savants un intérêt un peu trop exclusif pour les monuments religieux. En Égypte, les recueils de V. de Bock ou de Somers Clarke offraient un matériel abondant, cependant que les recherches de J. Clédat à Baouit et de J. E. Quibbell à Saqqarah mettaient l'accent sur le décor peint et sculpté d'ensembles monastiques importants.

La fouille des sites classiques se répand vers cette même époque. Dans leur quête fiévreuse pour les bâtiments anciens, les archéologues négligent ou détruisent sans les relever les restes byzantins, ne serait-ce que pour récupérer les remplois antiques (inscriptions, statuaire).

L'intervalle entre la Première Guerre mondiale et les années cinquante est marqué par le recours de plus en plus fréquent à la fouille et par un intérêt nouveau pour le matériel associé aux niveaux d'occupation des bâtiments fouillés. Pour Constantinople, à côté de publications comme celle des remparts où les phases sont soigneusement décrites, mais sans qu'on ait fouillé (sauf à la Porte Dorée), dans les autres ouvrages, la part de la fouille s'accroît, qu'il s'agisse de monuments (Sainte-Sophie, Sainte-Euphémie) ou de secteurs (abords des Manganes, Hippodrome, Grand Palais, Forum de Théodose). La céramique est souvent recueillie et parfois publiée. En Asie Mineure, les fouilles intensives entreprises à Éphèse permettent la découverte et l'étude de plusieurs bâtiments byzantins dont l'église de la Vierge, Saint-Jean et le cimetière des Sept-Dormants qui livre une abondante série de lampes. Les prospections* se font plus précises. La Cilicie révèle une multitude de sites côtiers, au premier rang desquels Meriamlik et Korykos. Dans la région limitrophe, les fouilles américaines

Tribunes de l'église Sainte-Sophie à Constantinople
Cette aquarelle, exécutée par les frères Fossati, architectes suisses, à qui le sultan Abdul Mecid avait confié, de 1847 à 1849, la restauration du célèbre édifice, offre, à côté d'une bonne exactitude dans le relevé, des marques indéniables du goût pour l'« orientalisme » en vigueur à cette époque.

**Loge impériale du palais du Boucoléon
à Constantinople**

Ce relevé d'un graphisme désuet et sommaire est tout ce qui reste du balcon principal, surplombant la mer, d'un des palais impériaux de Constantinople, celui du Boucoléon. Il fait partie du recueil constitué vers 1870-1880 par C. G. Curtis, « desservant de l'Église commémorative anglaise » et publié sous le titre de *Restes de la reine des villes*. L'implantation du Trans-Orient-Express vers les années 1870 troua le Boucoléon exactement à l'emplacement de la loge qui appartenait peut-être à la première phase du palais attribuée à Théodose II (408-450).

d'Antioche, si elles échouent à mettre au jour la ville elle-même, font découvrir, dans le quartier résidentiel de Daphné, des villas à péristyle, décorées de remarquables mosaïques de pavement. Ainsi se révélait un habitat urbain correspondant à celui que les classes aisées ont occupé sur tout le pourtour méditerranéen. La mosaïque y apparaissait comme l'une des productions artisanales les plus répandues, fournissant un champ d'investigation quasi neuf aux confins de l'archéologie et de l'histoire de l'art. O. Waagé tentait la première classification de la céramique fine des IVᵉ-VIᵉ siècles. La fouille de Doura Europos sur l'Euphrate livrait pour la première fois le cadre religieux des communautés chrétiennes avant l'édit de Milan (313). Alors que J. Lassus et H. C. Butler donnaient deux synthèses sur l'architecture religieuse en Syrie, A. Poidebard*, par la photographie aérienne, parvenait à reconstituer l'évolution du limes syrien entre les règnes de Dioclétien et de Justinien. G. Tchalenko*, sans fouille, proposait une étude proprement archéologique des villages du Massif calcaire : à partir des conditions géologiques et géographiques et des données architecturales, épigraphiques et historiques, il expliquait de manière magistrale la genèse, les fonctions et l'abandon de ces sites. En Palestine, la fouille de Djerash permettait de saisir, comme à Éphèse, le passage d'une cité païenne à une ville chrétienne.

En Grèce et dans les Balkans émergeaient un nombre considérable de basiliques protobyzantines étudiées par G. A. Sotiriou, A. K. Orlandos et P. Lemerle, mais aussi des sites urbains comme Philippes, Thèbes de Thessalie, Stobi. L'archéologie rendait à l'histoire des régions délaissées par les sources constantinopolitaines qui nous ont été conservées. À Athènes et Corinthe, les fouilles américaines menées avec une attention rigoureuse à la stratigraphie* permettaient d'isoler des niveaux homogènes riches en matériel céramique. À Corinthe même, l'évolution de l'Agora pouvait être retracée jusqu'à l'époque ottomane. Des activités artisanales (verrerie) étaient étudiées en détail, et une remarquable publication sur la céramique médiévale (C. K. Morgan) venait étayer et compléter les quelques connaissances acquises par l'examen d'objets de collection ou les fouilles faites sur d'autres sites comme Istanbul.

Les progrès réalisés par la recherche archéologique depuis les années soixante ont considérablement enrichi la vision historique de l'Empire byzantin. Dans la capitale même, elle marque un peu le pas. Toutefois, l'étude détaillée de Sainte-Irène, de l'église du Myrélaion, mais surtout les fouilles faites à Kalenderhane Camii et à Saint-Polyeucte ont fait progresser notre connaissance de l'architecture religieuse de la ville et des changements apportés à l'espace urbain. La publication en cours de ces deux derniers chantiers (C. L. Striker et D. Kuban, R. M. Harrison) devrait en outre apporter de précieuses indications sur la céramique utilisée à Constantinople entre le Vᵉ et le XVIIIᵉ siècle, jetant du même coup un éclairage nouveau sur les échanges commerciaux dans la capitale de l'Empire. Le remarquable lexique topographique publié en 1977 par W. Müller-Wiener montre le chemin parcouru dans la connaissance du site depuis l'ouvrage de P. Gylles. En Turquie d'Asie, les fouilles d'Éphèse, de Sardes, d'Aphrodisias, d'Anamur, de Pergame, axées de plus en plus sur l'habitat, permettent de saisir la prospérité puis le déclin des cités au VIIᵉ siècle et l'émergence de la bourgade médiévale. Quant aux campagnes, les prospections faites par R. M. Harrison en Lycie et par G. Dagron et S. Eyice en Cilicie laissent entrevoir une vie agricole prospère, même en zone montagneuse, ce qui rejoint les conclusions tirées de l'étude des villages de Syrie du Nord.

En Syrie, les fouilles d'Apamée, de Resafa et du limes de l'Euphrate, en Palestine, celles de Césarée, des villes du Néguev ont révélé la richesse du bassin oriental de la Méditerranée. Les églises recensées par A. Ovadiah atteignent un nombre impressionnant, bien supérieur à celui que connaissait J. W. Crowfoot lorsqu'il publiait en 1941 *Early Churches of Palestine*. En Égypte, Abou Mena, la ville née du pèlerinage, en l'honneur de saint Ménas, émerge peu à peu des sables, et l'histoire du sanctuaire central est mieux connue, tout comme est mieux perçue grâce à l'archéologie l'importance de sites monastiques comme les Kellia dont la céramique a été publiée de manière exemplaire. En Libye, des cités entières reconstruites à l'époque justinienne sont peu à peu tirées de l'oubli (Latrun, Qasr el Lebia, Barcé...).

Dans les Balkans, l'étude archéologique du limes danubien, et des forteresses situées en retrait, a permis de mieux saisir les efforts faits par Dioclétien et Justinien pour endiguer les invasions ainsi que les étapes de son effondrement. L'urbanisme de l'époque justinienne, qui habille à Caričin Grad un village en résidence impériale, se retrouve également dans les cités de la mer Noire en cours de dégagement (Tomis, Callatis). Plus généralement, les sites urbains en cours de fouille offrent des preuves de plus en plus tangibles de la richesse des Balkans jusqu'aux invasions slaves. Les traces de ces dernières, que l'arrêt brutal de la circulation monétaire permet de cerner, sont lisibles dans la céramique et le matériel métallique livrés en abondance sur les sites yougoslaves, bulgares et roumains et que les fouilles en Grèce commencent à mettre au jour à Olympie, Démétrias et Argos. Les niveaux médiévaux qui émergent à partir de la fin du IXᵉ siècle sont de mieux en mieux connus dans l'ensemble de cette zone, même si les lacunes restent encore importantes.

L'archéologie sous-marine (cargaisons naufragées de Yassi-Ada, d'Alonnisos) apporte également, quoique encore de manière limitée, des documents très importants pour la compréhension des échanges. Mais c'est surtout l'étude de la céramique qui permet le mieux d'apprécier leur intensité sur tout le bassin méditerranéen.

Les buts et les méthodes de l'archéologie byzantine ont considérablement évolué en quelques décennies. Pour l'époque protobyzantine, au-delà des bâtiments religieux qui continuent à être étudiés dans un cadre régional et qui témoignent non seulement des liturgies particulières mais aussi de développement des villes et des villages, ainsi que de l'enrichissement rapide de l'Église, ce sont les conditions de vie matérielle des populations qui commencent à être perçues (habitat, productions artisanales, échanges) en attendant que, grâce à l'anthropologie et à l'étude de la faune et de la flore, on puisse connaître leurs modes de vie. L'obscurité qui a longtemps entouré l'arrêt brutal de la prospérité protobyzantine commence à se dissiper peu à peu. On devrait également mieux percevoir l'émergence des bourgades fortifiées aux IXᵉ-Xᵉ siècles puis la renaissance urbaine des XIᵉ-XIIᵉ siècles ainsi que l'importance de la propriété monastique dans l'exploitation du sol.

Ces préoccupations entraînent une spécialisation accrue des archéologues dans les techniques de fouille et de prospection et dans l'étude de leurs produits. Il devient difficile aux mêmes chercheurs de maîtriser comme dans le passé des secteurs en plein développement comme l'architecture, la sculpture et à plus forte raison les fresques ou les manuscrits. D'où une sorte d'éclatement qui rend nécessaire la collaboration des différents spécialistes au service d'une conception élargie de l'histoire.

Jean-Pierre SODINI

133

Les prolongements de l'urbanisme hellénistico-romain

Avant d'être confirmée de plus en plus par les découvertes archéologiques, la survivance des villes antiques au-delà du IIIe siècle était, il n'y a pas si longtemps, mise en doute en dépit des textes de Libanios sur Antioche (notamment l'*Antiochikos*), des descriptions de l'historien Procope sur les constructions entreprises par Justinien, ou bien encore de la législation impériale sur les cités : dans une inscription de la ville d'Orkistos, en Phrygie, Constantin proclame pourtant son « ardeur à bâtir des villes nouvelles, à en aménager d'anciennes ou à en réparer de moribondes ».

Les sites urbains découverts par les fouilles révèlent que, jusqu'au règne d'Héraclius (610-641) inclus, dans la plupart des régions de l'Empire byzantin, on entretenait les villes. Ils témoignent d'une démographie soutenue jusqu'au milieu du VIe siècle, peut-être déclinante après (invasions, peste). On voit des cités, détruites ou à l'abandon, spectaculairement refondées, comme par exemple Olbia, en Cyrénaïque (actuellement Qasr el Lebia), œuvre de Justinien, édifiée en 539-540 sous le nom de Theodorias, inscrit sur la mosaïque de l'église est de ce site.

À la différence des villes romaines des premiers siècles de l'Empire, le rempart devient une caractéristique essentielle des villes byzantines ; Constantinople est ainsi dotée par Théodose II (408-450) de formidables murailles terrestres. Entretenus, repris, ou bien construits *a novo*, on observe ces remparts à Thessalonique, Caričin Grad (Yougoslavie), Sofia, Hissar, Mesemvria (Bulgarie)... En bordure des frontières, sur le Danube et sur l'Euphrate particulièrement, les villes sont insérées dans un réseau de fortifications dense et bien entretenu.

La voirie est ordonnée autour du *cardo maximus* et des *decumani* qui déterminent, comme aux époques hellénistique et romaine, des îlots réguliers. Les voies principales sont bordées de portiques, d'époque antérieure mais entretenus (comme l'*Arcadianè* qui mène du théâtre au port d'Éphèse), ou bien construits pour la première fois (Jérusalem, Césarée maritime en Palestine). Toute une architecture de prestige a été découverte qui rehaussait carrefours et places : arcs

monumentaux, tétrastyles (groupe de quatre colonnes, à Éphèse et à Ptolemaïs en Libye), colonnes honorifiques et toute une statuaire officielle qui prend également place le long des portiques (Éphèse, Aphrodisias en Turquie). Les trottoirs, décorés de mosaïques de pavement (Éphèse, Apamée de Syrie), donnaient sur des échoppes où se concentraient de plus en plus l'artisanat et le commerce, regroupés en corporations. À Sardes, certaines de ces boutiques, appartenant à des teinturiers, des quincailliers, des serruriers, ainsi que des tavernes ont pu être soigneusement fouillées. On a constaté des bouleversements dans la fonction des artères. À Apamée, la portion centrale du *cardo* est interdite au charroi et devient zone piétonnière. Ces grandes voies sont abondamment pourvues de fontaines, comme à Éphèse ou, lors de reconstructions survenues sous Héraclius, à Gortyne (Crète).

Les bâtiments publics sont entretenus, à l'exception des temples et des lieux rappelant trop le paganisme. Ainsi à Éphèse voit-on le *bouleutérion* (endroit où se réunissait le conseil de la ville) rester en usage. Mais l'on incise une croix au-dessus de l'entrée est, le prytanée qui lui était associé disparaît, ainsi que le bâtiment où l'on gardait le feu sacré d'Hestia Boulaea. Les lieux d'échange sont maintenus, comme le développement des échoppes le long des grandes voies nous l'a montré. Ainsi, dans une bourgade du Néguev, construit-on un ensemble fait de trois rangs de magasins, disposé le long de deux rues étroites et accolé à une importante étable ou écurie. Dans les villes caravanières de Syrie et de Palestine apparaissent les plus anciens khans ou caravansérails (à Resafa, Kurnub, Nessana). À Athènes, dans l'agora grecque est édifié peu après 400 un vaste gymnase qu'il faut sans doute mettre en liaison avec l'essor, jusqu'à sa fermeture par Justinien, de l'université d'Athènes. Les thermes, amputés souvent de leur palestre, indice d'un mépris nouveau pour le corps, sont maintenus. De nouveaux sont édifiés par de riches citoyens (thermes de Scholastikia à Éphèse vers la fin du IVe s.), voire par des évêques, comme Plakkos à Djerash en Palestine vers les années 454-455. Théâtres

et hippodromes sont souvent en usage (Ptolemaïs, Aphrodisias en Carie, Alexandrie, Tyr), et leurs gradins portent dans certains cas des inscriptions montrant l'importance des factions du cirque dans la vie des cités.

L'habitat privé est mieux connu grâce aux fouilles de sites comme Athènes, Argos, Stobi, Histria en Roumanie, Apamée, Apollonia, Cyrène et Ptolemaïs. On y retrouve les grandes maisons dont la cour est entourée d'un péristyle sur lequel sont ouvertes de nombreuses pièces, dont des salles à manger (*triclinia*) à abside. L'existence de maisons à étages, bien établie par les sources, a été vérifiée sur le site d'Éphèse.

L'apparition des églises a considérablement modifié la configuration des villes, comme on le voit nettement ici sur le plan de Djerash. Les quartiers épiscopaux prennent des dimensions considérables, à Djerash même, à Salone en Yougoslavie, à Philippes en Grèce où l'importance des annexes économiques est significative de la richesse de l'Église, en Asie Mineure, à Sidé, où le groupe épiscopal empiète et condamne ainsi l'un des axes principaux de la ville, à Apamée où le groupe épiscopal s'étend sur deux îlots. Les églises martyriales sont de véritables pôles d'attraction et jouent de fait un grand rôle dans le développement urbain, quand elles ne suffisent pas à faire surgir de toutes pièces la cité, comme à Abou Mina, lieu de pèlerinage du saint national d'Égypte. Mais le plus bel exemple est sans doute Jérusalem, dont la transformation, qui va du règne de Constantin jusqu'à celui de Justinien, est très révélatrice de cet urbanisme « sacré » qui prend complètement possession de l'ancienne colonie romaine d'Aelia Capitolia. Les cercles proches de la cour impériale commanditent en effet de nouveaux édifices : églises, hospices, hôtels pour pèlerins.

Ainsi, ce n'est pas seulement la typologie des différents éléments de la ville qui se précise peu à peu grâce à l'archéologie, mais la vie même de ce tissu urbain, ses modifications suivant les quartiers, ses rapports aussi avec l'arrière-pays.

Jean-Pierre SODINI

Plan de Gerasa (Djerash), Jordanie

Fondation hellénistique, Gerasa se développa aux Ier et IIe siècles de notre ère : *cardo* et *decumanus* bordés de portiques, forum, temples de Zeus et d'Artémis, tétrapyles, arc de triomphe. Elle reçut sous la Tétrarchie de puissantes fortifications. De nombreuses églises s'insérèrent harmonieusement dans ce cadre jusqu'en 635 (conquête arabe). D'après C. H. Kraeling éd., *Gerasa, City of the Decapolis*, 1938, plan actualisé par R. Pillen en 1984.

Quartier résidentiel. Stobi, Yougoslavie

Cette photographie aérienne (procédé J. et E. Whittlesey) donne une excellente idée de l'agencement des édifices dans une cité du Ve siècle. Au-dessus de la rue, on discerne, de gauche à droite, une « basilique civile » (?), une église érigée au-dessus d'une synagogue (au-delà de l'abside, des thermes), une demeure avec son triclinium à abside, enfin des thermes. J. R. Wiseman, fouilles de Stobi.

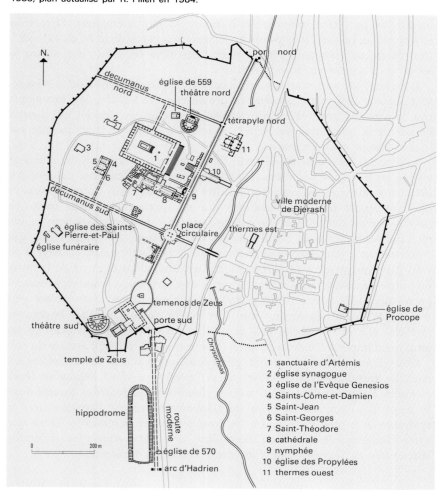

**Le péristyle de la « Maison aux consoles ».
Apamée, Syrie**

Autour du péristyle s'organise toute la maison ; sur lui s'ouvrent toutes les pièces, dont une très grande salle de réception (à l'arrière-plan sur la photo), ornée d'une fontaine en son centre et comportant une alcôve séparée par deux colonnes, annonciatrice du *diwan* des maisons syriennes traditionnelles. Centre belge de recherches archéologiques à Apamée.

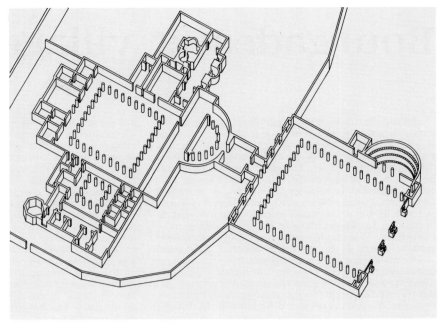

L'académie d'Athènes (?)

Ce très vaste gymnase édifié vers 400 dans l'antique Agora s'ouvre sur une première cour quadriportique par un porche monumental décoré de géants et de tritons sculptés. Au-delà, un vestibule et un portique incurvé donnent sur une seconde cour flanquée de thermes et de différentes salles, certaines surmontées d'un étage. L'agencement des espaces et des volumes est remarquable. L'abandon de l'édifice coïncide avec la fermeture de l'université d'Athènes par Justinien en 529. D'après J. Travlos.

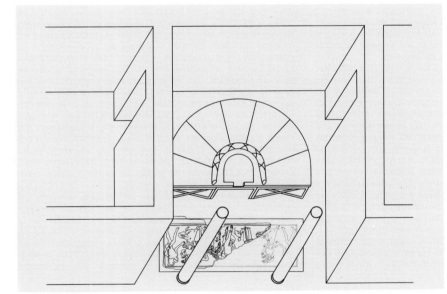

**Salle à manger avec banquette en fer à cheval.
Argos, Grèce**

Dans cette villa, la représentation sur le pavement en mosaïque d'une table semi-circulaire et l'indication de l'emplacement des portions de la banquette l'entourant a permis une reconstitution graphique assurée de l'organisation de la salle à manger. Cet agencement en demi-cercle, qui se répand à partir du Bas-Empire, entraîne le développement de salles de réception avec de nombreuses absides. Les mosaïques, placées devant les convives, célèbrent les plaisirs de la table et de leurs adjuvants (ici, danseuses évoquées par les Ménades). D'après G. Åkerstrom-Hougen.

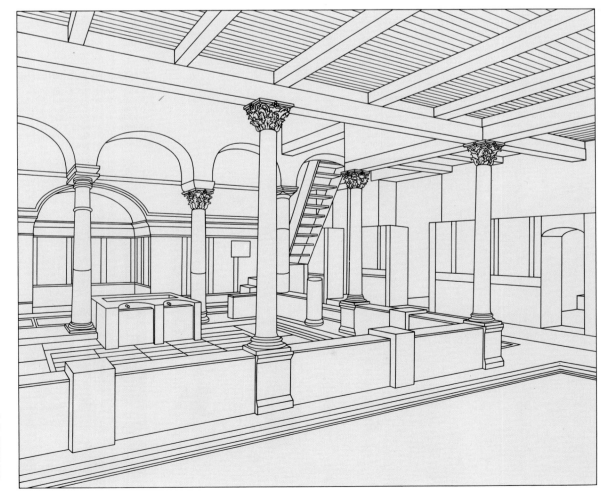

**Un appartement dans un immeuble de « standing ».
Éphèse, Turquie**

Le péristyle autour duquel s'articulent les deux niveaux de cette habitation est pourvu d'une cour centrale avec bassin qui fournit éclairage et aération à un ensemble de pièces au sol recouvert de mosaïques et aux murs tapissés d'enduits peints datant des environs de 400 (sur l'un des murs il y avait une représentation des neuf Muses). D'après V. M. Strocka.

Bourgades et villages

L'étude des traces laissées par l'exploitation du sol a considérablement progressé avec le développement de la photographie aérienne, d'une part, des diverses formes de prospection au sol et de l'analyse des restes organiques, d'autre part. Toutefois, dans les territoires du monde byzantin, des difficultés spécifiques de tous ordres entravent la mise en œuvre de ces moyens à l'efficacité reconnue. Néanmoins, dans plusieurs régions, la Lycie, la Cilicie, le massif calcaire du nord-ouest de la Syrie et le Hauran dans le sud de ce même pays, l'abondance et la qualité des vestiges sont telles qu'une certaine image de la vie rurale apparaît clairement.

Les montagnes de Lycie, abondamment boisées et faiblement réoccupées, préservent beaucoup de témoins d'une vie rurale active : des chemins encore conservés, des restes de terrasses, un habitat avec des installations agricoles. Ainsi, dans la vallée d'Alakilise, R. M. Harrisson a découvert, il y a quelques années, tout un groupe de maisons paysannes soit accolées, soit détachées, avec rez-de-chaussée et étage, chacun d'une ou de deux pièces. Planchers et toitures sont en bois. Le rez-de-chaussée servait de dépôt ou d'abri pour le bétail, l'étage, éclairé de fenêtres arrondies à leur extrémité, était réservé à l'habitation. Une citerne, un pressoir complétaient l'habitat. Les villages lyciens, à l'exception d'Arif, qui représente peut-être la cité-refuge des habitants d'Arycanda, sont de petite taille. Ils comportent une ou deux églises. À l'écart, des couvents se dressent, comme celui de Karabel, dans lequel on peut reconnaître le couvent de Sainte-Sion, attesté dans les sources. Il est d'une exécution remarquable, en appareil à joints vifs, et possède une sculpture raffinée.

En Cilicie, dans l'arrière-pays de la côte très peuplée, une série de bourgades (*kômai*), non des villes, ont été repérées, remarquablement conservées. L'habitat y est peu dense, relié par des voies encore discernables. Les églises paraissent disproportionnées par leur taille et leur nombre par rapport à la faiblesse de la population. Les tombes se pressent à la périphérie du village, souvent associées aux pressoirs à huile ou à vin. Les bâtiments sont très souvent à deux niveaux. Au rez-de-chaussée comme à l'étage, des arcs servent à porter les parties en bois (plancher ou charpente). Certains bâtiments donnent sur une cour, parfois avec péristyle. Le site de Karakabakli possède les édifices les plus complets avec un ou deux étages, de grandes fenêtres doubles à l'étage et parfois des balcons reposant sur des consoles.

Dans le nord-ouest de la Syrie, sept cents villages environ sont préservés, souvent rapprochés les uns des autres, sur les collines du massif calcaire qui s'étend

à l'est d'Antioche sur 150 kilomètres de long et 40 kilomètres de large. Les finages (territoires) des villages se laissent définir avec précision dans quelques secteurs, non seulement par l'étude du relief, mais aussi par le bornage établi sous la tétrarchie. Les agglomérations sont de taille variable, allant d'un hectare (Qirqbize) jusqu'à plus de cent (El Bara), soit dans ce cas une superficie supérieure à celle de nombreuses cités.

Ces villages ne possèdent pas de rues structurées, mais des passages de largeur inégale se faufilant entre les maisons et s'élargissant en esplanades irrégulières. Ils ne sont pas clos de murailles, mais souvent les maisons à la périphérie forment une sorte de ceinture ne laissant ouverts que quelques passages. Peu de bâtiments publics, à l'exception d'une poignée de thermes disséminés sur toute la zone. En revanche, les églises sont nombreuses. Les hôtelleries de Deir Sem'an sont une exception qui tient au grand nombre de pèlerins venant vénérer le lieu où avait vécu sur sa colonne, durant quarante ans, saint Syméon. Autour du village, des pressoirs, des tombeaux, et, à quelque distance, des monastères dont le poids économique devient important à la fin du Vᵉ siècle.

Les maisons sont faites de plusieurs bâtiments disposés autour d'une cour. Souvent conservés jusqu'au faîte, ils comprennent une ou plusieurs pièces surmontées d'un étage, bordées de portiques sur le côté où se trouvent les portes. L'appareil orthogonal simple, à joints vifs, dans les maisons les plus soignées, permet l'apparition de structures en porte à faux comme les balcons et les latrines suspendues. Le décor, en particulier celui des églises, s'enrichit considérablement. Dans la cour se trouve une citerne, souvent située au pied de l'escalier. Le rez-de-chaussée, sombre, souvent pourvu d'auges, était réservé au bétail et à l'activité agricole. À l'étage résidaient le cultivateur et sa famille. Le plancher était porté par des piliers ou des arcs tendus au travers des pièces du rez-de-chaussée. La vigne, essentiellement dans le Sud, l'olivier mais aussi les céréales, les légumes constituent les principales cultures. Les analyses ostéologiques montrent aussi l'abondance du bœuf, de la chèvre et du mouton ainsi que celle de la volaille.

Le Hauran, dans le sud de la Syrie, a conservé de nombreux vestiges témoignant de ses structures agricoles : finages délimités par des bornes datant de la tétrarchie, nombreux restes de cadastre. Comme en Syrie du Nord, la part des grands domaines paraît modeste et l'exploitation des terres assurée en grande part par les villageois. Les villages ont la même

apparence qu'en Syrie du Nord, mais on note l'utilisation de réservoirs collectifs à ciel ouvert (*birkeh*) et un nombre moins grand de pressoirs. La conception des maisons n'est guère différente. Elles juxtaposent plusieurs bâtiments disposés autour d'une cour en terre battue et qui comprennent un rez-de-chaussée où se trouvent souvent des étables et un étage pour la salle de séjour familiale (*triclinium*).

Toutefois, l'absence quasi totale de bois et l'utilisation exclusive du basalte donnent aux bâtiments du Hauran un aspect très particulier. L'arc est utilisé à l'étage comme au rez-de-chaussée. Planchers et toits sont faits de dalles de basalte soigneusement taillées reposant sur ces arcs. De plus, les traditions locales déterminent d'autres différences. Ainsi, au rez-de-chaussée comme à l'étage, la grande pièce archée donne sur des pièces plus étroites, moins hautes, ce qui double les niveaux par rapport aux grandes pièces et crée une circulation beaucoup plus complexe. De surcroît, dans certains cas, la grande pièce à arc n'est pas dévolue aux activités agricoles mais sert de pièce de réception pour les hôtes. Enfin, les portiques sont beaucoup plus rares qu'en Syrie du Nord. Curieusement aussi, dans cette région prospère le décor architectural, remarquable jusqu'au IIIᵉ siècle, décline à l'époque byzantine, alors qu'il est en plein essor en Syrie du Nord.

D'autres régions ont également été étudiées. Dans le Néguev, les agglomérations (Nessana, Oboda, Mampsis, Elusa, Sobata) sont pour la plupart des cités, mais elles ne possèdent pas de réseau quadrillé de rues, et leur vocation agricole est très affirmée. Les maisons sont différentes en plan (cour centrale et pièces tout autour) et en élévation, en dépit de l'utilisation de dalles pour les étages et les toitures et d'arcs (beaucoup plus nombreux d'ailleurs que dans le Hauran). La Cyrénaïque a livré également des villages et de grandes fermes isolées. L'Égypte a fourni quelques sites avec des maisons rurales en brique crue faites d'une ou de deux pièces accolées.

Malgré certaines lacunes (Grèce, Balkans), le bilan est prometteur. Outre les particularismes régionaux, il fait ressortir l'importance de la production agricole à l'époque byzantine : le Hauran ne connaît aucun déclin entre la période romaine et le VIIᵉ siècle ; la Syrie du Nord, la Cilicie, le Néguev n'ont jamais été aussi prospères qu'entre le IVᵉ et le VIᵉ siècle.

Jean-Pierre SODINI

Maison villageoise en Lycie

Le village d'Alakilise comprend quelques dizaines de maisons accrochées sur le flanc des pentes boisées du massif de l'Alaca Dağ. Cette maison offre en contrebas deux pièces partiellement creusées dans le rocher et diverses annexes ; au-dessus, un niveau d'habitation ; derrière, une cour avec citerne et pressoir à vin. La production de vin semble importante dans la région.

Maison de cultivateur aisé en Cilicie

Cette importante demeure dans la bourgade de Karakabakli témoigne de l'aisance des exploitants agricoles de la région. Elle est ample à l'étage, avec son balcon, ses nombreuses fenêtres accolées, ne manque pas d'une certaine monumentalité. Une entrée imposante à l'entrée du bourg renforce encore ce parti pris quasi urbain. Deux grandes basiliques ont également été repérées dans la bourgade.

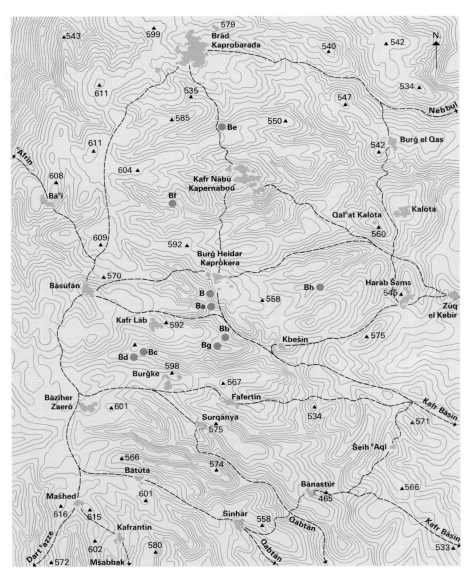

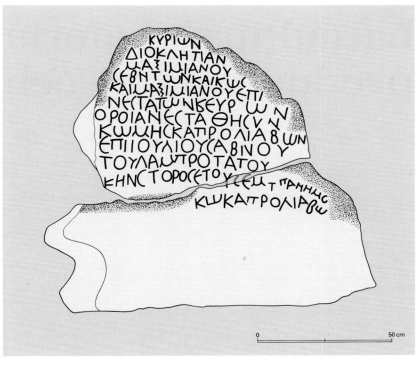

localités

▲ altitudes

––––– pistes et sentiers

● bornes cadastrales

0   1km

0   50 cm

Un bel exemple de cadastration dans le Ğebel Sem'an (Massif calcaire)

La localisation des neuf bornes sur la carte donne une idée claire des territoires respectifs des villages de Brād, Kafr Nābū, Burğ Heidar, Kafr Lāb, Kbešīn, Fafertin, Burğke et Bāzīher. Ci-dessus, texte de l'une des inscriptions : « [Pour la conservation et la victoire de nos] seigneurs Diocléti[en et] Maximien Augustes et Const[ance] et Maximien très brillants Césars, ont été dressées les bornes du village de Kaproliaba sous Julius Sabinus, clarissime censiteur, l'an 345 (= 297 de notre ère), mois de Panémos. Village de Kaproliaba. » D'après G. Tchalenko.

Maison d'Il Hayâte (578, Hauran)

Cette maison, bâtie par Flavios Seos, est regroupée sur deux étages (remises, étable, auges au rez-de-chaussée ; habitat à l'étage) autour d'une cour de petites dimensions. Elle offre un caractère plus compact et plus fermé que les maisons antérieures et se rapproche des fermes fortifiées de Cyrénaïque et de Byzacène.

Axonométrie d'un hameau de Déhès (IVe-VIe s.)

Ce regroupement de trois maisons est très caractéristique du développement de ce village, qui semble surtout croître à partir du IVe siècle, même si un habitat a existé dès l'époque hellénistique (céramique). Chaque parcelle est peu à peu entièrement bâtie, essentiellement en deux étapes (seconde moitié du IVe s. ; première moitié du VIe s.), marquées par des différences sensibles d'appareil. La première maison (en bas, à droite) est accessible par la rue ; les deux autres, par d'étroits passages. D'après J.-L. Biscop.

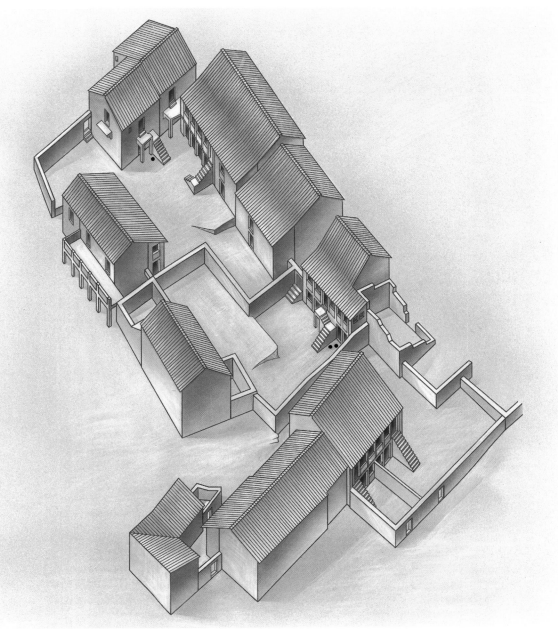

La culture matérielle : productions et échanges

L'intensification des fouilles sous-marines, le soin plus grand apporté aux fouilles, à l'enregistrement des objets ainsi qu'à leur conservation et à leur restauration, le développement des analyses (marbre, céramique, verre, métaux) permettant de déterminer la composition de ces matériaux et, dans certains cas privilégiés, leur lieu de production ont considérablement enrichi notre connaissance de la vie matérielle du IVe au VIIe siècle et, dans ce domaine, celle des échanges.

Le vaste mouvement de construction décrit dans les pages précédentes a entraîné une exploitation intensive des carrières de calcaires et de marbres. Ces derniers, brèches colorées et marbres blancs, très appréciés, comme le montrent les vers de Paul le Silentiaire sur Sainte-Sophie, ont été exportés dans tout le bassin oriental de la Méditerranée comme déjà sous l'Empire romain. La brèche de Thessalie se retrouve en Syrie (Apamée, Resafa), en Italie et en Gaule (thermes d'Arles), le cipolin de Carystos au Liban (Tyr), en Libye, en Italie, le marbre d'Iasos (Carie) à Ravenne. Le marbre blanc est essentiellement exporté à partir de carrières situées au bord de la mer comme Thasos et surtout Proconnèse.

Il est expédié en blocs bruts d'extraction pour les dallages et les revêtements muraux, sous forme d'épannelages (chapiteaux de la basilique du Léchaion ; cuves de sarcophage ; bases qui sont souvent mises en place dans cet état). Mais on envoie aussi des formes à demi-terminées où le décor a été incisé mais non dégagé du fond (certains chapiteaux de Cyrénaïque ; des sarcophages de Ravenne ; des plaques de chancel qui sont ensuite exécutées en technique ajourée comme à Ravenne ou à Thèbes de Thessalie ou bien laissées pleines avec des motifs en relief plus ou moins accentué comme à Sicyone ou en Italie du Sud). Enfin les sculptures exportées finies peuvent être acheminées achevées (plaques de chancel, chapiteaux, colonnes, ambons, sarcophages comme à Doclea en Yougoslavie). Le nombre des produits exportés s'accroît au VIe siècle. Ils sont destinés en majorité à la construction d'églises et, à un degré moindre, à l'embellissement des grandes artères urbaines. Les marques de tâcheron relevées en Italie (Ravenne), en Yougoslavie (Poreč), en Turquie (Éphèse) se retrouvent sur les blocs architecturaux d'Istanbul. La cargaison naufragée près de Marzamemi (Sicile) a livré une église en « pièces détachées » chargée à Constantinople. Tout y était, les éléments porteurs (bases, colonnes, chapiteaux) et les dispositifs liturgiques (piliers et plaques de chancel, table d'autel, ambon en brèche de Thessalie). Un fond de plat en sigillée phocéenne permet de dater cet envoi du premier quart du VIe siècle.

Depuis une décennie, les recherches menées sur la céramique de la période paléochrétienne ont permis l'établissement d'une typologie fiable des amphores et jeté les bases d'études quantitatives sur certains sites (Ostie, Carthage, Bérénice [Sidi Khrebish], Istanbul [Saint-Polyeucte], sites côtiers de Roumanie, Chersonèse en Crimée). Restent en suspens le lieu de fabrication de la plupart des types ainsi isolés et la nature des produits transportés : en effet, l'amphore est le seul produit céramique à être exporté non pour lui-même, mais pour son contenu. Parmi les quatorze types recensés par J. A. Riley embrassant la quasi-totalité des amphores méditerranéennes entre le IVe et le VIIe siècle, les cinq les plus diffusés proviennent du bassin oriental ou de la mer Noire, à l'exception peut-être du type 8 appelé *spatheion* (panse étroite, pied long et effilé, col court, mais distinct de la panse, terminé en bourrelet épais et déversé) qui proviendrait d'Afrique du Nord. Ainsi le type 3, relativement étroit lui aussi, mais avec un pied trapu, sans col, de courtes anses arrondies et un épiderme très irrégulier, est produit à Gaza. Il se rencontre en Espagne, en Grande-Bretagne, en France, en Italie, en Grèce, en Turquie, en Palestine, en Égypte, en Cyrénaïque et en Afrique du Nord. Quant aux types 1 et 2, peut-être originaires respectivement d'Antioche et du bassin égéen, leur pénétration en Angleterre, en Gaule, en Italie et en Afrique du Nord et leur abondance dans tout le bassin méditerranéen montrent le poids croissant des exportations orientales en Occident, y compris en Angleterre entre le Ve et le VIIe siècle. Aussi P.-A. Février a-t-il pu se demander, en guise de boutade, si la reconquête militaire de l'Afrique du Nord, de l'Espagne et de l'Italie entreprise par Justinien n'avait pas été précédée par une reconquête économique.

La céramique fine de table, d'un engobe* souvent épais et rouge orangé, témoigne également de ces échanges transméditerranéens. La part essentielle en revient au IIe siècle aux sigillées claires d'Afrique du Nord qui envahissent l'ensemble du marché méditerranéen jusqu'au VIIe siècle, avec peut-être, mais cela doit être vérifié, un léger déclin dans la diffusion vers l'est au cours du Ve siècle, lors de l'occupation de l'Afrique par les Vandales.

À l'est, une production d'envergure comparable se met en place à partir de la seconde moitié du IIIe siècle, reprenant les traditions de la céramique de Çandarlı (région de Pergame en Turquie). Ses ateliers et ses fours sont localisés à Phocée. Sa diffusion en Orient a été considérable et a concurrencé les sigillées africaines. Elle a été aussi exportée en Occident, en Italie, en Provence, au Portugal et jusqu'en Angleterre. Plus limitée, la sigillée chypriote a, elle aussi, atteint l'Occident. À côté d'autres productions, qui sont souvent des imitations (en Tripolitaine, en Égypte, en Asie Mineure même), on trouve des fabrications différentes (plats en pâte grise de Macédoine), voire originales (céramiques peintes d'Égypte, d'Athènes et de Gerasa [Jordanie]).

L'examen de la diffusion des lampes mettrait aussi en évidence la supériorité de l'Afrique du Nord, mais également l'importance de la production d'Asie Mineure et la vigueur de certaines fabrications locales (région d'Antioche, Balkans, mais surtout Palestine et Égypte).

Après la disparition des ateliers occidentaux au Ve siècle, Byzance devient le principal producteur de verre du monde méditerranéen. Les ateliers retrouvés dans différentes régions (par exemple à Anamur en Cilicie, en Palestine, à Charanis en Égypte) fournissaient des lampes, des gobelets, des bouteilles, les vitres et des pendentifs ainsi que la pâte de verre utilisée dans les mosaïques et l'orfèvrerie.

Les objets en métal sont inégalement étudiés. Ceux du costume sont les mieux connus. Les *plaques-boucles*, réparties par J. Werner* en différents types, sont datées de 550-600 (type Sucidava) ou des VIIe, VIIIe et IXe siècles (types « Syracuse », « Corinthe », « Bal-Gota », « Bologne », « Trébizonde »). On a mis au jour dans la région du Danube et en Thrace des *ceintures* de type « nomade » ou « bulgare », avec des lanières décorées d'appliques métalliques dont la mode apparaît dans l'armée byzantine vers 550. Les *fibules* se répartissent aussi en types divers : cruciformes (IVe-VIe s.), rondes (Sardes, VIe-VIIe s.), moulées de la région danubienne (550-600 ; atelier trouvé à Orşova [Roumanie]). Des parures féminines, les plus caractéristiques sont les *boucles d'oreille*, notamment celles dont les pendentifs sont en forme d'étoile (VIe-VIIe s.) ou de croissant (VIIe-IXe s.). Ces objets ont été largement exportés et copiés par les peuples barbares d'Europe. Les *objets en fer* (outils, armes) sont délaissés par les chercheurs et cette lacune est regrettable.

L'argenterie, abondante en Occident comme en Orient, fournissait, outre une vaisselle de luxe, des objets de propagande politique (*Missorium*, plat en argent, de Théodose) et des instruments liturgiques (trésor de Kumluca en Lycie). D'origine souvent aristocratique, ne reflétant pas la consommation quotidienne, elle est intéressante car elle confirme la prédominance, à partir de la fin du Ve siècle, des ateliers orientaux et par suite la plus grande richesse de la partie orientale de la Méditerranée. La production constantinopolitaine peut être suivie au plus près grâce aux poinçons datés, imprimés au revers des objets entre la fin du Ve siècle et le VIIe siècle.

Beaucoup reste donc à faire pour saisir, même dans ses grandes lignes, la vie matérielle et les échanges dans l'empire protobyzantin. C'est l'une des tâches les plus urgentes, même si dans certains secteurs (textiles, par exemple) les chances de progrès restent minces.

Michel KAZANSKI, Cécile MORRISSON,
Jean-Pierre SODINI

Chapiteaux trouvés dans la basilique du Léchaion (port de Corinthe)

La présence d'un épannelage grossier (illustration à gauche) indique que les blocs de marbre (Proconnèse) ont été exportés simplement dégrossis et achevés (à droite) sur le chantier même par des équipes mixtes comprenant des sculpteurs venus de la capitale, et d'autres recrutés sur place, recourant à un répertoire décoratif local.

Sigillée africaine (forme Hayes 53A)

À l'intérieur de ce plat, sont disposés plusieurs motifs appliqués. Le premier groupe qui représente Abraham s'apprêtant à sacrifier son fils Isaac est constitué de deux éléments séparés ; l'un d'eux, Isaac, est repris à droite ; le second ensemble juxtapose deux autres sujets, un bélier et un arbre, évoquant « le mouton pris par les cornes dans un buisson » ; le Bon Pasteur n'a pas de lien iconographique avec le reste du décor (seconde moitié du IVe s.). Collection privée.

Amphore (Thasos, Grèce)

À hauteur des anses, incisée, l'inscription : Valeriou Poritou. L'amphore appartient au type 2 de Riley, qui apparaît dans le courant du Ve siècle et se répand vers la fin du VIe siècle. Son lieu de production serait peut-être l'Argolide (région d'Hermione).

Coupe sur la poupe d'un navire du VIIe siècle découvert à Yassi Ada (Turquie)

Sur cette coupe figurent les principaux dispositifs de la cuisine du bateau (notamment le foyer) et le toit à deux versants couverts de tuiles qui l'abritait. À bord, ont été retrouvés 70 monnaies d'Héraclius (626/627 pour la plus récente), 103 amphores de type Riley 1 et 719 de type Riley 2.

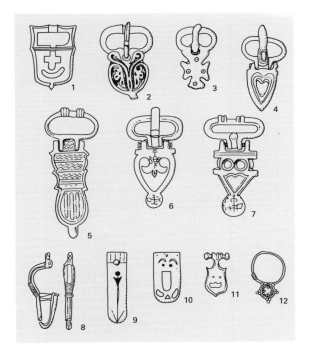

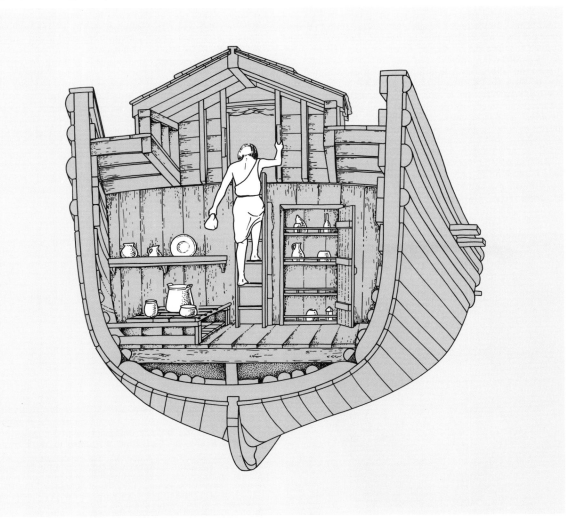

Objets métalliques byzantins

1 à 7, différentes plaques-boucles : 1. type « Sucidava » ; 2. type « Syracuse » ; 3. type cruciforme ; 4. type boucles « Bologne » ; 5. type « Trébizonde » ; 6. type « Bal-Gota » ; 7. type « Corinthe » ; 8. fibule en fonte ; 9.10.11. plaques de garnitures de ceinture ; 12. boucle d'oreille avec pendentif étoilé.
Provenance : 1. Sucidava (Roumanie) ; 2. 3. 6. 7. Suuk-Su (Crimée) ; 4. Kertch (Crimée) ; 5. Igar (Hongrie) ; 8. Golemanovo Kale (Bulgarie) ; 9. 11. 12. Sadovec (Bulgarie) ; 10. Piatra Frecatei (Roumanie).
Datation : 1. 8. 9. 11. 12. seconde moitié du VIe siècle ; 2. de la seconde moitié du VIIe siècle au début du IXe siècle ; 3. du VIIe siècle au IXe siècle ; 4. seconde moitié du VIIe siècle et VIIIe siècle ; 5. fin du VIIe siècle et début du VIIIe siècle ; 6. 7. de la fin du VIIe siècle au IXe siècle ; 10. probablement VIIe siècle.
Sources : 1. d'après J. Werner ; 2 à 7. d'après A. K. Ambroz et A. I. Ajbabin ; 8. d'après S. Uenze ; 9 à 11. d'après A. K. Ambroz ; 12. d'après A. I. Ajbabin.

L'effondrement devant les invasions : les siècles obscurs

L'Empire tel que l'avait reconstitué Justinien de manière précaire s'effondra essentiellement sous la poussée d'assaillants venus du nord (Slaves, dès la fin du VIᵉ s. et le début du VIIᵉ s.) et du sud (Arabes, à partir de 634), en raison aussi de causes internes (fiscalité mal supportée, dissensions religieuses). Les provinces occidentales reconquises (Italie, Afrique) ne reconnaissaient pas dans les envahisseurs byzantins qui parlaient grec les libérateurs de la terre ancestrale.

Les incursions slaves sont attestées sur le territoire de l'Empire à partir de l'année 527. Au VIᵉ siècle, les Slaves forcent les limes danubien à de nombreuses reprises en empruntant deux itinéraires principaux : par le Danube inférieur, vers la Thrace, et par le Danube moyen, vers l'Illyricum. Deux unions tribales participent à ces incursions : celle des Antes, dont le territoire au VIᵉ siècle se situe dans la région de la steppe forestière de l'Ukraine, et celle des Sklavènes, localisée au nord du Danube et autour des Carpates. Vers 570, les Sklavènes sont soumis par les Avars qui s'installent dans le bassin danubien, et, avec eux, ils attaquent l'Empire. Les Antes, quant à eux, deviennent les alliés de Byzance et luttent contre les Avars. Au début du VIIᵉ siècle, le limes danubien disparaît définitivement sous les coups avaro-slaves. Entre 623 et 631, les Slaves se libèrent du joug des Avars et, au cours du VIIᵉ siècle, ils deviennent les maîtres des Balkans. L'Empire à la fin du VIIIᵉ siècle et au début du IXᵉ siècle reprend progressivement possession de la Grèce où subsisteront, jusqu'au XVᵉ siècle, des éléments de population slave.

Les traces de destructions et d'incendies dans les villes byzantines ainsi que les nombreux dépôts monétaires du VIᵉ et du VIIᵉ siècle (trésors de monnaies d'or, trouvailles de petite monnaie de bronze [voir la carte ci-contre]), jalonnent le passage des envahisseurs avars ou slaves au cours des VIᵉ et VIIᵉ siècles et témoignent de l'étendue de la panique qu'ils provoquent. Eux-mêmes ont de surcroît laissé derrière eux des objets de caractère nettement slave. Parmi ce matériel, les fibules digitées du VIᵉ siècle (de type danubien ou « mazuro-germain » et de type « ante » ou du « Dniepr ») ainsi que certaines céramiques façonnées à la main sont seules réellement porteuses d'une signification ethnique.

La présence slave dans les forteresses byzantines du limes danubien est attestée dès le VIIᵉ siècle, marquée par la présence de plusieurs cultures. Ainsi, en Serbie du Nord (Veliki Gradac, Kladovo), des pots ovoïdes non tournés et non décorés relèvent de la culture slavo-romaine d'Ipoteşti-Cîndeşti, originaire de la Valachie. Sur le Danube inférieur (Dinogeţia, Piatra Frecǎţei) s'était établie la culture de Pen'kovka (qui couvre la zone de la steppe forestière de l'Ukraine et de la Moldavie), identifiable par ses pots ovoïdes ou biconiques façonnés à la main : sans doute s'agit-il des Antes. Près de l'embouchure du Danube, à Histria, des niveaux du VIIᵉ siècle ont livré des bâtiments à sol excavé et de la céramique du type Prague-Korčak : pots ovoïdes à partie supérieure élargie. Cette culture, attribuée aux Sklavènes, s'étend du Vᵉ au VIIᵉ siècle sur le territoire de l'Ukraine occidentale, de la Tchécoslovaquie, de la Pologne et de l'Allemagne de l'Est. En Thrace, les sites slaves les plus anciens s'apparentent à ceux de la culture de Hlincea I (seconde moitié du VIIᵉ-IXᵉ s.), sur le territoire de l'actuelle Roumanie, et coïncident vraisemblablement avec la naissance du premier État bulgare, dans la seconde moitié du VIIᵉ siècle.

Dans le nord de l'Illyricum, on a retrouvé des habitats slaves excavés du VIᵉ et du VIIᵉ siècle, avec de la céramique de type Prague-Korčak (à Musiči), ainsi que des incinérations dans des urnes également du type Prague-Korčak (à Bakar). À Caričin Grad, une petite fibule du type danubien et une autre du type « ante », trouvées sous le niveau correspondant à la destruction de la ville par les Slaves en 613-614, témoigneraient, selon V. Popović, de l'existence d'éléments slaves dans la ville. Certains sites slaves d'Illyricum ont fourni de la céramique tournée et façonnée à la main avec un décor incisé de lignes horizontales rectilignes ou ondulées, qui confirme l'installation massive des Slaves dans cette même région vers le milieu du VIIᵉ siècle.

En Grèce, on a mis au jour plusieurs petites fibules danubiennes du VIIᵉ siècle, en particulier à Démétrias, Néa Anchialos et Sparte. Dans le Péloponnèse, où les Slaves s'installent après 578, la nécropole d'Olympie, le seul site incontestablement daté du VIIᵉ siècle, présente des incinérations avec des récipients du type Prague-Korčak récent. L'occupation slave à Argos et à Démétrias, où l'on a mis au jour de la céramique tournée et façonnée à la main, décorée de lignes rectilignes ou ondulées, semble plus récente (650-800). À cette date, Slaves et Grecs cohabitent, selon M. W. Weithman. Les trouvailles récentes d'objets de parure byzantins, datant au plus tôt de la seconde moitié du VIIᵉ siècle, dans les tombes d'une église funéraire à Tigani (Magne) semblent confirmer cette hypothèse.

La décadence des sites urbains dans l'ensemble des Balkans est devenue évidente, sauf sans doute à Thessalonique. Elle n'est pas compensée par la création, mal étudiée, d'autres habitats (Karyoupolis dans le Péloponnèse, par exemple). Les inscriptions datées sont rares (quelques graffiti au Parthénon, de la fin du VIIᵉ s. au début du VIIIᵉ s.) ; il y a peu de vestiges monumentaux. On constate partout une raréfaction de la monnaie, qui n'implique tout de même pas un retour à l'économie-nature, et de la céramique, mal connue mais peu abondante en toute hypothèse ; bref, une sorte de vide archéologique.

En Asie Mineure, le témoignage conjoint des trésors, des trouvailles isolées de monnaies de bronze (*folles** et fractions) et des vestiges archéologiques (traces de destruction ou d'abandon) révèle l'impact des invasions perse et arabe sur une civilisation essentiellement urbaine. Sur la plupart des sites, la circulation monétaire s'arrête vers 614-616 (attaque perse) et reprend sous Constant II (641-668), souvent associée à des travaux de fortification ou de défense et à la présence de garnisons. L'occupation des sites urbains se rétracte fortement au début du VIIᵉ siècle (Sardes, Éphèse) ; des forteresses s'implantent dans des théâtres (Milet, Xanthos), dans des temples (à Didymes, qui devient le *kastron* de Hiéron), sur les acropoles (Priène, Ankara). Peut-être est-ce à ce moment que sont creusées en Cappadoce les villes souterraines de Kaymakli et Derinkuyu. Dans les îles proches de l'Asie Mineure (Samos), le nombre élevé de monnaies du règne de Constant II est vraisemblablement lié au reflux de populations venues y chercher refuge. Comme pour les Balkans, la documentation archéologique (monnaies, céramique) se fait rare.

Plus au sud, les envahisseurs arabes s'emparent définitivement de la Syrie et de l'Égypte après la bataille du Yarmouk (636). Dans ces régions, toutefois, on ne constate pas de rupture totale dans l'occupation des sites. Certes les constructions se raréfient, malgré la mise en chantier d'imposants palais et mosquées, voire d'églises (Quweismeh, Jordanie, en 717). La céramique et la numismatique marquent parfaitement cette continuité, au moins jusqu'aux années 800 (Apamée). Sans doute le transfert de la capitale du califat de Damas à Bagdad entraîna-t-il le déclin constaté ensuite en Syrie.

En Afrique du Nord, les trésors byzantins enfouis lors du raid arabe de 647-648 traduisent la panique des populations. La prise de Carthage en 698 met un point final à l'occupation byzantine.

Toutefois, dans les régions égéennes, les seules en définitive dont Byzance gardera le contrôle, la crise commence à s'estomper vers la fin du VIIIᵉ siècle et au IXᵉ siècle. Pour la Grèce, une inscription de Siphnos datée de 787, les fresques d'époque iconoclaste de Naxos, la circulation monétaire qui reprend précocement dès le début de ce siècle à Corinthe annoncent le renouveau économique et culturel de la région. Les constructions datées reparaissent en Grèce autour des années 870 (Saint-Jean-Mangoutis à Athènes, 871 ; Saint-Grégoire de Thèbes, 871-872 ; église de Skripou, 873-874). Mais il faut attendre le Xᵉ siècle pour que les signes de « décollage » se généralisent dans tout l'Empire. Les réformes fondamentales des empereurs iconoclastes réorganisant l'armée et l'administration portent alors leurs fruits, cependant que les succès militaires de leurs successeurs, de Romain Lécapène (920-944) à Jean Tzimiscès (969-976), desserrent l'étau de l'Islam en Méditerranée.

Michel KAZANSKI, Cécile MORRISSON
et Jean-Pierre SODINI

Institut für Ur- und Frühgeschichte, Heidelberg

Céramique slave provenant de Démétrias

Pot ovoïde tourné, décoré de lignes gravées ondulantes. Ce type de récipient est attesté dans toutes les cultures slaves, depuis la seconde moitié du VIIᵉ siècle jusqu'au IXᵉ siècle. Avec l'aimable autorisation de P. Marzolff.

La circulation monétaire d'après les trouvailles isolées de monnaies (de bronze essentiellement) sur les sites d'Athènes, de Corinthe, d'Éphèse et de Pergame

En ordonnée, le nombre de monnaies par année selon la période considérée. Les chiffres, variables selon l'importance des sites et des trouvailles, ne doivent être considérés que dans leur évolution relative. Les graphiques pour Corinthe et Éphèse ont été arrêtés à 1204, mais la circulation n'y cesse pas pour autant à cette date. À Éphèse, le déclin marqué dès le XIIᵉ siècle est dû à l'ensablement du port et au transfert des activités vers un autre site.

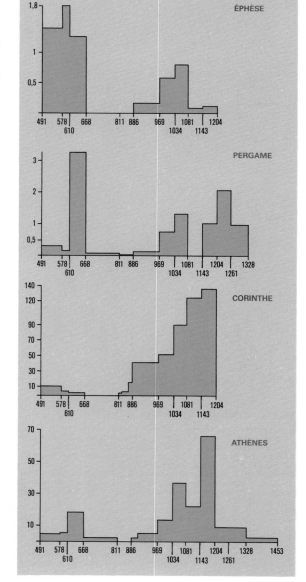

Fibules digitées slaves du VIIᵉ siècle

Ces fibules sont caractéristiques du costume féminin. Les fibules du type du « Dniepr », à gauche, sont répandues sur le territoire de la culture de Pen'kovka (Antes) et les petites fibules du type « danubien » essentiellement sur celui de la culture de Prague-Korčak (Sklavènes).

Le trésor de Rougga

Découvert dans les fouilles de Rougga (à l'ouest d'El Jem, Tunisie) en 1972, ce trésor de 268 sous (Solidi), mêlant pièces de Constantinople et de Carthage (de petit module), fut enfoui en 647 au moment de la première attaque arabe en Byzacène. Institut national d'archéologie et d'art, Tunis.

Solidus* byzantin et demi-dinar arabo-byzantin

Après la prise de Carthage (698), les Arabes frappent, d'abord dans la capitale africaine puis en Espagne jusque vers 716-717, des pièces d'or (dinars et demi-dinars) à l'imitation des solidi byzantins. Le type iconographique est conservé mais « déchristianisé » (la croix est remplacée par une haste pommelée). La légende en caractères latins traduit en l'abrégeant les invocations du Coran : Au nom de Dieu miséricordieux il n'y a pas d'autre Dieu que lui seul (Au droit : IN Nomine DomiNIs misERICORDIS ; au revers NIsI Non EST DeuS NISI SOLVS). Le solidus : American Numismatic Society, New York. Le demi-dinar : Bibliothèque nationale, Paris.

Maison slave à sol excavé (reconstitution)

On trouve ce type de maison dans différentes cultures slaves du Vᵉ au Xᵉ siècle. Ces maisons étaient chauffées par un poêle en pierres ou en argile (d'après P. A. Rappoport, *Drevnerusskoe žilišče* [Les Maisons de la Russie ancienne], pp. 157-158, fig. 58, Leningrad, 1975).

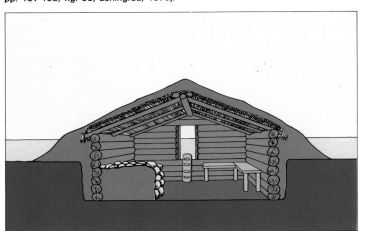

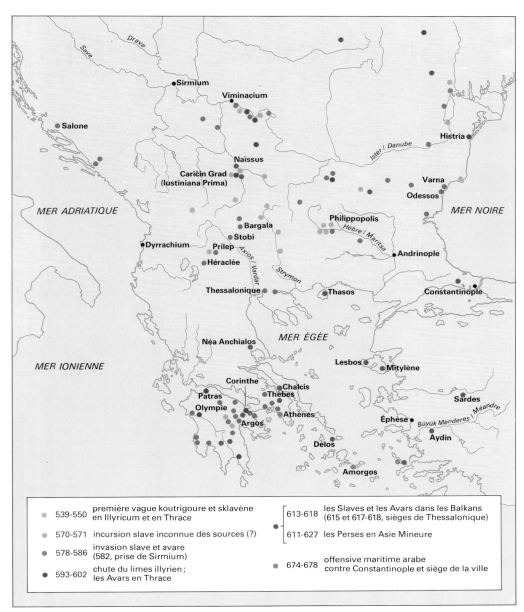

● 539-550	première vague koutrigoure et sklavène en Illyricum et en Thrace	⎰ 613-618 les Slaves et les Avars dans les Balkans (615 et 617-618, sièges de Thessalonique)
● 570-571	incursion slave inconnue des sources (?)	611-627 les Perses en Asie Mineure
● 578-586	invasion slave et avare (582, prise de Sirmium)	
● 593-602	chute du limes illyrien ; les Avars en Thrace	● 674-678 offensive maritime arabe contre Constantinople et siège de la ville

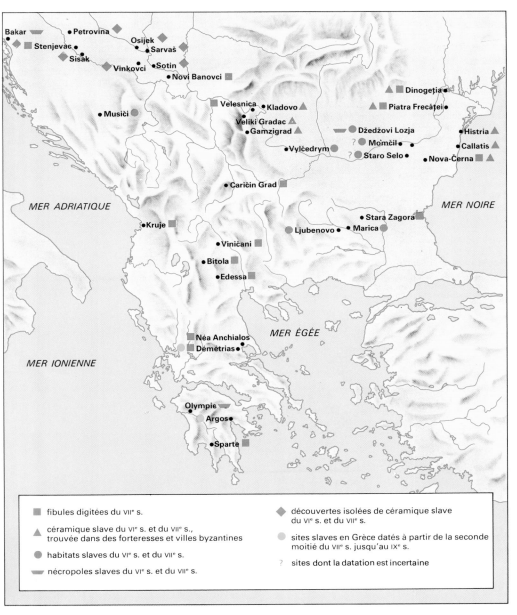

■ fibules digitées du VIIᵉ s.	◆ découvertes isolées de céramique slave du VIᵉ s. et du VIIᵉ s.
▲ céramique slave du VIᵉ s. et du VIIᵉ s., trouvée dans des forteresses et villes byzantines	○ sites slaves en Grèce datés à partir de la seconde moitié du VIIᵉ s. jusqu'au IXᵉ s.
● habitats slaves du VIᵉ s. et du VIIᵉ s.	? sites dont la datation est incertaine
▬ nécropoles slaves du VIᵉ s. et du VIIᵉ s.	

Essor et crise : la fin de Byzance

Du Xe au milieu du XIVe siècle, l'Empire byzantin a connu un essor démographique et économique marqué par la multiplication des villages et des défrichements et par le développement des villes. Après 1347, la peste mit fin à une croissance dont le rythme paraît s'être ralenti dès le début du XIVe siècle, et la conquête ottomane s'est effectuée dans un climat morose.

Les signes d'une reprise étaient apparus dès la seconde moitié du IXe siècle, avec la reconquête de provinces longtemps occupées par les Arabes et l'établissement de fortifications (villes et châteaux) en Asie Mineure comme en Italie. Ces succès furent confirmés au Xe siècle et, au début du XIe siècle, la longue guerre contre les Bulgares fut finalement gagnée. Le Xe siècle et la première moitié du XIe, qui correspondent au règne de la dynastie macédonienne, furent une époque de puissance militaire et d'efficacité administrative. Les modifications qui intervinrent ensuite dans la gestion de l'État allèrent dans le sens d'une décentralisation ; elles consistèrent en particulier à sous-traiter, dans le fisc et dans l'armée, des services auparavant directement assurés par l'État ; elles ont sans doute affaibli le pouvoir central et favorisé le démantèlement de l'Empire en 1204 (prise de Constantinople par les croisés). Mais celui-ci s'est redressé, sur une base territoriale amoindrie, et rien ne permet de supposer un déclin de la société civile avant le milieu du XIVe siècle. À cette date, l'État abandonne la frappe de la monnaie d'or dont la dévaluation avait révélé l'appauvrissement progressif du Trésor. Les espèces byzantines pèsent peu à peu refoulées par les pièces occidentales, et le niveau des échanges retombe au-dessous de celui du Xe siècle.

Il semble que l'essor ait d'abord été marqué par la reconstitution d'un réseau urbain. Il s'agit tantôt de la réhabilitation de cités antiques déchues, dont les murs ont été restaurés, tantôt de créations, l'enceinte urbaine étant ordinairement, dans ce dernier cas, de dimension modeste. On distingue presque toujours une citadelle à l'intérieur de l'enceinte. Ces villes, dont l'importance était très variable, avaient en commun leur aspect fortifié, qui les distinguait des villages, et la sûreté que leur conférait la présence d'une garnison. Elles étaient situées à une journée de voyage le long des grandes routes et, de ce fait, elles facilitaient les communications à travers l'Empire. Outre des commerçants, des artisans et de simples agriculteurs, y résidaient en général un évêque, toujours un nombreux clergé, des notables pourvus de domaines ruraux, et, dans les plus grandes d'entre elles, des fonctionnaires du fisc et de la justice.

Si la ville reste un espace à l'abri derrière des murs, les morts n'en sont plus exclus (cas de Corinthe, Thessalonique, Constantinople). Peu d'édifices publics ont été identifiés, en partie parce qu'il en existait peu, les églises en tenant le plus souvent lieu. À Corinthe, on a cru identifier, à proximité d'une prison attestée par des graffiti, la maison du gouverneur (Xe s.). Quelques thermes ont été repérés, à Thessalonique, Lacédémone... La disparition fréquente de toute voirie quadrillée a entraîné l'installation de quartiers d'habitation disposés de manière anarchique. À Corinthe, dans les maisons des XIe-XIIe siècles découvertes dans l'ancienne agora, toute une série de pièces et de resserres aux formes et aux dimensions variées se regroupent autour de cours dotées de puits et de fours. Il en va de même à Athènes, dans les habitats découverts au Céramique, à l'Agora et dans l'enceinte du temple de Zeus olympien. Chalkis (Eubée), Thèbes, Argos offrent à la même époque des maisons comparables, avec cour intérieure et parfois loggia en façade. Le quartier byzantin de Pergame, édifié au XIIe siècle, ne présente guère de différence avec les sites évoqués. Partout il s'agit d'un habitat de plan irrégulier, le plus souvent pauvrement bâti de bois et de boue plutôt que de pierre et de brique, de simples planches servant de cloisons internes, comme l'indique un acte inédit du monastère d'Iviron (mont Athos), daté de 1104. Souvent organisé autour d'une cour, il comprend généralement deux niveaux : au rez-de-chaussée, des pièces de stockage avec de nombreuses jarres fichées dans le sol (appelées *pitharia* dans les sources) ; à l'étage, l'habitation (*triklinos*). Les résidences impériales ou celles des hauts dignitaires (palais de Tekfour Saray à Constantinople, palais et résidences de Mistra) offrent un tout autre confort mais constituent une série marginale.

Les monnaies trouvées sur les sites, souvent par milliers, reflètent le destin contrasté des villes byzantines ; par-delà les différences régionales ou locales, un modèle d'ensemble se dégage : on assiste à une reprise progressive dès la fin du IXe siècle, et la prospérité est bien établie au XIe siècle, époque où l'usage de la monnaie s'étend également dans les campagnes ou sur des sites plus éloignés de la mer. L'artisanat urbain, le seul connu par l'archéologie, témoigne de l'activité renaissante des villes. À Corinthe ont été découverts des ateliers de verriers et de potiers. Le clergé, les classes aisées étaient grands consommateurs d'objets en métal, précieux ou non, et l'archéologie en porte témoignage au même titre que les textes (inventaires, *typika*, ou règlements de monastères) : reliquaires, chandeliers, luminaires, croix, revêtements d'icônes et de livres liturgiques, sans oublier les portes recouvertes de bronze dont un certain nombre, fabriquées à Constantinople par des maîtres en partie syriens, étaient exportées en Italie par une famille amalfitaine. Pour d'autres produits (textiles, boiseries), l'archéologie apporte moins que les textes.

Beaucoup de monastères étaient situés dans les villes. Les monastères ruraux restaient en étroit contact avec la ville, qui leur fournissait commanditaires et higoumènes (responsables des couvents). Les rapports entre Constantinople, Thessalonique et les monastères athonites sont bien connus, comme ceux de Saint-Luc en Phocide avec l'aristocratie thébaine. Les monastères sont d'ailleurs de petites villes derrière leur enceinte, avec de nombreuses cellules, souvent un hospice, ou une infirmerie. L'architecture de leurs églises reflète celle des églises urbaines, même lorsqu'ils sont établis dans des endroits reculés. À Saint-Luc, les plans de l'église de la Vierge (fin Xe s. ?) et du *katholikon** (début XIe s.) et le décor – sculptures en marbre et mosaïques – se comprennent mal sans une intervention constantinopolitaine. Il en va de même à Iviron et à Vatopédi au mont Athos (fin Xe s.) et à la Néa Monè de Chio (milieu XIe s.). Les monastères exerçaient, surtout en ville, une fonction charitable, et certains d'entre eux abritaient un scriptorium, mais c'est leur rôle économique qui doit être souligné. D'une part, pour un laïc aisé, fonder un monastère dont ses descendants seraient les higoumènes apparaissait comme le moyen le plus sûr de pérenniser une fortune et de s'assurer une rente. D'autre part, l'importance des donations et des privilèges consentis par les empereurs aux monastères, corrigés parfois par des confiscations, montre qu'entre le fisc et les monastères existait une étroite collaboration dont le but était de gérer l'exploitation des campagnes, d'où provenaient les produits du sol et les redevances.

Pour ce qui est des campagnes byzantines, la diversité des conditions locales, ici déterminantes, et le caractère encore partiel des enquêtes archéologiques incitent à la prudence. Le village était le plus souvent un habitat non fortifié qui groupait quelques dizaines de familles, parfois cent ou deux cents. Les maisons, peu étudiées, étaient entourées de jardins et de vergers. De ces villages ne subsistent guère que des concentrations de tessons, et peut-être le plan de la partie centrale de certains villages actuels (Rodolibos au pied du Pangée). Une enceinte rudimentaire cachée dans les collines ou une tour voisine, souvent conservées, servaient de refuge en cas de raid. Au-delà de la zone des jardins, le territoire villageois comprenait un ensemble de terroirs spécialisés. De nombreux vestiges subsistent de l'aménagement de l'espace rural par les paysans byzantins et par les grands propriétaires : des haies, souvent poussées sur des tas d'épierrage, signalant le défrichement récent (XIIIe-XIVe s.) de secteurs moins favorables ; des canaux, creusés dans le rocher ou construits, qui détournaient parfois sur plusieurs kilomètres l'eau des ruisseaux pour actionner des moulins ou pour irriguer ; des fermes fortifiées, ou métoques, où résidait le gérant d'un grand domaine. Enfin, la déforestation que l'on constate actuellement en de nombreux endroits peut, dans certains cas, être datée de la fin de cette longue époque d'essor.

Jacques LEFORT, Cécile MORRISSON
et Jean-Pierre SODINI

Achyraous, tour nord, Turquie
Forteresse bâtie par Jean Comnène (1118-1143) en Mysie sur un promontoire commandant la vallée du fleuve Macestos qu'emprunte une route nord-sud allant de la Propontide en Ionie. Elle comprend cinq tours dotées d'un parement soigné de moellons cernés de briques.

Kastellion de Libyzasda, Grèce
Mur (moellons et mortier) barrant une presqu'île, édifié semble-t-il par le monastère d'Iviron avant 1104, assurant un refuge au village du même nom (aujourd'hui Olympiada en Chalcidique orientale).

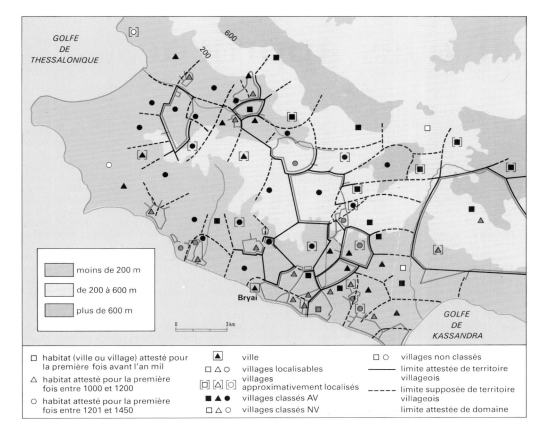

Anciens et nouveaux villages en Chalcidique occidentale

Cette carte vise à mettre en évidence, dans une région bien documentée, la Chalcidique occidentale, un des aspects les plus importants de l'histoire des campagnes byzantines : la création de nouveaux centres de peuplement entre le Xᵉ et le XIVᵉ siècle. La législation byzantine du Xᵉ siècle présente le fait comme général et nouveau : des « puissants » (fonctionnaires et dignitaires, l'Église et les monastères), et bientôt le fisc, acquièrent des domaines, qu'ils peuplent de locataires et mettent en valeur, aux limites des territoires villageois. L'évolution se fait donc d'abord aux dépens du territoire des villages, qui se rétrécit, puis des villages eux-mêmes, dont les habitants, de petits propriétaires qu'ils étaient, sont considérés, au XIIᵉ siècle, comme locataires des champs d'un domaine parmi d'autres. À un ancien réseau de territoires villageois se substitue ainsi un réseau de domaines, aux mailles souvent plus serrées, et comportant, à côté d'anciens villages, un certain nombre de nouveaux villages. Grâce aux archives conservées dans les monastères de l'Athos (publiées dans les *Archives de l'Athos*), il est possible d'estimer le nombre de ces créations dans certaines régions de Macédoine.

En Chalcidique occidentale, sur le territoire de 52 communes actuelles, les documents byzantins (IXᵉ-XVᵉ s.) nous font connaître le nom de 91 villages, dont 76, qui figurent sur la carte, sont au moins approximativement localisables. Par ailleurs, certains documents fiscaux décrivent les limites de divers domaines monastiques, le plus souvent habités, et mentionnent aussi, comme points de repère, les limites d'autres domaines et celles d'anciens territoires villageois, la distinction entre ces deux sortes de limites n'étant pas toujours facile à faire, en particulier parce que, dans les délimitations du XIVᵉ siècle, qui sont les plus nombreuses, le mot « village » (*chôrion*) est utilisé dans les deux cas. La documentation écrite fournit des attestations plus ou moins anciennes pour les divers villages, mais en général elle ne permet pas, directement, de décider si un village est ancien ou nouveau, au sens où nous employons ces mots.

Cependant, grâce à la cartographie de ces délimitations (J. Lefort, 1982), il est possible de classer la plupart de ces 76 villages en deux types, A.V. et N.V., types dont on espère qu'ils reflètent la distinction entre anciens et nouveaux villages. Deux critères ont été utilisés :
– Si l'on sait ou si l'on peut déduire que les biens d'un « village » sont, en partie ou en totalité, sur le territoire d'un autre « village », le premier est classé N.V. et le second A.V. (le premier résulte probablement de la création d'un domaine pris sur le territoire du second).
– À défaut d'informations sur ce point, si le territoire d'un « village » est exigu (d'une superficie inférieure à un seuil fixé à 5 km²) il est classé N.V., dans le cas contraire A.V. (les domaines qui ne correspondent pas à d'anciens territoires sont ordinairement moins étendus que ne le sont ces derniers). Ces critères ont des défauts et l'on ne doit pas attendre que le classement qui résulte de leur application soit dans tous les cas pertinent. Les tests auxquels nous avons pensé ont un résultat positif, mais ils sont imparfaits et l'on peut espérer qu'une prospection archéologique (visant à dater l'occupation des sites et à retrouver les limites des anciens territoires) permettrait de corriger ce classement. Si provisoirement on lui reconnaît certaine valeur, quelques remarques peuvent être proposées.

Il semble que nous connaissions presque entièrement le réseau des anciens villages (49, en noir sur la carte). On notera l'absence de tout ancien village au bord de la mer (l'exception apparente, Bryai, est une ville fortifiée par l'armée) et l'existence de villages engagés dans la montagne, ce qui suggère que l'insécurité a joué un rôle dans les localisations. La plupart des villages sont au piémont et leur territoire associe une partie plane, cultivable, et un versant, réserve de pâture et de forêt ; dans la plaine côtière, on note une seconde ligne de villages, en aval de la première. Les territoires sont très vastes, presque toujours supérieurs à 10 km².

Nous ne connaissons que très partiellement le réseau des nouveaux villages (en rouge sur la carte), au hasard des archives monastiques conservées. Sur 22 territoires d'anciens villages sur lesquels nous sommes au moins en partie informés, on compte 23 nouveaux villages, ce qui conduit à penser que, dans cette région, le nombre des villages a doublé entre le Xᵉ et le milieu du XIVᵉ siècle (date à laquelle la grande peste entraîne l'abandon d'une quinzaine de sites au moins). Les nouveaux villages n'étant, d'après les recensements conservés, ni plus ni moins peuplés que les anciens – quelques dizaines de feux en moyenne –, ce doublement du nombre des villages paraît mesurer l'essor démographique entre le Xᵉ et le XIVᵉ siècle. La localisation des nouveaux villages est notable : ils sont le plus souvent en aval des anciens villages, vers le centre de la vallée au nord, près de la mer au sud, plus rarement en amont, sur un replat du versant mis en culture. On peut penser que dans un premier temps (Xᵉ-XIIᵉ s.) les nouveaux villages ont été créés surtout vers l'aval, sur de bonnes terres jusque-là incultes parce qu'éloignées des villages, et que, lorsque la pression démographique eut augmenté (vers le XIIIᵉ s.), d'autres villages furent installés, en amont, sur de moins bonnes terres.

Ces créations de nouveaux villages, qui s'inscrivent dans le cadre d'une sécurité retrouvée et d'un essor démographique, manifestent l'expansion de l'économie rurale byzantine au XIᵉ siècle. Bien que peu d'entre eux subsistent aujourd'hui (le réseau des anciens villages a été plus stable), ce sont ces nouveaux villages qui ont achevé, par les défrichements dont ils ont été le centre, la mise en place du paysage actuel.

Jacques LEFORT

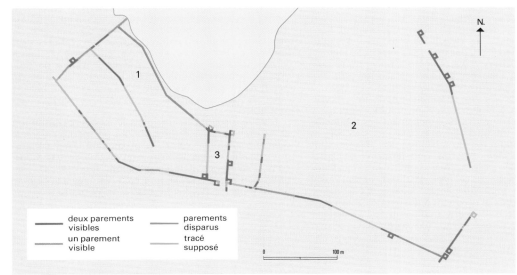

Plan de la ville de Chrysoupolis, Grèce

La ville a été fondée près de l'embouchure du Strymon avant la fin du Xᵉ siècle dans une enceinte de dimensions modestes (1). La partie orientale (2), à l'est de la citadelle (3), est une extension datable du XIVᵉ siècle. Le site a été abandonné au début de l'époque ottomane. On peut distinguer cinq types de maçonnerie et quatre étapes dans la construction des murs.

Porte ouest de la ville de Zichna, Grèce

La première mention de la ville est de 1216. Occupant un éperon étroit sur la route Serrès-Amphipolis, la ville s'est déplacée à l'époque ottomane. La porte était ornée d'un arc à voussoirs alternés de pierres et de briques, dont subsistent les départs.

Pergame, plan d'un quartier byzantin (XIIᵉ-XIVᵉ s.)

Sous le règne de Manuel Iᵉʳ (1143-1180), époque où l'on recommence à fortifier les places frontières, Pergame, alors repliée sur le haut de l'acropole, est agrandie ; l'activité de construction se poursuit jusque sous le règne de Michel VIII (1259-1282). Les fouilles de l'Institut archéologique allemand ont découvert, sur le flanc de l'acropole, des bâtiments agricoles, en forme de L, ouverts sur la vallée. Ils seront plus tard divisés par des murs de mauvaise qualité pour répondre à l'arrivée des réfugiés poussés par l'avance ottomane. Après la prise de la ville, au début du XIVᵉ siècle, l'habitat se déplace dans la plaine. Mais, sur les décombres de l'agglomération ancienne, s'élève un nouvel établissement (non représenté sur le plan), pourvu d'une chapelle, indice de l'existence d'une communauté chrétienne jusqu'à la fin du XIVᵉ siècle (d'après K. Rheidt).

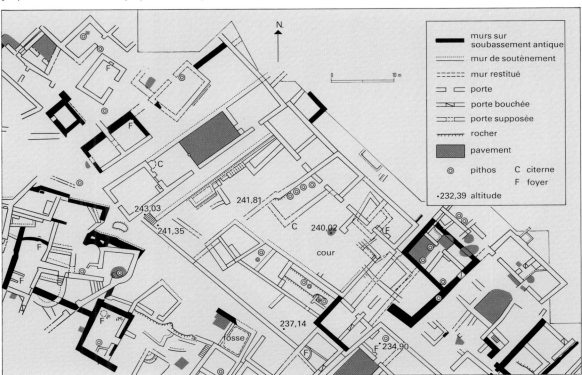

La céramique : nouvelles approches

Notre connaissance de la céramique byzantine est très en retard par rapport à celle que nous avons de domaines scientifiques voisins. Souvent négligée dans les fouilles, elle n'a guère participé à l'essor de l'archéologie à la fin du XIXᵉ siècle. De plus, beaucoup parmi les grands sites fouillés n'en étaient guère « porteurs ». Delphes, Olympie, d'autres encore étaient quasi abandonnés à la période qui nous intéresse ici. Les premières publications sont donc dispersées et fragmentaires, faisant connaître du matériel souvent de qualité, conservé avec de rares exceptions dans les musées, et qui provient de la Russie méridionale, de l'Asie Mineure occidentale – en particulier de Constantinople –, de Grèce dans une moindre mesure. La synthèse de ces premières recherches est faite en 1930 par le livre de D. Talbot Rice, *Byzantine Glazed Pottery*, à qui les fouilles menées sur le site du Grand Palais de Constantinople* fournissent un matériel élargi. Bien que ses classifications et ses conclusions doivent être considérées dans l'ensemble comme largement dépassées, elles restent toujours utilisées et c'est lui qui a fourni le point de départ aux recherches les plus récentes. Un tableau plus large est donné par la publication des fouilles de Corinthe. Pendant longtemps, et dans une certaine mesure encore maintenant, ce sont les cadres ainsi définis qui ont servi de référence pour les chercheurs qui, sans être spécialistes, rencontrent cette céramique et la publient. Depuis quelques années seulement, on assiste à une tentative de renouvellement qui part d'observations sur des ensembles bien déterminés et qui essaie en même temps de définir d'autres critères que ceux qui étaient utilisés jusque-là. On prend en compte la composition de l'argile utilisée pour essayer de déterminer l'origine des poteries. On essaie, grâce à la méthode précédente, mais aussi en étudiant la répartition de tessons ou vases caractéristiques, de définir la production de certains centres et leur aire de dispersion. Précisons encore que nous excluons de notre étude la céramique qui, pendant les premiers siècles de l'Empire byzantin, continue la tradition de l'époque romaine, en particulier les formes les plus tardives de *late-ware*.

Comme dans d'autres civilisations, il existe dans le monde byzantin une céramique où l'argile du vase n'est pas cachée par aucune couverte* : récipients utilisés pour stocker certains produits, récipients destinés à la cuisson des aliments, parfois cruches ou formes analogues. Dans notre domaine, elle a été particulièrement négligée par les archéologues et nous savons fort peu de choses sur son évolution. L'histoire de la céramique byzantine se confond avec celle de la glaçure*, ou plus exactement avec l'histoire de cette technique à partir de sa redécouverte puisque, comme nous le verrons plus loin, elle était déjà connue dans l'Antiquité. C'est bien le terme de glaçure qu'il convient d'employer (et non céramique émaillée, ou vernissée, ni évidemment faïence) pour désigner une céramique de terre cuite recouverte d'un mélange où entre de la silice et, dans le cas qui nous occupe, de l'oxyde de plomb qui abaisse la température de fusion de la silice ; on peut y ajouter, à titre de colorant, d'autres oxydes métalliques. Cette composition a l'avantage par rapport à d'autres techniques connues depuis bien plus longtemps (Égypte, Proche-Orient) de permettre une excellente adhérence de la glaçure à l'argile.

C'est à l'époque hellénistique qu'elle apparaît, en Syrie, pour se développer à l'époque romaine où elle est utilisée souvent pour des vases qui imitent, par la forme et la couleur, des récipients de métal. Cette technique disparaît au Bas-Empire, mais moins longtemps qu'on ne l'avait cru : elle est encore attestée à Athènes vers 360 et reparaît au plus tard au début du VIIᵉ siècle (à Caričin Grad*, quelques tessons et une petite tête féminine en terre cuite). La glaçure est alors de bonne qualité, mais d'une couleur sombre due sans doute à une température de cuisson insuffisante. Des fragments de date analogue, début du VIIᵉ siècle, ont été trouvés dans des fouilles récentes à Istanbul.

Sans entrer dans les détails, voyons les différentes techniques de décor qui peuvent s'ordonner chronologiquement. En dehors d'une glaçure monochrome sans autre décor, qui a survécu pendant des siècles, plusieurs techniques ont été utilisées principalement. Le décor à estampage d'abord : un ensemble important, récemment découvert à Istanbul dans un remblai homogène daté du Xᵉ siècle, contient essentiellement des fragments et des vases complets décorés par ce procédé et recouverts ensuite par la glaçure ; les formes sont diverses, aussi bien ouvertes que fermées. Quelques fragments peints, polychromes, confirment l'existence à la même période de ce type de décor, exceptionnel dans le monde byzantin par sa richesse. Cette même technique a permis la production d'icônes en céramique et de plaques de revêtement architecturales. Grossièrement contemporaine, existe une céramique dite à peinture brune et verte, avec des motifs irréguliers, parfois de simples taches, car les pigments employés coulent sous la glaçure plombifère (Xᵉ-XIᵉ s.). À partir de la fin du XIᵉ et surtout au XIIᵉ siècle, le décor le plus répandu est le sgraffito et les variantes de ce procédé. Le récipient est recouvert d'un engobe* blanc, dans lequel, avec une pointe ou une gouge, on incise des motifs plus ou moins fins, plus ou moins complexes. Le tout est recouvert d'une glaçure colorée, mais transparente, ce qui crée un contraste de couleur entre un fond clair et un motif sombre, là où l'argile et la glaçure sont en contact. Cette technique dure jusqu'au XVᵉ siècle et au-delà. Parfois un effet bichrome est obtenu de manière inverse : un engobe épais dessine des motifs sur l'argile, si bien que la glaçure prend une couleur sombre sur le fond (*slip-painted*).

Les problèmes soulevés par l'origine et la circulation des vases sont encore à peine élucidés. Quelques éléments d'information commençant à se dégager, deux sinon trois systèmes semblent se superposer ; d'abord un commerce à longue distance : sans compter même la présence d'objets extérieurs au monde byzantin (céramique provenant de Méditerranée occidentale, céramique chinoise même – quelques fragments de céladon), on a repéré l'existence de quelques variétés qui se diffusent sur une large part du territoire de l'Empire, comme une céramique du XIIIᵉ siècle, relativement fine, qu'on appelle *Zeuxippos-ware*. À l'autre extrême, on sait que des vases sont produits localement et ne circulent pas loin de leur lieu de production, tout en imitant parfois des variétés plus lointaines. Entre ces deux cas extrêmes, certaines formes ne sont pas confinées dans leur lieu de production proprement dit ; mais leur aire de diffusion paraît relativement restreinte. Des analyses qui ont été faites ne démentent pas ces hypothèses, encore très provisoires.

Il reste à souligner que, dans le monde byzantin, on ne retrouve pas les techniques qui ont permis, dans le domaine islamique voisin, la production d'une céramique originale et conçue comme un produit de luxe. C'est, dans l'ensemble, une production modeste et son utilisation au XVᵉ siècle, à la cour, est signalée comme un symbole de la grande misère de l'Empire.

Jean-Michel SPIESER

Coupe trouvée à Corinthe, XIIIᵉ siècle

Exemple d'une technique de décor, que, par analogie, on peut appeler « champlevé » et dont le principe est le même que celui du sgraffito : opposition de couleur entre les parties où la glaçure recouvre l'engobe et celles où elle est en contact avec l'argile. Mais ici, dans le médaillon central, le motif, réservé, se détache en clair sur le fond. Le sujet, une princesse, reconnaissable à sa couronne, assise sur les genoux d'un homme, est sans doute tiré d'une épopée byzantine. Musée de Corinthe.

Coupe trouvée à Corinthe, XIᵉ siècle

Cette coupe appartient à un genre de céramique qui paraît produit à Corinthe dans la seconde moitié du XIᵉ siècle. Les motifs utilisés, décor géométrique, lettres coufiques, auxquels s'ajoutent exceptionnellement comme ici des oiseaux, montrent une inspiration venant du monde islamique. Ils sont exécutés dans une peinture brun-rouge sous une glaçure d'excellente qualité. La diffusion de cette production corinthienne semble être limitée au Péloponnèse (des fragments ont été découverts à Sparte). Musée de Corinthe.

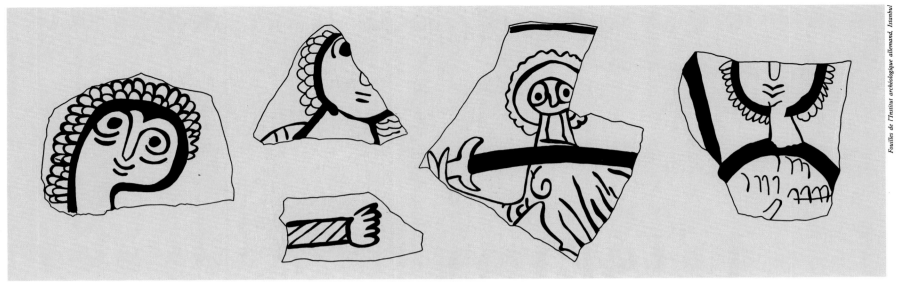

Fouilles de l'Institut archéologique allemand, Istanbul

Fragments de coupes trouvés à Pergame, XIIIᵉ siècle

Cette série de dessins, grandeur nature, montre l'état dans lequel on retrouve souvent la céramique dans une fouille. Sur ces fragments étaient représentés des personnages, décor relativement rare. On notera bien sûr la schématisation des traits qui nous éloigne de l'art byzantin officiel tel qu'il nous apparaît dans la plupart des monuments picturaux conservés. Ces fragments appartiennent à un ensemble bien caractérisé par d'autres éléments du décor : glaçure jaune pâle à vert pâle avec des taches plus sombres, qui soulignent parfois le décor en sgraffito.

Dessin d'une coupe trouvée à Pergame, XIIIᵉ siècle

Suivant les conventions, la partie droite montre le profil, obtenu par une coupe à travers le vase ; la partie gauche figure l'extérieur. Le décor est représenté vu de haut : les bandes incisées sur la lèvre sont juste amorcées ; le médaillon central est quasi complet. Le point de départ des bandes sur le profil indique l'emplacement réel sur le vase. On voit les traces d'arrachement laissées par la pernette*. Le dessin, loin de n'être qu'un équivalent de la photographie, est la première étape d'une représentation abstraite et codifiée qui aboutira finalement au classement de l'objet dans une série. Il permet d'isoler, de décomposer et de comparer certains éléments sans que la perception soit détournée par la complexité des qualités de l'objet réel.

Fouilles de l'Institut archéologique allemand, Istanbul

Fouilles de l'Institut archéologique allemand, Istanbul

Fragment de coupe trouvé à Pergame, XIIIᵉ siècle

Même technique de décor que les tessons à représentation humaine dessinés ci-dessus, malgré la différence des couleurs de glaçure due à la présence d'oxydes différents. Mais la coexistence d'un ensemble abondant de tessons à taches brun-jaune et d'exemplaires isolés à taches vertes, comme celui-ci, indique que ce dernier a sans doute été fabriqué ailleurs. Son argile plus fine suggère la même conclusion.

« Raté de cuisson »

On distingue clairement deux fonds de vase collés l'un sur l'autre, ce qui indique, de même que la couleur sombre de l'argile et la déformation des pièces, une température de cuisson excessive. Ces rebuts, encore appelés loups, sont en général trouvés à proximité des fours où ils ont été cuits. Cette découverte est particulièrement importante puisque, à Pergame, les fours médiévaux n'ont pas été retrouvés : la preuve de l'existence d'une production locale a pu être apportée de cette manière.

Cruche trouvée à Pergame, XIIIᵉ siècle

Exemple d'un récipient sans glaçure. Ces vases d'usage courant ont peu évolué dans leurs formes au cours des siècles et il est souvent difficile de les dater quand le contexte archéologique ne le permet pas. Il existe des vases à glaçure de forme analogue ; la raison du choix de l'une ou l'autre technique n'est pas claire, mais il ne s'agit pas simplement d'une question de qualité : la porosité d'une cruche sans glaçure permet à l'eau qu'elle contient de rester plus fraîche.

Fouilles de l'Institut archéologique allemand, Istanbul

Jarre, XIIIᵉ siècle

Cette grande jarre est recouverte d'une sorte d'engobe auquel est mêlée de la poussière de mica, ce qui lui donne un aspect légèrement brillant. Elle partage cette particularité avec une série de vases fermés également décorés de motifs très simples tracés avec une peinture rouge. Le décor en relief, d'une facture soignée, est exceptionnel pour un vase de ce type. Il permet un rapprochement avec quelques grandes coupes à glaçure, également trouvées à Pergame, et décorées de la même manière.

Fouilles de l'Institut archéologique allemand, Istanbul

L'Islam

Une véritable archéologie de l'Islam ne s'affirme guère avant le deuxième quart du XXᵉ siècle, c'est-à-dire très tardivement par rapport à l'archéologie des civilisations antiques ou des mondes orientaux. Mais cet apparent retard ne saurait masquer la longue histoire de la découverte des documents matériels qui renseignent sur la vie du monde islamique. On doit d'abord s'interroger sur l'intérêt que les musulmans eux-mêmes ont porté à leur patrimoine, et recourir au témoignage des textes que leurs auteurs anciens nous ont légués. On sait également que l'histoire de l'Islam est liée depuis plus de douze siècles à l'histoire du monde occidental. Aussi le développement d'une archéologie musulmane est-il en partie le reflet des liens qui unirent l'Europe et l'Islam.

L'intérêt des archéologues ne cesse de se porter aujourd'hui vers les témoignages que constituent les œuvres des polygraphes, des historiens ou des géographes. Sans doute bien des notices que nous leur devons sont-elles très sommaires et stéréotypées : elles se bornent à mentionner presque rituellement une « belle » ville, « bien » défendue, munie de « beaux » monuments. Parfois, cependant, une description singulièrement précise ou même une simple mention sont le plus précieux des guides pour l'étude d'un monument ou la conception d'un programme de prospection*. Ainsi, au XIᵉ siècle, al-Bakri* livre-t-il une *Description* de l'Afrique conçue comme une collection d'itinéraires accompagnée de quelques notices sur des villes, des ethnies ou des émirats remarquables ; c'est dans de tels ensembles, au premier abord peu utilisables, que l'archéologue apprend, par exemple, que des vitraux ornaient la grande mosquée de Sabta (Ceuta) ou encore qu'un palais existait au voisinage de cette ville : ces deux informations ont permis de situer la naissance de deux éléments importants de l'architecture marocaine.

Mais il est aussi des textes très précis. Au XIIᵉ siècle, al-Baidaq, chroniqueur des Almohades, livre une liste détaillée des forteresses élevées par les Almoravides pour s'opposer à l'irruption de leurs successeurs dans les plaines atlantiques du Maroc. Au XIVᵉ siècle, un voyageur oriental visitant l'Islam d'Occident livre à propos de Fès une description des modes de construction et de l'agencement des maisons ibéro-maghrébines vers le milieu du siècle. De telles informations ont été parfaitement recoupées par nos recherches les plus récentes à Fès comme à la nécropole mérinide de Chella, aux portes de Rabat, ou sur les sites du détroit de Gibraltar. Cette confrontation démontre assez la valeur d'un tel texte pour qu'on puisse situer au Moyen Âge la naissance au sein de l'Islam d'une véritable archéographie*.

Bien d'autres genres littéraires contribuent à son développement. Ainsi, à la même époque, un recueil de vies de saints du Rif, en bordure de la Méditerranée, le *Maqsad* d'al-Badisi, nous fournit-il une excellente série de notations sur la côte et sur la navigation. On peut ainsi confronter les arsenaux que nos travaux découvrent à la description des forêts, aujourd'hui disparues, qui fournissaient le bois nécessaire aux chantiers navals. On sait de même ce qu'exportaient les sites portuaires retrouvés avec l'aide de ces textes par l'archéologie de terrain. L'archéologue, lorsqu'il prend en compte ce type de document, contribue à l'histoire économique des pays qu'il soumet à son analyse : là encore, textes anciens et recherche contemporaine se vérifient et se complètent.

Bien d'autres textes anciens s'offrent de même à notre étude. Nous n'en retiendrons que trois exemples. La *Description de l'Afrique* (publiée en 1550) de Jean-Léon l'Africain* est d'une inépuisable richesse. Elle livre, par exemple, l'image d'une répartition des agglomérations où figurent maints sites disparus à la fin du Moyen Âge : les prospections les plus modernes ne se conçoivent pas sans de tels guides. Pour un site que nous avons fouillé près de Sabta, une description contemporaine de la conquête européenne, celle d'al-Ansari, nous fournit une description minutieuse de la région : la comparaison de ce qu'apprend le texte sur la microtoponymie*, par exemple, avec les traditions orales a beaucoup apporté à l'étude des structures rurales que nous avons tentée. Mais certains textes font eux-mêmes ce travail de confrontation : un ouvrage d'un érudit de Salé (Maroc), rédigé au début de l'âge colonial, le *Kitab al-Istiqsa*, fournit d'utiles précisions sur la madrasa mérinide de Salé et sur la fontaine qui jouxte son entrée ; un artisan qui avait fouillé l'alimentation en eau de cette fontaine pour la remettre en état avait noté que les vestiges mis au jour ressemblaient à d'autres ouvrages mérinides qu'il avait pu observer. Cet avis, recueilli par l'auteur, a contribué à dater ce petit monument.

Il serait ainsi faux de croire que l'intérêt des pays islamiques pour leur patrimoine n'est qu'une conséquence tardive des apports de la science occidentale. Ces quelques exemples pris dans le monde hispano-maghrébin et l'usage qu'on en peut faire démontrent clairement que dès le Moyen Âge de précieux documents avaient été établis par les auteurs musulmans.

On ne saurait cependant nier l'existence d'une archéographie de l'Islam due aux voyageurs, aux dessinateurs ou aux cartographes venus de la Chrétienté. À la fin du XVIIIᵉ siècle, la campagne d'Égypte marque, par le travail des savants qui accompagnaient Bonaparte, les débuts d'une véritable archéographie scientifique. Bien des planches de la *Description de l'Égypte* qu'elle suscite sont des documents d'une rare valeur. Mais cette entreprise, qui indique le passage de l'enregistrement presque accidentel des informations au travail systématique de collecte, ne se comprend que si l'on se souvient de très nombreux documents qui l'ont précédée.

Une recherche qui s'achève étudie à propos du site de Tyr le témoignage des voyageurs français en Orient méditerranéen. L'image qu'ils nous livrent est en fait tributaire du contexte des relations islamo-chrétiennes. Néanmoins, une meilleure vision des terres parcourues se dégage peu à peu. Le pèlerinage vers les Lieux saints et les terres de croisade est le premier moteur de la découverte des « infidèles » ; le pèlerinage lui-même évolue ; cette manière de « tour » organisé d'abord par Venise élargit ses objectifs : envoyés des princes ou commerçants parcourent l'Orient. Leur curiosité se développe et, au début de l'époque contemporaine, elle les porte vers les documents matériels de l'histoire. L'intérêt pour les vestiges archéologiques est tardif et plus encore celui que l'on témoigne envers l'Islam longtemps éclipsé par les civilisations plus anciennes. Un changement de mentalité ne s'est pas moins réalisé chez les Occidentaux confrontés à l'Islam : nous lui devons nombre d'utiles témoignages, même s'ils proviennent d'archéologues occasionnels.

La richesse des descriptions volontaires ou fortuites que donnent ces notes de voyage est indéniable. Sans doute ne peut-on rappeler sans sourire les notations très superficielles et combien subjectives de visiteurs d'Isfahan : la capitale séfévide apparaît aussi bien comme un « grand village malpropre » que comme « le modèle du joli » (Tavernier et Gobineau). Les documents graphiques sont souvent plus riches d'informations : une série de gravures des *Civitates orbis terrarum*, souvent reproduite aux XVIᵉ et XVIIᵉ siècles, fournit une vision irremplaçable de villes et, en

**Cerf en bronze
d'époque califale andalouse, Xᵉ siècle**

Il semble que l'Occident se soit d'abord intéressé aux « objets »
et ensuite à l'architecture de l'Islam. Peut-être est-il temps de les
redécouvrir et d'unir leur témoignage aux plus récentes trouvailles
d'une archéologie plus soucieuse d'histoire, car elle fonde désormais ses conclusions sur l'ensemble des documents matériels ou
écrits. Une telle pièce reste le symbole d'un monde lié aussi bien
à l'Orient qu'à l'Occident, plus riche d'œuvres profanes qu'on ne
l'avait cru, et qui trouve son unité dans un Islam encore vivant.
Musée archéologique de Madrid.

particulier, de ports : leur analyse jointe aux notations des textes a, par exemple, permis de situer et de décrire bon nombre d'arsenaux islamiques (*dar al-sina'a*), établis des rives de la Méditerranée à celles de l'Atlantique. Cette abondante série de documents graphiques s'achève par les gravures romantiques et par les relevés d'ingénieurs, encore trop peu exploités. Certaines collections sont riches, comme celle des Archives générales de Castille ou les fonds venus de l'armée française : d'excellents relevés montrent l'existence, du XVIᵉ au XXᵉ siècle, d'une archéographie presque scientifique de l'Islam, où l'image complète utilement le texte des rapports ou des enquêtes.

C'est, comme on l'a dit, le début de l'expansion européenne en Orient qui marque la naissance d'une archéographie véritablement scientifique. Mais celle-ci se développait alors même qu'en Europe s'affirmait une science aussi sûre de son universel bon droit que de sa vérité. Dans l'orientalisme, l'intérêt pour le patrimoine archéologique de l'Islam ne se manifestait guère. L'archéologie de l'Islam eut ainsi une naissance tardive. Sans doute bénéficia-t-elle de l'acquis des autres disciplines archéologiques ou islami-santes ; mais celles-ci lui transmirent aussi des idées reçues qui n'aidèrent guère à sa constitution.

Les sites de l'Islam primitif sont riches de vestiges qui rappellent les traditions héritées de l'âge préislamique des terres conquises : les « châteaux du désert » ou une ville royale comme celle d'Anjar, au Liban, passèrent d'abord pour des sites romains ou byzantins. Aussi bien avait-on « défini » la ville islamique selon le modèle commode, plus accessible sans doute, des souks (*suqs*) contemporains ; un urbanisme à *insulae* ne pouvait donc être qu'antique. Et pourtant, parallèlement, l'usage par le père Poidebard* de la photographie aérienne marquait l'ouverture de l'archéologie islamique aux techniques les plus récentes. Cette contradiction est caractéristique de cette science naissante.

Les « châteaux du désert », ces fondations contenues dans une enceinte barlongue flanquée de tours semi-circulaires, évoquèrent d'abord pour les chercheurs les *castella* préislamiques. Tous étaient pourtant étrangers par leur forme même à ce modèle. On chercha une autre explication : les Arabes nomades avaient un besoin incoercible de retourner au désert, ils avaient donc élevé ces résidences paradoxales. Cependant, bon nombre de ces « châteaux » n'étaient pas implantés en site désertique ; seule une fouille plus moderne permit de les définir vraiment. On doit citer, à ce propos, les travaux de D. Schlumberger, de R. W. Hamilton et, plus récemment, ceux de l'émir Chehab ou d'Oleg Grabar. Daniel Schlumberger découvrit en Syrie, avec Qasr al-Hayr al-Gharbi, comme en Afghanistan, avec Lashkari Bazar, que ces résidences s'intégraient à de vastes programmes de mise en valeur du territoire. Qasr al-Hayr al-Gharbi s'inscrivait dans un complexe de mise en culture de la steppe palmyrénienne : à partir d'un barrage antique, un réseau d'irrigation desservait palais, jardin et caravansérail ; ces travaux confirment, avec la fouille d'Oleg Grabar à Qasr al-Hayr al-Sharqi, le rôle de centre de colonisation de ces « châteaux » qui sont souvent des ensembles d'édifices très divers. Hamilton nous a donné très tôt l'analyse de l'un d'eux, Khirbat al-Mafjar, riche d'un bain de très vastes dimensions. Par sa fouille d'Anjar, l'émir Chéhab a confirmé, après les travaux de Jean Sauvaget, que la ville islamique créée de toutes pièces restait, comme ses monuments, fidèle aux schémas de l'urbanisme et de l'architecture hellénistiques. Ainsi, en cinquante ans, l'archéologie islamique avait-elle, en comblant son retard,

démontré l'intérêt de son propos. Les documents matériels qu'elle a livrés ont éliminé bon nombre de clichés hérités d'un certain orientalisme. Enfin ces travaux marquent les débuts de prospections conçues sur de plus vastes programmes. Délaissant parfois le monde des palais, des mosquées et des villes, elle permettent de mieux connaître aujourd'hui les organes de l'économie, les productions d'un artisanat plus soucieux du quotidien que de l'art ou encore les structures du monde rural.

De tels projets sont sans doute nés aussi d'une série de remarquables prospections qui marquèrent assez vite, au contraire des premières fouilles, une réelle avance de l'archéologie islamique sur ses rivales. Presque toutes les régions du monde musulman furent l'objet, à l'époque coloniale, d'assez vastes entreprises systématiques. Les travaux consacrés au Caire sont un premier exemple des irremplaçables collections de monographies nées de ces recherches. Mais on ne saurait oublier les *surveys* (prospections) britanniques de l'Inde ou encore celles que menèrent A. U. Pope en Iran ou A. Gabriel en Anatolie. Ce désir d'établir une mosaïque de monographies qui semble les avoir guidés inspira de même K.A.C. Creswell dont on utilise toujours les énormes in-folio : *Early Muslim Architecture* ou *Muslim Architecture of Egypt* restent des « classiques » de l'archéologie du monde musulman.

Des projets plus nuancés ont marqué le développement de la recherche dans les pays islamiques d'Occident. Leopoldo Torres Balbás*, Georges Marçais* ou Henri Terrasse* ont mené de vastes prospections méthodiques, urbaines ou rurales, qui ont fait connaître très vite bon nombre de documents relatifs au monde ibéro-maghrébin. Mais cette collecte a toujours été menée dans le souci d'aboutir par la confrontation constante des documents archéologiques et des sources textuelles à de véritables synthèses historiques. Leurs travaux, comme ceux que Jean Sauvaget consacra à Alep, fondent l'archéologie moderne que mènent désormais conjointement chercheurs des pays d'Islam et archéologues occidentaux. Cette communauté de programme marque à coup sûr une nouvelle étape des relations entre « Orient » et « Occident » où elles s'insèrent : nous tenterons d'en décrire les apports. Mais elles nous apparaissent dès l'abord comme l'ultime forme d'une démarche séculaire.

Michel TERRASSE

La ville islamique : madina, quartier, agglomération

Si l'archéologie contemporaine contribue à renouveler l'image de tel ou tel type monumental islamique, elle permet surtout de redécouvrir le cadre de vie, rural ou citadin, de la communauté des croyants. Mais si les méthodes qui permettent d'étudier les structures campagnardes de l'Islam sont assez proches de celles qui sont mises en œuvre pour l'archéologie d'autres civilisations, l'approche de la vie urbaine en Islam relève d'une recherche originale puisqu'elle vise un tissu urbain vivant, des rues, des maisons ou des monuments qui ont conservé leur fonction originelle. Une longue évolution peut être ainsi retracée en se fondant certes sur les documents qui servent généralement à l'archéologue, mais en tenant compte aussi du poids exceptionnel que représentent des architectures parfaitement conservées en élévation qui vivent encore parfois – on l'a dit – du besoin qui les fit naître.

Mais s'il fallait dresser un bilan rapide des plus récentes prospections* des villes d'Islam, celui-ci devrait d'abord, par-delà les stéréotypes usuels que suscite la *madina* (la ville), le plus souvent inscrite dans son cadre de remparts, rendre compte de la diversité des sites, des fonctions et de l'urbanisme dans les pays islamiques. Il n'est plus de ville figée comme on en imaginait en corollaire de l'affirmation que l'islam, religion de citadin, ordonnait des cités selon un modèle immuable autour d'une grande mosquée et des quartiers commerciaux ou des fondations officielles qui la jouxtaient. Si, par ailleurs, de vieilles cités comme Fès présentent un lacis de ruelles adaptées à un site pentu, lacis qui est aussi le reflet d'une longue histoire, nous savons que des plans aux tracés orthogonaux ont souvent existé dans des villes réoccupées, comme Damas, ou dans des villes créées *ex novo*, ce que les fouilles d'Anjar (Liban) ont démontré de manière éclatante. Le dégagement d'un quartier élevé au XIVe siècle près de Rabat (Maroc) dans la ville funéraire de Chella démontre, avec la longue survivance de ces schémas réguliers, la réelle variété d'organisation du tissu urbain en terre d'Islam.

Il convient aussi de souligner que, si partout la ville dépend du site qu'elle occupe, un éperon barré comme Tolède ou un site de plat pays comme Samarra déterminant des types urbains très différents, le poids des traditions régionales comme celui des échanges entre régions apparaissent de plus en plus clairement. Un autre stéréotype, celui de la ville ronde abbasside du

calife al-Mansur à Bagdad, retrouve ainsi sa juste place. Ses antécédents : la longue série des villes rondes asiatiques – Firuzabad par exemple – est connue, de même que la diffusion de ce plan lorsque pouvoir abbasside puis invasion saldjuqide du Xe au XIIe siècle intensifient le contact des provinces méditerranéennes avec l'Asie islamique. Nos plus récentes recherches ont montré qu'une ville ronde d'une centaine d'hectares, al-Mansuriya, avait été fondée aux portes de Kairouan dans la seconde moitié du Xe siècle par les Fatimides ifriqiyens. Une ville du XIIe siècle vient d'être fouillée sur la rive sud du détroit de Gibraltar, Qasr al-Saghir : elle présente la même organisation circulaire. Une prospection menée en Vieille-Castille, à Madrigal de las Altas Torres, m'a révélé le même plan pour la péninsule Ibérique reconquise au XIVe siècle. Ainsi, des terres où s'étaient le mieux conservées et exprimées les traditions hellénistiques apparaissent-elles désormais ouvertes aux influences venues de l'autre moitié du monde islamique, celui des terres d'Asie.

La prospection nous rend aujourd'hui sensibles à une autre dimension de la ville : pour peu que l'on confronte aux textes anciens les données de l'observation aérienne, de la photogrammétrie* et de la prospection terrestre, la notion d'agglomération s'impose. De vastes étendues bâties sont ainsi connues à Delhi (Inde) ou à Lashkari Bazar (Afghanistan), aussi bien qu'à Samarra, à Cordoue ou à Kairouan. Pour cette dernière, nous savons maintenant que si la madina a beaucoup évolué, laissant la mosquée de la conquête et la première artère commerçante en positions très marginales, elle le doit à trois villes princières qui se développèrent au sud de la fondation primitive. Al-Abbassiya et Raqqada dès le IXe siècle et surtout la ville ronde al-Mansuriya ont fait dériver vers des zones nouvelles toute l'activité économique de Kairouan. Un aqueduc de quarante kilomètres qui relie cette agglomération à d'anciens captages romains en est comme le signe : par les sites de son agglomération, où l'on découvre des vestiges de l'Antiquité tardive, Kairouan, métropole tunisienne, apparaît autant liée aux plus anciennes traditions locales qu'aux plus lointaines influences islamiques. L'archéologie le démontre : paradoxalement, ni l'Islam ni la naissance de l'hétérodoxie fatimide n'avaient entraîné de rupture.

Il faut souligner également l'intérêt que suscite le cadre de vie des citadins et la variété qui là encore

apparaît. On notera par exemple la longue série des villes moyennes qui sont étudiées : de Yazd en Iran à Talavera en Espagne ou Salé au Maroc en passant par Kouch en Égypte, c'est l'organisation même du quotidien que l'archéologie révèle. La valeur du quartier comme témoin des divers aspects de l'économie de la cité aussi bien que des origines ethniques de ses habitants ou encore de son union avec le faubourg pour l'histoire du développement de la ville est très clairement démontrée. Une cartographie précise confrontant toutes les informations recueillies à partir du terrain ou des textes vient de mettre en lumière l'importance que prirent au XIIIe siècle les faubourgs d'Alep et singulièrement ceux des Turcomans. À Salé ou à Fès, la structure de la vie des quartiers apparaît dans toute sa richesse avec ses maisons, ses oratoires, ses bains et ses écoles. À Talavera, le même faubourg semble d'âge en âge réservé aux minoritaires ou aux gens de condition modeste : il abrite successivement les chrétiens mozarabes sous l'Islam, les musulmans mudejars après la Reconquête puis, de plus en plus, des ruraux. On en pourrait donner bien d'autres exemples : la prospection des sites complétant l'examen des textes entraîne là encore l'archéologue loin de l'idée d'une ville immobile tournée vers sa grande mosquée.

On ne saurait enfin omettre l'extraordinaire intérêt des citadins pour la campagne voisine. Des recherches menées autour de Fès viennent d'être publiées : elles montrent bien qu'autour des villes des maisons de plaisance, des jardins répondaient au besoin d'air et de lumière des habitants d'un tissu urbain souvent très dense ; densité qui obligeait en outre à placer les cimetières à l'extérieur des villes. On voit ainsi confirmée la notation d'un traité de *hisba* – un manuel de vie municipale – qui enjoignait d'obstruer les ouvertures des fortifications pour que des regards indiscrets ne viennent pas troubler la promenade des femmes extra-muros. Nous dirons, à propos des installations hydrauliques, comment une campagne pour citadins avait été organisée pour les habitants de Ceuta (Maroc), par exemple. Les villes d'Islam n'étaient décidément pas des tissus anarchiques : l'étude objective que mène de nos jours l'archéologie atteste de la vie, de la variété et de la richesse des documents que ne cesse de livrer le monde islamique.

Michel TERRASSE

Séville, d'après le *Civitates orbis terrarum* (XVIe s.)

Séville, qui fut l'une des villes les plus importantes du monde hispano-maghrébin et, au XIIe siècle, la capitale andalouse des Almohades, a vu son patrimoine islamique en partie détruit, mais des gravures anciennes aident l'historien à restituer les découvertes archéologiques. Séville, ville riveraine du Guadalquivir, était un port riche en chantiers de construction navale. Son enceinte médiévale apparaît ici clairement avec ses tours barlongues et la « Torre de Oro », tour *albarrana* almohade. Quelques vestiges de la grande mosquée sont conservés dans la cathédrale qui lui doit son format et qui a pour clocher son minaret, la Giralda.

Ville
et travaux des champs

Les habitants des villes islamiques aimaient fuir les quartiers surpeuplés pour les lieux de loisir de la campagne avoisinante : maisons de campagne ou kiosques, jardins et territoires de chasse. C'est cette vie très variée des campagnes qui apparaît ici, confirmée par les traités d'agriculture contemporains et par des recherches récentes. Feuillet isolé d'un album, fin du XVIe siècle, Ispahan. Topkapi Sarayi, Istanbul.

Office du livre, R. Güney, « Chefs-d'œuvre du Topkapi ».

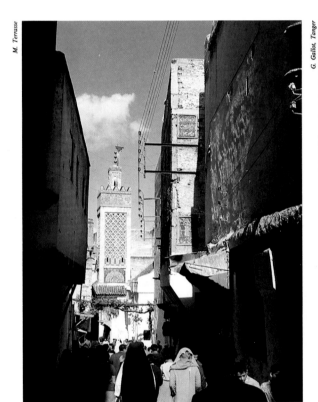

M. Terrasse

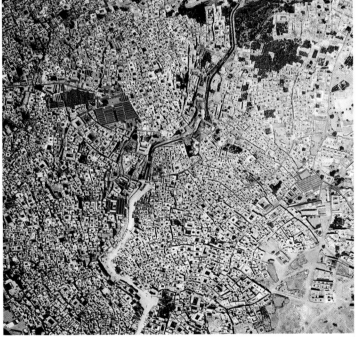

G. Gallot, Tanger

Fès : rue menant au centre
du quartier des Kairouannais
et vue aérienne de la ville ancienne

Après la conquête du Maroc par l'Islam, qui utilisa d'abord les villes héritées de la province romaine de Maurétanie, Tingitane, Volubilis-Oulili et Tanger, Fès fut la première fondation de tradition orientale. L'étude des tissus urbains se fonde souvent aujourd'hui sur la photo-interprétation et les restitutions photogrammétriques à partir de clichés aériens. Ceux-ci permettent de distinguer clairement de part et d'autre de la coulée blanche de l'oued Fès, aujourd'hui couvert et transformé en rue, les deux « rives » (adouat), quartiers originels de l'agglomération ; la rive des Kairouannais et celle des Andalous, peuplées au IXe et au Xe siècle, furent réunies par une même enceinte sous les Almoravides au XIIe siècle.

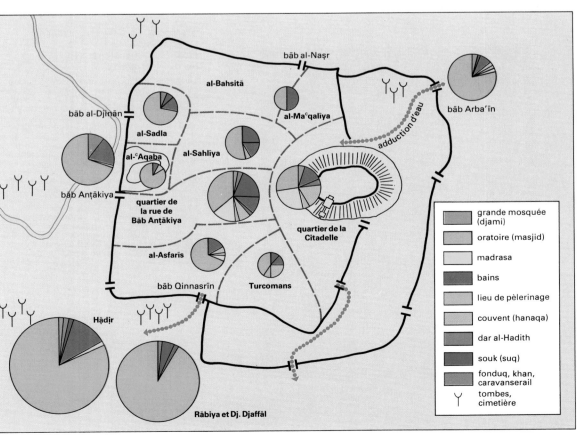

Alep au XIIIe siècle :
répartition des monuments par quartiers

La cartographie statistique établie par ordinateur permet de compléter et de rendre sensible l'image d'une ville telle que la restituent les textes et les vestiges archéologiques. A. M. Eddé a ainsi mis en lumière, par la figuration des densités d'ensembles monumentaux de chaque quartier, la spécificité de ceux-ci et l'importance qu'avaient prise alors les faubourgs, en particulier ceux du sud peuplés en majorité de Turcomans (document A. M. Eddé et M. Terrasse).

Légende de la carte :
- grande mosquée (djami)
- oratoire (masjid)
- madrasa
- bains
- lieu de pèlerinage
- couvent (hanaqa)
- dar al-Hadith
- souk (suq)
- fonduq, khan, caravanserail
- tombes, cimetière

bāb al-Naṣr
al-Bahsitā
bāb al-Djinān
al-Maʿqaliya
adduction d'eau
bāb Arbaʿīn
al-Sadla
al-ʿAqaba
al-Sahlīya
bāb Anṭākiya
quartier de la rue de Bāb Anṭākiya
al-Asfaris
quartier de la Citadelle
bāb Qinnasrīn
Turcomans
Ḥāḍir
Rābiya et Dj. Djaffāl

La redécouverte de la mosquée

Rien ne pourrait paraître plus dépassé dans le domaine de l'archéologie de l'Islam que les recherches consacrées à la mosquée. Elle fut à coup sûr, avec la maison de gouvernement, le *dar al-imara*, ou le palais, un des premiers thèmes qui retinrent l'attention des chercheurs. Elle se trouva ainsi liée à un certain nombre de clichés périmés qui succédèrent à ceux de l'orientalisme naissant. Qu'il s'agisse de la description d'un Islam identifié à son seul aspect urbain, de l'image d'une ville théorique que l'on décrivait centrée sur sa mosquée ou encore d'une manière de stéréotype de la mosquée elle-même qui associait inéluctablement à une salle de prière un minaret et une cour dont on sait maintenant que l'adaptation au climat, en Anatolie par exemple, ou la fonction du monument entraînaient la disparition, ces outrances sont aujourd'hui dépassées. On sourit aux tentatives de « reconstitution » d'un édifice de Tolède (dont on dira plus loin le véritable intérêt), la mosquée de Bab Mardom que plusieurs schémas agrémentaient d'une cour qu'elle n'eut jamais ; il n'en était nul besoin pour cet « oratoire » lié peut-être à certains rites funéraires. De récentes recherches permettent d'esquisser une image plus juste de ce type monumental.

Il convient de rappeler d'abord ce que recouvre le mot français mosquée. Une confusion certaine régna si longtemps qu'on désigna même sous le nom de « mosquée d'Omar » la Coupole du Rocher de Jérusalem : il s'agit en fait d'un lieu de pèlerinage. Mosquée désigne d'abord et à juste titre la « grande mosquée » ou « mosquée du vendredi », ou « mosquée cathédrale », où se réunit la communauté des croyants pour la prière et le prône du vendredi à la mi-journée, au seul moment où il est indispensable de s'y rendre pour prier ; nous proposons de limiter l'emploi du mot mosquée à cette *jami'*. Elle est « le seul édifice de la vie collective », le centre de la vie religieuse, politique, juridique, voire d'enseignement de la communauté concernée. Il existait toutefois d'autres lieux de prière que nous appelons aussi mosquée alors que l'arabe use du terme spécifique de *masjid*, qu'il faudrait traduire par « oratoire ». Cette autre « mosquée » joue un rôle important pour la vie quotidienne des croyants ; elle participe des structures du quartier et sa redécouverte est riche d'enseignement pour la connaissance de l'architecture religieuse islamique. Simple pièce à prier, parfois située en étage, ou réalisation luxueuse comme la mosquée du sheikh Lutfullah qui borde la place royale d'Isfahan, le masjid a été tiré de l'oubli où l'avaient laissé des programmes de recherche qui ne s'intéressaient qu'aux monuments exceptionnels. Le nombre même de ces oratoires – les textes en dénombrent parfois plusieurs centaines par quartier – confirme l'importance d'un édifice tenu trop longtemps pour mineur.

De nouvelles techniques de recherche ont rendu possibles les découvertes ou les « relectures » de la mosquée. La prospection* archéologique a souvent permis de retrouver bon nombre de documents négligés. Par ailleurs, le souci d'une véritable stratigraphie*, qui s'était imposé à la fouille, a gagné l'analyse des monuments conservés en élévation : le travail remarquable d'Eugenio Galdieri sur la mosquée du Vendredi à Isfahan doit retenir notre attention ; celui-ci fouilla non seulement le sol, mais aussi les murs, à la recherche des états successifs du monument, du Moyen Âge abbasside à nos jours. Partout, un identique souci de précision se manifeste : des mosquées iraniennes à celles de Kairouan, la photogrammétrie* a permis d'atteindre à des relevés d'une parfaite exactitude. Ainsi l'étude d'un arc et de son tracé régulateur, par exemple, renseigne utilement sur la datation d'un élément de l'édifice. Réalisés selon des méthodes plus traditionnelles, les relevés ouvrent parfois la voie à des découvertes. On avait noté l'apparition au XIIe siècle dans le monde hispano-maghrébin de stalactites sur certaines parties des mosquées : Michel Écochard a démontré, sur la base de relevés précis, l'identité de ces *muqarnas* et de certains modèles asiatiques. De semblables études graphiques ont permis de retrouver la méthode de composition dont usaient les architectes et les ornemanistes : les travaux de Christian Ewert sur la mosquée almohade ont, comme les nôtres, démontré l'existence d'une composition modulaire jusqu'ici ignorée. En bref, l'emploi des méthodes de l'archéologie pour ce qui relevait plutôt jusqu'ici de l'histoire de l'architecture ou de l'histoire de l'art a permis la « redécouverte » de la mosquée.

Il semble d'abord que la mosquée réponde à une ligne d'évolution logique qui adapte sans cesse les divers membres de l'architecture à l'usage qui est fait du lieu. On savait que la mosquée omeyyade, depuis celle de Damas, avait adopté un dispositif basilical : une nef axiale accentuée marquait la direction de la prière, mais aussi celle du lieu où étaient dites les proclamations du pouvoir. La mosquée d'époque abbasside magnifie la zone qui jouxte le mur de chevet, la *qibla* ; cette deuxième nef forme avec la nef axiale le plan en T qui se retrouve de Samarra à Kairouan ou à Cordoue. Une coupole marque bientôt, à la jonction de ces nefs, la travée devant *mihrab* qui est aussi le lieu où se tient le souverain ou le gouverneur ; la *maqsura*, clôture de bois, qui le protégeait, s'accompagne dès l'époque saldjuqide à Isfahan d'un pavillon à coupole. On vient d'en retrouver un à la mosquée algérienne de Mansura qui rend compréhensible un plan jusqu'ici insolite. Au Maghreb, les impératifs de circulation interne entraînent l'ajout au plan en T de la mosquée de nefs extrêmes et de nefs médianes perpendiculaires à la nef axiale

élargie ; cinq coupoles ponctuent le vaisseau devant qibla, à l'aboutissement des cinq nefs nobles. Ainsi se constitue un véritable catalogue de solutions ; à la mosquée de leur ville de gouvernement de Marrakech, les Almohades uniront ce dispositif à un format et à un parti d'ensemble repris des mosquées de l'époque de la conquête islamique ; un tel emprunt traduit leur volonté d'être les champions d'une religion aussi pure que celle de ce proto-islam. Loin de l'image d'un programme sclérosé sans cesse copié, les plus récentes recherches présentent la mosquée comme un fidèle reflet de l'histoire et des goûts de la communauté des croyants.

La mosquée porte aussi la marque du régionalisme et des échanges entre régions, double mouvement qui anime ce vaste réseau en étoile, sans cesse étendu vers les plus lointaines contrées de l'Islam et toujours bâti en référence à La Mecque vers laquelle l'architecture orientée des mosquées invite le croyant à se tourner. La mosquée se fait de plus en plus solidaire du contexte géographique et des traditions propres au terroir où elle s'élève : du XVIe siècle à nos jours, la mosquée ottomane, du modèle de Sainte-Sophie à l'œuvre du plus célèbre architecte de cette dynastie au XVIe siècle, Sinan, perpétue à sa manière l'œuvre créatrice des Saldjuqides anatoliens ; l'analyse des portails qu'ils ont élevés révèle une architecture soucieuse de création tout en étant ouverte aux leçons venues de la Chrétienté ou de la Syrie voisine. La mosquée se détache des types nés au centre de l'Empire pour créer des modèles régionaux dont l'exemple almohade vient de souligner la souplesse. Il y eut une mosquée de l'Inde comme il avait existé plus tôt une mosquée andalouse ou une mosquée anatolienne. L'exemple de la mosquée d'Isfahan vaut pour l'Islam entier.

On doit enfin évoquer le cas de partis semblables surgis en étrange synchronisme dans toutes les régions de l'Islam et dans des édifices très différents les uns des autres : des oratoires identiques (*masajid*) comportant trois fois trois travées se retrouvent de Tolède (Bab Mardom) à Balkh, aussi bien en Tunisie (Kairouan et Sousse) qu'en Égypte (agglomération du Caire). Chaque fois, l'oratoire est interprété dans le style de l'architecture régionale, mais il est singulier de constater que la vie de l'Islam suscite partout en même temps ces édifices de bord d'agglomération. Ici encore l'adoption de techniques nouvelles mises au service d'un renouvellement des perspectives mêmes de la recherche – plus régionale et plus « globale » à la fois – a modifié notre conception de la mosquée. Celle-ci est plus que jamais le signe de l'explosion sans cesse menaçante et de la solidarité durable qui marquèrent dès le IXe siècle la vie de l'Empire islamique et de chacune de ses régions.

Michel TERRASSE

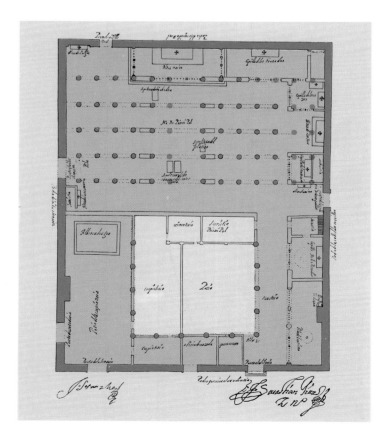

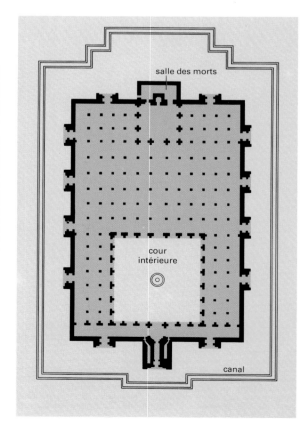

Mosquées de Grenade, Espagne, et de Mansura, près de Tlemcen, Algérie, fin du XIIIe siècle

La grande mosquée disparue de Grenade (à gauche) nous est connue par ce plan dressé lors de sa destruction vers 1704 ; une nouvelle interprétation de ce document fait apparaître un oratoire à six vaisseaux parallèles au mur de qibla. Il existait une cour carrée entourée de portiques élargis comme au XIIe siècle almoravide.
La grande mosquée de Mansura (à droite), ville de siège des Mérinides marocains devant Tlemcen, a la même cour que celle de Grenade. Le plan s'inspire de celle des Almohades à Rabat ; une synthèse de la mosquée hispano-maghrébine du XIIe siècle et de la mosquée abbasside mésopotamienne s'y réalise. Mais un élément nouveau qui détermine un vaste espace apparaît devant le mihrab : le pavillon à coupole connu sous Malik Shah à Isfahan (XIe s.) a mis deux siècles pour atteindre l'Ouest algérien. Ces deux plans montrent la grande similitude de la mosquée andalouse et de la mosquée maghrébine.

salle des morts

cour intérieure

canal

Mosquée de Zafar, Yémen :
vue d'ensemble et détail d'un plafond

Plusieurs missions archéologiques, en particulier allemandes, françaises et soviétiques, ont entrepris depuis quelques années la prospection du patrimoine des deux états yéménites connus surtout par leurs capitales, Aden et Sanaa. À quelque 150 kilomètres de Sanaa, un site perché d'une très grande richesse a été découvert et étudié. Il démontre que, au moment même où le mouvement saldjuqide gagnait les rives de la Méditerranée orientale (XIᵉ-XIIᵉ s.) et où se développaient les grands empires hispano-maghrébins, la péninsule arabique connaissait une architecture originale de grande qualité. On notera les tombeaux à coupole, dans la cour de la mosquée, comme le somptueux plafond (ci-contre) que l'on tente, avec l'aide de l'U.N.E.S.C.O., de sauver de la ruine.

Partie centrale du minaret
de Djam, Afghanistan

Les trois corps, légèrement tronconiques, du minaret de Djam s'élèvent, aujourd'hui encore, à 60 mètres dans la haute vallée de l'Hindou-koush, au centre du pays. Le très beau décor, turquoise et brique, qui orne ce minaret permet en outre de le dater : il fut bâti en 1194 par le ghouride Ghiath al-Din.

Mosquée à neuf coupoles
(IXᵉ ou Xᵉ s.), Balkh, Afghanistan

Le pays de Balkh – la Bactriane d'Alexandre – conserve non loin des murs de la ville un oratoire de plan carré riche de neuf travées qui étaient couvertes de coupoles. Un décor de stuc sculpté aux fonds rehaussés de couleur allège les masses pesantes de cette architecture de brique crue. Un parti connu de tout l'Islam au IXᵉ siècle est traité ici selon des variations régionales ; l'Espagne, la Tunisie ou l'Égypte ont su donner à ce modèle des expressions locales.

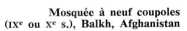

Un signe de traditions régionales vivantes : la maison

On sent dès le IXᵉ siècle, dans le monde islamique, l'expression de particularismes régionaux. Les travaux de la première moitié du XXᵉ siècle l'ont montré : des arts dynastiques semblent traduire en Espagne comme au Caire ou en Bactriane cette diversité. Les recherches les plus récentes qui affectent davantage le cadre de vie des musulmans révèlent une vivacité croissante des traditions locales, dont l'habitat semble le meilleur symbole. Tandis que les productions artisanales sont souvent les témoins d'échanges entre régions, les formes de l'habitat semblent partout affirmer la fidélité de l'architecture au patrimoine local. Sans doute connaît-on depuis longtemps la première maison édifiée en Syrie à l'époque omeyyade au Gabal Says : elle se compose assez simplement d'une série de pièces disposées autour d'une cour de plan barlong. Un groupe de pièces, ou *bayt*, qui était dès longtemps associé, pour les palais, à la première dynastie islamique a été mis au jour dans des vestiges urbains lors des fouilles d'Anjar, au Liban (VIIIᵉ s.) : deux séries de deux petites pièces y flanquent l'espace central qui les dessert. De petits bains aux hypocaustes, décorés de mosaïques de pavement, figuraient à coup sûr dans les structures de quartier ; l'origine locale de ces habitations est manifeste : rien ne les rattache aux maisons d'Arabie dont la masure du Prophète reste l'exemple le plus célèbre. Les fouilles menées par Oleg Grabar sur le site omeyyade de Qasr al-Hayr al-Sharqi en Syrie conduisent à une interprétation toute nouvelle des deux enceintes fortifiées qu'on y avait retrouvées ; le plus vaste de ces ensembles quadrangulaires est desservi par quatre entrées percées au milieu de chaque côté ; chacune de ces entrées est encadrée de deux maisons ouvrant sur des cours bordées d'un portique et qui combinent simples pièces barlongues et bayts omeyyades. L'existence d'un type régional est ainsi clairement confirmée.

Un nouvel organe venu d'Asie, l'*iwān*, envahit très vite, jusqu'à l'Égypte, l'architecture résidentielle de l'Islam. Un « Islam d'Orient » (*Machrek*) se trouve ainsi affirmé dans cet espace souvent voûté, clos sur trois côtés et ouvrant largement sur une cour centrale. Il apparaît par exemple au Haut-Moyen Âge dans l'agglomération cairote, à Fustat. Parfois, un second iwān lui fait face : un tel dispositif se retrouve aussi en Irak aux appartements d'Ukhaidir. On remarquera le confort de ces maisons pourvues, parfois, d'eau courante et de latrines, comprenant même en certains cas une pièce réservée à la cuisine. De telles découvertes, qui touchent toute la zone centrale de l'Empire, montrent bien la recherche de qualité dont témoigne très tôt le cadre de vie des musulmans.

On doit à ce propos nuancer quelque peu la notion de régionalisme. Un souci de variété est d'abord sensible avec, par exemple, le développement au Machrek d'une pièce principale, où un large espace précède l'iwān flanqué de pièces annexes et dessine avec lui une manière de T inversé : le nom même de bayt, nom iranien, donné à cet ensemble découvert en Mésopotamie dit assez son origine. Son extension jusqu'en Tunisie actuelle dès le Xᵉ siècle traduit de plus, par-delà le régionalisme, la réalité des échanges au sein de l'Islam : cette province d'Ifriqiya où un type particulier de maison est apparu lors des fouilles de Raqqada (IXᵉ-Xᵉ s.) restera tout au long de son histoire un lieu de synthèses. À l'époque moderne, la maison privée de Tunis puisera à la fois aux sources de l'Empire ottoman et à celles du monde hispano-maghrébin, avant d'accepter à l'approche de l'âge colonial quelques leçons de l'Italie voisine.

La permanence comme l'originalité de la maison de la péninsule Ibérique et du Maghreb sont tout à fait remarquables. Dès le XIᵉ siècle, à l'*alcazaba* de Malaga (Espagne), une entrée coudée donne accès à une cour de modestes dimensions munie de portiques. Des salles parfois précédées d'une « anti-salle » ouvrent sur cette cour qui peut s'orner d'une vasque ou d'une fontaine. Les plus grandes pièces sont flanquées d'alcôves, ainsi que l'ont encore récemment démontré au Maroc les fouilles de Qasr al-Saghir (XIIᵉ s.) ou de Belyounech (XIIIᵉ-XVᵉ s.). Les travaux menés sur ce site renseignent sur l'évolution des salles de la maison : deux petites annexes flanquent d'abord la salle principale ; elles ne se convertissent en alcôves qu'au XIIᵉ siècle. Ces recherches soulignent de plus la similitude des maisons rurales et citadines pour une même région islamique. Enfin, des études conduites à Salé ou à Fès sur des maisons élevées du XVIᵉ au XVIIIᵉ siècle ont montré comment, dans de plus vastes résidences, des patios de service accompagnaient l'ensemble du patio central ; des bains privés s'adjoignent alors au programme de la maison tandis que des bains publics d'une très grande qualité attestent ici, comme en Orient, la parenté de ces constructions de la vie quotidienne avec les plus anciennes traditions préislamiques de ces régions.

Ce schéma de la maison explique partout en Islam le régionalisme de plus vastes partis, celui de la madrasa, par exemple. On sait maintenant que cette institution venue d'Orient adopte en Afrique du Nord et dans la péninsule Ibérique du XIIIᵉ au XVᵉ siècle un plan résolument local né de la maison privée. À côté des madrasas retrouvées par prospection* urbaine, il convient de citer les *zawiyas*, fondations pieuses qui offraient aux portes des villes une hôtellerie aux voyageurs : l'une d'elles a été fouillée près de Salé. On avait rapproché ces divers monuments des couvents-forteresses élevés pour la guerre sainte, les *ribats*, dont la Tunisie avec Sousse, Monastir ou Lamta conserve d'excellents exemples : la parenté de leurs plans avait incité à identifier une école régionale maghrébine. La comparaison des madrasas élevées au Caire, en Syrie, à Fès ou en Anatolie démontre plutôt qu'elles relèvent partout d'une tradition régionale dont la maison privée donne à coup sûr la clef.

Ainsi une véritable unité du cadre de vie local apparaît-elle en tous domaines et en toutes régions. Si l'Islam naissant a contribué à l'expansion de formules venues du centre de l'Empire – on l'a vu avec le bayt iranien –, le rôle du régionalisme semble dès la fin du Moyen Âge déterminant. Les récents travaux de Galdieri sur la mosquée du Vendredi à Isfahan l'ont montré : après que l'islamisation eut entraîné vers les régions extrêmes de l'Empire la diffusion d'influences syriennes ou mésopotamiennes, la région d'Isfahan innove en puisant dans son propre patrimoine. Le monument fut d'abord au Haut-Moyen Âge une mosquée portique : ce parti est très proche de celui des mosquées que le calife al-Mutawakkil éleva sur les rives du Tigre, à Samarra. Sous Malik Shah, tandis que s'affirme la puissance saldjuqide, un pavillon à coupole est implanté devant le minaret : il s'apparente aux temples du feu de l'Iran préislamique. La mosquée présente enfin un peu plus tard un schéma à quatre iwāns disposés en croix autour d'une cour centrale. C'est le dispositif même de la maison d'Iran ou d'Afghanistan que l'on retrouve dans le plan des appartements du palais sud de Lashkari Bazar et qui est en outre présent dans les vestiges conservés sur dix kilomètres entre ce site et la ville voisine de Bust. Un semblable parti est aussi adopté dans des caravansérails comme celui de Ribat i-Sharaf daté du XIIᵉ siècle. Désormais, le régionalisme s'affirme partout clairement. On peut aussi tenter par une recherche plus fine d'aller plus loin peut-être dans la mise en évidence de particularismes de terroir. Si la maison d'Espagne et celle du Maroc relèvent d'un même parti d'ensemble, la part d'un matériau donné – le cèdre du Maroc – ou celle de légères variations de taille ou de proportions – le Sud marocain semble avoir de plus vastes maisons – permettent de discerner d'autres entités locales : un provincialisme est aujourd'hui perceptible qui sera sans doute confirmé par la recherche de demain.

Michel TERRASSE

Ensemble à patio à Qasr al-Hayr al-Sharqi (Syrie), à gauche ; maison à Fustat (Égypte), au centre ; maison à Qasr al-Saghir (Maroc), à droite (XIIᵉ s.)

Chaque période de l'Islam comme chaque région de l'Empire ont développé une tradition propre de la maison privée. À la maison syrienne de type omeyyade que l'on voit à gauche succède le modèle dont on voit ici, au centre, un exemple du IXᵉ siècle, à Fustat : ce modèle abbasside d'abord connu par le monde mésopotamien prit une rapide expansion au sud de la Méditerranée ; à l'appartement (bayt) omeyyade succède le bayt « iranien ». Le monde hispano-maghrébin connut son propre type avec des salles à alcôves disposées autour d'une cour centrale.

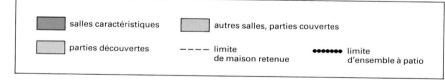

salles caractéristiques — autres salles, parties couvertes — parties découvertes — ---- limite de maison retenue — ●●●●●● limite d'ensemble à patio

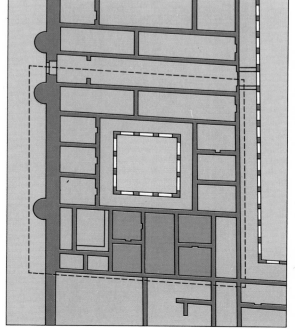
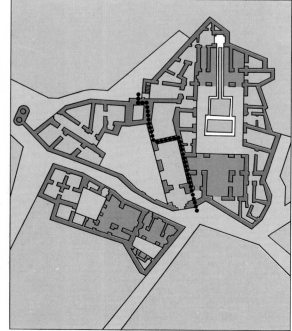
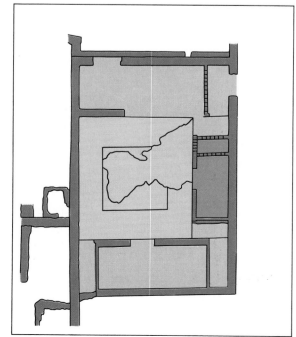

Palais à Belyounech (Maroc), ci-dessus, et maison du XVIIIᵉ siècle à Fès (Maroc), ci-contre

Ces deux édifices présentent le début et le terme de ce qu'il est convenu d'appeler la tradition hispano-maghrébine. Le palais de Belyounech dont on trouvera le plan p. 161 marque les premières rencontres du Maroc et d'al-Andalus : nous avons là le premier monument de type andalou implanté au Maroc, près de Ceuta. La vue de maison de Fès montre combien le Maroc, après la prise de Grenade et l'expulsion des Morisques d'Espagne, avait su faire sienne cette tradition. Cette maison est du même type que celui de la maison du XIIᵉ siècle dont le plan apparaît au bas de la page de gauche. On voit ici l'élévation d'une demeure assez riche : des galeries ornées de plâtres sculptés entourent la cour. Des balustrades de bois et le couronnement des façades rappellent la part du cèdre venu du Moyen-Atlas voisin dans l'architecture fasie depuis le Moyen Âge.

Mosquée de Zafar, Yémen : façade sur cour

De nouvelles traditions régionales ne cessent de nous être révélées. Cette mosquée, récemment découverte par une mission franco-yéménite, nous permet de découvrir sur un extraordinaire site perché l'art médiéval, jusqu'ici très peu connu, de l'« Arabie heureuse ». On est frappé d'abord par la qualité de l'ornement d'une grande profusion et d'une spectaculaire richesse qui décore autant l'intérieur de la salle de prière et ses plafonds que les façades extérieures. La forme des arcs nous démontre en outre que cette région arabe de l'Islam puisait parfois son inspiration en Asie, dans le monde indo-iranien.

Madrasa à Bosra, Syrie

Le ribat, le khan et la madrasa ont suscité dans chaque région de l'Islam la naissance d'un type monumental original. Le programme de la madrasa s'y exprime dans une tradition régionale dont la maison privée donne chaque fois la clef. Bosra fut une position stratégique sur la route d'origine romaine qui reliait, en direction de La Mecque, Damas à Amman. Le poids de l'héritage antique comme la part d'un matériau local, le basalte, expliquent l'architecture insolite du monument présenté ici.

Les routes du commerce

L'Islam a fortement ressenti les transformations de la vie économique de l'Europe et du monde méditerranéen à la fin du Moyen Âge et au début des Temps modernes. Il semble que les villes islamiques n'aient plus connu, après le XIVe siècle, le dynamisme novateur des villes de l'Occident chrétien. Bien plus, l'Islam, maître de la Méditerranée jusqu'au XIIe siècle, perd peu à peu sa suprématie maritime et manque après 1492 sa sortie vers l'Atlantique ; l'Amérique se substitue en effet comme source de richesses aux deux mondes avec lesquels l'Islam commerçait : l'Asie orientale et l'Afrique au sud du Sahara. L'archéologie a tenté de retrouver les routes décrites autant qu'oubliées de ce commerce médiéval et les objets qui circulaient alors.

Les grandes villes de l'Islam furent dès le Haut-Moyen Âge à la fois des centres de commerce et de production ; la présence de cours fastueuses développait la consommation des denrées rares : par exemple à Bagdad, à Cordoue, dès le IXe siècle, ou au Caire, après l'an mil, les salles archéologiques des musées de ces villes expriment parfaitement l'intense activité des ateliers locaux et des échanges commerciaux (monnaies, bois, tissus, verres, céramiques, cuirs, etc.). Mais, par-delà le commerce de ces objets singuliers, on commence à bien connaître les routes qui reliaient ces régions à l'Inde, à la Chine et à l'Extrême-Orient ainsi qu'aux régions nordiques ou encore à l'Afrique et à l'Occident méditerranéen.

L'Irak et l'Iran furent longtemps au centre de ces routes. Pour se rendre de Bagdad en Chine, les caravanes de bois précieux, d'épices ou d'ivoire traversaient d'ouest en est l'Iran par Hamadan et Nishapur puis la Transoxiane par Bukhara et Samarqand ou, plus au sud, l'Inde : des caravansérails ont été étudiés en Iran et en Turquie. Mais la route maritime était également possible pour commercer avec l'Extrême-Orient : des céramiques chinoises arrivaient certainement dans le monde méditerranéen par le golfe Persique ; on en a retrouvé dans des fouilles récentes (voir La route de la céramique, pp. 284-285). L'existence vraisemblable d'ateliers de faux en Arabie confirme paradoxalement l'importance de la demande de céramiques chinoises.

Le commerce avec l'Europe explique la prospérité de cités telles que Damas, Alep, Bagdad et des ports de la Méditerranée orientale comme Antioche, Tripoli, Acre ou Tyr. On pouvait alors gagner les ports de l'Italie du Sud, reliés à l'Égypte dès le Xe siècle ; l'agglomération cairote était elle-même en contact avec la Syrie et avec l'Espagne. Les nombreux objets trouvés en Italie et en Espagne confirment ce que les textes nous apprennent. Histoire et découvertes archéologiques se combinent et attestent les liens de l'Islam et du nord de l'Europe :

on connaît le rôle des Esclavons dans les luttes de la fin du califat de Cordoue au début du XIe siècle ; la découverte de monnaies islamiques sur les rives de la Baltique indique que des routes commerciales liaient, au Xe siècle, ces régions au centre de l'Empire islamique par l'Azerbaïdjan, le nord de la mer Caspienne et la Volga.

D'autres circuits enfin reliaient l'Afrique à l'Europe, à l'Islam occidental et aux provinces de l'Orient musulman. On la rejoignait par voie maritime depuis la vallée de l'Euphrate par le golfe Persique et la mer Rouge ou encore, par caravanes, depuis l'Égypte. Des itinéraires transsahariens desservaient la côte sud de la même Méditerranée occidentale. Depuis les « ports du désert » maghrébins, on allait soit vers Kairouan et la Tunisie – l'itinéraire est attesté au XIe siècle –, soit vers Melilla et la côte marocaine. De Fès, une route liait le centre du Maroc au port de Badis (le Peñon de Velez) tandis qu'un troisième itinéraire desservait les ports du détroit de Gibraltar. Cette côte vient d'être l'objet de reconnaissances et de fouilles minutieuses qui nous renseignent assez bien sur la vie maritime de cette région. Il semble en outre que des céramiques ifriqiyennes aient été trouvées lors des fouilles de Tegdaost, en Mauritanie, confirmant que, à côté de l'or, de l'ivoire ou des esclaves, des productions artisanales avaient place dans les échanges commerciaux.

Des recherches récentes décrivent l'équipement des routes commerciales dont le port est un des éléments importants. Les petits bateaux du Haut-Moyen Âge s'accommodaient de simples mouillages où l'on pouvait le cas échéant les tirer au sec. Mais très vite de véritables bassins sont réalisés, à Mahdiya en Tunisie, par exemple, au Xe siècle. Pendant tout le Bas-Moyen Âge, la ville portuaire s'équipe d'installations spécifiques : que ce soit à Malaga, à Tanger, à Badis, à Honaïn, en Algérie, à Tunis, à Alexandrie ou sur la côte anatolienne, de véritables ports se sont développés que protégeaient parfois, comme à Salé et à Honaïn, de vastes portes marines. Un ou plusieurs chantiers de construction complétaient ces installations. Les gravures anciennes des XVIe et XVIIe siècles donnent une idée de l'aspect ancien de ces ports et de ces arsenaux (dar al-sina'a) de l'Islam.

Mais l'analyse des structures commerciales des villes connaît partout un nouvel essor : le déplacement des organes économiques entre centre et périphérie a été mis en lumière par E. Wirth.

Chaque région avait élaboré sa propre version du caravansérail, mi-hôtellerie, mi-entrepôt ; le khan anatolien, le fonduq marocain ou le ribat iranien bien qu'ayant une fonction semblable étaient comme l'écho des traditions locales. À côté des caravansérails urbains, parfois conçus pour abriter une colonie de marchands

étrangers (ainsi le « fonduq des Français » à Tunis que l'on envisage de restaurer), il existait des fondations d'itinéraires dont on a reconnu un grand nombre en Iran et en Anatolie.

Le cœur des villes fut le centre unique du commerce avec ses souks ou encore la qaysariya, l'institution qui accueille les articles d'importation. On mesure mieux aujourd'hui le rôle de production des quartiers périphériques où des khans furent fondés au Bas-Moyen Âge. On voit à Alep, au XIIIe siècle, ou en Espagne musulmane que les productions polluantes étaient reléguées en limite des remparts. À peu près à la même époque, des fours de verriers et de potiers occupaient les ruines du palais fatimide d'al-Mansuriya, dans la banlieue de Kairouan ; on vient de les découvrir avec des fragments de céramique de couleur céladon et une riche production locale (les analyses de pâte montrent en effet que c'est la même argile qui a servi pour les poteries et pour les briques des murs). Les échanges entre Orient et Occident, qui existaient dès le IXe siècle avec les carreaux du mihrab de la grande mosquée de Kairouan, apparaissent là dans toute leur durée. La technique du reflet métallique, importée d'Orient, se maintint en Espagne bien au-delà de la reconquête de Grenade dans les centres de Valence, de Manises et de Paterna. D'Andalousie, la technique de mosaïque de terre émaillée gagna le Portugal. L'Anatolie ottomane cependant resta fidèle à ses propres techniques de dalles de revêtement et le développa jusqu'en Tunisie ; les études de J. Revault sur l'architecture civile à Tunis montrent clairement cette ultime rencontre de l'Andalousie et de l'Orient.

Les objets en céramique sont variés et produits en très grand nombre : une mission archéologique d'importance moyenne peut recueillir environ 40 000 tessons par mois, des simples pots à eau aux filtres de gargoulettes et aux moules destinés à donner forme aux pains de sucre. L'étude, au Maroc, de la production d'une dinanderie de tradition andalouse (luminaires, revêtements de porte, etc.) affirme la qualité de ces objets. Si le cuir ou la broderie sont rarement mis au jour dans des fouilles, des prospections ont permis d'en découvrir d'intéressants exemples. La ville atlantique marocaine d'Azemmour conserva jusqu'au XXe siècle une tradition de broderie d'un style très original où apparaissent de grands oiseaux stylisés : il s'agit d'une broderie italienne adoptée par l'Espagne au Moyen Âge et apportée par les morisques fuyant la Péninsule au XVIIe siècle ; on note parallèlement d'étranges similitudes de technique entre ces broderies marocaines et les broderies palestiniennes. Échange et production sont, là comme ailleurs, liés.

Michel TERRASSE

Le port fortifié de Mahdiya, Tunisie

Comme on le sait, au Moyen Âge, les navires islamiques sillonnaient la plupart des routes maritimes, en particulier celles de la Méditerranée. Les incursions normandes puis la pression des chrétiens les conduisirent à fortifier leurs côtes et même à créer des bassins fortifiés comme celui que les Fatimides aménagèrent sur la presqu'île de la côte orientale tunisienne. Là, ils avaient fondé au Xe siècle leur première ville de gouvernement ; une enceinte particulière et un goulet barré d'une chaîne défendaient l'accès de ce port.

Plan du caravansérail de Guilak, Iran

Parallèlement aux routes maritimes, de nombreux itinéraires terrestres avaient été organisés. À une longueur d'étape environ les uns des autres, des caravansérails offraient un abri aux caravanes. Dans ces khans ou fonduqs était disposée autour d'une cour une série de salles, d'écuries ou de chambres destinées aux marchands et à leurs bêtes. Une enceinte légèrement fortifiée formait le cadre de cette institution en milieu rural comme il apparaît ici. Un oratoire était parfois prévu. D'après M. Siroux, Caravansérails d'Iran et petites constructions routières, Le Caire, 1949.

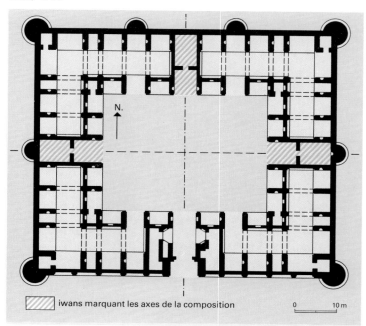

iwans marquant les axes de la composition

0   10 m

Construction d'un four à briques à Rahba-Mayyadin, Syrie

On montre généralement des restitutions de fours de briquetiers ou de céramistes. Les trois documents présentés ici montrent comme on en réalise aujourd'hui encore dans la région syrienne de l'Euphrate. On voit à gauche la préparation des briques : l'argile fine, mêlée d'eau qui a reçu un dégraissant, a reposé puis a été moulée et séchée au soleil. Le document du centre montre la chambre de cuisson du four couverte d'une coupole. À droite, le four apparaît vers la fin de sa construction ; on y voit l'accès au système de chauffe. Les plus récentes recherches ont révélé que des fours conçus selon un principe identique avaient été élevés dès le Haut-Moyen Âge.

Fragment de vase découvert à Belyounech, Maroc

Cette pièce, où un décor bleu de palmes lisses s'enlève sur un fond blanc, reprend une technique connue dès le XIIᵉ siècle hispano-maghrébin, mais a été retrouvée dans des couches datées du Bas-Moyen Âge mérinide. Il s'agit sans doute d'une céramique provenant de la côte sud-est de la péninsule Ibérique et probablement de la région de Malaga qui témoigne des échanges commerciaux entre les deux rives de la Méditerranée.

Fragment de tête sculptée en stuc, al-Mansuriya-Sabra, Tunisie

La mission qui explore le site fatimide d'al-Mansuriya, fondé au Xᵉ siècle, a découvert le dépotoir où avaient été jetés pêle-mêle les stucs d'un des principaux palais de la ville royale. Cette tête prouve que le décor anthropomorphe eut sa place dans le monde islamique. Le traitement de la barbe de ce personnage démontre en outre la continuité entre traditions venues de l'Antiquité tardive et formes islamiques dans l'Ifriqiya médiévale.

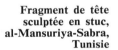

Filtre de gargoulette provenant du musée islamique du Caire (à gauche) et stuc mis au jour à al-Mansuriya-Sabra, près de Kairouan, Tunisie (à droite)

Ces deux pièces confirment la place du décor animé dans l'art profane du monde islamique. Qu'il s'agisse d'un simple objet d'artisanat populaire d'Égypte ou d'un décor palatin, les Fatimides, après l'Ifriqiya où s'affirma leur pouvoir, restèrent fidèles à ce type d'ornement après la fondation du Caire. On connaît un vaste bestiaire qui fut peut-être rejeté par les réformateurs puritains, sans doute auteurs de la destruction du palais d'al-Mansuriya. De tels décors devinrent rares en Occident musulman après le XIIᵉ siècle.

Techniques hydrauliques

L'Islam est apparu aux voyageurs européens comme un monde vivant à l'écart des progrès techniques qui assuraient à l'Europe richesse et suprématie. Si le retard technologique de l'Islam est indéniable pour les XIXe et XXe siècles, en revanche, du VIIe au XIVe siècle l'Islam en constante expansion, fort des traditions de l'Iran ou de la Méditerranée byzantine où il s'était implanté, développa des techniques remarquables. On savait déjà que les traités arabes avaient, au Moyen Âge, contribué à transmettre à l'Europe la science du monde grec. Depuis 1960 les programmes archéologiques attestent le développement de l'Islam dans le domaine technique ; l'hydraulique en est un excellent exemple ainsi que l'art de bâtir, l'artisanat de la soie et l'industrie du sucre.

Sous des climats où une forte pluviométrie alterne avec de longues périodes sèches, la régulation de l'eau était indispensable. Sans doute l'Islam a-t-il su aussi assainir des régions de marécages, la plaine de la Bekka, au Liban, en est pour le Bas-Moyen Âge un exemple particulièrement démonstratif ; mais ces entreprises n'ont pas encore eu tout l'intérêt qu'elles méritent de la part des chercheurs contemporains. Captages, retenue et distribution de l'eau qui sont désormais bien connus retiendront donc notre attention.

Le problème crucial que l'Islam dut résoudre dans le domaine de l'hydraulique fut celui de l'adduction d'eau sans évaporation ; le système des conduits souterrains d'origine iranienne, le *qanat*, connut ainsi une rapide diffusion de l'est vers l'ouest de l'Empire : le dessin ci-dessous montre comment était forée cette conduite de pente assez douce que l'on peut détecter par la ligne des puits de creusement qui servent de puits d'équilibre lorsque l'ouvrage est en charge. Ce type d'ouvrage, connu en Algérie sous le nom de *foggara* ou dans le monde hispano-maghrébin sous celui de *khettara*, apparut dès le Haut-Moyen Âge dans l'extrême occident de l'Islam. Il est désormais certain que ces ouvrages étaient utilisés très couramment dès le Xe siècle en Espagne alors que l'on a longtemps pensé qu'ils ne s'étaient guère développés au Maghreb occidental avant la fondation de Marrakech en 1070 et ensuite en Espagne par l'intermédiaire des Almoravides. J. Oliver Asin a démontré qu'à cette époque la ville islamique de Majrit – l'actuelle Madrid – était alimentée en eau par un système de khettara dont on trouve bien d'autres exemples dans le royaume de Tolède, tels ceux de la ville dépeuplée de Calatrava la Vieja que nous avons nous-mêmes étudiés dans la province de Ciudad Real. En Vieille-Castille, non loin des rives du Duero, nous avons mis au jour un ingénieux dispositif au château de Foncastín : une galerie secrète permettait aux défenseurs d'aller puiser l'eau dans une khettara proche de l'ouvrage défensif : ce système, lié à une fortification du XVe siècle, montre qu'en ce domaine comme en celui des techniques défensives l'Espagne chrétienne savait adopter les techniques d'al-Andalus. Quand on se souvient que l'Espagne musulmane avait repris dès l'âge omeyyade une technique iranienne, on saisit l'ampleur des échanges technologiques auxquels se livrait le monde médiéval.

Le monde romain relayé par Byzance reste pourtant la principale source des techniques hydrauliques dont s'inspire l'Islam. Une équipe franco-tunisienne vient de reprendre l'étude des installations hydrauliques de la région de Kairouan. Le site de steppe où l'on édifia la ville fut muni au IXe siècle de vastes bassins de forme le plus souvent circulaire : ils furent d'abord alimentés par l'oued voisin qui s'y déversait par l'intermédiaire d'un bassin de décantation. Mais on chercha vite à remplir ces bassins d'une eau plus pure : il fallut pour cela les relier aux anciens captages romains de Bir al-Adin situés à une quarantaine de kilomètres à l'est de la ville. On a découvert le mode de captage par galeries drainantes qui s'enfoncent dans la montagne pour recueillir une eau plus abondante que celle des sources ; une de nos recherches menée à Belyounech, au Maroc, a révélé un dispositif semblable réalisé vers la fin du XIIe siècle pour alimenter la ville voisine de Ceuta.

L'origine des ouvrages mis en place par les musulmans pour assurer le cheminement de l'eau est parfois confirmée par des textes. L'aqueduc qui relie Bir al-Adin à Kairouan fut refait au Xe siècle par un souverain fatimide : un auteur du XIe siècle, al-Bakri*, rapporte que ce calife organisa un voyage d'étude vers le nord de la Tunisie pour analyser les ouvrages romains et s'inspirer de leur exemple. De plus, la canalisation islamique s'appuie dans la première partie de son cours sur les vestiges d'un aqueduc romain déjà réutilisé, sans doute, à l'époque byzantine : il porte dans les textes arabes le nom de l'évêché de Mems. L'hydraulique islamique apparaît clairement ici l'héritière de celle de l'Antiquité tardive.

Outre les conduits d'adduction d'eau, divers organes de retenue ou de stockage sont nécessaires au système hydraulique. On connaissait, au Yémen, les bassins d'Aden : les prospections menées dans les deux États yéménites depuis 1970 en ont révélé d'autres comme ceux de Zafar. Près de Palmyre, les « ingénieurs » de Qasr al-Hayr al-Gharbi ont simplement réutilisé le barrage qu'avait légué l'époque romaine. Mais il existe partout de semblables ouvrages, de dimensions très variées : la première étape de la route de la guerre sainte qui menait au XIIe siècle de Marrakech vers l'Espagne avait été munie d'un double barrage pour dériver le cours de rivières voisines vers des citernes où les convois puisaient l'eau par des orifices munis de margelles en céramique estampée. Là encore, la pérennité des formules héritées de l'âge classique est évidente en même temps que le développement original que l'Islam sut leur donner.

En effet, l'Islam ne cessa jamais d'innover et de choisir la solution la mieux adaptée au problème posé. L'agriculture utilisa aussi bien des vastes réseaux d'irrigation que de simples dispositifs à balancier, les chadoufs, ou de roues à godets, les norias. On ne cesse de retrouver des réseaux d'irrigation dans le pays de Boust et au Seistan, à la limite de l'Iran et de l'Afghanistan (XIe-XIIe s.), en Syrie avec la fouille récente de Qasr al-Hayr al-Sharqi ou encore au Maroc avec Belyounech (Xe-XVe s.) et les réseaux fossiles voisins de Marrakech (XIIe s.). Quant aux roues élévatoires, elles s'intégraient parfois dans des sites urbains à des dispositifs de vastes dimensions : à Hama, en Syrie, la tradition en semble connue jusqu'à nos jours ; on sait que celle qui alimentait depuis 1276 le palais marocain de Fès Jdid a été conçue par un ingénieur de famille sévillane formé à Tolède – ville chrétienne depuis 1085. Ainsi, l'Islam qui avait adopté et vivifié les techniques antiques les a transmises au monde chrétien de la Péninsule qui, à son tour, en a fait bénéficier le Maghreb. Les prospections archéologiques semblent indiquer qu'au Bas-Moyen Âge l'Islam commençait, en ce domaine, à céder le pas à l'Occident.

Bien d'autres exemples pourraient montrer la variété des techniques que l'Islam utilisait et nuancer l'image de déclin technique qui semble marquer son histoire. Nous ne retiendrons que celui de l'industrie du sucre : une recherche originale menée au Maroc par P. Berthier a révélé un monde manufacturier inconnu. Une politique commerciale avisée conduisit les souverains saadiens du XVIe siècle à implanter dans le pays une remarquable série de sucreries qu'a étudiées P. Berthier. À Chichaoua l'étude archéologique démontre ce qui n'est nulle part ailleurs perceptible : l'implantation d'une « fabrique » interrompit le lent déclin de la ville, développée par les Almoravides dans la première moitié du XIIe siècle avec l'aide de techniciens et d'artistes andalous. Parallèlement, l'installation de la sucrerie a entraîné la réfection du réseau d'adduction d'eau.

Michel TERRASSE

Qanat, structure schématique

Les *qanat* (ou *khettara*) paraissent d'origine iranienne mais on les trouve dès le Haut-Moyen Âge jusqu'en Espagne (al-Andalus) ; Madrid en disposait dès cette époque. Il s'agit d'une galerie de pente moindre que celle de la nappe phréatique où elle s'alimente qui permet, en pays de piémont, de conduire l'eau vers une zone rurale ou une ville que l'on souhaite irriguer. On reconnaît les qanat à la ligne des orifices des puits de creusement, visible sur le sol. L'utilisation d'une pente naturelle assure une adduction d'eau particulièrement économique qui ne requiert aucune énergie.

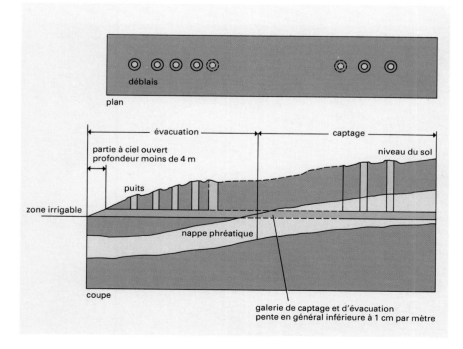

plan

déblais

évacuation — captage

partie à ciel ouvert profondeur moins de 4 m

niveau du sol

puits

zone irrigable

nappe phréatique

coupe

galerie de captage et d'évacuation pente en général inférieure à 1 cm par mètre

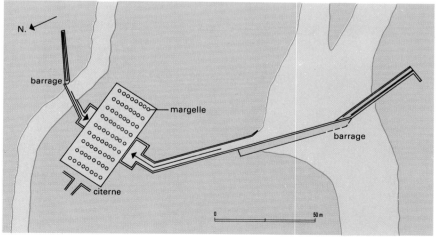

N.

barrage

margelle

barrage

citerne

0   50 m

Barrage et citerne, Sidi bou Othman, Maroc

Les Almohades avaient aménagé un point d'étape (*n'zala*), près de Marrakech, au XIIe siècle. On voit sur ce plan que le cours de deux rivières intermittentes, retenu par deux barrages, était dévié vers une citerne où l'eau était conservée. On la puisait par toute une série de margelles : celles-ci, de céramique estampée, constituent la plus belle collection retrouvée en Occident hispano-maghrébin.

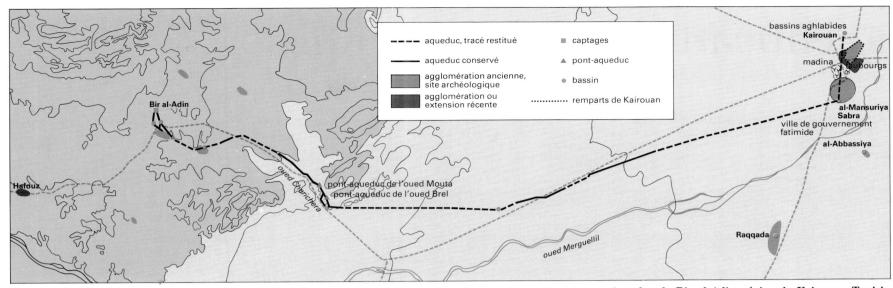

Aqueduc de Bir al-Adin, région de Kairouan, Tunisie

Les Romains et les Byzantins avaient bâti un aqueduc pour alimenter en eau une des zones de montagne située à 40 km de l'actuelle Kairouan. Au IXᵉ siècle peut-être, au Xᵉ siècle à coup sûr, les émirs musulmans maîtres de la ville le prolongèrent pour conduire l'eau jusqu'aux vastes « bassins aghlabides » qui recueillaient jusque-là l'eau de l'oued Merguellil. Au Xᵉ siècle, les Fatimides, fondateurs de la ville royale d'al-Mansuriya, firent passer l'aqueduc par leurs palais : ils contrôlaient ainsi l'alimentation en eau de Kairouan. Raqqada et al-Abbassiya, villes princières du IXᵉ siècle, avaient quant à elles leur propre système. Ce document montre d'abord les rapports, dans ces pays, de l'eau et de la politique. Il affirme aussi les liens que Kairouan conservait avec l'ancien pays romanisé. L'hydraulique musulmane avait pris, on le sent ici, la suite des techniques de l'Antiquité tardive.

Puits à balancier, région de Konya

Le puits à balancier (chadouf) est la technique la plus simple que l'Islam ait pratiquée pour élever l'eau. Un balancier était posé sur une manière de trépied. Une corde permettait d'attacher à une extrémité le récipient de puisage cependant qu'un contrepoids, à l'autre extrémité, allégeait l'effort de l'utilisateur. Ce puits est voisin d'un caravansérail sur la route de Konya à Beysehir.

Propriétés rurales et adduction d'eau, Belyounech, Maroc

L'ensemble de ces propriétés est traversé par un ouvrage hydraulique qui avait été ménagé au flanc d'un thalweg : il conduisait l'eau de source vers un mouillage où des bateaux la chargeaient pour la conduire à la ville voisine de Ceuta. On reconnaît une maison privée à l'ouest de cette conduite dont chaque point de rupture de pente est occupé par un moulin. À l'est de la conduite d'eau, une vaste propriété de plaisance munie de l'eau courante échelonne ses volumes sur la pente. Vers le sud-ouest, une double porte conduisait soit à un jardin irrigué et à un salon, soit en contre-bas, par une longue rampe, au centre de la maison : on y reconnaît un ensemble à patio avec bassin et vasque que jouxtait vers l'ouest un bain privé. Une autre rampe doublée de conduits menait depuis ce premier groupe vers un autre ensemble qui le dominait à l'est : trois salles encadrent un long bassin orné de marbre alimenté à partir d'un bassin de répartition voisin ; un petit oratoire privé leur était voisin. Une tour-résidence qui s'élevait à ce niveau recevait l'eau : elle rappelle les constructions de l'enceinte nord de l'Alhambra, type dont l'origine pourrait remonter au Bas-Empire. Cette architecture est en fait la version islamique de la *villa*. Elle présente le terme d'une évolution de l'architecture civile marocaine au Moyen Âge (voir pp. 152-153).

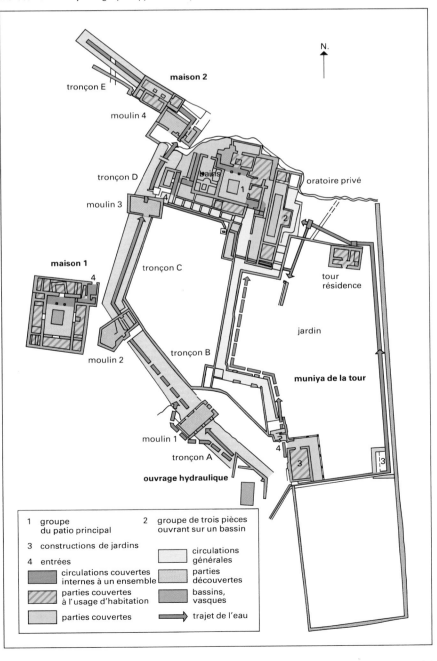

Roue élévatrice, Hama, Syrie

L'Islam a fait un grand usage de roues élévatrices munies d'une série de godets qui puisaient l'eau au bas de leur course pour la déverser dans un canal ou un bassin plus élevé. Parfois, par exemple avec la noria, la roue était mue par des animaux. Ici, c'est le cours de l'Oronte qui fournit la force nécessaire à l'élévation de l'eau.

Fortification et sites fortifiés

L'étude des sites fortifiés islamiques fut entreprise dès le XIXe siècle car elle correspondait aux goûts d'une époque où le « château fort » et le Moyen Âge avaient la faveur de tous. Mais ces travaux, alors que l'Islam couvre un immense domaine, restèrent très ponctuels : chacun dut se contenter, faute de plus amples moyens, de sa région d'élection. La fortification liée aux croisades fut d'abord analysée ; on la délaissa ensuite quelque temps, mais elle retient aujourd'hui, dans une perspective renouvelée, l'intérêt des chercheurs pour sa place dans l'histoire des échanges entre provinces ou entre civilisations. Les châteaux d'Espagne et du Maghreb tôt découverts continuent eux aussi d'être étudiés comme ceux d'Afghanistan : ils sont un des guides les plus commodes pour le recensement des foyers de peuplement et l'analyse de l'économie des terres d'Islam. Une semblable série de documents sert ainsi successivement deux types de projets archéologiques ; on se fonde plus aujourd'hui sur l'étude comparée d'écoles régionales que sur la célébration du château.

Sites fortifiés et fortifications sont généralement liés aux zones de marche. Or celles-ci se confondent souvent dans l'histoire de l'Islam avec les zones de guerre sainte (*jihad*) : ce devoir du croyant a suscité une architecture originale, le *ribāt*, qui contribue à la défense du *dar al-islam*, la terre d'Islam. La côte tunisienne qu'il fallait abriter des attaques normandes en comptait une abondante série. Une thèse récente due à M. Rumah complète les travaux de A. Lezine sur Sousse. Sur la côte, des fortifications plus petites, les *mahrès*, étaient prévues, qui renforçaient le réseau défensif ; en Espagne, de récentes prospections* se sont attachées aux tours qui complétaient le dispositif : les *torres atalayas* que les chrétiens utilisèrent à leur tour. La formule du ribat est nouvelle, mais nulle rupture n'apparaît avec les traditions antérieures à la conquête islamique : au sud de Sfax, le ribat de Yunga a sans doute repris une installation byzantine. Une grande variété de types se confirme : à Monastir, le ribat sans cesse agrandi est devenu une vaste place forte que jouxtent d'autres ribats plus petits, dont un destiné aux femmes.

Il semble que la fortification des marches ou des zones menacées par les chrétiens soit souvent liée au repeuplement et à la mise en valeur du pays : le *hisn*, la forteresse de vastes dimensions, tient le pays contre l'ennemi ; il offre, le cas échéant, un refuge aux paysans voisins, et, si le péril chrétien est conjuré, il peut rester le signe de la domination du prince sur la région. Les prospections que j'ai pu mener ont contribué à démontrer qu'al-Andalus en connut à toutes époques ; des fouilles qui se poursuivent sous la direction de J. Zoraya ont renouvelé encore l'intérêt porté au grand vaisseau fortifié de Gormaz élevé au Xe siècle sur la marche proche du Duero, en Vieille-Castille : de longues courtines protègent la crête de l'éperon d'une sobre fortification de pierre flanquée de tours barlongues de faible saillie ; une petite citerne y était aménagée au Xe siècle, époque où Gormaz était une place frontière. Ces places furent munies d'une réserve d'eau beaucoup plus vaste à la fin du Moyen Âge : la forteresse était donc encore une structure vivante à l'Âge chrétien. On peut la rapprocher d'un splendide château de la région tolédane : Montalbán. Ce site était presque désert en période de paix ; lorsque le roi Jean II s'y réfugia en 1420, deux gardiens formaient toute sa garnison : cette puissante fortification de tradition islamique servait de refuge pour les luttes internes du royaume de Castille revenu au pouvoir chrétien et que nulle expédition islamique ne menaçait plus.

La croisade n'en avait pas moins été en Orient comme en Occident le ressort d'une abondante et remarquable fortification. On a étudié entre les deux guerres mondiales les châteaux des croisés de Syrie et du Liban ; de récents travaux ont repris l'étude des forteresses islamiques d'époque ayyubide ; tandis qu'une mission explorait la ville de Rahba, un architecte, M. Paillet, s'est intéressé à sa forteresse ; d'autres ouvrages des rives de l'Euphrate ont été restaurés, comme Qala't Nadjm, par exemple. En Espagne ou au Portugal, nombreux sont les sites qui révèlent la même activité intense de fortification, qu'il s'agisse de Calatrava la Nueva, siège de l'ordre de ce nom, ou de toutes les forteresses andalouses proches de la *frontera*. Il ressort des recherches les plus récentes qu'aux lieux mêmes où s'affrontaient l'Islam et la Chrétienté, progrès techniques et échanges technologiques intenses ne cessaient de se développer. Du Xe au XIVe siècle, l'Islam conserva une sensible avance sur le monde chrétien ; il s'inspira en revanche des trouvailles de l'Europe à partir du XVe siècle.

On notera à ce propos les progrès des portes et ceux du flanquement, contemporains, en Islam, de la réaction sunnite des XIe et XIIe siècles. Partout le couloir d'accès des portes s'allonge et accumule les défenses. À la porte de la citadelle d'Alep et à ses nombreux assommoirs répondent les tracés à coudes multiples et les travées découvertes des portes almohades du Maroc ou d'Espagne. Tandis que fortification croisée et fortification ayyubide progressent en Orient, la Castille, champion de la croisade, sait très vite s'inspirer des

derniers progrès des techniques défensives de l'Islam d'Occident. Celui-ci invente, au XIIe siècle, une tour bâtie en avant de l'enceinte à laquelle une arche la relie : la *torre albarrana* ; ce remarquable progrès du flanquement est aussitôt repris en terre chrétienne, où il apparaît désormais, par exemple au Portugal ou en Nouvelle-Castille, à Talavera, à Escalona et à Montalbán où cette tour constitue une manière de donjon. Ainsi, partout et à toutes époques, les correspondances se révèlent : au sein du monde islamique, on est frappé de la similitude des forteresses afghanes et des « qasbas » du Sud marocain. Cette étude parallèle de régions et de mondes si éloignés est, comme on le sent, un des plus sûrs apports récents de l'archéologie militaire islamique.

On ne cesse parallèlement de mieux restituer le rôle de la fortification dans l'histoire. Une route de Tolède vers Madrid et vers la marche supérieure d'al-Andalus est fortifiée dès le IXe siècle : elle suit les vallées. Villes et sites d'étapes exploitent les défenses naturelles : Tolède est un éperon barré, et bien des forteresses sont élevées sur des buttes témoins. À partir du XIIe siècle, la paix s'instaure : les agglomérations délaissent les positions perchées pour s'installer en plat pays au centre des régions de blé ou de vigne où l'eau est plus aisée à distribuer. Une meilleure étude du contexte a permis aussi de redonner leur véritable place aux « châteaux » omeyyades des provinces syriennes des années 660 à 750 : la fortification n'est là, comme à Anjar, que pour afficher le rang du propriétaire, ainsi qu'on le voit à propos de deux Qasr al-Hair. La situation même de ces ouvrages élevés en sites peu défendables et entourés d'installations de mise en valeur du terroir permet d'abandonner les vieilles hypothèses qui en faisaient des châteaux du désert pour nomades nostalgiques. En Irak, les travaux menés sous l'égide de la direction des Antiquités ont montré que la forteresse d'Ukhaidir (Xe s.) était au centre d'une zone importante de vestiges d'habitats. C'est donc l'histoire d'un peuplement et d'une région que ces monuments révèlent en réalité quand les recherches récentes les abordent en les resituant dans leur contexte.

Une nouvelle archéologie militaire s'est ainsi peu à peu développée. À partir d'études régionales, de véritables typologies sont aujourd'hui établies qui affirment l'infinie variété comme les étranges correspondances des constructions propres à l'Islam. La confrontation de l'architecture militaire aux autres documents archéologiques que recèlent les sites lui donne une tout autre portée. Éléments à coup sûr pittoresques perçus parfois comme les signes des indiscutables qualités techniques des maîtres d'œuvre médiévaux et modernes, ils aident désormais à retracer par l'archéologie une histoire qui se veut résolument globale.

Michel TERRASSE

M. Terrasse

Porte de la citadelle d'Alep, Syrie (à gauche), Bab al-Ronah, Rabat, Maroc, (à droite)

Ces deux documents montrent que l'âge des croisades, qui fut aussi en Islam celui de la réaction sunnite, apparaît comme un moment de progrès important dans les fortifications. La porte en pierre de la citadelle d'Alep frappe par sa puissance ; à l'intérieur du bastion, l'allongement du couloir d'accès où sont disposés herses et assommoirs traduit dans un style syrien la même recherche que celle de la porte principale de Rabat fondée au Maroc par les Almohades vers la fin du XIIe siècle. On y voit un même trajet brisé de coudes multiples imposé aux assaillants ; une travée découverte permettait en outre de les attaquer depuis les terrasses de l'édifice.

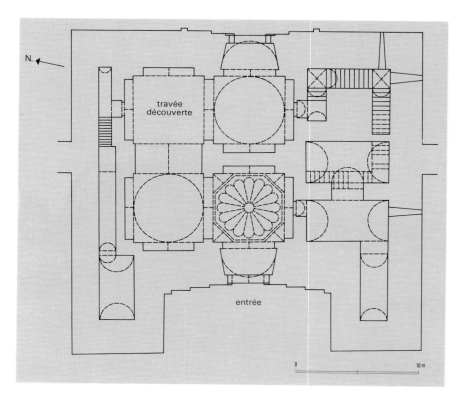

De Marrakech à Séville : l'empire des deux rives

VIIIe siècle, conquête de la péninsule Ibérique par l'Islam.
Xe siècle, luttes entre Omeyyades et Fatimides au Maghreb occidental :
– les expéditions des deux camps se succèdent à Fès ;
– le signe d'un art local le *minbar* de la grande mosquée des Andalous commandé par les Fatimides et remanié par les Omeyyades est l'œuvre d'un seul atelier ;
– les Andalous fortifient au Maroc Tanger, Ceuta et Melilla.
XIe siècle, la Méditerranée, lac islamique. Les sites portuaires se développent, Malaga, par exemple.
1085-1492, de Tolède à Grenade, les progrès de la Reconquête chrétienne.
XIIe siècle, l'intervention des Maghrébins en Espagne ; Almoravides et Almohades :
– l'art andalou envahit le Maroc ;
– de Marrakech à Séville : l'axe privilégié des échanges.
XIIIe siècle, la progression de la Reconquête chrétienne en Andalousie :
– 1212, Las Navas de Tolosa ; 1236, Cordoue reprise ; 1248, Séville tombe ;
– 1260, expédition castillane contre Salé au Maroc.
XIIIe-XVe siècle, intervention marocaine en Andalousie et résistance de Grenade :
– fondation d'al-Biniya, ville mérinide près d'Algésiras ;
– développement du royaume de Grenade.
XVe et XVIe siècles, des têtes de pont européennes sur la côte du Maroc : Tanger, Qasr al-Saghir, Ceuta, Velez de la Gomera (Badis), Melilla, Arzila, Safi puis Mazagan (al-Jadida).

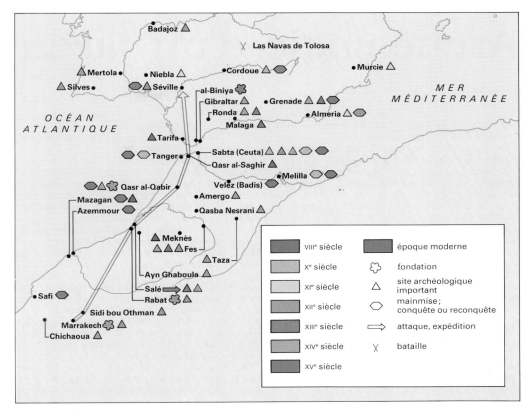

Forteresse anatolienne à Harput, Turquie

L'Anatolie conquise à l'Islam vers la fin du XIe siècle fut d'abord dominée par des dynasties issues du mouvement saldjuqide avant d'être l'une des premières terres de l'Empire ottoman. Elle doit à sa période byzantine une tradition d'architecture que l'on reconnaît par exemple dans ses mosquées, mêlée à des apports orientaux. Mais elle conserve aussi une série importante de fortifications qui dans la plupart des cas n'ont pas encore été étudiées. La ville artuqide de Harput, qui connut une belle période de construction au XIIe siècle, indique ici combien l'Anatolie orientale développa de puissantes fortifications de pierre.

Forteresse de la région de Bāmyān, Afghanistan

Si la ville de Bāmyān est surtout célèbre par ses bouddhas, on ne saurait oublier tout ce que le pays doit à sa période islamique. À côté des sites clés – Ghāzni, Herāt, Balkh –, bien des vestiges commencent à être explorés. Au nord-est de la ville, cette forteresse dans la vallée, gardienne d'une route de montagne, témoigne de la même manière que la mosquée aux neuf coupoles de Balkh de similitudes intéressantes avec d'autres édifices du monde islamique. L'usage de la terre crue semble dicter ici des formes qui évoquent les « Qasbas » du monde berbère marocain ou certaines architectures mauritaniennes.

Citadelle de Vascos, Espagne

On s'interroge aujourd'hui encore sur ce qui entraîna la fondation de cette ville, tapie sur les rives d'un affluent du Tage, à l'ouest de Tolède, ville refuge des Berbères Nafza ou ville minière ? La cité (*madina*) était dominée par une citadelle (*qasaba*). L'appareil moyen des murs de la bâtisse, ponctuée parfois de tours barlongues de faible saillie, est un signe de régionalisme tolédan. On peut dater ces constructions des IXe et Xe siècles.

Château de Montalbán, Espagne

Les influences islamiques marquèrent longtemps l'architecture de l'Espagne regagnée par les chrétiens. La partie du royaume de Tolède – reconquise vers 1085 – où s'élève ce château ne connut aucune expédition musulmane après la fin du XIIe siècle. Et pourtant cette immense enceinte-refuge élevée au XIVe siècle présente deux tours comme projetées en avant de l'enceinte, des *torres albarranas*, invention de la fortification almohade. Ces tours permettaient de défendre par un même système de flanquement mur et avant-mur ; un nouvel avant-mur et, au premier plan, des défenses destinées à protéger un point d'eau montrent que l'on avait adapté le site à un plan de défense fondé sur des armes à feu. Mais le rôle des deux *torres albarranas* reste clair : celle de gauche protégeait la porte, tandis que celle de droite était un donjon à la manière islamique. Elles rappellent qu'aux lieux mêmes où s'étaient affrontés l'Islam et la Chrétienté s'était paradoxalement implantée une longue tradition d'échanges entre les deux civilisations.

Archéologie d'un jardin retrouvé

Un manuscrit conservé à la bibliothèque de l'Escorial en annexe d'un récit consacré au rachat des captifs chrétiens contient une superbe vue de la Qasba – la ville palatine qui jouxte Marrakech – telle qu'elle était au XVIᵉ siècle, à l'époque de la dynastie saadienne. On peut imaginer à notre réaction devant un tel document l'émerveillement d'alors devant ces lieux d'agrément dont la fraîcheur et les senteurs contrastaient avec l'aridité du pays environnant. Mais quels étaient vraiment ces jardins le plus souvent perdus aujourd'hui dans des sites dépeuplés ? Étaient-ils élément usuel du cadre de vie, expression d'une recherche esthétique réservée à quelques privilégiés, jaillissement de la nature au cœur des architectures résidentielles ? L'archéologie de la dernière décennie a permis une meilleure connaissance du sujet par la découverte de plusieurs jardins oubliés.

Mais il convient de rappeler d'un mot le rôle même du jardin dans le monde islamique. Le jardin, *djanna* en arabe, ou *firdaws* en persan – ce dernier mot vient du grec παράδεισος –, évoque le paradis, qu'il s'agisse, comme dans les anciennes poésies arabes, de la vallée fertile opposée au désert ou, comme chez le Prophète, d'un lieu clos. Deux conceptions du jardin s'affirment ainsi, jardin ouvert et jardin fermé sur lui-même, et parallèlement deux conceptions du rôle du jardin. Il est, d'une part, comme partie la plus élevée du paradis, lié à trois thèmes : la lumière de la clarté éternelle, l'eau avec sa composition des quatre fleuves du paradis et la nature représentée par des montagnes, des vallées et des vergers. Il est d'autre part le *djanna* des poètes qui passe pour un mot d'origine chrétienne lié au thème de la vigne. Le jardin n'est sans doute représenté dans les mosaïques de la grande mosquée de Damas que parce qu'il est l'évocation du paradis. L'inspiration des miniaturistes qui, après les poètes, décrivent le jardin pour lui-même ou comme cadre de scènes de divertissement est à l'évidence plus profane.

Les plus anciens jardins de l'Islam ont été assez tôt explorés quand on étudiait les « châteaux » omeyyades de Syrie ; ils continuent d'être explorés comme en témoignent les fouilles d'Oleg Grabar à Qasr al-Hayr al-Sharqi qui complètent très utilement les découvertes plus anciennes de D. Schlumberger à Qasr al-Hayr al-Gharbi ou de R. W. Hamilton à Khirbat al-Mafjar. On a ainsi une idée des divers types de jardins depuis une nature recréée, irriguée et cultivée sur d'assez vastes espaces – même si la propriété était close de murs – jusqu'aux vergers et aux jardins d'agrément qui se développaient près des architectures résidentielles comme à Khirbat al-Mafjar. Ces jardins, qui nécessitaient pour leur irrigation et pour les fontaines qui les ornaient de vastes travaux d'adduction d'eau, étaient,

en quelque manière, la récompense du grand propriétaire qui poursuivait une politique de mise en valeur de son terroir.

C'est souvent par ses canaux que le tracé d'un jardin se révèle à l'archéologue. Presque tous les palais connus du Haut-Moyen Âge abbasside étaient munis de jardins dont on a retrouvé l'emplacement : à Samarra, ils s'étendaient entre les plus belles salles des palais et la rive du Tigre ; à Ukhaidir on devine des jardins clos. Les fouilles tunisiennes de Raqqada (IXᵉ-XIᵉ s.) et d'al-Mansuriya (Xᵉ s.) montrent que là les jardins devaient jouxter d'immenses bassins. Pour l'Andalousie musulmane du Xᵉ siècle, les fouilles de Madinat al-Zahra, la ville royale proche de Cordoue, constituent un document d'une rare précision. On y a découvert des jardins composés de quatre parterres en creux selon un plan cruciforme. La disposition des éléments de ces jardins favorisait leur arrosage : il suffisait de disposer, dans les allées et à la périphérie de l'ensemble, de petits canaux d'où l'eau s'écoulait aisément vers la végétation. Ces jardins n'étaient pas faits pour être parcourus ; le promeneur en faisait le tour et jouissait ainsi, en dominant les parterres, de la beauté des coloris, de la fraîcheur et des senteurs de la végétation.

Plusieurs chantiers récents confirment et complètent ces découvertes. Lorsqu'au XIIᵉ siècle les Almoravides durent céder aux Almohades le siège de leur pouvoir à Marrakech, une mosquée, la première Kutubiya, recouvrit en partie un quartier résidentiel détruit : les fouilles ont mis au jour un jardin de quelques mètres, de plan cruciforme et muni d'un bassin ; les plus modestes demeures avaient donc aussi des jardins. C'est cette tradition qui développent sur une tout autre échelle les palais almohades du XIIᵉ siècle reconstruits au XVIᵉ siècle par les Saadiens et représentés par le document conservé à l'Escorial. Dans ce vaste palais, la cour de 135 mètres de long et de 110 mètres de large est occupée, en contrebas, par quatre véritables vergers plantés d'orangers, quatre bassins et par des pavillons imités de l'Alhambra du XIVᵉ siècle ; les allées revêtues de *zellijs* colorés, mosaïques de terre émaillée, ordonnent cette composition ; un autre jardin est situé à l'extérieur du palais, entre celui-ci et l'enceinte. Ce type de jardin est complété en outre par de vastes espaces plantés, aménagés à l'extérieur : on en a retrouvé à Meknès datant du XVIIIᵉ siècle, il en existe aussi à Marrakech, à la Menara qui possède en son centre un immense bassin agrémenté d'un pavillon ; ce thème oriental transmis par Kairouan avait abouti là après avoir inspiré les bâtisseurs de villes médiévales algériennes comme la Qalaa des B. Hammad.
De récentes études ont révélé de semblables compositions aux palais de Fès Jdid fondés par les Mérinides

en 1276, mais les plus extraordinaires exemples restent ceux de l'Alhambra et du Generalife qui dominent la ville de Grenade. Leurs jardins princiers, plus que tous autres célèbres, ont d'ailleurs contribué à vulgariser une image particulièrement fausse du jardin islamique ; en fait les jardins qu'on admirait étaient dus, en partie, aux chrétiens conquérants de l'Alhambra et, surtout, aux romantiques qui en avaient restauré les ruines. À l'Alhambra, seule la cour des Myrtes, avec deux parterres très allongés bordant les grands côtés d'un bassin rectangulaire, est encore dans son état originel. La cour des Lions était dallée comme un cloître d'Islam : on en a restitué les parterres en creux qui cantonnent à nouveau la fontaine aux Lions du XIᵉ siècle. Au Generalife, l'incendie de 1958 a permis de fouiller le patio de la Acequia et d'en retrouver, outre le dispositif cruciforme et les parterres en creux, les « pots » qui indiquent l'existence d'arbres. Le jardin intérieur est ainsi parfaitement connu.

On a aussi exploré avec les fouilles de Grenade ou celles de Belyounech (Maroc) les jardins ouverts des muniyas rurales, ces *villae* islamiques. À la muniya de la tour de Belyounech, deux jardins complétaient ceux des patios. De nouvelles techniques de flottation* des terres permettent de se faire une juste idée des plantations : oliviers, fruitiers ou plantes aromatiques. Les structures des propriétés correspondent à ce que décrit un théoricien de l'agriculture, Ibn Luyun. Archéologie et étude textuelle sont dans ce cas parfaitement complémentaires.

Il faut sans doute regretter que les jardins qui répondent en Asie à ceux de Grenade ou de Marrakech n'aient pas fait l'objet d'études récentes. On sait que la cité funéraire de Gazurgah près d'Hérat, en Afghanistan, avait, au Moyen Âge timouride, de merveilleux jardins ; les maîtres d'œuvre reprenaient une tradition présente dès le XIIᵉ siècle dans les palais de Ghazna et de Lashkari Bazar. À l'époque séfévide, la place royale d'Isfahan ou les jardins qui jouxtent le palais des Quarante-Colonnes confirment que cette tradition est restée vivante du XVIIᵉ siècle à nos jours. On la retrouve en Inde moghole au Taj Mahal, à Delhi ou à Lahore et sous forme d'écho dans les ensembles princiers de Topkapi Sarai à Istanbul ou dans les petits palais ottomans de l'agglomération de Tunis. Enfin, les décors floraux qui se développent à toutes époques sur les céramiques, les ivoires ou les bronzes dans les salons ou les mosquées semblent être une prolongation du jardin. L'archéologie confirme ainsi le goût que les musulmans eurent pour une nature sans cesse remodelée où la recherche de plaisirs raffinés le disputait aux images les plus spirituelles qui sont aux sources du *firdaws*.

Michel TERRASSE

Tombeau de Safdar Gang. New Delhi, Inde

Ce document présente un jardin islamique d'époque moderne proche de ceux de l'Iran séfévide et de l'Inde moghole. Un axe perpendiculaire à la façade du monument organise une composition symétrique de l'architecture et des jardins. Il rappelle le Taj Mahal d'Agra où un dispositif cruciforme permet d'évoquer les quatre fleuves du Paradis.

Le Generalife, Grenade : vue cavalière de l'ensemble palatin

Le Generalife domine Grenade au voisinage de l'Alhambra nasride (XIVᵉ s.). Le petit palais élevé au milieu de jardins dont le patio cruciforme a pour axe longitudinal l'Acequia real (canal d'adduction d'eau), et qui s'insère au milieu de vastes jardins clos de murs, fut longtemps le seul exemple conservé de muniya. À la cour centrale s'adjoignaient des patios de service – cuisines, écuries – et une maison pour loger les visiteurs.

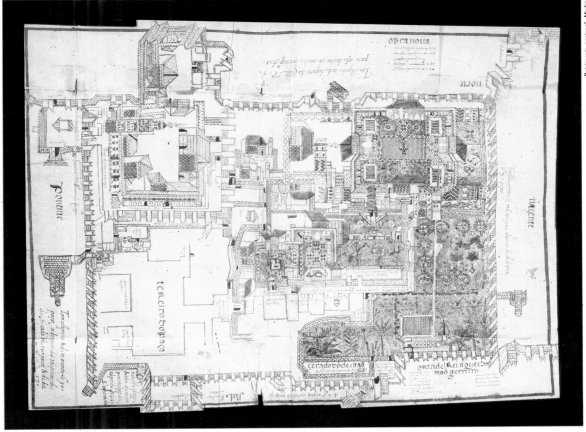

Le palais et le jardin : plan de la *qasba* de Marrakech et vue de la cour des Lions de l'Alhambra de Grenade

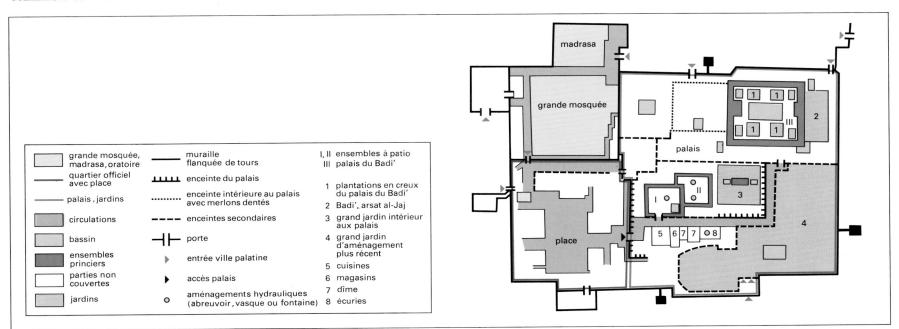

grande mosquée, madrasa, oratoire		muraille flanquée de tours	I, II	ensembles à patio
quartier officiel avec place		enceinte du palais	III	palais du Badi'
palais, jardins		enceinte intérieure au palais avec merlons dentés	1	plantations en creux du palais du Badi'
circulations		enceintes secondaires	2	Badi', arsat al-Jaj
bassin		porte	3	grand jardin intérieur aux palais
ensembles princiers		entrée ville palatine	4	grand jardin d'aménagement plus récent
parties non couvertes		accès palais	5	cuisines
			6	magasins
jardins		aménagements hydrauliques (abreuvoir, vasque ou fontaine)	7	dîme
			8	écuries

Les descriptions anciennes ou, mieux, les documents graphiques comme celui que conservent les archives de l'Escorial en annexe d'un récit de rachat de captifs nous renseignent admirablement sur les palais islamiques et leurs jardins. Il s'agit ici d'une ville royale almohade marocaine, la *qasba* de Marrakech (XIIe s.), dont on voit au nord-ouest du document la grande mosquée originelle ; une madrasa mérinide (XIVe s.) y est contiguë vers le nord. L'ensemble de la cité palatine fut transformé au XVIe siècle lorsque les Saadiens firent à nouveau de Marrakech le siège du pouvoir marocain ; on la découvre ici en 1585. Une place et un quartier officiel qui venaient d'être rénovés (au sud-ouest) précédaient les palais eux-mêmes ; une porte donnait accès à l'axe de circulation coudé qui desservait les principaux ensembles : deux patios avec vasques et jardins étaient implantés avant le premier grand jardin clos qu'un double escalier monumental et un passage à arcades reliaient au principal palais. On remarquera qu'une petite bâtisse ouvrait sur un bassin comme au Partál de Grenade. Le Badi' (au nord-est) est le meilleur exemple de jardins et de bassins accompagnés de pavillons imités de ceux de l'Alhambra (en haut, à gauche) où un jardin de plan cruciforme aménagé en creux était dessiné par des allées d'eau dont la fontaine aux Lions marquait le centre. Le dispositif que décrit, à partir du document de 1585, le schéma joint et sa légende adapte le parti nasride à l'importance et aux traditions que Marrakech semble devoir à sa période almohade. Deux vastes jardins complétaient l'organisation de cette ville palatine, à l'est du Badi' et au sud-est. La reproduction de ces jardins avec leurs bassins et leurs pavillons nous donne une fidèle image de la tradition hispano-maghrébine ; un large tiers de la ville leur est consacré. On notera enfin que tous ces palais et ces jardins sont inscrits dans des enceintes de béton – terre cailouteuse et chaux pilonnées en coffrage – ponctuées de fortes tours barlongues, renforcées de tours *albarranas*, qui communiquaient avec l'extérieur par des portes à coudes multiples de types tout almohades. La *qasba* de Marrakech confirme que le Maroc n'avait cessé de conserver et de renouveler depuis le XIIe siècle la plus authentique tradition ibéro-maghrébine.

Belyounech, Maroc

Le plan de ce palais, le plus ancien du Maroc, élevé vers l'an mil est encore inédit. Une fouille récente a mis au jour les deux parties de l'édifice. Une porte, munie au cours de remaniements d'un avant-corps, donnait accès à une cour bordée à l'est et à l'ouest de portiques qui précédaient les salles nobles de l'édifice. Les pièces orientales ouvraient sur un jardin en creux arrosé par un petit canal. On voit vers l'ouest du monument un groupe de bâtiments de service composé de pièces simples disposées autour d'une seconde cour. Un habile dispositif, connu déjà par un texte du XVe siècle, amenait l'eau dans toutes les parties du palais.

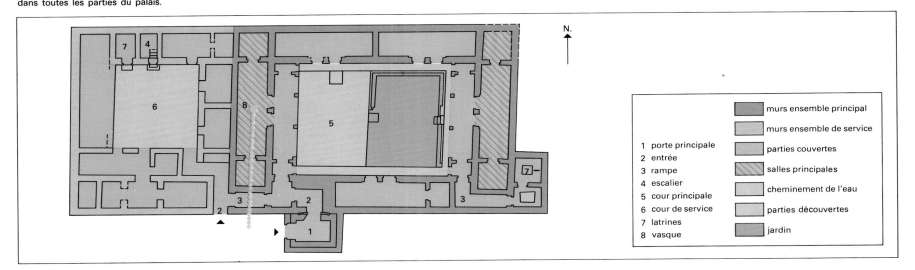

N.

1	porte principale	murs ensemble principal
2	entrée	murs ensemble de service
3	rampe	parties couvertes
4	escalier	salles principales
5	cour principale	cheminement de l'eau
6	cour de service	parties découvertes
7	latrines	jardin
8	vasque	

Le Proche-Orient préhistorique

En 1860, Jacques Boucher de Perthes* finissait de publier ses *Antiquités celtiques et antédiluviennes*, où il imposait l'idée d'une antiquité de l'homme jusqu'alors insoupçonnée. En 1864, le duc de Luynes, au cours d'un voyage d'exploration vers la vallée du Jourdain en compagnie d'É. Lartet*, repérait les premières stations paléolithiques du Proche-Orient : Jiita, Ras el Kelb, Ras Beyrouth, Adloun, Hanaouiyeh, et dès 1866 H. B. Tristram signalait des silex taillés à Ras Beyrouth, dans un petit guide écrit pour la Palestine Exploration Society.

L'impulsion est donc venue d'Européens de passage, mais le relais a vite été pris par des résidents locaux, gravitant autour des établissements missionnaires d'enseignement supérieur implantés à Beyrouth. De 1890 à 1900, le père G. Zumoffen, jésuite suisse, géologue à l'université Saint-Joseph, fit des sondages au Liban dans les grottes d'Antélias, du Nahr el Jôz, d'Adloun, de Harajel, et visita Ras Beyrouth. De son côté, von Heidenstamm, un Allemand également géologue, travaillant à l'Université Américaine et au Service des eaux de la ville de Beyrouth, retrouvait Ras el Kelb (1902).

Les efforts de ces pionniers aboutirent après la Seconde Guerre mondiale. Le régime des mandats étant installé en Iraq, en Syrie, au Liban et en Palestine, et l'influence occidentale se faisant sentir plus ou moins directement en Turquie, en Iran et en Égypte, on créa des Services des antiquités, qui fournirent une base légale aux recherches préhistoriques. De 1920 à 1937, les bases de la préhistoire au Proche-Orient furent jetées.

En Palestine, l'existence du mandat britannique facilita grandement le travail des différents préhistoriens. L'arrivée en 1928 de D. Garrod*, de l'université de Cambridge, et celle de R. Neuville*, consul de France à Jérusalem, permirent l'essor des recherches sur la préhistoire. D. Garrod entreprit des fouilles systématiques dans le massif du mont Carmel (El Wad, Tabun, Kebarah), exploré précédemment par F. Turville Petre en 1925-1926. Bien que les travaux à El Wad et à Tabun aient fourni la base stratigraphique la plus solide, c'est R. Neuville qui en 1934, à partir de fouilles pratiquées dans les grottes du désert de Judée (Abou Sif et Erq el Ahmar en 1931, El Khiam en 1933), a mis de l'ordre dans le Paléolithique supérieur de Palestine. Les six phases qu'il a distinguées ont permis une classification simple, utilisée jusque vers 1970. Le préhistorien allemand A. Rust*, qui travailla de 1930 à 1933 à Yabroud (Syrie), mit en évidence des formes originales de passage entre l'Acheuléen et le Paléolithique moyen, le Yabroudien* et le Pré-Aurignacien ; mais ses recherches ne furent publiées qu'en 1951.

Constituée pour l'essentiel entre 1927 et 1937, la séquence des industries paléolithiques précisée par D. Garrod, R. Neuville et A. Rust a donc servi de modèle pour le Levant : l'Acheuléen supérieur s'effaçait devant les formes du Yabroudien, du Pré-Aurignacien ou de l'Amoudien. Ensuite, un Levalloiso-Moustérien, à pointes allongées puis à larges éclats ovalaires, s'achevait par un faciès formé de pointes à base large. Puis débutait le Paléolithique supérieur, avec un niveau de transition, l'Émiréen*, du nom de la grotte d'Emireh fouillée par F. Turville Petre en 1925. Il se poursuivait par une sorte d'Aurignacien, l'Antélien, et s'achevait par des industries microlithiques, Kébarien* et Natoufien. Le Paléolithique inférieur, malgré les fouilles de R. Neuville (Oumm Qatafa de 1928 à 1932, puis en 1949) et de M. Stekelis (Jisr Banat Yaqoub en 1936, publiées en 1960), était moins bien connu. Quant au Néolithique, le père Vincent avait décrété qu'il n'existait pas, et qu'on passait au Proche-Orient directement du Paléolithique

supérieur au Chalcolithique, doctrine qui prévalut, bien que les fouilles de J. Garstang à Jéricho, de 1930 à 1936, aient déjà atteint des niveaux néolithiques sans céramique.

Dans le même temps, l'étude de la préhistoire des provinces orientales commençait avec le passage de D. Garrod en 1928 à Zarzi et à Hazar Merd (Iran). Un Moustérien du Zagros, différent du Levalloiso-Moustérien du Levant, et un Zarzien* (Épipaléolithique) étaient alors identifiés.

Dès avant la guerre de 1939-1945, l'archéologie préhistorique franchit dans la région une nouvelle étape. En 1937, J. F. Ewing entreprend la fouille de Ksar Akil, au Liban. Il s'agit là d'un abri qui contient une des séquences les plus complètes au Levant pour la fin du Paléolithique moyen et pour tout le Paléolithique supérieur. Publiées de façon partielle, ces fouilles n'en constituent pas moins un document important. La même année, la découverte des sites du Ouadi Dhobai (Jordanie) par D. Kirkbride, V. Seton-Williams et J. Waechter marque le début des prospections dans le désert et l'ouverture d'une nouvelle région écologique.

Pour le Néolithique, la fouille de grands tells, comme Mersine (1936-1939), Tarse (1937-1938), Tepe Gawra (1932-1938) et la reprise des travaux à Tell Halaf (1939) ont fait apparaître la complexité de cette phase. C'est alors que les auteurs anglo-saxons ont pris l'habitude d'appeler « chalcolithique » toute civilisation utilisant une céramique peinte, qu'elle eût ou non connu le métal. Enfin eut lieu l'exploration des tells de la plaine d'Antioche par R. Braidwood*, de l'Oriental Institute de l'université de Chicago, première mission pluridisciplinaire groupant sur le terrain des spécialistes de la céramique, du silex, de l'architecture et de la faune.

Si elle n'a pas empêché tout travail, la guerre n'a pas permis de grandes opérations, mais les résidents locaux ont assuré la continuité : M. Stekelis à Abu Usba et Iraq el Baroud (Palestine), le père Bergy dans l'abri qui porte son nom au Liban, J. Haller à Abou Halka et Chekka, toujours au Liban, et à Amrit en Syrie, enfin M. Şenyürek à Altın Dere près d'Antioche.

L'après-guerre et la paix inaugurèrent une période d'activité intense, mais toujours en ordre dispersé. En Turquie, E. Bostancı découvrit Dülük près d'Antioche, et K. Kökten fouilla dans la grotte de Kara'in. J. F. Ewing au Liban reprit le travail à Ksar Akil et à l'abri Bergy ; M. Stekelis signala de l'Acheuléen à Rephaïm Beqaa près de Jérusalem ; H. E. Wright Jr. et B. Howe firent un sondage, dans de l'Acheuléen également, à Barda Balka en Iraq, et C. Coon, de l'Iran à la Syrie, visita les grottes de Belt, Hotu, Bisitun, Khunik et Jerf Ajla. Pendant ce temps, de nouveaux venus se mettaient au travail : H. Fleisch au Liban, avec une méthode remarquable et une connaissance de la géologie peu fréquente, et F. Debono en Égypte. En Iraq, les fouilles de Hassuna (1943-1944), d'Eridu (1946-1948) et de Jarmo (1948-1951) permirent d'établir un premier classement des civilisations anciennes de Mésopotamie, avec ce qu'on pensait être alors une succession quasi linéaire : Hassuna*, Samarra*, Halaf*, Obeid*.

L'approche moderne de la préhistoire commence dans les années cinquante avec l'introduction de l'archéométrie* et l'intuition de l'archéologie spatiale. C'est en effet à partir de cette époque que les datations* radiométriques devinrent opérationnelles, et qu'on se préoccupa de la répartition des restes archéologiques dans l'espace. Les gisements dont la position des vestiges a été portée sur des plans sont peu fréquents. En revanche, les prospections qui se poursuivent depuis la fin de la guerre permettent aujourd'hui de se faire une idée de l'aire d'occupation des diverses civilisations. De 1948 à 1955, R. Braidwood* fit des prélèvements pour des

La grotte de Tabun

La grotte de Tabun est située dans le Ouadi Maghara (le ruisseau des Grottes), un ravin du Carmel, et fait partie d'un ensemble extraordinaire. Dans les quelques dizaines de kilomètres carrés que couvre le massif du Carmel se trouvent plusieurs gisements, fouillés depuis 1925, qui ont fourni le cadre de la préhistoire levantine : Abu Usba, Emireh, Geula, Iraq el-Baroud, Kebarah, Nahal Oren, Sheikh Soliman, Skhul, Tabun, Tirat Carmel, el-Wad. C'est en particulier à partir de Tabun, el-Wad, Emireh et Kebarah que Dorothy Garrod a établi, en liaison avec René Neuville qui travaillait dans le désert de Judée, une succession des industries paléolithiques, depuis l'Acheuléen supérieur jusqu'au Natoufien, valable pour une région qui s'étend de l'Amanus au Sinaï. Il n'y a pas de lieu qui soit aussi représentatif du travail accompli au Proche-Orient depuis soixante ans dans le domaine de la préhistoire.

datations par le carbone 14 et exécuta une série de campagnes sur les collines en bordure du « Croissant fertile » afin de tester les théories avancées par G. Childe* à propos de l'avènement de l'économie de production, autrement dit du passage du Paléolithique au Néolithique. D'autre part, au fond de grandes fouilles classiques comme Byblos au Liban (M. Dunand) ou Ras Shamra en Syrie (C. Schaeffer et H. de Contenson), on atteignait des niveaux néolithiques. Surtout, à l'exemple des expéditions de R. Braidwood, on organisa des opérations concertées, engagées dans des buts bien précis, et menées par des équipes organisées. Il ne s'agit plus de ramassages sans plan d'ensemble ou de fouilles entreprises au hasard par des individus isolés.

Pour vérifier l'âge du Yabroudien, D. Garrod fouilla les gisements d'Adloun au Liban (1958-1963). L'université de Tōkyō inaugura un vaste programme qui aboutit à la fouille d'Amud (1961), à une prospection systématique en Syrie et au Liban (1967), et aux fouilles de Kéoué au Liban (1970), de Douara et du bassin de Palmyre en Syrie (1970-1974). W. J. Van Liere, pédologue de la F.A.O. (Food and Agriculture Organization, Rome), prospecta lui aussi l'ensemble du territoire syrien de 1956 à 1970 et fut à l'origine de travaux essentiels : découverte de l'Acheuléen moyen de Latamné, fouillé par D. Clark en 1964-1965, et des sites néolithiques de Ramad et de Bouqras. Des fouilles minutieuses, prévues pour durer quinze ou vingt ans, débutèrent au Liban : Jiita (F. Hours, 1964-1975) et de nouveau Ksar Akil (J. Tixier, 1969-1975). R. Solecki revint à Yabroud (Syrie) de 1963 à 1965, pour en vérifier la stratigraphie, et fit plusieurs tranchées dans la grotte du Nahr Ibrahim au Liban (1969-1973).

En Iran, R. Braidwood fouilla en 1959 à Warwasi, C. McBurney en 1962 à Ali Tappeh, en 1963 à Ke Aram, en 1969 à Barde Spid et Humian, alors que F. Hole et K. Flannery étaient à Ali Kosh (Khuzistan) à partir de 1961, puis à Ghamari et Kunji en 1965, et P. Smith la même année à Ghar i Khar. De son côté, R. Solecki travailla à Shanidar et Zawi Chemi (Iraq) de 1951 à 1960, et J. Oates à Choga Mami (1967-1968). En Turquie, une série de prospections a provoqué les fouilles néolithiques de Hacılar (1957-1960) et du site de Çatal Hüyük (1961-1965) par J. Mellaart, celles de Çan Hasan par D. French, tandis que R. Braidwood s'installait à Çayönü avec H. Cambel à partir de 1964 ; les travaux se poursuivent encore aujourd'hui, mais irrégulièrement.

Le travail le plus considérable a été accompli en Israël, d'abord par l'équipe de O. Bar Yosef. Quelques missions étrangères ont aussi apporté leur contribution. Découverte de l'Acheuléen ancien de Ubeidiya (1959), prospections et fouilles dans le Néguev et le Sinaï, qui ont nuancé le tableau du Paléolithique en y insérant de nouvelles industries, reprise des fouilles dans le Natoufien et le Néolithique précéramique à Jéricho, fouilles à Malaha, Beisamoun et Beidha (en Jordanie) : il serait fastidieux de tout énumérer. Notre connaissance de la préhistoire levantine en a été renouvelée, en particulier sur certains points critiques : passage entre le Paléolithique inférieur et le Paléolithique moyen, entre le Paléolithique moyen et le Paléolithique supérieur, fin du Paléolithique et début de l'économie de production, et rôle du Natoufien*. Cette dernière question a d'ailleurs été l'objet, ces dix dernières années, d'une attention particulière dans le reste du Proche-Orient. Les fouilles de Mureybet et Cheikh Hasan en Syrie (J. Cauvin, 1971-1976), les prospections dans le Hulaylan et la fouille de Tepe Guran en Iran (P. Mortensen, 1973) ont montré l'importance dans toute la région des débuts précéramiques du Néolithique.

On a fait récemment le point des connaissances dans plusieurs colloques tenus de 1980 à 1982 à Tübingen, Lyon, Haïfa, Groningue, colloques qui ont permis d'entrevoir les directions que va prendre la recherche préhistorique au Proche-Orient. Malgré les apports des sciences de l'environnement – palynologie*, sédimentologie, dendrochronologie, paléontologie – , malgré les datations par le ^{14}C*, le cadre climatique et écologique du Pléistocène* et de l'Holocène* reste encore flou et mal connu. D'autre part, les années comptées en ^{14}C et celles de notre calendrier solaire n'ont pas la même durée. La production du ^{14}C à partir de l'azote atmosphérique dépend en effet de l'intensité des rayons cosmiques, qui est elle-même soumise aux variations du champ magnétique terrestre. Nous connaissons en partie celles-ci, et nous savons par conséquent que la quantité de ^{14}C produite aujourd'hui diffère de celle du passé. Le résultat net est que les dates fournies par le ^{14}C pour les dix mille dernières années sont plus jeunes que celles qui auraient été calculées en années solaires. Cela pose un problème de calibration*, qui se résout grâce à la dendrochronologie, et qui est essentiel pour aménager des liaisons entre les dates de ^{14}C pour la fin de la préhistoire et les calendriers des premières civilisations urbaines, fondés sur l'astronomie. Voilà qui constitue autant de directions de recherche.

Pour le reste, et dans les perspectives traditionnelles, les découvertes de sites nouveaux et les études d'industries ne paraissent pas devoir modifier beaucoup, dans un proche avenir, le schéma de la préhistoire élaboré au cours de ces dernières années. Mais, si les orientations nouvelles se confirment, grâce aux études sur la technologie des outillages et les traces d'utilisation (tracéologie*), aux ouvertures sur la paléoécologie, la palethnologie*, ou même la paléosociologie, une nouvelle étape peut alors s'ouvrir dans notre connaissance des civilisations préhistoriques du Proche-Orient.

Francis HOURS

L'occupation du Proche-Orient au Paléolithique

Les premières manifestations d'une activité humaine au Proche-Orient remontent à environ 1 million d'années. Le témoignage le plus important s'en trouve dans la vallée du Jourdain, à Ubeidiya, où plusieurs couches remontent à l'Acheuléen ancien. L'ensemble, étant de polarité magnétique inverse à celle de l'époque présente, a donc plus de 730 000 ans. Inclus dans des dépôts fluviatiles d'âge équivalent, de l'Acheuléen a ainsi été récolté à Sitt Markho, sur le Nahr el-Kebir septentrional (Syrie), tandis que des éclats accompagnés de choppers ont été extraits d'un conglomérat sur l'Oronte à Khattab, près de Latamné (Syrie). On en a également signalé dans de vieilles formations fluviatiles au Khorassan, en Iran.

Du matériel acheuléen ancien un peu plus récent a été recueilli dans une plage fossile à l'embouchure du Nahr el-Kebir (Syrie), et des éclats sans bifaces ont été ramassés dans la même position à Borj Qinnarît (Liban).

Ces quelques sites (carte 1) montrent que la région a été traversée, entre 1 million et 500 000, selon deux axes de pénétration. Le premier suit le fossé central : ouadi Araba, Jourdain, Litani, Oronte ; le second, la côte orientale de la Méditerranée. Si on retient l'hypothèse que l'origine de l'humanité se trouve en Afrique orientale, il n'y a là d'étonnant. Ce qu'on connaît de la répartition du Paléolithique inférieur ancien en Europe et en Asie implique en effet un passage par l'isthme du Proche-Orient.

De 500 000 à 200 000 environ avant notre époque, les traces de présence humaine, restent concentrées dans les mêmes zones, où s'individualisent deux faciès d'Acheuléen moyen. L'un, caractérisé par des bifaces lancéolés, des pics triédriques et des polyèdres, se retrouve du Jourdain au Litani et sur l'Oronte (sol d'habitat de Latamné), et l'autre avec des bifaces amygdaloïdes ou ovalaires, sur la côte (Berzine en Syrie du Nord, Ras Beyrouth au Liban). En outre, quelques assemblages sans bifaces posent la question du sens à donner aux différences typologiques.

Entre 200 000 et 100 000, à l'Acheuléen récent, le peuplement s'étend et l'outillage devient plus uniforme (carte 2). Les steppes jordaniennes et syriennes sont fréquemment parcourues (habitat de Gharmachi sur l'Oronte), et leurs oasis habitées (Azraq en Jordanie, Palmyre en Syrie), tandis que la vallée de l'Euphrate devient un centre actif. Les collines de piémont, du Taurus (Altın Dere, Antioche en Turquie) au Zagros (Barda Balka en Irak), sont aussi visitées. On retrouve partout les mêmes bifaces amygdaloïdes de dimensions moyennes et de finition soignée.

Des transformations, perceptibles dès les environs de 150 000, amorcent la transition entre le Paléolithique inférieur et le Paléolithique moyen. Les assemblages se chargent d'outils confectionnés sur éclats : racloirs et pointes. Le débitage du silex se diversifie, et les conditions de l'habitat changent : à côté des gisements de plein air, les grottes ou abris sont systématiquement recherchés. Au moment de ce passage, le Proche-Orient présente ainsi un tableau complexe (carte 3). Des piémonts du Taurus aux environs de Palmyre, on rencontre un Acheuléen final à petits bifaces. Dans le Levant central des industries à lames, Pré-Aurignacien, Amudien, Hummalien, coexistent avec une sorte de Moustérien de tradition acheuléenne, le Yabroudien*. Cette présence commune a conduit certains spécialistes à regrouper le tout en un même ensemble : la Tradition

du ouadi Maghara. Sur la côte, dans le secteur central, apparaît très vite un Levalloiso-Moustérien, avec des éclats larges de forme ovalaire. Au Néguev, c'est un Levalloiso-Moustérien à pointes allongées qui marque les débuts du Paléolithique moyen. On ignore la façon dont les choses se passent plus à l'est, au-delà de l'Euphrate.

La situation se simplifie à partir de 80 000 (carte 4). La partie occidentale du Levant, de la Méditerranée à l'Euphrate, est occupée par des groupes pratiquant un débitage Levallois* très évolué. Sur ce fond commun, des nuances d'ordre technologique ou typologique permettent de distinguer des faciès différents. Dans le Levant central, par exemple, du Carmel à Ras el-Kelb, des pointes allongées sont remplacées par des éclats ovalaires larges, auxquels succèdent des pointes à base large. Les conditions humides prévalant dans la première moitié du dernier pluvial ont favorisé un peuplement qui a recouvert alors des régions aujourd'hui très arides. On ne sait rien de ce qui se rapporte à la plaine mésopotamienne, mais le Zagros est habité, et on a pu mettre en évidence à Shanidar (Irak) qu'un mort avait été enterré avec des fleurs. En Palestine, la fin du Paléolithique moyen voit déjà l'émergence de l'*Homo sapiens sapiens** (Qafzeh).

La seconde moitié du dernier pluvial, à partir de 40 000 avant J.-C., voit le développement d'un nouvel outillage avec le Paléolithique supérieur, et l'expansion d'un type humain désormais semblable au nôtre. Durant cette ultime période du Paléolithique, le Proche-Orient reste toujours divisé en deux provinces, mais l'occupation est moins largement répandue qu'au Paléolithique moyen, phénomène sans doute lié à un assèchement climatique (carte 4).

Dans l'état actuel des recherches, le Paléolithique supérieur paraît émerger au Proche-Orient en trois lieux

distincts : dans les montagnes du Zagros, au Levant central (grottes du littoral libanais) et au Néguev (Boker Tachtit).

Des divisions analogues peuvent se constater plus tard pour le Paléolithique supérieur dans son plein épanouissement. Dans tout le Proche-Orient on trouve alors un débitage donnant des lames minces à talon punctiforme. Elles servent de support à une industrie peu différenciée dans le Zagros, le Baradostien, et à deux faciès dans le Levant, une variété d'Aurignacien (Aurignacien du Levant ou Antélien) et une industrie caractérisée par des lames appointées (Ahmarien). Il peut arriver que les deux soient interstratifiées dans le même site (Ksar Akil), ce qui ne facilite pas les interprétations.

À une époque mal déterminée et qui n'est pas la même selon les régions, un outillage microlithique à base de lamelles diversement retouchées, et dont on a isolé plusieurs faciès, s'impose peu à peu. Un Lagamien datant de 27 000 avant J.-C. a été signalé dans le nord du Sinaï. Le Levant central connaît un Kébarien* à partir de 17 000, et le Kurdistan irakien un Zarzien* vers 12 000, qui s'étend jusque sur les bords de la Caspienne (grottes de Belt, Hotu et Ali Tappeh). S'il n'est pas sûr que ce qui est regroupé sous le nom de Zarzien représente une seule et même civilisation, en revanche, l'homogénéité du Kébarien dans le Levant central paraît vraisemblable.

On voit alors se manifester, vers la fin du Pléistocène*, les premiers signes avant-coureurs du grand changement de civilisation qui a fait passer l'humanité de l'économie de prédation à l'économie de production, avec tout ce qui accompagne cette « révolution ». L'habitat évolue de l'abri naturel à la hutte construite, et cela correspond à une transformation de l'outillage ; les microlithes prennent alors des formes géométriques : trapèzes et trapèzes rectangles (Kébarien géométrique, Mushabien). De là sortira plus tard le Natoufien*, qui occupera tout le Levant, de l'Amanus au Sinaï, de la Méditerranée à l'Euphrate. Le nom d'Épipaléolithique* attribué à cette phase finale (16 000-8 000 avant J.-C., carte 4) n'a pas, au Proche-Orient, l'acception qu'on lui donne d'ordinaire en Europe.

Francis HOURS

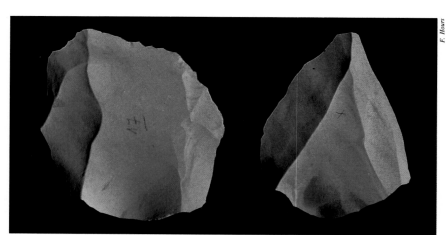

Levant central : évolution du Paléolithique moyen

Au Paléolithique moyen, l'ensemble du Levant utilise un outillage façonné sur éclats de débitage Levallois. Dans la partie centrale de la région, entre le mont Carmel et les environs de Beyrouth sur la côte, et, plus à l'intérieur, du désert de Judée aux contreforts de l'Anti-Liban à Yabroud (Syrie), les phases anciennes de ce Levalloiso-Moustérien sont caractérisées par des pointes allongées (ci-dessus à gauche), auxquelles succèdent des éclats larges (au centre). Finalement des pointes à base large (à droite) dominent les assemblages. Les pièces figurées ici proviennent des sables de Beyrouth et illustrent bien cette évolution.

Le site de Bir Hasan, dans les sables de Beyrouth

Les dunes consolidées qui s'étendent au sud de Beyrouth conservent les vestiges d'une occupation humaine importante qui a duré depuis le Paléolithique moyen (photographies ci-dessus) jusqu'au Néolithique, soit de 80 000 à 5 000 environ avant notre ère. C'est à Bir Hasan qu'on a recueilli les premiers silex taillés signalés dans le Proche-Orient, et le gisement a été par la suite visité par tous les préhistoriens de passage au Liban, jusqu'au moment où la construction de l'aéroport de Beyrouth et l'installation des camps palestiniens ont tout effacé.

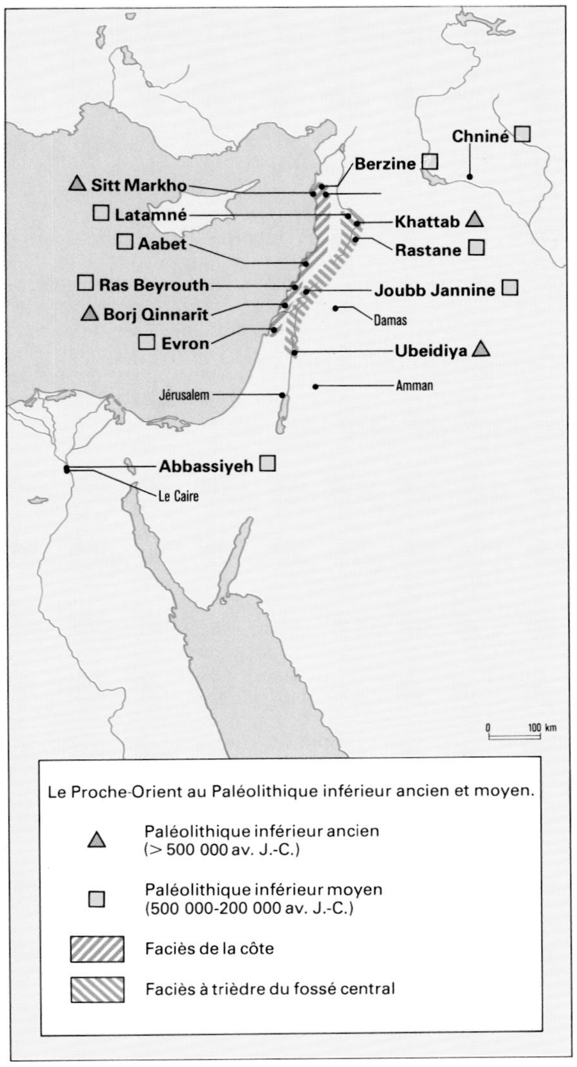
Chniné
Berzine
Sitt Markho
Latamné
Khattab
Aabet
Rastane
Ras Beyrouth
Joubb Jannine
Borj Qinnarît
Damas
Evron
Ubeidiya
Amman
Jérusalem
Abbassiyeh
Le Caire
0 100 km
Le Proche-Orient au Paléolithique inférieur ancien et moyen.
Paléolithique inférieur ancien (> 500 000 av. J.-C.)
Paléolithique inférieur moyen (500 000-200 000 av. J.-C.)
Faciès de la côte
Faciès à trièdre du fossé central

1. Durant tout le lent démarrage du Paléolithique inférieur ancien et moyen, soit jusque vers 250 000 avant nos jours, le Proche-Orient a servi de passage à l'expansion humaine venue d'Afrique, le long de la côte d'une part, le long du fossé comprenant la mer Morte, le Litani, et l'Oronte d'autre part. Cela se concrétise en deux faciès d'Acheuléen différents. La partie orientale, Iran et Irak, paraît déserte : est-ce une illusion due à l'insuffisance de nos connaissances ?

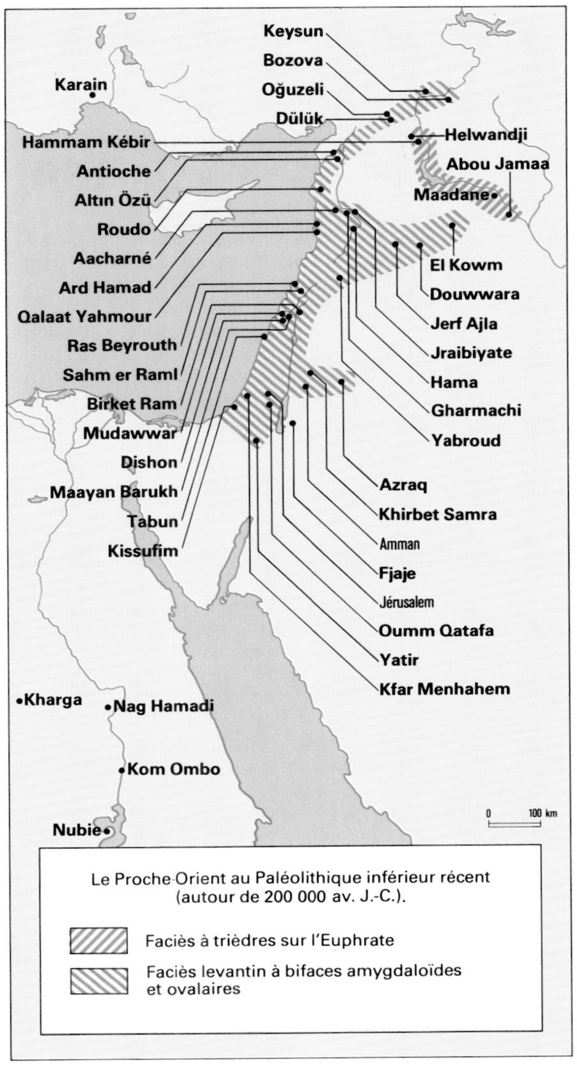
Keysun
Bozova
Karain
Oğuzeli
Dülük
Hammam Kébir
Helwandji
Antioche
Abou Jamaa
Altın Özü
Maadane
Roudo
Aacharné
El Kowm
Ard Hamad
Douwwara
Qalaat Yahmour
Jerf Ajla
Ras Beyrouth
Jraibiyate
Sahm er Raml
Hama
Birket Ram
Gharmachi
Mudawwar
Yabroud
Dishon
Azraq
Maayan Barukh
Khirbet Samra
Tabun
Amman
Kissufim
Fjaje
Jérusalem
Oumm Qatafa
Yatir
Kfar Menhahem
Kharga
Nag Hamadi
Kom Ombo
Nubie
0 100 km
Le Proche-Orient au Paléolithique inférieur récent (autour de 200 000 av. J.-C.).
Faciès à trièdres sur l'Euphrate
Faciès levantin à bifaces amygdaloïdes et ovalaires

2. À l'Acheuléen récent, à partir de 250 000, toute la steppe occidentale est occupée, mais la Mésopotamie reste une barrière, soit que les vallées de l'Euphrate et du Tigre aient été réellement difficiles à habiter, soit que les érosions du dernier pluvial et les remblaiements de l'Holocène aient effacé toute trace d'occupation.

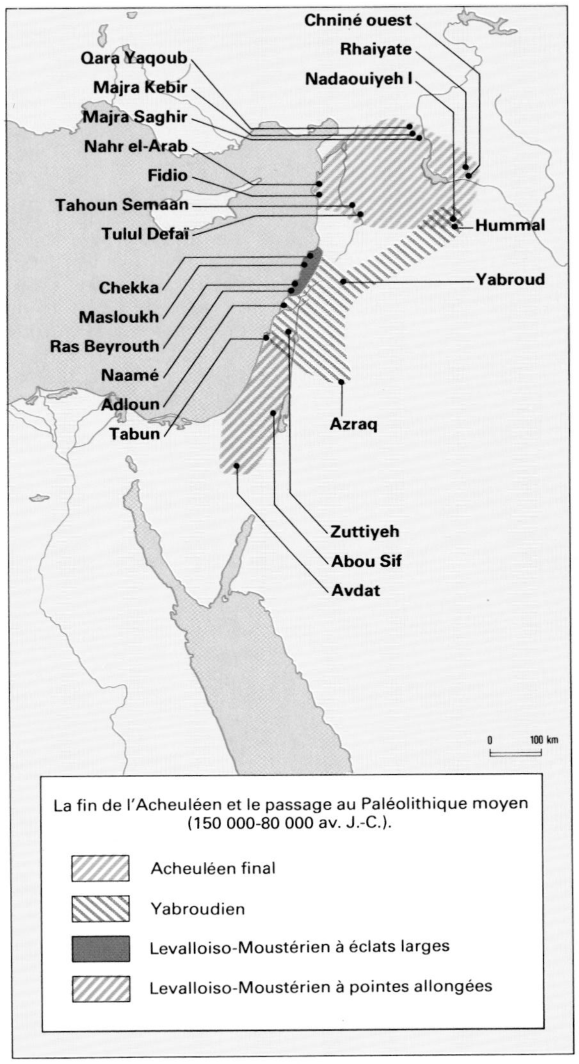
Chniné ouest
Qara Yaqoub
Rhaiyate
Majra Kebir
Nadaouiyeh I
Majra Saghir
Nahr el-Arab
Fidio
Tahoun Semaan
Hummal
Tulul Defaï
Yabroud
Chekka
Masloukh
Ras Beyrouth
Naamé
Adloun
Tabun
Azraq
Zuttiyeh
Abou Sif
Avdat
0 100 km
La fin de l'Acheuléen et le passage au Paléolithique moyen (150 000-80 000 av. J.-C.).
Acheuléen final
Yabroudien
Levalloiso-Moustérien à éclats larges
Levalloiso-Moustérien à pointes allongées

3. Le passage du Paléolithique inférieur au Paléolithique moyen, qui est achevé vers 80 000, s'exprime dans une mosaïque d'industries diverses, dont la répartition géographique pose, une fois de plus, le problème des contacts entre civilisations.

4. Avec le dernier pluvial, les choses sont plus simples. À l'est de l'arc Taurus-Zagros règne une tradition indépendante, encore très mal connue. Il y a là beaucoup à découvrir. À l'ouest de l'Euphrate, Le Levalloiso-Moustérien couvre le territoire, mais le Paléolithique supérieur marque ensuite un reflux, tandis que l'Épipaléolithique témoigne d'une nouvelle expansion. Les changements climatiques ne sont sans doute pas étrangers aux variations de la surface habitée. D'autre part, certains points privilégiés, qui constituent de véritables centres d'évolution, sont occupés presque sans interruption.

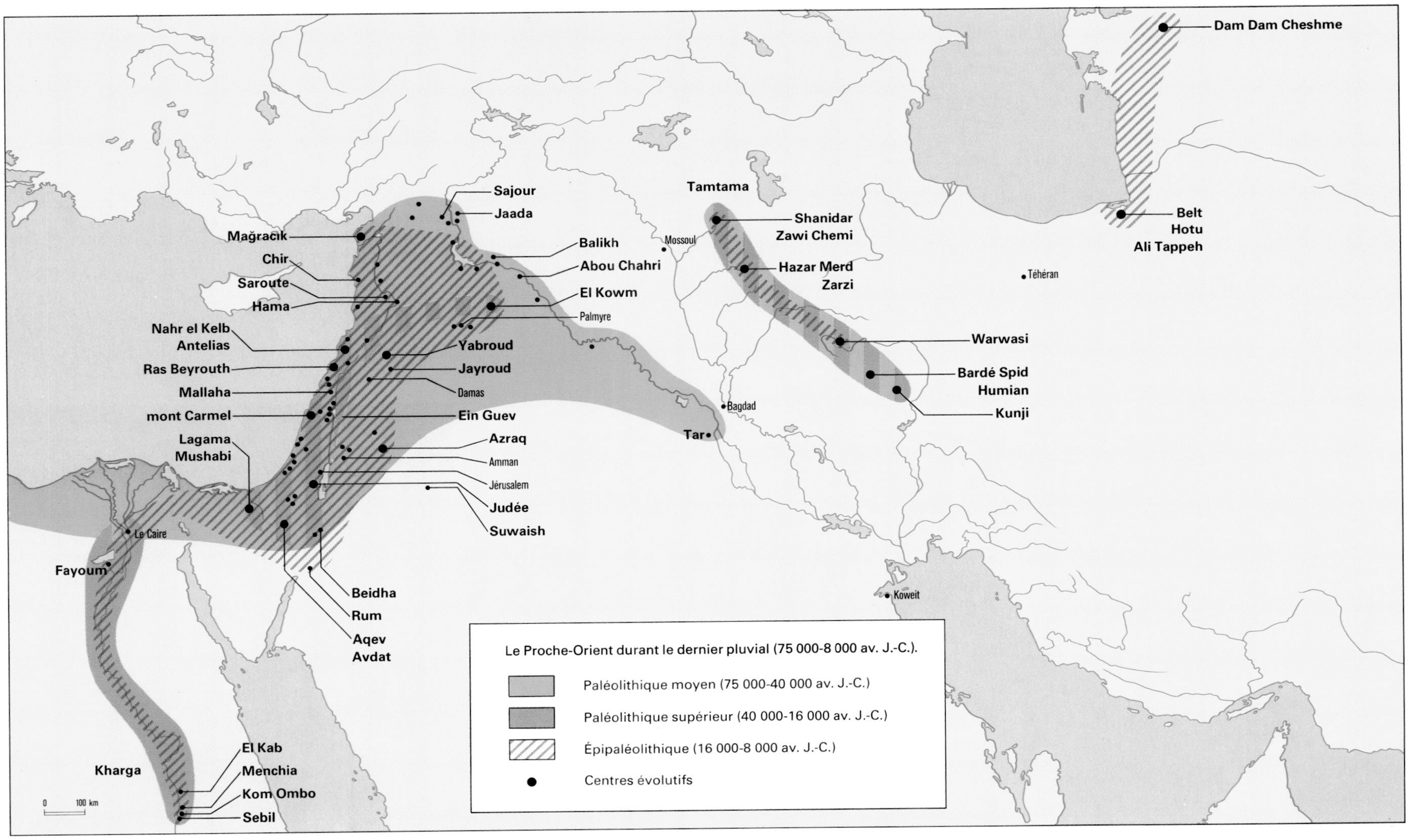
Dam Dam Cheshme
Sajour
Tamtama
Jaada
Belt
Hotu
Ali Tappeh
Mağracık
Shanidar
Zawi Chemi
Balikh
Mossoul
Chir
Abou Chahri
Hazar Merd
Zarzi
Saroute
El Kowm
Téhéran
Hama
Palmyre
Nahr el Kelb
Antelias
Yabroud
Warwasi
Ras Beyrouth
Jayroud
Bardé Spid
Humian
Mallaha
Damas
Bagdad
Kunji
mont Carmel
Ein Guev
Tar
Lagama
Mushabi
Azraq
Amman
Jérusalem
Judée
Le Caire
Suwaish
Fayoum
Beidha
Koweit
Rum
Aqev
Avdat
Le Proche-Orient durant le dernier pluvial (75 000-8 000 av. J.-C.).
Paléolithique moyen (75 000-40 000 av. J.-C.)
Paléolithique supérieur (40 000-16 000 av. J.-C.)
Épipaléolithique (16 000-8 000 av. J.-C.)
Centres évolutifs
El Kab
Kharga
Menchia
Kom Ombo
Sebil
0 100 km

La naissance de l'agriculture

Le Proche-Orient a joué un double rôle dans l'apparition de l'agriculture. La mise en culture des céréales y est effective dès le VIIIe millénaire avant J.-C. ; le Levant est en outre le centre de diffusion de l'agriculture vers le Bassin méditerranéen et l'Europe à partir du VIe millénaire.

Cette caractéristique repose d'abord sur un phénomène naturel : le réchauffement progressif du climat qui a marqué, entre 13 000 et 11 000 avant J.-C., la fin des temps glaciaires et du Pléistocène* et qui a permis aux céréales sauvages (orge, engrain, blé amidonnier) de se répandre dans toute la zone semi-aride. Celle-ci, située en arrière de la façade méditerranéenne du Levant à climat tempéré, décrit un arc de cercle depuis le fossé du Jourdain jusqu'au bord du plateau iranien en passant par le Moyen-Euphrate et les piémonts steppiques du Taurus et du Zagros (voir la carte). Cette zone, que R. Braidwood* qualifie de « nucléaire », car elle a joué un grand rôle dans les premières expériences agricoles, contient également les souches sauvages de plusieurs espèces de légumineuses (pois, lentilles) qui seront domestiquées en même temps que les céréales. Cependant, cette particularité biogéographique favorable à l'apprentissage de l'agriculture n'eut pas un rôle déterminant, comme le montre le retard d'environ deux millénaires de la domestication de ces plantes sur leur mise en place spontanée.

Des comportements humains sont en cause, et ils furent décisifs puisqu'ils marquent l'avènement d'une humanité « productrice » qui, délaissant la chasse et la cueillette, va peu à peu contrôler la reproduction de certaines espèces, modifier leur morphologie et maîtriser de mieux en mieux, par l'agriculture comme par l'élevage, son approvisionnement.

Durant le dernier quart du XXe siècle, au Proche-Orient, des équipes internationales ont conduit des recherches particulièrement intenses qui ont permis de cerner ces comportements (voir pp. 162-163) : la transformation des stratégies alimentaires peut donc être située, logiquement et chronologiquement, par rapport aux autres aspects sociologiques, techniques ou culturels de la « révolution néolithique » (Gordon Childe*) dont elle n'est qu'un élément. Cette révolution n'y est pas rapide comme en Europe, où la néolithisation vient d'ailleurs ; entièrement indigène, elle s'effectue selon un processus progressif, qui dure de 10 000 à 5000 avant J.-C. et dont on peut à la fois analyser les étapes et situer exactement la composante agricole. Enfin, l'invention de l'agriculture elle-même ne doit pas être conçue comme un phénomène ponctuel. Longuement préparée, dès le Xe millénaire, par la cueillette intensifiée des céréales sauvages, elle apparaît, à partir du VIIIe millénaire, d'abord uniquement sous forme de « cultures sèches » dans la zone nucléaire, pour se répandre ensuite autour de 6000 avant J.-C. dans tout le Proche-Orient et au-delà, lorsque l'irrigation l'affranchit des contraintes climatiques et permet d'en contrôler le produit dans n'importe quel contexte.

La première étape, donc, est préparatoire. Entre 10 000 et 6000 environ avant J.-C. on voit, dans les steppes semi-arides du Levant incluses dans la zone nucléaire, se constituer les premières agglomérations villageoises propres à la civilisation « natoufienne* » : les habitants sont encore des chasseurs-cueilleurs, mais l'exploitation des céréales sauvages constitue, avec les ressources piscicoles et la chasse des petits herbivores (gazelles) et du gibier d'eau, la base d'une économie très diversifiée qui a permis la sédentarisation de groupes humains plus importants que naguère. En même temps se développent un outillage (faucilles, matériel de broyage) et des installations de stockage (silos à Mallaha) interprétés longtemps comme des « signes » d'agriculture alors qu'ils la précèdent largement.

C'est dans ce milieu villageois déjà sédentarisé que la deuxième étape de la néolithisation se met en place ; les pays du Levant vont expérimenter au VIIIe millénaire la culture des céréales. Le blé amidonnier est domestiqué dans la vallée du Jourdain, à Jéricho, au Pre-Pottery Neolithic A* (P.P.N.A.). Il en est de même, dans l'oasis de Damas, à Tell Aswad, où l'on cultive aussi de l'orge, des pois et des lentilles. Dans le village de Mureybet, fondé au Natoufien vers 8500 avant J.-C. sur le Moyen-Euphrate syrien, les céréales exploitées (orge, engrain) sont, vers 7800 avant J.-C., de morphologie encore sauvage, mais l'étude des pollens a montré que se faisaient jour à ce moment certaines pratiques proto-agricoles, qui permettaient de densifier artificiellement les graminées à proximité de l'agglomération. On a constaté que, à Mureybet, cette « proto-agriculture » s'accompagnait à la fois, comme à Jéricho, d'une brusque montée démographique locale (le village passe de quelques centaines de mètres carrés à 3 hectares) et d'un resserrement spectaculaire de l'éventail des ressources sauvages : la pêche disparaît presque, la chasse se concentre sur les grands herbivores (bœufs et ânes sauvages). Le début de l'agriculture ne pouvait donc répondre, comme on l'a longtemps cru, à une pénurie en ressources spontanées : c'était un des éléments d'une nouvelle stratégie visant à organiser différemment et à rendre plus rentable l'exploitation de certaines espèces spécialement choisies par l'homme.

Autour de 7000 avant J.-C., alors que le Levant est occupé dans son ensemble par la civilisation dite Pre-Pottery Neolithic B* (P.P.N.B.), les phénomènes que nous avons décrits pour le domaine agricole s'étendent à tout le Proche-Orient semi-aride. L'agriculture demeure en effet cantonnée à la même bande climatique, mais elle s'y répand à la fois, au nord, vers le Taurus (Çayönü) et l'Anatolie (Hacılar) et, à l'est, vers les piémonts du Zagros jusqu'à l'Iran actuel. Dans cette zone orientale où les premiers pas de la production de subsistance s'étaient plutôt tournés, au VIIIe millénaire, vers la domestication des animaux dans un contexte encore semi-nomade, s'installent en Iran de vrais villages où le blé et l'orge sont cultivés (à Ali Kosh et peut-être à Ganj Dareh).

La troisième étape, celle du plein épanouissement de l'agriculture, débute autour de 6000 avant J.-C. Elle revêt un double aspect, spatial et technique à la fois.

C'est d'abord, pour la première fois, l'expansion géographique des agriculteurs néolithiques du Levant hors de la zone nucléaire. Cette expansion s'effectue dès la fin du VIIe millénaire, d'une part en direction du littoral à climat méditerranéen plus humide, où les céréales, non spontanées, poussent facilement dès que l'homme les y introduit. Ras Shamra, sur le littoral de la Syrie du Nord, est ainsi fondé vers 6500 avant J.-C. par des cultivateurs du P.P.N.B. récent ; d'autre part vers la zone désertique – bords de l'Euphrate (Bouqras) ou oasis (El Kowm) – où les pluies (moins de 200 mm par an) sont en principe insuffisantes pour permettre les cultures sèches, mais où l'utilisation judicieuse de certaines dépressions plus humides, à proximité immédiate des cours d'eau ou des sources, permet quand même d'espérer quelques récoltes. Il semble qu'une irrigation encore très primitive y ait d'ailleurs été pratiquée, dès le début, pour régulariser cet approvisionnement végétal, même si les ressources principales autorisant l'exode des agriculteurs paraissent surtout tirées, dans un premier temps, de l'élevage des caprinés.

L'irrigation va constituer le second aspect, de nature technique, de la nouvelle agriculture. Elle n'est pas le privilège des zones arides : des sites implantés en zone nucléaire et largement propices aux cultures sèches, comme ceux du plateau anatolien, découvrent aussi ses avantages. À Çatal Hüyük ou Hacılar, sa pratique explique l'apparition par mutation, au VIe millénaire, d'espèces domestiques nouvelles (céréales hybrides), ainsi que de plantes cultivées, comme le lin dont l'usage n'était sans doute pas alimentaire.

À partir de 5500 avant J.-C., l'irrigation permet surtout, en Irak et en Iran, la conquête par les agriculteurs de territoires nouveaux jusque-là délaissées. Alors qu'immédiatement auparavant les petits villages agricoles de la civilisation d'Hassuna* l'ignorent encore et demeurent fixés en Haute-Mésopotamie, c'est à la civilisation de Samarra*, dérivée de la précédente, que l'on peut attribuer en Irak la première avancée vers le sud, au bord même de la plaine alluviale et hors de la zone des cultures sèches : or, ses villages occupent les bords du moyen Tigre, dans la région de Mossoul, et plus à l'est la région de Mandali, où des canaux creusés par l'homme perpendiculairement aux cours d'eau descendant du Zagros recueillaient, à Choga Mami, l'eau nécessaire aux cultures. Partout l'irrigation permet l'apparition des céréales hybrides (orge à six rangs), des cultures de légumineuses (pois) aux grains plus volumineux que naguère, et du lin.

Plus à l'est encore, au pied du Zagros iranien, des sites du Khuzistan, comme Choga Sefid, connaissent à leur tour, vers 5000 avant J.-C., les cultures irriguées et leur cortège d'espèces nouvelles.

Enfin, dans la basse plaine alluviale entre Tigre et Euphrate, la civilisation d'Obeid* introduit au Ve millénaire un degré supplémentaire dans la maîtrise de l'eau : dans cette contrée de marécages, le problème n'est plus seulement d'irriguer les cultures, mais d'assainir le sol et d'y drainer le trop-plein d'eau par des systèmes complexes de canaux.

Les civilisations de Samarra et d'Obeid mettent particulièrement en évidence les implications sociologiques et culturelles de l'agriculture irriguée qui, en régularisant les ressources, autorise des agglomérations plus denses, des habitats plus spatieux, des artisanats plus brillants. Compte tenu, surtout, du surcroît d'organisation que requiert la répartition de l'eau entre ses utilisateurs, c'est à travers ces nouvelles nécessités d'arbitrage que s'expérimente, semble-t-il, à l'époque d'Obeid un nouveau modèle de société, désormais hiérarchisé.

Cette évolution, que concrétise dans les villages d'Obeid l'apparition de bâtiments collectifs de prestige tranchant sur le tissu architectural ordinaire (voir pp. 168-169), prépare directement l'émergence d'un pouvoir politique et la « révolution urbaine » du IVe millénaire, qui nous fera entrer, avec Sumer, dans la période historique.

Jacques CAUVIN

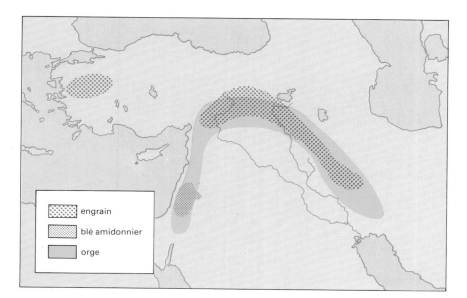

L'aire actuelle des céréales sauvages au Proche-Orient

C'est dans cette zone climatique semi-aride que se sont effectués les premiers pas de l'agriculture, aux VIIIe et VIIe millénaires avant J.-C. Ses limites paraissent cependant devoir être légèrement décalées vers le sud pour reconstituer la véritable « zone nucléaire » initiale, compte tenu du réchauffement plus tardif du plateau anatolien par rapport à son contexte proche-oriental.

engrain

blé amidonnier

orge

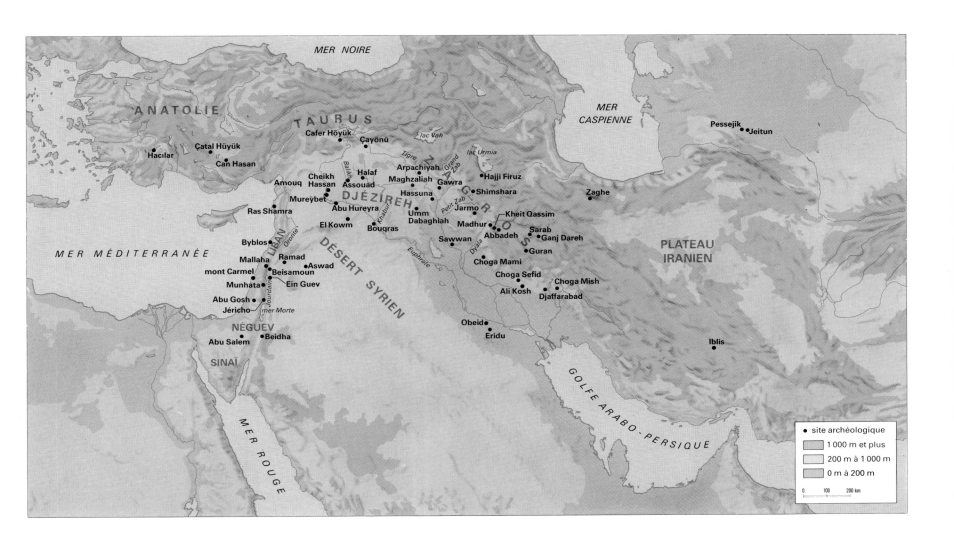

Moisson expérimentale

L'étude de l'agriculture préhistorique s'appuie sur des expériences de moissons d'espèces primitives de céréales à l'aide d'outils anciens reconstitués. L'analyse sous fort grossissement optique des microtraces laissées par les expérimentations sur ces outils peut ensuite être confrontée avec celles que l'on observe sur les faucilles anciennes elles-mêmes et permettre de préciser les techniques et les gestes des premiers agriculteurs. À gauche : champ d'engrain primitif à la ferme préhistorique expérimentale « Little Butzer Ancient Farm » (Grande-Bretagne).
Ci-dessous : une expérience de moisson de céréales primitives avec une faucille reconstituée d'après un modèle préhistorique d'Hacılar (Turquie).

Légende

premiers villages :

○ maisons rondes

▭ maisons rectangulaires simples

maisons rectangulaires complexes

maisons rectangulaires complexes avec bâtiment collectif

culture des céréales :

culture sèche   ⊞ représentations féminines (« déesses »)

culture irriguée   céramique

(les symboles plus gras correspondent aux lieux de première apparition)

Le processus de la néolithisation au Proche-Orient

Ce tableau situe dans l'espace et le temps, à travers quelques cultures et sites clés du Proche-Orient, l'apparition des principales « innovations » néolithiques. On y voit la première sédentarisation en villages dans le sud du Levant, des chasseurs-cueilleurs natoufiens, puis les débuts de la culture des céréales à la fois en Palestine et sur le Moyen-Euphrate, en même temps qu'apparaissent, sur le Moyen-Euphrate seulement, les premières architectures rectangulaires et des représentations de « déesses ». Un peu plus tard, les débuts de la céramique s'effectuent simultanément en plusieurs points du Zagros, de l'Anatolie et du Moyen-Euphrate. C'est enfin dans la basse plaine alluviale des grands fleuves que, avec les débuts de l'agriculture irriguée, se développent des habitats plus complexes, à étages et circulation intérieure. Ils y préfigurent les grands bâtiments à usage collectif (« temples ») de la civilisation d'Obeid, dont les villages « hiérarchisés » annoncent la révolution urbaine.

chronologie 14C non calibrée	périodes	zone littorale du Levant	Moyen-Euphrate	Taurus Anatolie	Mésopotamie	Zagros
4 000	7				vers l'urbanisation *culture d'Obeid*	
5 000						
5 500	6	*culture D.F.B.W.* (Byblos, Amouq)			*culture de Samarra*	Jarmo
	5	Byblos		Çatal Hüyük		
6 000	4		Assouad	Çatal Hüyük		Guran
6 500	3	P.P.N.B. (Jéricho, Beidha)		Çayönü		Ali Kosh
7 000						
7 500	2	P.P.N.A. (Jéricho, Aswad)	Mureybet			
8 000						
8 200						
9 000	1	*Natoufien* Mallaha				
10 000						

Du village à la ville

Le Proche-Orient constitue, à ce jour, la région où les découvertes archéologiques permettent d'assister au passage, plus précoce qu'en tout autre point du globe, du village à la ville, c'est-à-dire à la naissance et au développement de l'architecture. On peut suivre cette évolution sur une dizaine de millénaires, entre 14 000 et 3500 avant J.-C.

La première étape commence en Palestine. Les débuts de la sédentarisation provoquent la construction d'abris plus durables que les huttes légères édifiées par les groupes perpétuellement mobiles des populations paléolithiques. La première maison connue (Ein Guev, civilisation kébarienne, 14 000-10 000 av. J.-C.) se présente comme une fosse ronde d'environ 4 ou 5 mètres de diamètre, creusée dans la pente d'une colline et couverte de matériaux légers (peaux, branchages). Plus tard apparaissent les premiers hameaux natoufiens* (10 000-8300). Ils regroupent, sur quelques centaines de mètres carrés, des constructions de taille variée (3 à 9 m de diamètre). Les principes de construction restent les mêmes, mais l'une de ces maisons, à Mallaha, montre les traces d'une charpente reposant sur des poteaux de bois. Ces premières tentatives ont en commun une forme d'habitat (le plan circulaire) et un mode d'implantation (le creusement) qui nous reportent aux origines mêmes de l'architecture, à une époque où l'on ignorait encore, selon toute probabilité, comment édifier de véritables constructions.

D'abord monocellulaires, les maisons vont progressivement recevoir des divisions intérieures permettant une répartition plus stricte de l'espace domestique. C'est le cas au Néolithique, vers 8000, à Mureybet, et peut-être à Jéricho. Dans le même temps, les techniques s'affirment, avec les mêmes matériaux de base (pierre, bois et terre modelée), et les murs commencent à « sortir de terre ». Des agglomérations deviennent de véritables villages atteignant 2 ou 3 hectares, où se manifestent les premières traces d'entreprises « collectives » (tour de Jéricho).

C'est à cette époque qu'intervient une première mutation dans la forme de l'habitat. Elle correspond à une modification du mode de vie, provoquée par l'usage progressif de l'agriculture. Il est vrai aussi que le plan circulaire limite par sa forme les possibilités de développement d'une construction. L'état de perfection atteint à Mureybet conduit en même temps à une impasse. Le plan rectangulaire, qui seul permet ce développement, demande en revanche une plus grande maîtrise technologique, notamment pour effectuer la jonction de deux murs perpendiculaires. La réponse apportée à cette question est l'« invention » de la brique crue rectangulaire, appelée à un grand avenir. Ce passage de l'architecture originelle, ou « primitive », à cette conception radicalement nouvelle s'observe vers 7700 sur les sites de Mureybet et de Cheikh Hassan, en Syrie.

Les premières constructions rectangulaires sont monocellulaires (20 à 30 m²), construites parfois sur d'épais radiers de galets, parfois sur un réseau complexe de fondations formant un « vide sanitaire » (Çayönü, Cafer Hüyük en Anatolie, Ganj Dareh en Iran). Un exemple particulièrement significatif de cette nouvelle architecture est fourni par Çatal Hüyük (6500-5600). Les maisons de cette deuxième phase du Néolithique sont constituées soit d'une pièce unique, où se déroulent toutes les activités, soit d'une pièce principale associée à une ou deux autres, plus petites, servant probablement au stockage. Les villages d'agriculteurs-éleveurs de cette époque, constitués soit de maisons isolées, soit de maisons agglutinées, occupent des superficies qui atteignent 10 à 15 hectares. Ce type d'installation, né probablement dans la vallée de l'Euphrate, est adopté désormais dans tout l'ensemble du Proche-Orient, depuis la Palestine (Byblos, Beidha, Jéricho, Beisamoun, Ramad) jusqu'au Turkménistan (Jeitun, Pessejik), en passant par l'Irak (Jarmo) et l'Iran (Ali Kosh, Zaghe, Hajji Firuz). Il s'agit bien d'un mode d'habitat devenu universel. Aucune de ces agglomérations n'offre cependant les caractères d'une ville.

C'est en Mésopotamie, à partir de 5600, que la dernière mutation s'accomplit, en deux temps. On assiste d'abord à une modification de l'espace intérieur des maisons : non seulement il s'agrandit (100-150 m²), et le nombre de pièces augmente (parfois plus de dix), mais il devient plus complexe. Pour aller d'une pièce à l'autre, on emprunte des circulations intérieures qui montrent qu'une conception préalable a précédé l'édification du bâtiment. Il ne s'agit plus d'ajouter un peu au hasard des pièces les unes aux autres, mais d'occuper un bâtiment pensé et construit pour une fonction précise. C'est l'époque, aussi, des premières véritables constructions à étages auxquels on accède par des escaliers extérieurs ou intérieurs.

Cette conception nouvelle de l'habitat, née aussi probablement dans la vallée de l'Euphrate (Bouqras), est bien attestée sur les sites de la civilisation de Samarra* (Sawwan), d'Obeid (Gawra, Eridu, Abbadeh, Madhur, Kheit Qassim 3) et de Suse (Djaffarabad, Choga Mish, Iblis).

Cette plus grande complexité de l'espace individuel va de pair avec l'apparition dans l'agglomération d'un bâtiment qui tranche sur tous les autres par sa taille, son décor, et peut-être sa fonction (salle collective ? maison du chef de la communauté ?). Les premières traces de ce phénomène apparaissent entre 4000 et 3500 dans les agglomérations de la civilisation d'Obeid* final (Gawra, Eridu, Abbadeh). On peut voir dans ce bâtiment « exceptionnel » l'ancêtre de ce qui deviendra – à la fin du IVe millénaire (civilisation d'Uruk) et au IIIe millénaire – le temple, puis le palais, qui, en dehors de l'habitat, constituent archéologiquement les « signes » de la ville. Cette forme de « hiérarchisation » architecturale au sein des villages mésopotamiens préfigure donc les caractéristiques essentielles des premières villes orientales. C'est un cheminement continu et logique, jalonné d'étapes chronologiquement bien marquées, qui conduit ainsi de la première maison à la première ville.

Olivier AURENCHE

Une maison de Mureybet

Cette vue de la maison en cours de fouille montre, au premier plan, l'espace central (« pièce de séjour ») avec la banquette de couchage, à gauche, et, à droite, l'entrée. Au second plan, un muret bas, facile à enjamber, ce qui explique l'absence de porte, délimite un compartiment probablement destiné au stockage (silo). Au fond, la paroi intérieure laisse apparaître les traces des poteaux qui étaient destinés à soutenir le toit et qui furent carbonisés à la suite de l'incendie qui a détruit la maison.

O. Aurenche

Une maison de Mureybet

Le site offre, vers 8000, une architecture de plan circulaire (6 m de diamètre) très élaborée. La maison est en partie creusée dans la pente ; seule la partie avant émerge à l'air libre. Le toit en terrasse repose sur une charpente de poteaux de bois. Des murets bas délimitent des aires intérieures aux fonctions différenciées : pièce de séjour, dans l'axe de l'entrée, comportant au fond une banquette de couchage, cuisine et espace de stockage, à droite. Maquette de G. Deraprahamian.

B. Biraud

Le village de Mureybet

Les maisons du village (2-3 ha) sont adossées les unes aux autres et, profitant de la topographie, étagées sur la pente, de sorte que le toit de la plus basse sert de terrasse à la maison supérieure. Un chemin dallé conduit à un groupe de fosses-foyers qui attestent d'une activité domestique à l'extérieur de l'habitat. Maquette de G. Deraprahamian.

B. Biraud

Une maison de Çatal Hüyük

Cette maison constitue, vers 6000, un bon exemple de l'architecture rectangulaire de plan simple. La pièce unique (20-30 m²) est construite selon un principe voisin du colombage : charpente en bois avec remplissage de briques crues. Le toit est plat. Chaque pièce comporte un foyer, un four encastré dans le mur, et des banquettes le long des murs. D'après J. Mellaart.

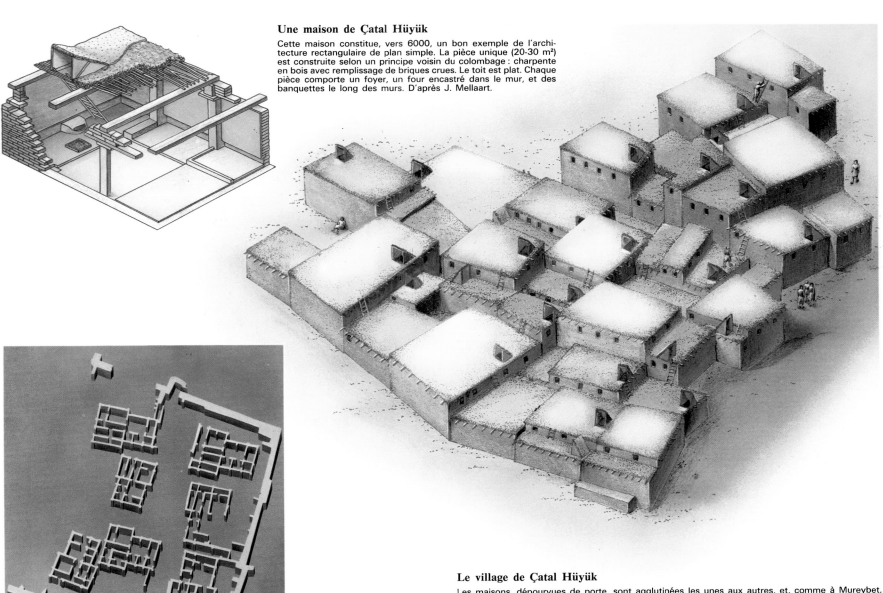

Le village de Çatal Hüyük

Les maisons, dépourvues de porte, sont agglutinées les unes aux autres, et, comme à Mureybet, étagées sur la pente. L'accès se faisait par le toit, au moyen d'une échelle intérieure. L'orifice permettait aussi l'évacuation de la fumée. On s'est inspiré, pour représenter l'auvent qui protégeait cette entrée, d'exemples turcs actuels. On note la disposition contiguë des façades aveugles, offrant un mur continu, probablement pour des raisons de sécurité. Le village s'étendait sur une quinzaine d'hectares. D'après J. Mellaart.

Le village de Sawwan

Regroupées à l'intérieur d'un mur de clôture, les grandes fermes (150-200 m²) du village de Sawwan, vers 5600, sont construites en briques moulées. Elles abritent plus de dix pièces communiquant entre elles par des ouvertures placées en enfilade. Elles étaient, au moins sur une partie de leur superficie, couvertes d'un étage auquel on accédait par un escalier. Ces constructions isolées laissaient entre elles des espaces libres réservés à la circulation et au parcage des animaux. D'après W. Yasin et P. Amiet.

Le village d'Abbadeh

Les maisons d'Abbadeh, vers 4000, comportent aussi plusieurs pièces distribuées symétriquement autour d'une grande salle centrale. Un escalier intérieur conduisait à l'étage. L'un des bâtiments du village se distingue des autres par sa taille, son décor (pilastres engagés, en briques) et sa position centrale. Il constitue un premier signe de la « hiérarchisation » architecturale, et forme l'embryon des bâtiments « publics » qui caractérisent la ville. D'après S. Aboud.

L'expansion des arts du feu : chaux, plâtre et céramique

Les arts du feu, qui prendront une importance primordiale avec la métallurgie, qui va marquer la fin de l'Âge de la pierre, sont nés, au Proche-Orient, dès le début de l'époque néolithique (autour de 8000 av. J.-C.) avec la chaux, le plâtre et la céramique.

Le feu a été utilisé auparavant pour faciliter le façonnage de l'os ou du silex, mais avec la chaux, le plâtre et la céramique, le matériau est lui-même transformé au point d'acquérir des qualités et des possibilités d'usage complètement nouvelles.

Le terme de céramique s'applique à la vaisselle de terre cuite, bien qu'on ait utilisé la terre cuite avant d'en faire des récipients. Au Proche-Orient, dans le contexte du Néolithique où l'usage de la terre était intensif, l'idée de cuire ce matériau n'est pas tout à fait inattendue. Elle est peut-être née de l'observation des effets du feu sur les parois des fosses-foyers. En effet, la terre a été utilisée dans l'architecture dès l'époque natoufienne* (X^e-IXe millénaire) pour des enduits, des murs en pisé ou en terre tassée, des silos, des fosses et surtout des fosses-foyers. Au début du VIIIe millénaire, la brique apparaît dans la vallée du Jourdain (Jéricho, *Pre-Pottery Neolithic A**, P.P.N.A.). La terre crue était utilisée aussi à cette époque pour façonner des figurines et des petits objets. Ainsi les principales qualités de la terre – sa plasticité et son durcissement au séchage – ont-elles été exploitées dès le début des installations sédentaires.

Les processus de l'invention de la chaux et du plâtre sont, eux, beaucoup moins clairs car les deux matériaux naissent d'une suite d'opérations plus élaborée. Ils résultent de la calcination du calcaire pour la chaux, du gypse pour le plâtre, mais cette cuisson permet seulement d'obtenir un matériau de base auquel il faut ensuite ajouter de l'eau pour pouvoir le modeler ; c'est au cours du séchage que s'effectue la prise et que le matériau acquiert sa dureté. Le cheminement qui conduit de la roche calcaire ou gypseuse à l'objet façonné apparaît donc beaucoup moins clairement que pour la terre, où la cuisson est postérieure à la mise en forme de l'objet. Peut-être des foyers construits en pierres calcaires ou creusés dans un sol gypseux ont-ils permis d'observer la transformation de telles roches sous l'action du feu.

Le problème majeur posé par la fabrication de ces trois matériaux est celui de la température de cuisson. Si, pour obtenir du plâtre, une température de 120 °C est suffisante, pour la cuisson de la terre il faut atteindre 500 °C et pour la chaux 800 °C. On sait que la « cuisson en aire », c'est-à-dire sans four, les objets à cuire étant disposés en tas sous le combustible, permet facilement d'atteindre de telles températures. On constate par ailleurs que la chaux a été fabriquée au Proche-Orient avant le plâtre : le degré élevé de la température de cuisson n'a donc pas été un obstacle.

La chaux apparaît pour la première fois en Palestine, au VIIIe millénaire, sur le site de Beidha. C'est aussi dans cette région que l'emploi de ce matériau va se généraliser le plus systématiquement : durant la première moitié du VIIe millénaire, les sols enduits de chaux sont communs à toutes les installations de la culture du *Pre-Pottery Neolithic B** (P.P.N.B.). Dès la seconde moitié du VIIIe millénaire, l'usage de la chaux ou du plâtre est attesté aussi bien en Anatolie (Çayönü) que sur le moyen Euphrate (Abu Hureyra) ou dans le Zagros (Ganj Dareh). Cependant, si en Anatolie et dans le Zagros l'emploi de ces matériaux se répand assez vite, il ne s'y généralise pas complètement. À partir de 6500 avant J.-C., sur la plupart des sites du moyen Euphrate, ces divers matériaux sont non seulement adoptés pour les revêtements architecturaux, mais s'étendent à la confection de vaisselle et d'objets de forme géométrique (disques, sphères...). Leur emploi diversifié gagne le Levant central et septentrional (Ramad, Ras Shamra) entre 6000 et 5500 avant J.-C. En Mésopotamie, le plâtre et la chaux apparaissent dans les premières installations sédentaires de cette région, au VIIe millénaire (Maghzalieh), et leur emploi se développe à partir de 6000 avant J.-C. (Umm Dabaghiyah, Hassuna).

La fabrication du plâtre et de la chaux a donc été pratiquée partout au Proche-Orient pendant la période néolithique, mais avec des variations régionales et parfois avec un certain décalage dans le temps.

L'origine de la céramique est difficile à préciser à cause de la présence de petits récipients en terre crue, parfois cuits accidentellement, dès le VIIIe millénaire. Cependant, la cuisson délibérée de la terre ne s'applique encore, pendant un millénaire et demi, qu'à des figurines et à des petits objets géométriques. C'est seulement dans la seconde moitié du VIIe millénaire qu'elle va véritablement se développer en servant à la fabrication de vaisselle. De même que l'apparition de la terre cuite s'est faite sur des sites dispersés dans tout le Proche-Orient, de même les débuts de son utilisation pour la vaisselle furent-ils plus ou moins contemporains en Anatolie (Çatal Hüyük), sur le moyen Euphrate (Tell Assouad) ou dans le Zagros (Tepe Guran). La céramique va se répandre rapidement puisque aux environs de 6000 avant J.-C. on la trouve en grande quantité sur tous les sites du Proche-Orient, à l'exception des sites de Palestine. Cette région échappe en effet à cette innovation jusqu'à la seconde moitié du VIe millénaire.

Les premières céramiques du VIIe millénaire, de quelque région qu'elles soient, sont d'une extrême simplicité et présentent beaucoup de similitudes. Cette homogénéité paraît liée à des capacités techniques limitées. Les variations régionales sont donc peu marquées, contrairement à ce qui va se passer dès que la technique sera mieux maîtrisée et plus répandue. En effet, indépendamment des particularités strictement locales, des différenciations régionales se feront jour très vite, dès le début du VIe millénaire, engendrant par exemple la poterie foncée polie (*Dark Faced Burnished Ware*, D.F.B.W.) du Levant septentrional, ou les styles céramiques particuliers de Mésopotamie ou du Zagros.

L'étape suivante dans l'évolution de la céramique concerne l'exportation et la standardisation de la production. Avec la civilisation halafienne*, dans la seconde moitié du VIe millénaire, on trouve une céramique très élaborée, tant par ses qualités techniques que par ses formes ou son décor. La région d'origine de cette culture paraît être la haute Djezireh, mais cette céramique s'est largement répandue jusqu'au littoral méditerranéen à l'ouest, au Zagros et aux abords du golfe Persique à l'est. L'exportation implique une production dépassant les besoins des producteurs, voire un certain degré de spécialisation et de standardisation. Cette évolution se confirme avec la céramique Obeid*, qui, au Ve millénaire, aura une aire de diffusion encore plus large et sera très stéréotypée.

Les progrès techniques ont permis de diversifier les usages de ces matériaux nouveaux. La chaux et le plâtre ont élargi leur champ d'application, en particulier au modelage d'objets, en particulier de vaisselle. Ils vont donc concurrencer la terre cuite, qui va cependant s'imposer rapidement pour les récipients, ne serait-ce qu'à cause de sa propriété réfractaire. Le plâtre et la chaux se maintiendront en revanche dans les enduits architecturaux, avec lesquels leurs propriétés sont en parfaite adéquation.

Ainsi, petit à petit, sont sélectionnés les matériaux les mieux appropriés à chaque fonction. On assiste à un phénomène comparable avec la fabrication de faucilles en terre cuite dans la culture d'Obeid, où des matériaux plus adaptés comme la pierre puis le métal mettront fin à cet essai.

Les premiers arts du feu n'ont pas seulement servi de terrain d'expérimentation pour la métallurgie, mais ont donné naissance à des matériaux dont les qualités respectives ont été largement éprouvées puisqu'ils ont traversé les millénaires et, malgré les nouveautés offertes par les technologies modernes, ils sont encore largement en usage aujourd'hui.

Marie LE MIÈRE et Claudine MARÉCHAL

Objets en plâtre, Bouqras (Syrie)

Vaisselle, objets géométriques comme cette sphère qui date environ de 6000 avant J.-C., enduits architecturaux, bassins faits avec des plaques « préfabriquées », enduits sur céramique, surmodelage des crânes dans les sépultures, figurines, telles sont les nombreuses réalisations en plâtre ou en chaux que l'on rencontre au Proche-Orient, durant les VIIe et VIe millénaires, période d'apogée de ces matériaux. Musée de Deir-ez-Zor, Syrie.

Vase en plâtre, El Kowm (Syrie)

Il semble d'après les premières analyses que dans la fabrication des objets la chaux ait été préférée à l'ouest et au nord du désert syrien et le plâtre à l'est, indépendamment des ressources locales en calcaire ou en gypse, alors que les deux matériaux servaient aux mêmes fins (fouilles J. Cauvin).

Fresque murale, Bouqras

Ces oiseaux (autruches ou grues) ont été peints à l'aide d'ocre sur un mur de brique crue enduit de plâtre. Un visage humain modelé, enduit lui aussi de plâtre et peint en rouge, se trouvait sur le pilier d'une maison. Ces décors sont en général mal conservés mais ils sont attestés dans tout le Proche-Orient néolithique, où ils semblent avoir été de pratique courante (fouilles des universités d'Amsterdam et de Groningue).

Fragment de céramique, Bouqras

L'évolution rapide des formes et des décors est une aide précieuse pour la datation de la céramique. Ce n'est pas le cas des caractères techniques qui, sur ce tesson qui date d'environ 6000, sont encore très comparables à ceux des premières céramiques : montage à la main, très souvent au colombin* ; pâte à inclusions végétales, assez épaisse, de couleur beige plus ou moins foncée ; surface seulement lissée ou polie, jamais engobée. Musée de Deir-ez-Zor, Syrie.

Vase peint, Bouqras

Les premières céramiques étaient sans décor ; mais celui-ci apparaît rapidement et avec lui les particularismes régionaux : peinture à l'est de l'Euphrate, décor imprimé ou incisé à l'ouest. Hormis certains dessins géométriques élémentaires que l'on retrouve partout, comme ces chevrons, les motifs peints et leur disposition varient d'une région à l'autre, voire de site à site. Musée de Deir-ez-Zor, Syrie.

Figurine en argile, Mureybet (Syrie)

Au Proche-Orient, les premiers objets en terre cuite (VIIIe millénaire) ne posaient pas de problème de modelage ni de séchage du fait de leur très petite taille ; cela explique qu'on ne trouve pas dans leur pâte les inclusions végétales qui étaient déjà fréquemment utilisées pour le pisé (fouilles J. Cauvin).

Céramiques du Néolithique ancien, Byblos (Liban)

Ces deux vases montrent la simplicité des formes des plus anciennes céramiques : fermées ou droites, à fond plat ou convexe, au profil sans rupture de courbe. Petit à petit apparaissent, dans des ordres divers et plus ou moins vite selon les régions, des formes de plus en plus ouvertes, des bases et des bords élaborés, des cols, des carènes et des moyens de préhension (fouilles M. Dunand).

Vase Halaf, Tell Arpachiyah (Irak)

Le décor Halaf est très riche ; on y trouve non seulement, comme sur ce plat du Ve millénaire, des motifs géométriques polychromes, centrés ou en bandes, mais des figures humaines ou animales et des dispositions en métopes. Un décor aussi soigné exigeait une cuisson régulière, que permet le four à sole, où la chambre de cuisson est séparée du foyer, dont on trouve précisément les premiers exemplaires sur des sites Halaf (fouilles M. Mallowan). British Museum, Londres.

La révolution idéologique : l'art néolithique au Proche-Orient

C'est entre 10 000 et 5000 avant J.-C. que l'humanité traverse au Proche-Orient un ensemble de mutations fondamentales dans les aspects les plus concrets de son mode de vie : habitats, économie alimentaire, techniques. Il convient d'examiner la révolution non moins importante qui s'effectue simultanément dans le psychisme des sociétés en cause : l'art est ici notre principale voie d'accès à cet imaginaire collectif.

L'art des Natoufiens*, derniers chasseurs-cueilleurs du Proche-Orient mais déjà engagés par leurs villages primitifs dans le processus de néolithisation, prend directement la suite, vers 10 000 avant J.-C., de l'art franco-cantabrique du Paléolithique supérieur d'Occident. Comme lui, il reste d'inspiration essentiellement zoomorphe, mais se limite à des objets mobiliers. Statuettes ou manches d'outils en os sculpté sont ornés de petits herbivores tantôt réalistes, tantôt schématiques, dont l'espèce n'est pas toujours identifiable, mais où la gazelle, gibier favori des chasseurs natoufiens, paraît cependant le plus souvent représentée. Les figures humaines y sont exceptionnelles et encore asexuées.

Un remaniement profond du vocabulaire symbolique s'effectue au début du VIIIᵉ millénaire. Dès 8300 avant J.-C. sont apparus à Mureybet, sur le moyen Euphrate, des bucranes entiers de taureaux enfouis dans les murs des maisons. Nous sommes à la fin du Natoufien, et cette espèce n'est encore que très peu chassée, la gazelle lui étant préférée. La nature de ces dépôts est à coup sûr rituelle : elle se perpétuera au VIIIᵉ millénaire par la coutume d'enfouir des cornes de taureaux dans les murs en construction, avant même que ne commencent la chasse spécialisée de cet herbivore, puis, vers 7500, son « protoélevage ». On croit avoir là l'exemple d'une préférence d'abord idéologique précédant, annonçant même peut-être, une stratégie alimentaire.

Les figurines de Mureybet, en pierre ou terre cuite, sont, au VIIIᵉ millénaire, devenues presque toutes anthropomorphes ; ce sont en même temps les premières représentations féminines au Proche-Orient. Le sexe est indiqué et la région fessière amplifiée. La tête présente un volume normal mais le visage n'y est qu'ébauché. Il est à noter que cette montée de la représentation humaine dans l'art précède immédiatement les premières traces observées de protoagriculture. On voit donc se mettre en place, dès cette époque, un couple de symboles dominants, la Femme et le Taureau, appelé à un développement important.

Les figurines féminines en terre cuite vont rapidement se diffuser durant le VIIᵉ millénaire à travers le *Pre-Pottery Neolithic B** (P.P.N.B.) du Levant (Aswad, Jéricho, Beidha) et au nord, vers le Taurus, à Cayönü. On les retrouve en Iran, à Ali Kosh. Vers 6000 avant J.-C., les figurines de Ramad, en Syrie, inaugurent un

mode de représentation qui, tout en conservant les formes féminines opulentes, attachera un soin particulier au rendu du visage, celui des yeux en particulier. C'est bien là un thème nouveau, propre au Néolithique : les quelques statuettes féminines, les « Vénus », que le Paléolithique d'Occident a laissées, sacrifiaient en effet à l'exagération des formes spécifiquement féminines, les parties du corps que les deux sexes ont en commun : la tête, notamment, y était presque toujours atrophiée.

Dans le style de Ramad, au contraire, la tête est allongée vers le haut et l'arrière, les yeux étant rendus par des pastilles d'argile incisées. On retrouvera les mêmes caractères au VIᵉ millénaire au Liban, à Byblos, et en Palestine, dans la culture de Munhata.

En Irak et en Iran, les mêmes thèmes peuvent transparaître sous des styles différents : certaines figurines (Sarab) ont la tête encore atrophiée alors que les hanches et les seins sont démesurément épaissis. Mais, dans le Zagros, le visage peut occuper à lui seul le tiers, voire la moitié du volume total des figurines schématiques dites « en T ». Plus au sud, dans la culture de Samarra*, où le style est plus naturaliste, les yeux sont soulignés soit par des pastilles d'argile incisées et peintes (Choga Mami), soit par des incrustations de bitume (Tell Sawwan).

Des figurines animales en argile persistent partout, mais leur facture plus négligée rend difficile leur identification et, partant, leur interprétation. Au contraire, l'image de la femme, traitée avec soin et exprimant des thèmes constants à travers des styles artistiques très diversifiés selon les lieux et les cultures, affirme plus nettement son caractère symbolique. S'agit-il de la représentation d'une divinité ? La réponse est assurément affirmative si l'on tient compte des documents du VIᵉ millénaire anatolien. L'exceptionnelle conservation du village de Çatal Hüyük nous livre non seulement des statuettes isolées, mais un ensemble de représentations liées à l'architecture (peintures et hauts-reliefs), où les images féminines et animales apparaissent intégrées dans un réseau de relations spatiales nous éclairant sur leur sens. D'abord les statuettes elles-mêmes, plus complexes, peuvent associer plusieurs personnages : c'est assurément une « déesse » qui, dans l'exubérance expressionniste de ses formes, est représentée en parturiente sur un trône de trois panthères. La même divinité apparaît en hauts-reliefs monumentaux dominant le mur nord des salles et enfantant des taureaux superposés sous elle en bucranes d'argile. La fréquente association de la déesse non seulement avec la panthère mais avec divers autres animaux carnivores (rapaces, renards...), dont les becs et les dents émergent des murs près des hauts-reliefs, parfois enfouis dans des seins d'argile, souligne, en marge de son aspect maternel, sa maîtrise sur la faune

sauvage : c'est bien la déesse mère orientale, maîtresse des animaux sauvages, qui se manifeste ici pour la première fois.

Une seconde figure dominante, celle-là « masculine », existe à Çatal Hüyük ; une seule fois représentée sous forme humaine (un homme barbu chevauchant un taureau), elle se limite en général à sa version zoomorphe, le taureau lui-même, dont l'évocation dans les habitats revêt une rare intensité : bucranes saillant des murs, banquettes ornées de cornes, etc. Sa silhouette, peinte ou gravée, apparaît plusieurs fois sur les murs, parfois dans des scènes de chasse ou de « danse armée », où l'animal, fortement surdimensionné par rapport aux humains qui l'entourent, semble tirer, comme la déesse, sa puissance surnaturelle de son énormité même.

L'évolution idéologique propre à la néolithisation apparaît donc clairement. Il y a, d'abord, l'importance croissante des représentations humaines, encore féminines pour l'essentiel. Il y a ensuite une façon inédite de traiter ces représentations, reflétant sans doute l'évolution des conceptions anthropologiques elles-mêmes : l'exagération des parties du corps féminin les plus symboliques de la fécondité existe toujours, mais nouvelle est l'insistance qui souligne la tête et spécialement les yeux. Cet intérêt s'exprime parallèlement dans les rites funéraires : aux sépultures collectives du Natoufien succède dans tout le Levant ce qu'on appelle le « culte des crânes », qui consiste à conserver, en dehors des sépultures proprement dites, les crânes humains, parfois surmodelés à l'image du vivant comme dans le P.P.N.B. palestinien, les yeux étant marqués par des coquilles ou de la peinture. Ce culte existe aussi en Syrie et en Turquie et jusqu'en Irak au Vᵉ millénaire, pendant la civilisation halafienne*.

Il y a enfin, bien différente du bestiaire des chasseurs-cueilleurs, symbolique à coup sûr mais non hiérarchisé, l'apparition nouvelle de personnages « divins ». Au moment où les sociétés du Proche-Orient sortent de l'« âge d'abondance » (M. D. Sahlins) paléolithique, où la chasse-cueillette au jour le jour assurait la survie au prix de peu d'efforts, il est troublant de pouvoir établir la coïncidence du premier « travail » agricole et de la maîtrise progressive du milieu par la domestication des espèces avec un psychisme humain désormais distendu entre un « haut » et un « bas » : l'ordre de la divinité et celui de l'humanité ordinaire. Cette dramatisation intérieure n'est peut-être pas sans rapports avec cet effort paradoxal, non justifié écologiquement, pour sortir de l'équilibre ancien et pour tenter une autre aventure.

Jacques CAUVIN

Chasse au taureau à Çatal Hüyük, Anatolie. Fresque du VIᵉ millénaire

Dès le VIIIᵉ millénaire, le taureau sauvage a joué dans le Proche-Orient néolithique un rôle symbolique essentiel, bien avant la domestication des bovidés. À Çatal Hüyük, il est représenté partout, en figurines, en bucrane saillant des murs, ici en « scène de chasse », où l'énormité expressionniste de l'animal contraste avec les dimensions réduites des chasseurs.

Déesse enfantant les taureaux.
Reconstitution d'un haut-relief de Çatal Hüyük. VIᵉ millénaire

Figure principale du Panthéon néolithique, la Déesse domine le mur nord de plusieurs « sanctuaires domestiques » de Çatal Hüyük, où des bucranes de taureaux semblent procéder d'elle. Le ventre est toujours souligné par un ombilic proéminent. Sur le panneau représenté ici, on remarque à sa gauche une tête de bélier à droite de la Déesse, une mandibule de sanglier à sa gauche. D'après J. Mellaart.

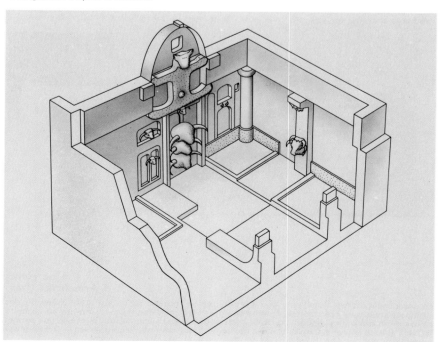

**Jeune ruminant sculpté sur un manche en os.
Natoufien du mont Carmel, Israël. X^e millénaire**

Les derniers chasseurs-cueilleurs du Levant ont conservé, au Natoufien, un art presque exclusivement animalier en pierre et surtout en os, représentant des gazelles ou des cervidés. Les objets sont délicatement façonnés en ronde bosse, comme le manche ci-dessus, ou dans un style plus schématique. Musée Rockefeller, Jérusalem.

**« Déesse » en terre cuite de Munhata,
vallée du Jourdain. V^e millénaire**

On retrouve sur cette figurine plusieurs « thèmes » communs à tout le Levant dès le début du VIIe millénaire : amplification des fesses, élongation occipitale, mise en évidence des yeux. Le style particulier de la culture de Munhata, qui procède en accolant boudins et pastilles d'argile prémodelés, donne délibérément un aspect effrayant à ces représentations féminines. The Bronfman Museum, Jérusalem.

**Statuette féminine en
albâtre de Tell Sawwan,
Irak. VIe millénaire**

Sur les statuettes de Tell Saw-wan, représentations proba-bles, elles aussi, de la Déesse, les yeux sont soulignés par des incrustations de bitume. Elles portent parfois un couvre-chef conique de même matière. Plus élancées que celles du Levant, elles sont toujours re-présentées en position debout. Iraq Museum.

**La Déesse aux panthères de Çatal Hüyük.
VIe millénaire**

Cette statuette en terre cuite montre une femme obèse et hiératique enfantant en position assise, sur un trône composé de trois panthères. Elle atteste le culte, au Proche-Orient, d'une divinité mère, maîtresse des animaux sauvages, dès la période néolithique.

La fresque aux vautours de Çatal Hüyük. VIe millénaire

Des vautours fondent, ailes déployées, sur des humains acéphales. Parfois interprétée comme témoignant d'un rite de décarnisation des cadavres par les rapaces, cette scène peut n'avoir qu'une valeur symbolique. Vautours, chacals et sangliers comptent à Çatal Hüyük parmi les attributs « funéraires » de la Déesse.

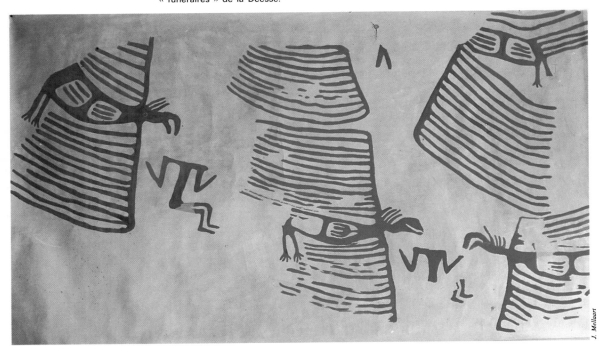

Le Proche-Orient ancien

En 1782, le botaniste A. Michaux rapportait de Perse un « caillou », provenant sans doute de Ctésiphon, qui fut acquis par le cabinet des Antiquités de la Bibliothèque nationale. C'est le premier document épigraphique babylonien parvenu en Europe. Le Proche-Orient fut souvent visité par des voyageurs (Chateaubriand, Lamartine, Dumas, Nerval sont les plus célèbres), surtout sa partie méditerranéenne : Égypte, Turquie, Liban, Palestine. La Palestine, en particulier, que l'on pouvait parcourir la Bible à la main, attira sans cesse les voyageurs-pèlerins. Mais des régions plus lointaines comme la Mésopotamie ou la Perse étaient moins connues.

L'année même où Michaux rapportait son *Kudurru* en France, un astronome français, l'abbé Joseph de Beauchamp, envoyait à Paris la description de grands sites mésopotamiens. Son correspondant à Paris, l'abbé Barthelemy (le déchiffreur du phénicien en 1758), le guidait de loin dans ses enquêtes. Il fallait, écrivait Barthelemy, procéder à « la comparaison d'un grand nombre de monuments qu'on aurait sous les yeux... ». Beauchamp avait attiré l'attention des savants occidentaux sur les ruines de Ninive, Ctésiphon, Babylone et Persépolis et, à sa suite, des agents de la Compagnie des Indes ou des diplomates commençaient à publier des mémoires sur les grandes cités mésopotamiennes. Durant la première moitié du XIXe siècle, la Mésopotamie, l'Anatolie, l'Iran furent parcourus par des observateurs attentifs.

La Palestine faisait l'objet, dès le début du XIXe siècle, de descriptions approfondies. En Anatolie, les ruines de Boğazköy étaient signalées dès 1834 (C. Texier). En Perse, Flandin et Coste recevaient, dès 1839, la mission officielle d'établir un relevé précis des sculptures et des inscriptions qu'ils pouvaient rencontrer.

Si l'on prend comme exemple l'ancienne Mésopotamie, l'exploration archéologique débuta très tôt. P. E. Botta*, nommé consul de France à Mossoul en 1842, sut reconnaître l'importance des tells qui recouvraient les ruines de l'ancienne Ninive. Il y commença des fouilles dès décembre 1842, inaugurant ainsi la recherche archéologique dans ce pays, puis transféra ses recherches à une vingtaine de kilomètres au nord-ouest, sur le site de Khorsabad. Trouvant, dès les premiers jours, « des figures et des inscriptions », il annonça ainsi ses découvertes à l'Académie des inscriptions, en avril 1843 : « Je continue à faire déblayer et je le fais avec d'autant plus d'intérêt que je crois être le premier qui ait découvert des sculptures que l'on puisse, avec quelque apparence, rapporter à l'époque où Ninive était florissante. » Botta reçut immédiatement une subvention officielle pour continuer ses recherches. Ce fut le début d'une longue histoire où les rivalités politiques entre la France et l'Angleterre eurent souvent le pas sur les préoccupations scientifiques. Mais, à la suite des découvertes de Botta, on inaugurait au Louvre, le 1er mai 1847, le Musée assyrien, et la collection recevait dix ans plus tard la présentation qu'elle a conservée aujourd'hui au rez-de-chaussée de la partie nord de la Colonnade. Pour les musées occidentaux, où l'Antiquité n'était alors que gréco-romaine ou égyptienne, ces reliefs néo-assyriens étaient une révélation. Dès lors, les missions françaises (Place, Fresnel) ou anglaises (Layard, Rassam) se succédèrent. Le Proche-Orient s'ouvrait à la recherche sur le terrain, et pas seulement la lointaine Mésopotamie : en 1860, Napoléon III adjoignait à l'expédition de Syrie causée par le conflit entre les maronites et les Druzes une mission archéologique, qu'il confiait à E. Renan. Les fouilles, trop rapides et mal conduites (Renan n'était guère archéologue), n'eurent pas le retentissement souhaité. Quelques années plus tard, en 1863, un protégé de l'empereur,

F. de Saulcy, revint en Terre sainte, accompagné d'un cartographe, d'un architecte et d'un photographe, et y conduisit un remarquable travail de description, rapportant des relevés de premier ordre.

Il est indéniable que la chasse à l'objet l'emporta souvent sur l'observation archéologique proprement dite. Durant toute la seconde moitié du XIXe siècle, et pour s'en tenir à l'archéologie mésopotamienne, l'architecture antique de terre crue fut la grande victime de ces recherches trop souvent désordonnées ou intéressées. Mais ces entreprises sauvèrent de la destruction des monuments et des documents qui n'intéressaient guère, à l'époque, les autorités locales. Parfois, plans et dessins furent minutieusement exécutés, dans des conditions difficiles.

Survinrent les travaux de H. Schliemann* à Troie, en Asie Mineure (1871-1890). Amateur, homme d'affaires, soucieux de publicité, obsédé par le problème des liens entre le terrain et le texte, Schliemann consacra sa vie et sa fortune à l'illustration d'Homère. Aux yeux de la postérité, il est surtout celui qui prit conscience qu'un site antique a évolué et qu'il est constitué d'une succession de niveaux. Si Schliemann commit des erreurs de datation considérables (il attribuait à Priam des trésors d'orfèvrerie remontant en réalité à la fin du IIIe millénaire av. J.-C.), il révéla qu'une colline artificielle comme celle de Troie recouvre au moins sept villes successives. L'insertion d'un site dans le temps – la stratigraphie* – faisait son apparition. La méthode stratigraphique était difficile à appliquer sur les sites du Proche-Orient où, souvent, l'architecture de terre crue règne sans partage, et où les vestiges des constructions, réduits à l'état de lambeaux, sont particulièrement difficiles à dégager et à comprendre. Le mérite d'avoir attiré l'attention sur une architecture en vérité plus proche d'un palimpseste que d'un texte clair revient aux grands archéologues allemands de la fin du siècle dernier. Lorsqu'en 1898 la Deutsche Orient-Gesellschaft, patronnée par Guillaume II, décida d'entreprendre la fouille méthodique de Babylone, site prestigieux entre tous, l'affaire fut confiée à un architecte, R. Koldewey*, et non à un épigraphiste. Dès 1903, son élève, W. Andrae, s'installa sur le site d'Assur. Ses travaux, de 1903 à la Première Guerre mondiale, furent un modèle du genre.

Jusqu'en 1914, si les difficultés ne manquèrent pas (incompréhension des autorités locales ou des populations, difficultés de liaison), les conditions générales furent, cependant, favorables à la recherche scientifique. À l'époque, l'Orient n'était guère partagé qu'entre l'Empire ottoman et l'Empire perse. La recherche scientifique occidentale bénéficiait d'une supériorité financière qui permettait les grandes entreprises. Après la Première Guerre mondiale, et malgré des changements politiques considérables, l'Occident crut un temps que les choses allaient poursuivre leur cours ; les fouilles reprirent rapidement, et de grandes opérations furent menées à bien. L'exemple le plus frappant est la série impressionnante de chantiers ouverts par l'Oriental Institute de Chicago, alors dirigé par l'égyptologue J. Breasted. Dans chaque région du Proche-Orient, un ou deux sites majeurs furent fouillés par l'O.I.C., qui désirait conduire l'exploration de manière exhaustive : Ališar en Anatolie centrale, Tepe Hissar et Persépolis en Iran, quatre grands tells de Mésopotamie centrale (dans la basse vallée de la Diyala), Megiddo en Palestine. Même sur ce dernier site, où la fouille put se dérouler avec une ampleur déroutante, la fouille exhaustive (d'ailleurs nocive en soi, estimerait-on aujourd'hui) ne put être menée à bien. Le projet dépassait les forces humaines et, la crise économique mondiale aidant, la grande fouille « totale » de Megiddo fut bientôt réduite à un large sondage.

Reliefs du palais royal de Sargon II à Khorsabad

P. E. Botta (1802-1870), agent consulaire de France à Mossoul, explora de 1843 à 1844 une partie du palais royal de Sargon II (721-705 av. J.-C.) à Khorsabad – à 16 km de Mossoul – et y dégagea de nombreux reliefs sculptés. Deux volumes de planches gravées furent exécutés avec une remarquable minutie par M. E. Flandin, à une époque où la photographie n'était pas encore utilisée par les archéologues. Cette planche (relief 14 de la salle II du palais) représente un bas-relief appartenant à une longue frise en deux parties superposées, séparées par une inscription : en haut une scène de festin, en bas la prise d'une ville montagnarde par les armées assyriennes (P. E. Botta et M. E. Flandin, *Monument de Ninive*, Paris, Imprimerie nationale, 1849-1850, planche 61).

De cette époque fertile date l'exploration de sites importants par leurs dimensions ou par la diversité des périodes représentées (Ur, Mari, Ališar, Boğazköy, Persépolis, Byblos, Ougarit). On recherchait le dégagement de grands monuments et surtout l'établissement d'une chronologie assurée, parfois confortée, comme en Mésopotamie, par la progression des acquis de l'assyriologie. Pour certains, ce fut l'« âge d'or » de l'archéologie proche-orientale, appuyé sur le système des mandats (Liban, Syrie, Jordanie, Irak) ou affronté, ailleurs, à des nationalismes naissants (Turquie, Iran). L'archéologie assura ses moyens, fit appel à la photographie aérienne (particulièrement en Syrie et en Iran), affina ses méthodes (céramologie), entassa les rapports préliminaires et les publications définitives. Parfois, des découvertes spectaculaires aiguisèrent l'intérêt du grand public (ainsi les trouvailles des tombes royales d'Ur, 1927-1929). Parfois, plus obscurément, la fouille patiente d'un site bien choisi permit d'établir une sorte de tableau de référence d'une région, que la recherche postérieure put affiner ou corriger, mais sur lequel elle dut s'appuyer pendant longtemps (ainsi en alla-t-il des recherches de R. Ghirshman* à Tepe Sialk, à côté de Kashan, en Iran, de 1933 à 1938). L'exploration de sites prestigieux comme Mari ou Ras Shamra amena à reconsidérer des pans entiers de l'histoire du Proche-Orient ancien. Plus près de nous, un chantier syrien comme Tell Mardikh, l'ancienne Ebla, incite à penser que cette époque n'est pas close et que de grandes découvertes sont encore possibles.

Cependant, après le deuxième conflit mondial, la reprise des travaux fut plus lente. Les ressources financières nécessitées par les « grands » chantiers s'amenuisent. L'avènement de jeunes nations, justement soucieuses de la conservation de leur patrimoine, oblige les pays traditionnellement intéressés par la recherche orientaliste (l'Europe, les États-Unis, le Japon) à renoncer à acquérir une partie des antiquités découvertes. Surtout, l'archéologie elle-même, en Orient comme ailleurs, subit une profonde modification. Fouiller signifie désormais classer en même temps que décrire, comprendre en même temps que cataloguer. La masse énorme des documents impose petit à petit le recours à un éventail très large de méthodes scientifiques. Surtout, l'archéologie tente d'ouvrir le plus largement possible son champ d'activité et cherche dorénavant à expliquer le déroulement de la vie quotidienne des hommes d'autrefois, à percevoir la structure sociale des sociétés anciennes. On voit naître une sorte de paléosociologie. Cette évolution vers une archéologie de plus en plus englobante se fait d'ailleurs au milieu de querelles d'école. Certains penchent vers une tendance que l'on pourrait qualifier d'ethnographique. D'autres suivent une approche plus anthropologique et cherchent plutôt, à travers l'étude archéologique, à découvrir et à établir les lois du développement culturel.

L'archéologie du Proche-Orient a senti très tôt le besoin urgent d'un élargissement considérable de ses buts et de ses moyens. En ce sens, les travaux menés par R. Braidwood à Jarmo ont été exemplaires. Ses *Recherches préhistoriques dans le Kurdistan irakien* furent publiées en 1960, mais le travail sur le terrain avait débuté en 1948 (les travaux durèrent de 1948 à 1955). Grâce à son équipe, le Proche-Orient devint « le laboratoire d'une archéologie écologique attentive aux espèces cultivées et à la domestication » (A. Schnapp). Si les hypothèses et les interprétations proposées alors sont aujourd'hui en grande partie périmées, la méthode demeure. De plus, pour la première fois, la nécessité d'une pluridisciplinarité réelle était mise en évidence, et R. Braidwood introduisait dans son équipe de fouille des zoologues, des botanistes, des géomorphologues.

Certes, les méthodes actuelles entraînent inévitablement des contradictions. Les techniques modernes de fouille exigent l'établissement de relevés extrêmement précis, ce qui restreint considérablement la superficie fouillée. Dans le même temps, les missions rassemblent un personnel de plus en plus nombreux, travaillant sur des surfaces réduites. Il devient difficile de progresser dans des domaines comme l'étude de l'urbanisme ou de l'organisation de l'espace. On ne connaît pas un seul plan de village remontant à l'époque de la mise en culture de la basse Mésopotamie. Alors que le site d'Uruk a donné son nom à une époque que certains appellent l'époque *proto-urbaine*, on ne connaît pas une seule rue, une seule maison de l'agglomération de cette époque, en raison de l'étroitesse des surfaces fouillées. Un tel élargissement du programme de l'enquête archéologique est d'ailleurs plus adapté à certaines périodes qu'à d'autres. L'archéologie des périodes historiques souffre souvent, dans le Proche-Orient, de l'immensité des sites. Mais, pour toutes les périodes, une enquête moderne devrait faire appel à une prospection* de surface attentive, à l'étude des photographies aériennes, à des travaux multiples de pédologie ou d'écologie.

Une situation politique constamment troublée n'est guère favorable aux entreprises de longue haleine. On circule beaucoup moins bien, de nos jours, entre Istanbul et l'Indus qu'on ne pouvait le faire il y a cent ans. La rapidité des moyens de transport modernes a été contrebalancée par un cloisonnement politique qui dresse autant de barrières. Les formalités administratives constituent des obstacles parfois insurmontables. De nos jours, les enquêtes libres sur le terrain (prospection) sont parfois hors de question. L'accès aux photographies aériennes est souvent interdit, les bonnes cartes topographiques sont pratiquement inexistantes.

Enfin, le développement économique rapide de certaines contrées et les menaces qu'il fait peser sur les vestiges du passé – menaces dont les autorités archéologiques locales sont conscientes – entraînent la multiplication d'opérations de sauvetage qui monopolisent les efforts et les concentrent sur une région souvent intéressante, mais parfois secondaire. La plupart du temps, le résultat est fructueux, mais il faut travailler vite, et pouvoir disposer au bon moment des moyens nécessaires en hommes et en subsides. Tant en Syrie qu'en Irak ou en Turquie, la construction de grands barrages hydrauliques, noyant des vallées entières, offre, depuis une quinzaine d'années, autant d'occasions inespérées d'explorer certaines régions (haut et moyen Euphrate, Diyala, vallée moyenne du Tigre).

Depuis plusieurs années, grâce à ces opérations exceptionnelles ou à la poursuite de chantiers explorés de manière continue, des questions entières sont renouvelées, comme la mise en culture de la basse Mésopotamie, l'influence sumérienne sur le moyen Euphrate, les premiers royaumes syriens, etc. L'Orient ancien a encore beaucoup à dire.

Les pages qui suivent sont, on s'en doute, loin d'être exhaustives. Ainsi, il aurait fallu mentionner, entre autres, l'intense activité archéologique poursuivie sur le territoire de l'actuel Israël, sur des sites comme Hazor, Arad, Beersheba ou cent autres. À travers quelques exemples, elles tentent de rendre compte de certaines recherches récentes, d'interrogations, de succès ou même, parfois, d'échecs. Dans tous les cas, elles témoignent sûrement de la vitalité d'un domaine où il reste beaucoup à découvrir et à comprendre.

Jean-Louis HUOT

Le peuplement de la Basse-Mésopotamie

La Mésopotamie, vaste dépression entre l'Irak et le désert syrien, est divisée en deux parties bien différentes, de part et d'autre du 34e parallèle. Si le nord (en amont de Samarra et Anah) est une plaine steppique où les cultures sèches sont possibles, le sud, que les Anciens appelaient la Babylonie, est une zone aride, où l'agriculture n'est possible que grâce à l'apport d'eau fournie par le Tigre et l'Euphrate. Il a donc fallu recourir à des techniques d'irrigation, comme dans la moyenne vallée de l'Indus ou du Khorezm, en Asie centrale.

En Basse-Mésopotamie, les recherches archéologiques sont suffisamment avancées pour qu'on puisse déjà esquisser l'histoire du peuplement de cette région. Les premières étapes en présentent d'autant plus d'intérêt qu'elles expliquent peut-être le développement ultérieur d'une région qui s'est distinguée des pays voisins par un essor spectaculaire. Dès la fin du IVe millénaire, en effet, l'agglomération d'Ouruk (niveau IV) renfermait de vastes bâtiments à l'ornementation sophistiquée. L'écriture sur tablettes d'argile y était pratiquée, et les documents écrits étaient scellés avec des cylindres-sceaux. Non loin de là, dans le Khuzistan (qui n'est qu'une prolongation de la plaine mésopotamienne au pied du Zagros), le pays de Suse* connaissait une évolution à peu près parallèle. La Basse-Mésopotamie, aride mais irrigable, apparaît, toutes proportions gardées, comme une sorte de Californie. Cette contrée, dont le système économique général reposait sur une base fragile, dut à la dure confrontation avec un milieu hostile d'avoir été, sur bien des points, un précurseur. Or, entre les premiers établissements humains dans la région et les grandes agglomérations qui datent de la fin du IVe millénaire, il s'est écoulé peu de temps, en gros quelque deux mille ans, et l'étude archéologique de cette période est de première importance.

Les problèmes en suspens ne manquent pas. En raison de l'absence d'études sérieuses de géomorphologie ou de pédologie, on ignore où passait exactement, dans l'Antiquité, le rivage du Golfe. Il y a cinq mille ans, il était sans doute situé 150 kilomètres plus au nord de la rive actuelle. Les quantités d'alluvions transportées et déposées par le Tigre et l'Euphrate sont considérables, mais l'érosion éolienne ne l'est pas moins. Les sites les plus anciens sont-ils enfouis sous une épaisse couche d'alluvions ? Les ruines présentes ne sont-elles que des vestiges très érodés de sites jadis beaucoup plus importants ? Les cours actuels du Tigre et de l'Euphrate sont-ils très éloignés des tracés antiques ? Autant d'interrogations.

En Basse-Mésopotamie, on ne connaît pas de sites plus anciens que ceux du milieu du VIe millénaire. Jusqu'à plus ample informé, on peut donc considérer que la région ne fut pas habitée avant cette date. D'où venaient les premiers colons ? Nous savons qu'ils connaissaient la vaisselle en terre cuite. Si l'on se fie aux comparaisons que l'on peut établir entre le matériel céramique de deux sites explorés en fouille (Eridu et Oueili), quelques poignées de tessons ramassés en surface dans la région d'Ouruk, et le matériel de certains sites de l'Irak central (Choga Mami), on est amené à supposer que les premiers agriculteurs de la Basse-Mésopotamie venaient du centre du pays et qu'ils se sont déplacés à la phase tardive de l'époque dite de Samarra*, durant la seconde moitié du VIe millénaire. Il n'est pas indifférent de constater que, selon certains auteurs, le premier exemple d'irrigation par canal apparaît en Irak central, à Choga Mami justement, près de Mandali. Certes, il n'est pas sans doute, dans les premiers villages du futur pays de Sumer, que de petits travaux, permettant à peu de frais de répandre l'eau de l'Euphrate sur les champs, et non de vastes réseaux. Cela devait pourtant suffire pour permettre à quelques dizaines de villageois de s'installer et de cultiver la terre.

Au vrai, on sait bien peu de chose sur ces premiers villages. À Eridu (à une quarantaine de kilomètres d'Our), une mission irakienne a mis au jour, il y a une quarantaine d'années, une suite de niveaux correspondant aux deux millénaires qui nous intéressent. D'Eridu XVI à VI, une succession de bâtiments fut dégagée, qu'on peut répartir, en gros, en quatre phases de développement (époque dite d'Obeid* 1 à 4, du milieu du VIe millénaire au début du IVe millénaire). D'étroits sondages ont atteint la fin de cette période à Our et à Ouruk, où les recherches portant sur ces hautes époques sont gênées par la masse considérable des ruines plus tardives. À Oueili, à côté de Larsa, un village de l'époque d'Obeid 1 et 4 est en cours d'exploration. On connaît, enfin, de grands cimetières de la fin de la période, à Eridu et Tell Obeid, le site éponyme.

Si l'on en croit les prospections*, il s'agit de petits villages d'agriculteurs, assez espacés les uns des autres et vraisemblablement répartis le long des principaux canaux d'irrigation (d'après les ramassages de surface effectués dans la région d'Ouruk). De petites dimensions (une estimation moyenne de 4 ha par village a été avancée), ils se composent vraisemblablement de quelques grosses fermes. L'orge est la culture principale, bien adaptée aux climats. Les rives des canaux fournissent les plantes aquatiques et les roseaux, que l'on récolte à l'aide de faucilles en terre cuite dont les morceaux brisés parsèment les sites de la période. Le cheptel (d'après les premières estimations d'Oueili à l'époque d'Obeid 4) comprend 57,9 p. 100 de bovins, 36,9 p. 100 de porcins, et seulement 5,2 p. 100 d'ovi-capridés. Une telle réparti-

tion n'est guère surprenante dans ce contexte écologique, et correspond à peu près à des estimations faites à Eridu en 1970. La pêche tient une place importante dans l'alimentation des habitants, ce qui n'a rien de surprenant dans une région irriguée par de nombreux canaux. À côté d'un outillage lithique abondant en simple silex – qui nécessite cependant un approvisionnement à longue distance –, les agriculteurs d'Oueili utilisent des matériaux plus nobles, comme le cristal de roche et l'obsidienne, qui ne sont pas des matériaux locaux.

On sait peu de chose encore sur l'architecture de la Basse-Mésopotamie. Eridu et Ouruk ont livré les restes de constructions tripartites en brique crue. C'est sans doute le cas également à Oueili où, au niveau le plus récent, les habitants ont été obligés de racheter d'importantes dénivellations dues aux ruines antérieures, par des travaux d'infrastructure établis selon un plan quadrillé. C'est également sur un quadrillage de petits murets que devaient s'élever les greniers nécessaires à la conservation des récoltes. À Our, Eridu, Oueili, les habitants modelaient, à l'Obeid 4, de petites figurines de terre, animales ou humaines. En revanche, la glyptique sur cachet paraît très peu développée. Aucun système de gestion comptable n'a été observé.

Les villages étaient-ils nombreux ? Les prospections de surface, tant en Basse-Mésopotamie qu'en Susiane, permettent de porter sur la carte un réseau assez lâche de telles agglomérations, tout au moins pour la fin de la période d'Obeid. Il convient de rester prudent et de ne pas trop extrapoler à partir de ces résultats, tant qu'une série de monographies n'aura pu être établie pour des sites explorés en profondeur et sur une superficie suffisamment grande.

Le problème majeur qui reste à résoudre est celui du passage de ces cultures villageoises, qui eurent le mérite d'inaugurer l'exploitation d'un milieu difficile, aux cultures postérieures dites d'Ouruk et de Djemdet Nasr, dotées de l'écriture, d'un système de comptabilité, d'un réseau d'échanges commerciaux à longue distance, appuyé sur de véritables comptoirs, et d'une structure sociale assez hiérarchisée, telle qu'on peut l'inférer de certaines représentations sculptées dans la pierre, retrouvées à Ouruk. Mais seuls ce dernier site et celui de Suse ont fourni, à l'heure actuelle, une séquence stratigraphique de l'Obeid 4 jusqu'à l'extrême fin du IVe millénaire, illustrant ainsi cette évolution capitale, mais sur de petites superficies.

Jean-Louis HUOT

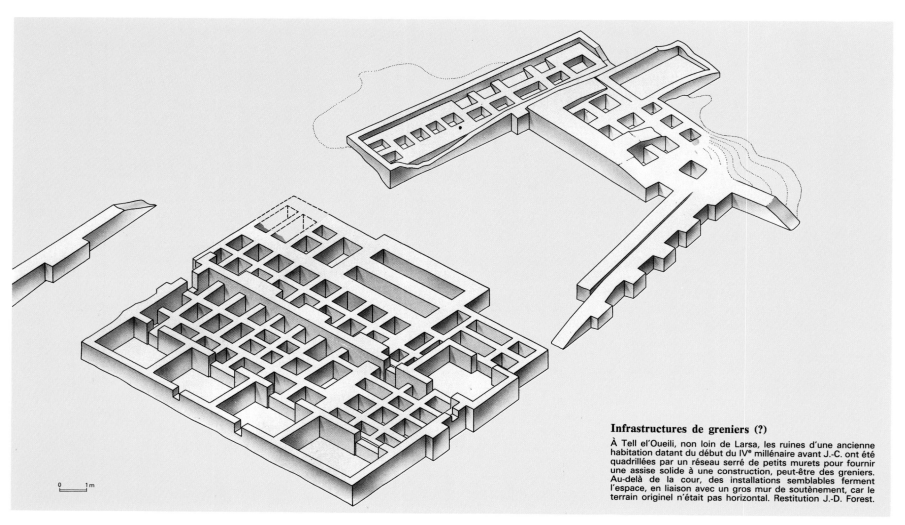

Infrastructures de greniers (?)

À Tell el'Oueili, non loin de Larsa, les ruines d'une ancienne habitation datant du début du IVe millénaire avant J.-C. ont été quadrillées par un réseau serré de petits murets pour fournir une assise solide à une construction, peut-être des greniers. Au-delà de la cour, des installations semblables ferment l'espace, en liaison avec un gros mur de soutènement, car le terrain originel n'était pas horizontal. Restitution J.-D. Forest.

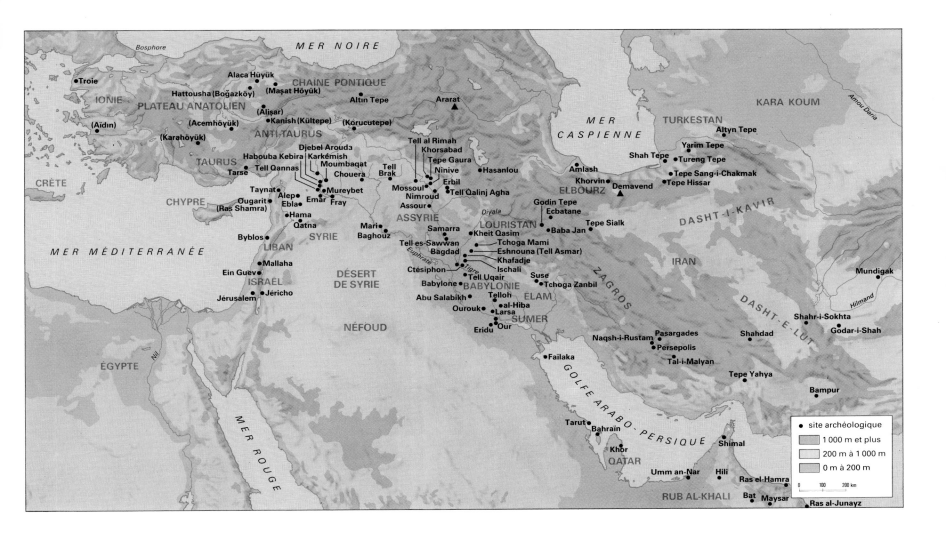

Céramique peinte, Tell el'Oueili (env. 4000 av. J.-C.)

À la fin de l'époque d'Obeid, certaines assiettes de Tell el'Oueili sont décorées de manière plus soignée que la production courante, mais la qualité du décor reste fort éloignée de celle des débuts de la céramique peinte en Basse-Mésopotamie (à l'époque dite d'Eridu, VIᵉ millénaire).

Houes en pierre, Tell el'Oueili (env. 4000 av. J.-C.)

Les agriculteurs de Basse-Mésopotamie utilisaient des houes en pierre, taillées comme des bifaces, tirées d'éclats de silex conservant fréquemment une partie de leur cortex. Destinées à travailler la terre, elles sont recueillies en abondance sur les sites de l'époque d'Obeid.

Céramique commune, Tell el'Oueili (env. 4000 av. J.-C.)

À la fin du Chalcolithique, la fréquence de la céramique peinte diminue considérablement (elle ne représente que 12 p. 100 de la production totale), alors que celle de la céramique non peinte augmente. Le décor peint est exécuté assez grossièrement, et rapidement. Géométrique, il se borne souvent à des bandes ou à des lignes parallèles.

Faucilles en terre cuite, Tello

Tous les sites de l'époque d'Obeid ont livré en abondance des faucilles en terre cuite, façonnées en une seule pièce, lame et manche. La pâte renferme des éclats de sable quartzeux et elle est souvent cuite presque jusqu'à la vitrification. Ces outils ont réellement servi, mais peut-être étaient-il destinés plus à la récolte des roseaux qu'à la moisson des céréales. Musée du Louvre, Paris.

Petit sanglier en terre cuite, Tell el'Oueili (env. 4000 av. J.-C.)

Les agriculteurs de Basse-Mésopotamie façonnaient volontiers en argile des représentations souvent fort réussies du monde animalier qui les entourait. Si les bovidés, les ovins et les porcins sont souvent figurés, les poissons sont absents, ce qui mérite d'être souligné car ils abondaient dans les canaux qui sillonnaient la région.

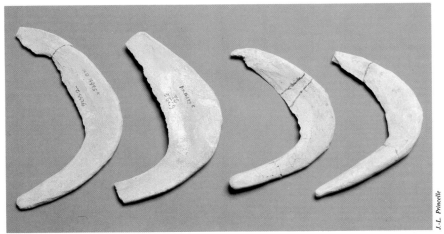

Invention de l'écriture, invention de l'alphabet

Depuis une génération, aucune découverte importante n'est venue renouveler nos connaissances sur les écritures de la Méditerranée orientale : aussi les spécialistes ont eu surtout à cœur de traduire de mieux en mieux les textes connus et ils n'ont guère pris le temps de mener une réflexion théorique à leur propos. C'est pourtant elle et non l'accroissement d'une documentation déjà énorme qui permettra de comprendre de l'intérieur les sociétés du Proche-Orient.

L'écriture a connu dans cette région du monde trois naissances successives et enchaînées. À Sumer, vers 3200 avant J.-C., des cités déjà considérables jouirent d'une prospérité inouïe, grâce, sans doute, à l'irrigation, et les procédés anciens de gestion se révélèrent inadaptés. Administrateurs et économes eurent besoin de techniques plus efficaces pour enregistrer et traiter les informations dont la complexité croissait avec le volume. S'ils ne furent pas les créateurs, au moins furent-ils les utilisateurs, et longtemps les seuls, de l'écriture. Ce n'est donc pas un hasard si l'événement eut lieu à Ourouk, la métropole de ce monde.

Le système, inventé comme un tout, fonctionna, dès sa naissance, comme un organisme : il n'est pas l'aboutissement d'une évolution tâtonnante ou le produit d'une simple addition sans projet de symboles indépendants. Certains d'entre eux avaient, certes, déjà une vie autonome avant de recevoir de leur intégration une fonction nouvelle : la croix inscrite dans un cercle désignera le mouton pour être la marque habituelle des bêtes destinées à la tonte ou à la boucherie. De même, le choix de l'argile humide comme support de l'écriture ne fit que continuer le vieil usage d'en sceller les portes et les jarres pour y imprimer le cachet des responsables.

Les signes sont des idéogrammes, c'est dire que leur silhouette ne laisse pas deviner leur sens : si, à la création, le rapport entre dessin et idée n'était sans doute pas arbitraire, il devint ensuite opaque, et le resta. Ceux qui échappaient à cette abstraction résolue, guère plus d'un cinquième, et qui renvoyaient à des réalités exotiques, disparurent sans postérité. Chaque signe note un concept nu (sans précisions grammaticales, morphologiques ou syntaxiques) et l'ensemble fonctionnait donc comme un moyen mnémotechnique, mais il portait en lui deux possibilités fécondes : celle d'associer systématiquement les idées – « rameau » renvoyait à « bâton », à « sceptre », et celle de jouer du rébus – les mots homophones pouvaient être notés par le même signe. Ainsi une seule forme graphique représentait au besoin simultanément des mots de prononciation identique et de sens différent et des mots de sens analogue mais de prononciation différente. On limitait donc le nombre des symboles et on se trouvait quitte d'en inventer et d'en apprendre sans fin de nouveaux. Le besoin de transmettre ce savoir et la nécessité d'en maintenir l'unité pour que les praticiens pussent

communiquer entre eux imposèrent l'école : elle élargit par une conséquence inattendue le champ de ce qui n'était que l'art des gestionnaires. La littérature, jusque-là orale, servit aux exercices des scribes, et l'écriture devint lentement par ce biais un instrument de la vie intellectuelle à laquelle elle était pourtant étrangère par son origine et par sa destination. Cette découverte provoqua un choc culturel dans tout l'Orient : certaines régions, la Syrie par exemple, se contentèrent de l'importer ; l'Iran occidental et l'Égypte, à la personnalité très affirmée, en adoptèrent les principes mais recréèrent une écriture propre : si celle de l'Iran disparut vite, la fortune de la seconde fut considérable.

Compromis et point d'équilibre entre deux exigences contradictoires, celle de codage rapide et celle de décodage sûr, le système « classique » apparut vers 2800 avant J.-C. On abandonna alors le tracé à traits continus et souvent sinueux pour l'impression par un roseau taillé en biseau, le calame : les signes furent désormais un assemblage de « coins ». Ils étaient auparavant disposés au hasard dans des cartouches ; on supprima peu à peu ceux-ci ; on aligna logiquement les signes ; ligne et phrase en vinrent à se confondre ; un élément complet de sens courait du bord gauche au bord droit de la tablette : analyse logique et disposition matérielle coïncidaient.

Ce cunéiforme* classique qui fut employé jusqu'au Ier siècle de notre ère resta d'une désespérante complexité même si le nombre des signes était tombé alors de 900 à moins de la moitié. Rares étaient ceux qui n'étaient qu'idéogrammes ; la plupart notaient concurremment aussi un ou plusieurs sons, généralement monosyllabiques, sans que rien, sinon la familiarité avec le système, vînt avertir du choix à faire. Mais les praticiens mirent des bornes aux deux graphiques : les idéogrammes servirent aux mots fréquents, le reste fut découpé syllabe par syllabe, chacune exprimée normalement par un graphème et un seul sans que la réciproque soit vraie, un graphème représentant souvent plusieurs sons. On pouvait transcrire ainsi toute la chaîne parlée – non plus seulement comme auparavant les concepts essentiels – et, au prix d'aménagements mineurs, l'écriture sumérienne fut apte à noter toutes sortes de langues : sémitiques comme le babylonien* et l'assyrien*, indo-européennes comme le hittite* et le louvite* (Anatolie, IIe millénaire), ou agglutinantes comme le hourrite* ou l'ourartéen* (Anatolie, IIe et Ier millénaires).

Le plus ancien alphabet, celui d'Ougarit, apparu vers 1500 avant J.-C., se rattache à ce qui l'a précédé par sa technique, tablette d'argile et roseau empruntés à la Mésopotamie, mais se fonde sur une géniale simplicité : à chaque consonne correspond un signe, à chaque signe une consonne. Les voyelles sont absentes de ce système

graphique : assurément dans les langues sémitiques (auxquelles appartient l'ougaritique*), si le squelette consonantique donne le sens, les voyelles ont pour rôle de préciser dans la langue parlée la fonction grammaticale ; le lecteur a la charge, aisée sauf cas d'exception, de les restituer mentalement dans le texte écrit. Ce refus de noter les voyelles ne s'explique bien que parce qu'ainsi les mots ougaritiques gardaient une forme fixe, comme les idéogrammes cunéiformes. Ceux qui inventèrent l'alphabet, en effet, n'eurent ni la volonté de réaliser un progrès technique ni même la conscience de l'avoir fait : ils cherchaient à imiter économiquement le prestigieux système de Babylonie : à l'instar d'autres peuples vers la même époque, les Hittites par exemple, les Ougaritains voulaient avoir leur écriture propre, les vallées de l'Euphrate et du Nil avaient bien la leur. Cependant, ils la réservèrent à la vie indigène sans la faire entrer en rivalité réelle avec le cunéiforme qu'ils continuaient d'utiliser. Un second pas décisif est accompli avec l'alphabet de Byblos, ancêtre direct du nôtre, qui ne fut que l'adaptation, au début du Ier millénaire avant notre ère, des principes ougaritains aux procédés des scribes égyptiens : l'encre et le support souple, cuir ou papyrus.

Assurément le système consonantique marque une rupture, particulièrement dans l'apprentissage qu'il requiert puisque les formes graphiques ne dépassent pas la trentaine. Commença alors une longue révolution, marquée d'abord par l'introduction des voyelles par les Grecs, qui restitua finalement à des écritures dites alphabétiques les traits contradictoires et encombrants de l'état ancien de l'écriture. La physiologie de l'œil humain y a joué un rôle. Celui-ci, on le sait, lit non pas selon une progression continue le long des lignes mais par bonds et arrêts saisissant des portions globales de texte. Ainsi, le français écrit présente de profondes analogies de structure avec le système mésopotamien ; comme lui il est avare (il ne note pas toutes les nuances de la parole, comme le ton), il est en même temps prodigue (la même lettre ou le même groupe de lettres représentent des sons différents, ainsi c) et superflu (l'orthographe renseigne sur le statut grammatical par des marques non prononcées, et sur l'histoire de la langue par l'étymologie. Tout se passe comme si l'hérédité du système sumérien, un temps occultée par l'alphabet consonantique, pesait à nouveau sur un de ses derniers descendants, notre écriture d'aujourd'hui.

Daniel ARNAUD

Une tablette archaïque

Autant que nous le comprenions, ce document, un des premiers jamais écrits (vers 3200 av. J.-C.), porte en haut trois noms propres avec une encoche ; à gauche une « main » qui signifie vraisemblablement « pouvoir », celui d'un personnage dont le nom couvre le bas de la tablette. Pour retrouver une phrase complète le lecteur devait, à partir de ces repères, restituer les mots et les outils grammaticaux non notés. Musée du Louvre, Paris.

Musées nationaux

Un tridacne
au nom de « Rimouch, roi de l'Univers »

Cette inscription témoigne d'un pas décisif franchi dès le XXIIIe siècle dans l'évolution du cunéiforme : les signes, encore dans des cartouches, sont déjà alignés dans le sens de la lecture et sont utilisés à la ligne du haut comme syllabes et non comme idéogrammes. Musée du Louvre, Paris.

Musées nationaux

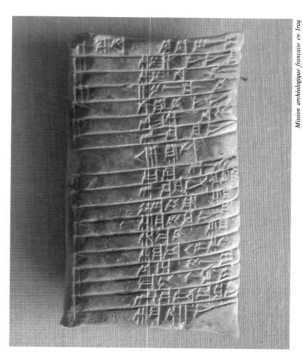

Mission archéologique française en Iraq

Tablette en argile, Larsa (Iraq), XVIIIe siècle avant J.-C.

Ce bordereau, trouvé dans le temple du dieu-Soleil, est un bon exemple du module peu à peu mis au point empiriquement : il offre une surface utile assez grande (largeur : 53 mm, hauteur : 96 mm, épaisseur : 23 mm) sans que poids et taille présentent une gêne pour les utilisateurs. Iraqi Museum, Bagdad.

Musées nationaux

Un manuel de paléographie assyrien

Pour lire les inscriptions archaïques et en composer des pastiches, les scribes établirent des listes de correspondances entre signes de leur temps et signes du passé, mais ici les formes anciennes (à gauche de chaque colonne) sont de pures fantaisies imaginées par un érudit au service du roi Assourbanipal (VIIe s.). British Museum, Londres.

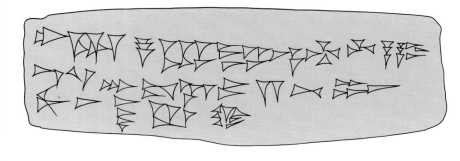

Dessin d'un abécédaire d'Ougarit
(XIIIe s. av. J.-C.)

L'écriture ougaritique comportait 29 consonnes, ici notées dans un ordre qui est resté à peu près celui de l'alphabet latin. Elle s'écrivait normalement de gauche à droite et beaucoup plus rarement de droite à gauche : c'est pourtant ce sens qui l'emporta avec l'alphabet phénicien* qui le transmit à l'arabe et à l'hébreu. Musée national de Damas, Syrie.

Stèle du roi Melichihou (XIVe s. av. J.-C.)

En Mésopotamie, l'écrit n'a jamais joui d'une autorité supérieure à celle de la parole, du geste ou du dessin. Ici, ce sont des symboles divins qui sont chargés de protéger, tout comme les malédictions écrites au verso, le texte de la donation gravé sur cette même face. Musée du Louvre, Paris.

Évolution de quelques signes cunéiformes

On alla, jusqu'au IIe millénaire, vers la simplification graphique : les dessins trop spécialisés (1 et 2) furent abandonnés ; les autres devinrent des silhouettes ne rappelant que de loin les signes originels (9), d'autant plus facilement que ceux-ci (3 et 8) n'avaient pas de rapport évident avec leur sens, mais, parallèlement, chaque cunéiforme se chargea de valeurs idéogrammatiques et phonétiques de plus en plus foisonnantes, d'où la complication fonctionnelle progressive du système.

	fin du IVe millénaire	vers −2200	vers −1800	vers −1300	vers −650	
1						
			signes disparus sans postérité			☐ Mésopotamie du nord
2						☐ Mésopotamie du sud
3						idéogramme : « destin », préfixe des noms abstraits (phonétiquement : *nam, bir*)
4						idéogramme : « cruche », déterminatif des noms de vases (phonétiquement : *dug, lud*)
5						idéogramme : « fils », « petit » (phonétiquement : *tur*)
6						idéogramme : « vêtement », « habiter », « farine » ; déterminatif des noms de vêtements (phonétiquement : *ku, dur*)
7						idéogramme : « rameau », « commandant » (phonétiquement : *pa, had*)
8						idéogramme : « année », « nom » (phonétiquement : *mu*)
9						idéogramme : « déesse de la fécondité » ; Inanna en sumérien*, Ichtar en assyro-babylonien

Pratiques funéraires et société au IIIᵉ millénaire

L'attitude traditionnelle des archéologues confrontés aux pratiques funéraires peut être schématiquement ramenée à deux démarches essentielles, d'ailleurs souvent associées : d'une part, un intérêt qui pourrait s'appliquer à n'importe quel autre trait culturel et qui conduit à déterminer l'extension dans le temps et dans l'espace des pratiques funéraires afin de définir des cultures ; d'autre part, un souci d'expliquer ces phénomènes à partir des croyances religieuses.

Or des anthropologues américains ont montré récemment, à partir de cas ethnographiques soigneusement sélectionnés, que cette double approche était erronée : les pratiques funéraires sont des *symboles* arbitrairement choisis par l'homme pour exprimer les articulations jugées significatives de la société à laquelle il appartient. À chaque trait (position du mort, type de sépulture, nature et quantité du mobilier funéraire) correspond un caractère contribuant à définir le statut du défunt dans le champ social : son sexe, son âge, ses qualités majeures, le prestige dont il jouissait, etc. Si bien que d'une culture à l'autre un même trait physique peut parfaitement avoir une signification différente tandis qu'à l'inverse des sociétés semblables peuvent exprimer des statuts similaires par des traits physiques n'ayant rien de commun. Dès lors, c'est la valeur symbolique du trait et non le trait lui-même qu'il faut prendre en considération lorsque l'on entreprend une étude de répartition géographique ou chronologique de ces pratiques. Dans la mesure où chaque société est une construction à l'intérieur de laquelle les statuts sociaux s'organisent de façon cohérente, les pratiques funéraires qui expriment ces statuts constituent un système, ou un code, qui reflète la structure sociale. Elles ne peuvent donc être liées à l'arbitraire des croyances.

Une telle approche pose des problèmes de mise en œuvre considérables : l'archéologue doit d'abord s'efforcer de trier, parmi les observations faites sur le terrain, les faits auxquels était accordée une valeur symbolique. Il doit ensuite tenter de déchiffrer le code qu'il perçoit, évidemment sans l'aide d'aucun informateur et sans savoir si les faits qu'il a accumulés sont assez nombreux et variés pour être représentatifs. On comprendra donc que l'efficacité de la démarche varie selon les cas, mais il est rare que l'effort soit totalement vain. Le cimetière de Kheit Qasim, en Mésopotamie, pourrait fournir l'exemple d'un cas relativement favorable.

Implanté à proximité de la rivière Diyala, à quelque 150 kilomètres au nord-est de Bagdad, le site n'a connu qu'une seule période d'occupation, relativement courte, au tout début du IIIᵉ millénaire (voir la carte p. 177). Les tombes couvrent une zone à peu près circulaire de 80 mètres de diamètre environ, dont ne fut explorée que la moitié ouest. Les morts avaient été déposés dans des fosses peu profondes, protégées, chacune, par une construction en brique crue voûtée en encorbellement, visible, à l'origine, au-dessus du sol. Ils étaient systématiquement recroquevillés sur le côté droit, les mains ramenées à hauteur du visage, et étaient orientés vers l'ouest. Près d'eux, divers objets : des vases en terre cuite et parfois des paniers en vannerie destinés à recevoir nourriture et boisson, des parures, des armes en cuivre. Dans certains cas, de grandes jarres, associées à des empilements de petits bols, avaient été abandonnées à l'extérieur de la tombe, témoignant d'une cérémonie funéraire.

Si quelques tombes seulement avaient été fouillées, on n'aurait pu aller au-delà de cette brève description, et la compréhension du site aurait été bien mince. Heureusement, la zone mise au jour est assez vaste pour qu'apparaissent certains faits remarquables touchant à la localisation des sépultures, à la répartition de certains traits architecturaux et à la distribution des éléments mobiliers. Tandis que de grands coffres s'organisent en deux rangées nord-sud grossièrement parallèles et présentent des aménagements particuliers (une plate-forme et des murets parallèles prolongent le massif de brique vers l'ouest), des coffres plus petits sont disséminés dans les zones laissées libres tout en étant souvent accolés aux précédents. Alors que les premiers contiennent généralement des armes et sont accompagnés d'un dépôt céramique externe, les seconds ne livrent que des parures de perles. Bien qu'aucune analyse ostéologique n'ait pu être faite pour confirmer cette hypothèse, une telle opposition ne peut rendre compte que du sexe des défunts : les femmes étaient vraisemblablement, sans beaucoup d'apparat, aux pieds de leur époux. Cependant, le jeu des oppositions ne s'arrête pas là, car les tombes masculines ne sont toutes ni pareillement développées ni également pourvues : deux très grands coffres se distinguent par leur situation privilégiée au centre de la rangée ouest, par des aménagements plus élaborés (la plate-forme est plus vaste et les murets parallèles plus nombreux) et par un dépôt externe plus abondant. Plus on s'éloigne de ces tombes principales et plus les sépultures deviennent banales. Si l'influence de l'âge joue un rôle dans le cimetière, comme le prouve l'absence d'enfants (ils étaient enterrés dans les habitations), ce n'est pas elle qui détermine une pareille gradation, car les tombes les plus élaborées sont trop peu nombreuses pour correspondre à une classe d'âge. L'interprétation la plus probable est que les différences observées déterminent une série de statuts soigneusement échelonnés dans le cadre d'une société très hiérarchisée.

L'habitat associé au cimetière, fouillé par une équipe irakienne, cadre bien avec cette analyse : il s'agit d'une petite forteresse, installée là vraisemblablement pour contrôler une voie commerciale remontant la Diyala et conduisant à l'Iran, qui permettait aux grandes cités de Mésopotamie centrale de s'approvisionner en matières premières. L'image qui se dégage de l'ensemble de ces observations évoque assez les mottes féodales abritant quelque nobliau, sa famille et ses gens.

Cependant, pour se faire une idée de l'ensemble des pratiques mésopotamiennes au IIIᵉ millénaire, il faut assembler une série de cas, distants parfois de plusieurs siècles. Partout, l'inhumation dans un cimetière représente la norme pour le commun des mortels. Les défunts ne sont dotés que de quelques objets personnels (armes, parures) et pourvus d'offrandes alimentaires contenues dans des récipients en céramique. En revanche, dans les grandes villes, quelques individus prestigieux sont enterrés sous leur habitation, parfois dans des caveaux de grande taille (Khafadje). Le mobilier qui les accompagne n'est pas nécessairement très riche, mais l'importance du statut du mort est indiquée par l'accumulation dans la tombe des vases utilisés lors d'un banquet funéraire (jusqu'à 140 à Abu Salabikh), qui témoigne du nombre de personnes mobilisées par le décès. Les tombes « princières » ou « royales », qui sont regroupées dans des cimetières particuliers, diffèrent de ce type de sépulture, vraisemblablement parce que la construction de vastes chambres souterraines, l'aménagement de rampes destinées à y faire descendre le char attelé qui devait accompagner le mort étaient très compliqués en milieu urbain. Les princes d'Our étaient dotés dans leur sépulture d'un mobilier d'une variété et d'une richesse inouïes : or, argent, lapis, cornaline étaient largement utilisés pour façonner ou décorer des bijoux, des armes, des vases, des tables de jeu, des instruments de musique et des meubles. Surtout, ils étaient accompagnés par leurs proches et leurs serviteurs, sacrifiés pour l'occasion (jusqu'à 80 personnes à Our). Les victimes étaient d'ailleurs vraisemblablement consentantes et fières d'accompagner leur maître, à en juger par des cas similaires mieux connus : pour aussi surprenante que soit cette pratique à nos yeux, elle est en effet relativement répandue et caractérise un moment de l'évolution des sociétés très hiérarchisées.

Il existe, en Mésopotamie, à côté de sites très particuliers comme Kheit Qasim, des milliers de villages de paysans et quelques énormes agglomérations urbaines. Les observations faites à Kheit Qasim ne correspondent qu'à une partie d'un système de pratiques beaucoup plus vaste. Our et Kheit Qasim, malgré la distance chronologique qui les sépare, illustrent des aspects différents d'une société déjà très complexe.

Jean-Daniel FOREST

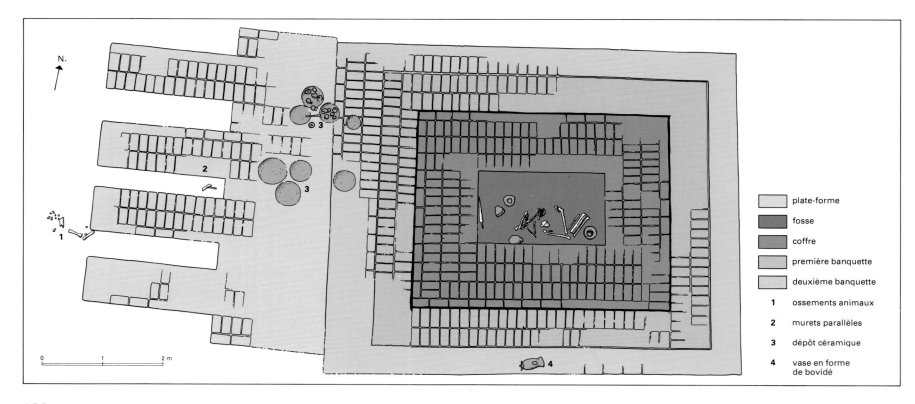

N.

plate-forme

fosse

coffre

première banquette

deuxième banquette

1   ossements animaux

2   murets parallèles

3   dépôt céramique

4   vase en forme de bovidé

0   1   2 m

Dépôt placé sur la banquette extérieure d'une tombe de Kheit Qasim

L'accumulation de gobelets à proximité de certaines tombes rappelle que la vie des communautés archaïques était rythmée par des cérémonies où les banquets tenaient une large place. Les faits marquants de l'existence (mariage, exploits guerriers, décès) étaient l'occasion pour chacun de déployer des fastes à la mesure de ses moyens et de proclamer son rang.

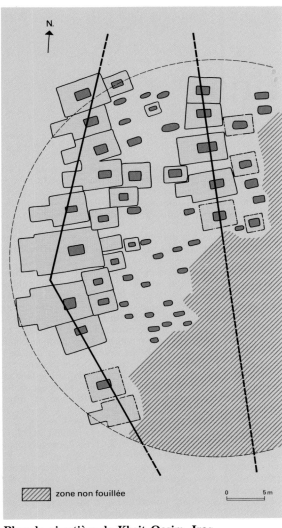

zone non fouillée

0   5 m

Plan du cimetière de Kheit Qasim, Iraq

À l'intérieur du cimetière, les tombes masculines s'organisent en rangées nord-sud grossièrement parallèles soulignées ici par un trait. La rangée ouest affecte la forme d'un V ouvert, à la pointe duquel se trouvent deux tombes de très grande taille, abritant des individus au statut exceptionnel. La localisation des sépultures rend très exactement compte des relations qu'entretenaient les gens de leur vivant et l'on pourrait dire que, par-delà la mort, les chefs restent en première ligne pour conduire leur communauté.

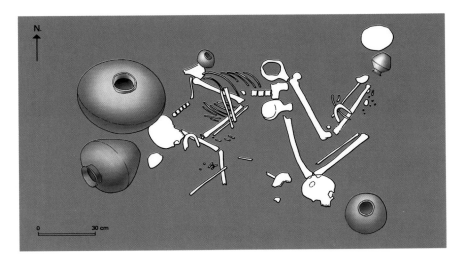

Relevé d'une tombe

À l'intérieur du cimetière, la coutume voulait que le mort fût couché recroquevillé sur le flanc droit et orienté vers l'ouest les mains ramenées à la hauteur du visage. À côté d'un corps placé dans cette position, deux individus ne sont plus attestés ici que par leur crâne et quelques ossements épars. La présence de ces vestiges suggère que la tombe a été réutilisée après avoir été débarrassée de la plupart des restes qui s'y trouvaient.

Tombe de chef

Un des chefs de la communauté avait été enterré avec les égards dus à son rang. Son tombeau voûté était entouré d'une double banquette que prolongeaient vers l'ouest une plate-forme et quatre murets parallèles. Le défunt était accompagné de récipients contenant nourriture et boisson pour l'Au-delà et d'une épée en cuivre, tandis qu'un ciseau, une hache et un couteau avaient été noyés dans la maçonnerie de la tombe au-dessus de lui. Une quarantaine de gobelets empilés dans des jattes, des jarres à liquides et des os d'animaux abandonnés à l'extérieur prouvaient qu'un banquet funéraire avait suivi le décès. L'abondance du dépôt témoignait du nombre des convives et donc de l'importance du mort. Un vase en forme de bovidé placé à l'écart sur une des banquettes avait sans doute servi lui aussi lors de la cérémonie.

Tombe réutilisée

Certaines tombes étaient réutilisées, en particulier celles des gens modestes, dont la couverture était probablement faite de rondins, de nattes et de pisé au lieu d'être voûtée. Lorsque aucune ouverture n'avait été prévue dans les parois du coffre maçonné, un tel procédé de construction rendait possible la réouverture de la tombe. On pouvait alors déposer un corps supplémentaire à la place des restes anciens que l'on repoussait le long des parois ou bien le mettre tout simplement sur ceux-ci.

L'émergence de la Syrie à l'aube des temps historiques

Les recherches archéologiques conduites en Syrie entre les deux guerres mondiales avaient révélé l'existence d'une civilisation urbaine particulièrement brillante sur l'Euphrate au Bronze ancien (IIIᵉ millénaire) avec la célèbre cité de Mari, au Bronze moyen (2000-1600) dans la Syrie intérieure et sur la côte avec les cités de l'époque des dynasties amorites (Alep, Karkémish, Qatna...), puis au Bronze récent (1600-1200) avec la très brillante Ougarit (Ras Shamra) installée sur la côte.

Après la Seconde Guerre mondiale, les découvertes ont mis en lumière le rôle de premier plan joué par la région syrienne dans le processus qui a conduit du stade paléolithique au mode de vie néolithique entre le XIIᵉ et le VIIᵉ millénaire (voir *Le Proche-Orient préhistorique*). En revanche, les archéologues eurent le sentiment que tout dynamisme avait quitté la Syrie à partir du VIᵉ millénaire et de la colonisation systématique de la Mésopotamie. C'est en effet en Mésopotamie que l'on observe alors les progrès décisifs qui vont faire passer les sociétés villageoises du Néolithique au stade urbain des débuts de l'histoire. La naissance des premières cités, dont celle d'Ourouk, place alors pour longtemps le pays des Deux Fleuves en position dominante. De fait, depuis cinquante ans, les fouilles menées en Syrie n'avaient guère donné d'indices d'une vie locale active durant les IVᵉ et IIIᵉ millénaires : tout portait à croire que la Syrie à l'heure de la toute-puissance de Sumer avait peine à sortir du Néolithique.

Mais deux découvertes faites presque simultanément au cours de la dernière décennie permettent une révision complète de ce schéma.

C'est en premier lieu la mise au jour d'installations de type sumérien sur les bords de l'Euphrate dans la partie la plus occidentale de la boucle que dessine le fleuve à son entrée en Syrie au moment où il se dirige vers la Mésopotamie. Sur la rive droite, à Habouba Kabira, une mission allemande (E. Heinrich et E. Strommenger) et à Tell Qannas une équipe belge (A. Finet) ont repéré et partiellement dégagé une agglomération étroitement associée au fleuve grâce à son implantation et à son organisation générale.

Trois faits remarquables doivent être soulignés. Tout d'abord le niveau dégagé repose directement sur un sol vierge et le plan permet de penser que l'agglomération est une création volontaire et organisée que l'on peut dater de 3400 ou 3300 avant notre ère. Le matériel retrouvé ensuite : l'organisation des maisons, le décor des temples, la céramique, les outils de la vie économique, l'iconographie, tout porte la marque de la cité

d'Ourouk ; on ne saurait parler simplement d'une influence, mais certainement d'un transfert de matériel. Enfin, la présence dans ces maisons de sceaux-cylindres et de *calculi* marque l'importance d'une vie économique fondée sur les échanges.

La conclusion s'impose donc : Habouba Kabira est une installation de type colonial, implantée par des Sumériens, peut-être originaires de la ville d'Uruk, et sa fonction essentielle était de favoriser l'acheminement par voie fluviale de produits de première nécessité, comme le bois ou la pierre dont le pays sumérien était cruellement dépourvu ; d'autres denrées accompagnaient peut-être ces pondéreux qui justifient l'installation de la ville au bord du fleuve. Une autre conclusion découle de celle-ci : si une cité de ce type a pu naître, c'est que la situation intérieure de la Syrie le permettait et donc qu'aucune puissance comparable à celle d'Ourouk n'avait pu s'y développer ; mais par ailleurs il est clair aussi que la Syrie intervient déjà dans les circuits économiques du Proche-Orient : l'implantation d'une colonie prouve bien les besoins de Sumer et l'association de régions différentes dans un ensemble économique où certaines denrées sont amenées à circuler. C'est là une situation qui permet de comprendre comment la Syrie a pu devenir un millénaire suivant le siège d'un puissant royaume. Enfin, le rôle dynamique de l'Euphrate dans le processus de développement du Proche-Orient apparaît nettement.

L'installation d'Habouba n'a pas, semble-t-il, duré très longtemps : un siècle peut-être. Un incendie mit fin à son existence. Mais le dégagement en cours de Tell Arouda, situé sur le plateau à une dizaine de kilomètres d'Habouba (mission hollandaise, G. van Driel), montre qu'il ne s'agit pas d'un phénomène isolé.

La deuxième découverte, beaucoup plus retentissante, porte sur la seconde moitié du IIIᵉ millénaire. Une mission italienne (P. Matthiae) a entrepris de dégager les ruines de Tell Mardikh depuis 1964, mais c'est la mise au jour, à partir de 1974, d'un quartier du palais où furent retrouvées quelque 16 000 tablettes qui rendit évidente l'importance exceptionnelle de ce site à l'époque du Bronze ancien. Ebla est ainsi devenu le site archéologique le plus célèbre de la seconde moitié du XXᵉ siècle. Et la Syrie du IIIᵉ millénaire retrouva un rôle qui n'avait pu lui être reconnu auparavant.

Le site peut être décrit en quelques mots. Sur le flanc d'une acropole, une petite partie d'un palais monumental datant de la seconde moitié du IIIᵉ millénaire a été identifiée : l'épaisseur de certains murs (de 2,5 m à 3 m), la majesté d'un escalier d'honneur installé dans

une massive tour d'angle, le caractère imposant d'un portique septentrional où trouvait place le podium que le roi occupait sans doute lors de certaines audiences, le portique oriental derrière lequel s'étendait vraisemblablement la partie la plus privée du palais expriment la puissance de la cité d'Ebla. Toutefois ce palais, malgré sa magnificence, n'aurait certainement pas suffi à assurer la renommée de ce site : il a fallu la découverte, dans deux salles aménagées le long du flanc oriental de la grande cour des audiences, d'environ 16 000 tablettes. Lors de l'incendie qui mit fin à l'histoire de ce palais, elles avaient glissé des étagères et furent retrouvées dans l'ordre de leur classement d'origine. Ce sont des textes administratifs, économiques, religieux, lexicographiques, voire épistolaires, qui nous introduisent dans la vie du palais avant sa destruction. Mais l'importance de la découverte dépasse la seule résurrection d'Ebla : c'est en effet toute l'histoire du Proche-Orient qui est concernée et qui va se trouver enrichie de façon extraordinaire par ce flot d'archives le plus riche actuellement connu pour le IIIᵉ millénaire et dont l'étude ne fait que commencer.

Ainsi, plusieurs siècles avant le rayonnement des royaumes de l'époque amorite que les archives de Mari avaient grandement contribué à faire connaître, il apparaît que la Syrie avait atteint un niveau de développement identique à celui de la Mésopotamie grâce au ferment sumérien. Les entreprises du grand Sargon d'Agadé et de son petit-fils Naram-Sin qui se vantaient dans leurs inscriptions d'avoir ravagé ou anéanti Ebla prouvent qu'au milieu du IIIᵉ millénaire Mésopotamie et Syrie étaient étroitement associées.

Une implantation de type colonial à la fin du IVᵉ millénaire, une importante cité, centre d'un puissant royaume moins de mille ans après : telles sont les deux découvertes qui ont partiellement comblé le vide que présentait naguère l'histoire de la Syrie aux IVᵉ et IIIᵉ millénaires. Certes, des lacunes subsistent, mais on comprend mieux maintenant que la puissance mésopotamienne exercée dans un premier temps en Syrie par l'intermédiaire d'installations coloniales s'est maintenue dans un second temps, toujours sous l'influence de liens commerciaux, en permettant le développement, à l'image des grandes cités mésopotamiennes, d'un puissant royaume syrien comme interlocuteur privilégié des relations économiques entre la Méditerranée orientale et le pays des Deux Fleuves.

Jean-Claude MARGUERON

La cité d'Habouba Kabira, maquette

La ville s'allongeait au bord de l'Euphrate sur 700 m et n'avait que 150 m de largeur. Le système de défense composé d'un rempart jalonné de tours carrées et d'un avant-mur de structure simple se développait sur les trois côtés non baignés par le fleuve ; deux longues rues parallèles à la berge structuraient l'agglomération tandis que vers le sud une acropole, où s'élevaient deux bâtiments de conception très proche des temples d'Uruk, représentait la partie officielle, peut-être religieuse, de la ville. Avec l'aimable autorisation d'E. Strommenger.

Bulle provenant d'Habouba Kabira

Bulle creuse de forme sphérique en terre crue ; elle contient de petits objets modelés, appelés habituellement *calculi*, qui représentent sans doute une quantité donnée d'objets dont on assure la livraison ou la conservation. L'intégrité du contenu de la bulle est assurée par l'impression d'un sceau-cylindre dont le dessin authentifie l'origine, homme ou institution ; ici, ovins et caprins évoluent dans une scène figurative au naturalisme particulièrement réussi. Musée d'Alep. Avec l'aimable autorisation d'E. Strommenger.

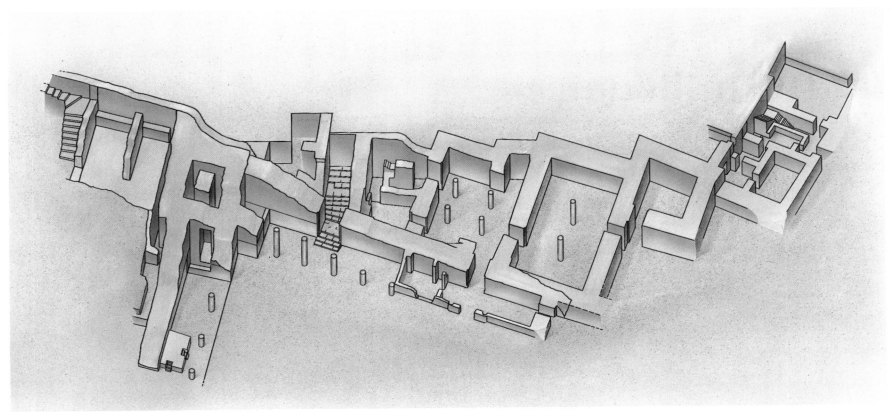

Le palais royal d'Ebla

Dans ce majestueux édifice, au dégagement encore incomplet, on peut déjà reconnaître un des grands monuments du IIIᵉ millénaire. La forme architecturale majeure est constituée par un vaste espace à ciel ouvert bordé de portiques au nord et à l'est : une belle estrade au milieu du portique nord permet de reconnaître une cour officielle où le roi tenait des audiences. La face orientale de la cour est limitée par un second portique derrière lequel s'ouvre un escalier monumental qui menait peut-être à la partie privée du palais. On trouve ensuite la célèbre salle d'archives, puis l'entrée d'une belle unité, à la fonction inconnue, formée de deux salles hypostyles et d'une dépendance équipée d'un escalier d'angle. L'importance accordée à l'étage apparaît partout grâce aux nombreux escaliers, mais plus encore par la tour à l'angle nord-est de la cour avec son escalier à trois volées de marches ornées de mosaïques. Cette tour, haute encore de 4 m, permet de supposer que la hauteur du monument dépassait largement 10 ou 12 m. Des affinités existent entre ce palais et ceux de la Mésopotamie contemporaine (Kish, par exemple), mais, avec ses piliers, ses portiques, ses escaliers, sa cour officielle, le palais d'Ebla apparaît comme le premier représentant d'une architecture syrienne naissante.

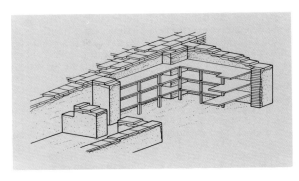

La salle des archives, Ebla

Cette reconstitution de la salle où gisait un important dépôt d'archives du palais d'Ebla a pu être faite à partir des traces laissées par les éléments structuraux des étagères sur le sol et dans les murs. L'incendie a provoqué l'affaissement de chacun des rayonnages sans provoquer de bouleversement notable dans l'ordre de classement des tablettes ; celles-ci étaient alignées en files qui se posées les unes sur les autres.

Statuette provenant d'Ebla

Petite statuette en bois carbonisé qui ornait sans doute à l'origine un meuble. Un homme, vu de face, coiffé d'un turban caractéristique des grands personnages de la cour, est vêtu d'une robe à languettes dans le style des statuettes de Mari, de Chuera ou d'Asmar. La hache qu'il tient à la main pourrait être un symbole royal. Avec l'aimable autorisation de P. Matthiae.

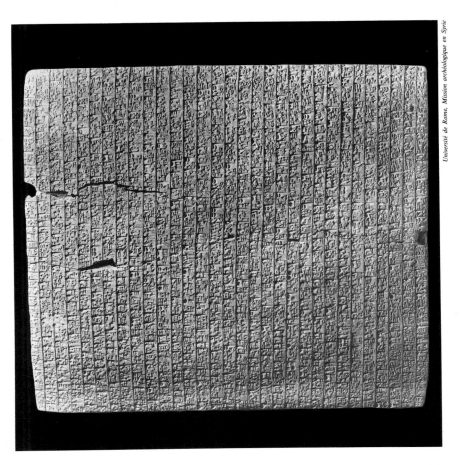

Tablette provenant des archives royales d'Ebla

L'écriture, de type cunéiforme, est celle qui est en usage dans la Mésopotamie au milieu du IIIᵉ millénaire : elle est remarquable par la précision de la graphie et la netteté de la mise en page alors même que ces documents peuvent n'être que des états mensuels récapitulatifs ou, comme ici, des listes de distribution d'offrandes à des divinités de la ville ; offrandes faites par le roi ou de grands personnages de la cité. Avec l'aimable autorisation de P. Matthiae.

Les villes du plateau iranien au IIIe millénaire

À l'est de la plaine de Mésopotamie, la barrière montagneuse du Zagros constitua longtemps la frontière d'une archéologie orientale dont la Bible et la tour de Babel étaient les principales références. Au-delà s'étendaient les hauts plateaux désertiques d'Iran, et ce n'est que plus à l'est qu'on retrouvait de nouveau, dans la vallée de l'Indus, une civilisation urbaine.

Le plateau iranien n'apparaît pas comme un endroit idéal pour l'installation de communautés humaines. Au centre s'étendent le désert salé du Dasht-i-Kavir et le désert de sable du Dasht-e-Lut. Mais les vallées et les piémonts des montagnes du Zagros et de l'Elburz, les bassins intérieurs du Seistan et du Baluchistan sont autant de régions favorables à certaines formes d'agriculture. La dimension restreinte des zones cultivables, îlots de verdure séparés par des immensités désertiques, a conduit à de forts particularismes locaux. Par-delà cette diversité, l'ensemble garde une originalité propre et a joué un rôle primordial dans les contacts entre la Mésopotamie, la civilisation de l'Indus et l'Asie centrale.

Au VIIe millénaire avant J.-C., des communautés agricoles occupent les zones fertiles des piémonts : ainsi Tepe Tang-e-Chakmak, situé entre l'Elburz et le désert salé, fut habité dès le Néolithique précéramique. Du VIe au IVe millénaire, les villages sont nombreux, caractérisés par leur poterie peinte (Tepe Sialk, Tepe Hissar) et, lorsqu'ils se trouvent à proximité d'une mine de cuivre, par une métallurgie naissante (Tepe Sialk, Tal-i-Iblis). Dans ce tissu de communautés villageoises se produisent, au cours de la seconde moitié du IVe millénaire, des transformations encore mal comprises, variables selon les régions, qui vont conduire quelques siècles plus tard à l'apparition de véritables villes.

Au nord, la plaine de Gorgan est une zone de contact entre les montagnes de l'Elburz et la steppe turkmène. Les sites de l'étroite bande fertile qui longe le pied des montagnes voient, vers le dernier quart du IVe millénaire, l'apparition d'une poterie grise polie qui, à Shah Tepe, Yarim Tepe et Tureng Tepe, remplace les poteries peintes. La même substitution se produit à Tepe Hissar, au piémont méridional de l'Elburz. Ce changement fut longtemps identifié comme un effet de l'arrivée en Iran des Indo-Européens qui auraient remplacé par leur poterie grise la poterie peinte que fabriquaient les paysans qui occupaient la région. Rien n'exclut cependant que le phénomène ait été purement local, à l'image de ce qui s'était produit peu de temps avant en Mésopotamie, lorsque la poterie peinte de la période d'Obeid* fut abandonnée au début de l'urbanisation (période d'Uruk*). Par-delà les possibles migrations de population, on doit surtout retenir l'apparition d'une entité culturelle qui va caractériser la région jusqu'au début du IIe millénaire.

Dans les bassins et les piémonts du Zagros, plusieurs études régionales montrent que de profonds changements sont intervenus vers la même époque dans les modes d'occupation du territoire. Presque tous les villages disparaissent. Seuls subsistent quelques grands sites dont l'un semble très vite dominer tous les autres : par exemple Tal-i-Malyan dans le bassin de la Kur, et Tepe Yahya dans une vallée adjacente à celui de Dowlatabad. Cette mutation reste difficile à expliquer. On peut envisager une détérioration du climat qui serait devenu plus aride : la localisation des quelques sites du bassin de la Kur près des zones faciles à irriguer et celle de Tepe Yahya dans une vallée plus humide ne contredisent pas cette idée. On peut également supposer une transformation économique comme le développement d'un important élevage nomade du petit bétail, mouton et chèvre, pour lequel les grands sites auraient joué en quelque sorte le rôle de « marché ». La réponse à ces questions est liée à un autre phénomène : l'apparition sur tous les sites importants, vers 3000 avant J.-C., d'un système de gestion économique nouveau dont l'origine est indubitablement la région de Suse, au Khuzistan iranien.

Les traces de ce système sont des tablettes d'argile crue inscrites en proto-élamite, l'écriture mise au point vers la fin du IVe millénaire à Suse et encore indéchiffrée, ainsi que des bulles en argile, scellements de jarres, de paniers ou de portes marquées de l'empreinte de sceaux-cylindres d'un style identique à ceux de Susiane et de Mésopotamie. On a retrouvé des tablettes « proto-élamites » à Tepe Sialk IV, Godin Tepe V, Tal-i-Malyan (période « Banesh »), Tepe Yahya IVc. Quelques siècles auparavant, un type de vase très particulier était apparu dans les mêmes régions : les « écuelles grossières » connues en Mésopotamie dès la période d'Uruk et qui sont peut-être liées, d'une manière ou d'une autre, à l'économie des centres urbains. Aux tablettes et aux scellements sont souvent associées des jarres à décor géométrique peint très similaires à certains modèles susiens et mésopotamiens datant des environs de 3000 avant J.-C.

Ces découvertes, et notamment celles de Tepe Yahya, ont accrédité l'idée d'un « commerce de comptoir » entre les villes déjà pleinement développées de Mésopotamie et de Susiane et les communautés villageoises d'Iran, commerce qui visait à drainer vers les premières les richesses minérales dont elles sont totalement dépourvues. L'archéométrie* ne contredit pas cette hypothèse et l'on sait par exemple que Suse s'approvisionnait alors en cuivre dans la région d'Anarak, près de Tepe Sialk, et dans la région de Tepe Yahya.

Une étude plus détaillée a permis de nuancer cette vision. Certains auteurs proposent de voir dans ces phénomènes l'adoption par les « élites » locales d'un mode de gestion économique emprunté à la puissance étrangère qui dominait économiquement et peut-être politiquement la région. Jamais en tout cas les contacts entre des régions relativement éloignées n'avaient été aussi nombreux. Combinés à des changements locaux, ils marquent le début d'une forme d'urbanisation dans le Sud-Ouest iranien.

Dans l'Est, le bassin du Seistan est une vaste dépression occupée par les lacs et les marécages dans lesquels se perd le fleuve Hilmand, issu de l'Indu Kush. On n'y connaît pas les antécédents de Shahr-i-Sokhta qui n'est habité qu'à l'extrême fin du IVe millénaire. Sa céramique peinte présente des affinités avec la culture de Namazga III en Turkménie soviétique et avec celle de Mundigak en Afghanistan, plusieurs centaines de kilomètres en amont sur l'Hilmand. Mais à Shahr-i-Sokhta une tablette proto-élamite et des empreintes de sceaux-cylindres témoignent de contacts occidentaux dès la phase la plus ancienne. Shahr-i-Sokhta est un site majeur de l'archéologie iranienne : il est en effet très bien conservé (on y a retrouvé des traces de bois et de tissus) et les méthodes utilisées pour son étude sont remarquables. Elles ont permis de restituer toute la zone d'approvisionnement du site, qu'il s'agisse de l'environnement immédiat (pêche et collecte de coquillages dans les marais et les lacs, agriculture irriguée à proximité des cours d'eau, élevage où peu à peu les ovi-capridés prennent le pas sur les bovidés) ou qu'il s'agisse de la collecte de matières premières dans un rayon d'une centaine de kilomètres. Chacune des villes du plateau iranien est inséparable d'un territoire ainsi défini, qui conditionne son développement et son insertion dans les réseaux d'échange.

L'évolution du site, dont la surface habitée s'accroît de quelques hectares vers 3000 avant J.-C. à près de quatre-vingts vers 2300, illustre bien la période qui suit. Des artisanats différenciés apparaissent, chacun localisé dans une zone particulière : travail des pierres semi-précieuses (lapis-lazuli, cornaline, turquoise) ou des pierres tendres (albâtre, stéatite), travail du cuivre, etc. Les plus polluants, comme la métallurgie, la poterie, le travail des peaux, sont rejetés à la périphérie, voire sur des sites distincts comme l'ensemble de fours de potiers de Rud-i-Biyaban. Ces ateliers assurent une production à usage local, mais sont également liés aux échanges à longue distance. Le lapis-lazuli en provenance du Badakhshan, la turquoise de la région de Nishapur sont exportés vers la Mésopotamie, bruts ou sous forme de produits finis et semi-finis. Certaines productions dépendent directement des ressources locales : une riche industrie du cuivre à Tepe Hissar, la fabrication de vases en albâtre ou en calcite à Shahr-i-Sokhta, celle de vases en stéatite à Tepe Yahya.

Les échanges commerciaux à longue distance créent une situation favorable à la circulation des objets et des idées. Ainsi, nombre d'auteurs s'accordent-ils à reconnaître une influence mésopotamienne dans le décor de certains objets en or ou en argent du trésor d'Asterabad, découvert au XIXe siècle vraisemblablement à Tureng Tepe et aujourd'hui disparu. De même, un panneau de jeu en bois provenant d'une tombe de Shahr-i-Sokhta évoque par sa forme le « jeu d'Enmerkar » trouvé dans une tombe royale d'Our. La production la plus remarquable de ce point de vue est celle des vases en stéatite de Tepe Yahya sur lesquels les artisans iraniens reproduisent des motifs iconographiques d'inspiration sumérienne, et qui sont exportés vers la Mésopotamie et les régions voisines.

Ces représentations gardaient-elles sur le plateau iranien leur signification originelle ou bien s'adaptaient-elles aux idéologies locales ? À Shahdad, les archéologues iraniens ont recueilli les objets d'un cimetière utilisé au IIIe millénaire et au début du IIe. Parmi ceux-ci, plusieurs statuettes en pierre ou en argile sont comparables à des modèles mésopotamiens datant de 2500 environ, qui furent retrouvés dans des temples et dont on s'accorde à penser qu'ils représentent des personnages en prière. Ce changement du contexte du dépôt indique peut-être un changement de sens. Sur le même site, des scènes de « banquet » d'inspiration mésopotamienne comprennent nombre d'éléments locaux qui indiquent peut-être eux aussi un changement de la signification des scènes.

Des sites comme Bampur, au Baluchistan iranien, paraissent rester à l'écart de ce mouvement, mais ce n'est peut-être qu'une impression due à la faible extension des fouilles. Une poterie peinte décorée de motifs noirs sur fond rouge y continue la tradition antérieure, tout comme à Tepe Yahya ou à Shahdad, vaste site dont on ne connaît que la très riche nécropole.

Lors de l'apogée des sites urbains, vers le XXIIIe siècle avant J.-C., apparaissent de vastes bâtiments publics : la « terrasse haute » de Tureng Tepe ou le « bâtiment brûlé » de Shahr-i-Sokhta IV. La terrasse haute de Tureng Tepe IIIc est un bâtiment à deux degrés, haut de quinze mètres et dont la façade méridionale était longue d'au moins quatre-vingts mètres. On l'interprète comme un édifice à vocation religieuse. Sa construction est similaire à celle d'autres monuments contemporains, la « terrasse » d'Altyn Tepe en Turkménie ou le « bâtiment à redans » de Mundigak. La similitude de ces constructions probablement religieuses est renforcée par la présence d'un certain nombre d'objets : petites colonnettes en pierre qu'on trouve au sommet de la terrasse de Tureng Tepe, dans les tombes de Tepe Hissar, à Altyn Tepe, Godar-i-Shah au Seistan et jusqu'en Bactriane*, longs « sceptres » fusiformes en pierre dans les tombes de Tepe Hissar, de Shahdad et de Bactriane, etc. Une telle unité dans un domaine relevant de l'idéologie dépasse de loin les particularismes locaux reconnus dans les styles de poterie.

La richesse du plateau iranien ne devait pas manquer d'attirer les conquérants. Peu après 2300 avant J.-C., Manishtushu, fils et successeur de Sargon d'Akkad, organise une expédition contre Anshan (Tal-i-Malyan) et pousse ses incursions loin vers l'est, allant jusqu'à traverser le détroit d'Ormuz pour envahir la péninsule d'Oman. Nous ne connaissons cependant aucune trace matérielle de ces événements attestés par les seuls textes cunéiformes*.

Vers l'extrême fin du IIIe millénaire, les contacts avec la Bactriane sont de plus en plus étroits, comme en témoigne la présence à Tepe Yahya et Shahdad de poteries et d'objets similaires à ceux du nord de l'Afghanistan. Ce phénomène est sans doute lié à un développement des cultures bactriennes vers le sud, mais il est difficile à distinguer d'un autre fait encore mal connu, l'expansion, environ à la même époque, de la civilisation de l'Indus sur ses marges occidentales.

L'un des principaux problèmes posés par les cultures urbaines du plateau iranien au IIIe millénaire, en particulier Tepe Hissar, Tureng Tepe, Shahr-i-Sokhta, est celui de leur disparition, qui semble suivre de bien peu leur apogée. Nombre d'explications ont été proposées dont certaines sont maintenant rejetées, celle d'un changement climatique par exemple, alors que d'autres sont à envisager avec circonspection. Peu après la disparition des sites du Gorgan, de nombreux cimetières de la région de Téhéran (Khurvin), du Gilan (Marlik) et du Zagros (Tepe Giyan I) livrent une poterie polie, noire ou grise, dont les formes sont manifestement dérivées des poteries peintes. Certains auteurs ont considéré que ces objets témoignaient d'une migration vers l'ouest des « Indo-Européens » ou « Indo-Iraniens » déjà supposés être à l'origine de la civilisation à poterie grise du Gorgan. Mais l'archéologie de cette période, tant sur le plateau iranien qu'en Asie centrale ou dans la vallée de l'Indus, reste un sujet très complexe dont la chronologie elle-même n'est pas assurée. On ne peut donc s'appuyer sur elle pour déterminer des mouvements de populations auxquelles rien ne permet par ailleurs de rattacher tel ou tel style de poterie. Parmi les hypothèses les plus récentes, une des plus séduisantes postule des changements drastiques dans l'économie et la société. Le mode de vie urbain aurait été abandonné, du fait de tensions internes trop fortes, au profit d'un mode de vie décentralisé, villageois ou nomade, sur de nouveaux terroirs et avec de nouvelles plantes cultivées. Les traces archéologiques de ce nouveau mode de vie nous échappent encore.

Seules d'autres recherches permettront d'expliquer ces changements fondamentaux, qui préfigurent le mode de vie de ces régions jusqu'à l'époque moderne. Il faudra pour cela prendre en considération un vaste ensemble qui va du Zagros à l'Asie centrale et à l'Indus en incluant la péninsule arabique. Les villes du plateau iranien au IIIe millénaire sont un élément de cet ensemble ; leur étude constitue actuellement, tant par son champ d'application que par ses méthodes et ses résultats, un renouvellement considérable pour l'archéologie de l'Orient ancien.

Serge CLEUZIOU

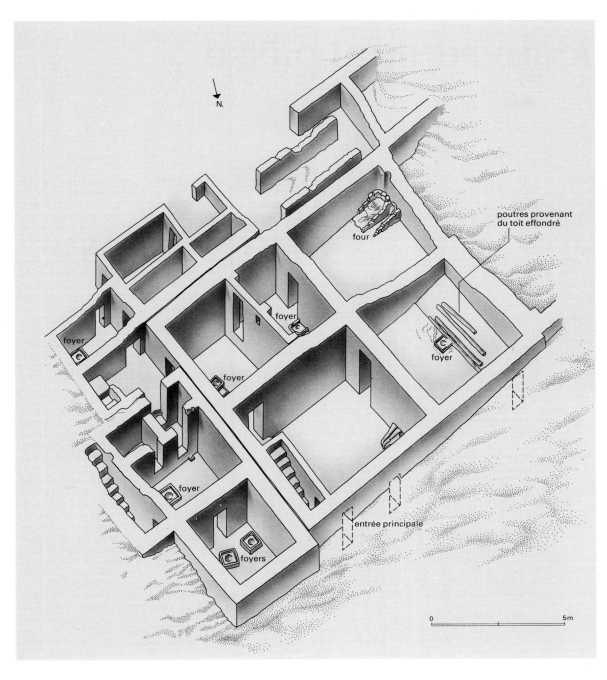

Les Ateliers M.S.

Tombe de la nécropole de Shahr-i-Sokhta
(vers 2300 av. J.-C.)

Deux cents tombes ont été fouillées, mais la nécropole en comporte plus de vingt mille. Ce sont pour la plupart des inhumations individuelles accompagnées d'offrandes qui dénotent la position sociale occupée par le défunt de son vivant : objets de parure en métal, os, coquillages, pierres semi-précieuses ; peignes en bois, outils d'artisans, etc. Avec l'aimable autorisation de M. Piperno, Istituto italiano per il Medio ed Estremo Oriente.

Une maison de Shahr-i-Sokhta
(vers 2400 av. J.-C.)

Accolées les unes aux autres, les maisons étaient construites en briques crues, comme elles le sont encore de nos jours. Elles comprenaient plusieurs pièces souvent équipées de fours et de foyers. Un escalier permettait d'accéder au toit en terrasse formé de couches de roseaux et de terre soutenues par des poutres de peuplier. Avec l'aimable autorisation de M. Tosi, Istituto italiano per il Medio ed Estremo Oriente.

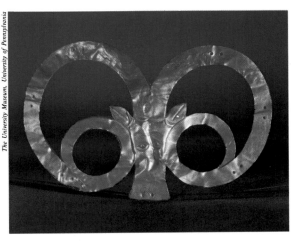
The University Museum. University of Pennsylvania

Tête de bouquetin en or (Tepe Hissar) et figurine féminine en terre cuite (Tureng Tepe)

Les tombes et certaines riches demeures de Tepe Hissar ont livré des vases, des armes et des objets de parure en cuivre, en argent et en or comme ce pectoral en forme de tête de bouquetin stylisée. Des objets similaires furent trouvés à Tureng Tepe, caractérisé également par des figurines de personnages nus, masculins ou féminins, ornés de bijoux (bracelets, colliers, pendants d'oreilles). The University Museum, Philadelphie.

Peabody Museum, Harvard

Tablettes proto-élamites de Tepe Yahya IV C (vers 3000 av. J.-C.)

Ces tablettes ont été découvertes dans les ruines d'un grand bâtiment en briques crues, avec des tablettes similaires encore non inscrites, des écuelles grossières, des empreintes de sceaux de type susien. Des quantités d'animaux et d'objets semblent y être consignées. Avec l'aimable autorisation de C. C. Lamberg-Karlovsky, Peabody Museum, Harvard.

The University Museum. University of Pennsylvania

Poteries grises à décor lissé de Tureng Tepe (vers 2500 av. J.-C.)

Obtenues par cuisson en atmosphère réductrice, les poteries grises du nord-est de l'Iran se distinguent par leurs formes anguleuses. La surface est polie à l'aide d'un instrument dur, à l'exception de certaines zones réservées qui sont décorées de motifs géométriques (hachures, croisillons, etc.). Musée du Louvre, Paris.

J.-L. Princelle

Une région découvre son passé : le Golfe

Au sud des marais de Basse-Mésopotamie, le Golfe fut longtemps une région vide sur les cartes archéologiques. Les textes cunéiformes* situaient bien dans cette région les pays de Dilmoun et de Makkan, mais le plus grand désaccord régnait entre les savants quant à leur localisation, certains n'y voyant même que des contrées légendaires. Ce n'est qu'à partir de 1954, à la faveur de la prospérité apportée par l'économie pétrolière, que les archéologues ont découvert un passé étonnamment riche.

Les plus anciens sites connus, qui datent du VIᵉ au IVᵉ millénaire, sont des campements de pêcheurs établis le long des côtes de l'Arabie Saoudite, du Qatar et de l'île de Bahrein. On y découvrit des tessons de poterie peinte identiques à ceux de la civilisation d'Obeid* en Mésopotamie, ce qui conduisit à parler de période Obeid du Golfe. Grâce à l'archéométrie*, on a vu qu'il s'agissait en fait de poteries importées, dans lesquelles le véritable produit échangé, des denrées, était transporté. On ignore la nature de ces denrées et aussi celle des produits qu'exportaient en retour les régions côtières. On pense aux perles fines, qui firent jusqu'aux années trente la richesse de Bahrein, ou aux outils en silex, produits notamment au Qatar.

Plus à l'est, la barrière montagneuse de la péninsule d'Oman ferme le Golfe. De nombreux sites de pêcheurs et de collecteurs de coquillages occupaient les points les plus favorables à la côte de l'océan Indien. Celui de Ras el-Hamra près de Mascate a révélé l'existence d'une communauté entièrement tournée vers les ressources de la mer, jusque dans ses rites funéraires.

L'intérieur des terres était plus humide qu'aujourd'hui et comportait des lacs qui s'asséchèrent progressivement pour disparaître au cours du IIIᵉ millénaire. Des groupes de chasseurs y vivaient, dont on ne connaît guère que l'outillage en silex.

C'est le long du piémont méridional des montagnes d'Oman, dans l'étroite bande de savane qui borde le désert du Rub al-Khali, qu'apparaissent vers 3000 avant J.-C. les premières oasis, lieux privilégiés de la production agricole dans la région. Les fouilles de Hili ont donné une bonne idée du mode de vie qui y régnait à l'époque. On y exploitait les palmiers-dattiers, à l'ombre desquels poussaient divers légumes et fruits (melon, raisin), tandis qu'en marge des palmeraies on cultivait des céréales : diverses variétés de blé et d'orge, du sorgho. Cette agriculture s'appuyait sur des systèmes d'irrigation encore mal connus. Le cheptel comprenait essentiellement des bovins, sans doute des zébus, ainsi que des moutons et des chèvres. Les ressources de la savane environnante n'étaient pas négligées, on collec-tait par exemple le jujube, mais la chasse ne jouait qu'un rôle très réduit dans l'alimentation. Les habitations étaient groupées à la lisière des palmeraies, autour de grosses tours fortifiées en brique crue ou en pierre.

L'origine de cette économie d'oasis reste obscure. Certains éléments sont d'origine locale comme le palmier-dattier, mais le zébu vient du Balouchistan, où il fut domestiqué dès le Vᵉ millénaire tandis que le sorgho est originaire d'Afrique. L'hypothèse la plus vraisemblable est que la vie des oasis s'est formée en combinant ressources locales et emprunts extérieurs. La poterie, qui apparaît aussi dès 3000 avant J.-C., témoigne sans doute de relations commerciales avec la Mésopotamie, dont on connaît l'équivalent sur le plateau iranien, à Tepe Yahya par exemple.

Ces relations s'accentuèrent vers 2600 avant J.-C., avec l'exportation massive de cuivre des montagnes d'Oman vers la Mésopotamie. Ce commerce a été mis en évidence par des analyses de la composition chimique des minerais et des métaux ; en outre, plusieurs mines de cuivre du IIIᵉ millénaire ont été reconnues, dont une à proximité immédiate du site de Maysar, où furent découverts des fours permettant de réduire le minerai. Les textes nous apprennent que le « cuivre de Makkan » arrivait en Mésopotamie par bateau ; le site de pêche d'Umm an-Nar près de l'actuelle Abou Dhabi paraît avoir été un des points d'embarquement. Nous ignorons en revanche la manière dont ces charges étaient transportées de l'intérieur du pays à la côte : peut-être le chameau était-il utilisé dès cette époque, mais cela reste une hypothèse.

La grande homogénéité culturelle de la péninsule d'Oman est révélée par l'étude des tombes collectives, datant de 2700 à 2000, que l'on retrouve au voisinage immédiat de tous les sites, dans l'intérieur comme sur la côte. Le caractère monumental de certaines d'entre elles, tout comme celui des tours, suggère une population bien organisée sous la conduite de potentats locaux enrichis par le commerce du cuivre. Les poteries découvertes dans ces tombes présentent des similitudes avec celles de l'Iran méridional tout proche, mais l'ensemble apparaît solidement ancré dans un terroir qu'on est tenté d'identifier avec le « pays de Makkan ».

Vers 2000 avant J.-C., la péninsule d'Oman semble incluse dans l'aire d'influence de la civilisation de l'Indus. Une inscription en caractères harappéens gravée sur un tesson de poterie a été découverte récemment sur le site côtier de Ras al-Junayz, face aux côtes du Pakistan.

Les îles de Tarut et de Bahrein virent au cours du IIIᵉ millénaire l'éclosion d'une civilisation tout aussi originale, qu'on identifie avec le pays de Dilmoun. Les origines sont mal connues mais Tarut était occupée dès le début du IIIᵉ millénaire ; la poterie et les objets retrouvés dans l'île témoignent d'une forte influence de la Mésopotamie. Vers 2400 avant J.-C., Bahrein est favorisée par une agriculture très riche due à l'abondance des sources d'eau douce et connaît à son tour un développement considérable, dont l'apogée se situe entre 2100 et 1750 avant J.-C. L'île est alors très peuplée et possède des villes fortifiées (Qala'at al-Bahrein) et des temples richement dotés (Barbar). C'est un lieu d'échanges qui monopolise le commerce avec Makkan et la civilisation de l'Indus. Ses dizaines de milliers de tumulus funéraires sont peut-être le reflet de l'importance de la population à cette époque ; néanmoins, certains archéologues considèrent que Bahrein était une terre sacrée – elle est souvent mentionnée ainsi dans les textes religieux sumériens – où l'on venait se faire inhumer depuis l'Arabie et la Mésopotamie. Les objets qu'on trouve dans ces tumulus sont certainement le produit d'une industrie très active entièrement réservée à cet usage, mais certains provenaient aussi du négoce international ; l'influence de Bahrein s'étendait d'ailleurs sur toute la côte du Golfe, de Qatar à l'île de Faïlaka, au voisinage immédiat de la Mésopotamie.

Cette prospérité disparaît brutalement vers le milieu du XVIIIᵉ siècle avant J.-C. en même temps que des transformations profondes affectent la civilisation de l'Indus, le plateau iranien et la Mésopotamie. Bahrein est encore occupée au IIᵉ millénaire, à la période kassite, mais de manière beaucoup plus réduite. On ne connaît alors plus rien de la péninsule d'Oman qui semble s'être tournée vers le grand nomadisme chamelier, une composante fondamentale de la vie de l'Arabie, difficilement décelable dans les vestiges archéologiques.

Ce n'est que vers le VIIIᵉ siècle avant J.-C. qu'on retrouve, à Bahrein comme dans la péninsule d'Oman, des villages et une économie agricole qui se maintiennent sans grand changement jusqu'aux périodes historiques pour lesquelles les archéologues disposent d'informations abondantes. Mais, sur les transformations très importantes qui se sont produites entre le IIIᵉ millénaire et le VIIIᵉ siècle, ils en sont réduits aux hypothèses.

Serge CLEUZIOU

Tombe A de Hili Nord, Émirats arabes unis (2200-2000 av. J.-C.)

Cette chambre fait partie des grandes tombes collectives, monuments circulaires en pierre divisés en plusieurs chambres. Ces tombes pouvaient contenir les ossements de plusieurs centaines d'individus déposés en position repliée au fur et à mesure des décès, avec de nombreuses offrandes, notamment des poteries peintes et des vases en pierre tendre spécialement destinés à cet usage.

Tombe de pêcheur du Ras El-Hamra, sultanat d'Oman (vers 3000 av. J.-C.)

Les tombes de pêcheurs sont des fosses recouvertes de pierres situées à proximité immédiate des cabanes ; elles prennent parfois l'aspect d'une carapace de tortue. Le défunt est souvent accompagné d'un crâne de tortue marine qui souligne l'importance de la mer dans la vie des pêcheurs ; ceux-ci utilisèrent pourtant, dès 2700 avant J.-C., les mêmes tombes collectives que les paysans de l'intérieur.

Les fouilles de Hili (3000-1700 av. J.-C.)

La photographie montre Hili 8, l'une des quatre ou cinq tours construites sur le territoire de l'oasis au IIIe millénaire. L'ensemble des bâtiments est en briques crues. On distingue dans l'angle supérieur de la fouille une construction carrée à angles arrondis divisée en caissons, qui formait le soubassement d'une tour de seize mètres de côté et d'une dizaine de mètres de hauteur. Au centre, un puits assurait un ravitaillement autonome en eau. Construite vers 3000 avant J.-C., cette tour fut utilisée jusque vers 2700, puis rebâtie sur un plan circulaire, plus vaste, et entourée d'un fossé que l'on distingue au premier plan, recouvert par des constructions plus tardives. On trouve des tours identiques sur tous les sites de la péninsule d'Oman datant du IIIe millénaire.

Mission archéologique française en Abou Dhabi

Hili : empreinte de sorgho dans une brique crue (vers 2500 av. J.-C.)

Apparue en Afrique orientale, la culture du sorgho était connue à Hili dès 3000 avant J.-C. Cette plante très résistante à l'aridité pouvait être récoltée tout au long de l'année et constituer un complément quand les récoltes de blé ou d'orge étaient mauvaises, lors des années trop sèches.

Mission archéologique française en Abou Dhabi

Grande tombe de Hili, relief de la porte Sud (vers 2250 av. J.-C.)

Certaines des grandes dalles de pierre, hautes de trois à quatre mètres, qui forment la façade du monument sont décorées de motifs en relief ; ici, représentation entre deux oryx (antilope d'Arabie) de deux humains se tenant par la main. Il s'agit d'une scène symbolique dont le sens nous échappe.

Mission archéologique française en Abou Dhabi

Bahrein : champs de tumulus (vers 2100-1750 av. J.-C.)

On estime à plus de deux cent mille le nombre des tumulus qui forment les nécropoles de Bahrein. De taille variable (de quatre à vingt mètres de diamètre), ils recouvrent une chambre principale en pierre et parfois quelques chambres secondaires. Un seul corps était déposé dans chaque chambre, accompagné d'offrandes parfois très riches, notamment dans les « tumulus royaux », hélas tous pillés dès l'Antiquité.

Mission archéologique danoise à Bahrein

Bahrein : tête de taureau en bronze (vers 2250 av. J.-C.)

Coulée selon le procédé de la cire perdue*, cette œuvre est un bon exemple de la maîtrise des artisans de cette époque. Elle provient d'un dépôt de fondation du temple de Barbar et peut être comparée à des objets semblables trouvés en Mésopotamie (Ur) ou en Asie centrale (Altyn Depe). Musée archéologique de Bahrein.

Mission archéologique danoise à Bahrein

La métallurgie du cuivre aux IVᵉ et IIIᵉ millénaires

Dès les premières fouilles, au milieu du XIXᵉ siècle, des cités du « Croissant fertile » les archéologues ont mis en évidence une métallurgie très élaborée dont l'étude soulève de nombreuses questions, en particulier sur ses origines, son développement et ses techniques. D'une façon plus précise, ces études portent sur l'influence qu'a dû avoir, pour l'essor d'un commerce à longue distance, la recherche de ressources minières ainsi que sur les relations qu'il y a lieu d'établir entre l'existence de travailleurs, spécialistes du métal, et l'apparition de sociétés étatisées.

Dès l'origine, ces questions ont été abordées en commun par des archéologues, des physiciens, des chimistes et des géologues. La métallurgie ancienne est un champ d'étude où les investigations sur le terrain et les travaux de laboratoire ont été constamment associés.

À la fin du XIXᵉ siècle, les premières connaissances sur la métallurgie ont servi à constituer le cadre chronologique de toute la protohistoire. À l'Âge de la pierre succèdent les âges des métaux : Chalcolithique (Âge du cuivre), Âge du bronze, Âge du fer. Cette classification encore partiellement en vigueur souligne le rôle essentiel que les archéologues ont reconnu à la métallurgie dans l'évolution des sociétés. Mais elle a aussi été un frein aux études dans ce domaine puisque tout résultat divergeant un peu de ce schéma remettait en cause l'ensemble de la structure qui permettait d'interpréter la succession des divers types de société qui ont vu le jour au Proche-Orient.

L'état actuel des connaissances sur la métallurgie du Proche-Orient ancien met en relief une évolution des techniques qui conduit de l'utilisation du cuivre natif dès le VIIᵉ millénaire à une métallurgie standardisée du bronze (alliage de cuivre et d'étain) à la fin du IIIᵉ millénaire. Toutefois, les travaux les plus récents ont mis en évidence des différences chronologiques dans cette évolution, en fonction des diverses régions concernées, ainsi que certaines variantes locales dans les techniques utilisées. Si les techniques évoluent au cours du temps, il en va de même du type d'objets produits par les métallurgistes aux diverses périodes.

Les objets les plus anciens sont de petits outils (alènes, ciseaux) et surtout des objets de parure (perles, épingles, anneaux, etc.). Il est difficile de localiser un centre unique d'apparition de cette métallurgie primitive dans la mesure où ces objets sont attestés dans tout le Proche-Orient : à Cayönu et Suberde en Turquie, à Tell Ramad en Syrie, à Ali Kosh en Iran. Dès le VIIᵉ ou le VIᵉ millénaire, ces objets en cuivre natif sont tout à fait remarquables, mais ils ne peuvent être considérés que comme les témoins d'une activité métallurgique balbutiante.

Au Vᵉ millénaire, une métallurgie véritablement élaborée apparaît, en particulier sur la frange orientale du Zagros en Iran. À Sialk et à Tal-i-Iblis de nombreux restes de scories, de creusets ainsi que des fragments de minerais révèlent qu'on savait réduire le minerai de cuivre (des carbonates essentiellement, comme la malachite et l'azurite). Le type d'objets produits reste assez similaire de celui de la période précédente, même si la taille de certains outils est plus importante. L'évolution la plus marquante va être l'utilisation de moules en pierre permettant, au début du IVᵉ millénaire, la fabrication des premières haches en métal. C'est aussi sur le plateau iranien qu'on retrouve les premiers témoins de l'usage de la coulée.

Le début du IVᵉ millénaire voit également l'apparition d'un fait majeur : la présence d'objets métalliques loin de toute source minière. À cette période, en Élam, l'activité économique se concentre sur quelques grands sites et l'un d'entre eux, Suse, domine très vite les autres. Distant de 600 kilomètres des mines les plus proches, Suse a révélé, au cours de fouilles quasi ininterrompues depuis 1884, un très grand nombre d'objets, en particulier de très nombreuses haches, témoins d'un transfert de technologie concomitant de l'apparition d'un commerce à longue distance. On sait aujourd'hui qu'une économie très organisée pourvoyait à l'approvisionnement de la grande cité en produits agricoles et en matières premières.

Au contraire, la plaine de Mésopotamie, dépourvue comme l'Élam son voisin de toute ressource minérale, reste à l'écart de cette évolution technique bien que l'organisation sociale qui s'y développe soit tout à fait similaire de celle de l'Élam. Il faut attendre la fin du IVᵉ millénaire pour que l'on rencontre une véritable activité métallurgique en Mésopotamie. Comme en Élam un millénaire plus tôt, la métallurgie apparaît en Mésopotamie avec, d'emblée, les techniques les plus élaborées de l'époque. Les artisans fabriquent les objets les plus divers : armes, outils, bijoux, vaisselle. Les ateliers sumériens connaissent la technique du trou d'emmanchement* (progrès considérable apparu vers 3800 à Sialk) ainsi que la technique de la fonte à la cire perdue* qui apparaît simultanément en Élam et en Mésopotamie vers 3200.

À partir de 3000, la documentation archéologique est complétée par un très grand nombre de tablettes cunéiformes* qui décrivent aussi bien les techniques de l'époque que le type d'objets produits ou la provenance du minerai.

Des travaux très récents effectués en collaboration par le Commissariat à l'énergie atomique français, de nombreuses équipes archéologiques internationales travaillant au Proche-Orient ainsi que de nombreux musées ont permis de montrer que l'approvisionnement en métal de l'Élam au cours du IVᵉ millénaire était bien effectué à partir du plateau iranien et que brusquement, vers 3200, le cuivre qui alimente cette région ainsi que la Mésopotamie provient des montagnes d'Oman. Ces recherches utilisent des moyens techniques complexes permettant de reconnaître, dans un objet de métal, le minerai dont il provient ; elles ont permis d'identifier des pays producteurs de minerais qui étaient mentionnés dans les tablettes sumériennes. Ainsi la « montagne de cuivre du pays de Makkan » a pu être identifiée formellement avec les montagnes du sultanat d'Oman. Il en est de même de la région nommée « Meluhha » par les textes sumériens où l'on peut reconnaître une zone comprenant l'est de l'Iran et l'ouest de l'Afghanistan, d'où provenait l'étain utilisé pour fabriquer le bronze.

Des recherches archéologiques ont conforté ces identifications en révélant l'existence d'une importante activité métallurgique dans la péninsule d'Oman au début du IIIᵉ millénaire.

En ce qui concerne la nature des alliages fabriqués, la technique de l'époque se caractérise par un emploi systématique du cuivre à l'arsenic. Cette pratique ne va disparaître qu'à la fin du IIIᵉ millénaire avec la généralisation de l'usage du bronze. Celle-ci semble d'ailleurs en partie liée à l'introduction au Proche-Orient de l'étain provenant de Cornouailles. Si l'alliage à l'arsenic domine, de nombreux autres types d'alliage ont été pratiqués : à Suse en particulier un alliage de cuivre et de plomb a été largement utilisé entre 3500 et 3200. En Mésopotamie des alliages ternaires (cuivre-arsenic-étain) et même quaternaires (cuivre-arsenic-étain-plomb) ont aussi été pratiqués pour obtenir soit des objets dotés de propriétés mécaniques particulières, soit une couleur spéciale du métal. Cela est en particulier le cas pour les miroirs : les artisans souhaitaient leur donner un grand pouvoir réfléchissant et une couleur aussi claire que possible.

Ainsi, le plateau iranien a joué un rôle moteur au début de la métallurgie grâce à ses riches ressources minières. Cette prééminence disparaît à la fin du IVᵉ millénaire et c'est des villes de Mésopotamie que vient l'innovation au IIIᵉ millénaire. Ce dynamisme technologique est d'ailleurs lié à l'ensemble des techniques très élaborées que les ateliers des palais et des temples mettent en œuvre à cette époque au profit des élites urbaines. C'est pour elles que se développe le commerce à longue distance des matières premières servant à fabriquer les objets précieux qu'on a retrouvés en abondance dans les cimetières mésopotamiens, dont les tombes royales d'Our sont l'exemple le plus célèbre. Mais les secrets de ces techniques sont restés enfermés dans les ateliers de Mésopotamie : Sumer et l'Élam s'approvisionnent dans tout le monde iranien ainsi que dans la péninsule arabe, mais rien n'indique une diffusion en retour de leur technologie. La diffusion massive de ces techniques n'aura lieu qu'au début du IIᵉ millénaire, au moment où de profonds changements transforment complètement les sociétés urbaines de Mésopotamie.

Thierry BERTHOUD

Méthode traditionnelle de lavage du sable à la battée

La reconstitution des techniques anciennes et des routes commerciales nécessite une étude des ressources naturelles selon les méthodes traditionnelles. Ici le lavage du sable à la battée a permis de vérifier que la vallée de Sarkar dans l'ouest de l'Afghanistan a pu être une région d'exploitation de l'étain dans l'Antiquité. Il s'agit d'ailleurs de la seule région qui a pu produire de l'étain dans tout le Proche-Orient.

Le « Vase à la cachette »

Le « Vase à la cachette » (en réalité il y en avait deux) fut découvert à Suse en 1908. Il abritait un trésor où l'on a retrouvé un remarquable ensemble d'armes, d'outils et de vaisselle en cuivre et en bronze typiques de la métallurgie de l'Élam et du sud de la Mésopotamie vers 2500 avant J.-C. Les objets ont été étudiés conjointement par le laboratoire de recherche des Musées de France et par le Commissariat à l'énergie atomique qui ont pu identifier l'origine du métal qui les compose. Il provient des gisements du sultanat d'Oman, situés à plus de 1 500 km de Suse. Musée du Louvre.

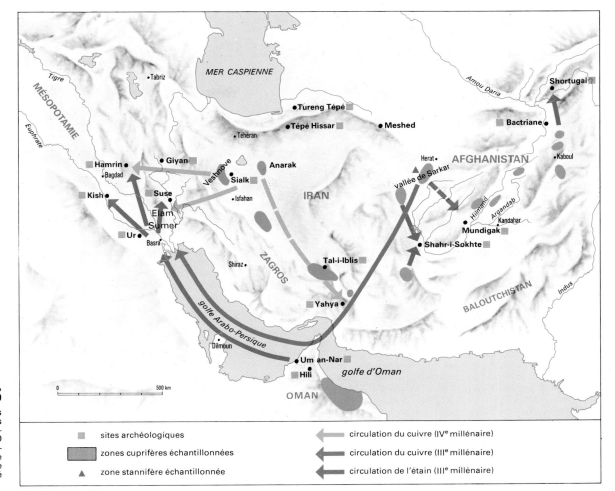

Routes des minerais au Proche-Orient, 5000-3000

Les circulations du cuivre et de l'étain aux IVe et IIIe millénaires ont été établies grâce à l'étude physico-chimique des objets archéologiques et des ressources naturelles. Une telle reconstitution a nécessité le traitement par ordinateur de plus de 15 000 données servant à établir les modèles des différentes transformations chimiques qui permettent le passage du minerai de cuivre au métal de l'objet archéologique. Ces modèles permettent ensuite d'attribuer l'ensemble des objets d'une époque et d'un site donné à une zone minière.

▪ sites archéologiques		⬅ circulation du cuivre (IVe millénaire)
▬ zones cuprifères échantillonnées		⬅ circulation du cuivre (IIIe millénaire)
▲ zone stannifère échantillonnée		⬅ circulation de l'étain (IIIe millénaire)

Mine de cuivre protohistorique à Veshnove, Iran

Dans l'Antiquité, les mineurs ne creusaient ni puits ni galeries mais extrayaient le minerai en suivant les filons minéralisés. L'étude des restes archéologiques sur le site même a montré que l'exploitation minière était pratiquée à cet endroit dès le IVe millénaire. L'analyse chimique du minerai et sa comparaison avec les objets de divers sites archéologiques ont révélé qu'il était exporté au IVe millénaire jusqu'à Suse située à 600 kilomètres.

Minerai de cuivre, sultanat d'Oman

Minerai de cuivre affleurant à la surface tel que les mineurs de l'Antiquité ont pu le découvrir. La sécheresse des zones désertiques (ici le sultanat d'Oman) facilitait la découverte de tels gisements exploités dès le Ve millénaire avant notre ère.

Houe de l'Âge du bronze

Cette houe en bronze provient des fouilles clandestines des cimetières de l'Âge du bronze situés dans le nord de l'Afghanistan. Apparu sur le marché de Kaboul en 1977, cet objet remarquable présente une technique du trou d'emmanchement tout à fait similaire à celle d'une houe trouvée à Sialk (Iran central) datant de la fin du IVe millénaire. Cette houe illustre l'avance de la technologie de la métallurgie du cuivre dans le monde irano-afghan à l'Âge du bronze. Collection Carbonnel.

189

La glyptique dans le monde hittite

Dans la plupart des civilisations du Proche-Orient ancien, la fabrication et l'utilisation des sceaux revêtent une importance particulière. Ces modestes documents, retrouvés par milliers, offrent à l'historien de précieux témoignages sur l'art, la religion et le fonctionnement des systèmes socio-économiques de l'Antiquité. Qu'ils soient carrés, circulaires ou en forme de petits cylindres, qu'ils soient en pierre plus ou moins précieuse, en métal – bronze, or ou argent –, ou encore en coquillage, en fritte*, verre ou terre cuite, ils sont gravés en creux d'un motif plus ou moins élaboré que l'on imprimait sur l'argile encore molle pour obtenir une vignette en relief. Ces sceaux étaient apposés comme marque de propriété sur la pâte de certaines jarres avant leur cuisson, ou comme « instruments d'évidence » et de contrôle sur l'argile destinée à sceller divers contenants (jarres, sacs de tissu, paniers, coffres de bois, de même que la porte des locaux dont il s'agissait de surveiller l'accès). Enfin, les témoins d'une décision juridique, par exemple, apposaient leurs sceaux au bas de l'acte rédigé en caractères cunéiformes* sur une tablette d'argile.

La glyptique* hittite n'a pas eu le succès de celle de Sumer ou de Babylone, car ses développements figuratifs ont été plus limités. L'importance accordée à l'inscription, cunéiforme et surtout hiéroglyphique, au détriment de l'image, en a rendu souvent l'aspect relativement austère.

Les documents les plus nombreux provenaient essentiellement, jusqu'à présent, des fouilles allemandes de la capitale de l'empire hittite, Hattusha, l'actuel Boğazköy. Au cours de la dernière décennie, un matériel nouveau et abondant a été mis au jour, aussi bien dans le pays anatolien qu'aux confins de l'empire hittite, en Syrie du Nord. En Anatolie, il s'agit essentiellement des découvertes de Maşat Höyük, premier site à fournir des archives cunéiformes hittites en dehors de la capitale. Mais c'est à la frontière sud-orientale de l'empire hittite, sur le moyen Euphrate syrien, que nous vient la documentation la plus riche. Le site de Meskéné, l'ancienne Emar, a été fouillé par une mission française sous la direction de J. Margueron et a livré plusieurs centaines d'empreintes de sceaux sur tablettes d'argile. À côté de sceaux de style local, mittannien* ou syrien, on relève de nombreux documents hittites, ou plus précisément syro-hittites, caractéristiques de cette région charnière, carrefour de civilisations.

L'Anatolie a toujours eu une prédilection pour le cachet, circulaire ou carré, comme forme de sceau, alors que ses voisins des régions mésopotamiennes ont adopté le sceau en forme de petit cylindre dès l'époque d'Ouruk, vers 3300 avant J.-C. En Anatolie, au tout début du IIᵉ millénaire, le sceau cylindrique ne fait qu'une courte apparition dans le cadre des comptoirs assyriens de Cappadoce. Il disparaît en même temps que s'éteint le commerce assyrien. Exceptions importantes d'un titre, les cachets-cylindres du « groupe Tyskiewicz » présentent une iconographie élaborée mais d'interprétation malaisée.

À l'époque de l'ancien empire hittite (du XVIIᵉ s. à 1450 env.), le cachet à base carrée ou polygonale est particulièrement en faveur auprès des particuliers. Gravé sur les côtés aussi bien que sur la base, il est surmonté d'un tenon à bélière* dont la tête évoque le fer d'un marteau. Une des difficultés du classement de ces sceaux consiste dans le fait qu'ils ont servi très longtemps et qu'ils ont été souvent regravés.

Quant à la forme des cachets royaux de l'ancien empire, elle nous échappe encore, car seules leurs empreintes nous sont parvenues. Leur contenu iconographique est pauvre. Au centre, les signes hiéroglyphiques que l'on traduit par SANTÉ et VIE – la croix ansée dérivée du signe de vie égyptien *ankh* – sont entourés de cercles concentriques où court la légende cunéiforme.

Au nouvel empire, vers 1400, sous Arnuwanda Iᵉʳ, apparaît un type nouveau, « à édicule » : au centre est gravé en hiéroglyphes le nom du souverain encadré par les signes symétriques GRAND ROI, l'ensemble étant couronné d'un soleil ailé qui évoque le titre royal, « Mon Soleil » (= « Ma Majesté »). Depuis Muwatalli, vers 1300 certains sceaux portent l'effigie du roi protégé par son dieu tutélaire. Celui-ci est souvent le dieu de l'Orage*, figure particulièrement importante du panthéon des Hittites.

Dans les régions sud-orientales de l'empire, dans la Syrie du Nord conquise par Suppiluliuma Iᵉʳ* vers 1360, on rencontre essentiellement deux formes particulières de sceaux : le cylindre et la bague-cachet. Le premier constitue la forme habituelle du sceau en Syrie. Adaptant l'iconographie hittite au support auquel ils sont habitués, les graveurs locaux créent un style particulier, syro-hittite, dont on connaît des exemples provenant de Tarse, de Ras Shamra-Ugarit, de Karkémish et surtout de Meskéné-Emar, au XIIIᵉ siècle avant J.-C. La forme cylindrique permet le développement d'une iconographie où les figures du répertoire hittite sont souvent présentées dans un schéma et avec des éléments décoratifs qui appartiennent à la tradition syrienne. Mais la composition la plus courante est plus simple : elle montre la rencontre de deux divinités, le Dieu-Soleil et le dieu de l'Orage, par exemple, séparés par une colonne d'hiéroglyphes qui nous livrent le nom du propriétaire. Celui-ci, dans les contrées syriennes, est généralement sémite, parfois hourrite*, rarement anatolien. À cet égard, l'intérêt majeur de la documentation trouvée à Meskéné consiste dans le fait que les légendes des sceaux sont souvent digraphes : cunéiformes et hiéroglyphes se transcrivent mutuellement. Ce « digraphisme » va permettre aux épigraphistes de lire quelques hiéroglyphes hittites encore obscurs ou, à l'inverse, certains idéogrammes sumériens que comporte la légende cunéiforme. Cela est vrai pour les sceaux-cylindres, mais aussi pour les nombreuses bagues-cachets qui ne portent généralement que le nom du propriétaire encadré par des motifs décoratifs ou symboliques restreints : palmettes, sphinx ou griffons. Cette forme syro-hittite, qui est celle de la bague en or de Konya (photo p. 191), diffère de celle d'autres bagues utilisées en Anatolie, en particulier sous l'ancien empire. Ici, le chaton n'est pas circulaire mais formé par un élargissement de l'anneau, créant une empreinte ovale plus ou moins effilée. Ce type est généralement considéré comme dérivé des bagues égyptiennes de la période amarnienne. Comme le sceau-cylindre, il est rare en milieu anatolien.

Après la chute de l'empire hittite, vers 1180 avant J.-C., et la destruction de la plupart des grands centres d'Anatolie et de Syrie du Nord, un certain nombre de petites principautés dites néo-hittites se constituent peu à peu de part et d'autre de la grande chaîne montagneuse du Taurus. Dans ce nouveau cadre, la glyptique hittite ne va plus guère évoluer. Des formes traditionnelles comme le cachet lenticulaire biface persistent sans modifications importantes. Les principautés qui sont installées au sud du Taurus, en Syrie du Nord, sont parfois fortement marquées par la pénétration des Araméens ou subissent l'influence et l'occupation assyriennes. Si certains groupes ethniques se font les défenseurs des traditions hittites, et en particulier du système de l'écriture hiéroglyphique, ils ne pourront cependant empêcher la disparition progressive de la civilisation des Hittites.

Dominique BEYER

Cachets-cylindres du « groupe Tyskiewicz » et leurs empreintes

Ces deux sceaux en hématite constituent un compromis entre le cachet et le cylindre car ils sont l'un et l'autre à la fois. Une telle formule ne réapparaîtra qu'au sein du royaume d'Ourartou, au début du Iᵉʳ millénaire avant J.-C.

Les bordures décoratives du sceau de Boston, ci-dessous (hauteur : 5,8 cm ; diamètre : 2,2 cm), gravées de spirales et d'entrelacs, sont caractéristiques du goût de la période cappadocienne et de l'époque hittite ancienne. On voit à gauche un cortège de divinités rendre hommage à un dieu assis. Ils sont introduits par une déesse biface d'origine babylonienne. À droite du cortège, la déesse qui se dévoile vient du monde syrien. À côté, un dieu guerrier piétine son adversaire, à proximité d'un groupe de personnages dont l'un, couché sur le dos, semble consumé par les flammes : scène mythologique avec divinité vaincue placée sur un bûcher ? Conjuration de l'esprit mauvais d'un malade ? XVIIᵉ siècle avant J.-C. Henry Lillie Pierce Residuary Fund, Museum of Fine Arts, Boston.

Le décor du cylindre du Louvre paraît plus récent en bas (hauteur : 4,5 cm ; diamètre 2,2 cm ; AO 20138). Le sceau a sans doute été regravé au XVᵉ siècle avant J.-C. Sous une frise de têtes humaines d'aspect mittannien, c'est la rencontre de deux cortèges divins. En tête, la grande déesse qui dévoile sa nudité se rejoint par le char du grand dieu de l'Orage. La rencontre de ces deux figures divines est un gage de fertilité. Dans le registre inférieur, la scène de chasse pourrait évoquer certains aspects du mythe du grand dieu de l'Orage. La base circulaire, quant à elle, est gravée de signes hiéroglyphiques. Musée du Louvre, Paris.

Museum of Fine Arts, Boston

D. Beyer

Cachet à tenon en marteau

Type particulièrement en faveur à l'époque hittite ancienne, env. XVᵉ s. avant J.-C. La forme cubique permet de graver cinq petits tableaux sur un même sceau : figures divines, scènes mythologiques, nom du propriétaire en hiéroglyphes. Hauteur : 3,85 cm ; largeur : 2,6 cm. Hématite. AM 422, musée du Louvre.

D. Beyer

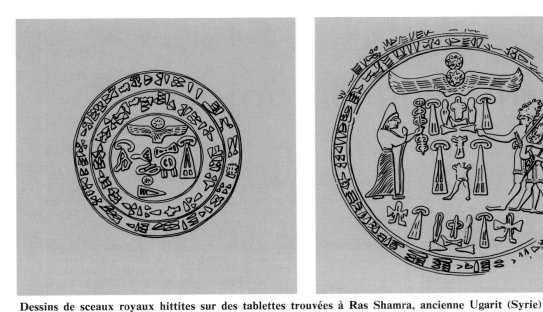

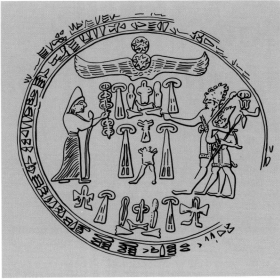

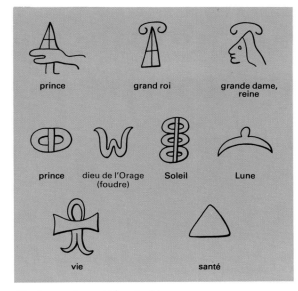

Dessins de sceaux royaux hittites sur des tablettes trouvées à Ras Shamra, ancienne Ugarit (Syrie)

À gauche : sceau de Suppiluliuma Ier (env. 1380-1346) et de la reine Tawananna*.
Sous le disque solaire ailé, au centre, les hiéroglyphes du nom de Suppiluliuma et de Tawananna, respectivement grand roi et grande reine. Les cercles concentriques de signes cunéiformes précisent : « Sceau de Suppiluliuma, grand roi, roi du pays hittite, favori du dieu de l'Orage ; sceau de Tawananna, grande reine, fille du roi de Babylone. » Ce sceau, celui du couple royal, témoigne du rôle important que jouait la reine à la cour hittite. Diamètre de l'empreinte : 4,2 cm.
À droite : sceau de Tudhaliya IV* (1265-1235). L'image est ici plus élaborée, avec un souci particulier de symétrie : de part et d'autre de l'« édicule » royal qui comporte les noms du roi, on trouve, à gauche, une déesse, sans doute la déesse solaire d'Arinna, brandissant des glyphes solaires, et, à droite, un dieu de l'Orage, coiffé de la tiare à cornes hittite. Il protège de son bras gauche le roi dont la généalogie nous est livrée par l'inscription cunéiforme périphérique. Diamètre de l'empreinte : 5,5 cm. Musée national de Damas.

Quelques signes hiéroglyphiques

Les Hittites ont utilisé deux systèmes d'écriture : les hiéroglyphes et les signes cunéiformes. Les premiers, constituant une sorte d'écriture ornementale, ont été réservés aux inscriptions sur pierre, reliefs rupestres, stèles ou sceaux. L'argile des tablettes est le support normal des seconds, destinés aux textes rédigés dans toutes les langues de l'empire. Dans le domaine hiéroglyphique comme dans le cunéiforme, il convient de distinguer valeurs phonétiques et valeurs idéogrammatiques.

Dessin de l'empreinte du sceau du devin Kapi-Dagan sur plusieurs tablettes de Meskéné-Emar. XIIIe siècle avant J.-C.

Entre le dieu de l'Orage au foudre et une déesse ailée tenant une masse (?), le nom du propriétaire, dont la profession est précisée par des hiéroglyphes : l'oreille évoque l'« entendement » du devin ; le dessin du glyphe « scribe » est l'image du sommet d'une tablette cunéiforme avec ses colonnes tracées. Musée d'Alep.

Différents types de sceaux de particuliers

En dehors du sceau en argent (AO 3755) et de la bague de bronze (AO 9599), ces différents cachets sont bifaces, en forme de disque, de jeton ou de lentille, avec ou sans monture ou élément de préhension métallique. Perforés de part en part, ils pouvaient par conséquent être suspendus, à la ceinture par exemple. Le décor en est généralement limité : hiéroglyphes dans la plage centrale, nous livrant le nom du propriétaire, motifs décoratifs ou symboliques sur la périphérie (rosettes, signes de vie, aigles héraldiques à deux têtes, etc.). Certains sceaux (AO 3755) peuvent présenter un bandeau supplémentaire pourvu d'images divines, voire de scènes véritables. Époque hittite impériale, environ XVe-XIIIe siècle avant J.-C.
À gauche, de haut en bas : AM 412, diamètre : 2,2 cm ; marbre rouge. AM 417, 2,7 cm ; marbre rouge. AO 3755, 3,3 cm ; argent. À droite, en haut, AO 9599, 2,6 cm ; bronze. AO 22771, 2,4 cm ; bronze. Musée du Louvre.

Bague-cachet de Konya

Ci-dessus, en bas à droite, un des très rares exemples conservés de ce type de bague syro-hittite, bien que de nombreuses empreintes aient été retrouvées sur argile, surtout à Meskéné. Sceau d'un prince, gravé au centre de l'effigie de Shaushga, l'Ishtar guerrière hourrite. Diamètre : 3 cm ; largeur : 1,3 cm. Or. XIIIe siècle avant J.-C. Ashmolean Museum, Oxford.

Dessin de l'empreinte d'un cylindre syro-hittite sur l'épaule d'une grande jarre. XIVe-XIIIe siècle avant J.-C.

À gauche, libation offerte par le roi au grand dieu de l'Orage. La multiplication des éléments végétaux évoque à la fois la symbolique de la libation et la personnalité du dieu de l'Orage, dispensateur de la pluie nécessaire à la vie végétale. À droite, scène exceptionnelle où un dieu de l'Orage paraît représenté en guerrier vainqueur. Hauteur : 2,8 cm. Musée de l'Orient ancien, Istanbul.

Tablette cunéiforme provenant de Meskéné-Emar

Écrite en cunéiformes akkadiens, cette tablette porte au revers les sceaux de deux témoins. À gauche, une empreinte de style mitannien. À droite, un sceau de type syro-hittite comportant au-dessus de l'empreinte, imprimée en cunéiformes par le calame du scribe, la mention : « sceau de Matkali-Dagan ». Cette même mention cunéiforme figure sur le cylindre lui-même, en colonnes verticales. Mention transcrite également en hiéroglyphes encadrés par deux figures divines : à gauche, Teshub, le dieu de l'Orage, sur son animal attribut le taureau ; à droite, le dieu-lune hourrite Kushuh monté sur un lion. Argile, 11 × 7 cm. Msk. 74.327, musée d'Alep.

Le temple syrien : prototype du temple de Salomon

C'est en Égypte que l'on a longtemps cherché le modèle du temple de Salomon. Le rôle joué par le pays du Nil dans les destinées du peuple hébreu, les liens qui existaient alors entre les deux pays et surtout l'influence qu'exerçait sur tous les esprits la civilisation pharaonique conduisaient tout naturellement dans cette direction.

La mise au jour peu avant la Seconde Guerre mondiale d'un petit temple de forme allongée à tell Taynat en Syrie du Nord amena certains savants comme G. E. Wright et le R. P. de Vaux à proposer de nouveaux rapprochements et à s'interroger sur les liens qui ont pu unir l'architecture sacrée de Jérusalem et celle des pays du Levant, voire celle de l'Assyrie. Depuis une vingtaine d'années, le développement accéléré des recherches archéologiques en Syrie a apporté une documentation considérable qui permet de mieux comprendre l'architecture religieuse de la Syrie et de la Palestine.

Précisons tout d'abord les caractéristiques essentielles du temple de Jérusalem tel que les exégètes et les archéologues l'ont constitué, à partir des textes bibliques, puisque le monument semble avoir totalement disparu. C'est un édifice de forme allongée divisé en trois parties : un vestibule (*ulam*) précédé de colonnes, ouvrant sur une salle de culte (*hekal*) avec une table d'offrandes, au fond de laquelle le Saint des Saints (*debir*) abritait l'Arche d'alliance et le trône porté par les Chérubins. Cette dernière partie n'était séparée de la salle de culte que par une cloison en bois selon l'interprétation du père de Vaux, en général admise. La division intérieure du sanctuaire répondait clairement à trois fonctions différentes : le vestibule mettait en relation la maison de Dieu avec l'extérieur et apparaissait comme une zone de transition entre le monde profane et le lieu sacré ; le Saint était la salle du culte quotidien, de la présentation des offrandes, du service de la divinité et de l'accomplissement du rituel ; quant au Saint des Saints, c'était là que résidait Dieu et l'on comprend dès lors son caractère pratiquement inaccessible.

Quant aux temples syriens, on ne retiendra ici que les édifices de forme allongée, accessibles sur un petit côté transformé en porche *in antis* (prolongement des murs latéraux d'un bâtiment, créant un vestibule ouvert sur l'extérieur) et dont la salle principale, parfois divisée en deux, est équipée de banquettes placées contre le mur opposé à l'entrée et d'un podium face à celui-ci et situé dans l'axe principal. Les plus anciens sanctuaires connus de ce type ont été retrouvés à tell Chuera dans le

piémont du Taurus : le Petit Temple *in antis*, le Temple *in antis* et le Temple Nord, tous datés du milieu du IIIe millénaire. Le temple D d'Ebla, qui date de la première moitié du IIe millénaire, présente une disposition semblable mais avec un allongement notable de la grande salle divisée en une cella et une antecella, et l'installation, à la place du podium habituel, d'une niche assez profonde dans le mur qui fait face à l'entrée.

C'est cependant la documentation concernant l'époque du Bronze récent final (1400-1200) qui s'est enrichie de la façon la plus considérable, apport capital puisque le Bronze récent final précède immédiatement le Xe siècle, période de l'édification du temple de Salomon. Les fouilles de sauvetage conduites dans la boucle de l'Euphrate à l'emplacement de l'actuel lac el-Assad ont permis de retrouver entre 1970 et 1976 sept temples appartenant à cette série. Le site d'Emar, à lui seul, en a livré quatre, dont la datation (XIVe-XIIe s.) correspond à la brève existence de la cité construite par un souverain hittite, peut-être Suppiluliuma ou Mursili II, lors de la grande extension de l'empire hittite en Syrie, et détruite sous les coups des Peuples de la mer en 1187. Le grand sanctuaire de la ville réunissait sur le promontoire sud-ouest deux temples de conception très voisine, l'un voué à Baal, l'autre à Astarté ; ils étaient installés de part et d'autre d'une artère qui montait de la cité et débouchait, après avoir desservi les deux temples, sur une vaste esplanade cultuelle qui s'étendait immédiatement derrière eux et où se pratiquaient sans doute les sacrifices : l'emplacement de cette terrasse, derrière et non devant les temples, rend ce sanctuaire différent de celui de Jérusalem bien qu'ils soient, l'un et l'autre, composés des mêmes éléments. Malgré l'érosion, particulièrement vive en ce point élevé, les principales caractéristiques architecturales de ces édifices ont pu être définies : forme très allongée, entrée par un porche *in antis* situé sur le petit côté oriental, présence d'un autel aux deux tiers environ de la grande salle et dans l'axe de la porte, banquettes de formes diverses contre le mur du fond et parfois le long d'un mur latéral. Le troisième temple, installé dans un quartier de la ville et d'une taille légèrement inférieure, était lui aussi associé à une terrasse cultuelle située à l'arrière de celui-ci. Temple important, car voué à tous les dieux, il était le centre de l'activité d'un devin dont la renommée était parvenue jusqu'au roi hittite ; devin qui dirigeait en outre le centre de formation des scribes de

la cité. De forme allongée comme les deux premiers, ce temple était lui aussi équipé d'un autel placé aux deux tiers environ de la salle dans l'axe de la porte et d'une banquette installée contre le mur du fond ; il en diffère cependant par la présence le long du mur oriental de dépendances qui rappellent la série des pièces qui faisaient le tour du temple de Jérusalem. Le quatrième sanctuaire se trouvait à faible distance de celui du devin ; quoique son porche ait été moins profond, il présente les mêmes caractéristiques générales que les autres. Ces temples d'Emar apportent d'importantes précisions sur les aménagements intérieurs et les variantes possibles. Mais d'autres temples semblables ont été découverts à Moumbaqat (Steinbau I et II) et, à tell Fray, le Temple Sud présente les mêmes particularités ; toutefois, un édifice religieux de ce site qui date de la même période possède une entrée latérale au lieu d'un porche *in antis*. Si l'on tient compte aussi des formules différentes en usage en Palestine, et en Syrie même, il est assez clair que l'on ne saurait parler de l'existence d'une formule syrienne unique reprise par Salomon, mais plutôt d'un modèle qui a eu les faveurs du roi de Jérusalem peut-être parce que l'organisation de ce type de plan offrait une progression logique du profane au sacré dont la signification profonde est donnée dans la Bible par le nom de chacune des parties de l'édifice. On sera peut-être frappé de ce que la tripartition progressive du temple de Jérusalem ne se retrouve pas toujours dans les sanctuaires syriens où, derrière le porche d'entrée, n'est disposée le plus souvent qu'une seule salle. Mais le fait qu'à Jérusalem, entre le Saint et le Saint des Saints, une paroi en bois, un simple voile à l'époque du Christ, suffise à marquer une séparation aussi importante, rend fort difficile d'en retrouver les traces dans les ruines fouillées. Il ne faut pas oublier non plus que certains édifices syriens montrent, comme nous l'avons vu, l'amorce d'une division intérieure qui pourrait répondre au souci exprimé par l'organisation salomonienne.

Ainsi le temple de Jérusalem semble s'inscrire dans le droit-fil d'une tradition des pays du Levant ; une tradition qui ménage, depuis le IIIe millénaire au moins, des transitions dans l'approche de l'homme vers la divinité : comprendre que le temple de Jérusalem relève d'une logique religieuse vieille à l'époque de deux mille ans au moins est une des conquêtes archéologiques de la dernière décennie.

Jean-Claude MARGUERON

Table d'offrandes du temple de Baal, Emar

Chacun des sanctuaires possédait une table d'offrandes située aux deux tiers du bâtiment, dans l'axe de l'entrée ; elle faisait face aux banquettes où trouvait place la divinité ou son symbole ; ainsi le desservant se trouvait-il face au lieu le plus saint du sanctuaire pour présenter les offrandes du culte quotidien. Dans certains temples, cette table à offrandes était peut-être un meuble.

Le sanctuaire double d'Emar

Installé sur le point culminant du site, cet ensemble, formé d'un temple voué à Baal, sans doute celui de gauche, et d'un autre dédié à Astarté, celui de droite, est étroitement associé à une esplanade cultuelle équipée d'un grand autel de sacrifice qui, de façon peu habituelle, est installé à l'arrière des deux sanctuaires ; on l'atteignait par une rue qui montait des quartiers inférieurs de la cité et passait entre les deux temples. Dessin d'après O. Callot.

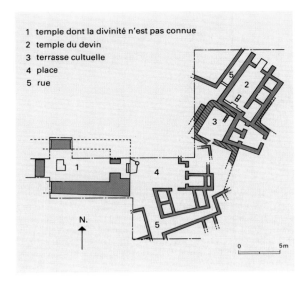

1 temple dont la divinité n'est pas connue
2 temple du devin
3 terrasse cultuelle
4 place
5 rue

N.

0   5m

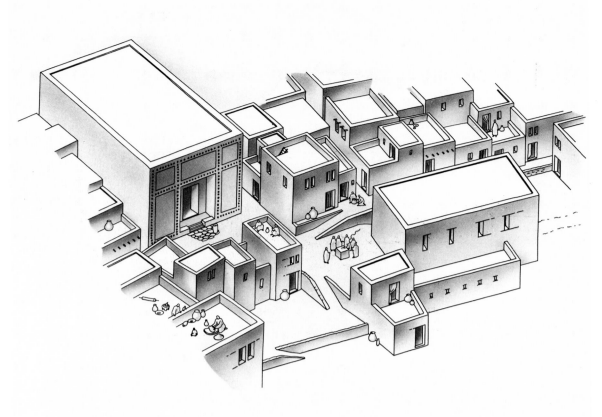

Le quartier du temple du devin à Emar

Le plan de fouille et la restitution, proposée à droite, de ce quartier de la ville d'Emar montrent une étroite association entre les temples et le tissu urbain. Les deux temples (1 et 2), malgré quelques différences, appartiennent à cette série qu'on peut considérer comme caractéristique de l'architecture religieuse syrienne de l'Âge du bronze. On ne connaît pas la divinité adorée dans le plus imposant de ces édifices, mais dans le plus petit, voué à tous les dieux, un devin connu du souverain hittite, et protégé par lui d'ailleurs, exerçait son activité ; c'était aussi le centre intellectuel de la cité, où étaient formés les scribes. Dans les décombres de ce temple furent retrouvées quelque cinq cents tablettes qui constituaient les archives du devin et la bibliothèque religieuse du temple. Dessin d'après O. Callot.

Temples de forme allongée retrouvés en Syrie

Une dizaine d'édifices composent cette série qui s'échelonne de l'Âge du bronze au début de l'Âge du fer. Tous ont été retrouvés au cours des deux dernières décennies sauf le plus récent, tell Taynat, et, bien entendu, le temple de Salomon qui est une reconstitution réalisée d'après les textes bibliques. Les variantes que l'on peut constater d'un édifice à l'autre n'affectent nullement le principe général d'un temple *in antis* et l'accent reste mis sur l'idée de progression du profane vers le sacré avec au terme du parcours, parfois inaccessibles comme dans le temple de Salomon, les symboles divins.

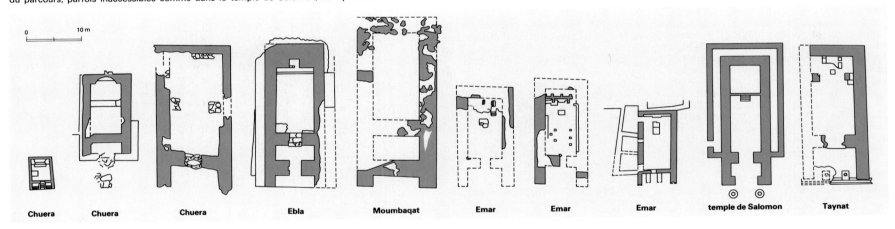

0   10 m

Chuera   Chuera   Chuera   Ebla   Moumbaqat   Emar   Emar   Emar   temple de Salomon   Taynat

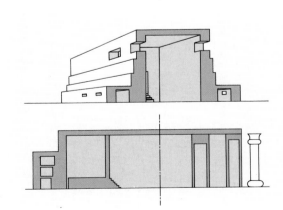

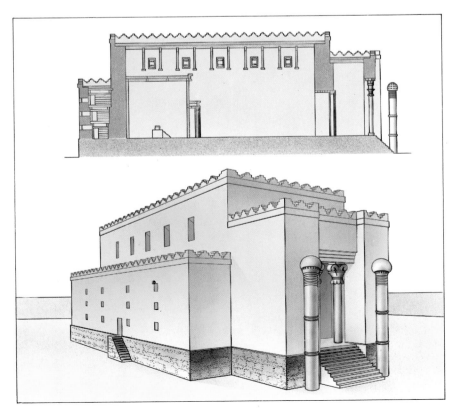

Deux restitutions du temple de Jérusalem

Ci-dessus, le temple tel que l'a pensé le R. P. de Vaux en installant une paroi en bois entre le Saint et le Saint des Saints, ce qui résolvait les difficultés rencontrées jusqu'alors pour faire coïncider les données métriques fournies par la Bible. À droite, les propositions de T. Busink, au rendu plus recherché dans les détails, montrent que l'accord est réalisé, après deux siècles de recherches, sur l'organisation des grandes masses et la conception du plan. Le temple de Jérusalem apparaît alors sans conteste comme appartenant à la série des temples syriens de forme allongée.

Les Phéniciens en Phénicie ou les limites de l'archéologie

« Une des gloires de la Phénicie, c'est d'avoir donné l'alphabet au monde », écrit l'épigraphiste Jean Starcky. On se souvient aussi que, selon la tradition, les marins phéniciens créèrent une « ville nouvelle » (*qarthadasht*, ou Carthage) en 814 avant J.-C., sous la conduite de la princesse Élissa (Didon dans le poème de Virgile), qu'Énée fuit pour aller fonder Rome.

Or, ces célèbres Phéniciens échappent en grande partie à l'enquête archéologique. Leur nom (de φοῖνιξ, « rouge pourpre », selon une des étymologies possibles) est grec. Eux-mêmes s'appelaient les Sidoniens, nom donné par l'Ancien Testament et Homère. Leur pays, la côte syro-palestinienne qui s'étend de l'îlot de Rouad à Saint-Jean-d'Acre, se trouve entre la mer et la montagne du Liban. L'histoire phénicienne, au sens strict, s'étend des environs de 1200 avant J.-C. à la conquête d'Alexandre (333 av. J.-C.). Les résultats de la recherche archéologique dans cette région et pour cette période sont d'une pauvreté déroutante. Les grandes villes phéniciennes, Tyr, Beyrouth, Sidon, Byblos, Arvad, n'apportent pratiquement aucun renseignement, pour des raisons diverses : à Tyr, la ville antique se dressait sur une île rocheuse proche du rivage, unie aujourd'hui à ce dernier par une flèche sablonneuse, ou tombolo. Ernest Renan y entreprit quelques sondages vers 1860 à la suite de l'expédition de Napoléon III au Levant, mais les fouilles systématiques qui commencèrent en 1947 (M. Chéhab) ne découvrirent que des niveaux hellénistiques et romains. Le site ancien de Beyrouth est occupé par la ville moderne et si des vestiges archéologiques ont pu être découverts à l'occasion de travaux d'urbanisme, ou des ravages causés par la guerre, ils ne remontent guère en deçà de l'époque perse. L'îlot de Sidon supporte une forteresse édifiée par les croisés et, sur la rive, la ville antique est recouverte par la ville moderne. Elle enserre un tell sommé d'un château médiéval. Les niveaux proprement phéniciens fouillés à Byblos, dont tout le site ancien a été exploré, sont de faible importance : les principaux monuments découverts sont d'époque perse. Rouad, l'ancienne Arvad, est, de nos jours, entièrement construite.

Ainsi, aucune de ces grandes cités n'est réellement connue par la fouille. Ce n'est pas sans raison que la plupart des livres écrits récemment sur les Phéniciens restent discrets sur l'archéologie de la période en Phénicie même. Comme le notait un des meilleurs spécialistes (S. Moscati), « le matériel archéologique (de cette époque) est très peu abondant, tout au moins le matériel qui provient des villes phéniciennes elles-mêmes ».

Cela ne veut pas dire que nous soyons totalement désarmés. Si la documentation est très pauvre sur le territoire phénicien, elle est beaucoup plus abondante dans les pays voisins. On dispose, en Phénicie même, de quelques monuments, souvent tardifs (les temples d'Amrit, d'Eshmoun), de quelques fragments de statuaire ou de bas-reliefs, d'ivoires abondants (trouvés en Irak, en Palestine, en Crète, en Étrurie... sont-ils issus d'ateliers phéniciens ? syriens ?), de vases de métal (trouvés dans les pays qui entretenaient des rapports commerciaux avec la Phénicie, jamais dans le pays même), de cachets, de figurines... Les inscriptions phéniciennes sont nombreuses et l'évolution de la langue et de sa graphie est bien connue. La genèse de l'alphabet dit phénicien* (dont les vingt-deux lettres apparaissent à Byblos dès la fin du IIᵉ millénaire) est de mieux en mieux cernée. Bien adapté à l'écriture sur papyrus*, cet alphabet linéaire, outil admirable des merveilleux négociants que furent les habitants de Tyr ou de Sidon, fut diffusé jusqu'en Tunisie, en Sardaigne et en Grèce. Le lien entre cette écriture et la vocation commerciale des Phéniciens, puis des Grecs, ne fait guère de doute. Mais on n'a rien conservé des œuvres littéraires phéniciennes, écrites sur papyrus : ce support, trop fragile sous un climat humide, a disparu.

De plus, force est de constater que l'archéologie est incapable de décrire une seule cité phénicienne de Phénicie. Elle ne connaît le plus grand et le plus somptueux de tous les temples construits par les Phéniciens, celui que les architectes et les bronziers de Tyr édifièrent à Jérusalem à la demande de Salomon, que grâce aux textes bibliques (Iᵉʳ Livre des Rois, v, 15-25 et vii, 13-40). Si l'on peut se faire une idée relativement précise du temple à l'époque d'Hérode, d'après des fouilles récentes et une analyse de temples orientaux contemporains (comme le temple de Bêl à Palmyre), aucun vestige ne subsiste du temple de Salomon. Mais la confrontation des textes bibliques et de certaines constructions religieuses syriennes permet de conclure que c'est dans le contexte culturel syrien (voir : Le Proche-Orient ancien, p. 192), et non en Phénicie même, qu'il faut chercher le modèle architectural du plus célèbre bâtiment de Jérusalem, dont Jérémie avait prédit la ruine (chap. vii et xxvi). Sur l'aspect des quartiers d'une ville phénicienne, les installations portuaires, les rites funéraires, l'évolution des objets de la vie quotidienne (céramique, métal, verre), curieusement, la documentation est quasi muette.

Si l'étude des grandes cités est décevante, quelques chantiers récents auraient pu y suppléer. Au Liban, deux fouilles ont été interrompues, à cause de la guerre. L'une est celle de Khaldé, au sud de Beyrouth (fouillée par R. Saidah [mort en 1979] de 1961 à 1974), où fut découverte une importante nécropole, l'autre celle de Sarafand, l'antique Sarepta (fouillée par J. B. Pritchard de 1968 à 1974), où fut exploré un site d'habitat. Sur ce dernier chantier, les niveaux exposés sont d'ampleur modeste, mais ils ont le mérite d'offrir un aperçu de la vie quotidienne des Phéniciens dans leur pays. Dans cette ville, où Élie le prophète fut reçu par une veuve charitable, la vie ne s'est guère interrompue depuis la fin du XIIIᵉ siècle avant J.-C. jusqu'à l'époque hellénistique et romaine. Dans un petit sanctuaire (sans doute le premier temple de Tanit – la grande déesse de Carthage – que l'on ait fouillé en Phénicie) on a retrouvé quelque deux cents objets votifs, figurines, terres cuites, amulettes égyptiennes. En Galilée, des travaux récents conduits à Tell Keisan (à 10 km à l'est de Saint-Jean-d'Acre) ont dégagé des vestiges d'époque phénicienne, des environs de 1100 jusqu'à l'occupation perse. À la limite méridionale du territoire phénicien, ce site aurait pu fournir une documentation abondante sur ce peuple. Or, pour s'en tenir à deux catégories de trouvailles – terres cuites et glyptique –, les terres cuites de type phénicien sont très rares, et, en glyptique, si les éléments iconographiques d'origine égyptienne, assyrienne ou syrienne sont nombreux, les motifs ou traits stylistiques proprement phéniciens sont quasi absents de la publication de la fouille. Mais ces différents chantiers suffisent à montrer qu'on pourrait contourner la difficulté et que, si les grandes cités ont disparu sans retour, ou ne sont pas accessibles par la fouille, de petites bourgades moins célèbres pourraient accroître notre connaissance de la culture matérielle des Phéniciens. On connaîtrait mieux alors ces riches négociants, dont Ézéchiel a laissé une évocation inoubliable :

Tyr, toi qui disais : je suis un navire merveilleux de beauté...
En haute mer s'étendait ton empire...
Les habitants de Sidon et d'Arvad étaient tes rameurs...
Et tes sages, ô Tyr, étaient à bord comme matelots...

(Ézéchiel XXVII, 1-9)

Jean-Louis HUOT

Arvad des Phéniciens

L'îlot syrien de Rouad est l'antique Arados (Arvad, dans la Genèse). Cette île, facile à fortifier et à défendre, est un site phénicien typique. Le roi assyrien Teglath-Phalasar Iᵉʳ (1112-1074) en parle déjà : « Je reçus le tribut de Byblos, de Sidon et d'Arvad. Sur des navires d'Arvad, je fis la traversée depuis Arvad qui est sur le rivage de la mer jusqu'à Simyra dans la terre d'Amurru. » Beaucoup plus tard, Assurbanipal (668-626) proclame : « Je plaçai sous mon joug Yakinlu, roi d'Arvad, qui est au milieu de la mer, car il ne s'était pas soumis aux rois mes pères... Il conduisit sa fille à Ninive, nantie d'une riche dot, afin qu'elle soit à mon service comme concubine, et il baisa mes pieds... »

Le tribut de Tyr

À Balawat, l'ancienne Imgur-Bel, entre Ninive et Nimrud, les rois Salmanasar III et Assurnasirpal II érigèrent des portes d'apparat recouvertes de plaques métalliques décoratives. Des inscriptions, ajoutées après la pose, nous renseignent avec précision sur les scènes représentées. Ici, l'artiste a figuré le roi de Tyr, sur son rocher, au milieu de la mer. Accompagné de sa fille (ou de sa femme), il regarde les barques qui conduisent à terre les tributs destinés à apaiser le roi assyrien. Les embarcations se sont arrêtées à quelque distance du rivage et les débardeurs portent le chargement sur la plage. The British Museum, Londres.

Le signe de Tanit

À Sarafand, l'ancienne Sarepta, à 13 kilomètres au sud de Sidon, J. B. Pritchard a retrouvé un disque de verre (diamètre 1 cm) qui a pu servir de chaton de bague ou d'autre ornement. Le disque est orné d'un dessin fort simple (un triangle et un cercle séparés par une barre horizontale) dans lequel le fouilleur voit une sorte de « signe de Tanit », motif iconographique qui a joui, ensuite, d'une grande popularité dans le monde punique.

Le sarcophage d'Ahiram

Sur le sarcophage d'Ahiram, roi de Byblos (vers 1000 av. J.-C.), court une longue inscription. La scène représente le défunt, tenant le lotus renversé en signe de son décès, assis devant une table chargée de mets, recevant l'hommage de ses sujets. L'inscription nous donne presque toutes les lettres de l'alphabet : « Sarcophage qu'a fait Ittobaal fils d'Ahiram, roi de Byblos à Ahiram son père quand il l'a déposé dans la demeure d'éternité. Et si un roi d'entre les rois ou un gouverneur d'entre les gouverneurs ou un chef d'armée monte contre Byblos et ouvre le sarcophage, que le sceptre de sa domination soit dépouillé (?), que le trône de sa royauté soit renversé et que la paix s'enfuie de Byblos... » (trad. J. Starcky). Direction générale des Antiquités, Beyrouth.

Le port de Byblos

Byblos – aujourd'hui Jbeil, au nord de Beyrouth – était un port phénicien de première importance qui, durant sa longue histoire, fut toujours en relation étroite avec l'Égypte (selon la légende, le corps du dieu égyptien Osiris avait été rejeté par les flots à Byblos). Fouillé par E. Renan, puis par P. Montet, Byblos fut surtout exploré, très longuement, par M. Dunand. L'enceinte médiévale protège une crique naturelle, port des Phéniciens et port actuel. Le château médiéval, à donjon central, qui la domine est du XIIe siècle.

L'Égypte
et le Soudan

Sous les triples coups de l'hellénisme, du christianisme et enfin de l'Islam, la civilisation pharaonique s'était éteinte, l'écriture hiéroglyphique avait été abandonnée ; il ne restait que la gloire d'un grand passé, des monuments muets. Quatre millénaires d'une histoire prestigieuse sont revenus à la vie, en même temps que naissait l'égyptologie, lorsque, en septembre 1822, Jean-François Champollion*, dans sa *Lettre à M. Dacier*, révéla le secret de la lecture des hiéroglyphes. En quelques années, Champollion put présenter tous les chapitres d'une histoire de la civilisation égyptienne : grammaire, panthéon, archéologie. En Italie, il travailla au canon des Rois de Turin et acquit ce qui devait devenir la collection égyptienne du musée du Louvre, dont il fut nommé conservateur en 1826. En 1828, il s'embarqua pour l'Égypte, à la tête d'une expédition franco-toscane ; par un immense travail au long de la vallée, il amassa un matériel considérable, qui ne fut publié qu'après sa mort. Après son retour, il fut élu en 1831 membre de l'Académie des inscriptions et belles-lettres et occupa la chaire créée pour lui au Collège de France – pour quelques leçons seulement, car il succomba aussitôt.

Richard Lepsius* devait être le second fondateur de l'égyptologie ; il copia les monuments égyptiens rassemblés à Paris et confirma les enseignements de Champollion. Nommé à la tête d'une importante expédition par le roi de Prusse Frédéric-Guillaume IV, Lepsius parcourut la vallée du Nil, jusqu'aux confins de l'actuelle Éthiopie ; il groupa une immense masse documentaire : des monuments et objets qui sont la base de la collection de Berlin, des croquis et des estampages qui furent publiés dans les douze volumes des *Denkmäler*. Par son enseignement et ses publications, Lepsius exerça une influence considérable jusqu'à sa mort. Il forma la plupart des égyptologues allemands, sauf H. Brugsch (1827-1894), qui devint un maître dans le déchiffrement de l'écriture tardive (démotique) et qui, après avoir parcouru l'Europe, se fixa auprès de Mariette.

Durant tout le début du XIXᵉ siècle, la course au trésor sévit en Égypte même ; munis ou non de firmans du Pacha, des aventuriers au service de consuls hardis avaient écumé les antiquités qui jonchaient le sol du pays ; certains sont illustres : Belzoni, Drovetti, Rifaud, Salt, car ils ont fourni la base des grandes collections du Louvre, du British Museum ou des musées de Turin et de Florence.

Pour l'étude scientifique des monuments, le flambeau des recherches sur la langue égyptienne avait été repris en France par le vicomte de Rougé (1811-1872) ; en 1849, il présenta une traduction de l'inscription de Ahmès le Nautonier ; nommé professeur au Collège de France en 1860, il visita l'Égypte en 1862-1863 ; mais également conseiller d'État, puis sénateur, il se fit suppléer par son brillant élève Gaston Maspero*. Pendant ce temps, F. Chabas (1817-1882) était devenu également un maître dans l'étude des textes égyptiens ; mais il ne quitta jamais Chalon-sur-Saône, où il était engagé dans le négoce des vins.

L'égyptologie militante, celle qui va chercher sur le terrain les matériaux de sa science, fut créée par Auguste Mariette* (1821-1881). « Mordu » par l'égyptologie, il obtint une mission au Caire afin d'y acheter des manuscrits coptes. Au cours de fouilles dans les sables de Saqqarah, il découvrit le Sérapéum (12 nov. 1851) ; ses quatre années de recherches sur le terrain s'achevèrent par des travaux au temple du Sphinx ; par manque de crédits, il dut rentrer en France. D'un dévouement absolu à l'Égypte, où il revint en 1857, Mariette veilla de façon jalouse à ce que les sites fussent préservés et que les antiquités découvertes restassent en Égypte. Dans le secteur des pyramides, il découvrit nombre de chefs-d'œuvre des dynasties memphites, la tombe de Ti, la liste royale de Saqqarah. À Abydos, il trouva la fameuse liste des rois du temple de Séthi Iᵉʳ. À San el-Hagar, l'antique Tanis, dans le Delta, il mit au jour les monuments des Hyksos. Dans la région thébaine, on lui doit le trésor de la reine Aahhotep, les dégagements du temple d'Hatchepsout à Deir el-Bahari et du grand temple d'Amon à Karnak. Enfin, il sortit des décombres accumulés sous de misérables masures les grands temples ptolémaïques d'Edfou et de Dendera.

Attiré dès sa jeunesse par l'Égypte, Maspero est élu professeur au Collège de France en 1874. En 1880, il est chargé d'établir le plan d'une École d'archéologie orientale, dont le siège devait être au Caire ; c'est le départ de ce qui devait devenir l'Institut français d'archéologie orientale. Maspero arrive en Égypte pour voir s'éteindre Mariette en juin 1881 ; il fut aussitôt choisi comme directeur du Service des antiquités. Coup sur coup se produisirent deux découvertes sensationnelles. À Saqqarah, on retrouva les textes capitaux pour la connaissance de la religion égyptienne que Ounas, le dernier roi de la Vᵉ dynastie, puis les pharaons Téti, Pépi Iᵉʳ, Mérenrê et Pépi II de la VIᵉ dynastie avaient fait graver pour leur survie dans leurs appartements funéraires. À Deir el-Bahari, une cachette révéla une suite de momies, celles des grands conquérants du Nouvel Empire et de leurs reines : Aménophis Iᵉʳ, Thoutmosis II, la reine Nefertari, Ramsès II, Séthi Iᵉʳ. De 1881 à 1885, l'activité de Maspero fut considérable à travers toute l'Égypte ; dégagements, fouilles, restaurations furent menés de front. Il réorganise le Musée et fait entreprendre la publication d'un immense catalogue général, systématique, qui comprend aujourd'hui plus de cent gros volumes ; son guide des visiteurs du musée du Caire fut un véritable manuel d'archéologie égyptienne. Pourchassant les fouilleurs clandestins, il dirige lui-même les travaux à Karnak, Kom-Ombo, Saqqarah. Lorsqu'à la fin du siècle la Nubie fut en danger d'être submergée par la construction d'un barrage à Assouan, il mena lui-même une campagne énergique dans la grande presse et dans les périodiques scientifiques ; une reconnaissance systématique fut organisée à travers la région menacée (confiée à Firth, puis à G. A. Reisner*).

Avec Maspero disparaît le dernier des « égyptologues complets ». Entre-temps, l'égyptologie s'était étendue au point de nécessiter des spécialisations par époques, par sites, par types de disciplines. Telle est cependant la part tenue par les hiéroglyphes – ce sont en eux-mêmes en quelque sorte des monuments – que, plus qu'en aucune autre archéologie, la part de l'épigraphie demeure prédominante. Dans ce climat d'une sécheresse remarquable, les monuments sont le plus souvent fort bien conservés ; en revanche, dans la plaine limoneuse, le travail est parfois plus délicat ; mais les inscriptions gravées sur les temples, les tombeaux et les palais livrent le plus souvent le nom du constructeur et sa date. Ce n'est pas qu'il faille négliger pour autant les techniques modernes de fouille, les méthodes de la stratigraphie*, les aides du carbone 14*, de la palynologie* ; mais celles-ci ne sont entrées que peu à peu dans le quotidien de l'archéologie, et sans doute avec moins de succès dans la vallée du Nil qu'en d'autres domaines où elles étaient la condition *sine qua non* du travail.

Pour la protection des monuments et la prospection des sites, le cadre administratif et scientifique a été donné avec la création en 1857 du Service des antiquités. L'Égypte est assurément l'une des premières contrées du monde à s'être dotée d'un tel organisme. Avec P. Lacau, puis le chanoine E. Drioton, ce sont des figures éminentes de l'égyptologie qui l'ont dirigé jusqu'en 1951. Depuis, des directeurs égyptiens de grande capacité ont été

J.-L. Princelle

Le temple d'Aménophis III à Soleb

Lithographie en couleurs, due à Weidenbach et publiée par R. Lepsius (*Denkmäler*, I, pl. 116), précisant l'état des ruines du temple jubilaire d'Aménophis III à Soleb, en juillet 1844. Éminemment romantique, ce document constitue pourtant, grâce à la précision minutieuse des relevés, un témoignage d'une grande qualité pour l'histoire du monument. La vue est prise du sud-ouest. Au pied de l'unique colonne palmiforme encore dressée, on aperçoit les tambours effondrés de la salle hypostyle, célèbres pour les représentations des « peuples envoûtés » qui y figuraient. Au-delà se dressent les colonnes fasciculées de la cour, puis le pylône où se développent les scènes fameuses de la fête-Sed. À l'horizon, on devine le cours du Nil derrière le rideau de palmiers.

à sa tête. Le pays est quadrillé par des inspecteurs qui surveillent les découvertes fortuites et aident les missions scientifiques venues de toutes les contrées. Depuis plus d'un siècle, il ne s'est pas écoulé d'année sans que ne se soient produites des découvertes intéressantes. Pour la fin du XIXᵉ siècle et le début du XXᵉ, une figure devenue quasi légendaire a dominé les trouvailles : celle de Flinders Petrie* ; on a pu faire quelques réserves sur les méthodes parfois expéditives de ce découvreur infatigable, mais la liste de ses publications est impressionnante et leur intérêt indéniable.

Sans pouvoir se comparer à l'éclat des découvertes pharaoniques, l'étude de la préhistoire s'est développée ; mais elle n'a jamais tenu la place qu'elle mériterait sans doute. Si la culture de l'Égypte antique apparaît comme essentiellement africaine, c'est par une meilleure connaissance de sa préhistoire qu'une telle proposition devrait être pleinement établie. À la fin du siècle dernier, les recherches de J. de Morgan ont marqué une étape. Puis ce furent les enquêtes menées en Nubie, que la création, puis un premier exhaussement du barrage d'Assouan menaçaient d'un début de submersion ; les *surveys* (prospections*) conduits par Firth et Reisner firent connaître des cultures nouvelles ; pour ne pas présumer de leur nature, les fouilleurs, sagement, leur attribuèrent des lettres : cultures dites du groupe A, du groupe C, du groupe X. Plus tard, ce furent les découvertes de Gerzeh, de Nagada, de Tasa, qui devaient permettre de mieux connaître l'Égypte à l'aube de son histoire. Cependant, l'emplacement de la plus ancienne capitale de la Haute-Égypte, This, demeure inconnu ; la nécropole en est Abydos ; fouillés sans grande méthode, les cimetières de ce site sont actuellement en cours de réexamen.

Il faudrait parcourir toute la vallée, étudier chacun des sites et monuments, pour tracer une histoire substantielle des progrès de la recherche et de la découverte. Il suffira d'indiquer que le Delta est demeuré quasi ignoré jusqu'à ces dernières années ; une couche épaisse d'alluvions recouvre les vestiges ; ceux qui étaient visibles ont servi de matériaux de construction. Seul, dans le nord-est du Delta, Tanis a reçu les visites, payées de succès, de Mariette et de Petrie avant de réserver à P. Montet, en 1939, la découverte des tombes des souverains des XXIᵉ et XXIIᵉ dynasties : les Psousennès et les Sheshonq.

Auparavant, entre les deux guerres, la découverte la plus étonnante avait été celle de la tombe de Toutankhamon. Depuis 1890, l'archéologue H. Carter n'avait cessé d'interroger la rive gauche thébaine ; en 1907, il s'était lié avec lord Carnarvon, un amateur passionné. Plusieurs trouvailles remarquables récompensèrent leur association : la première tombe de la reine Hatchepsout, puis en 1910 celle d'Aménophis Iᵉʳ. En 1917, lord Carnarvon demanda la concession de la vallée des Rois, des subsides lui étant donnés par le Metropolitan Museum de New York. Six campagnes se poursuivirent sans résultats ; sans grand espoir, en 1922, les fouilleurs revinrent auprès du tombeau de Ramsès VI et découvrirent un escalier au bas duquel se trouvait un gros mur recouvert de crépi portant les cachets de la nécropole et de Toutankhamon ; de là, un couloir en pente douce menait à un second mur où étaient apposés les mêmes cachets. En novembre 1922, Carter put s'introduire au milieu des merveilles accumulées dans la petite tombe. Ce fut immédiatement un extraordinaire déchaînement de la presse internationale ; des difficultés d'ordre administratif et psychologique ne facilitèrent pas les tâches de déblaiement, d'emballage et d'acheminement des objets ; sous la conduite de P. Lacau, le Service des antiquités avait édicté qu'aucune pièce ne devait sortir d'Égypte ; tout devait être groupé au musée du Caire.

En avril 1923, lord Carnarvon, qui avait toujours été de complexion fragile, décéda. H. Carter devait disparaître en 1939 sans avoir fourni le rapport scientifique tant attendu sur sa découverte ; aujourd'hui encore, on ne possède aucun inventaire d'ensemble ni guère d'études détaillées de ce matériel exceptionnel.

Après la Seconde Guerre mondiale, qui marqua un ralentissement de l'activité archéologique en Égypte, les grandes institutions internationales reprirent leurs travaux : auprès des Instituts français et allemand se créèrent de nouveaux centres de recherches de diverses nations : Pologne, Tchécoslovaquie, Pays-Bas. Sur la traditionnelle Maison de Chicago à Louqsor et sur un Centre américain au Caire s'appuyèrent de nouvelles missions des universités et des musées américains. Bien entendu, sont aussi présents, entre autres, les Anglais et les Italiens. Des formules neuves d'association entre autorités égyptiennes et savants étrangers ont été mises au point : ainsi le Centre franco-égyptien d'étude des temples de Karnak.

En 1958, Gamal Abdel Nasser décida d'élever le haut barrage d'Assouan : toute la Basse-Nubie devait être submergée ; l'U.N.E.S.C.O. sut sensibiliser l'opinion. Des fonds internationaux permirent de découper les deux temples d'Abou Simbel et de les remonter sur le haut de la falaise, de déplacer des temples entiers comme celui d'Amada, transporté sur près de 6 kilomètres à travers le désert. Des missions de toutes nationalités explorèrent les deux rives du Nil nubien, tant en Égypte qu'au Soudan. Si les égyptologues proprement dits furent relativement peu nombreux, des collègues s'associèrent à eux, venus des horizons scientifiques les plus variés : paléontologues, préhistoriens, céramologues, jusqu'à des byzantologues et des arabisants. Pays pauvre, simple corridor entre l'Égypte et le reste de l'Afrique, la Nubie est ainsi devenue paradoxalement une des régions archéologiquement les mieux connues du monde. Les trouvailles ont été de toutes natures : ainsi la découverte de nombreuses gravures rupestres a montré que la Nubie était une province du grand art pariétal saharien ; des cultures prédynastiques nouvelles ont été mises en évidence ; peu de nouveautés toutefois ont été apportées à la connaissance de la période coloniale égyptienne, celle où, de 1560 à 1080 av. J.-C. environ, les pharaons égyptiens ont dominé loin vers le sud. En revanche, la découverte de la cathédrale de Faras, à l'extrême nord du Soudan, a fait connaître une collection étonnante de peintures superposées du Xᵉ au XIIIᵉ siècle ; très soigneusement détachées des parois, elles font aujourd'hui la gloire des musées de Khartoum et de Varsovie. Mais il faudra encore de longues années pour que soit publié tout le matériel scientifique recueilli dans la Nubie immergée.

Si longtemps délaissés, en dehors des recherches de l'Anglais F. L. Griffith et de l'Américain G. A. Reisner qui a exploré les pyramides royales de Napata et de Méroé, les sites du Soudan, devenu indépendant en 1960, ont commencé à retenir l'attention. Des découvertes considérables ont été faites dans le domaine de la préhistoire. Quant à l'égyptologie proprement dite, elle ne peut désormais dédaigner l'apport des trouvailles que lui fournit le Soudan.

Cent soixante ans après la découverte de Champollion, cent trente ans après les initiatives si enrichissantes de Mariette, en dépit de destructions inévitables dues à la croissance agricole, industrielle et démographique, l'égyptologie continue à témoigner d'une archéologie en pleine vitalité, où Égyptiens, Soudanais, Européens et Américains collaborent pour une meilleure connaissance d'un grand passé.

Jean LECLANT

Le désert et l'Égypte :
les gravures rupestres et les oasis

Dans la partie orientale du désert saharien, l'Égypte apparaît comme une oasis, étirée tout au long de son fleuve, le Nil. Celui-ci est formé par la réunion à Khartoum des masses d'eau du Nil blanc et du Nil bleu ; le premier profite, de façon pérenne, des pluies quotidiennes de la zone équatoriale ; le Nil bleu se gonfle, durant le printemps, de la fonte des neiges et des pluies de mousson ; il apporte la crue en Égypte au début de juillet.

Dans le désert libyque, aujourd'hui l'un des plus rigoureux du monde, une chaîne d'oasis s'étire parallèlement à la vallée : Siwa, Farafra, Dakhla, Kharga, Selima ; de temps immémoriaux, elles ont permis et continuent de permettre la circulation à travers les solitudes de sable et de pierrailles.

Le Sahara a connu, il y a quelques millénaires, un climat moins désertique : il y avait alors des lacs ; au pied des massifs (Hoggar, Tibesti, Gelf el-Kebir) s'étendaient des steppes giboyeuses. De ce Sahara des Chasseurs sont conservées de nombreuses gravures rupestres : la Nubie constitue une province, méconnue jusqu'à une époque toute récente, de l'art pariétal saharien. Éléphants, girafes, autruches, antilopes et gazelles, leurs images par centaines sont des témoins de la grande faune paléo-africaine. Avec la domestication, aux Chasseurs ont succédé les Pasteurs ; c'est par milliers qu'ont été repérées les images de bovidés. Les robes de ces derniers sont souvent affectées de quadrillages ou de motifs géométriques que l'on retrouve sur les vases de certaines des cultures de l'Égypte prédynastique et du Soudan ; des pendeloques jugulaires et des cornages déformés sont aussi caractéristiques. C'est de ce milieu que dérivent certains traits originaux de la civilisation pharaonique : jusqu'aux époques tardives, le pharaon est paré d'une queue postiche ; celle-ci est le résidu de la dépouille animale dont se revêtait le chef de chasse, grand féticheur et faiseur de pluie.

Aux aurores de l'Égypte pharaonique, vers 3000 avant notre ère, des palettes de schiste à destination votive sont gravées d'images conquérantes du pharaon, de scènes de chasse ou de victoires sur les ennemis ; la palette du tribut de Libye montre que ce qui est aujourd'hui désert était alors riche d'arbres et d'animaux.

Durant les millénaires de l'époque historique, les

relations ont continué entre la vallée et les oasis. Les recherches récentes de l'Institut français d'archéologie orientale dans les zones de Dakhla et de Kharga ont mis en évidence la présence de gouverneurs égyptiens à la fin de l'Ancien Empire, en particulier dans la nécropole de Balat. À l'époque perse (vers 500 av. J.-C.) et sous les Romains (30 av. J.-C.-300 env. de notre ère), les oasis ont été l'objet d'une attention particulière qu'attestent la consécration de nombreux temples et la construction de forteresses telles que celles de Doush et de Qasr el-Goueita. Ces étendues désertiques constituaient alors la limite du monde « classique » face aux dangers que représentaient les Barbares : royaume méroïtique ou peuplades du désert ; la mise en évidence de cette zone de *limes,* comparable à celle du Rhin ou du Danube, n'est pas l'une des phases les moins attachantes de l'archéologie de l'Égypte et de ses abords.

Les reconnaissances dans ces régions éloignées et le dégagement récent de nombreux sites constituent un des chapitres tout nouveaux de l'archéologie égyptienne ; un autre, nous le verrons, est livré par le développement des recherches en Nubie et au Soudan. Bien entendu, ces découvertes ne sauraient rivaliser avec l'extraordinaire richesse monumentale de la vallée proprement dite, mais elles permettent de mieux situer l'Égypte pharaonique dans son contexte africain.

Dans la vallée elle-même, vers la fin du IVe millénaire et le début du IIIe millénaire, une suite de mutations très rapides ont permis que la civilisation égyptienne s'affirme dans son originalité propre, conservant cependant des traces nombreuses de ses racines les plus profondes.

Parmi les recherches les plus intéressantes se distinguent celles qui sont menées depuis peu dans le Delta. Jusqu'à ces récentes années, en effet, des théories opposaient de façon systématique, aux époques préhistoriques et protohistoriques, la Haute et la Basse-Égypte. En Haute-Égypte, les découvertes faites au début du siècle sur le site de Nagada avaient été si spectaculaires que le nom du village avait servi à qualifier une des civilisations particulièrement brillantes de la protohistoire de la Vallée. Même si le choix des formes était sans doute restreint, l'imagination des artisans avait excellé dans la décoration des poteries où l'on reconnaît des animaux stylisés parmi les motifs géométriques ; le

souci de simplification se retrouve également dans les palettes à fard qui évoquent volontiers la silhouette schématique d'animaux familiers : tortues, poissons, bouquetins, hippopotames. Pour la même époque, en Basse-Égypte, au contraire, un grand silence archéologique régnait alors. La région était-elle inhabitée, vastes marais malsains où s'abritaient seulement des animaux sauvages ? Les sites étaient-ils engloutis sous le limon du Nil accumulé pendant cinq millénaires, ou était-ce simplement une carence due au hasard des trouvailles ? Les fouilles récentes tendent à prouver désormais l'unité dès ces hautes époques entre le Delta et le reste de la Vallée ; à Menshet Abou Omar, en effet, dans le Delta oriental, où travaille depuis 1977 le musée de Munich, on a découvert un riche matériel de palettes votives, de récipients en pierre dure ou de poteries, quelquefois d'importation syro-palestinienne.

Des révisions fondamentales portent aussi sur les sites d'Égypte aux époques qui pourraient paraître les plus « classiques » ; il ne s'agit pas d'une archéologie figée, aux découvertes répétitives : si le tourisme s'attarde, avec raison d'ailleurs, dans les grands sites traditionnels, il faut savoir aussi que chaque année y sont à l'œuvre non seulement des centaines de missions du Service des antiquités d'Égypte, mais aussi des universités et des grandes institutions scientifiques de toutes nations. L'inventaire patient se poursuit de la gigantesque documentation monumentale et archéologique laissée par l'Ancien Empire (2600-2200 av. J.-C.), le Moyen Empire (2130-1780 av. J.-C.), le Nouvel Empire (1560-1070 av. J.-C.) et les diverses phases, encore trop négligées, du très long crépuscule de l'Égypte durant le Ier millénaire avant notre ère.

Sous son ciel d'une extraordinaire pureté, limitée avec netteté par ses deux falaises libyque et arabique, la Vallée offre un cadre très strict, modèle de rigueur pour les architectes et les artistes égyptiens. La géométrie exemplaire de l'art égyptien ne procède-t-elle pas de son environnement ? L'axe nord-sud est donné par le fleuve lui-même, l'axe est-ouest est celui de la marche du Soleil, autre maître impérieux de la vie du pays.

Jean LECLANT

La forteresse romaine de Qasr el-Goueita, dans l'oasis de Kharga

Dans l'immensité du grand désert libyque qui flanque à l'ouest la vallée du Nil, une chaîne d'oasis a continué durant toute l'histoire égyptienne à offrir des possibilités de culture et de vie. Elles constituaient aussi les étapes pour une grande piste caravanière permettant les échanges avec l'Ouest et surtout avec le Sud, l'actuel Soudan, et l'Afrique plus profonde. Les vestiges retrouvés s'échelonnent depuis la préhistoire jusqu'aux époques romaine et byzantine ; les conquérants perses et romains en particulier y ont construit temples et citadelles qui témoignent de leur intérêt pour le trafic transsaharien.

Gravure rupestre, Tômâs, Nubie égyptienne

Les recherches récentes menées à travers la Nubie ont entraîné
la découverte de milliers de gravures rupestres, témoignages sur
les Chasseurs, puis les Pasteurs, qui y ont successivement
développé leurs cultures. À Tômâs, en Nubie égyptienne, plusieurs
gravures obtenues par piquetage figurent des éléphants de divers
styles ; ceux qui sont représentés ici ont les oreilles en « ailes de
papillon »; ils attestent un environnement climatique et paléobota-
nique bien plus humide qu'à l'heure présente.

Vases en albâtre provenant des fouilles allemandes de Menshet Abou Omar

Longtemps négligé par les archéologues, le Delta recèle
cependant des vestiges considérables. Leur mise en évidence et leur étude offrent des
perspectives neuves sur la
préhistoire et l'histoire égyptiennes. Les fouilles menées
par le musée de Munich dans
le Delta oriental ont livré non
seulement des poteries et des
vases en pierre, mais aussi des
palettes attestant l'unité culturelle de la vallée du Nil dès les
hautes époques.

La palette du tribut libyen, schiste gris

Fragment d'une palette votive, décorée sur ses deux faces, qui présenterait en son centre, si elle
était complète, une cupule destinée à y broyer les fards. Sur la face non représentée, sept villes
fortifiées surmontées d'animaux symboliques pourraient témoigner d'une victoire de l'Égypte sur des
territoires ennemis, ou peut-être plutôt de la fondation de cités, conquises sur des marécages hostiles
aux confins du Delta. Sur l'autre face, ici représentée, quatre registres superposés montrent, de haut
en bas : d'abord une rangée de taureaux, puis des ânes, au-dessous une file de béliers et enfin des
arbres (des oliviers ?). La présence des deux hiéroglyphes servant à écrire « Tjehenou », la région
à l'ouest du Delta, a conduit à reconnaître dans ce décor le « tribut libyen » et à considérer cette
palette comme un témoignage, pour la première dynastie, d'échanges commerciaux ou guerriers avec
les marches occidentales du Delta égyptien. Musée du Caire.

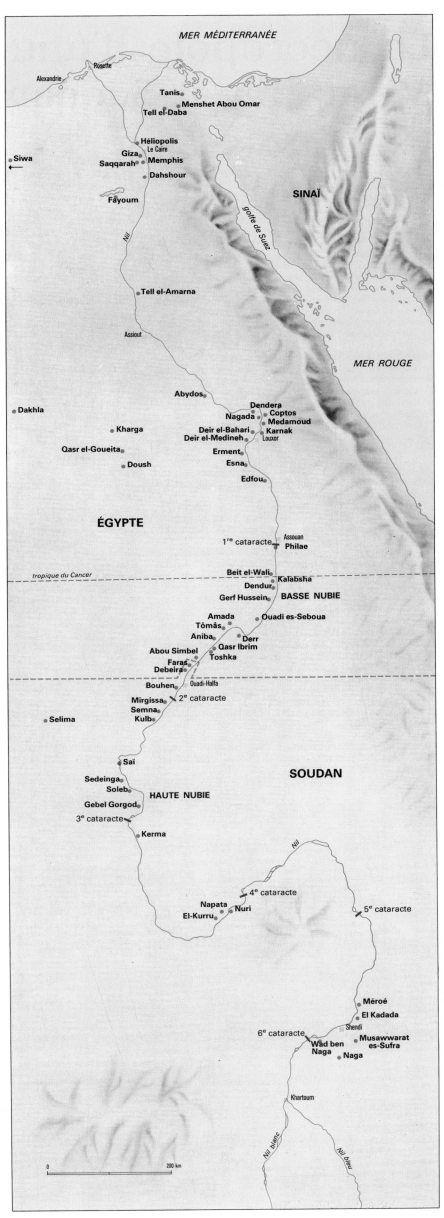

La nécropole d'une capitale : Memphis et Saqqarah

L'histoire égyptienne s'ouvre vers 3100 avant notre ère, avec la « réunion des deux terres » : la Haute- et la Basse-Égypte ; le pays est désormais dirigé par un maître, l'égal des dieux, le pharaon. Le pouvoir s'installe à Memphis, à la jonction de l'étroit couloir de la vallée fluviale, resserrée entre les deux falaises désertiques, et de ce large épanouissement alluvial qu'est le Delta.

On n'a rien retrouvé des emplacements où se situaient, pour la période ancienne, la résidence du pharaon, son palais et ses services. Dans la plaine gorgée d'eau, la vaste palmeraie de Memphis, aujourd'hui occupée par endroits d'habitations et de campements militaires, recouvre des vestiges encore très mal dégagés. Plusieurs temples importants datent du Nouvel Empire, de l'époque ramesside (vers 1300-1200 av. J.-C.) essentiellement. Le dieu principal était Ptah ; il est figuré étroitement gainé dans une sorte de robe momiforme, tenant devant lui son sceptre : dieu essentiellement créateur, des textes théologiques célèbres précisent ses fonctions. Son épouse était la déesse lionne Sekhmet ; le dieu fils était Néfertoum, lié à l'accomplissement végétal.

La zone du Caire comprend de nombreuses nécropoles : tombes prédynastiques de Méadi et d'Héliopolis, vastes ensembles monumentaux de Giza, de Saqqarah et de Dahshour. Ces trois derniers se trouvent sur le rebord de la falaise libyque ; ils étaient dominés par une suite impressionnante de pyramides dont quelques-unes seulement subsistent encore.

La nécropole des pharaons des deux premières dynasties était située à Saqqarah-Nord ; les tombes se signalaient par de vastes superstructures en brique crue, en forme de banquettes : depuis Mariette*, on les désigne comme des « mastabas* ». Étant donné que les noms des mêmes pharaons se retrouvent sur des tombes découvertes à Abydos, en Haute-Égypte, on suppose que les souverains de ces hautes époques recevaient une double sépulture : en tant que rois de Haute- et de Basse-Égypte, l'une à Abydos, l'autre à Saqqarah ; bien entendu, l'une des deux était un cénotaphe. Avec le début de la IIIᵉ dynastie, le pharaon Djoser fait édifier par son architecte, le célèbre Imhotep, le prestigieux ensemble de la pyramide à degrés : sur près de seize hectares, à l'arrière d'une enceinte à redans, sont construites des structures factices ; dans ces simulacres, les portes simplement dessinées sont ouvertes ou fermées pour l'éternité. Sous les six degrés de la pyramide, le sarcophage du roi se trouvait au fond d'un puits profond. L'accès au cénotaphe du sud se faisait par une longue descenderie prise sous l'aile méridionale de l'enceinte ; les vastes appartements funéraires comprennent des chambres recouvertes

d'étincelants carreaux de faïence verte, la couleur du renouveau végétal et de l'éternité florissante. Puis la forme pyramidale se simplifie ; d'un escalier qui permettait le dialogue entre le Ciel et la Terre, elle devient une forme d'une inégalable pureté, aux surfaces planes que limitent des arêtes, sortes de rayons figés du Soleil. La IVᵉ dynastie, celle des Khéops, Khéphren et Mykérinos, est vouée à Rê, le dieu du Soleil. Les proportions sont imposantes : « Khéops appartient à l'horizon » était haute de plus de cent quarante mètres. Les pharaons de la Vᵉ dynastie semblent attacher moins d'importance à leurs pyramides qu'à de vastes temples consacrés au Soleil, à Abousir ; le culte était célébré en plein air, sur une vaste terrasse que surmonte une sorte d'obélisque construit en blocs de calcaire.

Avec Ounas, le dernier souverain de la Vᵉ dynastie, puis les rois Téti, Pépi Iᵉʳ, Mérenrê et Pépi II, les souverains reviennent à Saqqarah ; les pyramides sont désormais plus modestes : elles n'en avaient pas moins soixante-quinze mètres de côté et une soixantaine de mètres de hauteur. L'espérance de la survie dans l'autre monde fait se couvrir d'inscriptions leurs appartements funéraires ; avec des variantes, ces formules se répètent d'un roi à l'autre : ce sont les fameux « Textes des Pyramides ». De façon pressante, le roi aspire à poursuivre son existence dans l'au-delà : « Non, ce n'est pas mort que tu t'en es allé ; c'est vivant que tu t'en es allé », affirme une formule introductive présente dans toutes les pyramides. Le culte du roi défunt se poursuivait dans de vastes temples qui étaient accolés à la face est des pyramides ; au cours des dernières années, nous avons procédé au dégagement intégral du temple monumental de Pépi Iᵉʳ : au sommet d'une chaussée montante, un hall menait à une cour entourée d'un péristyle que soutenaient des piliers ; légèrement surélevé, le temple intime comportait une chapelle avec cinq niches à statue et, à l'arrière, contre la pyramide, une salle où étaient consacrées les offrandes ; un vaste ensemble de magasins était desservi par de longs couloirs.

Alors que l'on connaissait surtout pour le Nouvel Empire les sépultures des rois et des notables de la région thébaine, les recherches récentes montrent que Saqqarah n'était nullement abandonnée à cette époque. Thèbes bien sûr connaît alors une floraison exceptionnelle, que traduisent la magnificence des sanctuaires et le luxe inouï des tombes royales et privées groupées au pied de la cime thébaine. Mais les travaux entrepris par la mission française dans les hypogées de la falaise du Bubasteion ont révélé une zone importante d'inhumations de la XVIIIᵉ dynastie ; on y a repéré la tombe de Resh, un officier de marine d'origine étrangère, fils

de Tentiabet (« l'Orientale ») ; à proximité immédiate se trouve la sépulture d'Aperia, ou Aper-el, vizir de l'époque amarnienne. Les fouilles récentes de l'Egypt Exploration Society ont permis de retrouver l'emplacement de la tombe du général Horemheb, devenu plus tard pharaon et inhumé en tant que tel dans une nouvelle tombe de la nécropole thébaine. Sur les parois, les scènes de victoires sont complaisamment représentées avec d'innombrables détails pleins de vie : un scribe boxe un prisonnier noir récalcitrant ; les visages des prisonniers accablés sont traités avec réalisme ; les chevaux et les chars de l'armée égyptienne caracolent en grand ordre face aux ennemis entremêlés et affolés.

Juste au nord de ce tombeau, les archéologues anglais ont également dégagé la tombe d'une sœur de Ramsès II, la princesse Tiya, et de son mari qui portait le même nom ! La qualité des reliefs et des peintures est exceptionnelle, figurant surtout des scènes mythologiques avec génies et divinités protectrices de l'au-delà. Siège en particulier du vizir du Nord, c'est sans doute sa position géographique exceptionnelle qui a permis à Memphis de garder son importance au Nouvel Empire. Elle conservera un rôle de capitale à la basse époque. L'arsenal et le port de Memphis avaient bénéficié de l'installation des garnisons partant à la conquête des provinces asiatiques. Des colonies étrangères vont s'installer à leur tour et deviennent prospères : Syriens, Phéniciens, puis Grecs et Juifs. Chabaka, pharaon de la XXVᵉ dynastie, y fit recopier les textes sacrés des temples ; Taharqa, son successeur, y sera couronné. L'université de Pise a entrepris le dégagement et la restauration de la tombe de Bakenrenef, vizir de la XXVIᵉ dynastie, dont la complexité et la complexité évoquent les tombes thébaines de l'époque. On connaissait depuis Mariette l'institution des Apis, les taureaux sacrés du dieu Ptah, enterrés lors de festivités somptueuses dans le sérapéum de Saqqarah. Dans les années 1970, des fouilles anglaises révélèrent des galeries gigantesques où, à basse époque, étaient inhumées, dans des sarcophages de granite, les mères momifiées des taureaux Apis. À proximité, d'autres galeries, aux proportions plus modestes, mais au réseau combien complexe, ont livré par centaines des milliers de faucons momifiés, serrés dans des bandelettes ; ces humbles ex-voto témoignent de la ferveur des foules d'Égyptiens venus en pèlerinage à Saqqarah : ils imploraient les divinités du panthéon pharaonique dont les aspects oraculaires et salvateurs s'affirment à une époque où les valeurs traditionnelles de l'Égypte se heurtent à celles des Perses et des Grecs, qui s'installent en dominateurs de l'Égypte.

Jean LECLANT

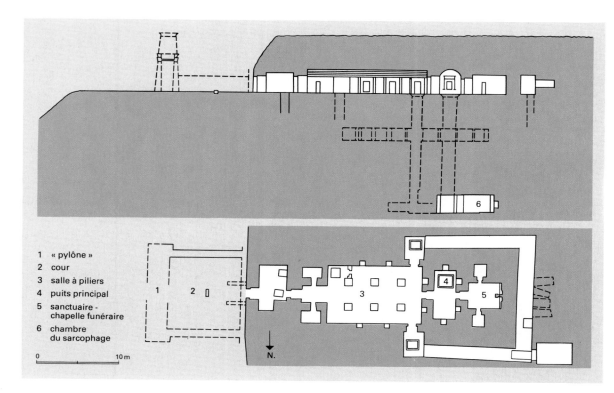

Saqqarah, tombe du vizir Bocchoris (Bakenrenef), XXVIᵉ dynastie

Bien connue, visitée et abondamment pillée au XIXᵉ siècle, la tombe de Bocchoris, vizir de l'époque de Psammétique Iᵉʳ (663-609 av. J.-C.), présentait des ruines lamentables et dangereuses, lorsqu'en 1974 l'université italienne de Pise entreprit des fouilles méthodiques et des travaux importants de restauration. La tombe affecte le plan d'un temple en hémi-spéos* et présente encore une belle décoration colorée dans le style thébain. Sur les parois de la grande salle à piliers sont gravées des litanies religieuses tandis que sur la voûte sont représentées, dans un semis d'étoiles, les heures du jour et de la nuit. Le plafond du sanctuaire conserve également en léger relief encore coloré un très bel ensemble de vautours aux ailes étendues en protection. Qualité et richesse du décor et des scènes conservées ont conduit à voir dans le propriétaire de cette tombe un membre de la famille royale. Coupe et plan de Salah el-Naggar.

1 « pylône »
2 cour
3 salle à piliers
4 puits principal
5 sanctuaire - chapelle funéraire
6 chambre du sarcophage

0   10 m

N.

Paroi est du couloir horizontal de la pyramide de Pépi Ier, Saqqarah-Sud

À partir du pharaon Ounas, dernier souverain de la Ve dynastie, une innovation apparaît à l'intérieur du monument funéraire jusque-là totalement anépigraphe. Désormais et durant toute la VIe dynastie, les parois des appartements souterrains se couvrent de textes soigneusement sculptés et parfois peints. Sans doute fixe-t-on ainsi pour l'éternité les textes que les prêtres psalmodiaient pendant les funérailles ? Les litanies conservées sont souvent obscures, mais imagées : le roi peut y être assimilé à une étoile impérissable, voire à un oiseau ; les dieux favorables sont invités à l'aider à franchir heureusement les pièges de l'au-delà. De nombreuses reprises de gravure indiquent que l'intitulé du texte a été l'objet de remaniements.

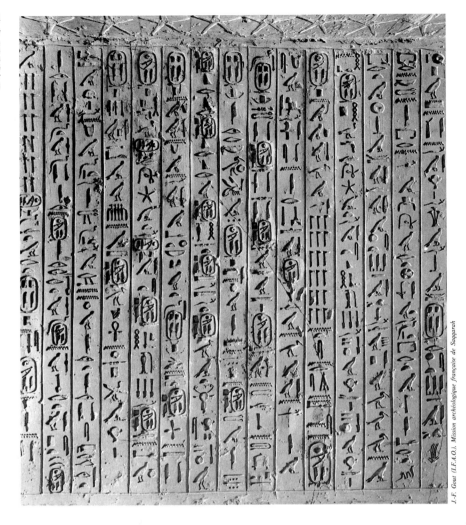

Le temple haut de Pépi Ier, Saqqarah

Le temple haut de Pépi Ier, pharaon de la VIe dynastie, est depuis 1968 l'objet de fouilles et de restaurations par la Mission archéologique française de Saqqarah. Il est édifié sur la falaise désertique, à l'est immédiat de la pyramide ; une longue chaussée couverte le reliait jusqu'à la vallée à un petit temple d'accueil élevé en bordure du canal où abordait la dépouille de Pharaon défunt. Construit en calcaire et clos par un épais mur d'enceinte, le temple haut avait certaines de ses parois décorées de beaux reliefs colorés évoquant la puissance de Pharaon sur terre, la richesse et l'abondance des offrandes qui lui étaient dues et invitant les divinités de l'au-delà à l'accueillir parmi elles.

Temple haut de Pépi Ier

De part et d'autre de l'axe central du temple, où se succèdent, d'est en ouest, hall d'entrée, cour à piliers, chapelles et sanctuaires, des « magasins » ou « entrepôts », parfois à étages, étaient construits en dents de peigne de chaque côté d'un long couloir. On y conservait le matériel nécessaire au culte : récipients, jarres, objets précieux dans les coffres, étoffes et rouleaux de papyrus où étaient soigneusement notés le rituel du temple et le détail de la vie quotidienne.

Cuillère à fard provenant de la tombe d'Aperia

En forme de poisson *tilapia*, en ivoire sculpté et peint, cette cuillère a été découverte à l'occasion du dégagement des tombes creusées dans la falaise du Bubasteion, mené dans le cadre de la Mission archéologique française de Saqqarah. Outre un joli matériel du Nouvel Empire recueilli dans un contexte très bouleversé, ces recherches récentes ont livré de nombreux témoignages sur des fonctionnaires importants en poste à Memphis, à l'époque d'Aménophis III et d'Akhénaton.

Dégagements de la tombe de la princesse Tiya

Les recherches récentes de l'Egypt Exploration Society au sud de la pyramide d'Ounas ont localisé à Saqqarah un secteur du Nouvel Empire de première importance. Immédiatement au nord de celle d'Horemheb, la tombe de la princesse Tiya, sœur de Ramsès II, et de son époux ouvrait par un portique sur une grande cour à colonnade. Une antichambre conduisait à la salle de culte flanquée de cinq chapelles latérales. Une pyramide de calcaire terminait à l'ouest la sépulture. Les nombreuses inscriptions recueillies répètent les noms et les titres des propriétaires, parmi des reliefs de grande qualité à thèmes essentiellement religieux, mais émaillés de détails pittoresques.

201

Un sanctuaire dynastique : Karnak

La splendeur de Thèbes, la « ville aux cent portes », résume la gloire de l'Égypte sous le Nouvel Empire, au cœur du IIe millénaire. Aucune particularité notable ne semblait pourtant proposer ce site pour un destin aussi éclatant : établi à quelque 700 kilomètres au sud de la pointe du Delta, il ne commande pas le débouché d'une piste importante ; la fertilité de la vallée ne surpasse pas celle des régions voisines. Le cadre, il est vrai, est grandiose ; dominé par la cime thébaine, il est digne des souverains entreprenants, dont l'action politique et militaire hissa leur dieu local, Amon, au rang de « roi des dieux ».

La plus ancienne divinité du nome* – le quatrième nome de Haute Égypte – était Montou ; ce dieu guerrier à tête de faucon régnait sur quatre sanctuaires : Medamoud et Karnak au nord, Erment et Tôd au sud, formant une sorte de palladium* pour protéger Thèbes. À l'aube du IIe millénaire, les Antef et les Montouhotep de la XIe dynastie étendent leur autorité sur l'ensemble du pays : ils fondent le Moyen Empire ; Sésostris Ier (1970-1930 av. J.-C.) est un des premiers qui ait bâti à Karnak, à la gloire d'Amon-Rê. Amon, « le caché », force cosmique présente dans toute la création, sera l'objet des définitions subtiles des théologiens ; identifié à Rê, le dieu solaire, il accorde aux rois la victoire ; l'alliance est totale entre primauté amonienne et institution pharaonique. Après la période d'occupation étrangère, celle des Hyksos, une nouvelle fois l'Égypte reconquiert indépendance et gloire sous l'impulsion des princes thébains : Sekenenrê-Taâ, Kamosis, Ahmosis ; c'est le début du Nouvel Empire. Pendant deux siècles et demi (1545-1295 av. J.-C.), les souverains de la XVIIIe dynastie fixent à Thèbes leur résidence principale et leur lieu de sépulture, à l'exception d'Aménophis IV, Akhénaton, et de l'épisode de Tell el-Amarna (vers 1360-1340 av. J.-C.). Avec les XIXe et XXe dynasties, celles des Séthi et des Ramsès, le centre de gravité se fixe dans le Delta oriental. Mais Thèbes demeure la Ville par excellence et les pharaons continuent de se faire inhumer dans la Vallée des rois. Au temps de Ramsès III (vers 1180-1150 av. J.-C.), un inventaire montre qu'Amon a plus de quatre-vingt mille hommes à son service ; il possède soixante-cinq villages, un troupeau d'un demi-million de bêtes, des chantiers navals, un immense revenu provenant de tous les terroirs de l'Égypte. Les Ramessides édifièrent à Thèbes des constructions colossales. Les fêtes étaient splendides : au cours de « sorties solennelles », la statue du dieu, placée dans la châsse d'une barque portative, partait en procession. Accompagné de Mout, la déesse son épouse, et de Khonsou, le dieu-enfant, Amon était escorté d'une foule de prêtres, de soldats et de suivants ; il faisait halte dans de petites chapelles-reposoirs comme la fameuse « chapelle blanche » de Sésostris reconstituée à partir de blocs de remploi ; des hymnes étaient psalmodiés ; on consultait le dieu qui rendait des oracles. Lors de la fête d'Opet, il se rendait ainsi à Louxor, le « harem du Sud » ; lors de la « belle fête de la Vallée », il passait le Nil et allait séjourner dans les « temples de millions d'années » de la rive gauche, s'arrêtant en particulier à Medinet Habou, où se trouvait la tombe des huit dieux d'Hermopolis, compagnons du chaos.

Durant le Ier millénaire, Thèbes perd son rôle de capitale politique, mais garde son rang de métropole religieuse. Cependant, sous la XXIe dynastie, les grands prêtres sont aussi pharaons et on a pu parler de « théocratie amonienne ». Des monuments sont ajoutés aux constructions immenses du Nouvel Empire, mais c'est peu en comparaison des temples colossaux d'Edfou et de Dendera édifiés aux époques ptolémaïque et romaine ; la richesse d'Amon est en complet déclin. Certes les élaborations théologiques continuent de lier la vigueur de la monarchie au renouvellement de la puissance divine. Le culte thébain se maintient jusqu'à la fin de la civilisation pharaonique. Mais, au début du IVe siècle de notre ère, Karnak est dépossédé de deux de ses plus beaux obélisques : l'un se trouve aujourd'hui à Constantinople, l'autre (l'obélisque unique de Thoutmosis III) à Rome devant Saint-Jean de Latran. Avec Constantin II, en 356, c'est le triomphe du christianisme et la fin de Karnak.

Karnak est un énorme complexe, dont le dégagement est loin d'être achevé. Les parties de pierre sont prestigieuses : on songe à la salle hypostyle du grand temple d'Amon, large de 102 mètres sur 53 mètres, avec sa forêt de cent trente-quatre colonnes colossales ; mais beaucoup de constructions étaient de brique crue – et d'abord les énormes murailles d'enceinte qui atteignent 8 mètres d'épaisseur. Aux édifices religieux se mêlent les bâtiments de logement des prêtres et des divers serviteurs du dieu, les magasins où était entreposé le matériel sacré, les produits des tributs, les trésors.

Sur les murs des temples thébains se répète à l'infini l'image d'Amon : dieu à tête d'homme, il est vêtu d'un justaucorps aux plumes blanches, bleues et rouges ; à l'arrière, un filet retombe de sa coiffure, une sorte de bonnet rond que surmontent deux hautes plumes, perçant le ciel. Deux animaux sacrés lui étaient attachés : le bélier, dieu d'eau d'origine saharienne, dont la tête, aux larges cornes enroulées, pare les sphinx alignés au long des *dromos* ; l'oie du Nil dont les volières étaient reliées au lac sacré par des glissières.

C'est à Amon essentiellement qu'est dédié l'immense quadrilatère de l'enceinte du grand temple, d'un pourtour d'environ 2 400 mètres. Mais il faut tenir compte aussi de l'enceinte de Karnak-Nord, domaine du dieu ancien de la région, Montou, qui ne fut jamais répudié. Au sud, c'est l'enceinte de Mout, l'épouse d'Amon ; elle n'est encore explorée que de façon partielle ; elle englobe un dispositif d'axe ouest-est en cours de dégagement par une équipe d'archéologues américains, ainsi qu'un temple de Ramsès III ; le temple de Mout proprement dit, d'axe nord-sud, aboutit au lac sacré, dont la forme de croissant évoque un symbolisme féminin ; de nombreuses statues léontocéphales de la déesse Sekhmet assuraient une fonction de protection. Dans la grande enceinte, le vaste temple dynastique d'Amon, aux deux axes ouest-est et nord-sud, se complète par tout un ensemble d'édifices aux fonctions complexes ; on les désigne donc tantôt par le nom de la divinité à laquelle ils sont plus particulièrement dédiés, tantôt par celui du principal des souverains constructeurs : ainsi trouve-t-on, de part et d'autre de la grande cour, un temple de Séthi II et un temple de Ramsès III ; à l'est de la cour, entre le IXe et le Xe pylône, un édifice d'Aménophis II ; près du lac sacré un édifice de Taharqa. Dans l'angle sud-ouest de l'enceinte se dresse le temple du dieu-fils Khonsou ; près de la porte nord de l'enceinte, le temple de Ptah. Dans les secteurs nord et surtout nord-est, les dégagements ont fait connaître diverses petites chapelles où se lit le nom d'Osiris, adoré sous de multiples épithètes : « maître de l'éternité », « régent de la pérennité », « maître de la vie », « celui qui donne la vie », « celui qui secourt l'affligé ». Ainsi Osiris, le dieu de la mort et de la transfiguration végétale, est-il omniprésent. Or, nombre de ces constructions datent de l'époque « éthiopienne », sous le règne des souverains du Sud, adorateurs chez eux du dieu bélier. Au cours du Ier millénaire se poursuit en effet la montée de la confiance en Osiris, dieu compatissant, qui a connu lui-même le trépas et la résurrection ; la déesse à l'enfant, Isis, qui allaite le petit Khonsou, jouit de la même ferveur.

Karnak peut apparaître comme l'affirmation dans la pierre d'une religion officielle : celle d'Amon et de Pharaon. Mais, derrière la gloire de ces monuments prestigieux, derrière les images de puissance et de conquête partout répétées avec éclat, les humbles chapelles osiriennes témoignent d'une foi vive dont les thèmes sont ceux-là mêmes qui assureront le triomphe du christianisme.

Jean LECLANT

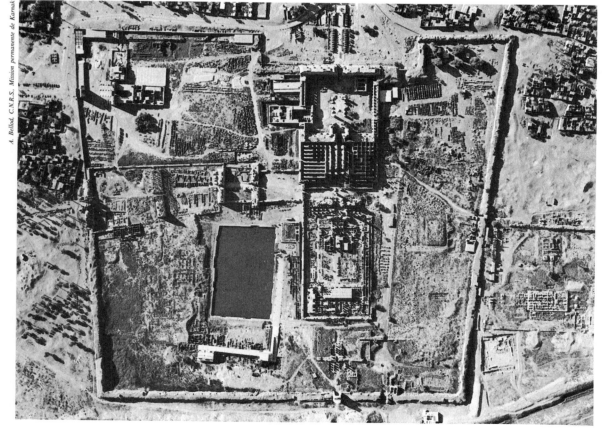

A. Bellod, C.N.R.S., Mission permanente de Karnak

Vue aérienne de la grande enceinte d'Amon, partie centrale de l'ensemble des sanctuaires de Karnak

Dans l'enceinte sacrée qui précise et protège l'espace divin, on reconnaît l'axe majeur ouest-est sur lequel se sont développées les constructions principales, pylônes alternant avec cours, salle hypostyle puis sanctuaires proprement dits, accumulés, agrandis, modifiés au cours des âges (essentiellement du Moyen Empire à l'extrême fin de la civilisation égyptienne). Au sud, le vaste lac Sacré devait être en relation avec l'eau primordiale d'où a surgi le monde. L'axe secondaire vers le sud conduisait en direction du temple de Mout ; une allée de sphinx à tête de bélier rejoignait le temple de Louxor, « harem du Sud » du dieu Amon, maître de Karnak. Enfin, dans l'angle sud-ouest (en haut à gauche), se dresse le petit temple de Khonsou, le dieu-enfant de la triade thébaine.

Portrait sur une talatate* du pharaon hérétique Akhénaton (ou Aménophis IV)

Les exceptionnelles conditions de conservation des blocs retrouvés dans le IX⁰ pylône de Karnak expliquent la fraîcheur des couleurs. On reconnaît d'emblée le pharaon aux traits presque caricaturaux, menton pointu, bouche épaisse, ride profonde joignant le menton aux ailes du nez, l'œil fendu et très long. Le lobe percé de l'oreille est fréquent à l'époque amarnienne.

Vue de l'intérieur du môle ouest du IXᵉ pylône, en cours de démontage

Les travaux de restauration du Centre franco-égyptien d'étude des temples de Karnak ont permis la découverte de près de 12 000 talatates (blocs de construction en grès aux dimensions constantes, portant souvent un décor sur une face) qui constituaient le noyau à l'intérieur des massifs du IXᵉ pylône. Après le retour à l'orthodoxie amonienne, les monuments du pharaon hérétique Akhénaton avaient été démontés et se trouvent réutilisés dans les constructions postérieures : soigneusement déposés en couches régulières, ces blocs de grès sculptés et peints ont pu ainsi garder leur fraîcheur et échapper aux destructions. Ce sont des parois entières qu'on peut reconstruire à partir des blocs extraits du IXᵉ pylône ; des puzzles patients révèlent peu à peu des textes historiques d'une importance capitale, aussi bien que la vie quotidienne à l'époque de Nefertiti et Akhénaton : un panneau de 64 talatates, d'une dizaine de mètres de long, présente des scènes de danses et de fêtes à l'occasion du jubilé royal.

La chapelle-reposoir d'Achôris, en cours d'anastylose

Juste à l'extérieur de l'enceinte du temple de Karnak, le Centre franco-égyptien a entrepris le dégagement et le nettoyage d'un petit monument de la XXIXᵉ dynastie, qui devait abriter la barque du dieu lors des processions. Les parois extérieures de la chapelle sont couvertes de graffiti laissés par des mercenaires chypriotes au service des derniers pharaons indigènes.

Travaux au sud du grand axe du temple d'Amon de Karnak, dans une petite salle aux colonnes fasciculées

L'une des tâches du Centre franco-égyptien d'étude des temples de Karnak consiste, après les fouilles minutieuses, à remettre en place les éléments architecturaux et à assurer une présentation du site pour le public nombreux qui le visite.

La nécropole thébaine

Si, en dehors des rois ancêtres (Antef, Montouhotep), les pharaons du Moyen Empire, originaires pourtant de Haute-Égypte, continuent à exercer le pouvoir à partir de Memphis et de sa région et y établissent leurs « demeures d'éternité », c'est Thèbes qui, au Nouvel Empire, devient la capitale de l'Empire ; les souverains choisissent désormais d'être enterrés sur la rive ouest du Nil, face aux prestigieux ensembles de sanctuaires de Karnak et de Louxor.

Le complexe funéraire royal se modifie ; les pharaons ont sans doute constaté la vanité des efforts de leurs prédécesseurs pour protéger des voleurs leurs sépultures. Dès la Iʳᵉ Période intermédiaire et à nouveau sous la IIᵉ, le pillage des nécropoles royales était organisé sur une vaste échelle ; les grandes pyramides ne sont pas parvenues à préserver le repos des défunts, malgré leur masse et leurs systèmes complexes d'appartements intérieurs fermés par de lourdes herses. Aussi, à partir du Nouvel Empire, on renonce pour la tombe elle-même aux signes extérieurs monumentaux. Les sépultures royales sont creusées au pied de la cime de Thèbes, véritable pyramide naturelle. Les temples du culte funéraire sont désormais dissociés de la tombe proprement dite, dont ils peuvent être éloignés de plusieurs kilomètres. En bordure des cultures, ils s'échelonnaient tout au long de la vallée ; construits à la gloire des grands dieux du panthéon, on y trouve associé le pharaon lui-même sous une forme divinisée ; prières et culte s'adressent à sa forme d'éternité : ce sont les « temples de millions d'années ».

Celui d'Aménophis III, que les textes égyptiens décrivent comme particulièrement immense et somptueux, a presque totalement disparu ; seuls les deux colosses de Memnon qui précédaient autrefois son pylône d'entrée permettent d'en repérer emplacement et dimensions. Parmi les temples funéraires encore conservés, Medinet Habou, construit à l'origine pour Ramsès III, dresse encore sa masse imposante au pied de la montagne. Gravées avec une insistance peut-être un peu lourde, les scènes de victoire de Pharaon sur les Peuples de la mer se développent sur le pylône. Ailleurs, on assiste au décompte des victimes après les combats ; les mains coupées, entassées avec désinvolture, attestent la vaillance des guerriers égyptiens. Mais, peu à peu, en avançant vers les profondeurs du temple, les détails de la vie terrestre laissent la place aux grandes compositions théologiques ; les amoncellements d'offrandes représentés devant les dieux sont chargés d'intercéder en faveur du défunt et les litanies religieuses recouvrent les parois libres de reliefs. Au nord de Medinet Habou se dresse le Ramesseum, dédié

à Ramsès II ; à l'intérieur de sa vaste enceinte de briques crues subsistent les vestiges des chapelles, des statues colossales et des magasins aux plafonds voûtés ; au-dessus des scènes de batailles, une version du *Poème de Pentaour* chante les louanges du pharaon conquérant, vainqueur à Qadesh des armées hittites coalisées contre l'Égypte. Encore plus au nord, les travaux de l'Institut archéologique allemand ont porté ces dernières années sur le temple funéraire de Séthi Iᵉʳ, premier pharaon de la XIXᵉ dynastie ; on a pu y étudier en particulier les liens entre les palais et les temples funéraires.

La plus belle réussite architecturale parmi ces temples funéraires est sans conteste celui qui fut conçu pour la reine Hatchepsout par son intendant-architecte Senenmout, au cours de la XVIIIᵉ dynastie. Au cœur du cirque de Deir el-Bahari, Senenmout a réalisé une suite de terrasses superposées ; jointes par une rampe monumentale, elles sont appuyées à la montagne ; les Égyptiens l'appelaient « le sublime entre tous les sublimes ». Femme-pharaon, la reine a conté sous les portiques des terrasses comment, conçue par le dieu Amon et reconnue pour sa fille, elle a pu s'asseoir sur le trône d'Horus. Elle y décrit superbement la grande aventure de son règne : l'expédition au pays de Pount ; les reliefs peints rapportent également le souci qu'a eu la reine d'embellir la demeure de son père Amon et le transport d'Assouan à Karnak par bateau de deux obélisques de granite ; l'un est encore debout dans le sanctuaire de Karnak, sa pointe était recouverte d'électrum.

Pour accéder aux tombeaux des Rois, il faut quitter la campagne et les temples fastueux, gagner par le désert un étroit oued aride, aux parois rocheuses calcinées par le soleil. Cinquante-huit tombeaux s'y enfoncent par un couloir plus ou moins pentu, interrompu parfois par un puits. Les appartements funéraires sont de dimensions très différentes ; des pièces annexes viennent compliquer des plans variés. Les murs sont couverts de scènes peintes, quelquefois en relief, toujours mythologiques. Génies infernaux et textes de protection se succèdent en tableaux déconcertants et même inquiétants : ils reflètent la vision qu'avaient les Égyptiens du monde de l'au-delà ; ces sortes d'aide-mémoire devaient faciliter au défunt le passage dans l'au-delà ; leurs titres sont explicites : *Livre des portes*, *Livre de l'au-delà*, *Livre des deux chemins*, *Livre de celui qui est dans l'Hadès*.

Ces tombes ont connu nombre de pillages et de détériorations, et cela dès l'Antiquité. Leur mobilier funéraire avait totalement disparu. Quelles richesses inouïes devaient s'entasser dans la sépulture des pharaons les plus célèbres, si l'on songe aux trésors de Toutankhamon, roitelet sans grande envergure, mort

à dix-huit ans pendant une période troublée de l'histoire égyptienne ? Dans deux pièces de dimensions modestes, c'était un entassement, dans le plus grand désordre, de meubles au placage d'or, d'étoffes somptueuses, de vêtements, de statues, de récipients, de chars démontés dont le luxe et l'abondance nous stupéfient encore aujourd'hui.

La construction d'une tombe royale demandait une main-d'œuvre spécialisée et habile. Sous Thoutmosis Iᵉʳ, vers 1550 avant J.-C., un village fut construit au pied de la cime thébaine dans le vallon de Deir el-Medineh et fut réservé aux ouvriers. L'Institut français d'archéologie orientale a entrepris des fouilles régulières sur ce site de 1921 à 1940, puis de 1945 à 1951, dégageant l'ensemble du village lui-même et le cimetière qui le bordait. Depuis cette date, on a entrepris une publication systématique des documents recueillis ainsi que des tombes des artisans creusées à proximité du village. Les archives de la cité sont une source d'un intérêt considérable pour l'histoire économique de l'époque. Leurs loisirs permettaient aux ouvriers de décorer leurs propres tombes. Surmontées par une petite chapelle de culte, précédées d'un pylône ouvrant sur une cour, les tombes de la nécropole de Deir el-Medineh sont creusées au flanc de la montagne. Les appartements souterrains sont le plus souvent ornés de sculptures ou de peintures aux couleurs vives ; avec une grande fantaisie et un sens étonnant de la composition, les artistes reproduisent sur les parois les vignettes qui ornaient les papyrus funéraires ; les scènes mythologiques aux fraîches couleurs facilitent la compréhension des longs textes recopiés en colonnes serrées.

Les hauts fonctionnaires et les grands dignitaires de la cour se faisaient enterrer à proximité de la tombe du pharaon qu'ils avaient servi de leur vivant. Les tombes des nobles de la XVIIIᵉ et de la XIXᵉ dynastie commencent à être bien connues ; leurs sépultures ont fait l'objet de prestigieuses publications. C'est vers un nouveau secteur de la nécropole, l'Assasif, que l'intérêt s'est récemment tourné : les Allemands et les Autrichiens ont entrepris le dégagement des palais funéraires des hauts dignitaires des XXVᵉ et XXVIᵉ dynasties. Les archéologues ont découvert d'immenses palais souterrains, aux plans complexes enfermés dans des murs de briques crues aux imposantes dimensions. Dans les inscriptions, les références aux souverains et aux dignitaires sont un apport précieux pour l'histoire mal établie et complexe de cette période troublée.

Jean LECLANT

**Les appartements souterrains
de la tombe de Pached, Deir el-Medineh**

La tombe thébaine n° 3, au nom de Pached, se trouve au centre de la nécropole de Deir el-Medineh. D'une famille de modestes ouvriers de la « ville des artisans » chargés de la construction et de la décoration des tombes royales, Pached, qui vivait sous Ramsès II, était « serviteur dans la Place de Vérité » (c'est le titre des artisans chargés de la construction et de la décoration des tombes royales) et avait des liens avec les carriers du clergé d'Amon thébain. La somptueuse décoration aux riches couleurs de sa tombe combine des représentations mythologiques (faucon aux ailes éployées, dieux et génies) et de longues colonnes de texte. La paroi est de la chambre funéraire représente le défunt agenouillé sous un palmier-doum, penché vers l'eau qui doit calmer sa soif ; la composition atteste la maîtrise d'un artiste qui transpose sur les parois de la tombe les enluminures des papyrus funéraires.

Plafond de la tombe de Séthi Ier

Parmi les magnifiques sépultures de la Vallée des Rois, la tombe de Séthi Ier, fondateur de la XIXe dynastie, est particulièrement célèbre pour son extraordinaire plafond peint représentant la voûte céleste. Sur un fond noir se détache en jaune d'or une foule composite de représentations humaines ou animales symbolisant les constellations connues des Égyptiens, leur conception du calendrier, des heures du jour et de la nuit ; les théories astronomiques élaborées des milieux sacerdotaux de la fin du IIe millénaire avant J.-C. sont ainsi exposées avec un étonnant sens esthétique et décoratif. Leur étude est en cours par un égyptologue américain qui joint à une excellente connaissance du monde égyptien des bases non moins sérieuses en astronomie. D'autre part, dans le cadre d'une vaste enquête sur l'architecture pharaonique, un travail a été entrepris sur les voûtes, les ciels voûtés des tombes thébaines en particulier, leurs techniques de construction et leur rôle.

Vue axonométrique de la tombe de Ankh Hor, n° 44

Les tombes des grands dignitaires de la XXVIe dynastie (dite saïte), localisées dans le secteur de l'Assasif, au pied de la cime thébaine, deviennent, à l'image des complexes funéraires royaux, de véritables palais souterrains. Ainsi, la tombe de Ankh Hor, dégagée et restaurée avec soin par la mission autrichienne, comporte une succession de cours, de couloirs et escaliers, de salles souterraines à piliers et enfin un puits profond donnant accès au caveau. Au VIIe siècle avant J.-C., comme 2 000 ans auparavant et dans le même souci d'efficience religieuse, en vue de la survie, on continue à sculpter, sur les parois des tombes, textes funéraires et scènes souvent empruntées à la vie quotidienne. D'après la Mission archéologique autrichienne, M. Bietack.

1	antichambre	5	chambre du culte avec niche
2	hall à piliers sud	6	caveau de Ankh Hor
3	hall à piliers ouest	7	corridor d'entourage
4	antichambre	8	cour à ciel ouvert

205

Abou Simbel et la Nubie

Dans les années 1960, l'U.N.E.S.C.O. avait fait appel à la conscience universelle pour le sauvetage archéologique d'une région qui se trouvait vouée à la submersion sous les hautes eaux du lac Nasser : la Nubie. Par la construction à Assouan d'un nouveau barrage – le Sadd el-Ali –, il s'agissait de faire monter le niveau des eaux de 120 à 182 mètres, inondant la vallée jusqu'à près de 500 kilomètres en amont par la création d'un lac atteignant en certains points une quarantaine de kilomètres de largeur.

En 1900 déjà, la construction d'un barrage sur la première cataracte avait entraîné la « mort de Philae » ; Pierre Loti l'avait déplorée. Entre 1907 et 1912, puis en 1929 et 1934, la digue avait été exhaussée. Un certain nombre de monuments et de sites avaient été ainsi recouverts par les eaux, non sans qu'auparavant le Service des antiquités, dès le temps de Maspero*, n'ait fait procéder à une reconnaissance d'ensemble. Une série de gros volumes avaient décrit les temples immergés de la Nubie, consignant reliefs et inscriptions. Un *survey* (prospection*) avait été mené par Reisner* et Firth. C'est alors qu'on découvrit en amont de la première cataracte des cimetières de types jusqu'alors inconnus en Égypte : G. A. Reisner avait proposé de caractériser les plus anciens comme ceux des groupes A, B et C, les plus récents comme ceux du groupe X ; ces lettres, aujourd'hui encore en usage, masquant notre ignorance sur les contextes historiques et culturels de ces vestiges.

En 1960, les proportions des destructions et disparitions envisagées étaient sans commune mesure avec celles du passé : toute la Nubie, depuis la première cataracte jusqu'à l'amont de la deuxième, devait disparaître engloutie. Certes, la vallée du Nil, en Nubie, n'a jamais été qu'un « corridor » reliant l'Égypte à l'Afrique plus profonde. Cependant, on était loin d'avoir vraiment prospecté toute la région, demeurée d'accès difficile, d'un climat très dur, dans la solitude du tropique. De grands monuments, relativement mal connus, se trouvaient ainsi condamnés. À l'appel de l'U.N.E.S.C.O., de nombreuses missions de toutes nations vinrent travailler en Nubie. Elles provenaient des horizons scientifiques les plus divers : préhistoriens, anthropologues, byzantinologues, techniciens de tous ordres – bien peu d'égyptologues proprement dits. Cette région, d'une archéologie somme toute assez pauvre, hors quelques temples importants, s'est trouvée ainsi l'objet de recherches intensives, menées avec des méthodes qui n'avaient guère été jusqu'alors employées dans la vallée du Nil, l'Égypte étant le domaine par excellence des épigraphistes. Les deux temples d'Abou Simbel ont été remontés au sommet de la falaise, hors d'atteinte des eaux du lac. D'autres édifices ont été

déplacés : le temple d'Amada a été traîné sur une sorte de pont roulant jusqu'à plusieurs kilomètres de la rive actuelle du lac, le temple de Kalabcha a été remonté près d'Assouan ; celui de Dendur a été donné au Metropolitan Museum de New York en témoignage de reconnaissance pour l'aide apportée ; d'autres sanctuaires sont partis de même à Madrid, à Leyde, à Turin et à Berlin. Des éléments de temples et d'architecture sont au musée de Khartoum.

Durant la préhistoire et la protohistoire, la Nubie et, plus au sud, le Soudan ont connu successivement des cultures de chasseurs puis de pasteurs, telles que les attestent les gravures rupestres. À l'aube de l'histoire en Égypte, vers 3100 avant J.-C., règne en Nubie la culture du groupe A ; sa poterie est de belle qualité : vases rouges à bord noir, dessins géométriques imitant parfois la vannerie ; on souhaiterait que puissent être précisés ses rapports avec les cultures du Soudan plus méridional et avec celles de l'Égypte prédynastique. Dès cette époque, certains objets (vases, armes de cuivre) témoignent de liens avec l'Égypte, qui recevait elle-même par la Nubie de l'or et des pierres semi-précieuses, de l'ivoire, de l'ébène, de l'encens et des huiles. Les graffiti relevés à Tômâs et des inscriptions récemment copiées à Kulb, dans le secteur méridional de la deuxième cataracte, indiquent cependant qu'il fallait parfois « ouvrir la route », c'est-à-dire y combattre ; afin d'éviter une Basse-Nubie sans doute assez puissante pour manifester son hostilité, Herkhouf mène, par les pistes sahariennes, de longues expéditions jusqu'au pays de Yam, peut-être le bassin de Dongola. Avec le début du Moyen Empire, l'Égypte conquiert la Basse-Nubie : un réseau d'énormes forteresses impressionnantes surveille les pistes des mines d'or et la frontière jusqu'au cœur de la deuxième cataracte. À l'entour, les pasteurs du groupe C continuent à être présents ; leurs tombes rondes sont construites en pierres sèches ; près du cadavre, souvent enveloppé d'une peau animale, ne sont déposés que quelques objets personnels : amulettes, armes (dagues à pommeau rond). Avec la décadence de la IIᵉ Période Intermédiaire (1785-1575 av. J.-C. env.), le pouvoir pharaonique connaît une éclipse en Nubie ; c'est pourtant à cette époque que se produit l'acculturation rapide du groupe C qui mettait fin à l'espèce de résistance passive qu'il avait opposée jusqu'alors à la culture égyptienne.

Dès le début du Nouvel Empire, la Basse-Nubie tombe vite sous le contrôle égyptien. La domination était d'exploitation colonialiste. Cependant, si le rôle de l'or a pu être important – mais sans doute a-t-il été exagéré –, il ne faut pas se laisser prendre aux thèmes conventionnels du pittoresque exotique ; dans les

apports complaisamment étalés de produits africains et nubiens, tout ne correspond pas nécessairement à des « tributs » ; de même l'iconographie se complaît à représenter des nègres avec leurs parures et leurs bijoux, alors que Koush devait être habité par des peuplades de type nubien, plutôt que par de véritables Noirs. Derrière la parade coloniale, il est difficile de découvrir la vie indigène.

Les coloniaux, soldats, fonctionnaires, commerçants ou prêtres égyptiens devaient être en petit nombre, groupés dans des bourgades dont les ruines se succèdent régulièrement tous les trente kilomètres environ au long de la Vallée. Ces villes de plaine n'ont guère de forteresse que le nom. Les pharaons du Nouvel Empire édifièrent surtout des temples, bastions de la puissance magique attestant la suprématie des dieux égyptiens. Aménophis III, le roi prestigieux de la XVIIIᵉ dynastie (1402-1364 av. J.-C. env.), érigea, en aval de la troisième cataracte, à Soleb, un splendide temple jubilaire dont les ruines sont parmi les plus belles et les plus émouvantes du nord du Soudan ; à proximité, à Sedeinga, il dédia un temple pour son épouse la reine Tiy. Cet ensemble de deux sanctuaires, de roi et de reine, préfigure, plus de cent ans auparavant, l'ensemble somptueux creusé par Ramsès II (1273-1213 av. J.-C. env.) dans la falaise d'Abou Simbel ; c'est en plein roc la possession de la Nubie par l'Égypte.

Une intense activité multiplie alors les sanctuaires, souvent des hémi-spéos*, ou même des spéos* : Beit el-Wali, Gerf Hussein, Ouadi es-Seboua, Derr ; s'enfonçant dans les entrailles de la terre à la quête des mystères du Noun, l'eau primordiale, peut-être étaient-ils en rapport avec la théologie de la crue du Nil, qui assure la prospérité de l'Égypte. En fait, c'est le dernier éclat dans ces régions de la puissance égyptienne.

Par un de ces retours d'influence auquel se plaît l'histoire, c'est de Nubie que l'Égypte recevra un nouvel élan : à la fin du VIIIᵉ siècle avant J.-C., Koush conquiert l'Égypte, y instaurant la XXVᵉ dynastie. Plus tard, aux époques grecque et romaine, les Égyptiens ne construiront plus guère qu'au sud immédiat de la première cataracte. Cependant, sur une haute falaise de la rive droite du Nil, Qasr Ibrim verra des alternances de pouvoir méroïtique et romain. Épargné par les eaux, ce site est désormais le seul en Basse-Nubie à connaître une activité archéologique. Au sud de la deuxième cataracte, en revanche, la Haute-Nubie soudanaise constitue un secteur actif de l'archéologie pharaonique et méroïtique.

Jean LECLANT

Le grand temple de Ramsès II à Abou Simbel, au cours des travaux de démontage

Condamné par la construction du haut barrage d'Assouan, le sauvetage du sanctuaire de Ramsès II est devenu le symbole de la campagne internationale pour la sauvegarde des monuments de Nubie, organisée de 1959 à 1965 sous l'égide de l'U.N.E.S.C.O. Par les prodiges techniques, les deux temples d'Abou Simbel, celui du Roi et celui de la Reine, ont pu être découpés en énormes blocs (certains de trente tonnes) et remontés au sommet de la falaise, appuyés sur une véritable montagne artificielle. La façade du grand temple emprunte la forme générale d'un pylône, orné de quatre colosses royaux, hauts d'une vingtaine de mètres et taillés dans la roche. Le temple s'enfonce dans le sol, creusé dans le grès nubien ; à 63 mètres de l'entrée, les quatre statues de Ptah, Amon-Rê, Ramsès II divinisé et Rê-Horakhty adossées au fond du Saint des Saints étaient éclairées deux jours de l'année seulement par les premiers rayons du soleil.

La « glissière » de Mirgissa, deuxième cataracte, Nubie égyptienne

À l'occasion des fouilles effectuées dans le secteur de la forteresse de Mirgissa, construite sur la deuxième cataracte, pour protéger les territoires égyptiens des incursions koushites, les fouilleurs français ont mis en évidence une « glissière » qui permettait aux matelots de contourner les rapides du Nil, en coupant par le désert la boucle du fleuve. Sur une piste d'argile longue de deux kilomètres, rendue glissante par humidification, on halait des traîneaux où avaient été transbordées les marchandises ; on y faisait éventuellement passer les bateaux eux-mêmes.

J. Vercoutter, Mission archéologique de Mirgissa

U.N.E.S.C.O. Keating

La forteresse de Bouhen, deuxième cataracte

À partir du Moyen Empire, les pharaons portent leur frontière méridionale à la deuxième cataracte : une zone de rapides, dans un désert particulièrement hostile. Un ensemble impressionnant de forteresses en briques crues, se commandant de vue à vue, est élevé pour surveiller les points stratégiques. Ces étonnantes places fortes, avec tours, bastions, murs à redans, très modernes dans leur conception, soulignent la menace que représentait pour l'Égypte son turbulent voisin du Sud : le royaume de Koush. Dégagées des sables à l'occasion de la campagne de sauvegarde de la Nubie, elles sont désormais englouties et fondues sous les flots du lac Nasser.

Vue générale de la falaise de Qasr Ibrim

Sur la rive est du Nil, à quelques kilomètres en aval d'Abou Simbel, le site de Qasr Ibrim, construit en haut d'une falaise qui dominait le fleuve, a pu échapper en partie à l'engloutissement sous les eaux du lac Nasser. Les fouilles actuelles de l'Egypt Exploration Society y ont mis en évidence une longue occupation continue, au moins depuis le Ier millénaire avant J.-C. Siège d'une importante garnison romaine en particulier, une documentation de la plus grande importance pour les premiers siècles de notre ère y a été dégagée ces dernières années. On y a recueilli de très nombreux textes, surtout des papyrus : méroïtiques, mais aussi classiques, grecs et latins (poèmes du gouverneur d'Égypte Aelius Gallus).

G. Gerster, Rapho, Egypt Exploration Society

Les premiers empires d'Afrique : Kerma et Méroé

Le Service des antiquités du Soudan s'est rapidement développé après l'indépendance du pays en 1956. Un *survey* (prospection*) entrepris depuis la frontière égyptienne a permis l'établissement d'une carte archéologique des sites majeurs. Mais c'est surtout à l'issue de la campagne de sauvegarde de la Nubie organisée par l'U.N.E.S.C.O. que les recherches se sont multipliées sur le terrain ; de nombreuses missions étrangères qui étaient venues prêter leur concours ont poursuivi ensuite au Soudan des enquêtes engagées plus au nord de la Vallée. Peu à peu l'originalité et la richesse du Soudan préhistorique ont pu être mis en évidence, comme également plus tard l'existence de deux formations politiques majeures : le royaume de Koush, puis l'Empire de Méroé, qui se sont farouchement opposés au cours des époques historiques aux visées expansionnistes du voisin égyptien.

La région de Shendi, au Soudan, connaissant ces dernières années un intense développement agricole, le Service des antiquités a été conduit à effectuer un *survey* dans la région d'El Kadada quand, en creusant un canal d'irrigation, un bulldozer y révéla une immense zone de tombes néolithiques. Les défunts étaient enterrés en position contractée avec un très abondant matériel funéraire : poteries noires au bord imprimé ou incisé, mortiers avec leur pilon, palettes à fard, haches, casse-têtes en pierre polie, outillage en pierre ou en os. L'étude du site est toujours en cours, mais dès à présent la qualité et l'abondance de la documentation recueillie à Kadada soulignent l'importance des établissements néolithiques soudanais.

Juste au sud de la troisième cataracte, Kerma avait été l'objet de grandes fouilles dans les années 1920, et à la suite de l'Américain G. A. Reisner*, qui les avait dirigées, on considérait volontiers ce site comme une sorte d'avant-poste égyptien très lointain ; à l'extérieur des frontières de l'Empire égyptien, des hommes audacieux auraient établi des comptoirs pour favoriser les échanges entre l'Afrique profonde et l'Égypte pharaonique, cela depuis la fin de l'Ancien Empire ; nombreux en effet étaient les témoignages purement égyptiens recueillis par les fouilleurs dans un contexte pourtant totalement différent de l'Égypte.

Les zones intermédiaires demeuraient très mal connues : entre la deuxième cataracte, appelée le « Ventre de pierre » (le Batn el-Hagar), aux amoncellements rocheux impressionnants dans une totale aridité,

et la troisième cataracte, où le Nil taille son lit tourmenté parmi les bancs de schistes et de roches granitiques, régna pendant très longtemps une zone de « silence archéologique ». Depuis les années 1960, cependant, les recherches entreprises à l'occasion de la campagne internationale de sauvegarde des monuments de Nubie organisée par l'U.N.E.S.C.O. ainsi que les nombreuses enquêtes archéologiques menées sous l'impulsion vigoureuse du Service des antiquités du Soudan ont sur bien des points modifié nos connaissances.

Les dégagements et les enquêtes conduites dans la région de la deuxième cataracte ont souligné l'importance et la complexité de la barrière de forteresses que les Égyptiens du Moyen Empire (vers 2000 av. J.-C.) avaient dressées sur le Nil, aux endroits stratégiques ; ainsi à Semna, le point le plus resserré du fleuve. Au-delà de ces remparts, c'est d'un ennemi redoutable et menaçant que les Égyptiens cherchaient à se protéger ; on reconnaît désormais dans Kerma le centre du « royaume de Koush » des textes égyptiens, un État indépendant, foyer de résistance à la colonisation égyptienne au Moyen Empire. Les objets égyptiens livrés par les fouilles sont la preuve d'un commerce important avec l'Égypte, mais évoqueraient quelquefois également le pillage réussi d'une place égyptienne. Typiquement nubienne, la civilisation de Kerma est purement pastorale comme la culture du groupe A qui l'avait précédée. Les troupeaux de bovidés sont représentés à foison dans les gravures rupestres le long du Nil, avec de curieux attributs : pendeloques jugulaires, baudriers, cornes déformées. La poterie est remarquable par sa finesse et sa qualité ; décors et formes font preuve d'une grande originalité : vases thériomorphes (en forme d'animal), tulipes rouges à bords noirs. Les sépultures des princes n'ont pas manqué de surprendre par leurs dimensions et par les sacrifices humains (jusqu'à trois cents personnes sous un même tumulus) qu'elles semblent receler. En dehors du site même de Kerma, dominé par ses deux *deffufa** de briques crues, de nombreux établissements de cette civilisation ont été repérés depuis la deuxième cataracte jusque loin vers le sud du bassin de Dongola. Dans l'Égypte tombée sous la domination des Hyksos durant la IIe Période Intermédiaire, un prince thébain tente d'entraîner le pays et de chasser les occupants ; le roi Hyksos fait alors appel au roi de Koush, c'est-à-dire probablement de Kerma, pour tenter de prendre en tenaille la Haute-

Égypte révoltée. Est-ce bien encore à un royaume puissant qu'il s'adresse ? La coalition est un échec ; les Égyptiens, s'étant débarrassés de la domination hyksos, se tournent vers le Sud dont ils entreprennent la conquête. La Nubie est alors réellement colonisée par le Nouvel Empire égyptien ; les tombes thébaines des nobles reproduisent volontiers les scènes exotiques du tribut nubien livrant les produits de l'Afrique, venant jusque des régions occupées par les Noirs.

Il faut attendre le Ier millénaire pour voir surgir de Nubie une nouvelle force politique : à partir du bassin de Dongola, celle-ci part à la conquête d'une Égypte morcelée, en réalise la réunification et s'y installe avec la XXVe dynastie. En 663 avant J.-C., repoussé par les Assyriens, le dernier roi de la XXVe dynastie, Tanoutamon, se réfugie à Napata, au pied du Gebel Barkal, la montagne sainte du Soudan. En marge de l'Égypte saïte et des dernières dynasties indigènes se développe une civilisation dont les caractères égyptiens vont peu à peu laisser la place aux influences indigènes. Une écriture apparaît à partir du IIIe siècle avant notre ère, fixant une langue dont certains éléments étaient attestés beaucoup plus tôt par des transcriptions égyptiennes. La capitale est transférée à Méroé, dans une région de steppes arbustives. Les rapports avec le puissant voisin du Nord continuent à être agités ; Rome même ne parviendra pas à conquérir l'Empire de Méroé, dont la Candace (ou reine mère) viendra signer, d'égale à égale, avec Auguste un traité de paix à Samos, en 29 avant J.-C.

Le masque égyptien dont se revêtent les représentations des temples et des tombes laisse souvent apparaître des traits locaux ; à côté des sanctuaires où sont adorés des dieux à l'égyptienne, d'autres temples, de structure originale, sont consacrés au dieu-lion, Apedemak, divinité de la guerre et aussi de la prospérité agricole. À Méroé, des rangées de pyramides, encore imposantes malgré les destructions des siècles, attestent la puissance des souverains ; des ruines considérables, à Naga, Wad ben Naga, Musawwarat es-Sufra sont en cours de dégagement et d'étude. Le royaume africain de Méroé disparaît sous les coups du roi axoumite Ezana au IVe siècle de notre ère.

Jean LECLANT

Poteries, Kadada, secteur de Shendi, Soudan

Des fouilles de sauvetage ont été menées par la section française du Service des antiquités du Soudan dans le secteur de Kadada récemment mis en culture sur une vaste échelle, à proximité de Shendi. Parmi les découvertes les plus importantes se trouvent de nombreuses tombes que leur matériel permet d'attribuer au IVe et au début du IIIe millénaire. Compléments des fouilles naguère menées aux abords de Khartoum par A. J. Arkell, ces découvertes sont un appoint précieux pour l'archéologie africaine dans son ensemble.

F. Geus, Service des antiquités du Soudan

F. Geus, Service des antiquités du Soudan

Figurine féminine en terre cuite provenant d'une tombe de Kadada, Soudan

Les recherches menées à Kadada ont livré plusieurs statuettes en terre cuite ; ce sont parmi les plus anciens vestiges de sculpture pour la vallée du Nil. Sur ces femmes aux cuisses énormes et aux caractères sexuels accusés, des stries parallèles peuvent correspondre à des incisions rituelles.

Kerma, Nubie soudanaise

Vue des fouilles récentes menées par l'université de Genève au pied de la *deffufa* ouest : impressionnant monument de briques crues, évoquant peut-être la silhouette d'un temple de l'Égypte voisine, ennemie traditionnelle – mais combien prestigieuse – d'un royaume de Koush prêt à l'imiter. Les travaux entrepris à Kerma dans les années 1920 par l'Américain G. A. Reisner avaient conduit à supposer des rapports coloniaux entre l'Égypte et une Nubie asservie. Les fouilles récentes ont profondément modifié la question en mettant en évidence une civilisation autochtone puissante, celle du royaume de Koush, barrant au sud les prétentions annexionnistes du brillant et redoutable voisin.

Dégagement de la sépulture d'un guerrier enterré entre deux peaux de bovidés, Kerma

Les travaux de l'université de Genève ont également porté sur les immenses cimetières indigènes de Kerma : des tumulus de dimensions variées, le plus souvent soulignés à la base d'un cercle de pierres noires, recouvraient une fosse plus ou moins grande qui contenait la dépouille du défunt, du matériel funéraire (pots, meubles, instruments de pêche : harpons) et parfois des armes comme des arcs décorés de plumes d'autruche. L'importance et le rôle des troupeaux de bovidés sont soulignés par les nombreux bucranes retrouvés en surface et par les peaux très soigneusement tannées et cousues qui servaient, comme ici, de linceul.

Vue des travaux de restauration dans le cimetière nord de Méroé

Le secteur nord de la nécropole royale est composé de pyramides en grès, précédées d'un portique décoré de reliefs, qui marquaient l'emplacement des tombes creusées profondément au flanc d'une colline en bordure de la grande plaine de Méroé. Le siècle dernier avait vu nombre d'aventuriers piller et démolir la plupart des monuments ; ils étaient attirés par le souvenir de l'Italien Ferlini qui y avait découvert en 1834 le trésor de la reine Amanishakheto. Une fouille systématique, sur une immense envergure, a été menée par l'Américain G. A. Reisner dans les années 1920. Une mission du Service des antiquités du Soudan, sous la direction de F. Hinkel de Berlin (R.D.A.), a entrepris récemment la restauration du cimetière, en particulier l'« anastylose » des chapelles dont la plupart des blocs gisaient au sol.

Gobelet à pied en verre bleu, peint et doré, trouvé en morceaux dans une tombe du secteur ouest de Sedeinga, Nubie soudanaise

Dans un contexte païen, affirmé par le décor montrant une théorie de porteurs d'offrandes avançant vers Osiris, l'inscription en grec : « Bois pour vivre », ne manque pas de surprendre en plein cœur de l'Afrique de la fin du IIIe siècle ou du début du IVe siècle de notre ère. Ce verre faisait partie d'une paire ; tous deux ont sans doute été brisés lors des funérailles, après une libation de vin en l'honneur du défunt. Actuellement conservé au musée de l'université de Pise.

Les Scythes
et le monde
des steppes

Venus tardivement rejoindre, dans la connaissance archéologique que nous en avons, les autres peuples de l'Antiquité, les nomades de la steppe n'ont jamais cessé de vivre dans les textes au travers des plus célèbres d'entre eux : les Scythes. Illustration du Barbare par excellence, repoussoir ou incarnation de la nostalgie de l'innocence perdue, Attila ou Anacharsis selon chacun, le Scythe littéraire est l'image par laquelle s'est exprimée la distance entre celui qui s'estime civilisé et ceux qui ne sont pas comme lui. Voltaire après Montaigne, Valéry après Ruskin font appel à sa figure singulière. Et, en dernier ressort, c'est l'ombre du texte d'Hérodote qui plane derrière eux tous. C'est de l'historien grec, en effet, qu'il faut faire partir toute historiographie. Hérodote décrit les Scythes, et même si, les posant en face de lui, il nous en apprend beaucoup sur le Grec qu'il est, il n'en reste pas moins que son témoignage, confirmé le plus souvent par l'archéologie, est irremplaçable. Rouage incontournable à l'articulation des Scythes réels qu'il a pu voir dans l'Olbia du Vᵉ siècle et de Scythes imaginaires dont il a légué le portrait aux générations à venir, l'historien a continué à se faire entendre alors même que toute trace des nomades était depuis longtemps engloutie. Il faut attendre le

Gravure de l'ouvrage *Noord-en-Oost Tartarye* publié en 1692 par Witsen*. Édition de 1785

XVIIIᵉ siècle pour voir resurgir les objets enfouis dans la steppe. Si paradoxal que cela soit, Pierre le Grand, pourfendeur de la barbarie, est à l'origine de cette redécouverte. Très impressionné par les pièces d'orfèvrerie antique qu'il reçoit en 1715 de Sibérie, le tsar en mande d'autres au gouverneur, le prince Gagarine. Il en reçoit dix de Tobolsk en janvier 1716, plus de cent en décembre, et dépose dans son cabinet de curiosités, la Kunstkamera des bords de la Neva, cette Collection sibérienne appelée à s'accroître. Ni l'empereur ni son entourage à Pétersbourg ne mesurent sans doute l'ampleur qu'a déjà prise alors le pillage des tombes. Et, lorsque le tsar promulgue des édits pour collecter ce que le russe appelle *raritet*, lorsqu'il fonde en 1725 l'Académie des sciences, sans doute est-il presque trop tard. Force est de le constater, les expéditions envoyées en Sibérie pour en inventorier, dans l'esprit du XVIIIᵉ siècle, toutes les ressources, n'y recueillent plus guère, auprès des tombes éventrées, que le souvenir d'énormes quantités d'or désormais dispersé et le plus souvent, hélas, fondu. La première, celle de l'Allemand Messerschmidt, qu'accompagne bientôt un officier suédois prisonnier en Sibérie, Strahlenberg, marque pourtant une étape décisive. On peut en effet considérer le 6 janvier 1722 comme la date de naissance de l'archéologie sibérienne. N'est-ce pas ce jour-là que les savants décident la fouille d'un kourgane sur l'Ienissei ? Il se révélera pillé, mais le relevé dont il a été l'objet est le premier dans l'histoire des steppes. Allemands également, Miller et Gmelin explorent entre 1733 et 1743 de nombreuses tombes sur l'Irtych. Désespérés de leur insuccès, ils achètent quelques beaux objets qui vont orner la Kunstkamera. Ils font des rencontres étonnantes, comme celle d'un vieux solitaire vivant dans une masure au milieu des kourganes béants qu'il a, trente ans durant, fouillés, ne sortant que pour aller échanger ses trouvailles contre de la vodka, creusant la terre à grands coups de poitrine en ligotant son outil à son bras le jour où celui-ci lui refuse tout service. Aux deux hommes, il explique que la fouille a cessé d'être rentable, mais donne des indications très précises sur la structure des tombes et ce qu'elles recèlent. Conséquence de cette rencontre ? Miller est le premier à tenter une classification des tombes d'après leur forme, leur contenu, la position des corps. Il suggère dès 1764 que l'usage du fer succède à celui du bronze. Auteur de la première histoire de la Russie depuis les origines, Tatichtchev, lui, préfère le recours aux textes antiques et le jeu des identifications. La Sibérie est l'Hyperborée, l'Oural les monts Ryphées riches en or, et les Samoyèdes que leur nom désigne, en russe, comme « autophages », ne sont autres que les Androphages, les mangeurs d'homme d'Hérodote. Il est cependant l'inspirateur, avec le célèbre savant et historien Lomonossov, d'une carte archéologique de la Russie. Le Berlinois Pallas passe l'année 1770 en Sibérie du Sud. Il décrit la charpente en bois des kourganes, signale des restes de tissu et de fourrure, « des canards découpés dans une écorce et revêtus d'une feuille d'or », « des boutons dont la forme hémisphérique rappelle celle d'une sonnette, décorés au sommet de figurines représentant un bélier sauvage », autant d'objets dont les fouilles modernes éclairent la description. Exilé en 1791 en Sibérie, comme tant d'autres après lui, Radichtchev a toutefois le loisir de signaler les mines antiques, d'étudier les armes découvertes et il propose, quarante ans avant le Danois Thomsen, une classification où se succèdent pierre, bronze et fer. Durant tout ce temps, un seul kourgane est exploré dans l'ouest de la steppe, le kourgane Litoï, fouillé en 1763 sur ordre du général Melgounov et dont les objets précieux sont remis à la Kunstkamera. Mais un événement de première importance pour l'archéologie russe survient : la conquête, sur les Turcs, du littoral de la mer Noire. Kertch est russe en 1774. En 1783, c'est le tour du khanat de Crimée, des bouches du Dniepr et du

Tartarsche Goude Afgoden of Afbeldzels galregten die uit oude Begraeffenissen in Siberien ontgraeven zyn gehaelt benevens eenige Lesskiraessen van de selve steppe

Bibliothèque nationale, Paris.

Panthère de la collection sibérienne

D'un diamètre de 11 cm et d'un poids de 221 g d'or massif, le bijou a été envoyé à Pierre le Grand par le gouverneur de Sibérie en décembre 1716 sans que l'on sache rien d'autre de son origine. La liste qui accompagne l'envoi le décrit comme « un serpent qui s'est lové ». L'oreille, l'œil et la narine qui sont sur une même ligne et surtout la queue et l'extrémité des pattes sont porteurs d'alvéoles rondes qui contenaient peut-être des incrustations. Propre à l'art des steppes où il est très populaire et très tôt attesté, ce motif du félin enroulé en cercle en est, avec le cerf, comme l'emblème. Musée de l'Ermitage, Leningrad.

Kouban. La Russie jubile de s'annexer ainsi un passé antique attesté par les textes et par quelques ruines visibles, une enfance « classique » qui la met à égalité avec l'Occident du siècle des Lumières. Soucieuse, dans son ambitieux « projet grec », de restaurer l'empire de Constantinople, la Grande Catherine baptise ou rebaptise de noms grecs Sébastopol, Eupatoria, Théodosie, Cherson et entraîne son favori Potemkine, qu'elle fait « prince de Tauride », dans un voyage triomphal et quelque peu illusoire, le premier de ces voyages dans le temps qui vont occuper le XIXᵉ siècle. En 1794, Pallas identifie l'antique Olbia. En 1820, Pouchkine visite les ruines de Kertch. S'attendait-il à voir surgir l'Athènes des textes, ou des ruines grandioses à la manière de Piranèse ? Ces pierres en tas le déçoivent cruellement. Mais qu'importe, même si le royaume du Pont n'existe plus, si la Scythie n'est qu'un cadre vide, lui, Pouchkine, est Ovide l'exilé, relégué là lui aussi sur ordre du tyran, et c'est bien l'essentiel. La découverte, en 1830, de la tombe de Koul-Oba par un Français, le Franc-Comtois du Brux, provoque un double choc. C'est à nouveau l'éblouissement de l'or, mais aussi celui de voir surgir, au milieu de bijoux barbares, l'image d'Athéna. Le succès est énorme à la Cour. Des crédits s'ouvrent pour les fouilles. Après Alexandropol (1853), ce sont les kourganes de Tchertomlyk (1863), Bolchaïa Bliznitsa (1864), les Sept-Frères (1875) et aussi la ville

Agrafe de Tillia-Tepe. Musée de Kaboul

grecque de Tanaïs (1855) qui sont explorés. Fondée en 1859, la Commission archéologique impériale publie désormais des Rapports de fouilles annuels. La même année, la Collection sibérienne est transférée au musée impérial de l'Ermitage. S'amarrant solidement à son passé, la Russie prolonge ses conquêtes territoriales par une conquête verticale de ses racines temporelles sous le signe de la culture classique et d'un hellénisme que révèle la Grèce réelle, enfin indépendante. Cependant, en Sibérie, l'ère de la science succède à celle du pillage. Dans la première moitié du XIXᵉ siècle, l'ingénieur Frolov constitue une remarquable collection de bronzes, aujourd'hui partagée entre l'Ermitage

et le Musée historique à Moscou, et fonde le musée de Barnaoul. Premier de ceux qui cherchent en Sibérie une réponse archéologique au problème que pose la parenté des langues finno-ougriennes, le linguiste finnois Castren entreprend des fouilles. Mais le vrai père de l'archéologie sibérienne est sans conteste Radlov, orientaliste et turcologue de formation. Ses trouvailles, dans les kourganes de Katanda et de Berel en 1865, de vêtements, de fourrures, d'objets en bois inaugurent les grandes découvertes de l'Altaï au siècle suivant. Surtout, il est le premier à publier sur les antiquités de Sibérie un travail de synthèse dans lequel il pose les bases d'une classification chronologique reliée à des groupes ethniques. Après lui, l'étude scientifique de la Sibérie connaît un énorme regain d'intérêt. À Minoussinsk, le musée, ouvert en 1877, draine autour de son fondateur Martyanov toute une équipe de passionnés, souvent des exilés comme l'ami de la terroriste Vera Zassoulitch, le révolutionnaire Klementz dont l'activité archéologique est énorme. Les victimes de la répression tsariste peuvent, elles, consacrer à l'étude le temps de leur déportation. Parallèlement, les fouilles se poursuivent à l'Ouest : kourganes de Kostromskaïa (1897), Kelermès (1903), Oulski aoul (1898 et 1908) dans le Kouban, Solokha (1912) sur le Dniepr, et aussi cité grecque d'Olbia (1901). Publiant en 1890 leurs *Antiquités russes dans les monuments figurés*, Tolstoï et Kondakov associent pour la première fois en une même étude la Russie méridionale, la Sibérie et le Kazakhstan. À la veille de la Révolution, l'idée de l'origine iranienne des peuples de la steppe et de l'unité profonde de la culture scytho-sibérienne est devenue chose admise. Dans ces années-là, de Pétersbourg à Oxford et à Princeton, Rostovtzeff, Borovka, Minns font connaître l'art des steppes. Dans la Russie désormais soviétique, un énorme travail archéologique est entrepris, coordonnant, sous l'égide de l'Académie des sciences de l'U.R.S.S., les efforts des instituts et musées de chaque république. Non seulement ce sont des trouvailles particulièrement spectaculaires, comme celle des tombes gelées de l'Altaï (Gryaznov*, 1929, et Rudenko*, 1947) ou encore de Tolstaïa Mogila en 1971, mais ce sont surtout des travaux qui éclairent tel ou tel aspect : les cultures de Sibérie (Teplooukhov, Kisselev, Gratch), les rapports à Karmir-Blour des Scythes avec l'Ourartou* (Piotrovsky*), l'art animalier (Grakov, Artamonov*) pour ne citer que les plus anciens, ceux par rapport auxquels on a un certain recul. Plus récemment, le champ d'études s'est trouvé élargi par la découverte, à Vergina en 1977, d'un carquois de type scythe et celle, à l'automne de 1978, à Tillia-Tepe, par une équipe associant, dans le cadre de l'« assistance fraternelle », Russes et Afghans, d'une nécropole du début de notre ère où l'empreinte de l'art des steppes est manifeste. Très marquée, à ses débuts, par la formation d'helléniste ou d'orientaliste de savants qui, sans en prendre toujours clairement conscience, privilégiaient dans leur vision ce qui leur était familier, la recherche s'oriente aujourd'hui vers d'autres pistes. Elle s'attache à mieux définir les caractères de chaque culture : Sauromates des steppes entre Oural et Caspienne dont sont issus les Sarmates, Saces d'Asie centrale, tribus du Pamir, de l'Altaï, de Saïan-Touva, de Minoussinsk. Prenant une conscience de plus en plus précise du poids, dans la genèse et le développement de la civilisation des steppes, du cœur et de l'est du continent, mesurant aussi l'importance, pour l'Orient asiatique comme pour l'Occident, de ce qui s'est joué là, l'archéologue poursuit jusqu'en Mongolie, et bientôt en Chine, une recherche dont l'objet l'entraîne à nomadiser avec lui.

Véronique SCHILTZ

Oural

Tobolsk

Leningrad

Moscou

Orenbourg

SAUROMATES

Voronej
Tchastye kourgany

Dniepr (Borysthène)

Ouïgarak
Tolstaïa mogila   Tâgisken
Dniepropetrovsk
Tchertomlyk   Don (Tanaïs)   MASSAGÈTES   MER
Alexandropol   D'ARAL
Solokha
Tsimbalka
Zaporojié
Kiev   CHORASMIE
Gaïmanova mogila

Soula   Donetz
Jourovka   Novotcherkassk
Martonocha   Elizavetinskaïa
Melgounov-Litoï
Nemirovskoïé   Elizavetinski
Dniestr   SCYTHES Melitopol   Krasnodar   MER
Boug   MER   Kouban   CASPIENNE
Olbia   D'AZOV   Oulski   Terek
Prout   Odessa   Kherson   Kelermès
                                         Kostromskaïa
Koulakovsky   Caucase
Karagodeouachkh   COLCHIDE
Danube (Ister)   Sept-Frères
                  Koul-Oba   Karmir-Blour
THRACE   MER NOIRE   Panticapée   OURARTOU   Araxe
                            (Kertch)   Erevan
MACÉDOINE   lac de Van   Toushpa   Amlach
                                        Toprak-kale   Marlik
                    ANATOLIE   lac d'Ourmia Ziwiyé
                                    ASSYRIE   Hassanlu
LYDIE   PHRYGIE   Gordion   IRAN
Vergina   Ninive   LOURISTAN
                                      Euphrate   Zagros
Athènes   Milet   ÉLAM
                                                      Persépolis
MER EGÉE

MER
ROUGE

lac Sevan
Koura

Kama
Volga
Oural
Volga

Nil

GOLFE PERSIQUE

Tigre

212

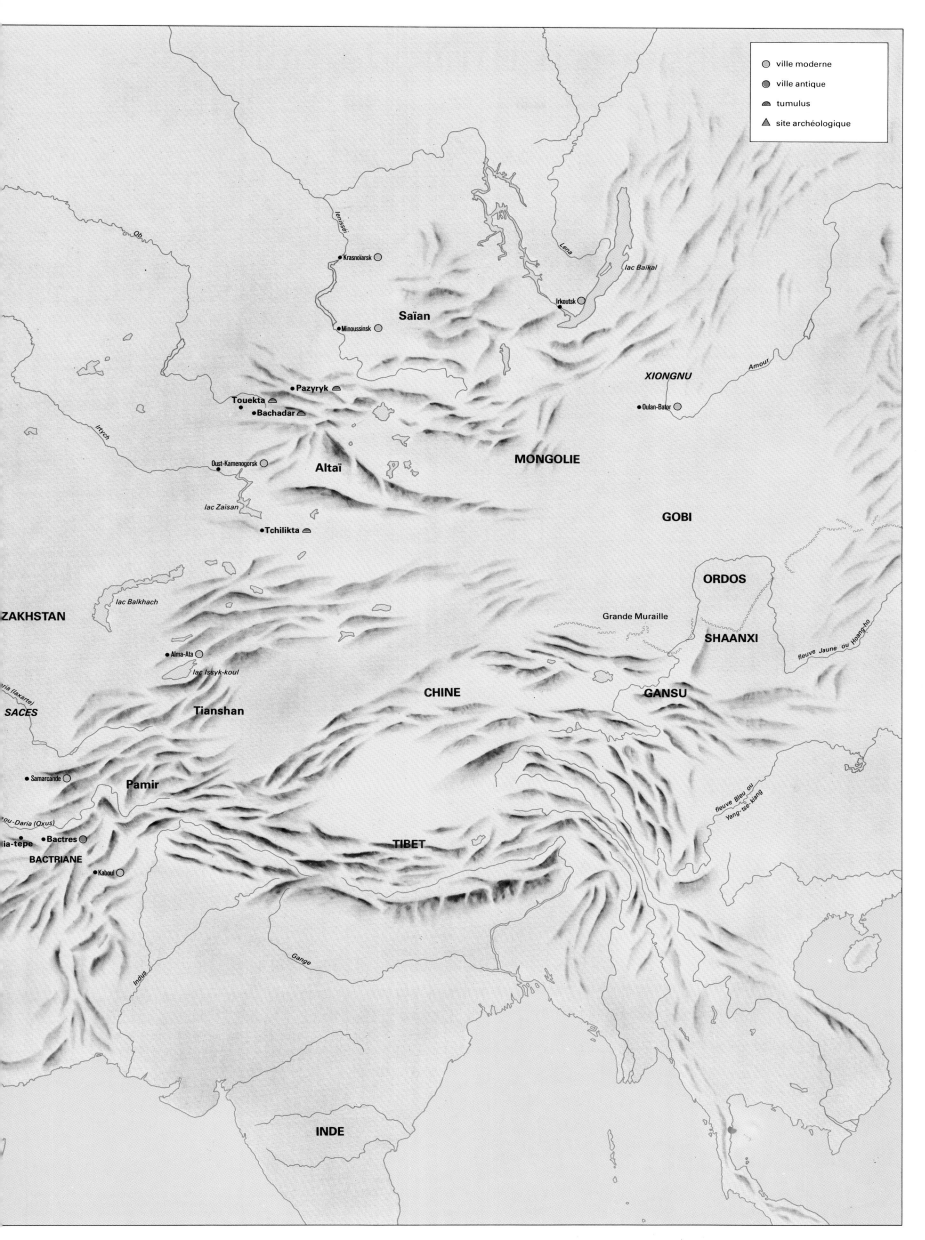

ville moderne
ville antique
tumulus
site archéologique

Ob

Irtych

Ienisseï

Krasnoïarsk

Minoussinsk

Saïan

Lena

Irkoutsk

lac Baïkal

Amour

XIONGNU

Oulan-Bator

Pazyryk

Touekta

Bachadar

Oust-Kamenogorsk

Altaï

lac Zaïsan

Tchilikta

MONGOLIE

GOBI

ORDOS

lac Balkhach

Grande Muraille

SHAANXI

fleuve Jaune ou Hoang-ho

ZAKHSTAN

Alma-Ata

lac Issyk-koul

Tianshan

CHINE

GANSU

SACES

aria (Iaxarte)

Samarcande

Pamir

ou-Daria (Oxus)

ia-tépe

Bactres

BACTRIANE

Kaboul

TIBET

fleuve Bleu ou
Yang-tse-kiang

Gange

Indus

INDE

213

L'archéologie d'un monde nomade

C'est avant tout un même mode de vie, nomade, qui fonde l'unité culturelle des peuples de la steppe. Pourtant, sur ce vaste espace au climat fortement continental, aux étendues rases balayées par le vent, le nomadisme n'a pas toujours été la règle. Il se répand à l'aube du Ier millénaire avant J.-C. avec le développement de l'élevage et l'usage du cheval monté et restera pratiqué des siècles durant. Errance quotidienne à la recherche de l'herbe ou transhumance saisonnière entraînant hommes et troupeaux vers les points d'eau ou les hautes vallées, il prend aussi la forme de migrations lointaines, définitives celles-là. Alors un groupe s'ébranle, suscitant parfois des réactions en chaîne qui, d'un bout à l'autre de la steppe, se répercutent et déstabilisent encore un univers déjà mouvant. Sensible à ce qui se passe aux frontières de la Chine, le monde des nomades subit aussi l'attraction des grands empires sédentaires de l'Asie antérieure et des civilisations méditerranéennes. Un courant irrésistible tend à faire dériver les peuples d'est en ouest. Il finit par porter les Sarmates* vers le monde romain, les Yue-tche en Bactriane*, avant qu'une dernière vague, asiatique celle-là, ne bouleverse avec les Huns l'échiquier ethnique et culturel du continent.

Beaucoup des implications de la vie nomade semblent aller de soi et relever du simple bon sens. Dans ce monde sans villes ni maisons, sans temples ni palais, la pierre, d'ailleurs rare dans la steppe, n'a pas sa place. Architecture, sculpture, peinture, tout ce qui fait notre catégorie du monumental et qu'avec une assurance de gens des villes nous appelons le « grand art » n'existe pas. L'attention se focalise sur le reste, qui est l'essentiel : les armes qui, faute de murailles derrière lesquelles chercher refuge, assurent seules la défense du groupe ; le cheval, instrument de la mobilité, et son harnachement. Mais, au-delà de ses conséquences pratiques, le nomadisme affecte en profondeur les modalités de la vie sociale des peuples concernés, leur rapport à l'environnement, leur vie religieuse, leur art. Dans cet espace déconcentré, sans bornage territorial, les formes d'organisation de la communauté, celles du pouvoir, sont autres. Pas d'État chez les nomades, mais un système souple de groupements de tribus, d'alliances mouvantes et souvent éphémères. Les stratégies diffèrent, elles aussi, et, comme Darius l'apprit à ses dépens, la fuite, qui fait de l'espace un rempart, est l'une des plus efficaces, à moins que l'ennemi ne soit agressé, harcelé dans une guérilla impitoyable ou victime d'un raid foudroyant. Fluide, l'économie pratique l'échange et la razzia, mais ignore, hormis le troupeau, le stockage des biens et l'accumulation des richesses. Quant au sacré, sans édifices de culte, sans statues, il est comme éparpillé dans la nature, omniprésent, avec pour médiateur un personnage aux multiples pouvoirs, le chaman, et dans son expression il privilégie l'accès au surnaturel, le mode du voyage et de la translation. Nous verrons comment et pourquoi, dans ce contexte, l'art fait de l'animal le thème majeur de ses représentations. Mais, contrairement à ce qu'un regard d'esthète pourrait y voir, l'art des steppes, dans son essence, est aussi peu ornemental que possible. Rien n'y est gratuit. La loi de l'efficacité joue à plein. Adaptée aux contours de son support, voire constituant celui-ci, l'image tend toujours à concentrer ses pouvoirs, saturant la forme de sens. Cette organisation dynamique se double d'effets proprement spatiaux, possibilité de double lecture, orientations multiples ou tourbillonnantes, qui font que l'objet décoré ne prend pleinement sa signification que dans le mouvement. Telle boucle de harnais doit tournoyer dans le galop pour être bien comprise, tel tapis de selle ne prend tout son sens que lorsque ses bords ornés de franges de crin viennent battre les flancs du cheval. Immobiliser une image scythe, c'est bien souvent la mutiler, et l'œil, en la déchiffrant, doit s'astreindre à la mouvoir mentalement pour lui rendre cette dimension faute de laquelle elle dépérit.

Cet apprentissage d'une réalité qui n'est pas familière doit être aussi celui de l'archéologue. Habitué à explorer un temps accumulé à la verticale en une succession d'états, à lire des strates sagement ordonnancées ou à décrypter le réseau enchevêtré des murs, le fouilleur des mondes sédentaires risque de se trouver quelque peu désemparé. Dans la steppe, en effet, pas de ruines, nulle part de ces dépotoirs bénis où les déchets amoncelés jour après jour, génération après génération, tissent la durée en continu à travers les scories du quotidien, dans les tessons et les débris épars d'un temps dont l'archéologue, patiemment, recompose la trame. Dans cette « mer des herbes », leur domaine, les nomades ne laissent guère plus de traces de leur passage que, sur les eaux, les nefs des Vikings, et le temps, insaisissable, ne s'inscrit nulle part. Nulle part si ce n'est, bien sûr, dans les tombes, ces kourganes que la boursouflure de leur tertre rend repérables dans la steppe et qui fournissent à l'archéologue l'essentiel de ses informations directes, doublement mortes au demeurant.

Que faire alors, une fois dépouillés les textes antiques dont nous avons parlé, pour comprendre vraiment ce qu'on y trouve ? L'ethno-archéologie et l'observation des sociétés de cavaliers nomades encore existantes, en Asie ou ailleurs, peuvent être d'un grand secours. Mais les approches les plus fécondes sont sans doute celles qui cherchent à cerner l'identité profonde des gens de la steppe en l'étudiant dans ses manifestations périphériques, dans ses mélanges, ses formes mixtes, comme un chimiste analysant un corps pur dans ses diverses réactions. Et, à cet égard, le contact des Scythes avec les cités grecques de la mer Noire, la civilisation superbement bâtarde et le processus de semi-sédentarisation qu'il induit fonctionnent comme un merveilleux révélateur. Ou encore à la manière d'un physicien qui, ayant affaire à des particules qui perdent leurs caractéristiques en dehors du mouvement, tente de restituer celui-ci en appréciant la force des impacts sur les obstacles rencontrés. Et la défense, par les Romains, de leur *limes* oriental, la construction, par les Chinois, de la Muraille ne donnent-elles pas la mesure de la pression qu'exerçaient les barbares ? Notre attitude doit être aussi celle d'un psychologue rompu à l'écoute de toutes les différences. Car, sans tomber dans un romantisme excessif ni suivre toute une tradition littéraire qui fait du Scythe l'image métaphorique de l'altérité, il nous faut sans doute accepter qu'il existe plus qu'un état, un être nomade, un goût de l'espace pour l'espace qui peut, par exemple, pousser jusqu'à vouloir abolir tout ce qui lui fait entrave, indépendamment de tout désir de possession matérielle.

C'est donc avant tout une prise de conscience aiguë de ce qui fait sa spécificité que réclame l'archéologie d'un monde nomade. Il faut admettre qu'à côté de la dimension temporelle que matérialisent nos stratigraphies* familières, il en existe une autre, dans laquelle l'aventure humaine s'inscrit avec non moins de pertinence. Admettre que des cultures peuvent fleurir et s'épanouir sans enracinement ni germination en un même lieu, mais que cette perpétuelle mouvance, cette continuelle translation des hommes et des choses dans l'espace les transforment radicalement. Admettre que le temps et l'espace sont susceptibles d'échanger leur rôle et, dans l'étude des choses de la steppe, rendre au second sa première place.

Véronique SCHILTZ

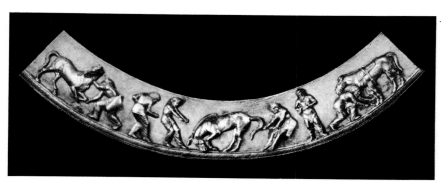

Détail de l'amphore en argent doré de Tchertomlyk

La scène orne l'épaule d'un vase qui servait au *koumys*, lait de jument fermenté dont se nourrissent les nomades. Elle illustre donc à propos l'importance du cheval et les différentes étapes de son dressage, depuis le débourrage jusqu'à la pose de la selle. Musée de l'Ermitage, Leningrad.

Chariot en bois de Pazyryk

Quatre chevaux dont les restes ont été retrouvés étaient attelés à ce chariot. Sa structure légère et démontable en fait un véhicule d'apparat. Des textes grecs nous décrivent les lourds chariots bâchés de feutre et traînés par des bœufs, dans lesquels les Scythes entassaient femmes, enfants et biens et qui leur servaient de maisons roulantes. Musée de l'Ermitage, Leningrad.

L. Bolin

Cavaliers du torque de Koul-Oba

Les deux cavaliers, qui constituent les extrémités du bijou, montent à cru des chevaux à la crinière taillée, au harnais de tête figuré dans les moindres détails. Cette parfaite union de l'homme et de sa monture a peut-être contribué à former, dans l'imaginaire des sédentaires, l'image mythique du centaure. Musée de l'Ermitage, Leningrad.

Plaque de la fraternisation Koul-Oba

« Quand les Scythes se lient par un serment, ils versent dans une grande coupe de terre cuite du vin, et y mêlent du sang des contractants, qu'on a piqués avec une alène ou à qui on a fait avec un couteau une petite incision sur le corps ; ils trempent ensuite dans la coupe un sabre, des flèches, une hache, un javelot ; cela fait, ils prononcent d'abondantes formules religieuses puis boivent le contenu de la coupe » (Hérodote, IV, 70). Les deux profils accolés qu'on peut lire comme une face unique expriment plastiquement, avec une efficacité remarquable, l'idée du « ne plus faire qu'un ». Musée de l'Ermitage, Leningrad.

Peigne de Solokha

Trouvé près de la tête casquée du défunt, le peigne architecture son décor sur les dents comme un fronton sur des colonnes dont les lions couchés sont les échines, dénotant ainsi une forte influence grecque. Mais tous les combattants de ce double relief sont barbares comme l'atteste, malgré la présence du casque corinthien et des cnémides du cavalier central, leur costume à caftan et large pantalon et leurs armes. Musée de l'Ermitage, Leningrad.

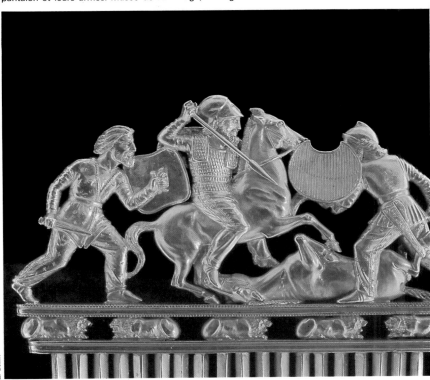

L. Bolin

L. Bolin

Les Scythes et l'Orient

Au tout début de leur histoire, avant leur installation définitive dans la partie de la steppe qui deviendra leur territoire, les Scythes qui venaient d'Asie pénétrèrent dans le pays des Mèdes à la suite des Cimmériens*. Là ils fondèrent un royaume qui dura vingt-huit ans. Puis ils repartirent vers le nord et regagnèrent les steppes. Telle est la version « historique » de l'apparition des Scythes que nous proposent, à côté des légendes ethnogéniques, la tradition antique unanime et le témoignage formel d'Hérodote. Et, de fait, leur nom apparaît pour la première fois vers 670 avant J.-C., sous la forme d'*ashgusa* proche de celui d'Ashkenaz que leur donne la Bible, dans les annales du roi assyrien Assarhadon qui voit en eux une menace au nord de son empire. Quant à leur règne éphémère, notre connaissance de la chronologie orientale permet de lui assigner une date précise, entre 653 et 625. Or que constate-t-on ? Ce n'est pas avant la seconde moitié du VIIᵉ siècle et surtout au début du VIᵉ siècle que se manifestent dans l'ouest de la steppe les premiers signes archéologiquement lisibles d'un changement et qu'apparaissent les trois éléments spécifiques – armement, harnachement et style animalier – par lesquels se caractérise la culture scythe. De plus, c'est soudainement qu'ils semblent surgir, sans traces appréciables d'une évolution préalable, comme s'ils étaient immédiatement en possession de la plénitude de leur expression. Autre fait troublant, ces manifestations s'accompagnent, dans les tombes les plus anciennes, des marques d'une influence orientale très sensible. Celle-ci se traduit par la présence d'un certain nombre d'objets importés et aussi, l'exemple de Kelermès le montre clairement, par l'abondance de motifs et de procédés bien connus du répertoire oriental, en particulier ourartéen et assyrien : créatures composites, lions ailés ou cornus, génies bénisseurs, arbres de vie, mais aussi schémas de défilés ou d'affrontements, sans parler de nombreuses conventions stylistiques dans la manière de figurer œil ou mufle, de souligner muscles et articulations. Est-ce à dire qu'il faille comprendre la culture des Scythes, leur art, comme une sorte de sous-produit du modèle oriental ? Quels ont été la nature et l'impact de leur contact avec l'Orient ? Le témoignage de l'archéologie confirme celui que les historiens fondent sur l'étude des documents écrits. De nombreux sites d'Asie antérieure comportent des pointes de flèche trilobées caractéristiques et on voit clairement que des Scythes ont attaqué et détruit vers 590 la citadelle ourartéenne de Teishebaïni, près de la moderne Erevan, après en avoir été les alliés, comme ils avaient, en 612, contribué à porter le coup fatal à l'Assyrie en attaquant Ninive aux côtés des Mèdes. Au VIIᵉ siècle, la situation est instable en Asie antérieure. L'Assyrie est en conflit avec son grand rival l'Ourartou* tandis que l'un et l'autre sont soumis à la pression insistante de petits peuples qui aspirent à l'indépendance, et de nouveaux

venus qui troublent leur sécurité. Après les raids cimmériens, ce sont d'autres tribus iraniennes qui menacent leurs frontières : au nord-est un peuple qui va se constituer en État, puis en empire, celui des Mèdes ; au nord les Scythes. Avec eux, les Assyriens tentent une politique d'alliance et les laissent établir leur royaume dans le pays de Manna, au nord-ouest du plateau iranien, véritable camp de base d'où ils entreprennent des expéditions plus lointaines vers la Syrie, la Palestine et jusqu'aux frontières de l'Égypte où le pharaon parvient à les arrêter. Puis, chassés en 625 par les Mèdes, ils abandonnent leur territoire et repassent le Caucase. Tous ne repartent pas pourtant puisqu'on trouve des Scythes, alliés ou vassaux des Mèdes, après cette date. De leur présence, on possède des témoignages archéologiques probants, comme à Hassanlu, où une tombe à sépulture de chevaux constitue un premier indice, confirmé par la trouvaille d'un barrette de mors typique et des fragments d'un vase de bronze portant l'image caractéristique d'un homme barbu en pantalon avec une hache. Mais l'exemple le plus manifeste est celui du trésor de Ziwiyé. Cet ensemble d'objets découvert fortuitement au sud du lac d'Ourmiah par les paysans de la région, et aussitôt dispersé, appartenait en fait à une sépulture, comme l'indique la présence d'une cuve-sarcophage en bronze. On a retrouvé des éléments du cortège funèbre et des pièces de harnachement qui disent assez la place qu'occupaient les chevaux dans cet ensemble, dont le mobilier reflète les traditions artistiques les plus diverses, assyriennes, ourartéennes, syro-phéniciennes, mêlées à des éléments iraniens. Mais certains objets font apparaître des motifs bien connus dans la steppe et qui n'ont aucun précédent dans le monde oriental. C'est le cas de la ceinture représentée ici, d'un bandeau d'or bordé de têtes de rapace réduites au motif œil-bec avec de petits félins typiques, le dos rond, les pattes et la queue en crochet, l'œil et l'oreille incrustés de pâte bleue et surtout d'un pectoral en or de forme ourartéenne, mais sur lequel défilent de part et d'autre d'un arbre de vie, avec des créatures empruntées à divers répertoires orientaux, des lièvres et de petits félins lovés de type parfaitement scythe. La tombe, qu'on date du dernier quart du VIIᵉ siècle, n'est en aucun cas postérieure aux tombes scythes archaïques du Kouban et du Dniepr et présente avec elles beaucoup d'affinités. L'Orient cependant n'a pas joué le rôle d'une source unique, d'un modèle civilisateur auxquels les Scythes devraient tout, mais plutôt celui d'une serre chaude favorisant l'éclosion et l'épanouissement de ce qui existait en germe ou était en train de se constituer. En les confrontant aux acquis de très anciennes civilisations sédentaires, en leur offrant les moyens de se réaliser mais aussi en leur donnant sans doute la mesure de leur différence, le passage en Orient a été pour ces nomades

un puissant catalyseur. Sur un sol nourri aux plus vieilles traditions mésopotamiennes, ouvert également à des courants venus d'Anatolie, de Syrie, d'Égypte même par l'intermédiaire du monde syro-phénicien, ils ont pu découvrir des matériaux et des techniques nouvelles et surtout tout un monde d'images au sein duquel ils ont puisé, empruntant telle forme animale, tel motif quand ils leur paraissaient convenir, puisant un détail, une modalité stylistique, une solution plastique pour traduire plus efficacement l'univers qui était le leur et qu'ils avaient apporté avec eux. Il n'est pas facile de retracer l'histoire de ces emprunts, d'en déterminer avec précision l'origine et l'époque. En effet, à l'apport direct que traduisent les objets ou les motifs manifestement importés – ou rapportés – s'ajoute l'apport oblique, et tout à fait contemporain, d'un art grec d'Asie Mineure lui-même fortement orientalisant. En outre, jamais les nomades iraniens de la steppe n'ont cessé d'être en contact, souvent conflictuel il est vrai, avec leurs cousins de Perse achéménide. Textes et documents figurés en témoignent du côté perse. Ils se font l'écho de la volonté de Darius de soumettre ces voisins turbulents dont la présence était une menace permanente aux marches de l'empire. Sur le relief de Behistun, le dernier des prisonniers qui s'avancent, devant le roi porte un haut capuchon pointu ; c'est un Sace que celui-ci a soumis lors de sa campagne en Asie centrale, qui précède de quelques années l'expédition malheureuse contre les Scythes évoquée par Hérodote. À Persépolis, les reliefs des escaliers de l'Apadana proclament hautement la reconnaissance, par les nomades, de la puissance du Grand Roi : leur délégation s'avance vers lui avec des cadeaux. Inversement, on trouve dans la steppe des jalons archéologiques attestant ces contacts, objets importés comme la poignée d'épée de Tchertomlyk ou, au cœur de l'Asie, les tapis et tissus iraniens des tombes de l'Altaï, mais aussi nombre de signes manifestant des influences plus subtiles. Pour réel qu'il soit, ce poids de l'Orient aux origines de la civilisation des Scythes ne doit pas nous faire oublier que leur apparition s'inscrit dans un ensemble de transformations liées à l'essor du nomadisme pastoral, au passage du Bronze au Fer, qui, dès le début du Iᵉʳ millénaire, affecte la steppe dans sa totalité. L'existence, en Mongolie, des « pierres à cerfs » qui, dans la tradition de la gravure rupestre, portent des images déjà presque scythes, la trouvaille à Arjan, au centre du continent, d'une grande plaque de bronze avec une panthère enroulée qui date peut-être du VIIIᵉ siècle sont autant d'indices : beaucoup de choses décisives se sont jouées à l'est de la steppe. Porter une attention trop exclusive à ce qui se joue à l'ouest n'est peut-être qu'une des formes larvées de notre ethnocentrisme.

Véronique SCHILTZ

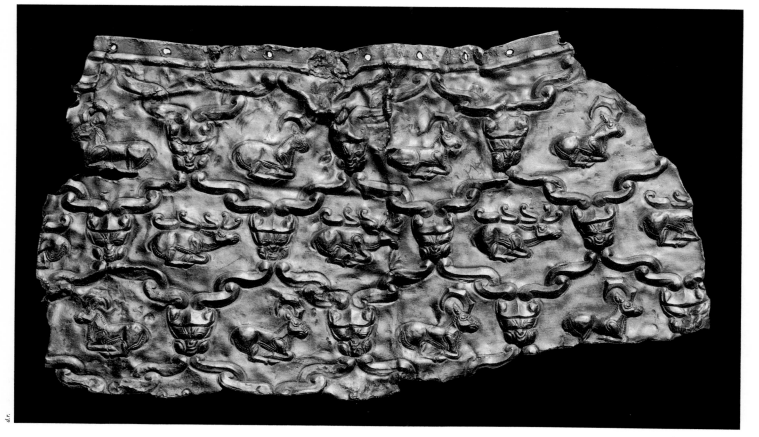

Revêtement en or de ceinture, Ziwiyé

Arme défensive protégeant les organes vitaux et bénéficiant, par sa forme et son décor, des pouvoirs magiques que la tradition caucasienne attribue au cercle dont on s'entoure, ce type de haute ceinture, soit de bronze, soit dotée de simples fermoirs métalliques, est extrêmement fréquent dans les sépultures du Caucase et de Transcaucasie ainsi que dans tout l'Ourartou. Le réseau d'accolades de celle-ci est ourartéen, mais l'emploi de l'or, le caractère animalier du décor et plus encore l'attitude typique des bouquetins et surtout des cerfs dénotent un goût parfaitement scythe.

Tête de lion, Kelermès

Extrémité d'une pièce complexe d'orfèvrerie qui associe les techniques très élaborées du cloisonné et de la granulation, l'animal, qui provient du Kouban, a la gueule ouverte sur des crocs redoutables, le mufle plissé, les yeux triangulaires et présente de grandes affinités stylistiques avec les lions de tradition orientale. Musée de l'Ermitage, Leningrad.

L. Bolin

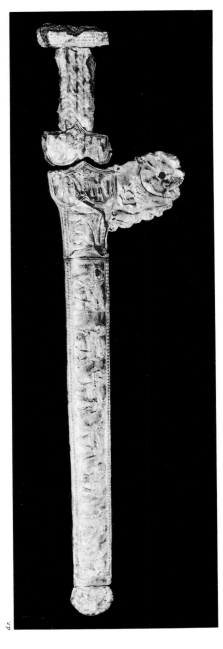

d.r.

Élément de harnachement, Pazyryk

Bordé de fourrure rehaussée d'or, le galon de laine de couleur, cousu sur une bande de feutre qui maintenait sur le poitrail du cheval un tapis de selle, est importé de Perse achéménide. Sa technique est celle de la tapisserie et le motif des lions passant a des parallèles exacts à Suse et à Persépolis. La même tombe a livré un tapis noué de tradition iranienne et une pièce de soie chinoise, preuve manifeste, au cœur du continent asiatique, d'échanges à une très large échelle. Musée de l'Ermitage, Leningrad.

L. Bolin

Épée de Kelermès

Sur le fourreau de cet *akinakès*, épée courte des Scythes, défilent des créatures hybrides, félins tireurs d'arc, monstres à tête de griffon, queue de scorpion, pattes en serres ou en sabots, toutes dotées d'ailes en forme de poisson leur mordant l'épaule. Vers la poignée, des scènes elles aussi empruntées au répertoire assyrien figurent des génies ailés flanquant un arbre de vie. Mais, sur l'attache latérale, un motif en feston répète l'œil et le bec d'un rapace et encadre une image de cerf parfaitement scythe. Musée de l'Ermitage, Leningrad.

Délégation sace de Persépolis

Saces d'Asie centrale plutôt que Scythes occidentaux, les membres de la délégation sont coiffés de capuchons pointus. Ils portent sur un pantalon un vêtement serré par une ceinture d'où pend une épée courte, dans son fourreau à l'attache très saillante. Au Grand Roi ils apportent en présent un cheval harnaché, une paire de bracelets ouvragés au motif animalier, ainsi que deux pelisses et un pantalon qu'on imagine en peau retournée.

G. Welser

L'art animalier et la religion

L'image de l'animal surabonde avec une prolixité surprenante dans l'univers réduit à l'essentiel qui est celui du nomade. Dans l'or ou l'os, le bronze ou le bois, sur les armes et le harnachement, les tapis et le vêtement, dans le feutre, le cuir, la fourrure et jusque sur la peau humaine, des animaux s'étirent, s'enroulent, tourbillonnent au gré de la forme qui les porte, à moins qu'ils ne s'agressent en de féroces affrontements. Souvent reconnaissables, ils apparaissent parfois sous la forme de créatures hybrides qui empruntent au règne animal des éléments épars, recomposés en des assemblages monstrueux, à moins que le thème animalier ne se réduise à un grouillement de formes à peine lisibles où l'on discerne un œil rond, un bec acéré, la ligne sinueuse d'une échine. L'art des steppes n'a certes pas l'exclusivité de la représentation animale, qui apparaît aux origines mêmes de l'art. Mais, de la Chine au Danube, les animaux sont là, avec une constance obsédante et selon des modalités très particulières qui, à des milliers de kilomètres de distance, sont étonnamment homogènes. Il est clair que cette omniprésence n'est pas anecdotique ou simplement ornementale, mais qu'elle a ses raisons d'être et des lois qu'il nous appartient de découvrir. Elle est d'ailleurs suffisamment caractéristique pour avoir constitué aux yeux des archéologues l'un des trois éléments de la triade qui, avec le type des armes et le harnachement, permet de définir la civilisation des steppes. C'est assez dire que c'en est là un aspect essentiel, aussi vital pour le nomade que la nécessité de se défendre et de se déplacer. Si les animaux représentés reflètent dans une large mesure la faune de ces régions, l'art, pour élaborer son bestiaire, a pourtant opéré un choix très sélectif. Le cerf est l'animal dont l'image est la plus fréquente, surtout dans l'ouest de la steppe. Il apparaît dans une attitude qui, comme le montre l'exemple de Kostromskaïa, suggère avant tout l'idée de sa mobilité. Or toutes les traditions de l'Eurasie le confirment, le cerf est l'animal par excellence du déplacement, le guide, le médiateur, celui par qui se fait l'accès à un autre territoire, en particulier le monde des morts et celui du divin. Qu'il suffise de rappeler l'écho qu'en a gardé notre culture avec l'histoire de saint Hubert dont la chasse devient quête mystique à la vue de la croix resplendissant dans la ramure d'un cerf. Pour les anciens Germains, le cerf, animal psychopompe, accompagnait les âmes dans la mort. Les gens de l'Altaï ne manifestaient-ils pas une croyance analogue, qui, avec des masques de feutre et de cuir, déguisaient en cerfs, à Pazyryk, les chevaux du cortège funèbre ? Si le cerf a une telle importance dans l'art des steppes, c'est aussi que, dans le rapport de solidarité, de connivence profonde qui unit le nomade au milieu, il est, plus que tout autre, l'animal de l'identification. Comme l'homme, le cerf vit en hardes hiérarchisées sous l'autorité d'un vieux mâle. Comme le cerf, l'homme est soumis à la rude loi de l'herbe et de l'eau, au cycle des saisons, à la nécessité de se

déplacer pour survivre. Quel meilleur emblème de sa propre mobilité le nomade aurait-il pu choisir ? À côté du cerf apparaissent d'autres ongulés, bouquetins et mouflons, antilopes et gazelles, et aussi élans et sangliers. À ce monde d'herbivores chassés s'oppose l'univers féroce des carnassiers et des chasseurs : loup et ours, et surtout nombre de rapaces et félins de toutes sortes. Sur ces animaux, vécus en une relation très forte, inextricable, à la fois comme consanguins, concurrents, objets de chasse et substituts dans la pratique chamanique, l'homme, qui a la vue basse, la course lente, l'ongle mou, porte un regard d'admiration et d'envie. Ce qu'il en retient, c'est ce qui fait leur supériorité, la rapidité de la fuite qui permet à la proie d'échapper, l'œil perçant, la patte griffue, les crocs acérés qui assurent la victoire du prédateur. En transposant sur les objets dont il se sert toutes ces qualités, il cherche, par une sorte de transfert magique, à se les approprier. Pour mieux faire, il les isole, les hypertrophie, les multiplie et bientôt les combine selon une loi qui, en dépit des apparences, obéit à la plus rigoureuse des logiques, celle de l'efficacité. L'aigle, par exemple, se réduit à un œil rond que prolonge la courbe du bec, véritable idéogramme de la rapacité qui, repris à son tour, viendra se loger dans la ramure d'un cerf ou à l'extrémité de la queue d'un félin pour en renforcer les pouvoirs. De la même manière, la panthère de Kelermès voit ses qualités agressives décuplées. En réalité, les monstres que crée l'art des steppes, quand il ne les emprunte pas déjà constitués à l'Orient ou à la Grèce, sont aussi peu fantastiques que possible. Alors que le fantastique, toujours générateur de malaise et de peur, procède de la volonté de faire surgir une forme étrange, inquiétante, l'art des steppes ne fait rien d'autre que capter, pour les recomposer en une totalité unique à l'efficacité rassurante, les éléments signifiants éparpillés dans la nature, que créer, en reconstruisant l'ordre animal sous une forme concentrée, une quintessence aux vertus positives. Ensemble cohérent de signes, l'art des steppes fonctionne comme un véritable langage. Sans doute occupe-t-il, chez ces peuples sans écriture, la place dévolue à l'écrit. Comme le langage, il a son vocabulaire, qui comporte les éléments choisis dans le bestiaire, sa syntaxe, qui procède par juxtapositions, combinaisons, affrontements, et aussi ses figures de style. À côté de l'usage constant de la métaphore, mode du langage par excellence, on trouve la métonymie qui réduit l'animal à l'une de ses parties, l'anacoluthe lorsque l'avant-train de l'un se continue par l'arrière-train de l'autre, le pléonasme expressif comme dans le cas de la panthère de Kelermès, ou encore l'allitération, naissant d'effets de répétition expressive, comme les andouillers de la ramure des cerfs. À cet égard, l'appellation consacrée par l'usage de « style animalier » se trouve pleinement justifiée. Car il s'agit bien d'un style unique et original. Il a pu, dans le processus de sa formation, pratiquer des emprunts, il n'en demeure pas moins radicalement

différent des images que le continent eurasiatique peut connaître, ailleurs ou auparavant, quand bien même les « pierres à cerfs » constitueraient un maillon dans l'évolution d'une chaîne continue. Langue spécifique des nomades, il se dénature lorsque ceux-ci changent leur mode de vie, comme le montre l'art gréco-scythe du IVᵉ siècle. Bien mieux, il semble avoir été le langage d'une caste, celle de l'aristocratie guerrière. Particulièrement abondant dans la tombe des chefs, il affecte, dans ses formes les plus pures, ce qui fait l'attirail du guerrier, ses armes, le harnachement de sa monture, comme s'il constituait la langue emblématique d'une manière de chevalerie. Éminemment dynamique dans l'expression de cette idéologie du combat, il fait preuve d'une extraordinaire aptitude à saisir sur le vif les qualités de chaque espèce et les traduit par des lignes ondulantes, des courbes, des volutes, tout ce qui exprime le mouvement, ou la tension qui le précède immédiatement. Les animaux occupent pleinement la forme qui les porte, quand ils ne la constituent pas. Ils évoluent en suspension, dans un espace à eux que – sauf influence étrangère – rien, pas une ligne de sol, pas un accessoire, ne matérialise ou n'oriente. Et, en effet, c'est bien d'un espace autre qu'il s'agit, car au-delà de ce lien privilégié avec l'animal se profilent l'ensemble des rapports que le nomade entretient avec le monde qui l'entoure, visible ou invisible, et ses conceptions religieuses qui sont d'essence chamanique. Mode de communication avec le surnaturel, le chamanisme fait une très large place aux animaux. Auxiliaire du chaman, l'animal est son messager, sa monture, le double en qui il s'incarne pour accomplir son voyage auprès des forces de la nature. De ces pratiques chamaniques naguère attestées en Sibérie, l'archéologie apporte d'autres indices, comme la présence, à Pazyryk, de nécessaires pour des fumigations de chanvre qui devaient provoquer l'extase rituelle. Et bien des objets, miroir, breloques, enseignes animalières, qui font partie de l'attirail du chaman moderne semblent faire écho à ceux qu'ont livrés les tombes des steppes. Cette pratique chamanique n'excluait pas pour autant l'existence de divinités. Hérodote énumère celles des Scythes, en leur trouvant chaque fois un équivalent dans le panthéon grec. Représentant de la plus anthropomorphe des cultures antiques, l'historien n'a rien vu de l'importance des animaux et n'a retenu de la religion scythe que les éléments qui, pour lui, se prêtaient peu ou prou au jeu de la transposition. Manifestant la différence radicale qui sépare deux approches du monde, les animaux de l'art des steppes, irréductibles, triompheront un jour sur les chapiteaux des églises d'Occident, autour des lettrines des manuscrits, mais ils sont absents des textes antiques. Et ce silence aveuglé est le plus éloquent des témoignages.

Véronique SCHILTZ

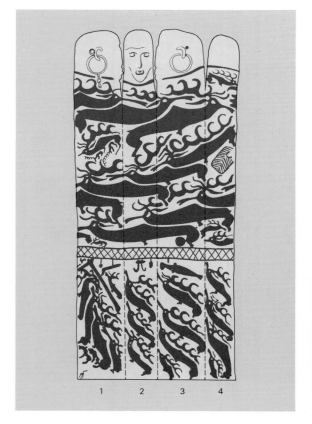

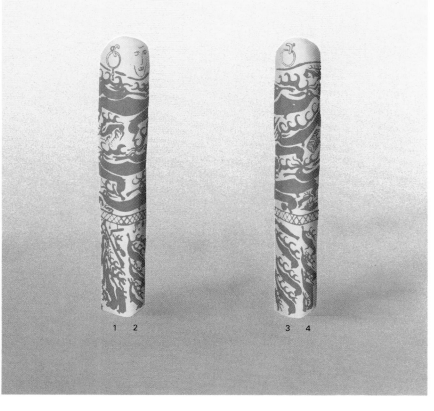

Pierre à cerfs de Mongolie

Le dessin permet de lire dans leur développement les images de cerfs qui se déploient tout autour de la partie supérieure de la stèle et se superposent sur chacune des faces inférieures. Les silhouettes étirées, la grande ramure rabattue parallèlement à l'échine, le museau allongé semblent préfigurer, dans la tradition des gravures rupestres de l'Âge du bronze, l'image de l'animal telle qu'elle se multiplie aux siècles suivants, d'un bout à l'autre de la steppe. La pierre figure un guerrier dont le visage, encadré par des boucles d'oreille, est souligné par la ligne d'un torque. Une hache et une épée courte pendent de sa ceinture.

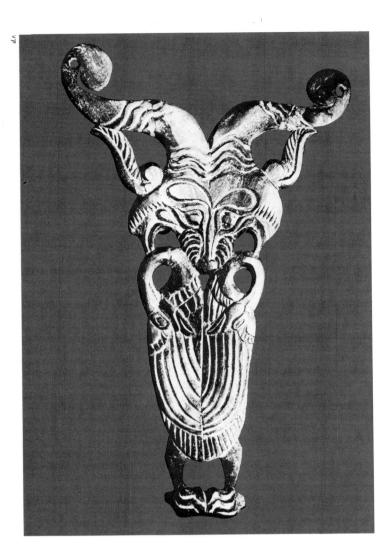

Oie attaquée par un monstre cornu, Pazyryk

Un monstre unique semble s'attaquer à deux oies aux cous gracieusement ployés. Mais l'image se décompose en deux moitiés accolées dont chacune montre le profil du fauve saisissant dans sa gueule béante une face de l'oiseau. C'est la représentation éclatée qui restitue la totalité d'une scène unique, garantissant sa pleine efficacité magique. À la différence du griffon, de la panthère et du cerf, tous trois en métal, qui proviennent du Kouban, cette plaque en corne de cerf ornait le chanfrein d'un cheval dans une tombe gelée de l'Altaï. Musée de l'Ermitage, Leningrad.

Griffon d'Oulski Aoul

L'objet dont la douille venait s'emmancher sur une hampe en bois comporte un grelot en forme de cône surmonté d'une tête de griffon cornu qui se réduit presque à l'immense bec crochu. À la fois visuel et sonore, ce type d'ornement de bronze à grelot ou à clochettes accompagnant une image animale devait servir d'enseigne. Attesté dans les tombes scythes les plus anciennes, il perdurera, sous sa forme traditionnelle, jusqu'à une date très tardive. Musée de l'Ermitage, Leningrad.

Panthère de Kelermès

De même taille que le cerf (ci-dessous, 32 cm), la panthère avait sans doute la même fonction. L'œil est incrusté d'émail et l'oreille, rapportée, de morceaux d'ambre. Le félin est représenté en arrêt, flairant la trace, la narine dilatée, les babines retroussées sur des crocs acérés. Dix petites panthères roulées en boule viennent se lover sur la queue et l'extrémité des pattes, renforçant par une redondance plastique très expressive le pouvoir d'agressivité du fauve. Musée de l'Ermitage, Leningrad.

Cerf de Kostromskaïa

L'attitude, qui est celle du bond, le museau fuselé, l'encolure étirée, l'œil comme tourné vers l'arrière, les andouillers en S de la ramure rabattue, les sabots effilés et les nombreux évidements qui allègent la silhouette, tout suggère la vitesse d'une course éperdue. La surface polie modelée par des arêtes rappelle le travail de l'os ou du bois. Travaillée au repoussé, la plaque a été trouvée avec les restes d'un bouclier de fer dont elle constituait l'emblème central. Musée de l'Ermitage, Leningrad.

Les pratiques funéraires : Tolstaïa Mogila

« Les tombeaux des rois sont chez les Gherriens, là jusqu'où le Borysthène (Dniepr) est navigable. En ce lieu, lorsque leur roi est mort, les Scythes creusent par terre une grande fosse carrée. Quand elle est prête [...], ils déposent le cadavre dans la chambre funéraire sur un lit de verdure [...] ; dans l'espace laissé libre de la chambre, ils ensevelissent, après les avoir étranglés, une des concubines du roi, ainsi que son échanson, un cuisinier, un palefrenier, un domestique, un porteur de messages, des chevaux, une part choisie du reste de ses biens et des phiales d'or ; cela fait, tous travaillent à élever un grand tertre, rivalisant d'ardeur pour qu'il soit le plus grand possible. »

Hérodote, IV, 71

Les grandes tombes princières du cours inférieur du Dniepr offrent l'exact contrepoint archéologique du témoignage d'Hérodote. Mais la plupart d'entre elles ont été explorées au XIXe siècle par des savants plus soucieux des objets que de leur contexte. C'est le cas de Solokha et de Tchertomlyk auxquels le musée de l'Ermitage doit beaucoup de ses plus belles pièces. Pour avoir une idée précise de ce qu'était un grand kourgane scythe du IVe siècle avant J.-C., il a fallu attendre l'étude systématique, en 1971, de Tolstaïa Mogila. Juste retour des choses, cette fouille entreprise avant tout dans le dessein de connaître la structure d'un kourgane que l'on croyait entièrement pillé a ramené au jour une moisson de trésors qui dépasse les espérances du plus fou des chercheurs d'or. Situé sur la rive droite du Dniepr, à la périphérie de la ville moderne d'Ordjonikidze, Tolstaïa Mogila ou plus exactement, en ukrainien, Tovsta Mogila, la Grosse Tombe, est le plus élevé et le plus septentrional d'une chaîne de vingt kourganes de hauteurs diverses qui s'étend sur deux kilomètres. Haut de près de 9 m et d'un diamètre d'une soixantaine de mètres, le tertre, énorme masse de 15 000 m³ de terre, avait été entouré d'un fossé d'environ 2 m de large et 1,5 m de profondeur. On y a retrouvé, gisant en onze tas, des débris d'amphores, des ossements d'animaux – cerfs, sangliers et surtout chevaux –, restes du festin funèbre dont on a identifié l'emplacement, lui aussi jonché de tessons, près de la levée de terre qui interrompait le fossé au nord-est. Le tertre recouvrait deux sépultures aménagées en profondeur sous le niveau du sol. La première, au centre, était celle d'un homme accompagné d'un serviteur. Elle avait été violée et en partie vidée de son contenu. La disposition en était la suivante. Une fosse rectangulaire de 4 m sur 2 m s'enfonçait à la verticale au centre exact du kourgane. Au fond, un court dromos descendait en s'élargissant vers la chambre funéraire, à 8,5 m sous la surface. À la base de ce puits, deux grandes niches avaient dû abriter objets et provisions. On n'y a retrouvé que des restes de nourriture, ossements verdis au contact du récipient de bronze qui les avait contenus et que les voleurs avaient emporté. Creusant un tunnel au flanc du kourgane, ceux-ci avaient abouti à la niche ouest et au puits d'accès, puis, cherchant plus loin, ils étaient tombés sur l'angle ouest de la chambre et avaient négligé le dromos

où ils pensaient ne rien trouver, d'autant que, comme la chambre, il devait être déjà à demi effondré. Retournant la terre éboulée, ils récupérèrent ce qu'ils purent, abandonnant pêle-mêle le squelette disloqué, des ossements d'animaux et des morceaux d'amphores, les restes d'une ceinture, d'une cuirasse en fer à écailles, des pointes de flèche en bronze, une bague en or et diverses appliques et bractées d'or estampées. Puis ils repartirent en semant sur leur passage de petits objets qu'on a retrouvés jusqu'à l'orifice du tunnel. Mais, dans le dromos épargné dont l'entrée était barrée par le squelette d'un garde, on a découvert un bassin de bronze, un petit chaudron au fond noirci qui a dû servir de lampe, des pointes de flèche, une amphore grecque et surtout, outre le ruban d'or en spirale qui s'enroulait autour du manche d'un fouet-nagaïka et les perles d'or qui en ornaient les lanières, une superbe épée dont la poignée et le fourreau sont revêtus d'une feuille d'or au décor animalier, ainsi que le grand pectoral. Au nord-est de cette sépulture, deux fosses à ras du sol contenaient chacune les restes de trois chevaux avec leur harnachement : mors et barrettes de mors en fer, plaques frontales, couvre-joues, ornements divers en bronze argenté, argent, or, richement décorés. Les tombes de deux palefreniers dont l'était un garçon de dix ou douze ans flanquaient la première fosse. Près de la seconde, un autre palefrenier portait au cou un mince torque d'or et au poignet un bracelet de fer. Près de lui se trouvaient deux couteaux à manche d'os et des pointes de flèche, en bronze et en os, dans un carquois décomposé apparemment en écorce de bouleau. Tout l'ensemble était entouré d'une double rangée de grosses pierres inclinées vers l'intérieur qui venaient plaquer la base du premier kourgane, édifié immédiatement après les funérailles de l'homme. Mais une deuxième sépulture, celle d'une femme et d'un enfant, fut aménagée ensuite en bordure de ce premier kourgane. Inviolée, elle ne comprenait pas moins de six squelettes. Indépendamment même de l'abondance et de la qualité des objets qu'elle recélait, son étude, du plus haut intérêt, permet de retracer toute une histoire. Un premier puits profond de plus de 6 m avait été creusé au ras du tertre primitif sur la pente duquel on a isolé les déblais de l'argile ainsi évacuée au sommet desquels avait été déposé un ensemble d'objets de bronze, restes du cortège funèbre. De l'angle oriental du puits partait un couloir au fond duquel gisait, sur le flanc droit, le corps d'une toute jeune fille. Au nord, l'accès du dromos était barré par les roues d'un char en bois dont les traces étaient visibles dans l'argile. Le dromos conduisait à la chambre funéraire, grande de 4,2 m sur 3,5 m. Là gisait le squelette d'une femme d'une trentaine d'années tout au plus, littéralement couvert d'or et de bijoux. De la vaisselle d'argent, d'argile et de verre l'accompagnait. La femme était étendue sur le dos, la tête à l'ouest, les bras placés le long du corps, paumes à plat vers le sol,

la jambe droite légèrement pliée. Elle avait dû reposer sur une estrade en bois, enveloppée d'un linceul dont les bords rabattus sur un côté étaient fixés par deux agrafes de bronze. Près d'elle gisait un tout petit enfant qui avait été déposé dans un sarcophage de bois qui s'était décomposé. Il portait un torque, une bague et des boucles d'oreille faits d'un simple fil d'or. Son corps était couvert de perles et de bractées en or estampées. Une coupe, un rhyton et un petit vase à panse sphérique, tous en argent, avaient été placés près de lui. À la tête des deux défunts se trouvait le squelette d'un homme armé d'un arc avec à son flanc un carquois plein de flèches aux pointes de bronze. À leurs pieds gisait le squelette d'une femme. Derrière s'ouvrait une niche contenant un chaudron de bronze avec des restes de cheval, un plat en bronze et deux couteaux de fer à manche d'os. La disposition des corps des serviteurs indique qu'ils ont été déposés sur le sol encore chauds et peut-être même tués sur place. Mais toutes ces inhumations n'ont pas été faites en même temps. En effet, l'existence d'un second puits d'accès, lui aussi barré par les roues d'un char, et le fait que la chambre funéraire a visiblement été agrandie après coup l'indiquent clairement. La femme a été enterrée la première, accompagnée de la jeune fille et du serviteur qui jouxtent le premier puits. Ensuite, l'enfant l'a rejointe dans la mort. Pour lui, on a creusé le second puits et élargi la chambre, car c'est sans doute à ce moment-là qu'ont été déposés près de lui l'homme armé et la femme, qui est peut-être une nourrice. Quoi qu'il en soit, l'homme de la sépulture principale, la femme parée d'or et l'enfant ont été inhumés dans un laps de temps très court, au milieu du IVe siècle si l'on en croit l'étude des objets, en particulier la céramique grecque. Qu'ils soient tous trois unis par un lien très étroit, c'est ce que confirme, outre la disposition même du kourgane, le fait que certaines des bractées qui recouvrent le corps de l'enfant et celui de l'homme sont absolument identiques. Il est raisonnable de penser que le chef scythe qui gît là a été suivi de près dans la mort d'abord par sa compagne, puis par leur enfant. Si l'on en juge par la richesse du kourgane et le poids d'or qui y a été trouvé, il devait s'agir à coup sûr d'un homme de très haut rang et peut-être d'un roi. Au reste, toute une série de parallélismes de structures, d'analogies entre les objets, de recoupements divers tissent un réseau de correspondances entre le kourgane de Tolstaïa Mogila et les autres grands kourganes du IVe siècle, en particulier ceux de Solokha et de Tchertomlyk, dont il est très proche, dans le temps comme dans l'espace. C'est là, sans doute, le plus grand apport de cette fouille exemplaire : la possibilité qu'elle offre de replacer dans leur contexte archéologique bien des objets anciennement découverts et qui jusque-là ne pouvaient nous parler que d'eux-mêmes.

Véronique SCHILTZ

Pectoral

Cette parure masculine, d'un poids de 1 150 grammes d'or, est en fait un quadruple torque enserrant une scène de combats d'animaux, un rinceau rehaussé d'émail bleu et l'image paisible de la vie nomade au milieu du troupeau, le tout traité dans un style très grec. Les deux hommes occupés à coudre un caftan en mouton illustrent sans doute quelque épisode connu d'une histoire scythe. Musée de Kiev.

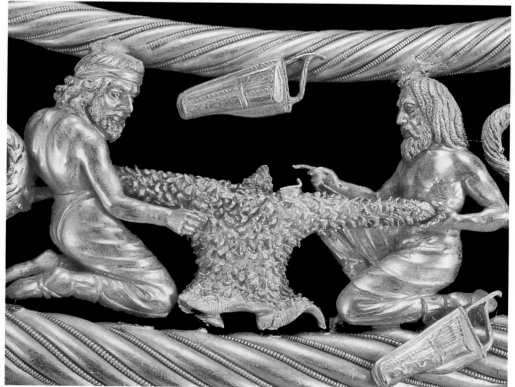

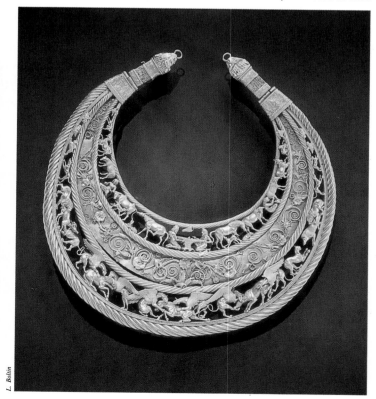

L. Boltin

Femme de la sépulture latérale

Le squelette paré de la femme et les objets qui l'accompagnaient ont été transportés tels quels au musée de Kiev. Les bractées d'or estampées qui parsèment tout le haut du corps devaient être cousues à un voile que retenait le haut diadème.

L. Boltin

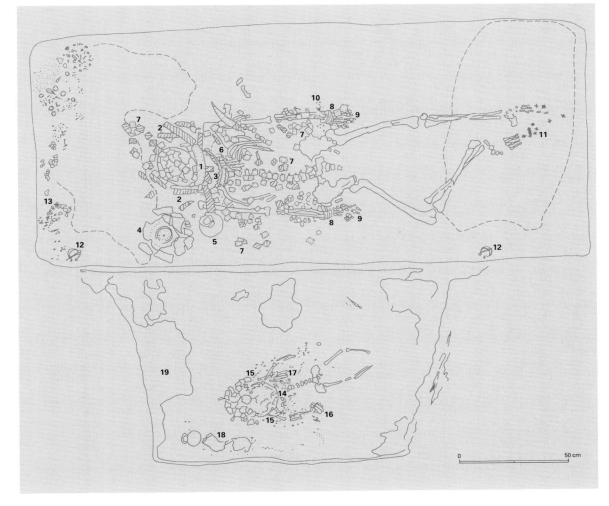

1 bandeaux d'or superposés du diadème
2 pendentifs en or
3 torque orné d'une file d'animaux
4 plat grec à vernis noir
5 coupe d'argent
6 miroir en bronze
7 bractées d'or du voile
8 bracelets d'or
9 bagues d'or
10 perles de couleur et fermoir d'or d'un bracelet
11 bractées des chaussures
12 agrafes du linceul
13 fragments de vaisselle en verre
14 torque
15 anneaux d'oreille
16 bracelet
17 bractées d'or
18 vases d'argent
19 restes du sarcophage

Plan du kourgane de Tolstaïa Mogila

L'espace circulaire du kourgane s'organise autour de la sépulture masculine dont le puits d'accès est à l'aplomb exact du sommet. C'est ce point que vise le tunnel, creusé par les voleurs, qui néglige chevaux et palefreniers. Restée inviolée, la sépulture de la femme a été aménagée en bordure du tertre primitif dont le double anneau de pierres marque le contour. Au nord-est, une zone couverte de fragments d'amphores indique l'emplacement du festin funèbre dont on retrouve aussi les restes dans le fossé entourant le tumulus.

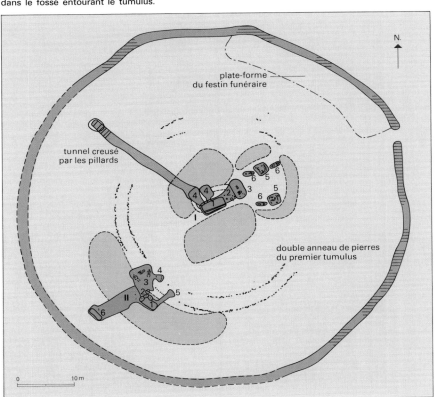

N.

I **sépulture centrale**
1 puits d'accès
2 dromos
3 chambre funéraire
4 niches
5 sépultures de chevaux
6 tombes des palefreniers

II **sépulture latérale**
1 premier puits d'accès
2 dromos
3 chambre funéraire
4 niche
5 couloir où reposait la jeune fille
6 deuxième puits d'accès

▓ fossé (les parties hachurées sont celles où s'accumulaient les tessons de vaisselle du festin funéraire)

▒ terres de déblai des sépultures creusées

Sommet de hampe

À la fois grelots et enseignes animalières à l'image d'un cerf ou d'un griffon, des objets de bronze comme celui-ci, d'ancienne tradition scythe avaient été déposés en tas, avec les ornements du cortège funèbre (clochettes, mors, éléments de harnais), sur les déblais du puits d'accès à la sépulture féminine. Musée de Kiev.

L. Boltin

Les matériaux périssables

Dans le sud de la Sibérie, un phénomène providentiel, en transformant plusieurs sépultures en glacières, a préservé leur contenu. Le massif de l'Altaï offrait l'été ses pâturages aux tribus avoisinantes qui y enterraient leurs morts. La seule vallée de Pazyryk, à 1 500 mètres d'altitude, compte une quarantaine de kourganes. Les cinq plus grands appartenaient à des hommes et des femmes de haut rang et se sont révélés d'un extraordinaire intérêt. Leur date, discutée, s'échelonne du Vᵉ au IIIᵉ siècle avant J.-C. Mais leur structure et la culture qu'ils reflètent sont homogènes. À l'aplomb de chaque tertre, une fosse contenait la chambre funéraire en rondins à l'extérieur de laquelle avaient été déposés chevaux et attelages. Tout était pris dans la lentille de glace qu'avaient formée, hiver après hiver, les eaux d'infiltration et de condensation. En effet, l'amas des pierres du tertre, en faisant écran aux rayons du soleil, empêchait le réchauffement estival de la terre en profondeur. Le processus avait été accéléré par le pillage des tombes, très tôt visitées : par la brèche pratiquée par les voleurs, les pluies avaient ruisselé et l'air froid s'était introduit, noyant tout d'une chape de glace. Avides de métal et de bijoux, les pillards avaient dépouillé les défunts de leurs armes et raflé les objets précieux, sortant les corps des cercueils déjà à moitié pris par les glaces, coupant la main pour le bracelet, le doigt pour la bague, arrachant la tête avec le torque. Mais les vêtements, les tapis, le mobilier, tous les petits objets de bois, les matériaux humbles qu'ils avaient dédaignés étaient là, près des cadavres profanés. Ainsi les tombes de l'Altaï nous offrent-elles comme l'image inversée des sépultures scythes où le métal est seul ou presque à avoir subsisté. Monde charnel où les corps sont présents ; monde tactile de fourrures, de feutre, de cuir et même de soie ; monde, surtout, étonnamment coloré. Image d'autant plus précieuse que l'univers nomade est par essence le domaine du périssable, la victoire du mou sur le dur, de l'organique sur l'inerte. Le bois, du mélèze dans l'Altaï, se substitue à l'argile et au métal pour la plupart des besoins de la vie quotidienne, et le nomade pratique une sorte d'autarcie ambulatoire qui le fait vivre de ce que fournit le troupeau : laitages et viande pour la nourriture, peaux et laine pour le vêtement, mais aussi cuir, corne, os, tendons, poils, crin pour mille usages. Auxiliaires indispensables de la vie nomade et signes de richesse, des chevaux accompagnaient les défunts. Le garrot haut, plus grands et plus racés que les chevaux trapus habituels à la steppe, ceux de Pazyryk avaient la crinière taillée, la queue tressée et la marque de leur propriétaire incisée sur l'oreille. Leur estomac contenait encore l'herbe qu'ils avaient mangée avant d'être abattus d'un coup sur la tête. Auprès de chacun, son harnachement

avait été déposé. Seul le mors était métallique, en fer le plus souvent. Le reste – barrettes de mors, plaques frontales, brides, courroies et pendeloques diverses à décor animalier – était en corne, en cuir et surtout en bois sculpté parfois plaqué d'une mince feuille d'or. Dans chaque tombe, un ou deux chevaux, sans doute ceux qui conduisaient le cortège funèbre, étaient porteurs d'étranges coiffes en feutre et cuir qui les déguisaient en cerf ou en griffon. À l'intérieur des chambres, couvercles soulevés, des sarcophages taillés d'une seule pièce dans des troncs de mélèze avaient contenu le corps des défunts dont les chairs, les cheveux, les traits avaient été conservés par l'action conjuguée du froid et de l'embaumement. Sans doute mort au combat d'une blessure dont son crâne portait la trace, le défunt du kourgane 2 avait été scalpé par son adversaire. On l'avait doté d'une perruque, et aussi d'une barbe postiche. Mais le plus curieux était sa peau couverte de tatouages. Un lion fantastique déroulait sa queue en volute sur l'omoplate gauche, tournant avec le torse pour venir occuper de sa tête le centre exact de la poitrine. Tout un bestiaire tatoué sur les bras de ce « Cœur-de-lion » devait onduler au gré du jeu des muscles sous la peau : bouquetins à la croupe retournée, cerfs à la grande ramure, félin aux crocs acérés. Quatre mouflons couraient sous un poisson qui occupait la verticale du tibia. Le long de la colonne vertébrale et sur la cheville, des points semblent correspondre à des endroits repérés des acupuncteurs. Or le tatouage, infamant pour les Grecs et volontiers associé, dans nos sociétés, à des vies en dérive – marins, prisonniers, marginaux –, est resté, chez les Kirghiz d'Asie centrale, la marque du courage et de la noblesse. Mais les gens de l'Altaï étaient également maîtres dans un autre genre de travail des peaux. Ils faisaient un large usage du cuir et de la fourrure, notamment pour le vêtement. Ainsi, la femme du même kourgane 2 portait-elle un caftan court en petit-gris, aux fausses manches exagérément étroites, qu'on jetait sur les épaules, fourrure à l'intérieur. Ce caftan était bordé d'une large bande de poulain foncé et de loutre teinte en bleu. L'extérieur, travaillé comme du daim, était entièrement brodé à la manière des pelisses afghanes et orné d'applications de cuir rouge rehaussées de cuivre doré. L'ensemble était complété par un plastron en loutre, petit-gris et zibeline. La femme portait aux pieds, sur des bas de feutre très fin, des bottes de cuir rouge dont la tige était entièrement couverte d'applications et de broderies au fil enveloppé d'étain. Même les semelles étaient ornées de petites perles de cuivre noir et de précieux cristaux de pyrite disposés en losange, ce qui n'avait de sens que si la femme était souvent assise à la manière nomade, plante des pieds vers l'extérieur, sur un tapis. Çà et là gisaient

des objets de la vie quotidienne. De petits chaudrons de bronze, quelques vases d'argile, et surtout des récipients et des objets de bois et plus encore de cuir : sacs, flacons, outres, pochettes contenant du fromage, des graines, voire des cheveux et des rognures d'ongle au pouvoir magique. Le mobilier, réduit, comportait de petits oreillers de bois arrondis et légèrement incurvés en leur centre, des tabourets bas, des tables au plateau mobile posé sur des pieds ouvragés, qui portait les restes de la friande selle de mouton destinée au défunt. Mais, dans cette vie à ras du sol, l'essentiel restait les coussins, de feutre, de cuir, de fourrure, bourrés d'herbe sèche ou de poil animal, et surtout les tentures et les tapis qui, tout en jouant leur rôle d'isolant, constituaient le décor de la vie. De fabrication locale, le feutre était le plus couramment employé. On a retrouvé d'immenses tentures ornées de motifs en couleurs découpés et cousus, parfois encore fixées aux parois de rondins. Dans le kourgane 5 se trouvait un superbe tapis velouté, à dominante rouge, de 1,83 m sur 2 m, orné d'un motif central en damiers encadré d'une file de daims paissant et, près du bord, d'une procession de cavaliers. L'étude des motifs et plus encore la technique de ce tapis finement noué et rasé, le plus ancien qui soit parvenu jusqu'à nous, indiquent une provenance étrangère, peut-être la Perse ou, plus vraisemblablement, l'Asie centrale sédentaire. Importée également, mais cette fois de Chine, une pièce de soie grège d'une extrême finesse sur laquelle se déploie un univers raffiné d'arabesques fleuries, de faisans ou de phénix brodés. De ce présent royal, on avait fait un tapis de selle, bordé d'une bande de feutre incrusté de cuir plaqué d'or et d'étain, d'où pendaient six grosses touffes de poils de yack. Ces deux exemples parmi beaucoup d'autres illustrent l'importance des textiles, support incomparable pour la diffusion des formes et des motifs, dans les échanges est-ouest à longue distance, et cela bien avant l'établissement d'une Route régulière de la Soie qui, elle, passera plus au sud. Plus généralement, ce que nous offrent les tombes gelées de l'Altaï, c'est un tableau saisissant de ce dont le temps nous prive d'habitude : la vivacité des couleurs, le contact des peaux et des étoffes, l'art de combiner en un objet unique les matériaux les plus divers. En nous rendant cette dimension du périssable, les trouvailles de Pazyryk restituent concrètement ce que, dans les tombes scythes, l'image seule nous permettait de deviner. Par le jeu de la complémentarité, une approche totale de la civilisation nomade des steppes devient possible, et le rêve de l'archéologue de devenir l'ethnologue des peuples disparus se trouve réalisé.

Véronique SCHILTZ

Déesse et cavalier, détail d'une tenture de feutre du kourgane 5 de Pazyryk

Arc à la ceinture, cape flottant au vent, le cavalier s'avance face à une femme en longue robe, coiffée d'une grande tiare et dont l'oreille est curieusement figurée à l'envers. Elle trône sur un siège aux pieds tournés et brandit dans la main droite un rameau fleuri. Le motif, plusieurs fois répété, ornait une tenture de feutre de 6,5 m × 4,5 m. Exceptionnelle dans l'art des steppes, l'image de la femme n'y apparaît guère que dans les scènes de ce type. Investiture ? Hiérogamie ? Héroïsation du défunt ? Le personnage trônant est en tous cas divin et la scène a, à coup sûr, une signification religieuse. Musée de l'Ermitage, Leningrad.

Pochette en cuir ornée d'un combat de créatures ailées du kourgane 2 de Pazyryk

Remplie de graines de chanvre (cannabis), la pochette était accrochée aux montants d'une tente de cuir entourant un chaudron plein de galets et de chanvre calciné. Fréquent dans les tombes de l'Altaï, un tel attirail est très exactement décrit par Hérodote (IV, 73), qui montre les Scythes se purifiant après les funérailles en s'enfumant sous des couvertures avec du chanvre jeté sur des pierres brûlantes, ce qui provoque leurs hurlements d'extase. Musée de l'Ermitage, Leningrad.

Cygne du kourgane 5

Quatre figures semblables de feutre bourré d'herbe séchée, fixées par les pattes, étaient comme posées sur le chariot de bois (voir illustration p. 214), dont la caisse était capitonnée de feutre noir. Premier exemple au monde de « sculpture molle », le cygne dénote un sens remarquable de l'observation. Son image est très rare chez les nomades iraniens, mais on sait que, pour les Mongols, le cygne était un animal sacré, et l'ethnologie sibérienne connaît une femme-cygne, ancêtre du peuple bouriate. Musée de l'Ermitage, Leningrad.

Instrument de musique en bois et cuir du kourgane 2

L'instrument comportait plusieurs cordes – ici restituées – montées sur une caisse de bois creux tendu de cuir. Ce genre de harpe et la présence, dans toutes les tombes, de petits tambours suggèrent plutôt une musique d'accompagnement. Chez ces peuples sans écriture, la richesse de la tradition orale, épique vraisemblablement, est confirmée par l'analyse du substrat le plus archaïque des épopées survivant en Iran et en Asie centrale. Musée de l'Ermitage, Leningrad.

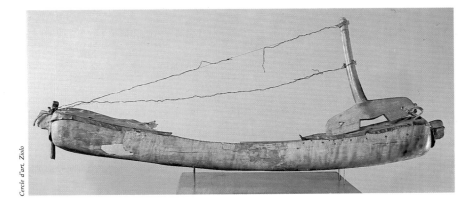

Détail d'une couverture de selle en feutre et cuir du kourgane 1 de Pazyryk

Des morceaux de feutre de couleur cousus sur le fond rouge figurent un griffon doté d'une crête et d'un toupet caractéristiques. Bec acéré et serres puissantes, il terrasse un bouquetin dont l'arrière-train se retourne. Muscles et articulations sont soulignés par des points et des virgules selon une convention chère à l'art oriental. Sur l'aile et la tête du griffon, les sabots du bouquetin, on devine les restes d'applications de cuir qui devaient être couvertes d'une fine feuille d'or. La scène avait son symétrique de l'autre côté de la couverture d'où pendaient de longues franges de crin roux. Celle-ci recouvrait la selle, faite de deux coussinets de cuir fixés sur des arceaux de bois reposant sur un tapis de feutre épais. Musée de l'Ermitage, Leningrad.

Grecs et Scythes

Décentrée et très réduite au regard des immensités qu'elle jouxte, la bordure littorale des steppes sur la mer Noire, limite extrême de l'espace maîtrisable tant pour les bateaux grecs que pour les chevaux scythes, est devenue très tôt terre de rencontre, puis d'échanges permanents, et finalement lieu d'une osmose à double sens qui, si elle modifie en profondeur les Scythes, touche aussi certains aspects de la vie grecque et finit par donner naissance à des formes mixtes qui, avec l'art sarmate notamment, féconderont à leur tour le monde antique plus tardif. Les Grecs ont localisé dans la région du Pont nombre d'histoires qui illustrent tous les degrés de la connaissance, du *mythos* recélant des germes de vérité au *logos* qui se veut objectif d'Hérodote, de l'imaginaire à l'expérience vécue et rationalisée. Confins irréels du monde connu, blanche et bienheureuse Hyperborée où un Apollon de lumière se réfugie l'hiver au milieu des cygnes, noire porte des Enfers, Cimmérie noyée de brumes et de froid, c'est aussi le pays de Prométhée rivé au Caucase, de la Colchide riche en or, des Arimaspes à un œil arrachant aux griffons les précieuses pépites ; tout cela est assez la véritable raison qui a d'abord poussé les Grecs : l'attrait du métal. Le périple des Argonautes, la victoire de Thésée ou d'Héraklès sur les Amazones du Pont, les errances d'Io de par le Bosphore cimmérien, et, plus encore, le cruel destin d'Iphigénie en Tauride ou l'histoire de l'Achille pontique ne sont rien d'autre que la marque d'une progressive appropriation territoriale que confirme l'archéologie. Les fouilles ont livré, sur le littoral mais aussi à l'intérieur des terres, des fragments de céramique grecque du VIIe siècle avant J.-C., rhodo-ionienne pour l'essentiel. Ce sont en effet des Grecs d'Asie, de Milet, qui se montrent les plus entreprenants avant que les Athéniens ne prennent le relais. Attirés par les ressources et les débouchés commerciaux que proposent ces terres nouvelles, ils installent d'abord des escales sûres, comme sur l'îlot de Berezan, face à la future Olbia, puis s'enhardissent et s'implantent sur la terre ferme, de préférence à l'embouchure des fleuves, voies privilégiées de pénétration vers l'intérieur. Ainsi sont fondées Istros sur le Danube, Tyras sur le Dniestr, Olbia à l'embouchure du Boug et du Dniepr et, au débouché de la mer d'Azov, Panticapée ; puis Tanaïs, enfin, la plus septentrionale de toutes les colonies grecques, qui, par le Don, donne accès aux steppes de la Volga. Même si les dates de fondation sont parfois fixées par la tradition au milieu du VIIe siècle, en fait, ce n'est pas avant le siècle suivant que l'installation se réalise. À la fin du VIe siècle encore, la *polis* grecque d'Olbia n'est qu'un gros bourg auquel le Ve siècle donnera une physionomie véritablement urbaine. Mais, dans cette première phase, Grecs et Scythes vivent côte à côte plus qu'ils ne se mélangent. Sur place, les Grecs trouvent le blé, qu'ils cultivent largement eux-mêmes, des peaux et des fourrures, du poisson séché et aussi de la main-d'œuvre qu'ils exportent, esclaves, et surtout

mercenaires comme ces archers scythes qui, avant les guerres médiques*, assistent l'armée athénienne et formeront, au Ve siècle, un des contingents de la police d'Athènes. Ce qu'ils proposent aux Scythes en échange, ce sont l'huile, le vin, de la céramique de luxe, des objets manufacturés en métal, toutes choses dont ils sont les intermédiaires plutôt que les fabricants, et aussi, sur place, le savoir-faire d'artisans habiles qui savent s'adapter à la demande de la clientèle barbare. De part et d'autre du Dniepr, mais aussi dans le Kouban, des tombes scythes ont livré des amphores parfois estampillées, des éléments de cratères en bronze importés, des miroirs à manche, ainsi que des casques et des cnémides typiquement grecs. Mais d'autres objets, comme le miroir de Kelermès, manifestent de façon éclatante qu'ils ont été réalisés sur la demande d'un client scythe par un artisan formé aux traditions artistiques de la Grèce d'Asie. Un peu plus tard, l'apparition de motifs comme les palmettes et lotus, les oves et les perles, et plus encore le détournement d'emblèmes monétaires grecs que leur contenu animalier rend particulièrement séduisants témoignent de l'impact de la présence grecque. Pourtant, ces apports, pour réels qu'ils soient, n'affectent pas en profondeur la civilisation des nomades. Les guerres médiques mettent fin aux relations privilégiées des cités ioniennes avec la mer Noire et même Athènes, pourtant devenue très active dans ce domaine, entretient avec elle au Ve siècle des relations assez lâches dont témoigne la relative rareté, à l'époque, des importations athéniennes. Cependant, les villes grecques voisines du détroit de Kertch se regroupent autour de Panticapée pour former le royaume du Bosphore, qui devient l'interlocuteur majeur des Athéniens. Or un changement radical intervient, qui inaugure, à l'aube du IVe siècle, une nouvelle phase dans leurs relations. Athènes, qui après la guerre du Péloponnèse* a vu son agriculture ravagée et ses relations avec les autres cités grecques gravement perturbées, ne peut plus compter que sur le Bosphore pour la ravitailler en grain. Cet accroissement subit de la demande et la nécessité de faire appel aux indigènes pour exploiter les terres conduisent à l'enrichissement rapide de ceux d'entre eux qui fournissent le blé aux Grecs ou participent, d'une façon ou d'une autre, à son commerce. En fait, c'est toute l'aristocratie scythe qui s'enrichit, comme en témoigne l'abondance des objets de luxe dans les tombes princières, en particulier dans la région des terres noires du Dniepr (Tchertomlyk, Solokha et le grand kourgane de Tolstaïa Mogila). Encore ces Scythes-là semblent-ils avoir voulu vivre, au moins leur vie d'outre-tombe, comme leurs pères. Mais d'autres ont cédé à l'attrait de la ville et confondu, comme beaucoup, urbanisme et urbanité au point de se sédentariser. De ceux-là, on retrouve les tombes dans la nécropole de Panticapée ou aux environs de celle-ci. C'est le cas du kourgane de Koul-Oba, à 6 kilomètres de la ville, qui présente un cas exemplaire d'une

sépulture de Scythe hellénisé. Sous le tertre traditionnel, la chambre sépulcrale n'est pas en bois, mais en pierres. Sa structure en encorbellement et la présence d'un majestueux dromos trahissent l'influence de l'architecture grecque. Le défunt a été enterré, à la scythe, avec sa compagne, un serviteur et un cheval, mais son sarcophage de cyprès était plaqué d'ivoire gravé et peint où apparaissent un aurige ainsi que l'Athéna, l'Aphrodite et l'Éros d'un Jugement de Pâris. On avait déposé là de la nourriture dans un chaudron de bronze scythe, mais aussi du vin dans quatre amphores, dont l'une porte l'estampille de l'île grecque de Thasos. L'homme était apparemment vêtu d'un costume local avec un capuchon de feutre pointu. Lui et sa compagne étaient couverts de bractées d'or. À côté de l'arc et de son carquois, du fouet-nagaïka et de l'épée courte dans son fourreau, il avait un casque et des cnémides dignes d'un hoplite. Mais le plus significatif était à coup sûr la profusion des objets d'or qui se trouvaient auprès du couple. Vase, phiale, torque, bracelets, diadème, pendentifs et une infinité de plaques et de bractées témoignaient par leur abondance d'un goût immodéré de l'or et de la parure et d'une richesse quelque peu tapageuse. Les thèmes de leur décor mêlaient les images d'animaux chères à l'art des steppes, les représentations des Scythes évoluant dans le décor de leur vie quotidienne et figurés avec une précision ethnographique, et les images purement grecques : Pégase, Gorgones, dauphins, sphinx, et même l'Athéna Parthénos de Phidias, sans parler des motifs de pure ornementation. Quant à la technique de toutes ces superbes pièces d'orfèvrerie et au style des images, ils étaient, eux, purement grecs. L'exemple de Koul-Oba est loin d'être unique, et les ateliers du Bosphore ont pu travailler pour une clientèle plus lointaine, ou produire des objets qui ont beaucoup voyagé. C'est peut-être le cas de la plaque de revêtement en or découverte en 1977 lors des fouilles du tumulus royal de Vergina, en Macédoine, qui semble bien être la sépulture de Philippe, le père d'Alexandre le Grand. Non seulement la plaque ornait un gorytè, carquois de type scythe, mais on connaît plusieurs revêtements très voisins découverts dans des tombes scythes, dont une plaque, celle de Karagodeouachkh dans le Kouban, qui est l'exacte réplique de l'exemplaire de Vergina et a dû être fabriquée à partir d'une même matrice, peut-être à Panticapée. Lorsque, venus de la région caspienne, les Sarmates se substitueront aux Scythes sur les rives de la mer Noire, ils apporteront avec eux un répertoire animalier intact, tout droit issu de la plus authentique tradition des steppes. Mais ce sont les ateliers hellénisés du Bosphore qui, avec tout le raffinement de leur savoir-faire, donneront forme à ces images qui viendront nourrir l'imaginaire de notre Occident.

Véronique SCHILTZ

Bracelets de Tillia-Tepe

Échines arquées, pattes en extension, cornes et oreilles comme plaquées par le vent de la course, ces antilopes, incrustées de turquoise et, sur l'œil, de cornaline, appartiennent à la plus pure tradition de la steppe. Mais, au doigt du même défunt, une bague, également en or massif, portait l'image et le nom d'Athéna, ce qui illustre, loin des rives de la mer Noire et au début de notre ère, l'importance de l'apport grec dans l'art des nomades qui, après avoir envahi la Bactriane, fonderont l'empire indien des Kouchans. Musée de Kaboul.

Miroir de Kelermès

Disque d'argent autrefois muni d'un bouton central, l'objet est de type local. Mais c'est une main grecque qui a ciselé la feuille d'or plaquée au revers, où alternent créatures ailées et animaux réels. Cette idée de l'accès au surnaturel par l'intermédiaire des animaux et le vol reflète des conceptions et des pratiques communes à toute la steppe et attestées par le chamanisme moderne. Instrument magique de la divination, le miroir est également attribut du pouvoir. Musée de l'Ermitage, Leningrad.

Bractées des Sept-Frères

Ces petites feuilles d'or estampées étaient, selon la coutume barbare, cousues au vêtement. Plusieurs d'entre elles empruntent leur forme aux images figurant sur les monnaies grecques qui parvenaient jusqu'en Scythie. Ainsi le sanglier ailé était-il l'emblème monétaire de deux villes grecques d'Asie Mineure, Ialysos et Clazomènes. Mais le cas le plus spectaculaire est celui de la chouette, animal étranger au bestiaire des steppes, mais emblème de la drachme* d'Athènes et que les Scythes adoptent bien avant d'accueillir l'image de la déesse elle-même. Musée de l'Ermitage, Leningrad.

Fourreau d'épée

Fabriqué à partir de la même matrice que l'exemplaire de Tchertomlyk, la partie allongée du fourreau substitue aux traditionnels animaux une scène de combat entre Grecs et Barbares, dans le plus pur style grec, tout droit issue du répertoire de la sculpture monumentale. Mais l'attache, qui diffère d'un exemplaire à l'autre, porte un décor animalier. The Metropolitan Museum of Art, Rogers Fund, New York.

Pendentif de Koul-Oba

Sur le médaillon qui forme le corps de chacun des deux pendentifs en or rehaussé d'émail qui encadraient le visage de la défunte apparaît la tête casquée de l'Athéna Parthénos conçue par Phidias pour le Parthénon. Ainsi, par un paradoxe exemplaire, est-ce une tombe scythe et un bijou barbare qui ont su nous transmettre la plus fidèle image d'une statue illustre entre toutes et symbole de la Grèce classique. Musée de l'Ermitage, Leningrad.

Cerf de Koul-Oba

Cette plaque de bouclier est apparemment l'équivalent exact de celle de Kostromskaïa (p. 219). Mais plus massif, les andouillers raidis, un troisième sabot suggérant la profondeur, ce cerf hellénisé plaqué d'animaux qui ne sont pas pertinents perd en efficacité suggestive ce qu'il gagne en réalisme, donnant la mesure de l'opposition irréductible entre deux approches du réel : l'analyse rationnelle des Grecs et la vision magique des Scythes. Musée de l'Ermitage, Leningrad.

L'Asie centrale

Les récits n'ont pas manqué, depuis 2 000 ans, sur les gens et les choses remarquables que l'on découvrait lorsque, venant de l'ouest ou de l'est, l'on abordait la vaste zone de déserts et de montagnes qui s'étend de la mer Caspienne aux plaines chinoises. L'image formée à travers ces récits était celle d'un isolat resté à l'écart des grandes civilisations, ou du moins qui ne méritait de retenir l'attention qu'aux époques privilégiées où l'une ou l'autre de celles-ci – perse, gréco-romaine, indo-bouddhique, musulmane – avait laissé là quelque trace. Il aura fallu attendre le XXᵉ siècle pour qu'à cette image succède une histoire véritable, fondée pour l'essentiel sur les résultats d'une exploration commencée il y a moins de cent ans et qui offre aujourd'hui une vision toute différente des rapports entre l'Asie centrale et les civilisations du monde asiatique ou méditerranéen.

Il faut se garder pourtant de minimiser la part qui revient dans ce mouvement aux narrateurs d'autrefois – les *logopoioi* dont parle Hérodote, le plus illustre d'entre eux. Dans son célèbre ouvrage (écrit au Vᵉ s. av. J.-C.), les *logoi* relatifs à l'Asie centrale marquent le début d'une longue suite de récits qui furent longtemps les seules sources d'informations disponibles sur la géographie de ces régions, les peuples qui les habitaient, leurs coutumes, leur histoire même, dans la mesure où l'on pouvait en reconstituer des bribes à partir des traditions et des monuments décrits par nos conteurs. L'historiographie de l'Asie centrale commence avec l'accumulation de ces récits, même si la qualité de leurs auteurs peut paraître singulièrement variée. Certains sont à nos yeux des historiens, comme Ctésias, peu après Hérodote, ou les annalistes d'Alexandre et de ses successeurs en Bactriane, à l'époque romaine ; ou bien encore des géographes de la même époque tels Strabon, Ptolémée surtout, à qui l'on doit la première description des routes commerciales qui reliaient Bactres, en Asie centrale, à la capitale du pays de la soie, en Chine. Mais la plupart n'ont pas ce statut d'érudits ; ce sont des ambassadeurs envoyés par les grandes puissances du moment, en qualité de missionnaires ou de commerçants : ambassades chinoises (Chang-K'ien, IIᵉ s. av. J.-C., Fa-hien, IVᵉ s. apr. J.-C.), byzantines (Zémarque, VIᵉ s.), papales (Jean du Plan Carpin), françaises (Guillaume de Rubrouck), vénitiennes (Marco Polo et ses frères), au XIIIᵉ siècle, pour ne parler que des plus anciennes et des plus connues. Aux récits de ces étonnants voyageurs s'ajoutent, à partir du IXᵉ siècle, les relations de l'Asie centrale établies par les géographes et les historiens arabes : ce qualificatif consacré désigne une vaste collection d'ouvrages écrits, en effet, pour la plupart en arabe, mais souvent aussi en persan, par des auteurs originaires de toutes les régions du monde musulman, de la Méditerranée au Pamir. Aujourd'hui encore, c'est essentiellement par l'étude systématique de ces textes, confrontés aux témoignages archéologiques, que s'édifie la géographie historique de l'Asie centrale au Haut-Moyen Âge, voire dans l'Antiquité. Un autre ensemble de sources utiles au même propos mérite également d'être mentionné : ce sont les chapitres consacrés aux « régions occidentales » dans les histoires dynastiques et dans les annales chinoises, dont il existe depuis peu des recueils compilés par des érudits de tous pays, chinois comme européens.

À l'aube des Temps modernes, cependant, l'accumulation des récits sur l'Asie centrale semble marquer le pas : à partir du XVᵉ siècle, les commerçants et les missionnaires occidentaux s'intéressent davantage à l'Extrême-Orient, qu'ils peuvent désormais atteindre par la route maritime, ou à la Perse, dont ils ne dépassent pas les frontières orientales ; et les premières ambassades dépêchées par le gouvernement moscovite en Asie centrale, au XVIᵉ et au XVIIᵉ siècle, n'ont guère laissé de traces. Il faut attendre le XIXᵉ siècle pour que l'Asie centrale devienne à nouveau le lieu d'explorations systématiques. Celles-ci sont encore mêlées à des considérations politiques : l'Angleterre et la Russie rivalisent d'efforts pour étendre leur emprise sur l'Asie centrale, par des jeux d'alliance assortis de pressions militaires qui visent l'Afghanistan et le Turkestan oriental pour l'une, les Khanats uzbeks de Khiva et de Bokhara pour l'autre. Des « voyageurs » d'un genre nouveau apparaissent à l'occasion de ces mouvements, à qui l'on doit les premières études systématiques sur l'Asie centrale touchant alors tous les aspects du sujet : histoire, géographie, archéologie, linguistique, ethnologie, religions, etc. Citons notamment :

– les remarquables descriptions de l'Afghanistan, riches en notations historiques et archéologiques encore précieuses aujourd'hui, dues à de savants observateurs venus de l'Inde, de Perse ou de Russie au cours de la première moitié du XIXᵉ siècle : anglais pour la plupart (Elphinstone, Masson, Burnes, Conolly, Wood), mais parfois aussi français (Ferrier) ; puis les premiers ouvrages systématiques sur l'histoire et les antiquités de ce même pays, ou sur certaines de ses provinces, publiés dans la seconde moitié du XIXᵉ siècle par une nouvelle génération d'explorateurs britanniques au service de l'Inde (Raverty, Yate, Robertson, Tate) ;

– les entreprises parallèles des Russes dans les Khanats de l'Asie centrale (Bokhara, Khiva, Khokand), où se succèdent de la même façon, au XIXᵉ siècle, d'abord des explorateurs éclairés, qui alliaient à leurs missions techniques la recherche de manuscrits et l'étude des monuments (Mouraviev, Khanikov, Lehman, Ignatiev, Veliaminov-Zernov) ; puis des savants à qui l'on doit les premières études systématiques de documents épigraphiques et de vestiges matériels, dans le dernier quart du XIXᵉ siècle (Lerkh, Veselovskij, Joukovskij, Barthold), appuyés parfois par des fouilles (notamment à Samarkand-Afrasiyab et au Ferghana) ;

– la somme considérable de matériaux recueillis au Turkestan oriental (province actuelle du Xinjiang, en Chine) à la fin du XIXᵉ siècle et au début du XXᵉ par des expéditions russes (Grum-Grzimailo, 1889 ; Roborovskij et Kozlov, 1893-1895 ; Berezovskij, 1906-1907 ; Dolbejev, 1908 ; Oldenburg et Malov, 1909-1910, 1914-1915), françaises (Dutreuil de Rhins et Grenard, 1891-1894 ; Pelliot, 1906-1909), suédoises (Hedin, 1893-1897, 1899-1902), anglaises (Stein, 1900-1901, 1906-1908, 1913-1915), allemandes (Grünwedel, 1902-1903 ; Le Coq et Grünwedel, 1905-1907 ; Le Coq, 1913-1914), japonaises (Otani, 1902-1903 ; Tachibana, 1907, 1910-1912), américaines (Huntington, 1903-1905).

Les premières décennies du XXᵉ siècle consolidèrent ces orientations scientifiques, notamment en Turkménie, où une mission américaine dirigée par Pumpelly mettait au jour sur le site d'Anau (1904) les vestiges d'un peuplement très ancien (fin du Néolithique et Âge du bronze). Dans le même temps, historiens et philologues commençaient à tirer parti de la masse des documents nouvellement découverts pour reconstituer l'étonnante succession de « cultures » dont l'Asie centrale porte aujourd'hui encore l'empreinte, dans ses langues, ses monuments, ses toponymes, ses croyances même (travaux de Markwart, Nöldeke, Barthold en particulier).

L'Afghanistan, en revanche, paraissait fermé aux recherches sur le terrain, lorsqu'en 1922, peu après qu'il eût conquis l'indépendance, le gouvernement de Kaboul décidait de confier à la France l'exploration archéologique du pays. Une mission fut aussitôt constituée, dirigée par Alfred Foucher ; elle devait exercer ses activités pendant soixante ans, sous le nom de Délégation archéologique française en Afghanistan (D.A.F.A.).

Modèle réduit d'un chariot, en or, originaire du « trésor de l'Oxus »

En 1877, l'on découvrait sur la rive droite de l'Oxus (Amu Darya) non loin du confluent avec la rivière Vakhsh, un « trésor » comprenant quelque deux cents objets en or et en argent (bijoux, statuettes, récipients, etc.) et quinze cents monnaies. La datation proposée est comprise entre le Vᵉ et le IIIᵉ siècle avant J.-C. À cette époque, la Bactriane – dont cette région de l'Oxus fait partie – passe de l'autorité perse à celle des Grecs, héritiers d'Alexandre, et les commentateurs du trésor se sont attachés tour à tour à séparer les éléments d'inspiration « orientale » ou « classique » dans l'inventaire ou dans la facture des objets. The British Museum, Londres.

Au même moment, le nouvel État soviétique achevait d'établir son autorité sur l'Asie centrale, de la mer Caspienne au Pamir ; et de nouveaux programmes d'exploration archéologique prenaient corps, liés aux grands travaux qui devaient assurer le développement agricole et industriel des jeunes républiques (Turkménistan, Uzbekistan, Tadjikistan, Kirghizie). Dès lors, le progrès de nos connaissances sur l'Asie centrale tend à se confondre, jusqu'à la Seconde Guerre mondiale, avec celui des découvertes archéologiques faites par les missions françaises et soviétiques, respectivement au sud et au nord de l'Amu Darya. Aux premières, l'on doit essentiellement des travaux de deux ordres : d'une part, une série de reconnaissances conduites par Alfred Foucher, entre 1922 et 1925, pour identifier les monuments qui devaient jalonner *La Vieille Route de l'Inde, de Bactres à Taxila* – titre de son grand œuvre sur le sujet, le premier des quelque trente volumes parus à ce jour dans les *Mémoires de la D.A.F.A.* – et pour retrouver, espérait-il, les traces des établissements grecs en Bactriane (cet espoir fut déçu, à Bactres même, mais comblé ailleurs, quarante ans plus tard, à Aï Khanum) ; d'autre part, un ensemble de fouilles conduites sur les hauts lieux de l'art gréco-bouddhique ou indo-bouddhique (Hadda, travaux de J. Barthoux, 1926-1928 ; Bamiyan, travaux de J. Hackin, 1929-1934, pour ne citer que les sites les plus célèbres), puis dans la ville ancienne de Begram, dont les trésors d'art indien, chinois, méditerranéen révélèrent l'étendue des relations commerciales qu'entretint l'empire kouchan avec les grandes civilisations du début de l'ère chrétienne (travaux de J. Hackin, 1936-1939, continués quelque temps par R. Ghirshman). Pendant la même période, les premières missions soviétiques découvraient au nord de l'Amu Darya des vestiges moins spectaculaires mais non moins significatifs pour l'histoire ancienne de l'Asie centrale, encore dans les limbes : nécropoles de l'Âge du bronze et de l'Âge du fer dans la région de Tashkent et au Ferghana (travaux de M. E. Masson, 1928-1939, également consacrés à l'étude des monuments bouddhiques d'Airtam-Termez), outils moustériens associés aux premières traces de Néanderthaliens dans la grotte de Teshik-tash (travaux de A. P. Okladnikov, 1938).

Cette histoire ne devait en réalité prendre forme que bien des années plus tard, grâce aux grandes expéditions archéologiques instituées par l'U.R.S.S. en Asie centrale après la Seconde Guerre mondiale, ainsi qu'à l'extension des recherches suscitées à la même époque par les services archéologiques de l'Afghanistan, avec la collaboration de nombreuses missions étrangères. Les dimensions de cet article ne permettent qu'une sèche énumération des unes et des autres, limitées en outre aux entreprises les plus étendues dans l'espace ou le temps. Pour l'U.R.S.S., on citera notamment les expéditions du Khwarezm (S. P. Tolstov), du Turkménistan méridional (M. E. Masson, puis V. M. Masson), de Sogdiane (A. J. Jakubovskij, M. M. D'jakonov, A. M. Belenitskij), du Tadjikistan méridional (B. A. Litvinskij), du Pamir-Ferghana (A. N. Bernshtam, J. A. Zadneprovskij), dont les *Trudy* (travaux) respectifs, publiés au fil des années, constituent des séries impressionnantes ; à quoi il faudrait ajouter bien d'autres ouvrages hors série, portant sur tous les âges – Pierre (V. A. Ranov), Bronze (A. A. Askarov, I. N. Khlopin, B. A. Kuftin, V. I. Sarianidi), Fer (K. A. Akishev, A. A. Mandelshtam) – et sur toutes les époques historiques : gréco-bactrienne ou gréco-parthe (G. A. Koshelenko, G. A. Pugachenkova, V. A. Livshits, E. V. Zejmal'), kouchane (L. I. Al'baum, B. G. Gafurov, B. J. Staviskij) et au-delà, jusqu'à l'Islam (A. G. Guljamov, N. Negmatov, V. A. Shishkin). Pour l'Afghanistan, nous ne retiendrons de même que les missions les plus établies dont l'activité

s'exerça pendant plusieurs années entre la fin de la Seconde Guerre mondiale et la Révolution (1978) : la D.A.F.A., tout d'abord, qui reprit aussitôt son programme de fouilles sur de grands sites historiques (D. Schlumberger à Bactres, Lashkari Bazar, Surkh-Kotal ; P. Bernard à Aï Khanum), complété par les travaux d'autres équipes françaises touchant des périodes plus anciennes (J.-M. Casal, J.-C. Gardin, H.-P. Francfort) ; puis des missions allemandes (K. Fischer), américaines (L. Dupree), anglaises (S. Helms), indiennes (S. Sengupta, B. K. Thapar), italiennes (G. Tucci), japonaises (T. Higuchi, S. Kuwayama), soviétiques (I. T. Kruglikova), à qui l'on doit un élargissement considérable de nos connaissances sur toutes les périodes de l'histoire de l'Asie centrale, des origines à nos jours ; enfin, des équipes afghanes, d'abord associées aux précédentes, mais qui devaient en prendre le relais (S. Mostamandi, Z. Tarzi).

En vérité, si l'Asie centrale a enfin conquis sa place dans l'histoire des civilisations, c'est essentiellement grâce aux recherches conjuguées de ces nombreuses équipes d'archéologues et de philologues au cours des toutes dernières décennies : les articles qui retracent cette histoire, ci-après, n'auraient pas pu être écrits il y a seulement quinze ans. L'image qui s'en dégage est celle d'un balancement constant de l'historiographie entre deux points de vue différents, mais non pas opposés : une insistance légitime sur la part qui revient aux populations locales dans le développement économique et culturel de l'Asie centrale, des origines à nos jours, mais aussi la mise en évidence du rôle considérable que n'en jouèrent pas moins les relations entretenues de tout temps par ces peuples, de gré ou de force, avec les civilisations environnantes, du Pacifique à la Méditerranée, de la péninsule indienne aux steppes de l'Eurasie.

Ce dernier facteur impose désormais aux études sur l'Asie centrale une dimension internationale, que manifestent nombre d'initiatives récentes : ainsi la constitution d'une Association internationale pour l'histoire des cultures d'Asie centrale, sous l'égide de l'U.N.E.S.C.O., qui édite un *Bulletin d'informations* en deux langues (russe et anglais) et prépare une *Histoire des civilisations de l'Asie centrale*, en plusieurs volumes ; la multiplication depuis quelques années de conférences internationales consacrées au même sujet (ou bilatérales, dans le cadre d'accords passés par exemple entre l'U.R.S.S. et les États-Unis, la France, l'Inde) ; enfin, et surtout, la part croissante que prennent aux recherches les pays d'Asie les plus directement concernés – la Chine (travaux de An Zhimin), l'Inde (travaux de S. Rahula, S. P. Gupta), le Pakistan (travaux de A. H. Dani) et, bientôt, on l'espère, l'Iran –, tous compris dans la Central'naja Azija telle qu'on l'entend en U.R.S.S., au-delà des limites plus étroites de la Srednjaja Azija (Asie moyenne) où l'on s'était jusqu'alors cantonné.

Jean-Claude GARDIN

Les villes de l'Âge du bronze

Au cours de la période qui s'étend de 3000 à 1500 avant J.-C., une vaste région du Proche-Orient a vu se développer de grandes agglomérations. Ce phénomène, qui fut d'abord constaté lors des fouilles des grands sites de la Mésopotamie et du bassin de l'Indus, a été appelé « révolution urbaine ». Elle succédait à la « révolution néolithique », qui avait vu les débuts de la domestication des plantes et des animaux, et était marquée par la constitution de vastes agglomérations à haute densité d'habitat. Une partie de la population était engagée dans des activités non agricoles (prêtrises, artisanats). Une autorité centrale gouvernait les cités et rassemblait la population pour la construction de grands monuments publics. Les classes dirigeantes étaient liées aux scribes et aux astronomes, qui maîtrisaient l'écriture et le calendrier, et aux artistes et artisans auxquels étaient fournies commandes et matières premières. Cette définition du phénomène urbain s'adapte parfaitement aux civilisations des grands bassins du Nil, de la Mésopotamie et de l'Indus mais demande à être aménagée pour s'appliquer à l'Asie centrale.

Les civilisations de l'Asie centrale, connues grâce aux fouilles menées depuis les années cinquante, sont sans écriture et n'ont pas livré de manifestations artistiques du niveau de la grande sculpture mésopotamienne. C'est donc à partir d'autres critères qu'il convient de décider si elles ont connu la « révolution urbaine ». Si le phénomène urbain s'est effectivement manifesté en Asie centrale, il l'a fait d'une manière atténuée, mais en relation avec les développements de la Mésopotamie et de l'Indus, à la manière d'une zone intermédiaire.

Deux des critères de reconnaissance de l'urbanisation sont repérables avant toute fouille par la simple observation des sites (tépés) : il s'agit de leur superficie et de la localisation des quartiers d'artisans. La superficie des sites est le critère le plus évident. Ceux d'Asie centrale sont très vastes : Namazga et Gonur ont une surface de 50 hectares, Altyn de 30, Khapuz et Ulug de 10, Shahr-i Sokhta de 80 et Mundigak presque autant. De plus, en Bactriane*, des établissements de grandes dimensions entourent souvent les monuments les plus importants qui ont seuls retenu l'attention des fouilleurs comme à Dashly. D'après des calculs de paléodémographie*, ces superficies indiqueraient une grande densité de population.

On peut localiser les quartiers des artisans spécialisés en repérant au sol les traces de fonctionnement des ateliers. Les quartiers des métallurgistes sont localisés grâce aux scories de cuivre, ceux des potiers par les traces des fours et les ratés de cuisson, ceux des lapidaires par les déchets de pierres semi-précieuses jonchant le sol (lapis-lazuli, cornaline, turquoise). À Altyn, on a pu situer ainsi les potiers et les métallurgistes et à Shahr-i Sokhta des aires de production de cuivre, d'outils de silex et un atelier de taille de lapis-lazuli. Les recherches pratiquées à Tépé Hissar et à Mohenjo Daro montrent une spécialisation identique des quartiers. On considère que les artisans exerçant dans ces quartiers étaient exemptés des travaux agricoles et recevaient leur subsistance d'autres groupes de la cité.

La fouille des établissements d'Asie centrale a permis de dégager des ensembles monumentaux que l'on a parfois mis en relation avec l'existence de classes dirigeantes. Ce sont des forteresses ou des citadelles comme à Dashly, à Sapalli ou à Gonur, des temples ou des palais comme à Dashly. Ces édifices n'atteignent pourtant pas en monumentalité la grandeur de la terrasse d'Altyn qui a été comparée à celle de Tureng Tépé mais aussi aux ziggourats* mésopotamiennes. En relation avec la terrasse, les fouilleurs d'Altyn ont mis au jour un riche ensemble funéraire qu'ils ont interprété comme sacerdotal. Les grands travaux publics s'étendaient également à la construction de puissants remparts comme à Mundigak et à Altyn, mais surtout à la conception, au creusement et à l'entretien des vastes réseaux d'irrigation nécessaires au développement de l'agriculture dans ces régions semi-arides. Des réseaux datant de l'Âge du bronze ont été explorés en Bactriane et en Margiane*. Tous ces travaux publics de grande envergure ont été mis en rapport avec l'existence d'un pouvoir fort et même d'un État, malgré l'absence d'écriture et donc de toute espèce de chancellerie.

Les analyses archéologiques récentes ajoutent aux critères que nous venons d'examiner deux autres traits caractéristiques de la « révolution urbaine » : le niveau élevé de développement technologique et le commerce à longue distance.

Le niveau de développement technologique s'appréhende par l'analyse en laboratoire et l'analyse en chaînes opératoires des éléments découverts. Les analyses de laboratoire ont montré par exemple que l'Asie centrale n'a pas connu de façon régulière le véritable bronze d'étain, mais plutôt le cuivre à l'arsenic. Les analyses des chaînes opératoires technologiques mises en œuvre pour la confection des céramiques ont montré une grande maîtrise du tour dans l'élaboration de vases élégants. Des analyses semblables, appliquées aux objets d'albâtre, de cornaline, de lapis-lazuli, ont révélé un contrôle du mouvement circulaire uniforme (tour, foret à arc) qui ne peut guère être attribué qu'à de véritables artisans travaillant à plein temps et se transmettant leur savoir de génération en génération. On a pu ainsi distinguer grossièrement différentes aires de diffusion des techniques parmi lesquelles l'Asie centrale apparaît nettement individualisée et non pas comme la simple annexe de régions plus développées.

L'expression « commerce à longue distance » rend compte de transactions fort diverses, qui vont de la guerre au troc et dont les modalités nous échappent le plus souvent. Nous pouvons distinguer celles qui portent sur des matières premières et celles qui touchent aux produits finis. L'Asie centrale est un lieu privilégié pour l'étude des transactions de matières premières, car elle recèle l'un des seuls gisements de lapis-lazuli connus et exploités à cette époque : Sar-i Munjan. Le lapis-lazuli sert de traceur ; il jalonne une route qui traverse la Bactriane et la Margiane, se dirige vers le nord-est de l'Iran et au-delà vers le monde élamite et mésopotamien. Un autre itinéraire descend vers le Séistan et passe sur les franges du désert de Lut avant d'atteindre le domaine élamo-mésopotamien. Il est possible que la turquoise du Kyzyl Kum ait suivi des routes similaires depuis la région de Lyavlyakan. En outre, le transport des minerais et des métaux, plus difficile à mettre en évidence à partir des seuls vestiges archéologiques, a nécessairement existé puisque la Mésopotamie et l'Indus sont dépourvus de minéraux. Le commerce du métal pourrait expliquer l'implantation d'une colonie harappéenne* à Shortughaï, sur les bords de l'Amu Darya, ainsi que la présence de matériels d'origine lointaine à Sarazm, dans la vallée du Zerafshan, riche en minéraux.

Les produits finis voyageaient beaucoup, comme certains vases de serpentine gravée, fabriqués en Iran, que l'on rencontre de la Mésopotamie à la Bactriane. Les transactions envisagées ici mettent l'Asie centrale en rapport non seulement avec l'Iran et la Mésopotamie, mais aussi avec le bassin de l'Indus, celui du Tarim et les régions au-delà : on a ainsi trouvé de la soie en Bactriane et des cachets d'Asie centrale en Chine. Toutes ces transactions impliquent l'existence, sur de vastes territoires, de systèmes d'équivalences de poids et de mesures et de procédures de traduction dans différentes langues. Le peu que nous connaissons de la mythologie de l'Asie centrale de cette époque la montre comme assez proche de celle de l'Iran élamite. L'examen de ces transactions révèle que l'Asie centrale n'est pas restée à l'écart du mouvement des civilisations de l'âge des cités protohistoriques, mais qu'elle l'a effectivement vécu et qu'elle y a joué un rôle.

Malgré l'absence d'écriture et de science astronomique, il est licite de considérer que la « révolution urbaine » est apparue en Asie centrale, à la faveur d'une croissance économique et humaine que l'irrigation et, grâce à elle, le développement de l'agriculture avaient provoquée. Sans prétendre rivaliser avec Our ou Memphis, les villes d'Asie centrale ont été plus que de grosses bourgades paysannes, et leurs habitants ont souvent regardé plus loin que le sillon qui s'étirait derrière les bœufs dans le lœss fertile.

Henri-Paul FRANCFORT

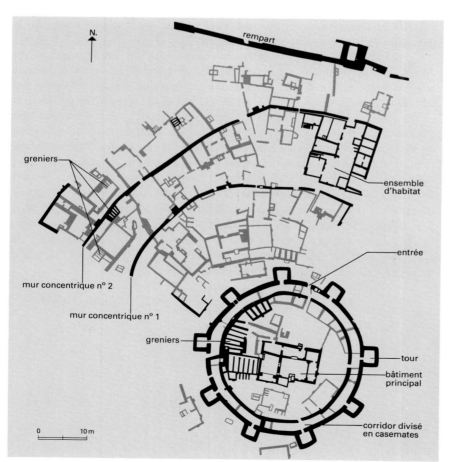

Le « temple » rond, Dashly 3 (Afghanistan)

Ce monument circulaire, qui pourrait aussi être un « palais », s'élève au milieu d'un village fortifié. De tels villages peuplaient par centaines les oasis des deltas de Bactriane et de Margiane.

Artisanat d'Asie centrale protohistorique

Les cachets en cuivre ajourés, les perles cruciformes et les épingles proviennent de tombes de Bactriane (Dashly). Les deux cachets de pierre, de Shortughaï, sont l'un (ci-dessous, au centre) de facture locale et l'autre (à droite) de style harappéen. Ce dernier représente un rhinocéros et porte deux signes d'écriture de l'Indus. La tête de taureau en or trouvée dans l'ensemble funéraire d'Altyn a été rapprochée de l'emblème du dieu de la Lune mésopotamien, Sin.

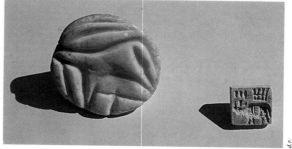

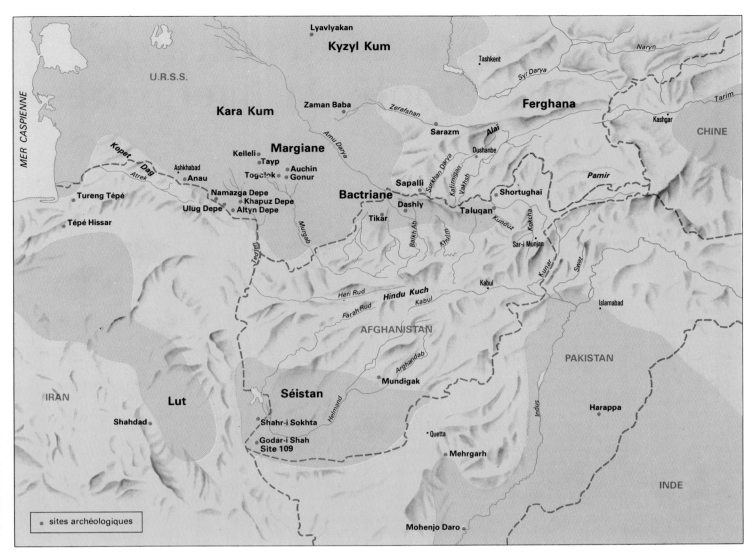

L'Asie centrale à l'Âge du bronze

L'Asie centrale est située en zone aride. Les fleuves qui prennent leur source dans les montagnes de l'Hindu Kuch et du Pamir ont été utilisés pour l'irrigation dès l'Âge du bronze. Les unités géographiques ainsi définies par le relief et les bassins des rivières ont souvent été respectées par l'administration des satrapies de l'époque achéménide, et leurs noms nous sont parvenus (Bactriane, Margiane par exemple).

• sites archéologiques

Ensemble de matériel funéraire, Altyn (Turkménistan soviétique)

Cette chambre funéraire renfermait, mêlés aux ossements, des objets de pierre, des perles et la tête de taureau en or (voir illustration en page de gauche). Des bâtonnets en ivoire pourraient venir de la civilisation de l'Indus. L'ensemble funéraire appartient à un complexe sacerdotal attenant à une terrasse monumentale à degrés. Fouille n° 7 ; pièce n° 7.

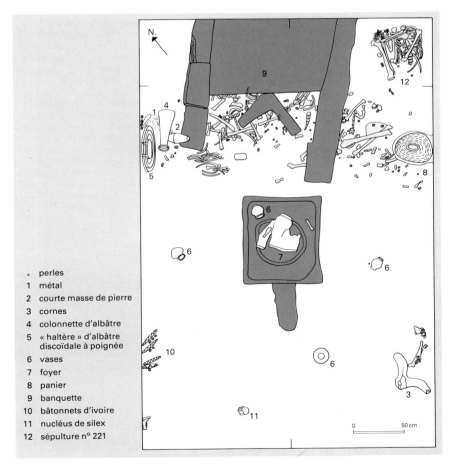

• perles
1 métal
2 courte masse de pierre
3 cornes
4 colonnette d'albâtre
5 « haltère » d'albâtre discoïdale à poignée
6 vases
7 foyer
8 panier
9 banquette
10 bâtonnets d'ivoire
11 nucléus de silex
12 sépulture n° 221

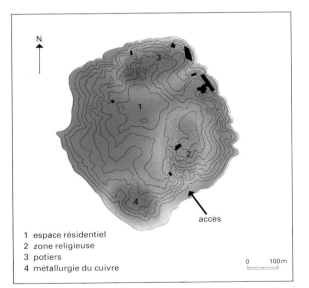

1 espace résidentiel
2 zone religieuse
3 potiers
4 métallurgie du cuivre

accès

0   100 m

Plan de localisation des quartiers, Altyn (Turkménistan soviétique)

Fouilles et ramassages de surface ont permis de repérer dans cette agglomération des quartiers à fonctions différenciées. Les groupes d'artisans (potiers, métallurgistes) habitaient hors des zones monumentales, religieuses ou funéraires.

0   50 cm

Chaîne opératoire

Des études précises de technologie, comme celles qui sont pratiquées par l'équipe de M. Tosi, permettent aujourd'hui de mieux comprendre la structure des sociétés protohistoriques par le biais de l'organisation du travail. Ci-dessous, exemple de la fabrication des perles de lapis-lazuli à Shar-i Sokhta.

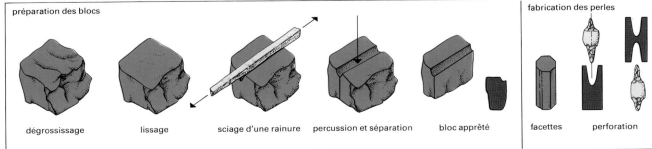

préparation des blocs

dégrossissage   lissage   sciage d'une rainure   percussion et séparation   bloc apprêté

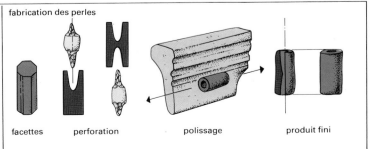

fabrication des perles

facettes   perforation   polissage   produit fini

L'irrigation en Asie centrale : une région-témoin, la Bactriane orientale

L'Asie centrale est une entité géographique aux contours mal définis : on lui reconnaît cependant une sorte d'extension maximale entre les steppes eurasiennes vers le nord, le plateau iranien à l'ouest, les plaines indo-baluches au sud, et vers l'est le bassin du Tarim ou le désert de Gobi. Au centre de ce territoire règne une chaîne de montagnes (Pamir, Hindukush) d'où descendent de grands fleuves, en direction de la mer d'Aral (Amu Darya, Syr Darya) ou de l'océan Indien (Indus). Les premières sociétés agro-pastorales se sont développées sur les piémonts de ce système montagneux ; elles se sont ensuite étendues vers les plaines, qui offraient des terrains propices au développement de l'agriculture pour peu que l'on pût y amener l'eau des sources ou des rivières voisines. Le climat semi-aride de l'Asie centrale impose en effet que l'on supplée l'insuffisance des pluies, en plaine, par des systèmes d'irrigation artificielle articulés sur des points d'eau moins inconstants. Cette contrainte du milieu, patente aujourd'hui, pesait déjà dans les temps reculés où eut lieu cette colonisation des plaines, à l'Âge du bronze. Les vestiges de canaux que l'on découvre depuis les années soixante-dix dans les parties les mieux explorées de l'Asie centrale, et qui datent de ces hautes époques, en sont une preuve plus sûre qu'aucune démonstration de la stabilité du climat au cours des derniers millénaires, encore sujette à controverse.

Les premiers travaux systématiques sur l'irrigation ancienne en Asie centrale sont dus aux archéologues soviétiques : ils portèrent d'abord sur les régions proches de la mer d'Aral, au Khwarazm, où S. P. Tolstov et ses collaborateurs mirent en évidence un réseau de canaux couvrant les vastes espaces du delta de l'Amu Darya, dès le IIe millénaire avant J.-C. L'exploration archéologique de la Turkménie, sous la direction successivement de M. E. et de V. M. Masson, révéla par la suite des vestiges d'irrigation plus anciens, aux abords du Kopet Dagh : près de trois ou quatre mille ans avant notre ère, on pratiquait déjà dans cette région l'art d'aménager en plaine des cours d'eau artificiels alimentés par les sources ou par les torrents des collines voisines. La technique utilisée était celle de la dérivation en surface : on creusait une tranchée depuis un point convenablement choisi sur la rivière (la prise, ou « tête » du canal) jusqu'aux terres les plus éloignées que l'on pût atteindre vers l'aval en suivant la pente naturelle du sol (le *paï-ab*, en persan moderne, ou « pied » du canal). Plus tard, la technique plus savante des galeries souterraines, ou *kanat*, d'origine irano-mésopotamienne, fut également pratiquée en Asie centrale, en particulier au Seistan et jusqu'au Turkestan chinois ; elle constitue cependant un développement second dans cette partie de l'Asie, où le progrès de l'agriculture irriguée se manifeste d'abord par des ouvrages de surface non moins ingénieux.

L'une des régions à cet égard les plus instructives est le bassin moyen de l'Amu Darya, à la frontière de l'Afghanistan et de la république soviétique du Tadjikistan. Les affluents de ce grand fleuve – l'Oxus des auteurs anciens – sont ici nombreux, sur les deux rives ; ils offrent avec ce dernier une multitude de prises d'eau possibles pour irriguer les plaines plus ou moins larges qui s'étendent de part et d'autre des rivières, sur les terrasses anciennes où celles-ci ont au fil des âges creusé leur lit (voir illustration ci-dessous). Ainsi, des vestiges de canaux ont été repérés dans les vallées du Vakhsh et du Kafirnigan, au Tadjikistan (travaux de T. I. Zejmal et M. M. D'jakonov, notamment) ; mais le développement moderne de l'agriculture et de l'habitat dans cette région les a largement effacés. En Afghanistan, où la transformation du paysage a été moins rapide, une équipe française dirigée par J.-C. Gardin a pu étudier récemment (1974-1978) les traces mieux conservées de l'irrigation et du peuplement encore visibles en surface, sur la rive gauche de l'Amu Darya, entre la rivière de Rustaq et la rivière de Kunduz.

Ces limites n'ont assurément guère de sens, du point de vue historique : les collines qui ceinturent la zone indiquée, à l'est et au sud, s'élèvent régulièrement jusqu'aux passes de l'Hindukush et du Pamir qui relièrent de tout temps le bassin de l'Oxus à l'Inde et à la Chine. De même, ni l'Amu Darya, au nord, ni les étendues désolées du Dasht-i Mir Alam, à l'ouest, n'ont jamais entravé les communications avec l'Eurasie, la Turkménie ou l'Iran. Il faut donc voir en cette zone une sorte de région-témoin où les circonstances de l'exploration archéologique ont permis de reconstituer plus complètement qu'ailleurs une histoire de l'irrigation, de l'Âge du bronze à nos jours, qui manifeste une maîtrise précoce de cette technique en Asie centrale, au même degré qu'en Mésopotamie ou en Inde.

Les premiers travaux d'irrigation se limitèrent sans doute à l'aménagement de barrages rudimentaires en bordure des rivières, par accumulation de fascines et de galets, pour dévier l'eau vers des bras naturels propices à l'irrigation des *terres basses*, les plus facilement accessibles, dans les vallées. La situation des établissements d'époque chalcolithique repérés dans la région de Taluqan, par exemple, laisse penser que des travaux de ce genre ont pu être nécessaires dès le IVe millénaire, sur le bras septentrional de la rivière de Taluqan (aujourd'hui nommé Rud-i Shahrawan).

Un pas plus spectaculaire fut franchi avec ce que l'on pourrait appeler la conquête des *terrasses*. La photographie ci-dessous illustre la difficulté de l'entreprise due aux différences d'altitude notables entre les rivières et les terrasses avoisinantes. L'exemple le plus ancien, dans notre région-témoin, est le canal construit à la fin du IIIe millénaire sur la rive droite de la Kokcha, pour irriguer la plaine de Shortughaï ; les fouilles conduites par H.-P. Francfort sur ce site ont confirmé la réalité de l'ouvrage, prédit par l'étude paléogéographique, mais dont la prouesse postulée, pour de si hautes époques, avait pu faire douter.

Plusieurs systèmes d'irrigation de ce genre furent aménagés sur les terrasses de notre région-témoin au cours de l'Âge du bronze. Une nouvelle étape s'amorce au début du Ier millénaire avant J.-C., lorsque l'on entreprend de mettre en eau les *piémonts* eux-mêmes, au moyen d'ouvrages plus hardis encore creusés sur les pentes des collines. La photographie ci-contre à gauche montre l'un de ces canaux, construit à l'époque hellénistique sur les hauteurs qui dominent les terrasses de l'Amu Darya, entre Aï Khanum et Shortughaï. La complexité du tracé résulte d'une contrainte topographique plus facile à comprendre qu'à surmonter : les terres à irriguer se trouvant au pied des collines, les canaux ne pouvaient les atteindre qu'au prix de parcours aventureux sur les reliefs pendant plusieurs kilomètres.

Les surfaces complémentaires conquises étaient néanmoins réduites, de sorte que l'irrigation de piémont doit être considérée ici comme l'expression d'une politique intensive de développement agricole, où les critères de rentabilité n'ont pas le plus grand poids. À quelle époque cette politique prit-elle corps en Asie centrale ? Dans les limites de notre région témoin, la réponse semble être aux alentours de l'an 1000 avant J.-C. ; et l'on songe aussitôt à la société féodale décrite dans l'*Avesta*, où la question de l'eau tient une si grande place. Toutefois, le mouvement se poursuit après les campagnes de Cyrus, sous la domination achéménide : le projet le plus spectaculaire dans notre région-témoin est alors le percement du Rud-i Shahrawan (illustration ci-contre à droite), entreprise de longue haleine dont certaines parties seront achevées seulement après la conquête d'Alexandre (par exemple, le canal de Hazar Bagh).

L'avènement de la dynastie kushane, après l'éviction des Grecs, s'accompagne de nouveaux progrès de l'irrigation, mais où l'on se borne à mettre en œuvre les techniques héritées des temps antérieurs : le savoir traditionnel formé au cours des millénaires a désormais atteint son plus haut niveau, et c'est à lui que feront appel avec succès les maîtres ultérieurs de la région, sous les Samanides (Xe s.), les Timurides (XVe s.) et jusqu'à l'époque moderne (env. 1920), chaque fois qu'il s'agira de reconstruire les canaux abandonnés à la suite de quelque mésaventure historique.

Jean-Claude GARDIN

J.-C. Gardin

La Kokcha et les terrasses de l'Amu Darya

Les plaines de la Bactriane orientale s'étendent sur des terrasses anciennes où les rivières ont creusé leur lit ; pour les irriguer, il faut tracer de longs canaux dont la prise se trouve à plusieurs kilomètres en amont, à une altitude supérieure à celle de la terrasse. Tel est ici le cas : la Kokcha, au premier plan, s'est enfoncée dans les terrasses de l'Amu Darya, hautes d'une trentaine de mètres ; la ligne horizontale à flanc de falaise, à l'arrière-plan, marque le passage d'un canal moderne qui amène l'eau de la Kokcha jusqu'au sommet de la terrasse, selon un tracé imaginé déjà il y a plus de 3 000 ans pour irriguer la plaine de Shortughaï.

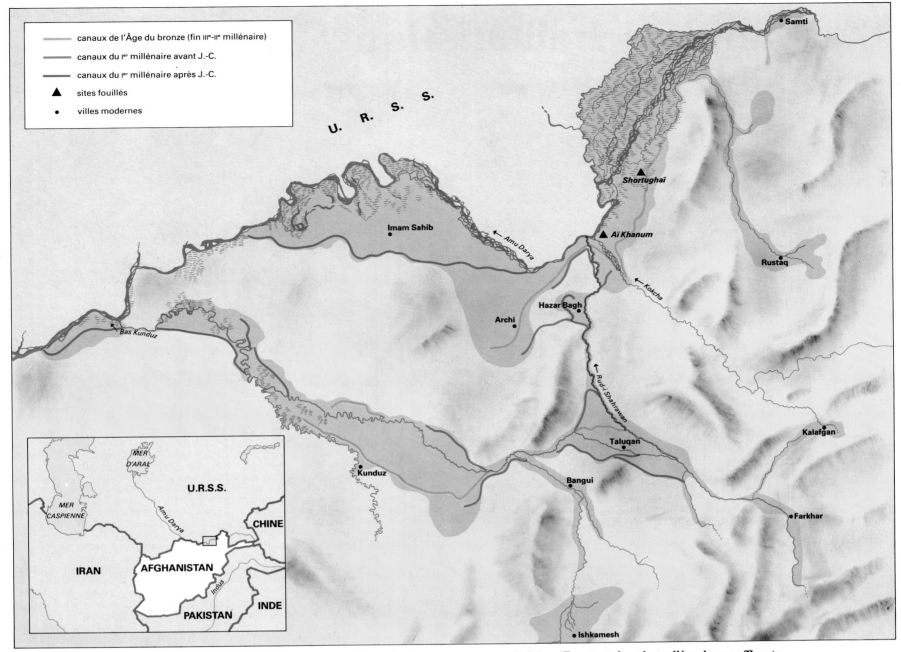

Les principales zones irrigables de la Bactriane orientale (en vert) sur les terrasses anciennes de l'Amu Darya et dans les vallées de ses affluents

Les travaux d'irrigation les plus anciens sont cantonnés dans la partie orientale : région de Taluqan et plaine de Shortughaï, dès l'Âge du bronze ancien (jusque vers 2200 av. J.-C.) ; ils furent complétés au IIᵉ millénaire par l'aménagement de canaux semblables dans les plaines situées plus loin vers l'ouest : Archi et Kunduz, principalement.
Une deuxième phase commence au début du Iᵉʳ millénaire avant J.-C., avec la mise en eau systématique de nouvelles terres jugées jusqu'alors inaccessibles, sur les hauteurs qui dominent les plaines précédentes : c'est une période de développement intensif de l'agriculture où l'on n'hésite pas à entreprendre des travaux difficiles pour irriguer des surfaces supplémentaires relativement réduites. Ce mouvement paraît avoir été continu sous la domination perse, puis grecque, jusqu'aux invasions des peuples nomades qui mirent fin à celle-ci, vers 130 avant J.-C.
La dynastie kushane issue de ces invasions reprit à son compte la politique d'extension des terres cultivées : la grande plaine d'Imam Sahib, jusqu'alors occupée seulement en bordure de l'Amu Darya, est mise en eau sous les Kushans ; de même, les bandes de terre plus étroites qui bordent le Bas-Kunduz, à l'ouest, tandis que les canaux de piémont sont délaissés, à Kunduz, à Hazar Bagh, à Archi, à Aï Khanum. Ils seront remis en état pour peu de temps au début de l'Islam, où la région connut sa plus grande prospérité, jusqu'à ce que la désastreuse invasion mongole de 1220 mit fin pour quelques siècles à cette étonnante aventure de l'irrigation bactrienne, vieille de plus de 3 000 ans.

Un canal hellénistique sur les hauteurs qui dominent l'Amu Darya

Les différences souvent considérables entre l'altitude des plaines irrigables et le niveau des rivières d'où partent les canaux obligent à faire suivre à ceux-ci des parcours difficiles. On voit ici, sur les hauteurs qui bordent à l'est la plaine de Shortughaï, le tracé sinueux d'un canal ancien dont la prise est distante d'une douzaine de kilomètres : ce long parcours à flanc de colline fut la voie inventée par les Anciens pour irriguer les terres du piémont, dès le Iᵉʳ millénaire avant J.-C.

Le Rud-i Shahrawan

Entre les bassins de l'Amu Darya et de la rivière de Taluqan s'étendent des terres hautes dont l'irrigation fut de tout temps difficile, en raison même de leur altitude. L'obstacle fut néanmoins vaincu, longtemps avant la conquête d'Alexandre, par le creusement d'un ouvrage spectaculaire encore en usage aujourd'hui, le Rud-i Shahrawan. On voit ici le passage de ce bras artificiel de la rivière de Taluqan à travers le seuil qui sépare les deux bassins.

231

L'urbanisme hellénistique en Asie centrale

L'époque hellénistique* est l'un des âges privilégiés de la création en matière d'urbanisme. S'appuyant sur des conceptions nouvelles apparues dans le monde grec au IVe siècle avant J.-C., Alexandre puis ses successeurs fondèrent en Orient un nombre considérable de cités portant leur nom, afin de diffuser l'hellénisme et d'assurer leur domination dans les pays conquis.

En Asie Mineure, en Égypte et au Proche-Orient, les caractères de cet urbanisme sont relativement bien connus grâce aux textes des auteurs anciens et à l'archéologie. En revanche, jusqu'à une date récente, on ne savait presque rien sur les cités fondées à l'est de l'Euphrate et plus particulièrement en Asie centrale. Depuis ces vingt dernières années, cependant, la situation s'est notablement modifiée grâce au développement de la recherche archéologique en Afghanistan et en territoire soviétique (Tadjikistan, Ouzbékistan et Turkménistan). Après de graves échecs à Bactres, Termez, Samarcande ou Merv – où les niveaux grecs sont enfouis sous d'énormes accumulations de couches plus récentes –, celle-ci a enfin permis de découvrir un certain nombre de sites qui nous éclairent sur les aspects principaux de cet urbanisme.

Pour expliquer les traits particuliers de l'urbanisme hellénistique* en Asie centrale, on doit se souvenir que les Grecs se sont installés dans des régions déjà peuplées. L'irrigation y a provoqué la naissance d'une série d'oasis au sein desquelles se sont développées de nombreuses villes, en particulier au sud de l'Oxus, avec Bactres comme capitale. La domination grecque dura un siècle et demi, d'abord dans le cadre de l'empire séleucide*, puis dans celui, beaucoup plus étroit, du royaume de Bactriane*. Au cours de cette période, l'irrigation est fortement développée, en particulier au-delà de l'Oxus, et l'urbanisation connaît un vigoureux essor, au point que dès le IIe siècle avant J.-C. on pouvait parler de « la Bactriane aux mille villes ».

Les *souverains séleucides* ne se contentèrent pas de compléter le réseau urbain existant. Celui-ci fut repensé en fonction de critères différents, parmi lesquels la volonté d'un meilleur contrôle et d'une exploitation plus efficace du territoire devait tenir une place essentielle. C'est ainsi qu'un certain nombre de villes sont abandonnées, parmi lesquelles Qunduz, la capitale de la Bactriane orientale achéménide. D'autres villes sont restaurées, d'autres, enfin, sont fondées sur des sites nouveaux.

Parmi les villes anciennes, Alexandrie-Kandahar et Maracanda-Samarcande sont reconstruites à l'identique. Ailleurs, la ville qui se développe au pied de la citadelle ancienne est entourée d'une muraille de forme irrégulière (Bactres) ou quadrangulaire (Antioche-Merv). Certaines oasis s'entourent d'un mur épais dont la longueur, inconnue pour Maracanda, atteint 31 kilomètres à Merv et 70 kilomètres à Bactres.

On ne sait que très peu de chose sur l'organisation interne de ces villes anciennes, mais on devine, dans chacune d'elles, l'existence d'un important édifice dont les fonctions pourraient être celles des palais achéménides*, à la fois administrative, gouvernementale et résidentielle. Autour de ce bâtiment central, le réseau des rues dut s'adapter au système préexistant et à la topographie des lieux, à moins que, comme à Merv – si l'on en juge par le tracé des axes de circulation des époques plus tardives –, se soit imposé le principe des rues disposées à angle droit.

Parmi les fondations nouvelles du début de l'époque hellénistique, seule la ville d'Aï Khanoum a pu être fouillée réellement. Fondée sur l'ordre d'Alexandre ou de Séleucos Ier, cette grande cité – dont on ignore encore le nom et dans laquelle P. Bernard voit une Alexandrie – fut abandonnée après un siècle et demi par les Grecs et définitivement désertée, si bien qu'aucune construction postérieure n'est venue en modifier la physionomie (à l'exclusion toutefois de la citadelle et du rempart nord). Nous sommes donc là devant une situation exceptionnelle qui fait de ce site un sujet privilégié d'observation, d'autant que, à en juger par ses dimensions comparables à celles de Bactres, il s'agissait probablement de l'une des capitales du royaume.

L'emplacement choisi présente des avantages stratégiques de premier ordre, au confluent de l'Oxus et de son affluent de rive gauche, la Kokcha, qui tous deux s'encaissent entre des rives escarpées. Le long de la Kokcha émerge un haut plateau qui domine la plaine et l'ensemble de la région et qui porte, à sa pointe méridionale, la citadelle. La ville proprement dite s'est installée dans la plaine entre le plateau et l'Oxus.

La configuration du terrain imposait le tracé des lignes de défense qui épousent la forme de l'escarpement des deux fleuves et du bord oriental du plateau. Au nord-est, entre le plateau et l'Oxus, l'absence d'obstacle naturel fut compensée par l'érection d'un puissant rempart percé d'une porte monumentale et flanqué de nombreuses tours carrées faiblement espacées. Ainsi, par ses caractères externes – choix du site, présence d'une citadelle au point le plus haut et le mieux défendu, adaptation du système défensif au terrain –, Aï Khanoum se rattache pleinement aux principes de l'urbanisme hellénistique, même si l'enceinte est marquée par une nécessaire adaptation aux conditions locales : entièrement édifiée en brique crue, elle est épaisse et massive de manière à pouvoir résister aux machines de siège et être défendue par de faibles effectifs.

À l'intérieur, l'urbanisme répond à une réelle volonté de mise en ordre et de régularisation, mais sans esprit de système et avec une grande souplesse et un sens remarquable de l'adaptation, comme le montre le schéma de répartition des constructions et des axes de circulation (voir le plan ci-contre). Par là, Aï Khanoum appartient pleinement au courant de pensée du monde grec du IIIe siècle, qui atténue le systématisme du quadrillage hippodaméen par une recherche de l'adaptation au terrain et débouche sur ce qu'il est convenu d'appeler l'« urbanisme pergaménien ».

Il est cependant un aspect par lequel Aï Khanoum manifeste une originalité certaine par rapport aux réalisations contemporaines du monde méditerranéen : l'aspect ostentatoire des monuments et des habitations. Palais, palestre, théâtre et maisons figurent parmi les plus grands de tous ceux du monde hellénistique et cherchent visiblement à impressionner. De plus, lorsque l'on considère l'agencement intérieur des constructions, force est de constater que tout y est calculé pour affirmer la prééminence de la classe gouvernante ; gigantisme de la cour du palais, importance des pièces de réception au palais comme dans les maisons, présence de trois loges réservées à l'aristocratie au théâtre. Tout cela révèle le caractère fondamentalement aristocratique de la société coloniale centre-asiatique et montre comment les Grecs, en même temps qu'ils introduisaient ce qui fait l'originalité de leur propre culture, se sont adaptés aux conditions locales et les ont utilisées lorsque celles-ci leur étaient profitables.

Au cours de sa brève existence (env. 250-150), le *royaume gréco-bactrien* continua l'œuvre d'urbanisation des Séleucides, créant une nouvelle capitale à Termez et une série de petites villes d'un type nouveau. De même, lorsque, au IIe siècle, il entreprend la conquête de l'Inde, il fonde deux cités importantes : Begram dans l'Indou Kouch et Taxila près de l'Indus.

L'étude de ces différentes fondations pose problème en raison de l'absence ou de l'insuffisance du dégagement des niveaux grecs ou des incertitudes quant à l'identification de ces niveaux. Cependant, ces fondations présentent un certain nombre de caractères propres qui permettent de suivre l'évolution de l'urbanisme d'Asie centrale jusqu'à la fin de l'époque grecque et d'en évaluer la postérité.

Termez, fondée dans une boucle de l'Oxus, n'a pas encore pu être dégagée. On sait seulement que la ville était dominée par une citadelle rectangulaire de 10 hectares, surplombant le fleuve. Ses limites exactes et son organisation intérieure nous sont inconnues.

Begram, située sur le versant sud de l'Indou Kouch, au confluent du Ghorband et du Pandshir, fut fondée, semble-t-il, à l'emplacement de l'ancienne Alexandrie du Caucase, au début du IIe siècle avant J.-C. Nettement moins étendue qu'Aï Khanoum (700 m × 450 m), elle lui ressemble pourtant par bien des aspects : implantation sur une langue de terre triangulaire, citadelle dans l'angle qui domine les fleuves, puissant rempart à tours quadrangulaires dont le tracé, rectiligne du côté de la plaine, suit le bord sinueux du plateau sur les deux autres côtés. La citadelle n'a pas été fouillée, et la ville, très endommagée par les labours, n'a pu être explorée que partiellement et seulement jusqu'aux niveaux kouchans (post-grecs). La présence, au sud, d'un palais intégré dans un réseau orthogonal de rues est probablement un héritage de l'époque hellénistique.

À Taxila, la ville fouillée est immédiatement postérieure à l'établissement grec, qu'elle ne recouvre qu'en partie. La cité hellénistique aurait été fondée plus au nord, entre la barre montagneuse du Katcha Kot, où se trouverait la citadelle, et le cours du Tamra Nala qui, avec un de ses affluents, enferme le site sur trois côtés. On reconnaît là les principes qui ont déjà prévalu dans la détermination du site des autres fondations. L'organisation interne de la ville grecque (environ 850 m × 350 m) n'a pu être étudiée, mais on observe que le plan de la ville sace* (ou parthe*) s'organise selon un axe majeur sur lequel s'articulent une série de rues orthogonales uniformément espacées et intègre au sud un palais au plan bien ordonné. Tout cela atteste clairement l'empreinte des conceptions urbanistiques nouvelles qui tranchent de manière frappante avec le système de rues enchevêtrées de la ville prégrecque dégagée à proximité.

Il apparaît donc que, en ce qui concerne les cités importantes, la tradition s'est maintenue tout au long de l'existence du royaume gréco-bactrien – avec peut-être un goût plus marqué pour un certain systématisme – et s'est perpétuée au cours des siècles qui ont suivi le départ des Grecs de la région.

La naissance de petites cités fortifiées au cours de l'époque gréco-bactrienne constitue un fait nouveau par rapport à la période séleucide où, semble-t-il, n'avaient été fondées que des villes importantes. Le nombre de ces cités s'accroît au sein du royaume, et, curieusement, loin de l'arrêter, l'effondrement de la domination grecque paraît avoir accéléré le processus. Il en résulte que, le matériel céramique de la fin de l'époque grecque étant très proche de celui de l'époque suivante, il est souvent impossible de dire si une cité a été fondée avant ou après le départ des Grecs. Ce problème sérieux, encore loin d'être résolu, ne doit cependant pas nous empêcher d'examiner cette réalité nouvelle qui se situe clairement dans le domaine de l'urbanisme hellénistique.

Lorsqu'on examine l'ensemble de ces fondations, on est rapidement frappé par un certain nombre de traits communs. Le premier est constitué par l'importance de la citadelle, toujours présente, qui peut occuper jusqu'à la moitié de la surface globale. Celle-ci se trouve soit au centre de l'agglomération, soit surtout sur l'un de ses côtés et présente des aspects très divers : temple (Jiga), zone de peuplement dense (Dilbergine) ou palais fortifié (Kuhna Kala, Saksanochour). Le deuxième fait d'évidence est le parti résolument géométrique affecté à l'enceinte : parfois circulaire ou carré, le plan est le plus souvent rectangulaire, englobant une surface qui n'excède pas 20 hectares (Key Kobadsah, Khairabad). La citadelle a souvent une forme circulaire ou irrégulière (Karabag, Dalverzine).

À l'intérieur, les bâtiments sont disposés selon un quadrillage régulier de rues. Les seuls édifices publics qui apparaissent à côté du palais sont les temples. Abondamment décorés de peintures et de sculptures en stuc, ils offrent deux types de plans : plan grec, comme au temple des Dioscures de Dilbergine, plan barlong à *cellae* multiples comme à Dalverzine. Quant à l'aménagement des palais et des maisons, il dérive directement des modèles apparus à Aï Khanoum : les fonctions sont réparties en secteurs séparés, organisés autour de cours et dans lesquels la circulation se fait par de longs couloirs longeant pièces et cours. Dans les maisons aristocratiques, le plan habituel comporte deux cours et trois blocs d'habitation : appartement des hommes et pièces de réception, cellules d'habitation des familles, locaux domestiques.

Le caractère même de ces nouvelles cités nous éclaire sur le type de société qui s'est alors constitué. L'importance et la place des édifices militaires, aristocratiques et religieux, comme l'absence de ceux qui font la spécificité des cités grecques – agora, théâtre, gymnase, bouleutérion –, révèlent une société très hiérarchisée dont l'aristocratie militaire domine une population désormais sédentarisée et fixée à la terre par le développement de l'irrigation. Des traditions urbanistiques grecques ne subsistent plus que le goût de la rigueur géométrique dans les plans, goût parfois poussé jusqu'au système puisqu'il s'applique même au tracé des limites des cités nouvelles, ce qui n'avait jamais été le cas auparavant.

Vidé de son esprit, à l'origine entièrement tourné vers l'organisation de la vie collective et publique, l'urbanisme grec n'est plus qu'une technique destinée à habiller des réalisations propres à une société orientale, dont la présence grecque n'a d'ailleurs fait que renforcer les bases. Il n'en reste pas moins que sa marque s'est profondément imprimée dans l'élaboration de l'image de la ville d'Asie centrale. La conquête d'Alexandre, loin d'être une parenthèse, a donc effectivement introduit un esprit nouveau qui a modifié considérablement l'apparence, sinon la fonction, de la ville centre-asiatique jusqu'à l'arrivée de l'Islam.

Pierre LERICHE

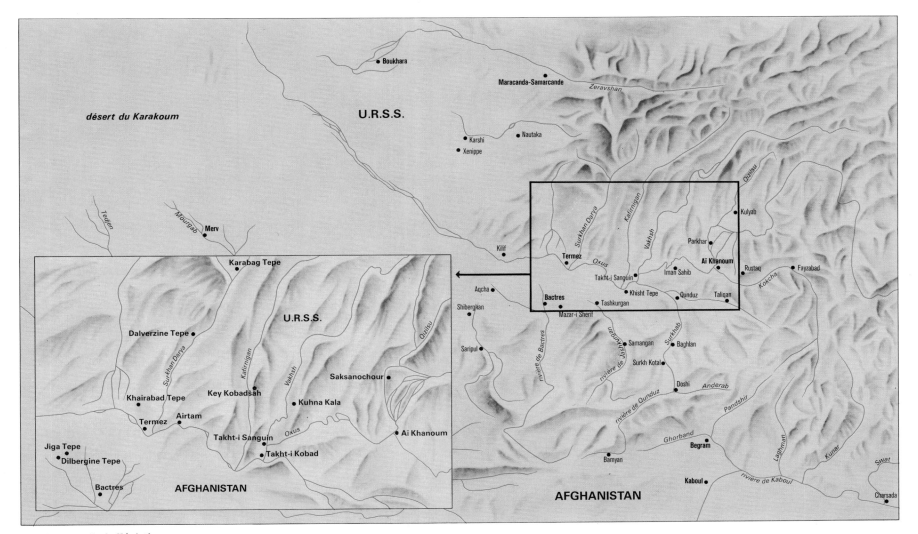

L'Asie centrale hellénistique

Aï Khanoum

La ville (voir ci-dessous à droite) s'est développée de manière privilégiée dans la plaine où trois zones ont été définies. Au centre, sur la moitié de l'espace total, se groupent les bâtiments publics avec le palais aux dimensions impressionnantes (350 m × 250 m), le grand temple avec son grand sanctuaire, un mausolée, l'arsenal et tout ce qui caractérise alors les cités grecques, c'est-à-dire le tombeau du fondateur (hérôon), la palestre et le théâtre. Au sud, on trouve un quartier résidentiel avec de grandes demeures aristocratiques et un quartier d'artisans. Au nord s'étend une zone sans doute réservée aux habitations populaires. Quelques maisons modestes ont été découvertes sur le plateau de la ville haute, mais cette partie du site fut abandonnée peu après le milieu du IIIe siècle en raison, sans doute, des difficultés d'approvisionnement et de la rigueur du climat. À l'extérieur, enfin, apparaissent, outre la nécropole, une série de constructions dont un temple et une grande résidence. La répartition des constructions a été conçue selon un plan régulier très clair, à partir d'un axe directeur formé par la rue principale qui traverse toute la ville, de la porte du rempart jusqu'à la Kokcha, et dont le tracé est déterminé par celui de l'épaulement qui longe le pied du plateau, légèrement au-dessus du niveau de la plaine. Les rues secondaires, les maisons et presque tous les monuments sont orientés par rapport à celle-ci, sans la moindre rigidité : les rues, irrégulièrement espacées, tiennent compte de la forme du terrain et de la présence des divers bâtiments. Dans cet ensemble, le palais, dont l'orientation diverge nettement de celle de la rue principale, constitue une anomalie qui tient peut-être à l'existence d'un édifice antérieur ou à un premier schéma d'implantation, axé sur la grande porte du rempart (à l'arrière-plan de la photo). Son intégration dans le canevas général a été réalisée en affectant à l'hérôon, aux propylées et au mur est de la grande cour à portique une direction moyenne permettant de passer insensiblement du système d'orientation du palais à celui du reste de la ville.

Une petite ville gréco-bactrienne : Dilbergine

Le tracé géométrique de l'enceinte et l'urbanisme orthogonal portent la marque des conceptions grecques. La citadelle circulaire a été établie sur l'agglomération achéménide. Après la fin du royaume gréco-bactrien, la ville a continué à se développer hors les murs (d'après I. T. Krouglikova).

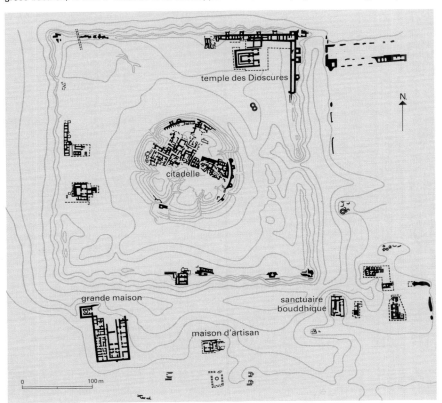

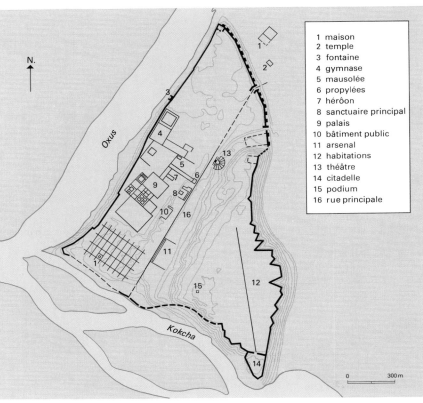

1 maison
2 temple
3 fontaine
4 gymnase
5 mausolée
6 propylées
7 hérôon
8 sanctuaire principal
9 palais
10 bâtiment public
11 arsenal
12 habitations
13 théâtre
14 citadelle
15 podium
16 rue principale

La civilisation sogdienne : le site de Pendjikent

La Sogdiane, la région qui a pour axe la vallée du Zarafshān et pour métropoles Samarqand et Bukhārā, a vu s'épanouir, du VIe au VIIIe siècle après J.-C., une civilisation brillante et originale dont l'influence s'est fait sentir jusque sur la Chine des T'ang. Cette civilisation n'était pas portée par un État conquérant, que les Sogdiens émiettés en principautés n'éprouvèrent jamais le besoin de construire ; ils laissèrent ce soin aux Turcs de Haute-Asie, leurs maîtres théoriques, dont ils recevaient des dynastes et des contingents militaires tandis qu'eux-mêmes fournissaient les cadres de la chancellerie de l'Empire et surtout tenaient les comptoirs et les caravanes de la « route de la soie ». Les chroniques chinoises et les récits de la conquête arabe renferment sur eux des notices détaillées, depuis longtemps connues et traduites ; en 1937 et en 1965, les archéologues ont rencontré les palais des princes de Bukhārā et de Samarqand, ornés d'extraordinaires fresques murales. Et, cependant, c'est à une ville d'importance moyenne, Pendjikent, qu'on doit l'essentiel de ce qu'on sait aujourd'hui sur leur civilisation.

Le site, à 60 kilomètres à l'est de Samarqand, se présentait dans des conditions particulièrement favorables du fait de son abandon peu après la conquête arabe et de l'absence de toute construction moderne. L'attention fut attirée sur lui lorsque l'on eut découvert dans un château de montagne un paquet de textes en sogdien (la langue iranienne parlée dans le pays avant la conquête islamique) : déchiffrés, ils se révélèrent être les archives de Dēwāshtich, le dernier prince de Pendjikent, qui les avait emportées dans sa fuite avant d'être vaincu et crucifié en 722 par les Arabes. Paradoxalement, la fouille de la ville, poursuivie sans relâche depuis le lendemain de la Seconde Guerre mondiale par les archéologues soviétiques, n'a permis de retrouver que fort peu de documents écrits. Pour tout le reste, elle a largement dépassé les espérances, et compte parmi les grandes aventures de la redécouverte du Moyen Âge.

La ville a connu une histoire mouvementée, dont les phases apparaissent mieux maintenant qu'aux dégagements extensifs a succédé une approche stratigraphique en profondeur. Fondée au début du Ve siècle, elle comportait deux ensembles distincts : une citadelle et un rectangle urbain fortifié de dimensions assez modestes (330 m × 250 m), parcouru par un réseau de rues en damier. Bientôt à l'étroit, elle dut avancer une nouvelle ligne de remparts à l'est et au sud. À partir de 670-680, elle a son propre souverain qui frappe monnaie. En 712, Dēwāshtich, depuis peu monté sur le trône, accueille de nombreuses familles nobles qui, avec leurs suites militaires, ont fui Samarqand occupée par l'armée arabe ; pendant dix ans la ville va connaître une fièvre de construction qui s'étend à la citadelle où Dēwāshtich, entre-temps proclamé « roi de Sogdiane », aménage en contrebas du château un palais à salles d'audience digne de son nouveau rang. La catastrophe

de 722 se marque par un grand incendie, et dans la citadelle une garnison arabe s'installe. Cependant, l'islamisation fut très progressive, beaucoup de riches demeures continuant à être occupées et à recevoir des décors « païens » ; ce n'est qu'après 750, sous les califes abbassides, qu'une politique de conversions systématiques fit sentir ses effets dans la transformation de l'aspect des maisons, avant que l'habitat ne soit finalement transféré sur un site voisin.

L'ampleur de la zone maintenant fouillée – un tiers de la superficie – permet d'avoir une idée précise de l'aspect que présentait la ville. La construction employait exclusivement la terre crue, sous forme de briques et de pisé, et le bois qui, relativement abondant, permettait de couvrir les toits en terrasse (l'emploi de la coupole est assez peu fréquent). L'occupation du sol apparaît très dense : peut-être 4 000 habitants pour un espace de 15 hectares intra-muros ; peu d'emplacements dégagés, mais des blocs compacts d'habitations sans cours intérieures et s'élevant sur deux, parfois trois étages, enjambant par endroits les rues transformées en passages voûtés. De cet entassement était responsable en partie l'afflux des réfugiés en 712, qui avait obligé à abattre l'ancien rempart est, jusque-là conservé en défense intérieure, pour élever à la place un long pâté de maisons aristocratiques.

À l'animation et à l'encombrement des rues contribuait l'activité artisanale. Ateliers et boutiques, souvent confondus en une même pièce ouverte sur la rue, étaient disséminés dans toute la ville, avec une densité particulière le long des maisons du quartier aristocratique ; en bordure de celui-ci avait pris corps un bazar aux métaux où voisinaient tous les stades de la transformation, depuis le raffinage du minerai jusqu'à la finition des produits (armures, bronzes, monnaies, etc.). Des artisans commençaient sporadiquement à s'établir hors les murs, où, à côté d'un pressoir à vin, on a localisé une forge et l'atelier d'un verrier ; on saisit là le tout début du processus qui devait aboutir, dans les villes de l'époque islamique, au transfert de toute l'activité économique de la ville fortifiée (shahrestān*) vers le faubourg (rabad*). Bien qu'exerçant pour la plupart leur activité juste à côté des maisons riches, les gens de métiers ne leur étaient sans doute pas rattachés par un lien personnel, car ils demeuraient hors de leur lieu de travail et géraient librement leurs transactions (la plupart des monnaies trouvées par la fouille l'ont été dans leurs échoppes). Plus vraisemblablement, leur dépendance par rapport aux nobles doit s'interpréter en termes strictement économiques : ceux-ci leur louaient les emplacements marchands, avaient la haute main sur les sources de matières premières comme en témoignent les stocks de fer retrouvés dans leurs maisons, enfin fournissaient l'essentiel du marché ; la présence, surtout après 712, d'une grosse population aristocratique consommatrice d'armements et de pa-

rures explique le nombre insolite des ateliers métallurgiques. Les productions liées au commerce caravanier paraissent avoir eu à Pendjikent une importance plus limitée ; on a cependant identifié dans une maison des installations pour le travail de la soie (débobinage des cocons et tissage).

La vie sociale et culturelle se déroulait pour une large part à l'intérieur des demeures privées. Chaque maison noble comportait une vaste salle de réception (jusqu'à 80 m²), munie d'une banquette sur le pourtour. Les fresques qui ornaient les murs du haut en bas, et qui ont contribué plus que toute autre chose à la renommée de Pendjikent, permettent d'évoquer les activités qui prenaient place dans ces salons : des banquets apparemment réservés aux hommes ; des libations adressées à la divinité tutélaire de la famille, représentée sur la paroi face à l'entrée ; des concerts ; des récitations de fables et de cycles épiques dont les images, déroulées sur les murs, évoquaient pour les spectateurs un univers de références littéraires qui n'a que très partiellement survécu dans les textes persans d'époque islamique. Les locaux plus petits où l'on a voulu reconnaître des chapelles à autel du feu pourraient bien n'avoir été que des salons d'hiver chauffés. La vie domestique, et semble-t-il aussi l'existence sociale des femmes, se concentrait à l'étage.

Bien que de surface beaucoup plus réduite, les demeures des artisans présentent assez souvent une pièce de réception et des éléments de décor peint : par son cadre de vie, le citadin, même modeste, se distinguait nettement du rural. Les diverses classes sociales partageaient une même passion du jeu, dont témoigne l'abondance des trouvailles : osselets, dés, trictrac, et probablement déjà les échecs dont on a retrouvé des pièces à Pendjikent.

Les archives royales attestent que la communauté des citadins était une personne morale, ayant ses propres revenus. Le cadre principal de la vie communautaire était fourni par les enceintes accolées aux deux temples, qui accueillaient les rassemblements religieux et sans doute aussi profanes ; les décors de leurs porches et bâtiments cultuels figurent des processions à cheval, des agapes, et un panthéon syncrétique mêlant un fond zoroastrien à des apports hindouistes (voir zoroastrisme*). Des fragments de textes retrouvés dans la ville attestent la présence d'autres communautés (zoroastriens orthodoxes, bouddhistes, chrétiens), dont les lieux de culte n'ont pas encore été repérés. Contrairement à la situation qui prévalait dans l'Iran sassanide et qui s'imposera dans l'Asie centrale islamique, la société civile paraît n'avoir guère subi la pression d'un clergé d'État, ni celle du souverain qui trônait à l'écart dans son palais de la citadelle et tournait son activité vers la guerre et la diplomatie.

Frantz GRENET

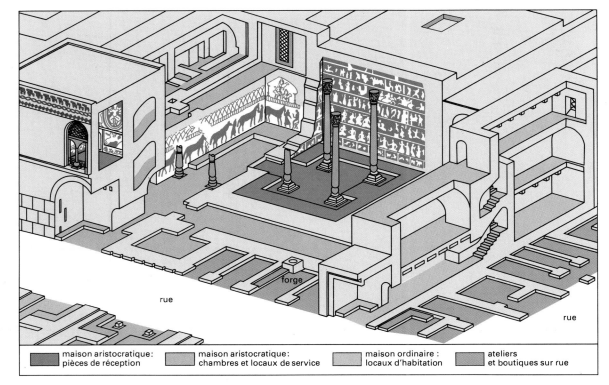

forge

rue

rue

Restitution type d'un secteur d'habitation

Le porche voûté ouvre à côté d'une rangée de boutiques et ateliers sur rue, installés sur des emplacements concédés par le propriétaire de la grande maison. Le plan de celle-ci s'ordonne autour de la pièce de réception ornée de fresques, haute de deux étages sous le toit en terrasse que soutiennent quatre colonnes de bois ciselé ; au milieu de celles-ci s'ouvre un lanterneau. Une rampe tournant dans une cage conduit aux pièces de l'étage. Parmi celles-ci, un petit salon, vraisemblablement réservé aux femmes, donne sur l'extérieur par une fenêtre à colonnette (les fresques montrent aussi des balcons en encorbellement). À droite, une maison ordinaire divisée en trois étages que relient des volées de marches (restitution d'après L. L. Gurevich).

| maison aristocratique : pièces de réception | maison aristocratique : chambres et locaux de service | maison ordinaire : locaux d'habitation | ateliers et boutiques sur rue |

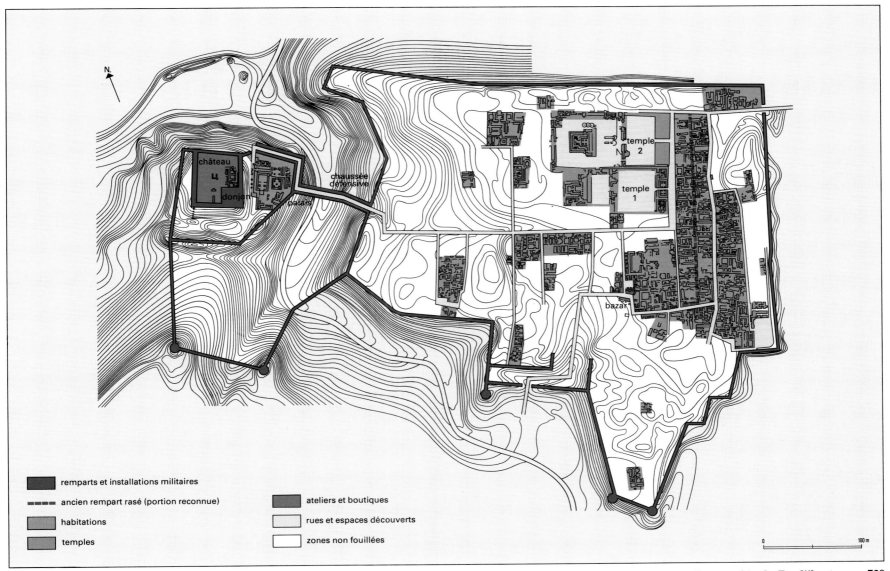

rempart et installations militaires

----- ancien rempart rasé (portion reconnue)

habitations

temples

ateliers et boutiques

rues et espaces découverts

zones non fouillées

0   100 m

Topographie de Pendjikent, vers 720

À l'ouest, la citadelle incluant le château et le palais, flanquée au sud par une ligne de défense avancée. À l'est, séparée par un fossé naturel, la ville basse. La communication entre les deux ensembles se faisait par une chaussée surélevée sur une courtine barrant le fossé. Les remparts, en pisé et brique crue comme toutes les constructions de la ville, avaient été constamment renforcés jusqu'à atteindre à la citadelle une épaisseur de 16 m à la base. On note l'importance relative des cours des temples parmi les espaces dévolus à la vie sociale.

Fresque représentant une harpiste

Les conventions manifestent l'influence de l'art indien (déhanchement, position des pieds). L'importance de la vie musicale à Pendjikent est attestée par le grand nombre des représentations figurées, et par l'existence dans certaines maisons d'estrades destinées à accueillir des orchestres ; ceux-ci s'échangeaient entre l'Asie centrale et l'Extrême-Orient (une fresque montre un concert donné par des luthistes et des danseuses chinoises).

Groupe de banqueteurs

Le personnage au centre tient un chasse-mouches, celui de droite, incomplètement conservé, devait lever une coupe. Les habits, sans doute en soie, sont décorés de motifs de médaillons perlés inspirés par l'art de l'Iran sassanide. Cette fresque provient d'une maison jouxtant le bazar aux métaux, et les banqueteurs sont vraisemblablement des marchands, leur statut étant indiqué par leur bourse et leur armement (un simple poignard passé à la ceinture, au lieu de la longue épée réservée aux nobles).

235

Les pratiques funéraires dans l'Asie centrale préislamique

Autant les auteurs anciens ont décrit à loisir les usages funéraires des nomades de Scythie, autant les renseignements qu'ils ont transmis sur ceux des populations sédentaires de l'Asie centrale sont minces. Des historiens grecs et des chroniqueurs chinois s'accordent à y mentionner, comme une incompréhensible bizarrerie, la coutume consistant à livrer les corps aux animaux carnivores. Le rapprochement avec les « tours du silence », encore utilisées par les zoroastriens qui subsistent en Iran et en Inde, et le fait que leur religion soit justement originaire de l'Asie centrale avaient depuis longtemps éveillé la curiosité des chercheurs. Il revenait à l'archéologie, principalement à l'archéologie soviétique des trente dernières années, de confirmer et de compléter dans une très large mesure les dires des historiens anciens.

En l'état actuel de nos connaissances, les premières sépultures « à décharnement » – d'ossements préalablement nettoyés par l'action des animaux – se rencontrent au Ve siècle avant J.-C. dans la Chorasmie, qui paraît avoir emprunté cet usage à certaines populations nomades des régions caspiennes. Vers la même époque, on le trouve attesté chez les Mages, tribu sacerdotale de l'Empire perse, qui se font alors les champions de la création du souci d'éviter de souiller le feu ou la terre en y mêlant la matière morte considérée comme le réceptacle des forces du mal ; conception éthique et égalitaire du sort de l'âme dans l'au-delà – d'où l'inutilité de laisser au défunt sa forme corporelle et de l'accompagner de parures. Partant de ces principes, les codificateurs du canon religieux vont préciser à l'extrême les prescriptions funéraires qui, sans doute sous la monarchie parthe (IIe s. av. J.-C. – IIe s. apr. J.-C.), recevront leur formulation définitive dans le livre sacré du *Vendidâd*.

Il faut toutefois souligner qu'en Asie centrale, comme du reste en Iran, cette combinaison de l'observance zoroastrienne et des obsèques à décharnement ne se généralisera qu'au terme d'un long processus. En particulier les souverains, souvent d'origine scythe, restèrent attachés à l'idée d'emporter leurs ornements dans l'autre monde (mausolées de l'aristocratie parthe à Nisa ; tombes princières de Tilla-tepe en Bactriane, datant approximativement du début de notre ère). En Chorasmie, le gigantesque sépulcre royal de Koj-Krylgan-kala inaugure la tradition, qui sera durable en Asie centrale, du mausolée à décor militaire. D'un autre

côté, lorsque la pratique du décharnement est bien attestée, nous ne sommes pas certains faute de documents qu'elle réponde toujours à une intention zoroastrienne. En Chorasmie, les ossements des sépultures ordinaires sont à cette époque (IVe s. av. J.-C. – IIIe s. apr. J.-C.) recueillis dans des urnes, ou ostothèques*, en forme de statue creuse, qui figurent le défunt ou la défunte tendant une coupe pour recevoir des offrandes. Est-ce, comme chez certains peuples de Haute-Asie, un moyen de prolonger la présence physique du mort parmi ses descendants, ou bien s'agit-il de préserver ses ossements pour le jour de la résurrection finale promise par le zoroastrisme* ? En Bactriane*, au contraire, les os étaient laissés dispersés à fleur de sol, ce qui, ajouté à l'utilisation des chiens et à des rumeurs peut-être fondées faisant état de pratiques gérontocides, scandalisa Alexandre qui s'efforça de mettre fin à ces usages sans chercher à en pénétrer la signification religieuse. Par la suite, les Bactriens de l'époque kouchane (Ier-IIIe s. apr. J.-C.), marqués par l'héritage grec et politiquement indépendants de l'Iran parthe, déposeront les corps dans des mausolées monumentaux où, malgré les théories avancées par les archéologues soviétiques, il est bien difficile de reconnaître l'application des règles zoroastriennes (sauf peut-être dans le soin mis à isoler les corps de la terre).

À partir des IIIe et IVe siècles, cette diversité fait place à une plus grande uniformité et à un souci plus affirmé de suivre les prescriptions du *Vendidâd*. On est tenté de voir là un effet de l'influence alors exercée par l'Iran, réorganisé par les rois sassanides qui érigent définitivement le zoroastrisme en une Église d'État hiérarchisée et appuyée sur un corps unique de doctrine. Les Sassanides dominent pour un temps la majeure partie de l'Asie centrale et, même après s'être repliés sur la frontière de la Margiane*, continuent à marquer sur le plan culturel les principautés qui les ont remplacés. Un peu partout en Asie centrale se diffuse alors la pratique du décharnement et la conservation des ossements en ostothèques – ce dernier point marquant la persistance d'une certaine originalité par rapport à l'Iran, où la préservation de quelque partie du corps n'était pas considérée comme véritablement indispensable au miracle divin de la résurrection. Les morts sont portés dans les parcs à chiens collectifs tenus par des « intouchables », ou, si la famille en a les moyens, sur des plates-formes privées (on a retrouvé un contrat de vente sogdien se rapportant à un édifice de ce type). Les os mis en ostothèque sont ensuite déposés dans des sépulcres familiaux, simples fosses ou petits mausolées,

où les proches viennent chaque Nouvel An apporter des offrandes en nourriture. Le chien, animal sacré par excellence, a droit aux mêmes égards. Les constructions funéraires sont orientées vers le soleil levant et les ostothèques souvent munies de perforations, car selon la croyance zoroastrienne les morts ressusciteront dans la lumière de l'aube.

Les ostothèques, par leur forme, leur décor et parfois aussi les inscriptions qu'elles portent, constituent une source d'information capitale sur la religion telle qu'elle était vécue et pratiquée. On ne rencontre plus de statues creuses comme à la période précédente, mais des jarres ordinaires, des cassettes, des édifices funéraires en miniature ; la personne du défunt n'est évoquée que discrètement (poignées en forme de tête humaine, d'oiseau symbolisant l'âme), tandis que les parois reçoivent un décor qui peut être très élaboré, notamment en Sogdiane, et dont les sujets rappellent soit l'espoir mis dans l'au-delà, soit les rituels qui accompagnent les funérailles. Parmi ces derniers figurent curieusement des scènes de lamentation comportant parfois des mutilations volontaires, alors même que dans les textes canoniques ces pratiques sont formellement condamnées et sont censées valoir la damnation à leurs auteurs aussi bien qu'au défunt. Il est évident qu'elles étaient profondément enracinées en Asie centrale, tout comme dans le monde de la steppe, et que le clergé local n'avait pas les moyens ou la volonté d'y mettre fin (ce que démontre bien la coexistence, dans les mêmes tombes chorasmiennes, d'ostothèques à images de lamentations et d'exemplaires portant inscrites des formules de bénédiction purement zoroastriennes). Elles ont, dans certains milieux populaires, survécu jusqu'à nos jours en dépit de l'islamisation.

À la même époque, ces pratiques funéraires se sont diffusées vers le nord-est, dans le domaine du premier empire turc alors sillonné par les marchands de l'Asie centrale et peu à peu gagné à sa civilisation urbaine. Elles ont, semble-t-il, rencontré la résistance des bouddhistes fidèles à la coutume indienne de l'incinération (ce qui pourrait expliquer la quasi-absence des ostothèques en Bactriane où cette religion était répandue depuis longtemps). Mais elles se sont imposées aux communautés juives et chrétiennes d'Asie centrale – ce qui, au moins en ce qui concerne ces dernières, fut une surprenante révélation des fouilles récentes. Il faut sans doute y voir la conséquence du dynamisme missionnaire du christianisme nestorien*, avec sa masse de nouveaux convertis restés attachés aux usages de leur milieu.

Frantz GRENET

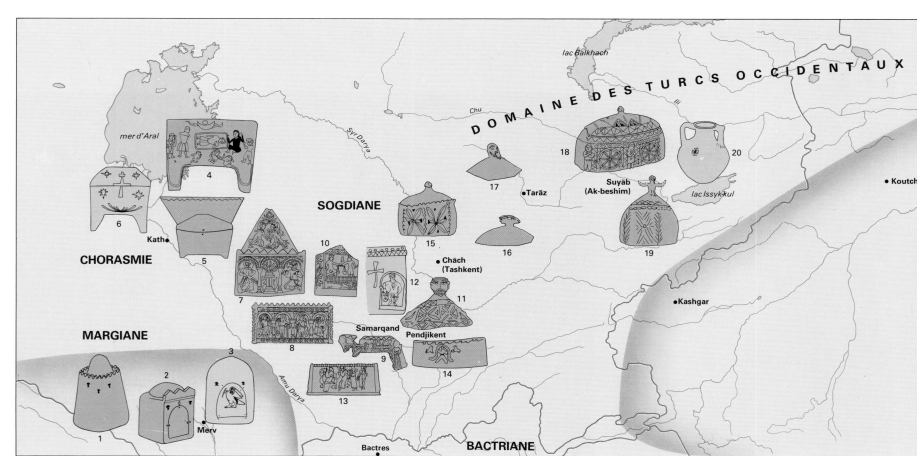

Restitution générale (d'après M. S. Lapirov-Skoblo)

Le matériau de construction est la brique crue combinée avec le pisé. La destination de la partie supérieure de la tour n'est pas certaine (les cendres qu'on y a retrouvées proviendraient pour les uns d'un bûcher funéraire à ciel ouvert, pour d'autres de l'incendie d'un temple destiné au culte des rois défunts). L'espace entre la tour et l'enceinte était habité (voir les structures indiquées sur le plan), peut-être à l'origine par les desservants du culte. Dimensions : enceinte extérieure, diamètre 93 m ; tour centrale, diamètre 42 m, hauteur 9 m.

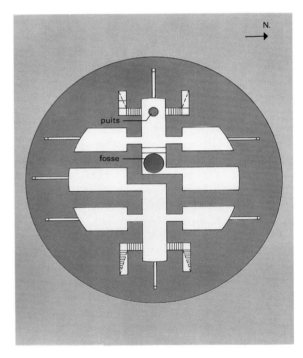

Mausolée royal de Koj-Krylgan-kala (Chorasmie, IVᵉ-IIᵉ s. av. J.-C.).

Plan de l'étage inférieur de la tour

Les escaliers situés aux deux extrémités et qui permettaient de communiquer avec l'extérieur furent murés lors du dépôt des sépultures. Celles-ci, pillées dès l'Antiquité, reposaient dans des salles éclairées par des meurtrières, à l'exception de la salle VIII qui, isolée par une cloison et une fosse, avait dû abriter la sépulture la plus précieuse. Ce type de plan – disposition orthogonale inscrite dans une enveloppe circulaire – se rattache à l'architecture funéraire des Scythes du Syr Darya.

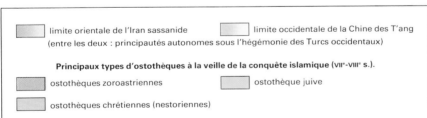

limite orientale de l'Iran sassanide — limite occidentale de la Chine des T'ang
(entre les deux : principautés autonomes sous l'hégémonie des Turcs occidentaux)

Principaux types d'ostothèques à la veille de la conquête islamique (VIIᵉ-VIIIᵉ s.).

ostothèques zoroastriennes — ostothèque juive

ostothèques chrétiennes (nestoriennes)

1 Merv : tour funéraire miniature
2 Merv : mausolée miniature (portail voûté, coupole, parapet crénelé)
3 Merv, cimetière juif : colombe de l'Arche
4 Tok-Kala : scène de lamentation (défunt étendu, veuve en noir, symboles astraux)
5 Berkut-kala : ostothèque à baldaquin amovible pour le rituel d'adoration (restitution)
6 Mizdakhkan : croix nestorienne, étoiles, rubans
7 Mullakurgan (région de Samarqand) : en bas, office des morts (les prêtres portent un masque pour ne pas souiller l'autel du feu) ; en haut, symboles astraux et danseuses
8 Bija-Najman (région de Samarqand) : dieux et déesses portant les symboles de la résurrection finale des morts (de gauche à droite : pilon et plante pour la boisson liturgique ; feu sacré ; geste de bon augure ; cassette et clef)
9 Samarqand : scène de lamentation
10 Samarqand (ostothèque incomplète) : pesée de l'âme. Le personnage à droite tient le défunt par une main et de l'autre tend un poids qui symbolise ses actes
11 Samarqand : couvercle à tête humaine
12 Samarqand (détail) : croix nestorienne ; David tenant la fronde et la tête de Goliath
13 Uzkishlak (Sogdiane méridionale) : scène de danse avec harpiste
14 Pendjikent : scène de danse et oiseaux
15 région de Tashkent : motifs floraux, couvercle à tête humaine
16 Pskent (région de Tashkent) : couvercle à têtes accolées de bélier et de chèvre
17 Tarāz : couvercle à tête de vieillard
18 Krasnorechenskoe gorodishche (région de Suyāb) : couvercle à tête humaine et scène de lamentation
19 ostothèque trouvée près du site précédent : couvercle figurant un faucon chasseur encapuchonné
20 Suyāb : cruche à croix nestorienne ayant servi d'ostothèque
21 Beshbaligh : croix nestorienne, couvercle à tête humaine

On s'est efforcé de porter sur cette carte les exemplaires d'ostothèques les plus représentatifs, distingués selon leur appartenance religieuse et répartis selon leur lieu de découverte. Tous sont en terre cuite sauf les nᵒ 1 à 3, en stuc. Taille moyenne : longueur 50-60 cm, largeur et hauteur 30-40 cm. La forme évoque parfois, de manière directe (1, 2) ou plus éloignée (7, 8, 9, 14), des édifices funéraires à décor militaire (crénelage, archères), qui par leur aspect préfigurent les mausolées islamiques de cette région.

Les décors sont parfois peints (3, 4, 6), plus souvent moulés ou modelés en relief. Les ostothèques zoroastriennes présentent une iconographie très diversifiée. Quelques compositions font allusion à des mythes eschatologiques connus par les textes de cette religion (8, 10). D'autres illustrent les cérémonies funéraires : culte du feu typiquement zoroastrien (7), mais aussi lamentations condamnées par le clergé et représentées d'une manière tantôt violente (4, 9), tantôt plus apaisée (18). Les scènes de danse sont plus difficiles à interpréter (7, 13, 14) : faisaient-elles aussi partie du rituel funéraire, font-elles allusion aux félicités du paradis ? Souvent une simple poignée anthropomorphe symbolise le défunt (11, 15, 18, 21). Les peuples nomades gagnés aux pratiques funéraires zoroastriennes ont adapté cette iconographie à leurs propres croyances : têtes protectrices d'animaux à cornes (16), âme métamorphosée en faucon chasseur (19).

Les ostothèques juives et chrétiennes se signalent par des symboles particuliers (3, 6, 20, 21) ; dans un cas l'image de David vainqueur de Goliath est utilisée comme marque de la victoire sur la mort (12). L'ostothèque nᵒ 21, unique exemplaire à ce jour signalé en Chine, rappelle le rôle joué par les marchands nestoriens de Sogdiane dans la diffusion du christianisme vers l'Extrême-Orient.

Le monde indien

Dès le milieu du XVIIIᵉ siècle, des Britanniques au service de la Compagnie des Indes commencent à manifester un certain intérêt pour les vestiges archéologiques qu'ils découvrent au fur et à mesure de la colonisation rapide du subcontinent. En 1784, la Société asiatique de Calcutta est fondée, et ses membres décident de favoriser l'étude de l'histoire et des antiquités de l'Asie. Par la suite, tout au long du XIXᵉ siècle, fonctionnaires, militaires et amateurs éclairés vont profiter de leurs voyages et de leurs tournées d'inspection pour décrire les monuments d'une Inde ancienne qui est ainsi dotée d'un passé prestigieux, dans le climat romantique qui marque alors les mentalités en Europe. À partir du milieu du XIXᵉ siècle, ce travail de recensement devient plus systématique, sous la direction du général Alexander Cunningham* dont la mission est officiellement soutenue par le gouverneur des Indes. Ces recherches sont avant tout consacrées à l'identification des sites évoqués dans les sources écrites anciennes, comme les textes relatifs à la campagne d'Alexandre ou les relations de voyage des pèlerins bouddhistes chinois.

On peut dater le début de la véritable archéologie de terrain de l'année 1851, quand le colonel Meadow Taylor publie un remarquable rapport sur les fouilles de tombes mégalithiques au Deccan. La précision de cette étude forme un contraste heureux avec les pratiques de l'époque où l'on détruisait à coups de pioche les stūpas bouddhiques pour en prendre les reliquaires. En 1856, Cunningham délaisse pour un temps les sites historiques pour visiter le chantier de Harappa* au Punjab (aujourd'hui en territoire pakistanais), où des ouvriers viennent de découvrir les ruines d'une des grandes métropoles de l'Âge du bronze. Certes, Cunningham ne peut mesurer l'importance de cette découverte, mais il envoie cependant au Bristish Museum, à titre de curiosités, quelques antiquités de Harappa, dont des cachets portant de mystérieux pictogrammes. Au moment même où l'on commence à s'intéresser en Occident aux lointains ancêtres de l'Âge de la pierre, Robert Bruce Foot découvre, en 1863, les premiers paléolithes de l'Inde. Cette découverte est suivie de nombreuses autres dans presque toutes les régions du subcontinent qui livrent alors de riches collections de choppers*, de chopping tools*, d'éclats et de lames de pierre.

En 1904, le vice-roi, lord Curzon, crée l'Archaeological Survey of India, qui, depuis, centralise une grande partie des activités archéologiques indiennes. Son premier directeur, sir John Marshall*, accomplit, de 1904 à 1934, une tâche considérable avec l'aide de nombreux collaborateurs britanniques et indiens.

La priorité reste encore aux fouilles de grands sites historiques. Taxila, ville où aurait séjourné Alexandre, avant de devenir une capitale provinciale des empires Maurya et Kushan, fait l'objet de fouilles extensives. Les grands sites bouddhiques de Sarnath, où le Bouddha prêcha la loi, et de Sanchi, avec ses stūpas aux splendides enceintes sculptées, sont alors dégagés. Ces fouilles, et les études des grands sanctuaires rupestres comme Ajanta ou Ellora, révèlent la richesse du patrimoine culturel indien et contribuent ainsi peu à peu à la prise de conscience nationaliste dans les années qui précèdent l'indépendance.

La découverte fortuite, en 1920, de Mohenjo daro, sur les rives de l'Indus, et la redécouverte, en 1921, de Harappa, le site déjà visité par Cunningham, poussent Marshall à entreprendre deux vastes opérations de fouilles. Les fouilles de Mohenjo daro, de Harappa, comme, par la suite, celles de Chanhu daro, révèlent l'existence sur les bords de l'Indus d'une grande civilisation, remarquable par la qualité de son urbanisme et de son système d'hygiène privé et public. L'intérêt porté à cette civilisation, entourée d'un halo de mystère, est d'autant plus grand que l'on s'aperçoit, grâce à la présence de quelques cachets de l'Indus retrouvés sur divers sites mésopotamiens, qu'elle a entretenu, à la fin du IIIᵉ millénaire avant notre ère, des relations avec les villes sumériennes. Parallèlement, des explorations au Baluchistan, menées par sir Aurel Stein, et dans le Sind, sous la conduite de Majumdar, permettent la découverte de nombreux sites chalcolithiques, plus anciens ou de la même époque que la civilisation de l'Indus.

L'exploration qu'entreprennent De Terra et Paterson en 1935 dans les piémonts himalayens constitue une date importante pour le Paléolithique. Ces chercheurs réussissent à mettre en relation les terrasses de la vallée de la Soan, riches en gisements paléolithiques, avec les phases glaciaires de l'Himalaya, qu'ils pensent pouvoir rattacher aux phases glaciaires de l'Europe. Cette étude sert encore de référence à la plupart des recherches portant sur les industries paléolithiques du nord du subcontinent indien.

Après les années de guerre, qui marquent une éclipse des activités archéologiques, Mortimer Wheeler* est appelé en Inde en 1944 pour y réorganiser l'Archaeological Survey. En trois ans, il accomplit une tâche considérable, qui est presque devenue légendaire dans le monde de l'archéologie indo-pakistanaise. L'école d'archéologie qu'il met en place à cette époque enseigne les techniques de fouilles en insistant sur la stratigraphie* et l'étude précise du matériel, grâce à des méthodes rigoureuses et claires d'enregistrement. La « méthode Wheeler » est mise en pratique sur les grands chantiers-écoles de Brahmagiri, site mégalithique du sud de l'Inde, et à Harappa (fouille du cimetière et du rempart). C'est sur ces chantiers que sont alors formés les étudiants qui deviendront les figures dominantes de l'archéologie de l'Inde et du Pakistan après 1947.

Après l'indépendance, à côté de l'Archaeological Survey of India, le Département d'archéologie du Pakistan est fondé à Karachi. Les recherches de terrain se multiplient alors en dépit des difficultés économiques. Un effort important est fait, en particulier dans le domaine des recherches consacrées au Paléolithique, grâce aux travaux entrepris par le Deccan College de Poona. Pour le Paléolithique ancien, les travaux portent sur l'étude de collections de bifaces* plus ou moins grossiers, que l'on rapproche de l'Acheuléen* d'Europe, d'Afrique ou d'Asie centrale. Cependant, aucun élément ne permet de dater ces ensembles qui proviennent surtout de zones de charriage des eaux. Même dans le cas de gisements où le matériel est encore en place, comme à Hungsi dans le Karnataka, l'absence de vestiges organiques et de foyers nous prive d'information sur les modes de vie d'un Paléolithique ancien auquel, pour l'instant, il est encore impossible d'associer le moindre fossile humain.

Pour le Paléolithique moyen, les données sont un peu plus nombreuses, mais elles restent en grande partie limitées à des études de collections d'éclats qui présentent des parallèles avec le Moustérien de l'Asie occidentale ou de l'Asie centrale. Il s'agit en particulier des industries dites de Nevasa, au Maharashtra, et de Luni, au pied des Aravalli. Cependant, malgré la découverte d'habitats en place, notamment dans certaines grottes à Bhimbetka, dans les monts Vindhya, aucune étude de restes organiques n'a pu encore être faite sur ces gisements, dont certains viennent d'être datés par le carbone 14* entre 35 000 et 8 000 avant notre ère. Des dates plus anciennes sont d'ailleurs probables pour plusieurs autres sites. Dans le nord du Pakistan, une mission de l'université de Cambridge a repris, en collaboration avec le Département d'archéologie du Pakistan, les travaux

J.-L. Princelle

Le sanctuaire rupestre bouddhique de Tin Tali à Ellora, Inde. Illustration de Thomas et William Daniell (d'après un dessin de J. Wales en 1795) extraite de *A Picturesque Voyage to India by Way of China*, Londres, 1810

Les grottes bouddhiques de Tin Tali font partie d'un ensemble de sanctuaires rupestres du VIIe et du VIIIe siècle, taillés dans la falaise d'Ellora, dans la région de Bombay. Les illustrations des Daniell ont contribué à faire connaître en Europe, à la fin du XVIIIe siècle et au début du XIXe, la richesse du patrimoine culturel de l'Inde et à susciter des vocations chez des amateurs éclairés qui seront à l'origine des premières recherches archéologiques et épigraphiques dans cette partie du monde. Collection particulière, Paris.

de De Terra et Paterson dans la vallée de la Soan. De vastes ateliers de *choppers* et de *chopping tools* fournissent une importante documentation sur des gisements que les chercheurs britanniques datent du Paléolithique moyen.

Pour le Paléolithique supérieur, les sites qui ont livré un outillage de pièces lithiques de taille de plus en plus réduite restent peu nombreux. En revanche, la phase suivante pourrait marquer l'avènement de conditions climatiques plus favorables et plus humides qui expliquerait le nombre important de sites de cette période découverts au cours des vingt dernières années. Ces sites sont caractérisés par la présence de pièces lithiques de très petite taille, en particulier des microlithes géométriques – segments, triangles et trapèzes – dont l'utilisation pour la fabrication de flèches et de harpons composites correspond à une intensification des techniques de chasse et de pêche. De telles pièces ressemblent aux outils du Mésolithique du Proche-Orient vers 12 000-10 000 avant J.-C. Mais il est probable que la plupart des sites à microlithes de l'Inde occidentale ou de l'Inde centrale sont moins anciens. Quelques fouilles, notamment à Bagor au Rajasthan et à Adamgarh, dans des grottes décorées de peintures rupestres, ont montré que ces groupes, souvent appelés « mésolithiques », pratiquaient en fait une économie mixte, mêlant aux activités de chasse et de cueillette des pratiques agricoles, dans un contexte chronologique en partie contemporain de celui des communautés néolithiques et chalcolithiques du Baluchistan et du Sind, du VIIe au IIIe millénaire. Récemment, quelques villages ont été découverts dans la vallée du Gange même, où des activités de chasse et de pêche étaient pratiquées à l'aide de microlithes géométriques, en association avec une agriculture encore rudimentaire qui, peu à peu, s'est spécialisée dans la culture du riz.

Les recherches portant sur les cultures chalcolithiques du Baluchistan et du Sind, d'une part, et sur la civilisation de l'Indus, d'autre part, ont été marquées par la division de l'Empire des Indes en deux États. Les provinces du Nord-Ouest et la vallée de l'Indus, en particulier, sont devenues en 1947 territoire pakistanais. Au cours des années cinquante et soixante, des équipes pakistanaises et des missions étrangères se sont efforcées de donner un cadre chronologique et géographique à tout un ensemble de cultures chalcolithiques du Baluchistan, du Sind et du Punjab, plus ou moins antérieures à la civilisation de l'Indus, tout en essayant de comprendre leur relation avec celle-ci. Dans le Sind, les fouilles pakistanaises de Kot diji (1955-1957) et françaises d'Amri (1959-1962) ont utilement contribué à fixer une grille chronologique pour des cultures le plus souvent définies de façon très artificielle à partir des différents styles de la céramique. De plus, jusqu'à une époque très récente, on a assigné à ces cultures (ou plutôt pseudo-cultures), sur la base de ressemblances stylistiques dans le domaine de la poterie avec des sites d'Iran ou d'Asie centrale, des dates très tardives, entre 3500 et 2500 avant J.-C., ce qui en faisait donc des rameaux marginaux et attardés des civilisations de l'Asie occidentale. On s'expliquait alors mal comment une civilisation aussi développée que celle de l'Indus avait pu apparaître soudain, vers 2300 avant J.-C., dans un contexte apparemment aussi peu dynamique sur le plan culturel. Mais les fouilles de Mehrgarh, qui depuis 1974 ont révélé l'existence dans les régions de l'Indus d'un riche horizon néolithique dès 7000 avant J.-C. et d'une séquence chalcolithique marquée par une impressionnante organisation économique, permettent maintenant de rattacher la civilisation de l'Indus à son véritable contexte culturel.

La « perte » des grands sites de l'Indus, qui appartiennent désormais au Pakistan, a stimulé les recherches dans les provinces de l'Inde limitrophes du Pakistan. Le résultat a été rapidement spectaculaire avec la découverte et la fouille de villes, comme Kalibangan au Rajasthan et Lothal au Gujarat, qui représentent des cités de la phase de maturité de la civilisation de l'Indus, sans doute vers 2000 avant J.-C. Plusieurs centaines de sites plus ou moins influencés par la civilisation harappéenne ont été découverts dans tout le nord-ouest de l'Inde actuelle, jusque dans la région même de Delhi.

Dans l'Inde péninsulaire, grâce en particulier aux travaux du Deccan College de Poona, de nombreux sites permettant de suivre les étapes de la mise en valeur agricole de ces régions, à partir de 2000 avant J.-C., ont été répertoriés et étudiés. Leurs styles céramiques (céramique noir et rouge et poteries peintes des styles de Malva et de Jorwe) servent également à fixer le cadre chronologique (entre 2000 et 800 av. J.-C.) et géographique de ces villages, alors que l'économie de chasse et de cueillette, encore attestée à l'Âge du fer à Langhnaj au Gujarat, tend à céder du terrain pour se réfugier dans des zones isolées où elle survit partiellement de nos jours. Les archéologues indiens ont pu aussi établir des rapports entre les sites chalcolithiques du Deccan et les établissements dits « néolithiques » du sud de l'Inde, dont les plus anciens dateraient du IIIe millénaire. De même, il est possible aujourd'hui de constater des liens entre les villages du Deccan à l'époque de la céramique de Jorwe, vers 1000 avant J.-C., et les plus anciens sites à sépultures mégalithiques du sud de l'Inde, dont l'existence est encore attestée à l'époque historique, alors que s'établissent des contacts commerciaux avec l'Empire romain. Ainsi toutes ces recherches menées dans l'Inde péninsulaire ont-elles permis, au cours de ces dernières années, de mieux comprendre l'organisation économique et sociale des groupes qui servent de substrat au peuplement de l'Inde péninsulaire à l'époque historique.

Un autre axe important de recherches depuis l'indépendance a été d'essayer de retrouver sur le terrain des traces des premiers royaumes indo-aryens, connus grâce aux textes védiques dont on date la composition entre la fin du IIe millénaire et le milieu du Ier. Ces recherches ont permis de découvrir de nombreux sites antérieurs ou correspondant au début de l'Âge du fer dans toute la vallée moyenne du Gange. Mais la tendance à identifier un style de poterie, en l'occurrence la poterie grise peinte, présente sur de nombreux sites de la vallée du Gange avec une ethnie particulière, les envahisseurs indo-aryens*, masque la nécessité de faire une analyse sérieuse et détaillée de la culture matérielle des premières grandes communautés agricoles de l'Inde du Nord au début de l'Âge du fer.

Sur le plan de l'archéologie historique, la nécessité de conserver les innombrables monuments découverts avant l'indépendance a très largement occupé les services archéologiques. Pour l'archéologie bouddhique, cependant, les fouilles italiennes de Butkara, dans le Swat pakistanais, de 1956 à 1962, apportent une contribution majeure à la connaissance de la civilisation gréco-bouddhique du Gandhara. Plus récemment, les fouilles allemandes de Sonkh situent d'importants monuments de l'art de Mathura de l'époque kushane (IIe s. av. - IIe s. apr. J.-C.) dans une séquence remontant jusqu'à l'Âge du fer (époque de la poterie grise peinte). Les fouilles indiennes du Purana Qila, un des vieux forts de Delhi, viennent également de repousser l'histoire de l'actuelle capitale de l'Inde aux débuts de l'Âge du fer. De son côté, le Département d'archéologie du Pakistan s'est attaché à l'étude des sites du début de la conquête islamique, en particulier Banbhore et Mansurah.

Jean-François JARRIGE

Les débuts de l'économie agricole dans le sous-continent indien

L'apparition des premiers villages sédentaires dans le nord-ouest du sous-continent a longtemps été attribuée à des groupes d'origine iranienne qui se seraient installés à partir de 4000 avant J.-C. dans le sud de l'Afghanistan, notamment à Mundigak, puis au Baluchistan. Cependant, les fouilles récentes de Mehrgarh, au Baluchistan, révèlent la présence, dans une zone de piémonts qui, dès le début du VIIe millénaire avant J.-C., cultivaient des céréales autour d'une vaste agglomération constituée par de solides constructions en briques crues.

Les groupes de prédateurs (chasseurs-cueilleurs) du Paléolithique supérieur qui ont précédé ces premiers cultivateurs dans ces régions ne nous sont guère connus que par de vastes zones de débitage de silex et des emplacements de camps sur quelques collines de la vallée de l'Indus. Toutefois, les rives marécageuses et couvertes de jungles épaisses de l'Indus étaient plus favorables aux activités de chasse et de pêche qu'au développement d'une agriculture rudimentaire. En revanche, les piémonts du Baluchistan offraient une succession de zones écologiques diversifiées qui s'échelonnaient en altitude depuis les plaines alluviales inondables jusqu'aux vallées de montagne, fournissant des habitats variés pour des ressources végétales, animales et minérales, faciles à exploiter dans le cadre d'une mobilité limitée. Près du site de Mehrgarh, les fonds inondables du bassin de la Bolan permettaient la croissance pratiquement spontanée de céréales qui, comme l'orge, poussaient à l'état sauvage dans le Baluchistan. Mais, comme la période de la récolte était brève, les premiers habitants de Mehrgarh durent construire d'importantes structures de stockage dont on a retrouvé les murs de briques crues, souvent bien préservés dans les niveaux néolithiques. La découverte de nombreuses graines brûlées et d'empreintes de céréales dans les enduits et dans les briques des bâtiments et l'étude de la faune permettent de reconstituer les modes de subsistance de ces groupes du Néolithique : au début du VIIe millénaire, l'orge (*Hordeum vulgare*) constitue la récolte principale, le blé (*Triticum monococcum, T. dicoccum, T. durum*) paraît cultivé à une bien moindre échelle ; quant à l'alimentation carnée, elle est fournie presque exclusivement par la chasse, comme l'indique la présence dans les niveaux les plus anciens du Néolithique de nombreux os de gazelles (*Gazella dorca*), de chèvres sauvages (*Capra aegragus*), de moutons sauvages (*Ovis orientalis*), de bovins sauvages (? *Bos namadicus*), de nilgauts (*Boselaphus tragocamelus*), d'onagres, de barasingha (*Cervus duvauceli*), de sangliers et parfois de buffles. Cependant, quelques chèvres domestiquées, parfois trouvées dans des sépultures, sont présentes dans ce contexte où les activités de chasse, dans la tradition du Paléolithique supérieur, dominent encore. Mais, au cours du VIIe millénaire, un processus manifestement local de domestication d'un nombre croissant de chèvres, de moutons et de bovins modifie les assises économiques de ces premières communautés néolithiques. Vers 6000 avant J.-C., la chasse perd toute son importance, et l'élevage, surtout des bovins, la remplace presque complètement. De nouvelles variétés d'orge et de blé, résistantes et bien adaptées aux cultures irriguées par inondation (*H.* et *T. sphaerococcum*), font leur apparition, au moment où les grands greniers collectifs en briques crues occupent de larges espaces à la périphérie des habitations.

Sur le plan des activités artisanales, les populations néolithiques du VIIe millénaire ne fabriquaient pas encore de poterie, mais elles utilisaient des paniers asphaltés. Elles excellaient dans la fabrication de parures en pierres, parfois semi-précieuses comme le lapis-lazuli ou la turquoise, en coquillages marins et en os dont on a trouvé de très beaux ensembles sur des squelettes provenant de vastes cimetières. Après 6000 avant J.-C. apparaissent des récipients fabriqués dans une poterie très grossière.

Dans les montagnes, inhabitées pendant les hivers très rigoureux, le site de Kili Ghul Mohammad, près de Quetta, possède une séquence stratigraphique dont la phase la plus ancienne pourrait correspondre au Néolithique. Sur une épaisseur de plusieurs mètres (mais dans un sondage d'un mètre carré seulement), des dépôts sans poterie ont livré des silex, des os d'animaux sauvages et de chèvres domestiquées.

À l'est de l'Indus, dans l'Inde continentale, les archéologues indiens ont découvert de nombreux gisements de chasseurs-cueilleurs dont beaucoup semblent avoir été contemporains des premières populations agricoles du Baluchistan qui, nous l'avons vu, pratiquaient encore la chasse sur une grande échelle. L'équipement de ces céréaliers-chasseurs du Baluchistan et de l'Indus comprenait des pointes de flèches composites, constituées de microlithes* géométriques, dans la tradition de l'Épipaléolithique* de l'Asie occidentale. On peut penser que les contacts entre ces groupes du Baluchistan et de l'Indus et les prédateurs de l'Inde continentale ont favorisé la diffusion de ces types de pointes de flèches composites dans les camps de chasseurs du Gujarat, du Rajasthan et de l'Inde centrale, sans doute à partir du VIIe millénaire. Cette amélioration des techniques de chasse s'accompagne aussi de l'adoption par les chasseurs-cueilleurs de l'Inde continentale de pratiques agricoles, notamment de l'élevage de chèvres, et de l'apparition de poterie et d'objets de métal (Bagor, au Rajasthan, au IVe millénaire) sous l'influence des communautés néolithiques et chalcolithiques du Baluchistan et de la vallée de l'Indus. Dans les grottes des monts Vindhya, qui dominent la vallée du Gange, des dépôts riches en microlithes ont été découverts avec des pointes de flèches composites sous des parois ornées de peintures représentant des scènes de chasse à l'arc. Ces groupes qui, eux aussi, élevaient déjà des chèvres, comme on peut le constater dans les grottes d'Adamgarh, se sont répandus dans la vallée du Gange où ils ont fondé des villages de huttes circulaires près d'anciens lacs laissés par les méandres du fleuve, notamment à Sarainaharrai et Mahadaha, près d'Allahabad, ou sur le bord d'affluents du Gange, à Mahagara ou à Chopani Mando. Ces premiers villages, avec, près des maisons, des tombes contenant des squelettes en position allongée, associés parfois à des parures et à des offrandes alimentaires, représentent le début de l'exploitation des ressources naturelles de la vallée du Gange et, en particulier, du riz qui y poussait à l'état sauvage. La date de ces sites du Gange, dont la découverte est récente, est difficile à préciser. Mais la plupart des spécialistes tendent à situer ces groupes qui, à côté de la chasse, de la pêche et de la collecte, pratiquaient déjà l'élevage de zébus et de chèvres et probablement la culture du riz, dans un horizon chronologique qui ne saurait être antérieur au Ve ou au IVe millénaire.

Cet ensemble de données nouvelles au Baluchistan et dans la vallée du Gange permet de comprendre les débuts de l'économie agricole dans le subcontinent indien. Dans ce processus, les contacts entre des populations qui, comme celles de Mehrgarh ou de Kili Ghul Mohammad au Baluchistan, se rattachent géographiquement à l'Asie occidentale et des groupes dont les modes de vie sont plus spécifiques de l'Asie du Sud et de la vallée du Gange, en particulier, ont joué un rôle important.

Jean-François JARRIGE

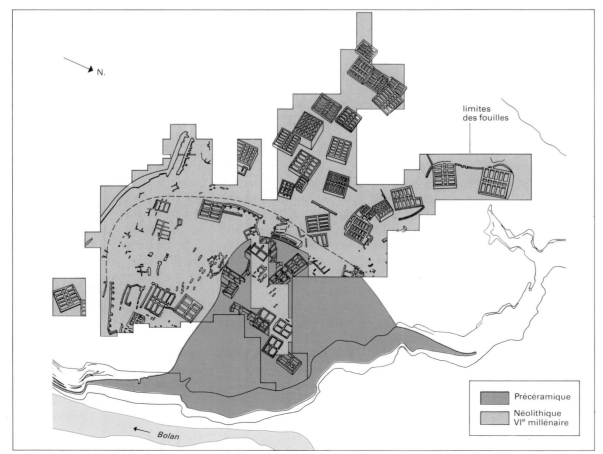

Plan général de l'agglomération néolithique de Mehrgarh (VIIe et VIe millénaires)

Les vestiges de la période précéramique (en ocre foncé), coupés par la rivière Bolan, forment un amoncellement de 7 mètres de haut, constitué par les ruines en briques crues de bâtiments quadrangulaires, divisés en quatre ou six pièces symétriques. Entre les différents niveaux d'architectures s'intercalent des zones de cimetières. Dans la partie en ocre clair, à la périphérie de l'établissement précéramique, des constructions en compartiments ou en caissons représentent un vaste ensemble de structures de stockage du VIe millénaire, bâtis sur des terrasses bordées par des murs de soutènement.

Précéramique
Néolithique VIe millénaire

Bolan

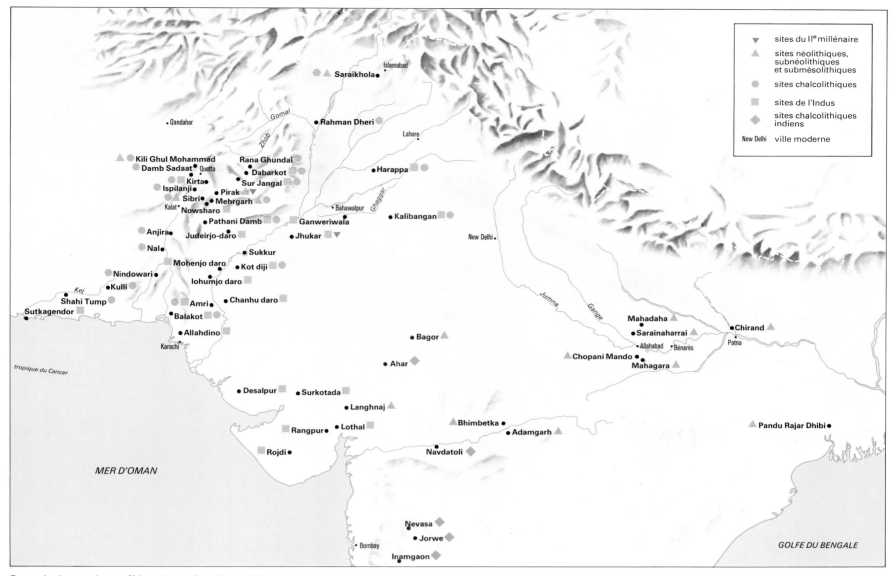

Les principaux sites préhistoriques dans le nord du sous-continent indo-pakistanais

Les sites les plus anciens, néolithiques et chalcolithiques (VIIᵉ-IVᵉ millénaire), sont surtout concentrés dans les vallées et les piémonts du Baluchistan. À l'époque harappéenne, la vallée de l'Indus devient le centre de la vie économique, alors que des colonies sont fondées dans l'ouest et le sud-ouest de l'Inde actuelle. Le groupe de sites submésolithiques ou subnéolithiques de l'Inde continentale et de la vallée du Gange remonte sans doute au IVᵉ millénaire, alors que les sites chalcolithiques du Deccan datent du IIᵉ millénaire.

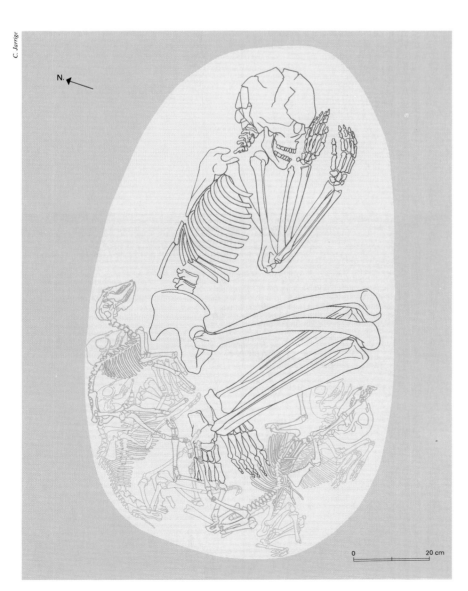

Tombe d'un homme adulte inhumé avec cinq chevreaux, Mehrgarh (Néolithique, début du VIIᵉ millénaire)

Dans un contexte où l'alimentation carnée est presque exclusivement fournie par la chasse, la présence de cinq chevreaux dans cette tombe, et dans une tombe voisine, suggère l'existence d'un début d'élevage des chèvres.

Détail d'une sépulture de Mehrgarh (Néolithique, VIIᵉ millénaire)

La femme inhumée dans cette sépulture portait un bandeau de tête en coquillages (dentales) et un pendentif en nacre.

Empreinte d'un épi de blé (Triticum dicoccum), Mehrgarh (début du VIIᵉ millénaire)

La découverte de graines brûlées et de milliers d'empreintes d'orge et de blé montre l'importance de la culture des céréales, avec une préférence pour l'orge (Hordeum vulgare), sur les riches terres alluviales du bassin de la Bolan, au tout début du Néolithique.

241

Des villages du Baluchistan aux villes de l'Indus

À la fin du VIᵉ millénaire et au cours du Vᵉ, les modes de vie de la période néolithique ancienne se modifient peu à peu et les artisanats se transforment. Ainsi la céramique grossière est remplacée par une poterie plus fine, rouge lustrée, qui cède à son tour la place, au cours du Vᵉ millénaire, à une poterie ornée d'abord de motifs géométriques simples qui deviennent complexes un peu avant 4000 avant J.-C. et sont alors associés à des décors de capridés et d'oiseaux. Ces types de décors, qui offrent des ressemblances avec ceux de la poterie de certains sites du plateau iranien, apparaissent sur de nombreux sites du Baluchistan et même, plus à l'ouest, en Afghanistan, au moment où Mundigak est fondé. À Mehrgarh, le seul site bien connu pour ces périodes, les vestiges de la fin du Vᵉ millénaire couvrent près de 70 hectares ; ils comprennent de vastes ensembles de magasins, dans la tradition des bâtiments compartimentés de l'époque néolithique, des zones de fabrication de la poterie, des ateliers de lapidaires qui utilisent des tours à courroie ou à archet (système permettant de faire tourner une baguette à l'aide de la pression exercée sur une courroie, souvent attachée à un archet, dont le déroulement et l'enroulement entraînent un mouvement rotatif régulier) terminés par de petits forets en jaspe vert, et des cimetières dans lesquels la concentration des sépultures semble indiquer une forte densité démographique. À la fin du Vᵉ millénaire également, la culture du blé tend à devenir plus importante et à remplacer en partie celle de l'orge qui prédominait à l'époque néolithique ; de même, l'élevage du mouton et de la chèvre augmente, bien que les bovins continuent à dominer.

Grâce au développement d'une agriculture plus diversifiée et mieux adaptée à l'exploitation de terres nouvelles, le nombre des agglomérations augmente après 4000, et tout un réseau de villes et de villages se met en place dans les vallées du Baluchistan et dans les zones qui bordent la plaine de l'Indus. Quelques villages apparaissent dans la vallée alluviale de l'Indus, comme Amri, fondé sans doute avant 3500 avant J.-C., à un moment qui marque le début d'un processus de transformation des rives du fleuve, couvertes de jungles marécageuses, en un paysage agricole dont l'exploitation permettra ensuite d'assurer l'alimentation des grandes métropoles urbaines de la seconde moitié du IIIᵉ millénaire.

La fin du IVᵉ millénaire et le début du IIIᵉ correspondent à une phase de dynamisme sur le plan du peuplement : le nombre de sites continue à augmenter au Baluchistan et surtout dans la vallée de l'Indus et le long de ses affluents, notamment la Hakra, près de la frontière entre le Pakistan et l'Inde. Les styles céramiques, les figurines, les cachets et divers autres objets permettent de définir de vastes zones culturelles relativement homogènes. L'art de la céramique peinte atteint alors son apogée ; la céramique grise à décor noir de la plaine de Kachi, au Baluchistan, est exportée jusqu'en Iran oriental. L'élégante poterie polychrome du style du cimetière de Nal et la céramique du style de Quetta, dont les motifs géométriques rappellent les décors peints des potiers de Turkménie à l'époque de la culture de Namazga III, connaissent aussi une grande diffusion. La variété des figurines humaines, et parfois leur qualité artistique, est aussi caractéristique de la période qui s'étend de 3000 à 2500 avant J.-C., époque où de nombreux contacts s'établissent entre la vallée de l'Indus, le Baluchistan, la culture de l'Hilmand en Afghanistan (Mundigak III et IV) et en Iran (Shahr-i-Sokhta) et l'Asie centrale méridionale dans la phase de Namazga III. Ces contacts et ces échanges ont stimulé les activités économiques et ont ainsi favorisé la naissance d'artisanats de plus en plus spécialisés et la mise en place des structures sociales qui ont permis le développement des grandes villes de la vallée de l'Indus, comme Mohenjo daro et Harappa, dans la seconde moitié du IIIᵉ millénaire.

Il apparaît bien aujourd'hui, en effet, que la civilisation de l'Indus s'inscrit directement dans le cadre des structures économiques et culturelles dont on peut désormais suivre l'histoire dans cette région même, depuis le Néolithique jusqu'au milieu du IIIᵉ millénaire. Ces liens avec les cultures antérieures locales expliquent sans doute l'originalité de cette civilisation quand on la compare, par exemple, avec la Mésopotamie à la même époque. Cependant, le remarquable phénomène d'expansion de la civilisation de l'Indus, marquée par l'apparition de grandes métropoles couvrant parfois plus de cent hectares, comme Mohenjo daro ou Harappa, et par la diffusion d'une culture matérielle très standardisée sur un immense territoire, depuis le Makran jusqu'à la région de Delhi, d'ouest en est, et, du nord au sud, de l'Afghanistan septentrional, avec le site de Shortughaï, jusqu'au Gujarat, incite de nombreux spécialistes à parler d'un vaste empire harappéen placé sous le contrôle d'une organisation politique rigide. Cependant, aucune représentation iconographique particulière, aucun document, aucun monument civil ou religieux ne viennent souligner, comme c'est le cas en Mésopotamie ou en Égypte, l'existence d'un pouvoir politique soucieux d'affirmer sa présence et sa puissance par des manifestations matérielles évidentes. La présence dans la citadelle de Mohenjo daro d'un grand bassin, entouré d'un portique, suggère peut-être l'existence d'une vie cérémonielle, limitée à des rites d'ablution, tout comme une construction toute proche constituée de rangées de « salles de bain ». En fait, c'est le souci d'urbanisme et le système d'hygiène publique et privée qui donnent aux grandes villes de l'Indus leur caractère exceptionnel dans tout l'Orient ancien. Les spacieuses demeures de la ville basse de Mohenjo daro, avec leurs installations sanitaires reliées à tout un ensemble d'égouts, pourraient indiquer l'existence d'une oligarchie bourgeoise qui aurait pu bénéficier du développement de courants d'échanges à une échelle interasiatique. Parmi les objets les plus caractéristiques de cette civilisation figurent en effet tout un système de poids et des cachets inscrits dont des exemplaires ont été retrouvés non seulement dans la vallée de l'Indus et dans les régions voisines, mais aussi dans le Golfe et en Mésopotamie, au moment même où les textes parlent de contacts commerciaux avec Melhhua, une importante contrée orientale que l'on identifie à la vallée de l'Indus. Malgré plusieurs tentatives de déchiffrement, l'écriture de l'Indus, qui comprend plus de 400 signes pictographiques, reste encore inconnue. D'autres objets, notamment en ivoire, attestent les liens de la vallée de l'Indus avec les villes de la grande phase urbaine de Namazga V, en Turkménie méridionale. Cette époque (seconde moitié du IIIᵉ millénaire) correspond, certes, au déclin de la culture de l'Hilmand (Shahr-i-Sokhta et Mundigak) mais aussi au développement de la brillante culture de l'Âge du bronze de Bactriane* et de Margiane (Afghanistan, Ouzbekistan et Turkménie orientale) et à une grande phase de prospérité pour un site comme Shahdad, en Iran oriental. Sur tous ces sites apparaissent des cachets, des cylindres et des objets de pierre et de métal qui correspondent à un style interrégional, connu de la Susiane et de l'Iran septentrional (Hissar III) jusqu'à la Bactriane et à la vallée de l'Indus. La découverte de tels objets dans la nécropole de Mehrgarh VIII et sur le site proche de Sibri d'où proviennent des cylindres, imitant sans doute des prototypes mésopotamiens ou iraniens, des amulettes qui évoquent le style de la Bactriane et de la Margiane, et une amulette portant deux caractères de l'écriture de l'Indus, montre le rôle actif joué par le Baluchistan dans ces courants d'échanges et de contacts entre divers groupes culturels à la fin du IIIᵉ millénaire.

Jean-François JARRIGE

Pots à décor polychrome, Nal (Baluchistan), vers 3000 avant J.-C.

Le cimetière de Nal a livré au début des années 1930 un remarquable ensemble de poteries polychromes qui, à côté de la poterie grise à décor végétal, animal ou géométrique contemporaine, témoignent de la qualité des artisanats de la céramique au début du IIIᵉ millénaire.

Jarre peinte, Nindowari (Baluchistan) vers 2200 avant J.-C.

Le zébu occupe une place importante dans l'iconographie de la culture de Kulli, contemporaine, dans le sud du Baluchistan, de la civilisation de l'Indus. Les représentations de zébus sont souvent accompagnées de tout un ensemble de signes peints qui se rattachent à une symbolique propre à cette époque au cours de laquelle apparaît l'écriture.

**Vue aérienne d'une partie de la citadelle
de Mohenjo daro (seconde moitié du IIIe millénaire)**

Le « grand bain » apparaît ici sous la forme d'une piscine rectangulaire en briques cuites de 11,70 X 6,90 m et de 2,40 m de profondeur,
dans laquelle on descendait par un escalier. Entouré de portiques, le « grand bain » était alimenté en eau par un puits que l'on voit
sur son côté gauche, près d'une rue dont l'égout est recouvert de blocs de calcaire. L'évacuation du bassin se faisait par une canalisation
à encorbellement qui passe sous le portique de droite. À droite du bassin se dresse un ensemble de plates-formes en briques cuites
que l'on a interprété, sans preuve concluante, comme l'infrastructure d'un entrepôt dont la ventilation aurait été assurée par les étroits
corridors placés entre les blocs.

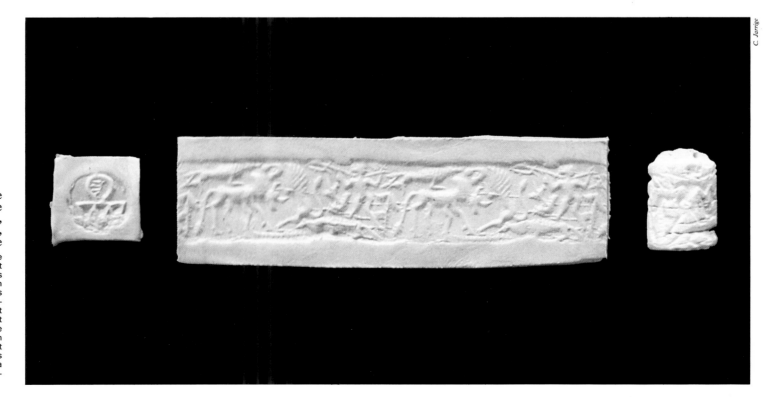

**Cylindre
en pierre blanche
et empreintes,
Sibri (Baluchistan),
fin du IIe millénaire**

Cette scène complexe montre
un zébu attaqué par un lion et
un personnage portant sur ses
épaules une branche ou un
épieu dont une des extrémités
se termine en forme de poisson ; d'autres animaux sont
plus difficiles à identifier. Cet
objet, stylistiquement proche
de cylindres trouvés en Iran
oriental et en Asie centrale, est
un bon témoin des courants
d'échanges qui marquent la
seconde moitié du IIIe millénaire.

Le IIᵉ millénaire
ou la seconde révolution agricole

Les causes précises qui entraînèrent la fin des grandes villes de la civilisation de l'Indus, vers 1800-1700 avant J.-C., sont encore ignorées. La ville de Mohenjo daro connaît, avant son abandon, une période de déclin qui semble donc marquer le début d'une crise, alors même que Harappa* est déserté. Les hypothèses ne manquent pas pour expliquer de tels phénomènes : appauvrissement des terres surexploitées et salinisées, catastrophes naturelles ou arrivée d'envahisseurs, avant-garde des groupes indo-aryens* dont la présence, sur la foi de données linguistiques, est attestée à la fin du IIᵉ millénaire dans les plaines indo-gangétiques. Certains spécialistes combinent toutes ces hypothèses, selon des dosages qui leur sont propres. Cependant, à un moment ou un autre de ces explications, le thème des envahisseurs intervient. Ceux-ci permettent en effet d'expliquer la présence de nombreux squelettes découverts dans les ruines de Mohenjo daro, qui seraient les victimes du célèbre « massacre final » de la ville. Toutefois, il semble de plus en plus certain aujourd'hui que beaucoup de ces corps, hâtivement jetés pêle-mêle dans des fosses, correspondent en fait à plusieurs phases d'occupation de la ville, et qu'ils ne sauraient constituer les preuves d'un « massacre final » dans une ville où il n'existe par ailleurs aucune preuve d'une destruction brutale.

L'arrivée d'envahisseurs originaires d'Asie centrale, qualifiés le plus souvent de pasteurs semi-nomades, permet à plusieurs chercheurs d'expliquer l'absence apparente d'agglomérations permanentes dans l'Indus après 1700 avant J.-C. et, par un phénomène inverse, la fondation de très nombreux établissements agricoles à l'est de l'Indus, en Haryana (région de Delhi), et au sud, au Gujarat. Les nouvelles populations pastorales auraient en effet détruit dans les plaines de l'Indus les bases de l'économie agricole sédentaire et leurs habitants auraient fui vers les régions orientales de l'ancien Empire harappéen.

Tout récemment, des explorations plus systématiques ont montré que le Baluchistan et l'Indus ne sont pas devenus au IIᵉ millénaire de simples zones de pâturages. Ainsi une cinquantaine de sites harappéens tardifs ou post-harappéens viennent d'être répertoriés le long d'un affluent de l'Indus, la Hakra. Certains de ces sites ont la taille de véritables villes, sans avoir cependant les traits caractéristiques de l'urbanisme harappéen. Ce déclin des grandes métropoles de l'Indus – peut-être en partie lié à la crise du commerce interasiatique dont

parlent les textes mésopotamiens vers 1800 avant J.-C., où les références à Melhhua tendent à disparaître – ne signifie pas une baisse de la production agricole, comme le montrent les fouilles de Pirak, au débouché du col de la Bolan sur la plaine de l'Indus. Pirak est un gros bourg de 9 hectares de superficie, occupé de 1800 à 700 avant J.-C., avec des maisons solidement construites, des quartiers d'artisans et des installations agricoles qui ont livré non seulement des céréales d'hiver – blé ou orge – cultivées au IIIᵉ millénaire, mais aussi des céréales d'été – riz, millet et sorgho – inconnues dans la vallée de l'Indus avant 2000. Nous assistons à Pirak à la mise en place du système agraire de l'Asie du Sud, caractérisé par plusieurs récoltes annuelles. Il y a donc au IIᵉ millénaire une véritable révolution agricole alors que le IIIᵉ millénaire restait encore dans le cadre général de l'économie agraire du Proche-Orient. Si, au début du IIᵉ millénaire, une crise économique a réellement surgi dans les plaines alluviales, elle a été résolue par une augmentation de la production agricole grâce à l'importation de céréales cultivées dans des régions périphériques qui, vers 2000 avant J.-C., sont de plus en plus en contact avec le monde harappéen. C'est le cas, en particulier, pour le Golfe, notamment la péninsule d'Oman où le sorgho est cultivé au IIIᵉ millénaire. Quant au millet, attesté à la fin du IIIᵉ millénaire à Sappali Tépé, en Ouzbekistan, il est présent à Shortughaï, un établissement harappéen de Bactriane* orientale (nord-est de l'Afghanistan). Nous savons aussi que le riz était un important élément de subsistance pour les groupes de pêcheurs-chasseurs de la vallée moyenne du Gange dont les contacts avec les communautés agricoles de la vallée de l'Indus se sont intensifiés autour de 2000 avant J.-C. À cette époque, on assiste en effet à la fondation dans le nord-ouest de la vallée du Gange, près de l'actuelle Delhi, de nombreux villages fortement influencés par la civilisation harappéenne.

Il apparaît de plus en plus clairement que le développement d'un système agricole plus diversifié, comprenant des céréales comme le millet et le sorgho, particulièrement bien adaptées aux conditions semi-arides, a favorisé la colonisation de nouvelles terres. Au Gujarat, en Inde centrale et au Deccan, les chasseurs-cueilleurs, dont les microlithes* géométriques marquent l'emplacement de camps temporaires, se convertissent alors de plus en plus à un mode de vie agricole,

comme le montre la fondation de très nombreux villages formés de huttes circulaires. Ces groupes qui, à côté d'objets de métal, conservent leur industrie de microlithes fabriquent au cours du IIᵉ millénaire des poteries ornées d'un riche répertoire décoratif dans le style de Malwa, auquel succède après 1500 le style de Jorwe, dans des villages où le riz et différentes variétés de millet jouent un rôle important.

Dans le domaine de l'élevage, le début du IIᵉ millénaire est marqué par l'apparition du cheval et par la présence du chameau de Bactriane dans le monde de l'Indus, comme le montre un ensemble de figurines découvert à Pirak en même temps que des statuettes de cavaliers. Ces animaux, auxquels il faut aussi associer l'âne, dont on a retrouvé les os à Pirak également, ont totalement modifié la mobilité des populations et les modes de transports, avec tout ce que cela comporte comme implications d'ordre économique et politique. Le développement du pastoralisme monté, dans les steppes eurasiatiques où les chevaux jouent un rôle de plus en plus important au début du IIᵉ millénaire, n'est sans doute pas étranger à l'apparition dans l'Indus d'un animal auquel la littérature védique attache tant d'importance dans ses textes les plus anciens. Des récipients dans le style de la poterie des steppes et des os de chevaux sont attestés, autour de 2000 avant J.-C., en Turkménie orientale, en particulier dans l'oasis de Kelleli, région qui entretenait auparavant des relations avec l'Indus, par l'intermédiaire de sites comme ceux de Sibri et de la nécropole de Mehrgarh VIII, au Baluchistan. Dans les vallées himalayennes, notamment au Swat, les établissements agricoles se multiplient au IIᵉ millénaire, avec l'exploitation du blé mais aussi du riz à partir de 1700 avant J.-C. Ces sites du nord du Pakistan actuel sont caractérisés par de riches cimetières dont le mobilier révèle parfois des contacts avec l'Asie centrale et où l'on note, comme à Katelai, dans la seconde moitié du IIᵉ millénaire, la présence de chevaux inhumés.

La période qui suit la fin de la civilisation de l'Indus est donc un moment clef dans l'histoire du sous-continent : éléments traditionnels, hérités des périodes néolithique et chalcolithique, et phénomènes nouveaux se combinent alors pour former les assises de la civilisation de l'Inde ancienne.

Jean-François JARRIGE

Grains de riz brûlé, Pirak, Baluchistan

Le riz, cultivé dans la vallée du Gange dès le IIIᵉ millénaire, devient une des récoltes principales au IIᵉ millénaire dans les piémonts du Baluchistan et dans ceux de l'Himalaya, au Swat en particulier, à partir de 1700 avant J.-C. L'apparition du riz marque les débuts de nouvelles techniques d'irrigation.

L'agglomération de Pirak, Baluchistan, au début de l'Âge du fer (env. 1100 avant J.-C.)

Les bâtiments, dont les murs en brique crue sont couverts de niches symétriques, s'enchevêtrent et forment de véritables quartiers dont certains sont caractérisés par d'importants vestiges d'activité artisanale. L'agglomération de Pirak, fondée vers 1700 avant J.-C., couvre près de 9 hectares et son occupation est marquée par une grande continuité sur le plan de la culture matérielle jusque vers 700 avant J.-C., période de son abandon.

Essai de reconstitution d'un village de Navdatoli au Deccan. Culture de Malwa, vers 1700 avant J.-C.

Au début du IIe millénaire apparaissent dans l'Inde centrale les premiers villages agricoles à occupation permanente. Les habitations, principalement des huttes circulaires, sont en matériaux légers. Les potiers semblent avoir tenu une place importante dans la vie artisanale comme le montre la diversité de leur production, marquée par des formes variées et des décors peints ou appliqués très originaux (aquarelle de G. Quivron).

Ensemble d'éléments de faucilles en silex (vers 1000 av. J.-C.)

Alors qu'au IIe millénaire avant notre ère apparaissent dans le nord-ouest du monde indien de nouvelles céréales comme le riz, le sorgho et le millet, les récoltes continuent à être faites à l'aide de faucilles constituées par des lames et des microlithes géométriques probablement insérés dans une armature en bois. Le silicate des plantes coupées a laissé un dépôt lustré sur le tranchant de ces pièces dont l'usage est encore attesté au Baluchistan en plein Âge du fer.

Figurines de chevaux et de cavaliers en terre cuite, Pirak, Baluchistan (première moitié du IIe millénaire)

Ces objets sont les premiers témoins de l'apparition du cheval dans le monde indien. Ils sont le symbole d'une époque nouvelle où des groupes de cavaliers commencent à jouer un rôle important dans l'histoire de ces régions.

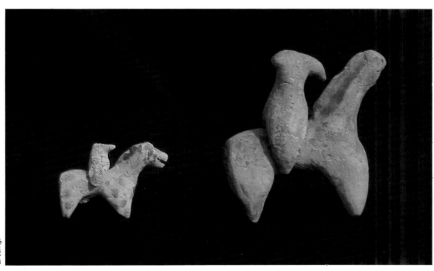

Jarre funéraire de la culture de Jorwe tardive

Cette jarre en argile crue (Inamgaon, Deccan ; env. 1100 av. J.-C.) repose sur quatre pieds creux et contient un squelette en position contractée et deux récipients. Elle constitue l'exemple le plus ancien des sarcophages à pieds multiples qui se généralisent à l'Âge du fer dans les ensembles mégalithiques du sud de l'Inde.

La vallée du Gange à l'aube de la période historique

La première moitié du Iᵉʳ millénaire avant J.-C. est marquée dans le sous-continent indien par la mise en valeur progressive des ressources agricoles de la vallée du Gange. Or les textes les plus anciens de la littérature sanscrite, en particulier certains hymnes du Ṛgveda, fournissent quelques indications sur la progression de clans « indo-aryens* » qui, depuis les régions frontières indo-iraniennes, ont apparemment atteint le Punjab, peut-être dès 1500 avant J.-C., avant de pénétrer dans la vallée du Gange. Il est donc tentant d'associer la colonisation de la vallée du Gange à l'avancée des clans « aryens » en direction du golfe du Bengale. Cependant, ces données littéraires sont très difficiles à utiliser comme sources d'informations historiques et géographiques, et diverses recherches archéologiques tendent à montrer que l'exploitation agricole de la vallée du Gange s'inscrit dans le cadre d'un processus beaucoup plus complexe de transformations de l'agriculture qui commence vers et un peu après 2000 avant J.-C. et dont nous avons parlé à propos des fouilles de Pirak. C'est aux environs de cette période que toute la vallée supérieure du Gange, près de l'actuelle Delhi, s'est couverte d'agglomérations dont la culture matérielle s'apparentait à celle des villes de l'Indus à l'époque harappéenne. Ces sites se sont surtout multipliés après la fin de la civilisation harappéenne (plus de cinq cents ont été répertoriés dans les États d'Haryana et d'Uttar Pradesh) et ils ont conservé certains éléments de la culture matérielle de cette civilisation jusqu'au début du Iᵉʳ millénaire. Toutefois, leur répartition géographique se limite à la partie supérieure de la vallée du Gange, dont le climat semi-aride reste proche de celui de la plaine de l'Indus. Plus à l'est, les fortes pluies de mousson, les forêts et les marécages de la vallée moyenne du Gange ont fait obstacle à la progression des groupes qui se rattachaient aux traditions culturelles du Baluchistan et de l'Indus. Cependant, nous avons déjà remarqué, à propos des débuts de l'agriculture dans le sous-continent indien, que des chasseurs-collecteurs occupant la bordure méridionale de la vallée moyenne du Gange ont établi des camps dans la plaine pour exploiter les ressources naturelles des rives du fleuve. Ces établissements ont pris un caractère plus permanent au cours du IIIᵉ millénaire, lorsqu'ont commencé à apparaître des villages de huttes circulaires en branchages dont les occupants ont alors pratiqué, à côté de la chasse et de la pêche, la culture du riz et l'élevage. À Chirand, un site important à l'époque de l'Empire maurya, au IIIᵉ siècle avant J.-C., les restes d'un établissement de type néolithique (ou pour être plus exact subnéolithique), datant du IIIᵉ et du IIᵉ millénaire, a été découvert sous les vestiges de l'agglomération du Iᵉʳ millénaire. Ces villages subnéolithiques, qui ont de nombreux liens avec le monde tribal ou submésolithique de l'Inde centrale, constituent donc le premier substrat de peuplement de la vallée moyenne du Gange qui deviendra, à la période historique, le cœur politique du monde indien.

Mais le phénomène le plus important au début du Iᵉʳ millénaire avant J.-C. est l'intégration progressive de tous les sites de la vallée du Gange dans le cadre d'une culture matérielle relativement uniforme, au moment même où le nombre d'agglomérations croît de façon spectaculaire, surtout dans la vallée moyenne du Gange. On remarque en particulier l'apparition sur tous ces sites, à côté des premiers objets en fer, d'une céramique grise, avec décor, dans la vallée supérieure du Gange (*Painted Grey Ware* ou P.G.W.), et sans décor à partir de la région de Allahabad. Cette poterie grise, qui est l'ancêtre de la céramique à vernis noir (*Northern Black Polished Ware*) de la période historique, a été découverte sur plusieurs sites (Bhagwanpura, Dadheri) où elle était associée avec de la poterie et des objets dans la tradition harappéenne tardive.

Doit-on voir dans ces poteries grises et ces objets de fer la marque de l'installation dans la vallée du Gange de clans de cavaliers aryens, comme on l'a souvent proposé ? Cependant, aux frontières mêmes du monde indo-gangétique, à Pirak, les figurines de cavaliers et de chevaux apparaissent vers 1700 avant J.-C., soit cinq ou six siècles avant les premiers objets de fer et les débuts d'une poterie grise qui présente des similarités avec celle des sites de la vallée du Gange. Toujours à Pirak, il semble même que la céramique grise se rattache par sa facture et ses formes à une céramique rose locale plus ancienne. Il se pourrait donc bien que la mode des récipients en céramique noire ou grise soit en fait liée à une évolution des pratiques artisanales, dans le contexte des débuts de la métallurgie du fer, bien plus qu'à des phénomènes d'invasions occidentales. Il est d'ailleurs intéressant de constater que la poterie grise (P.G.W.) de la vallée du Gange porte souvent des décors en accents, en demi-cercles concentriques ou en obliques peints en blanc qui rappellent les motifs de la céramique noir et rouge. Cette céramique, cuite en position renversée, l'embouchure tournée vers le sol, est noire à l'intérieur et rouge à l'extérieur. Ses motifs sont caractéristiques des villages chalcolithiques du Rajasthan (Ahar, Gilund) et de l'Inde péninsulaire, au début du IIᵉ millénaire.

Il est cependant clair que l'usage du fer, d'abord limité aux armes dans un premier temps, a permis par la suite d'accélérer la transformation des rives du Gange en un paysage agricole, surtout lorsque les riches gisements de fer du Bihar ont commencé, sans doute avant le milieu du Iᵉʳ millénaire, à être exploités sur une large échelle. La poterie grise peinte (P.G.W.) est présente dans les niveaux profonds de la plupart des grands sites historiques du nord de l'Inde, dont la fondation remonte donc au moins au VIIIᵉ siècle avant notre ère : Panipat, Hastinapura, Ahichchhatra, Sonepat, Mathura et de nombreux autres sites auxquels les habitants ont donné des noms de lieux associés à des épisodes des grandes épopées de la littérature indienne. Beaucoup de ces villages, en particulier ceux de la vallée moyenne du Gange, conservent leurs huttes circulaires et tout un outillage lithique, en particulier des haches de pierre polie, qui restent dans la tradition de leur passé « néolithique ». Les fouilles, qui se sont surtout attachées à l'étude des séquences de la céramique, fournissent peu de données sur l'agriculture de ces villages ; il semble cependant que le système de double récolte annuelle s'est alors généralisé, permettant de nourrir une population villageoise croissante.

Au VIᵉ siècle, le nombre des villes entourées de remparts de brique ou de pierre, comme Kausambi, Rajgir (première capitale du Magadha), Ujjain ou Eran, augmente dans une phase qui correspond au développement des premiers royaumes dont parlent les plus anciens textes bouddhiques. Au nord de l'Indus, les futures métropoles historiques, Taxila (Hathial) et Charsada, ont été fondées avant l'incorporation du Gandhara et de la vallée de l'Indus dans l'Empire achéménide* lors des campagnes de Darius (522-486). Bien que le processus d'urbanisation de la vallée du Gange ait été déjà amorcé avant les expéditions perses, le modèle achéménide a sans doute joué un rôle stimulateur dans la mise en place de structures étatiques qui ont favorisé la création de l'Empire maurya. Les fouilles de Pataliputra, capitale de l'Empire maurya à l'époque de la campagne d'Alexandre, ont ainsi permis de montrer l'importance de l'influence achéménide dans le domaine de l'architecture et de l'art.

Jean-François JARRIGE

Chapiteau de style persépolitain de l'époque maurya, Kausambi, IIIᵉ siècle avant J.-C.

Ce chapiteau est un bon exemple de l'art composite de l'empire maurya à l'époque où Megasthène, l'ambassadeur grec de Séleucos, visite les grandes villes de la vallée du Gange. Sur l'entablement, on note la présence d'un chameau de Bactriane dont les premières représentations dans le monde indien sont les figurines en terre cuite trouvées à Pirak, au Baluchistan, et qui datent de 1700 avant J.-C. environ. Quant à la forme en cloche du chapiteau, elle est inspirée des modèles de la Perse achéménide.

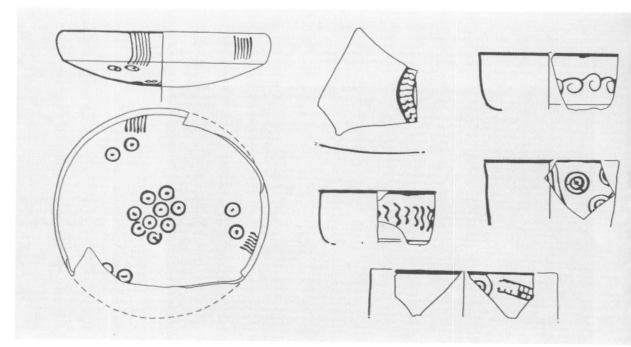

C. Jarrige

Principaux sites de la vallée du Gange aux IIe et Ier millénaires avant J.-C.

Les sites dont la culture matérielle s'apparente à la civilisation harapéenne classique ou tardive sont concentrés dans la vallée supérieure du Gange ; beaucoup de ces sites restent occupés à l'époque de la céramique grise peinte (Ier millénaire), dont la zone de diffusion s'étend vers le sud, sans cependant atteindre la vallée moyenne du Gange, où la céramique grise ne porte pas de décor. C'est dans la vallée moyenne du Gange que sont fondés les grands centres politiques et religieux de l'Inde ancienne, Kausambi, Rajghat (l'ancienne Bénarès) et Pataliputra, la capitale de l'empire maurya.

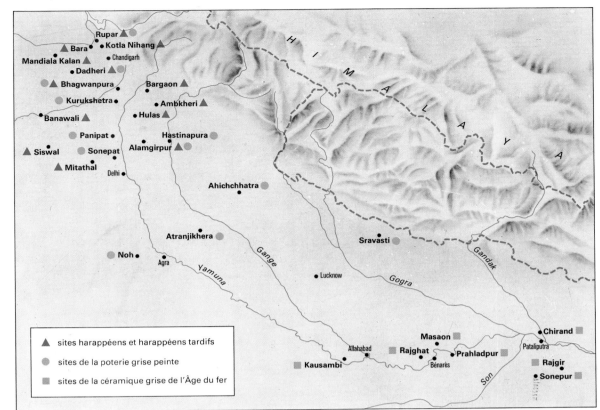

sites harappéens et harappéens tardifs

sites de la poterie grise peinte

sites de la céramique grise de l'Âge du fer

Plan du cimetière de Katelai, vallée de Swat, Pakistan (Ier millénaire av. J.-C.)

Dans les piémonts himalayens, au Swat, et dans la plaine, près de Peshawar, de nombreuses nécropoles, appartenant à ce que l'on appelle la culture des cimetières du Gandhara, ont livré un abondant mobilier funéraire que l'on date entre 1500 et 500 avant J.-C. Les objets de ces tombes, le plus souvent recouvertes par des dalles de pierre, permettent des rapprochements avec des productions de diverses régions d'Asie centrale et d'Iran qui reflètent sans doute des mouvements de populations. Lorsqu'on sait l'importance du cheval dans la culture védique des premiers royaumes de la vallée du Gange, la présence de deux chevaux inhumés près de la tombe de leur maître, dans le cimetière de Katelai, revêt une grande signification.

Poterie grise peinte de la vallée du Gange, première moitié du Ier millénaire

La fabrication de la poterie grise peinte correspond à la grande phase de développement économique de la vallée du Gange au début de l'Âge du fer, après 1000 avant J.-C. Cette céramique, longtemps considérée comme directement liée aux invasions indo-aryennes, paraît aujourd'hui être une variante régionale d'une production de poteries grises qui accompagne, dans tout le nord du Pakistan et de l'Inde, la diffusion de la métallurgie du fer.

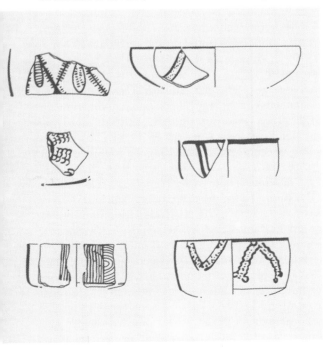

L'Asie du Sud-Est

En 1778 était fondée à Batavia – aujourd'hui Jakarta – la Bataviaas Genootschap van Kunsten en Wetenschappen, la première société savante européenne en Asie. Même si la légende prétend qu'en devenait membre quiconque pouvait prononcer correctement ce nom, elle ouvrit l'ère des recherches sur les pays d'Asie du Sud-Est que les marchands européens contrôlaient désormais. Mais c'est à un étonnant personnage, plus fier d'avoir eu son nom donné à une orchidée que d'avoir fondé Singapour, T. S. Raffles (1781-1826), que l'on doit les premières études du passé de Java. Gouverneur de 1811 à 1816 de l'île conquise sur les Franco-Hollandais, Raffles réanima la Société, s'entoura de collaborateurs qu'il lança sur les pistes à la recherche du passé. L'un d'entre-eux, T. Horsfield, naturaliste américain travaillant à Java depuis 1800, fut un heureux découvreur. Ainsi, en 1814, furent repérés Borobuḍur et la plupart des grands monuments antiques, que les Hollandais avaient pratiquement négligés. *The History of Java* de Raffles, en 1817, offrait une description et des planches illustrant les principaux édifices, des sculptures, des bronzes et des inscriptions, le tout parfois fort correctement identifié à partir des sources indiennes. C'était la révélation du passé de Java, de cette « Inde extra-gangétique » à peine soupçonnée depuis Ptolémée. Pendant longtemps cette œuvre demeura unique, malgré J. Crawfurd (1783-1868) et les publications qu'il fit, à partir de 1820, sur ce que l'on appelait alors l'Indian Archipelago.

Ce n'est qu'à la fin du siècle – 1868, date de fondation du musée de Jakarta par la Société, fournit un repère commode – que l'on entama l'étude systématique du passé, sur place et en Hollande autour du grand indianiste H. Kern*. Avec la création en 1901 de la Commission archéologique, devenue en 1913 l'Oudheidkundige Dienst, l'analyse des monuments et l'inventaire des sites furent entrepris. Parallèlement, avec autant de rigueur que de méthode, épigraphistes et historiens élaboraient l'histoire du passé, travail remarquable symbolisé par le toujours indispensable *Inleiding tot de Hindoe-Javaansch Kunst* (1919, revue en 1923) de N. J. Krom*. Une seconde génération marquée par F. D. K. Bosch et W. F. Stutterheim* poursuivit la tâche. Le Service archéologique élaborait une technique de reconstruction, pierre par pierre, qui permit de sauver les édifices et de ressusciter les ruines. Depuis l'indépendance, le Service archéologique indonésien et une excellente équipe d'universitaires poursuivent la tâche. La reconstruction de Borobuḍur, à partir de 1970, a conduit à reprendre avec plus de rigueur l'analyse des monuments, s'il reste beaucoup à faire pour une histoire de l'art comparative. On n'a guère fouillé les sites d'habitat : il serait nécessaire d'entamer ces recherches. Elles permettraient peut-être de résoudre le problème de Śrīvijaya, cet empire maritime de Sumatra identifié par les épigraphistes mais qui est, archéologiquement parlant, une énigme. Plus récemment, on a recherché sur les côtes les traces des échanges à partir de la céramique chinoise. Resterait aussi à mieux connaître matériellement la dernière grande époque javanaise, celle de Majapahit.

En 1819, A. Rémusat publiait une traduction de Zhou Daguan, envoyé chinois à Angkor en 1296, ressuscitant pour l'Occident cette ville fantôme, bien qu'elle ait été vue par des Européens dès le XVIᵉ siècle. Finalement « redécouverte » par H. Mouhot en 1860, Angkor attira bientôt les missions scientifiques, et avec L. Delaporte commençait d'être connue vers les années quatre-vingt. A. Barth et A. Bergaigne publiaient, de 1885 à 1893, leurs admirables traductions des inscriptions sanscrites du Cambodge et du Champa, É. Aymonier* les premières versions des textes khmers. Ce dernier acheva en 1900-1904 *Le Cambodge*, qui dresse un tableau déjà solide du passé khmer. G. Coedès* couronna ce remarquable travail de philologue et d'historien par une magistrale *Histoire des États hindouisés* (publiée en 1944, reprise et améliorée depuis). Dès 1927, P. Stern*, au musée Guimet, appliquait son intuition à discerner l'évolution de l'art khmer, ses travaux constituent encore la base de nos connaissances.

La fondation, en 1898, de l'École française d'Extrême-Orient permit l'exploration méthodique de l'Indochine alors française (voir LE VIETNAM, pp. 286-287). Le courageux Lunet de Lajonquière, à partir de 1900, fit l'inventaire des sites. Rétrocédée en 1907 par le Siam, Angkor vit la création de sa conservation en 1908. Un ingrat et laborieux travail de défrichement et d'inventaire s'imposait d'abord. À l'exemple des Hollandais à Java, H. Marchal tenta en 1931 la première reconstruction-conservation à Banteay Srei. Un architecte de génie, G. Trouvé, entreprit de 1931 à 1935 une véritable étude archéologique du contexte monumental. M. Glaize, conservateur de 1936 à 1945, développa avec méthode la préservation et la résurrection des monuments par leur reconstruction.

À l'exemple des Occidentaux, les savants indiens, avec surtout B. C. Chhabra et R. C. Majumdar, se sont dès avant guerre intéressés à cette Inde extérieure qu'on leur faisait redécouvrir. Depuis, avec J. Filliozat et M. K. Bhattacharya, ce mouvement s'est développé. Appuyé sur une meilleure chronologie et sur une analyse systématique des sources indiennes, on a pu cerner les modèles indiens des monuments et des cultes de l'Asie du Sud-Est. Élèves de P. Stern, les historiens d'art ont codifié l'évolution de l'art khmer, notamment de la statuaire, étendant plus récemment ces recherches à l'art post-angkorien, trop longtemps négligé.

À partir des années soixante, la conservation d'Angkor a pu améliorer ses techniques et s'assurer des moyens à l'échelle de la tâche. Des progrès ont été enregistrés dans les méthodes de conservation, sans qu'ils puissent faire oublier que c'est là une lutte sans fin. Grâce aux relevés aériens puis aux travaux sur le terrain, des cartes de haute précision ont guidé les prospections*, permettant de comprendre l'ancienne agriculture fondée sur l'irrigation. Le relevé des monuments a été effectué et la publication de monographies entreprise. Les recherches commençaient d'ailleurs à s'étendre aux autres cités khmères. Enfin, objectif essentiel, des archéologues khmers étaient formés. Depuis 1970, le drame du Cambodge a tout remis en question : il ne reste qu'à espérer.

Le Champa, royaume indianisé qui s'étendait jadis de Hué à Saigon mais disparu sous la poussée vietnamienne, a émergé de ce double oubli en même temps qu'Angkor, d'abord grâce aux inscriptions, ensuite avec ses monuments que H. Parmentier inventoria à partir de 1911. C'est encore à P. Stern que l'on doit une chronologie satisfaisante de leur évolution, complétée pour la statuaire par les récents travaux de J. Boisselier. Mais, depuis 1946, cette région est devenue inaccessible, blanc regrettable sur la carte des connaissances. Pourtant, l'admirable analyse historique faite à partir des sources chinoises par R. Stein pourrait guider les archéologues.

Le Fou-nan, premier grand État indianisé de la péninsule, fut localisé dès 1903 dans l'actuel Vietnam du Sud par P. Pelliot. Il fallut attendre 1942 et les investigations de L. Malleret pour que les sites soient identifiés et l'un d'eux, Oc-èo, sondé. Il a livré les plus anciens témoignages d'importations indiennes, et aussi méditerranéennes et chinoises, qui permettent de saisir concrètement le commerce maritime des IIIᵉ et IVᵉ siècles, en partie à l'origine de l'indianisation. Au même moment, les découvertes de M. Wheeler puis de J.-M. Casal à Arikamedu, en pays tamoul, fournissaient des recoupements

Borobuḍur en 1815
Gouverneur de Java de 1811 à 1816, Thomas Raffles multiplia les prospections pour connaître le pays. Découvert en 1814, Borobuḍur lui fut signalé. Il s'y rendit avec son principal collaborateur, le naturaliste américain Thomas Horsfield. Celui-ci dessina alors Borobuḍur tel qu'apparut aux Européens stupéfaits le plus grand monument bouddhique du monde. Curieusement, Raffles, dans son *History of Java* de 1817 – s'il parle de Borobuḍur et s'il illustre, de façon fort intéressante, nombre de monuments javanais –, ne publia pas ce dessin, mais seulement deux têtes de bouddhas du temple.

sur un des ports d'embarquement des Indiens et l'arrivée des Romains. Le Vietnam du Sud recèle certainement la clef de problèmes pendants, et essentiels ; depuis 1946, les travaux y sont impossibles.

Le Vietnam était mieux connu et sa tradition érudite vivante. Les recherches sur ses monuments n'en furent pas moins menées avec fruit, ainsi les relevés des pagodes du Nord et d'ingénieuses restaurations. Les publications scrupuleuses de L. Bezacier en témoignent. En revanche, la fouille des sites de capitales n'a pas été entreprise, qui aurait pu être féconde. Il semble que l'actuel gouvernement l'ait amorcée. Il faut espérer leur poursuite et leur extension aux sites des fours étant donné la place tenue par la céramique vietnamienne dans les échanges en Asie du Sud-Est.

H. Yule, dans sa *Mission... to the Court of Ava* de 1858, révéla les monuments de Pagan en Birmanie. Avec la création d'un Archaeological Survey en 1901 et de la Burma Society en 1910, les recherches se développèrent, surtout sous l'impulsion du directeur du Survey, C. Duroiselle. La coopération des épigraphistes et des historiens aboutit à une solide analyse de l'histoire religieuse des temples de Pagan. Exemplaire ici fut la collaboration de Pe Maung Tin et de G. H. Luce*. De ce dernier, *Old Burma, Early Pagan*, publié en 1969, est devenu la base de toute connaissance. Au mieux de ses maigres ressources, le Service archéologique poursuit une tâche difficile, rendue parfois impossible comme à la suite du séisme qui ravagea Pagan en 1975. Aucune fouille n'avait été effectuée avant guerre. Durant les années soixante, Aung Thaw et le Service archéologique purent fouiller Beikthano et Halin, en partie Śrīkṣetra, révolutionnant ce que l'on savait de la formation des royaumes Pyu (protobirmans) et de l'indianisation des Môns. Il est évident que d'autres fouilles, plus au sud surtout, renouvelleraient nos données et éclaireraient, par exemple, ce versant de la culture mône du Dvāravatī.

C'est à G. Coedès, appuyé par un grand humaniste le prince Damrong, que l'on doit, dans les années vingt, le développement du musée de Bangkok et de l'archéologie en Thaïlande, dont les inventaires de Lajonquière en 1905 avaient permis de subodorer la richesse. Pendant longtemps, ce fut un travail d'épigraphie et d'histoire. En 1939, P. Dupont dégageait à Nakhon Pathom les vestiges bouddhiques du royaume du Dvāravatī, identifié par l'épigraphie et les textes. Depuis les années cinquante, la Thaïlande est devenue un champ actif de la recherche. Des fouilles ont enrichi considérablement la connaissance du Dvāravatī et de quelques sites contemporains comme U Thong. Dégagements et restitutions protègent et ressuscitent peu à peu les grandes capitales thaïes, de Sukhodaya à Ayuthya. Les méthodes mises en œuvre à Angkor ont guidé la reconstruction des grands temples khmers de Pimay et de Panom Rung. Ce que peut donner une archéologie méthodique et sûre se voit aux résultats des fouilles de J. Stargardt à Satingpra, dans la péninsule. Plus au sud, dans l'actuelle Malaisie, des efforts avaient tenté, en 1937-1938, de localiser les sites présumés de l'implantation indienne dans le Kedah. Repris dans les années soixante, ils ont permis la découverte de temples reconstruits selon les méthodes d'Angkor. Depuis, les efforts du Service archéologique, installé dans le musée modèle de Kuala Lumpur, se déploient davantage vers la préhistoire.

C'est encore en Indonésie que la préhistoire de l'Asie du Sud-Est s'est d'abord développée depuis la célèbre découverte en 1891 du Pitécanthrope par E. Dubois. Elle fut systématiquement constituée avant guerre par P. V. van Stein-Callenfels* et G.H.R. von Kœnigswald*, enrichie par les idées de R. Heine-Geldern, et poursuivie depuis par H. R. van Heekeren.

Après la guerre, elle s'est étendue à Bornéo avec la fouille de la surprenante grotte de Niah, par T. Harison, qui a livré un somptueux matériel du Néolithique final (peu avant notre ère, ici). Les Philippines, jadis prospectées par O. Beyer, sont également devenues un chantier important de la préhistoire, les sites de Tabon, à Palawan, et de Kalanay, à Masbate, permettant d'esquisser le peuplement de ces îles. Car c'est évidemment la question fondamentale du peuplement du Pacifique à partir du continent qui est posée quoique, pour le moment, les progrès soient surtout enregistrés dans les îles.

Les Britanniques M. W. Tweedie et G. de G. Sieveking ont élaboré au mieux la préhistoire de Malaisie et ont formé des équipes. Si la Birmanie, juste avant la guerre, avec les travaux de H. de Terra et Hallam Movius Jr. laissait entrevoir des potentialités considérables, les recherches n'ont pas été poursuivies dans cette région charnière. La Thaïlande, en revanche, est venue sur le devant de la scène préhistorique. H. R. van Heekeren, P. Sørensen et des préhistoriens locaux formés par eux ont fouillé les sites de la célèbre rivière Kwaï. À partir de 1967, des découvertes importantes à Non Nok Tha et à Ban Chiang ont révélé un Néolithique d'une grande richesse, avec surtout de la céramique peinte, des objets en métal d'un grand intérêt datant du IIᵉ millénaire : le haut bassin du Mékong n'a pas fini de nous surprendre.

En Indochine, le Service géologique fondé en 1899 avec H. Mansuy* et É. Patte a mis en place la stratigraphie* et la paléontologie, travail poursuivi jusqu'à il n'y a guère par Edmond Saurin. M. Colani* a identifié le Hoabinhien* et le Bacsonien*, catégories toujours utilisées. O. Janse, à partir de 1934, a fouillé le célèbre site de Dong Son, dont Karlgren*, sinologue suédois, a fixé les relations avec la Chine.

Le Cambodge, en dehors du site de Samrong Sen, n'avait guère été étudié. Les travaux de ces dernières années permettent de se faire une idée de ses richesses, et celui, excellent, de R. et C. Mourer, à la grotte de Laang Spean, établit une première chronologie précise. Dès les années cinquante, les Vietnamiens, aidés par les Soviétiques dans des conditions plus que difficiles, ont entrepris l'étude de leur passé et déployé des efforts exceptionnels. Les découvertes constituent une révolution de la préhistoire et de la protohistoire de l'Asie du Sud-Est, qui devra être désormais entièrement reconsidérée dès lors que l'on disposera de ces nouvelles données et des moyens de recouper leur chronologie. Seule l'étude archéologique de ces périodes permettra d'esquisser le schéma des civilisations indochinoises antérieures à l'influence de la Chine et de l'Inde.

Malgré bien des lacunes et des obstacles, en un siècle l'archéologie a révélé un pan immense du passé : celui de l'Asie du Sud-Est, totalement inconnu au début du XIXᵉ siècle. Seule l'archéologie de l'Amérique pré-colombienne présente une aussi remarquable révolution du savoir. Cependant, les chercheurs manquent, les moyens sont insuffisants et les études sont menacées, d'autant que le contexte n'est, actuellement, guère favorable.

Bernard Philippe GROSLIER

La préhistoire de la Thaïlande

Les véritables débuts de la recherche préhistorique en Thaïlande remontent à 1960. Diverses fouilles, tant thaïes qu'étrangères, ont été menées par la suite, mais il faut attendre 1972 pour que des vestiges du Paléolithique ancien soient découverts dans un contexte géologique datable.

On connaît, depuis de nombreuses années, l'existence en Asie du Sud, du Sud-Est et de l'Est d'un certain nombre de civilisations du galet aménagé. On admet généralement qu'elles relèvent de deux ensembles : les cultures dites du *chopper-chopping tool** du Paléolithique ancien, datant principalement du Pléistocène* moyen et récent, et la culture hoabinhienne*, appartenant à l'Holocène*.

Le premier groupe était associé à des os fossiles d'*Homo erectus**, le second à des os d'*Homo sapiens**. Les deux groupes employaient des outils faits à partir de galets de roches locales, surtout des quartzites, ramassés dans les rivières. L'homme sélectionnait les pierres en fonction de la forme du futur outil, afin de n'avoir à opérer qu'un minimum de retouches. La taille est presque exclusivement unifaciale, allant de la face inférieure, généralement la plus plate, vers la face supérieure du galet, plus ronde, et se limite le plus souvent à un seul des bords taillés de la pierre. Parfois, cependant, les deux bords taillés convergent pour former une pointe ; la majeure partie de la surface de l'outil reste recouverte par le cortex, et la section naturelle, ovale ou plano-convexe, de la pierre est conservée. Au fil du temps, la variété des types augmente légèrement. La taille est améliorée, laissant des traces d'enlèvement plus fines, et s'étend souvent à de plus grandes zones de la surface, mais reste toutefois presque exclusivement unifaciale.

Le nom de culture Lannathaïe fut donné à une civilisation du galet aménagé du Paléolithique ancien que l'on rencontre principalement dans les districts de Mae Tha et Mae Moh (province de Lampang) et dans les districts de Song, Rong Kwang et Muang (province de Phrae), dans le nord de la Thaïlande. De l'outillage lithique a été découvert dans des latérites formées sur les terrasses fluviales les plus hautes – les plus anciennes – des bassins intramontagnards de Lampang et de Phrae. L'étude géologique a révélé que les outils ont été enfouis dans les bassins durant leur sédimentation et se sont trouvés, dans la plupart des cas, recouverts de sédiments plus tardifs. Par la suite, probablement en raison de changements d'équilibre dans le réseau hydrologique, les rivières Wang et Yom s'enfoncèrent, laissant apparaître sur les terrasses exondées les objets enfouis. Puis le secteur fut recouvert de basalte, qui se répandit jusqu'au bord des terrasses, sans toutefois les dépasser. Des mesures paléomagnétiques, réalisées sur le basalte entourant ou recouvrant les sites de Mae Tha, indiquent qu'il remonte au moins à la variation géomagnétique de Matuyama-Brunhes (720 000 ans) ou peut-être à la période de Jaramillo (940 000 ans). Les outils sur galet seraient donc plus

anciens et pourraient dater de 750 000 à 1 000 000 d'années. La latéritisation, résultat de précipitations accrues, ou d'une fluctuation importante du niveau de la nappe phréatique, se produisit après le dépôt du basalte. Ce processus détruisit tous les matériaux organiques qui auraient pu donner des informations sur les auteurs des outils, leur environnement ou la nature de leur alimentation.

Les sites de Mae Moh, situés au nord-est de la zone d'activité volcanique, furent épargnés par cette dernière. D'autres raisons permettent de les considérer comme plus récents que les sites de Mae Tha et probablement contemporains de la plupart des sites de Phrae, dont l'ancienneté est estimée à 500 000 ans. Un des sites de Phrae, Ban Dan Chumpol, a été fouillé à titre de test. Les outils sont de poids et de forme similaires à ceux de Mae Tha, mais un plus grand nombre de formes y ont été reconnues, tels les pics allongés de section triangulaire. En revanche, les types dits *flat-iron* (en forme de fer à repasser) et *horse-hoof* (en forme de sabot de cheval) sont encore absents. La proportion des *chopping tools* par rapport aux *choppers* est très faible et peu significative. Il s'agit toujours essentiellement d'une industrie sur nucléus*, et les éclats de débitage, très nombreux, ne sont pas retouchés. Cependant, la fouille a aussi révélé une technologie avancée, utilisant largement enclumes et percuteurs, semblable à celle qui prédomine à Zukuodian (Chou Kou Tien) près de Pékin, après 460 000. Là, les outils ont été fabriqués par *Homo erectus*, dont la présence est également attestée en Indonésie, à l'époque d'occupation des sites de Mae Tha. Il paraît donc vraisemblable qu'il est aussi l'auteur des outils de la culture Lannathaïe.

L'hiatus chronologique entre les sites de Mae Tha et la majorité des autres sites puis celui qui sépare ces derniers et les séries suivantes de sites sont certainement liés aux variations cycliques du climat durant le Pléistocène. L'alternance des périodes glaciaires et interglaciaires à haute altitude, en particulier dans l'Himalaya, bien que n'ayant jamais affecté directement l'Asie du Sud-Est, y eut des conséquences indirectes. L'accumulation de glaces à haute altitude provoqua un abaissement du niveau de la mer et un assèchement, à des degrés divers, de la mer Sunda, entre le continent et les archipels, créant ainsi une masse terrestre pourvue d'un climat continental. La limite des neiges fut aussi abaissée, refoulant la végétation vers le bas des pentes et entraînant vers le sud une migration de la forêt tropicale à feuillage caduc ou persistant, ce qui eut des répercussions sur la faune et sur l'homme.

Les périodes interglaciaires eurent des effets opposés, surtout à partir de la dernière glaciation. On sait qu'au Cachemire la déglaciation commença en 18 000 B.P. environ (B.P. : *before present*, c'est-à-dire avant 1950). Par ailleurs, les tourbières englouties sous la mer Sunda nous apprennent qu'en 11 000 B.P. le niveau de l'eau était de 67 mètres au-dessous du niveau actuel ; il ne cessa de monter pour arriver, en 9 500 B.P., à 2,4 m

au-dessus du niveau actuel (mesuré à marée haute). Le rivage se situait peut-être alors plus à l'intérieur des terres, probablement à 100 kilomètres au nord de Bangkok, près de Lopburi. Un tel changement exigeait des températures dépassant de 6 à 7 °C les températures actuelles, ce qu'indiquent les diagrammes polliniques réalisés à Taiwan. La chaleur dilatant l'air lui permet d'absorber davantage d'humidité, qu'il restitue sous forme de précipitations accrues lors de périodes de mousson sans doute prolongées. Cela, joint à d'autres facteurs relatifs à l'environnement, a pu pousser l'homme primitif à chercher refuge dans les cavernes, ainsi que de nombreuses grottes de l'Asie du Sud-Est en offrent les preuves.

À l'apogée de la dernières glaciation, les températures étaient, d'après les analyses polliniques faites à Taiwan, de 3 ou 4 °C inférieures à celles d'aujourd'hui. La prédominance du temps sec permettait encore de vivre en plein air, les abris-sous-roche ne fournissant plus qu'une protection saisonnière contre les tempêtes d'hiver. C'est le cas de la culture de Son Vi, connue au Vietnam à partir de 30 000 B.P. Cette dernière n'a pas été découverte en Thaïlande, mais une phase culturelle analogue semble y être représentée au niveau inférieur de l'abri-sous-roche de Soi-Yok, sur la rivière Kwaï (province de Kanchanaburi). Là règne encore la tradition du *chopper-chopping tool*, quoique les outils soient plus retouchés qu'à Phrae. Puis apparaissent des types à dos convexe (*horse-hoof, flat-iron*) ainsi que des « types clés » du Hoabinhien : sumatralithes, herminettes courtes, grattoirs dicoïdes, etc., accompagnés, curieusement, de véritables bifaces*. Dans les niveaux supérieurs, les mêmes types, techniquement moins grossiers cependant, se perpétuent, et ce sont ceux-là qui constituent l'élément hoabinhien dans les niveaux inférieurs des cavernes de Tam Ongbah (Kanchanaburi) datée de 11 180 ± 180 B.P. et de Tam Phii (Spirit Cave ; Mae Hongson) datée de 11 350 ± 500 B.P., ainsi que dans tous les autres sites datés de l'Asie du Sud-Est. À Tam Phii, on a découvert les vestiges carbonisés de noix et de graines de diverses plantes, témoins du type d'alimentation des habitants. Les espèces représentées sont toutes attestées à l'état sauvage dans la région et en Thaïlande, et rien ne prouve qu'il s'agisse ici de formes domestiquées démontrant l'existence d'un début de culture primitive.

Il est certain, en tout cas, que la culture hoabinhienne ainsi que les phases culturelles qui la précèdent immédiatement sont le fait d'*Homo sapiens*. Un squelette de ce type, en position fœtale et saupoudré d'ocre* rouge, a été trouvé dans l'abri-sous-roche de Sai-Yok. D'après les vestiges qui lui étaient associés, on sait qu'il vivait de pêche et de chasse, de la récolte de moules et de coquillages, et de la cueillette de végétaux, baies et noix.

Per SØRENSEN

Le site PS 3 à Ban Dan Chumpol

Vue d'ensemble d'un des secteurs de la fouille du site paléolithique ancien PS 3 à Ban Dan Chumpol (province de Phrae, Thaïlande). La fouille couvrait 200 mètres carrés (avec en moyenne neuf objets par mètre carré). Tous les stades de la production sont représentés, des galets bruts et cailloux à l'outil fini, en passant par les enclumes, percuteurs et divers déchets de fabrication. Les objets sont tous enfouis dans la latérite de la terrasse fluviale supérieure.

Hache courte et grattoir discoïde (ci-contre)

La hache courte (à gauche) est l'un des types clés de l'outillage lithique hoabinhien. Ce type est caractérisé par un talon droit et un tranchant retouché en « fer à cheval » ; on le distingue facilement des sumatralithes cassés, qui se sont en général brisés en oblique vers le talon.
Le grattoir discoïde (à droite) est un des nombreux types de grattoirs caractéristiques de la culture hoabinhienne. Citons aussi les grattoirs carénés et les grattoirs sur éclat. Tous montrent une retouche régulière et fine du tranchant et souvent des parties principales du galet, seuls le talon et la face inférieure ne sont pas retouchés.

Petite tombe de Ban Kao, Thaïlande

Juste au-dessus de l'épaule droite de ce squelette de la culture Ban Kao se trouve une herminette en pierre polie. Sa position indique qu'elle était emmanchée comme une herminette et non comme une hache.

Entre l'herminette et le vase, on remarque un petit amas d'os d'animaux. Un autre amas est visible près du bras gauche et deux autres se trouvaient à côté des genoux. Ces os sont ceux des doigts des pattes avant et arrière d'un même porc. Le corps avait peut-être été enveloppé ou recouvert d'une peau de porc dont les pattes n'ont pas été dépouillées.

Chopper et lourde pointe (1 050 g)
provenant de Mae Tha II, province de Lampang, Thaïlande

Les « choppers » (à droite) et les grattoirs sont les types les plus courants sur les sites du Paléolithique ancien en Thaïlande. Faits à partir de pierres naturellement triangulaires, tabulaires, rectangulaires ou rondes et avec des tranchants droits, incurvés, en croissant ou en éventail, ils peuvent être divisés en seize types. Si l'angle entre la surface retouchée et le grand axe de la pierre est inférieur à 65º, on qualifie l'outil de « chopper », si cet angle et compris entre 70º et 90º, on parle de grattoir. Il s'agit ici d'un « chopper » tabuloïde avec tranchant droit, type le plus courant de « chopper » tant à Mae Tha II qu'à PS 3 à Ban Dan Chumpol. Avec ce genre d'outil, il est facile de couper des branches même assez épaisses ou d'épointer un bâton pour en faire un javelot.

Les pointes (à gauche) constituent à Mae Tha II 3,4 p.100 du total des outils contre 7,5 p.100 à PS 3. L'augmentation du nombre des outils pesants sur le site récent par rapport à l'ancien peut refléter un changement soit dans l'environnement, soit dans la chasse ou dans les modes de vie.

Tombe B. 1, site de Bang, Ban Kao

Cette tombe contenait le squelette d'un homme mort à quarante ans environ, mesurant 1,70 m, accompagné de deux coupes noires lustrées, peu profondes, d'une jarre et de deux bols, d'une coupe à pied, tous placés sur les jambes. Une petite herminette en pierre polie se trouvait sur le coude gauche du défunt, une autre derrière le crâne. Une grande pointe de lance en os, avec de fortes barbes, était sous la jambe droite, le bout à barbes d'une autre près du coude. Des petits perles de coquillage en forme de disques étaient posées sur le coude et sur le bassin. Après l'inhumation, une jarre noire, contenant probablement de la nourriture pour le défunt, avait été placée sur la tombe, du côté de la tête.

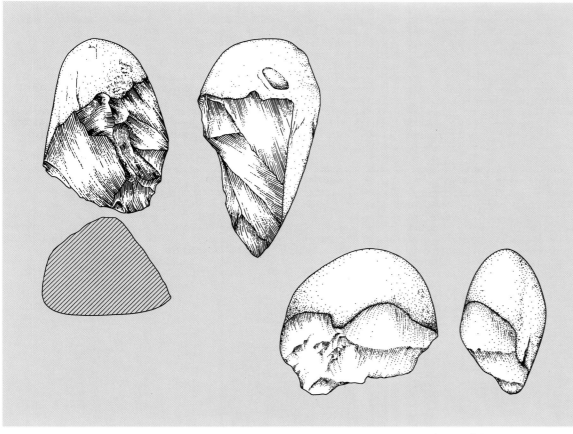

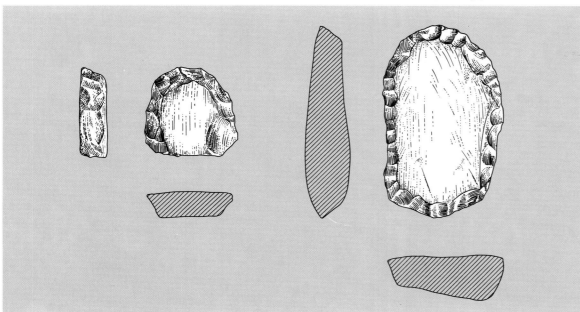

Les civilisations agricoles

L'habitat en grotte s'est, en Asie du Sud-Est, prolongé durant des milliers d'années, parfois jusque dans le Ier millénaire après J.-C. La caverne de la vallée du Banyan (Mae Hongson, Thaïlande), où le matériel est associé à des grains de riz sauvage grillés, fut ainsi occupée jusqu'en 900 après J.-C., et celle de Laang Spean (Cambodge) jusqu'en 830 après J.-C. La céramique apparaît, à Laang Spean, au moins en 2000 avant J.-C. et peut-être dès 4290 dans un contexte hoabinhien*, tandis qu'à Gua Kechil (Malaisie) elle remonte à 2800 avant J.-C.

À en juger d'après les analyses polliniques de Sumatra, dont les résultats dans l'ensemble concordent avec ceux de Taiwan, le climat devient plus sec vers 5000 B.P. On note, à partir de ce moment, une augmentation du nombre des sites hoabinhiens de plein air, et l'apparition de nouveaux types d'outils : pierres plates à perforation en forme de sablier, couteaux en ardoise légèrement aiguisés, galets rectangulaires de taille réduite, retouchés en tranchant, sur le petit côté. On possède peut-être ici l'indice d'un début d'agriculture, bien que les preuves nous manquent encore. En effet, la nécessité de créer de nouveaux outils peut être due également à une modification de la flore, résultant de l'assèchement du climat.

La poterie est faite au tampon et au battoir. Les cordes, en matériaux fibreux tordus, parfois tressées ou nattées, et fixées sur le battoir, ont laissé leur empreinte sur la surface des vases. Cette céramique « cordée » a pu être une invention locale. Si toutefois son développement ne se produit qu'au Ve millénaire et non au VIe, il peut alors résulter de contacts précoces avec des populations possédant déjà les techniques de la poterie. On trouve ainsi dès le début du IVe millénaire de la céramique dans l'ouest et le nord-est de la Thaïlande, tandis que le bassin central de la Chao Phraya paraît n'avoir été habité que plus tardivement. Cependant, une fouille vient d'être entreprise à Kok Phnom Di, important site maritime situé à 70 kilomètres au nord-est de Bangkok : occupé saisonnièrement dès le milieu de l'Holocène* (6500 av. J.-C.) par des ramasseurs de coquillages alors qu'il n'était qu'une île, il devient rapidement, par accumulation des débris de cuisine, une colline qui, vers 3500 avant J.-C., en période d'assèchement, se trouve dans un paysage de mangrove et de marécages. Les populations qui s'y installent alors commencent à produire une poterie dont le dégraissant est, dans 1 p. 100 des cas, de la balle de riz (riz dont l'origine n'est pas encore déterminée). Nous avons dès lors affaire à une nouvelle culture, reposant sur une économie maritime. Vers 2000 avant J.-C., les forêts couvrent la région. Cette fouille vient confirmer notre hypothèse de l'influence des facteurs climatiques sur l'occupation de la plaine centrale de Thaïlande.

Les cultures néolithiques et chalcolithiques les plus connues en Thaïlande sont celles de Ban Kao et de Ban Chiang.

La culture de Ban Kao (voir illustrations p. 251), représentée par des habitats avec sépultures et des sépultures en cavernes, s'étend de la province de Kanchanaburi

(centre-ouest de la Thaïlande) jusqu'en Malaisie du Nord, en passant par la Thaïlande péninsulaire. Il s'agit d'habitats de plein air, généralement situés sur les anciennes terrasses fluviales à côté des rivières actuelles, sur des îles dans les estuaires ou sur les rives d'anciens lacs. Jusqu'à présent, aucun habitat de ce type n'a été découvert au nord de Kanchanaburi.

L'étude du site de Nong Chae Sao (Chom Bung) a montré que les gens vivaient dans des maisons construites sur pilotis, couvertes selon toute vraisemblance de toits de chaume à pignons arrondis. Ils cultivaient peut-être du riz, comme l'indiquerait la présence de faucilles de type chinois (en demi-lune et à double perforation) et élevaient des porcs. On ignore, dans les deux cas, s'il s'agissait d'espèces sauvages ou domestiquées. En outre, ils chassaient animaux sauvages et oiseaux, récoltaient des moules dans les rivières, pêchaient des tortues d'eau douce et de mer. Les morts étaient inhumés sous les maisons ou dans des cavernes, couchés sur le dos et parfois enveloppés dans une peau de porc. On ne remarque aucune orientation systématique des tombes, et on n'a relevé aucune trace de signalisation en surface. Les morts étaient pourvus d'un mobilier funéraire plus ou moins abondant, poterie (avec de la nourriture ?) parfois volontairement écrasée, « tuée » dans la tombe, herminettes de pierre, matériel de chasse et bijoux personnels ; dans certains cas, la poterie avait été placée au-dessus des sépultures. L'espérance de vie était courte, la plupart des individus mourant entre vingt-cinq et trente-cinq ans ; quelques-uns cependant atteignaient cinquante et même soixante-dix ans. Ces populations possédaient un grand nombre d'outils, assez élaborés, faits en argile, pierre, os, andouiller, coquillage, bois et bambou. La céramique, faite à la main, est de bonne qualité ; outre la céramique à décor « cordé », on trouve une poterie rouge ou noire polie, très fine. Les formes, très élégantes, sont le plus souvent carénées, et le fond, généralement rond, est parfois soutenu par un piédestal ou trois pieds coniques creux.

D'après l'évolution de cette poterie, on divise la culture de Ban Kao en plusieurs phases, dont la première (d'origine chinoise ?) commence en 4000 B.P.* environ. La vie villageoise connaît peu de variations jusqu'à l'introduction du métal dans la région, au cours des derniers siècles avant notre ère.

Depuis le milieu des années soixante, plusieurs sites appartenant à la culture de Ban Chiang ont été découverts dans le nord-est de la Thaïlande : d'abord le site de Non Nok Tha (district Phu Wiang, province de Kon Khaen), puis celui de Ban Chiang (district Nong Han, province de Udon Thani) ainsi que bon nombre de sites de moindre importance.

Bien des discussions se sont élevées autour de ces deux grands sites, car une série de datations problématiques semblait indiquer que la culture du riz par inondation (culture « humide ») et la métallurgie du bronze et du fer y étaient pratiquées depuis plus longtemps que partout ailleurs dans le monde. Une réévaluation récente, fondée en partie sur le témoignage d'autres sites fouillés par la

suite dans la région, a permis d'établir pour le nord-est de la Thaïlande un tableau chronologique qui met cette région en harmonie avec, d'une part, la zone culturelle de Ban Kao et, d'autre part, avec les séquences des cultures du Vietnam du Nord (Phung Nguyen, Dong Dau, Go Mun, Dong Son) qui partagent avec elle quelques traits.

Comme la plupart des sites de la Thaïlande du Nord-Est, Ban Chiang est un tertre bas avec des sépultures. Les quelques trous de poteaux découverts au cours de la fouille n'ont pas permis de reconstituer le plan des maisons. Les couches de sépultures, à Ban Chiang, se recouvrent ou se recoupent – moins souvent cependant qu'à Non Nok Tha. On a pu néanmoins les classer en trois phases : phase ancienne, de 2000 à environ 1500-1350 avant J.-C. ; phase moyenne, de 1350 à 500-400 avant J.-C. ; phase récente, de 400-300 avant J.-C. à 200-300 après J.-C.

Les coutumes funéraires des phases ancienne et récente paraissent assez semblables à celles de Ban Kao, mais les types de poterie sont différents. Au cours de la phase moyenne, les squelettes sont couchés sur le dos, comme dans la phase ancienne, mais recouverts d'un lit de poterie écrasée. Les phases moyenne et récente sont bien représentées à Ban Nadi, un site voisin. La moyenne d'âge à la mort était de vingt-neuf ans à Ban Nadi, trente et un ans à Ban Chiang, trente-sept à quarante-huit ans à Non Nok Tha.

On ignore si le bronze était connu durant la phase ancienne, mais il l'était à coup sûr, comme à Dong Dau, dans la phase moyenne. Sur les deux sites, on a retrouvé des creusets, et à Ban Nadi, en particulier, des fours. Le fer apparaît vers 600 avant J.-C. environ à Ban Nadi. Dans la phase récente de Ban Chiang, on rencontre du bronze et du fer, souvent en combinaison bimétallique, ainsi que des perles de verre.

À l'évidence, l'ensemble de la séquence reflète une société agricole, fondée sur l'élevage de porcs et de poulets et sur la culture du riz. Mais ici comme ailleurs on ne sait s'il s'agissait de riz domestique ou de riz sauvage, ni s'il s'agissait de culture sèche ou humide. La présence d'os de buffles d'eau, qui auraient pu servir d'animaux de trait, durant la phase moyenne, n'est pas déterminante. On considère le plus souvent cependant que la domestication du buffle d'eau, la culture humide du riz et l'apparition du fer coïncident.

La phase récente, dont la céramique peinte en rouge sur fond crème, avec ses dessins curvilinéaires compliqués, en volutes et spirales, a fait la renommée de Ban Chiang, est culturellement très riche : figurines d'argile, bijoux très élaborés, cylindres incisés de terre cuite, etc.

On a suggéré récemment que cette phase pourrait témoigner de l'arrivée d'une nouvelle vague d'immigrants. Cette même hypothèse avait déjà été avancée pour la phase ancienne de Ban Chiang, en l'absence de sites de comparaison, contemporains ou plus anciens. La culture de Ban Chiang représenterait alors deux vagues d'immigration dans le nord-est de la Thaïlande.

Per SØRENSEN

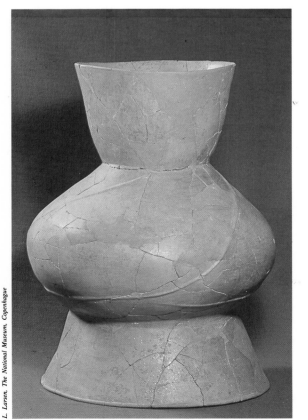

Poteries provenant du site de Bang, Ban Kao

Poterie caractéristique de la phase ancienne du site de Bang, Ban Kao. Comme la poterie de la phase récente, elle est à fond arrondi, aux parois fines, mais pourvue la plupart du temps d'un support permanent sous forme d'un pied en anneau, de trois pieds creux ou d'un piédestal. Elle est de bonne qualité, lustrée mais jamais engobée* ; les couleurs sont moins intenses que dans les types récents. S'il y a un décor, il se limite à des bandes appliquées ou, plus rarement, à des lignes incisées encadrant des impressions au peigne. National Museum, Bangkok.

Pointes de lances et de flèches en os

Ces objets ont généralement une section lenticulaire plate ou triangulaire. Les flèches ont habituellement des barbes. La plupart portent à l'arrière de la tige une soie pour les insérer dans la hampe (de bambou ?). De petites protubérances latérales, ou épaules, empêchaient la pointe de s'enfoncer dans la hampe lorsqu'elle frappait. L'os servait aussi à faire des instruments comme des harpons et des hameçons de tailles variées, des peignes, des anneaux et des alènes. Les coquillages étaient utilisés pour fabriquer des cuillers, des outils coupants, des faucilles, des scies et des perles. National Museum, Bangkok.

Dans les niveaux supérieurs de Ban Chiang et dans les tombes d'enfants, on a trouvé des cylindres en argile comme ceux-ci, avec des dessins compliqués profondément incisés, qui ressemblent souvent aux schémas les plus complexes de la poterie peinte en rouge sur fond crème. Ils ont pu être utilisés comme rouleaux pour imprimer le décor sur des textiles ou des vêtements en écorce, mais leur présence dans des tombes pourrait aussi indiquer d'autres fonctions. On a trouvé des rouleaux semblables à Hoa Loc, Tan Hoa, au Vietnam. National Museum, Bangkok.

Bracelet en bronze, Ban Chiang

Ce bracelet est agrémenté de clochettes ornées d'un motif en spirale, qui sont fréquentes dans la culture de Dong Son, mais on en retrouve de semblables à l'époque actuelle, sur le harnais de tête des buffles d'eau, par exemple. National Museum, Bangkok.

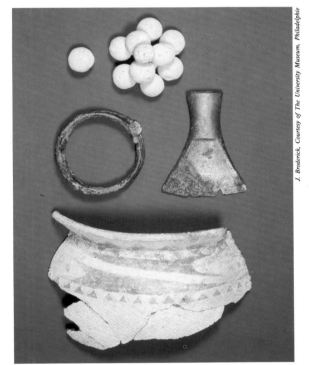

Contenu de la sépulture de Ban Chiang, connue sous le nom de tombe de Vulcain, datant de la phase ancienne

Outre quatre bracelets en bronze, cette sépulture contenait une hache à douille en bronze, un pot en terre peint et gravé. Derrière la tête se trouvaient trente boulettes d'argile entassées. On retrouve ce même type de boulettes de nos jours, par exemple chez les Song Dam de Thaïlande péninsulaire, qui les lancent avec des arcs spéciaux. National Museum, Bangkok.

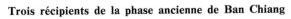

Bracelet en bronze, Ban Chiang

Ce bracelet est orné d'un motif couvrant de cordes tressées et bordé de petites boules. National Museum, Bangkok.

Récipient de la phase récente de Ban Chiang

L'un des plus beaux récipients de la phase récente de Ban Chiang. Peints en rouge sur fond crème, les motifs fermement dessinés, en méandres, spirales et autres courbes, sont les premiers à avoir rendu célèbre le site de Ban Chiang. Au milieu des dessins géométriques apparaissent parfois des motifs naturalistes – lézards, serpents, insectes, êtres humains et symboles sexuels. On remarquera l'horreur du vide et l'analogie d'ensemble avec la culture de Dong Son. The National Museum Division, Department of Fine Arts, Thaïlande.

Trois récipients de la phase ancienne de Ban Chiang

Certains traits tels que les tentatives de couleurs rouge, noire ou grise, la surface lustrée mais non engobée, l'usage d'un support permanent rappellent la céramique de la phase de Ban Kao, mais les formes diffèrent. D'autres détails évoquent la phase récente de Ban Kao, ou même des époques plus récentes. Malgré ces quelques similitudes, nous sommes évidemment en présence de deux cultures différentes. The National Museum Division, Department of Fine Arts, Thaïlande.

Archéologie des échanges commerciaux

La civilisation indienne a modelé les pays de la péninsule indochinoise et les îles indonésiennes de Sumatra à Bali en passant par Java. Les conséquences s'en font encore sentir. Les causes et les modalités de ce mouvement – auquel seules l'hellénisation puis la romanisation du bassin méditerranéen et de l'Europe occidentale peuvent être comparées – nous échappent. On sait qu'au contraire de la descente chinoise vers le Vietnam ce ne fut pas une conquête suivie d'une domination politique, bien que nous ne puissions exclure que quelques groupes d'Indiens se soient installés en maîtres ici ou là. Très tôt, les orientalistes ont insisté sur le zèle missionnaire des bouddhistes, que l'on retrouve à peu près au même moment en Asie centrale. L'implantation du bouddhisme est un fait : l'archéologie le recoupe puisque les plus anciens vestiges indiens découverts en Asie du Sud-Est sont des bouddhas en bronze importés ou minutieusement copiés de l'Inde. On doit néanmoins souligner qu'ils ne sont qu'une douzaine éparpillés de Malaisie à Sulawesi et répartis sur trois siècles au moins. En outre, l'hindouisme s'est, à la même époque, solidement implanté lui aussi : mais archéologiquement rien ne le montre, et il faut attendre le Ve siècle pour le constater avec les premières inscriptions et les monuments exécutés sur place. On ne peut donc déduire de ces maigres vestiges, épars et postérieurs, les raisons et les modalités de l'expansion indienne.

En relevant les noms de lieux visités outre-mer par les Indiens, qui sont pour la plupart des noms d'épices, de gemmes, de l'or, les historiens ont également pensé que ces produits rares et convoités avaient attiré les Indiens, qui les utilisaient eux-mêmes ou les revendaient à l'Occident. Ainsi se seraient créés des comptoirs à partir desquels la civilisation indienne rayonna. Les relations commerciales entre la Méditerranée romaine et l'Inde sont bien connues grâce aux textes classiques qui en parlent en détail. Des trouvailles de monnaies romaines en Inde, dès le XVIIIe siècle, les corroboraient. Ces échanges ont pu être décrits en détail en 1928 par E. H. Warmington.

Nommé en 1944 directeur de l'*Archaeological Survey of India*, Mortimer Wheeler* réorganisa cet outil, y introduisit les méthodes rigoureuses de fouille et une programmation ; il ressuscitait le service et lui ouvrit une nouvelle carrière, particulièrement brillante pour la pré- et la proto-histoire. Il cherchait à mettre à profit sa connaissance de l'archéologie romaine et fit recenser et porter sur les cartes toutes les trouvailles de monnaies méditerranéennes. Ce regroupement montra une concentration exceptionnelle de trésors (57 sur 68) dans le sud du pays, tous datés du Ier siècle de notre ère, moment où, précisément, les textes classiques plaçaient les échanges commerciaux. Prospectant ensuite les sites, Wheeler remarqua un ensemble d'intailles, de monnaies, de tessons de sigillées et de perles en verre trouvés en 1937 à Virampatnam-Arikamedu, près de Pondichéry, sur un estuaire évidemment idéal pour un port. Il fouilla lui-même le site en 1945 ; les travaux furent repris par Jean-Marie Casal en 1947-1948. On découvrit l'existence d'un vaste établissement remarquable, notamment par des ateliers de teinture de textiles et des céramiques arétines de la première moitié du Ier siècle. L'ensemble de ces découvertes confirmait définitivement les données scripturales. À partir d'Auguste, le commerce entre la Méditerranée – *via* Alexandrie surtout – et l'Inde s'amplifia. Une partie des marchandises achetée par l'Occident (canelle, textiles, perles) venait de l'Inde même ; le reste (épices, gemmes, soie chinoise) parvenait d'au-delà de l'océan Indien. Le tout était payé essentiellement en or et en argent, au grand dommage de la « balance des paiements », comme s'en plaignait amèrement Pline l'Ancien. Se fondant toujours sur les données monétaires, Wheeler insista sur la route directe entre Arikamedu – de toute évidence la Podoukê du *Périple* et de Ptolémée – et la côte de Malabar, où l'on situe raisonnablement, à Cranganore, la Muziris du *Périple* et, à proximité, la Nelcynda des textes. Cette route remontait la vallée de la Ponnāni puis, par la trouée de Pālghāṭ, rejoignait celle de la Kāvērī vers la côte de Coromandel. Et Wheeler souligna qu'on évitait ainsi de contourner le cap Comorin, et que de tout temps les routes commerciales coupèrent à travers terre quand cela se pouvait.

Programme judicieusement établi, prospection systématiquement conduite, fouille décidée et menée au mieux, résultats recoupant les hypothèses de travail et les données des textes : la réalité du commerce entre l'Inde et la Rome impériale telle que Wheeler l'a établie est une démonstration parfaite de la spécificité et de l'efficacité de l'archéologie.

À partir de cet apport essentiel, Wheeler a développé ses conclusions en insistant sur les seules données d'époque romaine. Il a même proposé au problème si complexe de l'art gréco-bouddhique une solution « romano-bouddhique ». Les historiens de l'art italiens ont depuis lors remarquablement montré qu'il y eut une phase romaine de cet art, durant laquelle l'influence de la sculpture impériale fut importante et parvint par la mer Rouge ; les archéologues viennent d'ailleurs de mettre en lumière le rôle des ports de Bérénice et d'Ailat. Mais cela fut possible aussi grâce aux échanges par la Syrie, Petra et les antiques routes du golfe de l'Iran, voire, plus au nord, du Pont vers la Margiane et la Bactriane. Si cette phase romaine a pu se manifester, c'est encore parce qu'elle fut préparée par la pénétration et l'ancrage des traditions hellénistiques en Bactriane et au Gandhāra. En bref, elle ne fait que prolonger en Inde une tradition plus ancienne et s'inscrit dans un continuum. Wheeler a certes brillamment illustré cette phase, mais il eut la tentation de ne considérer qu'elle seule.

En Inde même, la diffusion vers le sud de la civilisation hindouiste et de l'art qui l'exprime s'est faite sur l'axe du bassin de la Godavarī vers la Kṛṣṇā, puis, à partir du delta de cette dernière, vers le Tamilṇadu et le Colamaṇḍala. Le rôle de la dynastie des Śātavāhana fut ici fondamental ; elle a contrôlé cet axe de côte à côte et a entretenu des relations avec les royaumes bactriens à travers les satrapes scythes du Nord-Ouest. Les Ikṣvāku dans l'Āndhra et les Cedī du Kaliṅga prirent le relais. C'est à partir des grands sites comme Amarāvatī et Nāgārjunikoṇḍa que le bouddhisme descendit le long de la côte orientale jusqu'à Ceylan, et remonta aussi vers le golfe du Bengale. Et c'est à partir de ces foyers que l'Inde irrigua l'Asie du Sud-Est. Quant à la route méridionale par la trouée de Pālghāṭ sur laquelle Wheeler insiste, elle est peut-être apparue assez tard, après l'indianisation des pays tamoul et coḷa, et a pu s'établir d'est en ouest. De toute façon, elle paraît secondaire. Wheeler, d'autre part, a trop limité dans le temps les échanges. Ils ont commencé plus tôt et se sont poursuivis plus tard qu'il ne l'indique. Bien des éléments déjà connus de son temps le prouvent ainsi que les données archéologiques en Asie du Sud-Est.

Il n'en reste pas moins que cet auteur a eu l'immense mérite de matérialiser par ses découvertes le commerce entre l'Inde et l'Asie du Sud-Est. Une autre série de trouvailles est venue recouper ses vues. Connu d'abord grâce aux historiens chinois, le Fou-nan, premier royaume indianisé d'Indochine, attesté dès le Ier siècle, avait été localisé en 1902 par le grand sinologue Paul Pelliot* dans l'extrême sud-ouest de l'Indochine. En 1942, Louis Malleret, après une prospection systématique entre le Mékong et le golfe de Siam, localisa de nombreux sites et sonda l'un d'entre-eux : Oc-èo. Outre les vestiges d'une culture indigène développée, il exhuma une série de pièces indiennes – des bijoux surtout –, méditerranéennes – médaille d'Antonin le Pieux, intailles, cabochons, etc. – et chinoises. Malgré l'absence de méthode archéologique de cet auteur devenu fouilleur par occasion, on put, pour la première fois, toucher du doigt les plus anciens témoins concrets du commerce indien – IIe-IIIe siècle – et les pacotilles méditerranéennes que celui-ci avait charriées. Nous disposons désormais du point d'arrivée (au moins du plus ancien connu) de la route dont Wheeler avait découvert le point de départ (du moins à l'époque de la Rome impériale).

Ainsi fondée, la thèse du commerce (suscité par les goûts de luxe des Romains) comme moteur, voire comme cause, de l'expansion indienne fut adoptée par la plupart des historiens. Qu'une bonne part de réalité soit ainsi cernée, nul doute. Mais nous savons également que ce commerce fut finalement épisodique. Lorsqu'il cessa, Rome l'oublia tout simplement. L'Inde fit de même au point que ce ne fut que vingt siècles plus tard qu'elle découvrit son rayonnement grâce aux travaux des orientalistes. La thèse commerciale fut retenue parce qu'elle reposait sur des « faits » tangibles, et parce que les explications économistes étaient alors à la mode. Et pourtant, si les missionnaires bouddhistes et les brahmanes s'embarquèrent plus ou moins à la sauvette sur les navires marchands, c'est bien leur action qui, elle, fut décisive à long terme et qui permit l'indianisation de l'Asie du Sud-Est.

Quoi qu'il en fût, les origines de ce commerce, certainement antérieur à la Rome impériale, restent incertaines. Rien en réalité ne permet d'affirmer qu'il s'est établi d'ouest en est. Les textes chinois, nombreux et précis, sont clairs. Dès les Han antérieurs, soit au IIe siècle avant J.-C., les Chinois trafiquaient dans les mers du Sud. La preuve archéologique en est donnée par les nombreuses céramiques Han retrouvées à Java, antérieures de quatre siècles aux premiers vestiges indiens. Les relations de la Chine furent naturellement actives avec les pays frontaliers comme la Birmanie et le Vietnam, au point de conduire en 111 avant J.-C. à la conquête du Nord-Vietnam. Si l'on se fonde sur ces données, incontestables et cohérentes, on peut penser que les Chinois, et les peuples à leur contact direct, entrèrent en relation avec l'Inde, offrant leurs épices et leur soie : nous savons que celle-ci arrivait par mer dans le Sud indien. De ce point de vue, les Indiens eux-mêmes n'auraient fait que suivre plus tardivement les mêmes routes, mais d'ouest en est cette fois.

Les textes chinois sont également formels : les peuples indigènes du Sud étaient de hardis navigateurs, au point que les commerçants célestes utilisaient de préférence leurs navires. Cela implique des sociétés techniquement avancées et socialement organisées. Or l'étude de l'Âge du bronze de cette région – en gros le Ier millénaire avant J.-C. – prouve leur existence. Il est donc évident que des civilisations ou du moins des foyers fort avancés existaient dans cette région et commerçaient activement par mer. Sur le plan théorique, ce fut une erreur des premiers historiens de l'indianisation que d'avoir négligé les « récipiendaires » de celle-ci, ou de les avoir implicitement tenus pour des « primitifs ». Une civilisation aussi complexe que celle de l'Inde n'a pu être assimilée puis développée que par des sociétés déjà avancées – surtout sans conquête de peuplement. Sans doute le hiatus entre historiens et philologues, d'une part, préhistoriens et archéologues, d'autre part, rend-il compte de cette faille de raisonnement.

L'archéologie elle-même est venue renouveler notre approche. De 1959 à 1963, les fouilles birmanes à Beikthano et Halin, cités pyu (proto-birmanes), ont révélé une civilisation urbaine très élaborée et remontant au moins au tout début du IIe siècle avant J.-C. Or les premières traces de bouddhisme puis l'alphabet et d'autres signes d'une indianisation progressive n'apparaissent qu'au cours de l'histoire de ces cités. Rien ne permet donc de penser que les Indiens « vinrent » dans ces cités. On peut tout aussi logiquement soutenir que les Pyu, déjà organisés et riches, allèrent en Inde trafiquer de leurs produits, et en ramenèrent des maîtres spirituels. Ou encore que ces derniers, poussés par leur zèle, s'embarquèrent sur des navires marchands et allèrent propager leurs doctrines. Dès lors, le commerce ne serait plus qu'un aspect de l'indianisation.

Le travail archéologique de Mortimer Wheeler a enrichi notre connaissance des échanges commerciaux entre l'Inde et l'Asie du Sud-Est. Cependant, nous ne commencerons à comprendre ces échanges que lorsque nous disposerons de dizaines de fouilles sur les sites côtiers de cette région. Mais l'interprétation des « faits » archéologiques est aussi difficile que leur exhumation. Lorsqu'ils constituent la seule ressource, comme en préhistoire, leur lecture exige la plus grande prudence. Dans le champ historique, il convient de les confronter avec les textes et les autres données accessibles. Ils risquent alors de soulever plus de problèmes qu'ils n'en résolvent. L'objectivité attribuée à leur matérialité est une illusion. La conscience de ces limites ne minimise en rien l'archéologie : c'est, au contraire, la meilleure façon de la pratiquer.

Bernard Philippe GROSLIER

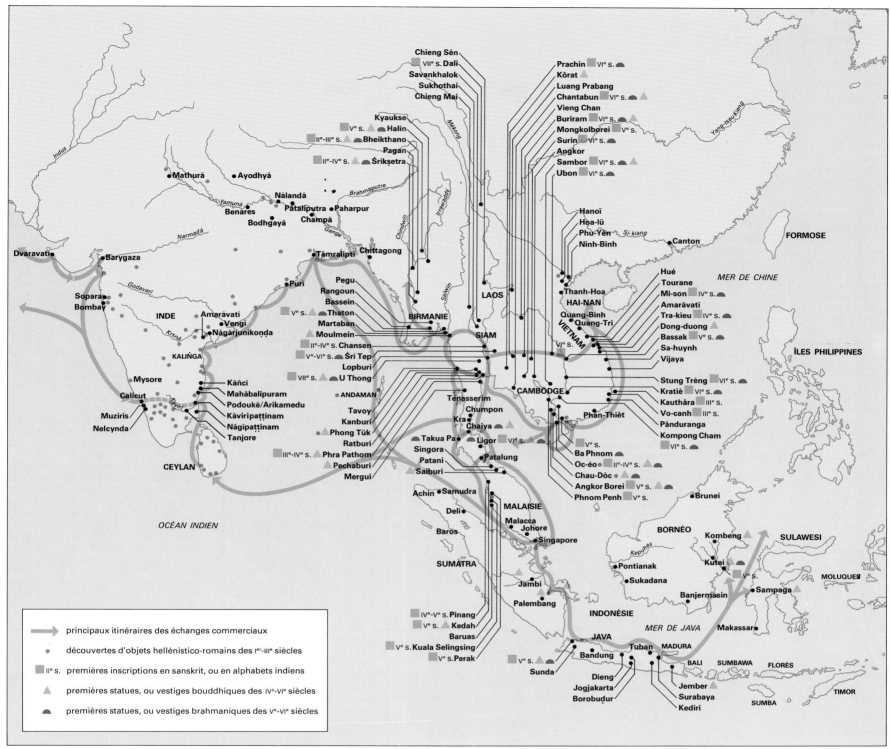

Archéologie de l'expansion indienne

Table d'une bague-sceau, Oc-èo, Vietnam

Trouvée par L. Malleret (*Archéologie du delta du Mékong*, vol. III, pl. XXXIX), cette bague en or (longueur : 1, 5 cm) est un des témoins les plus significatifs du commerce indien. L'inscription sanscrite gravée (photographie tirée à l'envers pour faciliter la lecture) en écriture *brāhmī* des IIe et IIIe siècles environ donne un nom propre au génitif : *saṅghapottasya*, « propriété de Saṅgapottha » (ou : Saṅghapautta). Ces sceaux ont pu servir à authentifier des documents, à sceller des lots de marchandises précieuses, voire à identifier des offrandes aux sanctuaires. Musée de Saigon-Hô Chi Minh-Ville.

Empreinte d'une intaille en cornaline, Oc-èo, Vietnam

D'origine méditerranéenne (romaine ou alexandrine ?) et datant du début de notre ère, cette pièce, trouvée par L. Malleret (*Archéologie du delta du Mékong*, vol. III, pl. LXVII), est un bon exemple des objets apportés par les marchands indiens aux rives de l'Asie du Sud-Est pour les échanger contre les produits locaux ; elles servaient peut-être aussi aux voyageurs d'amulettes protectrices ? Hauteur : 2,3 cm. Musée de Saigon-Hô Chi Minh-Ville.

Bouddha trouvé près de la rivière Tamara, Sikendeng, Sulawesi

Cette représentation du Bouddha – la main levée en « absence de crainte » – a été conçue à Amarāvatī aux IIIe et IVe siècles, et diffusée par les écoles bouddhiques de Ceylan aux Ve et VIe siècles. C'est une des plus anciennes effigies du Sage retrouvées en Asie du Sud-Est et la plus orientale, marquant la limite extrême de l'indianisation. Importée, ou exécutée sur place, elle constitue un jalon essentiel pour suivre l'expansion du bouddhisme. Bronze. Hauteur : 0,75 m. Musée de Djarkarta.

Archéologie d'un empire agricole. La cité hydraulique angkorienne

Inconnus il n'y a guère plus d'un siècle, le royaume khmer et les impressionnants monuments de sa capitale, Angkor, sont devenus des banalités de manuels. Quelques épigraphistes, quelques historiens de l'art, quelques architectes furent les auteurs de cette redécouverte. Mais, alors que l'archéologie aurait dû jouer un rôle important, l'essentiel du travail se fit quasi in vitro, au point que le plus distingué des historiens de l'art khmer, Philippe Stern*, rédigea sa thèse sans avoir vu Angkor. L'excellence des résultats excuse rétrospectivement cette approche. Reste qu'on aurait pu aussi mener les recherches sur le terrain.

Du fait de l'immensité de la tâche, le travail sur le terrain se concentra sur Angkor. Après inventaire des sites du Cambodge antique accompli dès 1900 par Étienne Lunet de Lajonquière, inventaire quelque peu élargi par Henri Parmentier, la quasi-totalité de l'espace khmer demeura en friche. Le Service géographique de l'Indochine publia à partir des années vingt une carte au 1/100 000, qui aurait pu constituer une base solide pour une géographie historique, ou une toponymie : elle demeura inutilisée. Pour Angkor même, on se contenta jusqu'en 1960 de cartes à petite échelle levées à la planchette, insuffisantes sinon erronées. Pour les principaux monuments, il fallut attendre 1936 et Maurice Glaize pour disposer de plans à grande échelle, précis par rapport aux documents antérieurs mais en fait très insuffisants et pratiquement sans coupes ni axonométries. Quant aux objets, en dehors de la statuaire et des bronzes, il était exceptionnel qu'on en recueillît quelques spécimens, aussitôt enfouis dans le silence des réserves. Quant aux fouilles stratigraphiques, elles étaient ignorées.

Les études khmères négligèrent également, pour l'essentiel, le présent, alors qu'Angkor ne remonte, en gros, qu'au temps de nos cathédrales. C'était se priver de références importantes, tout spécialement pour la compréhension intime de la langue. Il fallut attendre 1961 pour disposer de la géographie humaine du Cambodge de J. Delvert. C'est seulement après cette date que parurent les premiers essais sur la société khmère contemporaine. Mais le problème du mode de vie des Khmers, notamment de leur agriculture, n'avait pas été posé.

Au cours des années cinquante, les perspectives s'élargirent, notamment en linguistique khmère, dans les études sur la religion et la symbolique des monuments angkoriens, parallèlement à une analyse plus fine des sources indiennes. C'est à cette époque que j'eus la chance d'aborder ce terrain, en bénéficiant d'une initiation aux techniques de fouille et à l'archéologie aérienne britanniques. Si la situation politique rendait alors difficile l'accès à une partie du pays, la présence de l'armée de l'air et de l'aéronavale me permit d'amorcer une prospection aérienne systématique, recoupée par les couvertures photographiques prises durant la guerre par la Royal Air Force et transmises au Service géographique de l'Indochine.

Des observations aériennes avaient jadis été faites au-dessus d'Angkor. Dès 1933, l'aéronavale exécutait une couverture photographique de la capitale, et permettait la découverte de nombreux sites et de canaux. Sauf pour identifier un premier tracé de la capitale (dont la date et le rôle sont depuis lors apparus différents), on n'utilisa pas ces découvertes et on ne poursuivit pas ces recherches. De plus, alors que cette exploration photographique révélait l'imprécision des cartes d'Angkor, on ne les révisa pas. Pourtant, l'observation aérienne est là exceptionnellement aisée et fructueuse. Les ouvrages antiques furent construits les uns à côté des autres et ne se superposent guère. L'occupation actuelle cache rarement celle qui l'a précédée, quand elle ne s'est pas tout simplement coulée dans son moule. Depuis lors, l'irrigation récente et la culture motorisée ont quelque peu changé la situation. La végétation ne masque rien dans la plaine ; seules les zones accidentées et boisées demeurent à peu près impénétrables, bien que de grands sites puissent y être repérés. Les moussons et un ciel en général couvert ne facilitent pas les vols ; toutefois, les différences d'humidité et de végétation, entre chaque saison, révèlent clairement les ouvrages antiques.

Les survols préliminaires que j'ai pu effectuer et, surtout, les premières couvertures à grande échelle de la région d'Angkor révélèrent par dizaines des sites nouveaux et renouvelèrent la connaissance des monuments déjà inventoriés en leur ajoutant un réseau d'ouvrages en terre. La vérification au sol a montré que ces sites inconnus auraient pu être aisément détectés par le simple arpentage du terrain. Une butte entourée de douves et précédée d'un bassin annonce un site khmer, même si n'apparaît aucune brique, ou aucune pierre. La carte au 1/50 000 dressée (d'après les levés aériens) par l'Ordnance Survey des États-Unis permit de constater que la quasi-totalité des ouvrages antiques y étaient lisibles. Sur place, on aboutit au même résultat en interrogeant les habitants. La vérification au sol demeure indispensable, car elle permet d'identifier rapidement le site, voire de le dater sommairement. Reste à effectuer un inventaire exhaustif pour tracer l'extension de la civilisation khmère, puis si possible en dater les étapes. Plus rapide, l'archéologie aérienne ne constitue cependant pas, sur ce plan, un progrès décisif par rapport à la prospection au sol. En revanche, elle seule révèle, autour des temples, un véritable aménagement de l'espace afin de le rendre cultivable ; en cela elle apporte une véritable révolution de notre approche.

Douves et bassins des temples étaient creusés pour être remplis soit au moment des crues, soit par collecte des eaux de ruissellement, soit par capture de cours d'eau. Les digues-chaussées qui les reliaient participaient en saison des pluies à l'irrigation plutôt qu'aux communications. Des canaux complétaient le réseau, et les digues apparaissent, le plus souvent, avoir été simplement constituées par le rejet des terres de creusement des canaux. Enfin, la partition des rizières articulée sur ces ouvrages était dessinée en fonction de la distribution des eaux, et donc conçue par la collectivité. Seule cette dernière a pu entreprendre puis gérer un tel ensemble. Une appropriation individuelle, ou familiale, est ici exclue. En bref, vu des airs le pays khmer se révélait être un « paysage artificiel » façonné par les hommes pour obtenir le plus grand nombre possible de rizières inondées. On put alors cartographier ce système très différent des paysages modernes. À la limite, les temples apparaissaient comme de simples chapelles couronnant un grand œuvre et l'hydraulique comme beaucoup plus impressionnante que les pyramides des pierres sculptées d'Angkor. En cela l'approche synthétique que permet la prospection aérienne constitua un changement qualitatif de l'archéologie.

George Trouvé, conservateur d'Angkor de 1931 à 1935, découvrit des éléments de l'étonnant réseau hydraulique qui alimentait les cités et soulignait son importance. En 1936, les ingénieurs des Travaux publics, remarquant qu'un des grands lacs artificiels khmers, le Baray occidental (8 km × 2 km, aménagé au XIe s.), était encore rempli à plus d'un tiers, songèrent à l'utiliser pour irriguer les terrains en aval. Au cours de ces travaux, ils redécouvrirent partiellement les méthodes khmères d'irrigation. Mais on ne poursuivit pas les recherches dans cette direction, pourtant susceptible d'élucider les raisons de la prospérité angkorienne et les bases de cette puissance économique. Cela est d'autant plus surprenant que les inscriptions en vieux khmer – pour l'essentiel chartes de fondation des temples – offraient une masse considérable d'informations à cet égard.

L'exploration aérienne qui me permit de reprendre ces recherches ne pouvait suffire. Il fallait effectuer des vérifications au sol, au moins sur un échantillon judicieux. Ce travail fut entrepris en 1957-1958 pour la région de Roluos, l'ancienne Hariharālaya, capitale d'Indravarman – 877-889 –, une des plus anciennes cités angkoriennes de la plaine, superposée à des sites des VIIe-VIIIe siècles. Nous y découvrîmes la première « cité hydraulique » ; c'était un complexe de temples illustrant la foi et le pouvoir du roi, « maître de la Surface d'en bas », et d'ouvrages hydrauliques permettant une riziculture intensive. Les témoignages des premiers Européens, qui, au XVIe siècle, visitèrent Angkor toujours en « ordre de marche », m'avaient permis de montrer qu'Angkor Thom, édifiée à la fin du XIIe siècle, était aussi une « cité hydraulique ».

En 1959, nous limitions, en tant que conservateur d'Angkor, les recherches aux cités centrales du complexe ; cela permit du moins d'analyser en détail certains points caractéristiques. En particulier, une série de fouilles et de sondages stratigraphiques révélèrent les sections et le type de colmatage des douves, canaux et bassins. On commença également à réunir les données nécessaires aux analyses palynologiques*, qui éclaireront l'étude de la couverture végétale et son évolution. Surtout, une carte au 1/10 000 et une série de relevés de détail à grande échelle permirent d'intégrer enfin les observations aériennes dans un réseau cohérent et sûr, et de les étudier en fonction d'un nivellement précis évidemment indispensable à la restitution de la circulation des eaux.

Il devint dès lors possible d'ébaucher une analyse globale de l'agriculture khmère. Aux VIIe-VIIIe siècles, dans le haut pays, elle reposait sur une exploitation « naturelle » des rizières disposées en terrasses pour profiter du ruissellement des pluies. Autour de la première grande capitale khmère, Sambor Prei Kuk, on découvrit une amélioration : des digues créaient des « casiers », replats artificiels où les pluies et le ruissellement étaient utilisés pour irriguer des rizières plus vastes. Dans le centre du bassin du Mékong, un réseau de digues et de coupures dans les bourrelets de berges dirigeait la crue d'automne vers des casiers où elle déposait son limon fertilisateur puis se trouvait retenue jusqu'au repiquage. À proximité des sites d'habitat et des temples, des réservoirs disposés entre des digues assuraient la soudure jusqu'à la fin de la saison sèche. Il s'agissait en quelque sorte d'une irrigation « automatique ».

La cité hydraulique angkorienne créée à Roluos procédait de ces essais mais constituait un formidable progrès technique en augmentant le stockage des eaux et leur distribution dans de vastes périmètres cette fois réellement « irrigués ». C'était alors une irrigation « artificielle ». Ce système impliquait de multiplier les ouvrages en les juxtaposant pour, à la fois, bénéficier des investissements antérieurs et développer la production. Il en résulta une consommation accrue de terres. Étant donné la nécessité d'utiliser les rivières permanentes, qui étaient en nombre limité, les capitales successives durent, à la fois, se juxtaposer d'ouest en est et remonter du sud au nord, depuis la rive des lacs jusqu'au pied, ou presque, des collines des Kulên qui constituent le château d'eau de la plaine angkorienne. Envisagée sous cet angle, l'histoire des capitales successives s'éclaire d'un jour nouveau, sans pour autant qu'il faille rejeter le rôle de l'ambition, voire de la mégalomanie des rois khmers, toujours poussés par le désir de faire plus grand et plus beau. Du moins peut-on montrer que leur entreprise avait besoin d'être assurée par des ressources correspondantes. Cette maîtrise du climat et de la riziculture permit même, vers la fin du XIe siècle, la création de véritables cités de « colonisation », installées dans des régions peu arrosées et donc hostiles, mais où la maîtrise des hydrauliciens khmers parvint, toutefois, à créer des possibilités de culture. Cependant, ce système a eu des conséquences négatives : envasement des réservoirs, lessivage des sols, décantation des eaux perdant leur limon fertile, déboisement, enfin, qui n'ont pas dû être négligeables dans l'appauvrissement de l'empire angkorien. De tels ouvrages nécessitaient un pouvoir central et puissant : de fait, les plus imposants furent construits pendant les règnes les plus heureux qui contrastent avec des périodes sans « investissements hydrauliques ».

Ainsi, l'archéologie a apporté des éléments de réponse à l'histoire économique de l'empire khmer. Elle a permis de comprendre comment un mode de production élaboré a rendu possible un essor exceptionnel. Cependant, comme toujours, elle a posé plus de questions qu'elle n'en a résolu. Il est vrai que le travail commençait à peine et qu'il aurait dû être poursuivi des années pour qu'apparaissent clairement les éléments pertinents. Les interprétations proposées reposent sur des hypothèses, en particulier celle d'un climat sensiblement identique aux Xe-XIIIe siècles et au XXe siècle, qui doivent être vérifiées. La palynologie permettra d'établir un parallèle entre les cultures et les inscriptions des noms de plantes. Les inscriptions peuvent également apporter quelque lumière sur le prix des terres et ses variations, encore que l'absence de monnaie ou d'étalon constant ne permette pas de cerner avec précision celui-ci ni de chiffrer la production et la densité des habitants. Cette approche « économiste » ne doit pas faire perdre de vue que des intentions symboliques et religieuses sous-tendent ces ouvrages. On a montré depuis longtemps que la douve qui entoure le temple-montagne symbolise l'océan qui ceint la terre. Nous-même avons souligné que les Khmers ont particulièrement utilisé les mythes et symboles célébrant la fécondation de la Terre par les Eaux, et que le roi est surtout « celui qui fait pleuvoir ». En fait, ordre économique et ordre symbolique sont intimement liés et l'on ne peut préjuger de l'antériorité de l'un ou de l'autre.

Bernard Philippe GROSLIER

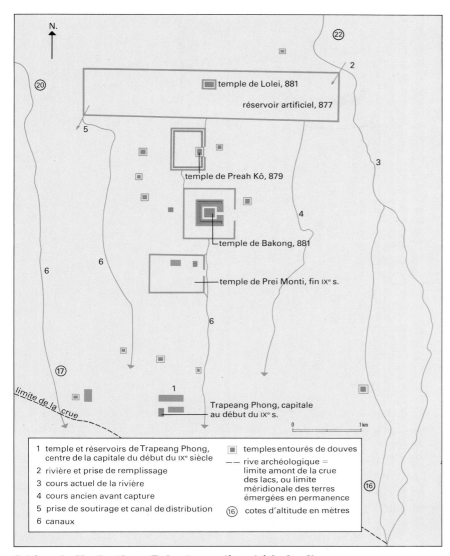

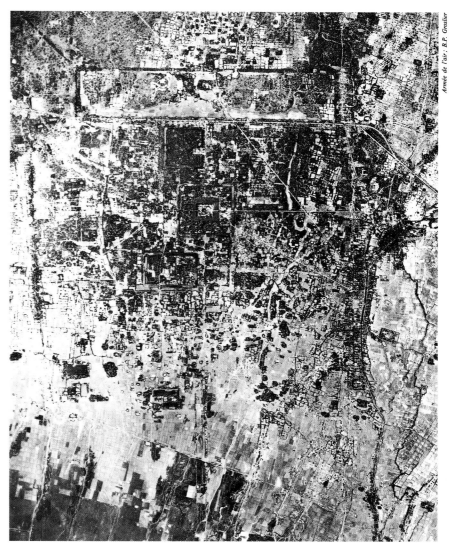

Schéma de Hariharālaya (Roluos), première cité hydraulique, créée par Indravarman, 877-889

Carte (légende) :

temple de Lolei, 881

réservoir artificiel, 877

temple de Preah Kô, 879

temple de Bakong, 881

temple de Prei Monti, fin IXᵉ s.

Trapeang Phong, capitale au début du IXᵉ s.

limite de la crue

0   1 km

N.

1 temple et réservoirs de Trapeang Phong, centre de la capitale du début du IXᵉ siècle
2 rivière et prise de remplissage
3 cours actuel de la rivière
4 cours ancien avant capture
5 prise de soutirage et canal de distribution
6 canaux

■ temples entourés de douves
— · — rive archéologique = limite amont de la crue des lacs, ou limite méridionale des terres émergées en permanence
⑯ cotes d'altitude en mètres

Armée de l'air : B.P. Groslier

Hariharālaya, Angkor

Le fonctionnement de la première cité hydraulique angkorienne est expliqué par le schéma ci-contre. La vision aérienne permet de percevoir son fonctionnement, depuis le stockage des eaux soutirées à la rivière, en amont, jusqu'à leur retour au lac, en aval, après avoir été utilisées. La zone broussailleuse (sombre), actuellement réserve créée par la Conservation, correspond sensiblement à l'habitat antique. Autour, les rizières actuelles profitent encore en partie des eaux jadis contrôlées.

Tâ Prohm de Bati, Takèo, Cambodge

Situé à l'est des sanctuaires qu'on ne voit pas sur l'illustration, le réservoir entre des digues. En septembre, les moussons culminent et la crue du Bassac monte. Par des brèches, au nord-est dans la douve, au nord-ouest dans le réservoir, l'eau pénètre. Il suffira de les colmater pour retenir l'eau, que les dernières pluies feront encore monter. Ces réserves serviront, en saison sèche, aux villages, au bétail ; elles seront utilisées pour arroser les semis de riz avant le repiquage. Une culture vivrière pourra être pratiquée, finalement, dans le fond du réservoir, resté humide et enrichi de limon. L'habitat moderne s'est installé à l'abri de la crue sur les digues antiques. Des rizières sont aménagées dans le fond de l'ancien réservoir. C'est ici le prototype de l'irrigation « automatique » dont le fonctionnement est assuré par la situation adéquate du réservoir alimenté par la crue.

E.F.E.O. Service géographique du Cambodge

L'Extrême-Orient

La Chine

On invoque toujours pour expliquer les prémices de l'archéologie chinoise le développement précoce des sciences historiques et un culte du passé entretenu depuis l'Antiquité. Une explication plus prosaïque ne devrait pourtant pas être laissée dans l'ombre. La Chine est certainement l'une des nations qui a réservé à l'ensevelissement de ses morts le plus de soin et qui l'a accompagné des mobiliers funéraires les plus riches. C'est également le pays où les traditions de violation et de pillage des sépultures, bien que réprouvées et officiellement réprimées, ont été, sinon les plus anciennes, du moins les plus durables et les plus vivaces.

Le goût de l'archéologie et des collections est né, en partie du moins, de ces objets qui remontaient clandestinement à la surface et qui venaient conforter les lettrés dans leur apologie d'un âge d'or de l'Antiquité. Le phénomène, gigantesque à l'échelle du territoire et de la continuité historique chinoise, n'est d'ailleurs pas sans conséquences sur l'archéologie moderne qui reste, plus qu'ailleurs et malgré les tendances actuelles, une archéologie de tombes et, qui plus est, souvent de sépultures violées. Celles-ci avaient été heureusement assez richement fournies pour servir de pâture aux pilleurs anciens et aux archéologues actuels.

Au XIᵉ siècle, des trouvailles importantes sur le site de la dernière capitale Shang (XIVᵉ-XIᵉ s. av. J.-C.), à Xiaotun, près d'Anyang (province du Henan), suscitent un vaste mouvement d'intérêt dans les milieux de la cour. Les bronzes exhumés viennent enrichir les collections impériales, suscitent la fonte d'imitations, et surtout les premières études archéologiques sous forme de catalogues illustrés d'objets anciens.

Le premier de ces catalogues, le *Kaogu tu* (Illustrations pour l'étude de l'Antiquité ; Préface datée de 1092), recense quelque 224 bronzes et jades provenant du palais et de collections privées. Pour chaque pièce sont donnés le lieu d'origine, lorsqu'il est connu, les dimensions, le poids, un dessin de l'objet et son inscription.

D'autres catalogues sont bientôt rédigés sur le modèle du *Kaogu tu*, ainsi que des répertoires d'inscriptions. Mais ce travail considérable d'inventaire et de documentation accompli par les lettrés Song sous l'impulsion d'empereurs comme Huizong (1101-1125) sera sans lendemain, et les recherches menées entre le XIVᵉ et le XVIIIᵉ siècle seront moins déterminées par des considérations d'ordre scientifique que par des préoccupations de collectionneurs.

Le regain d'intérêt pour l'archéologie qui se manifeste au XVIIIᵉ siècle concernera presque exclusivement l'épigraphie, et tout jugement d'ancienneté continuera, jusqu'au début du XXᵉ siècle, à s'appuyer sur les inscriptions.

Préparée par les travaux des historiens, mais aussi par le goût des amateurs et la quête des antiquaires chinois, l'archéologie scientifique est née au contact de l'Occident. L'impulsion est venue de missions européennes d'exploration, de vastes travaux comme le chemin de fer Zhengzhou-Luoyang-Xi'an qui taillera sa voie à travers l'immense cimetière de ce qui avait été, du Xᵉ siècle avant J.-C. au Xᵉ siècle après J.-C., la zone métropolitaine, enfin de la découverte à partir de 1899 de milliers de textes divinatoires remontant à la dynastie Shang.

Le déchiffrement de ces inscriptions oraculaires sur os et sur carapaces de tortue (*jiaguwen*), les plus anciens textes chinois qui nous soient parvenus, donnera naissance à une discipline nouvelle qu'illustreront, dès le départ, des savants éminents comme Luo Zhenyu (1866-1940), Wang Guowei (1877-1927) et Dong Zuobin* (1895-1963). Les fragments d'écailles et d'os provenaient de Xiaotun, près d'Anyang au Henan, le site même qui avait

livré depuis le XIᵉ siècle des vases rituels en bronze. L'importance de ces textes appelait des fouilles systématiques du site de la dernière capitale de la dynastie des Shang.

Les fouilles commencèrent en 1928, sous l'égide de l'Academia Sinica – Institut d'histoire et de philologie – nouvellement fondée.

Le site, également connu sous le nom de Xiaotun et sous celui d'Anyang, n'a d'équivalent que les sites majeurs du Proche-Orient ancien, et son étude constituera la tâche primordiale de l'archéologie chinoise de 1928 à 1937. L'Academia Sinica, sous la direction de Li Chi* (1896-1979), y conduisit quinze campagnes et y forma une pléiade de jeunes chercheurs qui deviendront les maîtres de l'archéologie chinoise de l'après-guerre. Les fouilles permirent de recueillir nombre d'inscriptions nouvelles, d'explorer la ville Shang et le cimetière royal (malheureusement déjà pillé). En 1937, à la déclaration de guerre sino-japonaise, l'équipe archéologique de l'Academia Sinica se replie en Chine du Sud avec le matériel exhumé à Xiaotun. À la fin de la guerre, ce matériel sera évacué à Taiwan.

Parallèlement, l'archéologie préhistorique se développe à partir de 1920, avec les découvertes de J. G. Andersson* (1874-1960) au Henan puis au Gansu pour le Néolithique et celles de E. Licent, P. Teilhard de Chardin et Pei Wenzhong* (1904-1982) pour le Paléolithique.

Pendant cette même période, les premiers essais d'interprétation et de classement sont tentés : études de Guo Moruo* (1892-1978) sur la société ancienne, recherches de B. Karlgren* (1889-1978) sur le développement stylistique des bronzes archaïques.

De 1937 à 1949, l'interruption des fouilles permettra, outre la rédaction du rapport complet des recherches menées à Anyang, la poursuite des travaux de synthèse et l'élaboration de programmes d'avenir.

On peut distinguer trois périodes dans l'archéologie chinoise contemporaine : la première s'étend de 1949 à 1965, la deuxième de 1966 à 1976, la troisième de 1976 à 1983.

Dès 1950, l'Institut d'archéologie de l'Académie des sciences prend la relève de l'Academia Sinica émigrée à Taiwan et rouvre le chantier d'Anyang. Au cours des années cinquante et soixante, la tâche principale à Anyang fut de clarifier la stratigraphie du site et d'élaborer une typologie de la céramique qui devait permettre une chronologie des découvertes futures, elle-même liée aux résultats des études menées sur les inscriptions divinatoires.

En 1952, un second site majeur de la dynastie Shang est découvert à Zhengzhou (Henan). Considérée par les archéologues chinois comme une capitale antérieure à Anyang, la ville, ceinte d'une muraille dont les fondations ont été datées des environs de 1600 avant J.-C., ne fut peut-être pas abandonnée pour Anyang ; elle pourrait avoir conservé une activité complémentaire à celles plus cérémonielles d'Anyang.

Un troisième centre important Shang ou antérieur, Erlitou, est fouillé à partir de 1959.

L'accent est mis ainsi dès les années cinquante sur les premières dynasties chinoises, les Shang (XVIIᵉ-XIᵉ s. av. J.-C.), mais aussi sur leurs prédécesseurs, les Xia, dont les vestiges sont cherchés tant dans les cultures de la fin du Néolithique que, pour certains, à Erlitou, et enfin sur les Zhou (XIᵉ-IIIᵉ s. av. J.-C.), les recherches portant surtout sur la phase ancienne et sur les origines de la culture Zhou.

Cet intérêt pour l'Âge du bronze ne doit pas occulter les autres domaines auxquels s'attaquent les archéologues de la jeune République populaire. En

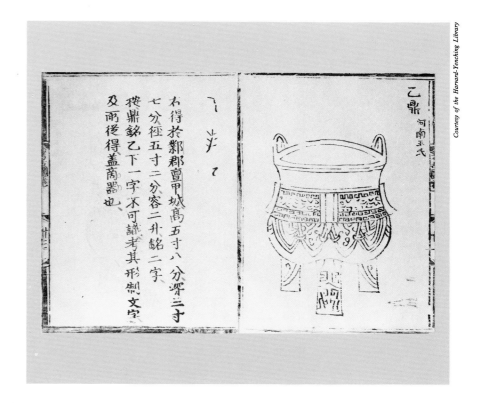

Vase rituel (*Yi ding*)
Cette illustration d'un vase en bronze est tirée du *Kaogu tu* de Lü Dalin (1re éd. c. 1092), édition de 1299. Le texte qui accompagne l'illustration précise que le vase provient de Xiaotun (Anyang) et l'attribue à l'époque Shang. Dimensions du vase : hauteur 5 *cun* 8 *fen* : environ 18 cm ; profondeur 3 *cun* 7 *fen* : environ 11,5 cm ; diamètre 5 *cun* 2 *fen* : environ 16 cm. Contenance : 2 *sheng* soit 1,328 litre. Harvard Yenching Library.

fait, dès 1950, les chantiers s'ouvrent dans tout le pays. Ces fouilles, essentiellement de sauvetage, sont commandées par la reconstruction économique ; mais, si elles présentent les défauts de ce type de campagnes, leurs résultats sont publiés rapidement dans des revues spécialisées : *Kaogu xuebao* (Journal d'archéologie) à partir de 1951, *Kaogu tongxun* (Nouvelles archéologiques) depuis 1955 (devenu *Kaogu* en 1959) et *Wenwu cankao ziliao*, dès 1950, devenu *Wenwu* (Vestiges culturels) à partir de 1959.

Des musées provinciaux et municipaux sont créés, et des commissions pour la préservation des monuments anciens sont instituées dans chaque province et dans chaque ville.

Les sites prospectés ou fouillés se comptent par milliers. En dehors des découvertes majeures – comme le village néolithique de Banpo au Shaanxi, les tombes du royaume de Chu (ve-iiie s. av. J.-C.), celles du royaume de Dian à Shizhaishan au Yunnan (iie-ier s. av. J.-C.), les ruines des capitales Han et Tang à Xi'an (Shaanxi) –, plusieurs acquis, déterminants à long terme, se dégagent pour cette période 1949-1965. D'une part, des tombes datées avec précision sont fouillées en grand nombre et permettent d'établir une évolution typologique et une chronologie fine du mobilier funéraire, en particulier pour la période qui va des Han aux Tang (iiie s. av.-xe s. apr. J.-C.). D'autre part, avec les travaux d'équipement entrepris en Chine du Sud et les découvertes qui les ont accompagnés, commence à se dessiner l'extraordinaire diversité régionale des cultures préhistoriques et historiques du territoire chinois.

De 1966 à 1976, dix années de troubles agitent la Chine, années noires pour la recherche scientifique. La parution des revues archéologiques est suspendue de 1966 à 1972 ; la formation de futurs professionnels est mise en sommeil ; la pression idéologique très forte aboutit à des choix contestables, à des analyses et à des interprétations souvent faussées ou forcées. Parallèlement, sous l'effet de certains mots d'ordre et plus généralement d'un certain relâchement à l'échelon local, des destructions et des déprédations du patrimoine se multiplient, tandis que resurgit le vieux démon du pillage des tombes.

Pourtant, le travail sur le terrain, quoique souvent mal contrôlé sur le plan scientifique, se poursuit de façon intense. Cette période est marquée par des découvertes exceptionnelles qui comptent parmi les plus importantes des trente dernières années ; nous n'en citerons que quelques-unes :
– pour le Néolithique, la culture de Hemudu dans le bassin inférieur du Yangzi, contemporaine du Yangshao de Chine du Nord, les cultures de Peiligang (Henan) et de Cishan (Hebei), antérieures au Yangshao, celle de Dawenkou (Shandong) permettent d'esquisser un tableau beaucoup plus complexe du développement et des interactions des différents centres néolithiques chinois ;
– pour la période historique, en dehors de la fouille de sauvetage d'une partie de la capitale Dadu (Pékin) du xive siècle, il s'agit surtout de tombes princières qui ont livré un mobilier funéraire d'une extraordinaire richesse, comme la tombe de Fu Hao à Xiaotun, première découverte d'une sépulture royale Shang non pillée, et comme les deux tombes Han de Mancheng au Hebei. De certaines de ces tombes ont été exhumés, en outre, des textes sur fiches de bambou et des documents sur soie ou sur papier d'une importance considérable (Yunmeng au Hubei, Mawangdui au Hunan, Astana au Xinjiang). D'autres tombes étaient décorées de peintures murales, comme Helingeer en Mongolie-Intérieure pour les Han ou les mausolées princiers des Tang à Xi'an. Il s'agit aussi parfois de caches (bronzes Zhou

occidentaux au Shaanxi, trésor Tang de Hejiacun à Xi'an). Enfin, c'est à partir de 1974 que sont fouillées les fosses funéraires aux guerriers près du mausolée de Qin Shi huangdi.

Cette trop rapide énumération ne donne qu'une idée sommaire et incomplète de l'incroyable masse de matériaux exhumés au cours de ces années difficiles, matériaux dont l'étude scientifique nécessitera plusieurs décennies et transformera profondément notre vision de la Chine ancienne.

Les découvertes exceptionnelles se poursuivent de 1977 à 1983 avec la fouille de plusieurs tombes de l'époque des Royaumes combattants, en particulier de la grande tombe du marquis Yi de Zeng à Suixian au Hubei et des tombes de l'ancien royaume de Zhongshan au Hebei.

Parallèlement, un énorme travail d'amélioration et de diffusion des méthodes scientifiques et des techniques de laboratoire est entrepris. Les revues nouvelles se multiplient, en même temps que les efforts pour une meilleure coordination des organismes de recherche, une meilleure circulation de l'information et une promotion de l'archéologie de programmation. De nombreux colloques nationaux et, depuis 1981, internationaux sont organisés. La loi du 19 novembre 1982 sur la protection des biens culturels est révélatrice des volontés et des orientations actuelles. Elle témoigne en outre d'une prise de conscience d'un patrimoine dont il faut assurer la sauvegarde. Une véritable politique de promotion de la culture ancienne est ainsi définie ; elle s'accompagne d'une sensibilisation de l'opinion aux problèmes d'étude et de sauvegarde du patrimoine (lutte contre le pillage des tombes, contre la vente clandestine d'objets, contre la destruction des anciens fours céramiques, etc.).

L'archéologie chinoise reste une archéologie de l'objet ; elle ouvre sur des typologies, sur des analyses technologiques, sur des essais de périodisation, mais elle n'aborde qu'incidemment les modalités du changement à l'intérieur des sociétés anciennes. De même, l'homme est rarement replacé dans son environnement ; les fouilles d'habitat manquent pour l'époque historique ; les études sur les régions naturelles, sur l'enchaînement des processus culturels demeurent modestes. Fait plus grave, les archéologues chinois restent assez réticents quand il s'agit de relier l'histoire chinoise à son contexte asiatique. Cette quasi-fermeture grève lourdement la recherche archéologique et retarde la solution ou même l'étude de nombre de problèmes cruciaux.

Dès à présent, cependant, et à l'intérieur du territoire national, des modifications sont sensibles dans la façon d'aborder les problèmes. À partir des fouilles de ces trente dernières années, l'importance des variations régionales s'est imposée, d'une façon particulièrement nette pour le Néolithique mais également pour l'Âge du bronze. La primauté traditionnellement accordée au bassin du Fleuve Jaune comme centre unique d'où la civilisation aurait rayonné s'efface peu à peu devant la reconnaissance de zones culturelles vivant en interaction.

Plutôt que de présenter quelques découvertes majeures, qui sont facilement accessibles à travers les synthèses récentes et les catalogues d'exposition, nous avons choisi, dans les pages qui suivent, d'éclairer un certain nombre de thèmes et de problèmes dans les domaines de l'histoire des sciences et des techniques, de l'histoire de l'art, de l'histoire des religions et de la culture matérielle ; il nous a semblé bon également de faire le point sur certains aspects des relations entre la Chine et le monde extérieur, tels qu'ils ressortent des fouilles menées ces dernières années en Chine et hors de Chine.

Michèle PIRAZZOLI-t'SERSTEVENS

Cultures du Nord, cultures du Sud : les Néolithiques chinois

Jusqu'à une date très récente, il semblait acquis que le berceau de la civilisation chinoise se trouvait dans le bassin du Fleuve Jaune. Le reste de la Chine, plus arriéré, aurait reçu de cette région favorisée les hommes et les techniques qui lui avaient finalement permis, à l'Âge du bronze, sous les Zhou, de présenter un aspect culturel relativement homogène. Or, la découverte de nombreux vestiges paléolithiques (89 sites, dont 36 dans le sud du pays) dans des régions variées comme l'étude de ceux d'époque néolithique (plus de 6 000) indiquent que les choses ne sont pas si simples. Malgré son importance, la région du Fleuve Jaune n'est qu'une zone parmi d'autres dans un pays où les centres d'activité néolithiques correspondent exactement aux zones qui de nos jours ont une densité humaine élevée.

Les grandes questions actuellement débattues sont celles de la naissance de l'agriculture, millet au nord, riz au sud, et celle de l'évolution des sociétés néolithiques vers le stade qui permettra l'émergence de l'État. Or, bien que les plus anciens vestiges néolithiques remontent au Xe millénaire (Zengpiyan, Guangxi, 9360 ± 180 av. J.-C.), certaines contrées vivent encore dans un contexte néolithique jusque dans le courant du IIe millénaire, alors que d'autres sont déjà entrées dans l'Âge du bronze.

Malgré le caractère encore fragmentaire des informations disponibles, on peut distinguer durant cette longue période deux grandes aires archéologiques, d'importance égale, et dont les traditions différentes féconderont la civilisation chinoise dans son ensemble : le Nord avec le bassin du Fleuve Jaune (Huanghe), occupé par les peuples Hua Xia, et le Sud avec celui du fleuve Bleu (Yangzi), aire d'activité des ethnies Miao Man. Entre les deux, la bande côtière orientale est occupée par les tribus Dong Yi, dont les cultures se rattachent tantôt à l'une, tantôt à l'autre grande région.

Les plus anciennes cultures néolithiques reconnues à ce jour en Chine du Nord datent du VIe millénaire. Les sites de Laoguantai (Huaxian, Shaanxi), Beiligang (Henan) et Cishan (Hebei) ont livré des vestiges de millets, des outils en pierre et des os de chiens, de porcs, de bovidés et d'ovidés. La céramique, grossière, rouge, est décorée de motifs cordés ou au peigne et comprend déjà des tripodes.

La culture de Yangshao (fin du VIe millénaire - début du IIe) semble être issue directement de ces cultures. Illustrée par une centaine de sites disséminés dans le bassin du Huanghe, du Gansu et du Qinghai jusqu'au Shandong occidental, elle est caractérisée par des villages non fortifiés, aux quartiers spécialisés, occupés périodiquement par des agriculteurs à demi sédentaires. La récolte de millet est stockée dans des fosses ou des jarres-greniers, et, malgré une certaine domestication du chien et du porc et sans doute du mouton et du bœuf, la chasse reste importante pour l'alimentation. L'artisanat semble assez développé : tissage du chanvre et de la soie et surtout production d'une céramique noble, rouge, montée à la main mais finie à la tournette, au décor foncé, peint très soigneusement. Certaines pièces portent des marques gravées qui pourraient être les ancêtres des caractères chinois.

La culture de Yangshao connaît plusieurs variations régionales, parfois décalées dans le temps, et se diffuse, vers l'ouest, au Gansu et au Qinghai jusqu'au IIe millénaire.

Au moment où le bassin du Huanghe voit se développer les activités des fermiers de Yangshao, l'actuel Shandong, aux alentours du Taishan, voit prospérer à partir de 5000 avant J.-C. environ (et jusque vers 2300) la culture de Dawenkou, dont les précurseurs sont à rechercher dans le Néolithique ancien de Yanzhou (Wangyin) et de Beixin (Xixian), et à Beiligang (Henan) et au-delà, sans doute, dans les cultures paléolithiques de la région. Elle s'étendra vers le sud jusqu'au Jiangsu.

Avant tout connue par ses cimetières de tombes individuelles où la différenciation sociale apparaît très marquée, la culture de Dawenkou est celle d'agriculteurs qui travaillent avec des outils en pierre, en os et en dents de cerf et pratiquent le même type d'élevage que leurs contemporains de Yangshao. La céramique rouge, grise et noire dans la phase finale, peut porter des marques incisées. La forme la plus caractéristique est la verseuse tripode *gui* à pieds creux en forme de sac que l'on retrouvera à Longshan.

Dawenkou est en effet l'ancêtre direct, le prédécesseur immédiat de la culture du Longshan du Shandong, longtemps considérée comme le point de départ unique de l'ensemble de la culture de Longshan (IIIe millénaire), pour la première fois identifiée à Chengziyai et à Liangchenzhe (Shandong) en 1928.

Les villages sont entourés de murs en terre damée et des inhumations étranges et parfois hâtives (des corps sont entassés dans des fosses-greniers abandonnées) évoquent des raids ou des combats meurtriers, inconnus à Yangshao.

La culture de Longshan, au-delà de ses faciès régionaux (Shaanxi, Henan, Shandong), comme celle de Yangshao avec laquelle elle coexiste un moment sur certains sites avant de la remplacer, est celle de fermiers cultivant le millet. Totalement sédentaires, ils cultivent également le blé et l'orge. Ils améliorent leurs conditions de vie et leur alimentation grâce à la chasse à l'épieu et à la pêche au harpon, et perfectionnent l'élevage en domestiquant le buffle. Leurs outils en pierre finement polie sont parfois gravés d'un motif de masque animal, comparable à celui des premiers bronzes Shang. La poterie rouge, grise et blanche, de qualité, perdure, mais c'est la céramique noire à paroi très mince, au sobre décor de filets en relief ou de lignes incisées (montée au tour dans 50 p. 100 des cas) qui reste la marque de Longshan. Il s'agit sans doute d'une vaisselle rituelle.

Différenciation sociale importante et pratique de la scapulomancie* montrent que tout sera bientôt en place pour le passage à l'Âge du bronze, passage dont les conditions se trouveront réunies dans le Longshan du Henan, prédécesseur immédiat de la culture Shang.

Dans le sud de la Chine, au IVe millénaire, la première phase du Néolithique du moyen Yangzi est représentée par la culture de Daxi, sur les deux rives du grand fleuve, de Wushan au Sichuan oriental à Jiangling, Gong'an (Hubei) et Lixian (Hunan), et vers le sud jusqu'au lac Dongting. Caractérisée par ses outils en pierre finement polis et une céramique rouge, à engobe* rouge et décor peint en noir, brun ou rouge, cette culture est illustrée par toute une série de vestiges, dont ceux du site éponyme de Daxi. Les formes les plus typiques de la céramique sont des vases cylindriques inconnus ailleurs, des coupes à panse courbe, des balles (de chasse ?) et des statuettes d'animaux.

Le mode d'inhumation – le corps en position agenouillée, les membres fléchis – est différent de celui de la culture de Yangshao, avec laquelle, pourtant, des contacts existent dans la bande septentrionale de l'aire culturelle de Daxi.

Au IIIe millénaire, la deuxième phase du Néolithique du moyen Yangzi, celle de la culture des riziculteurs de Qujialing (vers 2750-2650 av. J.-C.), est caractérisée par de beaux outils de petites dimensions, en pierre polie, par une céramique fine qui commence à être montée au tour et dont le décor – tantôt peint, tantôt « au panier » – s'applique sur des formes dont la plus typique demeure la coupe à profil rompu sur un haut pied circulaire.

La troisième phase du Néolithique du moyen Yangzi correspond à la fin de la culture de Yangshao et à la culture du Longshan du Henan dans la région du Huanghe. Les contacts entre les cultures se multiplient alors. Le nombre des céramiques peintes diminue, le décor de vannerie ou de quadrillage s'applique sur des corps blanc-gris et des formes le plus souvent montées au tour. L'aiguière *gui* à pieds creux, fréquente dans les cultures Dawenkou et Longshan, fait son apparition, mais avec des pieds plus coniques. Nous sommes en présence d'une culture mixte dont la base reste la tradition de Qujialing mais qui s'enrichit d'apports Longshan du moyen Huanghe.

En 1973 est découvert au Zhejiang, au sud de la baie de Hangzhou (bas Yangzi), le site de Hemudu, dont la couche la plus ancienne remonte à plus de sept mille ans. Installés dans des maisons en bois assemblées à tenon et mortaise, d'une facture complexe, sans doute sur pilotis, vivant encore, selon les archéologues chinois, dans une société matriarcale, les habitants de Hemudu cultivent le riz en rizière humide, à l'aide de ceps en os montés sur des manches en bois. Ces outils élaborés, retrouvés nombreux sur le site, ne seront utilisés que beaucoup plus tard dans le bassin du Huanghe, longtemps fidèle à la pelle en pierre. La céramique, noire, riche en carbone, de facture simple, se compose de récipients et de supports aux formes très différentes de ce qu'on trouve dans la culture de Yangshao.

La région de Nankin, le sud du Jiangsu, les alentours de Shanghai, Changzhou, Wuxian avaient déjà livré de nombreux sites néolithiques de la culture de Majiabin, remontant aux environs de 4000 avant J.-C., en particulier des villages composés de maisons rectangulaires au sol durci. Leurs habitants cultivent le riz en rizière inondée et récoltent la châtaigne d'eau ; ils pratiquent l'élevage (bœuf, buffle) ainsi que la chasse (cerf, sanglier, renard) et la pêche (poisson et tortue).

Les cimetières de tombes individuelles, où les morts sont enterrés allongés face contre terre, accompagnés de céramiques et parfois d'ornements de jade finement polis, sont placés loin des habitations. La céramique, sableuse ou fine, montée à la main, rouge, est souvent couverte d'un engobe. Les tripodes *ding*, caractéristiques des cultures du Nord, sont rares et leurs pieds sont larges et plats. On ne trouve pas de poterie peinte. Les outils les plus caractéristiques demeurent les haches plates à perforation centrale.

Pour certains auteurs, la culture de Majiabin représente le faciès méridional d'une culture de la bande côtière qui sépare le bassin inférieur du Huanghe de celui du Yangzi.

La bande côtière orientale connaît en effet à l'époque néolithique une culture importante, contemporaine de celle de Yangshao, qui pose tant de problèmes que certains archéologues proposent d'y voir deux cultures distinctes, l'une à rattacher à l'aire septentrionale du millet, l'autre à l'aire méridionale du riz, au lieu de deux faciès locaux d'une même culture. Découverte en 1951 dans le nord du Jiangsu, la culture de Qingliangang (4800-3600), illustrée par de nombreux sites du Jiangsu, du Anhui et du Zhejiang, semble s'être diffusée du sud vers le nord, où elle s'est confondue avec la phase finale de la culture de Dawenkou. Caractérisée par une céramique rouge, fine ou sableuse, montée à la main et au décor peint sur engobe, la culture de Qingliangang est celle de fermiers éleveurs et pêcheurs qui vivent dans des maisons en torchis, enterrent leurs morts étendus dans des sépultures individuelles avec peu de mobilier funéraire. Ils utilisent de nombreux outils en pierre polie de belle qualité (haches perforées, couteaux, ciseaux, houes perforées, de rares herminettes à décrochement et des haches à épaulement).

La culture de Liangzhu, découverte aux confins du Jiangsu et du Zhejiang en 1936, succède approximativement entre 3600 à 2400 à celle de Qingliangang-Majiabin. Les riziculteurs de Liangzhu utilisent un outillage lithique dans la tradition de la culture de Qingliangang et pratiquent un artisanat de la vannerie et des textiles (chanvre et soie) assez développé. La céramique, noire essentiellement, est fine, montée au tour, peu ou pas décorée, et rappelle celle de Longshan. Elle porte parfois des marques incisées, différentes de celles du Nord. Une forme typique est celle de la verseuse zoomorphe également présente au Shandong.

La limite entre le Néolithique et l'Âge du bronze n'apparaît pas clairement. Au moment où l'ensemble de ce qui est aujourd'hui la Chine connaissait une multitude de cultures différentes et de nombreux réseaux de villages entretenant des relations et pratiquant des échanges divers, il n'est pas exclu qu'un groupe à l'évolution sociale plus avancée, les Xia, héritiers de la culture de Yangshao, selon certains auteurs, puis les Shang, héritiers de celle du Longshan du Henan, ait été en mesure d'imposer une certaine suprématie politique et religieuse, probablement aussi souple que fluctuante, à d'autres groupes humains du nord de la Chine restés au stade néolithique. D'une certaine connaissance du travail du métal (attesté sur plusieurs sites Yangshao et Longshan), ce groupe serait passé au stade de la maîtrise de la métallurgie du bronze, sur laquelle il aurait assis son pouvoir, intérieur et extérieur, et sa légitimité. Les échanges avec les autres cultures se seraient poursuivis, les Shang empruntant à la côte l'usage de l'écaille de tortue, le travail du jade, peut-être, au Sud, la fabrication de proto-porcelaines, et les autres cultures s'imprégnant peu à peu des nouvelles techniques et donc sans doute aussi des nouvelles valeurs. On peut aisément concevoir que la civilisation Shang se soit diffusée largement au-delà des limites du domaine strictement politique de la dynastie. Le site de Panlongcheng (Huangpi, Hubei), qui représente l'extension la plus méridionale de la culture Shang à sa phase Zhengzhou, se dresse d'ailleurs solitaire en plein contexte néolithique.

Le Néolithique du sud de la Chine commence aussi à être mieux connu ; les sites de Xianrendong (Jiangxi), de Fuguotun (Fujian), de Zengpiyan (Guangxi) semblent aujourd'hui inséparables du Hoabinhien et du Bacsonien du Vietnam. L'influence de ces cultures sur celles plus septentrionales du reste du pays et indirectement sur la civilisation du bronze reste à déterminer.

Maud GIRARD-GESLAN

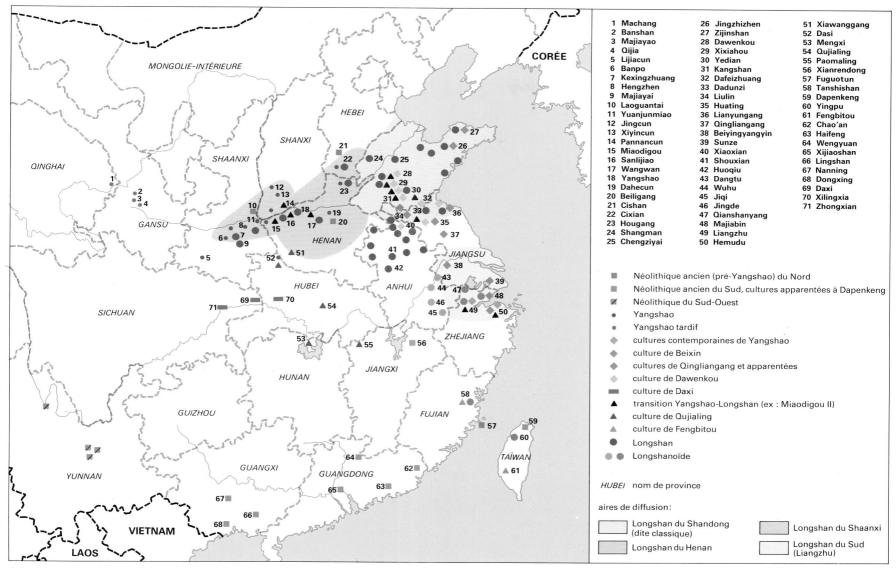

1 Machang	26 Jingzhizhen	51 Xiawanggang
2 Banshan	27 Zijinshan	52 Dasi
3 Majiayao	28 Dawenkou	53 Mengxi
4 Qijia	29 Xixiahou	54 Qujialing
5 Lijiacun	30 Yedian	55 Paomaling
6 Banpo	31 Kangshan	56 Xianrendong
7 Kexingzhuang	32 Dafeizhuang	57 Fuguotun
8 Hengzhen	33 Dadunzi	58 Tanshishan
9 Majiayai	34 Liulin	59 Dapenkeng
10 Laoguantai	35 Huating	60 Yingpu
11 Yuanjunmiao	36 Lianyungang	61 Fengbitou
12 Jingcun	37 Qingliangang	62 Chao'an
13 Xiyincun	38 Beiyingyangyin	63 Haifeng
14 Pannancun	39 Sunze	64 Wengyuan
15 Miaodigou	40 Xiaoxian	65 Xijiaoshan
16 Sanlijiao	41 Shouxian	66 Lingshan
17 Wangwan	42 Huoqiu	67 Nanning
18 Yangshao	43 Dangtu	68 Dongxing
19 Dahecun	44 Wuhu	69 Daxi
20 Beiliang	45 Jiqi	70 Xilingxia
21 Cishan	46 Jingde	71 Zhongxian
22 Hougang	47 Qianshanyang	
23 Shangman	48 Majiabin	
24 Shangman	49 Liangzhu	
25 Chengziyai	50 Hemudu	

■ Néolithique ancien (pré-Yangshao) du Nord
■ Néolithique ancien du Sud, cultures apparentées à Dapenkeng
◨ Néolithique du Sud-Ouest
• Yangshao
• Yangshao tardif
◆ cultures contemporaines de Yangshao
◆ culture de Beixin
◆ cultures de Qingliangang et apparentées
◆ culture de Dawenkou
▬ culture de Daxi
▲ transition Yangshao-Longshan (ex : Miaodigou II)
▲ culture de Qujialing
▲ culture de Fengbitou
● Longshan
●● Longshanoïde

HUBEI nom de province

aires de diffusion :

Longshan du Shandong (dite classique)		Longshan du Shaanxi
Longshan du Henan		Longshan du Sud (Liangzhu)

Les principaux sites néolithiques chinois

Riche en sites archéologiques, longtemps tenu pour le berceau du pays, le bassin du Fleuve Jaune, où s'est concentrée l'activité politique tout au long de l'histoire, est aujourd'hui considéré comme l'une des trois grandes zones culturelles chinoises, avec le bassin du Fleuve Bleu et la bande côtière orientale. Encore mal connu, mais à rapprocher du Néolithique de l'Asie du Sud-Est, le Néolithique méridional a sans doute joué un rôle dans la formation de la civilisation chinoise.

Maison de Banpo (Shaanxi), culture de Yangshao. Vᵉ-IVᵉ millénaire

Construite au centre du village, mesurant 11 m sur 10 m, la maison présentée ici était la plus grande construction du village et avait probablement une fonction de maison communale. Malgré le toit descendant jusqu'au niveau du sol, déjà se dégage le principe fondamental de l'architecture chinoise : les colonnes, sur une base de pierre, sont portantes. Les murs sont faits d'argile et de paille. D'après Chang Kwang Chih, *The Archaeology of Ancient China.*

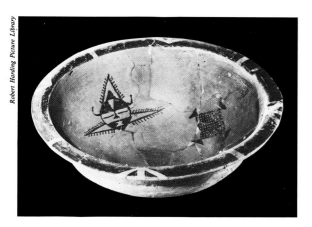

Bassin en céramique à décor peint en noir, Banpo (Shaanxi) culture de Yangshao. Vᵉ-IVᵉ millénaire

Présent dans le Yangshao classique comme dans celui du Gansu, ce type de bol profond pourrait avoir une signification totémique et propitiatoire et être lié à la pêche. Les figures stylisées de part et d'autre du visage représentent d'ailleurs des poissons. Imperial Museum, Pékin.

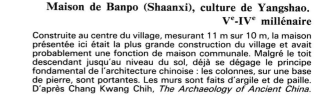

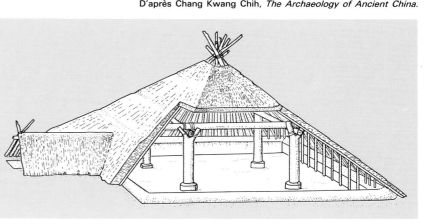

Plaque en jade gravée en léger relief

Cette plaque d'une belle facture provient de la zone côtière où, très tôt, la culture de Liangzhu s'est distinguée par un travail exquis du jade. Les cercles *bi* et les parallélépipèdes *zong* sont attestés dans cette culture, ainsi que la pratique de l'« inhumation dans le jade », reprise ultérieurement, selon d'autres modalités. Freer Gallery of Art, Washington.

Verseuse tripode *kui* en céramique blanche. Weifong (Shandong). Fin du IIIᵉ-début du IIᵉ millénaire

Caractéristique du Longshan oriental, l'aiguière *kui*, au corps divisé en trois lobes et façonné à la main, est ici décorée de pastilles en relief ressemblant aux rivets d'un modèle métallique. Cette forme disparaît à l'Âge du bronze. Imperial Museum, Pékin.

L'art du bronzier, les techniques du sidérurgiste

La date de l'apparition du métal en Chine n'est pas déterminée avec précision. Elle n'est vraisemblablement pas unique car ce vaste territoire connaissait à l'époque néolithique de nombreuses cultures de niveaux technologiques très variés. L'objet en cuivre le plus ancien est un couteau de 12,6 cm de long, au dos convexe et à la poignée martelée, exhumé d'un site de la culture de Majiayao au Gansu (vers 3000 av. J.-C.). Les bronzes les plus anciens proviennent de la même région, ils ont été mis au jour sur des sites de la culture de Machang (vers 2300-2000 av. J.-C.) et de la culture de Qijia (vers 2000 av. J.-C.). Il s'agit de véritables bronzes composés de cuivre et d'étain. D'autres apparaissent sur des sites de la culture de Longshan au Shandong (datation ^{14}C 4100 ± 90 av. J.-C.) et au Hebei.

On considère généralement que la Chine entre dans l'Âge du bronze à la fin de la dynastie Xia (XXIe-XVIe s. av. J.-C.) ou au début de la dynastie Shang (XVIe-XIIe s.), suivant l'attribution à l'une ou l'autre dynastie des sites de la culture de Erlitou. Celle-ci assure la transition entre le Néolithique de Longshan et l'Âge du bronze de Erligang (phase ancienne des Shang). La théorie diffusionniste qui propose une origine occidentale de la métallurgie chinoise est aujourd'hui abandonnée par une majorité d'archéologues qui avancent l'hypothèse de la naissance autochtone de l'art du bronze.

Associée à l'aristocratie qui tire d'elle son pouvoir politique, la métallurgie du bronze présente en Chine des caractères originaux. Comme ailleurs dans le monde, la possession d'armes en bronze assure à une élite restreinte le pouvoir sur les autres couches de la société et autorise, grâce aux guerres menées à l'extérieur, l'acquisition de biens matériels et de richesses humaines. Mais, en outre, la fabrication et l'usage de vases rituels consacrés au culte des ancêtres royaux constituent, en même temps qu'un signe d'autorité, une garantie de légitimité. L'autre originalité (pour l'instant aucune preuve convaincante n'existe d'une première phase de travail à froid du métal) tient à la méthode de fonte complexe retenue par les Chinois. Elle est issue de leur longue familiarité avec les fours à céramique, qui produisent dès le Néolithique des pièces cuites à haute température. Les fonderies, établies non loin des palais, sont d'ailleurs toutes proches des fours de potiers.

Installés dans le bassin du Fleuve Jaune, les Xia et les Shang disposent dans un rayon de 300 kilomètres autour de Zhengzhou, Erlitou et Yanshi, de minerai d'étain assez abondant et de minerai de cuivre très abondant. Le centre et le sud du Shanxi et, dans une moindre mesure, la région du moyen Yangzi et de la Huai constituent leurs centres d'approvisionnement, à protéger ou à conquérir par la force. Ce minerai n'a jamais une teneur en métal très élevée et produit donc d'importantes scories. Or l'absence de scories sur les sites de fonderies indique que l'affinage se fait à la mine et que les lingots de métal purifié sont transportés de là à la fonderie.

La découverte en 1973 de la mine de cuivre de Tonglüshan (Hebei) remontant à l'époque Chunqiu et exploitée pendant plusieurs siècles montre que des puits verticaux étaient creusés jusqu'au bas du dépôt, puis que d'étroites galeries étayées de poteaux en bois suivaient la veine en remontant vers la surface. Plusieurs sites de fonderies Shang ont été fouillés. Ceux des environs de Zhengzhou ont livré des restes de bronze et de moules en céramique. L'immense (5 000 m^2) fonderie de Yinxu (fin de la dynastie Shang) produisait d'énormes quantités de vases rituels, dont de nombreux exemples ont été retrouvés aux environs. Plus tard, l'usine de Houma (dans la zone industrielle de la capitale de la principauté de Jin, VIe-Ve s.), au sud-ouest du Shanxi, était divisée en ateliers spécialisés dans la fabrication d'un type particulier d'objets (vases rituels, cloches, équipement de char ou de cavalerie, miroirs, etc.) produits en série.

Dès la phase III de la culture de Erlitou, les méthodes de fonte sont déjà fixées et très élaborées. La couche du palais et de ses annexes a livré des objets entiers : armes (hallebardes, haches, pointes de flèche), cloches et vases rituels, dont certains, à la paroi très fine, présentent déjà les particularités techniques chinoises et les qualités qui permettront la floraison des bronzes d'Anyang. Le bronze (92 p. 100 de cuivre, 8 p. 100 d'étain dans l'un des tripodes *jue* de Erlitou, environ 71-75 p. 100 de cuivre, 10-11 p. 100 d'étain et 10 à 16 p. 100 de plomb à la fin de la dynastie) est fondu dans des creusets en céramique, à l'intérieur de fours capables de supporter les 1 150 °C requis pour une bonne coulée de l'alliage. Le combustible utilisé reste le charbon de bois pendant plusieurs siècles. C'est seulement sous les Zhou orientaux que le charbon de terre commencera à être employé concurremment. Le point de fusion bas et la fluidité de l'étain et du plomb assurent la précision du décor.

Pour les armes, on utilisait des moules en céramique bivalves, avec un noyau pour la douille, ou dans quelques rares cas des moules en grès poreux. Pour les vases rituels, le procédé de fonte en moule à sections, particulier à la Chine, demeure seul employé par les fondeurs jusque vers le VIe siècle avant J.-C.

Un modèle du récipient est d'abord fabriqué dans une argile de très bonne qualité. Tout le décor y est gravé. Après séchage du modèle, on fait un moule en appliquant une plaque d'argile d'environ 1,5 cm d'épaisseur sur celui-ci. En fonction de l'emplacement du décor, on divise ensuite le moule en plusieurs sections. Après rasage du modèle, de petites cales en bronze sont insérées entre ce dernier, devenu noyau, et le moule extérieur, pour donner à l'objet une épaisseur uniforme. Lors de la coulée, l'air s'échappe par des évents. Après refroidissement, le moule est ouvert et le vase est retouché, limé ou poli s'il y a lieu.

Le fondeur opère généralement en une fois, mais, dans certains cas, surtout à partir de l'époque Chunqiu, des anses, des pieds (souvent ils contiennent encore leur noyau) sont fondus d'avance et disposés ensuite dans le moule pour la coulée principale.

À ce procédé complexe, qui permet une grande précision dans le décor et doit beaucoup à l'expérience du potier, s'ajoute à partir de l'époque Chunqiu la technique de la fonte à la cire perdue*. Ainsi le luxuriant décor en ajour de certains des vases découverts dans la tombe du marquis de Zeng à Suixian (Hubei) n'aurait pas pu être exécuté dans un moule à sections.

La même période voit les fondeurs travailler sur la composition des alliages dont ils cherchent à améliorer la viscosité. Bien que les techniques métallurgiques soient parfaitement maîtrisées, le bronze demeure un métal cher et s'il reste en usage pendant plusieurs siècles pour la fabrication des armes, le fer commence à le remplacer vers le VIe siècle pour celle des outils et des instruments agricoles.

Les premiers objets comportant du fer datent des Shang ou du début des Zhou. Ce sont des haches en bronze au tranchant en fer météorique : deux d'entre elles proviennent de Gaocheng (Hebei), les deux autres de Xunxian (Henan). Cependant, l'Âge du fer ne débute qu'au VIe siècle avant J.-C.

Après une phase probable d'utilisation du fer martelé, l'usage de la fonte se répand très vite pour la fabrication d'outils et d'objets usuels. La première mention d'un objet en fer fondu remonte à 513 avant J.-C. et il en ressort clairement que la fonte du métal blanc est courante et maîtrisée.

Le minerai de fer est partout présent, beaucoup plus abondant que celui du cuivre, en particulier au Shanxi et au Shaanxi, zone d'activité traditionnelle des premières dynasties. Grâce à la profusion d'excellentes argiles réfractaires convenant parfaitement à la construction des fourneaux (et à la fabrication des creusets), les artisans chinois sont à même de fondre complètement le minerai et d'en éliminer les scories. L'affinage se fait avec du charbon, à une température assez basse de 800 à 1 000 °C et produit des gueuses de fonte spongieuses, riches en carbone, dont le point de fusion, au lieu des 1 535 °C du fer pur, tombe à 1 130 °C pour une teneur en carbone de 4,3 p. 100, soit seulement 80 °C de plus que celui du bronze.

Ces hautes températures sont obtenues avec différents types de combustible (utilisé en plus grande quantité qu'en Occident) : du bois et du charbon de bois d'abord, puis du charbon minéral dès la fin des Zhou orientaux. La houille remplacera complètement le charbon de bois dès la fin du Ier millénaire après J.-C.

De nombreuses fonderies d'époque Han ont été découvertes. Certains fours, construits en grosses briques d'argile réfractaire de 45 à 90 cm de large, ont une surface de 8,5 m et un volume de quelque 50 m^3, ce qui autorise une production d'une demi-tonne à une tonne par jour. Les cubilots ont une hauteur de 1,20 à 1,50 m. Les tuyères, en argile réfractaire, sont longues de 1,20 à 1,50 m.

Sous les Han occidentaux (206 av. J.-C. - 8 apr. J.-C.), les soufflets à piston à double action, produisant un souffle continu, sont mus par des ouvriers, mais dès les environs du début de notre ère, sous Wang Mang, la force hydraulique se substitue à l'effort humain, grâce à l'invention de l'arbre à cames horizontal, mis en mouvement par une roue verticale actionnée par le courant d'une rivière.

La fonderie de Tieshenggou (Gongxian, Henan), en opération du milieu de la dynastie des Han occidentaux jusqu'à l'époque de Wang Mang, dont quelque 2 000 m^2 ont déjà été fouillés, a livré une surface de préparation du minerai, dix-huit fours, un four à creuset et une forge, ainsi que des bassins de malaxage et des entrepôts en fosse. Parmi les fours, certains réduisaient le minerai à relativement basse température et produisaient des lingots de fer spongieux. D'autres produisaient à haute température de la fonte liquide et d'autres enfin de l'acier.

En effet, à côté de la technique de la fonte du fer, qui représente déjà une avance considérable sur l'Europe contemporaine, les Chinois sont capables, dès le IIe siècle avant J.-C., de fabriquer de l'acier par différentes méthodes empiriques. L'une consiste à introduire du carbone dans la fonte à l'état solide (le fer est chauffé dans le charbon pendant au moins une vingtaine d'heures à plus de 900 °C), ou bien à continuer de chauffer le métal pendant le forgeage.

Une autre technique, inaugurée au milieu de la dynastie des Han occidentaux, est celle de la décarburation de la fonte à l'état solide. À la fin de la dynastie, l'acier est produit à partir de fonte semi-liquide, agitée en atmosphère oxydante (sous un courant d'air froid). Si la décarburation est partielle, on obtient un acier, si elle est totale, un fer forgé.

La célèbre technique dite des mille affinages peut être mise en œuvre soit en brassant de la fonte dans du fer forgé en y introduisant du carbone et en forgeant le métal jusqu'au stade de l'acier, soit en brassant de la fonte jusqu'à ce que, la bonne teneur en carbone atteinte, on puisse forger le métal et le transformer ainsi en acier.

Le procédé dit de cofusion consiste à chauffer ensemble du fer forgé pâteux et de la fonte liquide et riche en carbone. Une moyenne se fait alors entre la teneur en carbone des deux métaux. La fragilité de l'un et la dureté de l'autre diminuent. On obtient ainsi des aciers eutectiques mille huit cents ans avant l'apparition en Occident du procédé Siemens-Martin.

L'abondance du minerai et la disponibilité de quantités importantes de fonte (beaucoup plus qu'en Europe au Moyen Âge), les besoins de l'économie Han en pleine expansion, l'habileté des artisans sont autant de facteurs qui expliquent le caractère industriel de la sidérurgie chinoise au début de notre ère. Pour permettre la production en grande série, la technique du moulage se perfectionne. Des moules en céramique empilés, encore chauds de leur propre cuisson ou spécialement réchauffés, reçoivent la coulée, qui reste donc assez fluide pour remplir les plus fins recoins de chaque moule. Les piles sont enduites d'un mélange de paille hachée et d'argile qui se solidifie en séchant et facilite les manipulations. Les expériences de reconstitution, effectuées par les archéologues chinois sur le site de la fonderie de Wenxian (Henan) en opération sous les Han antérieurs, montrent que la température idéale des moules lors de la cuisson est de 600 °C, température qu'il faut maintenir pendant plusieurs heures avant d'autoriser un refroidissement à 300 °C, favorable à la coulée.

Des boucles de ceinture, des pièces de harnachement sortaient en série de Wenxian, où certains moules multiples permettaient d'obtenir jusqu'à six modèles d'objets en empilements de quatorze étages. Pour les objets de forme simple, des moules individuels en fonte à paroi épaisse remplaçaient les moules en céramique, procurant, du fait de la rapidité de leur manipulation, des gains de productivité et un abaissement des coûts assez considérables. Quand en 111 avant J.-C. le gouvernement nationalise la sidérurgie, quarante-neuf charges de commissaires du fer sont créées.

Utilisés d'abord pour la fabrication d'outils, les métaux ferreux trouvent ultérieurement leur place en sculpture, avec les nombreuses statues bouddhiques du VIe siècle après J.-C., et en architecture, avec les ponts suspendus de Chine du Sud dont les câbles en bambou sont remplacés par des chaînes en fer forgé dès le VIe siècle. Certains édifices religieux Tang comportaient des piliers ou d'autres parties de soutien en fonte. Plusieurs pagodes en fonte, dont une construite en 1061 au Hebei, sont d'ailleurs parvenues jusqu'à nous.

Si l'avance technologique de la Chine sur l'Europe est ancienne et indéniable, il convient de rappeler que les procédés empiriques qui permirent d'obtenir de beaux succès dans différents domaines techniques étaient fondés sur le sens et l'habitude de l'observation des anciens Chinois, et non pas issus d'une pensée scientifique (Joseph Needham fait très justement remarquer que l'idée de loi naturelle est inconnue en Chine).

Maud GIRARD-GESLAN

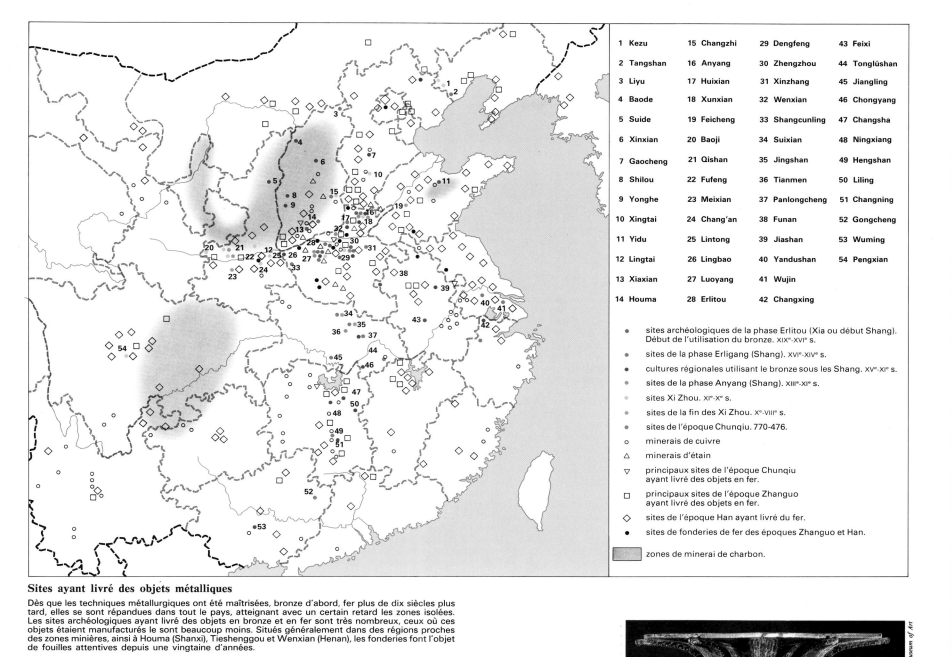

1 Kezu	15 Changzhi	29 Dengfeng	43 Feixi
2 Tangshan	16 Anyang	30 Zhengzhou	44 Tonglüshan
3 Liyu	17 Huixian	31 Xinzhang	45 Jiangling
4 Baode	18 Xunxian	32 Wenxian	46 Chongyang
5 Suide	19 Feicheng	33 Shangcunling	47 Changsha
6 Xinxian	20 Baoji	34 Suixian	48 Ningxiang
7 Gaocheng	21 Qishan	35 Jingshan	49 Hengshan
8 Shilou	22 Fufeng	36 Tianmen	50 Liling
9 Yonghe	23 Meixian	37 Panlongcheng	51 Changning
10 Xingtai	24 Chang'an	38 Funan	52 Gongcheng
11 Yidu	25 Lintong	39 Jiashan	53 Wuming
12 Lingtai	26 Lingbao	40 Yandushan	54 Pengxian
13 Xiaxian	27 Luoyang	41 Wujin	
14 Houma	28 Erlitou	42 Changxing	

- ● sites archéologiques de la phase Erlitou (Xia ou début Shang). Début de l'utilisation du bronze. XIXᵉ-XVIᵉ s.
- ● sites de la phase Erligang (Shang). XVIᵉ-XIVᵉ s.
- ● cultures régionales utilisant le bronze sous les Shang. XVᵉ-XIᵉ s.
- ● sites de la phase Anyang (Shang). XIIIᵉ-XIᵉ s.
- ● sites Xi Zhou. XIᵉ-Xᵉ s.
- ● sites de la fin des Xi Zhou. Xᵉ-VIIIᵉ s.
- ● sites de l'époque Chunqiu. 770-476.
- ○ minerais de cuivre
- △ minerais d'étain
- ▽ principaux sites de l'époque Chunqiu ayant livré des objets en fer.
- □ principaux sites de l'époque Zhanguo ayant livré des objets en fer.
- ◇ sites de l'époque Han ayant livré du fer.
- ● sites de fonderies de fer des époques Zhanguo et Han.
- ▨ zones de minerai de charbon.

Sites ayant livré des objets métalliques

Dès que les techniques métallurgiques ont été maîtrisées, bronze d'abord, fer plus de dix siècles plus tard, elles se sont répandues dans tout le pays, atteignant avec un certain retard les zones isolées. Les sites archéologiques ayant livré des objets en bronze et en fer sont très nombreux, ceux où ces objets étaient manufacturés le sont beaucoup moins. Situés généralement dans des régions proches des zones minières, ainsi à Houma (Shanxi), Tieshenggou et Wenxian (Henan), les fonderies font l'objet de fouilles attentives depuis une vingtaine d'années.

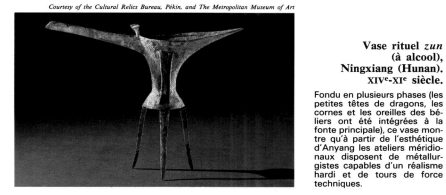

Courtesy of the Cultural Relics Bureau, Pékin, and The Metropolitan Museum of Art

Vase rituel *jue* (à alcool), Erlitou (Henan). Première moitié du IIᵉ millénaire

Fondu dans un moule à trois sections, ce vase, fabriqué en une seule coulée, comporte un repli au bord de l'ouverture qui permet à certains auteurs de supposer qu'une phase de travail à froid du bronze, par martelage, a pu précéder la pratique de la fonte.

Courtesy of the Cultural Relics Bureau, Pékin, and The Metropolitan Museum of Art

Vase rituel *zun* (à alcool), Ningxiang (Hunan). XIVᵉ-XIᵉ siècle.

Fondu en plusieurs phases (les petites têtes de dragons, les cornes et les oreilles des béliers ont été intégrées à la fonte principale), ce vase montre qu'à partir de l'esthétique d'Anyang les ateliers méridionaux disposent de métallurgistes capables d'un réalisme hardi et de tours de force techniques.

Courtesy of the Freer Gallery of Art, Smithsonian Institution

Hache *qi* bimétallique. Époque Shang (XVIᵉ-XIᵉ s.)

D'un type classique, cette hache en bronze se distingue des autres pièces Shang par la présence de fer d'origine météorique sur son tranchant. La lame de fer, préalablement percée de trois trous, a été adaptée à un moule spécialement fabriqué pour que la coulée de bronze s'y glisse parfaitement. Freer Gallery of Art, Washington.

Four à fer. Reconstitution du four de Wenxian, Henan. Époque Han

La combustion du bois entassé près de la porte du four produira des gaz passant uniformément entre les piles de moules, et assurant ainsi une cuisson régulière. En amont du four, la chaîne de production comportait normalement un creuset ouvert où étaient fondues les gueuses de fonte, pour l'alimentation des moules.

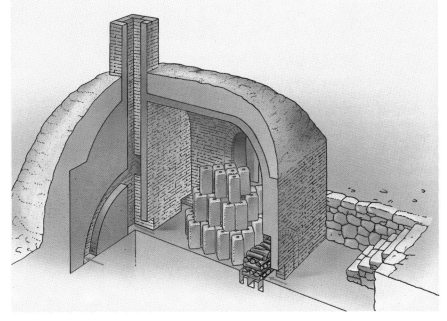

Modes de sépulture dans le royaume de Chu

Longtemps, les Chinois ont cru que la plaine du Fleuve Bleu ne possédait pas de culture propre ; barbares, Manyi, ainsi étaient désignés les habitants du royaume de Chu. Les découvertes archéologiques faites dans la région de Changsha, puis étendues à tout le territoire correspondant à l'aire d'influence de Chu au sommet de sa puissance, ont depuis les années trente rendu caduque cette croyance tout en faisant revivre une civilisation qui, aux Ve et IVe siècles avant J.-C., rivalisait en splendeur avec toutes les cours princières de Chine.

Si les textes de l'Antiquité, dans leurs allusions au pays de Chu, nous informent peu sur l'étendue exacte de son territoire, sur sa religion et sur ses coutumes, les quelque trois mille cinq cents tombes fouillées révèlent des pratiques funéraires et un mobilier attestant à la fois la sinisation achevée des habitants de Chu et le caractère singulier de leur culture. La plupart de ces tombes datent du milieu et de la fin de l'époque des Royaumes combattants (vers 481-221 av. J.-C.) et à l'exception de la tombe no 2 de Xiasi au Henan (milieu du VIe s. env.), très éloignée du centre politique de Chu, aucune sépulture de grande taille n'est antérieure à cette période. Ce fait est d'autant plus surprenant que l'on a en revanche découvert deux grandes tombes du Ve siècle qui, sans être de Chu, témoignent d'étroites relations avec sa culture : celle du marquis de Cai à Shouxian, Anhui (début Ve s. ?), et celle du marquis de Zeng à Leigudun, Hubei (fin Ve s.).

Quelques tombes, parmi les plus grandes, contiennent, associés aux bronzes rituels, des vases en céramique qui en imitent les formes. Nombre de tombes moyennes ou petites ne renferment que des céramiques à la place des bronzes, voire des réductions *mingqi**. La spécificité de Chu ne tient pas à l'existence de telles imitations, ce fait apparaissant ailleurs en Chine et antérieurement (IXe s.), mais à l'étendue de cette coutume et à la qualité remarquable des pièces. Symbole de la culture de Chu dans ce qu'elle a créé de plus original, la sculpture d'un monstre dont le crâne est surmonté de ramures de cerf est souvent placée à la tête du cercueil. Cette position laisse à penser que cet animal fantastique protège le défunt ou qu'il symbolise le chaman et son pouvoir. Tandis qu'il va progressivement disparaître des tombes au cours du IIIe siècle, du moins sous sa forme sculptée, les figurines de bois seront déposées en plus grand nombre dans les coffrages adjacents au cercueil, et le traitement de leur visage, de leurs vêtements s'individualisera (transition Qin-Han). Ces différentes caractéristiques tout comme le répertoire iconographique propre à Chu révèlent l'existence d'un culte différent de celui des principautés du Nord puisqu'il n'est pas exclusivement destiné aux ancêtres. Des instruments de musique et, plus encore, des armes apparaissent en nombre considérable dans les tombes moyennes ou grandes. À ces pièces s'ajoutent, entre autres, des laques (vaisselle, boîtes, nécessaires de toilette) dont le nombre s'amplifie au cours du IIIe siècle avant notre ère. La constitution de ce mobilier annonce les pratiques funéraires de l'époque des Han occidentaux qui consistaient à pourvoir le défunt des objets nécessaires à sa vie dans l'au-delà. Mais, à Chu, la fonction rituelle de ce mobilier semble toujours prévaloir.

Plus encore que leur mobilier, c'est la structure de ces tombes qui retient l'attention des chercheurs. Il semble qu'un code ait prescrit une forme de tombe à chacun, suivant son rang. Toutefois, si ce code a bien existé, il reste à le déchiffrer, en considérant qu'il a pu évoluer avec le temps. Cette recherche ne fait que commencer et rencontre plusieurs difficultés. Les tombes grandes ou moyennes dotées d'une structure protectrice en bois, ou cercueil extérieur, restent en nombre insuffisant (15 env.) à côté des petites tombes du même type et des innombrables tombes sans protection de bois, voire sans aucun cercueil. En outre, beaucoup de sépultures ne se présentent plus en leur état d'origine, à la suite de pillages, souvent partiels fort heureusement, ou parce qu'elles n'ont pas résisté aux atteintes du temps, cela alors même que les moyens mis en œuvre pour les préserver sont à Chu beaucoup plus perfectionnés que partout ailleurs en Chine. Enfin, la datation de la plupart d'entre elles est malaisée.

Ces réserves faites, les différentes tombes de Chu ont dans leur agencement de nombreux points communs qui les différencient nettement de celles du reste de la Chine ; elles forment un ensemble relativement homogène et hiérarchisé. Leur typologie se résume à quatre catégories, selon qu'elles ont un ou deux cercueils extérieurs et plusieurs cercueils intérieurs emboîtés ; un cercueil extérieur et un cercueil intérieur ; un cercueil ou pas de cercueil du tout. De grande ou de moyenne dimension (ouverture au sol supérieure à 4,5 m de côté), elles se signalent par la présence d'un tumulus ayant jusqu'à 100 mètres de diamètre et 6 à 7 mètres de haut. Ainsi, quelque huit cents monticules de taille variable couvrent la campagne des environs de Jiangling. Certains même sont entourés de tumulus secondaires. Il s'agirait donc le plus souvent creusé en forme de pyramide renversée dont les côtés sont découpés en gradins (de 3 à 15) jusqu'au niveau du cercueil extérieur entouré de parois verticales (profondeur totale entre 5 et 12 m). Une voie d'accès, plus ou moins longue et large, y conduit généralement. Au fond de la fosse sont posées à même le sol deux ou plusieurs poutres qui soutiennent le cercueil extérieur bâti à l'aide de puissants madriers. Ainsi, à la différence d'un grand nombre de tombes du Nord, la chambre funéraire proprement dite n'est pas creusée sur l'un des côtés de la fosse, et aucune pierre n'est employée dans cette construction. La protection de celle-ci est assurée par une argile « blanche », en fait souvent grise, toujours très fine, qui l'enveloppe entièrement et qui est typique des tombes de Chu.

Dans les plus grandes d'entre elles, l'espace compris entre la chambre funéraire, placée au centre, qui abrite plusieurs cercueils emboîtés, et le cercueil extérieur est divisé en coffrages renfermant le mobilier (jusqu'à six, à Changtaiguan et Tianxingguan). Une correspondance existe peut-être entre le nombre de cercueils emboîtés et le statut du défunt, mais les données qui permettraient d'en préciser les modalités font défaut. De nombreux archéologues chinois voient dans la structure de ces tombes le symbole de la demeure terrestre, interprétation qui néglige le caractère profondément religieux des habitants de Chu évoqué par les textes anciens. Elle n'est pourtant pas totalement dénuée de fondement puisqu'on a retrouvé, sculptées ou découpées sur les parois de trois ou quatre sépultures moyennes de l'époque des Royaumes combattants, et de plus nombreuses tombes postérieures, des portes et des fenêtres. Peut-être ne s'agit-il que d'ouvertures symboliques faites pour suggérer le passage de l'âme du défunt ; les fenêtres peintes sur les parois des cercueils de la tombe de Leigudun semblent autoriser cette interprétation.

Les tombes de taille inférieure sont bâties sur le même modèle, mais la fosse, moins profonde quand elle existe, ne comprend ni gradins ni voie d'accès, et le cercueil extérieur se réduit à une chambre funéraire, parfois flanquée d'un coffrage latéral et d'un coffrage de tête. Pour les plus simples, le mobilier est déposé à la tête du cercueil, à peine protégé par quelques planches.

L'évolution qui se dessine à la fin de l'époque des Royaumes combattants va dans le sens d'un plus grand souci de préservation du corps : on le constate en particulier dans l'aspect massif des tombes Qin et Han dont le plan est plus serré ; dans le fait que l'usage des cercueils de section ronde disparaît au profit des cercueils de section carrée qui, emboîtés, s'ajustent parfaitement ; des clous et non plus des chevilles, une armature de cordes bloquées par des coins les ferment hermétiquement ; enfin, dans la généralisation de l'emploi d'argile blanche autour du cercueil extérieur.

Alain THOTE

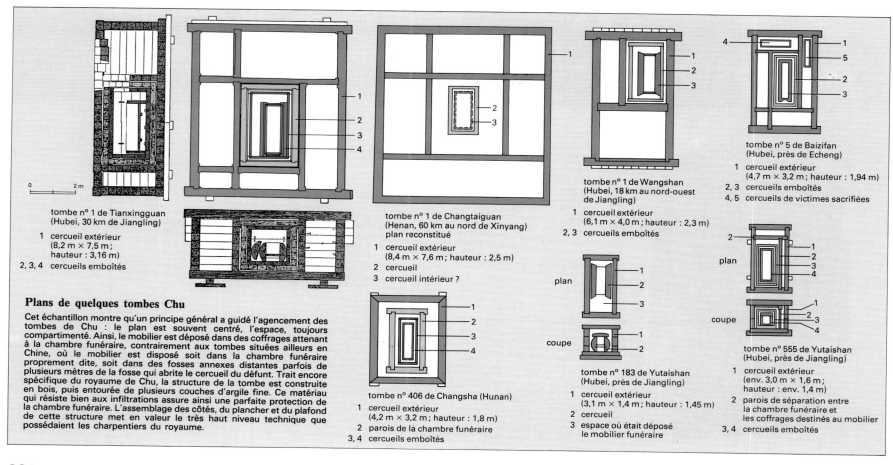

tombe no 1 de Tianxingguan
(Hubei, 30 km de Jiangling)

1 cercueil extérieur
(8,2 m × 7,5 m ;
hauteur : 3,16 m)

2, 3, 4 cercueils emboîtés

Plans de quelques tombes Chu

Cet échantillon montre qu'un principe général a guidé l'agencement des tombes de Chu : le plan est souvent centré, l'espace, toujours compartimenté. Ainsi, le mobilier est déposé dans des coffrages attenant à la chambre funéraire, contrairement aux tombes situées ailleurs en Chine, où le mobilier est disposé soit dans la chambre funéraire proprement dite, soit dans des fosses annexes distantes parfois de plusieurs mètres de la fosse qui abrite le cercueil du défunt. Trait encore spécifique du royaume de Chu, la structure de la tombe est construite en bois, puis entourée de plusieurs couches d'argile fine. Ce matériau qui résiste bien aux infiltrations assure ainsi une parfaite protection de la chambre funéraire. L'assemblage des côtés, du plancher et du plafond de cette structure met en valeur le très haut niveau technique que possédaient les charpentiers du royaume.

tombe no 406 de Changsha (Hunan)

1 cercueil extérieur
(4,2 m × 3,2 m ; hauteur : 1,8 m)

2 parois de la chambre funéraire

3, 4 cercueils emboîtés

tombe no 1 de Changtaiguan
(Henan, 60 km au nord de Xinyang)
plan reconstitué

1 cercueil extérieur
(8,4 m × 7,6 m ; hauteur : 2,5 m)

2 cercueil

3 cercueil intérieur ?

tombe no 183 de Yutaishan
(Hubei, près de Jiangling)

1 cercueil extérieur
(3,1 m × 1,4 m ; hauteur : 1,45 m)

2 cercueil

3 espace où était déposé le mobilier funéraire

plan

coupe

tombe no 1 de Wangshan
(Hubei, 18 km au nord-ouest de Jiangling)

1 cercueil extérieur
(6,1 m × 4,0 m ; hauteur : 2,3 m)

2, 3 cercueils emboîtés

plan

coupe

tombe no 555 de Yutaishan
(Hubei, près de Jiangling)

1 cercueil extérieur
(env. 3,0 m × 1,6 m ; hauteur : env. 1,4 m)

2 parois de séparation entre la chambre funéraire et les coffrages destinés au mobilier

3, 4 cercueils emboîtés

tombe no 5 de Baizifan
(Hubei, près de Echeng)

1 cercueil extérieur
(4,7 m × 3,2 m ; hauteur : 1,94 m)

2, 3 cercueils emboîtés

4, 5 cercueils de victimes sacrifiées

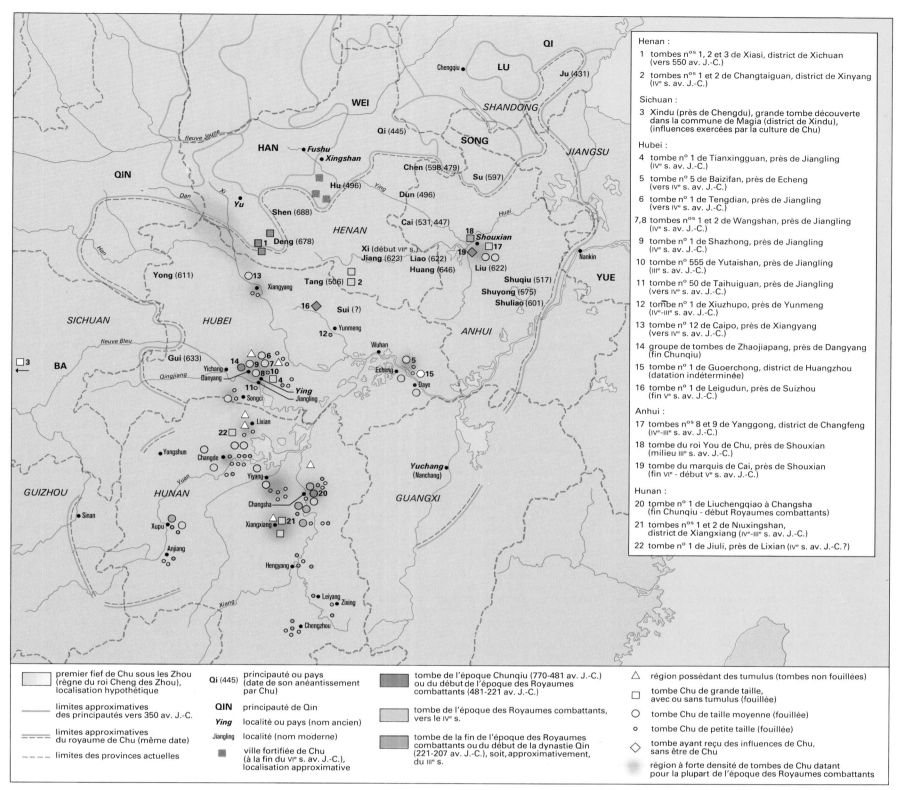

Henan :

1 tombes n°s 1, 2 et 3 de Xiasi, district de Xichuan (vers 550 av. J.-C.)

2 tombes n°s 1 et 2 de Changtaiguan, district de Xinyang (IVe s. av. J.-C.)

Sichuan :

3 Xindu (près de Chengdu), grande tombe découverte dans la commune de Magia (district de Xindu), (influences exercées par la culture de Chu)

Hubei :

4 tombe n° 1 de Tianxingguan, près de Jiangling (IVe s. av. J.-C.)

5 tombe n° 5 de Baizifan, près de Echeng (vers IVe s. av. J.-C.)

6 tombe n° 1 de Tengdian, près de Jiangling (vers IVe s. av. J.-C.)

7,8 tombes n°s 1 et 2 de Wangshan, près de Jiangling (IVe s. av. J.-C.)

9 tombe n° 1 de Shazhong, près de Jiangling (IVe s. av. J.-C.)

10 tombe n° 555 de Yutaishan, près de Jiangling (IIIe s. av. J.-C.)

11 tombe n° 50 de Taihuiguan, près de Jiangling (vers IVe s. av. J.-C.)

12 tombe n° 1 de Xiuzhupo, près de Yunmeng (IVe-IIIe s. av. J.-C.)

13 tombe n° 12 de Caipo, près de Xiangyang (vers IVe s. av. J.-C.)

14 groupe de tombes de Zhaojiapang, près de Dangyang (fin Chunqiu)

15 tombe n° 1 de Guoerchong, district de Huangzhou (datation indéterminée)

16 tombe n° 1 de Leigudun, près de Suizhou (fin Ve s. av. J.-C.)

Anhui :

17 tombes n°s 8 et 9 de Yanggong, district de Changfeng (IVe-IIIe s. av. J.-C.)

18 tombe du roi You de Chu, près de Shouxian (milieu IIIe s. av. J.-C.)

19 tombe du marquis de Cai, près de Shouxian (fin VIe - début Ve s. av. J.-C.)

Hunan :

20 tombe n° 1 de Liuchengqiao à Changsha (fin Chunqiu - début Royaumes combattants)

21 tombes n°s 1 et 2 de Niuxingshan, district de Xiangxiang (IVe-IIIe s. av. J.-C.)

22 tombe n° 1 de Jiuli, près de Lixian (IVe s. av. J.-C.?)

Légende :

premier fief de Chu sous les Zhou (règne du roi Cheng des Zhou), localisation hypothétique

limites approximatives des principautés vers 350 av. J.-C.

limites approximatives du royaume de Chu (même date)

limites des provinces actuelles

Qi (445) principauté ou pays (date de son anéantissement par Chu)

QIN principauté de Qin

Ying localité ou pays (nom ancien)

Jiangling localité (nom moderne)

ville fortifiée de Chu (à la fin du VIe s. av. J.-C.), localisation approximative

tombe de l'époque Chunqiu (770-481 av. J.-C.) ou du début de l'époque des Royaumes combattants (481-221 av. J.-C.)

tombe de l'époque des Royaumes combattants, vers le IVe s.

tombe de la fin de l'époque des Royaumes combattants ou du début de la dynastie Qin (221-207 av. J.-C.), soit, approximativement, du IIIe s.

△ région possédant des tumulus (tombes non fouillées)

▢ tombe Chu de grande taille, avec ou sans tumulus (fouillée)

○ tombe Chu de taille moyenne (fouillée)

∘ tombe Chu de petite taille (fouillée)

◇ tombe ayant reçu des influences de Chu, sans être de Chu

région à forte densité de tombes de Chu datant pour la plupart de l'époque des Royaumes combattants

Les sépultures du royaume de Chu

Cette carte a été établie à partir de deux sources différentes : les textes anciens (*Chunqiu, Zuozhuan, Shiji*) et leurs commentaires pour les limites du royaume de Chu et les localités ou pays anciens, d'une part, les rapports de fouille, d'autre part.

La localisation du premier site occupé par les habitants de Chu, celle des principautés anéanties par Chu et les limites du royaume vers 350 avant J.-C. restent approximatives, parfois hypothétiques. La confrontation des sources écrites et des résultats obtenus par l'archéologie fait apparaître une contradiction majeure : la superficie des régions ayant des tombes caractéristiques de Chu est de cinq à six fois plus petite que la superficie totale du royaume vers 350 avant J.-C.

Il est vraisemblable que la mainmise militaire de Chu sur les principautés qu'il a annexées n'a pas été assortie d'une domination culturelle de même ampleur. La tombe n° 1 de Leigudun, située au cœur du royaume, fait ressortir l'ampleur de la question : par son plan irrégulier, sa disposition unique et son mobilier, elle dénote à la fois des influences de Chu et des caractères profondément originaux. Son propriétaire, le marquis Yi de Zeng, entretenait pourtant d'étroites relations avec la cour royale de Chu.

Planche de bois sculptée et ajourée, puis laquée, provenant de la tombe n° 26 de Yangjianhu à Changsha, province du Hunan

Sur cette planche qui doublait le fond du cercueil reposait le défunt. Cette coutume funéraire propre à Chu, et dont on ne connaît pas l'origine, semble s'être développée tardivement, vers les IVe-IIIe siècles avant J.-C., et ne pas avoir été appliquée de manière systématique. Quelques tombes de Jiangling mais, plus encore, celles de Changsha en attestent l'usage. Dimensions : longueur, 175 cm ; largeur, 43,5 cm ; épaisseur, 1,8 cm.

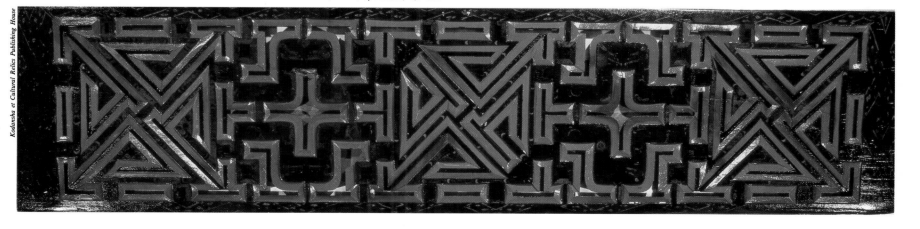

Origine et production des laques

Tributaire des découvertes archéologiques, l'histoire du laque en Chine a été remaniée plusieurs fois au cours de ce siècle. Le site de Lolang (Corée, Ier s. av. J.-C. - Ier s. apr. J.-C.) puis celui de Changsha (Hunan), avec ses très nombreuses tombes fouillées à partir des années trente, ont successivement fait remonter l'origine des laques à l'époque des Han (206 av. J.-C. - 220 apr. J.-C.), puis à celle des Royaumes combattants (env. 481-221 av. J.-C.). Aujourd'hui, la carte des découvertes couvre l'ensemble du territoire oriental de la Chine et comprend des sites beaucoup plus anciens ; en outre, on peut remarquer la concomitance de styles différents, peut-être régionaux. Les inscriptions gravées ou marquées au fer rouge sur des laques à partir approximativement du IIIe siècle avant notre ère, et qui indiquent selon toute vraisemblance leur lieu de manufacture, confirment le développement d'un commerce que la découverte, dans des sites très distants les uns des autres, de pièces stylistiquement proches suggère pour les Ve et IVe siècles. Malgré l'abondance des découvertes, certaines questions restent en suspens, mais on peut néanmoins esquisser à l'aide de repères fiables une évolution historique de l'art et des techniques du laque.

La laque, sécrétion d'un arbre qui ne pousse qu'en Extrême-Orient, le *Rhus verniciflua*, a dû être utilisée très tôt en raison de ses propriétés uniques : une fois sèche, cette matière rend imperméable les objets qu'elle recouvre ; sa résistance aux atteintes du temps est telle que, souvent, le support d'un laque placé dans une tombe il y a deux ou trois mille ans se désagrège, mais laisse subsister une mince pellicule qui permet d'en apprécier la forme et le décor ; enfin, sa fluidité autant que son aspect brillant en font une matière idéale pour le décor des objets usuels comme du mobilier funéraire.

La qualité de laques attribuée par certains archéologues à quelques vestiges du Néolithique mise en doute, en l'absence d'analyses scientifiques : un bol découvert en 1973 lors des fouilles du niveau inférieur (4) du site de Hemudu (province du Zhejiang) et que l'on peut dater d'environ 5 000 ans avant notre ère serait, s'il s'agit bien d'un laque, le plus ancien exemple connu en Chine. Il n'est pas invraisemblable que, dès cette époque, on ait employé la laque en Chine puisque, il y a cinq à six mille ans, on en faisait usage au Japon pour protéger et décorer des objets en bois (découverte de Torihama, district de Fukui, avec datation au carbone 14*).

De l'époque des Shang (XVIIe-XIe s. env. av. J.-C.) nous sont parvenus des fragments de laques en nombre réduit mais suffisant pour témoigner d'un art très raffiné. Quelques empreintes rouges retrouvées dans le sol avaient été interprétées, mais de façon controversée, peu après leur découverte près d'Anyang (Henan) dans les années trente, comme étant les restes d'un laque dont le support s'était désintégré. Depuis lors, d'autres vestiges plus sûrs ont montré que la laque était dès cette époque appliquée sur du bois, de la céramique, voire du bronze ; son décor est inséparable de celui des bronzes dont il emprunte les motifs (masque de *taotie**, dragon *kui**, *leiwen**, cigales, etc.) ainsi que les techniques du léger relief et de l'incrustation, tout en jouant sur les contrastes des couleurs.

Guère plus nombreux, mais d'un aspect moins séduisant, quelques fragments de laques de l'époque des Zhou occidentaux (env. XIe s. - 770 av. J.-C.), découverts pour la plupart en Chine métropolitaine*, présentent les mêmes traits : leur support, trop fragile, a disparu en laissant une couche de laque très mince généralement incrustée de coquillages de forme circulaire.

Aucune découverte importante n'annonce le rayonnement d'un art qui apparaît soudainement inventif et fécond à la fin du VIe siècle avant notre ère. Les découvertes de Fenshuiling (Shanxi, tombes nos 269 et 270) en sont les premières manifestations connues. Sur ces grands fragments de laque, les somptueux entrelacs de dragons, dont les corps sont rehaussés de motifs de pointillés et de spirales triangulaires, indiquent la persistance d'une référence à l'art du bronze, mais illustrent aussi son atténuation, perceptible dans le rendu fluide des corps.

En fait, le nombre élevé de laques postérieurs au VIe siècle avant J.-C. tient beaucoup à la diversification du mobilier funéraire et sans doute aussi à la prospérité croissante du pays de Chu. L'invention est manifeste dans les solutions adoptées pour mieux faire adhérer la laque à son support. Le site de Qingchuan au Sichuan, que l'on date de la fin du IVe siècle, en présente un large échantillon, avec, en particulier, la technique du *jiazhu* qui consiste à utiliser comme support un tissu mis en forme et à l'enduire de laque. Léger, l'objet ainsi exécuté est vulnérable aux chocs mais, insensible au vieillissement, il ne se déforme pas. Cette technique est vraisemblablement dérivée d'une autre un peu plus courante, où le support en bois, avant d'être revêtu de laque, est recouvert d'un tissu. Ces deux solutions ont été perpétuées jusqu'à nos jours.

Avec les progrès de l'outillage, vers le IIIe siècle avant notre ère, le bois n'est plus seulement sculpté ou creusé, mais aussi tourné ou, après avoir été découpé en minces feuilles, roulé suivant une forme cylindrique, puis fixé à une base circulaire et enfin, parfois, maintenu par des renforts de bronze. Les joints de l'assemblage des deux bouts de la feuille disparaissent sous le laque. Cette technique, appliquée dans la confection des nécessaires de toilette et des gobelets, maintient les laques en parfait état de conservation, quelle que soit leur provenance (Qingchuan au Sichuan, Yunmeng au Hubei, Changsha). Si le bois reste de loin le support le plus utilisé, le cuir lui est préféré pour les armures, la vannerie, pour certaines boîtes, et il arrive encore que la céramique (exemples au Shanxi, au Hubei) ou le bronze (lampe de la tombe no 5 de Shangcunling, Henan, découverte en 1975) soient laqués. À la diversité des supports correspond une grande variété de formes. L'effet décoratif tiré de son emploi amène à laquer les armes, les instruments de musique, ainsi que les cercueils et la vaisselle.

Certaines tombes (no 1 de Leigudun et no 1 de Tianxingguan au Hubei découvertes toutes deux en 1978) ou groupes de tombes (tombes nos 1 et 2 de Wangshan et no 1 de Shazhong au Hubei ; site de Chuihudi, district de Yunmeng ; site de Qingchuan, découverts respectivement en 1965, 1975 et 1979) comptent près de deux cents laques, les pièces les plus courantes étant les coupes à oreilles, les boîtes et, en fin de période, les *lian**. Quelques pièces, encore rares, sont des *mingqi**, comme ces statuettes funéraires découvertes dans la tombe no 2 de Changtaiguan, au maintien hiératique, laissant sortir deux mains jointes de longues manches empesées. Plus communs par le nombre, mais non moins remarquables, sont les *zhenmushou** qui comptent parmi les premières manifestations de la sculpture chinoise. À Leigudun, une boîte, à Yutaishan (site du Hubei comprenant 554 tombes fouillées en 1975) une coupe à pied revêtent la forme d'une sarcelle au corps couvert de motifs vermillon, jaune et or sur fond de laque noir. Sur d'autres pièces, des motifs d'animaux – on en dénombre cinquante-deux sur un paravent – sont sculptés à jour, puis laqués, technique dont l'art décoratif de Chu semble s'être fait une spécialité.

Le décor des laques de l'époque des Royaumes combattants trouve sa meilleure expression dans des motifs géométriques aux contours curvilignes dont la composition est gouvernée par des diagonales, mais aussi dans des représentations figurées, plus rares, où se mêlent à un bestiaire complexe des créatures hybrides à tête d'homme et corps de serpent. Le cercueil de Leigudun est un des plus anciens exemples (fin du Ve s. avant notre ère) et l'un des plus riches, mais rien ne permet encore d'en éclairer le sens exact. De même, on s'interroge sur les figures qui ornent une cithare *se* provenant de la tombe no 1 de Changtaiguan découverte en 1956 et datant probablement du IVe siècle, peintes sur un fond de laque noir à l'aide d'une dizaine de couleurs dont l'or et l'argent, couleurs fixées peut-être par un liant autre que la laque, faute de quoi la plupart des couleurs auraient viré.

Alain THOTE

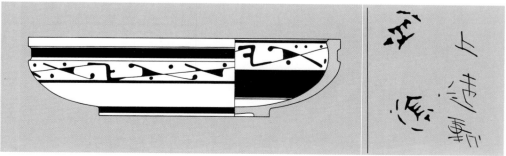

Plat en bois laqué provenant de la tombe no 2 de Yunmeng, dans le Hubei, fouillée en 1975. Fin du IIIe siècle avant J.-C.

Ci-contre : intérieur du plat ; ci-dessous, à gauche : profil du plat et relevé des motifs peints sur le rebord intérieur et le rebord extérieur ; à droite : inscriptions incisées dans le laque ou gravées au fer rouge dans le support en bois.
À partir du IVe siècle, dans la région du centre-sud de la Chine (soit le Hubei, le Hunan et l'Anhui) et au Sichuan, le mobilier déposé dans les tombes comprend un nombre de plus en plus grand de laques, en général des récipients. Leurs motifs, exécutés en noir sur fond vermillon ou inversement pour les pièces les plus courantes, ont vraisemblablement un caractère symbolique, mais témoignent aussi d'une invention et d'un sens décoratif certains. Cette pièce, trouvée dans la tombe d'un fonctionnaire de Qin, la principauté qui a progressivement annexé l'ensemble des territoires avant de l'unifier en 221 avant J.-C., est peut-être originaire de Xianyang, la capitale de Qin située à plus de 700 km de Yunmeng. Les inscriptions au fer rouge semblent indiquer cette provenance. Les inscriptions gravées, partiellement lisibles, livrent vraisemblablement le nom de l'artisan ou du responsable de la manufacture du plat.
Dans cette même tombe, on a retrouvé un ensemble de lois et de décrets en vigueur à Qin et dont certains ont trait au travail des artisans du laque, qui révèlent une organisation très hiérarchisée.

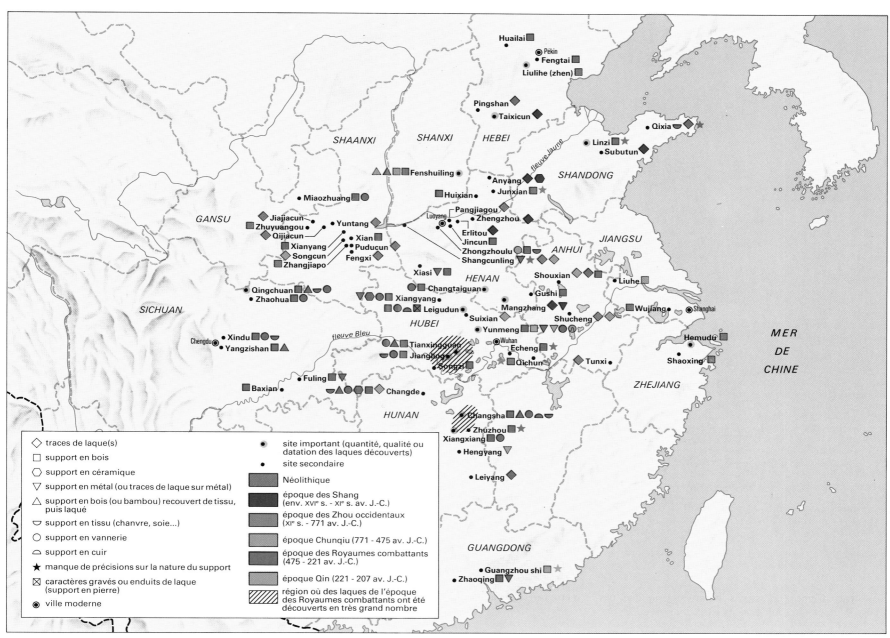

Provenance des laques datant du Néolithique
à la fondation de l'Empire (221 av. J.-C.)

Légende de la carte :

◇ traces de laque(s)

□ support en bois

○ support en céramique

▽ support en métal (ou traces de laque sur métal)

△ support en bois (ou bambou) recouvert de tissu, puis laqué

▽ support en tissu (chanvre, soie...)

○ support en vannerie

⌒ support en cuir

★ manque de précisions sur la nature du support

⊠ caractères gravés ou enduits de laque (support en pierre)

⊙ ville moderne

● site important (quantité, qualité ou datation des laques découverts)

• site secondaire

Néolithique

époque des Shang (env. XVIᵉ s. - XIᵉ s. av. J.-C.)

époque des Zhou occidentaux (XIᵉ s. - 771 av. J.-C.)

époque Chunqiu (771 - 475 av. J.-C.)

époque des Royaumes combattants (475 - 221 av. J.-C.)

époque Qin (221 - 207 av. J.-C.)

région où des laques de l'époque des Royaumes combattants ont été découverts en très grand nombre

Provenance des laques datant du Néolithique à la fondation de l'Empire (221 av. J.-C.)

Ces sites, des tombes pour la plupart, couvrent une grande partie du territoire chinois actuel. Mais leur répartition s'avère très inégale dès que l'on considère leur datation. Mis à part les laques du Néolithique, en nombre trop limité et encore sujets à caution, ces pièces apparaissent en quantité respectable pour une époque déterminée dans des régions qui correspondaient alors à un pouvoir établi : Anyang et la région centrale pour l'époque des Shang, la région de Xian pour celle des Zhou occidentaux (env. XIᵉ s.-770 av. J.-C.).

À partir du VIIᵉ siècle avant J.-C., la dispersion des sites comprenant des laques devient plus grande et, vers le IVᵉ siècle, elle atteste la généralisation de cet artisanat, certaines tombes pouvant contenir jusqu'à 200 pièces. Simultanément, les techniques se diversifient : toutes sortes de supports sont utilisés et l'éventail des couleurs s'amplifie. À cette époque, la région centrale du royaume de Chu mais aussi le Sichuan oriental se distinguent, tant par le nombre des découvertes que par la qualité des pièces, indiquant l'existence probable d'ateliers importants dans ces régions. Toutefois, le problème de la localisation des ateliers reste entier, car il faut non seulement tenir compte de l'accroissement des échanges commerciaux, mais encore du fait que les tombes de Chu, beaucoup mieux protégées, ont conservé jusqu'à nous des pièces qui, ailleurs, nous parviennent de manière très fragmentaire.

Bouclier en bois laqué provenant de la tombe nº 406 de Wulipai, à Changsha, Hunan. Époque des Royaumes combattants

Toutes sortes d'objets ont été revêtus de laque : armes, armures, instruments de musique en bois, cercueils, mobilier d'usage. Cette matière possède en effet de nombreuses qualités. Ses vertus décoratives ne sont pas les seules en cause, mais plutôt sa dureté et son imperméabilité une fois sèche, et ses qualités d'adhésif. Hauteur : 64,5 cm ; largeur : 45,5 cm ; épaisseur : 0,7 cm.

Empreintes laissées dans la terre par des fragments de laque (?)

Vestiges d'un décor provenant d'une tombe de l'époque des Shang située à Xibeigang, non loin de Houjiazhuang, district d'Anyang, Henan.

Le support en bois de ce décor s'est désintégré. Il a laissé dans la terre des fragments d'une matière identifiée comme étant du laque et comportant des incrustations de coquillage. On distingue ainsi un motif de dragon vu de profil. D'autres découvertes plus récentes montrant que l'usage du laque était répandu à l'époque des Shang rendent plausible une identification longtemps contestée. Longueur : 112,8 cm ; largeur : 41,3 cm.

Les instruments de musique de la Chine préimpériale

L'étude de la musique antique chinoise est longtemps restée subordonnée aux textes et à quelques décors gravés dans le bronze. Mais, au cours des trente dernières années, ce domaine s'est considérablement enrichi, grâce aux découvertes dans les tombes de nombreux instruments, parfois en excellent état de conservation. On possède aussi d'amples informations sur la notation musicale, tirées pour la plupart des inscriptions de la tombe n° 1 de Leigudun (Hubei, fin du Vᵉ s. av. J.-C.). En outre, les scènes figurées sur quelques bronzes gravés ou incrustés et sur des laques peints évoquent le contexte musical antérieur à l'époque des Han.

Les plus anciens instruments connus apparaissent au Néolithique (culture de Yangshao) : ce sont des sifflets en terre cuite (ocarina) ovoïdes ou sphériques et, sous leur forme primitive, dotés d'un seul trou. Quand ils sont plus élaborés, ils ont un trou pour souffler l'air et trois trous pour le doigté (Gansu, district de Yumen). Ils produisent ensemble les sons d'une échelle heptatonique, mais on ne peut affirmer que leurs artisans maîtrisaient suffisamment la technique pour avoir eu ce dessein. En revanche, dès l'époque des Shang (XVIIᵉ-XIᵉ s. env. av. J.-C.) leur qualité technique s'améliore. Instruments à sons fixes, ils donnent, au moins pour deux d'entre eux (Liulige, district de Huixian au Henan), huit demi-tons consécutifs. L'idée qu'une échelle pentatonique, mentionnée par les textes postérieurs, a pu être connue alors apparaît avec un autre instrument beaucoup plus important pour l'histoire de la musique chinoise : la cloche de bronze.

En effet, en 1976, un groupe de cinq cloches identiques, mais de taille décroissante, et donc de sonorités différentes, a été exhumé de la tombe de Fu Hao, une des épouses du roi Wu Ding (Anyang, au Henan ; datation entre la fin du XIVᵉ et le début du XIIᵉ s. av. J.-C.). Jusqu'alors on n'avait retrouvé, dans le nord de la Chine, que des séries formées au plus de trois cloches. Ces cloches *nao*, sans battant, reposent sur un manche court en tronc de cône et présentent deux faces bombées s'élargissant progressivement jusqu'à l'ouverture tournée vers le ciel. Leur taille est modeste (20 cm pour les plus grandes) si on les compare aux nombreuses cloches découvertes isolément dans le sud de la Chine et dont certaines, les plus anciennes, dateraient de la même époque. Pour les frapper, on tenait vraisemblablement ces cloches *nao* emmanchées au bout d'un bâton, comme le suggère leur manche souvent creux. En revanche, le manche des cloches du Sud, hautes parfois de 80 centimètres, devait s'enfoncer dans un socle jusqu'à sa base entourée d'un anneau qui stabilisait sans doute l'ensemble, et dont sont dépourvus les *nao* exhumés dans le Nord.

Un autre type de cloche que le décor apparente aux bronzes de la Chine du Sud coexiste avec ces dernières : les cloches *bozhong* qui ont un anneau de suspension fixe et dont l'ouverture n'est pas incurvée comme les précédentes vers l'intérieur mais plate. Elles forment le prolongement immédiat des clochettes attachées aux harnais des chevaux et au cou des chiens, mais s'en distinguent par l'absence de battant et par leur profil que rehaussent des arêtes découpées. Tout en subsistant jusqu'à l'époque des Royaumes combattants, elles restent rares, sans doute parce que leur usage était réservé à des hauts dignitaires, alors que les cloches à anneau *niuzhong* (sans arêtes découpées ; ouverture arquée vers l'intérieur) sont beaucoup plus répandues et forment souvent des carillons.

Vers le milieu de l'époque des Zhou occidentaux (XIᵉ s. env.-770 av. J.-C.) apparaît en Chine méridionale une nouvelle forme qui est la combinaison des deux précédentes : la cloche *yongzhong* possédant un manche comme les cloches *nao* et un anneau solidaire du manche à sa base. Fondues en séries de taille décroissante de trois à douze ou treize cloches, elles forment des carillons dont l'exemple le plus célèbre a été exhumé à Leigudun. Ce dernier totalise soixante-quatre pièces réparties en séries de cloches à manche ou à anneau. Sa découverte est capitale à plus d'un titre pour l'histoire de la musique, décidément redevable de nombreuses innovations aux peuples du centre-sud de la Chine. Avec un des maillets de bois retrouvés dans la tombe, on peut, en frappant chaque cloche en deux endroits indiqués chacun par le nom de la note attendue, obtenir deux sons qui diffèrent généralement d'une seconde majeure à une tierce mineure. La section ovale de chaque cloche, qui induit l'existence de deux axes fondamentaux de vibration, est à l'origine de cette double sonorité.

Comme le carillon de Leigudun ne semble pas avoir subi de graves altérations, on détient pour la première fois des informations directes sur la notation musicale, ainsi que de précieuses indications sur le jeu. Les degrés de l'échelle pentatonique y figurent ; des combinaisons de caractères révèlent l'existence de sons modifiés rendant possible l'usage, dès cette époque, d'échelles de six et sept tons. D'autre part, le jeu est passé de douze cloches environ à soixante-quatre, ce qui permet d'obtenir cent vingt-huit sons dont le registre dépasse cinq octaves. Aussi ne servait-il pas seulement à donner le ton, mais faisait-il partie intégrante d'un orchestre, ce que suggère la présence, à proximité, de tambours, d'un carillon de lithophones et de divers instruments à vent et à cordes. Il suppose aussi une maîtrise technique remarquable, la taille et la structure de chaque cloche étant en étroite relation avec les deux sons qu'on en tire.

Si la cloche de bronze apparaît comme le plus prestigieux de tous les instruments anciens – certaines tombes qui n'en possédaient pas renferment des substituts de céramique –, d'autres instruments ont aussi leur importance, comme le lithophone qui apparaît, grossièrement ouvragé, dès le Néolithique ; mais, à l'époque des Shang, il a une forme approximativement trapézoïdale et le trou de suspension est placé non loin de son angle supérieur. Puis sa forme se fixe pour ne plus changer jusqu'aux Temps modernes en une plaque possédant deux bras d'inégale longueur, suivant un angle obtus. L'ensemble le plus complet, découvert en 1970 non loin de Jiangling (Hubei, époque des Royaumes combattants), comprend vingt-cinq pièces jusqu'à l'époque des Royaumes combattants. D'autres instruments de facture plus rare n'ont pas connu, semble-t-il, de développements ultérieurs, du moins sous la forme où nous les connaissons : tels le tambour de bronze exhumé en 1977 dans le district de Chongyang, au sud du Hubei, et cette curieuse paire d'instruments fondus en bronze (district de Tunxi, Anhui ; époque des Zhou occidentaux), composés chacun de cinq tuyaux pleins hauts de 20 centimètres environ sur une base creuse. Chaque tuyau rend un son différent et sa sonorité change suivant l'endroit frappé.

Il semble bien que, jusque vers le VIᵉ siècle avant J.-C., ce soient les instruments à percussion qui prévalent par le nombre et la variété, mais on ne saurait négliger le fait que des instruments fragiles aient disparu sans laisser de traces. Cette prépondérance concorde toutefois avec les figurations portées sur quelques bronzes représentant des exécutants frappant des cloches ou des lithophones tandis que l'on bat le tambour.

Les plus anciens instruments de bois ou de bambou apparaissent dans de nombreuses tombes du pays de Chu dès le Vᵉ siècle. Il s'agit, en général, de cithares ou de tambours. L'ensemble de Leigudun offre le plus large échantillon d'instruments de l'époque pré-Han, puisqu'il comprend, outre les carillons, quatre tambours, douze cithares *se*, cinq orgues à bouche, deux flûtes de Pan, deux flûtes droites, enfin deux instruments à cordes non identifiés. Les deux flûtes de Pan, apparentées à une flûte en pierre retrouvée dans la tombe n° 1 de Xiasi (Henan ; VIᵉ s.), sont de forme identique, mais de taille sensiblement différente, et possèdent treize tuyaux en bambou de longueur décroissante. Elles devaient produire des sons distincts. Quant aux deux instruments non identifiés et désignés à tort comme des cithares *qin* (instrument oblong sans manche et plat, à sept cordes pour les exemplaires plus tardifs), ils sont chacun bien typés. Le premier, très étroit et long (115 cm sur 7 cm dans ses plus grandes dimensions) possède cinq cordes tendues par une cheville unique et couvrant à la fois la caisse de résonance et le manche. Le second, plus massif, n'offre à l'exécutant qu'une plage étroite pour le jeu. L'un comme l'autre posent un problème de terminologie : peut-être s'agit-il d'ancêtres de la cithare *qin* qui a tant enflammé l'imagination des poètes de l'Antiquité, mais qui demeure étrangement absente des tombes pré-Han.

La perfection technique et la variété de ces instruments induisent l'existence dès avant l'époque Han, dans la Chine du Centre-Sud, de théories musicales dont le témoignage s'est perdu depuis, alors que les textes pré-Han insistent plutôt sur la relation supposée entre la qualité d'une musique et la morale qui l'inspire.

Alain THOTE

Avec l'aimable autorisation de Cultural Relics Bureau, Beijing, et du Metropolitan Museum of Art, New York

Détail d'un vase en bronze *hu* au décor incrusté de cuivre (VIᵉ-Vᵉ s. av. J.-C.)

Ce vase a été découvert en 1965 à Chengdu, dans le Sichuan. Comme d'autres bronzes au décor similaire, il est orné d'une scène représentant une cérémonie rituelle où la musique prend une part importante : tandis que quatre exécutants frappent les cloches et les lithophones à l'aide de petits maillets, un musicien bat le grand tambour. Trois personnages assis sur leurs talons soufflent dans des orgues à bouche, un quatrième joue de la flûte de Pan. La découverte en 1978 de la tombe n° 1 de Leigudun (fin du Vᵉ s. av. J.-C.) devait confirmer l'exactitude de ces descriptions, en livrant dans un parfait état de conservation les mêmes instruments, auxquels s'ajoutent quatorze instruments à cordes, deux flûtes droites et trois petits tambours.

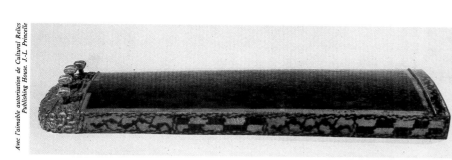

Deux instruments en bois laqué provenant de la tombe n° 1 de Leigudun, district de Suixian dans le Hubei (fin du Vᵉ s. av. J.-C.)

À gauche : cithare *se* (longueur : 169 cm ; largeur : 43 cm ; hauteur : 11 cm) à 25 cordes. Douze exemplaires de même type et de dimensions à peu près identiques ont été retrouvés dans la tombe. L'exécutant en jouait, assis sur les talons. Les traces laissées par les cordes ont permis de reconstituer leur mode de fixation : attachées à une extrémité de l'instrument, elles passaient sur des chevalets mobiles (non visibles sur la photographie), puis pénétraient à l'autre extrémité de la cithare pour ressortir et s'enrouler autour de 4 chevilles servant à régler leur tension (détail ci-contre). Musée de la province de Hubei, Wuhan. À droite : orgue à bouche fait d'une callebasse et de plusieurs tuyaux d'inégale longueur dont certains possédaient encore leur lame de résonance en bambou. Musée de la province de Hubei, Wuhan.

Lithophone découvert en 1950 dans la grande tombe royale de Wuguancun, près d'Anyang, Henan

Une des rares pièces en bon état de conservation à avoir été exhumée de cette tombe plusieurs fois violée, ce lithophone (ou pierre sonore) a pu appartenir à un carillon composé de plusieurs pièces de taille inégale, et donc rendant des sons différents. Époque des Shang (env. XVIᵉ-XIᵉ s. av. J.-C.). Longueur : 84 cm ; largeur : 42 cm.

Tambour en bronze, découvert en 1977 dans le sud du Hubei, district de Chongyang

Comme l'exemplaire de la collection Sumitomo de Kyōto (Japon) découvert antérieurement, cette pièce imite un modèle ayant une caisse en bois et deux membranes en peau de serpent (?), fixées chacune par trois rangées de petits clous ou de chevilles. On ne connaît pas le rôle exact de la partie supérieure du tambour. Hauteur totale : 75,5 cm ; diamètre : 39,5 cm ; longueur : environ 38 cm. Époque des Shang. Musée de la province de Hubei, Wuhan.

Cloche en bronze à manche *yongzhong*, provenant de la tombe n° 1 de Leigudun, Hubei

Cette pièce appartenait à un carillon de 64 cloches. En raison de sa section ovale, elle rend deux sons courts et de hauteur différente quand elle est frappée au centre de sa partie inférieure ou sur le côté. Il semble que, dès l'époque des Shang peut-être, mais plus sûrement sous les Zhou occidentaux, cette forme particulière ait été conçue avec le dessein d'en tirer deux sons. Pour corriger une sonorité imparfaite, on bûchait la surface intérieure de la cloche (hauteur : 68 cm ; poids : 24,7 kg). Vᵉ siècle avant J.-C. Musée de la province de Hubei, Wuhan.

L'art de la table à l'époque Han

Les fouilles effectuées en Chine au cours des trente dernières années ont livré un ensemble impressionnant de vestiges datés qui éclairent nombre d'aspects de la culture matérielle de ce pays, en particulier pour l'époque Han (206 av. J.-C.-200 apr. J.-C.).

Ces documents proviennent presque tous des sépultures de la classe possédante, tombes conçues à cette époque comme une réplique pour l'au-delà de la demeure d'ici-bas. Au Ier siècle avant notre ère et plus encore à l'époque des Han postérieurs, les chambres souterraines sont décorées de scènes estampées ou peintes sur brique, peintes ou gravées sur pierre, évoquant, entre autres thèmes, les biens et les plaisirs que l'on souhaite au défunt de retrouver dans l'au-delà.

La tombe contient en même temps un mobilier funéraire – objets réels ou modèles en terre cuite – destiné à accompagner le mort. Enfin, dans certaines tombes, un inventaire sur fiches de bambou ou sur tablettes de bois permet de préciser le nom et l'usage des objets enterrés.

L'alimentation, les cuisines et l'art de la table sont particulièrement bien évoqués dans les tombes, tant il est vrai qu'il n'est pas d'enterrement sans offrandes de nourriture au défunt, ne fût-ce que sous la forme de récipients.

Nombre de produits alimentaires, mais aussi de mets cuisinés, ont été ainsi découverts. Les tombes les plus riches à cet égard sont vraisemblablement celles de Mawangdui à Changsha au Hunan, en particulier la tombe no 1, sépulture de la marquise de Dai, décédée peu après 168 avant J.-C., et celle de son fils (tombe no 3), mort en 168 avant J.-C. Les deux tombes (fouillées en 1972-1973) conservaient un ensemble unique de provisions et de plats préparés, déposés dans différents contenants en laque, en céramique et en bambou, mais aussi des fiches d'inventaire sur bambou donnant, en ce qui concerne l'alimentation, la composition des plats.

L'étude de ces aliments enterrés, des fiches d'inventaire, des étiquettes attachées aux contenants (donnant le nom des produits) et des textes anciens permet de mieux comprendre, dans ses grandes lignes, le régime alimentaire Han.

La nourriture de base est constituée par les céréales : différentes variétés de millets et de riz, glutineux ou non, blé, orge. La consommation dépend naturellement des régions ; les millets, l'orge et le blé dominent en Chine du Nord, alors que le riz est la céréale la plus cultivée dans le Centre et le Sud.

Les grains sont consommés, plus ou moins finement décortiqués, cuits à la vapeur ou bouillis. À partir du Ier siècle avant notre ère, les préparations à base de farine de blé, surtout sous forme de nouilles, se répandent peu à peu, d'abord en Chine du Nord et en milieu urbain.

L'aliment de base est complété par des mets d'accompagnement, légumineuses et graines (chènevis, haricots, moutarde), légumes, viandes et poissons, condiments et fruits.

Le principal de ces plats d'accompagnement, présent sur toutes les tables, riches et pauvres, est le *geng*. Art d'associer les saveurs, le *geng* est une sorte de soupe épaisse ou de brouet à la viande, chez les riches ou pour les repas de fête, qui peut être aussi une soupe de céréales, de viande et de légumes, ou encore, chez les pauvres, une soupe de légumes.

Les viandes consommées varient, comme les céréales, suivant les régions. Elles comprennent, outre la volaille – qui est certainement la viande la plus accessible et dont on consomme les œufs –, le bœuf, le mouton, le cheval, le chien, le porc, le cerf, le sanglier, le lièvre et d'autres pièces de gibier. Les fiches d'inventaire de Mawangdui et les étiquettes attachées aux contenants donnent des indications précises sur la façon dont sont préparés ces mets d'accompagnement et sur les morceaux de l'animal cuisinés. Viandes et poissons sont bouillis pour le *geng* ; mais la viande peut être également rôtie à la broche ou enduite d'argile et rôtie, braisée ou encore mise à revenir dans un peu de graisse animale. Le poisson peut être cuit à la vapeur.

Viandes et poissons sont conservés séchés au soleil, ou encore marinés dans le sel et les aromates, pour donner des sauces. Enfin, certaines viandes (le mouton, le cerf) et le poisson sont parfois consommés crus coupés en lamelles, à la manière du *sashimi* japonais.

Les condiments comprennent le sel, le vinaigre, des sauces de soja, le sucre, le miel, le gingembre, l'ail, l'oignon, la cannelle, le clavalier, le galanga.

Les légumes les plus utilisés sont les racines de lotus, les pousses de bambou, les courges, les germes de soja, la mauve, le taro, l'igname, le poireau, les raves. On faisait souvent macérer les légumes, comme les viandes, dans le sel, le vinaigre ou la sauce de soja. Les fruits sont beaucoup plus abondants dans le Centre et le Sud (melons, pastèques, prunes, arbouses, oranges, mandarines, pêches, poires, abricots, kakis, châtaignes d'eau, etc.) que dans le Nord qui dispose surtout de jujubes.

La plupart des friandises étaient faites à partir de riz et de millet glutineux, aromatisées au sucre, au miel, aux jujubes et aux châtaignes d'eau.

Les Han buvaient de l'eau, de l'eau de cuisson des céréales, des boissons aigres à base de fruits (pêches et prunes) ou du lait (lait de jument fermenté), des boissons sucrées (jus de canne à sucre), enfin des alcools qui sont en fait des bières fabriquées à partir des différentes céréales (surtout millets, riz et blé). On distinguait des bières troubles, douces, à fermentation brève (de 1 à 4 jours) et des bières clarifiées, plus fortes, à fermentation longue (de 3 à 4 mois) et souvent plusieurs fois reprise. La distillation est encore inconnue.

Les scènes de cuisine constituent l'un des thèmes favoris du décor peint ou gravé des chambres funéraires à l'époque des Han postérieurs. Les cuisines sont généralement installées près du puits. L'élément essentiel en est le fourneau, rectangulaire, avec une bouche de feu à l'avant et un conduit de fumée à l'autre extrémité. Le dessus comporte plusieurs orifices de cuisson, dont un grand, réservé à la double marmite (*fu* et *zeng*) pour la cuisson à la vapeur. Le *geng*, les viandes non rôties et les légumes sont cuits en marmite (*fu*). Cette paire de marmites (*fu* et *zeng*) reflète bien l'association fondamentale du repas Han : céréales et soupe *geng*.

Les ustensiles de cuisson sont souvent en terre cuite, mais la fonte de fer se répand de plus en plus pour les marmites.

Un autre élément important des cuisines est la réserve de viandes et de poissons ; les morceaux y sont mis à sécher, suspendus par des crocs métalliques à un châssis.

Dans la maison Han, où l'on vit au niveau du sol, les repas sont pris sur des plateaux, apportés tout garnis des cuisines et placés devant la natte ou la couche basse qui sert de siège. Ces plateaux individuels, rectangulaires ou circulaires, reposent le plus souvent sur des pieds bas. Dans certains banquets, une longue table basse remplace le plateau individuel devant le personnage que l'on veut honorer. On pose sur cette table des plateaux circulaires sans pieds ou à pieds très courts.

Les plateaux, comme la vaisselle, sont en terre cuite, en bois ou en bambou chez les gens modestes ; chez les riches, ils sont en bois laqué, rouge sur le dessus et noir sur le dessous, parfois rehaussés de motifs peints en plusieurs couleurs. Angles et piétement peuvent être plaqués de bronze doré.

La vaisselle de table des familles riches est le plus souvent en laque. Les céréales sont servies dans des bols ou dans des boîtes cylindriques à couvercle, les mets d'accompagnement solides dans des plats, le *geng*, de même que les sauces, dans des coupes à oreilles ; on se sert de baguettes et de cuillers.

Il n'est pas de réunion entre amis ou de banquet sans bière ; elle est apportée dans différents vases en bronze ou en laque que l'on place près du plateau. On la transvase à l'aide d'une louche dans des coupes ovales à oreilles, semblables à celles qui sont utilisées pour le *geng*.

Cette vaisselle en laque, rehaussée de motifs peints, incisés ou incrustés de feuilles de métal, coûtait fort cher. D'entretien aisé, imperméable et durable, elle pouvait se transmettre sur plusieurs générations, comme les plus beaux vases en bronze. Comme eux, elle porte souvent inscrits sa contenance, le nom de son propriétaire, la date, le lieu de sa fabrication et le nom des artisans qui y ont participé.

Michèle PIRAZZOLI-t'SERSTEVENS

Scène de banquet avec musiciens et spectacle de variétés

À droite, danseurs et jongleurs. En haut, à gauche, les deux convives ; au-dessous, deux joueurs de flûte de Pan. Par terre, des plateaux et deux vases *zun* pour la bière. Brique à décor en léger relief qui ornait les parois d'une tombe. Chengdu, IIe siècle après J.-C. Hauteur : 42 cm ; largeur : 46 cm. Musée provincial du Sichuan, Chengdu.

Scène de banquet

L'hôte est assis sur une couche que clôt un paravent, devant une table basse chargée de coupes. Des invités sont assis sur des nattes ; d'autres arrivent, accueillis par des serviteurs. Au-dessus de la scène, les rideaux d'un dais. Dalle gravée ornant l'une des chambres de la tombe no 1 de Mixian, Henan. IIe siècle après J.-C. Longueur : 1,53 m ; hauteur : 1,14 m.

Vase pour chauffer la bière (*wenjiu zun*)

Trouvé avec d'autres bronzes à Youyu, nord du Shanxi. Décor en relief d'animaux dans un paysage de montagnes. Inscription en bordure de l'ouverture : « Vase *zun* en bronze pour chauffer la bière, pesant 24 *jin*, fait la 3ᵉ année Heping (26 av. J.-C.) par Hu Fu de Zhongling (l'actuel Youyu). » Cette forme de vase apparaît très souvent dans les réunions à boire figurées sur les parois des tombes des Han postérieurs. Servait-elle vraiment à réchauffer la bière ? L'inscription peut être lue aussi « vase *zun* en bronze pour la bière *yun...* » (*yun* : type de bière fermentée à plusieurs reprises).
Bronze doré ; hauteur : 24,5 cm ; diamètre : 23,4 cm. Daté 26 avant J.-C.

Plateau avec repas servi tel qu'il se trouvait au moment de la fouille dans le compartiment latéral nord de la tombe de la marquise de Dai à Mawangdui (tombe nº 1), Changsha, province du Hunan

Plateau et vaisselle sont en laque : petits plats pour viandes et légumes, gobelets et coupe à oreilles pour la bière. Les parois du compartiment, à l'image des murs d'une demeure, sont tendues de soie. La défunte, évoquée par une robe, est censée être assise devant le plateau. Peu après 168 avant J.-C.

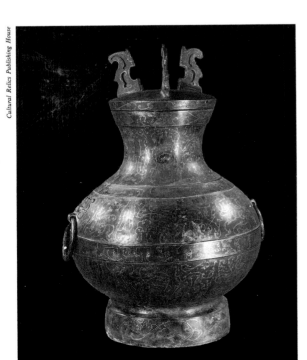

Vase *hu* pour la bière

Les volutes forment une inscription en écriture décorative *niaozhuan* qui vante la beauté du vase, les plaisirs de la bière et formule des vœux de longévité. Témoin de la vaisselle de parade des cours princières au IIᵉ siècle avant notre ère, le vase se trouvait dans la tombe de Liu Sheng, roi de Zhongshan, mort en 113 avant J.-C. Bronze damasquiné d'or et d'argent ; hauteur : 44,2 cm ; diamètre de la panse : 28,5 cm.

Scène de cuisine incisée sur une dalle de pierre d'une tombe du IIᵉ siècle de notre ère à Liangtai, district de Zhucheng, province du Shandong

Puits, fourneaux, réserve de viandes, pile de plateaux pour les repas, scènes d'abattage, préparation et cuisson de brochettes, préparation de pâtes, opérations de filtrage et de fermentation sont évoqués ici. Hauteur : 1,52 m ; largeur : 76 cm.

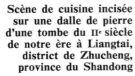

Philosophie et religions : nouvelles perspectives

L'histoire des religions chinoises est longtemps restée la prérogative des philologues, que l'abondance des textes apocryphes invitait à la prudence ; l'histoire de l'art puis l'archéologie sont venues récemment compléter, voire défier les données traditionnelles. Déjà au début du XXe siècle, Dunhuang, site rupestre bouddhique du Gansu, offrait, par ses manuscrits de toute nature, ses peintures et ses sculptures, un domaine d'étude inépuisable à plusieurs générations de chercheurs.

D'une ampleur comparable sont les nombreux manuscrits écrits sur bois ou sur bambou, sur soie et sur papier, exhumés de sépultures : textes de divination de l'époque des Han occidentaux (206 av. J.-C. - 8 apr. J.-C.) trouvés à Yinqueshan près de Linyi (Shandong) ; talismans taoïstes à Astana près de Turfan (Xinjiang), etc. L'ensemble le plus exceptionnel est celui que conservaient les trois tombes de la famille du marquis de Dai (mort en 186 av. J.-C.), situées à Mawangdui près de Changsha (Hunan). La troisième, celle du fils, datant de 168 avant J.-C. et fouillée en 1973 réunissait des manuscrits sur soie d'une valeur inestimable. Ces textes, groupant plus de 120 000 caractères, étaient, pour la plupart, pliés et rangés dans un coffret de bois laqué. Cette découverte est, de toute l'histoire des manuscrits anciens chinois, l'une des plus significatives, et elle apporte une contribution incomparable à l'histoire, à la géographie, à la médecine, à l'astronomie et à la philosophie, tout particulièrement au taoïsme. Elle nous a révélé la plus ancienne version du *Laozi* (*Daodejing*) connue à ce jour. Le texte apparaît ici sous deux formes : la première (A), antérieure à 206 avant J.-C., la seconde (B), datant du règne de l'empereur Gaozu (206-195 av. J.-C.). Les deux sections de la version B intitulées respectivement *De* (Vertu) et *Dao* (Voie) bouleversent l'ordre traditionnel de l'ouvrage. Doit-on y voir une influence du légisme*, en raison de la prépondérance donnée à la partie *De* consacrée aux problèmes humains et politiques sur la partie *Dao* relative aux questions cosmologiques et ontologiques ? L'ordre habituel n'était-il pas déjà le résultat d'une inversion pour insister sur l'aspect métaphysique ? La présentation originale demeure, ici encore, incertaine. Deux traditions ont pu coexister dès l'Antiquité. L'absence de chapitres, autre nouveauté, libère, quant à elle, du joug d'une division parfois arbitraire et favorise une meilleure compréhension de passages obscurs. Ces manuscrits ont aussi révélé des textes que l'on croyait disparus : quatre ouvrages bien préservés, précédant la version B du *Laozi*, respectivement intitulés *Jingfa* (Loi invariable), *Shidajing* (Les Dix Grands Écrits), *Cheng* (Pesée) et *Daoyuan* (*Dao* : « l'origine »). En référence aux *Huangdi sijing* (Les Quatre Écrits de l'Empereur jaune) mentionnés dans le chapitre bibliographique des annales des Han occidentaux, ces textes pourraient être les ouvrages perdus du courant se réclamant de

Huangdi, l'« Empereur jaune », souverain mythique considéré comme le patron du taoïsme ésotérique*. Cette école, qui a fusionné avec celle de Laozi, père du taoïsme mystique*, pour devenir la secte de Huanglao, a connu une certaine faveur sous les Han. Écartée par l'idéologie confucéenne, sous le règne de l'empereur Wu (140-85 av. J.-C.), elle s'est définitivement effacée devant la prééminence du Laozi. Cela explique la rareté de la littérature sur ce sujet. Ces quatre textes vont peut-être contribuer à mettre en lumière un courant philosophique gommé de la tradition, mais dont certains éléments subsistent dans le taoïsme religieux. Si le contenu est reconnu comme étant situé entre la pensée taoïste et les conceptions des légistes, l'identification, quant à elle, soulève encore des controverses. Parmi les autres manuscrits, citons le *Yijing*, ouvrage ancien de divination, deux textes sur le *yin-yang* et les cinq éléments, un traité d'astrologie et un fragment de soie comportant une quarantaine d'illustrations d'exercices physiques, munies de notices explicatives. Certaines concernent des exercices de gymnastique d'après les mouvements des animaux, d'autres les techniques respiratoires. Un court passage pourrait être un traité sur un régime sans céréales et sur le contrôle du souffle. L'inhumation du défunt avec ce genre de textes prouve que les techniques taoïstes de recherche de l'immortalité (gymnastique, diététique, absorption de drogues, respiration embryonnaire, méditation, etc.), un des soucis majeurs de l'époque Han, étaient déjà en faveur à cette date.

C'est bien l'immortalité qu'évoquent la plupart des décors des tombes et du mobilier funéraire de cette période. Il convient toutefois de dissocier la vie dans l'au-delà et les moyens pour éviter la mort. Le premier aspect prévaut sous plusieurs formes iconographiques qui reflètent l'évolution de la mentalité : ascension de l'âme du défunt vers l'immortalité (bannières de Chenjiadashan, de Zidanku et des tombes n° 1 et n° 3 de Mawangdui) ; terres mythiques paradisiaques, tel le mont Kunlun, un des « cinq pics sacrés », comme lieux de séjour dans l'au-delà, après l'ascension (bannière de Jinqueshan) ; immortalité personnifiée sous les traits d'immortels vêtus de plumes ou sous ceux de Xiwangmu, la Reine mère de l'Ouest qui gère le cosmos et délivre l'immortalité (peinture sur le plafond de la tombe de Bu Qianqiu). L'abondance et la précision des documents, tant littéraires que figuratifs, fournis par les fouilles de ces dernières années, enrichissent considérablement le champ d'investigation des études sur le taoïsme. En confrontant les textes traditionnels ou récemment mis au jour avec les œuvres elles-mêmes, on a pu préciser ou réviser l'iconographie, la datation et l'évolution de certains thèmes. Ainsi, les êtres hybrides du célèbre manuscrit de Chu (collection Sackler, Metropolitan Museum of Art, New York), de la fin du Ve siècle avant J.-C., et les animaux fantastiques

psychopompes des bannières de Mawangdui pourraient-ils illustrer l'héritage de l'univers mythologique teinté de chamanisme de l'ancien royaume de Chu. Ce qui s'exprime aussi dans les ouvrages tels que le *Shanhaijing*, livre de géographie mythique (éléments les plus anciens : IVe s. av. J.-C.), ou le *Chuci*, recueil de poésie de Chu comprenant des chants extatiques attribués à Qu Yuan (340-278 av. J.-C.). La genèse de la représentation des terres des immortels (mont Kunlun, île Penglai, etc.) se voit repoussée de quelques siècles. Certains spécialistes la font même remonter aux entrelacs qui décorent le cercueil de la tombe n° 1 de Mawangdui. Quant à l'iconographie de Xiwangmu, objet d'un culte populaire à l'origine du premier mouvement sotériologique* en Chine, elle se dessine depuis sa première représentation connue, dans la tombe de Bu Qianqiu (mort en 49 av. J.-C.), jusqu'aux nombreuses briques et dalles gravées des Han orientaux (25-220 apr. J.-C.).

Le bouddhisme ne reste pas en marge des apports récents de l'archéologie en Chine. Les sites rupestres connus (Dunhuang, Binglingsi, Yungang, Longmen, etc.) font l'objet de restaurations importantes. Les fouilles de temples et de pagodes, souvent détruits lors de persécutions, se multiplient (ruines du temple Changlesi à Gushan près de Handan, celles de Hebei, fouillées en 1982, par exemple). Ensevelies par les sables ou seulement oubliées pendant presque deux mille ans, des falaises sculptées sont remises à l'honneur. L'étude en fut inaugurée en 1980 après la retentissante découverte d'une des plus spectaculaires d'entre elles située sur les monts Kongwang, près de Lianyungang (Jiangsu). Celle-ci réunit, en une centaine de figures, des thèmes taoïstes (porteurs d'offrandes vêtus à la chinoise, danseurs masqués, etc.), tels que ceux rencontrés dans les sépultures Han, et les sujets bouddhiques (Buddha debout, assis, quittant ce monde entouré de ses disciples). Cela confirme l'interpénétration de ces deux religions à l'époque Han, symbiose qui se reflète tant dans la terminologie des premières traductions des textes saints que dans l'expression artistique. Cette découverte capitale pourrait venir à l'appui de la thèse affirmant l'antériorité de la voie maritime par rapport à la route terrestre de l'Asie centrale (considérée longtemps comme plus ancienne) dans la pénétration du bouddhisme en Chine. Les textes attestent l'existence d'une première communauté officielle, dès 65 après J.-C., à Pengcheng dans la région du Jiangsu. Les deux voies ont, toutefois, pu coexister depuis la plus haute Antiquité. Datation et identification des sujets taillés sur cette falaise, qui a dû être pendant plusieurs siècles un lieu de pèlerinage et de dévotion intense, font encore l'objet d'un débat passionnant.

Évelyne MESNIL

Ascension vers l'immortalité, peinture sur briques – tombe de Bu Qianqiu (86-49 av. J.-C.) et de sa femme. Luoyang, Henan

Fouillée en 1976, la tombe a livré un ensemble remarquable de peintures illustrant des thèmes taoïstes. Sur le plafond de la chambre principale, vingt briques rectangulaires forment une frise horizontale représentant une scène d'ascension vers l'immortalité (dessin ci-dessous, lecture de droite à gauche). De façon presque symétrique à droite et à gauche, Fuxi et Nügua, couple de démiurges mythiques, président. Fuxi, d'une tête et d'un buste humains et d'une queue de serpent, porte une robe rouge recouverte d'un châle violet. Ses mains sont jointes sous ses manches (brique n° 3 et détail page ci-contre). Il fait face au Soleil rouge contenant un corbeau noir à trois pattes, symbole de l'essence *yang* (2). Nügua, munie des mêmes attributs que Fuxi (19), est tournée vers la Lune blanche, symbole de l'essence *yin*, où se trouvent le mûrier mythique du Levant, lié à la légende de l'archer Yi, et le crapaud, métamorphose de l'épouse de Yi après qu'elle eut dérobé les drogues d'immortalité (18). Encadré par ce condensé cosmogonique, le cortège se déroule. La femme, debout sur un volatile à trois têtes, vêtue d'une longue robe et tenant un oiseau noir, ainsi que l'homme debout sur un serpent et tenant un arc (4) seraient les portraits du couple défunt, comme sur la partie médiane de la bannière de la tombe n° 1 de Mawangdui. Le renard à neuf queues et le crapaud qui les accompagnent ainsi que le lièvre qui tient des herbes d'immortalité (5) forment ici, pour la première fois, trois des attributs de la Reine mère de l'Ouest. Assise sur un nuage, celle-ci, portant une coiffe à deux pointes, accueille les défunts (5). Puis un tigre, un oiseau hybride (9-10), deux licornes (11-13) et deux dragons (13-16), véhicules ou protecteurs, se déploient puissamment dans les entrelacs de nuages. Enfin, un immortel ailé, vêtu de plumes, l'insigne des messagers célestes à la main (17), prend la tête de ce cortège de l'au-delà en quête de l'immortalité.

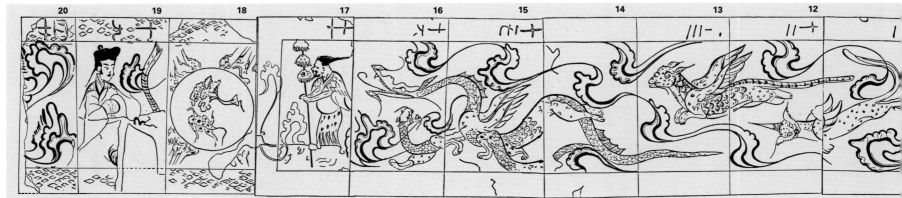

**Sculptures rupestres bouddho-taoïstes. Han orientaux (25-220 apr. J.-C.),
début des Six Dynasties (220-598 apr. J.-C.). Kongwang shan, Lianyungang, Jiangsu**

Ci-dessus, à gauche, trois groupes se distinguent dans les sculptures de la falaise. A. Les thèmes bouddhiques d'iconographie indienne : Buddha debout apaisant (1), Buddha assis en méditation (2) et en prédication ? (3) ; épisode de la vie du Buddha : mort-libération (*parinirvana*) en présence de ses disciples (4) ; illustrations des vies antérieures du Buddha : don de son corps à la tigresse affamée (5). B. Les thèmes bouddho-taoïstes d'esthétique chinoise : êtres promis à l'éveil (*bodhisattva*) vêtus comme des dignitaires ou divinités taoïstes du lieu ? (6-7) ; scènes narratives : entretien avec Vimalakîrti ou banquet ? (8). C. Les thèmes du fonds culturel et religieux de l'époque Han : acrobates et danseurs (9), porteur d'offrandes (10), exorciste (11). À droite, détail de la figure n° 1 : Buddha muni de la protubérance crânienne, debout, faisant le geste du don et de l'apaisement.

**Fragments du manuscrit du *Laozi*,
version B – tombe n° 3 de
Mawangdui. Changsha, Hunan**

Écrite à l'encre sur soie, en caractères de style *lishu*, courant à l'époque Han (221 av. J.-C. - 220 apr. J.-C.), cette version est mieux conservée que la version A. Le remplacement du caractère impérial tabou *bang*, qui désigne l'empereur Gaozu nomme Liu Bang, par le caractère *guo*, et le maintien, par contre, des caractères *ying* et *heng* composant les noms des empereurs suivants invitent à dater ce manuscrit du règne de Gaozu (206-195 av. J.-C.). La longueur du texte est de 5 467 caractères, soit 467 de plus que la version traditionnelle.

Images d'une société courtoise : la peinture murale des sépultures Tang

Nulle discipline autant que l'archéologie n'a fait progresser au cours des vingt dernières années notre connaissance de la Chine ancienne. Dans le domaine de la peinture, des périodes longtemps connues au travers des seules sources littéraires ont été éclairées par des découvertes qui marquent la continuité de la création picturale en Chine depuis l'époque des Royaumes combattants (475-221 av. J.-C.). Cercueil et mobilier laqué de Leigudun (vers 433 av. J.-C.), bannières et rouleaux de Mawangdui (vers 168 av. J.-C.), peintures murales de sépultures s'échelonnant tout au long du IIe siècle nous fournissent des jalons essentiels mais très dispersés dans le temps et l'espace. Certaines périodes – celle des Han antérieurs –, certaines aires géographiques – celle du royaume de Chu – ont été privilégiées par d'exceptionnelles découvertes. Elles ne nous offrent toutefois qu'une image lacunaire de l'évolution de la peinture chinoise.

En revanche, on possède pour la période Tang un large corpus de sépultures décorées de peintures murales qui offrent de précieux documents sur la société chinoise du VIIe au Xe siècle : une trentaine de tombes dont vingt-quatre se situent dans le territoire de l'ancienne Chang'an. Trois d'entre elles sont des tombes princières d'une grande richesse, bien connues grâce aux publications et aux expositions offertes au public européen depuis 1973. Pour les autres sépultures, les revues archéologiques chinoises fournissent au spécialiste une documentation et une iconographie de valeur malheureusement inégale. Cependant, le matériel de première main offert par l'archéologie à notre étude existe et nous permet, pour la première fois, de saisir la nature et l'évolution de la peinture chinoise durant les trois siècles de la dynastie Tang, période pour laquelle on ne disposait jusqu'ici que de sources écrites et, excepté les décors du site rupestre de Dunhuang, d'œuvres d'une authenticité douteuse. Une question se pose : la création picturale Tang se limite-t-elle à la seule peinture murale funéraire ? Les textes soulignent la prépondérance de la peinture murale sous les Tang et associent à sa pratique tous les peintres célèbres ; mais des peintures religieuses et palatines rien n'a subsisté par suite des proscriptions du bouddhisme et du caractère éphémère de l'architecture chinoise. Les peintures funéraires chinoises ne sont pas signées et on les considère comme œuvres d'artisans. Pourtant, parce qu'elles sont proches de la capitale, conçues comme des palais souterrains et dotées de décors d'une grande qualité, les tombes Tang offrent sans conteste un reflet direct de la peinture à la cour de Chang'an.

Grâce à de longues épitaphes gravées sur des dalles de pierre carrées, ces sépultures peuvent être datées et leurs propriétaires identifiés : ce sont des membres de la famille impériale ou des fonctionnaires de grade élevé. Toutes les tombes possèdent la même structure, plus ou moins développée suivant le rang du défunt. Orientées nord-sud, elles se divisent en deux parties. La première, sur plan incliné, mène à une porte de pierre à décor gravé. La seconde, bâtie sur plan horizontal, correspond à la résidence du défunt. Dans les tombes importantes, le décor peint peut occuper la totalité des parois et des plafonds. Malheureusement, elles ont presque toutes été pillées et ne conservent jamais l'intégralité du programme peint, les brèches laissées par les voleurs ayant favorisé les infiltrations.

C'est moins la nouveauté des thèmes que le renouvellement de leur traitement qui frappe dans la conception iconographique des ensembles funéraires Tang. Les représentations célestes connues depuis les Han se retrouvent souvent aux plafonds voûtés des chambres, tandis que les animaux des points cardinaux continuent de flanquer l'entrée de la rampe d'accès. Des motifs décoratifs (frises florales, volutes de nuages habitées d'oiseaux) apparaissent parfois aux plafonds ou au bord supérieur des parois. Toutefois, les programmes sont avant tout naturalistes et représentent les différentes activités des nobles et la vie quotidienne dans la résidence du défunt. L'innovation fondamentale tient dans l'intégration parfaite du décor peint à la structure de la tombe. Gardes, serviteurs, fonctionnaires, attelages, architectures étaient certes représentés sur les parois des sépultures depuis la période Han, mais, pour la première fois, ils sont subordonnés à une composition d'ensemble. Cette formule neuve traduit une progression des abords à l'intérieur d'un palais ; idée encore soulignée par le cadre architectonique continu et par les personnages traités grandeur nature. L'unité de ces programmes est réalisée dans les tombes des princes Zhanghuai, Yide et de la princesse Yongtai. Le premier, acculé au suicide en 684, les seconds, frère et sœur, mis à mort en 701 sur ordre de l'impératrice Wu Zetian connurent les honneurs d'un mausolée impérial à l'avènement de l'empereur Zhongzong. Les trois tombes datent de 706. Celle de Zhanghuai fut réouverte et son décor partiellement remanié pour l'enterrement de sa femme en 711. La première partie des tombes est consacrée à des scènes de plein air : jeu de polo et départ pour la chasse (Zhanghuai), vue d'une citadelle et d'une armée imposante (Yide) ; ensuite viennent les représentations de serviteurs, de fonctionnaires et de gardes jusqu'à l'enceinte du palais flanquée de rateliers hérissés de hallebardes dont le nombre marque le rang du maître de céans. Dans une autre tombe princière (Wei Jiong, 708), la majesté de l'entrée du palais est soulignée par un pavillon à deux étages et cinq travées, important document sur l'architecture de bois sous les Tang. Après

la porte de pierre, servantes et serviteurs arborant des objets d'usage courant et dames du gynécée surprises dans leurs loisirs apparaissent derrière une galerie de bois ouvrant sur un jardin intérieur.

Ce type très cohérent de décor est la marque de la peinture murale Tang à son apogée, au début du VIIIe siècle ; mais entre la sépulture de Li Shou (630), la plus ancienne fouillée à ce jour, et les tombes de la fin du IXe siècle, l'évolution iconographique est manifeste. Les thèmes de l'économie rurale et domestique prépondérants sous les Han et sous les Six Dynasties subsistent dans les scènes de labour et de cuisine de la tombe de Li Shou. Dans les sépultures postérieures, la verve un peu confuse du début du VIIe siècle cède la place à des compositions bien articulées puisant leur inspiration dans le cosmopolitisme de la société Tang : les types humains étrangers sont légion ; panthères, chameaux, etc., remplacent les animaux de trait.

Vers 745 apparaît, au sein de programmes très réduits, un thème nouveau : des hommes ou des femmes sont représentés, chacun devant un arbre, dans des panneaux encadrés d'un trait épais évoquant les volets d'un paravent. Les motifs de fleurs et d'oiseaux se multiplient jusqu'à constituer l'essentiel du décor des sépultures les plus tardives (844, 847, 864), annonçant un genre caractéristique de la peinture de cour ultérieure.

La peinture murale en Chine est exécutée sur enduit sec. Le mur est préparé par des couches d'argile mêlée de paille puis de chanvre. Le dernier apprêt, chaux additionnée d'un liant absorbant, reçoit le dessin à l'encre et les pigments minéraux. Le peintre exécute une esquisse à l'intérieur de laquelle il dispose les couleurs en aplats. Il reprend enfin à l'encre les traits du visage, les plis du vêtement, etc. Ainsi appliquée sur une mince pellicule, la couche picturale est fragile et sa conservation dépend de l'adhérence de l'enduit à la paroi. Quant aux pigments minéraux, à l'abri de la lumière ils ont gardé leur fraîcheur. La verve coloriste des artistes ne doit pas masquer la qualité graphique de leurs réalisations. Le trait d'encre d'une épaisseur égale décrit la forme sans hésitation ni fioriture, l'inscrit nettement dans un espace neutre qu'elle anime par le seul jeu des attitudes, des regards croisés, des proportions relatives. Le décor gravé des portes et des cercueils de pierre est à cet égard indissociable du programme peint : identité de thèmes, même art essentiellement graphique. L'importance du paysage augmente ; mais il reste traité en notations elliptiques : rocs, touffes d'herbes, arbres étirés au feuillage rare servent de décor aux évolutions humaines mais surtout créent la profondeur dans la composition.

Caroline GYSS-VERMANDE

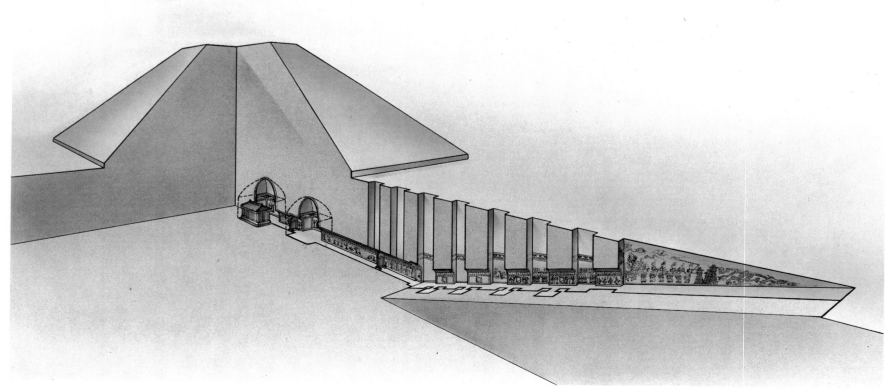

Les chevaux harnachés de la princesse Yongtai

Menés à la bride par un jeune homme et un vieux palefrenier, ces chevaux décorent le mur est du chemin d'accès à la tombe de la princesse Yongtai. La scène combine sens aigu du détail (le harnachement) et graphisme elliptique, goût du réalisme et tendance à la caricature (physionomie du palefrenier), qualités apparemment contradictoires qui font la richesse de la peinture murale Tang.

Décor du cercueil de la princesse Yongtai (détail de la paroi nord) Shaanxi, VIIIᵉ siècle

Cet estampage d'un détail du cercueil de pierre gravée de la princesse Yongtai illustre la parfaite unité iconographique et stylistique réalisée dans le décor des sépultures princières des Tang. Une grande virtuosité graphique caractérise cette scène typique de l'art courtois du VIIIᵉ siècle.

« Galop volant » d'un cheval Tang

Le cheval au corps épais et aux pattes fines s'élance au-dessus du grand vide de la paroi laissée neutre, le cavalier agrippé à la crinière, penché en avant, semble faire corps avec sa monture. La vivacité du rouge, les dégradés de l'ocre de la robe de l'animal mariés à une ligne d'encre nerveuse, tout concourt dans ce détail du décor de la tombe du prince Zhanghuai, Shaanxi, à une remarquable expression de la vitesse et de la puissance du cheval.

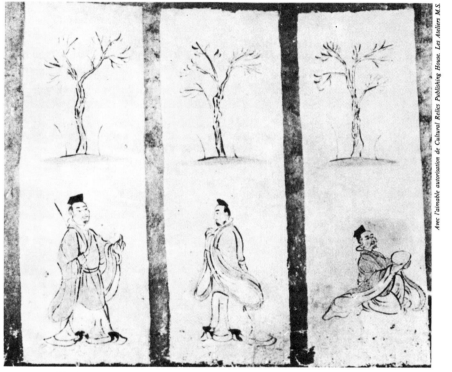

Trois panneaux peints de la tombe de Su Sizhu à Xi'an, Shaanxi (745)

Aucun mausolée comparable aux trois sépultures princières du début des Tang n'a été mis au jour pour la période postérieure. Celle-ci (745-864) est illustrée par des tombes de fonctionnaires aux décors limités à la chambre sépulcrale. Le portrait du défunt représenté en série dans des panneaux juxtaposés constitue le thème principal des programmes.

Un document précieux sur l'architecture militaire du VIIIᵉ siècle

L'axonométrie de la tombe du prince Yide, Shaanxi, rend explicite le rapport entre l'extérieur et l'intérieur sur lequel se fonde la conception du décor des tombes princières Tang. À côté du dragon vert, emblème de l'Est, les puissantes tours de guet d'une citadelle se dressent. Massifs de maçonnerie surmontés d'une structure de bois à consoles soutenant un toit de tuiles débordant (voir le détail ci-contre, à droite), ces tours marquent l'accès au domaine du prince, au début du pan incliné menant à la porte des chambres sépulcrales.

Scènes de la vie bourgeoise : l'art funéraire des dynasties Song, Liao et Jin

L'art pictural des royaumes barbares Liao (947-1125) et Jin (1115-1234), longtemps inconnu, se dévoile peu à peu grâce aux découvertes archéologiques. En outre, la comparaison d'un matériel de plus en plus riche nous révèle l'existence, dans un immense territoire allant de la Mongolie intérieure au Sichuan, d'un art funéraire qui témoigne d'une indéniable parenté malgré les frontières géopolitiques et culturelles ; parenté iconographique et stylistique qui atteste les relations entretenues par les royaumes barbares avec la dynastie chinoise des Song (960-1279) du Xe au XIIIe siècle.

Dépôt des corps sur un catafalque à même la chambre funéraire, inhumation dans un cercueil de pierre ou de bois, incinération et dispersion des cendres ou conservation de celles-ci en bière ou en urne : les modes de sépulture sont extrêmement variés sous les Song, Liao et Jin ; de même la structure des tombes, à chambre unique le plus souvent, mais parfois à deux, trois, voire quatre chambres, sur plan carré, rectangulaire, polygonal ou circulaire. Le décor, d'une grande richesse, reste généralement limité aux parois et au plafond voûté de la chambre sépulcrale, intéressant parfois l'extérieur de la porte, ornée alors de motifs floraux et auspicieux et flanquée de dieux gardiens. Dans les sépultures les plus riches, le programme pictural s'étend au corridor (*mudao*), parfois au puits d'aération (*tianjing*).

Ces mausolées sont, pour la plupart, familiaux : tombes d'époux jouxtant parfois d'autres sépultures du clan (tombes Song à Baisha, Henan, tombes Jin des frères Dong à Houma, Shanxi, etc.). Excepté quelques membres de la noblesse kitan (Liao), les maîtres des tombes Song, Liao et Jin fouillées jusqu'ici semblent être en majorité des fonctionnaires de grade intermédiaire, des négociants enrichis, des propriétaires terriens ; confirmation archéologique de l'avènement en Chine, durant cette période, d'une classe moyenne.

Les tombes Liao les plus anciennes illustrent le fonds culturel kitan par des évocations de la vie nomade. L'une des plus complètes décore les parois intérieures du cercueil de pierre de la tombe n° 1 de Keqi erbadi (Liaoning). Un vol d'oies sauvages dans un paysage où se dressent trois tentes de feutre, les troupeaux de bœufs, de chevaux et de moutons et leurs bergers, des chevaux sauvages, autant de thèmes du nomadisme kitan qui disparaîtront très tôt. Le riche mausolée de Yemaotai, daté des débuts de la dynastie Liao d'après sa structure complexe et son mobilier funéraire, témoigne déjà dans son décor de l'abandon de l'héritage tribal : quelques serviteurs de petite taille vêtus et coiffés

à la mode kitan exécutés dans un style évoquant la peinture murale Tang et une chevauchée. Dans cette scène, esquissée à l'encre, deux cavaliers suivis d'un cheval dessellé poursuivent un fauve percé de flèches. Cette chasse est représentée sur l'appui d'une fenêtre de la maison en réduction abritant le cercueil de pierre sculptée. Cette construction complète et très bien conservée nous offre une illustration avant la lettre des chapitres sur l'architecture en réduction et sur le décor peint et gravé du *Yingzao fashi*, célèbre traité chinois d'architecture, présenté au trône Song en 1100 par un fonctionnaire des Song. En outre, à l'intérieur de cette construction étaient suspendues de part et d'autre du cercueil deux peintures sur soie : un rouleau représentant des lapins s'ébattant dans un bosquet de bambous et un paysage dans le plus pur style élaboré sous les Cinq Dynasties (907-960) et au début des Song. Le décor sculpté du cercueil reflète également dans son iconographie et son traitement l'influence chinoise profonde subie dès le début de la dynastie par le puissant voisin Liao. Les Kitan comme leurs successeurs les Jürchen Jin se sinisent en effet rapidement. Les programmes iconographiques des sépultures du milieu et de la fin de la dynastie Liao constituent d'excellents documents sur cette assimilation. Dans la vaste tombe n° 1 de Kulunqi (Jilin), datée d'environ 1080, le décor peint du puits d'aération comporte à la fois des représentations de serviteurs kitan des deux sexes et des rocs, des feuillages, des frises de nuées, des grues et des bambous, des étangs aux lotus, d'un style typiquement chinois. De même dans son décor principal – le départ et le retour de tournée du maître – la foule mêle Kitan et Chinois. La dernière tombe, datée de 1116 par l'épitaphe de son propriétaire, un fonctionnaire Liao, doit sa célébrité à la carte des étoiles très précise peinte sur la voûte de la chambre principale. Avec ses gardiens de porte, ses serviteurs, son orchestre et son danseur, tous en costume Han, par le réalisme des scènes évoquant la vie quotidienne de la maisonnée, le décor peint de Xuanhua marque l'aboutissement, à la fin de la dynastie Liao, du processus de sinisation. Sous les Jin, presque rien ne subsistera des traits individuels de la « culture des steppes » dans les peintures murales des tombes.

Liaison et structure du décor, l'élément architectonique a acquis à partir du Xe siècle une importance inconnue jusqu'alors. Les péristyles peints qui encadraient les scènes des peintures murales Tang ont cédé la place à des architectures simulées extrêmement

réalistes, copies en brique des systèmes de consoles de la charpente chinoise courant en haut des murs, reposant parfois sur des pilastres qui séparent les scènes peintes et soutiennent les auvents de tuiles qui ornent les portes d'entrée de la majorité des chambres sépulcrales. Pour parfaire l'illusion, les artistes peignent en rouge ces fausses charpentes et les décorent, y dessinant même parfois les veines du bois.

Les peintres et les sculpteurs s'attachent à suggérer des espaces par des artifices de perspectives, des trompe-l'œil. Ils utilisent pour cela des écrans, des paravents, des fenêtres à treillis, des fausses portes entrebâillées dans lesquelles s'encadrent ou disparaissent des personnages. Ces tentatives peu fréquentes et encore maladroites chez les Liao (Wohuwan, Shanxi) se généralisent à partir du XIIe siècle (Xuanhua, 1116 ; Baisha, 1099 ; tombe Jin de Guotang au Shandong, 1197) et témoignent d'une virtuosité nouvelle dans le traitement de l'espace.

Thème privilégié des peintures murales depuis les Han et sujet favori des ensembles décoratifs Liao, héritiers de l'iconographie et du style Tang, l'évocation de la vie quotidienne se transforme dans les sépultures Song et Jin en une illustration des valeurs bourgeoises, présentation ostentatoire du cadre familial, portrait conventionnel des maîtres de la tombe. Ceux-ci, mari et femme, posent à jamais, de face, entourés de leurs objets les plus précieux – livres, vaisselle de luxe, peintures de paysage – et flanqués de serviteurs et de leur mobilier d'apparat (tombes Song à Houma et Baisha ; Jin à Macun et Houma, Shanxi, etc.).

Musique et théâtre sont les loisirs favoris de la bourgeoisie. Le théâtre chinois, qui acquiert alors sa forme moderne, est pour la première fois évoqué dans les tombes Song et Jin. Ses personnages, clown, jongleur, jeune lettré..., apparaissent soit réunis sur une véritable scène (décor sculpté de la tombe Jin de Houma), soit isolés, en panneaux peints (Song, Houma) ou sculptés (Song, Yanshi, Baisha ; Jin, Houma, Jiaozuo).

Le théâtre contamine la représentation de la vie elle-même : des rideaux ouverts ou des stores relevés encadrent quasi nécessairement les scènes figurées. Dans la tombe de Zhaitang près de Pékin (fin Liao), le paysage lui-même s'offre à nos yeux entre les pans d'une tenture !

Théâtre figuré et vie théâtralisée s'imbriquent dans le décor des tombes de la fin des dynasties Song et Jin.

Caroline GYSS-VERMANDE

Voyage au pays des morts

Cette scène (159 × 176 cm) occupe la paroi ouest du cercueil octogonal de bois, entièrement peint, découvert à Jiefang yingzi (Liaoning), dans une tombe Liao à chambre unique voûtée.
Dans les cieux, un démon musculeux ouvre la marche, suivi d'une divinité figurée en buste et d'un dragon évoluant sur des nuées. Les trois sommets d'une chaîne de montagnes stylisées séparent ce registre de la partie inférieure où se tiennent quatre personnages tenant chacun un cheval par la bride. Le premier cavalier et sa monture se distinguent par leur haute taille. L'homme est de type et de costume chinois. Sur sa tunique et sur le tapis de selle se retrouve un motif floral originaire du Moyen-Orient et caractéristique des textiles du milieu de la période Tang (VIIIe s.). Les trois autres chevaux sont menés par des serviteurs d'ethnie kitan.
Les couleurs sont disposées en aplats à l'intérieur d'un contour régulier à l'encre. Rehauts de blanc et traits d'encre modèlent les formes. L'art des Tang est resté tout au long de la dynastie Liao (947-1125) la source d'inspiration essentielle des artistes kitan. L'emprunt d'éléments décoratifs typiquement Tang : motif floral, motif des *sanshan* « trois montagnes », ne constitue pas un repère de datation, mais illustre l'influence du modèle culturel de la grande dynastie chinoise sur les royaumes barbares environnants.
L'apparente hétérogénéité de la composition disparaît si l'on en propose une lecture religieuse. Dans le rituel funéraire taoïste, un cavalier – statuette de paille tressée ou de papier collé, brûlée à la fin du service –, muni de « l'Écrit du pardon », est chargé de précéder le mort dans les régions infernales. L'hypothèse d'une représentation de cet émissaire dans un décor funéraire ne peut être écartée. Elle a le mérite d'organiser en une même scène les deux registres de cette image complexe.

Une bourgeoisie fière de son essor

Dans la tombe de Zhao Daweng à Baisha, Henan, le décor modelé et peint est combiné au décor sculpté pour illustrer la richesse de la demeure des maîtres de la tombe. Le recours au trompe-l'œil, l'encadrement de rideaux pour chaque composition évoquent irrésistiblement l'espace scénique du théâtre.

Paysage

Le paysage comme genre pictural à part entière apparaît en Chine au Xᵉ siècle ; mais les œuvres de cette époque sont rarissimes. Le rouleau peint à l'encre et aux couleurs sur soie découvert dans la tombe Liao de Yemaotai, Liaoning (Xᵉ s.), est une œuvre inestimable par sa qualité même et par sa valeur de jalon historique. Sa composition suggère, par l'architecture des différents plans, l'idée d'espaces situés au-delà, recherche qui restera constante dans la peinture de paysage en Chine.

Onze musiciens et un danseur en costume chinois

Flûtes droites et traversières, orgue à bouche, flûte de Pan, *pipa* (luth piriforme), grands et petits tambours, toutes les catégories d'instruments accompagnés de l'indispensable tablette métrique qui scande le rythme de la mélodie chinoise composent l'orchestre figuré dans la tombe Liao de Xuanhua, Hebei ; musique chinoise, musiciens Han, voici encore un témoignage de la sinisation rapide des Liao.

Le petit monde des grandes cités de Chine du Nord

Grâce à la découverte d'inscriptions d'époque Jin, les dates du temple Yanshan, Shanxi, viennent d'être réévaluées. Le mur ouest de la salle méridionale relate la vie du bouddha dans une composition panoramique formée par les édifices d'un immense palais. Ce détail du pavillon de vin et des petits métiers de la cité illustre la valeur documentaire et artistique de ce vaste ensemble de peintures murales daté 1167.

L'apparition de l'agriculture

Les découvertes archéologiques faites depuis 1949 nous permettent d'avoir aujourd'hui une connaissance beaucoup plus précise du développement de l'agriculture chinoise. À partir de 1965, grâce à la datation des échantillons organiques par le radiocarbone* et en calibrant les résultats obtenus à l'aide des données de la dendrochronologie*, il a été possible d'apprécier de façon absolue, et non par la seule stratigraphie* comparée, l'ancienneté de cette agriculture. Les fouilles menées en des points très divers du territoire de la Chine actuelle ont montré que les techniques agricoles ont pris naissance de façon spontanée dans plusieurs foyers.

Les résultats d'études de pollens faites à Taiwan par Tsukada Matsuo et publiés en 1967 ont révélé l'existence vers 10 000 avant J.-C. d'une modification importante de la végétation locale reflétée par une croissance d'arbustes et un taux plus élevé de charbon de bois dans la composition des sédiments lacustres. On attribue ce phénomène au défrichement de forêts pour faire place à des champs. Mais, pour les sites les plus anciens de l'époque néolithique en Chine continentale, l'archéologue Xia Nai a fourni en 1977 des âges proches de 5000 avant J.-C. à Shuangmiaogou (district de Dengfeng, Henan) et Hemudu (district de Yuyao, Zhejiang).

En Chine du Nord, l'agriculture apparut dans la région située au confluent du Huanghe et de ses affluents la Fen et la Wei, région de transition entre de hauts plateaux boisés à l'Ouest et des terres basses et marécageuses à l'Est. Elle fut sans doute un centre d'origine des millets *Setaria italica* (millet des oiseaux) et *Panicum miliaceum* (millet à grappe), céréales à grands épis contenant de petites graines et particulièrement résistantes à la sécheresse. Des graines de *Setaria italica* ont été trouvées en grandes quantités à Banpo, près de Xi'an (Shaanxi), au fond de puits, dans des récipients de stockage ou en des endroits où le sol avait été creusé pour les y conserver ; Banpo est le site de la culture de Yangshao (5000-3000 env. av. J.-C.) qui a été le plus étudié jusqu'à nos jours ; on y a trouvé des grains qui datent du Ve millénaire et qui attestent la prédominance du millet à cette époque ainsi que des graines de *Brassica sinensis* ou chou chinois, le légume le plus anciennement connu et cultivé en Chine du Nord. Les empreintes de cordes ou de tissus laissées sur les poteries attestent l'importance du chanvre, cultivé ou non. L'étude des pollens a montré que cette région était alors semi-aride. Cependant, la nature de son sol, en lœss très fin d'origine éolienne, rendait celui-ci assez facile à travailler avec des bâtons à fouir. On y a trouvé, comme outillage lithique, des poids que l'on ajustait à ces bâtons, des houes, des bêches, des haches polies et des couteaux semblables aux outils trouvés à Anyang (Henan). Le chien, le porc et le poulet y sont déjà domestiqués.

En Chine du Centre, la culture de Dawenkou (env. 4300-1900 av. J.-C.), dont le site éponyme fut découvert en 1959 au Shandong, se développa au sud de cette région et au nord du Jiangsu ; son outillage assez élaboré en os et en défenses d'animaux semble intermédiaire entre les outils des cultures de Yangshao et de Longshan au Shandong (env. 2900-2200 av. J.-C.).

En Chine du Sud, dès 1960, les fouilles de sites néolithiques de la vallée du Yangzi et des régions côtières du Sud-Est montrèrent que l'agriculture et la domestication des animaux y étaient connues aussi tôt que dans le Nord, mais dans des conditions géographiques et dans un contexte culturel différents. En 1973, la découverte du site de Hemudu (district de Yuyao, Zhejiang) révéla une économie agricole d'une richesse comparable à celle de la région du Huanghe entre 5000 et 3700 avant J.-C. Les fouilles ont livré des outils en bois, en os (pelles faites d'omoplates), en défenses d'animaux, en pierre polie (haches et ciseaux). Mais la découverte la plus intéressante est encore celle du riz *xian* (*Oryza sativa indica*) qui n'aurait donc pas été introduit en Chine – comme cela fut soutenu – de l'Inde, de l'Asie du Sud-Est ou même du Japon. Outre le riz, on a trouvé une autre céréale, la *Zizania*, genre de graminée oryzée, des châtaignes d'eau, des graines et rhizomes de nénuphars ainsi que certains légumes. Le chien, le porc, le buffle y étaient déjà domestiqués.

En 1961, les fouilles du site éponyme de Qingliangang, au Jiangsu (env. 4800-3600 av. J.-C.), révélaient l'existence, dans un climat plus chaud et plus humide qu'aujourd'hui, d'une culture qui présente des affinités avec celle de Hemudu (riz, outils de pierre polie, domestication des mêmes animaux).

Parmi les cultures de la Chine du Sud, il faudrait aussi citer à la plus anciennement connue aujourd'hui à Taiwan : celle de Dapenkeng, remarquable par sa durée (4000 à 2500 av. J.-C. et même 1000 av. J.-C. en quelques endroits). Elle se caractérise par un outillage lithique soigneusement poli, en particulier des herminettes rectangulaires à épaulement, et une céramique cordée rappelant celle que l'on a trouvée au Fujian pour la même époque ; elle développa essentiellement une agriculture de tubercules.

La culture du site éponyme de Liangzhu, près de Hangzhou, est la première culture longshanoïde découverte au sud du Yangzi ; on la date de 3450 à 2000 avant J.-C. On a trouvé à Qianshanyang, près de Wuxing (Zhejiang), des restes de riz *xian* et *keng* (*Oryza sativa japonica*) ainsi que certaines espèces de pêches, de châtaignes d'eau, de melons, de cacahuètes (*Arachis hypogea*, bien connue dans l'Amérique ancienne). Les outils agricoles comprennent des bêches plates et perforées, des couteaux en forme de demi-lune ou rectangulaires, percés de trous, des faucilles ; outre les outils de pierre et d'os, certains outils de bois ont été conservés. La découverte, en 1958, d'un panier de bambou contenant du fil, des rubans et de la gaze de soie est d'un grand intérêt : c'est le témoin le plus ancien du travail de la soie en Chine. Selon Xia Nai, en effet, le fameux demi-cocon trouvé à Xiyincun, au Shanxi,

dans une couche de culture Yangshao, est un échantillon isolé en trop bon état pour être contemporain de son lieu de découverte ; il a dû y être introduit à une date postérieure. C'est aussi à Qianshanyang que l'on a trouvé les restes de bambou les plus anciens que l'on connaisse en Chine : des cordes de fibres de bambou datées d'environ 2627 avant J.-C. ; il semble donc que cette plante ait d'abord été utilisée pour ses tiges.

Vers 1850 avant J.-C. débute au Henan, dans le bassin du Huanghe, l'Âge du bronze avec la civilisation des Shang qui durera jusqu'au XIe siècle avant J.-C. ; elle possède une écriture, et son agriculture est plus avancée. Outre le millet et le riz, le blé et l'orge sont alors cultivés. Le soja est beaucoup plus exigeant en eau que le millet et il n'a dû être domestiqué qu'à l'extrême fin des Shang ; son ancienneté est attestée sur un bronze Shang par le caractère *shu* qui le désigne et dont la partie inférieure représenterait les nodules formés sur les racines de la plante. Les instruments aratoires ne présentent que peu d'amélioration par rapport aux époques précédentes, et les successeurs des Shang, les Zhou, utiliseront encore des houes en pierre, des pelles en os, des bêches en bois, des couteaux en coquillage. Si l'on peut faire remonter l'usage de la fonte à 513 avant J.-C. au Shaanxi, les découvertes archéologiques des dernières décennies ont montré que l'utilisation d'outils agricoles en fer n'a vraiment commencé à se répandre qu'à partir du IVe siècle avant J.-C. en Chine du Nord et dans le bassin du Yangzi. C'est sous les Han (206 av. J.-C.-220 apr. J.-C.), avec les progrès de la fabrication des objets de fer forgé, que se répandra un outillage plus efficace pour défricher ou travailler la terre. C'est à la même époque que sont construits les premiers grands réseaux d'irrigation, en particulier au Sichuan où l'on développe les travaux de l'hydraulicien Li Ping (306-251 av. J.-C.). On a retrouvé depuis 1949 plus de cent araires ou charrues de cette période dont le soc est garni d'un tranchant de fer en forme de triangle de plus en plus allongé ou parfois de trapèze. Comme l'a attesté la découverte en 1956 de greniers miniatures en terre cuite dans les tombes de Loyang (Henan), les principales plantes cultivées étaient le millet à grappe, le millet des oiseaux, une espèce de haricot, le chanvre et le blé. Certains objets funéraires de Chengdu (Sichuan) sont des modèles de champs reliés à un bassin ou irrigués par des rigoles. La culture du riz en terrasses était déjà pratiquée à cette époque.

D'autres découvertes concernent les dynasties suivantes, mais nous avons voulu signaler avant tout le fait essentiel que les dernières trouvailles archéologiques : en Chine, l'agriculture est née spontanément en différentes régions et non de la diffusion de *stimuli* venus de pays périphériques.

Colette DIÉNY

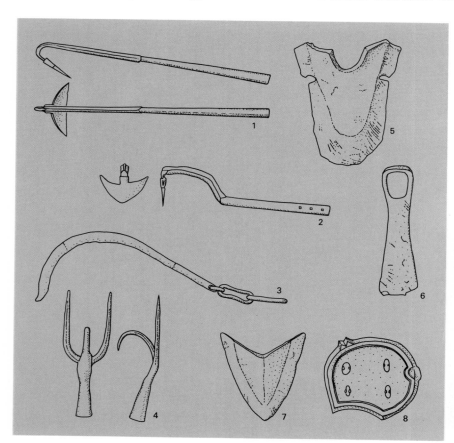

Outils aratoires du Hebei

Depuis 1949, les archéologues ont trouvé dans le sol de la banlieue de Pékin de nombreux outils aratoires datant de la fin des Tang aux Yuan (Xe-XIIIe s.), période de développement de la production agricole liée à l'amélioration de l'outillage. Cependant, certains de ces outils, telle la faucille à crochet, figuraient déjà sur des estampages Han. Tous ces objets sont semblables à ceux que présenta Wang Chen dans son *Manuel d'agriculture* (*Nongshu*) de 1313. Du XIVe au XXe siècle, ce petit outillage subsistera dans toute la Chine sans changement important.

1. *Pioche*. Le manche est long de 75 cm. Dimensions de la « tête » : H. 22 cm ; l. 13 cm.
2. *Sarcloir*. Le manche, long de 85 cm, est percé à son extrémité de trois trous qui permettent de le fixer à un support de bois et de le faire tirer par un homme ou un animal.
3. *Faucille à crochet*. Deux anneaux attachés à une chaîne de fer sont reliés par un trou à son extrémité. Distance entre les extrémités : 53 cm.
4. *Fourche*. Longueur 25 cm.
5. *Bêche*. Longueur 24 cm ; largeur 21 cm. Possède un couteau amovible que l'on peut changer.
6. *Grande houe*. Longueur 25 cm ; largeur 8 cm.
7. *Soc*. De forme triangulaire, il peut s'adapter sur un sep de charrue. Longueur 14 cm.
8. « *Miroir de charrue* ». Largeur 32 cm. Cette pièce se rattache au bâti de la charrue ; à sa partie dorsale se trouvent quatre boutons percés chacun de deux trous pour passer une corde (d'après *Kaogu*, n° 3, 1963).

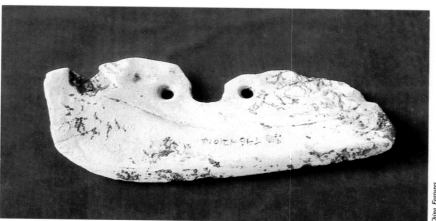

China Features

Objets funéraires en argile évoquant la vie rurale

Le puits ci-contre, daté du début des Han, provient de la région de Chengdu (Sichuan), province pionnière dans l'art de l'irrigation, qui mettait en jeu des réservoirs, des canaux ou des puits. Sous les Han, toute exploitation de quelque importance avait son puits ; des canaux furent construits au Shaanxi, qui reliaient entre eux des puits assez proches les uns des autres. On a trouvé de nombreuses maquettes de porcheries semblables à celle qui est reproduite ci-dessus. Elle provient de la région de Chengdu. Les étables étaient souvent construites au-dessous des latrines ; des canalisations les reliaient à un réservoir de déjections pour la fumure des terres. Le modèle de meule à bras est d'époque Sui (581-618) et fut découvert à Anyang (Henan). Cette meule servait, comme aujourd'hui encore, à écraser le grain placé dans la rigole circulaire que parcourt une roue de pierre.

Préparation des céréales sous les Han

L'estampage ci-contre d'une brique Han provenant de Pengshan (Sichuan) représente, à droite, une scène de vannage devant un grenier sur pilotis. Un vanneur tient dans ses mains un van rectangulaire en feuilles de bambou tressées, monté sur des pieux verticaux ; il lui imprime un mouvement de va-et-vient tandis qu'un aide y verse peu à peu le grain. Ce van est resté en usage jusqu'au XXe siècle en Chine du Sud. À gauche, l'opération du décorticage est pratiquée à l'aide de pilons à bascule actionnés au pied. Ce procédé n'est pas mentionné en Europe avant le XVIe siècle. Musée provincial du Sichuan.
Le modèle d'argile reproduit ci-dessous a été découvert dans une tombe Han en 1969 à Jiyuan (Henan). Au second plan, une vanneuse à ailes rotatives est actionnée à l'aide d'une manivelle. Cet appareil, connu des Han, est le plus ancien exemple d'utilisation de la manivelle ; il précède de cinq siècles la première manivelle attestée en Europe. Au premier plan, un pilon à bascule.
Illustrations tirées de l'ouvrage de Michèle Pirazzoli-t'Serstevens, *La Chine des Han, Histoire et Civilisation.*

Un couteau xia (ci-contre, à gauche)

Ce couteau, daté de 2000 avant J.-C., est sans doute le plus ancien outil agricole chinois que nous connaissons aujourd'hui. Il fut découvert en 1977 près de Gaocheng (Henan), site présumé de l'ancienne capitale des Xia (XXIe ?-XVIe ? s. av. J.-C.). Des couteaux à moissonner en pierre, en coquillage ou en poterie ont été trouvés dans toute la Chine sur des sites des périodes Néolithique, Shang et Zhou. Utilisés par les premiers cultivateurs de millet ou de riz, ils étaient tenus bien en main grâce à une corde passant par leurs deux trous, alors que les couteaux percés d'un seul trou étaient emmanchés.

Scène de labour sous les Tang

Certaines peintures murales, récemment découvertes, représentent des instruments aratoires en bois. Cette scène de labour est une peinture funéraire découverte en 1973 à Lingxian (Shaanxi) et datée de 630 (début des Tang). De même que dans les représentations de labour les plus anciennes, la traction est ici animale. C'est au plus tard à l'époque des Royaumes combattants (475-221 av. J.-C.) qu'apparaissent des socs munis de tranchants en fer. La charrue des Han possède un timon long et droit, celle des Tang un timon plus court et de forme courbe, mieux adapté au labour de sols lourds. C'est cette dernière que décrit Lu Guimeng dans son célèbre *Leisi jing (Classique de la charrue)* de 880. Plus compliquée que l'instrument représenté ici, elle permet de fixer le soc plus ou moins haut et de faire varier ainsi la profondeur du labour.

Données récentes sur l'astronomie chinoise

Depuis 1970 environ, un certain nombre de découvertes archéologiques importantes permettent de mieux connaître l'astronomie chinoise. Bien qu'elle ait absorbé à travers les siècles des éléments étrangers – babyloniens, indiens, arabes et occidentaux –, l'astronomie chinoise est, incontestablement, une science autonome. Ses débuts sont difficiles à dater. La présence de caractères cycliques indiquant les jours sur les os gravés divinatoires de la dynastie Shang (env. 1766-1155 av. J.-C.) suggère l'existence de cycles de soixante jours, mais n'implique pas, pour autant, celle d'un calendrier. Les premiers noms d'étoiles, tels Zhujiao (α Hydre) et Huoxing (α Scorpius), apparaissent sur les os gravés vers le règne de Wuding (env. 1339-1281 av. J.-C.), mais il faut attendre le IXe ou le VIIIe siècle avant J.-C. pour voir le nom de huit constellations figurer dans un célèbre recueil de poésies, le *Shijing*.

C'est vers le VIe siècle avant J.-C. que les spécialistes situent la mise en place de l'un des systèmes les plus importants de l'astronomie chinoise : celui des vingt-huit *xiu* ou mansions. D'après H. Maspero, les *xiu* sont des repères sidéraux représentant des fuseaux d'étendue variable, mesurés sur l'équateur (céleste) mais convergeant vers le pôle. Chaque mansion porte le nom de la constellation qui s'y trouve. Grâce à ce système, les astronomes peuvent suivre la marche des astres dans le Ciel. Mais les mansions ont également une fonction astrologique ; à chaque *xiu* correspond un territoire terrestre auquel s'appliquent tous les présages que l'on peut tirer des phénomènes observés dans le Ciel. C'est dans cette optique que le traité sur les présages associés aux apparitions des comètes, halos, nuages, etc., découvert dans la tombe n° 3 de Mawangdui en 1973, prend une dimension politique. Il a dû guider l'action des dirigeants des États liés aux mansions où ces phénomènes ont été observés.

Les *xiu* étaient aussi employés comme motifs décoratifs. Un couvercle de boîte de l'époque des Royaumes combattants (475-221 av. J.-C.), sur lequel figure le nom des vingt-huit mansions, prouve qu'à cette époque le système des mansions était déjà connu à travers toute l'aire culturelle chinoise, la tombe dans laquelle fut trouvé ce couvercle étant située dans le Hubei, c'est-à-dire relativement loin du centre administratif de l'époque.

Parallèlement à la création du système des *xiu*, vingt-quatre étoiles déterminatrices furent choisies pour permettre de situer la position d'autres étoiles dans le Ciel. En cela l'astronomie chinoise diffère nettement de l'astronomie héliaque grecque qui observait le lever et le coucher des étoiles, juste avant l'aube et juste après le crépuscule. En Chine, où le pôle céleste symbolisait l'empereur, l'attention des astronomes fut attirée par les déplacements circumpolaires des constellations voisines du pôle.

Dans ce contexte, l'une des constellations les plus étudiées fut celle de la Grande Ourse (*Ursa major*). Très tôt on note sa fonction d'horloge céleste ; le manche est-il tourné vers l'est, c'est le printemps ; vers le sud, l'été, etc. Mais bien plus remarquable fut la découverte,

sous les Han antérieurs (206 av. J.-C. 8 apr. J.-C.), de Mizar, la moins visible des étoiles doubles de la Grande Ourse. En Europe, ce n'est qu'en 1650 que ce phénomène fut observé par Riccioli. À partir des Han, on trouve donc en Chine des représentations de la Grande Ourse à huit étoiles, ainsi que des modèles plus traditionnels, à sept étoiles.

Les mouvements des planètes ne furent pas non plus négligés, comme le prouve un document extraordinaire, découvert dans la tombe n° 3 de Mawangdui. Ce livre contient les heures du coucher et du lever des planètes enregistrées pendant soixante-dix ans, de 246 à 177 avant J.-C. Ces notations ont permis aux astronomes de l'époque de calculer les cycles de Vénus, Saturne et Jupiter avec si peu d'erreurs – 0,48 jour pour le cycle vénusien ; 1,09 jour pour le cycle saturnien et 3,44 jours pour le cycle jupitérien – que les experts modernes pensent que des valeurs aussi précises n'ont pu être obtenues qu'à l'aide d'instruments de mesure. Jusqu'ici aucun instrument de cette époque n'a été découvert, mais les spécialistes postulent l'emploi de la sphère armillaire*, dont l'invention remonterait aux environs de 350 avant J.-C. Cette sphère primitive aurait été composée de quatre éléments : un cercle gradué fixe, indiquant l'axe du Ciel, dans lequel s'inséraient deux anneaux gradués mobiles, représentant probablement l'équateur et l'écliptique, et un tube de visée* permettant d'isoler la partie du Ciel que l'on désirait observer. Une sphère de ce genre aurait permis aux adeptes de la théorie du Huntian, l'une des théories cosmologiques créées vers le IVe et le IIIe siècles avant J.-C., de donner une expression concrète à leur conception du monde. Du reste, par la suite, le Huntian légua son nom à la sphère armillaire : *hunyi*, c'est-à-dire « instrument Hun ».

Selon la théorie du Huntian, le Ciel est un globe au centre duquel se trouve la Terre ; « comme un jaune d'œuf dans une coquille » disent les anciens textes. Dans le Huntian, le Ciel tourne de gauche à droite et le Soleil circule autour de la Terre dans un plan vertical. Les alternances du jour et de la nuit sont produites par le passage du Soleil au-dessus et au-dessous de la Terre. La théorie du Huntian est restée en vogue jusqu'à ce qu'elle soit amalgamée à la science moderne, introduite en Chine par les Jésuites, à partir du XVIe siècle.

Une autre théorie, celle du Tiankai, ne survécut que jusqu'au VIe siècle de notre ère. Cette théorie concevait le Ciel et la Terre comme deux dômes emboîtés l'un dans l'autre. Le rebord du Ciel était rond, mais celui de la Terre carré, pour tenir compte des quatre points cardinaux. Certains auteurs, dont J. Needham, pensent que cette conception du monde est d'origine babylonienne. Dans le Tiankai, le demi-globe du Ciel tourne de gauche à droite tandis que le Soleil, la Lune et les constellations tournent, beaucoup plus lentement, en sens inverse ; ils ne disparaissent pas, mais restent toujours visibles à l'horizon. C'est l'éloignement et le rapprochement du Soleil qui produisent le jour et la nuit. Il se peut que parmi les deux cent cinquante documents et cartes astronomiques découverts à Mawangdui mais

non encore publiés se trouvent des cartes du Ciel dessinées d'après les théories de l'école Tiankai. En attendant, les planisphères plus tardifs ne manquent pas ; ils permettent de suivre l'évolution des connaissances astronomiques. Ainsi, le nombre d'étoiles de la carte de Lingan (900 apr. J.-C.), l'une des plus anciennes connues, est inférieur à celui de la carte de Xuanhua, plus récente.

Pour concrétiser leur conception du monde, les systèmes cosmologiques adoptent une série de mesures précises mais théoriques ; le diamètre de la sphère céleste est fixé à 357 000 *li* (un *li* égale environ 414 m) ; la distance entre le Ciel et la Terre, au solstice d'hiver, est de 80 000 *li*, etc. Ces mesures abstraites entravèrent l'observation des phénomènes réels, faussèrent le calcul correct des solstices et des équinoxes et rendirent difficile l'établissement d'un calendrier. La tâche des astronomes fut encore compliquée par la nature lunaire-solaire du calendrier, les Chinois étant, semble-t-il, le seul peuple ayant adopté ce parti. Pour concilier l'année tropique solaire de 365,242 jours et l'année lunaire de douze mois synodiques de 29,531 jours chacun, les astronomes eurent recours aux mois intercalaires. Une formule, adoptée en 104 avant J.-C., resta en vigueur, à quelques légères modifications près, jusqu'à l'adoption du calendrier grégorien en 1912 : pour pallier les inconvénients du calendrier lunaire – début d'année et début de saisons incertains – sept mois étaient intercalés, répartis au cours de dix-neuf ans de façon à ce que le solstice d'hiver tombe toujours au onzième mois, l'équinoxe de printemps au deuxième, le solstice d'été au sixième et l'équinoxe d'automne au huitième mois.

Toutefois, cette formule ne permettait pas de prédire correctement les éclipses, grave problème dans un pays où ces phénomènes étaient considérés comme extrêmement néfastes. La compétence des Jésuites dans ce domaine fut l'un des facteurs qui facilita l'assimilation de la science occidentale en Chine. Mais cet apport récent ne peut cacher l'originalité de l'astronomie chinoise, que les découvertes archéologiques mettent de plus en plus en évidence.

Carole MORGAN

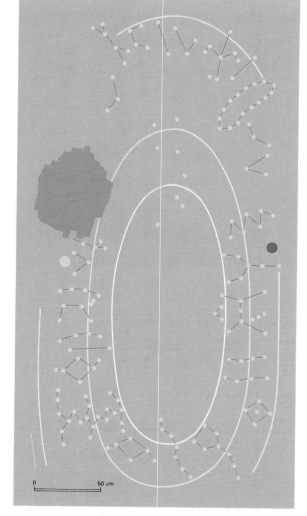

Carte du ciel de la fin de l'époque Tang

Planisphère incisé dans le plafond d'une chambre funéraire, terminé en 900 après J.-C., à Lingan dans le Zhejiang et découvert avant 1979. À l'origine, cette carte comptait 183 étoiles, mais 13 d'entre elles furent détruites par un trou creusé dans le plafond par des pilleurs de sépultures (tache à gauche dans le dessin). À l'exception de 8 étoiles de la Grande Ourse, toutes les autres étoiles sont reliées par des traits pour former 28 constellations. Trois ellipses, et le fragment d'une quatrième, représentent des latitudes célestes. Deux petits cercles, à droite et à gauche, symbolisent le Soleil et la Lune. Pour colorier cette carte, le tracé en creux du dessin a été rempli d'un mélange d'argile et de colorants.

Le plus ancien objet astronomique chinois

Couvercle de boîte en laque noir incisé de motifs rouges, découvert dans la tombe du marquis Yi de Zeng, mort en 433 avant J.-C., à Leigudun dans le Hubei. Des infiltrations d'eau dans la tombe ont, depuis longtemps, détruit la boîte à laquelle appartenait le couvercle. Celui-ci mesure (sans les protubérances des quatre angles) 82,8 cm de long, 47 cm de large et 19,8 cm de haut. À droite, le « dragon vert », animal emblématique de l'Est ; à gauche, le « tigre blanc », animal emblématique de l'Ouest. Au centre, le nom des 28 mansions forme un cercle irrégulier autour du caractère *dou*, nom chinois de la Grande Ourse.

Carte du ciel, dynastie Liao (947-1125)

Planisphère de l'an 1116, décorant le plafond d'une tombe à Xuanhua dans le Hubei. Cette carte mesure 2,17 m de diamètre et réunit des éléments de trois cultures différentes : babylonienne, indienne et chinoise. Au centre, un lotus à neuf pétales, d'inspiration indienne, autour duquel sont groupées 29 constellations comprenant un total de 186 étoiles. La forme des constellations est souvent différente de celles du planisphère de la fin de l'époque Tang, en particulier la première et la troisième constellations à gauche de la Grande Ourse. Entre la fleur de lotus et les constellations, neuf petits cercles dont huit représentent des étoiles non identifiées ; le neuvième, situé à l'est, symbolise le Soleil à l'intérieur duquel se trouve un corbeau, très vieil emblème solaire chinois. Autour des constellations, douze dessins cernés de noir représentent les attributs des douze palais du Soleil, d'origine babylonienne. Certains éléments des dessins, tels les vêtements des personnages, ont été sinisés. Un miroir en bronze, au centre du lotus, indique le sommet du ciel.

Avec l'aimable autorisation de Cultural Relics Publishing House. J.-L. Princelle

Étoile double

Pierre gravée provenant des chambres d'offrandes de la famille Wu (Wuliang ci), district de Jiaxiang, Shandong, vers 150 après J.-C. Elle montre l'empereur, entouré de courtisans et d'animaux fabuleux, monté dans le char de la Grande Ourse. À droite, un personnage montre l'étoile double Mizar.

Dalle gravée décorant une sépulture Han du district de Nanyang dans le Henan

Cette dalle représente cinq constellations et les animaux ou personnages associés avec elles. À droite, un bouvier et son bœuf, symboles de la constellation du Bouvier. Au centre, un tigre, symbole de la constellation Wei ; au sommet, à gauche, un lièvre, symbole de la constellation Fang. La femme agenouillée, à gauche, symbolise la constellation de la Tisserande. D'après une célèbre légende, le Bouvier et la Tisserande, trop amoureux l'un de l'autre, négligent leurs occupations respectives, et sont condamnés à vivre sur les rives opposées de la Voie lactée, cette rivière céleste qui est le prolongement du fleuve Jaune. Toutefois, une fois par an, le septième jour de la septième lune, ils ont le droit de se retrouver. Ils franchissent alors la rivière, grâce à un pont formé par toutes les pies de la terre, réunies au ciel dans ce but.

Avec l'aimable autorisation de Cultural Relics Publishing House. Les Ateliers M.S.

Livre de présages

Détail du *Tianwen qixiang zazhan* (*Mélange de pronostics astronomiques et météorologiques*) découvert, en 1973, dans la tombe n° 3, scellée en 168 avant J.-C., de Mawangdui près de Changsha dans le Hunan. Ce livre, en plusieurs sections, est écrit sur un morceau de soie mesurant 150 cm de long sur 48 cm de large. La section sur les comètes, représentée ici, comporte des dessins exécutés soit à l'encre noire, soit à l'encre rouge. L'aspect végétal de certaines comètes explique les noms de plantes qui leur ont été attribués. Les textes sous les images indiquent les présages liés aux comètes en question. Ce document représente l'un des premiers essais de classement des comètes suivant la longueur de leur queue.

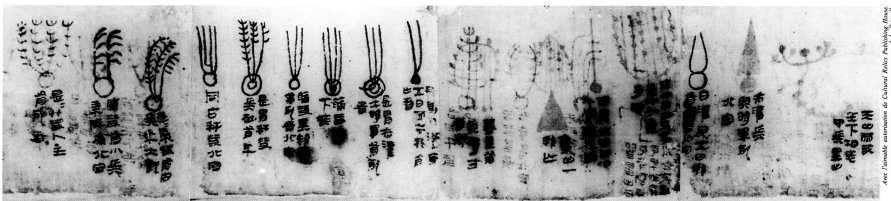

Avec l'aimable autorisation de Cultural Relics Publishing House. J.-L. Princelle

L'Iran et la Chine : importations et influences

On a souvent tendance à envisager les contacts artistiques entre la Chine et le monde extérieur sous le seul aspect des emprunts de l'Occident au monde chinois dans les domaines de la soie, du papier, du laque ou de la porcelaine ; en sens inverse, on n'accorde une réelle importance qu'à l'emprunt – il est vrai majeur – que constitue le bouddhisme, son iconographie, ses modes d'expression et, accessoirement, à l'exotisme qui a prévalu en Chine aux VIIe-VIIIe siècles de notre ère. Pour le reste, la Chine fait encore figure de monde fermé. Les fouilles récentes montrent qu'elle ne le fut jamais totalement. Depuis le début de notre ère environ, voyageurs, marchands, artistes, religieux étrangers ont de façon continue vécu sur son sol. Mis à part l'énorme apport du bouddhisme, leur influence reste parfois difficile à cerner et fut, dans nombre de cas, marginale. Mais, en certaines périodes, les traditions et les objets que ces étrangers véhiculaient eurent une influence déterminante sur le développement du goût, des modes de vie et de l'art décoratif en Chine.

Il ne peut être question d'aborder ici toutes les découvertes archéologiques qui témoignent de ces présences étrangères, qu'il s'agisse de monnaies (arabes, indiennes, vénitiennes, etc.) ou de tombes (ainsi les tombes arabes du XIVe s. découvertes à Yangzhou et à Quanzhou). Nous avons choisi d'évoquer un problème plus limité, celui des apports occidentaux en Chine, et plus spécialement dans le domaine de l'orfèvrerie, entre le Ve et le VIIIe siècle.

Ces importations, ces influences sont essentiellement originaires de l'Empire sassanide ou, du moins, sont passées par l'intermédiaire sassanide. Les liens entre la Chine et l'Iran à l'époque sassanide (226-651) ont été étroits. Au Ve siècle, la Chine du Nord importait d'Iran de l'orfèvrerie, des objets de verre, du cristal de roche, de l'agate, des textiles (soieries et laines). Le commerce se faisait surtout par les itinéraires de la route de la soie, et l'Asie centrale a livré de nombreux trésors monétaires qui témoignent de ces échanges. On a ainsi trouvé en Chine plus de mille deux cents monnaies sassanides ; la majorité provient du Xinjiang, en particulier de l'ancien royaume de Gaochang, dans la région de Turfan ; les autres viennent des anciennes capitales chinoises de Chang'an (la moderne Xi'an), Luoyang et Datong, mais aussi d'autres provinces du Nord et, pour le Sud, du Guangdong (terminus du commerce maritime).

Ces drachmes* s'échelonnent du règne de Shāpur II (309-379) à celui de Yezdegerd III (632-651). Les plus nombreuses appartiennent aux règnes de Khosroès II (590-627) – près de la moitié – et de Peroz Ier (457-484).

L'art de l'orfèvrerie en Chine est véritablement né sous l'impulsion de l'orfèvrerie sassanide. Les importa-

tions sont attestées dès le Ve siècle et ont commencé certainement plus tôt. Des orfèvres iraniens ou sogdiens ont dû travailler en Chine et, très vite, les artisans chinois ont imité les créations importées, avant de les réinterpréter. L'engouement pour les formes et les décors occidentaux a duré jusqu'à la révolte de An Lushan, en 756, et n'a pas touché que les arts des métaux ; les laques, la céramique, les textiles ont largement bénéficié de ces apports.

Les emprunts de formes à l'Iran et, à travers l'Iran, au monde méditerranéen, sont bien connus : amphores, aiguières, rhytons, coupes et gobelets sur pied, coupes en nacelle polylobée, plats portés par des pieds courts entrent ainsi plus ou moins tôt dans le répertoire chinois. Des thèmes nouveaux viennent enrichir ou supplanter le vocabulaire décoratif traditionnel : palmettes, rosaces, feuilles d'acanthe, médaillons, cordons de perles, pampres, animaux en relief.

On connaît encore très mal les routes et les intermédiaires par lesquels ces motifs ont atteint la Chine. L'origine même de chaque thème apparaît très composite, l'art sassanide étant à la fois héritier de types iraniens plus anciens et porteur de nombre de formes et de décors empruntés à l'art hellénistique. L'Asie centrale ne fut pas un simple intermédiaire ; elle assimila et transforma à la fois les apports grecs, iraniens et indiens selon un schéma qu'il est, pour le moment, impossible de restituer. Enfin, il ne faut pas oublier que, dans le domaine artistique, les influences s'entrecroisèrent en Asie centrale, la Chine apportant parfois autant qu'elle recevait.

Les découvertes récentes faites en Chine ne permettent pas de résoudre ces problèmes, mais elles jettent un jour nouveau sur la précocité des influences et sur le processus d'intégration et de sinisation auquel se sont livrés les artistes chinois.

La fascination que les modes d'Iran et d'Asie centrale ont exercée à la cour des Sui puis des Tang, au VIIe et dans la première moitié du VIIIe siècle, époque d'apogée de l'orfèvrerie chinoise, a fait croire pendant longtemps que ces apports exotiques étaient nouveaux dans la Chine du VIIe siècle. En réalité, comme l'a montré J. Rawson, les orfèvres Tang n'ont pas copié servilement des modèles étrangers, avec lesquels ils avaient eu d'ailleurs l'occasion de se familiariser depuis plus de deux siècles ; ils ont bien plutôt réinterprété ces modèles et les ont associés à des motifs purement chinois.

Le plus important ensemble d'orfèvrerie importée au Ve siècle a été découvert en 1970 à Datong, capitale des Wei du Nord de 398 à 494. Ce trésor, enterré vraisemblablement avant le transfert de la capitale à Luoyang en 494, comprend une coupe en nacelle

sassanide, trois coupes et un bol de forme et de décor hellénistiques. S'il reste difficile de situer les ateliers de fabrication de ces objets, l'ensemble confirme l'ouverture des Wei du Nord sur l'Asie centrale et l'Iran ; il montre aussi que des formes que l'on croyait avoir été introduites en Chine à la fin du VIe ou au VIIe siècle sont apparues beaucoup plus tôt.

D'autres œuvres importées, associées souvent à des monnaies sassanides et à des pièces d'orfèvrerie chinoises inspirées des modèles étrangers, ont été trouvées dans des tombes ; la plus célèbre est celle d'une fillette, Li Jingxun (600-608), découverte à Xi'an en 1957. Le collier que portait la jeune morte, l'un des plus beaux bijoux mis au jour en Chine, semble bien être importé d'Iran.

Le lent travail d'assimilation des influences étrangères aboutit à la fin du VIIe siècle et au début du VIIIe à un art de l'orfèvrerie où formes et motifs exotiques sont repensés par les artistes chinois. L'exemple le plus prestigieux des collections d'orfèvrerie de l'aristocratie Tang est certainement le trésor de Hejiacun exhumé à Xi'an en 1970. Ses trois jarres contenant plus de mille objets de valeur ont dû être enterrées par le fils de Li Shouli, cousin de l'empereur Xuanzong, avant sa fuite avec l'empereur, lors de la rébellion de An Lushan en 756. Le trésor comprend des jades, des pierres précieuses, des minéraux utilisés en pharmacopée, des monnaies chinoises et étrangères (une drachme du règne de Khosroès II, un *solidus* de l'empereur byzantin Heraclius – 610-641 –, une monnaie en bronze du royaume de Gaochang, des pièces d'argent japonaises). Certains objets rares sont sans doute des importations sassanides, tel le bol en verre ou l'admirable rhyton en onyx à tête de gazelle. Le trésor compte plus de deux cent soixante-dix pièces d'orfèvrerie, en majeure partie de facture chinoise.

Si les formes occidentales dominent encore, les décors sont un savant amalgame d'emprunts (animaux en relief isolés ou par paire sur un fond uni) et de motifs chinois (fleurettes, rinceaux et animaux, scènes de chasse dans un paysage, sur un fond amati). Le nouveau répertoire est souvent évoqué en miniature et couvre tout l'objet. Sur le plan technique, le goût occidental pour les motifs en relief se dégageant sur un fond nu est remplacé par un travail de ciselage où le décor apparaît à plat sur le fond amati. Ainsi, l'art cosmopolite de la capitale Tang entre la fin du VIIe et le milieu du VIIIe siècle met en œuvre un exotisme conscient, que plusieurs siècles de contacts, d'importations et d'imitations ont permis d'adapter à la fantaisie et au goût chinois.

Michèle PIRAZZOLI-t'SERSTEVENS

Coupe à nacelle à huit lobes

Deux animaux marins en relief décorent le fond ovale de la coupe. Le pied est en bronze. Art sassanide, pièce importée très vraisemblablement entre 450 et 494. Trésor découvert en 1970 sur le site de Pingcheng, la capitale des Wei du Nord de 398 à 494 après J.-C., à Datong (Shanxi). Plusieurs coupes proches par la forme mais plus décorées ont été trouvées en Iran et en Union soviétique. L'importance de la pièce de Datong consiste surtout dans le fait qu'elle peut être datée avec une certaine précision. Argent. Hauteur : 4,5 cm ; diamètre à l'ouverture : 23,8 x 14,5 cm.

Gobelet sur pied

Trésor découvert en 1970 sur le site de Pingcheng. Objet provenant d'Asie centrale ou de Méditerranée orientale (?). Le gobelet est en bronze doré à décor d'oiseaux et d'enfants au milieu de pampres en relief. Le décor de vigne apparaît à la même époque dans les grottes bouddhiques de Yungang, comme motif de bordure. Influences et adaptations touchent au Ve siècle tout l'art Wei. Hauteur : 11,5 cm ; diamètre à l'ouverture : 9,6 cm.

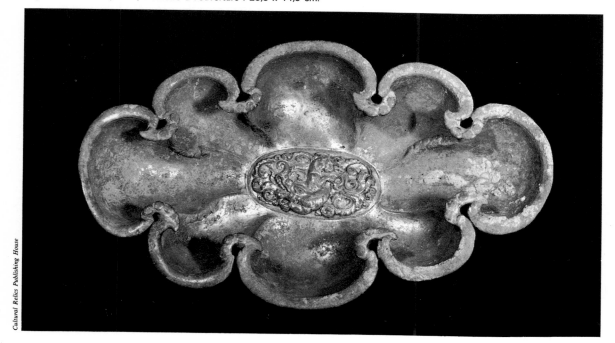

Les routes de la soie

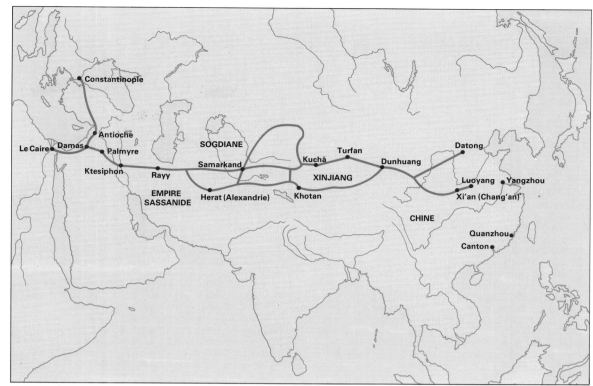

Drachme sassanide en argent

Datant du règne de Khosroès II (590-627), cette pièce fut trouvée avec d'autres monnaies chinoises, mais aussi byzantine, japonaises et d'Asie centrale, dans le trésor de Hejiacun, à Xi'an. Diamètre : 2,9 cm. Musée provincial du Shaanxi, Xi'an.

New China Pictures

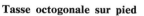
J.-L. Princelle

Collier

Art iranien (?), en tout cas importation d'Asie occidentale, vraisemblablement du Ve siècle de notre ère. Collier découvert en 1957 dans la tombe de Li Jingxun (600-608) à Xi'an, Shaanxi. Or rehaussé de perles, de saphirs, d'opales et de verre bleu. Longueur : 23,4 cm ; largeur : 9 cm. Musée d'histoire de Chine, Pékin.

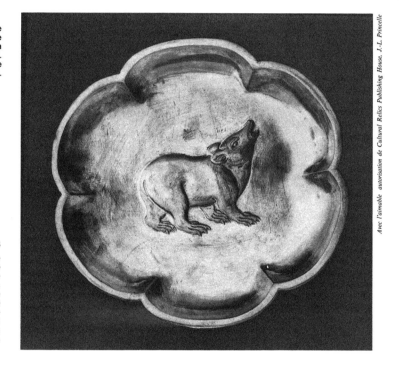
Avec l'aimable autorisation de Cultural Relics Publishing House. J.-L. Princelle

Plat à six lobes

Trésor de Hejiacun, Xi'an (fin VIIe ou première moitié du VIIIe s.). L'artiste, en conservant une forme et un parti décoratif (animal isolé se détachant en relief sur un fond nu) sassanides, a donné à l'animal une rondeur, une souplesse et un réalisme qui rompent avec le hiératisme de ses modèles, qu'ils soient purement sassanides ou sogdiens. Argent, décor doré au repoussé d'un ours passant. Hauteur : 0,9 cm ; diamètre : 13,4 cm. Musée provincial du Shaanxi, Xi'an.

Tasse octogonale sur pied

Trésor de Hejiacun, Xi'an (fin VIIe ou première moitié VIIIe s.). La forme reste d'inspiration occidentale, de même que certains éléments du décor (cordons de perles, tête d'étranger ornant l'anse) et la technique en relief utilisée pour les personnages. Mais le costume des musiciens et des danseurs qui ornent chaque face est chinois, de même que le fond amati et le décor ciselé de rinceaux, de fleurs et d'oiseaux sur lequel les personnages se détachent. Argent doré. Hauteur : 6,5 cm ; diamètre : 7 cm. Musée provincial du Shaanxi, Xi'an.

Rhyton d'onyx se terminant en tête de gazelle à museau d'or

Art sassanide d'Iran ou d'Asie centrale. Le rhyton provient du trésor de Hejiacun, Xi'an, et date de la fin du VIIe siècle ou de la première moitié du VIIIe siècle. La forme du rhyton, qui a une longue histoire en Iran, fut empruntée par l'Asie centrale et la Chine, au moins dès le Ve siècle, et transcrite en jade, en métal et en céramique. Hauteur : 6,5 cm ; longueur : 15,6 cm. Musée provincial du Shaanxi, Xi'an.

Cultural Relics Publishing House

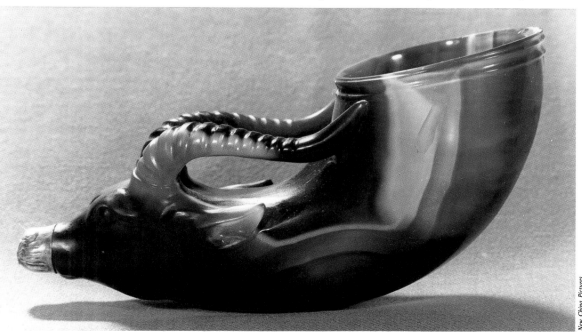
New China Pictures

La route de la céramique

« La porcelaine en Chine vaut le même prix que la poterie chez nous, ou encore moins. On l'exporte dans l'Inde et les autres contrées, jusqu'à ce qu'elle arrive dans la nôtre, le Maghreb. C'est l'espèce la plus belle de toutes les poteries » (Ibn Baṭṭūṭa, 1304-1377, *Riḥla*, rééd. Maspero, 1982, vol. III, p. 214).

La céramique chinoise constitue la manifestation la plus visible, parce que la plus pérenne, de l'immense réseau commercial qui, à son apogée entre le IXe et le XIVe siècle, a relié la Chine, l'Asie du Sud-Est, l'Inde, le Moyen-Orient et la côte orientale de l'Afrique. Dans ce commerce florissant, la céramique fut au même titre que la soie, les encens, les épices, les plantes médicinales, les aromates et les pierres précieuses une valeur d'échange, un bien infiniment prisé et constamment demandé. Elle sera même, dès la fin du XIe siècle, la première denrée chinoise à l'exportation.

Le réseau maritime ne sera jamais totalement rompu, mais les restrictions apportées par le gouvernement chinois à la fin du XIVe siècle et l'arrivée des Portugais dans l'océan Indien à partir de 1498 en modifieront l'organisation de façon globale et définitive.

Du IXe au XIVe siècle, le commerce asiatique par voie de mer, poursuivi dans le sillage de l'Empire maritime sassanide et avec la même structure supranationale, a vu collaborer les négociants arabes et persans, juifs et chrétiens d'Orient, indiens, indonésiens et chinois.

Le mérite des premiers voyages directs entre le golfe Persique et la Chine du Sud allant de l'avant revient aux navigateurs arabo-persans. Ce n'est malgré tout qu'au IXe siècle que des convois réguliers quittent le Golfe pour la Chine. Très vite, le trafic devient tel qu'un géographe décrit le Golfe comme la « mer de Chine ». Les IXe et Xe siècles voient la quasi-hégémonie de ses riverains avec deux ports de première importance : Sīrāf au Fārs (Iran) et Ṣuḥār en Omān. Terme des navigations hauturières, grand entrepôt des denrées de l'Inde et de l'Extrême-Orient, Sīrāf restera le port en eau profonde le plus important du Golfe jusqu'au début du XIe siècle. De là, les cargaisons sont transbordées vers Baṣra et Baġdād. Quant à Ṣuḥār, peut-être la plus belle ville du Golfe au Xe siècle, elle fait concurrence à Sīrāf et restera, après le déclin de cette dernière, le grand entrepôt du commerce international jusqu'au XIIe siècle. Le voyage à la Chine durait environ dix-huit mois. Mais s'il était long et dangereux (récifs, tempêtes, pirates), il était extrêmement fructueux. Parallèlement, les navires du Golfe commerçaient avec l'Afrique orientale en quête d'or, d'esclaves, d'ivoire et d'ambre gris, avec les îles Maldives et Laquedives, fournisseuses de bois et de fibres de cocotier pour la construction des navires « cousus » des Arabes.

À partir du Xe siècle, nombre de capitaines du Golfe abandonnent les voyages directs avec la Chine, se contentent de rencontrer les marchands chinois à Kalah Bār. D'autres changent de bateaux à mi-route et arrivent en Chine sur des navires indiens ou indonésiens. Le Golfe perd d'ailleurs au XIe siècle la prééminence qu'il connaissait depuis l'époque sassanide. Ses grands ports

seront, après le déclin de Ṣuḥār au XIIe siècle, Qaïs jusqu'à la fin du XIIIe siècle, puis Ormuz au XIVe siècle. La primauté revient désormais à la mer Rouge avec, comme tête de ligne et entrepôt, Aden, complété par d'autres ports yéménites, et comme plaques tournantes du commerce international, les ports égyptiens de Fusṭāṭ et d'Alexandrie.

La situation va également changer à l'autre extrémité de la route. En Chine, jusqu'au XIe siècle, le commerce maritime avait été dominé par les étrangers ; mais, à la fin du siècle, l'invention d'un type nouveau de bateaux permet aux Chinois de prendre le contrôle du transport des marchandises et des passagers dans les eaux de l'Asie orientale. Les jonques de mer chinoises aux proportions et aux tonnages considérables (de 600 à 1 250 t, 200 hommes d'équipage, de 500 à 1 000 personnes à bord) sont plus grandes, plus solides, mais aussi plus commodes que les navires arabes et indiens. C'est sur ces géants des mers que voyagèrent Marco Polo, Odoric de Pordenone, Ibn Baṭṭūṭa et bien d'autres. Du XIIe au XIVe siècle, la flotte et la navigation chinoises connaissent un âge d'or, du moins sur les itinéraires reliant la Chine aux ports de l'Inde du Sud. En Chine, Quanzhou, proche des grands centres de fabrication de céramique et de production du thé, rivalise avec Canton, avant de le surpasser. Dès le XIIe siècle aussi, les commerçants chinois, à l'instar des étrangers, ont des agents pour prendre la mer, opérer les transactions dans les ports lointains et établir des comptoirs ou de petits centres industriels comme ceux qui ont été découverts à Kota Cina dans le nord-est de Sumatra et à Santubong dans l'ouest de Bornéo (travail du fer et de l'or). Le commerce chinois avec l'Asie du Sud-Est s'accroît encore au XIVe siècle, la Chine inondant ces régions de céramiques mais aussi de numéraire en échange d'épices, d'aromates, de drogues médicinales et de bois précieux. Cependant, malgré leur réseau de jonques et leur suprématie dans les mers du Sud, les commerçants chinois ne parviennent pas à constituer des circuits réguliers ou des colonies dans l'océan Indien, et le commerce qu'ils y font reste largement entre les mains des Proche-Orientaux.

Les fouilles récentes (escales, mais aussi épaves) sur la « route de la céramique », en venant compléter les récits anciens des voyageurs, nous aident à mieux connaître les circuits, les échelles, les entrepôts, les cargaisons et l'ampleur du trafic. En Chine même, la découverte de milliers d'anciens fours de céramique permet une meilleure datation des pièces trouvées hors de Chine et une attribution des céramiques à leur région, parfois à leur four d'origine.

Au IXe et au Xe siècle, les principales exportations (jarres, verseuses, plats, coupes et bols) proviennent de fours du Nord comme du Sud : du Nord viennent les grès porcelaineux blancs (groupes de Xing et de Ding) des fours du Hebei ; du Sud, les grès à couverte* céladon des fours de Yue dans le nord du Zhejiang, les grandes jarres en grès à couverte vert olive ou brune servant de conteneurs, les grès peints ou à décor appliqué de

Changsha au Hunan ; enfin, dans le courant du Xe siècle ou peut-être dès le IXe siècle ont dû être exportées les premières porcelaines blanches du Sud.

À partir du XIe siècle, avec l'importance croissante de la demande, ce sont de plus en plus des fours proches des ports, depuis le Jiangxi jusqu'à Canton, qui fournissent les marchands. Cette tendance se trouve renforcée par la coupure politique de la Chine en deux et, dès le début du XIIe siècle, seules les productions du Sud sont exportées. Ce sont, par ordre d'importance : 1o les céladons de la région de Longquan (sud du Zhejiang) et leurs imitations des fours du Fujian ; 2o les porcelaines blanches et *qingbai* de Jingdezhen au Jiangxi et des fours du Fujian (Dehua, Anxi) ; 3o les jarres conteneurs en grès à couverte brune du Fujian et du Guangdong ; 4o des terres cuites à glaçures fabriquées à Quanzhou (Fujian), des grès peints en brun du four de Xicun à Canton ; 5o enfin les porcelaines bleu et blanc des fours de Jingdezhen commencent à être exportées vers le milieu du XIVe siècle.

Cette céramique est découverte en quantité souvent considérable sur les sites anciens de ports ou d'entrepôts au long des itinéraires que nous avons évoqués, mais aussi dans les grandes cités commerciales du Moyen-Orient (Nīshāpūr, Rayy, Suse, Sāmarrā...). Son influence fut énorme sur la céramique islamique.

Les sites les plus riches, actuellement fouillés, correspondent bien aux centres majeurs dont parlent les sources arabes (Sīrāf, Ṣuḥār, Fusṭāṭ), et les tessons chinois retrouvés reflètent assez fidèlement, par leur nombre, leur variété et leur qualité, les périodes de prospérité ou de déclin qu'ont connues ces sites dans le commerce international.

Les recherches ne sont cependant qu'à leurs débuts ; on manque encore de fouilles complètes, de publications exhaustives et bien illustrées, d'études interdisciplinaires. Des régions entières restent mal connues.

On a longtemps considéré la céramique exportée comme un sous-produit de la céramique chinoise. Les fouilles récentes montrent une situation infiniment plus complexe. Les fours produisaient un éventail assez large de pièces, dont les plus réussies alimentaient le marché national et international de luxe et dont les pièces courantes fournissaient le marché local et le tout-venant de l'exportation. Ainsi, du IXe au XIIe-XIIIe siècle, la qualité des pièces exportées varie, mais elle est en général d'assez bon ou de très bon niveau. Les mêmes types de céramiques se retrouvent dans les tombes chinoises de l'époque et, hors de Chine, du Japon à Fusṭāṭ. La situation se modifie au XIIIe et surtout au XIVe siècle, lorsque se multiplient les fours travaillant en majeure partie pour la clientèle d'outre-mer. L'augmentation du volume des exportations, évidente aux Philippines, mais aussi dans les comptoirs musulmans de la côte africaine (Kilwa, Gedi), se traduit alors par un travail en série et souvent par une baisse de qualité.

Michèle PIRAZZOLI-t'SERSTEVENS

Bol

Grès peint sur un engobe blanc d'un oiseau en brun de fer et vert de cuivre sous la couverte jaunâtre. Diamètre : 13,8 cm ; hauteur : 4,4 cm. Fours de Changsha, Hunan, IXe siècle. Trouvé à Nīshāpūr, Iran. Hors de Chine, on a trouvé des fragments de grès de Changsha en Corée, au Japon, en Asie du Sud-Est, au Pakistan, en Iran, en Iraq et en Omān. Collection T. Mikami (Japon).

Fragments de jarre

Grès à couverte vert olive portant incisés sous la couverte deux noms musulmans, Yusuf et Maymun (ou Mansur). Tessons découverts lors de la fouille de la grande mosquée de Sīrāf (Iran). Fouilles du British Institute of Persian Studies. Fours de Chine du Sud-Est, IXe siècle.
Ces jarres en grès servaient à transporter les produits exportés comme les provisions de bord. Selon D. Whitehouse, la jarre fragmentaire de Sīrāf aurait été fabriquée pour un ou des marchands musulmans commerçant avec la Chine.

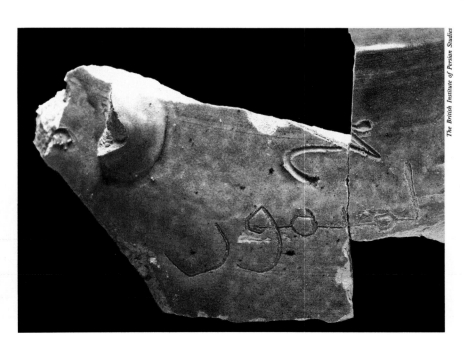

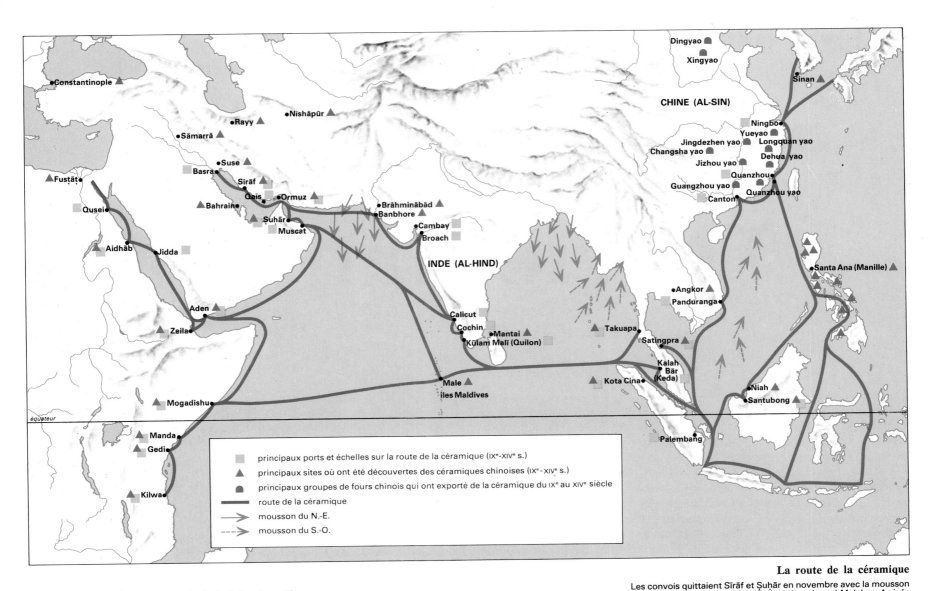

Map labels:

Constantinople • ▲
Rayy ▲ • Nishāpūr •
Sāmarrā • ▲
• Suse
Basra • ▲ Sīrāf ▲
Fusṭāṭ ▲ Qais ▲ Ormuz ▲
Qusei □ Bahrain • Ṣuḥār □
Aidhāb ▲ Jidda □ Muscat □
Brāhminābād ▲
Banbhore □ Cambay •
Broach □

INDE (AL-HIND)

Aden •
Zeila •
Calicut □
Cochin •
Mantai ▲
Kūlam Malī (Quilon) □
Male ▲
Îles Maldives
Mogadishu □

Manda ▲
Gedi ▲
Kilwa •

Dingyao ⌂
Xingyao ⌂
Sinan ▲

CHINE (AL-SIN)

Ningbo □
Yueyao □
Jingdezhen yao Longquan yao
Changsha yao Dehua yao
Jizhou yao
Quanzhou □
Guangzhou yao Quanzhou yao
Canton □

Santa Ana (Manille) ▲

Angkor • ▲
Panduranga •
Takuapa ▲
Satingpra ▲
Kalah Bār (Keda)
Kota Cina ▲
Niah •
Santubong •
Palembang •

équateur

Légende :
■ principaux ports et échelles sur la route de la céramique (IXᵉ-XIVᵉ s.)
▲ principaux sites où ont été découvertes des céramiques chinoises (IXᵉ-XIVᵉ s.)
⌂ principaux groupes de fours chinois qui ont exporté de la céramique du IXᵉ au XIVᵉ siècle
— route de la céramique
→ mousson du N.-E.
--→ mousson du S.-O.

La route de la céramique

Les convois quittaient Sīrāf et Ṣuḥār en novembre avec la mousson du nord-est vers Kūlam Malī (Quilon) dans le sud Malabar. Arrivés à Quilon vers la fin de novembre, les navires traversaient en un mois de Malabar à Kalah Bār, que l'on situe le plus souvent dans le district de Keda (péninsule malaise). Dans cette région que dominait alors l'État indonésien de Srīvijaya, les marchands achetaient des clous de girofle, de la noix muscade, des bois de santal, d'aloès et de camphre. Un mois de navigation menait les bateaux de Kalah Bār à Ṣanf Fūlaw, une île au large du Champa (Vietnam) ; en un autre mois, ils atteignaient Canton où ils vendaient les denrées qu'ils apportaient du golfe ou qu'ils avaient achetées en route. Certains navires poussaient jusqu'à Quanzhou (le Zaitun des sources arabes), Ningbo ou même Yangzhou. Mais la majorité passait l'été à Canton.
À l'automne, après avoir chargé la soie, le thé et la céramique, on remettait à la voile avec la mousson du nord-est, pour arriver à Ṣuḥār ou à Sīrāf en avril.

Trois fragments d'ouvertures de bols à bord roulé

Grès porcelaineux blanc à couverte blanche.
À gauche, longueur : 5 cm ; hauteur : 4,4 cm ; peut-être fours de Ding (Hebei), IXᵉ-Xᵉ siècle.
Au centre, longueur : 4,3 cm ; hauteur : 2,7 cm ; peut-être fours de Xing (Hebei), IXᵉ-Xᵉ siècle.
À droite : longueur : 6,2 cm ; hauteur : 5,5 cm ; Xᵉ siècle.
Tessons découverts à Qal'at al-Ṣuḥār, Omān.

Plat à décor de pivoine

Grès gris clair peint en brun de fer sous couverte. Diamètre : 32,8 cm. Four de Xicun, Canton, XIᵉ-XIIᵉ siècle.
Le plat aurait été trouvé en Indonésie. On connaît des pièces semblables : par exemple, un plat du musée Pusat de Jakarta, venant du sud Sulawesi, et un fragment découvert à Ṣuḥār. Musée national, Tokyo.

Petite jarre à deux oreilles

Porcelaine blanche moulée ; décor imprimé de rinceaux sous une couverte blanche. Hauteur : 8,2 cm. Fours de Dehua (Fujian), XIIIᵉ-XIVᵉ siècle. Trouvée sur le site de Kota Cina (côte nord-est de Sumatra) qui semble avoir été du XIIᵉ au XIVᵉ siècle un entrepôt commercial et un centre de travail de l'or. Fouilles Edwards McKinnon, Indonesian Archaeological Service.

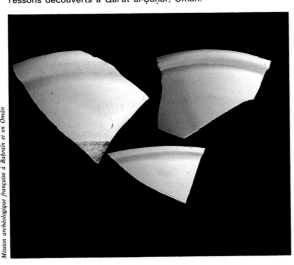

Mission archéologique française à Baḥraïn et en Omān

Museum Shupan

Mission archéologique française à Baḥraïn et en Omān

Fragment de fond de bol

Grès porcelaineux gris, couverte vert olive clair. Longueur : 9,8 cm ; diamètre du pied : 4,9 cm. Décor intérieur formé d'une fleur de lotus gravée, détails soulignés par des incisions. Fours de Yue, Zhejiang, Xᵉ siècle.
Ce tesson a été découvert à Qal'at al-Ṣuḥār, Omān, par la Mission archéologique française. Fragments semblables trouvés à Fusṭāṭ.

Vase *kendi* trouvé aux Philippines

Terre cuite rosée à glaçure° ambre. Hauteur : 16,6 cm. Fours de Quanzhou (Fujian), seconde moitié du XIIIᵉ siècle ou XIVᵉ siècle. Vases à ablutions d'origine indienne, très utilisés en Asie du Sud-Est, les *kendi* fabriqués en Chine étaient destinés à l'exportation. Musée Guimet, Paris.

Musées nationaux

E. McKinnon, Indonesian Archaeological Service

L'Extrême-Orient

Le Vietnam

Bien que le Vietnam appartienne à l'Asie du Sud-Est géographiquement, et même culturellement pendant la préhistoire et la protohistoire (comme d'ailleurs la Chine du Sud), il est généralement étudié avec l'Extrême-Orient, pour des raisons purement historiques. Nous avons repris ce parti par commodité.

Lorsque Paul Doumer fonde en 1898 la « Mission archéologique de l'Indo-Chine », placée sous le contrôle scientifique de l'Académie des inscriptions et belles-lettres, l'administration coloniale française se montre consciente de la nécessité de comprendre, d'étudier et de préserver le patrimoine des pays d'Indochine. La création d'une bibliothèque et d'un musée, la fondation d'une publication font partie des devoirs du premier directeur, Louis Finot. Des pensionnaires choisis par l'Académie sont envoyés en Indochine et reçoivent des bourses de voyage pour mener à bien leurs travaux. Des fonctionnaires sont détachés, en fonction de leurs compétences, pour servir dans le cadre de la nouvelle institution.

En janvier 1900, la Mission, qui est déjà le centre d'une intense activité linguistique, ethnographique et archéologique, devient l'École française d'Extrême-Orient (E.F.E.O.). Dans le domaine archéologique, la conservation et le classement des immeubles et des monuments importants se situent au premier rang des devoirs de l'École, avec la préservation des objets mobiliers. Les fouilles et les découvertes doivent être déclarées à tous les niveaux de l'administration. En 1902, une note sur l'exécution des fouilles invite les chercheurs à la circonspection et à la minutie, comme au respect du site. Le premier Congrès des études d'Extrême-Orient se tient à Hanoi en décembre 1902 ; l'E.F.E.O. en est l'âme.

Henri Mansuy*, attaché au Service géologique de l'Indochine, remarquable connaisseur des fossiles et homme de terrain, fait en 1906 la découverte de la culture bacsonienne* (Néolithique), dans la caverne de Phô Binh Gia (Bac Son, Bac Thai) qui livre un matériel lithique et céramique. En l'absence de stratigraphie*, seule l'étude de la morphologie des pièces permet de suivre leur évolution ; Mansuy s'y attache tout particulièrement. En 1910, lorsqu'à Hanoi est inauguré le musée de l'École, c'est lui qui est chargé de classer les « pierres taillées » présentées dans la salle réservée à la préhistoire.

En 1908, trois tambours de bronze, dont « les décors et destinations sont encore une énigme pour les archéologues », entrent dans les collections du musée. Leur origine est attribuée aux populations non Han de Chine méridionale. L'E.F.E.O. acquiert en 1913 une première partie de la collection préhistorique et archéologique réunie par André d'Argencé. Les objets, parmi lesquels des haches pédiformes, une hache à tranchant hyperbolique et des pointes de lances provenant du Son Tây, sont d'un type résolument non chinois.

La première « représentation préhistorique » connue en Indochine figure sur un fragment de hache en bronze entré au musée en 1915 : il s'agit d'une pirogue à deux rameurs et de deux cervidés. Cependant, aucune fouille ne vient encore préciser l'image originale du Vietnam préchinois, connu uniquement à l'époque par des objets isolés, hors de tout contexte archéologique.

Henri Parmentier, architecte, membre de l'École, qui a déjà fouillé plusieurs sépultures chinoises anciennes et travaillé sur le Cambodge, consacre en 1918 un article intitulé « Anciens Tambours de bronze » à ces instruments de musique dont l'importance s'affirme pour la protohistoire vietnamienne. Il porte ainsi à 188 le nombre des pièces répertoriées ; la grande étude de F. Heger en mentionnait 166 en 1902. La découverte d'objets en bronze, armes et accessoires de vêtement ou de parure jugés énigmatiques, cloches « à éléphant » dont le décor rappelle celui des tambours qui datent de l'Âge des

métaux de l'est de la péninsule, suscite de plus en plus l'intérêt des savants.

Le domaine de l'archéologie historique est également en plein essor. Dès 1910, l'étude des monuments du Tonkin (nord du Vietnam) est bien engagée. Les travaux de restauration concernent une multitude de temples et de pagodes, dont le célèbre temple de la Littérature de Hanoi. Les terres cuites architecturales exhumées à Hanoi et dans les environs, les céramiques de Bat Trang, de Thô Ha, de Phu Lang ne cessent de rejoindre les collections du musée.

Pendant les années vingt, H. Mansuy continue ses recherches préhistoriques et fouille la grotte de Keo Phay (Lang Son). Étienne Patte, également du Service géologique, fouille le kjökkenmödding* de Bau Tro (Binh Tri Thiên). Frappé par le fait que les hommes qui employaient la pierre à peine dégrossie savaient déjà la polir, Patte considère alors que la coexistence, sur les mêmes sites, d'outils taillés et d'outils polis indique vraisemblablement l'apport de la seconde technique par un groupe ethnique étranger, peut-être d'origine occidentale. Cette théorie est aujourd'hui infirmée. Madeleine Colani* découvre en 1926 la culture hoabinhienne (du nom de la ville de Hoa Binh) qu'elle attribue d'abord au Paléolithique, puis au Néolithique. Elle fouille en quatre ans une cinquantaine de sites du centre et du nord du pays.

Le Paléolithique de la région demeure inconnu : on n'exclut pas que l'Indochine et l'Extrême-Orient ne soient pas passés par cette phase du développement humain. Mansuy considère, lui, que le Néolithique a brusquement succédé à un Paléolithique au faciès très primitif. Les problèmes posés par le Néolithique sont d'ailleurs loin d'être résolus, et l'idée s'impose peu à peu que sa phase récente a pu coïncider avec le premier usage du bronze.

Dans le domaine protohistorique, les connaissances progressent. À la suite de trouvailles fortuites de bronzes et de céramiques par les paysans des environs de Dông Son (Thanh Hoa), L. Pajot, collaborateur bénévole de l'E.F.E.O., fouille, à l'instigation de L. Aurousseau, les rives du Sông Ma à Dông Son entre 1924 et 1930. Pour la première fois, les objets se présentent dans leur contexte. L'importance de la découverte est bien comprise. Les pièces exhumées, armes, tambours et autres bronzes, sont envoyées au musée de l'École, qui s'enrichit en 1927 de la deuxième partie de la collection d'Argencé. La protohistoire vietnamienne émerge petit à petit de l'obscurité et, en 1929, le *Bulletin* de l'E.F.E.O. publie un article de Victor Goloubew, « L'Âge du bronze au Tonkin et dans le Nord Annam », qui constitue le premier essai de synthèse sur le sujet. Plus au sud, la nécropole de jarres de l'Âge du fer de Sa Huynh (Quang Ngai, Centre-Vietnam), découverte au début du siècle et largement pillée entre-temps, est revue et décrite par H. Parmentier. Celle du village voisin de Phu Khuong est également explorée.

Tout au long des années trente, les recherches préhistoriques demeurent très intenses. E. Patte fouille le kjökkenmödding de Da But (Thanh Hoa) qu'il considère comme bacsonien. M. Colani continue ses explorations, et elle étudie le Néolithique de la baie d'Along, avec ses nombreuses stations à ciel ouvert, reconnu par le Suédois J. G. Andersson*. L. Malleret, conservateur du musée Blanchard de La Brosse à Saigon, effectue une série de reconnaissances et de sondages dans le Sud, et « l'importance insoupçonnée de ces gisements et de la préhistoire cochinchinoise » est alors mise en évidence.

Aux congrès des préhistoriens d'Extrême-Orient, à Hanoi en 1932, à Manille en 1935, à Singapour en 1938, comme à la XIIe session du Congrès préhistorique de France (Toulouse-Foix, 1936), la préhistoire et la protohistoire du Vietnam font l'objet de plusieurs communications.

Les fouilles du Thanh Hoa continuent avec O. Jansé à Dông Son de 1935

**Façade de la maison communale *dinh*
du village de Dinh Bang (Bac Ninh)**

Héritière de l'architecture protohistorique, symbole de l'autonomie villageoise face au pouvoir central, la maison communale *dinh* est le seul bâtiment construit sur pilotis (invisibles de l'extérieur), parmi les édifices civils ou religieux construits au niveau du sol, à la chinoise. Celui de Dinh Bang, bâti au XVIIIe siècle, est l'un des plus beaux monuments de l'art vietnamien (in Louis Bezacier, *Relevé des monuments anciens du Vietnam*, École française d'Extrême-Orient, Paris, 1959, pl. LXIII).

à 1939, avec L. Pajot à Dan Nê, où sont mises au jour en 1936 des « sépultures de type dôngsonien, mais contenant un certain nombre d'armes et d'outils en fer, mêlés aux objets habituels de bronze ». Il semble alors que ces tombes représentent la fin de l'Âge du bronze dans la région.

Les tambours de bronze, à propos desquels Parmentier avait publié un second article en 1932, entrent en grand nombre dans les collections du musée. Parmentier, comme Goloubew, les date du début de l'ère chrétienne et porte le nombre de ceux qui sont répertoriés en Asie du Sud-Est (sauf Java) à 250, localisés surtout dans le nord-est de l'Indochine.

L'image globale de la protohistoire vietnamienne reste confuse. La question de l'Âge du bronze occupe le devant de la scène. La longue coexistence d'un outillage lithique et d'un outillage métallique ne contribue pas peu aux interrogations que suscitent les cultures antérieures à la colonisation chinoise. Aucune méthode scientifique de datation ne permet alors de proposer autre chose que des chronologies relatives.

Dans le domaine de l'archéologie historique, les travaux de recherche, de préservation et de restauration se poursuivent. La proximité des vestiges khmer et cham n'empêche pas certains savants comme Charles Batteur de se passionner pour « l'art annamite, si malheureusement ignoré des meilleurs esprits et où, trop longtemps, on n'a vu qu'une piteuse contrefaçon de l'art chinois, alors qu'il représente toute une pensée originale, qui n'a demandé à la Chine qu'un cadre large ». Concrétisant l'intérêt général pour l'archéologie, un musée ouvre ses portes à Thanh Hoa en janvier 1939 ; la même année sont effectuées les premières missions d'archéologie aérienne.

Cependant, le domaine de la science et de l'art n'est pas coupé du monde réel, et ni la Seconde Guerre mondiale ni la lutte pour l'indépendance ne restent sans effet sur l'archéologie vietnamienne. En 1945, le décret nº 65 du président Hô Chi Minh crée l'Institut d'archéologie et manifeste, neuf ans avant l'indépendance définitive, l'importance qu'attache aux traces de son passé la jeune république démocratique du Vietnam.

Après 1954, lorsque la paix revient, l'essentiel des découvertes archéologiques a lieu dans la partie septentrionale du pays. Les fouilles sont pratiquées par l'Institut d'archéologie, par le musée d'Histoire du Vietnam et l'université de Hanoi. Les résultats des recherches, les réflexions et les grandes synthèses paraissent sous forme d'articles dans la revue spécialisée *Khao cô hoc*, ou sous forme de livres publiés par le musée d'Histoire ou l'Institut d'archéologie. Malgré les travaux d'étrangers comme les Soviétiques Boriskovsky et Semenov, les Allemands H. Quitta ou G. Kohl et le recours à des laboratoires chinois et est-allemands pour les datations au carbone 14, l'archéologie vietnamienne est aujourd'hui totalement entre les mains des savants vietnamiens qui s'y consacrent entièrement.

La première découverte d'importance capitale est celle, en 1960, du Paléolithique inférieur, reconnu sur le campement-atelier de plein air du mont Do (Thanh Hoa), où sont représentés des outils de différentes traditions. La deuxième grande découverte est effectuée en 1968 par l'équipe de la faculté d'histoire de Hanoi et le professeur Ha Van Tân ; la culture de Son Vi (Vinh Phu) remplit le blanc qui existait entre le Paléolithique inférieur et le Hoabinhien, aujourd'hui considéré comme mésolithique, bien que sans microlithes. Dans le même domaine préhistorique, la culture de Miêng Hô (Bac Thai), importante pour l'étude de la tradition de l'industrie sur éclat en Asie du Sud-Est, pose plus de problèmes qu'elle n'en résout. Comme d'ailleurs les outils de type paléolithique de Xuân Lôc au sud du pays. La troisième découverte capitale est celle, en 1959, de la culture de Phung Nguyên (Vinh Phu) qui comble le vide entre la fin du Néolithique

et le début de l'Âge du bronze dans le delta du fleuve Rouge. Parallèlement, prospections et fouilles sont entreprises dans tous les bassins fluviaux et les plaines côtières. Les sites dôngsoniens sont systématiquement fouillés : Viêt Khê (Hai Phong) en 1961, Châu Can (Ha Son Binh) en 1971, Lang Vac (Nghê Tinh) en 1972, Lang Ca (au confluent du fleuve Rouge et de la rivière Claire) en 1976-1977. L'existence d'une phase dôngsonienne antérieure à la phase ancienne du site de Dông Son est reconnue sur plusieurs sites du Thanh Hoa et sur celui (habitat et nécropole) de Ru Tran (Nghê Tinh). En 1975, Nguyên Van Huyên et Hoang Vinh font le point sur la question des tambours dans un livre publié par le musée d'Histoire du Vietnam. Les congrès nationaux de 1968, 1969, 1970 et 1971 fournissent l'occasion de discussions fécondes sur la protohistoire.

La réunification du pays en 1975 permet la reprise des recherches au sud. La nécropole de Sa Huynh est à nouveau fouillée, en plusieurs campagnes. La découverte de sites d'habitat et de nécropoles de la même culture la situe mieux dans le contexte régional et autorise d'intéressantes comparaisons.

Alors que, à la période coloniale, la préhistoire et la protohistoire vietnamiennes restaient assez floues et trop souvent mesurées à l'aune chinoise, la succession des découvertes, parfois spectaculaires, l'étude des objets dans leur contexte, une nouvelle approche des problèmes, moderne et pluridisciplinaire, permettent aujourd'hui de se faire une idée un peu plus claire des sociétés autochtones antérieures à la pénétration chinoise et d'établir une chronologie plus fine de l'Âge des métaux, même si la distinction entre les faciès régionaux et les étapes chronologiques des différentes cultures n'est pas toujours facile à faire.

De toutes les découvertes récentes et du travail d'interprétation qu'elles ont suscité, il ressort clairement que le Vietnam, comme une partie de l'Asie du Sud-Est à laquelle il appartient, est entré tôt dans l'Âge du bronze, et indépendamment de la Chine du Nord qui connaissait une expérience contemporaine mais différente de culture élitiste dans le cadre d'une cité-palais. Pendant toute la première partie de l'Âge du bronze, jusqu'au VIIIe ou VIIe siècle avant J.-C., une civilisation villageoise produisait pour elle-même des objets en bronze simples et de petites dimensions et défrichait et mettait en valeur la Moyenne Région de l'actuel Vietnam. Avec les succès de l'agriculture, la pratique de la riziculture inondée et l'accroissement démographique, la société est devenue plus complexe et la population est partie à la conquête des plaines. Vers le VIIe siècle, et c'est là ce qui distingue le Vietnam de la Thaïlande voisine, les changements économiques et sociaux entraînent une différenciation des classes sociales et la possession, par une élite aux pouvoirs temporel et spirituel, des luxueux objets rituels que sont les tambours de bronze, les grandes jarres et les situles*. Ces changements conduisent à l'émergence d'un État, dont la nature n'apparaît pas encore clairement. Les détails du processus de transformation, aussi bien économique que sociale, restent à déterminer. Les rapports entre les différents centres culturels de l'Asie du Sud-Est, avant que la Chine n'introduise dans la région, à partir du IIe siècle avant J.-C., des valeurs, des hommes et des techniques, font l'objet de recherches approfondies, de même que ce qui touche à l'agriculture ancienne.

Conscients de l'importance du Vietnam pour l'étude des civilisations protohistoriques, les archéologues vietnamiens suivent avec intérêt les travaux en cours dans les autres pays. Les résultats de cette intense activité ne manqueront pas d'enrichir nos connaissances de la protohistoire de l'Asie non chinoise dans les années à venir.

Maud GIRARD-GESLAN

Les galets aménagés du Hoabinhien

Pour mieux préciser les différentes techniques utilisées dans la fabrication des outils paléolithiques au Vietnam, il nous a fallu réexaminer le matériel des fouilles menées par Madeleine Colani* en 1929, le comparer avec celui des fouilles récentes et avec les résultats de la taille expérimentale des galets*. Deux grands groupes peuvent ainsi être distingués : l'un utilisant des blocs de roche clastique, aux arêtes coupantes, l'autre employant des galets de rivière, à texture moins fine ; le premier est généralement considéré comme faisant partie du Paléolithique inférieur ; le deuxième comprend deux industries du Paléolithique supérieur : le Sonviien et le Hoabinhien, objets de notre étude.

C'est la stratigraphie de la grotte Con Moong (1976) qui permet d'établir la succession chronologique entre le Sonviien* et le Hoabinhien*. Le Sonviien est une *pebble culture* utilisant des galets de rivière en quartzite, généralement épais. Par de grands enlèvements obliques, selon une taille unidirectionnelle, ces galets sont aménagés en choppers* ; mais le tranchant est peu coupant, il détermine presque toujours, avec ce qui reste des faces corticales, soit une pointe (2 a), soit une sorte de pioche dont on se servait probablement pour déterrer la nourriture. Dans le faciès le plus ancien du Hoabinhien, on peut trouver de tels outils, mélangés à du matériel hoabinhien typique.

On a longtemps caractérisé l'industrie hoabinhienne par des « sumatralithes », des « haches courtes » ou des galets unifaciaux. En fait, le trait le plus marquant de cet outillage est une économie extrême des gestes nécessaires à sa fabrication, grâce à une utilisation maximale de la forme naturelle du galet. Celui-ci est employé tel quel dans plusieurs cas (1 g, 1 h). Souvent, quelques enlèvements judicieux suffisent à l'amincir, à créer un bord actif entre deux légers épaulements, évoquant le front d'un grattoir caréné (1 c, 1 d). La recherche de régularité et de symétrie préside au façonnage qui semble relever d'un souci d'efficacité et d'esthétique fonctionnelle, absent dans l'industrie sonviienne ou dans celle du Paléolithique inférieur. La zone de préhension reste souvent corticale ou est aménagée par une fracture nette à 90°. Cette utilisation de la forme naturelle des galets se remarque encore sur les pièces de forme triangulaire (2 f) où seules quelques retouches soulignent un bord actif ou un talon destiné à l'emmanchement. Cependant, ce sont là des pièces du Hoabinhien tardif, voire du Bacsonien*. Ainsi, malgré une grande diversité typologique (1), l'industrie hoabinhienne se caractérise-t-elle surtout par une grande constance technologique.

On a donné à ces outils des dénominations diverses, qui présument de leur emploi : haches, haches courtes, grattoirs, racloirs, etc. Là encore, en dehors des analogies de formes, les témoignages les plus sûrs d'une quelconque utilisation restent les traces d'usure laissées à divers emplacements des galets : piquetages, mâchonnements, esquillements, stries, traces de frottement, lustrage, etc. Il faut interpréter ces traces avec la plus grande prudence, mais plusieurs remarques s'imposent.

La majorité des outils hoabinhiens sont des galets d'origine éruptive (porphyrites*, rhyolites*) dont les arêtes sont naturellement mousses. Cet inconvénient est souvent compensé par le poids des pièces : sans être coupants, les galets aménagés de 200 à 300 grammes pour les plus petits et de deux kilos ou plus pour les plus grands peuvent servir à écorcer les arbres, couper les branches ou des bambous dont la tige est creuse.

Il est parfois difficile de distinguer les traces de polissage minimes sur le bord actif des galets – conséquences d'une utilisation contre des solides durs – de celles qui ont été laissées par un début de polissage intentionnel. L'existence d'une lame débitée d'un galet (2 d), aménagée en petite hache à tenon et partiellement polie, nous rappelle qu'on est, vers la fin du Hoabinhien, à la jonction de deux techniques complémentaires.

L'absence de relations directes entre les utilisations perceptibles à travers ces traces et les activités d'acquisition alimentaire révélées par d'autres vestiges archéologiques est significative. En effet, les nombreux et épais amas de coquillages attestent une intense activité de ramassage de gastéropodes d'eau douce ou terrestres ; les vestiges d'os fossilisés, parfois carbonisés, témoignent d'une chasse d'où le grand gibier n'est pas exclu (éléphant, rhinocéros, herbivores, etc.). Or, aucun des outils hoabinhiens exhumés n'a servi directement à ces activités. En revanche, les percuteurs, avec leurs nombreux mâchonnements, ont servi à la fabrication de l'outillage lithique, lequel est employé à son tour dans la fabrication d'instruments en os, en bois de cervidés, en bois, en bambou, ou dans la préparation des fibres, des cuirs, etc. C'est le frottement des galets ainsi aménagés sur ces matériaux qui a provoqué les traces d'usure observables sur certaines pièces, mais difficiles à rendre en photographie.

En outre, les éclats de préparation (2 c, 2 e) et les percuteurs trouvés avec le reste de l'outillage, prouvent que le façonnage des galets avait lieu dans la grotte même. On peut aussi imaginer d'autres activités artisanales dans la même habitation. Certains galets, par leur forme et leur texture, se prêtent à des travaux de

broyage (1 h, 3 g) ou de polissage d'objets durs encore indéterminés (3 c). Bien qu'aucun vestige végétal ne subsiste – en dehors de certains pollens récemment mis en évidence, mais d'interprétation hasardeuse – il est permis de croire à l'existence d'instruments en bois et en bambou, préparés grâce à l'outillage lithique, appointés et durcis par le feu. Les galets aménagés ont pu également servir à fendre le bambou, à préparer des lattes et des lamelles destinées à couper, dépecer, lier, tresser, etc.

Il est évident que d'autres fouilles, avec stratigraphies, datations et enregistrements plus sûrs, permettront de mieux cerner les activités des Hoabinhiens. Ces fouilles sont d'autant plus nécessaires au Vietnam que l'industrie hoabinhienne y est apparue, liée à des manifestations et à des préoccupations autres qu'à la simple recherche d'une subsistance quotidienne. Rappelons l'existence de plusieurs sépultures hoabinhiennes dans les amas de coquillages. Dans le seul abri-sous-roche de Làng Vành furent découvertes de nombreuses boules d'ocre*, avec des galets en forme de godets (3), ainsi que des fragments d'os ayant probablement servi de palettes. Nombreux sont les galets aménagés fortement ocrés ; l'un d'eux, en forme de boule, porte de minces enlèvements corticaux apparemment sans signification utilitaire. S'agit-il d'un de ces objets « de curiosité » rapportés par les hommes préhistoriques ? Des canines de renard, percées à la base, ayant servi de parure, tout comme des coquilles de *Cypraea* ou d'*Arca*, enfouies au milieu des débris de cuisine en même temps que les galets hoabinhiens, attestent un souci autre que pratique.

Sans être les premiers broyeurs de grains, ni même des horticulteurs précoces, comme on l'a affirmé un peu trop rapidement, les Hoabinhiens ont su tirer le meilleur parti d'un matériel souvent ingrat : dans des galets ils ont façonné un outillage destiné à de nombreux usages et dont le profilé révèle une esthétique latente. Certes, bien des mystères subsistent encore sur les grottes hoabinhiennes qui ont servi à la fois d'abri, d'atelier, de cuisine et de lieu de sépulture, mais une chose est certaine : les hommes qui s'y trouvaient étaient plus que de simples tailleurs de galets.

DINH Trong Hieu

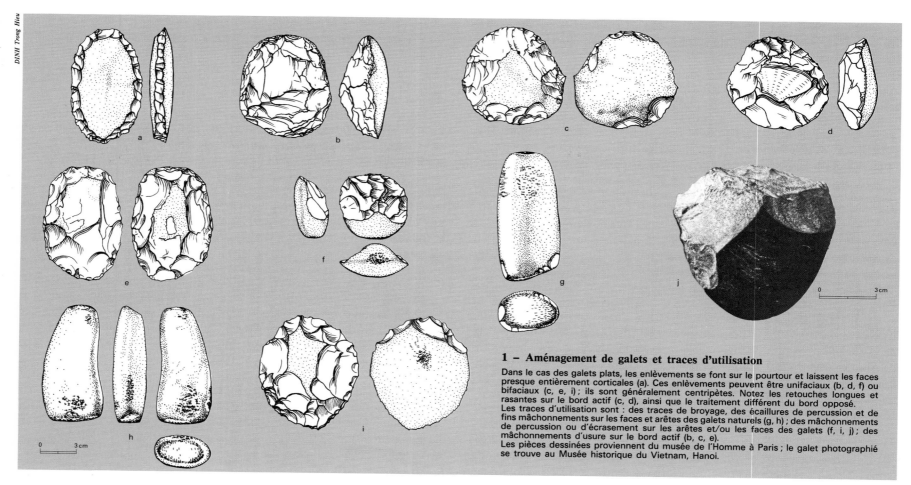

1 – Aménagement de galets et traces d'utilisation

Dans le cas des galets plats, les enlèvements se font sur le pourtour et laissent les faces presque entièrement corticales (a). Ces enlèvements peuvent être unifaciaux (b, d, f) ou bifaciaux (c, e, i) ; ils sont généralement centripètes. Notez les retouches longues et rasantes sur le bord actif (c, d), ainsi que le traitement différent du bord opposé.
Les traces d'utilisation sont : des traces de broyage, des écaillures de percussion et de fins mâchonnements sur les faces et arêtes des galets naturels (g, h) ; des mâchonnements de percussion ou d'écrasement sur les arêtes et/ou les faces des galets (f, i, j) ; des mâchonnements d'usure sur le bord actif (b, c, e).
Les pièces dessinées proviennent du musée de l'Homme à Paris ; le galet photographié se trouve au Musée historique du Vietnam, Hanoi.

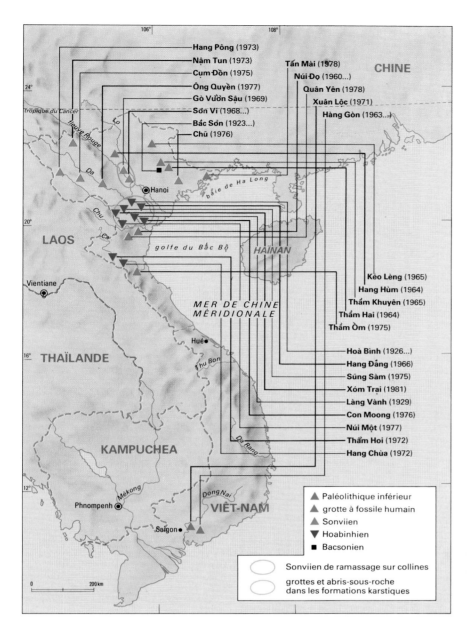

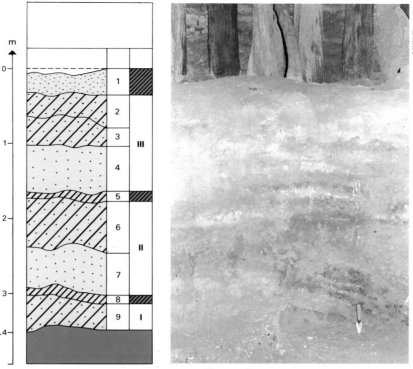

Coupe témoin de la grotte Con Moong

Nous avons, pour le niveau I (à industrie sonviienne), trois datation ^{14}C : 9140, 9805 et 9890 avant J.-C. ; pour le niveau II (à industrie hoabinhienne), une datation ^{14}C : 7955 avant J.-C. Le niveau III, à la fois hoabinhien et bacsonien, n'a pas été daté.

Les sites préhistoriques du Vietnam

La répartition géographique de ces sites est disparate pour le Paléolithique inférieur, dont l'industrie ne présente pas de caractéristiques vraiment communes et dont aucune datation précise n'a pu être obtenue. Par contre, la concentration des sites sonviiens de surface (collines de la moyenne région du Nord-Vietnam), comme celle des sites hoabinhiens (grottes et abris-sous-roche des formations karstiques), est remarquable.
La date mentionnée à côté de chaque site montre une longue continuité dans la découverte des sites hoabinhiens, par ailleurs largement représentés dans l'Asie du Sud-Est, ainsi que l'attention récente accordée aux industries plus anciennes.

2 – Débitage et façonnage de galets

Galets sonviiens en quartzite avec des enlèvements unidirectionnels (a, b). Éclats levallois en « carapace de tortue », sans retouches ni traces d'utilisation, provenant de la préparation du galet-nucléus (c, e). Exemple de galet naturellement plat, de forme subtriangulaire avec quelques aménagements sur le plus petit côté : il s'agit probablement d'une ébauche d'instrument devant subir un polissage ultérieur sur le tranchant (f). Lame débitée d'un galet, aménagée en épaulements, partiellement polie sur l'avers et le revers pour être transformée en petite hache à tenons (d).
a, b : Institut d'archéologie du Vietnam, Hanoi. c, e : Musée historique du Vietnam, Hanoi.

3 – Exemples de l'utilisation de l'ocre

Morceau d'os ayant servi comme palette d'ocre avec de nombreuses traces de raclage (a). Galets naturels en forme de godets, et ocrés (b). Petit galet plat avec de fines striures : l'examen à la loupe montre une série de doubles sillons parallèles tracés par des instruments inconnus (c). Galet hoabinhien aménagé et fortement ocré (d). Exemple de boule d'ocre (e).
Galet avec écaillures d'origine thermique (?), probablement un objet « de curiosité » pour les hommes préhistoriques (f). Broyeur d'ocre avec face d'écrasement fortement ocrée (g). Musée historique du Vietnam, Hanoi.

Un témoin de la protohistoire : le tambour de bronze

Utilisés de la protohistoire à la première moitié du XXe siècle sur une aire immense qui s'étend du sud de la Chine à l'est de l'Indonésie en passant par la Birmanie, le Laos, la Thaïlande et la Malaisie, transmis de génération en génération dans les familles de chefs de tribus montagnardes, précieusement conservés dans des temples ou enterrés avec certains morts, les tambours de bronze sont particulièrement nombreux au Vietnam. Mentionnés depuis l'Antiquité par les textes historiques chinois traitant de la région, ils suscitent à la fin du XIXe siècle et au début du XXe l'intérêt des savants européens qui, bien que n'ayant accès à aucune pièce de fouille avant la découverte du site de Dông Son, comprennent rapidement l'importance de ces instruments pour la protohistoire du Vietnam. Depuis 1954, la succession des découvertes archéologiques a permis d'avancer considérablement les recherches sur la question et de proposer des datations plus précises.

Bien avant de tomber sous la domination chinoise, au IIe siècle avant notre ère, le Vietnam entre dans l'Âge du bronze à la phase finale de la culture de Phung Nguyên au XVe ou XIVe siècle avant J.-C. La culture de Dông Dâu, où apparaissent les premières haches pédiformes en bronze, la remplace au XIVe siècle et cède à son tour la place, au XIe siècle, à la culture de Go Mun marquée par des céramiques ornées d'un motif de méandres rectangulaires qui figurera souvent sur les tambours de bronze de la culture dôngsonienne (du VIIe s. aux environs de l'ère chrétienne).

Les premiers tambours découverts dans un contexte archéologique viennent du site éponyme de Dông Son (Thanh Hoa), fouillé dans les années trente. Caractéristiques de la phase classique (seconde moitié du Ier millénaire) de cette culture, ils sont accompagnés dans les sépultures par des situles* en bronze, décorées, des haches pédiformes à talon arrondi, des poignards à pommeau saillant ou à poignée anthropomorphe.

Les « maîtres des tambours », les Lac Viêt, sont des riziculteurs installés dans les vallées fluviales et les plaines côtières du nord et du centre du Vietnam. Ils sont également marins et pêcheurs ainsi qu'excellents métallurgistes.

Les plus anciens d'entre eux, qui nous intéressent ici tout particulièrement, ceux du type I, ont un aspect caractéristique. Séparés en trois parties bien nettes, ils se composent d'un tore renflé qui supporte le plateau, d'un corps cylindrique et d'un pied tronconique. Leur forme évoluera dans le sens de la simplification. Les derniers qui furent fabriqués, au XXe siècle, ont un plateau débordant posé sur un corps au profil en S aplati, presque cylindrique.

Sur les plus beaux exemplaires, les motifs géométriques de méandres, de spirales, de cercles à tangente, de triangles, etc., coexistent avec des motifs figuratifs riches de sens qui constituent une de nos meilleures sources d'information sur la culture dôngsonienne. Des maisons sur pilotis, des processions de danseurs emplumés, des personnages pilant le riz, des oiseaux aquatiques en vol ou au repos, des cervidés forment les thèmes les plus remarquables que l'on peut observer sur le plateau du superbe tambour de Ngoc Lu. Le motif le plus fréquent sur le tore représente les barques chargées de guerriers emplumés ou de rameurs.

Les scènes figurées sur le plateau sont interprétées soit comme la cérémonie d'inauguration du tambour, soit comme une fête des morts comparable au Tiwah des Dayak de Bornéo, ou comme un panorama de la vie quotidienne des Dôngsoniens. Dans le premier cas, les barques du tore amèneraient des invités à la fête, dans le second, elles seraient les vaisseaux transportant les esprits des guerriers défunts au paradis. Aucune interprétation n'est sûre, d'autant que sur certains tambours les personnages dans les barques sont des guerriers et que sur d'autres ce sont des rameurs qui pourraient très bien être engagés dans une course de pirogues, comme il en existait autrefois en Chine du Sud et naguère en Indochine. En dehors de tout contexte archéologique, les problèmes de datation posés par les tambours sont très délicats à résoudre. Peu à peu, le décor se simplifiera, subissant parfois un véritable processus de dégénérescence ; les motifs géométriques seront de plus en plus nombreux et des grenouilles en ronde bosse apparaîtront sur le plateau.

Quelle que soit l'interprétation retenue pour le décor des tambours, il reste que ceux-ci sont des objets à la fonction complexe, mais capitale, dans les cultures protohistoriques. Symboles du pouvoir politique, utilisés lors des cérémonies religieuses et sociales, lors de rites agraires – ils servent en particulier à invoquer la pluie –, ils sont aussi inhumés lors des funérailles de leur riche et puissant propriétaire, auquel ils semblent garantir outre-tombe le même statut.

Si leur origine géographique, au moins pour le Vietnam, ne pose guère de problème, leur origine morphologique reste discutée. Selon une théorie, les tambours se seraient développés à partir du mortier à piler le riz, retourné et frappé en cadence dans les circonstances solennelles. Selon une autre théorie, la marmite en bronze retournée aurait donné naissance au tambour du type I. Un prototype de tambour en terre cuite datant du IXe siècle avant J.-C. aurait été découvert il y a quelques années dans la région du Fleuve Rouge.

Sur le plan technique, le bronze le plus fréquemment utilisé par les Dôngsoniens pour leurs tambours est un alliage de cuivre, d'étain et de plomb, facile à cuire et à fondre, solide et souple, de meilleure qualité que l'alliage de cuivre et de plomb, ou de cuivre, de plomb et de zinc, trop mou.

Le caractère local de la fabrication des tambours ne fait aucun doute, puisqu'on trouve des minerais non loin des zones archéologiques. Le procédé de fabrication était soit celui de la fonte en moule à sections, sans cire, avec un modèle en céramique ou en bois, soit celui de la fonte à la cire perdue*, ou bien encore une méthode mixte. À notre connaissance, aucun moule ou fragment de moule n'a encore été découvert. Malgré les nombreux problèmes qu'ils posent, les tambours de bronze du Vietnam constituent, en même temps qu'une source de renseignement de première qualité, un témoignage remarquable du développement technique et artistique de l'Asie du Sud-Est à la période protohistorique.

Cette région du continent a connu un épanouissement culturel et social très différent de celui du nord de la Chine à l'Âge du bronze. Là, les élites se distinguaient du reste de la société par la fabrication et l'usage de vases rituels en bronze, liés au culte des ancêtres royaux. Les tambours, comme peut-être les grandes situles, ont vraisemblablement occupé une fonction du même type selon des modalités propres à la région, dans une aire très large et dans un contexte culturel, climatique et physique totalement original. La confrontation des travaux archéologiques vietnamiens et chinois (au Yunnan et au Guangxi) concernant les tambours et les débuts de l'Âge du bronze en général devrait susciter des hypothèses intéressantes et stimuler des recherches sur la période de transition entre la communauté villageoise ou tribale et les premières manifestations de l'État.

Maud GIRARD-GESLAN

Le tambour de Ngoc Lu

Parfait exemple du type I de Heger, le tambour de Ngoc Lu est l'un des plus anciens du Vietnam. Des pièces semblables, découvertes dans un contexte archéologique, confirment l'importance de ces objets détenus par les chefs, leur signification sociale et religieuse. Le problème du prototype demeure entier, un tambour comme celui-ci est l'aboutissement d'une longue tradition technique et esthétique. Musée d'histoire du Vietnam.

Grande jarre en bronze de Dao-Thinh (Yên Bai)

Comme les tambours et sans doute les situles dont le décor relève d'une même esthétique, ces grandes jarres *thap* (découvertes en petit nombre) avaient probablement une fonction rituelle importante (hauteur : 81 cm ; diamètre : 75 cm). Ici, sur le couvercle, des couples copulant sont peut-être à mettre en relation avec un culte de la fécondité. La fabrication d'une telle pièce exigeait une grande quantité de minerai et une habileté technique sans faille. Musée d'histoire du Vietnam.

Diffusion des tambours de bronze du type I

L'aire de diffusion des tambours du type I est vaste. Tous ne sont pas également anciens, des peuples différents les ont utilisés. On ne peut se fonder uniquement sur l'ethnologie pour interpréter la signification de ces tambours pendant la protohistoire car les échanges entre groupes se font selon diverses modalités et peuvent entraîner des changements de valeurs. Une aire culturelle originale se distingue ainsi à la veille de la conquête chinoise (sources : Khao cô hoc, 1974/13 ; Nguyên Van Huyên et Hoang Vinh, 1975 ; R. B. Smith et W. Watson, 1979 ; M. Girard-Geslan, 1985).

> • tambours de bronze du type I de Heger découverts en Asie du Sud-Est

Maisons dôngsoniennes représentées sur le plateau du tambour de Ngoc Lu

Construite sur pilotis, la maison dôngsonienne a un toit à arête centrale relevée aux deux extrémités. Proche des demeures actuelles des Batak de Sumatra, elle a survécu dans la maison communale vietnamienne *dinh* de la période historique.

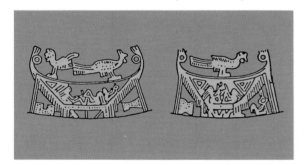

Barque figurant sur le tore du tambour de Ngoc Lu

La barque est chargée de guerriers emplumés. Naguère diversement interprétées, les barques représentées sur les tambours sont aujourd'hui tenues pour des bateaux de régate ou de fête où se pratiquaient des sacrifices humains liés à un rite agraire.

Typologie des tambours de bronze

Récusée par certains auteurs mais encore utilisée au Vietnam et en Europe, la typologie de F. Heger distingue quatre groupes de tambours. Le type I est le plus ancien, ceux du type III restaient fabriqués en Birmanie au début du XXᵉ siècle (d'après L. Bezacier, *Le Vietnam*, Picard, 1972).

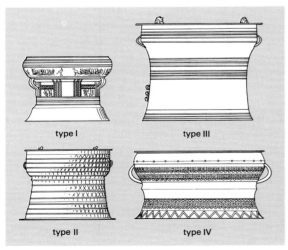

Plateau du tambour de Ngoc Lu

La dimension même de ce tambour (hauteur 63 cm ; diamètre 79 cm) et la difficulté qu'a dû représenter sa fonte attestent la complexité de la société capable de le produire. Parfois interprété comme un calendrier agraire, ou comme une anthologie des grands moments de la vie sociale et religieuse d'une communauté dôngsonienne, un tel plateau apporte des informations précieuses sur les riziculteurs dôngsoniens. Leurs dirigeants semblent avoir eu un pouvoir militaire et religieux fondé sur une richesse économique née vraisemblablement du contrôle des surplus de production et du commerce.

L'Extrême-Orient

La Corée
et le Japon

C'est à l'époque Tokugawa, sous l'influence du néo-confucianisme et des écrits des lettrés chinois, que les Japonais commencèrent à s'intéresser à leur passé. Dès la fin du XVIIᵉ siècle, Arai Hakuseki constatait que les *magatama** (ornements en forme de griffe) en jade et les pointes de flèche en obsidienne, considérés jusqu'alors comme des phénomènes surnaturels, avaient été taillés par la main de l'homme. Voyageant dans la région de Fukuoka, Itō Togai, remarquant auprès d'un tumulus des effigies humaines grossièrement travaillées dans la pierre, les comparait aux *mingqi** chinois et aux *haniwa* (littéralement cylindre d'argile) des grandes sépultures (*kofun**) du Yamato. Des amateurs réunissaient des *magatama* et en rédigeaient des répertoires accompagnés de croquis. Le daimyō de Chikuzen (Fukuoka et Karatsu) s'intéressait aux vestiges anciens d'une région fort riche en souvenirs du passé.

Ce retour à l'Antiquité est favorisé par les tenants du Shintō, opposés au néo-confucianisme, qui, tel Motoori Norinaga, constituent les premières *Annales* japonaises (*Kojiki*, 712, *Nihongi*, 720) relatant la création du monde au profit de la lignée impériale. Ces études de textes favoriseront la révolution de Meiji (1868) et l'apparition d'un nationalisme exacerbé qui marquera pour des décennies la mentalité japonaise.

L'ouverture du Japon aux étrangers donnera un élan nouveau à l'archéologie de ce pays. En 1877, se rendant en chemin de fer de Yokohama à Tōkyō, E. S. Morse*, zoologue américain, remarquait près du ballast un amas de coquillages qui lui sembla être un kjökkenmödding*. Quelques semaines plus tard, des fouilles lui révélaient des fossiles humains auprès de poteries à décor cordé. Son rapport très minutieux fut la première publication de la section d'histoire naturelle de l'université de Tōkyō. Rapidement traduit en japonais, *Shell-Mound of Omori* entraîna la création d'un vocabulaire nouveau : *kaizuka*, amas de coquillages, *jōmon*, décor cordé. Ainsi fut révélée l'existence au Japon d'un Néolithique créateur d'une céramique très originale, révélation d'autant plus surprenante que le Néolithique des agriculteurs chinois ne sera connu qu'en 1920 grâce à J. G. Andersson*. À la même époque, Heinrich von Siebold, ingénieur allemand, étudiant les ressources minières du Tōhoku, y remarqua les pièces plus élaborées de Kamegaoka (la colline des jarres) dans la province d'Aomori. Il les attribua aux Ainus qui avaient été, selon lui, les premiers habitants du Japon d'où ils auraient été chassés, et qui se seraient réfugiés, fort abâtardis, au Hokkaidō. Cette théorie fera l'objet de nombreuses controverses parmi les savants japonais et contribuera d'ailleurs au développement de l'anthropologie à l'université de Tōkyō.

Au Kantō, les disciples de Morse procèdent aux fouilles des *kaizuka* jusque dans les montagnes de Gumma, y découvrant des habitats semi-souterrains (*tate-ana*) qui constituent des villages de plus en plus développés et pourvus d'un outillage en pierre, en os et en corne (pointes de flèche, harpons, hameçons), témoin d'activités de chasseurs-pêcheurs vivant également de la cueillette. La classification des divers styles et techniques des poteries Jōmon retrouvées au Kantō servira de référence pour les créations très variées recueillies dans tout l'archipel (proto, plein, fin Jōmon, Jōmon tardif), donnant ainsi un cadre rigide à ce que l'on nommera plus tard la culture Jōmon.

Une section d'archéologie est créée à l'université de Tōkyō et les vestiges obtenus au cours des fouilles sont réunis par Miyake Yonekichi (1860-1929) et exposés au Musée impérial.

Kyōto, cependant, n'était pas resté inactif. Sa section d'archéologie sera animée par Hamada* Kosaku (1881-1938) qui en assura la direction après un séjour à Londres (1912-1916) où il devint l'émule de Flinder Petrie. Son activité et ses ouvrages de méthodologie font de Hamada le véritable créateur de l'archéologie japonaise. Il forma à son école des chercheurs prestigieux : Umehara Sueji, Kobayashi Yukiō et Mizuno Seiichi (1901-1958).

Dès la fin de l'ère Meiji, les circonstances politiques offrirent aux archéologues japonais un champ d'investigation plus vaste en Corée et en Mandchourie. Publiées au cours des années trente, les fouilles des tombes de Lelang (colonie chinoise de 108 av. J.-C. à 313 apr. J.-C.) révélèrent les créations des Han, encore mal connues. Étudiées par l'historien de l'architecture Sekino Takaashi, les sépultures de Koguryŏ et de Paekche, construites en pierre et précédées d'un couloir, furent reconnues comme les modèles de celles, plus frustes, du Kyūshū septentrional et central. Une méthode d'investigation des vestiges architecturaux, en particulier des monastères bouddhiques, fut aussi mise au point grâce à l'observation des terrasses en terre damée où subsistent des emplacements de colonnes permettant d'en connaître le nombre et l'écartement (*ken*) ; on a pu retrouver le plan des divers bâtiments et jusqu'à la forme et la portée de leurs toitures.

Les Japonais s'étaient surtout attachés au Néolithique et à la période historique des *kofun* dont ils avaient retrouvé la source dans le royaume de Silla (Corée méridionale) mais qui se singularisaient au Yamato par leur forme en entrée de serrure et par les rangées de *haniwa* soutenant les terres amoncelées des tumulus. L'hiatus est alors comblé par la protohistoire : *Yayoi jidai*, dont la chronologie est fixée du IIIᵉ siècle avant J.-C. au IIIᵉ siècle après. En fouillant le *kaizuka* de Kō à Ōsaka, Hamada y avait constaté la présence de deux strates superposées, la couche inférieure contenant des poteries Jōmon, celle du dessus des poteries de texture plus serrée, analogues au fragment retrouvé en 1884 dans un *kaizuka* du quartier Yayoi près de l'université de Tōkyō. On y observa l'empreinte de grains de riz, preuve d'une activité agricole. De son côté, Yamano Sugao avait découvert des traces de rizières irriguées dans les régions de Fukuoka et de Karatsu au Kyūshū du Nord, et, dans la même zone, de nombreuses jarres-cercueils (*kame-kan*) contenant, outre des fossiles humains, des miroirs coréens, des armes et des miroirs chinois. En même temps que la riziculture, la poterie Yayoi dont les prototypes avaient été observés dans un *kaizuka* de Kimhae, près de Pusan, gagna l'île de Honshū, le long du littoral de la mer Intérieure. Une première classification de cette poterie parut en 1939. L'usage du bronze caractérise la période Yayoi. Ignorant les procédés d'alliage, les agriculteurs fondirent les pièces importées pour créer au Kyūshū des hallebardes lancéolées de grande taille mais dépourvues de tranchant qu'ils déposèrent en grand nombre au flanc des collines, tandis que, dans le Kinai, les sonnailles des chevaux coréens étaient transformées en *dōtaku*, à la forme de hautes cloches, ornés de décor ondé ou de représentations d'animaux et de scènes domestiques.

Ces objets représentent-ils les usages différents d'un même culte agraire dans ces nombreuses chefferies dont font état les textes chinois ou bien témoignent-ils d'apports venus par des voies différentes ? Le sujet mérite d'être approfondi. Dans les années quarante, les découvertes de Karako au Yamato et de Toro, près de Shizuoka, montrent un outillage en bois qui paraît avoir été taillé avec du fer. À Toro, outre les *tate-ana*, est observée l'existence d'un grenier sur pilotis destiné à la conservation des récoltes. L'origine de ces *kura*, modèles des premiers sanctuaires Shintō, avait d'abord été attribuée aux îles du Pacifique sud. On sait, à présent, qu'il en existait dès le IVᵉ millénaire avant J.-C. dans la culture de

Figurine anthropomorphe (dōgu)

Cette figurine, en terre cuite rosée (hauteur 12 cm), paraît être une représentation féminine. Elle porte un décor de bandes incisées sur les deux faces. Yeux ronds, bouche carrée entourée d'un motif gravé (tatouage?). Le visage plat est prolongé en arrière par une coiffure ajourée ; on retrouve les mêmes ajours sous le menton et autour de la face. Les bras courts en relief ont des doigts indiqués par des incisions, les jambes ont disparu. On estime que ces dōgu sont des objets de culte. On les trouve principalement au Kantō et dans la région nord du Honshū. Cette œuvre est attribuée à la fin de la période Jōmon, Ier millénaire avant J.-C. Don Hosokawa Moritatsu, 1955, musée Guimet, Paris.

Hemudu au Zhejiang et que leur usage s'était répandu en Chine du Sud.

À la fin de la Seconde Guerre mondiale, les chercheurs japonais, fort actifs jusqu'alors en Corée, en Mandchourie et en Chine du Nord, rentrent dans leur pays ; ils font le bilan de leurs travaux : découverte des bronzes des Ordos (Egami Fujiō), localisation des fours de Ding au Hebei par Koyama Fujiō, étude de l'art des Liao ou Kitan (936-1125) établis à Pékin et à Dadong (grottes de Yungang analysées par Mizuno et Nagahiro), fouille des sépultures à décor peint en Mandchourie, étude de l'orfèvrerie et de la céramique au Jehol et en Mandchourie. Les tombes des Han postérieurs au Liaoyang ont un décor peint qui annonce les tombes de Koguryŏ à Tong'gou (Mandchourie méridionale), publiées par Umehara Sueji. Au Japon même, dès 1950, les recherches archéologiques, longtemps menées de façon anarchique, furent réorganisées et placées sous le contrôle du Bunkasai (Commission pour la protection des biens culturels fondée en 1894) qui établit une antenne dans chaque province. Se fondant sur l'étude des glaciations himalayennes, les géomorphologues ont retracé l'histoire géologique des chapelets d'îles s'étendant des Aléoutiennes à Taiwan et aux Philippines, montrant que l'archipel japonais avait été à certaines périodes relié par le nord (Sibérie) comme par le sud (Chine) au continent asiatique. Le carbone 14* et la palynologie* ont permis d'attester la découverte dans le Honshū central et sur le Pacifique d'un Paléolithique, l'homme d'Akashi étant contemporain de l'homme de Pékin. La présence d'humanoïdes est attestée dans l'argile primitive (loam) sous les couches de lave qui l'ont recouverte. Ainsi, en dépit de catastrophes naturelles nombreuses, les humains ont subsisté au Japon. Dans l'abri-sous-roche de Fukui (près de Nagasaki), de nombreuses strates ont révélé l'existence d'un Mésolithique ; certaines contenaient des fragments d'une poterie ornée de lignes en relief que l'on attribue à l'Épi-Paléolithique. Des traces du même genre sont signalées plus au nord près de Niigata.

Il est impossible d'énumérer ici toutes les activités des archéologues japonais, activités qui semblent devoir faire éclater les cadres d'une chronologie trop rigide : cités, Nara et Dazaifu, palais du Yamato et, surtout, celui de Heijōkyū à Nara, monastères, fours à potiers qui ont fait revivre l'activité céramique des époques Heian et Kamakura (Sanage, Atsumi, Tokoname dans la région de Nagoya), recherche sur les importations de céramiques chinoises, étude des nombreux fours de Karatsu (influence coréenne) et de ceux des alentours d'Arita (porcelaine). Pour les Japonais, l'archéologie concerne aussi les époques plus récentes comme en témoignent les musées d'architecture paysanne et urbaine à Toyama, et le musée de vestiges du Tōkyō de l'époque Meiji.

L'œuvre des Japonais dans la péninsule coréenne fut dès 1945 l'objet de critiques acerbes de la part de ceux qui venaient d'être libérés de leur occupation. Les travaux reprirent dès 1946 mais furent rapidement interrompus par la lutte sans merci qui opposa le Nord au Sud et laissa le pays exsangue.

En 1961, une section d'archéologie fut ouverte à l'université nationale de Séoul sous la direction du docteur Kim Won-yong, diplômé de l'université Harvard ; d'autres établissements universitaires se livrèrent à des fouilles, mais ils manquaient d'expérience et leurs recherches se révélèrent un peu trop dispersées. En 1975 fut fondé un Institut du patrimoine culturel, dirigé par le docteur Kim et chargé des projets archéologiques gouvernementaux ainsi que de la conservation des monuments historiques. Cet organisme mit fin à des travaux un peu anarchiques et permit dans un pays en plein

développement industriel une concertation entre les chercheurs et la constitution d'équipes intégrant des étudiants formés à l'étranger. Dès 1974, un laboratoire de ¹⁴C avait été établi, permettant des datations plus précises. Ces équipes ont ainsi obtenu des résultats importants comme la découverte de plusieurs sites paléolithiques tant en Corée du Nord qu'en Corée du Sud dont les populations, au cours d'une période de réchauffement entre deux glaciations, semblent avoir suivi vers le nord la faune qui leur servait de nourriture. L'absence de Mésolithique semble indiquer que la péninsule resta inhabitée jusqu'au Vᵉ millénaire avant J.-C., époque où des Paléo-Asiates venus du Nord s'y seraient établis. Selon l'hypothèse des archéologues coréens et de spécialistes américains, la poterie à fond plat ou arrondi à décor de lignes et de points obtenus par grattage découverte à Tongsam-dong (Pusan) pourrait être une invention indigène ayant précédé d'un millénaire la poterie au peigne d'origine sibérienne considérée par les archéologues japonais comme la première activité céramique coréenne. Cette dernière serait descendue sur la côte ouest depuis le fleuve Taedong jusqu'au fleuve Han. On distingue au sud comme au nord des variétés locales dont la datation ne semble pas encore prouvée par la stratigraphie*. L'absence de recherches géologiques et géomorphologiques empêche encore la confirmation des dates des diverses couches étudiées sur un même site. En Corée du Nord, les motifs en arêtes de hareng se transforment en lignes curvilignes tandis qu'apparaîtraient des activités agricoles empruntées à la Chine du Nord.

À Tongsam-dong, vers le IIIᵉ millénaire, les motifs en arêtes de hareng sont formés de lignes grossières assez profondes et voisinent avec des pièces Jōmon du Kyūshū montrant dès cette époque les relations de la péninsule avec l'archipel voisin par l'intermédiaire de Tsushima.

L'Âge du bronze coïncide avec l'arrivée par le nord des Yemaek Tungus, peuple altaïque qui aurait reçu la technique du bronze des peuples de la steppe (art sibéro-ordos) ; ils fabriquent un poignard dépourvu de poignée et des miroirs à plusieurs boutons (site du Liaoning où ils voisinent avec des bronzes chinois des IXᵉ-VIIIᵉ s. av. J.-C.). Cette technique devrait donc remonter à environ 700 avant J.-C. de même que l'apparition en Corée du Sud de la riziculture et d'une poterie à corps poli. D'autres tentatives furent faites pour classer et dater les mégalithes apparus vers la même époque et que pour l'instant la Corée du Sud attribue soit à une création autochtone, soit à un apport de l'Asie du Sud-Est. Les chronologies et les classifications établies par les chercheurs du nord et du sud de la péninsule diffèrent, ce qui rend toute synthèse malaisée. En outre, les contacts avec la république de Chine populaire sont difficiles pour les Coréens du Sud qui ne peuvent donc se rendre sur place pour examiner les trouvailles récentes. Ils sont cependant aidés par les archéologues japonais qui sont à présent les bienvenus dans cette région et dont les travaux sont très appréciés. Enfin, le conflit entre la Chine et le Vietnam interdit toute solution des problèmes que se posent les archéologues.

Madeleine PAUL-DAVID

L'émergence du Paléolithique

La découverte, vers 1945, d'une industrie de type paléolithique au Japon souleva bien des questions : d'où venaient les premiers hommes qui peuplèrent ce que nous nommons le Japon ? Celui-ci se présentait-il déjà sous la forme d'un archipel ou n'était-il pas plutôt, comme le suggère l'étude géologique, relié au continent nord-asiatique, au moins par ses deux extrémités, le Hokkaidō au nord et le Kyūshū au sud ?

Le Japon a certes bien changé, même depuis le Paléolithique tardif : les glaciers, recouvrant les principaux sommets, représentaient à la fois l'effet et la cause d'un climat beaucoup plus froid qu'aujourd'hui. Il est bien connu que, en phase finale de la glaciation du Pléistocène*, la surface générale des terres sur le globe était de 30 p. 100 supérieure à celle d'aujourd'hui, le gel ayant provoqué une baisse générale du niveau des océans. C'est pourquoi au Japon les grandes îles (Kyūshū, Shikoku, Honshū) ne formaient qu'un seul bloc relié à la Corée.

La grande difficulté, pour comprendre la dimension humaine de ces phénomènes, demeure la pauvreté extrême de vestiges ostéologiques subsistant au Japon de cette aube de l'humanité. Sans doute faut-il y voir une conséquence des bouleversements géologiques qui survinrent plus tard et aboutirent à la constitution actuelle du pays sous la forme d'un archipel : des établissements entiers sombrèrent, lentement ou brusquement, dans la mer sous l'effet de fractures terrestres et de transgressions marines ; bien des hommes périrent – ou les dépouilles de leurs ancêtres –, disparurent dans les flots ou dans les laves brûlantes qui les recouvrirent un jour. De ces premiers habitants, on ne retrouve plus aujourd'hui que quelques dents ou fragments fossilisés, comme dans les célèbres sites d'Akashi (préfecture de Hyōgo), d'Ushikawa (préfecture d'Aichi), de Mikkabi (préf. de Shizuoka) et de Hamakita (préf. de Shizuoka) : du Pithécanthropien à l'*Homo sapiens* en passant par le Néandertalien*, la côte méridionale du Honshū avec ses criques bien protégées semble être celle qui a le mieux conservé les restes des premiers hommes.

Les vestiges paléolithiques du Japon se limitent ainsi presque exclusivement à l'outillage rudimentaire dont les premiers témoins identifiables furent découverts en 1949 à Iwajuku (préf. de Gunma). Trente-cinq ans plus tard, ces reliques abondent. Plus de trente sites pleinement représentatifs et répartis sur l'ensemble de l'archipel suggèrent quelques aspects d'une vie précaire. Deux dépôts importants, Minatogawa, sur la côte sud d'Okinawa, et Yamashita, datés respectivement d'il y a 18 000 et 30 000 ans (analyse au ¹⁴C*), évoquent ainsi

l'homme de ce temps : un *Homo sapiens* qui attrapait les ours, les serpents, les grenouilles et les cerfs, animaux constituant une part importante de sa nourriture. Et l'on sait aussi que, vers 18 000 ans avant notre ère, la navigation était déjà suffisamment développée et les échanges assez importants pour que l'on apporte, dans la baie de Tōkyō (à Suzuki), des outils taillés dans une obsidienne très vitrifiée et ne se trouve qu'à Kozushima, un îlot situé au large de la péninsule d'Izu.

Les fouilles les plus complètes à ce jour ont été menées dans la plaine du Kantō ; les matériaux ainsi découverts servent de référence pour l'établissement d'un premier schéma évolutif du Paléolithique japonais.

Le centre du Paléolithique du Kantō est le plateau de Musashino formé pendant le Pléistocène ; il s'étend au nord-ouest de Tōkyō et sous la ville actuelle. Il comporte quatre grandes couches géologiques dont seule la plus récente, datée (¹⁴C) entre 30 000 et 8000 ans avant J.-C., et comportant elle-même douze niveaux géologiques différents, renferme des vestiges d'industrie, généralement de petite taille (env. de 5 à 7 cm). Cette strate est située sous une couche d'humus sombre renfermant elle, toute la matière humaine, du Mésolithique à nos jours. Les vingt mille outils de pierre issus du seul centre de Musashino et relevant de ce que les Japonais nommèrent longtemps d'un terme vague (« époque d'avant la poterie », *sendoki jidai*, ou « époque sans poterie », *mudoki jidai*) permettent de définir quatre phases.

La phase I, la plus ancienne, est représentée par de simples galets et des éclats, unifaces et bifaces (*choppers** et *chopping-tools**).

La phase II, la plus riche de toutes, suggère un épanouissement de la vie à cette époque. Les outils, obtenus à partir d'un nucléus* préparé et retravaillé pour servir à nouveau jusqu'à épuisement, semblent avoir été fort diversifiés ; les lames soigneusement taillées tendent à remplacer les frustes éclats qui faisaient l'essentiel de l'outillage à l'époque précédente.

La phase III est caractérisée par une production relativement abondante de microlithes*, souvent tirés de nucléus eux-mêmes microlithiques ; les gros éclats de jadis perdent de leur importance. Mais les microlithes géométriques, tels que segments de cercles ou rhombes, sont rares.

Enfin la phase IV représente vraisemblablement une période de transition entre la dernière phase du Pléistocène et les premières industries *jōmon* de l'Holocène* qui, liées à la céramique, relèvent de l'Épipaléolithique*.

Les archéologues japonais estiment avoir ainsi une chaîne typologique des industries paléolithiques japonaises dont la matière même illustre bien les transformations géologiques survenues : quartzite, grès, basalte, poudingue, andésite, obsidienne, schiste. Ils n'en admettent pas moins l'existence d'importantes variations régionales, notamment un poids plus grand des influences venues d'Asie du Sud-Est dans les cultures du Kyūshū, à Sōzudai (préf. d'Oita) par exemple. Ils soulignent enfin la difficulté d'une estimation chronologique par rapport aux cultures des pays voisins, la Chine et la Corée. Dans l'état actuel des travaux, ils jugent néanmoins possible d'avancer que les premiers galets taillés apparurent environ 30 000 ans avant notre ère ; l'usage des microlithes dut se répandre vers 8000 ans avant J.-C. : sans doute cette industrie fut-elle importée de la Chine du Nord dont les archéologues nippons reconnaissent l'influence indéniable sur la fin du Paléolithique de leur pays.

La mise en évidence d'un niveau paléolithique coréen est récente puisqu'elle ne remonte qu'à 1962, lorsque A. Mohr et L. Sample repérèrent quelques éclats de pierre à Sŏkchang-ni, près de Kongju au sud du pays. Des fouilles suivirent deux ans plus tard ; d'autres sites paléolithiques sortent peu à peu de terre, tel Turubong (1976-1978) ; en Corée du Nord, on a trouvé à Tokch'on (1962) des ossements de néandertaloïde et d'*Homo sapiens sapiens*.

La création, en Corée du Sud, d'un laboratoire d'analyse au carbone 14 (1969), faisant suite à celle d'une section d'archéologie à l'université rationale de Séoul (1961), autorise aujourd'hui des recherches qui, pour être encore dans leur première phase, ne s'en révèlent pas moins prometteuses. Ainsi le site de Sŏkchang-ni a-t-il pu être daté de 30 000 à 20 000 avant J.-C. Les couches inférieures renfermaient des unifaces et des bifaces que les géologues, en l'absence de tout reste animal, attribuent au Pléistocène moyen. Les grottes de Turubong, en revanche (fouillées en 1976), renfermaient une grande quantité d'ossements d'animaux dont beaucoup venaient des régions chaudes et étaient sans doute contemporains de la période interglaciaire Riss-Wurm. L'ensemble évoque un camp saisonnier de chasseurs, vivant là le temps d'une campagne et fabriquant des outils à partir de longs os fracturés.

Danielle et Vadime ELISSEEFF

Le site de Sŏkchang-ni, Corée

Les découvertes paléolithiques se multiplient en Corée, autorisant le repérage d'un certain nombre de cultures : Kulpori, au nord-est ; Chommal, proche de Turubong en Corée centrale, riche en fossiles animaux, ce qui est rare ici pour cette période (la pauvreté de la faune reste une énigme à étudier en fonction des glaciations) ; Chŏn'gok-ni, enfoui sous une énorme couche de basalte – produit d'une éruption volcanique il y a 270 000 ans – et sur laquelle la vie reprit peu à peu. Sur la rive nord du fleuve Kumgang, les fouilles, commencées en 1964 à Sŏkchang-ni, ont mis au jour un important ensemble stratigraphique. Les premières datations au carbone 14 suggèrent une date d'occupation moyenne aux environs de 30 600 ± 3 000 ans B.P. Mais les couches inférieures renferment des bifaces que l'on peut rapprocher, selon les archéologues coréens, des industries de Zhoukoudian en Chine : donc beaucoup plus anciens, encore que le niveau de Zhoukoudian auquel il est fait référence demeure à préciser.

La Corée et le Japon au Paléolithique et au Néolithique

Ce sont les grands mouvements orogéniques du Quaternaire qui ont modelé peu à peu l'aspect physique du Japon et de la Corée. Frange extrême d'un continent dont les rivages se creusaient de profondes fosses marines, ces pays, à la limite du Pléistocène moyen et du Pléistocène supérieur, ne tenaient plus à l'Eurasie que par leurs extrémités : au nord, le Japon formait bloc avec Sakhaline ; au sud, il était rattaché à la Corée. L'état d'archipel et de péninsule que nous leur connaissons ne remonte pas au-delà de l'Holocène. L'influence de ce passé très ancien devait se montrer durable : à travers toute l'histoire japonaise, les cheminements culturels se firent à peu près en fonction des vieilles routes terrestres. Au courant sibérien, au nord, s'ajoutent ainsi le courant sino-coréen, sensible dès la fin du Paléolithique chinois, puis le courant de Chine du Centre et du Sud, influent à partir du Néolithique : c'est largement en fonction du développement de la riziculture dans le bassin inférieur du Yangzi que l'on tente d'expliquer aujourd'hui l'implantation de ce type de culture au Japon.

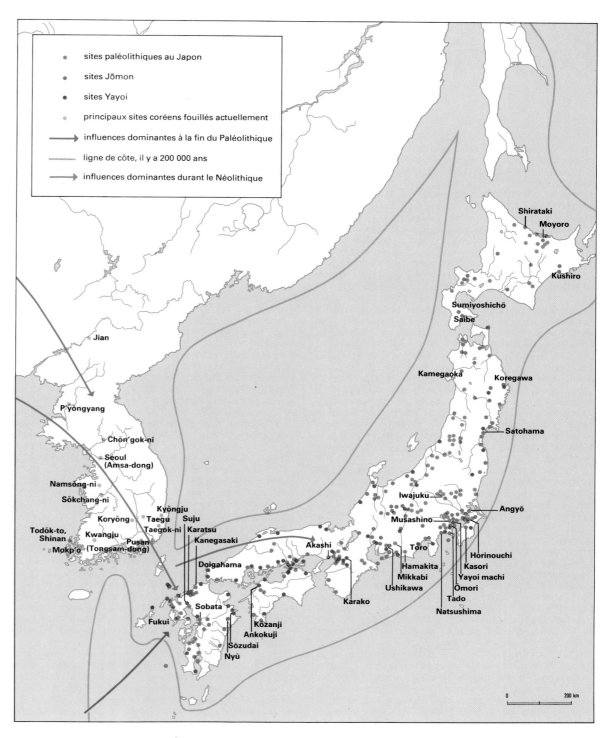

- sites paléolithiques au Japon
- sites Jōmon
- sites Yayoi
- principaux sites coréens fouillés actuellement
- → influences dominantes à la fin du Paléolithique
- — ligne de côte, il y a 200 000 ans
- → influences dominantes durant le Néolithique

Shirataki
Moyoro
Kushiro
Sumiyoshichō
Saibe
Jian
Kamegaoka
Koregawa
P'yŏngyang
Satohama
Chŏn'gok-ni
Séoul (Amsa-dong)
Iwajuku
Angyō
Namsŏng-ni
Musashino
Sŏkchang-ni
Kyŏngju
Suju
Horinouchi
Koryŏng
Taegu
Karatsu
Tōro
Kasori
Todŏk-to, Shinan
Taegŏk-ni
Kanegasaki
Akashi
Hamakita
Yayoi machi
Kwangju
Pusan
Mikkabi
Ōmori
Mokp'o (Tongsam-dong)
Doigahama
Ushikawa
Tado
Natsushima
Sobata
Kōzanji
Kārako
Fukui
Ankokuji
Sōzudai
Nyū

0   200 km

Un nucléus et ses éclats

Ce nucléus a pu être partiellement reconstitué à partir de six belles lames et de quinze éclats s'encastrant les uns dans les autres ; il est ainsi possible de mieux comprendre la méthode de taille et les angles de frappe. Compte tenu du volume initial du noyau de schiste (hauteur totale : 10 cm), tous les outils ici obtenus sont des microlithes. Ces derniers sont utilisés le plus souvent en séries, montés sur un support, formant des outils complexes, au tranchant denté comme une lame de scie.

Foyer paléolithique

Ce foyer appartient, comme tous ceux qui ont été découverts au Japon à ce jour, à la phase IV des cultures paléolithiques définies en fonction du site de Musashino. Il appartient à l'Épipaléolithique. Les pierres portent ici des traces de feu qui ne laissent aucun doute sur leur usage, à la différence d'agencements comparables, retrouvés dans des niveaux plus anciens, pour lesquels on ne possède aucune preuve irréfutable de l'existence d'un feu et dont l'utilisation demeure plus hypothétique.

La taille de l'obsidienne

Ce très bel outil d'obsidienne (le deuxième en partant du haut ; longueur : 8,6 cm), taillé en forme de feuille dont la matière translucide suggère la légèreté, a été obtenu à partir d'un éclat triangulaire (identiques aux éclats représentés au-dessous, eux-mêmes prélevés sur un nucléus), peu à peu allégé. Au cours de la dernière étape du travail, les lamelles sont retouchées soigneusement. L'obsidienne, trésor des pays volcaniques, présente au Japon des nuances multiples, du gris bleuté au noir profond. Elle se trouve sur l'ensemble de l'archipel.

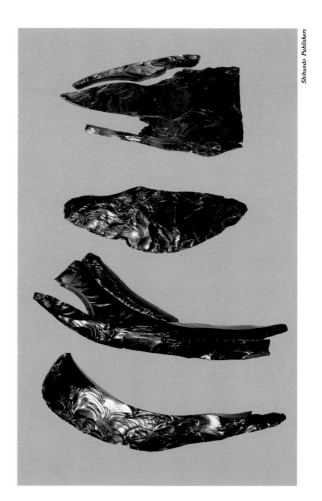

La riziculture

L'entrée du Japon dans un âge technologique nouveau s'est faite lentement : la relative abondance de nourriture en ces îles propices à l'épanouissement de la vie est certainement l'un des facteurs dominants de ce retard. Ainsi le polissage de la pierre et la création de la céramique, au Japon, ne sont pas liés au développement immédiat de l'agriculture mais à une longue pratique de collecte systématique des richesses naturelles, notamment des coquillages dont regorgeait, en ce pays, la mer nourricière. C'est pourquoi les cultures dites de la « poterie cordée » (*jōmon doki*), montée à la main, dont les porteurs tiraient leur nourriture de la chasse, de la pêche et de la cueillette relèvent du Mésolithique, tel qu'il se perpétua longtemps dans les régions de Chine du Sud. Ce n'est qu'en fin de période que l'agriculture fit peu à peu son apparition, sous la forme de cultures de céréales sur brûlis mais les origines de cette technique restent encore inconnues : trouver des grains, comme à Itazuke, Ukikunden (au Kyūshū septentrional), ne constitue pas une indication suffisante, encore faut-il découvrir des traces de champs, quelle que soit la méthode de culture employée. Tout concourt à suggérer qu'au Japon les hommes restèrent très longtemps dans le cadre d'une économie semi-nomade de chasseurs-pêcheurs et n'admirent que tardivement l'organisation en économie agraire, sédentaire, dont le modèle leur venait du continent. Ainsi commence le destin du Japon, archipel isolé, pays des survivances et des brusques mutations.

Les oscillations climatiques, avec alternances de périodes de refroidissement et de réchauffement, ainsi que les variations consécutives du niveau des océans, jointes à une latitude privilégiée, expliquent sans doute dans une large mesure les partis pris successifs d'une civilisation qui finit par fonder son développement sur la riziculture. Les deux techniques sont toujours pratiquées conjointement : la culture en champ sec, telle qu'elle est en usage en Chine du Nord, et la culture en champs inondés, selon la formule développée en Chine du Sud. La nécessité se confirme donc d'imaginer deux voies de pénétration, selon un processus pleinement démontré aux étapes précédentes, comme pour les étapes suivantes de l'Âge du bronze et de l'Âge du fer : l'une venant de la Chine du Nord, l'autre de la Chine du Sud.

C'est avec l'arrivée du métal au IIIᵉ siècle avant notre ère, et comme si elle faisait partie du même convoi culturel, que la riziculture connut sa pleine expansion. Sans doute son implantation fut-elle favorisée par la configuration du terrain : marais, confluents et estuaires, dont le Japon est si bien pourvu, ont dû contribuer notablement à l'adoption d'une technique qui, pour son plein rendement, exigeait un certain nombre d'ouvrages d'art ; ils furent l'orgueil des hommes de l'Âge du bronze que l'on appelle au Japon l'époque Yayoi, du nom du faubourg de Tōkyō où l'on trouva pour la première fois de la poterie caractéristique de cette période.

De cette nouvelle organisation de l'agriculture, on connaît aujourd'hui au moins deux témoins particulièrement explicites : les villages de Toro (préfecture de Shizuoka) et de Karako (préf. de Nara). La boue protectrice conserva pendant deux millénaires un ensemble inestimable d'établissements, de greniers à grains montés sur pilotis, de digues à fascines permettant la circulation entre les rizières inondées et d'outils de pierre ou de bois fort divers, nécessaires à toutes les opérations, des semailles à la moisson du riz (à l'exclusion du repiquage que l'on ne pratiquait pas). Ces découvertes, liées au culte shintō du renard, mystérieux messager du dieu du riz, dont l'existence mythique semble remonter bien au-delà des temps historiques, prouvent, s'il en était encore besoin, le rôle que joua, au Japon comme en Chine, le riz dès le Néolithique. Ainsi les données de la paléoagriculture substituent-elles peu à peu leurs éclairages à ceux que donne la seule étude traditionnelle des objets.

Au Japon, où les acquisitions les plus rapides succèdent tout à coup à de longues périodes d'immobilisme, Néolithique et Chalcolithique ont paru longtemps comme télescopés. Les premières échelles typologiques japonaises prirent pendant de longues années en seule considération les bronzes et, surtout, les céramiques, dont les exemples abondent partout. Pour chaque région du Japon ont ainsi été établies, ainsi que pour la céramique cordée du Mésolithique, des tables typologiques très élaborées. Toutes mettent en évidence trois grandes phases (antérieure, moyenne, postérieure) couvrant l'ensemble de cette production de terre rouge ou jaune rougeâtre, aux parois fines, montées au tour, et dont les formes comme les décors tendent à imiter le bronze. Ce n'est qu'à la fin du IIIᵉ siècle avant J.-C. qu'apparut une poterie grise, apparentée à celle de l'Âge du bronze en Chine et annonciatrice ici d'une nouvelle étape technologique : celle du fer qui, faisant la part belle aux guerriers, bouleversa notablement le vieil équilibre des sociétés agraires.

Dans ces révolutions technologiques et sociales, l'acquisition de la nourriture évolue peu. La question est justement de savoir quelles lentes transformations se sont ainsi peu à peu imposées, modifiant d'une manière apparemment modeste, mais en fait inéluctable, les fondements de la subsistance et, par là même, de la société.

En Corée, le passage du Paléolithique au Néolithique se présente d'une manière tout aussi complexe, encore que les raisons en soient différentes. Le problème le plus délicat demeure celui des migrations humaines qui semblent s'être succédé sur le sol coréen à un rythme peut-être plus intensif qu'ailleurs. Il paraît ainsi nécessaire d'imaginer un vide relatif de la péninsule entre le Paléolithique finissant et le Néolithique, attesté au Vᵉ millénaire avant notre ère. Il est possible que les porteurs du Paléolithique aient disparu en même temps que les animaux qui constituaient leur nourriture, suivant vers le nord la faune des régions froides chassée par le réchauffement général du climat. Aucune découverte d'un niveau mésolithique n'est venue, jusqu'à présent, combler ce vide ; mais il est encore trop tôt pour en tirer des conclusions et l'on attend beaucoup de l'immense travail qui reste à accomplir.

Deux phénomènes marquèrent en effet les débuts du Néolithique coréen : la diffusion des pins, remplaçant pour une large part les arbres à feuilles caduques qui avaient eux-mêmes pris la place des arbres subarctiques à aiguilles ; et l'arrivée d'une nouvelle population paléosibérienne ou paléoasiatique venue du continent.

Du développement de l'agriculture, fondement économique des sociétés à venir, on sait peu de choses sinon que la découverte (1957) de Chit'apni, dans le nord-ouest du pays, révéla des vestiges de millet carbonisé ; et seules les études palynologiques* mettent en évidence la présence de riz vers 1500 avant J.-C. à Naju, au sud-ouest de la péninsule. Il faut attendre, à peu près comme au Japon, le VIIIᵉ siècle avant J.-C. pour trouver du riz sous la forme de grains, tant au centre du pays (à Hunam-ni) que dans le sud-ouest à Puyŏ. Or, sur le continent, c'est déjà la période finale de l'Âge du bronze et celle de l'expansion d'un peuple altaïque, les Yemaek Tungus, qui semblent s'être alors avancés dans la Corée et avoir peu à peu assimilé la population néolithique de souche paléoasiatique. Faut-il lier leur arrivée à l'expansion de la riziculture ?

En fait, l'archéologie coréenne, jeune et en pleine expansion, ne permet pas encore de définir des certitudes mais plutôt des axes de recherche. Longtemps attachée à la seule étude d'échelles typologiques fournies par les objets (la céramique), elle ne fait qu'aborder aujourd'hui certaines disciplines récentes dont le poids se fait chaque jour plus lourd : parmi toutes les sciences au service de l'archéologie, l'agronomie et l'ostéologie fourniront certainement les plus fructueuses des révélations.

Danielle et Vadime ELISSEEFF

Poterie à décor cordé

La céramique japonaise à motif cordé (*jōmon*), non peinte, et réalisée sans l'aide du tour, se répartit en cinq séries typologiques correspondant à autant de niveaux culturels : poteries à fond cônique (I) puis plat (II) ; vases au col orné de volumineuses protubérances (III) qui disparaissent ensuite, à mesure que les formes, elles, se compliquent et se multiplient (IV) ; enfin, pièces imitées des bronzes (V). Kokubunji Temple, Tōkyō.

Vases Yayoi

La céramique Yayoi, montée au tour, souvent polie et peinte (rouge), sert, comme celle du Jōmon, de référence chronologique et typologique. Elle permet de déterminer trois niveaux, suivant la complexité des formes, l'homogénéité de la terre, la finesse des parois, la qualité du lustre. D'une manière générale, la poterie Yayoi est reconnaissable au parti pris affirmé de dépouillement et à l'influence manifeste du métal dont elle est le reflet. Kyōto University.

Shogukukan Publishers

Diguette de rizière

Si les origines de la riziculture au Japon prêtent encore à polémiques, la maîtrise de la culture du riz à partir de la période moyenne de l'époque Yayoi est attestée depuis longtemps. Cette diguette, au village de Toro (préfecture de Shizuoka), est retenue par des fascines : le bois, maintenu dans un sol humide, se conserve pendant des millénaires. Ce système est toujours employé, aujourd'hui, pour maintenir l'eau dans les champs inondés.

Vestiges d'habitations à Toro

Les villages néolithiques du Yayoi sont généralement situés sur une terrasse naturelle ou sur une légère éminence, à proximité des terres basses où l'on cultive le riz. Souvent, comme en Chine, un fossé protecteur les entoure. Les habitations, de forme ronde ou carrée, sont à demi enterrées ; quatre piliers de bois soutiennent le toit végétal percé, au centre, pour laisser échapper la fumée du foyer.

Épingles et ornements

Ces épingles, crochets, pendentifs et autres ornements sont taillés dans de l'os ou de l'andouiller. Ils appartiennent au Jōmon final et ont été trouvés à Numazu. Leur décor rythmé de courbes et de protubérances rappelle celui des céramiques fabriquées à la même époque ; mais les formes griffues préfigurent les *magatama* (pendentifs en forme de griffes) qui apparaissent au début de l'Âge du bronze (IIIe s. avant notre ère) jusqu'à la fin de l'Âge du fer (VIe s.). L'habileté des tailleurs d'os du Jōmon remonte à une tradition très ancienne, perceptible déjà dans la fabrication des harpons aux barbelures savantes qui, dès le Jōmon moyen, sont perfectionnés en harpons à tête mobile. Département d'archéologie, faculté des arts et lettres, université de Tohoku, Sendai.

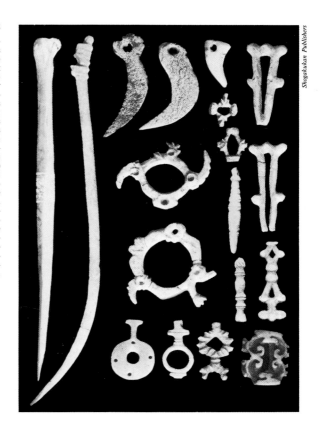

Mortier en bois, Toro

Sur certaines cloches de bronze (dōtaku) de l'époque Yayoi, ce type de mortier est représenté aux pieds d'un personnage en train d'y broyer du riz à l'aide d'un pilon. Shizuoka City Toro Museum.

Instrument aratoire

La richesse de Toro, appuyée aujourd'hui par d'autres découvertes, notamment dans la région du Kyūshū septentrional, repose certes sur son étonnant ensemble d'établissements et de rizières, mais aussi sur la présence de tout un outillage de bois, panoplie complète du cultivateur. Ici une houe, propre à fouir la terre boueuse des rizières avant de la mettre en eau. C'est l'un des avantages de la riziculture en champs inondés, par ailleurs si contraignante : la terre, gorgée d'eau, se travaille avec de simples outils de bois, sans exiger les coûteux instruments métalliques que l'on utilisait, à cette époque, en Chine, surtout en Chine du Nord. Shizuoka City Toro Museum.

Aiguilles et hameçons

Ces instruments en os, outils indispensables du chasseur et du pêcheur, proviennent du niveau 3 du site de Tongsam-dong : un amas de coquillages, situé sur une île de la baie de Pusan, et témoin de la plus ancienne culture néolithique de Corée. Mis en évidence en 1963, il comporte quatre niveaux. Ces objets appartiennent au troisième niveau dont l'occupation dut se situer vers 3 000 ans avant notre ère : il s'agit d'une culture caractérisée par une poterie décorée au peigne, un riche outillage d'os et de corne, et l'apparition de certains éléments cultuels (masques en coquillage).

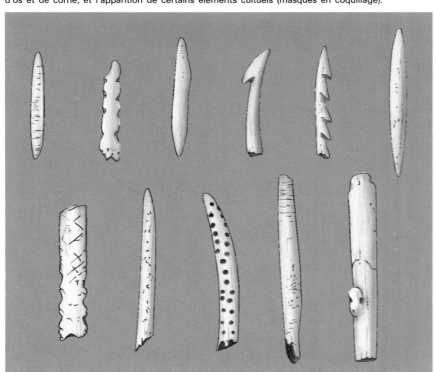

Céramique décorée au peigne

Ce vase au fond cônique provient du site d'Amsa-dong, à Séoul. Il est décoré au peigne d'un motif en zigzag tel qu'on en trouve dans le niveau le plus ancien de Tongsam-dong, servant actuellement de référence. Par analogie, et en se reportant aussi au site apparenté de Todoroki au Japon (Kyūshū), il est possible d'avancer une date d'environ 4 000 ans avant notre ère.

Le monde de la mort à l'époque des Trois Royaumes

Les frustes sépultures du Paléolithique moyen au Proche-Orient – premiers témoignages du respect dû aux morts – font pauvre figure auprès des fastes de l'art funéraire coréen à l'époque des Trois Royaumes. Cette époque, qui s'étend des environs du début de notre ère jusqu'au VIIe siècle, est ainsi dénommée parce que le territoire était alors morcelé en trois États autonomes : le Koguryŏ au nord, le Paekche au sud-ouest et le Silla au sud-est.

Les grandes tombes qui caractérisent cette époque n'apparurent que vers le IVe siècle, quand l'autorité des souverains et de la classe dirigeante commença à être solidement établie. Pour attester le haut rang des personnages inhumés, un riche mobilier funéraire fut déposé dans les caveaux. Certains objets revêtaient une coloration magique ou religieuse, mais la plupart d'entre eux n'avaient d'autre mission que d'affirmer, par leur luxe, le prestige des nobles. Ce sont donc des pièces d'une haute valeur décorative et d'une facture très raffinée que les archéologues mettent au jour. Par rapport aux humbles objets découverts dans les dolmens ou les jarres funéraires de l'Âge du bronze, on constate un remarquable progrès technique, qui s'explique par l'incidence de l'artisanat Han importé à Lolang et à Daifang, colonies chinoises greffées au nord-ouest de la péninsule. Mais il faut noter que, malgré les apports chinois, les objets trouvés dans les tombes coréennes sont soit originaux, soit tributaires d'autres influences. La contribution chinoise se place avant tout sur le plan technique : travail des métaux, laque, vannerie fine, etc.

Il existe au Koguryŏ trois sortes de tombes : amas de pierres brutes, monuments en pierres soigneusement appareillées, tumulus de terre recouvrant une construction en pierre. Le premier type est le plus ancien ; le deuxième fait son apparition après le transfert de la capitale de Huanren à Tonggou, où se trouve le Changgun-ch'ong – majestueux mausolée en granite s'étageant en gradins, qui date du Ve siècle. Les tertres en terre fleurirent surtout après que la capitale eut été déplacée à P'yŏngyang, en 427. L'intérieur se compose le plus souvent d'une chambre précédée d'une antichambre ; une quarantaine de ces monuments comportent des peintures murales qui ont leur source dans la décoration funéraire de l'époque Han et de l'époque (chinoise) des Trois Royaumes (220-265).

La tombe no 3 d'Anak, qui date de 357, est celle qui contient les plus anciennes peintures funéraires du Koguryŏ : plus de deux cent cinquante cavaliers, fantassins et musiciens entourent le général Tongsu et son épouse pour qui la sépulture fut construite.

À partir du Ve siècle, les scènes de genre, de chasse et de guerre prédominent, mais le décor va encore s'enrichir : fleurs de lotus et créatures célestes – motifs bouddhiques –, étoiles constellant le plafond et, sur les quatre parois, les animaux divins qui, selon la croyance taoïque, règnent aux points cardinaux et protègent le cosmos aussi bien que ces microcosmes que sont les demeures des vivants et des morts : le Dragon vert à l'est, le Phénix rouge au sud, le Tigre blanc à l'ouest et le Guerrier noir (une tortue qu'étreint un serpent) au nord. Puis, aux VIe et VIIe siècles, les quatre divinités cardinales deviendront le thème majeur, déployant sur les murs des chambres mortuaires d'amples ondulations et d'élégantes arabesques.

Les tombes du Koguryŏ ont presque toutes été vidées par les pilleurs. Toutefois, l'ornement en bronze doré et ajouré, oublié par les violateurs dans la tombe no 1 de Chinp'ari (VIIe s.), représente à merveille l'orfèvrerie de la Corée septentrionale. Un corbeau à trois pattes, symbole chinois du soleil, se dresse parmi de sinueux rinceaux en forme de nuages. Dans les ajours ménagés sur la bande qui borde la base de l'objet apparaissent les élytres diaprés du coléoptère « insecte-joyau ». Ce procédé décoratif fut également employé au Silla et au Japon vers la même époque.

Au Paekche, comme au Koguryŏ, il y eut trois capitales successives : Hansŏng (IIIe s. - 475), Ungjin (475-538), Sapi (538-660). Les tombes de la première époque montrent une forte influence du Koguryŏ, lui-même nourri par la Chine du Nord. Mais, après le transport de la capitale à Ungjin, le Paekche noua, par voie maritime, des relations commerciales directes avec la Chine méridionale, ce qui eut des répercussions non négligeables dans le domaine culturel.

L'intérieur de la tombe du roi Muryŏng (526), édifiée à Songsanni, près de Kongju (Ungjin), est tapissé de briques estampées très proches de celles que l'on a découvertes dans la région de Nankin et qui remontent à l'époque Liang. De plus, parmi les quelque deux mille cinq cents objets retirés du monument se trouvent des porcelaines provenant de la Chine du Sud. Les autres pièces consistent en ornements et armes d'or et d'argent, en miroirs de bronze, en laques, etc.

De l'époque suivante date la tombe de Nŭngsanni (VIIe s.), proche de Puyŏ (Sapi), l'une des très rares sépultures du Paekche décorée de peintures. Les quatre animaux cardinaux parant les parois, ainsi que les motifs de lotus en fleur et de nuages ornant le plafond, évoquent certaines œuvres tardives du Koguryŏ, telle la tombe no 1 de Chinp'ari.

La plupart des monuments funéraires du Koguryŏ et du Paekche ont été violés, ceux du Silla, en revanche, ont été épargnés car leur structure d'une puissante compacité a découragé les voleurs. Les tumulus du royaume sud-est-coréen sont des coffres-forts qui regorgent de trésors en or, dont les plus remarquables sont les couronnes royales. On a mis au jour plusieurs coiffures de ce genre ; l'une des plus admirables est la pièce exhumée dans le tertre nord de la grande tombe de Hwangnam (Ve-VIe s.), située dans les environs de la capitale Kyŏngju. Ces couronnes se composent d'un diadème auquel sont rivés divers éléments figurant, de façon stylisée, un arbre cruciforme, des bois de cerf et une paire d'ailes d'oiseau. L'ensemble est garni de pendeloques en jade et en béryl, que les archéologues japonais appellent magatama*. On sait que les parures assurent aux morts une protection magique.

Il ne fait guère de doute que le symbolisme afférent à ces coiffures ne soit issu de la Russie méridionale et de la Sibérie. Une sépulture scythe située à Novotcherkassk, non loin de la mer d'Azov, a livré une couronne ornée de cerfs et d'arbres. Quant aux coiffures des chamans sibériens, elles portent des ramures de renne – animal qui permet au sorcier de se déplacer avec une grande vélocité. Et les chamans de nombre de régions se déguisent en oiseaux afin de voler dans les airs. L'arbre, enfin, est l'emblème de l'ascension rituelle qui, dans ce cas encore, donne au chaman la possibilité de s'élever vers le ciel.

Le fait que les tumulus du Silla ne renferment pas de salle funéraire a exclu toute décoration murale. On connaît cependant quelques témoignages de l'art pictural de l'époque, notamment l'image d'un cheval ailé peint sur écorce de bouleau que l'on a découverte dans la tombe Ch'ŏnma-ch'ong (Ve-VIe s.), à Kyŏngju. Cette version extrême-orientale du Pégase grec se retrouve sur une aiguière en argent du VIIe siècle conservée au Japon. Mais il ne s'agit pas ici de la monture d'un héros : davantage apparenté aux coursiers volants des Walkyries, le « cheval céleste » de l'Orient permet au chaman de parvenir jusqu'au ciel et transporte le trépassé dans son nouvel univers.

On ne saurait clore ce survol du monde de la mort dans la Corée antique sans parler, fût-ce brièvement, de la poterie funéraire du Silla. Si sa modeste matière, d'une triste teinte grisâtre, ne peut rivaliser avec l'or étincelant des somptueuses parures que ciselèrent les maîtres de la toreutique coréenne, les formes variées qu'elle revêt ne peuvent nous laisser indifférents. Les pièces les plus étonnantes représentent, avec une savante naïveté, des chevaliers, des véhicules à roues, des oiseaux, des barques et des animaux fabuleux ; sans compter ces rhytons d'argile qui content le long voyage d'une forme qui conquit presque toute l'Eurasie.

François BERTHIER

Musée national de Kyŏngju

Musée national de Kyŏngju

Le « Guerrier noir »
Peinture du mur nord du caveau de la tombe Sasinch'ong, Tonggou, Jian (Jilin), VIe-VIIe siècle.

Le « Phénix rouge »
Peinture située du côté droit de l'entrée pratiquée dans le mur sud du caveau de la tombe moyenne d'Uhyŏnni, Gangsŏgun, P'yŏngan-namdo, VIe-VIIe siècle. Les tombes abritant ces peintures sont des réductions de l'Univers : les divinités animales symbolisent les quatre horizons et, aux plafonds, sont souvent dessinées des constellations qui évoquent la voûte céleste. Un second thème taoïque est celui des ermites possédant le secret de l'immortalité. Le taoïsme fut introduit au Koguryŏ en 624, mais les peintures tombales tendent à prouver que l'iconographie précéda l'idéologie. D'autre part, des éléments bouddhiques sont présents dans les tombes – tels les êtres volants et les fleurs de lotus. Ces deux thématiques apparurent presque simultanément et coexistèrent sans heurts dans l'art funéraire de la Corée septentrionale.

Intérieur de la tombe du roi Muryŏng, Kongju, vers 526

Situé dans la seconde capitale du Paekche, le mausolée du souverain Muryŏng a été ouvert par les archéologues en 1971. Cette découverte a permis de confirmer les relations culturelles entre le royaume sud-ouest coréen et la Chine méridionale. Des motifs de fleurs de lotus ornent les briques qui couvrent les parois et la voûte de la chambre funéraire précédée d'un couloir.

Couronne en or provenant du tumulus nord de la grande tombe de Hwangnam, Kyŏngju, Vᵉ-VIᵉ siècle

On a jusqu'à présent retiré des tombes environnant Kyŏngju, la capitale du Silla, cinq pièces de ce type qui datent toutes de la même époque. La couronne de Hwangnam a été trouvée lors d'une campagne de fouilles menée de 1973 à 1975 dans un secteur riche en sépultures anciennes. Bien que de petite taille, hauteur : 27,5 cm (sans les pendeloques), elle est un exemple prestigieux de ces parures propres au Silla. Musée national de Kyŏngju.

Poterie représentant un animal imaginaire et provenant de la tombe nᵒ 3 du district C de Michuwang-nŭng, Kyŏngju, VIᵉ siècle

Ces poteries figurées sont l'un des plus beaux fleurons de l'art céramique coréen. Celle-ci, exhumée en 1973, offre une morphologie difficilement identifiable. Certains y voient une tortue, mais la tête ressemble à celle d'un dragon. On peut aussi y reconnaître la forme d'un phénix. Hauteur : 14 cm. Musée national de Kyŏngju.

Répartition des tombes antiques (IVᵉ-VIIᵉ s. de notre ère) et implantation du bouddhisme dans l'espace coréano-japonais

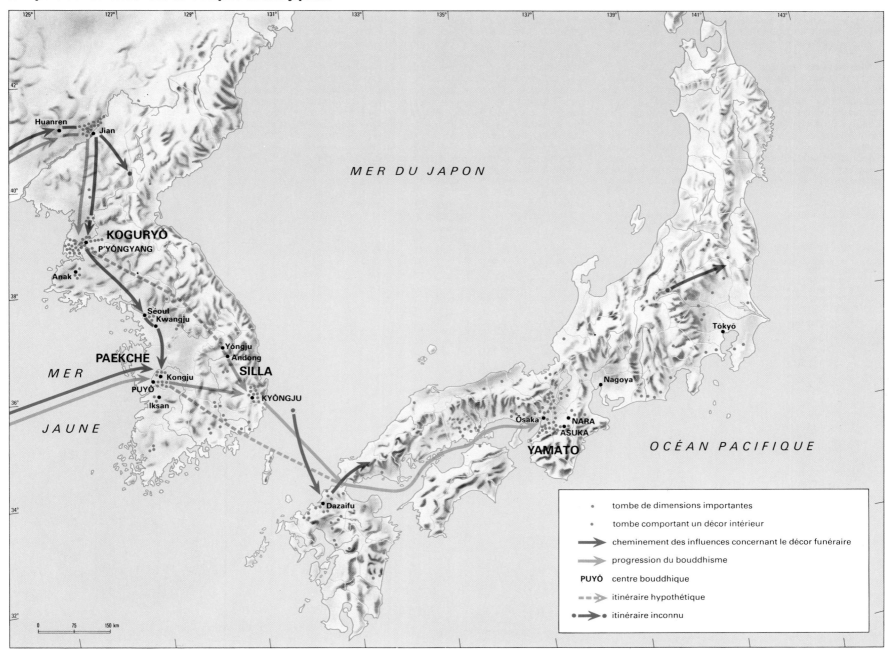

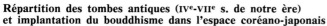

L'univers funéraire à l'ère des Sépultures antiques

Au IIIe siècle, le Japon prit un tournant important. Un texte chinois datant de cette époque nous apprend qu'une reine nommée Himiko – la « prêtresse du Soleil » – rassembla une trentaine de petits royaumes, entamant ainsi l'unification du pays. Le même document relate que l'empereur de Chine fit présent à Himiko d'un cent de miroirs en bronze – objets, précise le chroniqueur, dont les Japonais d'alors étaient très friands. Cette information permet d'inférer que le culte chtonien de l'époque précédente – l'Âge du bronze –, illustré par de petites cloches en bronze que l'on enterrait rituellement, avait fait place à un culte ouranien : le miroir est en effet l'attribut de la déesse solaire Amaterasu. Quoi qu'il en soit, c'est vers la fin du IIIe siècle ou le début du IVe que s'ouvrit une ère nouvelle, que les archéologues japonais ont baptisée l'« époque des Sépultures antiques ».

Cette époque, essentiellement protohistorique, qui correspond approximativement à l'Âge du fer, ne s'acheva vraiment qu'à la fin du VIIe siècle, bien que le bouddhisme ait été introduit au Japon en 538, faisant ainsi entrer l'archipel sur la scène historique. Il y eut pendant environ un siècle et demi coexistence de deux cultures fondamentalement différentes, mais non antagonistes.

L'époque des Sépultures antiques vit l'édification de l'empire japonais, amorcée par Himiko. D'innombrables tombes furent alors construites, dont les plus spectaculaires sont les tombeaux dits « en trou de serrure », en raison de leur structure très particulière : l'habituel tumulus circulaire est doté d'un vaste avant-corps en forme de trapèze, le tout étant ceint de douves. Ces sépultures, destinées aux empereurs, aux princes et aux chefs des clans les plus puissants, sont des monuments fort imposants. Le plus impressionnant d'entre eux est la tombe de l'empereur Nintoku, située près de l'actuel Ōsaka, qui date du Ve siècle. Il s'étend sur presque un demi-kilomètre et culmine à une trentaine de mètres. C'est l'un des plus grandioses monuments funéraires qui soit.

Ces mausolées géants sont aujourd'hui envahis par une végétation luxuriante ; mais, autrefois, ils étaient peuplés de milliers de *haniwa* (« cylindres d'argile »), dont certains représentent des objets divers, des êtres humains ou des animaux. Les *haniwa* figurant des humains et des animaux se trouvent généralement sur l'avant-corps de la tombe et composent des ensembles sculpturaux : si l'on s'en remet à certains textes anciens, il doit s'agir de la cérémonie d'intronisation d'un nouvel empereur ou chef de clan – rituel suggéré au sommet des tertres par des objets symboliques mais retracé avec réalisme sur les avant-corps.

Il n'est d'ailleurs pas interdit de penser que ces rites eurent réellement lieu sur les tombes : quelques vestiges autorisent cette supposition ; les *haniwa* auraient alors eu pour mission de perpétuer ces cérémonies au long des siècles.

Les *haniwa* étaient plantés en plein air et donc visibles par tous. En revanche, les caveaux de certaines sépultures sont ornés de peintures et de gravures que nul – à part les profanateurs – ne pouvait voir. Chose étrange, la plupart des monuments qui abritent une décoration intérieure se trouvent à Kyūshū, au sud-ouest de l'archipel, et dans le nord-est de Honshū, l'île principale. Alors que les chambres mortuaires des immenses tombes qui abondent au centre du pays sont dépourvues de peintures, ce sont de modestes sépultures provinciales qui présentent les premières expressions de l'art pictural japonais. Autre fait curieux, il existe des rapports évidents entre les tombes décorées du sud-ouest et celles du nord-est, mais le cœur de l'archipel ne trace aucun trait d'union entre ces deux régions. Cet hiatus constitue l'un des mystères de l'époque des Sépultures antiques (voir carte p. 299).

L'ornementation funéraire apparaît, au IVe siècle, sur les sarcophages et se limite à des motifs géométriques incisés dans la pierre. Puis le décor gagne les parois et s'agrémente de couleurs. Au commencement du VIe siècle, la tombe Hinooka (département de Fukuoka) propose le plus ancien exemple d'une décoration où seule règne la peinture. Les motifs gravés et/ou peints de ces monuments primitifs sont des combinaisons de segments de droite et d'arcs de cercle (*chokko-mon*), des figures circulaires, des carquois et des boucliers. Le premier de ces motifs, qui est propre au Japon protohistorique, semble être issu de la stylisation d'un coquillage qui avait une vertu apotropaïque. Les cercles devaient symboliser le Soleil. Les carquois et les boucliers remplissaient probablement la même fonction de protection que les *haniwa* les représentant.

C'est à partir du milieu du VIe siècle que cet art s'épanouit. Le lexique décoratif s'enrichit : la tombe Mezurashizuka (départ. de Fukuoka) offre pour la première fois une composition cohérente : on y voit une silhouette humaine propulsant à la rame une embarcation à l'avant de laquelle se tient un oiseau, puis risquant dans un espace dangereux en se protégeant de son bouclier. Il s'agit vraisemblablement du défunt voguant vers l'au-delà et y prenant pied avec prudence. La « barque des morts » est un véhicule funéraire fréquent dans les croyances chamaniques. Quant à l'oiseau pilote, son rôle de conducteur des âmes des trépassés est confirmé en Corée dès le IIIe siècle. Dans la tombe Benkei-ga-ana (départ. de Kumamoto, VIe s.), ce n'est plus un oiseau mais un cheval qui occupe la barque mortuaire. Le cheval – animal psychopompe – emporte le cadavre au royaume des ombres. Ainsi, l'oiseau et le cheval sont synonymes dans le langage symbolique du Japon protohistorique. Cette équivalence est aussi perceptible à l'époque des Trois Royaumes en Corée, terre imprégnée par le chamanisme.

Les mobiliers funéraires du Silla et ceux du Japon à la même époque présentent une étroite parenté. Les poteries dédiées aux morts, qui comblent les tombes du royaume sud-est coréen, se retrouvent, presque telles quelles, dans les sépultures du Japon antique. La seule différence notable réside dans la plus grande simplicité des œuvres japonaises. Des coiffures en bronze doré, incontestablement inspirées par les riches couronnes en or du Silla, ont été exhumées au Japon. En outre, les *magatama** – ces ornements en pierre fine qui furent tant prisés en Corée et qui rehaussent, notamment, les couronnes des rois du Silla – pullulent dans les tombes de l'archipel et s'allient même à une parure bouddhique du VIIIe siècle.

Il faut encore faire mention de la similitude des pièces de harnais : les deux troussequins de selle en bronze doré et ajouré que l'on a recueillis dans une tombe satellite de la sépulture de l'empeur Ōjin (Ve s.), dans la région d'Ōsaka, sont les frères jumeaux de celle à peu près contemporaine découverte aux alentours de Koryŏng, au Silla. On pourrait citer bien d'autres exemples prouvant à quel point furent liés le Silla et le Yamato (Japon), en cette époque préludant à leur entrée dans les temps historiques sous le signe souverain du bouddhisme.

Si les caveaux des grandes sépultures du centre de l'archipel sont vierges de peintures, il est dans la région une exception, tardive il est vrai : un petit tumulus qui fut fouillé en 1972 et qui date vraisemblablement du tout début du VIIIe siècle. Sur les parois de la chambre funéraire du Takamatsuzuka sont peints les quatre animaux cardinaux qui peuplent les tombes nord-coréennes ainsi que quatre groupes de personnages qui s'apparentent aux cortèges figurant dans les tombes de l'époque Tang.

L'unicité de ce monument au Japon a, pendant plus d'une décennie, laissé perplexes les archéologues. Mais, en 1983, le sondage endoscopique de la tombe Kitora – un tertre de faibles dimensions proche du Takamatsuzuka – a prouvé que la paroi nord du caveau portait une représentation peinte du Guerrier noir. Aussi est-il fort probable que l'ouverture du tumulus révélera la présence des trois autres animaux divins.

Depuis cette découverte, la tombe Takamatsuzuka est sortie de la solitude dans laquelle elle était confinée. On peut penser que de nouvelles trouvailles aideront à approfondir la connaissance du Japon de la Haute Antiquité.

François BERTHIER

Typologie des tombes du IVe au VIIe siècle

Au long de presque quatre cents ans, la forme des grandes sépultures ne changea guère : la plupart présentent un plan en « trou de serrure ». Mais les dimensions varièrent : elles s'accrurent peu à peu, atteignant leur maximum au Ve siècle ; puis elles diminuèrent et finirent par se réduire à celles des temps initiaux. La structure des chambres funéraires se transforma elle aussi : aux fosses creusées au sommet des tertres succédèrent, vers la seconde moitié du Ve siècle, des sortes de caveaux dolméniques.

Plaquette ornementale en bronze doré

Les chevaux des chefs étaient richement harnachés. Parmi les ornements les plus typiques sont des plaquettes qui étaient accrochées sur la croupe de la monture. Ces pièces ont leur origine directe dans l'art métallurgique du Silla et prouvent éloquemment les étroits rapports entre le royaume sud-est coréen et l'archipel japonais. Largeur : 9,5 cm. VIe-VIIe siècle. Munakata-jinja, département de Fukuoka.

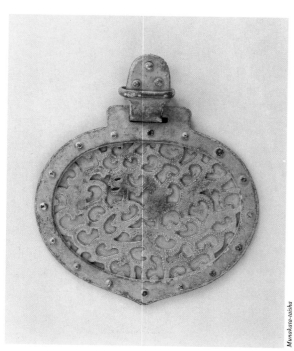

Peinture ornant la tombe Mezurashizuka, département de Fukuoka

Voici le premier tableau agencé de l'art pictural japonais. On assiste au voyage en barque d'un mort quittant ce monde pour accéder à l'Au-delà. Le défunt est piloté par un oiseau. Dans d'autres tombes, c'est un cheval qui tient lieu d'animal psychopompe. Qu'ils traversent la mer ou qu'ils volent dans les airs, l'oiseau et le cheval accomplissent la même mission funéraire. Seconde moitié du VIᵉ siècle.

Statuette de daim en argile exhumée à Hiradokoro, département de Shimane

Différant du mobilier funéraire déposé dans les caveaux, les *haniwa* étaient disposés sur les tombes et exposés à la vue de tous. Ceux qui représentent des daims sont assez peu courants, mais de haute qualité. Cette statuette, récemment découverte, figure l'un des gibiers les plus appréciés par les chasseurs du Japon ancien ; à moins qu'elle ne soit une version locale du renne chamanique que chevauchaient en pensée les sorciers de la Sibérie. Hauteur : 91 cm. VIᵉ siècle. Commission départementale de Shimane pour l'Éducation.

Motif dit *chokko-mon* figurant dans la tombe Idera, département de Kumamoto

D'abord gravé sur les sarcophages, le « motif de droites et de courbes » se répandit sur les parois des caveaux et fut rehaussé de couleurs. Élaboré au Japon dès le IVᵉ siècle, il atteignit son apogée au Vᵉ et s'éteignit au siècle suivant. Étant donné que le *chokko-mon* figure sur des *haniwa* représentant des armes, on pense qu'il était censé assumer une fonction protectrice. Fin du Vᵉ siècle.

Peinture ornant le mur du fond de la tombe Torazuka, département d'Ibaraki

Cette tombe, explorée en 1973, abrite l'une des rares peintures funéraires connues dans le nord-est de l'archipel nippon. Des motifs géométriques – triangles et cercles – surmontent des dessins schématiques de sabres, de carquois et de pièces d'armure. Bien qu'elles soient postérieures aux sépultures de Kyūshū, celles de Honshū sont décorées de façon plus fruste. Première moitié du VIIᵉ siècle.

Le Dragon vert occupant la paroi est de la tombe Takamatsuzuka, département de Nara

Tant la thématique que la technique creusent un fossé profond entre cette sépulture et celles de l'Âge du fer. Ici, les influences coréennes et chinoises sont évidentes. Mais les peintures qui ornent la chambre funéraire sont, en définitive, originales dans la mesure où elles réunissent harmonieusement des éléments continentaux d'origines et d'époques diverses. C'est un bon exemple de la puissance de synthèse dont témoigne l'art japonais. Fin du VIIᵉ siècle ou début du VIIIᵉ.

Monastères et palais
dans la péninsule et l'archipel

Le bouddhisme, porteur d'une culture très évoluée, fut introduit au Koguryŏ en 372 et au Paekche en 384. Il ne parvint officiellement au Silla que vers 528, puis au Japon en 538. On a vu combien étaient proches les mobiliers funéraires du Silla et du Yamato. Il faut encore souligner le fait que ces deux pays adoptèrent la religion continentale à peu près en même temps, et beaucoup plus tard que le Koguryŏ et le Paekche. Cela incite à réviser le découpage traditionnel de l'espace coréano-japonais : alors que les historiens distinguent l'époque des Trois Royaumes et celle des Sépultures antiques, il semblerait plus juste de considérer que cet espace se composait de deux aires culturelles : d'une part, le nord et le sud-ouest de la péninsule, régions qui reçurent le bouddhisme dès la fin du IVe siècle ; d'autre part, le Silla et le Yamato, terres qui, pour des raisons avant tout géographiques, restèrent plus longtemps à l'écart de la civilisation sino-bouddhique. Il vaudrait donc mieux, dans le cadre indissociable de l'espace coréano-japonais de ces temps, reconnaître l'unité, malgré des conflits armés, du Koguryŏ et du Paekche, et la parenté, bien que, là encore, il y ait eu des heurts violents, entre le Silla et le Yamato.

Si le bouddhisme pénétra tôt au Koguryŏ et au Paekche, on n'en relève guère de traces tangibles à haute époque. D'après les textes, on bâtit, dès les premiers temps, au nord du pays, les monastères Ch'ŏmunsa et Ipulnansa ; puis, sous le règne du roi Kwangkaet'o-wang (391-412), bouddhiste fervent, furent édifiées neuf fondations bouddhiques. Mais l'on n'a pu sonder, à P'yŏngyang, que quelques sites, surtout celui du monastère localisé à Ch'ŏngamni – qui date, suppose-t-on, de la fin du Ve siècle. Les résultats de ces fouilles sont très instructifs quand on confronte l'archéologie bouddhique coréenne à celle du Japon.

Au Paekche, le bouddhisme ne prit vraiment son essor que lorsque la capitale fut déplacée à Puyŏ, en 538. C'est sur le site de cette cité, dont le souverain Sŏngmyŏng-wang transmit la religion sino-indienne au Japon, que les archéologues ont découvert d'importantes ruines bouddhiques, parmi lesquelles celles du monastère Kŭmgangsa, dont le plan a été repris par les architectes qui élevèrent à Naniwa (Ōsaka) le Shitennōji, probablement au début du VIIe siècle.

Le Silla, qui accueillit la religion nouvelle avec retard et réticence, fut initié aux arts bouddhiques par ses deux voisins. Dans le domaine architectural, les maîtres bâtisseurs du Paekche participèrent à l'édification du Hwangryongsa (VIe-VIIe s.), l'un des plus grandioses monuments religieux de la péninsule.

Le premier monastère bouddhique du Japon fut l'Asukadera, ou Hōkōji (fin VIe-début VIIe s.). Lors des fouilles, deux surprises attendaient les archéologues. D'une part, la disposition des bâtiments, dont la construction fut dirigée par des maîtres d'œuvre du Paekche, n'est pas du type dit « Shitennōji », prédominant dans le royaume sud-ouest coréen ; elle s'apparente au contraire au plan des vestiges de Ch'ŏngamni, en Corée du Nord. Il semble que l'Asukadera, fondé par le chef du très puissant clan Soga, ait été remanié par le prince régent Shōtoku-taishi qui, pour des raisons essentiellement politiques, avait accordé la primauté au bouddhisme septentrional, lequel assimilait l'empereur au Buddha. Ainsi, afin d'affirmer la suprématie du souverain sur les chefs de clan, l'homme qui gouvernait *de facto* le Japon d'alors aurait-il transformé l'Asukadera en une manière de monastère d'État. Quant à la seconde surprise, elle fut causée par l'exploration des soubassements de la tour : en ce lieu sacré et secret qui, en principe, doit receler des reliques bouddhiques, on exhuma des *magatama** et d'autres objets formant ordinairement le mobilier funéraire de l'ère des Sépultures antiques. Ainsi, la tour reposait non sur un orthodoxe reliquaire bouddhique, mais sur une sorte de cénotaphe de l'époque protohistorique. Ce fait reflète la confusion – ou la cohésion, comme l'on voudra – qui régnait en ces temps où une religion étrangère venait d'atteindre le Japon sans, pour autant, en éteindre les croyances autochtones.

Ces édifices en bois, à la fois forts par leur structure et fragiles en raison de leur vulnérabilité au feu, ont presque tous disparu ; il n'en subsiste guère que les assises en pierre et des tuiles. Toutefois, le monastère Hōryūji, fondé au commencement du VIIe siècle, frappé par la foudre en 670, mais relevé de ses ruines dans les décennies suivantes, offre l'exemple du plus vieux monument bouddhique en bois demeurant en Extrême-Orient.

Si la distribution des constructions est originale, le caractère hybride des composants architecturaux et ornementaux montre que les bâtisseurs japonais du VIIe siècle finissant n'avaient pas encore réussi à créer un style spécifique et restaient les élèves de leurs maîtres continentaux.

Au VIIIe siècle, le Japon délaissa la Corée et se mit à la mode chinoise. C'est ainsi que, paradoxalement, l'architecture Tang est plus présente à Nara, la capitale japonaise du VIIIe siècle, que sur le continent. Mais, au IXe siècle, le Japon, se jugeant suffisamment instruit par ses voisins, se replia peu à peu sur lui-même pour retrouver son identité.

Les palais sont également une source d'informations féconde. En Corée, les fouilles faites à Kyŏngju, l'unique capitale du Silla et l'une des métropoles principales de la péninsule, ont été les plus fructueuses. Circonscrits par un rempart en terre haut d'une vingtaine de mètres et long de plus d'un kilomètre, les vestiges du palais royal Wŏlsŏng sont situés au bord d'une rivière. Dans l'enceinte sont disséminées des pierres de fondation et de nombreuses tuiles. Un peu au nord du palais se trouvent les ruines de la résidence royale Imhae-jŏn, qui fut bâtie auprès de l'étang Anapji. On a recueilli sur ce site des milliers de tuiles et de dalles estampées, ainsi qu'une quantité d'objets en bois et en métal : au total, plus de quinze mille pièces. Beaucoup d'entre elles étant de caractère utilitaire, leur étude permet de mieux comprendre la vie quotidienne des souverains du Silla. Non loin de la résidence sont les restes du pavillon Posŏk-jŏng, où l'on a mis au jour un ruisseau artificiel riche en méandres qui servait au « divertissement des eaux sinueuses », lequel consistait à faire flotter des coupes emplies d'alcool que l'on ne pouvait saisir au passage qu'après avoir composé et récité un court poème.

Fondée en 710, Nara, la première grande capitale du Japon, eut pour modèle la métropole chinoise Changan, antérieure d'un siècle environ, au strict plan en damier. Le palais impérial Heijō occupait le centre des quartiers nord de la ville, sur une superficie de quelque 120 hectares. Un mur ceinturait le terrain, interrompu au sud par la porte principale qui s'ouvrait sur l'avenue du Phénix rouge, l'axe nord-sud de la cité. Une multitude de bâtiments y étaient disposés symétriquement. Un seul subsiste, qui a été transplanté dans l'un des monastères majeurs de Nara : le Tōshōdaiji (VIIIe s.). C'est l'unique exemple de l'architecture impériale japonaise de ce temps, doublement précieux puisqu'il prouve que ne différaient guère ces deux sortes d'espaces sacrés qu'étaient les monastères bouddhiques et les palais impériaux. Qui plus est, l'un des monuments du Hōryūji, qui date du même siècle, provient d'une résidence princière. Ce fait atteste les relations étroites entre les architectures religieuse et profane. D'autres cas, s'échelonnant dans le temps, montrent qu'un humain avait le droit de léguer sa demeure aux *buddha*. On ne citera ici que les principaux : le pavillon aux Phénix du Byōdōin – résidence de campagne, proche de Kyōto, du ministre Fujiwara no Yorimichi, qui fut transformée en sanctuaire en 1052 ; et, à Kyōto même, le pavillon d'Or du Rokuonji (1398), habité puis consacré à Amida par le shōgun Ashikaga Yoshimitsu, ainsi que le pavillon d'Argent du Jishōji (1489), que Ashikaga Yoshimasa, petit-fils de Yoshimitsu, convertit à son tour en un lieu de culte.

François BERTHIER

Plans des vestiges (ci-dessous à gauche) du monastère sis à Ch'ŏngamni (seconde moitié du VIe s.), près P'yŏngyang, et (à droite) de ceux du monastère Asukadera (fin du VIe s.-début du VIIe), département de Nara

Les résultats des investigations archéologiques effectuées sur le site de l'Asukadera déconcertèrent les spécialistes. Alors qu'on s'attendait à un plan semblable à celui du monastère Shitennōji (alignement sud-nord des bâtiments principaux), on constata que deux sanctuaires latéraux avaient été ajoutés au sanctuaire central. Cette formule est originaire de la Corée du Nord.
1, porte du sud (*nanmon*) ; 2, porte médiane (*chūmon*) ; 3, tour (*tō*) ; 4, sanctuaires (*kondō*) ; 5, « prédicatoire » (*kōdō*) ; 6, porte de l'ouest (*saimon*) ; 7, « sutrathèque » (*kyōrō*) ; 8, pavillon de la cloche (*shōrō*).

Tuile provenant du monastère Sach'ŏnwangsa (vers le milieu du VIe s.), à Puyŏ (bas du dessin), et tuile provenant du monastère Asukadera (haut)

On sait que des architectes et des artisans du Paekche vinrent au Japon pour participer à l'édification de l'Asukadera. Cette équipe comprenait des tuiliers. L'information livrée par les textes antiques est confirmée par la similitude des tuiles du Sach'ŏnwang-sa et de l'Asukadera.

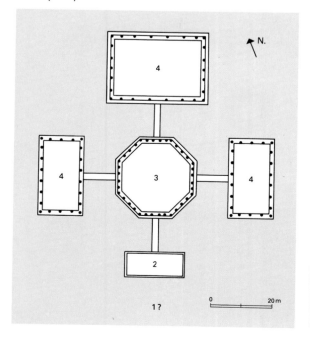

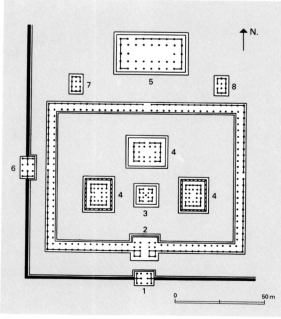

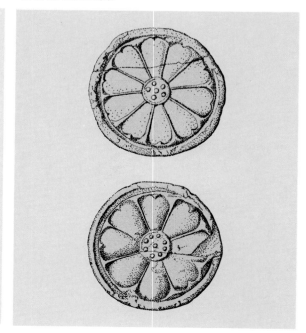

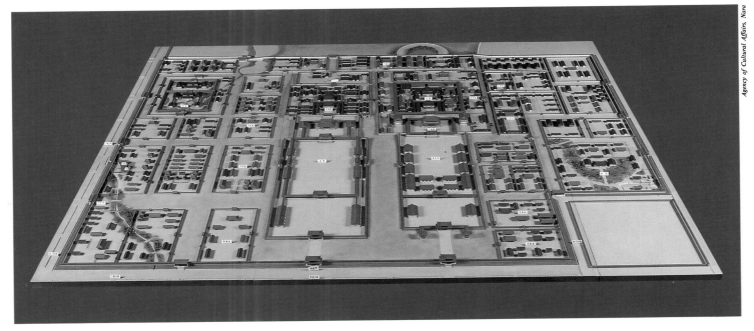

**Vue aérienne
du monastère Hōryūji,
département de Nara**

Bâti au début du VIIᵉ siècle, le Hōryūji fut la proie des flammes en 670. Sa reconstruction se poursuivit jusqu'en 711. Le plan du monastère initial était du type Shitennōji, mais, dans la seconde version, le sanctuaire et la tour furent situés selon l'axe est-ouest. Cette ordonnance, inconnue sur le continent, indique que les architectes japonais de la fin du VIIᵉ siècle commençaient à prendre quelque distance par rapport aux modèles sino-coréens. Toutefois, le style trahit une forte influence continentale.

**Pierre monumentale
représentant
le mont Sumeru**

Ce petit monument composé de trois éléments superposés est une image sculptée du Sumeru – montagne sacrée qui, selon la conception indienne du cosmos, se dresse au centre de l'Univers. Des conduits pratiqués dans la pierre autorisent à supposer qu'il s'agit d'une fontaine ayant agrémenté un jardin. Ce serait donc le plus ancien témoignage connu de l'art des jardins au Japon. Hauteur 2,30 m, VIIᵉ siècle. Musée archéologique d'Asuka, département de Nara.

**Maquette reconstituant
le palais impérial
de Heijō-kyō (Nara),
édifié au VIIIᵉ siècle**

Cœur de la capitale, le palais impérial était à la fois la résidence du souverain, le lieu du gouvernement et l'aire sacrée où l'on célébrait les cérémonies nationales. Les monuments majeurs étaient la demeure de l'Empereur et la salle du Trône, qui s'ouvrait au sud sur une vaste esplanade. Ce complexe comportait en outre les bâtiments destinés aux principaux organes directeurs de l'État et de nombreux postes de garde.

La céramique médiévale japonaise

La découverte des céramiques japonaises de l'époque néolithique, dite Jōmon, et de l'Âge du bronze, appelé Yayoi, remonte à la fin du siècle dernier. Cependant, l'étude scientifique de ces céramiques n'a débuté qu'au cours des années 1920 grâce à l'utilisation des méthodes stratigraphiques*. Il fallut attendre le milieu du XXe siècle pour que leur soit appliquée la datation par le carbone 14*.

Toutefois, de graves lacunes subsistaient dans l'histoire de la céramique japonaise, en particulier entre l'époque protohistorique (époque des Grandes Sépultures : IIIe-VIe s. de notre ère) et l'époque de la création d'objets destinés au thé (XIVe s.). Des fouilles récentes ont permis de lever un voile sur l'activité des fours durant les périodes de Nara et de Heian (VIIe-XIIe s.). Une terre cuite rougeâtre (hajiki), dérivée de la poterie Yayoi et fabriquée à partir du IVe siècle, ainsi qu'une céramique grise et dure (sueki), apparue aux fours de Suemura, près d'Ōsaka, dans la seconde moitié du Ve siècle, sont fabriquées dans tout le Japon. Mais, sous l'influence des « trois couleurs » (sansai) chinois de l'époque des Tang, des glaçures* plombifères sont employées par les artisans japonais. La production nationale de ces céramiques a été reconnue lors de l'étude des pièces du Shōsō-in et confirmée par les fouilles du palais de Nara, de monastères et de sièges du gouvernement en province. L'événement le plus remarquable entre le VIe et le XIVe siècle est la création d'une céramique (shirashi) à corps blanchâtre et à couverte* de cendres de bois, naturelle d'abord, puis très rapidement appliquée au pinceau sur la pièce. Les fouilles conduites sur les sites des fours de la région de Sanage (Nagoya, préf. d'Aichi) ont permis de compléter l'étude de ces périodes et d'apporter un chaînon manquant dans l'évolution de la céramique japonaise. Parmi les quatre cent trente-huit fours de Sanage actifs entre la seconde moitié du VIIIe siècle et le XIIe siècle, le four no 32 de Narumi, daté d'environ 760, est le premier à avoir cuit la céramique shirashi. Sa production et son développement restent limités à la région de Tōkai (autour de Nagoya) qui deviendra à l'époque médiévale le centre de la manufacture de céramiques à couverte appliquée dans les fours de Seto et de Mino.

D'un point de vue historique, le Moyen Âge japonais couvre les époques de Kamakura et de Muromachi (fin du XIIe s.-XVIe s.). Cependant, l'histoire de la production de la céramique médiévale débute dès la fin de l'époque de Heian, dès le début du XIIe siècle, et se poursuit jusqu'à la fin du XVIe siècle. En effet, des éléments propres à la production médiévale font très tôt leur apparition. Trois formes caractéristiques constituent alors les objets utilitaires de base : le tsubo (jarre au col étroit) et le kame (jarre à large ouverture) ont un aspect robuste ; le suribachi (bol à bec servant de mortier) répond aux besoins d'une alimentation nouvelle liée à l'introduction du bouddhisme Zen.

La mise en évidence, depuis une dizaine d'années, de plus de quarante sites ayant livré des vestiges de fours médiévaux et installés depuis les régions du nord-est du Honshū jusqu'à l'île de Kyūshū offre la possibilité d'apprécier plus justement l'activité intense de cette période et de corriger l'ancienne théorie des « six fours anciens » du Japon médiéval (Shigaraki, Bizen, Tokoname, Tamba, Echizen, Seto) développée après la guerre avec la découverte des fours d'Echizen. Il faut désormais compter avec des aires de production aussi importantes que celle de la région de Mino qui a livré plus de cinq cents vestiges de fours et celle de la péninsule d'Atsumi avec plus de quatre cents vestiges de fours.

D'autre part, l'étude de la production des fours médiévaux a fait des progrès considérables grâce aux fouilles conduites sur les sites de tombes, de kyōzuka*, de villes, de châteaux ou de ports comme Ashidagawa, Fushō-ji, Tosaminato, Tomitajō. Celles-ci ont livré des matériaux qui permettent d'établir une chronologie à l'aide de pièces datées. Ainsi, l'activité des fours de Tokoname est attestée avant le milieu du XIIe siècle par un tsubo décoré de trois lignes gravées et daté de 1125, découvert au sanctuaire shintō d'Imamiya à Kyōto. Il en est de même pour les fours d'Atsumi qui produisirent un réceptacle pour reliquaire à sūtra (kyōzutsu) daté de 1114, découvert au Oku-no-in du mont Kōya (préf. de Wakayama). Un kame et un suribachi datés de 1167 et fabriqués aux fours de Suzu ont été exhumés d'un kyōzuka derrière le temple de Nisseki-ji (préf. de Toyama). Ces fouilles ont aussi permis d'attribuer des pièces à des fours plus précis, comme le récipient pour reliquaire à sūtra fabriqué aux fours d'Iizaka, daté de 1171 et découvert dans le kyōzuka du temple du Yoneyama-ji (préf. de Fukushima).

Les archéologues se sont trouvés en présence d'une production médiévale très diversifiée comme le montrent les fouilles de la ville portuaire découverte dans le lit de la rivière Ashida (Fukuyama, préf. de Hiroshima). À côté d'une faible quantité de céramiques d'importation chinoise ou coréenne et de céramiques à couverte appliquée de Seto, un fort pourcentage (45 p. 100) de bols et d'assiettes en terre cuite de type hajiki, des tsubo et des kame de Bizen, de Tokoname et de Kameyama ont été mis au jour.

Cette importante quantité de matériaux disponibles a conduit les chercheurs à établir une nouvelle classification. Le professeur Shōichi Narazaki a reconnu trois grandes catégories de productions dérivées des époques antérieures. En effet, grâce à une meilleure connaissance des périodes de Nara et de Heian, il a été possible de démontrer que, loin d'être une création soudaine, la production médiévale tire en partie ses sources des réalisations antérieures et montre la persistance des techniques anciennes.

Les céramiques hajiki (premier type, voir tableau) dominent la production d'ustensiles de la vie quotidienne dans tout le Japon médiéval. Mais certaines formes, comme les bouilloires (kama), seront réalisées en fer, matériau plus résistant, dès la fin de l'époque de Kamakura.

La deuxième tradition qui se perpétue au Moyen Âge est celle du sueki (voir tableau). Dans le Japon oriental, Suzu apparaît comme le four le plus représentatif de ce type et semble avoir joué un rôle prépondérant. Les fouilles de la société archéologique d'Ishikawa ont permis d'établir les bases d'une chronologie de ce site grâce aux recherches faites sur les fours de Saihō-ji (1963) et de Hōjū-ji (1972). Les cinq phases de production de Suzu situent le début de l'activité des fours au XIIe siècle. Il semble que Suzu soit tombé en désuétude vers la fin de l'époque de Muromachi (début du XVIe s.) avec le développement des fours d'Echizen qui conquirent le marché de la céramique dans la région septentrionale du Hokuriku. À côté de fours marqués par l'héritage du sueki comme Suzu, d'autres sites prennent une orientation plus originale comme Bizen.

Le troisième type de production médiévale est une céramique dure (jiki, voir tableau). Les fours de Seto et de Mino en sont représentatifs. À côté de fours qui suivent la tradition du shirashi de l'époque de Heian en produisant des bols grossièrement travaillés et sans couverte (yamajawan), deux cent trois fours réalisant des pièces à couverte appliquée dites Ko-Seto (Seto ancien) ont été repérés à Seto et neuf à Mino. Les formes variées et les couvertes originales à base de cendres de bois ou d'oxydes de fer reflètent l'influence des céramiques chinoises Song et Yuan (jarres à quatre anses, bouteilles meipin*, brûle-parfum, vases à fleurs).

Les fours de tradition jiki d'Atsumi, de Tokoname, de Sanage et d'Echizen ont en commun une production de tsubo, de kame et de récipients cylindriques destinés à être enterrés dans les kyōzuka. Les fours de Kaga ont été récemment confirmés en 1969 et des recherches conduites par le musée municipal de Komatsu ont révélé douze fours dont le plus ancien, celui d'Okudani no 1, date de la seconde moitié du XIIe siècle. Parmi les pièces anciennes découvertes, les jarres à décor de trois lignes gravées sont proches de pièces fabriquées à Tokoname ou à Echizen. Cependant, le motif imprimé de treillis auquel se mêlent des chrysanthèmes en est plus caractéristique.

La production de céramique médiévale prend fin alors qu'apparaissent dans la région de Seto des fours d'un type nouveau : les ōgama. Dans l'état actuel des connaissances, le four de Mukashida à Seto, ouvert, semble-t-il, au début du XVIe siècle, est le plus ancien ōgama de la région de Seto et de Mino. Sa production s'étend de l'ère Tenmon (1532-1555) à l'époque de Momoyama (1573-1603). Bien que les objets fabriqués répètent encore les formes existant à la période précédente (bol, cha-ire*, bol de type temmoku*, bouteille, brûle-parfum), on voit apparaître des assiettes à décor de cobalt (gosu-e) qui essaient d'imiter les porcelaines à décor bleu de la Chine des Ming importées au Japon et fort prisées. Les ōgama, construits aussi sur d'autres sites de fours médiévaux, reflètent la transformation de la production médiévale vers une production moderne qui sera caractérisée, entre autres, par l'utilisation du décor peint.

Christine SHIMIZU

Atsumi : four de type anagama (Sōsaku no 14)

Environ vingt fours constituaient le groupe Sōsaku et ont été découverts entre 1973 et 1975. Les fours d'Atsumi mesurent entre 15 et 18 mètres de longueur et sont de type anagama. La forte inclinaison du sol entre l'entrée et le pilier de division de la flamme les caractérisent.

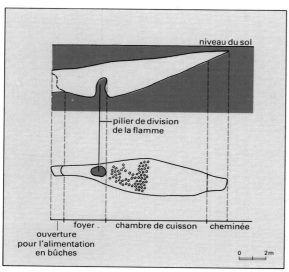

niveau du sol

pilier de division de la flamme

foyer · chambre de cuisson · cheminée

ouverture pour l'alimentation en bûches

0   2m

Seto : four de type anagama (Konagaso), XVe siècle

À partir de la fin de l'époque de Kamakura, les fours de la région de Seto évoluent et le centre de production devient le quartier d'Akatsu. La partie supérieure de la chambre de cuisson est rétrécie, et un mur de séparation est construit en son milieu de façon à augmenter l'efficacité de la combustion et à obtenir une couverte de meilleure qualité.

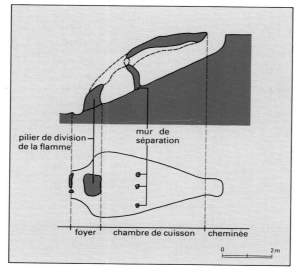

pilier de division de la flamme

mur de séparation

foyer · chambre de cuisson · cheminée

0   2m

Mino : four de type ōgama (Myōdo), début du XVIe siècle

Le problème de la date de transformation des fours anagama en fours dits ōgama se pose tant à Mino qu'à Seto, qui en est le berceau. Ces fours ne sont plus creusés dans la colline, mais construits sur les pentes de celle-ci. Des piliers supportent la voûte et l'accès à la chambre est latéral. Le sol de la chambre principale est légèrement surélevé par rapport à celui de la chambre de combustion. Les ōgama annoncent la fin de la production médiévale.

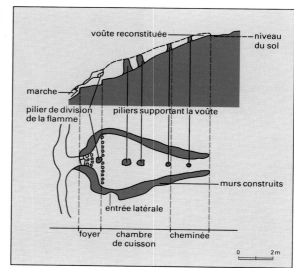

voûte reconstituée

niveau du sol

marche

pilier de division de la flamme

piliers supportant la voûte

murs construits

entrée latérale

foyer · chambre de cuisson · cheminée

0   2m

Jarre (*tsubo*) de Kaga, XIIIᵉ siècle

Découverte dans une tombe médiévale à Karumi-machi, Komatsu-shi, Ishikawa. La forme de ce *tsubo*, ci-contre à droite, est identique à celle des jarres décorées de trois lignes gravées horizontalement, fabriquées dans les fours d'Echizen. Le corps est constitué d'argile de teinte jaunâtre à laquelle sont mêlés de petits cailloux. Ceux-ci sont remontés à la surface lors de la cuisson, créant des cavités. Les traces du couteau de bambou (*hera*) ayant servi à corriger la forme sont visibles sur le corps. Des retombées de cendres de bois forment de longues coulées verdâtres sur le col et le corps du *tsubo*. Les jarres de ce type ont été utilisées à l'époque médiévale comme urnes funéraires. Hauteur : 23,8 cm ; diamètre à l'ouverture : 11 cm ; diamètre du corps : 19,4 cm ; diamètre à la base : 9,8 cm. Komatsu Municipal Museum, Ishikawa.

Jarre (*kame*) de Kaga, XIIIᵉ siècle

Découverte à Hiyoshi-machi, Tsurugi-machi (Ishikawa), ce *kame*, ci-dessous à droite, au bandeau étroit courant autour de l'ouverture et aux épaules larges est orné de motifs floraux imprimés. La production de jarres d'aussi grande taille était commune dans les fours de Tokoname et d'Echizen. Hauteur : 62,3 cm ; diamètre à l'ouverture : 46,3 cm ; diamètre du corps : 65 cm ; diamètre à la base : 15,2 cm. Collection particulière.

Jarre (*tsubo*) de Suzu, XIVᵉ siècle

Cette pièce célèbre fut découverte en 1972 à Jike, dans la ville de Suzu. Sur le corps monté au colombin* est disposé un décor réparti sur les quatre côtés. Des herbes d'automne ont été gravées au couteau (*hera*) selon un procédé répandu dans les fours de Suzu. Les corps sombres des pièces de Suzu se distinguent par leurs décors de vagues ou de lignes parallèles incisés recouvrant quelquefois toute la pièce. Les motifs naturalistes y sont plus rares. Hauteur : 27,3 cm ; diamètre du corps : 26 cm ; diamètre à la base : 8,5 cm. Collection particulière.

Jarre (*tsubo*) d'Atsumi, XIIᵉ siècle

Cette jarre, ci-contre, pansue à la lèvre ouverte a été montée en trois parties au colombin. La moitié inférieure du corps montre les traces du battoir utilisé. Un décor de pétales de lotus et de lignes parallèles a été gravé sur l'épaule et apparaît sous une couverte* de cendres de bois jaune. Découverte dans un *kyōzuka* à Kakegawa (Shizuoka), cette jarre servait de réceptacle pour un reliquaire à sutrā. Hauteur : 43,5 cm ; diamètre à l'ouverture : 17 cm ; diamètre du corps : 41 cm ; diamètre à la base : 16,5 cm. Collection particulière.

groupe de céramique	type	production principale	caractères particuliers	principaux fours de production et répartition géographique
terre cuite de Tradition hajiki	1	bols, assiettes, bouilloires, marmites : type hajiki	cuisson en oxydation corps de couleur rougeâtre	tout le Japon
	2	bols, petits bols, petites assiettes : type gaki	cuisson en réduction corps de couleur noire	Japon occidental du Kinai au nord du Kyūshū
grès de Tradition sueki	1 ●	tsubo à corps rond et à corps allongé, kame, suribachi	cuisson en oxydation corps de couleur brune	Bizen, probablement Iga, Shigaraki, Tamba
	2 ●	tsubo à corps rond et à corps allongé, kame, suribachi	cuisson en réduction corps de couleur gris-noir, différences existant entre le Japon oriental (Suzu et fours de Tradition Suzu) et le Japon occidental	tout le Japon Suzu, Kameyama, Iizaka
grès de Tradition jiki	1 ●	formes variées, nombreuses formes influencées par la Chine des Song du Nord, Song du Sud et Yuan	céramique issue des céramiques à couverte de cendres de bois antérieures (shirashi d'époque de Heian), pièces à couverte appliquée à base de cendres de bois ou de fer	Seto, Mino
	2 ●	bols, assiettes, coupes	céramique issue des céramiques à couverte de cendres de bois antérieures	Sanage région du Tōkai
	3 ●	tsubo, kame, suribachi	céramique issue des céramiques à couverte de cendres de bois antérieures et céramique utilitaire sans couverte	Atsumi Tokoname Kojōzan Nakatsugawa
	4 ●	tsubo, kame, suribachi	céramique principalement utilitaire sans couverte produite dans des régions qui ne possédaient pas une tradition antérieure de céramique à couverte de cendres et qui ont importé les techniques du shirashi des régions du Tōkai au Moyen Âge	Echizen Kaga Sasagami Tōkita Kumakari Shinanoura

(D'après Shōichi Narasaki, « La Production de céramique et la société médiévale », in « Sekai Tōji Zenshū », vol. III, Shōgakukan, 1977.)

Fours et principaux sites archéologiques médiévaux

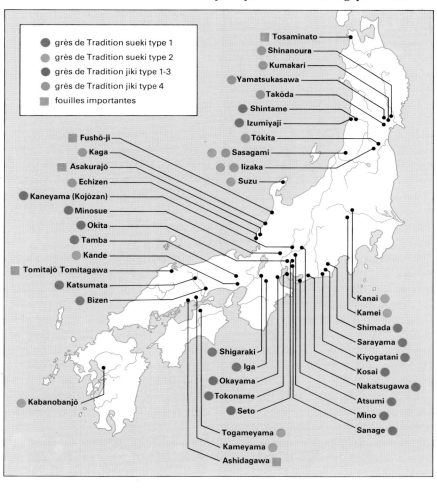

Légende :
- ● grès de Tradition sueki type 1
- ● grès de Tradition sueki type 2
- ● grès de Tradition jiki type 1-3
- ● grès de Tradition jiki type 4
- ■ fouilles importantes

Tosaminato
Shinanoura
Kumakari
Yamatsukasawa
Takōda
Shintame
Izumiyaji
Tōkita
Sasagami
Iizaka
Suzu
Fushō-ji
Kaga
Asakurajō
Echizen
Kaneyama (Kojōzan)
Minosue
Okita
Tamba
Kande
Tomitajō Tomitagawa
Katsumata
Bizen
Shigaraki
Iga
Okayama
Tokoname
Seto
Kabanobanjō
Togameyama
Kameyama
Ashidagawa
Kanai
Kamei
Shimada
Sarayama
Kiyogatani
Kosai
Nakatsugawa
Atsumi
Mino
Sanage

L'Afrique

En Afrique, la recherche archéologique consacrée aux cultures circumméditerranéennes est ancienne. Au sud du tropique du Cancer, l'Éthiopie mise à part, la situation était différente jusqu'à une date récente. Continent « sans histoire » parce que « sans écriture », l'Afrique était aussi – c'était un dogme – sans vestiges.

Avant la guerre de 1914, quelques officiers ou administrateurs fouillent, avec plus ou moins de soin, des sites de toutes époques ; spectateurs peu concernés ou manœuvres non informés, les Africains participent très peu à ces tentatives. Les revues sont rares qui acceptent d'en parler. *Man*, en Angleterre, *L'Anthropologie*, en France, commencent à attirer l'attention de leurs lecteurs sur des découvertes « exotiques ».

La Première Guerre mondiale, ses conséquences sur l'Europe, les soubresauts économiques, politiques et culturels qui lui succèdent cassent l'effort premier : les publications sont exceptionnelles entre 1914 et 1938. Quelques pionniers remettent en marche la « machine à découvrir le passé ». Ils sont anglais, belges, allemands, français. Les Africains sont toujours cantonnés dans les mêmes rôles. Une grande activité ponctuelle est dirigée de Dakar par « l'équipe de l'I.F.A.N. » (Institut français d'Afrique noire), de Lagos ou de Londres, d'Alger, de quelques autres foyers encore. Les reconnaissances sur le terrain, la collecte des informations, les fouilles sont conduites sans grands moyens matériels et techniques. De 1938 à 1960 les découvertes se succèdent. Elles concernent, un peu en désordre, toutes les époques de la vie du continent et l'on commence à soupçonner que celui-ci pourrait bien avoir une longue histoire. Depuis 1921 dans le sud, 1932 dans l'est du continent, on retrouve les témoins surprenants de l'hominisation. En 1936, L. S. B. Leakey* commence à publier des résultats qui laissent sceptique plus d'un spécialiste. Il faudra plus de dix ans pour que ses propositions soient prises en considération.

Les revues se multiplient. À Dakar, les *Notes africaines* publient, de 1942 à 1984, des textes de valeur très inégale, particulièrement de 1949 à 1958, et le *Bulletin de l'Institut français d'Afrique noire*, après 1951, apporte des études de fond ; au Nigeria, au Ghana actuel naissent aussi des publications spécialisées. Cependant l'essentiel reste drainé par *Man* et *L'Anthropologie*, auxquels s'ajoutent le *Bulletin du comité d'études historiques et scientifiques de l'A.O.F.*, le *Journal des africanistes*, le *Journal of the Royal African Society* et, en Belgique, le *Bulletin de la Société royale belge d'anthropologie et d'histoire*. Caractéristique de cette époque, la dispersion des publications rend extrêmement difficiles confrontations et synthèses.

Les découvertes qui ne cessent de se succéder posent de si graves questions sur les origines de l'homme et sur l'ancienneté de sa présence en Afrique que, tout naturellement, c'est autour de la « préhistoire » que vont se nouer les débats passionnés et la progression des méthodes. Après le Panafrican Congress on Prehistory de 1947, à Nairobi, où a été admise, enfin, l'idée que l'Afrique a « la plus vieille préhistoire du monde » et surtout la série la plus complète des traces laissées par l'homme à toutes les étapes de son évolution, des congrès panafricains de préhistoire ont lieu, régulièrement, à partir de 1952.

La lecture du tome I de l'*Histoire générale de l'Afrique* (U.N.E.S.C.O.) – volume qui pourrait porter le titre « Vingt Ans après » – rend bien compte de la véritable révolution que les découvertes réalisées ont causée et dont toutes les conséquences ne se sont pas encore fait sentir. Depuis la rédaction de cet ouvrage en 1975 le rythme des découvertes n'a pas cessé d'ailleurs de s'accélérer.

Les affrontements théoriques et idéologiques ont été violents entre les historiens professionnels, souvent incrédules ou hostiles, et ceux qui s'efforçaient de baliser l'incroyable champ de recherche qui venait de s'ouvrir devant eux en Afrique ; les ouvrages de Cheikh Anta Diop* donnent une remarquable illustration de ces affrontements nécessaires et inévitables, qui ont aussi porté sur la chronologie : les étapes de la préhistoire africaine ne pouvaient être, aux yeux de beaucoup de chercheurs, celles du reste du monde. Sur ce point, le débat, difficile, n'est pas clos.

La conséquence la plus remarquable des progrès réalisés par l'archéologie préhistorique en Afrique est probablement l'évolution de la notion même de préhistoire. Est-il raisonnable, sur ce continent où l'histoire de l'homme s'évalue en millions d'années, de réduire le champ chronologique de l'*histoire* – selon les conventions anciennes – à celui des sources écrites ou orales ? L'archéologie apporte depuis quarante ans, en Afrique, la preuve qu'elle peut – et elle seule – permettre une restitution intégrale du passé du continent. Pour les dix mille dernières années, nos connaissances ont progressé à un tel rythme que l'on peut aujourd'hui reconstituer l'histoire des cultures et des sociétés dans de larges zones du continent. La mise en perspective historique des découvertes archéologiques (Sutton 1974, Phillipson 1977, Devisse 1982) fait, chaque année, reculer vers l'amont les limites de nos connaissances.

Quelques ombres au tableau, cependant : le désir de reconstruire très vite, grâce à l'archéologie, de grandes synthèses, par exemple dans le domaine des migrations, a conduit à beaucoup de conclusions spectaculaires et hâtives, qu'il faut aujourd'hui remettre en cause, à partir d'une recherche plus attentive, plus patiente. L'exemple des « migrations bantu » restera, probablement, dans l'histoire de l'archéologie de l'Afrique, le témoin du danger qu'il y a à conclure trop vite sur des enquêtes incomplètes.

Hantés par l'exemple de la pierre de Rosette, beaucoup de chercheurs ont longtemps pensé qu'en Afrique tropicale il faudrait aller du connu vers l'inconnu pour établir les grilles d'enquête archéologique, les grilles de lecture du passé africain. Ainsi a raisonné N. Chittik, acharné à travailler sur les cités de la côte orientale et se laissant parfois prendre au piège de leurs seuls faciès « importés » ; ainsi ont longtemps raisonné ceux qui travaillèrent successivement sur Zimbabwe ; ainsi ai-je raisonné partiellement à tort en fixant mon choix de recherche sur Audaghost, de préférence à des sites plus méridionaux. Ainsi est née une archéologie urbaine, aux points de contact de plusieurs cultures, qui devait fournir des indications précises sur la période « obscure » du VIIᵉ au XIIᵉ siècle. Maintenant la démonstration a été faite, de manière éclatante (T. Shaw, 1970, McIntosh, 1980), que les mêmes méthodes de travail, appliquées à des sites « monoculturels » sans pierre de Rosette, fournissaient des résultats extrêmement importants pour la restitution du passé africain : on trouvera dans le tome III de l'*Histoire générale de l'Afrique* (U.N.E.S.C.O.) la somme des progrès réalisés en vingt ans dans ce domaine. Dans l'ensemble, les progrès méthodologiques ont été considérables. L'archéologie africaine a maintenant trouvé ses zones préférentielles, ses axes de recherche, ses objectifs. Là où l'effort n'a pas encore été assez poussé, des synthèses de programmation montrent comment orienter les recherches (Van Noten, 1982). Les pages qui suivent montreront quelques-uns – et quelques-uns seulement – des aspects très divers de cette discipline : aménagement ancien de l'espace, rapports à l'environnement, vestiges alimentaires, traces matérielles de toute nature, pollens, paléofaune, paléoflore, tout est matière à réflexion et à recherche pour l'archéologue

**Terre cuite, Nok (Nigeria),
entre 500 avant J.-C. et 200 après J.-C.**
Pour qui la *découvre*, c'est une pièce de musée, admirable, ou un
élément coûteux de collection.
Pour un *archéologue*, elle n'a de valeur que si le lieu et le contexte
stratigraphique de sa découverte sont connus. Par son analyse
anthropologique et socioculturelle, par l'étude de la composition
de la pâte et des techniques du modelage, cet objet est devenu
un indicateur historique polysémique.
Pour un *archéomètre*, la thermoluminescence fournira une four-
chette de situation chronologique. L'analyse de la pâte montrera
s'il a été produit là où il a été trouvé ou ailleurs. La mesure de
la température de cuisson dira si celle-ci a eu lieu dans un four
ou en plein air. Pour l'archéomètre, l'objet devient indicateur
chronologique et technologique. National Museum, Lagos.

qui travaille en Afrique et qui a la légitime ambition de rendre son passé
à ce continent que l'on dit sans histoire. Les nouveaux programmes de
recherche, longs, complexes, donc coûteux, font de l'archéologie une
recherche-carrefour, pluridisciplinaire par besoin. Elle a pris son autonomie
par rapport à l'histoire « traditionnelle » – c'est-à-dire européenne ; elle
s'est rapprochée, même pour les périodes récentes, des méthodes de travail
des préhistoriens, sans négliger pour autant les approches de l'anthropologie
économique et de la sociologie. Discipline originale et neuve, elle bouscule
très régulièrement les idées reçues.

L'histoire africaine est encombrée de plus de mythes qu'aucune autre.
À tous ceux qu'ont forgés les peuples africains eux-mêmes se sont superposés,
le temps passant, ceux qu'ajoutaient les cultures étrangères. La production
ancienne des métaux en Afrique est un bel exemple de « sédimentation
mythologique ». Les débats ont porté, durant des décennies, sur la direction
à donner aux flèches qui devaient illustrer telle ou telle théorie diffusionniste.
Lorsque les archéologues ont commencé à travailler selon leurs méthodes
propres, ces mythes ont volé en éclats. Depuis quelques années, l'enquête
sur les métaux a pris un tour très sérieux ; elle a immédiatement débouché
sur l'appel à l'archéométrie*. Au Mali, au Niger, au Sénégal, au Burkina
Faso, en Côte-d'Ivoire, au Bénin, au Nigeria, au Ghana, au Cameroun, au
Zaïre, au Congo, en Angola, au Rwanda, au Burundi, à Madagascar, des
enquêtes sont en cours sur les métaux ; elles sont, pour la première fois,
très largement conduites par des chercheurs africains ou malgaches. C'est
justement l'une des plus grandes transformations qu'ait connue cette
archéologie depuis dix ans : des chercheurs africains de haut niveau y
participent désormais pleinement. Ce fait n'a nullement conduit à l'exclusion
des chercheurs étrangers. Il est par exemple important qu'un archéologue
français, J. P. Roset, mette en relief l'ancienneté – autour de 9000 B.P.
(*before present* : avant 1950) – de la production céramique dans l'Aïr, qu'un
archéologue belge P. de Maret révèle l'existence de cultures cohérentes vers
7500 B.P. au Cameroun, après avoir conduit les fouilles les plus minutieuses
au Shaba. Cela constitue la suite logique des travaux entrepris durant les
décennies précédentes. Cependant des Africains et des Malgaches sont
maintenant directement responsables de travaux importants, ils élaborent
leur programmation de recherche sans trop subir les pressions des directeurs
de recherche ou des bailleurs de fonds. En Mauritanie, au Sénégal, au Mali,
au Niger, au Burkina Faso, au Bénin, au Nigeria, au Cameroun, au Congo,
au Gabon, en Angola, au Burundi, au Kenya, en Tanzanie, au Mozambique,
à Madagascar, se mettent en place des programmes de recherche à long
terme qui comportent d'importantes sections archéologiques.

Il devenait urgent de rendre publics les progrès accomplis. Si tous les
problèmes relatifs à la publication des travaux ne sont pas encore, loin de
là, résolus, des revues spécialisées ont commencé, après 1960, à s'intéresser,
totalement ou partiellement, aux recherches archéologiques conduites en
Afrique. Chaque organisme étranger, chaque revue européenne ont, dans
l'ensemble, poursuivi leur politique antérieure. Sont aussi venus, peu à peu,
compléter le paysage éditorial : le *Journal of African History* depuis 1960,
le *West African Journal of Archaeology* depuis 1971, *Azania* depuis 1965,
World Archaeology, *Niame Akuma* depuis 1972, en Amérique du Nord ;
il est prématuré d'annoncer la parution d'une revue en langue française ;
mais un projet est à l'étude.

Les procédés de datation* ont permis, en se multipliant et en s'affinant,
de construire la grille chronologique qui manquait pour le passé africain :

aujourd'hui, pour les dix mille dernières années de la vie du continent, y
compris dans ses parties septentrionales, les repères sont sûrs et multiples.
Il faut s'arrêter sur l'apport des travaux de laboratoire à l'étude de la
céramique, du cuivre ou du fer, de l'or et des monnaies que l'on en tire
ainsi que sur quelques autres domaines en cours d'expansion.

La datation des céramiques par thermoluminescence* ajoute, de manière
de plus en plus spectaculaire, des éléments de base à nos informations. Elle
vient de nous permettre de situer à sa place – capitale – dans l'histoire
africaine une production considérable de statues de terre cuite jusque-là
difficile à dater. Cette production, attestée de la Mauritanie au Cameroun
– dans l'état actuel des recherches –, se situe durant les trois derniers millénaires.

L'analyse chimique des pâtes permet de préciser les causes des choix
technologiques de fabrication et de cuisson et aussi, avec une précision qui
va croissant, de connaître le lieu où ont été fabriqués les objets, donc
l'ampleur éventuelle de leur déplacement. Les recherches relatives au fer
n'ont pas encore donné des résultats aussi spectaculaires ; on voit déjà
cependant que l'étude de la métallurgie de base (production du métal) devient
un enjeu de grande importance pour les années à venir. Pour le cuivre, les
analyses se multiplient ; elles révèlent la gamme des alliages – les bronzes
au plomb intriguent beaucoup les spécialistes –, l'art des soudures,
l'ancienneté de l'emploi des moules à la cire perdue.

Il faudrait, bien entendu, rappeler l'importance des analyses de l'or
africain, les études de palynologie*, celles, prometteuses, qui portent sur
les sols et les matériaux de construction. Il est plus utile, ici, de dire par
exemple que l'hématologie, sous ses formes accomplies, devient, à son tour,
importante pour l'archéologue. Par l'étude des sangs s'ouvre, largement,
celle des maladies ; dans ce domaine aussi l'« archéométrie » va enrichir
l'histoire de l'Afrique.

L'archéométrie a achevé en effet, en très peu de temps, de donner aux
archéologues qui travaillent sur l'Afrique les moyens de définir des champs
de recherche très neufs. Elle ne les place, hélas, que davantage dans la
dépendance de ceux qui, apportant les ressources financières indispensables
à l'épanouissement de cette recherche, sont encore en mesure d'en diriger
le cours selon leur volonté, en mesure de s'opposer, en fait, à l'efficace
dévoilement du passé qui dort dans les sols de l'Afrique. L'archéologie est,
dans une certaine mesure, un exemple intéressant et significatif des
affrontements actuels entre un Nord impérieux et sûr de lui et un Sud qui
ne formule peut-être pas toujours assez clairement ses projets, ses souhaits
et sa politique.

Jean DEVISSE

Origine de l'homme et premiers habitats

L'Afrique orientale, traversée par la grande Rift Valley qui relie le lac Tanganyika à la vallée du Jourdain, semble bien être, à la lumière des connaissances actuelles, le coin du monde où s'effectua l'événement le plus riche en conséquences futures : l'apparition discrète et progressive du genre *Homo*. Et cependant la découverte en 1924 par Raymond Dart des Australopithèques de la grotte de Taung, ces êtres qui ne sont plus des singes mais pas encore des hommes, avait fait pressentir que le sud de l'Afrique était le berceau de l'humanité. Lorsque L. S. B. Leakey* découvrit en 1960 à Olduvai Gorge en Tanzanie, mêlé à l'outillage oldowayen*, le crâne d'un individu différent d'*Australopithecus boisei** qui provenait de la même couche, le Bed I, il lui donna le nom d'*Homo habilis**, pour bien indiquer qu'il devait être l'auteur des outils de pierre ; il y a de cela 1 800 000 ans ! De nouvelles découvertes à Koobi-Fora, à Shungura dans la vallée de l'Omo et surtout dans l'Afar éthiopien ont amené les paléontologues à reculer l'apparition du genre Homo au-delà de 3,0 M.A. (millions d'années). Enfin, la découverte d'un squelette « complet » à 40 p. 100 par l'équipe internationale de l'Afar fut l'événement paléontologique de ces dernières années : D. Johanson et T. White situent *Australopithecus afarensis** (Lucy) sur le tronc commun de nos ancêtres à 3,5 M.A. Les empreintes de pas étonnamment conservées dans les cinérites de Laetoli, en Tanzanie, qui datent de la même époque sont un émouvant et remarquable témoignage de la marche bipède de ces Hominidés. C'est seulement plus tard, vers 2,5 M.A., que les Australopithèques vont se séparer de la lignée *Homo*, cependant qu'*Australopithecus robustus** perdurera jusque vers un million d'années. P. Tobias admet un arbre généalogique assez semblable. En revanche, Y. Coppens pense que le « Lucy » serait plutôt une cousine lointaine, les racines du genre *Homo* étant beaucoup plus profondes. Enfin, R. Leakey sépare totalement, pour ces périodes, le rameau des Australopithèques* de celui des Hommes.

L'hominisation n'est pas seulement liée à la station droite et à l'accroissement volumétrique du cerveau mais aussi aux conséquences que ces changements ont entraînées, telles que la libération des membres antérieurs : la main amenant la possibilité de tenir un outil ou une arme au cours de déplacements. Pour le préhistorien, le véritable critère de l'hominisation est la présence d'outils façonnés. Les objets en pierre pouvaient être utilisés directement pour couper, écraser, gratter, etc., ou bien indirectement pour aménager des outils en os ou en bois.

L'emploi d'objets fabriqués eut sans doute pour conséquence la relative fixation du groupe humain. L'installation du campement pouvait être provisoire, mobile. C'est la halte du frugivore, du mangeur de mollusques ou du chasseur de passage : le temps de préparer une arme, de briser les fruits ou les graines récoltés, de dépouiller l'animal qu'on s'est approprié. Il ne reste que des témoignages fugaces de ces campements qui ne sont pas structurés. Il ont toujours existé, mais curieusement ce sont ceux-là mêmes qui témoignent des plus anciennes installations d'Hominidés comme si, hiérarchiquement, le camp provisoire était un intermédiaire entre la halte nocturne des grands Primates et le camp de base de l'homme paléolithique. Les plus anciens témoignages d'objets façonnés remontent sans doute à 3,0 M.A. dans la basse vallée de l'Omo, en Éthiopie ; mais les premiers outils récoltés en stratigraphie* seraient datés de 2,6 M.A. dans l'Afar éthiopien ; enfin, le plus vieux campement fut découvert dans la vallée de l'Omo, à Shungura, sur la plage du très ancien lac Turkana. On a retrouvé dans le site d'Omo 71, daté de 2,1 M.A., un chopper* sur galet* de quartz associé à des fragments d'os de mammifères et de poissons. Dans le site d'Omo 123 (2,0 M.A.), des Hominidés ont laissé sur une berge limoneuse, actuellement ensevelie, basculée, surélevée, les vestiges de leur occupation rapide : ce sont des fragments de galets de quartz, brisés par percussion, de petits éclats ou lamelles obtenus au cours du façonnage d'un chopper ou détachés d'un nucléus*, quelquefois utilisés, rarement retouchés. Cet outillage particulier, le Shungurien*, précéda l'Oldowayen d'Afrique orientale. Les Hominidés contemporains de ces campements étaient *Australopithecus africanus** et *Australopithecus robustus**.

Le camp de base était une installation permanente où l'homme revenait sans cesse. C'est un habitat organisé dont on connaît certaines limites, soit par l'emplacement de structures (huttes ou abris buissonneux), soit par l'accumulation artificielle de pierres, d'outils et de vestiges de faune. Quelle est leur signification ? Ce sont les premiers témoignages de vie en société, de fixation du groupe, généralement près d'un point d'eau, à proximité de plages qui leur fournissaient des galets pour fabriquer des outils. On y trouve aussi les premières preuves concrètes – ossements brisés – indiquant que l'homme était un mangeur de viande, donc un chasseur : il devait disputer la bête blessée ou morte aux prédateurs (les grands fauves) et se comporter alors comme un charognard. Il pouvait assez facilement chasser le petit gibier ou bien capturer par adresse les gros mammifères à l'aide d'épieux ou d'armes en bois, en os, fabriqués avec les outils de pierre. Dans les campements d'Olduvai, de Melka-Kunturé, de Koobi-Fora, les choppers sont très fréquents, mais on est surpris par la variété des formes, des dimensions et du poids indiquant des fonctions différentes. On trouve aussi des polyèdres* ainsi que des outils à encoches*, des grattoirs*, des rabots*, des burins*, tous sur galets. Les pièces sur éclats sont utilisées mais croîtront considérablement en nombre et qualité de l'Acheuléen*

ancien au Paléolithique moyen. La miniaturisation progressive des outils sur éclats apportera finalement à cet homme moderne postacheuléen la mobilité en allégeant son outillage et l'indépendance vis-à-vis du milieu naturel en facilitant le transport de petits nucléus. Souvent les os brisés étaient grossièrement façonnés et servaient comme outils (Makapansgat en Afrique du Sud). Il devait y avoir aussi des armes en bois, mais elles n'ont pu se conserver. Le camp devait être aussi le lieu du repos et de la sécurité. Sur le sol, les emplacements sont décelables par une accumulation de pierres et d'objets, plus ou moins circulaire (Olduvai : 1,8 M.A.), ou par une absence d'objets supposant un obstacle, buisson ou autre (Melka-Kunturé 1,6 et 1,0 M.A.). Certains animaux construisent des abris sommaires, mais l'association de l'abri et des outils façonnés est bien le propre de l'homme. Tout au long de l'Oldowayen, on observe deux lignées d'Hominidés qui sont contemporains : celle des Australopithèques – *Australopithecus robustus*, *Australopithecus boisei* (Olduvai) – et la lignée *Homo* : *Homo habilis* (Olduvai) ou un *Homo erectus** archaïque (Melka-Kunturé). L'Oldowayen est connu aussi bien dans le sud de l'Afrique que dans le Maghreb (Sidi Abderrahman, Aïn-Hanech...).

L'Acheuléen est signalé en Tanzanie, à Olduvai, vers 1,4 M.A. Les premiers vrais bifaces* seraient contemporains de la présence d'argile brûlée, témoignage semble-t-il d'un feu déjà domestiqué, observé dans le gisement de Chesowanja au Kenya et dans le site de la vallée moyenne de l'Awash, en Éthiopie. L'Acheuléen apparaît discrètement à Melka-Kunturé vers 1,0 M.A. Enfin dans d'autres régions ses premières manifestations sont plus tardives. Toutefois, vers 700 000 ans, dans la plus grande partie de l'Afrique, l'*Homo erectus* a laissé le témoignage de son passage avec de nombreux bifaces, des hachereaux et les premières bolas*, accompagnés d'un petit outillage sur éclat dont les formes et les types sont étonnamment diversifiés (burins, perçoirs, grattoirs, couteaux, etc.). On peut retenir l'hypothèse d'une évolution régionale : le biface naquit du chopper à tranchant périphérique* ou *discoid* mais aussi d'une pièce nommée protobiface, lesquels étaient bien représentés dans les stades évolués de l'Oldowayen. Or, ce qui se produisit nécessairement en Afrique orientale put se réaliser en d'autres lieux. Cependant, on ne peut écarter l'hypothèse de lointaines et lentes migrations qui menèrent les Acheuléens de l'Afrique orientale vers l'Afrique du Sud (Stellenbosch, Sterkfontein), la vallée du Nil, le bassin du Congo, le Maghreb (Sidi Abderrahman, Ternifine, Sidi Zin...), le Sahara (vallée de la Saoura, monts d'Ougarta), et aussi à la conquête de l'Asie du Sud-Est, du Proche-Orient et de l'Europe occidentale.

Jean CHAVAILLON

Hutte de Bochimans et première habitation
Olduvai Gorge, Tanzanie, base du Bed I ; âge 1,8 M.A. : dans le site DK, riche en ossements et outils en pierre, L. et M. Leakey ont découvert une structure circulaire, sorte de bourrelet fait en partie de grosses pierres éboulées. Cela évoque un abri de branchages, sans doute recouvert d'herbes et calé à la base par de grosses pierres dressées comme cette hutte actuelle des Okombambi, population du sud-ouest de l'Afrique (d'après une photographie de MacCalman et Grobbelaar, in M. D. Leakey, *Olduvai Gorge*, vol. III, Cambridge University Press).

Un *Homo erectus* dans le site pré-acheuléen de Gomboré
Melka-Kunturé, Éthiopie. Site de Gomboré IB, âge 1,7 M.A. Sol oldowayen fouillé par J. et N. Chavaillon. De très nombreux objets lithiques ont été dégagés : choppers, polyèdres, nucléus, éclats... ainsi que des ossements d'hippopotames, antilopes, bovidés, chevaux... Dans le secteur ci-dessus, N. Chavaillon découvrit en 1976 un humerus d'*Homo erectus* pris dans la couche de galets et d'outils. Dans un autre secteur, on repéra l'emplacement d'un abri construit et d'aires d'activités déjà spécialisées.

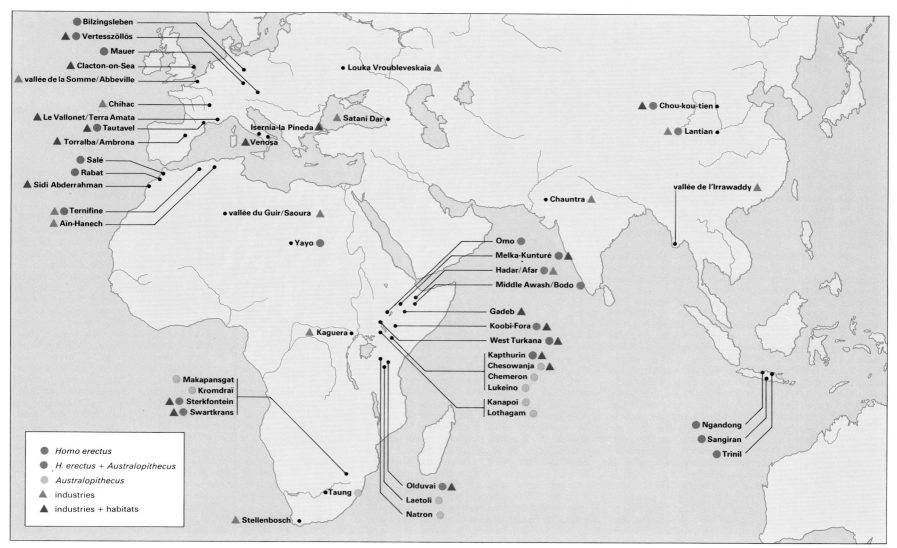

Les gisements archéologiques et les sites à Hominidés du Pliocène et du Pléistocène ancien

Sur cette carte de l'Ancien Monde se trouvent réunies les principales découvertes datées de 3,5 à 0,7 M.A. Parmi les zones de forte densité, la plus ancienne est l'Afrique orientale, puis l'Afrique du Sud, enfin le pourtour de la Méditerranée. Les gisements de l'U.R.S.S., de l'Inde, de l'Indonésie et de la Chine sont plus dispersés. Mais tous témoignent de migrations ayant pu avoir lieu dès 2,0 M.A., à partir de l'Afrique orientale.

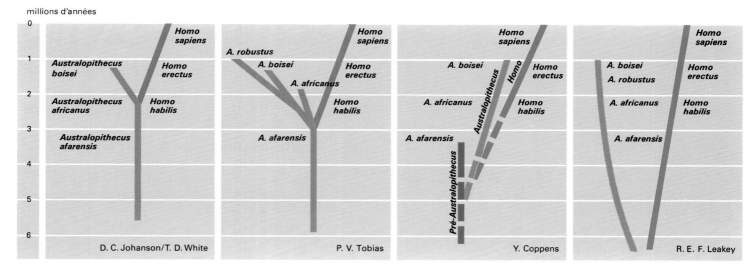

Le phylum humain

Quatre essais de filiation provoqués par la découverte en Éthiopie d'*Australopithecus afarensis* (Lucy). Ce graphique permet de voir comment des paléontologues réagissent et envisagent les rapports du genre *Homo* et du genre *Australopithecus*. Pour les uns, *A. afarensis* est notre ancêtre direct ; pour d'autres, il serait déjà sur une lignée différente de celle du genre *Homo*.

Sol d'habitat pré-acheuléen

Melka-Kunturé, Éthiopie, Garba IV, Oldowayen évolué, âge 1,3-1,4 M.A., fouilles G. et M. Piperno. Au centre, un fragment de gros os long ; il a été fendu pour en extraire la moelle par un lourd chopper tel que celui qui est placé à côté de lui, à droite, et dont on voit le tranchant, ou bien par un autre outil qui devait être de forme semblable.

Les plus vieux campements d'Hominidés

Vallée de l'Omo, Éthiopie, Shungura, Omo 123, âge 2,0 M.A. Mission internationale de l'Omo : équipe française dirigée par Y. Coppens ; emplacement de l'une des fouilles de J. Chavaillon. Dans les limons du fleuve Omo déposés entre deux éruptions de cendres volcaniques (Tuf F à droite, le plus ancien, et Tuf G à gauche), on trouve les vestiges de campements provisoires d'Hominidés tels que de très petits éclats de quartz parfois utilisés et retouchés.

309

Évolution de l'environnement et archéologie

L'évolution des climats en Afrique est marquée depuis le Quaternaire par une alternance de phases humides et de phases arides. Ces différentes oscillations, l'archéologie le montre, ont profondément modifié l'environnement dans lequel l'homme a vécu, obligeant celui-ci à adapter son mode de vie aux exigences de biotopes en transformation.

À partir de l'Holocène*, marqué par la dernière grande phase humide, nous pouvons suivre assez clairement l'adaptation de l'homme à son milieu.

Les régions saharienne et sahélienne offrent aux archéologues un terrain privilégié pour l'étude des paléoenvironnements. Dans ces régions aujourd'hui désertiques, presque totalement inhospitalières à la vie, l'abondance des sites d'occupation humaine témoigne du profond changement de climat. Tel qu'il ressort des études archéologiques, l'environnement était il y a dix mille ans plus riche en eau. Des points de sédentarisation permanents ou saisonniers sont retrouvés près d'anciens lacs, reconnaissables eux-mêmes par les blocs de travertins qu'ils ont laissés en se desséchant. Les populations se nourrissent alors grâce à la pêche comme l'attestent les nombreux harpons en os et les traces de l'abondante faune lacustre : poissons, mollusques, crocodiles, tortues... Cette « civilisation aquatique », selon une expression devenue célèbre, diversifie et complète ses ressources alimentaires par la chasse, la cueillette et dans une certaine mesure l'élevage des bovidés. Les restes de la faune dite « éthiopienne » (éléphants, hippopotames, girafes, buffles, rhinocéros...) attestent l'existence d'un couvert végétal suffisant. Les inventaires purement descriptifs des pollens avaient conduit de nombreux auteurs à affirmer l'existence d'une végétation tropicale avec flore d'essences méditerranéennes. Les recherches récentes et les nouvelles méthodes de la palynologie* ne permettent plus de retenir cette image du paysage saharien. L'on admet plus facilement aujourd'hui que le Sahara a connu à l'Holocène un gain vers le nord de la végétation sahélienne actuelle, de trois à quatre degrés en latitude. Les points d'eau, comme c'est aujourd'hui encore le cas au Sahel, accentuaient la densité des groupements humains.

Les datations au ^{14}C* permettent de penser que des populations sédentaires sont restées au Sahara central jusqu'aux environs de 4000 B.P. (*before present* : avant 1950). Ensuite l'assèchement les a obligées à se réfugier auprès des cours d'eau pérennes ou temporaires de régions plus méridionales, ou dans les massifs où la hauteur tempère les excès du climat : exemples frappants pour l'époque néolithique à Tichitt, sur les bords du lac Aouker (Mauritanie), et à Karikarichinkat dans la vallée du Tilemsi (Mali). Dans le désert égyptien, les populations se réfugient sur les terrasses du Nil, loin des crues saisonnières, exploitant simultanément les ressources du fleuve et celles que le désert continue à leur procurer.

À partir du Ve millénaire, les derniers lacs et cours d'eau du Sahara méridional meurent à leur tour. La pluviométrie baisse fortement pour atteindre les moyennes actuelles. L'occupation humaine se réduit considérablement. Il ne reste plus dans le Sahara que de petits groupes dotés d'une forte capacité d'adaptation, mais surtout des populations nomades qui parcourent le désert, ne laissant que des sépultures comme témoin de leurs passages. Le Ve millénaire constitue le point de départ d'un processus général de désertification dont la courbe se poursuit inexorablement de nos jours. De nombreux auteurs admettent cependant que des pulsations humides mineures ont trouvé place à l'intérieur de ce processus de désertification – notamment aux VIIe, XIVe et XVIIe siècles –, qui ont permis la recolonisation temporaire de régions devenues inhospitalières. C'est en effet dans le cadre d'un retour à l'humidité – celui du VIIe siècle ? – qu'il faut très vraisemblablement situer la naissance et le développement des cités urbaines médiévales dans les franges méridionales du Sahara. les fouilles du site de Tegdaoust dans le cirque de Noudache en Mauritanie montrent que la ville d'Aoudaghost naît dans un contexte climatique éloigné de l'aridité actuelle de la région. Certes, il ne s'agit plus d'un environnement lacustre, mais l'eau est abondante grâce à une nappe phréatique peu profonde, la végétation suffisante pour entretenir des troupeaux de bovidés. C'est dans un tel biotope* qu'Aoudaghost connaît son développement économique maximum. À partir du XIIIe siècle apparaît une détérioration marquée du biotope qui se traduit par un enfoncement de la nappe et une dégradation du tapis végétal qui, au fil des ans, s'accélèrent. Au XIVe siècle l'eau devient rare et la vie urbaine d'Aoudaghost cesse d'être possible.

La tendance à l'assèchement que les faits archéologiques nous donnent à observer depuis près de 3 000 ans est la conséquence d'un profond changement de climat. Mais si ce changement climatique rend compte de la sécheresse, il n'explique pas à lui seul la désertification. Les facteurs humains, dont le surpâturage et la déforestation, ont joué, au moins localement, un rôle considérable dans l'accélération du processus de dégradation écologique. C'est la conclusion à laquelle est parvenu Jean Devisse à Aoudaghost et qui est reprise par Randy Häland pour expliquer, en partie, la dégradation de l'environnement dans le Méma (Mali). Cette région sahélienne, aujourd'hui peu peuplée, offrait encore au XIe siècle, des conditions extrêmement favorables à l'homme. L'abondance des *toguere* (banquettes de terre qui ont été occupées par l'homme) situés aux abords du delta mort du Niger le prouve. Les populations pêchent, cultivent, élèvent ovidés et capridés, mais surtout pratiquent une intense activité métallurgique qui exige une grande consommation de bois. En surconsommant le bois, en exploitant les pâturages au-delà des possibilités réelles de renouvellement des espèces, l'homme a contribué sans aucun doute à accélérer le processus de dégradation de son environnement que les faits climatiques annonçaient inéluctablement.

Dans les régions équatoriales, les diagrammes polliniques des divers sites, complétés par les observations géomorphologiques montrent que les hommes du Pleistocène* supérieur ont vécu dans un environnement semi-aride, chassant le grand gibier que lui offrait la savane. À l'Holocène, on constate une remontée des flores chaudes et humides consécutive à une oscillation du climat vers l'humide. On considère généralement que cette période humide, qui est contemporaine de celle que nous avons observée dans les régions sahariennes, dure jusqu'au VIe millénaire.

Les différentes modifications de l'environnement ont imposé à l'homme, quand cela était encore possible, l'élaboration d'une stratégie pour assurer sa subsistance. C'est tout un chapitre de l'histoire de l'humanité en Afrique qu'a permis d'ouvrir la méthode, à base d'observations archéologiques, d'étude des variations de l'environnement pendant les derniers millénaires.

Samuel SIDIBÉ

Meule et broyeur

L'observateur attentif découvre dans les régions aujourd'hui désolées du Sahara des objets manufacturés témoignant d'une occupation intense datant de l'époque préhistorique.

Harpons et hameçons

De nombreux sites ont révélé des instruments en os indiquant que les populations préhistoriques du Sahara pratiquaient la pêche au moment où celui-ci n'avait pas encore atteint le degré d'hyperaridité qui le caractérise de nos jours. Collection I.F.A.N., Dakar.

Esquisse sommaire du Sahara au Quaternaire

Lors de la dernière poussée d'humidité au Sahara, un certain nombre de lacs sont réapparus. Leurs traces géologiques existent encore dans des paysages aujourd'hui désertiques (d'après H. J. Hugot, 1974).

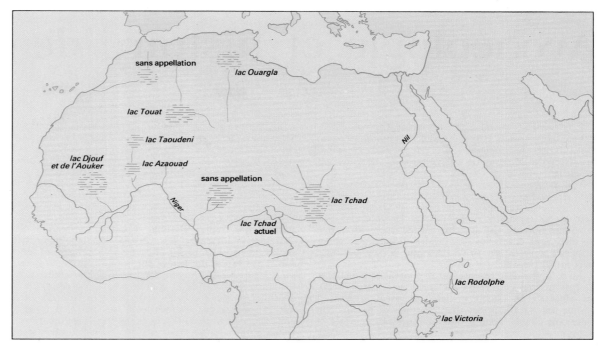

Sites où l'on a trouvé des instruments de pêche

Sur les rives de la plupart des anciens lacs et des cours d'eau, du Sahara et de l'Afrique de l'Est, ont été mis au jour des habitats semi-permanents et permanents où l'activité principale était la pêche.
D'après D. W. Phillipson : *The Later Prehistory of Eastern and Southern Africa,* Heinemann, Londres, 1977 (J. Sutton, 1974).

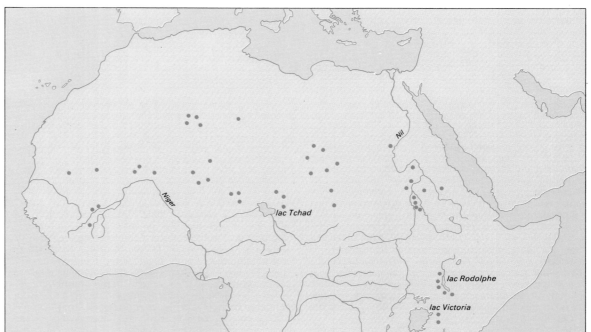

Le nord-ouest du Soudan

Ce document représente le nord-ouest du Soudan. Il illustre de façon remarquable l'ancien réseau hydrographique du Sahara. Sous une épaisseur de 6 mètres de sable, l'image satellite révèle (en haut, zone sombre) une vallée aussi grande que celle du Nil. Au-dessous, les lignes sombres indiquent également des réseaux fluviatiles. La partie gris bleuté du document est un cliché radar SIR-A, la partie en couleurs est un cliché Landsat.

Gisement d'hominidés de Laetolil (Tanzanie)

Ce gisement, qui date de près de 4 millions d'années, a conservé, en raison de circonstances exceptionnelles, des empreintes d'un hominidé et d'animaux de toutes sortes (ici en bas à droite on aperçoit les traces laissées par un cheval tridactyle *Hipparion*) qui ont permis de reconstituer l'environnement de l'ancêtre de l'homme.

Archéologie et histoire de l'art

L'art africain ancien constitue un instrument particulier, mais tout à fait utilisable, de communication. Dans toutes les sociétés, l'art est en effet un reflet privilégié de l'intégration des facteurs économiques et religieux.

L'archéologie a pour tâche de restituer les situations dans lesquelles ont été produites les œuvres afin de pouvoir les expliquer. C'est donc un crime que de détruire les contextes et d'empêcher les datations, par le vol des œuvres. Les arracher clandestinement au lieu où elles sont ensevelies, les vendre illégalement et les disperser à l'étranger prive l'Afrique de son héritage, sans appel possible.

Jusqu'à une date récente, on se contentait d'analyser les productions culturelles anciennes de l'Afrique selon les objectifs de l'histoire ; elles servaient souvent à vérifier les assertions des sources orales ou écrites. On enfermait chaque époque dans une description figée et pourvue d'une sorte de diagnostic standard. L'interprétation se réduit à un étiquetage ethnique, à l'évaluation diffusionniste des échanges culturels entre des sociétés fondamentalement statiques. À l'intérieur d'une perception globale évolutive de l'« art », les manifestations africaines anciennes sont encore souvent situées à un stade « primitif ». Nous ne retirons de cette vision des choses qu'une information médiocre sur notre sujet.

Un cas classique d'exploitation de documents artistiques est celui de la restitution cartographique de routes transsahariennes de chars. Hérodote parle de la poursuite, par les Garamantes libyens montés sur des chars attelés de chevaux, d'Éthiopiens troglodytes – réputés noirs. On a donc recherché des chars peints et gravés ; on en connaît aujourd'hui plus de six cents. À partir des lieux où ils ont été retrouvés, quelques chercheurs ont supposé qu'avaient existé au moins deux routes de commerce régulier à travers le Sahara : de Tripolitaine à Gao par Abalessa et Tademekka (Es-Souk), des environs d'Oran au delta intérieur du Niger à Goundam ; hypothèse aujourd'hui remise en cause : les « routes » ne coïncident qu'avec les représentations ; certaines de celles-ci se trouvent en des lieux inaccessibles ; les chars sont trop légers pour le transport de matériaux à échanger. Néanmoins, certains chercheurs ont avancé que les représentations jalonnent les axes de pénétration du Sahara par les Paléoberbères ; d'autres ont écrit que les chars constituaient les signes de prestige d'aristocrates sahariens. Ce débat continue, médiocre et stérile.

On a malencontreusement enfermé toute chance d'éclairer les relations sociales sahariennes en privilégiant une chronologie paralysante. Des environs du Xe au VIIe millénaire, se situerait l'époque des grands animaux de savane : la « phase du bubale antique » ; du VIIe (?) au VIe millénaire, les représentations symboliques de la « phase des têtes rondes » ; de 6000 à 1200 avant J.-C., la période, hautement naturaliste, des pasteurs, représentant de grands troupeaux d'animaux domestiqués, des scènes de vie quotidienne et de luttes intercommunautaires ; la « phase du cheval » et des chars vient ensuite, puis celle du dromadaire à partir de 300 après J.-C. Nombre d'auteurs expliquent le passage d'une phase à une autre par une migration. Cette approche est impuissante à expliquer pourquoi certains des thèmes sont absents de certaines régions du Sahara : par exemple, l'épisode pastoral est rare dans l'Aïr, alors que les fouilles ont révélé, à l'Adrar Bous, la domestication des bovins entre 4310 et 3310 avant J.-C. Certaines régions possèdent des séquences propres : le Draa et l'Atlas, par exemple, insistent sur le bélier à sphéroïde durant la « période du bubale » et dévalorisent les bovins dans l'art naturaliste tardif. La préoccupation du découpage en phases a emprisonné l'« art pariétal ». Dans leur recherche de cet « art », peu d'expéditions ont conduit des fouilles stratigraphiques sur les sites proches. Les dépôts « néolithiques » du Tassili, de l'Ennedi, du Jebel Uweinat, du Hoggar datent des VIe-V^{e} millénaires : sont-ils on non contemporains de la « phase pastorale » ? Les datations par le radiocarbone* sont rares. Un foyer reposant sur des débris d'une paroi peinte de la « phase pastorale », à Uan Muhuggiag (Acacus), est daté entre 3090 et 2470 avant J.-C. ; ces peintures ont peut-être été réalisées à l'époque du pastoral tardif ; un reste de charbon, daté du Ve millénaire, adhérait à une paroi peinte de la période récente des têtes rondes, à Uan Telocat ; des silhouettes d'animaux sur des cailloux ou des coquilles d'œufs d'autruche ont été retrouvées à Taforalt, près d'Oran – les supports sont datés du IXe millénaire avant J.-C. – et à Tarfaya – datés du début du Ier millénaire avant J.-C. Ces données fournissent à grand peine quelques renseignements sur la culture et l'environnement des chasseurs-cueilleurs du Sahara avant le VIIIe millénaire, sur les raisons de l'apparition de la céramique, sur le changement dans la technique de travail de la pierre à l'époque que l'on nomme « néolithique de tradition saharo-soudanaise » et sur les origines de l'élevage. De récentes tentatives rapprochent avec prudence certaines scènes représentées et les rituels de pluie des Berbères, les rites initiatiques des Peuls et les motifs mythologiques des Touareg.

Alors que le Sahara a souffert d'un goût excessif pour la périodisation, l'Afrique méridionale, elle, bénéficie de l'imprécision : les huit mille ans des « industries » Wiltonienne* et de Smithfield* sont indifféremment associés aux représentations rupestres ; beaucoup de chercheurs attribuent les 150 000 dessins rupestres connus dans cette région aux ancêtres immédiats des San. La datation des acides aminés qui subsistent dans les peintures, celle de vestiges archéologiques infirment le caractère récent de la majorité des représentations : quatre « pierres tombales » de la région Sud du Cap ont été datées par radiocarbone des premiers millénaires avant et après J.-C. ; nous possédons des datations postérieures à notre ère pour des pellicules arrachées à des rupestres à Glen Elliott Shelter (Le Cap) et Sehonghong (Drakensberg). D'autres sites révèlent grâce aux datations une longue continuité et le conservatisme des représentations figurées. Des cailloux gravés et peints ont été trouvés dans des dépôts des Ve et IVe millénaires (Boomphaas et Matjes River Shelter) ; des fragments de roches peintes et gravées ont été rapportés de Wonderweek (province Nord du Cap) et de diverses grottes du Zimbabwe. La datation, entre 26 900-26 000 et 24 750-23 950 avant J.-C. de sept dalles ornées de thèmes humains et d'animaux, en provenance d'Apollo 11 (près du Brandberg), pose beaucoup plus de problèmes.

La continuité dans le temps, constatée par les ethnologues qui étudient les peuples de cette zone, rend tentantes les interprétations qui lient leur vie à l'environnement. L'unité spatiale de recherche archéologique (Le Cap) intègre ses recherches exhaustives sur les sites de Elands Bay à d'autres, portant sur plus de mille lieux à rupestres dans l'intérieur du continent ; elle en tire des modèles de mouvements saisonniers, comportant l'utilisation des ressources disponibles ; ces mouvements provoquant la concentration, la dispersion des communautés et la localisation d'activités spécifiques. D'autres chercheurs se tournent vers une interprétation symbolique ; pour eux, l'art communique les valeurs sociales, la cohérence de la culture, en association avec les rites spécifiques représentés. Pour quelques autres encore, l'art exprime publiquement des expériences privées hors de l'ordinaire, par exemple la transe. Ces nouvelles explications ont éclipsé l'argument de « l'art pour l'art » et celui de la magie sympathique chère à Frazer. 29 seulement des 3 909 scènes inventoriées à Ndedema sont des scènes de chasse ; l'animal chassé, le plus souvent représenté, l'élan, ne l'est que quatre fois.

D'une manière générale, l'étude des rupestres est très négligée : cependant, la grande tradition naturaliste du centre de la Tanzanie et les représentations pastorales d'Éthiopie et de Somalie ont la même importance potentielle pour le passé de l'Afrique ; en Angola occidental, des échantillons datés par radiocarbone entre les IXe et VIe millénaires sont probablement à associer à des représentations schématiques, gravées ou peintes, d'êtres humains.

Des sites plus récents ont fourni des statuettes de terre cuite ; elles constituent un indicateur de l'émergence de sociétés hiérarchisées et sont associées à l'urbanisation et au commerce à longue distance. Des centaines de ces objets ont été illégalement exportés du delta intérieur du Niger (Mali) : la seule étude qui en demeure possible est descriptive et typologique, en tout cas superficielle. Cependant, on dispose maintenant de quatre statuettes et de nombreuses têtes retrouvées, en situation stratigraphique, à Jenne-jeno (Mali) et datées entre le IXe et le XIIIe siècle. Ces représentations éclairent les fondements des relations sociales à Jenne-jeno, aussi bien que dans d'autres sociétés hiérarchisées en évolution ; celles, par exemple, qui sont créatrices des 700 monticules de la région du Tchad ou du site de Kareygourou-Birniwol au Niger : deux zones où l'on retrouve une tradition élaborée de représentations en terre cuite aux Ier et IIe millénaires après J.-C. Le nombre croissant de groupes fonctionnels dans la vie de ces communautés – classes de producteurs, spécialistes, groupes ethniques différents – crée une plus grande complexité des dépendances et un plus grand besoin de symboles d'appartenance à la communauté.

L'art nous permet, à nous modernes, de connaître la constellation des signes dont naissait, dans le passé, le discours unificateur. On doit cependant s'attendre à une déconcertante variété des motifs ornementaux et de leurs usages, en particulier dans le delta intérieur du Niger. Les figures de terre cuite peuvent avoir reçu une fonction précise : chez les Akan-Agni, en Côte-d'Ivoire et au Ghãna, des figurines commémoratives datées du début du XVIIe siècle sont clairement associées aux contextes funéraires de l'élite. En l'absence de toute fouille scientifique, on peut seulement hasarder des hypothèses concernant l'utilité des terres cuites des Bassari et des statuettes de pierre de Kissi (Guinée), des représentations en pierre des Nomoli* de Sierra Leone, des Esie et de la Cross River (Nigeria).

Sur plus de deux cents terres cuites trouvées, autour de Nok, dans une zone de 160 kilomètres sur 480, quatre seulement proviennent de contextes correctement fouillés : à Samon Dukiya, Targa, Katsina Ala. La culture de Nok est, en tout état de cause, située avec certitude entre le VIIIe siècle avant J.-C. et le IIe siècle après. L'iconographie, la diversité des lieux où ont été découvertes des traces d'habitat et de travail du fer ont conduit à envisager une grande diversité des objets : amulettes, ornements de toits de chaume, autels de fécondité de la terre, symboles relatifs au haut niveau d'une hiérarchie sociale. Mais on sait mal comment cette contrée a adopté des formes d'expression commune au moment même où est attestée pour la première fois une hiérarchisation de la société au Nigeria.

Des thèmes artistiques significatifs de l'émergence de communautés politiques complexes apparaissent sur toute l'étendue du continent. L'art synthétique de Méroé associe le naturalisme nubien et les éléments plus canoniques venus d'Égypte. Plus récemment découvert est le travail du métal et de la terre cuite dans la forêt de l'actuel Nigeria ; beaucoup de chercheurs ont été d'abord réticents à accepter les datations du IXe siècle que fournissait le radiocarbone pour les fouilles effectuées sur le site d'Igbo Ukwu ; on y a retrouvé, dans un dépôt aménagé et dans un trou où ils avaient été intentionnellement placés, des attributs du pouvoir en bronze, associé au plomb ou à l'étain ; la chambre funéraire d'un personnage de haut rang et de ses serviteurs a livré du cuivre, du bronze, des perles de cornaline, vraisemblablement d'origine saharienne, et 100 000 perles de verre venues de Méditerranée ; on accepte en général désormais l'idée que des importations ont été réalisées à Igbo Ukwu depuis le Nord, sans doute en avait-il été ainsi à Jenne-jeno des siècles auparavant, à travers le Sahara, bien avant les grandes traversées réalisées par le commerce de l'or.

Ifé s'est enrichie, à partir du milieu du Ier millénaire après J.-C., par le commerce, vers le Nord, de la cola, de l'ivoire et des esclaves ; elle est devenue, avant 1100, le centre religieux du pays yoruba. De 1150 à 1450, Ifé a produit un vaste corpus de portraits réalistes en terre cuite, cuivre et laiton au plomb. Nous possédons 25 dates au radiocarbone, pour sept localités soigneusement fouillées ; à Ita Yemoo, Lafogido Obalara, des œuvres ont été retrouvées dans leur contexte originel. Ces objets remplissaient de multiples fonctions : décoration de tombes, mémoriaux pour de secondes funérailles, substituts pour des sacrifices. Même si, jusqu'à présent, aucun site recélant des œuvres anciennes n'a été retrouvé dans l'ancien Bénin, les datations des bustes et des plaques confirment la date traditionnellement retenue – vers 1400 – pour le développement du pouvoir de l'Oba*. Celui-ci a maintenu dans une dépendance absolue les « artistes d'État » ; leur production, standardisée et hautement réglementée, glorifie les dieux et les ancêtres de l'Oba ; le contraste est ici très fort avec l'élaboration d'un art indépendant du pouvoir, comme à Jenne-jeno.

Dans la forêt d'Afrique centrale, on a jusqu'à présent retrouvé peu d'exemplaires de statues. À l'exception d'une tête de terre cuite du XVIIIe siècle (groupe X) à Kingabwa-Kinshasa et des poteries anthropomorphes de la période kisalienne classique (X^{e}-XIVe s.), dans la dépression de l'Upemba ; l'apparition de ces dernières coïncide, une fois encore, avec l'émergence de la plus ancienne stratification sociale connue. De Liavela (Lunda en Angola) est venu le plus ancien bois sculpté actuellement connu ; il est daté du VIIIe siècle.

L'art ancien de l'Afrique commence seulement à être connu grâce à l'étude archéologique et scientifique de ses contextes culturels et grâce à l'évolution et à l'élargissement des hypothèses interprétatives. Nous pouvons considérer l'art rupestre comme une « fenêtre » ouverte sur des actes rituels, des croyances. Une autre production artistique peut informer sur des groupes partageant iconographies et idéologies jusqu'à former de vastes provinces d'expression commune, comme le delta intérieur du Niger, à Nok, autour du lac Tchad, chez les Akan, dans l'Upemba, dans la région entre le Limpopo et le Zambèze ; cette expression coïncide avec l'émergence de sociétés hiérarchisées. L'art de Méroé, d'Ifé, du Bénin, du Grand Zimbabwe montre l'effort d'une élite sociale pour monopoliser les canons esthétiques comme instrument de légitimation de son rôle dominant dans les États constitués.

Susan Keech et Roderick James McINTOSH

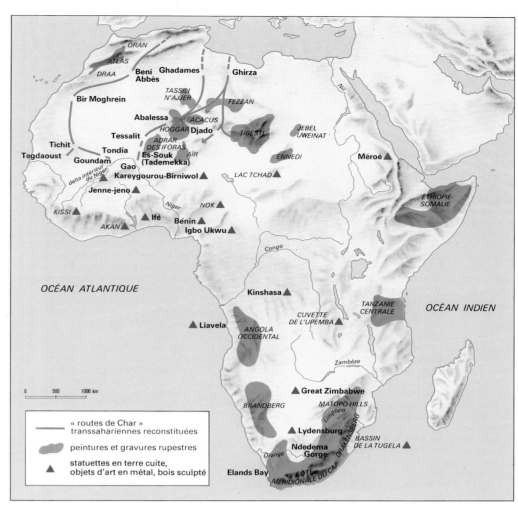

Tête de terre cuite trouvée à Ndaloa, Côte-d'Ivoire, XVIIᵉ siècle après J.-C.

Cette tête, trouvée avec deux autres sur les rives de la lagune Aby, appartient à la culture Eotile. Le contexte archéologique de la recherche ethnologique et historique fait penser aux portraits rituels exécutés à la mort de chefs de haut rang. Institut d'art, d'archéologie et d'histoire, Abidjan.

Figurine androgyne, Jenne-jeno (Mali), XIIᵉ-XIIIᵉ siècle après J.-C.

Bien qu'il s'agisse de la plus fine des terres cuites retrouvées en contexte stratigraphique, cette statuette gisait dans un dépôt d'importance secondaire ; elle avait été ensevelie dans un secteur déjà abandonné au moment où le reste de la cité vivait les derniers moments de son évolution. En relation avec d'autres preuves de l'influence croissante de l'Islam sur l'élite commerçante de la cité, il est permis de penser que cette statuette et les croyances africaines que révèle son iconographie remarquable ont été victimes de la conversion à la nouvelle religion universelle. Jenne-jeno en a, elle-même, été victime. Après la fin du XIIIᵉ siècle ou au XIVᵉ siècle, l'installation humaine a été transférée vers Djenné, trois kilomètres plus loin, peut-être pour éviter un sol « pollué » par d'anciennes pratiques païennes.

Grotte de Sebaaieni, vallée de Ndedema, Afrique du Sud, XVIᵉ-XVIIᵉ siècle

Par référence aux divers types d'explications évoquées dans le texte de la page 312, cette scène superpose la représentation des élans, symboles de pouvoir, à d'autres représentations humaines et animales. Le peuple se rassemble pour une cérémonie rituelle ; un intercesseur est en transe. Ce thème symbolique apparaît ici sous plusieurs aspects : porteurs de masques représentant des têtes d'élan et mort d'élans. Dans d'autres représentations, la transe est symbolisée par l'hémorragie nasale, par les bras élancés vers l'arrière ou des créatures ailées porteuses de mort. Les interprétations symboliques spatio-environnementales, complémentaires, ont énormément accru notre compréhension de la vie spirituelle préhistorique. Harald L. Pager, *Ndedema*, Akademische Druck-u. Verlagsanstalt, Graz (Autriche), 1971.

Archéologie et échanges

L'archéologie n'avait, naguère, pour fonction que de fournir les preuves et les traces du grand commerce qui, après le IXᵉ siècle surtout, a rattaché plus ou moins fortement l'Afrique à des économies-monde* extérieures. On a, de ce fait, probablement trop valorisé l'importation, dans certaines villes du Sahel ou sur la côte orientale, de belles céramiques et de verres provenant du monde musulman ; leur étude en laboratoire apporte, au moins aujourd'hui, des preuves décisives quant à leur origine et au long voyage qu'on leur a fait accomplir. Même nombreux, ces objets, tout comme les céladons chinois trouvés en Afrique orientale et à Madagascar, n'intéressaient que des clientèles restreintes, socialement et géographiquement ; ils n'alimentaient pas un commerce quantitativement appréciable vers l'intérieur du continent.

Nous ne sommes pas loin, non plus, de considérer comme futile le commerce, si fascinant pour les archéologues, des pierres, perles et coquillages de parure. Leur production est moins extérieure au continent qu'on ne le pensait récemment encore, mais leurs clientèles de consommation étaient restreintes, même si l'on tient compte des caprices du goût. Les « objets de luxe » ont fourni d'incontestables moyens de pression aux marchands non africains ; mais ils n'ont pas, dans la plupart des cas, une très grande signification économique : le volume ou le suivi de la production de ces objets ne sont pas très importants.

Au contraire, la mise en relief par les archéologues de l'originalité des cultures matérielles africaines fournit une trame de plus en plus solide de l'histoire des sociétés africaines. L'importance des échanges de toute nature, les preuves de la circulation des personnes, des biens, des techniques à l'intérieur du continent, les modalités de l'adoption sélective des techniques et des produits importés nous sont de mieux en mieux connues.

Peu à peu, l'archéologie aide à comprendre comment ont été sélectionnés, cultivés, échangés les produits de base de l'alimentation ancienne. La découverte de grains de riz africain cultivé – *Oryza glaberrima* – à Jenné Jeno, au Mali, aide à imaginer comment les producteurs de riz échangeaient celui-ci, au début de notre ère, avec les zones de fabrication du fer. Au Cameroun, plusieurs millénaires avant notre ère, le palmier à huile fournissait déjà des graines dont on a retrouvé des restes carbonisés ; le chou et les lentilles ont été cultivés, à Niani, en Guinée, au IXᵉ siècle. Lorsque nous saurons reconstituer les itinéraires – et leur chronologie – des sorghos* et des mils, des ignames* de l'Afrique vers l'extérieur, ceux des bananiers, des manguiers, des dattiers de l'extérieur vers l'Afrique, nos connaissances progresseront beaucoup. Les étapes et les formes de l'adoption par des paysannats éclairés des plantes venues d'Amérique après 1500, l'étude des bouleversements

diététiques apportés par elles sont du ressort, pour une part, des recherches archéologiques. Il leur revient aussi, par exemple, de retracer la diffusion des bovidés de type sanga* ou zébu* pendant les deux derniers millénaires. Les premiers indices, sur les côtes occidentales ou au Mali, d'ancienneté des techniques de séchage ou de fumage du poisson conduisent à penser que, avant notre ère déjà, l'Afrique connaissait un commerce à moyenne distance de cet aliment précieux. Nous pourrons bientôt lire, grâce aux déchets alimentaires, à l'étude des déjections humaines et animales, aux pollens, les étapes de l'évolution alimentaire du continent et des techniques de stockage protéinique. Les formes de l'échange, l'organisation des sociétés apparaissent vite, si l'on suit ce fil conducteur.

Les bases alimentaires changeant, le sel de toutes provenances était de plus en plus nécessaire à la survie des hommes. Il fait l'objet de nombreuses enquêtes depuis vingt ans. Il peut provenir de l'évaporation de l'eau de mer, du lessivage des terres de lagunes saumâtres (golfe du Bénin), du lavage des cendres de plantes halophiles* (Burundi, Tanzanie), de la cueillette d'efflorescences (Sénégal), du traitement d'eaux riches en carbonate de sodium (Niger, Tanzanie), de l'extraction de dalles de sel gemme (Sahara occidental, Éthiopie, Namibie) ; on peut le transporter ou conduire les animaux vers les eaux salées reconstituantes. Les recherches abondent, mais aucune synthèse n'étudie encore la circulation et le rôle économique de ce grand produit d'échanges durant les deux derniers millénaires.

On connaît encore mal par l'archéologie les produits qu'exportait l'Afrique. Même si, à Tegdaoust par exemple, en Mauritanie, on a retrouvé d'intéressants vestiges du travail de l'or, l'archéologie de ce métal est encore insuffisante. L'envoi, dont parlent les sources écrites, de nombreuses peaux travaillées, celui aussi de tissus teints à l'indigo*, celui de l'ivoire nous demeurent inaccessibles dans l'état actuel des recherches. De même, l'étude de la circulation des techniques est encore vague et très mal étayée par les découvertes. Quelques points de repère chronologiques pour le fer, le cuivre et les alliages cuivreux, les techniques de la soudure, la fonte « à la cire perdue* », le tissage du coton, le travail du bois ou de l'ivoire ne permettent pas encore d'esquisser les traits généraux, qui sont déjà discernables dans le cas de l'alimentation.

L'Afrique n'a adopté ni les pièces de métal frappées par le pouvoir, ni la valeur qu'ont attachée à ces pièces et à la richesse mobilisable par leur intermédiaire les sociétés méditerranéennes. Elle n'en a pas moins connu, pour autant, des moyens d'échange, dont, peu à peu aussi, l'archéologie dévoile l'importance et l'ancienneté. Les longues bandes de coton tissé, monnaie d'échange aujourd'hui encore, datent au moins du XIᵉ siècle ; elles

laissent peu de traces, comme les pagnes de raphia et les tissus d'écorce battue, réserves de valeur pour la dot et l'échange en Afrique centrale, au même titre que des objets de fer, qui eux aussi se conservent mal. Il n'en va pas de même des nombreux petits objets de cuivre, d'alliages cuivreux que l'on retrouve, du Sahel à la Zambie, après le VIIᵉ siècle, poids et valeurs à la fois. De même, on retrouve très bien conservés les cauris si célèbres, venus de l'océan Indien et qui ont, huit siècles durant, facilité et signifié les échanges, avant que leur système de valeur soit désorganisé, après 1500, par la hâte des Européens à en importer de grandes quantités par bateau puis à introduire leurs systèmes monétaires. Le système économique du Kongo ancien était « régulé » par l'emploi de coquillages pêchés, sous monopole royal, près de Luanda. Connues par les trouvailles des archéologues, toutes ces « monnaies » restent à étudier du point de vue économique.

L'échange local entraîne la création d'emplacements réservés aux marchés ; ils ne sont point aisés à identifier par la fouille. Les échanges à moyenne et longue distances laissent de plus nombreuses traces. Celles d'abord, dans les maisons et les tombes, de produits insolites au lieu même de leur découverte : ils ne peuvent que « venir d'ailleurs » ; la gamme en est variée : bois, verres, textiles, céramiques, objets de parure, métaux divers, noyaux de fruits, graines et pollens, restes d'alimentation provenant de la chasse ou de la pêche entrent dans cette catégorie ; ces objets permettent, en fonction des quantités d'exemplaires retrouvés pour chaque type, de la datation des strates qui les ont conservés, de construire des raisonnements sur la nature et l'importance des échanges. Les habitations, temporaires ou permanentes, les ateliers et les entrepôts liés aux activités de production et d'échange laissent aussi des traces. Tous les archéologues savent, avec un peu d'entraînement, distinguer les lieux de vie d'agriculteurs consommant ce qu'ils produisent, ceux des chasseurs-cueilleurs-pêcheurs et aussi ceux où ont vécu et travaillé des marchands et des artisans. On identifie aussi les agglomérations, séparées des lieux de résidence royale par exemple, où les sources écrites disent que vivaient, en groupe, les marchands étrangers. À Kumbi Saleh (Mauritanie), à Niani (Guinée), à Soba (Soudan), de telles agglomérations ont été identifiées. Il est plus difficile, pour le moment, de déceler, dans les lieux où les spécialistes du commerce sont mêlés à la population, si des quartiers spécialisés ont existé comme dans les villes musulmanes. L'échange, en tout cas, engendre, à des niveaux différents, des organisations de l'espace diversifiées que le fouilleur sait identifier.

Jean DEVISSE

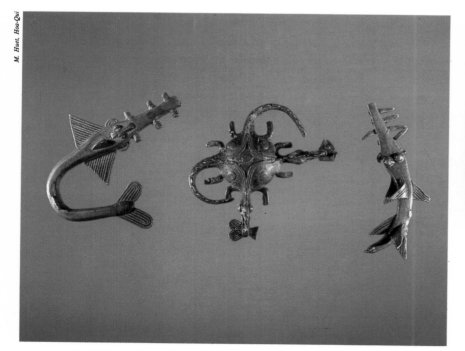

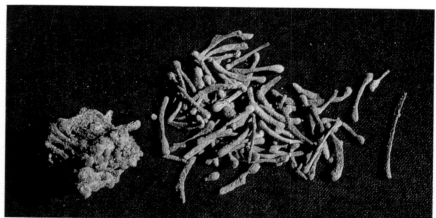

Liasse de fils de cuivre

Une liasse de petits fils de cuivre retrouvée, en fouille, à Kumbi Saleh (Mauritanie) : c'est probablement un bon exemple de stockage de valeurs par unités de compte.

Poids ashanti, Ghana

La beauté de la forme ne doit pas faire oublier l'utilité de ces étalons pondéraux. Leur multiplicité permet de passer d'un système de pesée à un autre : par exemple, des systèmes musulmans aux systèmes européens. Musée d'Abidjan.

Paysage du Dalol éthiopien

Le sel est moins rare en Afrique qu'on ne le pensait voici vingt ans. Ce paysage du Dalol (à droite) présente des aspects ruiniformes en sel, dans la région des Danakil. Avant son transport, le sel est débité en barres (à gauche).

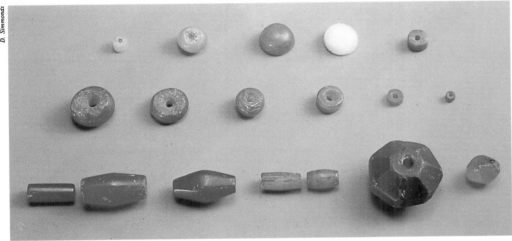

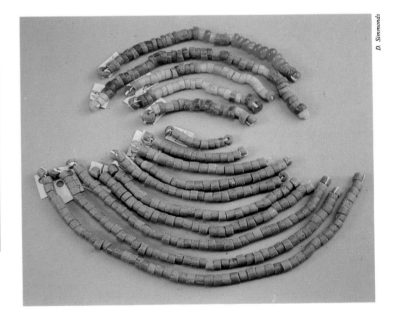

Perles en cornaline et en pierre

Perles et pierres sont objets de commerce en Afrique. On a longtemps pensé qu'elles venaient de très loin : de l'Inde, par exemple, pour les cornalines* rouges ; de plus en plus, on découvre que l'Afrique produisait aussi ces objets, parfois sur les lieux mêmes de leur consommation. Mais ils étaient échangés probablement à haut prix. Collection Thurstan Shaw.

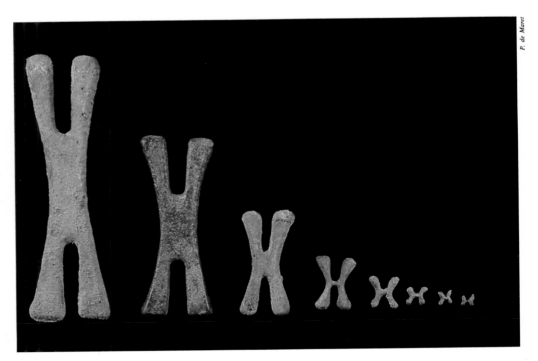

Cauris

Il existe plusieurs type de cauris. Les plus prisés, venus de l'océan Indien, sont ceux qui possèdent comme ici un « anneau d'or ». Collection particulière.

Croisettes de cuivre de l'Upemba

Les deux plus petites croisettes datent des XVIIe-XVIIIe siècles, les plus grandes sont apparues vers les XIVe-XVe siècles. Au Copperbelt, Zambie, des croisettes identiques, de grande taille, datent vraisemblablement des VIIIe-Xe siècles. Les archéologues estiment que ces croisettes ont constitué une véritable monnaie. La plus grande mesure 18 cm de hauteur et la plus petite 1 cm.

Or et fer en Afrique occidentale

Les secrets de la localisation et de la production de l'or des Sudan* ont été couverts, pendant des générations, par des mythes et des interdits puissants.

L'or est présent, dans le sol africain, sous des formes diverses. Les filons profonds, aujourd'hui exploités, étaient inaccessibles, à cause des nappes aquifères, pour les époques antérieures au XIXᵉ siècle. De plus petits filons, inclus dans des quartz, irréguliers de forme et de teneur, étaient exploités par puits, galeries, abattage, extraction, broyage et lavage. Il était plus aisé d'utiliser les gisements d'origine détritique que contiennent les éluvions, sur les pentes, ou les alluvions des rivières.

La prospection alluvionnaire et éluvionnaire s'appuie sur des découvertes fortuites ; après chaque saison des pluies, des paillettes sont décelées dans les sables et les boues ; des arbres arrachés par les tornades peuvent mettre à découvert des concentrations d'or. La prospection des petits filons est plus difficile. Il existe des spécialistes, appelés « voyants de l'or », qui utilisent des procédés magiques encore mal connus ainsi que des tiges de fer qu'ils enfoncent dans le sol ; certaines plantes constitueraient également de véritables indicateurs de la présence de l'or. L'exploitation ancienne a largement utilisé éluvions et alluvions ; les premières grâce à de très nombreux puits creusés jusqu'à la roche de base ; pour les alluvions, on évacuait les stériles puis on lavait à la batée les sables et les gravillons aurifères. Il faut probablement rattacher à ces formes d'exploitation, très dispersées et de rendement très faible au mètre cube, ce qu'en disent, dès le Xᵉ siècle, des auteurs arabes. L'un, Ibn al-Faqīh, écrit :

« On fait dans le sable des plantations d'or comme on plante des carottes. La récolte est au point du jour. »

Mas'ūdī, de son côté, explique :

« Il y a deux plantes aurigènes [...]. On creuse des trous et on trouve les racines d'or sous forme de pierres [...]. L'or commence à pousser au mois [d'août], à l'époque où le Nil* commence à s'élever et grossir. »

Les régions aurifères se situent, en Afrique occidentale, entre le 9ᵉ et le 15ᵉ degré de longitude ouest, le 2ᵉ et le 16ᵉ degré de latitude nord. Elles se trouvent, par bassins plus ou moins anciennement exploités, dans la plupart des pays actuels, en particulier sur les hauts cours du Sénégal et du Niger et dans la zone préforestière et forestière de Sierra Leone, de Guinée, de Côte-d'Ivoire, de Burkina Faso du Ghana. Des recherches menées depuis quelques années conduisent à penser que l'ensemble de ces bassins produisait de l'or, pour les besoins du commerce transsaharien, à la demande des musulmans, dès le IXᵉ ou Xᵉ siècle ; mais l'exploitation était certainement beaucoup plus ancienne, répondant aux nécessités locales et, peut-être, à une certaine circulation vers la Méditerranée.

On s'efforce de connaître les quantités que produisaient les centaines de milliers de « chercheurs d'or » attachés, au moins pendant quelques mois par an, à cette exploitation très dispersée. Les opinions divergent entre chercheurs. Il semble raisonnable, aujourd'hui, d'évaluer à quatre ou cinq tonnes la production annuelle d'or exportable de l'ensemble ouest-africain. C'est très peu, face aux besoins modernes de monnayages par exemple. La production, regroupée par des commerçants noirs et contrôlée, à la vente, par les souverains africains, était d'abord rassemblée dans de grands marchés régionaux, différents selon les époques : Ghana, Gao, Jenné, Tombouctou ont été du nombre ; mais bien d'autres villes ont joué ce rôle aussi. Le commerce de l'or était régulier, à travers le Sahara, pour les quelques tonnes transportées, entre le Xᵉ et le XVIᵉ siècle ; il s'est maintenu jusqu'à l'époque de la colonisation. C'est bien plutôt la désorganisation des sociétés africaines par la traite esclavagiste qui a provoqué le ralentissement puis le tarissement de cette très ancienne production. Aujourd'hui, les travaux de laboratoire permettent de retrouver, dans les pièces frappées, au nord du Sahara, l'or venu d'Afrique occidentale grâce aux particularités de la composition de celui-ci : un pourcentage caractéristique de cuivre, des traces d'argent et de platine.

Des témoins de la production ancienne de fer ont été découverts un peu partout en Afrique occidentale ; des minerais à haute teneur en fer sont en effet présents dans la carapace latéritique des sols de cette région du continent. Les anciens les ont exploités avec une grande diversité de techniques et de procédés comme l'ont révélé différentes recherches archéologiques. Tout, aujourd'hui, porte à abandonner les théories diffusionnistes qui faisaient arriver la métallurgie du fer de l'est avec comme étapes l'Égypte, le Soudan, le lac Tchad et la boucle du Niger ; ou du nord, malgré l'écran saharien.

L'extrême morcellement de la métallurgie ancienne du fer en Afrique occidentale suggère l'existence d'autodécouvertes locales ; les recherches archéologiques qui s'y développent fournissent des éléments de vérification de cette hypothèse. Des datations au ¹⁴C* montrent la grande ancienneté de certains sites de production ou d'utilisation du fer. Cinq sites ont fourni des dates antérieures à 500 avant J.-C. et trente-quatre autres des dates entre 500 avant J.-C. et 550 après J.-C.

Le repérage des gisements de fer se faisait de manière assez semblable à la prospection de l'or. Les gisements découverts étaient exploités par un ou plusieurs villages à la fois. Les ferriers procédaient à l'extraction par puits verticaux de profondeur variable, par carrière à ciel ouvert ou par galeries souterraines.

Le minerai qui était transporté, parfois sur une dizaine de kilomètres jusqu'aux fourneaux*, était alors apprêté pour la réduction. Le combustible était soit du bois, soit du charbon de bois. On employait des espèces végétales précises, généralement des acacias.

Les fourneaux étaient de dimensions, de formes et de capacités très variées. Il est difficile d'en établir dès maintenant une typologie exacte ; mais on peut déjà distinguer par la structure les bas fourneaux des fourneaux. Le bas fourneau est petit : la moitié inférieure, d'une trentaine de centimètres, est creusée dans le sol, ses parois sont revêtues d'argile et le fond est tapissé de cendres ou de paille. La superstructure, élevée dans le prolongement interne des parois, est en argile. À ras du sol, on dispose une tuyère en argile qui débouche dans le fourneau. Cette tuyère est raccordée à une paire de soufflets qu'une personne peut actionner seule. Sous la tuyère, un trou est aménagé pour l'évacuation des scories et du laitier. Dans le fourneau, contre la tuyère, on place le charbon de bois. Le minerai est disposé entre le charbon et la paroi opposée. La technique du bas fourneau serait la plus archaïque en Afrique occidentale. Des fourneaux semblables datant du Iᵉʳ millénaire de notre ère ont été trouvés en Europe centrale (Radwan, 1962). En Afrique occidentale, ils ont parfois perduré jusqu'à la période coloniale, où ils étaient utilisés simultanément avec les fourneaux.

Ce que nous appelons fourneaux réunit des architectures très variées, qui ne sont pas encore totalement recensées. On subdivise ce groupe en fourneaux à tuyères et fourneaux à soufflets. Mais il est pour le moment hasardeux de proposer une chronologie entre ces deux systèmes qui s'interpénètrent géographiquement. Les fourneaux à tuyères ont une taille généralement supérieure à 2 mètres. Le système fonctionne par tirage naturel d'air grâce à des jeux de tuyères disposés à la base. Les fourneaux à soufflets ont une taille inférieure à 2 mètres, et sont équipés d'un jeu de soufflets que les ferriers se relaient pour actionner, parfois pendant toute une journée. Les deux systèmes sont chargés de la même façon, par alternance de combustible et de minerai.

Peu de chercheurs ont tenté de quantifier la production de fer en Afrique précoloniale. À la fin du siècle dernier, le Yatenga, centre métallurgique situé au nord de Burkina Faso, comptait cent cinquante fourneaux qui livraient 539 tonnes de fer (capitaine Noire, 1904). Mais, pour l'ensemble de la région, on ne peut encore proposer de chiffre de production annuelle.

Si de nos jours les prospecteurs aboutissent généralement à des conclusions pessimistes à propos des ressources minières exploitables de l'Afrique occidentale, on reste cependant confondu devant l'ampleur des vestiges des anciennes métallurgies. Les milliers de puits, de tranchées et de galeries effondrées traduisent éloquemment la recherche fiévreuse qui anima des générations de mineurs, et les ferriers retrouvés témoignent de la maîtrise que possédaient les ferriers des techniques de réduction du fer.

Jean-Baptiste KIETHEGA

Nanano, Burkina Faso
Puits de recherche de l'or éluvial, fouillé par J.-B. Kiethega. Les encoches latérales qui permettaient de descendre et de remonter sont demeurées intactes dans la partie supérieure du puits ; plus bas, l'eau de la nappe a sapé les parois anciennes.

Orpailleuses dans la région de Kemiba, Mali
En Afrique, l'orpaillage est une activité surtout féminine ; il se développe beaucoup après les pluies intenses.

Trace au sol d'anciens fourneaux, rive nord du Sénégal, Mauritanie

On a retrouvé, ces dernières années, des milliers de bases de fourneaux sur la rive mauritanienne du Sénégal. L'inventaire a été réalisé par l'Institut mauritanien de la recherche scientifique. Les premiers sondages ont permis de dater ces fourneaux d'une période comprise entre le IXe et le XVe siècle. Lorsque leur étude aura été totalement menée à bien, dans une dizaine d'années, on connaîtra exactement la capacité quantitative de production du fer dans cette région.

Fourneau à tuyères, Youba, Burkina Faso

Ces grands fourneaux existent dans plusieurs pays du Sahel. Ils paraissent avoir procuré du fer de bonne qualité. On aperçoit, autour du fourneau en cours de désagrégation, des traces de la métallurgie qui y fut pratiquée, en particulier des scories d'un gris foncé.

Restes d'un fourneau, Kiene, Burkina Faso

Moins perfectionnée, probablement, que celle du fourneau de Youba, la méthode de construction de ce four est évidente : on a utilisé, mélangés à l'argile, des fragments de laitier provenant de la fabrication du fer. De tels fourneaux, de petites dimensions, sont en général liés à une production très locale de fer.

Kougri, Burkina Faso

La découverte de véritables batteries de production par bas fourneaux est un acquis récent de l'archéologie au Burkina Faso. Il est intéressant de savoir que des fourneaux identiques étaient utilisés en Pologne au Ier millénaire. La date de ceux de Kougri est encore inconnue.

Une production millénaire : la céramique

Les recherches archéologiques menées en Afrique orientale et celles qui ont été poursuivies par des chercheurs français depuis 1982 dans les régions méridionales du Sahara contredisent la thèse d'une introduction de la céramique en Égypte puis dans l'ensemble de l'Afrique à partir du Proche-Orient. La céramique africaine aurait été inventée au sein d'une civilisation de pêcheurs occupant les rives de lacs nombreux, depuis le Hodh mauritanien jusqu'aux lacs Victoria et Nakuru au Kenya, entre le IXe et le IIIe millénaire avant notre ère. C'est au Sahara que des charbons associés à une céramique située en stratigraphie* ont permis d'obtenir des datations au radiocarbone* qui indiquent que la néolithisation aurait débuté il y a presque 10 000 ans, dans des conditions climatiques très favorables entraînant des modifications importantes du genre de vie : l'homme exploite alors les richesses nouvelles de la pêche et des céréales sauvages, et l'invention de la céramique correspond à des besoins nouveaux de conservation et de cuisson des aliments.

Les pêcheurs sahariens ont précédé d'au moins un millénaire les populations de la vallée soudanaise du Nil et celles de la Rift Valley dans la fabrication de la céramique à décor en vagues qui survivra parallèlement à la céramique à engobe* rouge et bords noirs de Nubie : celle-ci s'apparente aux productions plus tardives de Haute- et de Moyenne-Égypte où elle est associée à une céramique à décors incisés et pointillés, à rides incisées puis à décors peints en blanc sur fond rouge ou en brun sur fond rose. La Basse-Égypte voit ensuite apparaître une céramique monochrome lissée ou polie, rouge, brune ou noire reposant parfois sur des pieds, reflet de l'unité culturelle de la vallée du Nil entre la région de Memphis et le nord-ouest du delta ; Basse- et Haute-Égypte prédynastiques connaîtront une civilisation commune vers 3000 avant J.-C. Au nord-ouest du Sahara, la céramique apparaît au début du VIIe millénaire dans la vallée de la Saoura, où elle aurait été importée depuis le Tilemsi. La civilisation ibéro-maurusienne* installée dès le VIe millénaire sur le littoral méditerranéen et le littoral atlantique a lentement progressé vers le sud où sa céramique, qualifiée de grossière pour l'Afrique du Nord, est au contraire très diversifiée dans ses formes et ses décors. Dans les zones telliennes, la céramique néolithique de tradition capsienne devient importante vers 4500 avant J.-C., et une migration vers le Sahara occidental la diffuse jusqu'en Mauritanie intérieure.

Vers le milieu du IIIe millénaire, l'extension du Sahara aride rompt l'ancienne unité du continent africain. Au nord, les populations libyco-berbères oublient les relations avec les régions méridionales et participent désormais des civilisations méditerranéennes : les nomades ignorent l'art de la céramique, mais les ruraux sédentaires utilisent une vaisselle modelée que leurs tombes ont conservée. Au VIe siècle s'installent sur le littoral des colonies phéniciennes important leur céramique usuelle et diverses productions de Grèce et d'Italie. La destruction de Carthage en 146 marque le début de l'occupation romaine et voit s'implanter des ateliers où l'on tourne une céramique de consommation courante tout en important des productions italiennes et gauloises. Au sud, des migrations introduisent la céramique en Afrique occidentale : ce sont des frontières écologiques qui déterminent une répartition par zones dans lesquelles la céramique est associée ou non à d'autres éléments de la vie matérielle : rares microlithes* et industrie en os avec harpons et hameçons au Sahel ; haches polies et microlithes dans la savane ; haches polies dans la région forestière ; ustensiles en os accompagnant d'énormes amas de coquillages le long des côtes. On connaît peu la céramique ancienne d'Afrique centrale où le Néolithique semble s'être prolongé jusqu'à une période historique : une céramique datée des deux premiers siècles de notre ère existe au Gabon et au bas Zaïre ; le faciès de l'Uélé qui associe la pierre polie à une céramique incisée et imprimée à fond plat ne serait pas antérieur au IVe siècle de notre ère. À l'est du désert, les pays du Nil demeurent un trait d'union entre la Méditerranée et l'Afrique intérieure. Des échanges font voisiner les jarres de l'Égypte dynastique et les poteries nubiennes à intérieur noir (type A) puis avec les bols à décors gravés et soulignés de blanc (type C). Dans l'empire de Kush se succèdent une céramique tournée, fine et polie, rouge à bords noirs, des vases zoomorphes ou à décor naturaliste (Kerma), une poterie usuelle modelée par les femmes, à côté d'une vaisselle tournée par les hommes souvent à décor peint anthropomorphe et zoomorphe (Méroé). Des influences nubiennes ont été relevées en Ennedi et au Tibesti.

En Éthiopie pré-axoumite et axoumite*, on décèle une influence méroïtique dans la céramique à pâte micacée, à décors géométriques incisés ou peints en rouge et blanc ; des statuettes et des objets votifs en terre cuite ont subi une influence sud-arabique. Des influences kushitiques et axoumites se sont aussi exercées parmi

les populations agro-pastorales des régions du haut Nil et des hautes terres. Puis l'expansion bantu au sud d'une ligne joignant le Cameroun à Malindi sur la côte orientale a imposé une céramique dont le fond est modelé en léger creux pour assurer l'équilibre du récipient (poterie à fossettes basales uréwé) autour et à l'ouest du lac Victoria, la céramique de Kwalé en Tanzanie du Nord et au Kenya du Sud-Est, les poteries à cannelures plus au sud ; elle a également introduit la céramique dans les savanes méridionales en même temps que la métallurgie du fer et le forgeage des outils, sans atteindre les régions les plus australes du continent.

En Afrique de l'Ouest, sur une longue période, on trouve principalement une céramique modelée dont le décor est obtenu soit par impression pivotante, soit à l'aide d'un peigne* de potier frontal ou fileté. On connaît particulièrement la civilisation des tertres dans le nord du Nigeria et celle des Sao du Tchad et du nord du Cameroun qui se caractérisent par des figurines de terre cuite animales ou humaines. Elles précèdent les remarquables portraits de Nok datant du premier Âge du fer.

La rupture qui persiste entre le Nord et le Sud est accentuée à partir du VIIe siècle de notre ère par l'opposition entre les pays maghrébins que la conquête musulmane dote d'ateliers où des potiers tournent une vaisselle souvent vernissée et l'immense territoire sub-saharien où persiste jusqu'à nos jours un artisanat féminin qui fabrique la céramique par simple modelage. La technique la plus répandue est celle qui associe le moulage du fond et le montage des parois à l'aide de colombins (boudins d'argile). C'est donc une technique utilisée dès le Néolithique qui survit ici, avec selon les époques des pratiques particulières : celle de l'engobage associé au polissage est surtout utilisée à l'époque correspondant au Moyen Âge européen, tandis qu'est encore pratiquée dans la plus grande partie de l'Afrique orientale et centrale celle de l'enfumage*. Dans les pays du golfe du Bénin, les décors très fréquemment en relief sont obtenus par pastillage ; dans les régions du Zaïre, la poterie est souvent anthropomorphe. Dans les régions situées au sud du lac Victoria, les céramiques sont commencées par l'ouverture et terminées par le fond. Des figurines de terre cuite ont été modelées au cours des temps dans le delta intérieur du Niger, au Ghāna, au Bénin et au Nigeria. L'actuel Mali et les zones méridionales du lac Tchad ont pratiqué des sépultures en jarres.

Denise ROBERT-CHALEIX

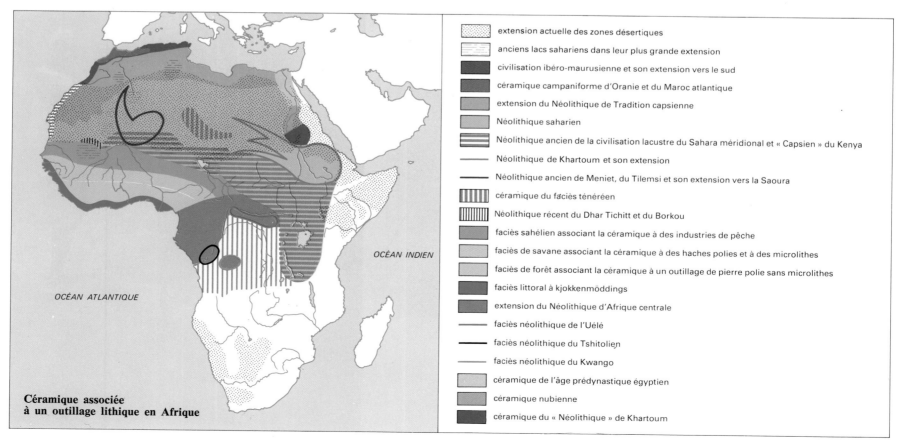

Céramique associée à un outillage lithique en Afrique

OCÉAN ATLANTIQUE

OCÉAN INDIEN

- extension actuelle des zones désertiques
- anciens lacs sahariens dans leur plus grande extension
- civilisation ibéro-maurusienne et son extension vers le sud
- céramique campaniforme d'Oranie et du Maroc atlantique
- extension du Néolithique de Tradition capsienne
- Néolithique saharien
- Néolithique ancien de la civilisation lacustre du Sahara méridional et « Capsien » du Kenya
- Néolithique de Khartoum et son extension
- Néolithique ancien de Meniet, du Tilemsi et son extension vers la Saoura
- céramique du faciès ténéréen
- Néolithique récent du Dhar Tichitt et du Borkou
- faciès sahélien associant la céramique à des industries de pêche
- faciès de savane associant la céramique à des haches polies et à des microlithes
- faciès de forêt associant la céramique à un outillage de pierre polie sans microlithes
- faciès littoral à kjokkenmöddings
- extension du Néolithique d'Afrique centrale
- faciès néolithique de l'Uélé
- faciès néolithique du Tshitolien
- faciès néolithique du Kwango
- céramique de l'âge prédynastique égyptien
- céramique nubienne
- céramique du « Néolithique » de Khartoum

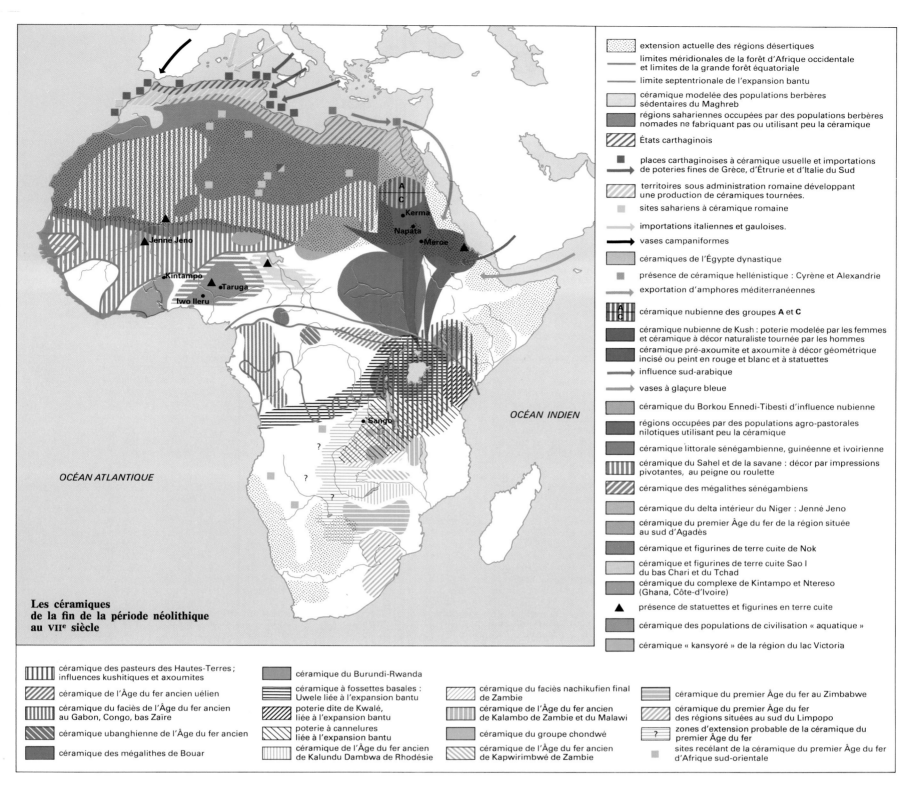

**Les céramiques
de la fin de la période néolithique
au VIIᵉ siècle**

Légende de la première carte :

- extension actuelle des régions désertiques
- limites méridionales de la forêt d'Afrique occidentale et limites de la grande forêt équatoriale
- limite septentrionale de l'expansion bantu
- céramique modelée des populations berbères sédentaires du Maghreb
- régions sahariennes occupées par des populations berbères nomades ne fabriquant pas ou utilisant peu la céramique
- États carthaginois
- places carthaginoises à céramique usuelle et importations de poteries fines de Grèce, d'Étrurie et d'Italie du Sud
- territoires sous administration romaine développant une production de céramiques tournées
- sites sahariens à céramique romaine
- importations italiennes et gauloises.
- vases campaniformes
- céramiques de l'Égypte dynastique
- présence de céramique hellénistique : Cyrène et Alexandrie
- exportation d'amphores méditerranéennes
- céramique nubienne des groupes A et C
- céramique nubienne de Kush : poterie modelée par les femmes et céramique à décor naturaliste tournée par les hommes
- céramique pré-axoumite et axoumite à décor géométrique incisé ou peint en rouge et blanc et à statuettes
- influence sud-arabique
- vases à glaçure bleue
- céramique du Borkou Ennedi-Tibesti d'influence nubienne
- régions occupées par des populations agro-pastorales nilotiques utilisant peu la céramique
- céramique littorale sénégambienne, guinéenne et ivoirienne
- céramique du Sahel et de la savane : décor par impressions pivotantes, au peigne ou roulette
- céramique des mégalithes sénégambiens
- céramique du delta intérieur du Niger : Jenné Jeno
- céramique du premier Âge du fer de la région située au sud d'Agadès
- céramique et figurines de terre cuite de Nok
- céramique et figurines de terre cuite Sao I du bas Chari et du Tchad
- céramique du complexe de Kintampo et Ntereso (Ghana, Côte-d'Ivoire)
- présence de statuettes et figurines en terre cuite
- céramique des populations de civilisation « aquatique »
- céramique « kansyoré » de la région du lac Victoria

- céramique des pasteurs des Hautes-Terres ; influences kushitiques et axoumites
- céramique de l'Âge du fer ancien uélien
- céramique du faciès de l'Âge du fer ancien au Gabon, Congo, bas Zaïre
- céramique ubanghienne de l'Âge du fer ancien
- céramique des mégalithes de Bouar
- céramique du Burundi-Rwanda
- céramique à fossettes basales : Uwele liée à l'expansion bantu
- poterie dite de Kwalé, liée à l'expansion bantu
- poterie à cannelures liée à l'expansion bantu
- céramique de l'Âge du fer ancien de Kalundu Dambwa de Rhodésie
- céramique du faciès nachikufien final de Zambie
- céramique de l'Âge du fer ancien de Kalambo de Zambie et du Malawi
- céramique du groupe chondwé
- céramique de l'Âge du fer ancien de Kapwirimbwé de Zambie
- céramique du premier Âge du fer au Zimbabwe
- céramique du premier Âge du fer des régions situées au sud du Limpopo
- zones d'extension probable de la céramique du premier Âge du fer
- sites recélant la céramique du premier Âge du fer d'Afrique sud-orientale

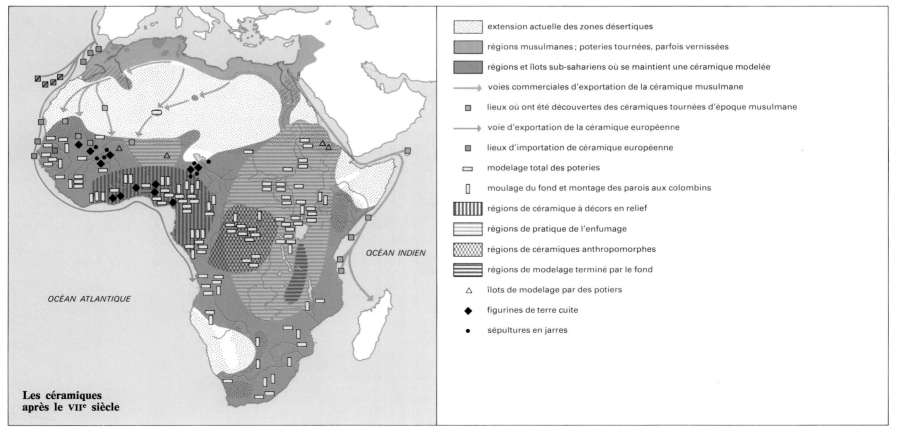

**Les céramiques
après le VIIᵉ siècle**

Légende de la seconde carte :

- extension actuelle des zones désertiques
- régions musulmanes ; poteries tournées, parfois vernissées
- régions et îlots sub-sahariens où se maintient une céramique modelée
- voies commerciales d'exportation de la céramique musulmane
- lieux où ont été découvertes des céramiques tournées d'époque musulmane
- voie d'exportation de la céramique européenne
- lieux d'importation de céramique européenne
- modelage total des poteries
- moulage du fond et montage des parois aux colombins
- régions de céramique à décors en relief
- régions de pratique de l'enfumage
- régions de céramiques anthropomorphes
- régions de modelage terminé par le fond
- îlots de modelage par des potiers
- figurines de terre cuite
- sépultures en jarres

Archéologie et apartheid

Il est devenu fréquent, après la Seconde Guerre mondiale, qu'un pays cherche à démontrer, par les enquêtes archéologiques, les droits historiques qu'il pense avoir sur un territoire ; les exemples ne manqueraient pas à cet égard.

Il est tentant de demander aux archéologues si l'un des plus constants arguments avancés par les partisans les plus durs de l'apartheid est ou non fondé. En 1975, Louis Pienrar écrivait dans *La Revue des Deux Mondes* : « Les populations noires d'Afrique du Sud, venues de pays situés plus au nord, ont émigré vers ce qui constitue la république d'Afrique du Sud à peu près au moment où les Européens s'installaient au sud du continent » ; le 24 octobre 1974, le Premier ministre Pik Botha déclarait à l'O.N.U. que, vers le milieu du XVIIe siècle, « les peuples blancs et noirs de l'Afrique australe convergèrent vers ce qui était alors une partie presque inhabitée du continent ». L'Afrique méridionale était-elle réellement vide d'habitants comme on le pensait encore parfois il y a vingt ans et peut-on justifier la répartition actuelle des populations ainsi que le développement séparé des communautés par l'existence de ce vide ?

On ne s'arrêtera que très brièvement sur les enquêtes paléontologiques et archéologiques qui concernent les périodes antérieures à l'ère chrétienne. Elles révèlent, sans qu'il y ait jamais eu discussion sur ce point, la présence d'Australopithèques*, entre 3 millions et 1 million d'années, celle des Hominidés jusqu'à *Homo sapiens sapiens**, celle des tailleurs de pierre, celle des chasseurs-cueilleurs habitant des abris-sous-roche et des grottes entre 8000 et le début de notre ère. Aucune trace n'est connue, jusqu'à présent, d'une néolithisation* et d'un développement propre de l'agriculture entre le Zambèze et Le Cap : l'économie de chasse et de cueillette s'est maintenue longtemps, particulièrement chez les San, aujourd'hui repliés dans le Kalahari. L'Afrique méridionale, jusqu'à sa côte sud, connaît une longue évolution, incomplètement étudiée, insuffisamment objet d'enquêtes mais qui ne soulève pas de contestations.

Les périodes suivantes ont été, ces dernières années, objet d'études intenses en Zambie, en Namibie, au Zambèze, au Botswana, au Swaziland, au Lesotho. Et ces études permettent, aujourd'hui, de tracer clairement les lignes de l'évolution, même si de nombreuses divergences d'interprétation demeurent parfois entre chercheurs.

Il est probablement prudent, avant d'évoquer les hypothèses globales des savants, de sérier les résultats sûrs. Le premier concerne la certitude, aujourd'hui totalement acquise, de l'ancienneté de la production de fer et de cuivre au sud du Zambèze et du Limpopo et même au Lesotho actuel. Les conséquences de ce véritable bouleversement de l'information, par rapport à ce qui était admis voilà vingt ans, n'ont pas, de très loin, encore été toutes dégagées ; les enquêtes se poursuivent : elles confirment que le fer est présent entre 500 et 1000, sauf dans le Sud entre le fleuve Orange et la côte, où cependant vivent, au Ier millénaire, des peuples éleveurs de moutons (dès les premiers siècles de notre ère) puis de bœufs (après 400), à côté des chasseurs-cueilleurs. On sait encore très mal apprécier si le fer correspond à un développement, incontestable, de l'agriculture par des peuples bantouphones, peut-être venus là au VIe siècle, et s'il est produit en faibles ou en grandes quantités ; à Tsodilo, il est associé au travail d'éleveurs de bovins, au Botswana oriental à l'élevage des moutons, entre le Zambèze et Blackburn à la production de sorgho*. Le cuivre, qui est alors produit aussi en Zaïre septentrionale et en Zaïre actuel, a laissé les traces de son travail à Messina et à Phalaborwa : on ne s'étonne plus que, beaucoup plus tard, au XVIe siècle, les Portugais aient nommé le Limpopo « rivière du cuivre ».

Une deuxième certitude, massivement acquise depuis dix ans surtout, résulte de l'étude systématique des déjections laissées par les bovidés domestiques dans les parcs où ils sont rassemblés, au centre des agglomérations sédentaires, parfois aux mains de « capitaliseurs » de plus en plus puissants. L'« archéologie de la bouse » a fourni à Schroda, auprès de Zhiso, par exemple, des informations qui conduisent aujourd'hui à de solides reconstitutions historiques. Entre le Limpopo et le Shashi, surtout, l'augmentation de la densité de la population bouleversant probablement les conditions socioéconomiques anciennes de l'existence, des peuples parents des Sotho actuels développent un élevage des bovins de plus en plus élaboré ; on a retrouvé des traces d'os de bovidés domestiques au Lesotho (IVe-Ve s.), au Transvaal (Ve s.) ; il est encore très difficile de dire avec certitude où commence cet élevage systématique d'animaux probablement venus du Nord. À partir du VIIIe siècle, les traces archéologiques de cet élevage se multiplient et l'espace où elles sont découvertes s'élargit. Pour leur alimentation, les peuples concernés abandonnent progressivement la chasse et la cueillette, encore présents à 40 p. 100 sur certains sites zambiens au VIIe siècle ; le sorgho (Kalundu, Zhiso, Zambie, Botswana oriental, Blackburn), le mil, *pennisetum* (Inyanga), des légumes apparaissent, à côté du lait et de la viande. Un nouveau type d'organisation alimentaire, économique, politique, sociale se développe après 900. Il conduit à la fois à la sédentarisation croissante dans les espaces favorables à cette économie mixte, fondée surtout sur l'élevage avec des compléments agricoles ; chèvres et moutons sont, dans des proportions très variables et très inégalement, associés à cet élevage. Le rôle des hommes devient prépondérant dans l'organisation de la famille, dans la transmission de l'héritage et dans la vie politique ; pour eux, l'accumulation du bétail signifie l'amplification de leur droit aux épouses. Ce « modèle » s'est répandu, géographiquement, dans les zones voisines de celle où il s'est d'abord développé. Cependant, très vraisemblablement, les plantes africaines cultivées ont limité ces possibilités d'expansion vers le sud-ouest jusqu'à la côte : les conditions écologiques ne leur étaient peut-être plus aussi favorables ; il n'est pas impossible non plus que ces peuples pasteurs aient trouvé assez de place entre le Lesotho actuel et le Zambèze pour poursuivre leur expansion démographique sans disputer l'espace occidental du Kalahari et l'espace au sud de l'Orange aux Khoi et aux San. L'organisation de l'espace change, du VIIIe au XIe siècle, avec le développement de cette économie dynamique. Les agglomérations sont plus grandes, l'habitat mieux construit ; l'espace politique réservé aux puissants se lit, dans la recherche archéologique, par l'abondance de bétail capitalisé : une société hiérarchisée est en train de naître, à Blackburn aussi bien qu'à Zhiso et certainement en bien d'autres lieux. Les trouvailles réalisées à Lydenburg constituent vraisemblablement, quant à l'expression artistique de ces peuples, la préfiguration de bien d'autres découvertes.

Sur tout ce qui précède, les chercheurs sont d'accord. Ils divergent à partir du moment où ils cherchent à savoir comment s'est produite la transformation en question. D. W. Phillipsons estime que des bantouphones venus du Nord ont apporté entre le Ve et le VIIe siècle, au sud du Zambèze, un type de céramique, le fer et l'agriculture : cet auteur dit peu de chose de l'élevage ; il est plus sensible à la performance de ses migrateurs : ils auraient parcouru, du nord au sud, 2 000 kilomètres en deux siècles : 10 kilomètres par an. T. N. Huffman, quant à lui, pense que le développement d'une civilisation pastorale originale est le fait d'un seul peuple, entre Shashi et Limpopo au départ, où l'on trouvait aussi l'ivoire de nombreux éléphants et peut-être de l'or alluvial ; on a retrouvé, du reste, dans cette « île » entre les deux cours d'eau et au sud du Limpopo de nombreuses traces d'occupation remontant aux différents âges de la pierre. Ce peuple, producteur en continuité, du Ve au XIe siècle, d'un type stable de céramique, aurait glissé vers le nord, et même au-delà du Zambèze, le temps passant. La culture patrilinéaire de ces bantouphones a pris un poids considérable, après 1000, dans tout le sud du continent. Les deux auteurs, si opposés pour l'essentiel, se retrouvent d'accord, encore qu'avec beaucoup de nuances, pour estimer que l'élevage des bœufs a gagné, de proche en proche, chez certains peuples voisins, à l'ouest, autour de l'actuel Kalahari, au sud, jusqu'à la côte, mais qu'ils ne connaissaient ni le fer ni l'agriculture. Les Khoi Khoi auraient ainsi adopté un mode de vie original, différent de celui des San, gardant longuement leurs traditions en matière de céramique et sauvegardant leur langue. On connaît mal la chronologie de la circulation des bovidés, les espèces en cause ; on sait seulement actuellement que des vestiges appartenant à la race sanga* ont été trouvés dans le nord-ouest du Botswana et qu'ils correspondent à la fin du Ier millénaire. La présence de bovidés est attestée, par datation au ^{14}C, sur la côte sud, entre 50 avant J.-C. et 450 après J.-C. : il est difficile de conclure à partir de données encore très partielles.

On a encore l'habitude de considérer que trois « peuples » différents sont liés à trois modes différents d'existence. L'emploi du fer, l'agriculture, l'élevage intensif des bovins, la sédentarisation caractériseraient les bantouphones plus ou moins tôt immigrés du Nord jusqu'au Lesotho actuel ; les San – anciens Bochimans des vieux textes – seraient les survivants des chasseurs-cueilleurs du Sud ; les Khoi Khoi, sortes de trait d'union entre les deux autres groupes, auraient ajouté l'élevage des ovins et des bovins aux vieilles habitudes alimentaires des San ; ils garderaient aussi des types caractéristiques de céramiques, par la forme et les techniques de fabrication. Aujourd'hui, ces schémas commencent à être mis en cause ; on confond peut-être trop vite un peuple et un faisceau de techniques – on pourrait ajouter une langue – en oubliant que les différentes techniques, les inventions et les vocabulaires se déplacent, sans respecter d'autres limites qu'environnementales, beaucoup plus vite et autrement que les ensembles humains organisés. Il reste beaucoup à faire, malgré les grands progrès récents, pour comprendre clairement et totalement ce qu'ont été les mouvements de toute nature, au sud du Zambèze, entre le IVe et le XIXe siècle : du moins sait-on bien, maintenant, que l'espace en question était occupé de manière dense et cohérente par divers types de cultures africaines. Lorsque la recherche en Afrique du Sud, en Angola, en Namibie, au Mozambique aura atteint le même degré de développement que dans plusieurs des pays cités plus haut, l'évolution historique globale de cette région du monde nous apparaîtra probablement, en pleine sérénité scientifique, très éloignée des schémas théoriques auxquels on a voulu la réduire.

Un dernier facteur – et non le moindre – a provoqué de nouveaux changements dans la vie de cette région à partir du IXe siècle, peut-être même plus tôt. Dans des sites des VIIe et VIIIe siècles : à Inyanga, à Mabweni, près de Zhiso, à Schroda, dans divers sites du sud de la Zambie, on a retrouvé des cauris venus de la côte orientale, mais surtout des perles de verre d'importation et des coquillages ; il semble probable que l'ivoire a constitué la première marchandise échangée contre ces objets venus de loin ; on pourrait penser aussi, peut-être, au fer. On pense, bien plus sûrement, à l'or. Un texte très connu mais très imparfaitement traduit d'al-Mas'ūdī, qui date du milieu du Xe siècle, laisse à penser que toute la région de Sufala était déjà exportatrice d'or. Un peu plus au sud, à Chibuene et à Manyikeni, des trouvailles récentes de l'université de Maputo, datées des IXe et Xe siècles, permettent de supposer que des entrepôts ont été, dans cette zone, les premiers à commercer avec l'intérieur. Il faut maintenant avancer l'hypothèse d'un commerce mal organisé qui, dès le VIIe siècle, exporte de l'ivoire, peut-être un peu d'or, en échange de perles, de coquillages, de tissus peut-être. Au Xe siècle, l'or est déjà exporté mais plus au nord ; al-Mas'ūdī dit explicitement que les habitants de la région le fondent exclusivement en brûlant de la bouse de vache. L'exploitation de l'or du Zimbabwe a dû se développer, pour l'exportation, dès le IXe siècle ; elle s'organise aux Xe et XIe siècles ; des chefs avisés, à Mapungubwe puis à Zimbabwe, en prennent en main la commercialisation, probablement aux Xe et XIe siècles. Avec eux, autour d'eux, apparaît une économie d'échanges riches, qui rend moins urgente la capitalisation du bétail, plus désirable l'accumulation de l'or pour le vendre. La transformation des espaces urbains et régionaux à Mapungubwe et à Zimbabwe, et dans leurs environs, va suivre. Les détenteurs du pouvoir, maîtres du commerce international, s'installent maintenant à l'écart de leurs dépendants ; les enclos destinés aux bovins sont écartés du « palais ». Des constructions de pierre apparaissent, sur la datation desquelles l'accord n'est pas totalement réalisé ; elles vont caractériser les édifices importants, entre l'océan Indien et l'Atlantique, au moins jusqu'au XVIIe siècle (voir *Le Grand Atlas de l'architecture mondiale*, pp. 80-81, Encyclopædia Universalis, 1981). Les différences sociales s'inscrivent dans la répartition des habitations ; au XIIe siècle, à Mapungubwe, un insigne du pouvoir, plaqué d'or, est placé dans une tombe ; la production des céramiques locales s'affine, à la demande des « riches » ; aux représentations d'animaux, retrouvées par centaines pour les XIe-XIIIe siècles, aux terres cuites anthropomorphes, se substituent, à Zimbabwe, aux XIVe et XVe siècles, de véritables insignes du pouvoir, en particulier des socles supportant des effigies d'oiseaux en stéatite. Aux XIVe et XVe siècles, les objets importés se multiplient. Les pasteurs sont entrés dans la dépendance de l'économie-monde* musulmane ; l'espace qui apporte la puissance se trouve entre le Zambèze et le Limpopo, guère plus au sud. Le sud-ouest du continent s'endort pour trois ou quatre siècles dans l'archaïsme lent de l'économie pastorale ou dans les monotones parcours saisonniers des chasseurs-cueilleurs, quelles que soient les origines et les langues des uns et des autres.

Jean DEVISSE

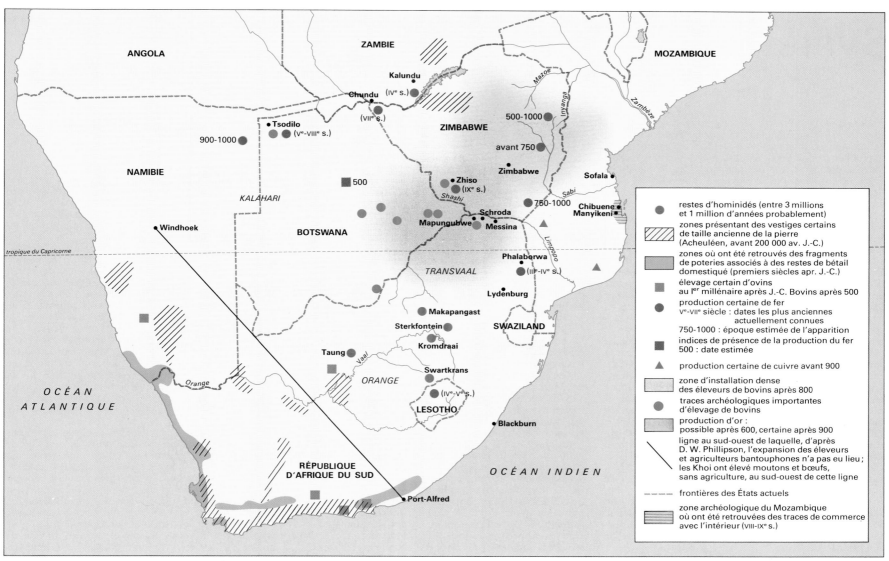

L'occupation africaine du sud du continent durant les deux derniers millénaires

Légende de la carte :

- ● restes d'hominidés (entre 3 millions et 1 million d'années probablement)
- ⧄ zones présentant des vestiges certains de taille ancienne de la pierre (Acheuléen, avant 200 000 av. J.-C.)
- ▨ zones où ont été retrouvés des fragments de poteries associés à des restes de bétail domestiqué (premiers siècles apr. J.-C.)
- ■ élevage certain d'ovins au Ier millénaire après J.-C. Bovins après 500
- ● production certaine de fer
  Ve-VIIe siècle : dates les plus anciennes actuellement connues
  750-1000 : époque estimée de l'apparition
- ■ indices de présence de la production du fer
  500 : date estimée
- ▲ production certaine de cuivre avant 900
- zone d'installation dense des éleveurs de bovins après 800
- ● traces archéologiques importantes d'élevage de bovins
- production d'or :
  possible après 600, certaine après 900
- ligne au sud-ouest de laquelle, d'après D. W. Phillipson, l'expansion des éleveurs et agriculteurs bantouphones n'a pas eu lieu ; les Khoi ont élevé moutons et bœufs, sans agriculture, au sud-ouest de cette ligne
- --- frontières des États actuels
- ▤ zone archéologique du Mozambique où ont été retrouvées des traces de commerce avec l'intérieur (VIIIe-IXe s.)

Un lieu comparable à Zimbabwe découvert au Mozambique

À Manyikeni, les archéologues mozambiquais ont découvert une grande enceinte de pierres qui ressemble beaucoup à celle de Zimbabwe. Leur datation de l'ensemble du site des IXe et Xe siècles ne concerne peut-être pas l'enceinte elle-même : elle se rapporte sûrement à l'activité commerciale de la région pendant ces siècles.

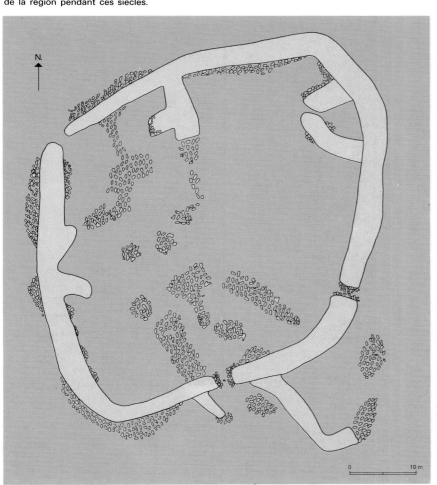

Tête de terre cuite trouvée à Lydenburg, Transvaal

Cet objet, reconstitué à partir des fragments découverts en fouille, à côté de perles et de parties d'un bracelet d'ivoire, est daté des environs de 500 après J.-C. Il appartient à une série, importante, de terres cuites anthropomorphes, datant du Ier millénaire, retrouvées, par petits fragments, au Natal et au Transvaal. Très travaillé par incision et ajouts de pâte, le décor était complété, vraisemblablement, par des plages de « peinture » blanche. Cet objet avait, d'évidence, une fonction rituelle. Il était surmonté d'une représentation animale. South African Museum, Cape Town.

Systèmes défensifs végétaux africains

Les rapports militaires, les comptes rendus « d'opérations de police » rédigés au début de la période coloniale en Afrique mentionnent les difficultés rencontrées pour approcher de nombreux établissements entourés d'épais fourrés d'épineux ou d'euphorbes. Ces fortifications végétales avaient été créées par l'homme, et leur démantèlement fut souvent exigé par les puissances coloniales comme gage de soumission. Elles disparurent donc rapidement à l'époque coloniale, car elles furent soit détruites, soit délaissées ou reconverties chez les groupes éleveurs en haies de protection des champs. Les chemins bordés qui permettaient de contenir le bétail se maintinrent alors que s'effaçaient les lignes boucliers. Beaucoup de ces constructions végétales sont encore décelables dans le paysage où se succèdent des éléments arborés ou arborescents en lignes. Leur abondance inattendue ne s'explique pas par la seule nécessité de canaliser le bétail, pas plus que les rideaux d'arbustes spinescents sur les piémonts ne peuvent être attribués uniquement à une action anti-érosive. De plus, l'évidente inefficacité défensive des constructions de terre et surtout de pierres sèches laisse comprendre leur vraie raison d'être, celle de supporter des constructions végétales formées d'épineux ou d'euphorbes dont les ruines sont encore accrochées à ses murs. Passant presque inaperçues, ces défenses végétales sont en réalité omniprésentes sur de vastes aires et montrent tout le raffinement de leurs diverses combinaisons. Leur reconstitution et leur interprétation exigent une véritable démarche archéologique. Nous évoquerons ici des exemples de fortifications végétales édifiées au Cameroun et dont certaines servaient encore au moment de la pénétration coloniale.

Les systèmes défensifs végétaux sont omniprésents en Afrique, tant en savane qu'en forêt. Toutefois, dans la zone soudano-sahélienne, l'élaboration de ces « fortifications » était favorisée par un certain nombre de conditions.

Elles n'existaient pas dans les États centralisés comme les royaumes du Bornou (près du lac Tchad) ou du Baguirmi (partie du Tchad actuel) – où seule la capitale s'arrogeait le droit d'être fortifiée. En revanche, dans les cités du pays haoussa, les défenses végétales renforçaient les murailles. Ces constructions végétales étaient surtout élaborées dans les zones où les densités de populations étaient trop fortes pour qu'un simple *no man's land* forestier puisse assurer leur protection.

Elles étaient également essentielles pour des groupes en situation d'assiégés ou menacés de façon endémique. Certaines régions, particulièrement vulnérables, multipliaient ces défenses dans les couloirs de peuplement nés du refoulement continuel de populations venues des grands empires, ou dans les régions directement exposées aux menées de ces empires qui les razziaient périodiquement. Les végétaux complétaient, dans bien des cas, les refuges naturels, collines et massifs rocheux avancés en plaine.

La protection pouvait être assurée par une essence unique ou bien – et c'est le cas le plus fréquent – plusieurs espèces se combinaient entre elles en une succession de lignes formées de variétés différentes. Certaines plantes, qui se bouturent facilement, servaient de supports à d'autres, lianescentes et épineuses, qui constituaient les lignes avancées et créaient des écrans élevés. On utilisait en avant-poste les essences peu sensibles au feu, ou celles qui étaient difficiles, voire dangereuses à abattre (comme les plantes à latex, très toxiques). Certaines, enfin, qui formaient des « murs » hermétiques étaient disposées en dernière ligne.

Le choix des combinaisons restait très ouvert, mais le mode défensif choisi était, dans sa complexité, représentatif du groupe ou du sous-groupe ethnique qui l'avait suscité et qui le reproduisait indéfiniment.

Les Guiziga, ethnie du Nord-Cameroun de la région de Maroua, établissaient leur habitat aux pieds de massifs rocheux. Une partie de leur terroir exigeant impérativement une protection, de véritables murs végétaux suivaient les piémonts, à quelques dizaines ou centaines de mètres des premiers éboulis. Les Guiziga bouturaient sur la ligne de défense extérieure *Commiphora africana*, de manière relativement espacée. *Acacia ataxacantha* était semé parallèlement à l'aide de cannes de mil évidées et remplies de graines qui s'écoulaient par l'extrémité qu'on laissait traîner dans une rainure du sol. En se développant, *Acacia ataxacantha*, épineux buissonnant, se mêlait à *Commiphora africana* pour former une barrière de trois à quatre mètres de hauteur. Une deuxième ligne, à base d'*Euphorbia unispina*, dans sa variété au port le plus serré et à la taille la plus élevée, poussait à quelques mètres en arrière. Enfin, *Commiphora africana*, arbuste à la silhouette contournée et dont les rameaux sont autant d'aiguillons, était bouturé en croisillons sur plusieurs rangs à l'arrière.

En complément de ces premières lignes de défense générale, les passes des petites vallées étaient barrées par des murets recréant un milieu favorable à la croissance d'euphorbiacées ou d'*Acacia ataxacantha*. Ces « pierriers », ces murets qui coupaient les vallées et qui sont aujourd'hui à nu ne servaient pas seulement à casser les assauts de la cavalerie des royaumes voisins, ils constituaient le plus souvent le support durable de systèmes défensifs végétaux complexes.

L'abondance d'une essence, *Commiphora africana* sur les massifs à l'ouest de Maroua ou *Acacia ataxacantha* en bordure des cours d'eau, permettait une mise en place rapide – une saison des pluies suffisait – et le renouvellement fréquent de centaines de mètres de haies. Ces rideaux défensifs évoluaient sans cesse, avançant en plaine ou se rétractant à proximité de l'entassement chaotique des pierres, contournant les massifs, d'abord partiellement, puis les ceinturant intégralement, en fonction des fluctuations de densité de population du massif.

En revanche, les plantes à latex comme *Adenium obaesum*, *Euphorbia unispina* et surtout *Euphorbia desmondi* étaient plutôt importées d'autres régions et on les faisait fructifier à partir des lignes existantes. Elles jouaient le rôle de barrière mécanique et l'on « mettait en réserve » l'une d'elles, qui servait uniquement, en association avec *Strophantus**, à la composition de poison de flèche.

Dans le domaine forestier et à ses abords, les remparts végétaux pouvaient atteindre des dimensions impressionnantes comme en pays yambassa, au nord de Yaoundé. Ici, l'ossature défensive est fournie par un arbre, le kapokier (*Ceiba pentandra*), qui peut atteindre de 30 à 40 mètres de haut. Les Yambassa ont ainsi bouturé des « murs vivants » de kapokiers sur des kilomètres de long.

Les contreforts à la base des fûts s'imbriquent les uns dans les autres ou forment une véritable muraille de 3 à 4 mètres de hauteur qui assure une protection hermétique, dont les rares ouvertures étaient gardées. Toutefois, ces murs d'arbres gigantesques avaient d'autres fonctions. Non seulement ils délimitaient et défendaient l'espace d'une communauté villageoise, mais ils créaient véritablement le terroir yambassa. Installées dans les savanes herbeuses, ces lignes ceignaient les positions hautes et jouaient le rôle de pare-feu. À l'arrière, l'homme pouvait entretenir des massifs forestiers dont l'essence dominante était le palmier à huile.

Pour l'archéologue, la reconstitution de ces fortifications végétales apporte des informations sur la diffusion de certaines essences et sur la poliorcétique. Elles témoignent surtout du mode de contrôle de l'espace par les civilisations africaines. Dans cette optique, il serait souhaitable de dresser pour l'ensemble de l'Afrique, en s'appuyant sur les traditions orales, la typologie des systèmes défensifs.

Christian SEIGNOBOS

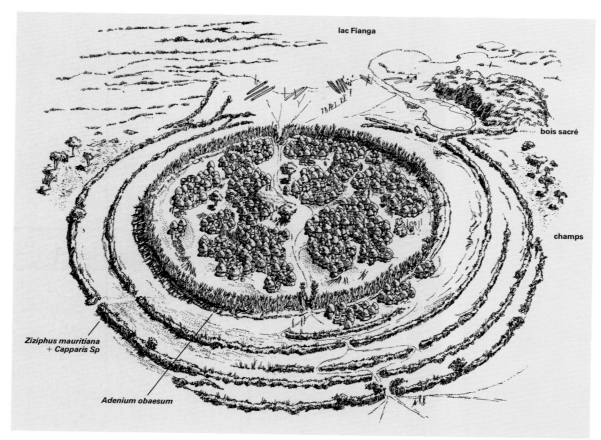

Fortification des bords du lac de Fianga

Aux abords du Logone et du lac de Fianga, des fortins de terre, dépassant rarement 100 mètres de diamètre, étaient complétés par des défenses végétales. Certains se réduisaient à une simple levée de terre qui facilitait la venue d'*Adenium obaesum*. À l'avant, un dédale de haies, plus ou moins concentriques, de *Ziziphus* taillés supportait *Capparis* sp. buissonnant et lianescent aux doubles épines axillaires.

Un exemple de défense chez les Guiziga Kaliaw

La ligne d'*Acacia ataxacantha* mêlée à *Commiphora africana* est suivie de celle d'*Euphorbia unispina*. Vient ensuite une ligne de *Commiphora africana* dont les rameaux sont disposés en croisillons. À l'arrière, *Euphorbia kamerunica* joue un rôle de protection occulte et de « plante à poison ».

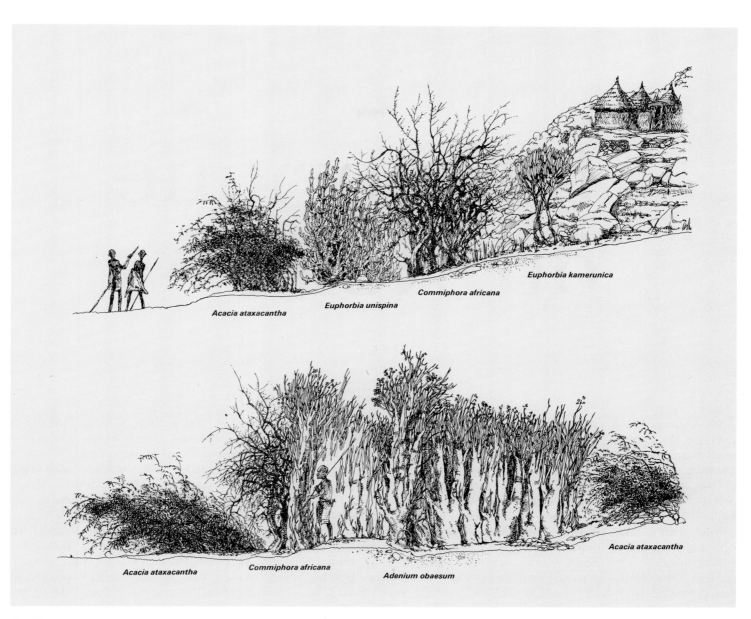

Euphorbia kamerunica

Commiphora africana

Euphorbia unispina

Acacia ataxacantha

Système défensif chez les Guiziga Midjiving

Acacia ataxacantha précède une ligne serrée de *Commiphora africana*, qui flanque une double rangée d'*Adenium obaesum*, ménageant un chemin surélevé. À partir de cette double ligne avancée rayonnaient des chemins bordés d'*Adenium obaesum* qui, en cloisonnant le piémont, protégeaient des attaques par surprise.

Acacia ataxacantha

Commiphora africana

Adenium obaesum

Acacia ataxacantha

Limite des aires de défense végétale

L'aire des systèmes défensifs dominés par *Euphorbia desmondi* et *Euphorbia Kamerunica* se superpose aux sociétés d'agro-pasteurs situés sur les hautes terres et élevant des taurins. Quant aux fortifications végétales à base de *Commiphora africana*, elles étaient omniprésentes sur les piémonts des monts Mandara septentrionaux et pouvaient parfois confiner au bocage défensif (région de Pulka au Nigeria). Si *Adenium obaesum* et *Euphorbia unispina* intéressent des systèmes défensifs plus localisés, *Acacia ataxacantha*, en revanche, n'est pas représenté tant son emploi est généralisé.

Village de Djagaral (Guiziga Midjiving) : chemin défensif

Ces chemins sont généralement surélevés par rapport aux champs. Les haies d'*Adenium obaesum*, comme celle des autres lignes défensives végétales, jouaient un rôle anti-érosif.

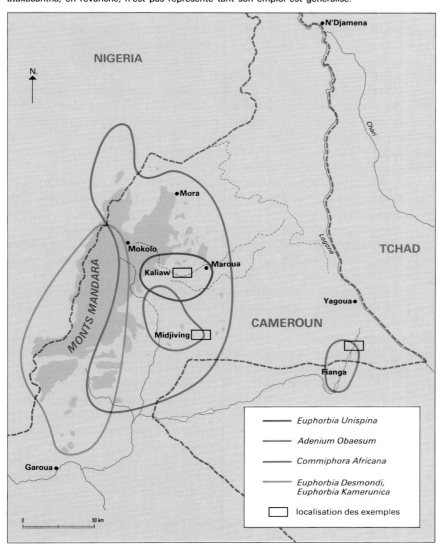

C. Seignobos

323

L'Amérique
du Nord

En Amérique du Nord, l'archéologie s'est développée dans un contexte politique et culturel très différent de celui de l'Europe. Ici, la préhistoire se distingue nettement d'une histoire qui se cristallise peu à peu avec l'écriture et la constitution des États. En revanche, lors de la colonisation du Nouveau Monde, il y eut télescopage entre l'histoire de l'Europe et la préhistoire, encore vivante, des Amérindiens. Aussi, en Amérique du Nord, archéologie et préhistoire se sont-elles confondues jusqu'à ces dernières années ; mais aujourd'hui le mince dépôt de quelques siècles de présence européenne commence à justifier l'existence d'une archéologie coloniale ou euro-américaine. À ses débuts, l'archéologie nord-américaine fut avant tout un outil d'investigation du passé récent des autochtones. Comme en Europe, l'interprétation littérale de la genèse biblique constitua un obstacle à la perception de la profondeur préhistorique du passé amérindien. Les préjugés ethnocentriques firent d'abord attribuer à des influences européennes ou méditerranéennes les constructions amérindiennes quelque peu grandioses, comme les tumulus et les cités des civilisations mississippiennes. L'origine des monuments et des tribus d'Amérique intriguait les archéologues. Enfin, lorsque les données archéologiques commencèrent à avoir raison de l'obstacle biblique, la majorité des archéologues américains conservèrent une certaine réticence à admettre une très grande antériorité des Amérindiens par rapport aux Européens dans l'occupation de l'Amérique. Cependant, quelques archéologues individualistes ou marginaux cherchèrent au contraire à établir que l'homme était sans doute apparu dans le Nouveau Monde à la même époque qu'en Europe sinon avant.

À la fin des années soixante, peu d'archéologues américains acceptaient des dates antérieures à 13 000 ans pour les premiers Amérindiens. Au début des années quatre-vingt, l'empressement de certains archéologues à défendre des dates remontant parfois jusqu'à plus de 100 000 ans, à partir de données mal établies, provoque la prudence de la majorité des spécialistes qui acceptent cependant assez volontiers une ancienneté de 16 000 ou 17 000 ans. Quelques-uns vont jusqu'à 27 000 ou 30 000 ans, très peu au-delà de 40 000 ans. Gordon Willey et Jeremy Sabloff ont divisé l'histoire de l'archéologie américaine en quatre grandes périodes marquées chacune par un courant de pensée dominant qui laisse cependant la place à des tendances marginales qui annoncent la période suivante.

La première période commence à la conquête, en 1492, et se développe jusqu'en 1840, avant de décliner progressivement pour disparaître en 1960. Elle est marquée par toutes les spéculations et conjectures, souvent irrationnelles, suscitées par l'étrangeté d'un monde que la Bible ne prévoyait pas et qu'il était difficile de comprendre à partir des références européennes. On trouve des considérations théologiques ou bibliques, faisant par exemple appel aux tribus perdues d'Israël, pour expliquer l'origine des Amérindiens. Les publications prennent la forme de récits de voyages à caractère naturaliste et littéraire. L'Amérique du Nord, moins riche en monuments imposants que l'Amérique centrale ou le Pérou, est relativement négligée à cette période. Parmi les précurseurs de cette histoire, il faut noter Thomas Jefferson, futur président des États-Unis, qui entreprit la fouille méticuleuse et déjà stratigraphique* d'un tumulus funéraire de Virginie afin d'en comprendre l'origine (européenne ou amérindienne ?) et la destination. Très en avance sur son temps, il reste malheureusement un cas isolé.

Au cours des siècles de la conquête européenne, missionnaires, explorateurs et aventuriers laissent des récits de voyages souvent consacrés aux mœurs des populations amérindiennes. Ces documents revêtent une importance capitale pour la préhistoire du Nouveau Monde puisqu'ils rendent compte des cultures amérindiennes alors qu'elles ne présentent pas encore une acculturation trop poussée et restent en continuité avec les plus récentes occupations préhistoriques. La question est alors de savoir jusqu'où l'on peut développer les extrapolations fondées sur les analogies entre vestiges archéologiques et observations ethnographiques.

La deuxième période s'ébauche en 1840 avec les premières publications qui délaissent la spéculation pour les descriptions organisées, les relevés cartographiques de sites et les premiers essais de classification de données archéologiques. À l'imitation de l'Europe, musées, universités et sociétés savantes apparaissent dans les principales villes d'Amérique du Nord. La grande ancienneté de l'homme et l'évolution des formes de vie, notions clairement formulées par Darwin, influencent aussi l'Amérique où viennent travailler des savants européens. Les grands tumulus de l'Ohio et du Mississippi fascinent toujours les archéologues, certains affirmant que ces constructions furent érigées par une « race perdue » sur le continent américain, d'autres, au contraire, qu'elles sont l'œuvre des ancêtres de certains groupes amérindiens. C'est à cette époque qu'apparaissent les concepts fondamentaux de l'archéologie nord-américaine tels que « culture », « style », « horizon », « période culturelle », concepts fortement marqués par l'ethnologie. À partir de la fin du XIXe siècle, l'archéologie s'occupera de plus en plus de l'étude de la culture matérielle que délaissera progressivement l'ethnologie. Mais, dominée par l'école de Franz Boas*, l'anthropologie américaine devient antiévolutionniste, et la vision archéologique demeure statique et sans perspective lointaine, peu consciente d'une chronologie allant au-delà de l'origine des tribus historiques, faute de fouilles stratigraphiques et d'analyses. Cependant, les travaux de fouille des amas coquilliers qui se sont accumulés le long des côtes atlantique et pacifique de l'Amérique du Nord témoignent d'un grand intérêt pour la chronologie.

La troisième période, au contraire, est dominée par les classifications chronologiques des événements et des cultures archéologiques grâce au développement, à partir de 1914, de la fouille stratigraphique. La relation des objets aux couches stratigraphiques et aux sites permet d'intégrer les typologies à un cadre spatio-temporel et conduit aux premières synthèses régionales. La généralisation de la fouille stratigraphique stimule les perfectionnements des méthodes.

Parallèlement à la stratigraphie, les Américains mettent au point dès 1930 un autre outil de mesure chronologique, la technique de sériation*. Celle-ci consiste à évaluer les proportions relatives de chacun des types ou styles d'objets (céramique, lithique, etc.) représentés dans différents sites archéologiques. D'abord utilisée pour ordonner chronologiquement des sites de surface les uns par rapport aux autres, cette technique a trouvé un autre emploi : estimer la vitesse et l'importance du changement culturel. Premier outil élaboré pour interpréter de façon quantitative les données archéologiques, il s'est disséminé très largement à travers toute l'Amérique. L'importance de la sériation en Amérique tient un rôle sans doute assez semblable à celui du graphique cumulatif* très utilisé en préhistoire européenne.

Dans ses concepts et ses interprétations, l'archéologie nord-américaine reste un prolongement de l'ethnologie, mais elle fait apparaître sa spécificité disciplinaire en s'intéressant aux relations entre le milieu physique et les cultures. En fait, alors qu'en ethnologie américaine se développe le concept d'« écologie culturelle », les archéologues tentent de l'appliquer dans leur discipline à travers l'étude des modes d'établissement.

***Panorama of the Monumental Grandeur
of the Mississippi Valley,* détail**

Ce tableau de la première moitié du XIXᵉ siècle représente la fouille
d'un tertre funéraire amérindien de la vallée du Mississippi.
L'origine de ces grandes constructions humaines a suscité un
débat important qui marqua l'archéologie nord-américaine car, si
certains archéologues les attribuèrent à des populations venues
d'outre-Atlantique, d'autres, au contraire, y ont vu des constructions érigées par les ancêtres des Amérindiens. Eliza McMillan
Fund, Saint Louis Art Museum.

Entre 1940 et 1960 apparaissent des synthèses archéologiques témoignant
d'une certaine profondeur diachronique, favorisée par l'apparition de la
datation par le radiocarbone*. Libérés, au moins en partie, de l'obsession
de l'ordonnancement chronologique des sites et des cultures par les méthodes
de datation* absolue, les archéologues américains peuvent alors s'interroger
sur les objectifs de l'archéologie et développer les notions « d'aire
culturelle », de « culture archéologique » et « d'histoire culturelle ». Si
la chronologie comme but en soi laisse donc la place à une volonté de
reconstitution du passé, comment réaliser celle-ci ? En Amérique du Nord,
cette question s'est cristallisée autour d'un problème épistémologique
pendant les années cinquante et soixante. Pour les uns, le classement des
vestiges crée des catégories artificielles, sans lien ou presque avec les
comportements préhistoriques eux-mêmes. Inversement, pour d'autres, les
classes et les types établis par l'archéologue rendent compte pour une très
large part de la réalité préhistorique. Encore qu'il ne soit pas conclu à ce
jour, ce débat ne représente plus aujourd'hui qu'une partie de la réflexion
sur la capacité des archéologues à retrouver et à interpréter le passé.

La quatrième et dernière période commence en 1960 et se poursuit encore.
Les notions d'évolution et de système culturel se conjuguent pour orienter
l'archéologie nord-américaine vers des essais d'explication raisonnée du
passé, intégrant de façon dynamique les données accumulées et classées au
cours des périodes antérieures. Fascinés par le développement spectaculaire
des sciences de la nature, de la physique et de la chimie, et par la puissance
des ordinateurs, attirés par le concept d'écosystème, les tenants de la *new
archaeology*, symbolisée par Lewis Binford, se découvrent des affinités avec
des disciplines autres que l'anthropologie. Les archéologues de cette nouvelle
tendance demeurent cependant intimement liés à cette discipline par le fait
même qu'ils sont spécialistes de la culture matérielle, et parfois de l'étude
de cette dernière dans le milieu même où ils vivent, comme l'illustrent les
travaux de William Rathje sur les poubelles d'une ville de l'Arizona. Par
ailleurs, à l'écologie culturelle développée en ethnologie, la « nouvelle
archéologie » va emprunter la notion d'évolution comprise comme un
processus adaptatif. L'intérêt principal de l'archéologie ne sera donc plus
de démontrer qu'il y eut changement culturel, mais d'expliquer comment
celui-ci s'est produit.

Les récits de voyages recueillis au cours des siècles de conquête et les
observations ethnographiques accumulées depuis le milieu du XIXᵉ siècle
environ fournissent un cadre de référence à partir duquel on peut interpréter
les vestiges archéologiques. La nouvelle archéologie se fait fort cependant
de démontrer que les analogies tirées des documents ethnographiques ne
peuvent rendre compte que de façon partielle, voire partiale, de la réalité
préhistorique. Il faut en effet démontrer au préalable que les conditions du
développement des cultures préhistoriques correspondent à celles des
cultures ethnographiques. Le plus souvent, cette démonstration ne peut être
faite que de façon bien imparfaite étant donné l'état lacunaire des documents
préhistoriques et souvent aussi le défaut d'adéquation entre les besoins de
l'interprétation archéologique et les données ethnographiques – les premiers
relevant d'abord du domaine de la culture matérielle, souvent négligée par
l'ethnographique.

C'est dans ce contexte que se développent l'ethno-archéologie*, qui
cherche à définir le rôle de la culture matérielle dans les sociétés vivantes
comme base d'analogie avec les données archéologiques, et l'archéologie
expérimentale*, qui essaie de reproduire, avec les moyens physiques et
intellectuels disponibles aujourd'hui, diverses productions des sociétés
disparues (habitations, outils, travaux), sans toutefois pouvoir vérifier,
contrairement à ce qui se passe dans les sciences exactes, la validité de
l'« expérience ». En liant l'étude de l'homme à celle de son milieu,
l'archéologie nord-américaine tend à devenir « systémique ». Elle cherche
à tenir compte d'un nombre croissant de données culturelles et écologiques
ainsi que de leurs interactions. Le traitement de ce nombre croissant de
données est rendu possible par le développement des ordinateurs.

Armée de la statistique et de l'ordinateur et épaulée par les sciences de
la nature et par les sciences exactes, la nouvelle archéologie s'inscrit encore
dans un vaste mouvement de réflexion théorique sur la discipline. Au début
des années soixante, on affirme que l'objectif fondamental de l'archéologie
est de contribuer à la recherche de lois générales régissant les systèmes
culturels. C'est dans le raisonnement hypothético-déductif emprunté aux
sciences expérimentales que la nouvelle archéologie crut découvrir l'outil
par excellence pour déceler ces lois. Depuis, bien des archéologues ont perdu
leurs illusions. Un nouveau concept fut donc proposé, celui de *middle range
theory* (« théorie à moyen terme »), dont le but essentiel est de donner
un outil théorique immédiatement utilisable pour la compréhension et
l'interprétation des vestiges archéologiques considérés comme résultant des
comportements humains. Cela conduisit en particulier à envisager le site
archéologique comme un ensemble de vestiges de tous ordres dont
l'organisation originale a été dérangée par une succession de phénomènes
naturels et culturels. Comme ces phénomènes présentent, croit-on, un
caractère de régularité, il est possible de les cerner et, par la suite, de
reconstituer l'organisation originale du site préhistorique. Mais arrivera-t-on,
comme le pensent certains, à l'élaboration d'une théorie générale des
comportements humains ?

Le feu d'artifice des réflexions sur les concepts, les méthodes et les
techniques laisse une image de tensions extrêmes entre les protagonistes des
différents courants de l'archéologie nord-américaine pendant la décennie
1970-1980. Depuis peu, les dissensions paraissent se résorber au profit d'une
sorte de syncrétisme entre la nouvelle archéologie et les tendances plus
traditionnelles.

Patrick PLUMET et Jean-François MOREAU

Le premier peuplement

La question du premier peuplement de l'Amérique divise encore les préhistoriens. Non seulement les données archéologiques les mieux établies sont interprétées de différentes façons, mais celles qui témoignent des périodes les plus anciennes sont les plus rares et les moins fiables. De plus, le sujet peut être abordé par d'autres disciplines telles que la linguistique, la génétique, la biologie et la paléoécologie ; or, la confrontation des données de ces différentes disciplines est loin de conduire encore à une vision d'ensemble exempte de contradictions.

C'est bien avant l'apparition des tout premiers hominidés que la dérive des continents sépara l'Amérique des autres continents, et tout porte à croire que le processus d'hominisation se développa seulement dans l'Ancien Monde. La relative homogénéité des Amérindiens actuels par comparaison avec le reste de l'humanité ainsi que leurs nombreux caractères asiatiques plaident en faveur d'un peuplement relativement récent des Amériques à partir d'une seule origine dominante située en Asie, ce qui n'exclut pas la possibilité d'autres apports occasionnels et très secondaires.

La thèse la plus courante est que ce peuplement ne put se faire que par la région béringienne, ce qui implique le passage de l'homme par l'Asie septentrionale et sans doute son adaptation au milieu arctique. Cela survint, semble-t-il, au Paléolithique supérieur lors de la dernière glaciation, celle du Wurm en Europe et du Wisconsin en Amérique, qui dura à peu près de 100 000 à 8 000 ans. La population d'*Homo sapiens sapiens**, apparue au milieu de cette période, s'accrut sensiblement et témoigna d'une aptitude de plus en plus grande à exploiter des environnements divers.

En Sibérie orientale, les plus anciennes traces d'occupation humaine ne remontent guère, pour l'instant, à plus de 30 000 à 35 000 ans. La réduction des territoires boisés consécutive à la période glaciaire avait déjà conduit l'homme des régions septentrionales à remplacer le bois par l'os, l'ivoire et les andouillers pour la fabrication de nombreux objets et à utiliser les os comme combustible. L'aiguille à chas, qui apparaît aussi vers cette époque, permet la confection de vêtements cousus, donc plus chauds parce que bien ajustés. Les chasseurs du Paléolithique supérieur sibérien recherchaient surtout les mammifères herbivores vivant en troupeaux à l'intérieur des terres. Ils sont représentés entre autres par la culture de Diuktai*, d'abord identifiée dans le bassin de la Léna, surtout sur l'Aldan (grotte de Diuktai, site de Bel'kachi), puis au Kamtchatka (lac Uhski). Elle correspond à ce qu'on appelle parfois, sans bien la définir, la tradition paléoarctique sibérienne*.

Au cours de la dernière période glaciaire, le développement considérable des glaciers se fit aux dépens du réservoir marin et le niveau des mers s'abaissa à plusieurs reprises sous celui des plates-formes continentales entourant l'Alaska, la Sibérie et le Sud-Est asiatique. L'Indonésie, le Japon, l'Asie continentale et l'Amérique furent ainsi reliés, facilitant l'expansion de l'humanité dans les régions que les glaciers n'occupaient pas. La profondeur moyenne du fond marin autour de Béring étant inférieure de 50 m par rapport au niveau actuel de la mer, le détroit fut sans doute remplacé par un isthme d'une largeur pouvant dépasser 1 000 km au cours de trois périodes de maximum glaciaire que les estimations les plus récentes situent entre 100 000 et 93 000, 74 000 et 62 000, 28 000 et 15 000. Cet isthme et les régions situées de part et d'autre constituaient la Béringie qui s'étendait de la Léna au Mackenzie et correspondait à un écosystème particulier qui aurait disparu il y a 12 500 ans environ. La steppe-toundra où paissaient les grands herbivores en constituait le paysage dominant et original. Les opinions diffèrent cependant sur les autres particularités géographiques et climatiques, très fluctuantes d'ailleurs, de la Béringie centrale et des avantages qu'elle pouvait offrir à l'homme et aux animaux que ce dernier chassait.

Au cours de ces trois périodes, les migrations de la faune du Pléistocène* entre la Sibérie et l'Amérique (mammouth, bœuf musqué, bison laineux, caribou, cheval) purent provoquer celle des hommes qui la chassaient. Malheureusement, une grande partie du territoire qui pourrait receler des témoins matériels de leur passage est aujourd'hui submergée ; néanmoins, l'isthme béringien n'est pas indispensable pour expliquer l'arrivée de l'homme en Amérique. Comme le suggèrent les données récentes sur le premier peuplement de l'Australie, il y a 40 000 ans, un bras de mer équivalent à l'actuel détroit de Béring n'était pas un obstacle infranchissable.

Les plus anciens vestiges attribués à l'homme dans la partie américaine de la Béringie viennent du Yukon. Ce sont des os de gros mammifères éclatés ou brisés, parfois par torsion. Selon leurs découvreurs, ils témoigneraient d'une industrie sur os qui aurait existé il y a au moins 50 000 ans, certains avancent même plus de 100 000 ans. Toutefois, sauf aux grottes du Bluefish mais à une période plus récente (18 000), aucun objet en os n'a été trouvé en contexte archéologique non perturbé. Les estimations chronologiques s'appuient généralement sur l'environnement géologique immédiat. Le seul outil incontestable de cette période ancienne est un queursoir en tibia de caribou trouvé en 1966, semblable à ceux des Amérindiens historiques. Une datation au radiocarbone* de l'apatite de l'os a donné 27 000 ans. La validité de cette date unique et l'origine humaine des fractures ou des marques attribuées au dépeçage furent mises en doute par de nombreux archéologues qui ne croient pas à un premier peuplement de l'Amérique antérieur à 10 000 ou 13 000 ans avant notre ère. En 1985, une nouvelle datation sur la protéine de l'os, effectuée avec un spectromètre de masse sur accélérateur, a ramené cet âge à 1 350 ± 150 B.P. (*before present :* avant 1950). Cependant d'autres os, apparemment modifiés par l'homme, auraient bien de 25 à 47 000 ans.

Pourtant, au sud de la région occupée par les glaciers du Wisconsin, en Amérique du Nord, au Mexique et en Amérique du Sud, de plus en plus nombreux sont les sites pour lesquels une date plus ancienne que 10 000 est proposée : Dutton, Selby, Lamb Spring, Calico Hills, Lewisville par exemple. Ils sont généralement dépourvus de pointes de projectiles, d'où le nom de « pré-projectile » attribué à cette période mal définie. On y retrouve des galets éclatés, des éclats et souvent une industrie très fruste, mais il manque presque toujours un ou plusieurs des éléments suivants pour emporter la conviction des sceptiques : une stratigraphie* claire, des datations par le radiocarbone fiables et multiples, un contexte géologique et paléoécologique bien établi. Parmi les sites découverts récemment et fouillés selon des méthodes modernes, plusieurs ont donné des dates apparemment certaines atteignant 18 000 aux États-Unis (abri de Meadowcroft en Pennsylvanie) et allant jusqu'à 30 000 avant notre ère au Brésil (voir *L'art rupestre préhistorique*, p. 358). Le grand nombre de sites attribués à la période pré-projectile et de dates antérieures à 10 000 tendent à confirmer la réalité sinon l'extension de cette période. Toutefois, si une occupation humaine remontant à plus de 35 000 ans se confirmait en Amérique, il faudrait s'interroger sur le lieu d'origine de ces premiers occupants qui n'ont guère laissé de trace en Sibérie orientale (encore peu connue il est vrai) et se demander si les plus anciens ne pourraient être des Néandertaloïdes. Il faut le noter, jusqu'à maintenant, aucun autre témoin paléontologique ne vient appuyer l'hypothèse d'une présence antérieure à l'*Homo sapiens sapiens* en Amérique.

En Alaska, plusieurs formations archéologiques portent la marque du Paléolithique supérieur et sont rattachées à une tradition paléoarctique américaine assez mal définie, appelée Tradition béringienne* ou « Paléolithique supérieur béringien ». Il n'en reste pas moins que dans ce premier territoire américain parcouru par des hommes du Paléolithique supérieur sibérien après avoir franchi l'isthme de Béring, il n'y a guère de site antérieur à 10 000 avant notre ère dont les datations soient sérieusement établies. Par contre, entre 10 000 et 8 000, ils sont plus nombreux qu'aux périodes suivantes bien que souvent petits et pauvres en objets. Cette densité peut témoigner d'un peuplement subitement important. Mais, après 5000, les sites qui portent encore la marque du Paléolithique supérieur, comme ceux de la culture dénalienne*, disparaissent complètement. Ils étaient presque tous à l'intérieur des terres où le gros gibier pouvait être chassé. Le site aléoutien d'Anangula est l'une des rares exceptions qui témoigne du début de l'adaptation aux ressources côtières, il y a peut-être 10 000 ans, chez des groupes qui se trouvaient au sud de la Béringie.

On ne peut établir encore si les chasseurs du Paléoarctique n'ont fait que passer par l'isthme béringien ou s'ils l'ont exploité intensivement, comme une région riche en gibier et favorable à leur expansion démographique, avant que la mer ne la recouvre progressivement. Dans la première hypothèse, compatible avec l'idée d'un milieu peu hospitalier, les sites du Paléoarctique américain témoigneraient de l'arrivée de populations venues directement de Sibérie sans s'attarder dans l'isthme. La seconde hypothèse implique que l'isthme béringien était riche en prairies accueillantes pour les gros mammifères et leurs chasseurs ; dans ce cas, les plus anciens sites de l'Alaska auraient abrité les « survivants » de la partie engloutie de la Béringie, qui se seraient progressivement réfugiés dans les hautes vallées.

Il est difficile de relier archéologiquement le Paléoarctique aux cultures postérieures de l'Alaska et même à celles qui lui sont contemporaines dans le reste de l'Amérique. Une grande partie de l'Alaska et du Yukon fut épargnée par les glaciers qui s'étendaient du Pacifique à l'Atlantique en deux calottes, l'une centrée sur le bouclier laurentien, l'autre sur la cordillère des Rocheuses. Les données géologiques les plus récentes suggèrent qu'à trois reprises, lors du maximum de leur extension, ces inlandsis se rapprochèrent et, s'ils ne fusionnèrent pas, ne laissèrent probablement qu'un couloir très étroit et inhospitalier : vers 68 000, 33 000 et de 18 000 à 13 000 avant notre ère. En dehors de ces périodes, on ne pense plus maintenant que la calotte de la cordillère ait eu un développement suffisant pour arrêter des groupes de chasseurs progressant vers le sud. On peut même se demander si la côte du Pacifique n'offrit pas à certains moments une voie de passage praticable en partie par bateau. Cependant, comme les plus anciens sites d'Alaska mentionnés précédemment remontent tout au plus à 10 000 ans, certains archéologues ne conçoivent pas que les régions plus méridionales aient pu être peuplées avant cette date.

Au sud du territoire jadis couvert par les glaciers, c'est vers 10 000 avant J.-C. qu'apparaissent les plus anciens sites considérés comme paléoindiens et dont les datations sont acceptées par l'ensemble des archéologues. Les Paléoindiens, chasseurs de gros gibier, utilisaient des pointes de projectiles bifaciales comparables à celles du Paléolithique supérieur sibérien. Ces pointes, dont les types varient dans le temps et dans l'espace, caractérisent les différentes formations paléoindiennes. C'est dans les plaines du centre-ouest des États-Unis que l'on a trouvé les plus anciens vestiges paléoindiens et les plus nombreux. Les pointes asymétriques de Sandia seraient à l'origine des premières pointes à cannelure proximale. Cette cannelure, obtenue par l'enlèvement d'un éclat allongé depuis la base de la pointe sur une ou deux faces de celle-ci, était destinée à améliorer la fixation sur une hampe. Il s'agit là, semble-t-il, d'une invention vraiment américaine car pour l'instant les pointes à cannelure n'ont été trouvées qu'en Amérique. Les variantes de ces pointes de type Clovis (vers 9000 avant J.-C.) et de type Folsom (vers 8000 avant J.-C.) constituent ce qu'on appelle souvent l'horizon Llano. Les quelques pointes à cannelure trouvées en Alaska et au Yukon, ou au nord des anciens inlandsis, sont plutôt interprétées comme l'indice d'une remontée vers le nord de quelques bandes paléoindiennes des Prairies. L'horizon Plano, qui succède au Llano, est caractérisé par une très grande variété de pointes sans cannelure (types d'Agate Basin, de Plainview, de Cody par exemple). Le Paléoindien est aussi représenté par de nombreux sites de chasse intensive aux gros mammifères (*kill-sites*) et des campements où la pierre et le bois étaient travaillés. Il est possible que la surexploitation de cette grande faune du Pléistocène par les premiers chasseurs paléoindiens qui essaimèrent jusqu'à l'extrême sud de l'Amérique ait précipité plutôt que causé l'extinction de plusieurs espèces de grands herbivores comme le mammouth et le cheval. Ce serait la première perturbation écologique causée par l'homme. On a calculé que 1 500 ans ont pu suffire pour que, de chasse en chasse, l'Amérique soit parcourue du nord au sud.

Les données anthropométriques, biologiques, génétiques et linguistiques concernant les populations d'Asie et d'Amérique s'accordent avec l'hypothèse d'une origine asiatique des Amérindiens, des Esquimaux et des Aléoutes. Selon ces données, à partir d'un fond mongoloïde commun, ceux qui allaient devenir les Amérindiens d'une part et les Esquimaux-Aléoutes d'autre part auraient commencé à se différencier en Sibérie il y a un peu moins de 20 000 ans. Les premiers auraient pénétré en Amérique par l'intérieur de la Béringie, peut-être en deux courants distincts. Par contre, Esquimaux et Aléoutes auraient divergé il y a seulement 9 000 ans après avoir fréquenté la côte sud de la Béringie. Ils auraient exploité plus intensivement les ressources côtières, ce qui aurait favorisé leur développement démographique.

Il est probable que les recherches en cours apporteront des précisions sur la période pré-projectile antérieure au Paléoindien. Pour l'instant, toutefois, il est difficile de relier cette période aux données de l'archéologie et des autres disciplines concernant l'Alaska et la Sibérie orientale.

Patrick PLUMET

Pointes de type Clovis trouvées avec des os de mammouth, site de Lehner, Arizona

Les pointes de type Clovis, comme celles de type Folsom, étaient utilisées par les Paléoindiens chasseurs de gros mammifères, en particulier de mammouths. Elles ressemblent à certaines pointes du Paléoarctique sibérien, mais les cannelures proximales plus ou moins longues qui les caractérisent, inconnues dans l'Ancien Monde, assuraient une plus grande stabilité de leur fixation sur la lance. Site Lehner. The Arizona State Museum, Tucson.

Industrie sur os du Old Crow, Yukon

Les sites du Old Crow ont livré plus d'une centaine d'os de gros mammifères qui semblent avoir été éclatés volontairement ou, comme ceux-ci, taillés comme un nucléus de pierre. Témoignent-ils d'une industrie sur os remontant à plus de 15 000 ans ou de la consommation de la moelle, ou bien résultent-ils d'actions mécaniques naturelles ? Une récente datation a donné 33 700 ± 800 B.P. (*before present* : avant 1950) pour l'objet de gauche. Au Colorado, on a trouvé des sites où les os éclatés sont abondants. Ils sont également préclovisiens et pauvres en outillage lithique. Musée national de l'homme, Ottawa.

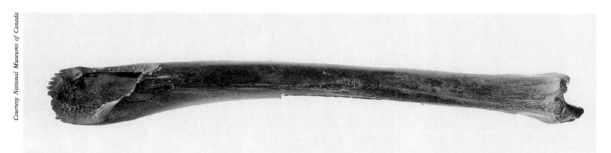

Queursoir en tibia de caribou du Old Crow : vieux de 27 000 ou 1 350 ans ?

Identique à ceux des Amérindiens historiques, ce queursoir (grattoir à peaux) trouvé au Yukon en 1966, a été considéré comme l'un des plus vieux outils d'Amérique. Une première datation au ^{14}C de l'apatite, une partie inorganique de l'os, avait donné 27 000 ans d'âge. En 1985, l'analyse du ^{14}C de la protéine de cet os a donné 1 350 ± 150 B.P. en utilisant un spectromètre sur accélérateur. Cependant, trente-deux autres os de la même région, surtout de mammouths, apparemment modifiés par l'homme ont donné, selon la même méthode, des dates situées entre 25 000 et 47 000 ans.

Squelette de mammouth en cours de dégagement dans un site paléoindien de l'Arizona

On aperçoit au premier plan les dents de l'animal. Parfois des mammouths entiers ont été retrouvés sur des sites américains, surtout en Alaska et dans les États de l'Ouest. Malgré sa taille, le mammouth était assez facile à chasser. Il disparut, comme le mastodonte, le cheval préhistorique, des camélidés et d'autres gros mammifères du Pléistocène, après 8000 avant J.-C. environ, peut-être sous l'effet conjugué de la chasse et des changements écologiques consécutifs au réchauffement postglaciaire. Site Lehner.

Les chasseurs de l'Arctique

Les chasseurs de l'Arctique sont issus en partie du premier peuplement béringien de l'Amérique. À l'Holocène*, des courants d'échanges, des influences et des mouvements de populations entre l'Asie et l'Alaska sont également intervenus dans la formation des cultures arctiques américaines. Si les données récentes de l'archéologie ne permettent pas encore de suivre clairement le cheminement des cultures depuis la Sibérie jusqu'en Alaska, il est en revanche possible de retracer les différentes phases de l'adaptation des chasseurs mongoloïdes aux ressources marines à partir de la fin du Pléistocène* et le mouvement de leur expansion depuis la mer de Béring jusqu'au Groenland.

Le premier site américain connu témoignant de cette adaptation maritime est celui d'Anangula dans les Aléoutiennes. Il remonte peut-être à plus de 10 000 ans. Parmi les industries microlithiques*, probablement dérivées de la Tradition* paléoarctique, qui apparaissent dans le nord-ouest de l'Amérique, la tradition microlithique de l'Arctique sera à l'origine des cultures paléoesquimaudes et esquimaudes. Elle se manifeste à la fin du IIIᵉ millénaire avant J.-C. dans le nord-ouest de l'Alaska (sites de Denbigh et d'Onion Portage par exemple). Elle est caractérisée par un outillage miniaturisé, façonné au moyen de retouches régulières et parallèles sur un chert très fin analogue au silex. Les burins, à façonnage parfois bifacial, sont abondants, et les chutes de burins, bien que très petites, présentent fréquemment des marques de retouches et d'utilisation.

Les plus anciens sites de la tradition microlithique de l'Arctique témoignent d'un mode de subsistance reposant surtout sur la chasse au caribou et, accessoirement, sur la chasse au phoque. Il n'est pas encore bien établi si ces chasseurs ont évolué à partir de populations paléoarctiques alaskiennes ou s'ils venaient de Sibérie. Quoi qu'il en soit, très rapidement, soit en deux ou trois siècles, la Tradition microlithique de l'Arctique se répand depuis le sud de la mer de Béring jusqu'au Labrador et même jusqu'à l'extrémité nord-est du Groenland (fjord de l'Indépendance). Alors que l'on peut suivre son évolution dans l'Arctique central et oriental jusque vers 1500 après J.-C., elle semble disparaître en Alaska à partir de 1000 avant J.-C. Les chasseurs de cette tradition allaient progressivement se spécialiser dans l'exploitation du milieu arctique et particulièrement de ses ressources côtières. On appelle cette période le Paléoesquimau. L'évolution des cultures paléoesquimaudes est différente dans l'Arctique central et oriental (Canada et Groenland) et dans l'Arctique occidental (Alaska).

Les Paléoesquimaux sont les premiers occupants de l'Arctique central et oriental, et remontent au moins à 2000 avant J.-C. C'était alors la fin de l'hypsithermal, la période de réchauffement maximal qui suivit la dernière glaciation. Quelques dates avoisinant 3000 avant J.-C. ont même été récemment proposées pour le site de Old Nûgdlit dans la région de Thulé au nord du Groenland, mais elles sont encore très discutées. On considère généralement que les Paléoesquimaux essaimèrent depuis l'Alaska, en suivant les troupeaux de bœufs musqués et de caribous (rennes du Canada).

On distingue habituellement deux formations archéologiques anciennes : l'Indépendancien I, d'abord identifié au fjord de l'Indépendance et en terre d'Ellesmere, puis en d'autres régions de l'Arctique, surtout dans sa partie septentrionale, et le Prédorsétien, plus souvent appelé Sarqaquien au Groenland, identifié au golfe de Foxe et en terre de Baffin, puis dans l'ensemble de l'Arctique canadien. Le Prédorsétien semble légèrement postérieur à l'Indépendancien I qui disparaît vers 1700 avant J.-C. pour resurgir dans les mêmes régions vers 1100 avant J.-C. sous la forme de l'Indépendancien II qui présente des caractères analogues à ceux du Prédorsétien tardif et comporte des traits équivalents à ceux du Dorsétien. Entre 1500 et 700 avant J.-C., période légèrement plus chaude, les Prédorsétiens se répandent à l'intérieur des Barren Grounds où ils chassent le caribou. Entre 800 et 500 avant J.-C. se manifeste une nouvelle formation archéologique de plus en plus distincte des précédentes : le Dorsétien.

La culture matérielle dorsétienne comporte des traits techniques nouveaux dont l'origine n'a pu être établie. Elle témoigne d'une exploitation très subtile des ressources côtières. L'arc n'est pratiquement plus attesté, les perforations, en particulier le chas des aiguilles, ne sont plus forées à l'archet mais obtenues par incision ou burinage. Le polissage de la pierre se développe, des lampes sont façonnées dans la stéatite, les habitations deviennent plus complexes et parfois très grandes. Le Dorsétien est aussi caractérisé, surtout dans sa dernière phase, par une expression artistique très riche en petites figurines humaines et animales. Les traces des Dorsétiens se perdent entre 1350 et 1500 après J.-C. selon les régions ; à la même époque, les Néoesquimaux thuléens, venus d'Alaska à partir du Xᵉ ou XIᵉ siècle, fréquentent les mêmes territoires.

En Alaska, région où se rencontrent des cultures très différentes, l'évolution de la tradition microlithique de l'Arctique est plus difficile à suivre. Au sud, à partir de 3000 avant J.-C., se manifestent deux autres traditions régionales : celle des îles Aléoutiennes et celle de l'île Kodiak, cette dernière étant caractérisée par l'utilisation de l'ardoise polie, antérieurement à 1000 avant J.-C. Ailleurs, la tradition microlithique de l'Arctique, bien qu'apparue un peu avant 2000, n'est plus clairement attestée à partir de 1000 avant J.-C. Peu après, les cultures de Choris puis de Norton, au nord, semblent en conserver certains éléments tout en fabriquant une céramique d'origine sibérienne, des lampes en pierre et en polissant de l'ardoise. La consommation des ressources du littoral se développe. Les sites de ces cultures correspondent à de gros villages côtiers où les archéologues retrouvent parfois plusieurs centaines d'habitations semi-souterraines. Cette évolution se retrouve aussi dans les étranges cultures de Near-Ipiutak et d'Ipiutak considérées comme des formes particulières du Nortonien malgré des différences évidentes (absence de poterie et d'ardoise polie à Ipiutak, chasse à la baleine à Near-Ipiutak) et une expression artistique très originale, illustrée par une grande diversité d'objets dont la fonction est parfois inexplicable. Toutes ces cultures, plus ou moins dérivées de la tradition microlithique de l'Arctique, correspondent au Paléoesquimau occidental. Elles sont parfois regroupées sous le nom de « tradition nortonienne ». Celle-ci, au nord, ne disparaît qu'à la fin du Iᵉʳ millénaire de notre ère alors qu'apparaît déjà le Néoesquimau.

Au sud de l'Alaska et sur les rivages de la mer de Béring, on peut suivre aussi l'évolution du Nortonien et d'autres cultures côtières sibériennes. Cette convergence d'influences sibériennes et alaskiennes dans la région béringienne est à l'origine du développement, au cours du Iᵉʳ millénaire de notre ère et sur un fond nortonien, d'une tradition maritime septentrionale appelée aussi tradition thuléenne. Elle inclut le Vieux Béringien (*Old Bering Sea Culture*) et les cultures d'Okvik, de Punuk, de Birnik au nord de l'Alaska, d'où sortira la culture de Thulé un peu avant la fin du Iᵉʳ millénaire de notre ère. La chasse à la baleine, sporadiquement attestée au Paléoesquimau, profite des développements techniques apportés à la chasse en eau libre des autres mammifères marins : kayak, oumiaq (sorte de baleinière en peaux), harpon à flotteur relié au gibier, têtes de harpons basculantes sont alors utilisés. À l'île Saint-Laurent, les baleines sont couramment chassées par les Punukiens dès 500 après J.-C. À la pointe Barrow, des conditions écologiques spéciales favorisèrent la chasse des baleines lors de leurs migrations saisonnières. C'est peut-être ce qui entraîna les Thuléens, qui dominaient le Pacifique nord en Sibérie comme en Alaska, vers l'Arctique central et oriental dès le début du IIᵉ millénaire alors qu'intervient un réchauffement climatique. Les Thuléens sont les ancêtres directs des occupants actuels de l'Arctique qui se nomment Inuit au Canada et au nord de l'Alaska, Yuit au sud de l'Alaska et en Sibérie et Kalaallit au Groenland.

Patrick PLUMET

Multiface dorsétien trouvé à l'île Bathurst, Canada

Provenant de l'Arctique oriental et du Groenland, ces objets, généralement en andouiller de caribou, furent peut-être sculptés par des chamans. Chacun d'eux présente des dizaines de visages, d'expressions et de formes diverses, imbriqués les uns dans les autres. Musée national de l'homme, Ottawa.

Masque en bois miniature trouvé au site dorsétien Nanook, terre de Baffin, Canada

Les représentations animales et humaines, fréquentes dans l'art dorsétien, sont généralement miniaturisées : le masque représenté ici a 61 mm de hauteur. Il existait aussi des masques en bois grandeur nature, mais très peu ont été retrouvés. Des visages analogues sont aussi gravés dans des carrières de stéatite de l'Arctique québécois. Musée national de l'homme, Ottawa.

Tête de harpon en ivoire de l'Indépendancien trouvée à Port Refuge, Canada

Les plus anciennes têtes de harpon paléoesquimaudes étaient en os ou en ivoire sans armature de pierre. Le style des têtes de harpon est un bon repère chronologique et culturel pour les préhistoriens de l'Arctique. La perforation permet de fixer une lanière en peau de mammifère marin. Longueur : 63 mm. Musée national de l'homme, Ottawa.

Outillage microlithique de l'Indépendancien I provenant de Port Refuge, Canada

La pointe à pédoncule, à gauche, probablement utilisée comme armature de lance, présente des bords denticulés caractéristiques de l'Indépendancien. Les burins, à droite, longs de 20 à 30 mm, au support façonné parfois sur les deux faces, sont très abondants au Paléoesquimau ancien. Ils servaient au travail de l'os et de l'ivoire. Ils deviennent rares à partir du Dorsétien. Les chutes de burins, même très petites, présentent souvent des traces d'utilisation. Musée national de l'homme, Ottawa.

Emplacement d'une maison longue dorsétienne dans l'Ungava, Arctique québécois

Les Dorsétiens édifiaient de vastes habitations collectives, couvertes en peaux. Les familles d'une bande régionale pouvaient s'y réunir, probablement en automne, avant de se disperser de nouveau pour l'hiver. Dimensions : 40 m × 6 m.

Masque funéraire composite en ivoire, constitué de six éléments indépendants, trouvé à Ipiutak, Alaska

Les morceaux étaient assemblés au moyen de lanières passant dans les perforations. Les deux parties de la bouche sont maintenues à droite et à gauche par des taquets en forme de larves recouvrant des trous. Les éléments d'encadrement sont décorés de têtes animales stylisées. Des incrustations de jais en partie disparues complétaient l'ornementation. American Museum of Natural History, New York.

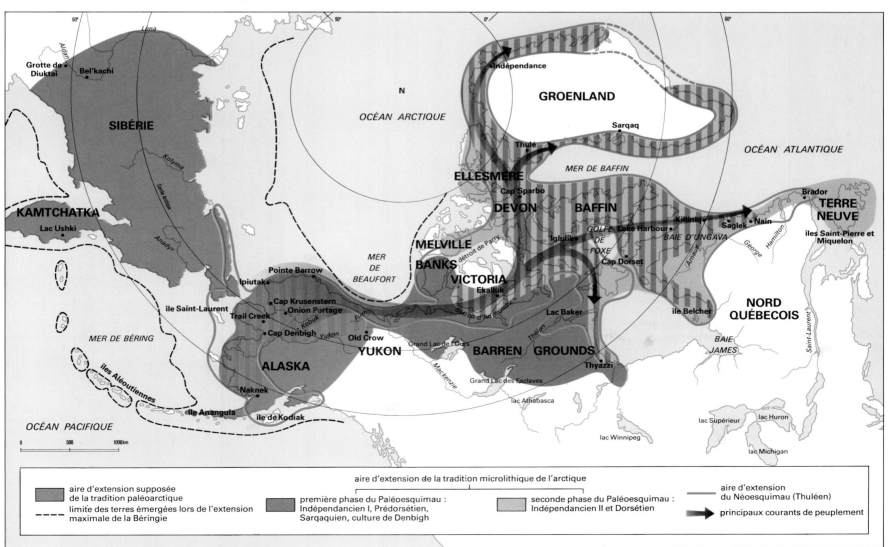

Légende de la carte :

- aire d'extension supposée de la tradition paléoarctique
- limite des terres émergées lors de l'extension maximale de la Béringie
- aire d'extension de la tradition microlithique de l'arctique
- première phase du Paléoesquimau : Indépendancien I, Prédorsétien, Sarqaquien, culture de Denbigh
- seconde phase du Paléoesquimau : Indépendancien II et Dorsétien
- aire d'extension du Néoesquimau (Thuléen)
- principaux courants de peuplement

Les chasseurs des forêts de l'Est

Il y a 18 000 ans, le nord-est de l'Amérique du Nord n'était qu'un immense champ de glace. Un désert humain s'étendait à l'est du Mississippi sur la portion du territoire recouverte par le glacier continental lors de l'expansion maximale de la dernière glaciation : celle du Wisconsin, correspondant au Würm de l'Europe. La régression de l'inlandsis débuta peu de temps après et son front était, il y a environ 12 000 ans, à la hauteur des Grands Lacs et du fleuve Saint-Laurent. Les effets de la glaciation sur le milieu furent moins importants à partir de 6000 avant J.-C., mais, entre cette date et le début de la régression glaciaire, il y eut une série d'ajustements biogéographiques qui formèrent une succession de paysages allant du désert froid à une forêt dense en passant par la toundra puis par la taïga. Le paysage qui se mit en place sur l'ensemble du territoire durant le Ve millénaire avant notre ère était identique à celui qu'observèrent les premiers Européens aux XVIe et XVIIe siècles. C'étaient alors des forêts à perte de vue, mais elles étaient découpées, contrastées, selon la latitude. Les caryas, les chênes, les noyers et les érables dominaient dans les forêts du Sud, les érables, les trembles, les bouleaux et les pins, dans celles du Centre, tandis que les épinettes formaient les espèces principales des forêts du Nord. Cette spécificité de la végétation selon la latitude valait également pour la faune qui, très variée et riche dans les régions méridionales, diminuait progressivement vers le nord. Les archéologues doivent tenir compte de cette fluctuation du cadre biogéographique pour comprendre les différents modes d'adaptation régionaux.

La couverture sylvestre du territoire était cependant un phénomène récent ; les premiers Américains qui poursuivaient le gros gibier à l'est du Mississippi au cours du Xe millénaire ne rencontrèrent point d'arbres mais un paysage de lichens où broutaient les derniers troupeaux de mammouths et de mastodontes de la grande faune du Pléistocène*. La disparition de cette « mégafaune » que l'archéologie n'arrive pas encore à élucider et l'arrivée progressive de la forêt transformèrent les conditions d'exploitation des premiers habitants que l'on nomme les Paléoindiens. Les nouveaux paysages forestiers provoquèrent des ajustements profonds, et les groupes humains adoptèrent alors un nouveau système de vie caractéristique de la période archaïque qui s'échelonna selon les régions entre 6000 et 1000 avant notre ère. Les nombreux documents exhumés révèlent

que tout un territoire fortement boisé et traversé par de nombreuses rivières impétueuses a été conquis durant ces cinq millénaires. C'était un pays neuf que l'homme dut domestiquer et, pour y arriver, il eut à dominer l'élément nouveau du paysage : le végétal.

Les populations archaïques conservèrent de nombreux points en commun avec leurs prédécesseurs : une technologie de la pierre taillée semblable quoique beaucoup moins soignée, un même nomadisme lié à la poursuite du gibier, une même organisation socio-économique formée de petits groupes autonomes rassemblant quelques familles. Le mode de subsistance resta fondé sur la chasse, mais les variations saisonnières des ressources forcèrent les groupes à diversifier leurs activités. Selon les moments, on était chasseur, pêcheur ou cueilleur, mais les activités de chasse restaient les plus rentables et les plus prestigieuses. La chasse était une activité menée par quelques hommes au moyen de techniques variées. La chasse directe était utilisée pour le gros et le moyen gibiers tels que l'orignal, le wapiti, le chevreuil, le caribou, l'ours et le castor, tandis que les techniques comme la trappe s'appliquaient au plus petit gibier comme le rat musqué et le lièvre. On armait les javelots de pointes en pierre taillée, et on plaçait des pièges ingénieux sur les pistes des animaux. Le régime alimentaire quotidien était surtout constitué de viande, mais il était agrémenté de poissons et de baies sauvages. On pêchait pendant toute l'année, même sous la glace, mais la période estivale était la plus productive. La cueillette des végétaux comestibles se faisait tout l'été et jusqu'à l'automne. C'était une activité essentiellement féminine. L'abondance relative des ressources durant l'été incitait les nombreux petits groupes à se rassembler chaque année pour traiter les affaires collectives et pour renforcer l'appartenance à un groupe plus grand, la bande.

La fin de l'été et l'automne étaient une période capitale employée aux préparatifs de l'hiver. Après les regroupements et les festivités estivales, on assistait durant l'automne à une dispersion, à un effritement de la bande pour mieux exploiter les ressources. On cueillait, on pêchait et on chassait pour faire des provisions tout en se déplaçant vers les lieux propices à affronter la saison froide sans trop de disette. Une « micro-bande » devait disposer d'un terrain de chasse et de trappe d'au moins 1 000 kilomètres carrés pour pouvoir résister aux rigueurs des mois d'hiver. Cette exploitation du pays devait être réglée selon les saisons.

Le respect du cycle annuel des activités de subsistance était pour les groupes humains la garantie de leur survie.

Pour reconstituer l'activité de l'homme à cette période lointaine, on peut par analogie s'appuyer sur les descriptions de groupes de chasseurs faites par les Européens à leur arrivée au XVIe siècle. Les données archéologiques se réduisent très souvent à l'outillage lithique. C'est donc par raisonnement analogique que nous pouvons supposer les productions à partir des végétaux généralement absents des sites archéologiques. Les Amérindiens en tiraient des moyens de transport (embarcations, raquettes, toboggan, traîneau, etc.), des habitations, des pièges et des assommoirs, du bois de chauffage, des récipients, des ustensiles, des armes (arcs, hampes de flèche ou de javelot), des filets de pêche, la pharmacopée, etc. De même, à partir de l'os, ils produisaient des pointes, des hameçons, des harpons, des poinçons, des ciseaux et des aiguilles.

Durant les cinq millénaires que dura la période archaïque, le mode d'adaptation au milieu se perfectionna et devint de plus en plus efficace. Sur ce vaste territoire apparurent des régionalismes issus des adaptations à certaines ressources locales, mais en même temps la circulation des objets entre les groupes fut importante. Ainsi, durant le IIIe millénaire avant notre ère, certains groupes natifs de la région du lac Supérieur se spécialisèrent dans la fabrication d'outils en cuivre. Ces objets, pointes de lance, bracelets, bagues, furent exportés partout dans l'Est par l'intermédiaire d'un vaste réseau d'échanges. Les différents groupes furent toujours ouverts vers l'extérieur en dépit de l'isolement provoqué par l'hiver.

Malgré l'hostilité du milieu, les chasseurs des forêts de l'est de l'Amérique du Nord ont développé un réseau de communication sur une grande échelle. Leur mode de vie leur a permis de s'adapter à un vaste territoire. Ce système d'adaptation particulier persista dans les groupes septentrionaux jusqu'à l'arrivée des Européens. On n'y adoptera, par exemple, que tardivement et de façon timide les récipients en céramique. Le mode de vie des chasseurs des forêts de l'est de l'Amérique du Nord n'a pas donné naissance à une organisation socio-économique très élaborée, mais il leur a permis de dominer et d'exploiter avec succès pendant des millénaires un environnement difficile.

Claude CHAPDELAINE

L'habitation

Les populations préhistoriques de l'est de l'Amérique du Nord vivaient en petits groupes composés souvent de deux ou trois familles nucléaires. Chaque unité familiale avait sa propre habitation constituée d'une charpente de perches entrecroisées qui était recouverte de peaux de cervidés ; un foyer occupait le centre de l'aire d'occupation (Poste de la Baleine, ci-dessus). Les recherches archéologiques les plus récentes ont révélé au Québec (ci-contre) le plan d'une maison de plus de 30 mètres de longueur sur 6 mètres de largeur construite par des groupes dont la subsistance provenait essentiellement de la chasse et de la pêche. Il s'agit de l'habitation de petits groupes qui se rassemblaient, lors de la saison estivale, pour procéder à des échanges et à des réorganisations sociales. Cette découverte remet en cause l'utilisation exclusive de ce genre d'habitation par les horticulteurs et souligne la souplesse de l'organisation sociale de ces groupes.

Un pays de glace

Il y a 18 000 ans, les forêts de l'est de l'Amérique du Nord n'existaient pas. Les groupes de chasseurs n'avaient certainement pas traversé le Mississippi à cette époque. Le pays était alors sous plus d'un kilomètre de glace et nous n'avons aucune preuve indiscutable de la présence humaine au sud du front glaciaire. La régression de l'inlandsis permettra d'abord l'implantation d'une toundra, et ce n'est que vers le VIIIe millénaire avant notre ère que les forêts de feuillus et de conifères envahiront progressivement cet immense territoire pour le caractériser de façon définitive (d'après V. K. Prest, « Géologie du Quaternaire au Canada », in R. J. W. Douglas, L. P. Tremblay éd., *Géologie et ressources minérales du Canada*, Ottawa 1975).

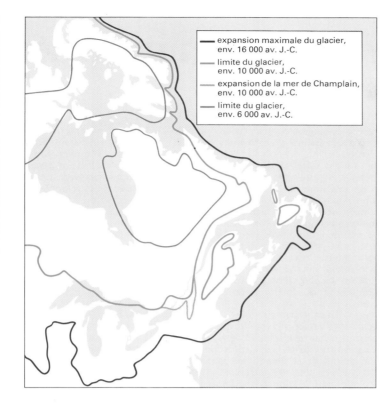

expansion maximale du glacier, env. 16 000 av. J.-C.
limite du glacier, env. 10 000 av. J.-C.
expansion de la mer de Champlain, env. 10 000 av. J.-C.
limite du glacier, env. 6 000 av. J.-C.

● période paléoindienne (env. 10 000 à 6 000 av. J.-C.)
● période archaïque (env. 6 000 à 1 000 av. J.-C.)
● mode de vie archaïque (période préhistorique récente : env. 1 000 à 1 750 apr. J.-C.)

Hamilton Inlet
L'Anse Amour
Port-aux-Choix
Washadimi
site de la Longue-Maison
site de la rivière Minto
Rivière-au-Bouleau
Sainte-Anne-des-Monts
Tadoussac
Bic
Debert
Saint-Augustin
Cow Point
îles Allumettes et Morisson
Pointe-du-Buisson
Vail
Reagen
Sheguiandah
Neville
Whipple
Bull Brook
Inverhuron
Fisher
Potts
Brewerton
Renier
Holcombe
Parkhill
West Athens Hill
Dutchess Quarry Cave
Lamoka
Plenge
Meadowcroft Rockskelter
Koster
Williamson

Pointes de projectiles, site de la Pointe-du-Buisson

La grande dépendance des populations vis-à-vis des produits de la chasse a alimenté la mythologie nord-américaine. Néanmoins, l'adaptation de ces groupes de chasseurs à leur milieu les a incités à ne pas se limiter à une seule activité. Ils ont privilégié la chasse mais s'adonnaient régulièrement à la pêche et à la cueillette. Pour les archéologues, les activités de chasse sont attestées par la présence de pointes de projectiles. L'arc et la flèche ne sont pas apparus au même moment ; il est admis que ce n'est pas avant le début de notre ère que l'arc est utilisé. Quant aux pointes de projectiles qui arment un javelot, elles étaient sans doute propulsées à l'aide d'un *atlatl*.

R. Larocque, université de Montréal

Un pays domestiqué

Vers 9000 avant notre ère, les premiers groupes se sont adaptés aux fluctuations de l'environnement et on les retrouve sur presque tout le territoire libéré par les glaces. Ces Paléoindiens vivaient essentiellement de la chasse au gros gibier et même s'ils ont eu l'occasion de voir des mammouths et des mastodontes, la recherche archéologique n'a pas encore démontré qu'on les chassait dans l'Est tandis que de nombreux témoignages de cette activité existent dans l'ouest de l'Amérique du Nord. Les groupes de la période archaïque achèveront la domestication de la forêt septentrionale, et, même si les archéologues fixent la fin de l'Archaïque à l'an 1000 avant notre ère, le mode de vie axé sur la chasse continuera à être pratiqué dans les latitudes les plus froides jusqu'à la période historique.

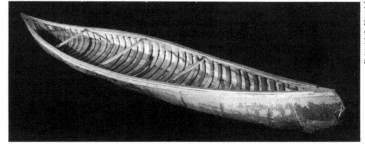

Université de Montréal

Les moyens de transport

Le retrait des glaces a provoqué un surplus d'eau et, pour conquérir ce pays neuf, l'emploi d'embarcations était primordial. Les canots d'écorce ou les pirogues obtenues par l'évidage de troncs d'arbre représentent un élément fondamental de l'adaptation au milieu. En outre, l'ingéniosité des chasseurs transformera l'hiver, grâce aux raquettes et aux toboggans, en une période où s'exercera le plus grand nomadisme.

Courtesy of the Royal Ontario Museum

L'adaptation au froid

La conquête des latitudes nordiques nécessitait une adaptation au froid. On évoque alors le feu, les habitations bien isolées, les vêtements de peaux et les techniques d'acquisition de la nourriture. On aborde rarement l'aspect physiologique de l'adaptation. Les Naskapi du Québec-Labrador fabriquent toujours des vêtements cousus dans des peaux de caribou comme devaient le faire les groupes archaïques. La complexité de la décoration du manteau présenté ici confirme que l'adaptation au froid n'entraîne pas un appauvrissement culturel. Malheureusement les archéologues jouissent rarement de cette exubérance artistique puisque les sols qu'ils fouillent ne permettent qu'exceptionnellement la préservation des matières organiques. Royal Ontario Museum, Toronto.

Les comportements funéraires

Les témoignages archéologiques de la conception de l'univers par les groupes de chasseurs sont plutôt rares. Ils se limitent à des sépultures où les morts sont soit placés en position fœtale, soit désarticulés ou brûlés. Pour qu'il puisse entreprendre son voyage au-delà de la vie, on déposait près du mort des objets de la vie quotidienne. On peut imaginer ainsi l'existence d'un rituel élaboré, et la découverte d'un tumulus à L'Anse-Amour sur la côte du Labrador révèle un comportement funéraire complexe de la part des chasseurs de la forêt. Dans cette sépulture, qui remonte à plus de 7 000 ans, des blocs ont été empilés au-dessus d'une fosse qui contenait un adolescent et des objets dont certains avaient vraisemblablement une fonction religieuse.

Musée national de l'Homme, Ottawa

Le développement de l'agriculture

Des centaines de sites ont livré des informations sur l'apparition de l'agriculture en Amérique du Nord et ont permis d'établir la chronologie de l'intégration des différentes plantes cultivées, d'évaluer leur importance dans l'économie et leurs effets sur l'organisation des groupes humains. L'archéologie a bénéficié pour ces recherches des données de l'ethno-histoire.

L'apparition de l'agriculture marqua un changement qualitatif important pour les groupes américains qui en devinrent dépendants, mais ce changement fut beaucoup moins brusque qu'il ne le semblait il y a une vingtaine d'années. En effet, on pensait alors que l'agriculture représentait un véritable progrès et que la vie du chasseur-cueilleur était fondamentalement empreinte d'insécurité économique. Il était donc logique de croire que la rencontre de cultigènes* devait entraîner un développement rapide, souhaité et bienvenu de l'agriculture. Les économistes et les ethnologues ont montré depuis lors que la vie prédatrice n'était pas aussi incertaine qu'on ne l'avait cru, que les populations agricoles n'étaient pas à l'abri de différentes calamités naturelles (climat trop sec ou trop humide, invasion d'insectes, etc.), que le mode de vie fondé sur la production des plantes cultivées entraînait souvent une charge de travail plus grande, l'obligation d'une économie mixte, une augmentation accélérée de la population, la restriction des territoires et des ressources. Il apparaît de plus en plus que l'adoption d'un mode de vie dépendant de l'agriculture est une réponse coûteuse à une situation de crise provoquée par la surpopulation relative et la détérioration des ressources naturelles de territoires déjà marqués par des frontières assez nettes. En outre, l'adoption de ce mode de vie suivit le plus souvent une période durant laquelle l'exploitation prédatrice traditionnelle était complétée par des ressources jusqu'alors négligées : pêche intensive, ramassage de mollusques, cueillette importante de végétaux, etc. De plus, elle suivait le plus souvent un cycle d'exploitation ayant intégré des formes variées de sédentarisation saisonnière. D'ailleurs, il arrivait parfois, comme sur la côte nord-ouest du Pacifique, que ce type d'adaptation ne débouchât pas sur l'agriculture mais qu'il suffît à satisfaire les besoins nouveaux.

On sait grâce aux sources ethno-historiques que l'agriculture n'existait aussi, parfois, que sous forme de petits jardins d'appoint dont l'importance économique était modeste ; c'était encore le cas de certains groupes algonquins de la région de l'Outaouais (un affluent du Saint-Laurent) du XVIIe siècle (1600-1650). Ailleurs, les cultigènes étaient souvent connus et appréciés sans être exploités ; on augmentait alors la quantité des ressources sauvages qui étaient échangées contre certains produits agricoles. Ce fut d'ailleurs un phénomène général en Amérique du Nord.

L'agriculture, quand elle devient intensive, accompagne généralement un processus complexe et parfois rapide de détérioration des relations économiques entre une population donnée et son territoire d'exploitation, mais parfois elle peut, pendant des siècles, n'être qu'un phénomène secondaire et complémentaire. En Amérique du Nord, où la population préhistorique n'a jamais été très importante du point de vue démographique, l'exploitation agricole s'est développée avec des modifications aussi complexes que dans les territoires plus exigus de la Mésoamérique ou dans la frange occidentale des zones andines.

À l'arrivée des Européens au XVIe siècle, les populations horticoles d'Amérique du Nord occupaient un important territoire. En revanche, au début de notre ère, alors que l'agriculture définissait depuis longtemps un mode de vie dominant et étendu au Mexique, il n'existait, dans les terres plus septentrionales, que des expériences horticoles peu développées attachées à des économies mixtes dans lesquelles l'exploitation prédatrice était importante et généralement dominante. Les cultigènes les plus importants, le maïs, les haricots et les cucurbitacées, avaient cependant franchi la frontière du nord du Mexique actuel longtemps avant le début de notre ère. En effet, le maïs apparut dans les basses montagnes semi-arides du Sud-Ouest américain au cours du IIIe millénaire, et les haricots ainsi que les cucurbitacées y étaient sans doute présents vers l'an 1000 avant notre ère ; cependant, ils n'y représentaient apparemment que des suppléments saisonniers, et on ne peut guère parler d'un mode de vie horticole qu'à partir de l'an 300 avant J.-C. Au cours des siècles suivants (300 av. J.-C.-500 apr. J.-C.), on assista à une diffusion régionale relativement importante des cultigènes, au développement plus général de la poterie, de la sédentarité, de la vie villageoise, de l'irrigation en certains lieux et à des formes de plus en plus complexes de l'organisation sociale marquée à la fois par un découpage plus marqué des provinces culturelles (Anasazi, Mogollon, Hohokam, Patayan) et par la construction de villages importants. Cependant, malgré l'existence de liens étroits et divers entre le Sud-Ouest américain et les groupes culturels du Mexique, des formes culturelles différentes se développèrent dans ces deux régions.

L'est de l'Amérique du Nord reproduit un scénario fort semblable ; les cultigènes, diffusés à partir de latitudes plus méridionales, apparurent relativement tôt, et ne constituèrent pendant longtemps que des suppléments saisonniers. Les mêmes espèces (maïs, haricots, cucurbitacées) formèrent la base de la subsistance des groupes villageois. Les premières expériences horticoles significatives remontent, en certains points des régions riveraines du Mississippi, au Ier millénaire avant notre ère, mais le premier épanouissement de l'agriculture fut au cours de ce millénaire tardif et restreint. À ce moment-là, il ne fait aucun doute que prévalaient des économies mixtes et que la chasse, la pêche et la collecte de produits sauvages y étaient très importantes. Cependant, la pratique horticole se diffusa progressivement pour être adoptée par des groupes de la Prairie et des Grands Lacs, par des riverains du Saint-Laurent et par divers peuples de la côte atlantique et du golfe du Mexique. Les cultigènes franchirent les frontières culturelles et linguistiques, mais furent plus ou moins rapidement adoptés par les différentes régions. C'est ainsi que certains groupes préhistoriques établis sur certains affluents du Mississippi ou le long du moyen Saint-Laurent n'intégrèrent les cultigènes qu'à partir de l'an 1000 de notre ère.

Comparées aux populations mésoaméricaines, les populations septentrionales semblent avoir été moins prospères. Il serait plus juste de dire qu'elles laissent un témoignage moins spectaculaire ; aboutissant souvent à des organisations villageoises modestes et égalitaires, plus rarement à la création de villes aux populations hiérarchisées et administrativement complexes comme Cahokia en Illinois (site de la région de Saint-Louis fouillé depuis vingt ans par M. Fowler), elles ne donnèrent jamais naissance à une structure étatique complexe et durable ni ne permirent le développement d'un art monumental de pierre, de l'écriture, de la métallurgie comme en Mésoamérique.

En somme, les groupes nord-américains n'ont adopté les cultigènes que dans certaines régions de leur territoire, à la suite de longues expériences durant lesquelles les plantes cultivées n'avaient tenu qu'un rôle complémentaire. Ces dernières ne sont devenues prédominantes qu'à une période relativement récente, formant souvent la base de sociétés autonomes, semi-permanentes, reliées par des alliances intertribales et divisées par des guérillas endémiques. Des structures complexes de pouvoir, de hiérarchie sociale autoritaire, d'entretien de spécialistes ou de royautés étatiques n'y apparurent que brièvement et ponctuellement.

Norman CLERMONT

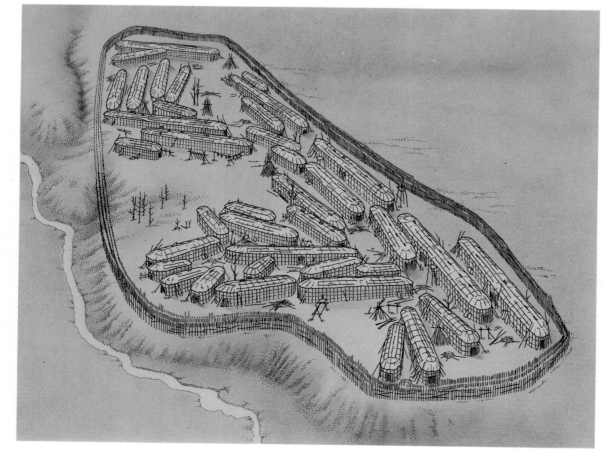

Le village iroquois de Draper, Ontario

Les agriculteurs du Nord-Est américain étaient divisés en plusieurs groupes linguistiques et culturels particuliers. Les Iroquois étaient plus de 100 000, sur un territoire plus grand que la Grèce moderne et composaient plusieurs provinces culturellement distinctes, parfois hostiles, mais ils avaient de nombreux points communs. Après l'adoption de la poterie (1000-500 av. J.-C.), après quelques expériences horticoles marginales (650-1000) et le développement de pêcheries saisonnières nécessitant une semi-sédentarité, ils ont développé une agriculture identique (maïs, haricots, cucurbitacées) vers l'an 1000 après J.-C., un même type d'habitation multifamiliale et un même modèle extrêmement souple d'organisation villageoise où il était exceptionnel de rencontrer plus de 2 000 individus. D'après Ivan Kocsis, Museum of Indian Archaeology, an affiliate of the University of Western Ontario, Londres.

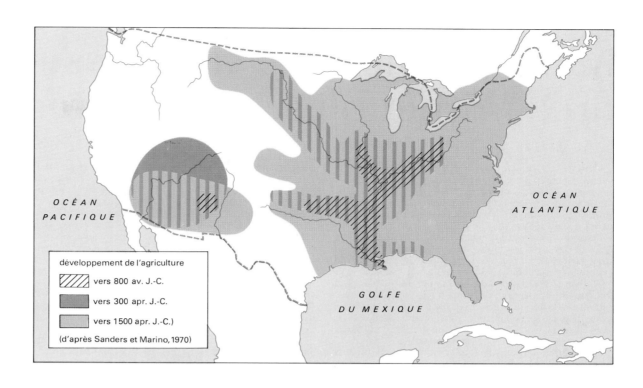

développement de l'agriculture

▨ vers 800 av. J.-C.

▦ vers 300 apr. J.-C.

▦ vers 1500 apr. J.-C.)

(d'après Sanders et Marino, 1970)

Illustration extraite de « Brevis narratio Floridae », Théodore de Bry, 1591

Pour la préparation des champs, gagnés sur la forêt, et pour les semailles, les populations d'Amérique du Nord ne disposaient que du bâton à fouir, de la houe, d'un râteau sommaire et de quelques corbeilles de vannerie. L'irrigation y était très rare et la mise en jachère plus fréquente. La transformation des cultigènes bruts en aliments était réalisée par des outils très simples (pour l'égrenage, la fumigation, la conservation de réserves, la cuisson) dont la forme variait selon les régions.

Bibliothèque nationale, Paris

Illustration extraite du Codex Canadiensis

L'habitude d'inhaler la fumée des végétaux séchés et broyés était très répandue en Amérique du Nord. Elle se généralisa avec la culture de *Nicotiana* mais elle ne fut limitée ni aux sociétés horticoles ni à cette plante. Elle était déjà connue au cours du Ier millénaire avant notre ère, en particulier par plusieurs groupes de chasseurs nomades. Les descriptions faites de cette coutume au XVIIe siècle nous montrent que le « tabac » avait une importance rituelle non négligeable, qu'on le fumait souvent en des circonstances précises, en particulier lors des conseils politiques. Thomas Gilcrease Institute of American History and Art, Tulsa.

Le village de Pueblo Bonito, Nouveau-Mexique

Les populations horticoles et sédentarisées du Sud-Ouest américain avaient, avec les groupes du Mexique, des contacts qui semblent avoir eu plus d'influence sur elles que sur celles de l'Est. Mais leur culture n'en fut pas moins originale, marquée par une vie communale dans des villages perchés (Cliff Dwellings) ou dans de vastes ensembles d'habitations contiguës. Illustration extraite de Jesse D. Jennings, *Prehistory of North America*.

Mesa Verde : de la chasse-cueillette aux immeubles troglodytes

Comme le « Désert peint » de l'Arizona voisin, ainsi nommé parce qu'« il n'y pousse guère que des couleurs » (Ch. A. Amsden, 1949), Mesa Verde doit son nom au vert profond des résineux qui couvrent ses grands reliefs tabulaires et ses canyons encaissés, isolés au milieu du désert du Colorado.

Pour la plus grande chance de l'archéologie, la plupart des vestiges biologiques s'y conservent bien, après une dessiccation due à la faible hygrométrie de l'air sans cesse balayé par les vents du plateau, et à l'excellente ventilation des grès et des sables qui constituent l'essentiel du milieu géologique. Aussi peut-on décrire en détail, en observant le matériel recueilli dans les sépultures, les habitants de la Mesa, leurs vêtements, leurs objets quotidiens en fibres animales et végétales et leurs aliments.

On a donné le nom de *Basketmakers*, ou fabricants de paniers, à ces bandes de chasseurs-cueilleurs venues probablement de l'Utah un peu avant le début de l'ère chrétienne. Au cours de cette première période, appelée Basketmaker I dans la chronologie relative du Grand Sud-Ouest américain, ces chasseurs-cueilleurs parcourrent les sommets de la Mesa et utilisent parfois les grands abris naturels de ses canyons, en y laissant comme uniques vestiges construits des caissons de pierre souterrains, ou « cistes ». Entre deux migrations saisonnières, ils y conservent, selon les cas, des graminées sauvages, un peu de maïs cultivé ; parfois même ils y enterrent leurs morts. On sait ainsi que les Basketmakers avaient la peau brun clair, des cheveux noirs et lisses, et mesuraient en moyenne 1,63 m pour les hommes et 1,52 m pour les femmes. Les hommes portaient les cheveux très longs, séparés en trois parties dont les extrémités étaient ficelées pour former des nœuds sur les oreilles et sur la nuque. Outre quelques pendentifs et bracelets en coquillage, leur seul article vestimentaire était une paire de sandales à double semelle, en cordelette finement tressée, élément essentiel pour des nomades parcourant les régions rocailleuses et semées d'épineux. Les femmes avaient les cheveux taillés courts : elles les utilisaient en effet pour fabriquer les cordelettes qui fixaient les indispensables sandales portées par chaque membre du groupe. Elles arboraient une ceinture finement ouvragée et un petit cache-sexe.

L'activité quotidienne de la femme se répartissait entre la cueillette, la préparation des aliments, la fabrication des paniers et autres objets en fibres végétales et animales et le soin des enfants. Pendant la première année, ceux-ci étaient portés par leur mère dans une sorte de hotte-berceau, faite de branches soigneusement assemblées par des cordelettes et recouvertes de fourrure de lapin.

L'homme, de son côté, participait à la fabrication des collets, filets et autres pièges destinés à la chasse. Ses seules armes de jet étaient le bâton courbe à trajectoire linéaire, sorte de boomerang américain sans retour, et la javeline lancée au propulseur* ou *atlatl*, selon le terme utilisé en Mésoamérique. Les fourrures de rongeurs qu'il rapportait étaient apprêtées par la femme, découpées en lanières et enroulées sur des cordelettes. La femme tissait ensuite avec celles-ci de longues capes qui servaient à s'abriter du froid en hiver et à s'envelopper pour la nuit.

Le goût de la commodité et l'originalité des solutions adoptées pour le satisfaire vont s'affirmer de plus en plus chez les Basketmakers au cours de la deuxième période (de 0 à 450 apr. J.-C.). Inspirées peut-être des cistes, de curieuses constructions semi-souterraines (*pit-houses*) vont apparaître.

Le maïs, que l'on cultive plus que jamais, a créé des surplus qui ont progressivement réduit la nomadisation. À présent, on s'organise en petits hameaux. Ceux-ci vont se développer rapidement pour former de véritables villages au cours de la période suivante (Basketmaker III, de 450 à 700 apr. J.-C.). Il semblerait que ce soient des innovations techniques empruntées à la Mésoamérique qui favorisent alors les transformations : la culture du haricot, la fabrication de la céramique, de l'arc et de la flèche. Avec l'apport des protéines végétales du haricot, s'équilibrant avec les carbo-hydrates du maïs et les vitamines de la courge déjà connus, le pas décisif vers l'économie agricole est franchi. La femme consolide cette étape en fabriquant de la céramique, dont la connaissance semble être due aux Hohokam voisins, en contact avec la Mésoamérique. Mais, au lieu de la modeler, elle la « tisse en rond », à partir d'une fine spirale de pâte qu'elle tasse, à petits coups de poinçon en os, comme elle le fait pour ses paniers en fibre végétale. L'homme est plus lent à abandonner la javeline et le propulseur au profit de l'arc et de la flèche, infiniment plus commodes et s'adaptant à des gibiers plus variés. Mais il finit par les adopter et ceux-ci deviennent omniprésents dans les petits villages qui, peu à peu, envahissent les sommets de la Mesa ; là, on vit des champs environnants en cultivant le maïs à la saison des pluies.

Favorisée par ces possibilités nouvelles, la période suivante, Pueblo I (de 700 à 900 apr. J.-C.), va constituer une étape majeure dans la transformation économique, politique et sociale des groupes humains de Mesa Verde, que leurs descendants actuels, dont font partie les Hopi, appellent désormais les Anasazi, c'est-à-dire les Anciens. Leurs *pueblos*, ou villages, sont faits de maisons en pierres maçonnées, mais les Anasazi vont conserver, comme lien avec leurs traditions antérieures, la maison semi-souterraine (*kiva*) qui sera le lieu cérémoniel où les hommes organisent la vie communautaire et les rites religieux. Dans ces *kivas*, les femmes ne sont pas admises. Pourtant, si l'on en croit les études ethnologiques consacrées aux descendants actuels des Anasazi, elles jouent un rôle essentiel dans la société, car elles possèdent désormais la maison conjugale et les champs. C'est un système matrilocal et matrilinéaire qui préside à la vie communautaire de cette période et de celle qui suit (Pueblo II, de 900 à 1100 apr. J.-C.), nommée à juste titre l'Âge d'or du Grand Sud-Ouest. On découvre alors le coton et ses avantages pour l'ornementation corporelle à laquelle on accorde une importance croissante. Mais les Anasazi commencent à connaître de grandes difficultés vers la fin de cette période. Les liens d'entraide formés avec les villages des régions voisines, en particulier avec Chaco Canyon, vont amener Mesa Verde à héberger des tribus entières qui abandonnent leurs territoires. Selon certains (H. S. Gladwin, 1957, C. Grant, 1978), ce phénomène s'expliquerait par une intensification des raids de chasseurs-pillards Athapascan (Lamb, 1958, sur des données archéolinguistiques) et Shoshone sur ces villages pacifiques d'agriculteurs. D'autres invoquent soit des problèmes d'explosion démographique à Chaco (où le village, d'ailleurs fortifié, de Pueblo Bonito contenait à lui seul 800 pièces et 32 kivas), soit des modifications écologiques provoquées par le captage des eaux superficielles, au moyen de barrages sur les cours d'eau temporaires.

Quoi qu'il en soit, en peu de temps (période Pueblo III, de 1100 à 1300 apr. J.-C.), Mesa Verde regroupe le plus grand nombre d'Anasazi de l'ensemble du Grand Sud-Ouest. Les villages troglodytes, véritables « régressions » au niveau de la structure de l'habitat, témoignent d'efforts considérables dans la construction et dans l'adaptation à un environnement particulièrement contraignant. Éloignés des champs de cultures qui restent sur les sommets plats, ces refuges sont difficiles d'accès, voire dangereux, et créent une promiscuité encore plus grande que dans les anciens villages. La longue sécheresse des années 1276 à 1299 (dendrochronologie) a peu d'effet (selon Gladwin, 1950) sur l'agriculture de Mesa Verde qui dépend des pluies saisonnières. Néanmoins, à la fin du XIIIᵉ siècle, tout est abandonné, comme l'avait été Chaco Canyon en 1130 et comme le sera peu après toute la région de Kayenta. Les Frémont de l'Utah, les Hohokam de l'Illinois et les Mogollon du Nouveau-Mexique vont se disperser à la recherche de nouveaux territoires. Catastrophes écologiques, explosions démographiques et harcèlement par des groupes ennemis se sont probablement enchaînés pour provoquer ce grand exode des Anasazi.

François RODRIGUEZ LOUBET

Falaises à Mesa Verde

Vers 1100 après J.-C., les grottes abandonnées pendant plus d'un millénaire sont de nouveau occupées, cette fois par de véritables villages troglodytes. Dans ces forteresses, d'accès difficile, les Anasazi sont à l'abri des intempéries et des pillards éventuels.

Un habitat troglodyte à Mesa Verde

Cliff Palace, le palais de la Falaise, compte 200 structures habitables, dont certaines s'élèvent sur 4 étages, et 23 *kivas*. Sa restauration a été réduite au minimum, de façon à conserver l'aspect qu'il offrait à ses premiers découvreurs. Protégée pendant plus de huit siècles par la gigantesque voûte naturelle qui l'abrite, cette remarquable construction a conservé tout son caractère.

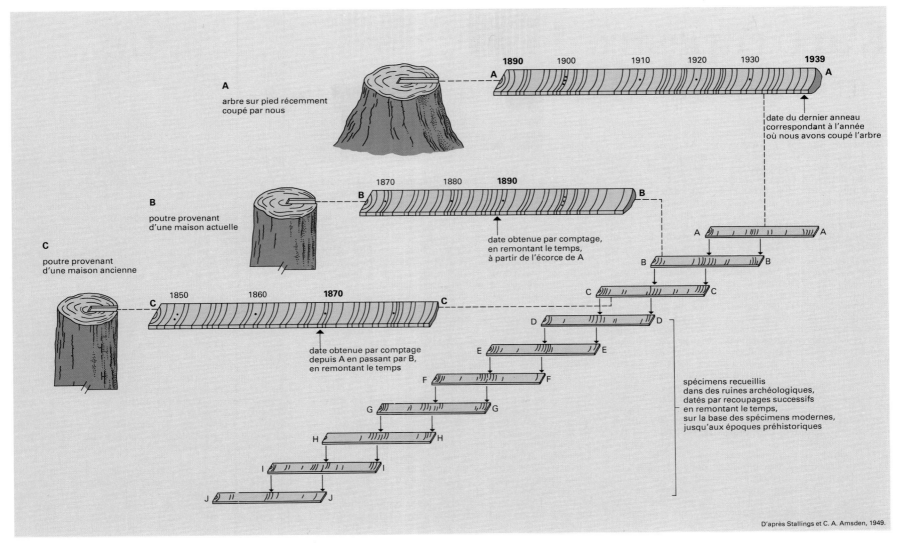

A — arbre sur pied récemment coupé par nous

B — poutre provenant d'une maison actuelle

C — poutre provenant d'une maison ancienne

date du dernier anneau correspondant à l'année où nous avons coupé l'arbre

date obtenue par comptage, en remontant le temps, à partir de l'écorce de A

date obtenue par comptage depuis A en passant par B, en remontant le temps

spécimens recueillis dans des ruines archéologiques, datés par recoupages successifs en remontant le temps, sur la base des spécimens modernes, jusqu'aux époques préhistoriques

D'après Stallings et C. A. Amsden, 1949.

La dendrochronologie

Les premières études de dendrochronologie (datation par les anneaux de croissance des arbres) sont le résultat indirect des travaux de A. E. Douglass, en 1901, sur les taches solaires et leurs effets sur les climats. Son hypothèse était que les arbres du Sud-Ouest américain semi-aride pouvaient être de bons témoins des différences de pluviométrie qui affectent leur développement. On s'est aperçu, peu à peu, que ceux-ci enregistraient effectivement les oscillations climatiques, dans la forme même de leurs anneaux de croissance annuels. En comparant certains de ces anneaux, bien caractéristiques, observés sur des arbres actuels, avec ceux d'arbres plus anciens, utilisés comme poutres dans la construction, des recoupements très clairs sont apparus. Étant donné le caractère cyclique de leur formation, il était donc envisageable de les utiliser comme une sorte de calendrier, permettant de remonter le temps. La cohérence de la méthode fut bientôt démontrée. Pour les mêmes niveaux stratigraphiques, les successions de datations dendrochonologiques de restes de poutres concordaient bien avec les différences stylistiques des séquences céramiques obtenues par les archéologues. La technique n'est cependant applicable qu'aux régions où les restes biologiques se conservent très bien. Dans le cas des cultures anasazi, elle a fourni la séquence chronologique la plus fine dont on puisse disposer en l'absence de documents écrits.

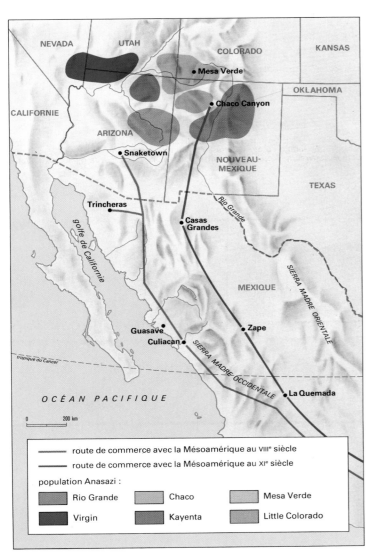

route de commerce avec la Mésoamérique au VIII⁸ siècle

route de commerce avec la Mésoamérique au XI⁸ siècle

population Anasazi :
Rio Grande — Chaco — Mesa Verde
Virgin — Kayenta — Little Colorado

Situation de Mesa Verde dans le Grand Sud-Ouest des États-Unis

Par rapport aux autres régions anasazi, Mesa Verde est particulièrement éloignée des grandes civilisations agricoles mésoaméricaines. Les progrès techniques de celles-ci lui sont parvenus par l'intermédiaire des populations situées plus au sud, qui entretenaient avec elles un commerce d'articles de prestige, en les fournissant notamment en turquoises.

Chasse à l'arc chez les Basketmakers

Les arcs utilisés à partir de la période Basketmaker III mesurent environ 1 mètre de longueur. Leur section transversale semi-circulaire leur confère une force de tension appréciable, de l'ordre de 40 livres, selon les estimations actuelles. Contrairement à la javeline et au propulseur, ils autorisent une grande distance (60 m selon Grant, 1978) entre le chasseur et le cervidé. Ce décor peint à l'intérieur d'une poterie représente des chasseurs qui suivent les traces d'un cerf. D'après Stewart Peckham, Museum of New Mexico Press.

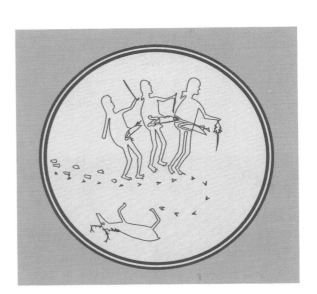

Chasse au collet chez les Basketmakers

La chasse au collet et au filet était très pratiquée chez les Basketmakers. Les collets servaient notamment à capturer des oiseaux, attirés par des appeaux comme on le voit sur ce décor intérieur de vase. Les filets étaient parfois tendus au travers d'un canyon dans lequel se rassemblait la tribu pour rabattre le gibier. L'un de ces filets, retrouvé en excellent état à White Dog Cave, mesure 61,34 m de longueur sur 1,25 m de largeur. On utilisait également des filets cylindriques posés à la sortie des terriers. D'après Stewart Peckham, Museum of New Mexico Press.

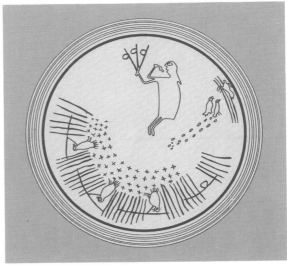

335

L'art rupestre

L'art rupestre est abondant dans toute l'Amérique du Nord. Partout où les affleurements rocheux constituaient un support favorable, les Amérindiens ont depuis la préhistoire, et parfois même jusqu'au XIXᵉ siècle, réalisé des œuvres figurées. On considérera ici des œuvres des deux époques, préhistorique et historique. Le sud-ouest des États-Unis et la Californie sont très riches en art rupestre, mais cette répartition inégale n'est peut-être que l'effet de conditions de conservation particulièrement favorables dues au climat et à la situation isolée de ces régions ; l'inventaire dressé en 1967 par Campbell Grant (*Rock Art of the American Indian*) en témoigne avec éloquence.

Les techniques de l'art rupestre américain épousent les possibilités offertes par la roche servant de support. Aux endroits où la roche est très dure (granit ou schiste), on exécutera surtout des peintures. Là où la roche est assez tendre (grès, calcaire ou stéatite), on trouve surtout des gravures. L'importance des « loisirs » des artistes et le développement technologique déterminent en partie la manière dont l'œuvre sera exécutée. Dans les forêts du Nord, on dessinera avec le doigt des formes plutôt frustes à l'ocre rouge. Les Esquimaux ou leurs ancêtres exécutèrent des faces géométriques évoquant des masques (détroit d'Hudson) ou des animaux marins (Alaska). En revanche, les Indiens du Sud-Ouest réalisèrent des compositions d'une richesse de couleurs et de formes vraiment extraordinaire, tant réalistes (les animaux chassés en particulier) qu'abstraites (sujets mythologiques ou thèmes annexes). Dans le Sud-Ouest, on a surtout utilisé les pinceaux pour appliquer les divers pigments minéraux facilement accessibles sur place. On a retrouvé quelques exemplaires de ces instruments dans les grottes ou les abris-sous-roche ornés. Quant aux pétroglyphes ou gravures, ils furent réalisés par incision, piquetage ou grattage, selon la nature de la roche. Le recours à la pierre comme support n'était qu'une forme d'expression parmi bien d'autres chez les Amérindiens. Ils enregistraient les faits importants de leur existence sur bien d'autres matériaux, comme l'écorce de bouleau, le bois sculpté, les peaux de bêtes et le corps humain, sous forme de peintures ou de tatouages, usage également fort répandu. Mais la plupart de ces différents supports ont disparu, tandis que l'art rupestre subsiste encore de nos jours.

Les sujets représentés sont aussi nombreux que les préoccupations des groupes qui les ont exécutés. En effet, il apparaît, d'après les témoignages ethnographiques recueillis jusqu'à une époque récente, que les rochers peints ou gravés étaient souvent investis d'une signification surnaturelle. L'art rupestre devait alors être considéré comme un moyen d'entrer en relation avec l'Au-delà, avec tout ce qui dépasse les simples apparences. Le rêve étant également un moyen privilégié d'entrer en relation avec le surnaturel, cela ne fait qu'ajouter à la diversité des sujets représentés. Grant a relevé les motifs les plus fréquents : mains, pistes d'ours, serpents à plumes ou à cornes, oiseaux-tonnerre et gibiers divers comme le mouflon. On doit évoquer ici le problème de l'interprétation de ces œuvres, terrain particulièrement difficile.

La présence de témoins contemporains amérindiens dont les traditions s'enracinent dans le passé lointain n'est d'aucune utilité pour l'étude du sens de cet art. Ils refusent d'ailleurs le plus souvent d'en parler, soit par ignorance, soit par respect du caractère sacré de ces représentations ; et s'ils répondent, leurs propos tenus pour faire plaisir ou pour se débarrasser d'un curieux ne sont pas utilisables. Toutefois, des études comparatives, les analyses de mythes amérindiens de même que certains témoignages anciens permettent de proposer un certain nombre d'explications. On peut grouper les sujets représentés en un certain nombre de thèmes, en se gardant cependant de présumer que chaque thème est « pur » ; au contraire, certaines représentations peuvent appartenir à plusieurs genres à la fois : rituels, enregistrements « historiques » à valeur mnémotechnique, symboles claniques ou héraldiques, graffiti.

L'interprétation rituelle découle à la fois de ce que l'on connaît de la conception du monde des Amérindiens et de leurs croyances, rapportées par les ethnographes, et des récits de missionnaires ou de chroniqueurs. Les rites de passage ou de puberté, en particulier, étaient quelquefois consignés au moyen de représentations rupestres. Ainsi, chez les Salishs de la Colombie britannique, le jeune garçon devait s'isoler quelques jours dans les collines, jeûner et prier jusqu'à ce qu'il voie en rêve l'être surnaturel qui serait son génie protecteur ou totem. La vision était naturellement en relation avec les aspirations du jeune homme : le soleil, un ours ou un aigle s'il rêvait de devenir un grand guerrier, un poisson ou un canot si la pêche le préoccupait. Le jeune homme allait ensuite dessiner sa vision sur un rocher, comme pour lui donner un caractère permanent. Pour la fillette, les représentations seront davantage en relation avec ses talents pour certains travaux domestiques qui feront d'elle une bonne épouse : vannerie, tissage, etc. Ses dessins rupestres, formés de lignes entrecroisées ou de zigzags superposés, prendront un aspect plus abstrait. Dans les régions agricoles, on trouve des représentations d'êtres surnaturels en relation avec les cérémonies destinées à provoquer ou à faire cesser la pluie. Par exemple, les poupées katchinas des cérémonies hopi auraient leurs équivalents plus ou moins stylisés peints sur les rochers. D'autres figurations auront pour rôle d'assurer la remonte des saumons, le succès de la chasse ou même la fécondité d'un couple désirant avoir un enfant.

Les représentations à caractère mnémotechnique sont également très nombreuses. À la façon des *winter-counts* des Indiens Dakota, qui notaient les années en dessinant sur une peau de bison une image évoquant pour chaque année un événement remarquable (l'année de l'épidémie, l'année de la famine, etc.), les représentations rupestres ont parfois un caractère historique. Les mains devaient, par exemple, jouer le rôle de signatures ; un personnage a pu également dessiner le symbole de son clan pour marquer chacun de ses passages en un lieu. Un exemple étonnant nous est donné par le récit en images, recueilli en 1851 par Henry Schoolcraft auprès d'un vieux chef ojibwé, et racontant une expédition guerrière qui avait eu lieu vers 1800 et avait comporté la traversée du lac Supérieur dans des canots d'écorce (ce qui représente un exploit peu commun). Or, en 1958, Selwyn Dewdney (*Indian Rock Paintings of the Great Lakes*) a retrouvé ce récit peint sur une falaise au nord-est de ce lac. Tous les éléments du récit étaient là : les canots avec les symboles animaliers des chefs dessinés en dessous, les quatre soleils évoquant la durée du voyage, et même le « Michipichou », le Grand Lynx, génie mythique dont la protection avait assuré le succès de la traversée.

D'autres représentations sont plus difficiles à interpréter. L'ours ou l'aigle, par exemple, sont très répandus et ont pu jouer des rôles divers selon les circonstances. L'oiseau-tonnerre est un symbole très fréquent ; le tonnerre est représenté, dans de nombreuses légendes des peuples amérindiens, par un grand aigle dont les yeux lancent des éclairs et qui fait entendre au loin le froissement de ses ailes. Cette assimilation se fonde sur l'observation des oiseaux : on n'entend plus le tonnerre quand revient l'automne et que les oiseaux fuient vers le sud.

La datation de ces œuvres est une tâche pleine d'embûches, surtout pour les sites de plein air. On aura recours à divers indices d'ancienneté relative, comme la patine, la croissance de lichens, le recouvrement par des sédiments ou la superposition d'œuvres de styles différents. Les sujets représentés (présence du fusil, ou uniquement de l'arc, par exemple) constituent également des indices utiles. Enfin, l'étude microscopique des peintures à l'ocre rouge du parc national de la Mauricie (province de Québec) a montré à la fois comment les peintures se conservaient et comment elles pourraient éventuellement être datées : en effet, sur ces rochers de granit polis par les glaciers, la patine est constituée d'une mince pellicule transparente déposée par l'évaporation des eaux de ruissellement, qui sont acides et dissolvent peu à peu la roche mère. Si le taux d'accumulation de la patine peut être calculé, on aura ainsi approximativement l'âge de la peinture.

L'art rupestre d'Amérique du Nord recèle encore bien des mystères. On peut cependant affirmer qu'il constituait pour les Amérindiens un élément important de leurs relations avec le surnaturel ; ils reconnaissaient celui-ci dans les forces de la nature, et tout particulièrement, semble-t-il, dans les rochers.

Gilles TASSÉ

Pétroglyphes dits de Peterborough, près de Stony Lake, Ontario

À droite, canot surmonté d'un emblème solaire et d'un objet non identifié (le canot mesure 1 mètre de long) ; à gauche, personnage au long cou surmonté d'un soleil en guise de tête (hauteur du personnage : 1,43 m). Ces deux figures furent piquetées sur les parois horizontales d'un rocher, au milieu de centaines d'autres motifs : animaux, pistes d'animaux, signes, représentations humaines et fantastiques. Les barres verticales du canot représentent l'équipage, tandis que la figure centrale est un mât solaire – ou peut-être même un personnage à tête solaire, comme celui de gauche. On peut mettre ces représentations en relation avec un culte solaire, ou bien elles évoquent le rêve d'un shamane réalisant un voyage fantastique ou bien encore elles montrent le shamane lui-même investi de la puissance du soleil.

P. Plumet

G. Tassé

Masque esquimau

Masque gravé dans une carrière de stéatite sur l'île de Qikertaaluk, dans l'Ungava, près du détroit d'Hudson. Ces affleurements de pierre tendre étaient autrefois recherchés comme matière première pour la fabrication des lampes et des marmites. Les nombreux masques gravés sur cette île sont attribués, à cause de leur style, à la culture dorsétienne. La face humaine représentée ici a les oreilles de loup caractéristiques des petites sculptures sur ivoire dorsétiennes ; mais peut-être est-ce une façon de rendre un détail vestimentaire : le col relevé que l'on voit sur certaines statuettes en ronde bosse.

Le Michipichou

Peinture du site d'Agawa, imposante falaise au nord-est du lac Supérieur, représentant Michipichou, le Grand Lynx de la mythologie algonquine, génie du monde souterrain dont la puissance est évoquée par des cornes et un dos épineux. Cette peinture a été exécutée par le chef d'un groupe de guerriers ojibwés qui avait traversé le lac Supérieur en quatre jours lors de la guerre anglo-américaine de 1812, exploit sans doute attribué à la clémence de Michipichou, puisque la « mer douce » était restée calme. Sur le reste du panneau sont représentés les canots, les emblèmes des capitaines, quatre soleils (jours) surmontant deux croissants (les deux rives) et le chef à cheval (cet animal ne devait être connu que par ouï-dire, car il ressemble à un orignal). Le récit de cette équipée fut consigné sur une écorce de bouleau et raconté à H. Schoolcraft en 1851 ; un siècle plus tard, S. Dewdney le découvrit peint sur le rocher d'Agawa.

Akademische Druck-u. Verlagsanstalt

Scène de combat

Dessin gravé sur un rocher de Castle Butte, dans le Montana, et représentant un combat entre deux guerriers, l'un armé d'un mousquet et l'autre d'une lance. La scène se passe pendant la période protohistorique au moment où le cheval, introduit par les Espagnols, et les objets de troc modifient profondément le style de vie des Amérindiens des Prairies. Pendant quelques générations, ceux-ci deviendront des cavaliers chasseurs de bisons. K. Wellmann, *A Survey of North Indian Rock Art*, Akademische Druck-u. Verlagsanstalt, Graz (Autriche), 1979.

Divinités navahos

Les Navahos du Nouveau-Mexique, mêlés aux Indiens Pueblos à la fin du XVIIe siècle, leur ont emprunté plusieurs traits culturels. Ainsi les « yéis » des Navahos sont des êtres surnaturels semblables aux « katchinas » des Pueblos. À gauche, on aperçoit Ganaskidi, divinité bossue des récoltes, de l'abondance et de la brume, protectrice des moutons. Sa tête est ornée de deux cornes de mouton, tandis que sa bosse, qui contient graines et brumes, est représentée sous un ornement de plumes. Elle tient vraisemblablement un bâton à fouir. Le personnage central à chapeau pointu rappelle Dsahadoldza, divinité honorée dans les cérémonies navahos modernes et représentée dans les peintures de sable. À droite, une divinité féminine reconnaissable à sa tête rectangulaire. Peinture du cañon Delgadito, Nouveau-Mexique, confiée aux Indiens Navahos de Window Rock, Arizona. Klaus Wellmann, *A Survey of North Indian Rock Art*, Akademische Druck-u. Verlagsanstalt, Graz (Autriche), 1979.

Figures géométriques et êtres fantastiques

Les dessins sur les rochers du parc national de la Forêt pétrifiée, en Arizona, sont caractéristiques de la culture anasazi, dont héritèrent les Indiens Hopis contemporains. Obtenus par piquetage, ils se détachent sur la patine foncée de la roche. Les empreintes de mains, les « hommes-lézards », le serpent et le couguar à cornes de mouflon qui orne le centre du panneau sont également des thèmes familiers de cette culture. Il est probable que plusieurs de ces dessins sont des symboles de clans utilisés comme « signatures ». Toutefois, le motif en pyramide à degrés, qui représente traditionnellement des nuages, et le disque solaire évoquent des cérémonies pour faire venir la pluie, préoccupation naturelle dans un climat aussi aride. K. Wellmann, *A Survey of North Indian Rock Art*, Akademische Druck-u. Verlagsanstalt, Graz (Autriche), 1979.

Akademische Druck-u. Verlagsanstalt

Akademische Druck-u. Verlagsanstalt

La Mésoamérique

L'archéologie comme discipline de recherche sur les sociétés du passé n'a connu qu'un développement très récent dans cette partie du continent américain désignée sous le nom de Mésoamérique. Si l'on peut faire remonter à la fin du XIXe siècle les premières tentatives d'une archéologie scientifique au Mexique et en Amérique centrale, on aurait tort d'oublier le témoignage de l'auteur de la principale étude historiographique sur l'archéologie mexicaine, Ignacio Bernal : c'est sa génération en effet qui fut la première à pouvoir se doter au Mexique d'une véritable formation professionnelle. Le concept même de Mésoamérique, si banal de nos jours parmi les spécialistes, n'a été forgé et défini par l'anthropologue P. Kirchhoff qu'en 1943, afin de désigner cette aire de l'Amérique moyenne qui recouvre la moitié du Mexique actuel, le Guatemala, le Belize, le Salvador et partie du Honduras et du Nicaragua et où, avant l'arrivée des Espagnols, il avait existé des sociétés complexes plus ou moins isolables des groupes qui les entouraient tant au nord qu'au sud. Pourtant, en Mésoamérique comme dans tout le continent américain, l'archéologie a un rôle éminent à jouer : bien qu'il existe, du Haut Plateau central mexicain à la zone maya, quelques textes d'origine indigène antérieurs à la Conquête, il n'est pas absurde d'utiliser comme le font volontiers les spécialistes nord-américains l'épithète de préhistorique pour désigner ce qui a précédé le contact avec le monde européen. L'histoire en Mésoamérique ne commence véritablement qu'en 1519 et, de ce fait, l'archéologie constitue la seule voie d'approche de tout ce qui a existé avant l'aube du XVIe siècle.

On a coutume de considérer que la collecte d'objets anciens a souvent servi de prélude aux activités proprement archéologiques ; cette forme préliminaire de sauvetage du passé est généralement motivée par ce qui passe pour une curiosité universelle des hommes vis-à-vis des époques qui les ont précédés. Cette préoccupation et le goût pour les antiquités ont certainement

existé en Mésoamérique avant la conquête espagnole. Une preuve, parmi d'autres, en témoigne : au cours de la fouille récente de la pyramide principale de Mexico-Tenochtitlán, dans les milliers d'objets découverts et qui formaient de nombreux groupes d'offrandes, certains sont manifestement bien antérieurs à l'époque aztèque, le plus exceptionnel étant probablement un masque de pierre de style olmèque, vieux sans doute de plus de vingt siècles quand il fut réutilisé dans les dépôts rituels de cette pyramide. On sait aussi par exemple que les Aztèques vénéraient les ruines de Teotihuacán d'une façon très spéciale, puisque leur mythe cosmogonique en faisait le lieu de création du Soleil et de la Lune. Mais ce lien avec le passé est brutalement interrompu par la Conquête. Certes, l'Europe se pose alors la question de l'origine de l'homme américain et de nombreuses hypothèses sont émises dont beaucoup tournent autour du thème d'une migration transocéanique du Vieux Monde vers le Nouveau. Pourtant, dans ce débat, il n'est jamais question de chercher des fondements matériels aux idées avancées. Les artisans de la conquête militaire et spirituelle ont connu très tôt l'existence de ruines, sans parler de celles qu'ils ont contribué à créer, mais, jusqu'au XVIIIe siècle, exceptionnelles sont les recherches d'antiquités, hormis les pillages en quête de trésors. Au contraire, toute trace matérielle des cultures autochtones est considérée avec suspicion. Même le frère Diego de Landa, auteur en 1566 d'une relation sur le Yucatán, qui inclut notamment une description de Chichén Itzá et qui, par une intuition étonnante, attribue aux ancêtres des Mayas de l'époque la construction des édifices observés, est responsable d'un gigantesque autodafé dans lequel disparut la quasi-totalité des manuscrits mayas. Le religieux Durán, de son côté, alla jusqu'à préconiser la destruction de la cathédrale de Mexico, peu après son achèvement, sous le seul prétexte que les matériaux utilisés intégraient des fragments arrachés à des temples païens. En fait, jusqu'au début du XIXe siècle, le passé précolombien de la Mésoamérique demeure plus ou moins volontairement occulté. Pourtant, on peut retenir de cette longue période d'oubli quelques éléments positifs. Au premier rang d'entre eux il faut surtout citer la grande série des chroniques et transcriptions de témoignages indigènes dont les missionnaires se sont fait très vite une spécialité. L'œuvre la plus fameuse dans ce domaine est incontestablement celle du franciscain Bernardino de Sahagún. C'est surtout grâce à lui que la société aztèque du temps de la Conquête est aussi bien connue. Toutefois, ces premiers écrits, à l'exception de quelques-uns consacrés à la zone maya, sont généralement muets sur les vestiges des temps plus anciens : Chichén Itzá, Uxmal, Copán, Mitla, Teotihuacán sont parmi les rares sites archéologiques évoqués ou décrits pendant plus de cent cinquante ans. En

Les Ateliers M.S.

Temple de la Croix, Palenque

Cette lithographie d'un dessin original du comte Waldeck figure parmi les illustrations de l'ouvrage *Monuments anciens du Mexique. Palenqué et autres ruines de l'ancienne civilisation du Mexique*, publié en 1866 par C. E. Brasseur de Bourbourg. La légende de Waldeck indique : « Vue pittoresque du temple de la Croix prise depuis la porte d'entrée du Palais, on voit au pied de la pyramide l'habitation que je m'y étais construite. » Durant les quatre-vingts premières années du XIXe siècle, Paris fut la capitale de l'édition des œuvres consacrées aux antiquités de la Mésoamérique.

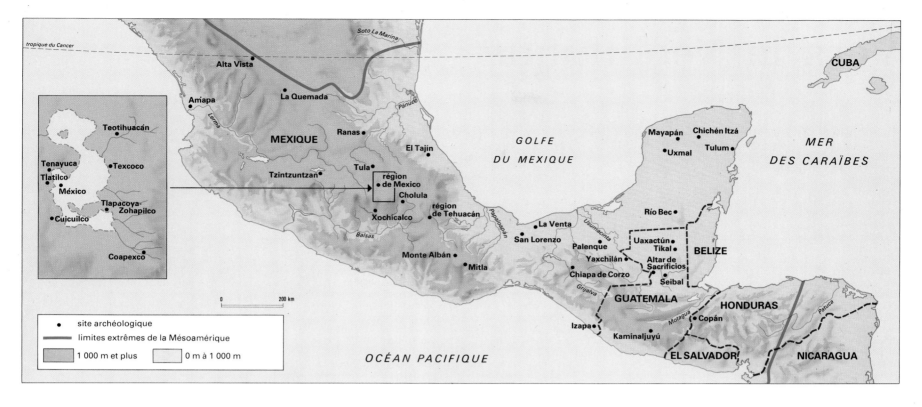

revanche, le travail ethnohistorique des premières générations de missionnaires ouvre la voie à la collecte de documents indigènes qui précéda celle des objets archéologiques mais comportait encore bien des risques au début du XVIIIᵉ siècle : le chevalier Boturini en fit l'expérience, lui qui fut arrêté et expulsé en 1743, après confiscation de sa collection. De cette même période, on retiendra aussi quelques expériences isolées d'archéologie avant la lettre. C'est le cas de ce qui paraît avoir été la première fouille jamais réalisée sur le continent américain quand, vers 1680, Carlos de Sigüenza y Góngora* ouvrit un puits ou un tunnel dans une pyramide de Teotihuacán. Plus tard, le père Alzate publia avec ses *Antigüedades de Xochicalco* la première monographie consacrée à un site archéologique. Ses travaux sont pratiquement contemporains d'une série d'expéditions officielles sur le site de Palenque. Ils précèdent de peu la découverte fortuite, au centre de la ville de Mexico, de deux des monolithes sculptés aztèques les plus spectaculaires : la pierre du Soleil et la statue de la déesse terrestre Coatlicue. Mais les esprits étaient encore peu préparés, en cette fin du XVIIIᵉ siècle, à la recherche et à l'étude des vestiges du passé : la statue de Coatlicue, après sa découverte, ne fut pas réenterrée moins de deux fois !

On a souvent insisté sur l'influence de la philosophie des Lumières dans le changement progressif des mentalités à l'égard des objets et des sites précolombiens. En réalité, plusieurs personnages illustres de l'Europe du XVIIIᵉ siècle ont soutenu des positions rétrogrades, tel Buffon qui n'était pas loin de voir dans les Amérindiens de simples primates. Pourtant, entre la fin du XVIIIᵉ siècle et celle du XIXᵉ, une nouvelle étape est franchie. On pourrait la définir comme pré-archéologique. Elle est surtout marquée par la multiplication des missions d'exploration, la constitution de grandes collections de documents d'origine indigène et la redécouverte de chroniques espagnoles, les premières tentatives de conservation et d'exposition de ce qui, de plus en plus, est considéré comme un patrimoine culturel. Ce siècle est surtout dominé par des personnalités européennes, françaises en particulier. Quand il se termine, ce sont les États-Unis qui fournissent les premiers contingents d'archéologues au sens moderne du mot. Le mérite du premier projet d'exploration systématique des ruines mexicaines revient à la couronne d'Espagne : c'est elle qui soutint les trois expéditions que Dupaix réalisa entre 1805 et 1807, accompagné du dessinateur Castañeda. Mais c'est à Paris, et seulement en 1848, que le travail accompli fut publié. On doit aussi mettre au compte de l'édition parisienne la publication de l'œuvre monumentale du baron Humboldt qui, cependant, en un an de séjour au Mexique, ne visita peut-être qu'un site et ne se départit jamais d'une attitude peu réceptive vis-à-vis des antiquités précolombiennes. La liste est longue des explorateurs qui marchèrent sur les pas de ces précurseurs. On ne peut pas ne pas citer le comte Waldeck, l'Américain Stephens et son compagnon dessinateur Catherwood dont les deux récits de voyage sont parmi les plus beaux succès de librairie sur la civilisation maya, l'abbé Brasseur de Bourbourg*, inventeur du *Popol Vuh*, le grand texte mythique des Hautes Terres mayas, redécouvreur de la *Chronique* de Diego de Landa et membre de la commission scientifique au Mexique, Désiré Charnay, enfin, le premier voyageur à avoir utilisé la photographie. Dans le même temps, l'Angleterre et la France, sous l'égide de lord Kingsborough et de J.-M.-A. Aubin, rassemblaient les fonds de manuscrits mexicains les plus riches jamais constitués. En 1864, un local est concédé pour la constitution d'un véritable musée national à Mexico et en 1897, pour la première fois, une loi décrète les monuments archéologiques propriété de l'État. Mais ce qui marque surtout la fin du XIXᵉ siècle et le début du XXᵉ, c'est le développement d'une véritable attitude scientifique, façonnée par le positivisme d'une part et les premières manifestations d'une pensée anthropologique de l'autre. La personnalité du grand érudit allemand E. Seler*, qui domine ces premières décennies de recherches scientifiques, ne saurait faire oublier l'engagement primordial des États-Unis dans l'étude de l'archéologie mésoaméricaine.

De 1910 à nos jours, les années écoulées sont peu nombreuses mais denses si l'on considère le développement de la discipline archéologique, l'évolution de ses objectifs et de ses méthodes, l'élargissement de ses moyens matériels et humains, la croissance rapide des résultats qu'elle a obtenus. Dans leur histoire désormais classique de l'archéologie américaine, G. R. Willey et J. A. Sabloff distinguent trois grandes phases à l'intérieur de ces soixante-quinze ans. Le souci fondamental qui sous-tend les recherches jusqu'en 1940 environ est d'ordre chronologique et historique. Il faut savoir que les années qui ouvrent cette période ont vu les premières applications de la stratigraphie* à l'archéologie du bassin de Mexico. C'est au Mexicain M. Gamio* que l'on doit la première mise en ordre du matériel archéologique originaire de cette région en trois grandes périodes, baptisées à l'époque, de la plus récente à la plus ancienne : aztèque, Teotihuacán, archaïque. Les progrès accomplis se mesurent aujourd'hui quand on consulte le tableau chronologique du même secteur, pourtant jugé perfectible : tout vestige postérieur à 1500 avant J.-C. est à présent datable à l'intérieur d'intervalles qui dépassent rarement deux siècles, parfois moins. Dans l'extraordinaire amélioration des connaissances chronologiques, le nom de Vaillant* ne peut être passé sous silence. Spécialiste du bassin de Mexico, il déborde largement ce secteur puisqu'il est aussi l'un des pionniers de la chronologie maya. Du côté mexicain, Noguera et surtout Caso* sont aussi de grands défricheurs de connaissances. Mais la vision trop historico-chronologique de ces efforts initiaux et l'attention trop exclusive portée aux grands sites au détriment du reste du paysage archéologique aboutissent, dans les années quarante, à une remise en cause des objectifs et à une réorientation partielle des recherches vers des thèmes jusque-là peu explorés : les études régionales, dites de structure de l'habitat, la recherche d'une compréhension des liens existant entre les cultures et leur environnement naturel, les interrogations d'ordre fonctionnel... En outre, l'archéologie reçoit à cette époque le renfort d'autres disciplines et l'organisation pluridisciplinaire des programmes naît de cette rencontre entre objectifs et moyens nouveaux. Mais l'évolution ne s'arrête pas là. Il est certes trop tôt pour bien prendre la mesure de l'impact de ce que l'on a appelé la *New Archaeology* sur les recherches mésoaméricaines. Qu'il soit important, positivement ou négativement, n'est cependant pas douteux. Un autre nouvel élément de poids est, sans conteste, la mise en place de véritables politiques nationales d'étude, protection et valorisation des patrimoines préhistoriques. Au Belize, au Honduras, au Nicaragua, la création de musées nationaux et la réalisation de répertoires archéologiques sont des priorités. Il y a quelques années, une synthèse sur l'archéologie du Mexique avançait de façon tout à fait arbitraire l'existence de onze mille zones archéologiques sur le territoire mexicain. L'ambitieux programme d'inventaire archéologique prévu par le gouvernement de ce pays à partir de 1985 modifiera sans doute ce chiffre. Mais son importance réelle est ailleurs. C'est en effet l'un des signes incontestables d'une maturité nouvelle dans la gestion du patrimoine.

Dominique MICHELET

Vers le Néolithique

Dans l'histoire des collectivités anciennes, l'instauration, il y a 10 000 ans environ, d'un mode de vie principalement fondé sur une économie de production des ressources alimentaires constitue un phénomène irréversible. C'est sous le terme de période ou stade archaïque correspondant à un Mésolithique de l'Ancien Continent que l'on désigne l'ensemble des transformations que subira, entre le Paléolithique et le Néolithique, le développement techno-économique des populations de nomades prédateurs américains, dans leurs rapports avec un environnement que marquent les fluctuations bio-climatiques du post-Pléistocène*. Pendant près de 5 000 ans, au cours de l'Holocène*, se mettent en place les éléments constitutifs d'un mécanisme d'ajustement sélectif à des situations écologiques modifiées que l'expression « processus de néolithisation* » sert parfois à désigner : il faut citer en particulier l'adaptation des chasseurs, cueilleurs, pêcheurs qui, après la disparition de la mégafaune du Quaternaire, colonisent de nouveaux espaces. Dans leurs expressions matérielles à gestation lente, certaines communautés archaïques pré-villageoises maintiendront, surtout dans la composition de leurs équipements lithiques, les éléments d'un savoir ancien : on signale souvent la présence de vestiges d'instruments en pierre éclatée dans le voisinage d'artefacts de pierre polie associés à la préparation des plantes. Dans les gisements préhistoriques récemment fouillés en Mésoamérique – hautes terres arides, basses terres tropicales et franges côtières humides –, les assemblages d'outils de pierre, aux formes nouvelles, ou d'outils en matière osseuse ou végétale tendent à remplacer les vestiges du substrat paléoindien dont les configurations relativement uniformes jalonnent les contours imprécis des zones de peuplement paléolithique. On trouve ainsi, à côté des gros bifaces*, des grattoirs* pesants, des grandes pointes de traits à cannelure proximale ou à pédoncule bifide, des pointes à encoches latérales, des haches de pierre, des herminettes, des houes et un grand nombre de broyeurs, mortiers, meules et molettes. La lente émergence d'un mode de vie néolithique – encore perceptible dans certaines pratiques culturales du monde indigène actuel – est aussi celle des premiers mécanismes qui relient entre eux les espaces variés que vont désormais exploiter des communautés pré-villageoises en voie de sédentarisation ; leurs activités de subsistance dessinent, entre les provinces maritimes et les hautes terres continentales, des réseaux d'interactions économiques et culturels, de faible intensité, origines de Traditions*

que l'on peut dater ; elles s'inscrivent dans la mosaïque des paysages transformés d'une Mésoamérique régionalisée.

On peut rechercher la genèse de ces Traditions au sein des expériences collectives de longue durée, d'où l'élevage est exclu, et qui déboucheront, au IIe millénaire avant J.-C., sur les hautes civilisations de la Mésoamérique. On y retrouve les traits particuliers à ce phénomène techno-culturel complexe auquel on a étendu le terme de Néolithique, inventé en 1865 par l'archéologue anglais J. Lubbock et dont la pertinence est aujourd'hui contestée. Dans l'ensemble, à partir du IXe millénaire, la cueillette, la chasse, le piégeage, le ramassage et la pêche revêtent un caractère saisonnier notable ; le contrôle des ressources spontanées, fournies par diverses niches écologiques souvent complémentaires, s'accommode des pratiques d'une horticulture encore à ses débuts, de certaines formes de stockage alimentaire et d'un habitat stabilisé en abris-sous-roche, en campements proches de la mer, des rivières, des lagunes. Dès le Ve millénaire, la domestication du maïs, de la courge, du haricot est acquise ; elle précède le ferment d'objets en terre cuite vers 2300 avant J.-C., et celle, très tardive et restreinte aux ornements précieux, des artefacts de métal (VIIe s. apr. J.-C.). La sédentarisation, corrélat du processus de néolithisation, reste difficile à évaluer dans ses formes de groupement territorial archaïque ; des populations mobiles se maintiendront même dans les zones sub-désertiques de la Mésoamérique septentrionale jusqu'au XVIIIe siècle : les Barbares Chichimèques.

Sur la frange sud-orientale, entre 7000 et 5000 avant J.-C., une Tradition maritime est illustrée par les complexes Concheros (État de Veracruz) et Sand-Hill (Belize) qui fournissent des macrolames de silex évoquant le travail du bois, voire la confection d'embarcations ; l'exploitation des ressources aquatiques est complétée par celle des niches écologiques variées de l'arrière-pays. Le broyage des graines, suggéré par la présence de meules, est attesté dans les hautes terres du Chiapas (grotte de Santa Marta), dans la région de Oaxaca (« complexe Jicaras »), où le piégeage de petits animaux complète une alimentation fondée sur la culture de la courge et du haricot. Plus au nord, la Tradition El Riego, définie dans la vallée de Tehuacan, dans la grotte de Texcal (État de Puebla), dans la grotte de Tecolote (État de Hidalgo), dans la vallée de Mexico (Playa I), reflète un mode de subsistance propre à des chasseurs-cueilleurs, groupés en micro- ou en macro-

bandes, pratiquant l'inhumation intentionnelle, exploitant divers environnements selon un calendrier saisonnier à partir d'une base territoriale fixe et cultivant avocats, piments, courgettes. Vers le nord-est, dans le Tamaulipas, la Tradition Infiernillo se caractérise, en plus de son matériel lithique, par la présence de paniers et de filets qui marque aussi la Tradition Cochise d'Amérique du Nord. Entre 5000 et 3000 avant J.-C., des témoins végétaux, des excréments desséchés, des mortiers, pilons, broyeurs divers permettent de reconstituer une histoire partielle du comportement alimentaire des populations du Nord-Ouest (phase Chiricahua), tandis que celles du Nord-Est, représentées par des gouges, de petits grattoirs discoïdaux, de petites pointes de trait (Tradition Repelo, phases Ocampo, La Perra et Nogales), semblent plus proches des hauts plateaux au centre du Mexique. Entre les territoires exploités, des systèmes de relations favorisent la dispersion de pratiques culturales et celle de cultigènes* variés (maïs, courges, amarante, sapotille, piments) ; en revanche, dans la Tradition Belize sud-orientale, sur le versant atlantique des tropiques humides, les assemblages lithiques ne s'accompagnent d'aucun indice d'agriculture ; quant à la côte pacifique, elle n'offre aucun exemple de cette Tradition. Quelques trouvailles isolées dans le Nayarit et le Guerrero évoquent toutefois une sédentarité sans agriculture (Matanchen daté de 4 000 ans et Ostiones, de 5 000) par leurs amas coquilliers peu différents de ceux de la côte du Chiapas (Chantuto) et qui comportent quelques pièces lithiques ; sur le littoral atlantique, la découverte d'un dépôt précéramique au Veracruz (Palo Hueco) et, dans le golfe du Belize, les complexes Melinda et Progreso révèlent une exploitation maritime et la pratique d'une horticulture sur berges inondées. Bien que non démontré, l'usage stabilisateur du manioc a été évoqué pour l'extrémité sud-orientale de la Mésoamérique.

C'est entre 3500 et 2300 que l'on place la transition vers des établissements villageois de potiers et d'agriculteurs cultivant un maïs hybride et localisés principalement dans les vallées sèches de Tehuacán (Tradition Abejas), de Oaxaca (Tradition Martinez) et, peut-être, dans le bassin de Mexico. De façon générale, il est admis que le phénomène de la néolithisation est à la base de l'organisation des sociétés rurales, étatiques ou non étatiques en Amérique.

Antoinette NELKEN-TERNER

Plan de fouille :
aires d'occupation et d'activités de la zone VIII, grotte de Coxcatlan

Dans l'abri de Coxcatlan (vallée de Tehuacán, Mexique), la méthode du décapage stratigraphique a révélé 28 niveaux d'occupation successifs, couvrant près de 10 000 ans. Ce plan simplifié représente l'un des sols d'habitat du précéramique tardif (zone VIII), daté par le ¹⁴C de 3 000 ans avant J.-C. Par leur distribution et leur nature, les vestiges recueillis in situ, analysés et codés, dessinent quatre aires d'activités complexes de caractère saisonnier appartenant l'une à l'hiver (A), les autres (B,C,D) à l'automne et au printemps. On remarque, en B, une structure de combustion (d'après R. S. MacNeish et A. Nelken-Terner, 1973).

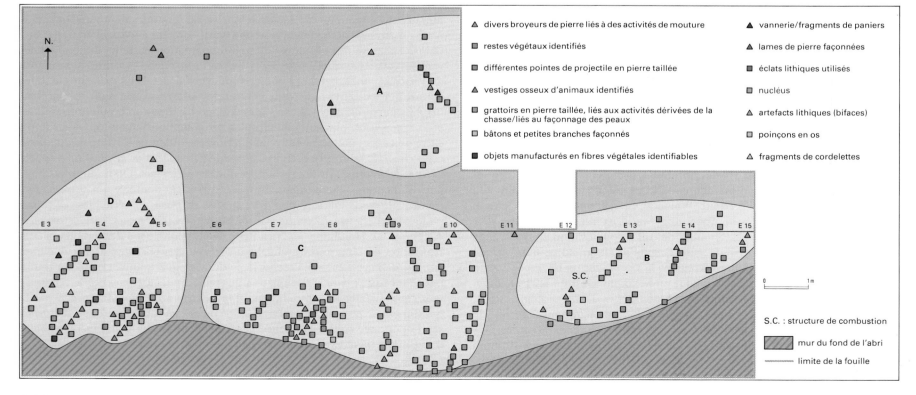

Grattoirs et macrolames

Le complexe techno-culturel Sand-Hill, défini dans le nord du Belize et daté de plus de 5 000 ans, comporte dans sa panoplie lithique de grands « grattoirs » pédonculés et des macrolames. Ces dernières semblent liées à l'exploitation de bancs de rognons de silex qui en fournissent aussi la matière première. Des macrolames comparables, plus récentes, ont été signalées dans les Antilles.

Paysage du Belize

Des travaux entrepris au Belize depuis 1980 par le projet international Belize Archaeological Archaïc Research (B.A.A.R.) ont révélé une occupation pré-Maya ancienne de la façade caraïbe de la péninsule du Yucatán. Un réseau hydrographique dense, des zones marécageuses, un système complexe d'îlots côtiers, de lagons, de cayes* donnent à la prospection de ces terres tropicales humides un caractère particulier.

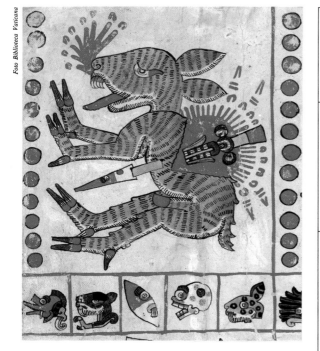

Illustrations du Codex Borgia

Dans les images colorées du Codex Borgia (XIVe s.), on retrouve, sublimé, le rituel des activités de subsistance : moudre, pêcher (en bas), chasser (en haut), faire du feu, un quotidien sans âge qui scande le déploiement d'une cosmogonie révolue. Biblioteca Apostolica Vaticana.

Le développement des grandes régions archéologiques en Mésoamérique

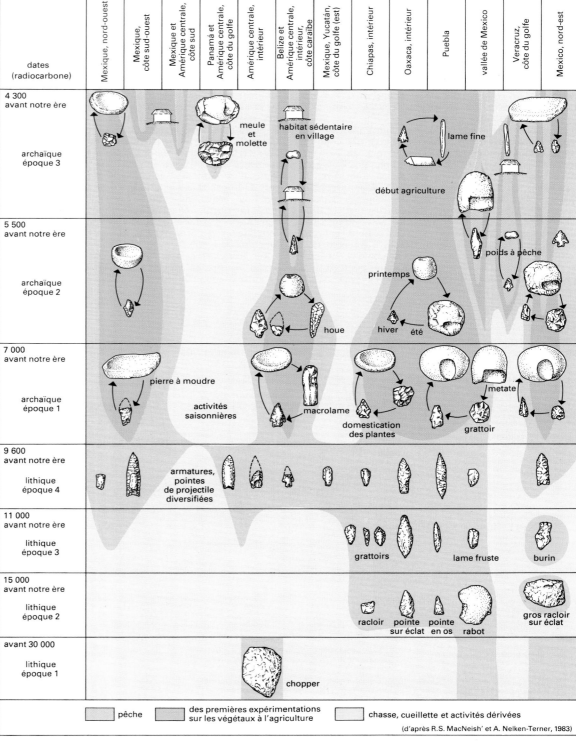

(d'après R.S. MacNeish' et A. Nelken-Terner, 1983)

Sédentarisation et paléoenvironnements

Entre l'Amérique du Nord et l'Amérique centrale se situe un vaste territoire de quelque 2 200 000 kilomètres carrés, en grande partie couvert par le Mexique actuel, dont le climat, le relief et la végétation offrent une remarquable hétérogénéité. Dans l'ensemble des variables climatiques, biotiques et édaphiques* qui caractérise cet espace géographique complexe, certaines données sont particulièrement significatives pour la préhistoire et l'écologie humaine. Globalement, 50 p. 100 du territoire de l'Amérique moyenne reçoit moins de 700 millimètres de précipitations annuelles. Au-dessous de cette isohyète*, se situe un espace semi-aride au sein duquel toute agriculture pluviale – c'est-à-dire menée sans avoir recours aux méthodes de l'irrigation – constitue une entreprise risquée qui devient même, au fur et à mesure que s'accroît l'aridité, non rentable, voire impossible.

Paradoxalement, le plus vaste ensemble de données concernant le développement d'une économie agraire, en général, et la domestication du maïs, en particulier, provient d'une enclave semi-aride des hauts plateaux d'Amérique moyenne : la vallée de Tehuacán. Or la vallée de Tehuacán, dont l'aridité même a permis la conservation de nombreux vestiges archéologiques d'origine organique, doit être sans doute classée parmi les zones réceptrices de courants de développement agraire cristallisés ailleurs. Deux paléoéconomistes de l'université de Cambridge, E. S. Higgs et M. R. Jarman, ont souligné avec raison en 1972 que l'ensemble des connaissances touchant les processus de néolithisation* dans le monde avait été biaisé par les découvertes effectuées en des zones très restreintes d'Amérique et du Proche-Orient. Aujourd'hui, une diversification des zones de fouilles permet de modifier ou de nuancer les connaissances liées aux modalités d'instauration de la vie agraire et sédentaire en Amérique moyenne, entre 6000 et 2000 avant notre ère. Cet élargissement des champs de recherche met en relief la diversité des trajectoires culturelles qui, en Amérique moyenne, caractérise les régions semi-arides, d'une part, les zones d'estuaire maritime et les régions lacustres tempérées de montagne, d'autre part.

L'environnement semi-aride des hauts plateaux du centre et du nord du Mexique, aussi bien que celui du grand bassin du sud-ouest de l'Amérique du Nord, a peu varié au cours de l'Holocène*. Sous un régime de moins de 500 millimètres de pluies annuelles, la végétation est caractérisée par une flore xérophile éparse, composée essentiellement de steppes à épineux, de cactées et de plantes légumineuses à fertilité saisonnière. Depuis les travaux de J. Jennings*, de nombreuses études consacrées à ces régions ont mis l'accent sur l'étonnante continuité de l'archéologie à l'ethnologie des modes de vie. Les modes d'occupation et d'exploitation du territoire, mis au point il y a quelque 10 000 ans, ont persisté jusqu'au XIXe siècle

chez les Indiens Païutes de l'Utah et du Nevada. Ils impliquent une profonde connaissance du cycle annuel des moindres ressources sylvestres et une grande mobilité qui permet d'utiliser des niches écologiques* dispersées. Cette mobilité, liée à une exploitation parfaitement planifiée de divers écosystèmes, caractérise les populations préhistoriques de la vallée semi-aride de Tehuacán, entre 7000 et 1800 avant notre ère. Elle implique, selon l'interprétation de R. S. MacNeish, l'existence, pendant la saison sèche, de petits groupes isolés, ou microbandes, qui s'adonnent dans différentes niches écologiques à la chasse et à la cueillette et elle suppose, pendant la saison des pluies, la fusion de ces petites communautés en macrobandes occupées à exploiter, de manière intensive, graminées et plantes légumineuses, dans des biotopes* temporairement fertiles. Les travaux paléobotaniques pionniers de C. E. Smith, P. Mangelsdorf, W. Galinat, L. Kaplan, H. Cutler et T. W. Whitaker ont montré que, au cours du VIe et du Ve millénaire, différentes plantes en voie de domestication, telles que le piment, la courge, l'avocat, le haricot, la sapotille et le maïs, apparaissent dans l'inventaire archéologique de Tehuacán.

Cependant, le relatif développement de pratiques agraires ne va pas affecter, pendant les quatre millénaires suivants, le type ancestral d'exploitation et d'occupation semi-nomades du territoire. Les expérimentations agricoles ne sont pas ignorées, mais les risques que présente la culture pluviale en milieu semi-aride incitent les cueilleurs-chasseurs de Tehuacan à conserver leur mobilité traditionnelle, source de sécurité, et ils n'adopteront les pratiques mésoaméricaines d'irrigation qu'au cours du Ier millénaire avant notre ère. L'évolution des modes de vie après le Pléistocène* semble tout autre dans les régions d'Amérique moyenne à riche paléoenvironnement. Les premières recherches archéologiques menées par M. Coe et K. V. Flannery dans la zone d'estuaires marins d'Ocos, où la civilisation mésoaméricaine possède de très anciennes racines, ont montré non seulement la richesse et la variété, mais aussi la juxtaposition des différents biotopes exploitables. Les ressources naturelles de l'océan, des estuaires, de la mangrove, des lagunes intérieures, des forêts et savanes proches (en particulier faune mammifère, oiseaux aquatiques, reptiles, amphibiens, mollusques, crustacés et ichtyofaune) pouvaient être exploitées à partir d'un point d'attache fixe. Les fouilles effectuées par B. Voorhies à Chantuto, sur la côte pacifique, et par J. K. Wilkerson à Santa Luisa, sur la côte atlantique, indiquent, effectivement, que certaines zones maritimes d'Amérique moyenne ont été, dans un contexte pré- ou protoagraire, le siège d'une sédentarisation précoce.

En haute montagne tempérée, le sud de l'ancien bassin lacustre de Mexico offre, vers 6000 avant J.-C., un autre exemple de sédentarisation ancienne. Le pollen

fossile sur le site archéologique de Zohapilco-Tlapacoya, parfaitement conservé, vers 5500 avant J.-C., son apogée bioclimatique. Le registre pollinique où figurent le pin, le chêne, l'aulne et le liquidambar révèle un climat tempéré, plus humide et légèrement plus chaud que le climat actuel. Dans un court rayon, les communautés préhistoriques de la région bénéficiaient de trois biotopes, directement utilisables :
– la forêt et sa faune mammifère ;
– les zones alluviales, favorables aux premières expérimentations horticoles menées, en particulier, sur l'amarante, sur certaines cucurbitacées, sur la tomate (*Physalis*) et sur le genre *Zea* (maïs ou teosinte) ;
– enfin, le milieu lacustre où étaient exploitées les ressources permanentes telles que le poisson blanc (*Chirostoma*) et la poule d'eau, les ressources estivales de reptiles et d'amphibiens comestibles, dont la tortue et l'*axolotl**, et, en hiver, l'importante avifaune lacustre d'oies et de canards migrateurs.

Deux cas se présentent donc en Amérique moyenne parmi les populations préhistoriques pré- ou protoagraires. Dans le premier cas, l'environnement offre des ressources limitées ou temporaires. Il existe alors, au cours de l'année, des périodes critiques où la population résidente doit émigrer pour exploiter d'autres milieux sylvestres. Les communautés anciennes des vallées d'Oaxaca et de Tehuacán se conforment à ce schéma. Dans le second cas, l'abondance et l'excellente répartition au cours du cycle annuel des ressources sylvestres autorisent une occupation sédentaire du territoire. Des exemples de cette conjoncture sont fournis par certaines zones maritimes et par le site lacustre de montagne de Zohapilco-Tlapacoya où nous avons recueilli, dès les niveaux de 6000 avant notre ère, des témoignages d'activités multisaisonnières autour de zones de résidence. Les conséquences les plus importantes d'une sédentarisation précoce sont un aménagement systématique de l'espace habité, un sens plus aigu des droits territoriaux, une croissance démographique significative, une organisation sociopolitique d'une plus grande complexité ainsi qu'un réseau de relations hommes-plantes plus étroit, dont la régularité même accélère la « dérive » vers les pratiques agraires.

L'Amérique moyenne est constituée de zones écologiques diverses dont les populations ont, très tôt, établi entre elles des liens d'étroite symbiose. Mais c'est sans doute au sein des régions favorables de longue date à la sédentarisation, auxquelles la recherche préhistorique s'intéresse plus nettement aujourd'hui, que se cristallisent les fondements économiques et socioculturels qui vont permettre la naissance, vers 1500 avant notre ère, de la civilisation mésoaméricaine.

Christine NIEDERBERGER BETTON

Modèles d'occupation du territoire en Amérique moyenne entre 7000 et 1000 avant notre ère (temps sidéral*)

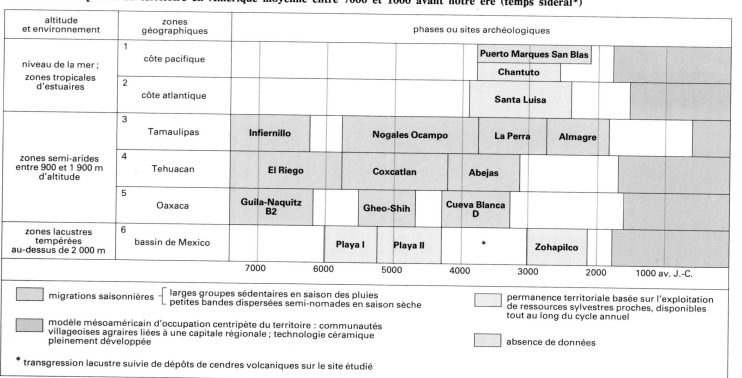

sources :
1 C. F. Brush, 1965
  J. B. Mountjoy, 1972
  B. L. Stark et
  B. Voorhies, 1978
2 J. K. Wilkerson, 1975
3 R. S. MacNeish, 1972
4 R. S. MacNeish et al., 1967
5 K. V. Flannery et
  J. Marcus, 1983
6 C. Niederberger, 1979

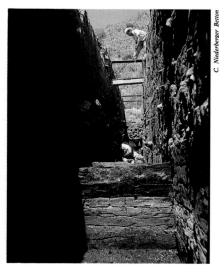

Sites lacustres dans le bassin de Mexico

Fouilles sur les plages lacustres fossiles de Zohapilco-Tlapacoya, et vue des extensions lacustres résiduelles de Mixquic (fouilles C. Niederberger Betton, I.N.A.H.).

Paysage de la vallée de Tehuacán

Dans ce paysage semi-aride, on remarque l'arbre du genre *Bursera* et le cactus candélabre (*Lemaireocereus*). Dans ce contexte bio-géographique, peu favorable, le modèle d'occupation du territoire le plus ancien implique des migrations saisonnières qui permettent d'exploiter successivement des niches écologiques temporairement fertiles (MacNeish et Byers, 1967). En étroit contact avec d'autres régions plus favorisées d'Amérique moyenne, la vallée de Tehuacán a subi constamment des influences extérieures. Mais ce n'est probablement pas dans cette province biotique que se sont cristallisés les processus de domestication du maïs et des autres plantes nourricières mésoaméricaines.

Côte pacifique du Nayarit à San Blas

L'écologie des zones d'estuaires maritimes a peu varié au cours de l'Holocène. La concentration et l'abondance des ressources naturelles ont favorisé une sédentarisation précoce. Mais la préhistoire de ces régions est encore peu connue.

Bassin de Mexico : ressources alimentaires exploitées dans l'ancien bassin lacustre méridional vers 5500 avant notre ère

Zone lacustre tempérée de montagnes, le bassin de Mexico constitue, dans le cadre des études concernant les processus de néolithisation, un cas de sédentarisation précoce, dans un contexte pré- ou protoagraire. Cette permanence territoriale est due, en particulier, à l'excellente répartition et à la variété des ressources sylvestres tout au long du cycle annuel.

	bassin de Mexico site de Zohapilco-Tlapacoya débris d'aliments recueillis dans les niveaux archéologiques Playa (5000 av. J.-C.)	mois de disponibilité ● disponibilité maximale ○ disponibilité minimale										
		saison sèche					saison des pluies					
		nov.	déc.	janv.	févr.	mars	avril	mai	juin	juill.	août	sept.	oct.
canards	*Aythya* spp. (milouin et morillon)	●	●	●	●	●							
	Spatula clypeata (canard souchet)	●	●	●	●	●							
	Anas acuta (canard pilet)	●	●	●	●	●							
	Anas platyrhynchos (canard colvert)	●	●	●	●	●							
	Querquedula sp. (sarcelle canelle)	●	●	●	●	●							
	Anas diazi (canard mexicain)	●	●	●	●	●	●	●	●	●	●	●	●
grèbes	*Podiceps caspicus* (grèbe à oreilles)	●	●	●	●	●							
	Podilymbus podiceps (grèbe à gros bec)	●	●	●	●	●	○	○	○	○	○	○	○
	Aechmophorus sp. (grèbe occidentale)	●	●	●	●	●	○	○	○	○	○	○	○
oies	*Branta* spp. (oie)	●	●	●	●	●							
foulques	*Fulica americana* (foulque)	●	●	●	●	●	○	○	○	○	○	○	○
amphibiens tortues et serpents	*Ambystoma* (axolotl*)						●	●	●	●	●	●	●
	Kinosternon (tortue lacustre)						●	●	●	●	●	●	●
	Thamnophis (couleuvre)						●	●	●	●	●	●	●
poissons	*Chirostoma* spp. (athérinidés)	●	●	●	●	●	●	●	●	●	●	●	●
	Girardinichthys sp. (goodéidés)	●	●	●	●	●	●	●	●	●	●	●	●
	cyprinidés	●	●	●	●	●	●	●	●	●	●	●	●
mammifères	*Odocoileus virginianus* (cerf à queue blanche)	●	●	●	●	●	○	○	○	○	○	○	○
	Sylvilagus cunicularius (lapin mexicain)	●	●	●	●	●	●	●	●	●	●	●	●
	canidés	●	●	●	●	●	●	●	●	●	●	●	●
	rongeurs						●	●	●	●	●	●	●
plantes de sols alluviaux	*Zea* (maïs-teosinte)	●										●	●
	Amaranthus (amarante)	●										●	●
	Cucurbita (cucurbitacées)	●							●	●	○	○	●
	Physalis (tomate verte)											●	●
	Portulaca (portulacacées)	○	○				●	●	●	●	●	●	●

La civilisation olmèque ou la naissance de la Mésoamérique

La civilisation mésoaméricaine, au sens strict du terme, est née, vers 1200 avant J.-C., avec une culture que, faute de mieux, nous appelons olmèque, rappelle le poète et essayiste Octavio Paz, dans une analyse qui souligne non seulement l'originalité et l'isolement mais aussi le caractère d'altérité du monde mésoaméricain. Lorsqu'en 1925 Franz Blom et Oliver La Farge puis plus tard M. Stirling découvrirent dans l'univers palustre, luxuriant et moite des États de Tabasco et de Veracruz, sur la côte du golfe, les sites archéologiques de La Venta, Tres Zapotes et San Lorenzo, leurs sculptures monumentales en roche volcanique et leur délicat art lapidaire en jadéite, ils ne surent d'abord à quelle civilisation les attribuer précisément. Cet ensemble culturel singulier fut enfin classé, par commodité, sous un vocable proposé par Beyer et par Saville vers la fin des années vingt : celui d'olmèque. Le terme désigne, en fait, une ethnie historique, celle des Olmèques Huixtotin ou Habitants du pays du caoutchouc, qui vivaient sur la côte du golfe peu avant l'arrivée des Espagnols et, sans doute, sans rapport précis avec l'ensemble archéologique découvert. Quoi qu'il en soit, la convention était établie, et le mot olmèque allait dès lors revêtir des propriétés sémantiques embarrassantes. Une sorte de déterminisme linguistique invitait alors à croire à l'existence d'un peuple archéologique élu, originaire de la côte du golfe, prompt à se déplacer pour conquérir par la force ou par la foi des peuplades voisines que leur anonymat même semblait désigner comme passives et peu évoluées. Les recherches actuelles ne fournissent pas de données qui permettent d'étayer cette hypothèse. En conséquence, le terme olmèque sera strictement limité ici à deux notions : celle de style et celle de civilisation à résonances pan-mésoaméricaines.

En effet, peu après 1300 avant J.-C. et de façon synchrone, d'importantes cités ou capitales régionales, cadres d'un pouvoir politique et religieux solidement institué, émergent en de nombreuses régions d'Amérique moyenne. Les réalisations architecturales qui ont survécu montrent que ces cités furent construites suivant un plan rigoureux dont le centre était une enceinte sacrée, lieu de réunions et de rites périodiques. Dans ce nouveau type d'organisation spatiale centripète, les hiérarchies sociales s'intensifient. Les témoignages archéologiques recueillis signalent l'apparition d'agents politiques puissants et d'une classe de dignitaires à vêtements et insignes spécifiques, destinée à régir le domaine du sacré. Foyers de contrôle et centres de transmission de connaissance, ces cités furent aussi le cadre du développement d'une iconographie complexe dont les arts lapidaire et céramique gardent l'empreinte. Le modelé magistral des figurines, des masques et des haches votives en jadéite, la technique précise de taille et le poli des miroirs en magnétite démontrent l'importance, au sein de ces communautés, d'une classe organisée d'artisans. Enfin, la présence de denrées originaires de provinces géologiques ou d'écosystèmes lointains souligne que ces cités de la Mésoamérique naissante faisaient partie d'un réseau interrégional de commerce et d'échanges déjà vigoureusement structuré.

Nos meilleures sources sur le tracé et l'organisation d'une cité de cette époque proviennent de fouilles pionnières effectuées à La Venta par P. Drucker, R. Heizer et R. Squier et de celles, plus récentes, qu'ont menées M. Coe et R. Diehl à San Lorenzo. La Venta comprend trois ensembles d'architecture civile et cérémonielle, dits complexes A, B et C. Le complexe A, composé de deux cours délimitées par des monticules en terre battue, symétriquement disposés, et d'enclos faits de colonnes naturelles de basalte, a livré une série de caches dédicatoires et d'offrandes massives souterraines composées essentiellement de bijoux, de statuettes, de haches votives, et de blocs de jadéite et de serpentine. Le complexe B, mal connu, comprend plusieurs monticules de terre battue, de forme allongée, et une vaste plate-forme, connue sous le nom d'acropole Stirling. Le complexe C détient l'élément architectural le plus célèbre du site : il s'agit d'une structure monumentale en terre, de 30 mètres de hauteur et de 130 mètres de diamètre, en forme de cône à flancs cannelés. L'existence probable d'un jeu de balle, trait caractéristique de la vie mésoaméricaine, a aussi été signalée. La coutume de colorer la surface du terrain occupé a été portée à son paroxysme à La Venta où l'on a découvert des sols tour à tour rouge vif, blancs, vert olive, bleus, brun pourpre, sienne ou vieux rose. Quant à l'espace de la cité, il était rythmé d'imposants monolithes : sculptures de têtes colossales de quelque 18 tonnes, blocs massifs ou stèles couverts de bas-reliefs évoquant soit des événements politiques (représentations de chefs dynastiques, rencontre de personnages), soit des scènes mythologiques.

Hors de la côte du golfe, on ignora longtemps ces niveaux archéologiques anciens. Pourtant, de nombreux témoignages d'art mobilier olmèque affluaient du Guatemala, du Salvador, des États mexicains de Chiapas, Oaxaca, Guerrero, Puebla, Morelos et, bien entendu, du bassin de Mexico où de premières fouilles étaient entreprises, à Tlatilco, en 1942.

Plus récemment, d'importants vestiges d'architecture olmèque ont commencé à être recensés hors de la région du golfe : plate-forme cérémonielle et bâtiments publics à Oaxaca, étudiés par K. Flannery, J. Marcus et R. Drennan, structure pyramidale au sein du monticule 20 à San Isidro et du monticule 30 A à Izapa, dans le Chiapas, décrits par T. Lee et S. Eckholm. Il faut mentionner le vaste site de Tlacozotitlan (Guerrero), découvert en 1983, où nous travaillons avec G. Martinez Donjuan qui dégage actuellement un très riche ensemble de vestiges. Les murs épais d'une enceinte en pierres de taille, un système complexe de canaux d'irrigation et de puissants monolithes à l'effigie du jaguar anthropomorphe en sont les éléments les plus remarquables. Sur tout l'espace mésoaméricain, l'inventaire des pétroglyphes, des stèles et des sculptures s'étoffe aujourd'hui considérablement. On y discerne des thèmes déjà connus sur la côte du golfe : présentation dynastique d'enfant, masques félins, captifs ou vassaux agenouillés, dignitaires vêtus d'une cape ou soutenant, dans un geste très mésoaméricain, la barre symbolique du pouvoir, grottes où officient oracles ou faiseurs de pluie. Mais c'est peut-être l'art céramique qui illustre le mieux le dynamisme plurirégional du monde olmèque. Les capitales olmèques de Tlapacoya, Tlatilco et Las Bocas en offrent de saisissants ensembles, comme le montrent les publications de M. Coe, M. Covarrubias, D. Grove, R. Piña Chan et C. Niederberger. La thématique en vigueur comprend l'une des déités principales du monde olmèque, le jaguar humanisé, des notations abstraites et de nombreux êtres zoomorphes hybrides, aux traits humains, aviformes, félins et reptiliens, qui constituent des symboles graphiques sacrés d'éléments de la nature : terre, grottes, corps célestes, éclairs ou sources. D. Joralemon a magistralement démontré l'extraordinaire puissance d'abstraction et de dissociation des différents éléments graphiques dont un seul peut évoquer, selon la loi du *pars pro toto*, une entité sacrée ou un cycle mythique. Par ailleurs, il est maintenant admis que certains éléments de l'écriture et du calendrier mésoaméricains classiques étaient déjà en gestation dans le monde olmèque. Quatre éléments glyphiques mayas, tous de nature astronomique, ont, selon M. Coe, leur prototype dans l'iconographie olmèque : le glyphe en U élargi, symbole lunaire ; le glyphe *Lamat*, ou losange qui correspond à la planète Vénus ; le motif céleste des bandes croisées ; et, enfin, le glyphe *Kin*, ou glyphe de la fleur à quatre pétales, symbole du Soleil. Nous avons indiqué dans *Paléopaysages et archéologie préurbaine du bassin de Mexico* (1985) que tous ces éléments, ainsi que le motif de l'oiseau-serpent segmenté, qui évoque une forme ancienne de la numération classique à base de cercles et de points, sont fréquents dans le langage symbolique olmèque du Haut Plateau, vers 1000 avant notre ère.

De larges zones d'ombre demeurent cependant dans les données archéologiques qui permettraient de comprendre la genèse du monde olmèque. Mais de multiples témoignages indiquent déjà que cette première expression de la civilisation mésoaméricaine découle d'une longue maturation culturelle à laquelle ont participé, de manière dynamique et à des degrés divers, de nombreuses régions d'ancienne économie agraire d'Amérique moyenne, favorables au développement de sociétés complexes.

Christine NIEDERBERGER BETTON

Poterie portant un décor olmèque

Tlapacoya, dans le bassin de Mexico, représente l'une des principales capitales du monde olmèque du Haut Plateau central. Ce site possède un nombre remarquable de poteries à iconographie olmèque pure et particulièrement élaborée (C. Niederberger, 1983). Ainsi, ce récipient à l'effigie du dragon mythique, à connotations humaines et félines. Les traits vigoureux et schématiques de la face soulignent les yeux, les sourcils « en flamme » et la gueule-caverne à valeur polysémique : grotte, eau souterraine, fertilité agraire et semi-obscurité propice aux rites initiatiques. Musée national d'anthropologie de Mexico.

Tête de figurine en terre cuite

L'importante contribution de l'État de Guerrero dans la naissance de la civilisation mésoaméricaine vers 1200 avant J.-C. a été depuis longtemps pressentie. La récente découverte de la capitale olmèque de Tlacozotitlan le confirme. Non loin du centre cérémoniel de cette capitale, de ses monolithes à l'effigie du jaguar anthropomorphe et de son aqueduc, nous avons mis au jour des vestiges d'habitat domestique. Outre les témoignages liés à la vie quotidienne – coutumes alimentaires ou artisanat spécialisé sur onyx, obsidienne, jadéite et coquillages marins –, on a pu recueillir, dans ce contexte, de nombreux fragments de figurines en terre cuite. Ces fragments de figurine creuse, recouverts d'engobe* blanc et de traces de cinabre*, illustrent les canons stylistiques et les modes en vigueur vers 1000 avant J.-C., tels que le strabisme volontaire, parti pris d'élégance que l'on retrouvera plus tard dans le monde maya. Hauteur : 4 cm. Fouilles C. Niederberger Betton, I.N.A.H.

Figurine en terre cuite

Cette figurine creuse en terre cuite, originaire du Guerrero, asexuée et obèse correspond à un ensemble caractéristique de l'art olmèque : celui des bébés joufflus. On peut observer sur cet exemplaire, de 22 cm de hauteur, la déformation crânienne intentionnelle, le modelé tridimensionnel de la silhouette aux membres potelés ainsi que l'excellent poli de l'engobe blanc. De nombreux bas-reliefs olmèques soulignent le pouvoir magique et le caractère sacré de ces représentations infantiles, à traits parfois mi-humains, mi-félins.

Monolithe de La Venta

La Venta, importante capitale olmèque, constitue l'un des premiers exemples connus et systématiquement étudiés de centre cérémoniel de la Mésoamérique, dans lequel sont distribués, selon un plan spatial rigoureux, monuments publics, caches et offrandes, stèles et monolithes. Ce monolithe représente un dignitaire, assis en tailleur, émergeant d'une niche dominée par le masque du jaguar humanisé. Il détient une corde qui le relie à des personnages secondaires. Cette scène peut exprimer soit un mythe d'origine, soit un acte de vassalité ou de capture de prisonniers.

1. Gravure olmèque complexe de cinq visages vus de profil. Plaque de jadéite.
2. Sculpture n° 52 de San Lorenzo, à l'effigie du jaguar anthropomorphe. Basalte.
3. Hache votive ornée d'un motif incisé de divinité olmèque. Jadéite.

D'après D. Joralemon.

Principaux sites de la Mésoamérique olmèque

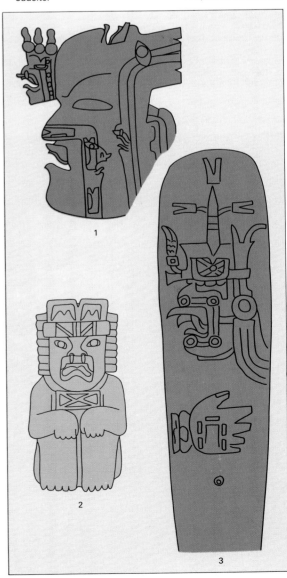

Les communautés préurbaines

Au cours des 1 500 ans qui précèdent notre ère, et tout spécialement entre 600 et 100, le monde mésoaméricain devient le cadre de nombreuses innovations qui touchent tant l'univers des croyances et la conception de l'espace individuel et collectif que le domaine des techniques et des stratégies économiques. Cette époque, cruciale pour comprendre la naissance, au début de notre ère, des puissantes agglomérations urbaines de la Mésoamérique classique, est restée longtemps très mal connue. C'est ainsi que, faute de données, ou en présence de témoignages lacunaires ou contradictoires, divers chercheurs ont longtemps attribué à la majorité des sites de cette époque, à l'exception de certains cas de la côte du golfe, un niveau économique et sociopolitique archaïque : celui du village primitif. Les données archéologiques récentes modifient profondément cette perspective. Aujourd'hui, différents chercheurs soutiennent vigoureusement l'hypothèse d'un développement précoce du phénomène urbain, en de nombreuses zones de la Mésoamérique au cours du Ier millénaire avant notre ère. Mais il faut alors préciser la définition que l'on donne de ce mode spécifique de groupement spatial qu'est la cité. Plusieurs critères considérés comme nécessaires pour définir l'apparition d'un centre urbain en archéologie eurasiatique (écriture liée au commerce ou métallurgie, par exemple) ne sont pas directement applicables au cas mésoaméricain. Mais, si l'on admet que l'agglomération spatiale mésoaméricaine prend le statut de ville lorsqu'on peut, en particulier, y détecter la coexistence d'institutions politiques et religieuses fortement hiérarchisées, d'une architecture publique monumentale planifiée, d'une classe d'artisans hautement spécialisés, de marchés liés à des réseaux commerciaux interrégionaux, de réalisations intellectuelles complexes telles qu'un système d'observation astronomique précis ou une méthode iconographique d'enregistrement permanent de certaines données, il faut alors reconnaître que la cité est déjà en plein développement dans la Mésoamérique au cours du Ier millénaire avant notre ère. À l'instar de W. Bray, nous partirons ici du principe qu'il n'existe pas de saut qualitatif, ni de mutation brusque entre la capitale régionale (caput) de 1000 avant notre ère et les premières grandes agglomérations urbaines (urbs), à forte densité architecturale et démographique, qui fleurissent au début de notre ère – telles que Tikal en pays maya, Monte Albán en zone zapotèque, ou Teotihuacán dans le bassin de Mexico –, mais qu'il s'agit plutôt d'une progression quantitative et d'une intensification de phénomènes déjà en place.

La capitale régionale du Ier millénaire, que nous définissons ici dans le sens de caput et non de urbs, est à la racine de cette conception centripète mésoaméricaine du territoire où une cité, centre de pouvoir politique et religieux, régit la marche d'une constellation de villages de sa périphérie. Des deux composantes de cette association, le village est demeuré longtemps le moins connu. Les travaux de K. Flannery et de M. Winter dans la vallée d'Oaxaca comblent cette lacune. Entre 1300 et 800 avant notre ère, la maison paysanne d'Oaxaca, de plan rectangulaire, est faite de matériaux végétaux (poteaux de bois, roseaux). Les murs sont enduits de pisé, souvent poli, plus rarement blanchi à la chaux. Ces murs reposent parfois sur une base de murets de pierres. L'unité domestique, de quelque 300 mètres carrés, comprend la maison et un espace externe où se déroulent de nombreuses activités familiales comme la cuisson de certains aliments, la mouture de céréales, ou la fabrication de poteries. Dans cet espace domestique externe se regroupent les animaux apprivoisés, tels que le chien ou le perroquet, les sépultures familiales et les fosses campaniformes, dont la première fonction est d'abriter une réserve de céréales. Vers 900 avant notre ère, le village de Tierras Largas couvrait 2 hectares et comprenait 5 unités domestiques. Sa capitale régionale, située à San José Mogote, d'environ 20 hectares, se composait de 80 à 120 unités domestiques et de plusieurs édifices publics, bâtis sur de larges plates-formes d'adobe* et de pierres, munies d'escaliers. Vers 500 avant notre ère, ce site atteindra 40 hectares. Certaines structures de capitales régionales étudiées par P. Tolstoy et S. K. Fish pouvaient être revêtues d'une brillante couche de pigments rouges à base d'hématite spéculaire. Si vers 900 avant notre ère la plupart des villages ne dépassent guère 2 hectares, la cité de San Lorenzo (Veracruz) s'étend sur 53 hectares et nous estimons que Zohapilco-Tlapacoya, dans le bassin de Mexico, atteint alors 35 hectares.

L'économie de subsistance de cet ensemble, capitale et villages, est fondée sur les cultures de l'amarante, du maïs, de la courge, du piment, de la tomate et du haricot, auxquelles s'ajoute, dans les zones de forêts tropicales méridionales, celle de plantes à tubercules. Le travail rural déborde déjà les simples méthodes de l'agriculture itinérante sur brûlis. Sur le site de Cuello, dans le Belize, étudié par N. Hammond, l'existence d'un système hydraulique complexe et d'une horticulture sur parcelles de terre artificiellement surélevées et entourées de canaux est attestée. Sur les rives lacustres de Zohapilco-Tlapacoya, dans le bassin de Mexico, nous avons noté le développement, vers 800 avant notre ère, de cultures intensives, indiqué par la présence de plaques de guano de chauves-souris, engrais couramment employé sur les chinampas* à l'époque aztèque. Partout, le cerf, le lapin, le pécari et la tortue d'eau douce constituent les plus importants produits de la chasse et de la pêche. Le chien domestique fait partie du régime alimentaire. La gamme des sources de protéines de haute qualité est très ample dans les régions lacustres de montagnes tempérées. Les témoignages de cannibalisme*, déjà présents dans le bassin de Mexico, ne sont donc pas liés à quelque carence alimentaire mais dérivent sans doute de pratiques rituelles. Les réseaux de commerce interrégionaux couvrent tout l'espace mésoaméricain. Ils comprennent, en particulier, l'échange de bitume, de sel, d'obsidienne, de jadéite, de serpentine, de magnétite, de plumes de certains oiseaux, de poteries, de coton et de coquillages marins. La vie de la cité est rythmée par la triade marchés-rites-jeux publics, dont les danseurs, musiciens et acrobates en terre cuite donnent l'écho ; c'est aussi en son sein que l'expression iconographique des croyances prend forme et se transmet. Cette iconographie évolue, au cours du Ier millénaire, à partir d'un canevas commun, celui du monde olmèque, jusqu'à éclater, vers 500 avant notre ère, en de vigoureux styles régionaux. Les représentations symboliques sacrées de l'époque aztèque, recensées dans les travaux de J. Soustelle et de H. Nicholson, sont déjà en gestation : ainsi le motif à cinq points, marque du héros civilisateur, le serpent à plumes ; la paupière fermée, symbole mortuaire ; ou des formes d'êtres hydrides vénérés, incarnations de la pluie ou du vent.

Des renseignements précis sur les hiérarchies et les partitions sociales proviennent de l'étude des sépultures. Celles de Tlatilco, étudiées par R. Piña Chan, A. Romano et M. Porter, ou celles, plus tardives, d'El Arbolillo et Zacatenco connues par les travaux pionniers de G. Vaillant* représentent une gamme très ample de statuts et de fonctions : simple plébéien sans offrande ; jeune femme inhumée avec ses instruments de mouture ou quelques poteries ; artisan installé dans l'au-delà avec ses racloirs et ses poinçons ; devin, avec ses amulettes polies ; femme noble enveloppée dans une cape de plumes ; ou grand dignitaire, à la déformation crânienne intentionnelle et à la denture incrustée de pierres rares, accompagné de riches denrées exotiques. Deux mille ans avant Tezozomoc, roi Tépanèque, le squelette 141 d'El Arbolillo, enterré avec une perle de jade dans la bouche, constitue l'un des multiples témoignages de l'ancienneté et de la continuité de certaines traditions mésoaméricaines.

Vers 300 avant notre ère, certaines capitales régionales, comme Cuicuilco, dans le bassin de Mexico, prennent une ampleur considérable, amorce de ce processus d'intensification qui va engendrer les puissantes mégapoles mésoaméricaines du Ier millénaire de notre ère.

Christine NIEDERBERGER BETTON

Musée national d'anthropologie de Mexico

Fouilles du village de Terremote, bassin de Mexico

Avant la naissance de la grande métropole de Teotihuacán vers 200 avant J.-C., de nombreuses communautés villageoises, liées à une capitale (caput non urbs), occupaient le bassin de Mexico. Cette vue montre un aspect des fouilles du village pré-Teotihuacán de Terremote, situé sur un îlot de l'ancien lac d'eau douce de Chalco-Xochimilco. Cette communauté rurale vivait d'horticulture et de produits artisanaux fabriqués en joncs et roseaux lacustres. Fouilles M. C. Serra P. et Y. Sugiura Y., 1979.

Figurine en terre cuite

Délicate figurine en terre cuite en vogue dans le Mexique central au début du Ier millénaire avant notre ère. Souvent peintes, tatouées, ornées de bijoux, ces figurines évoquent différentes scènes de la vie quotidienne : danses, vie de famille (bercement d'un enfant, par exemple) ou, ici, jeu avec un petit chien domestique.

C. Niederberger Betton

Unité domestique de la vallée d'Oaxaca

Les données archéologiques fournies par K. Flannery et M. Winter permettent de mieux comprendre l'organisation d'une maison villageoise, dans la vallée d'Oaxaca, vers 900 avant notre ère. L'intérieur de la maison comprend des zones réservées aux travaux masculins (taille d'outils de pierre) et aux activités féminines, telles que le filage du coton. À l'extérieur, où peuvent se dérouler des activités ménagères, telles que la mouture du maïs, se trouvent les fours à poteries, les silos souterrains pour les céréales, les zones de sépultures familiales. Ces données sont complétées par les témoignages recueillis dans le bassin de Mexico. À cette époque, l'alimentation villageoise mésoaméricaine comprenait notamment le maïs, le haricot, la courge, la tomate, l'amarante, le cerf, le lapin, le pécari, le dindon et la tortue d'eau douce.

Arturo Romano

Musée national d'anthropologie de Mexico

Sépultures et offrandes de Tlatilco

Tlatilco, site archéologique célèbre, peut être considéré comme une des capitales régionales du bassin de Mexico, au cours du millénaire qui précède notre ère. Longtemps, ce site a été assimilé à un cimetière, parce qu'on en avait surtout étudié les sépultures et les offrandes qui y étaient associées. En réalité, ces sépultures sont liées à des vestiges d'habitation. Marchés, cérémonies et jeux, au cours desquels les joutes acrobatiques étaient prisées, rythmaient la vie de cette capitale régionale. Musée national d'anthropologie de Mexico. Avec l'aimable autorisation du département d'anthropologie physique de l'I.N.A.H., Mexico.

L'urbanisme : des réalisations polymorphes

Les relations que les communautés précolombiennes, disposant de moyens techniques sommaires, ont établies avec leur environnement sont perceptibles dans le modelé d'un espace, structuré et jalonné, depuis environ 3 000 ans (période « formative »), par les restes monumentaux de vastes ensembles construits ou aménagés. C'est sur le fond commun d'un mode de vie rural à l'extension diffuse, lentement instauré au cours des périodes « archaïques » précédentes, que se détachent en discontinu, dans le semis amorphe de quelques agglomérations stabilisées (hameaux, villages saliniers, bourgades fortifiées, etc.), les caractères d'un mode urbain de l'occupation du sol dont les critères combinés divisent les chercheurs. Nous connaissons encore mal la dynamique des grandes lignes de force qui ont entraîné, dans le bassin de Mexico, dans la vallée de Oaxaca, dans les basses terres du pays maya, ce que nous percevons comme différents degrés de réalisation urbaine : montée démographique et recherche de moyens de subsistance, encadrées par une organisation de plus en plus étatique, ou symbioses de groupes régionaux, provoquées par la multiplication des échanges commerciaux ? Notons que les hautes civilisations méso-américaines, pas plus que celles du reste du continent, ne se sont nécessairement réalisées dans le cadre de l'urbanisation.

L'étude du développement de ce phénomène complexe (démographique, spatial, économique) est abordée depuis une dizaine d'années par des méthodes inspirées de l'anthropologie et de la sociologie urbaines ou parfois empruntées à la géographie économique, méthodes qui viennent compléter les démarches habituelles du travail archéologique pratiquées par les équipes interdisciplinaires de Millon, Sanders, Coe, MacNeish, Flannery, entre autres. Ces méthodes permettent d'évaluer les diverses formes de concentration de population, dans l'histoire d'un espace donné. La nature des établissements est suggérée par l'accroissement daté des surfaces bâties et par la densité des structures. C'est ainsi qu'au Ve siècle de notre ère, dans le nord-est du bassin de Mexico, dominant le développement des cultures classiques mésoaméricaines, Teotihuacán concentrera 200 000 habitants sur une surface de 20 kilomètres carrés.

La trame spécifique des entités urbaines est naturellement inséparable des niveaux d'organisation des groupements humains qui la fondent ; elle révèle, outre les innovations du « Formatif », les formules classiques du Ier millénaire de notre ère et les réalisations du Postclassique, la persistance de plusieurs modes architecturaux (structures pyramidales ou tronconiques à corps superposés, stucage des parois et polychromie) et celle de grands principes d'organisation spatiale (orientation des grands axes, monumentalité des constructions, espaces attribués aux services annexes,

enceintes destinées au jeu de balle rituel et à la tenue des marchés, existence d'aires réservées aux activités artisanales spécialisées, hiérarchisation des secteurs résidentiels, maîtrise de l'eau). Si un ensemble de marqueurs récurrents répertoriés permet de proposer une typologie des formes urbaines de l'habitat mésoaméricain, il serait hasardeux de prétendre appréhender l'évolution fonctionnelle des zones urbanisées et évaluer, notamment, leurs rapports avec les activités agricoles élémentaires ou celles qui en dérivent. En pays olmèque, sur la côte du Golfe, le site de San Lorenzo (1500 av. J.-C.) et celui de La Venta (700 ans plus tard) ne peuvent répondre – malgré des réalisations inégalées dans les domaines technique et artistique – à la dénomination de centres urbains, qui s'imposera pour Teotihuacán, Tenochtitlán, Monte Albán ou Tikal. Proposera-t-on à leur sujet, comme pour Cuicuilco, le nom de « métropole rurale » ? Les bâtiments à vocation communautaire y sont, en effet, éloignés des unités domestiques ; ces centres font figure de centres religieux, peut-être de centres administratifs et commerciaux, pour un vaste arrière-pays à l'habitat dispersé. On retrouve un habitat domestique dispersé dans l'aire de civilisation maya adjacente, tant dans ses parties centrales (El Mirador) que méridionales (Izapa). Le caractère de « cité » invoqué à propos des grands centres du Guatemala et du Honduras (Tikal, Kaminaljuyú, Copán, etc.) s'attache peut-être à la présence, depuis la fin du « Formatif » et jusqu'aux cités-États du Classique final, de diverses structures prestigieuses construites en dur, d'ensembles cérémoniels plusieurs fois consolidés et amplifiés, dont certains sont reliés par des chaussées pavées (sacbé), de « temples », de « palais » comme on continue à les appeler depuis le XVIe siècle, desservant une population « urbaine » à faible densité résidentielle (Tikal et sa région entre le VIe et le VIIIe siècle ne regroupent que 50 000 habitants environ sur 180 km²). Les indices d'une stratification sociale et de la multiplicité ethnique des occupants se dégagent de l'étude du décompte des fondations des maisons et de leurs situations, de celle de la diversité des types de poterie, des sépultures et des offrandes mortuaires : associés aux grands édifices, des stèles et des panneaux sculptés d'inscriptions glyphiques fournissent, avec des informations dynastiques, les éléments d'une hiérarchisation des centres monumentaux de l'aire maya ainsi que des données astronomiques et calendariques très élaborées. Construites en pierre, des terrasses à usage agricole – récemment détectées dans le centre de la péninsule du Yucatán (région de Rio Bec), dans le nord-est (Quintana Roo méridional) et dans le sud-est (Maya Mountains du Belize) – constituent avec les chinampas* le témoignage de pratiques culturales préhistoriques révélatrices de l'aménagement d'un espace économique régional qui, vu à grande échelle,

donne une image renouvelée des « caractéristiques urbaines » des centres mayas.

La tendance à la séparation entre structures de prestige, habitat domestique et « quartiers » destinés aux activités artisanales, particulièrement claire à Teotihuacán, s'observe aussi à Monte Albán, fondé vers 500 avant J.-C. Les dimensions plus réduites de sa région et de sa population qui, à la fin de la période classique, n'atteindra pas 30 000 habitants donnent une physionomie particulière à cette entité politique. Après le déclin des cités classiques, au VIIIe siècle, ce sont des centres régionaux qui marqueront le paysage humain de la Mésoamérique (Xochicalco, Cholula, El Tajín), avant que l'hégémonie de Tula, dans le nord du bassin de Mexico, n'impose son style architectural aux réalisations urbaines de la période post-classique. À partir du XIe siècle, dans le nord du Yucatán, après la chute du centre maya-toltèque de Chichén Itzá et celle de quelques cités-États antagonistes, de nouvelles préoccupations se traduisent par le choix des sites, naturellement protégés, par la construction de murailles défensives : Tulum, sur la côte caraïbe de la péninsule, Mayapán, à l'intérieur des terres – siège d'une confédération qui au XIIIe siècle abritera 12 000 habitants répartis en 2 000 unités domestiques. Tandis que l'aire maya péninsulaire voit s'instaurer entre envahisseurs toltèques déplacés et indigènes Putun du Campeche et du Tabasco un réseau d'alliances dépourvues d'assise urbaine perceptible, des groupes nomades composites, venus du nord-ouest du pays, les Mexica, s'établissent dans la zone du complexe lacustre du bassin de Mexico à la fin du XIVe siècle et fondent une nouvelle agglomération. Un véritable projet de planification urbaine, étalé sur moins de deux siècles, se dégage de l'aménagement de la double ville insulaire de Mexico-Tenochtitlán et Tlatelolco, reliée à la terre ferme par des chaussées soigneusement construites et entretenues. Dans le « merveilleux ordonnancement » de la capitale aztèque, décrit par les conquérants espagnols et récemment corroboré par les fouilles du projet Templo Mayor –, figurent en bonne place les ouvrages hydrauliques : travaux d'adduction, canaux, écluses, la circulation en barque étant reliée par des chaussées de trait et de charge ; sur les 12 kilomètres carrés de Tenochtitlán, plus de 100 000 habitants sont regroupés dans une série de quartiers dont les constructions s'alignent en ordre de volume décroissant par rapport à l'enceinte cérémonielle du « grand temple » : quadrillé par ses larges voies de communication, à la croisée des chemins qui traversent le territoire mésoaméricain, ce centre urbain précolonial conservera, même après la Conquête, son prestige de ville capitale.

Antoinette NELKEN TERNER

Les édifices du site de Lubaantún, Belize

La détermination des ensembles architecturaux par l'évaluation de leur hauteur et de leur volume respectifs permet de classer les édifices du site de Lubaantún, dans les Basses Terres mayas, en quatre groupes (d'après N. Hammond, 1972).

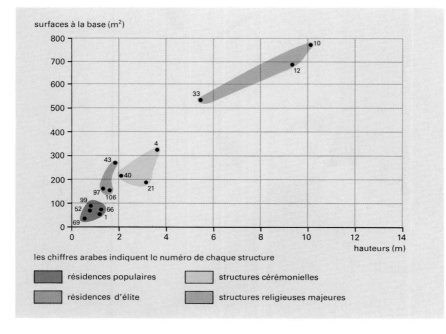

surfaces à la base (m²)

hauteurs (m)

les chiffres arabes indiquent le numéro de chaque structure

- résidences populaires
- résidences d'élite
- structures cérémonielles
- structures religieuses majeures

Les places de Lubaantún, Belize

Ce schéma illustre le degré de connexion des principales places du site de Lubaantún. Les notions d'accessibilité et de centralisme semblent avoir guidé l'organisation de ce site entre le VIIIe et le Xe siècle, dans une région où le commerce polarisait l'activité d'une population importante mais dispersée.

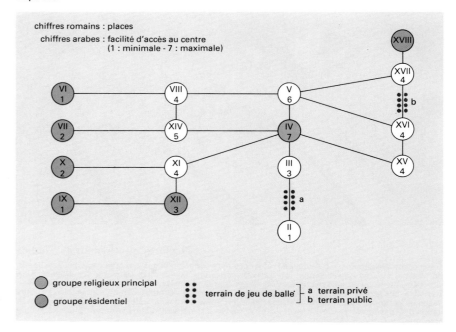

chiffres romains : places
chiffres arabes : facilité d'accès au centre (1 : minimale - 7 : maximale)

- groupe religieux principal
- groupe résidentiel
- terrain de jeu de balle — a terrain privé / b terrain public

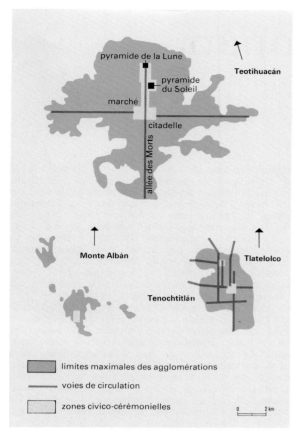

Plan schématique de trois agglomérations

Depuis plus de 4 000 ans, la structure de l'habitat a revêtu des aspects différents en Mésoamérique. Toutefois, l'inventaire des vestiges archéologiques, la restitution du tracé de leurs contours successifs au sein des grands ensembles construits révèlent l'existence d'un projet planificateur. À travers des milieux naturels différents, mais aménagés, agglomérations urbaines des Hautes Terres, centres cérémoniels, métropoles rurales des Basses Terres s'inscrivent dans un espace multiforme mais organisé.

Teotihuacán

Vue aérienne de la partie centrale de Teotihuacán, prise depuis son angle sud - sud-ouest. Au premier plan, le marché et la Citadelle, au centre l'Allée des Morts.

Monte Albán

La grande place vue depuis le sud - sud-est.

Tenochtitlán-Tlatelolco

Reconstitution de la capitale aztèque peu avant la Conquête. Fresque de L. Covarrubias au Musée national d'anthropologie de Mexico.

Un siècle d'archéologie à Copán, Honduras

« Le spectacle de cette sculpture inattendue balaya définitivement de nos esprits tout doute sur le caractère des antiquités américaines et ancra en nous la conviction que les objets que nous recherchions étaient dignes d'intérêt non seulement comme vestiges d'un peuple inconnu mais aussi comme œuvres d'art démontrant, comme l'aurait fait un texte historique nouvellement mis au jour, que les peuples qui occupèrent jadis le continent américain n'étaient pas des sauvages. » Ces lignes, inspirées à l'explorateur américain John L. Stephens par la découverte d'une stèle de Copán, servent de préliminaire à une description du site et de ses sculptures qui, rehaussée somptueusement par les dessins de l'architecte anglais F. Catherwood, a assuré à Copán dès le milieu du XIXe siècle une réputation de premier plan parmi les ruines de l'Amérique moyenne. Il a été confirmé depuis lors que Copán, au moment de son apogée, avait été l'une des trois ou quatre capitales de la civilisation maya classique. Près de cent ans de recherches scientifiques – elles ont débuté en 1891 et se poursuivent de nos jours – font du site et de ses environs l'un des secteurs les plus travaillés du monde maya (après Tikal et sa région probablement), un de ceux aussi sur lesquels il existe le plus grand nombre de publications.

Le premier sujet d'intérêt à Copán, chronologiquement dans l'ordre des recherches et qualitativement par la monumentalité et la richesse des vestiges, est un ensemble d'environ 12 hectares connu sous le nom de groupe principal. Il comprend, au nord, une grande place avec plusieurs structures associées et une concentration remarquable de sculptures indépendants, en particulier des stèles en haut relief ; au sud se dresse une imposante acropole artificielle couverte de plates-formes et d'édifices pyramidaux. Ce groupe a été l'objet de nombreuses recherches jusqu'aux années les plus récentes. La première expédition de fouilles entreprise en zone maya par le Peabody Museum de l'université Harvard lui fut consacrée. C'est aussi la zone qui recueillit les principaux efforts des archéologues de la Carnegie Institution au cours de neuf longues campagnes de fouilles, de conservation et de restauration, étalées entre 1935 et 1946 : au titre des mesures conservatoires, on ne peut pas ne pas citer le détournement de la rivière Copán qui avait attaqué la bordure est de l'acropole et entraîné en cinquante ans la destruction d'au moins trois structures importantes. Mais, à côté des opérations de ce genre, les fouilles avaient été nombreuses, révélant, par exemple, l'existence de trois étapes successives de construction du terrain de jeu de balle, la présence de riches dépôts

rituels dans des chambres maçonnées sous les stèles de la grande place, ou encore l'existence d'un escalier couvert de hiéroglyphes, enfoui sous la structure 11. D'un autre côté, l'étude de la céramique dans plusieurs dépôts stratifiés, en particulier sur la bordure méridionale de l'acropole, avait eu pour résultat l'élaboration d'une séquence chronologique s'étendant des derniers siècles avant notre ère jusqu'à l'effondrement de la cité au IXe siècle. On connaissait aussi dans la région l'existence d'une céramique antérieure à la séquence du groupe principal ; et quelques sépultures intruses dans des édifices classiques indiquaient une réoccupation modeste du site après son abandon. La période d'apogée du groupe principal, enfin, avait été bien fixée : elle se situe durant la phase dénommée Classique récent, c'est-à-dire entre 700 et 850 environ après J.-C.

Les inscriptions sculptées ont également été l'objet des recherches les plus anciennes menées à Copán. L'œuvre considérable publiée par S. G. Morley* en 1920 enregistre l'essentiel des inscriptions connues à cette époque et les date de façon précise. Cependant, le renouveau des études épigraphiques à partir des années soixante et la mise en évidence du contenu historico-dynastique d'une proportion importante de textes mayas ont ouvert, à Copán comme ailleurs, des perspectives d'interprétation nouvelles. Un des objectifs fondamentaux de l'actuel projet archéologique Copán qui a débuté en 1977 sous la direction de C. F. Baudez n'est autre que la reconstitution de l'histoire dynastique du site et la tentative faite pour mettre en relation cette dernière avec l'histoire du développement architectural du groupe principal. Contrairement à ce qui a été réalisé à Tikal, l'acropole de Copán n'a pas fait l'objet de grandes fouilles en profondeur, ce qui continue à limiter les connaissances, pourtant très importantes, récemment acquises sur cette partie du site. La grande place, en revanche, a été fouillée de façon extensive après utilisation, pour la prospection* géophysique, de la technique de la résistivité électrique qui permet de repérer toute anomalie dans les couches enfouies. L'interprétation des informations recueillies ces dernières années n'est pas achevée et, en particulier, les débuts de l'histoire dynastique, qui au total comprendrait seize souverains, ne sont toujours pas clairs. C'est à partir du treizième roi, connu sous le nom de « 18-Lapin », que l'histoire se précise. Naturellement, plusieurs réalisations architecturales dans le groupe principal sont antérieures au début de son règne, à l'aube du VIIIe siècle. Du côté de la grande place, par exemple, plusieurs édifices ont été construits et remodelés dès le

Classique ancien (100-400 après J.-C.), époque à la fin de laquelle Copán semble relativement lié à la région la plus dynamique des Basses Terres mayas, le nord-est du Petén. L'histoire de la construction de l'acropole serait, elle, plus récente et plus condensée : l'essentiel daterait des cent cinquante années d'apogée et C. Baudez a de bons arguments pour démontrer que la configuration visible aujourd'hui de cet ensemble est à mettre au compte surtout du dernier grand roi du lieu : « Soleil Levant ». Parmi tous les temples qu'il fit bâtir, la structure 18, à l'extrême sud-est de l'acropole, est peut-être aussi sa sépulture.

Mais Copán ne se réduit pas au seul groupe principal et l'histoire même de ce groupe ne saurait être comprise sans référence à tout ce qui l'entoure. C'est seulement en 1941 qu'une première tentative d'étude microrégionale vit le jour avec la réalisation d'une carte archéologique, très imparfaite, couvrant 18 kilomètres carrés. Le plus récent programme de recherche, reprenant une idée dont la mise en œuvre avait commencé peu de temps auparavant, a le mérite de chercher à rendre compte de ce que fut Copán dans son ensemble, à l'échelle de la vallée où se situent les principales ruines. L'histoire de l'occupation humaine, dans l'état actuel des connaissances, commence ici vers l'an mille avant J.-C. Le Ier millénaire, toutefois, n'est guère représenté que par de rares vestiges, ce qui, pour ses derniers siècles en tout cas, constitue une énigme. Partout ailleurs dans les Basses Terres mayas, en effet, la période comprise entre 400 avant J.-C. et 100 après J.-C. semble être un temps de fort développement démographique et d'innovations sur divers plans. Pour la vallée de Copán, l'occupation s'intensifie seulement peu à peu à partir de 100 de notre ère pour culminer au Classique récent. Il existe alors apparemment plus de quatre mille structures dans la vallée et, en dehors du groupe principal, deux autres secteurs au moins sont particulièrement peuplés. Dans l'un, baptisé *Sepultura*, les fouilles de plusieurs ensembles résidentiels devraient permettre de mieux comprendre la société copanèque à son apogée. D'ores et déjà, elles ont montré que les réalisations de prestige, notamment la sculpture, n'étaient pas l'apanage du groupe principal.

La chute de Copán est brutale. Elle succède de peu à la mort, en 800, de « Soleil Levant » mais reste largement incomprise. Ce n'est qu'un des aspects encore obscurs de l'histoire du site sur laquelle un siècle de recherches n'a apporté que quelques éclaircissements.

Dominique MICHELET

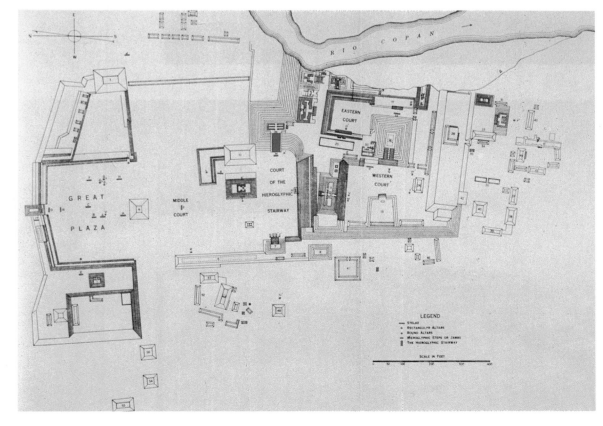

Le groupe principal de Copán

Ce plan du groupe principal de Copán, publié en 1920 avec l'étude des inscriptions du site par Sylvanus G. Morley, entre dans une longue tradition cartographique du lieu, qui culmine avec la publication, en 1981, du travail des architectes Hohmann et Vogrin. Mais le projet archéologique Copán qui a commencé en 1977 a considérablement amplifié le champ de nos connaissances en établissant une carte précise de la vallée de Copán qui couvre 24 kilomètres carrés.

Glyphe-emblème de Copán

En 1958, l'épigraphiste H. Berlin isola pour la première fois une forme de glyphes aux affixes constants dont la fonction semble avoir été de désigner des lieux (glyphes-emblèmes). Le glyphe-emblème de Copán comprend pour élément spécifique une tête de chauve-souris entourée à gauche et au-dessus des invariants.

Stèle B, Copán

Face antérieure de la stèle B datée de 731 de notre ère, dessinée par Frederick Catherwood en 1839 et photographiée en 1975. Cette stèle fut érigée durant le règne du grand souverain « 18-Lapin » qui, défait militairement par le roi de Quirigua en 737, sera capturé et mis à mort. C'est ce style de sculpture en haut relief qui a d'abord assuré à Copán une notoriété de premier plan.

Résidence principale du site CV 36 dans le secteur Sepultura, Copán

Le secteur dit *Sepultura*, au nord-est de la grande place du groupe principal, est une zone à forte densité d'ensembles résidentiels. Parmi ceux-ci, le site CV 36 comprend notamment plusieurs édifices importants organisés autour de la plaza A. Au sud, la résidence la plus élaborée comportait des sculptures intégrées en façade et, à l'intérieur de la pièce centrale, une banquette richement décorée de bas-reliefs. Parmi les hiéroglyphes de cette banquette apparaît le nom de « Soleil Levant », le dernier grand roi de Copán.

Cylindre en céramique à décor polychrome

Cylindre du type Copador polychrome découvert dans une sépulture durant la campagne de fouilles de 1938 de la Carnegie Institution. Copador polychrome est un type de céramique peinte, très spécifique de la vallée de Copán, produite principalement au cours du VIIIe siècle.

Temple de la structure 18, groupe principal de Copán

La fouille, en 1979, de la structure 18, au sud-est de l'acropole, s'est révélée très riche d'enseignements. « La découverte des jambages sculptés de la première pièce et des masques décorant la marche-banquette séparant les deux pièces du temple nous décida à poursuivre l'exploration de la structure [...]. Nous fumes récompensés de cette décision par la découverte de la tombe – même pillée – et de nouvelles sculptures [...]. La structure 18 est le premier exemplaire de temple funéraire à Copán » (d'après C. F. Baudez, 1983).

351

L'effondrement
de la civilisation maya classique

Entre la fin du VIIIe siècle et le début du Xe siècle de notre ère, la civilisation maya classique qui, de Palenque à Copán et de Calakmul à Seibal, avait connu un prodigieux développement s'éteint dans les Basses Terres du sud de la péninsule du Yucatán. Contrairement aux autres phénomènes de désintégration socioculturelle en Mésoamérique (la chute de Teotihuacán ou celle de Monte Albán par exemple), l'effondrement maya a suscité une longue série de recherches, de réflexions et d'écrits. La quête d'une explication a été poussée très loin, à tel point même qu'on a pu considérer la synthèse d'un séminaire tenu en 1970 sur le sujet (publié sous le titre de *The Classic Maya Collapse*) comme l'un des efforts les plus convaincants à cet égard. Pourtant, une révision soigneuse des connaissances acquises et des hypothèses émises n'autorise pas à considérer le problème comme résolu. Trois aspects du phénomène restent encore inexpliqués : l'établissement des faits, la reconstitution du ou des scénarios, l'isolement des causes de l'effondrement.

La chute de la civilisation classique maya présente, entre autres particularités, celle d'avoir affecté une vaste région, c'est-à-dire non seulement plusieurs centaines de sites mais aussi divers centres de pouvoir. Malgré la dispersion spatiale et, jusqu'à un certain point, temporelle du phénomène, il est admis qu'il s'agit d'un processus global. L'effondrement lui-même se révèle surtout par trois séries de faits. La première, qui d'ailleurs avait commencé à être décelée il y a déjà plusieurs décennies, est l'interruption définitive des manifestations culturelles liées aux élites. Depuis que l'on sait transposer dans notre calendrier les dates des monuments et sculptures mayas inscrites dans le Système du « Compte long* », il est devenu clair que ce système a précisément cessé d'être utilisé en à peine plus d'un siècle dans toute l'aire maya. Mais la rupture ne se limite pas à l'abandon d'une forme de comput du temps ; on cesse en même temps, ou presque, de sculpter, de bâtir des temples et des pyramides, de fabriquer des objets de prix, telle la céramique polychrome. Tout cela fait logiquement croire à la désintégration des élites, promotrices de ces diverses activités. Des études plus modernes ont aussi largement indiqué que l'effondrement n'a pas seulement été l'affaire des classes dirigeantes ; il semble, en effet, que de nombreux centres et leurs alentours ont été fortement et brutalement dépeuplés à la même époque. La disparition de la civilisation classique maya serait donc aussi marquée, et c'est le deuxième aspect, par une chute démographique importante dans les Basses Terres du Sud (extinction ou migration). Enfin, le dernier aspect fondamental du phénomène est sa rapidité (un siècle) et son irréversibilité. Au niveau de ces éléments

généraux qui passent pourtant pour bien établis, certains points ne sont pas définis avec toute la rigueur souhaitable. Si l'ubiquité et la soudaineté de la chute ne peuvent guère être contestées, la chronologie même des événements est plus subtile à établir qu'il n'y paraît. Prendra-t-on pour marqueur chronologique la dernière inscription datée de tous les sites qui en possèdent et l'on obtiendra une première séquence de l'effondrement allant de 795 après J.-C., dernière date à Piedras Negras, à 909, dernière date à Toniná. Mais l'arrêt des constructions monumentales ou les transformations de la céramique fournissent d'autres repères sensiblement différents. Par ailleurs, la deuxième grande composante du phénomène (la baisse de la population) est certes clairement mise en lumière dans un site comme Tikal, où l'on passe de 200 groupes de résidences occupés, à la phase Imix, à 14 seulement à la phase suivante, Eznab, pour le secteur central, mais reste à confirmer ou à affiner dans nombre de cas.

Si l'on abandonne à présent le niveau des faits généraux pour examiner le cas concret des divers sites touchés par l'effondrement, il faut poser la question de l'unité ou de la diversité des scénarios. Les données recueillies à Tikal, par exemple, permettent d'en situer le déclin durant la seconde partie du IXe siècle, mais de violence véritable, point de trace, ni d'ailleurs d'une interruption de l'occupation qui s'appauvrit seulement de façon spectaculaire. À Toniná, en revanche, le temps compris entre l'érection des deux dernières sculptures datées (837-909) est marqué par l'apparition d'éléments nouveaux, probablement étrangers, en particulier dans le domaine de la céramique. Puis le site est abandonné, avant d'être sporadiquement réoccupé. La statuaire est, en outre, volontairement mutilée. Révolte ou invasion ? C. F. Baudez et P. Becquelin penchent en faveur de l'hypothèse d'une invasion. D'autres cas pourraient être cités et feraient apparaître d'autres particularités. La reconstitution d'un scénario général pour toute la région n'est toutefois pas exclue par de telles constatations à la condition, naturellement, qu'elle intègre les différentes variantes d'ores et déjà connues ou à découvrir.

Qu'en est-il finalement des causes de l'effondrement de la civilisation maya classique ? Un des grands acquis, semble-t-il, de la conférence de 1970 évoquée plus haut a été la mise en avant d'une explication de type multicausal alors que les spécialistes avaient avancé, jusque-là, des interprétations unifactorielles. Les interprétations qui s'appuient sur une seule cause sont très diverses. La plupart font appel à des failles ou à des faiblesses inhérentes à la société maya ou au système d'adaptation écologique. Dès 1921, O. F. Cook, par exemple, avait souligné le risque d'épuisement des sols quand, dans la culture sur brûlis, le temps de jachère

est raccourci pour faire face aux besoins d'une population croissante. D'autres hypothèses sur la rupture des équilibres écologiques ont aussi vu le jour et ont toutes en commun de faire reposer l'effondrement maya principalement sur des difficultés agricoles à long terme. Même le thème d'un changement climatique, trop souvent brandi dans divers cas de discontinuité culturelle, a récemment été exploité à propos de cet épisode de l'histoire maya. Toutes ces explications, pour incomplètes qu'elles paraissent aujourd'hui, ont pourtant reçu une certaine confirmation avec l'analyse des vestiges osseux humains de la fin de la période classique maya qui conclut à l'augmentation des déficiences alimentaires. Elles semblent, en tout cas, plus fondées que les propositions de certains auteurs sur l'exposition de la région aux catastrophes naturelles (tremblements de terre, cyclones, etc.) ou encore que le point de vue, jamais réellement accepté, selon lequel ce qui constitue une énigme n'est pas l'effondrement mais le développement d'une civilisation dans la forêt tropicale. En marge des interprétations à base écologique ou combinées avec celles-ci, l'hypothèse d'une implosion sociale à l'intérieur du monde maya a reçu l'appui argumenté de J. E. S. Thompson. Il faudrait aussi revenir ici sur les divers indices qui permettent de parler d'invasions dans différents sites. Le modèle synthétique qui sert de conclusion à la conférence de 1970 part d'un inventaire des faits (incomplet toutefois) et de l'analyse systématique de la civilisation maya ayant son déclin en insistant sur quelques-uns des facteurs de déséquilibre : les difficultés agricoles, l'accroissement de la population et de la malnutrition, le rôle des élites qui ont peut-être amplifié la « crise » en multipliant les dépenses somptuaires propitiatoires, l'élargissement du fossé social entre ces élites et la population paysanne, la compétition entre les cités, la dépendance de la région en matière de commerce, etc. On aboutit ainsi à un schéma général et qualitatif où tous ces éléments sont intégrés.

Mais les auteurs mêmes de ce bilan reconnaissent qu'il ne fournit pas d'explication à tous les faits observés. La réunion de 1970 n'a d'ailleurs pas clos le débat puisque au moins sept nouvelles contributions ont été publiées depuis cette date sur le sujet. Certaines reprennent des aspects spécifiques déjà évoqués (comme celui des révoltes paysannes) ou explorent des terrains plus vierges (le poids du fatalisme dans la vision cyclique de l'histoire). D'autres, moins nombreuses, cherchent à donner une présentation formelle et quantifiée d'un modèle multicausal. Quel que soit l'intérêt de telle ou telle tentative, il convient aujourd'hui de retourner aux faits.

Dominique MICHELET

J. P. Courau

Apogée et effondrement dans la forêt tropicale maya

En un siècle environ, les sites des Basses Terres mayas du Sud sont abandonnés et leur ensevelissement par la forêt tropicale commence. À Tikal, où aujourd'hui encore la forêt menace en permanence les édifices restaurés, toute activité architecturale importante cesse pratiquement en 830 après J.-C. Vers la même date, la population chute aussi brutalement.

Dernière date du « Compte long » à Toniná

Le « monument » 101 de Toniná comporte sur son revers la dernière date du « Compte long » connue dans l'aire maya : 10.4.0.0.0 12 Ahau 3Uo (909 apr. J.-C.). En réalité, depuis 837, Toniná n'avait produit aucune sculpture datée et, durant l'intervalle 837-909, des influences étrangères se sont exercées sur le site. Le statut du personnage représenté sur l'avers (dernier souverain de Toniná ?) n'est pas entièrement clair : certains attributs pourraient être liés à une captivité (d'après P. Becquelin et C. F. Baudez, 1982).

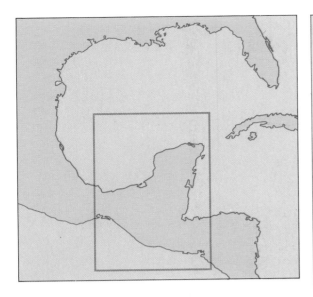

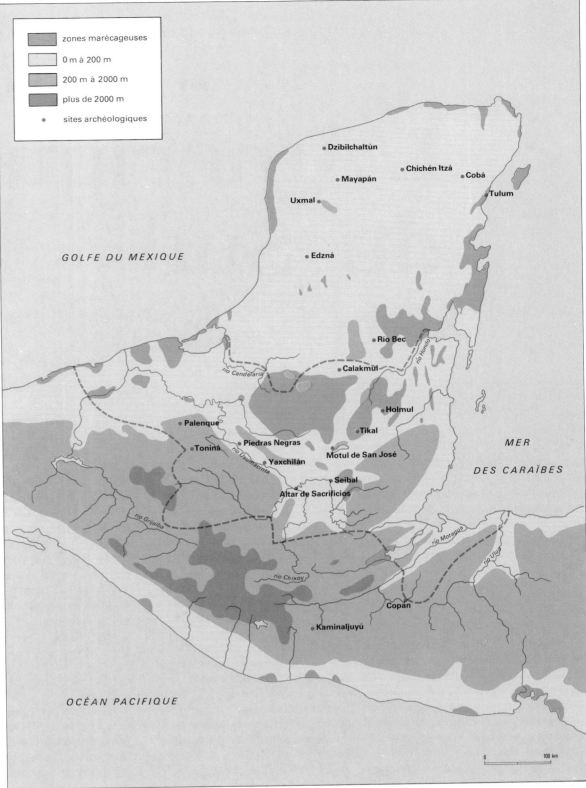

Carte générale de l'aire maya

L'effondrement de la civilisation classique affecte surtout la zone centrale ou Basses Terres du sud de la péninsule du Yucatán. L'organisation politique de ce secteur avant l'effondrement de la civilisation classique maya n'est pas connue dans le détail, mais il y a de bonnes raisons de penser que de nombreux sites constituaient des cités-États hiérarchisées autour de « capitales ». Selon J. Marcus (1976), il y aurait eu, en 849 après J.-C., quatre capitales : Calakmul, Tikal, Motul de San José et Seibal.

Stèle 8 de Seibal, détail

Les traits de l'individu représenté se différencient facilement des canons esthétiques mayas classiques. Pour J. E. S. Thompson, il s'agirait du portrait d'un chef maya-putun, groupe qui aurait pris le contrôle de ce site dans les premières décennies du IXᵉ siècle et serait responsable du maintien des activités à Seibal jusque vers 928.

Essai de formalisation de chaînes causales

La constitution de diagrammes formalisant les explications de l'effondrement de la civilisation maya classique est une étape dans la recherche d'une explication du phénomène par simulation. Le + indique ici une relation proportionnelle entre deux éléments, le —, une relation inversement proportionnelle. Les signes (÷) qualifient une boucle causale à plus de deux éléments, par exemple celle qui relie « exploitation des couches populaires », « niveau sanitaire » et « capacité de travail » ; suivant cette boucle, toute augmentation de l'« exploitation des couches populaires » renforce en retour cette exploitation (d'après D. Hosler, J. A. Sabloff et D. Runge, 1977).

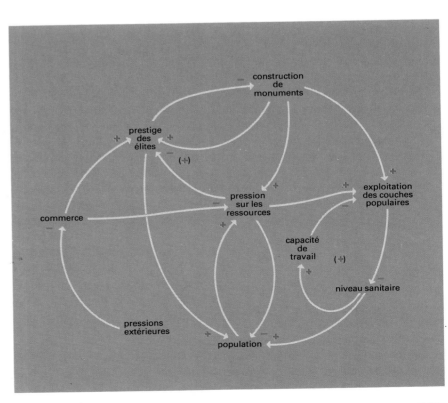

353

L'Amérique du Sud

Si l'Amérique du Sud est un continent « jeune », son archéologie l'est plus encore. Certes, des trouvailles importantes y furent faites très tôt, dès le milieu du XIXᵉ siècle, mais les esprits n'étaient pas prêts à admettre l'idée d'un homme préhistorique américain alors que la notion en était à peine acceptée en Europe. Au début du XXᵉ siècle, on pensait encore que le passé américain ne pouvait remonter au-delà de quelques millénaires, et l'ensemble des vestiges mis au jour était catalogué pêle-mêle comme « antiquités précolombiennes », sorte de fourre-tout où des outils de pierre taillée vieux d'une dizaine de milliers d'années côtoyaient des céramiques âgées de quelques centaines d'années au plus. Dans l'aire andine, monuments et œuvres d'art étaient encore attribués sans distinction aux seuls Incas, ces tard-venus dans une histoire vieille de plus de vingt millénaires.

Pourtant, la curiosité pour ce monde était née alors que la Conquête révélait aux Européens stupéfaits l'existence d'êtres dont on se demandait s'il s'agissait bien d'êtres humains. Ce que le pape Paul III confirme en 1537 : les « Indiens » sont bien des hommes. Il faut alors expliquer d'où ils viennent, et comment ils sont arrivés jusqu'en Amérique. Comme l'écrit A. Laming-Emperaire*, « les hypothèses sont multiples. Leur simple énumération est impressionnante. Ce sont surtout les Phéniciens, les Assyriens, les Égyptiens, les Cananéens, les Israélites, les Troyens, les Grecs, les Étrusques, les Romains, les Scythes qui sont utilisés pour expliquer les civilisations amérindiennes, du moins les hautes civilisations car des autres, celles des « sauvages », on ne recherche guère les origines ». Le seul homme de ce temps qui alliera l'observation à la réflexion est un jésuite, J. de Acosta. Dans son *Histoire naturelle et morale des Indes* (1590), il explique que « le lignage humain » dut s'étendre peu à peu et de façon naturelle depuis des terres proches ou reliées au Nouveau Monde d'une quelconque façon, et que les premiers hommes arrivés en Amérique étaient sans doute des « hommes sauvages et des chasseurs ». Il rejette les théories de ses contemporains sur la prétendue origine juive ou atlante des Amérindiens. Étrange prescience qui, à des siècles de distance, rejoint la théorie actuelle d'une première vague de peuplement venue par le détroit de Béring, porteuse d'une culture paléolithique.

Parallèlement à ces interrogations fondamentales, on se penche aussi, dans un but plus ou moins désintéressé, sur divers aspects des cultures nouvellement découvertes. D'une certaine façon, les premiers archéologues du passé précolombien sont les chroniqueurs espagnols et portugais – prêtres, soldats ou fonctionnaires des XVIᵉ et XVIIᵉ siècles – dont les œuvres sont riches en descriptions de monuments et d'objets indigènes. Leurs récits ne sont pas sans valeur, car les plus anciens se réfèrent à des cultures vivantes, à des édifices encore dans toute leur splendeur au moment où il sont rédigés. P. Cieza de León arrive au Pérou en 1547 pour y guerroyer, mais dans ses moments de liberté il visite et décrit les monuments qu'il rencontre sur sa route, Chavín, Pachacámac, Tiahuanaco et bien d'autres. Son œuvre constitue une des sources les plus importantes pour l'étude de l'art ancien du Pérou. Garcilaso de la Vega, fils d'un Espagnol et d'une nièce de l'Inca Huayna Cápac, publie les *Commentaires royaux* à partir de 1609. Ses descriptions des temples et des palais du Cuzco, des mœurs et des coutumes des Incas, qu'il a sans doute apprises de sa mère, sont des documents irremplaçables en dépit de l'évidente partialité de l'auteur en faveur des Incas. Il en est de même de l'*Histoire du Nouveau Monde* du jésuite B. Cobo qui dépeint, dans une autre optique, les temples païens qu'il a visités : Pachacámac, les temples des îles du lac Titicaca, le temple du Soleil au Cuzco.

Dans d'autres contrées moins riches en vestiges monumentaux, les Espagnols observent et décrivent (tout en pillant et massacrant) les indigènes et leurs mœurs. G. Jimenez de Quesada et S. de Belalcázar, dans ce qui deviendra la Colombie, recherchent inlassablement l'El Dorado et rencontrent les Muiscas (1536-1539). Au Chili, A. de Ercilla rédige l'admirable poème héroïque de *La Araucana* (1569). Un peu plus tard, une fois toutes ces régions conquises, les envoyés de la couronne d'Espagne chargés d'« extirper l'idolâtrie » – F. de Avila, J. de Arriaga et autres – observent, interrogent et racontent, réalisant ainsi une sorte de prospection archéologique avant la lettre. Pour amasser encore plus d'or et d'argent, on creuse les murs et le sol des *huacas* (lieux sacrés) et des forteresses, travaux minutieusement réglementés par des édits du vice-roi Toledo : délivrance d'un permis, inspection, enregistrement écrit des découvertes, rapport bimensuel obligatoire – pratiques qui préfigurent les méthodes archéologiques.

Dès le XVIIᵉ siècle, également, on rassemble çà et là quelques beaux objets qui vont enrichir les cabinets de Curiosités des souverains ; mais les autorités coloniales se gardent bien de favoriser l'étude des anciennes cultures autochtones, qui risquerait de renforcer les courants « indigénistes » alors naissants.

Durant le siècle des Lumières, les recherches vont prendre une autre voie, sous l'influence des idées venues d'Europe et particulièrement de France. Les spéculations métaphysiques sont abandonnées au profit d'explications rationalistes, et la collecte désordonnée d'objets disparates fait place à la collection systématique. L'Amérique du Sud constitue un terrain de choix pour les expéditions européennes tant politiques ou commerciales que scientifiques. C'est ainsi qu'entre 1707 et 1735 plusieurs savants français – L. de Feuillée, A. Frézier, J. Dombey – parcourent le Pérou et le Chili, fouillant ruines, cimetières indigènes ou amas de coquilles. Dombey rapporte à la cour de Louis XVI plus de quatre cents pièces de céramique, qui rejoindront plus tard le musée de l'Homme à Paris et le musée de Madrid. Toujours dans la région andine, on ne saurait oublier B. J. Martinez de Compañon qui, en 1779, alors qu'il est évêque de Trujillo au Pérou, s'intéresse aux monuments anciens : il laisse neuf volumes illustrés de 1 411 dessins, cartes, plans d'édifices, reproductions d'objets de toutes sortes, et on le considère à juste titre comme le fondateur de l'archéologie andine.

Les premières décennies du XIXᵉ siècle sont marquées par les révoltes des diverses colonies qui se libèrent du joug espagnol ou portugais. Européens et Nord-Américains trouvent dans les nouvelles nations un champ d'exploration (et de profits) nouveau : grands voyageurs fortunés, hommes d'affaires et diplomates parcourent l'Amérique du Sud en tous sens, prenant des notes et collectant des pièces archéologiques. Celles-ci vont enrichir les musées de leurs pays, bien que la plupart des pays sud-américains aient aussi créé des musées et édicté des lois de protection de leur patrimoine culturel.

Vers 1840 a lieu au Brésil une découverte qui soulève beaucoup d'émotion : le naturaliste danois P. W. Lund*, qui parcourt depuis des années les innombrables grottes de la région de Lagoa Santa (Minas Gerais) en récoltant des ossements d'animaux fossiles, trouve dans la grotte de Sumidouro des restes humains mêlés à des vestiges de faune, qu'il considère aussitôt comme contemporains des grands animaux disparus. Pourtant, le public n'est pas prêt à accepter l'idée d'un homme aussi ancien, et Lund, effrayé par la polémique que suscitent ses trouvailles, arrête ses recherches et s'enferme dans le silence, en chrétien respectueux. Avec quelques années d'avance,

Une tombe de la nécropole d'Ancón, vers 1880
D'immenses nécropoles préincaïques existent dans le désert côtier
du Pérou, objets depuis des siècles d'un pillage permanent. Au
XIXᵉ siècle, les premiers archéologues dignes de ce nom feront
tout naturellement leurs premières fouilles dans ces cimetières,
selon des méthodes qui, on le voit, ne s'embarrassent guère encore
de précision. Pas de carroyage, pas d'observations stratigraphiques ; on creuse – ou plutôt on regarde creuser l'ouvrier – en
attendant que surgisse le *fardo** funéraire richement paré, la « belle
pièce » de céramique, voire l'objet d'or toujours espéré. Illustration
extraite de W. Reiss et A. Stübel, *Das Todtenfeld von Ancon in
Peru*, Berlin, 1880-1887.

il a cependant eu l'intuition de ce que Darwin exposera en 1859 dans
L'Origine des espèces. C'est à la même époque, et toujours au Brésil, qu'un
autre Danois, J. A. Worsaae, intrigué par la présence le long de la côte
d'énormes amas de coquillages presque semblables à ceux de son pays
(Kjökkenmödding*), émet l'hypothèse qu'il s'agit comme là-bas d'amoncellements artificiels déposés par l'homme. À la fin du XIXᵉ siècle, plusieurs
missions seront envoyées sur le littoral, encouragées par le roi Pedro II
passionné d'anthropologie, afin de collecter les objets enfouis dans ces
*sambaquis** alors utilisés (comme ils le sont toujours) comme carrières
de chaux. La controverse entre partisans d'une origine naturelle (amas
déposés par la mer) et tenants d'une origine anthropique se poursuivra jusque
vers 1940.

Ce sont évidemment les régions andines, riches en vestiges des « hautes
cultures », qui attirent le plus grand nombre d'amateurs. À la suite des
naturalistes, certains se consacrent exclusivement à l'étude du passé
préhispanique. Les *Antiquités péruviennes* de E. de Rivero et J. J. von
Tschudi, premier ouvrage général traitant de l'archéologie péruvienne,
paraissent en 1851. En 1865 sort à Paris la *Lettre sur les antiquités de
Tiaguanaco et l'origine présumable de cette ancienne civilisation du
Haut-Pérou*, où L. Angrand expose sa théorie sur l'origine toltèque de
Tiahuanaco. En 1880, enfin, l'œuvre de C. Wiener, *Pérou et Bolivie*, offre
aux lecteurs une abondante, quoique souvent fantaisiste, iconographie
archéologique.

De la fin du XIXᵉ au début du XXᵉ siècle, les explorations se multiplient,
généralement menées par des Européens et des Nord-Américains
– C. R. Marckham, E. G. Squier, E. Middendorf, A. Bandelier – qui allient
à la curiosité scientifique le goût du risque et beaucoup de romantisme. De
là un certain manque de rigueur, excepté dans les descriptions de Squier
et surtout dans celles de W. Reiss et de A. Stübel (*Das Todtenfeld von Ancón*
publié en 1880-1887), qui représentent le premier véritable rapport de
fouilles. Ces années voient aussi paraître les premières synthèses ethnologiques rédigées par des chercheurs latino-américains comme L. Netto au Brésil
(*Investigação sobre a archeologia brasileira*, 1885) ou J. T. Medina (*Los
Aborigenes de Chile*, 1882) puis R. Latcham au Chili.

Ces débuts prometteurs n'empêchent pas quelques théories cocasses de
voir encore le jour : en 1880, l'Argentin F. Ameghino lance une hypothèse
qui connaît la célébrité. Selon lui, l'humanité est originaire de la pampa
argentine où aurait surgi, au milieu de l'ère tertiaire, un animal de petite
taille, *Homunculus patagonicus*. Quoique rapidement réfutée, la thèse
d'Ameghino aura beaucoup fait pour discréditer l'idée d'un homme
américain ancien.

Lorsque commence le XXᵉ siècle, l'archéologie sud-américaine possède
cependant des bases solides. Le terrain est prêt pour une approche
méthodique et pleinement scientifique, pratiquée par des professionnels, telle
que vont l'inaugurer les fouilles de l'Allemand M. Uhle* au Pérou
(1896-1897) puis au Chili.

En 1903, Uhle publie *Pachacámac*, ouvrage qui contient la première
description stratigraphique et la première sériation stylistique de la
céramique péruvienne. Le premier encore, Uhle révèle l'existence, le long
des côtes péruvienne et chilienne, de vestiges précéramiques qu'il attribue
à des « pêcheurs primitifs ». Il pense toutefois que les cultures plus récentes
du Pérou (Mochica et Nazca) ou d'Équateur (Esmeraldas) dérivent des
cultures mésoaméricaines. Il incarne alors le point de vue diffusionniste, qu'il

mènera à son extrême limite en postulant que toutes les hautes cultures
américaines ont leur origine dans la civilisation chinoise.

Le grand conflit théorique et idéologique entre les écoles évolutionniste
et diffusionniste, né en Europe et en Amérique du Nord, se prolonge en
Amérique du Sud. À Uhle s'oppose au Chili Latcham, et surtout J. Tello*
au Pérou, dont les découvertes spectaculaires font vaciller, à partir de 1919,
les théories diffusionnistes : ruines de Chavín en 1919, Paracas en 1925,
Kotosh en 1935, Cerro Sechin en 1937. Ainsi, l'origine des grandes cultures
péruviennes se trouverait au Pérou même et non au Mexique, et c'est de
la forêt amazonienne que seraient venus, dès 1000 avant J.-C. (date avancée
par Tello), les éléments culturels propres à la culture de Chavín. Cette thèse
rencontre dans le pays une adhésion immédiate. L'archéologie, pour Tello
et ses disciples, participe de l'ensemble des sciences sociales. Elle est liée
au « problème indien », à celui de la terre ; elle est une arme de lutte sociale.
Ce qui explique cet aspect passionné, vibrant et souvent partial de Tello,
qui voulait montrer que le vrai créateur de la civilisation andine, de ce monde
qui rendit les Européens si riches, fut l'Indien tant méprisé.

Après un net ralentissement durant la Seconde Guerre mondiale, les
recherches reprennent dès 1945. Tello meurt en 1947 et, quelques années
plus tard, la découverte du ¹⁴C* vint confirmer la grande antiquité de
Chavín. Toutefois, c'est l'Américain J. Bird* qui, en 1946, met en évidence
à Huaca Prieta (2500 av. J.-C.) l'existence d'une phase plus ancienne encore,
« précéramique ». Une préoccupation grandissante pour la méthodologie
et l'établissement de séquences culturelles aussi complètes que possible
conduit les Nord-Américains à organiser au Pérou le *Virú Valley Project*,
le plus important des programmes alors mis en œuvre en Amérique du Sud,
le premier exemple aussi d'une étude interdisciplinaire. L'après-guerre est
marqué également par un intérêt nouveau (éveillé par les découvertes de
Bird au Chili et au Pérou) porté aux occupations humaines les plus
anciennes, et jalonné par des découvertes qui font peu à peu reculer les bornes
du passé sud-américain. À partir des années soixante-dix, enfin, la recherche
est profondément marquée par la *new archeology* anglo-saxonne, qui se
réclame du modèle des sciences exactes et cherche à expliquer à partir de
principes théoriques les trouvailles effectuées sur le terrain. Quelle qu'en
soit l'exacte nouveauté, cette approche qui se veut résolument palethnologique* impose une vision renouvelée des vestiges archéologiques, qu'on ne
peut plus étudier indépendamment de leur environnement naturel.

Danièle LAVALLÉE

Les plus anciennes occupations humaines

Les recherches concernant l'arrivée de l'homme en Amérique du Sud se sont multipliées depuis 1970, et notre connaissance des premières installations humaines a considérablement progressé. Cette recherche des origines n'est pourtant pas exempte de passion, ni de controverse, car la découverte de leur passé représente, pour de nombreux pays latino-américains, beaucoup plus qu'un simple exercice scientifique. Deux tendances continuent de s'affronter : la plus audacieuse admet que l'homme a pu arriver en Amérique du Sud dès 30 000 avant notre ère, tandis qu'une école prudente s'en tient à des dates tournant autour de 12 000 avant J.-C. De récentes découvertes semblent cependant influer en faveur de la première hypothèse.

Les plus anciens témoignages d'une présence humaine proviennent de deux régions que leurs conditions géographiques et climatiques opposent : le nord-est du Brésil et les Andes. Au Brésil, les fouilles dirigées par N. Guidon ont mis au jour, dans un abri-sous-roche situé au cœur du « polygone de la sécheresse » dans l'État du Piaui, des vestiges remontant à plus de 25 000 avant J.-C. : les niveaux profonds de la Toca do Boqueirão da Pedra Furada ont fourni une série de dates échelonnées de 30 000 à 25 000 avant J.-C. Les restes d'un foyer et une quinzaine d'outils de pierre taillée y témoignent du passage d'un petit groupe de chasseurs. D'autres grottes de la même région – Toca do Caldeirão do Rodriguez 1, Toca do Meio – furent occupées un peu plus tard, vers 16 000 environ avant J.-C. Plus au sud, les travaux de A. Laming-Emperaire* ont révélé dès 1974 une séquence stratigraphique s'étendant de 23 000 à 9000 environ avant J.-C., dans le Grand Abri de Lapa Vermelha (Minas Gerais) ; les vestiges y sont rares, mais prouvent la présence de l'homme dans l'abri, où il a fait du feu et abandonné quelques outils de pierre, il y a au moins 15 000 ans. Quant au niveau le plus profond, il ne contenait que des charbons de bois (indices d'un incendie naturel ?) mais aucun vestige culturel. Toujours au Brésil, le gisement sur terrasse d'Alice Boer (São Paulo) fouillé par M. C. Beltrão, un niveau daté de 12 000 environ avant J.-C. recouvre un niveau plus profond, sans doute plus ancien quoique non daté, contenant des outils lithiques rudimentaires, galets aménagés ou éclats massifs peu retouchés. Signalons cependant qu'il s'agit de matériel roulé, déposé sur la terrasse par une crue fluviale : certains spécialistes doutent que ces outils aient été fabriqués par l'homme.

Au cœur de la cordillère des Andes, les fouilles dirigées par R. MacNeish ont mis en évidence une occupation humaine ancienne dans la grotte de Pikimachay (bassin d'Ayacucho) : l'endroit fut occupé par l'homme vers 12 000 avant J.-C. (phase Ayacucho) et même, selon ses découvreurs, dès 18 000 avant J.-C. (phase Pacaicasa). Plusieurs archéologues nient cepen-

dant l'existence réelle de cette première phase. La datation fut effectuée, en effet, non sur du charbon de bois (le niveau n'en contenait pas), mais sur un os de *Scelidotherium*, sorte de paresseux géant qui occupa sans doute la grotte longtemps avant l'homme ; par ailleurs, presque tous les « outils » des niveaux Pacaicasa (69 sur 73) sont de même roche que les parois de la grotte, une sorte de tuf particulièrement impropre à la taille, et apparaissent très frustes sinon informes. Pour MacNeish, cependant, de petites bandes de chasseurs auraient traqué les grands paresseux dans leur repaire avant de les dépecer et de les consommer. Si la rigueur et la prudence exigent de n'accepter que la phase Ayacucho, où l'outillage lithique, plus abondant, est indubitablement taillé sur des roches pour la plupart exogènes, les grottes et abris des bassins andins intramontagneux n'en furent pas moins utilisés de façon certaine par des chasseurs dès 12 000 avant J.-C.

Ces premières occupations, dont témoignent des indices on le voit fort clairsemés, présentent deux caractéristiques : d'une part, le gibier est le plus souvent constitué d'espèces appartenant à la mégafaune quaternaire aujourd'hui disparue (mastodonte, cheval, paresseux géant...) ; d'autre part, l'homme n'utilise apparemment ni pointe de pierre bifaciale ni d'une façon générale d'outils finement façonnés. Les gisements correspondent donc à ce que A. Krieger avait nommé dès 1964 « phase pré-projectile », caractérisée par l'absence de pointes taillées bifacialement. À l'époque, ce concept fut vivement critiqué, en raison du peu de fiabilité des gisements cités en exemple, qu'il s'agisse soit d'ensembles d'outils grossiers trouvés en surface et non datés (Garzón, Exacto, Guatchi), soit d'associations d'outils et de faune seulement datées par corrélation géologique (Manzanillo et Camare, Taima-Taima ; à Muaco, des outils lithiques étaient associés à de la faune quaternaire, mais aussi à des tessons de verre indiscutablement récents...), soit enfin d'objets à l'origine humaine plus que douteuse (Chuqui). À la lumière des découvertes récentes, il semble bien que les premiers chasseurs sud-américains, d'ailleurs fort peu nombreux, n'ont pas fabriqué d'outils bifaciaux et ont ignoré la retouche par pression (connue dans l'Ancien Monde depuis le Solutréen*).

Le nombre des gisements connus postérieurs à 12 000 avant J.-C. est plus important, tant sur les plateaux de l'Est brésilien que dans les Andes. Les niveaux contiennent encore pour la plupart de la faune pléistocène*, qui va bientôt disparaître pour laisser place aux espèces actuelles, cervidés et camélidés andins en particulier. L'outillage se diversifie : tandis qu'en certains lieux il reste exclusivement composé d'éclats plus ou moins retouchés (El Abra en Équateur, Guitarrero I au Pérou, Santana do Riacho au Brésil, Los Toldos 11 et El Ceibo en Argentine), d'autres

panoplies comportent de belles pointes bifaciales, et l'absence de pointes ne reflète peut-être que l'extension trop réduite des fouilles, ou la spécialisation des aires fouillées (où s'effectuaient peut-être des activités ne nécessitant pas de pointes). Au Chili, une découverte très spectaculaire vient d'être effectuée par T. Dillehay et une équipe chilienne : à Monte Verde ont été mis au jour, conservés dans une tourbière, les restes d'un campement de chasseurs de mastodontes pour l'instant unique en Amérique, daté d'environ 12 000 avant J.-C., comportant quatorze habitations de rondins et de peaux, et qui a pu accueillir plusieurs saisons de suite près de cinquante personnes. Les occupants n'utilisaient apparemment pas de pointes taillées, mais des galets aménagés et des éclats, et ils avaient des armes et des outils de bois. Ils employaient aussi comme armes de jet des boules de pierre (les plus anciennes *bolas** d'Amérique). Le haut degré d'organisation de tous les vestiges modifie singulièrement l'image quelque peu simplifiée que l'on se fait parfois des chasseurs « primitifs » d'Amérique du Sud.

La période qui suit (10 000 à 8000 environ av. J.-C.) est représentée par de nombreux gisements disséminés sur toute l'étendue du continent, à l'exception cependant des zones de forêt tropicale, hostiles aux archéologues comme elles devaient l'être jadis à l'homme préhistorique. Le moins surprenant n'est pas de découvrir cet homme installé dès 10 000 avant J.-C. à l'extrémité australe, en Patagonie (grottes Fell et Palli-Aike) et même vers 8000 avant J.-C. en Terre de Feu (abri de Marassi). Dans quelques gisements (El Inga, Fell, Palli-Aike), la présence de pointes bifaciales « en queue de poisson », dont l'origine semble remonter aux pointes de Clovis et de Folsom d'Amérique du Nord, témoigne sans doute de l'arrivée d'une nouvelle vague de chasseurs pourvus d'un outillage différencié bien adapté à la chasse. Son cheminement est difficile à retracer, mais la localisation des pointes (trouvées en stratigraphie* ou en surface) suggère une progression le long de la chaîne des Andes, sans doute par le piémont oriental alors couvert d'une végétation moins dense.

Cette époque marque aussi le début de l'occupation des hautes terres andines au-dessus de 4000 mètres, après le retrait des glaces quaternaires. Tout le continent est désormais peuplé, et l'homme parfaitement adapté aux divers milieux naturels dont il exploite toutes les ressources.

Ainsi, moins de quinze années de recherches ont fait « vieillir » l'homme sud-américain de quelque quinze mille ans, et l'accent mis désormais sur la compréhension des mécanismes culturels et des processus d'évolution donne à la préhistoire de l'Amérique du Sud une dimension humaine qui lui a longtemps fait défaut.

Danièle LAVALLÉE

Courtesy of Robert S. Peabody Foundation, Phillips Academy, Andover

Grotte de Pikimachay

Pikimachay, en quechua la « grotte des puces », est située dans le bassin tempéré d'Ayacucho (Pérou) à 2 850 mètres d'altitude. C'est dans l'état des connaissances actuelles le gisement de l'aire andine le plus anciennement occupé par l'homme préhistorique.

L'abri de Marassi

Sous un gros bloc erratique abandonné par les glaciers au bord de la Bahía Inutil (Terre de Feu), des chasseurs se sont arrêtés il y a 10 000 ans, le temps d'une nuit ou d'une tempête. Ils y ont laissé quelques beaux outils de pierre taillée, deux bolas (les plus anciennes connues) et des restes osseux de petits mammifères. L'abri fut découvert en 1964 par A. Laming-Emperaire et fouillé de 1964 à 1967.

D. Lavallée, C.N.R.S., Paris

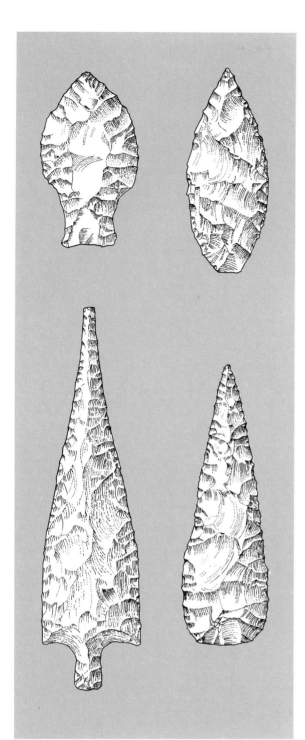

Principaux types de pointes bifaciales

En haut, à gauche, pointe de Fell, en « queue de poisson », environ 10 000 à 7000 avant J.-C. (d'après R. Humbert) ; à droite, pointe de El Jobo, environ 8000-7000 avant J.-C. (d'après R. Humbert) ; en bas, à gauche, pointe pédonculée de Paiján, environ 9000 à 6000 avant J.-C. (d'après P. Laurent) ; à droite, pointe foliacée Ayampitin-Lauricocha, environ 8000 à 4000 avant J.-C. (d'après R. Humbert).

Toca do Boqueirão da Pedra Furada, Brésil

Dans cette grotte de la caatinga*, au pied d'immenses falaises de grès rouge, ont été découvertes les traces humaines à ce jour les plus anciennes d'Amérique du Sud. Les parois rocheuses portent aussi de magnifiques peintures qui pourraient remonter à 15 000 ans environ.

Reconstitution d'un mylodon

Parmi le gibier des premiers chasseurs figuraient de grands paresseux (Édentés). L'un d'eux, le mylodon, a été trouvé dans divers gisements de Patagonie datés d'environ 9000 avant J.-C. Certains spécialistes doutent cependant de sa contemporanéité avec l'homme et pensent que l'espèce avait déjà disparu avant l'arrivée des premières vagues de peuplement dans l'extrême sud. Avec l'aimable autorisation de J. Schobinger, *Prehistoria de Sud-américa*, Editorial Labor S.A., Barcelone.

Les plus anciens sites de l'Amérique du Sud

On est frappé par la relative concentration des gisements le long des Andes, leur répartition plus ou moins régulière sur le rebord atlantique, et le vide absolu du centre tropical. Par ailleurs, le nombre de pointes en « queue de poisson » trouvées dans le bassin du Paraná et dans quelques sites andins stratifiés a amené J. Schobinger à proposer une diffusion du nord au sud (tracé fléché). Une autre thèse soutient cependant qu'il pourrait s'agir d'une « invention » locale au sud et d'une diffusion dans l'autre sens, les pointes sud-américaines ressemblant peu, il est vrai, aux pointes « flûtées » des États-Unis.

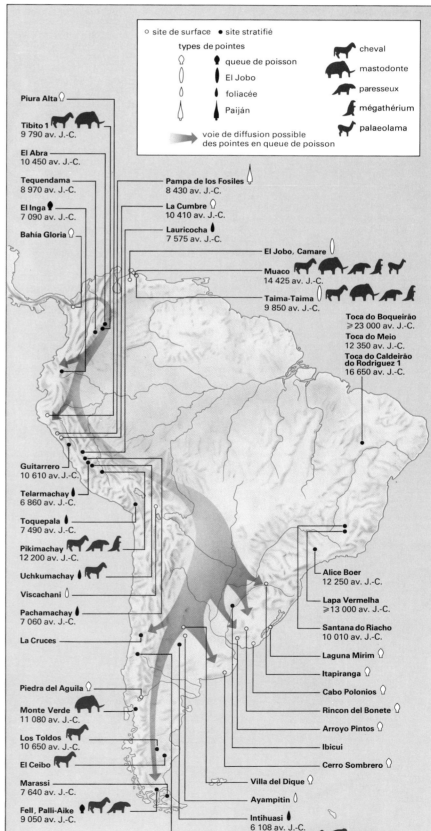

L'art rupestre préhistorique

L'enregistrement des données de l'art rupestre préhistorique de l'Amérique du Sud exige des techniques appropriées et son interprétation nécessite une méthode particulière qui permette de l'insérer dans un contexte culturel précis. Actuellement, l'étude sur le terrain comporte les étapes suivantes : localisation du site sur la carte régionale, représentation du site en plan et en coupes, copie des figures sur plastique transparent, annotation de la position des figures sur les relevés topographiques, couverture photographique et filmique des peintures. Au laboratoire, les panneaux relevés sur plastique sont photographiés et réduits. L'ensemble est alors assemblé de façon à reproduire, à petite échelle, les œuvres. Ce montage est ensuite calqué. La reproduction permet de vérifier sur le terrain le bon emplacement des figures. Chaque représentation fait l'objet d'une étude détaillée des techniques de réalisation et de la couleur. Les superpositions sont analysées à la loupe. Lors de cette étude, il arrive d'ailleurs que de nouvelles figures soient découvertes. Toutes les corrections sont alors reproduites sur l'original qui sera à nouveau contrôlé avant d'être publié.

L'art rupestre d'Amérique du Sud, qui semble être une création locale, couvre un vaste domaine géographique et s'étend sur une longue durée. Les données chronologiques sûres permettant de le situer dans le temps sont rares et insuffisantes. Ainsi, en 1957, O. A. Menghin proposait pour l'Argentine une classification stylistique qui s'est avérée prématurée.

L'art rupestre sud-américain peut être classé en trois périodes successives : l'art des premiers chasseurs, l'art des chasseurs de l'Holocène* et l'art des agriculteurs.

Les plus anciens témoignages de l'art des premiers chasseurs ont été découverts dans l'abri Toca do Boqueirão da Pedra Furada (État du Piaui, nord-est du Brésil). Ce sont des vestiges bien minces mais sûrs. En 1983 a été mis au jour, dans une couche archéologique âgée de 26 000 à 22 000 ans (datations ^{14}C), un morceau de paroi effondrée portant des traces de peinture rouge. Cette couche contenait également des restes de colorants minéraux et de l'ocre rouge et jaune. La petite taille des morceaux de paroi peinte et leur mauvais état de conservation ne permettent pas d'identifier les figures.

L'industrie lithique correspondant à cet art des premiers chasseurs est composée de galets aménagés (choppers et chopping-tools*), de galets taillés en pointe portant des traces d'utilisation, d'éclats non retouchés, et d'un seul racloir.

Des vestiges de l'art des chasseurs de l'Holocène découverts dans plusieurs sites de la région de São Raimundo Nonato (État du Piaui, Brésil) ont permis d'identifier différentes traditions et différents styles

artistiques dont la datation varie entre 10 000 et 3000 avant J.-C. Dans l'État du Mato Grosso (Brésil), des gravures ont pu être datées de 10 000 avant J.-C. En Patagonie, au sud de l'Argentine, on a obtenu des dates allant de 9000 à 7000 avant J.-C., et à Minas Gerais, au Brésil, certaines peintures rupestres sont vieilles de 6 000 ans.

L'art de cette période peut être divisé en deux catégories : d'une part, un art figuratif qui représente des êtres humains, quelques signes et surtout des animaux (cervidés, nandous, tatous, félins, lézards, oiseaux, poissons, serpents, rongeurs, et, pour les sites des régions andines et de la Patagonie, camélidés) ; d'autre part, un art non figuratif dominé par les figures géométriques et les signes.

On peut définir les traditions artistiques figuratives des chasseurs de l'Holocène par leurs thèmes, mais il n'en va pas de même pour les traditions d'art non figuratif. Dans ce dernier cas, il est parfois impossible d'établir les limites des motifs, et toute interprétation de la thématique serait actuellement dépourvue de fondements.

Les représentations des traditions figuratives sont peintes. Leur couleur dominante est le rouge mais on rencontre aussi le jaune, le noir, le blanc, le gris et le marron. Le vert et le bleu, plus récents, ne se retrouvent que dans les sites de la région andine et de la Patagonie.

La Tradition Nordeste, qui comporte plusieurs styles, est la plus ancienne connue. Caractérisée par la présence de figures humaines, animales et végétales, d'objets et de quelques signes, elle a dominé, entre 10 000 et 5000, tout le nord-est du Brésil. Cette tradition inclut, notamment, des représentations de scènes de chasse, de lutte, de rapports sexuels, d'accouchement, de danse...

À l'extrême sud du continent, des abris-sous-roche sont ornés d'empreintes et de groupes de camélidés entourés ou persécutés par des figures humaines. Selon Menghin, il s'agirait de deux styles d'art distincts, celui des « négatifs de mains » étant le plus ancien (7 000 ans). Cet art pourrait être désigné par le terme de « Tradition Patagonia ».

Au centre du Brésil, dans les États de Minas Gerais, Goias et Mato Grosso, des sites portent des peintures de la Tradition Planalto dans laquelle dominent les figures animales, êtres humains et signes étant moins nombreux.

Du nord-est du Brésil jusqu'au nord de Minas Gerais s'est développée il y a 5 000 ans la Tradition Agreste, caractérisée par la prédominance de grandes figures humaines, accompagnées de dessins de mains, de pieds et de quelques figures animales dont la technique est très fruste. Les signes sont moins nombreux.

Dans le nord-ouest de l'Argentine, dans le bassin des fleuves Loa et Salado, au Chili et dans le sud du Pérou se trouvent des sites appartenant à la Tradition Andina dont le thème principal est une grande figure de camélidé. Ces peintures non datées semblent récentes et pourraient être le fait de groupes de chasseurs.

Des sites isolés dans la forêt équatoriale en Colombie, au Brésil, au Venezuela et en Guyane, ainsi que dans le sud du Brésil, montrent des peintures figuratives.

Dans toute l'Amazonie, dans les Guyanes, depuis les États du Mato Grosso et de Rondonia jusqu'à la côte orientale du Brésil, à Bahia, Goias, Minas Gerais et dans le sud du Brésil, en Uruguay, en Argentine et au Chili, des sites gravés de signes ou de figures géométriques témoignent d'une tradition non figurative très ancienne. Il s'agit de la Tradition des Itacoatiaras qui semble être originaire du bassin du haut rio Guaporé (Brésil) où une datation de 10 000 avant J.-C. a été obtenue.

Sous la dénomination de Tradition Geometrica, nous groupons un certain nombre de faciès régionaux caractérisés par des peintures représentant des figures géométriques et également, parfois, des figures humaines et animales dont le tracé relève d'une stylisation qui tend vers le géométrique. La couleur dominante est le rouge, mais dans certaines régions la bichromie ou la trichromie (rouge, jaune, noir) sont aussi très utilisées. Sete Cidades, dans le nord-est du Brésil, les zones frontières entre Bahia et Minas Gerais au Brésil, la région de las Sierras centrales et la Patagonie septentrionale sont des zones riches en sites de cette tradition. Les datations obtenues au Piaui la situent à environ 2000 avant J.-C. Au centre du Brésil et dans le sud du continent elle semble être plus récente et pourrait même être le fait de peuples d'agriculteurs.

Dans la cordillère andine, plusieurs sites relèvent de l'art des agriculteurs (^{14}C) et la conquête européenne au XVIe siècle. On y trouve des gravures ou des peintures représentant des camélidés domestiques (lamas), des condors, des félins, des chiens, des êtres humains et parfois même des chevaux. Dans la région de Januaria (Minas Gerais, Brésil), des peintures noires représentent des plantations de maïs.

L'art préhistorique d'Amérique du Sud a eu une existence extrêmement longue et une évolution très lente : il a parfois conservé pendant des millénaires la même thématique. Il peut fournir de précieuses indications sur les foyers d'origine des ethnies sud-américaines et sur leurs voies de migration.

Niède GUIDON

Boqueirão do Sitio da Pedra Furada. São Raimundo Nonato, Piaui, Brésil
Plus de deux cents abris-sous-roche sont actuellement connus pour leurs peintures rupestres dans le sud-est de l'État du Piaui. Les peintures de cet abri-sous-roche appartiennent à la Tradition Nordeste. Les figures sont peintes en rouge, blanc, gris, jaune et noir. Les niches de la paroi ont toutes été utilisées et les superpositions de figures sont nombreuses. Cervidés, jaguars, tatous, nandous, lézards et figures humaines apparaissent à côté de représentations géométriques.
Scènes de chasse, scènes sexuelles et cérémonielles se succèdent. Dans la niche reproduite ici, des séries de bâtonnets rouges ont été enrichis de traits blancs (trois dans la partie supérieure, trois dans la partie inférieure) et l'on peut sans doute les interpréter comme des figures humaines.
À Pedra Furada, les fouilles ont atteint une profondeur de trois mètres et la paroi ainsi découverte a fait apparaître des vestiges de peinture rouge. Cet abri a été fréquenté sans interruption de 28 000 à 2000 avant J.-C.

Toca da Extrema. São Raimundo Nonato, Piaui, Brésil
Dans la région de la serra Branca, les figures superposées de différentes Traditions (Nordeste, Agreste, Geometrica) démontrent que plusieurs groupes humains se sont succédé dans ces sites au cours des siècles.
La Tradition Agreste y est bien représentée : grandes figures anthropomorphes, figées et isolées, animaux au tracé rudimentaire se superposent aux scènes typiques de la Tradition Nordeste. Dans cette tradition que l'on date de 3000 avant J.-C., la couleur rouge prédomine.

Caldeirão dos Rodrigues.
São Raimundo Nonato, Piaui, Brésil

Ces peintures en rouge, blanc, jaune et gris appartiennent à la Tradition Nordeste. Les panneaux très élaborés sont composés de cervidés, de nandous, de capybaras, d'êtres humains et de quelques figures géométriques.

Les personnages participent vraisemblablement à des cérémonies : individus aux têtes ornées ou portant des objets. D'autres scènes ont été interprétées comme la représentation de rapports sexuels ou de relations familiales. Quant aux files d'hommes et d'animaux, elles sont représentées, dans ce cas précis, selon les règles de la perspective.

N. Guidon, Mission française du Piaui

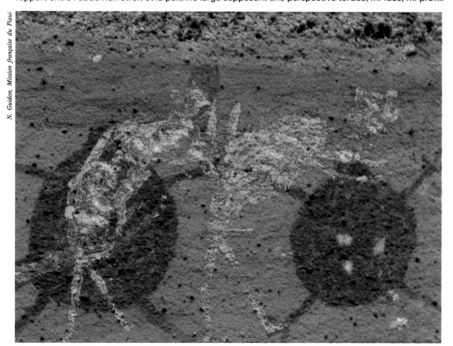

d. r.

Cueva de Las Manos.
Rio Pinturas, Patagonie, Argentine

Ce site est l'un des plus célèbres de l'Amérique du Sud. C'est à partir de données sur l'art rupestre des sites patagoniens, que Menghin a établi la première classification des styles de l'art préhistorique de l'Argentine. Pour lui, le style le plus ancien, dit de Tradition Paléolithique, correspond aux « négatifs de mains ». Des centaines de mains de couleur, rouge, noire blanche, verte et bleue, recouvrent les parois de ces sites. Le motif des mains est très souvent associé à des camélidés, à des figures humaines ainsi qu'à des figures géométriques.

Montalvania, Minas Gerais, Brésil

Dans le bassin du rio São Francisco, au nord de l'État de Minas Gerais et au sud de l'État de Bahia, la région de Montalvania possède de nombreux sites aux figures géométriques polychromes. Les thèmes comprennent essentiellement des figures géométriques assez élaborées, des représentations d'objets ainsi que des animaux et des êtres humains d'un style très schématique. L'association des figures anthropomorphes en alignement est très caractéristique de l'art de Montalvania. La couleur dominante est le rouge, mais les figures en rouge et jaune sont abondantes dans certains sites. Le noir et le blanc complètent la palette.

Cet art appartient à un groupe important comprenant la Tradition Geometrica. Il constitue un faciès régional : la Tradition São Francisco. Pour certains archéologues, cet art serait l'œuvre de groupes d'agriculteurs.

Boqueirão do Sitio da Pedra Furada. São Raimundo Nonato, Piaui, Brésil

L'un des nombreux exemples de superposition de personnages. Des figures humaines de couleur rouge, à corps globulaire, aux membres étirés, à la tête accolée au corps (le cou faisant défaut) sont fréquentes dans la Tradition Nordeste. Sur ces figures ont été peints en gris deux hommes à phallus ichtyforme. Leur tête est ornée d'une coiffure. La position inclinée du corps, celle des jambes, le rapport entre l'abdomen étroit et la poitrine large supposent une perspective tordue, mi-face, mi-profil.

N. Guidon, Mission française du Piaui

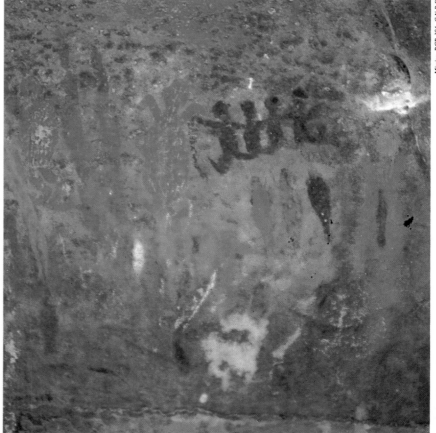

Mission RCP 394, C.N.R.S.

Domestication et sédentarisation dans la région andine

La maîtrise par l'homme des ressources naturelles, grâce à la domestication, ne fut pas un phénomène unique et exceptionnel, encore moins une « révolution » comme le croyait en 1951 V. Gordon Childe, mais une longue évolution qui débuta à des moments différents en divers points du monde. L'une de ces aires nucléaires fut l'Amérique tropicale, où l'on distingue deux foyers de néolithisation* : l'aire mésoaméricaine et l'aire andine au sens large qui englobe le piémont amazonien. Ces deux régions donneront au monde occidental quelques-unes de ses plantes alimentaires les plus courantes. Parmi elles, plusieurs furent sans doute domestiquées de façon indépendante (à partir d'espèces sauvages distinctes) dans les deux régions (coton, maïs, haricot, courge, piment), tandis que certaines semblent exclusivement sud-américaines (pomme de terre, quinoa, arachide, manioc).

Contrastant avec cette abondance végétale, les espèces animales domestiquées en Amérique sont rares ; presque toutes sont originaires des Andes, où le lama, l'alpaca et le cobaye (ou cochon d'Inde) furent des éléments essentiels du développement économique. L'élevage des camélidés est né sur les hauts plateaux andins. En effet, les lamas d'Amérique du Sud vivent surtout en altitude alors que les chameaux de l'Ancien Monde sont des animaux de plaine bien adaptés aux déserts. L'abri de Telarmachay (Pérou), à 4 420 mètres d'altitude, a fourni in situ le témoignage du passage d'une chasse spécialisée à la domestication de ces animaux, dès 4000 avant J.-C.

Le cobaye (Cavia porcellus) constitue, dès 5000 avant J.-C., une part substantielle de l'alimentation dans les gisements colombiens de El Abra et Tequendama. Peut-être domestiqué de bonne heure dans cette région, on ne le trouve acclimaté au Pérou, dans le bassin d'Ayacucho, qu'en 3000 avant J.-C. ; ce petit animal extrêmement prolifique devient cependant très vite le commensal habituel du paysan andin. Dès 2000 avant J.-C., on le trouve en abondance dans la Cordillère et sur la côte. Le chien enfin (Canis familiaris), arrivé semble-t-il en Amérique déjà domestiqué en même temps que la première vague de peuplement venue par Béring, fut sans doute très tôt le compagnon et l'auxiliaire du chasseur andin. Les restes en sont pourtant fort rares, et ne remontent pas au-delà de 5000 avant J.-C. (abris d'Uchkumachay et Telarmachay, Pérou).

L'agriculture est plus ancienne encore que l'élevage, et le problème de son origine et de sa diffusion revêt en Amérique du Sud une singulière importance. Son émergence en tant qu'économie « dominante » est en effet étroitement liée à celle des hautes cultures qui se développèrent dans les régions andines à partir du IIᵉ millénaire. Ses origines sont plus lointaines encore et, sur tout le territoire andin, l'agriculture et l'élevage

sont antérieurs à l'apparition de la poterie. Il s'agit de processus fort complexes, dont le développement n'est encore qu'imparfaitement connu, malgré les progrès récemment accomplis grâce aux découvertes archéologiques, aux analyses archéozoologiques et à la mise en œuvre de techniques nouvelles (palynologie*, flottation*, analyse des coprolithes*, analyse des phytolithes*), grâce enfin aux apports de la génétique.

Certains faits suggèrent que l'agriculture andine a d'abord été « inventée » dans les terres d'altitude moyenne entre 2 000 et 3 000 mètres : deux espèces de haricots cultivés sont présentes dans la grotte de Guitarrero (Pérou), alors occupée par des chasseurs, entre 6800 et 6200 avant J.-C. (Phaseolus lunatus) puis 5730 avant J.-C. (Phaseolus vulgaris) ; des courges (Cucurbita spp.) et des calebasses (Lagenaria spp.) cultivées apparaissent dans la grotte à la même époque et, dans le bassin d'Ayacucho, entre 5500 et 4300 avant J.-C. ; enfin, des restes de maïs (Zea mays) domestiqué sont signalés à Ayacucho entre 4300 et 2500 avant J.-C. et, toujours à Guitarrero, entre 5500 et 4000 avant J.-C. (ce qui en ferait le maïs cultivé le plus ancien d'Amérique).

Cependant, d'autres spécialistes proposent un schéma différent : s'appuyant sur le fait que la majorité des plantes anciennement cultivées sont originaires des basses terres tropicales, D. Lathrap suppose que les premiers essais de domestication furent effectués à l'est des Andes, à une époque où le couvert végétal, moins dense qu'à l'heure actuelle – durant une phase climatique relativement fraîche et sèche du début de l'Holocène* –, aurait permis à l'homme de s'installer dans ce qui était alors une savane. Par la suite, un climat plus chaud, la recrudescence des pluies et l'accroissement de la forêt forcent les hommes à chercher d'autres terres. Ils remontent le cours des grands fleuves, parviennent dans la Cordillère puis sur le littoral, introduisant dans les deux régions la pratique naissante de l'agriculture. Ainsi s'expliquerait la présence de maïs cultivé en Équateur, à Las Vegas dès 4500 avant J.-C., et à partir de 3000 avant J.-C. dans la région de Valdivia, où l'homme retrouve des conditions naturelles presque semblables à celles des contrées amazoniennes dont il vient.

L'une et l'autre de ces hypothèses supposent une longue période, car les processus d'hybridation qui sont à l'origine des cultigènes* nécessitent plusieurs générations. Il semble en tout cas certain que l'agriculture n'est pas née dans les régions côtières : au Pérou, elle y apparaît plus tard que dans l'intérieur du pays. Le haricot est signalé à Chilca vers 3250 avant J.-C. mais ne devient fréquent qu'à partir de 2500 ; les courges et les calebasses ainsi que le coton (Gossypium barbadense) sont présents dans la plupart des sites côtiers à partir

de 3000 ; le maïs est cultivé à peine plus tard à Los Gavilanes, où les occupants en stockent les épis dans des puits creusés dans le sol, ce qui implique déjà une culture intensive, puis à Aspero et à Culebras entre 2500 et 1800 av. J.-C. Sur la côte, d'autres plantes alimentaires moins importantes sont aussi cultivées entre 3000 et 2000 : le piment (Capsicum spp.), l'avocat (Persea americana), l'arachide (Arachis hypogaea), la patate douce (Ipomea batatas). Quant au manioc (Manihot esculenta), il n'apparaît qu'au Iᵉʳ millénaire avant J.-C., lié semble-t-il à la diffusion de la culture de Chavín. On doit donc souligner, outre l'écart chronologique entre la côte et la Cordillère, le fait que les premières espèces cultivées sur le littoral furent des espèces non alimentaires : le coton et les calebasses.

En effet, les habitants de ces régions n'avaient pas attendu de savoir cultiver pour mener une vie sédentaire. Des établissements permanents, installés en bordure du rivage, existent dès 3500 : modestes groupements de huttes de joncs comme à Chilca, ces villages fondent leur économie sur l'exploitation quasi exclusive des ressources marines, complétée par la collecte et un peu de chasse. Ce n'est qu'à partir de 2500 que l'introduction de nouvelles techniques horticoles et l'apparition de nouveaux cultigènes donneront la primauté à l'agriculture. Les villages, de plus en plus nombreux et étendus, fondent désormais leur subsistance sur la trilogie maïs-courges-haricots dont l'apport nutritif est complémentaire. Dans les plus grands centres – Real Alto en Équateur, Aspero, Rio Seco, El Paraíso au Pérou – sont bâtis les premiers édifices à caractère public, dont la construction implique l'existence d'une société fortement organisée. Un pouvoir puissant, sans doute théocratique, régente la production et la répartition des ressources et peut désormais, grâce à l'existence de surplus alimentaires, mobiliser d'importantes forces de travail. Une évolution parallèle se produit entre 2000 et 1500 avant J.-C. dans les hautes terres, où des centres tels que Kotosh (Pérou) s'appuient sur une économie agricole complétée par l'élevage.

C'est donc sur une base non agricole qu'a commencé à se développer la « civilisation » andine, et l'on peut se demander pourquoi les hommes ont abandonné un système de subsistance stable fondé sur une mise à profit très bien organisée des ressources sauvages pour les contraintes de l'agriculture. L'homme a choisi semble-t-il de privilégier l'agriculture et d'exploiter les espèces les plus productives afin de maintenir en un même endroit une population plus importante. En d'autres termes, ce ne fut pas une adaptation tactique à une pression économique ou démographique mais une stratégie délibérée.

Danièle LAVALLÉE

La plante sacrée des Incas

Cet épi de maïs aux grains d'argent et aux glumes dorées date de l'époque inca (XIIIᵉ-XVᵉ s.). Les chroniqueurs espagnols rapportent qu'au Cuzco, la capitale, il y avait un « jardin du Soleil » où toutes les plantes et les animaux de l'empire étaient reproduits en métal précieux, grandeur nature. Le maïs, dont les grains avaient la couleur du Dieu, y tenait une place de choix. Museum für Völkerkunde, Berlin (R.F.A.).

La récolte des pommes de terre

Pour déterrer les tubercules, les paysans incas et leurs prédécesseurs utilisaient la *tacla*, grand bâton à fouir muni d'une poignée et, parfois, d'une pointe de cuivre ou de bronze. La récolte, qui avait lieu en juin, était solennellement inaugurée par le souverain inca ; entouré de sa noblesse, il sortait lui-même les premières pommes de terre d'un champ sacré. D'après Guaman Poma de Ayala, *Nueva Coronica y Buen Gobierno*, Paris, 1936.

Les premiers bergers des Andes

Il y a 5 000 ans, dans l'abri de Telarmachay sur le haut plateau andin, les alpacas et les lamas des troupeaux mourraient en si grand nombre dès la naissance (de froid ou des maladies dont les bergers ne savaient pas encore les protéger) qu'on ne pouvait les manger tous. Une dizaine de corps presque entiers furent enfouis dans une fosse creusée près d'un foyer puis soigneusement fermée d'une dalle.

Un mets de choix

Ce cobaye de céramique appartient à la culture Chancay (XIIᵉ-XVᵉ s.). À l'époque, toutes les maisons abritaient des dizaines de cobayes (leur chair savoureuse était réservée aux repas de fête), qui assuraient aussi la propreté des habitations en les débarrassant de tous les détritus comestibles. Des reproductions de ces animaux étaient souvent déposées dans les tombes. Museo nacional de antropologia y arqueologia, Lima.

Le lama, jouet ou talisman ?

Dans les tombes de la culture Chancay, on trouve parfois des poupées, des plantes ou des animaux, en fils de laine de couleur enroulés sur une âme de bois ou de roseau. Ces « jouets » au caractère sans doute symbolique étaient déposés près du paquet contenant la momie, ou accrochés à son enveloppe extérieure, souvent dans les tombes des enfants. Collection particulière.

L'alpaca, symbole de prospérité

Les lamas et les alpacas jouaient aussi un grand rôle dans les rituels agraires de l'ancien Pérou et les Incas en firent des amulettes : les *conopa*, en pierre sculptée et polie, avaient dans le dos une cavité où l'on déposait des feuilles de coca mélangées à de la graisse. Ils étaient ensuite enterrés dans les champs afin de garantir la prospérité et l'abondance du troupeau. Collection particulière.

Chiens de chasse et chiens de berger

Tous les peuples de l'ancien Pérou avaient des chiens. À l'époque Mochica (IIIᵉ-VIIᵉ s.), la chasse était surtout un sport réservé à la noblesse : de petits chiens au poil ras et tacheté aidaient à rabattre le gibier dans un filet où il était ensuite abattu. Plus tôt encore, huit siècles avant notre ère, les pasteurs de lamas qui occupaient l'abri de Telarmachay enterrèrent au pied d'un muret, sans doute en guise d'offrande, le corps d'un jeune chien enveloppé dans un sac de cuir (ci-dessous, à droite).

L'apparition de la céramique

C'est vers le début de la seconde moitié du IVᵉ millénaire (entre 3500 et 3000 av. J.-C.) qu'apparurent, en divers points de l'aire andine septentrionale, les premiers vestiges des plus anciennes traditions céramiques connues jusqu'à présent dans le continent américain. Bien que ces dates soient postérieures à celles de l'apparition de la céramique dans les autres continents, il ne subsiste à présent plus de doute sur le fait que ce sont bien des populations américaines qui sont à l'origine des anciennes traditions découvertes dans la région littorale de l'Équateur et sur la côte caraïbe de la Colombie.

L'invention de la céramique fut d'abord appliquée à la fabrication des récipients permettant de préparer les aliments et de les stocker, puis la simple préoccupation fonctionnelle fut dépassée pour des formes variées aux décors incisés, modelés ou peints, et enfin apparurent des vases et des statuettes anthropomorphes, zoomorphes et phytomorphes, très appréciés de presque toutes les civilisations précolombiennes.

Cette poterie précolombienne fut faite avec différentes argiles dont la plasticité permettait soit de façonner directement les récipients à partir d'une motte mise en forme par le potier, soit de fabriquer peu à peu le vase en enroulant en spirales ou en cercles concentriques des boudins d'argile, appelés colombins*, ou encore, plus tardivement, en procédant par moulage sur des formes standardisées. Le tour de potier, qui permet une exécution plus rapide, n'était pas connu des populations amérindiennes et ne fut introduit sur le continent qu'après la conquête espagnole.

En Équateur, une importante tradition céramique, datant de 3100 avant J.-C. environ, fut découverte sur le site de Valdivia par les archéologues Emilio Estrada, Clifford Evans et Betty Meggers. Cette céramique fut longtemps considérée comme la plus ancienne du continent, et, dans un premier temps, les analogies qui furent relevées entre cette poterie et celle des pêcheurs de la culture Jōmon, au Japon, incitèrent les archéologues à proposer la thèse d'une migration d'origine asiatique qui aurait apporté sur le continent américain la technique de la poterie. Par la suite, l'examen critique des données chronologiques et des possibilités effectives d'une telle traversée à cette époque fit tomber cette thèse en désuétude, d'autant que de nouveaux sites archéologiques correspondant à la culture Valdivia furent découverts dans la même région et livrèrent une céramique ne prêtant plus à l'équivoque. La céramique Valdivia est donc bien l'œuvre des groupes amérindiens qui vivaient dans cette région côtière de l'Équateur. Les recherches archéologiques qui furent effectuées au cours des dernières années ont aussi mis en évidence l'importance de la culture Valdivia et l'existence de phases chrono-culturelles successives au cours desquelles elle se développa pour constituer la première grande civilisation de l'Équateur précolombien (entre 3100 et 1600 av. J.-C.). C'est en effet à cette époque qu'apparaissent les premières manifestations d'un art plastique dans le monde andin sous la forme de représentations féminines, d'abord sculptées dans la pierre tendre puis modelées en argile, et qui donneront naissance à une tradition pratiquement ininterrompue de représentations anthropomorphes en céramique. Les populations Valdivia avaient une économie déjà diversifiée. Si certains groupes semblent avoir fondé essentiellement leur subsistance sur des activités de pêche, de chasse et de collecte d'aliments végétaux sauvages, d'autres pratiquaient déjà une agriculture comportant la production de maïs. Enfin, la fouille de Real Alto révéla que ce site constitua l'un des tout premiers centres cérémoniels du continent.

Toutefois, la Tradition Valdivia n'est pas la seule tradition ancienne de poterie en Équateur : les archéologues Henning Bischoff et Jose Viteri découvrirent en effet une autre tradition, sans doute légèrement antérieure, qu'ils attribuent à une phase nommée San Pedro. Cette céramique, très différente de la céramique Valdivia, ne semble pas cependant avoir connu de véritable postérité ni engendré de processus d'évolution comparable à celui de Valdivia. Cette céramique San Pedro fut par la suite découverte dans d'autres sites anciens de l'Équateur, mais en quantité si faible par rapport à la céramique Valdivia que l'on n'y prêta pratiquement pas attention.

En Colombie, c'est dans la basse plaine alluviale qui borde la côte caraïbe que furent découverts les sites où apparut la céramique la plus ancienne, laquelle est fort différente de la céramique équatorienne. À Puerto Hormiga, vers 3200 avant J.-C., les occupants du site fabriquaient déjà des récipients de forme globulaire en poterie. L'archéologue Gerardo Reichel Dolmatoff qui découvrit ce site a pu établir que des fragments de fibres végétales étaient intentionnellement incorporés à l'argile ; il considère cette caractéristique comme l'indice d'une technologie à ses débuts, bien que la poterie lui paraisse toutefois trop élaborée pour représenter une phase véritablement initiale. Outre cette céramique, les occupants du site fabriquaient aussi une céramique à dégraissant de sable, correspondant à une période plus tardive d'occupation. Cette poterie de Puerto Hormiga est parfois décorée d'incisions curvilinéaires, de motifs punctiformes obtenus par estampage ou d'ornements modelés en léger relief. Ces premiers occupants de Puerto Hormiga ne pratiquaient pas encore l'agriculture et s'alimentaient de plantes et de fruits sauvages ainsi que de la chair de mollusques et de petits animaux. Le site de Puerto Hormiga n'est du reste pas un cas isolé : à Bucarelia, Reichel Dolmatoff retrouva une céramique analogue, correspondant cette fois à un groupe de pêcheurs établis sur une plage du cours inférieur du fleuve Magdalena.

Non loin du site de Puerto Hormiga, dans la région de Monsu, Reichel Dolmatoff découvrit encore une autre tradition céramique, absolument distincte, qui se caractérise par un décor de profondes incisions. Cette céramique, datée des débuts de la seconde moitié du IVᵉ millénaire avant notre ère, serait pour le moment la plus ancienne poterie connue de tout le continent américain. Cependant, Reichel Dolmatoff estime qu'elle ne représente, pas plus que celle de Puerto Hormiga, la phase d'invention de la céramique.

Tous les archéologues qui découvrirent les très anciennes traditions céramiques qui viennent d'être évoquées s'accordent pour considérer que les fragments de poterie qu'ils exhumèrent ne correspondent pas, malgré leur apparente simplicité, à l'époque des tout premiers temps de l'invention de la céramique.

Il resterait donc à découvrir, sans doute à proximité des sites qui constituent nos références actuelles, de nouveaux gisements archéologiques qui livreraient peut-être les prototypes de ces très anciens complexes céramiques. La multiplicité même de ces traditions et les grandes différences qui existent entre elles font douter que la poterie ait été inventée en un seul point du continent à partir duquel elle se serait diffusée. Il nous semble plutôt que, dans le courant de la seconde moitié du IVᵉ millénaire, des groupes, éloignés géographiquement et représentant des organisations socio-économiques différentes, eurent l'idée de façonner l'argile puis de la cuire pour fabriquer des récipients. Ceux-ci étaient plus efficaces que ceux, facilement dégradables, qu'ils pouvaient obtenir à partir de matières organiques comme les outres en peau ou les calebasses séchées et vidées de leur pulpe. Cette convergence des inventions, qui s'oppose aux thèses diffusionnistes, ne serait d'ailleurs pas unique puisqu'elle est observée aussi pour l'apparition de l'agriculture et de l'architecture tant dans le Nouveau Monde que dans l'Ancien.

Jean-François BOUCHARD

Céramique de Monsu

Fragments de céramique provenant du site de Monsu (côte nord de la Colombie). Monsu serait vraisemblablement le plus ancien site du Nouveau Monde contenant des fragments de céramique. Les cinq fragments connus sont décorés sur la face externe d'incisions larges et profondes exécutées avant la cuisson du récipient, alors que l'argile est encore humide et a conservé une certaine plasticité. D'après G. Reichel Dolmatoff qui découvrit le site, Monsu correspond à une Tradition céramique distincte et plus ancienne que Puerto Hormiga (dont la céramique est représentée par les deux illustrations ci-dessous, au centre et à droite), longtemps considéré comme le site où la céramique apparaît pour la première fois sinon dans le Nouveau Monde, du moins dans l'extrême nord de l'Amérique du Sud. Avec l'aimable autorisation de G. Reichel Dolmatoff.

Deux classes de céramique, Puerto Hormiga

Le fragment du haut correspond à la classe de céramique considérée par G. Reichel Dolmatoff comme la plus ancienne du site de Puerto Hormiga. Elle contient un dégraissant (ou « antiplastique ») de fibres végétales qui apparaissent sous formes de stries en creux sur les faces des fragments. L'utilisation de ces fibres végétales serait l'indice d'une antériorité par rapport à l'autre classe de céramique découverte à Puerto Hormiga, qui fait appel à un dégraissant de sable (fragment situé en bas de l'illustration). Avec l'aimable autorisation de G. Reichel Dolmatoff.

Tessons de Puerto Hormiga

Ces quatre tessons représentent trois types distincts de décors
a : tesson décoré par incision de motifs en forme de points et de cercles.
b et c : tessons décorés de motifs incisés à l'aide d'un instrument en forme de stylet, le motif désiré est obtenu en maintenant enfoncée dans l'argile la pointe du stylet.
d : tesson à décor denté par estampage.
L'archéologue G. Reichel Dolmatoff, qui découvrit et fouilla le site de Puerto Hormiga, a classé la céramique d'après les diverses techniques décoratives et la forme des motifs. Avec l'aimable autorisation de G. Reichel Dolmatoff.

Fragment de récipient à décor anthropomorphe, Valdivia

Certains des récipients de la Tradition Valdivia comportent un élément figuratif s'inscrivant au milieu de motifs géométriques. On reconnaît ici une tête humaine tracée par une large ligne incisée. Cette tête ressemble à certains des visages des petites figurines féminines (voir illustration ci-contre) qui furent produites en abondance par les potiers de la Tradition Valdivia. Si l'on exclut les peintures rupestres des groupes de chasseurs du Nouveau Monde, il s'agit des premières représentations du visage humain, en ronde bosse ou en léger relief, pour l'ensemble du continent. Musée archéologique et des galeries d'art de la Banque centrale de l'Équateur, Quito.

Figurines Valdivia

La Tradition céramique Valdivia marque l'apparition de l'art plastique dans le Nouveau Monde sous la forme de représentations féminines. Certaines, probablement les plus anciennes selon certains chercheurs, sont simplement taillées dans une roche tendre. Toutefois, la plupart des figurines connues sont modelées dans l'argile et cuites. Ces représentations ont en général entre 8 et 10 cm de hauteur. Mais on en connaît quelques exemples, exceptionnels, de plus grande dimension. Ces figurines sont pour la plupart incomplètes et ont été découvertes brisées, sans que l'on puisse savoir si elles furent cassées intentionnellement ou accidentellement. Les archéologues s'accordent pour admettre qu'elles ont dû jouer un rôle important dans le monde culturel des populations auxquelles correspond la Tradition Valdivia, et qu'elles étaient sans doute la représentation d'une divinité féminine ou encore l'expression d'un culte de la fertilité ou de la fécondité. Musée archéologique et des galeries d'art de la Banque centrale de l'Équateur, Quito.

Récipients Valdivia

On reconnaît, de gauche à droite, deux récipients ouverts, dont le diamètre supérieur coïncide, ou est presque égal, au diamètre maximal, et deux récipients fermés, dont le diamètre supérieur est inférieur au diamètre maximal. Sur les deux récipients de gauche, un décor incisé, géométrique, recouvre la partie supérieure. Il est souvent difficile de préciser la fonction de ces vases (par exemple, récipients pour stocker, cuire ou consommer des aliments ou récipients décoratifs, votifs ou funéraires), mais il est cependant important d'effectuer un inventaire aussi complet que possible de leurs formes. Cet inventaire, dans le cas de la Tradition Valdivia comme pour d'autres traditions culturelles connues seulement par la céramique, permet en effet d'étudier les variations spatio-temporelles de ces formes et d'éventuels contacts entre populations. Banco del Pacifico, Guayaquil, Équateur.

Principaux sites de l'Amérique andine où l'on a trouvé la plus ancienne céramique du continent

Les sites archéologiques où furent découvertes les plus anciennes traditions céramiques du Nouveau Monde se répartissent nettement en deux régions, le littoral caraïbe du nord de la Colombie et la région côtière du centre de l'Équateur. Dans chaque région, les archéologues ont cherché des sites où apparaîtrait la même céramique que celle des sites de référence (Valdivia en Équateur et Puerto Hormiga en Colombie). La recherche a abouti, en Équateur, à la découverte de nombreux sites qui permettent de délimiter une aire de diffusion à l'intérieur de laquelle on observe des variantes dans le temps et dans l'espace. En ce qui concerne la Colombie, l'aire de diffusion est plus réduite, et la récente publication d'un nouveau site, Monsu, montre que plusieurs traditions se sont succédé dans un territoire restreint. Les différences que les spécialistes ont pu remarquer entre la céramique San Pedro de la Tradition Valdivia en Équateur et les céramiques de Puerto Hormiga et de Monsu en Colombie montrent que chacune fut inventée séparément sans qu'il y ait eu contact entre les deux régions. Ce n'est que pour une époque plus tardive qu'il est permis, sur la base d'indices encore peu nombreux et non décisifs, de supposer que les deux régions eurent des relations suivies qui ne semblent pas cependant avoir modifié notablement le développement culturel de chacune d'elle.

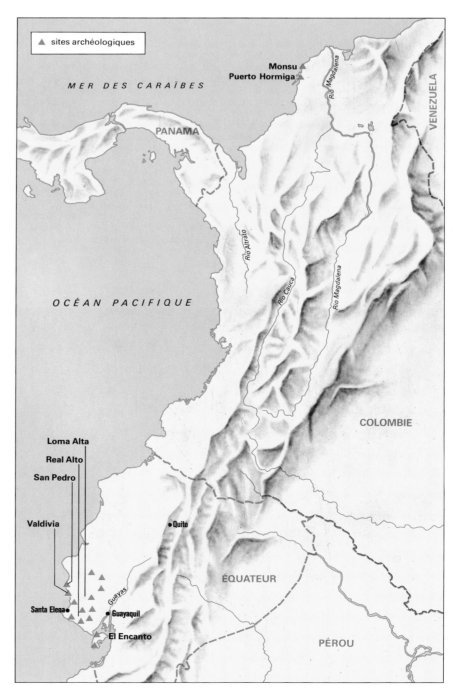

Tessons de la phase San Pedro

Ces fragments de céramique furent découverts dans la région même où étaient connus des gisements correspondant à la Tradition Valdivia. Une analyse minutieuse a permis de les attribuer à une Tradition distincte de celle de Valdivia. Ils constituent un argument important en faveur d'une multiplicité des foyers d'invention de la céramique dans le Nouveau Monde. Le fait que l'on n'ait pas découvert d'important gisement archéologique de la phase San Pedro semble indiquer que cette Tradition demeura sans lendemain. Dans l'état actuel des connaissances de l'archéologie de cette partie de l'Équateur, nous ne pouvons que constater sa présence aux côtés de la Tradition Valdivia qui donna, elle, naissance à un développement culturel durable. Reiss Museum, Mannheim.

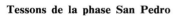

Origine et expansion de la culture Chavín

Chavín est un centre cérémoniel dont les ruines imposantes furent « découvertes » par J. Tello* en 1919, sur le versant oriental de la cordillère Blanche au Pérou. Elles avaient été décrites dès le XVI siècle par de nombreux voyageurs, mais leur importance ne fut vraiment reconnue qu'à partir des explorations de Tello et des interprétations qu'il en fit. Selon lui, ce lieu même serait le berceau de la culture ancestrale dont toutes les cultures de l'ancien Pérou seraient issues, cette filiation se reflétant dans la diffusion, à l'ensemble du pays et durant toute son histoire préhispanique, du culte d'un dieu à traits de félin.

Chavín possède un art magico-religieux au style essentiellement curvilinéaire dans lequel des éléments humains – tête, membres, mains – et animaux – gueule, crocs, griffes ou queue – s'assemblent en une combinaison de courbes et de volutes, plus rarement de lignes droites. Le motif d'un homme-félin y est omniprésent, seul ou accompagné de figures secondaires telles que le jaguar, le rapace, le serpent ou le poisson. Parmi les éléments architecturaux spécifiques figurent les édifices au plan en U, composés de pyramides tronquées aux parements extérieurs de pierre de taille et parcourus de galeries intérieures obscures communiquant par des rampes ou des escaliers. La céramique associée à ces constructions est monochrome, noire, grise ou brune et décorée par incision, champlevé ou léger relief de motifs semblables à ceux de l'art lapidaire.

Ces traits stylistiques se retrouvent en de nombreux points du Pérou, mais surtout dans le Centre et le Nord. Avec des variantes liées au contexte géographique – architecture et gravure en pierre dans les hautes terres, en adobe* sur la côte –, le style de Chavín semble bien représenter un horizon culturel dont le marqueur est le motif du félin et ses multiples avatars.

L'ancienneté et le rayonnement de la culture Chavín furent généralement reconnus par les archéologues qui succédèrent à Tello, mais les opinions différèrent quant à son origine et au mécanisme de sa diffusion : tandis que Tello en avait situé le foyer dans la forêt amazonienne et R. Larco Hoyle sur la côte nord mais dans les deux cas au Pérou, d'autres – M. Coe, F. Kauffmann Doig – y virent un apport mésoaméricain, voire pour R. Heine-Geldern, chinois. Les études et les fouilles menées depuis une vingtaine d'années au Pérou (travaux de J. Rowe, L. Lumbreras, R. Burger) et sur la côte de l'Équateur ont permis de mieux cerner la véritable nature du phénomène Chavín. Elles ont aussi permis de reconstituer l'histoire architectonique du site éponyme, même si des écarts subsistent dans les appréciations chronologiques.

Les premiers édifices bâtis furent ceux du Temple Ancien, dès 1300 avant J.-C. pour Lumbreras, pas avant 850 avant J.-C. cependant pour R. Burger. Il s'agit d'un complexe architectural en forme de U ouvert à l'est, au cœur duquel est fiché le *Lanzón*, idole de pierre gravée d'une figure mi-homme mi-félin à l'expression féroce. Autour rayonne un réseau complexe de galeries souterraines étroites qui s'étendent au-delà des limites de l'édifice et qui servaient peut-être, selon Lumbreras, à faire circuler l'eau captée dans la rivière proche ; le bruit mystérieux ainsi créé près de l'idole devait susciter la crainte. L'ensemble fut sans doute plusieurs fois remanié avant d'être abandonné et en partie recouvert par de nouvelles constructions, aux alentours du IX (ou VI) siècle avant notre ère. Plus vaste mais de plan identique, le Temple Neuf (appelé le Castillo) est une pyramide à degrés comportant, sur la face est, un portique monumental qui donnait accès à la partie supérieure, et devant lequel s'étend une immense place entourée d'édifices secondaires. Il existe entre l'art lapidaire qui orne les deux ensembles, comme entre les styles de céramique qui leur sont associés (*Ofrendas*, *Mosna* puis *Rocas*), de profondes différences qui témoignent de modifications fondamentales du contenu symbolique. Le dieu du Lanzón semble alors remplacé par une nouvelle entité, représentée – par exemple sur la « stèle Raimondi » – sous l'apparence d'un personnage tenant un long sceptre dans chaque main. Ce « dieu aux bâtons » porte comme son prédécesseur des attributs démoniaques – crocs, griffes et coiffe de serpents – et règne sur un monde surnaturel terrifiant. Vers 800 avant J.-C. pour Lumbreras, ou 500 avant J.-C. pour Burger, Chavín de Huantar est un centre religieux de première grandeur, sinon la capitale d'une sorte d'État théocratique qui, par le biais d'échanges interrégionaux, impose le culte de ses dieux depuis l'extrême-nord du Pérou jusque vers Ayacucho et Ica au sud. Vers 400 ou 200 avant J.-C. et pour une raison inconnue, le temple de Chavín est en partie détruit et semble-t-il abandonné. Dans tout le territoire soumis à son influence s'amorce alors un processus de décomposition stylistique qui reflète sans doute la désagrégation du pouvoir religieux. Les caractères « chavinoïdes » disparaissent peu à peu tandis que s'affirment à nouveau les particularismes régionaux, qui donneront un peu plus tard naissance aux unités politiques indépendantes de l'époque classique.

Telle est l'« histoire » des temples de Chavín que nous restituent les fouilles les plus récentes. Elle n'explique cependant pas l'origine de l'image complexe et déjà très élaborée du dieu du Lanzón, auquel on ne connaît pas d'antécédents. Pour D. Lathrap, qui reprend la théorie de Tello, l'origine de Chavín et de la civilisation centre-andine en général se trouve dans la forêt à l'est des Andes : la présence, sur les stèles et colonnes gravées de Chavín, d'une faune typique de la grande forêt et l'origine forestière de la plupart des plantes cultivées dans l'aire andine prouveraient que tous les éléments constitutifs de la civilisation sont venus des basses terres tropicales. Ils auraient d'abord atteint, en suivant le cours des grands fleuves, les côtes de l'Équateur où fleurissait alors la culture Machalilla (1500-1100 av. J.-C.), puis se seraient ensuite diffusés dans diverses directions à l'occasion du trafic des coquilles dont les peuples du littoral équatorien assuraient l'exploitation et la redistribution dans tout le monde andin. Ainsi s'expliqueraient les similitudes indéniables entre l'art Chavín et l'art olmèque du Mexique d'une part, l'art Chavín et l'art de Chorrera d'autre part, qui témoigneraient non d'une quelconque filiation mais d'une même influence venue d'Équateur.

Cette thèse audacieuse n'est pas acceptée sans réserve, et certains spécialistes pensent au contraire que la civilisation Chavín doit avoir ses racines au Pérou. C'est ici que l'écart entre les dates proposées par Lumbreras et Burger (qui se fondent tous deux sur des dates ¹⁴C*), s'il est d'une importance relative pour retracer les étapes de construction et les vicissitudes du site éponyme, acquiert un poids singulier. Selon la chronologie longue, en effet, Chavín est bien à l'origine de la culture du même nom : à l'époque de son apogée (vers 800 av. J.-C.), les grands centres cérémoniels préexistants, tels que Pacopampa, Kuntur Wasi, doivent adopter son idéologie religieuse, et ses canons stylistiques supplantent les formes locales, tandis qu'ailleurs sont édifiés de nouveaux centres étroitement liés à Chavín, comme Cerro Blanco, Punkuri, Moxeque ou Garagay sur la côte. Mais, selon la chronologie courte, c'est l'inverse qui s'est produit : ce sont les grands centres cités qui sont à l'origine de la culture de Chavín, dont l'architecture s'inspire – notamment par l'adoption du plan en U – des exemples côtiers plus anciens.

La controverse n'est pas éteinte car, on le sait, le maniement des dates obtenues par le ¹⁴C* débouche rarement sur des résultats cohérents et universels. Il est probable que l'origine de l'art Chavín ne fut pas unique mais multiple, le site même de Chavín représentant le point de convergence et d'intégration de divers courants culturels venus tant de la côte que de la forêt. Il est par ailleurs évident que l'éclosion de Chavín ne marque pas un début, mais le point culminant d'un long processus. Entamé quelques millénaires plus tôt, celui-ci vit s'installer les premières communautés sédentaires et s'édifier les premiers complexes cérémoniels, d'où une élite sans doute sacerdotale régentait la production et les relations sociales, au travers d'un appareil religieux chaque jour plus pesant et plus répressif.

Danièle LAVALLÉE

Mortier en forme de jaguar

Le motif du félin est omniprésent à Chavín, mais rarement sous la forme de l'animal seul. Ce mortier est l'une des quelques pièces connues sculptées en ronde bosse, c'est l'une des plus belles illustrant le style Chavín classique : les motifs figurant le pelage sont les mêmes qui ornent les jaguars gravés sur la corniche du Temple Neuf à Chavín de Huantar. University Museum, Philadelphie.

Le Strombe « Pickman »

Bien avant Chavín, dès 3000 avant J.-C., le strombe et le spondyle furent utilisés en Équateur, à des fins utilitaires ou rituelles. Le symbolisme lié à ces deux coquillages apparaît au Pérou vers 1100 avant J.-C., lié au culte de Chavín. Le motif du Strombe est gravé sur les stèles du temple, et les coquilles elles-mêmes, sans nul doute apportées des mers chaudes du Nord, sont ornées de motifs typiques du style Chavín. The Brooklyn Museum, New York.

D. Lavallée, C.N.R.S., Paris

Vue générale du temple de Chavín de Huantar

Situé au Pérou dans le Callejon de Huaylas, au confluent de deux vallées encaissées à 3 180 mètres d'altitude, l'ensemble architectural de Chavín constitue le centre cérémoniel le plus important de cette culture. Selon les spécialistes, le lieu aurait été choisi, et le plan d'ensemble orienté, de façon à pouvoir étudier le mouvement des astres, faisant ainsi de ce temple un observatoire aux fonctions liturgiques.

Tissu peint d'époque Chavín

Sur cette tenture de coton trouvée près de Paracas, au Pérou, figure un monstre-félin proche du « dieu aux bâtons » gravé sur la stèle Raimondi de Chavín, attestant les contacts étroits que les peuples de la côte sud entretenaient, à l'époque dite Chavín moyen, avec le grand centre culturel de la cordillère nord. Dumbarton Oaks Collection, Washington.

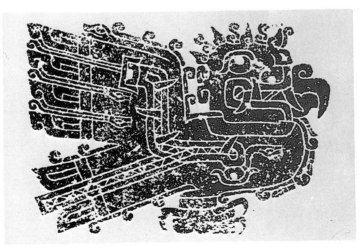

Le motif de l'aigle, à Chorrera et à Chavín

La confrontation de ces deux dessins, l'un (en haut) peint sur une coupe de céramique Chorrera du littoral équatorien (1500 à 500 av. J.-C.), l'autre, gravé sur un linteau du Temple Neuf de Chavín, illustre bien, au travers d'un même thème – ici l'aigle-harpie – les relations stylistiques et probablement religieuses sans doute liées au trafic du spondyle, qui unissaient les deux cultures. The American Museum of Natural History, New York.

Dumbarton Oaks, Washington

Contacts et échanges dans les Andes

Dès le début de la civilisation andine et l'apparition des premières sociétés de type néolithique, les idées, les traits culturels, les produits voyagent, parfois à fort longue distance. Cette permanente interaction, chaque jour confirmée par de nouvelles découvertes, rend quelque peu caduque la vieille controverse entre diffusionnistes et partisans d'une origine autochtone des cultures andines. Il semble maintenant prouvé que la capacité créative de chaque peuple et les éléments introduits par des processus de diffusion multiples et historiquement indéniables s'articulèrent et se combinèrent selon une dynamique interne pour donner naissance à des cultures qui, quoique profondément originales, ne furent jamais isolées.

De ces échanges, nous ne citerons que quelques exemples parmi les plus récemment étudiés, qu'il s'agisse de phénomènes à l'échelle d'une aire culturelle ou entre aires distinctes. L'un des plus spectaculaires est sans doute le trafic du *Spondylus*, grand mollusque des eaux tropicales du Pacifique à la coquille d'un rouge éclatant, qui fut sans doute à l'origine de contacts multiples, de la Mésoamérique au Pérou. Dans tous les gisements archéologiques de l'aire andine septentrionale (sud de la Colombie, Équateur et nord du Pérou), aussi bien sur le littoral que dans les hautes terres, on trouve en effet dès le IIᵉ millénaire avant J.-C. de grandes quantités de ces coquilles qui jouaient semble-t-il un rôle économique et rituel essentiel. On en trouve dans les Andes centrales à Kotosh dès la phase Wairajirca (env. 1800 av. J.-C.), et il figure, gravé, sur l'obélisque Tello à Chavín. Dès le début de notre ère, l'usage du *Spondylus* (*mullu* en quechua) se répand jusque vers les hauts plateaux du sud du Pérou.

Le *mullu* est l'aliment favori des dieux, il apporte la pluie, et des millions d'agriculteurs andins l'offrent, entier ou sous forme de fragments ou de poudre, aux divinités tutélaires des récoltes. L'espèce utilisée, *Spondylus princeps princeps*, vit à plus de 35 mètres de profondeur, dans le golfe de Californie au large de l'Équateur. Il semble donc impossible que les millions de coquilles distribuées sur tout le territoire andin proviennent du seul littoral équatorien : sans doute existait-il un réseau de trafic maritime s'étendant jusqu'en Mésoamérique. Depuis 1978, les fouilles de J. Marcos et P. Norton ont mis en évidence sur la petite île de La Plata, au large de la province de Manabí, l'existence d'une place commerciale exclusivement dédiée au trafic du *Spondylus*, qui fonctionna depuis la phase Valdivia III (env. 2500 av. J.-C.) jusqu'à l'arrivée des Espagnols. En un lieu, le sol était recouvert de centaines de coquilles soigneusement nettoyées. Selon les découvreurs, elles auraient été apportées par voie maritime depuis les côtes d'Amérique centrale avant d'être travaillées sur l'île (seule la partie rouge de la coquille étant prisée), puis redistribuées. C'est ainsi que s'expli-

queraient la plupart des emprunts stylistiques constatés chez tous les peuples qui échangeaient ou utilisaient le *Spondylus* : présence d'éléments décoratifs mésoaméricains dans les cultures classiques d'Équateur, tels le « vieux dieu du feu » mexicain omniprésent à La Tolita, ou les emblèmes de Tlaloc fréquents à Jama-Coaque ; inversement, des influences du style Bahía apparaissent dans le golfe du Mexique, où les trafiquants mayas rencontraient probablement les navigateurs venus d'Équateur ; enfin, d'autres styles de l'Équateur présentent de frappantes similitudes avec des styles du Costa Rica ou du Guatemala.

L'île de La Plata était aussi un grand sanctuaire d'où furent exhumées des centaines d'offrandes, parmi lesquelles des figurines de terre cuite décapitées. Une seule offrande contenait même des figurines de divers styles – Bahía, Tolita, Jama-Coaque (env. 300 av. J.-C.) –, prouvant que se rencontrèrent là, pour une cérémonie ou un échange, des gens venus de diverses provinces. À une période plus tardive, des poteries apportées de la côte nord du Pérou mais aussi de la capitale inca du Cuzco, dans les Andes du Sud, attestent l'ampleur atteinte par le commerce du *mullu*. Le transport des coquilles depuis les lieux d'extraction jusqu'à l'île, et de là vers divers points de la côte, se faisait sur des embarcations de roseaux ou de bois dont nous ignorons les modèles. Dans les derniers siècles précédant la conquête espagnole, on utilisait sans doute de grands radeaux à voile analogues à celui que croisa en 1525 le pilote espagnol Bartolomé Ruiz au large de Tumbés : il était manœuvré par vingt personnes et transportait « des lingots d'or et d'argent, des couronnes, des diadèmes, des ceintures, des casques et des armures, des pectoraux, des tenailles, des cloches, des colliers, des miroirs ornés d'argent, des couvertures de laine et de coton, des chemises, des robes » (*Relación Sámano-Xerez*) ; ils transportaient tout cela pour l'échanger « contre ces coquilles dont ils font des perles couleur de corail... ». À terre, les coquilles étaient probablement transportées à dos d'homme ou, plus au sud, par des caravanes de lamas. Dès le Xᵉ siècle avant J.-C., le peuple de Cerro Narrio, dans les Andes du sud de l'Équateur, s'assure la quasi-exclusivité de la redistribution du *mullu*, acheminé vers le Pérou par la vallée du Marañon, sur le versant oriental des Andes.

Il est probable qu'au début l'échange du *Spondylus* fut aux mains des chefs locaux ou des prêtres, les uns et les autres étant souvent confondus. Cependant, au moment de la Conquête, il existait sur le littoral équatorien une confédération de navigateurs-marchands, à la fois prêtres et trafiquants (au sens propre), qui, pour assurer le succès de leurs entreprises lointaines, pratiquaient des sacrifices humains et la chasse aux têtes. Sans doute ne furent-ils pas les seuls, car, dans un document de 1570 environ publié par

M. Rostworowski, il est fait état d'un groupe de six mille marchands établis dans la riche oasis côtière de Chincha au Pérou. Ils « allaient de Chincha au Cuzco... et d'autres allaient à Quito et à Puerto Viejo (à plus de 2 000 km) d'où ils rapportaient de l'or et des émeraudes ». Le *Spondylus* n'est pas mentionné par le narrateur, sans doute influencé par l'obsession européenne de l'or, mais sa présence dans les cargaisons est plus que probable.

Ainsi le commerce à longue distance, que l'on pourrait qualifier d'international, était-il complété par un réseau d'échanges de moindre ampleur, visant à répartir dans les diverses régions les produits précieux apportés de loin, mais aussi à troquer des produits de consommation courante. De la côte du Pérou partaient vers l'intérieur des tissus de coton, des piments, des calebasses ; de la Cordillère venaient des tissus de laine, de la viande séchée, de l'or, de l'argent et surtout du cuivre. À propos de ce métal, le même document apporte une précision étonnante : « Ils [les marchands de Chincha] étaient les seuls dans le royaume à utiliser de la monnaie parce qu'entre eux ils achetaient et vendaient contre du cuivre ce qu'ils avaient de nourriture ou de vêtements. » Certes, le document est postérieur à la Conquête, et une assimilation erronée a pu être commise par son auteur. Toutefois, cette allusion à une monnaie primitive présente un parallèle troublant avec les fameuses haches-monnaies d'Équateur étudiées par O. Holm. Ces objets d'un cuivre très pur, généralement façonnés par martelage, proviennent de divers contextes culturels tardifs (entre 800 et 1500 apr. J.-C.) ; leur forme est celle d'une lame de hache, leur poids varie de quelques grammes à plus de vingt kilos, et ils sont souvent attachés par paquets de vingt, ce qui évoque des unités de paiement ou de troc utilisées selon un système vicésimal. Autre coïncidence, l'usage des haches-monnaies est également attesté à la même époque au Mexique, en particulier dans la région d'Oaxaca.

Il apparaît que la presque totalité des échanges ayant eu lieu dans les Andes, ou entre les Andes et la Mésoamérique, pendant plus de trois millénaires, fut de près ou de loin liée au trafic du *Spondylus*, lui-même associé à un culte de la fertilité apparu sur la côte équatorienne dès l'époque de Valdivia. L'expansion de ce culte à l'intérieur du pays puis dans l'ensemble de l'aire andine engendra peu à peu une demande toujours croissante de coquilles, extraites au loin puis traitées et redistribuées à partir de centres équatoriens, donnant ainsi un rôle clé aux Andes du Nord et faisant d'un simple coquillage un moyen de diffusion culturelle de première importance.

Danièle LAVALLÉE

Dépôt de spondyles, île de La Plata

Ce détail du sol archéologique montre des coquilles encore brutes, nettoyées, ou déjà à demi travaillées. Plus de six cents valves se trouvaient sur une vingtaine de mètres carrés, mêlées à des tessons de poterie de styles équatorien ou péruvien.

J. G. Marcos, Escuela superior politécnica del litoral, Guayaquil

Spondyle

Ce très bel exemplaire de *Spondylus princeps princeps* a été récemment récolté dans les eaux de l'île de La Plata, à 23 kilomètres au large du littoral équatorien. Ce sont les excroissances et la frange rouge de la coquille qui étaient surtout utilisées. Escuela superior politécnica del litoral, Guayaquil.

J. G. Marcos, Escuela superior politécnica del litoral, Guayaquil

Le radeau que croisa Bartolomé Ruiz

Pour transporter de lourdes cargaisons, on utilisait des radeaux en troncs de balsa (léger et imputrescible). Certains étaient assez grands pour supporter un abri au toit de palmes et l'on y faisait même la cuisine, sur un feu allumé à l'arrière. J. Juan y A. de Ulloa, *Relación histórica del viaje a la America meridional*, 1748.

Real academia de la historia, Madrid

Embarcation péruvienne du XIIᵉ siècle

Cette céramique de style Chancay représente un pêcheur sur son radeau, fait de deux bottes de roseaux accolées. Des radeaux de même type, plus grands, servaient tout le long du littoral pacifique à transporter de petites quantités de marchandises. Museo nacional de antropologia y arqueologia, Lima.

Les « petits chevaux de mer » de Huanchaco

Dans ce village de pêcheurs de la côte nord du Pérou, on utilise toujours ces barques légères de roseau, dont la forme fuselée n'a pas varié depuis plus de mille ans. Les pêcheurs s'aventurent à plusieurs milles en mer et, au retour de la pêche, mettent leurs *caballitos* à sécher le long de la plage. Jadis, on utilisait aussi des embarcations en peau de phoque gonflée.

Balance péruvienne du VIIIᵉ siècle

Nous ne connaissons pas les mesures qui étaient en usage dans l'aire andine aux temps précolombiens, mais nous savons que l'on utilisait, pour peser l'or par exemple, de petites balances au fléau d'os ou de bois sculpté, soutenant deux filets de cordelette tressée. Divers exemplaires ont été retrouvés dans des tombes du littoral, parfois accompagnés de poids en pierre. The Brooklyn Museum, New York.

Haches-monnaies d'Équateur

Le troc fut toujours, semble-t-il, le système d'échanges prédominant à l'époque préhispanique. Pourtant, des milliers de haches-monnaies ont été trouvées dans des sites équatoriens de la période d'Intégration, principalement ceux des cultures Manteña et Milagro-quevedo (800-1500 apr. J.-C.). Museo antropológico del Banco central del Ecuador, Guayaquil. Ce vase céphalomorphe manteño en contenait plusieurs centaines, petites et minces, souvent attachées par vingt. Museo arqueológico, Guayaquil.

Museo nacional de antropologia y arqueologia, Lima

D. Lavallée, C.N.R.S., Paris

The Brooklyn Museum

Casa de la Cultura ecuatoriana, Museo arqueológico, Guayaquil

Museo antropológico del Banco central del Ecuador, Guayaquil

Naissance des grandes cités andines

Que l'on considère les grands centres cérémoniels et leurs annexes profanes comme des villes ou comme les ancêtres des villes, ces centres marquent une étape dans le développement de sociétés dont l'organisation politique reposait sur l'existence de royaumes souverains. Les exemples les plus célèbres en sont Pampa Grande et l'ensemble des deux *Huacas* du Soleil et de la Lune, sur la côte nord, Maranga sur la côte centrale et Cahuachi sur la côte sud du Pérou. Pukara et Tiahuanaco représentent le même phénomène pour le haut plateau méridional. Ces centres ont pour caractéristique commune d'avoir la plus grande partie de leur architecture dédiée à des fonctions cérémonielles ou rituelles. Les véritables « cités planifiées » n'apparaissent dans l'aire andine qu'avec la consolidation de l'État. Elles diffèrent des centres cérémoniels par la proportion inversée entre l'architecture monumentale et l'architecture civile et par la complexité multifonctionnelle des structures composées qui les constituent. Les seuls dont nous possédions de véritables plans sont Chanchán et El Purgatorio, sur la côte nord du Pérou, et, dans les hautes terres, Cuzco et Huánuco Viejo.

Aussi ne nous attacherons-nous pas à étudier la « naissance » des formes urbaines (qui remontent à l'origine de la sédentarisation) mais celle des véritables villes, qui ont eu pour fonction de rassembler une population dense à l'intérieur d'un système segmenté mais réglementé, de façon à assurer les fonctions d'administration politique et économique d'un État. Deux schémas peuvent être distingués au cours de la période qui correspond à peu près à la dernière phase de l'Horizon moyen et à l'Intermédiaire récent sur la côte (de 1100 à 1480 apr. J.-C.), à l'Intermédiaire récent et à l'Horizon récent, ou période inca, dans les hautes terres (de 1400 à 1530 apr. J.-C.). Dans les deux régions, des formes urbaines primitives apparaissent dès l'Horizon moyen (de 800 à 1100 apr. J.-C.).

Les agglomérations urbaines bien connues de Pachacámac, Pacatnamú et Batán Grande ne sont pas plus représentatives de vraies villes que ne le sont, pour l'Ancien Monde, les cités cérémonielles du Vatican, de La Mecque ou d'Angkor Vat. Cependant, alors que beaucoup de grands centres cérémoniels – type d'établissement le plus fréquent durant l'Intermédiaire ancien (de 200 à 800 apr. J.-C.) aussi bien sur la côte que dans la cordillère – disparaissent à l'Horizon moyen, ne gardant plus que des fonctions résiduelles telles que celle d'aires funéraires sacrées (par exemple les *Huacas* ou pyramides du Soleil et de la Lune à Moche), ces agglomérations continuent de grandir et deviennent des sortes de cités sacrées qui demeureront des centres indépendants de pèlerinage jusqu'à la conquête espagnole. Les ensembles de l'île du Soleil, sur le lac Titicaca, et de Coropuna, près d'Arequipa, constituent probablement des exemples andins de ces cités sacrées, où le modèle des anciens centres cérémoniels a simplement été agrandi pour englober davantage de sanctuaires, de logements pour les pèlerins et de lieux pour déposer les offrandes. Rares sont les constructions destinées à héberger l'administration cléricale, et inexistants les ensembles résidentiels permanents.

Vers la fin de l'Intermédiaire ancien, l'accroissement de la population andine dans son ensemble inaugure une étape au cours de laquelle s'accomplissent des progrès notables, notamment dans l'agriculture et la technologie. Cela se reflète dans la composition des élites sociales, jusqu'alors surtout théocratiques, et qui constituent la tâche principale consiste à contrôler la répartition de l'eau. Sur la côte nord, les établissements les plus grands sont en général installés à l'endroit où la vallée se resserre, là où l'on peut contrôler la distribution de l'eau sur toute une rive ; ils représentent les antécédents des grandes cités côtières plus tardives.

Cette transformation spontanée des centres résidentiels prend un caractère imposé durant l'Horizon moyen. Cela suggère que d'importantes forces de travail sont délibérément mobilisées pour construire des ouvrages publics et des ensembles urbains qui incluent leurs propres « dortoirs ».

Qu'il s'agisse des villes sur les versants du littoral ou des premiers établissements urbains des hautes terres comme Huari, Pikillakta ou Wiracochapampa, tous comportent une zone réservée aux habitations de la classe défavorisée. Cela semble bien indiquer que la véritable urbanisation et la formation de concentrations résidentielles importantes reposaient sur la mobilisation d'une main-d'œuvre non volontaire.

À Huari existent aussi des zones résidentielles réservées à l'élite qui, jadis chargée de régler les cérémonies, contrôle désormais les ressources et gère les surplus. L'utilisation d'un modèle résidentiel destiné à l'élite, de forme rectangulaire et enclos de murs, semble être le premier élément de planification utilisé dans les hautes terres pour englober non seulement les secteurs à fonctions multiples des nouvelles cités, mais aussi pour en organiser le plan d'ensemble en fonction de la pente naturelle du versant. Ce modèle est d'ailleurs moins évident sur le plan de Huari elle-même que dans les capitales provinciales de Pikillakta et Wiracochapampa où le plan, visiblement imposé, s'adapte mal à la topographie des lieux.

On peut estimer la population des plus grandes villes côtières de l'Horizon moyen à environ 10 000 habitants, répartis dans des ensembles résidentiels échelonnés sur plusieurs kilomètres. Une telle répartition était nécessaire, à la fois pour construire la nouvelle ville elle-même, ce qui exigeait une main-d'œuvre considérable pour niveler le terrain ou nettoyer les lits asséchés des rivières, que pour cultiver les terrains alentour et assurer divers services de stockage et de redistribution. Il est probable qu'une partie de la population retournait périodiquement dans sa communauté d'origine, et que les secteurs résidentiels réservés aux classes pauvres étaient occupés en alternance par des groupes différents de main-d'œuvre. Les villes comportaient enfin des secteurs administratifs, à la fois résidences de l'élite et « bureaux », occupés par les personnages de haut rang que les Espagnols appelèrent plus tard *caciques* ou *principales*.

À l'Intermédiaire récent, sur la côte, l'habitat des classes pauvres est moins concentré, excepté dans les grandes villes de El Purgatorio et Chanchán. Certains centres provinciaux réservés à l'élite, tel Pueblo Moxeque, dans la vallée de Casma, illustrent bien une situation dans laquelle l'élite de la moitié de la population d'une vallée était concentrée, avec ses serviteurs, dans une unité urbaine. Si cet exemple représente la résidence d'un chef de haut rang et de sa suite, les concentrations urbaines plus importantes doivent alors être considérées comme la combinaison de plusieurs de ces centres de taille limitée. L'absence de logements pour les ouvriers indique peut-être que les constructeurs de la ville, qui contribuaient aussi à son entretien, vivaient dans des hameaux aux maisons de bois et de chaume (aujourd'hui disparues) édifiés dans d'autres parties de la vallée, à proximité des terrains cultivés.

Dans les hautes terres, les principes qui président à la planification des villes restent encore à découvrir. À partir de l'Horizon moyen, la principale tendance en matière de développement urbain consista à héberger une population dense et à utiliser cette main-d'œuvre pour produire et redistribuer les produits de première nécessité, afin d'assurer la subsistance d'une importante élite administrative. Cependant, l'évolution qui conduisit d'agglomérations urbaines comme Huari à la cité planifiée de Cuzco reste mal éclaircie.

Les principes de quadripartition et de dualité des villes incas sont apparus après l'urbanisme de type Huari. La *Kancha*, ensemble d'édifices groupés autour d'une cour, représente le modèle inca, qui s'est substitué au modèle rectangulaire. Les capitales provinciales incas reproduisent la division quadripartite de Cuzco. De tels éléments de planification, y compris celui de la symétrie fonctionnelle, reflètent un retour à des considérations d'ordre cérémoniel plutôt qu'une tentative pragmatique pour résoudre les problèmes posés par la densité de la population. En réalité, les Incas cherchèrent plutôt à limiter la croissance urbaine, comme le montrent leurs règlements concernant les étrangers dans la ville, et la création de grands domaines ruraux pour l'élite.

Lorsque les Espagnols arrivèrent, les véritables métropoles préindustrielles étaient seulement sur le point d'apparaître dans les Andes. L'exemple le plus évolué en est Chanchán, dont J. Hardoy disait cependant : « Nous assistons à Chanchán à l'aube d'une forme urbaine, dans une culture entravée par des limitations technologiques. » Selon lui, Cuzco fut encore moins une ville. Pour J. Rowe, c'était avant tout un grand centre cérémoniel, au rayonnement toutefois intense. Les planificateurs incas ont-ils été influencés par Chanchán ? Une unique citation extraite d'un manuscrit perdu y fait allusion : « Lorsque Yupanqui entra en vainqueur à Chanchán, il fut stupéfait de constater la richesse et la beauté de la cité côtière, construite selon un plan immense, avec ses rues droites et alignées, inondée de lumière et de soleil et très supérieure aux constructions grossières et semi-barbares de Cuzco. »

Richard P. SCHAEDEL

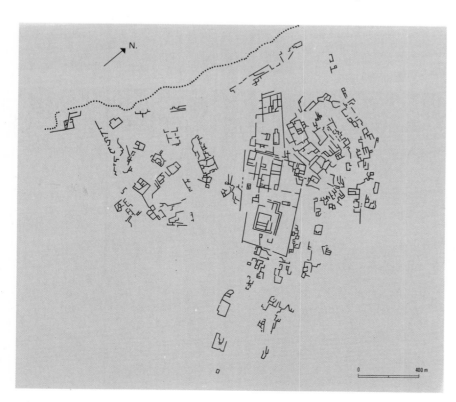

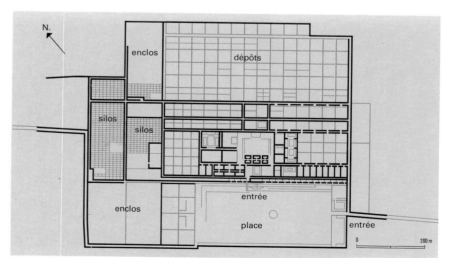

Pikillakta, région du Cuzco, 800-1000 après J.-C.

Cet ensemble urbain planifié a été édifié durant l'Horizon moyen ; il est caractérisé par l'existence de secteurs à fonctions différenciées (habitations mais surtout magasins et entrepôts). L'ensemble occupe plus de 50 hectares. D'après E. Harth-Terré, *Pikillacta, ciudad de depositos y bastimentos*, Revista del Museo del Cuzco, n° 18, Cuzco, 1950.

Pampa Grande, vallée de Lambayeque, Pérou, 650-700 après J.-C.

Exemple de centre cérémoniel et résidentiel de l'élite. Adjacents à la place principale, ont été identifiés des secteurs réservés au culte et aux artisans, et des entrepôts. L'ensemble pourrait avoir abrité jusqu'à 10 000 personnes, mais il n'existe aucune preuve d'une planification d'un secteur civil.

**Chanchán,
vallée de Moche, Pérou,
citadelle Tschudi**

Vue partielle du secteur des *audiencias*, bâtiments à usage de « bureaux » où s'effectuaient l'inventaire et la répartition des biens de l'État.

G. Dagli Orti

El Purgatorio, vallée de la Leche, Pérou, 1100-1300 après J.-C.

Photographie prise vers 1910 depuis l'épaulement nord-ouest de la colline, montrant la citadelle principale (400 m de longueur) et, adjacents, au premier plan, de larges espaces ouverts entourés de murs.

El Purgatorio

Cité-capitale du peuple Lambayeque passé ensuite sous la domination chimú. Des « citadelles » à compartiments multiples sont groupées autour d'une éminence naturelle ceinte d'une muraille. Les habitations réservées au peuple, le cimetière et les dépôts se trouvent sur le flanc sud de la colline.

Milagro de San José, vallée de Moche, 1100-1200 après J.-C.

Centre urbain administratif situé au nord de Chanchán, peut-être capitale d'une chefferie incorporée plus tard à des « citadelles » chimú où l'on percevait le tribut des régions du Nord.

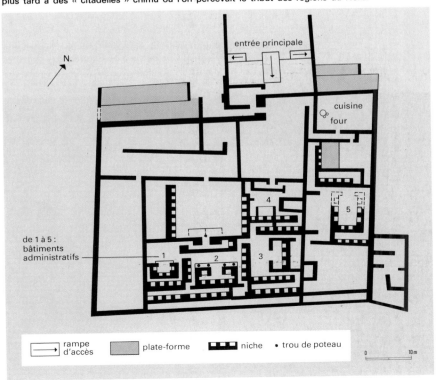

entrée principale

cuisine
four

de 1 à 5 :
bâtiments
administratifs

1 2 3 4 5

rampe d'accès plate-forme niche • trou de poteau

0   10 m

Huánuco Viejo, 1490-1540 après J.-C.

Plan de la plus importante des capitales provinciales édifiées par les Incas. D'après E. Harth-Terré, *El Pueblo de Huánuco Viejo*, El Arquitecto Peruano, n° 320-321, Lima, s.d.

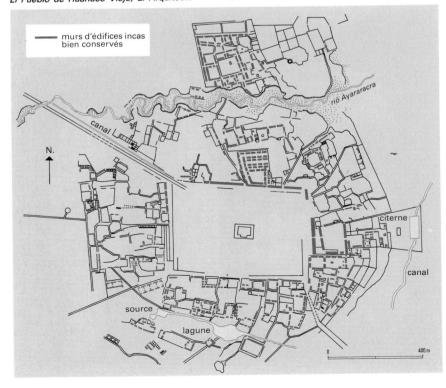

murs d'édifices incas bien conservés

río Ayararacra

canal

N.

citerne

canal

source

lagune

0   400 m

L'archéologie des Antilles

Le peuplement le plus ancien des Antilles remonte certainement au début du Ve millénaire avant notre ère, bien que les datations obtenues par le radiocarbone* ne soient pas antérieures à 3000 avant J.-C. Des bandes de chasseurs-cueilleurs n'ayant laissé que des outils de pierre taillée vivaient alors dans les grottes et les abris-sous-roche de Cuba et d'Hispaniola. Leur industrie évolue rapidement au début du IIe millénaire vers l'Âge archaïque marqué par la présence d'une industrie lithique comprenant de grandes lames retouchées en poignards, à laquelle s'ajoutent des outils d'os, de coquillage et de pierre polie. Le genre de vie de ces bandes est désormais orienté vers les produits marins bien localisés (coquillages et poissons de coraux par exemple) et les sites archéologiques sont par conséquent associés à des amas de coquilles situés sur les côtes et s'étendant alors à Porto Rico, à Antigua de même qu'à Trinidad. En revanche, le reste des Petites Antilles ne semble pas avoir servi de chemin migratoire. Ces populations archaïques pratiquaient déjà une forme d'art rudimentaire et décoraient leurs objets rituels et leurs ornements de quelques traits incisés.

La colonisation des Antilles par des groupes qui connaissaient l'agriculture et la poterie remonte aux débuts de notre ère, alors que la culture Saladoïde, originaire du Bas-Orénoque où sa présence est datée de la fin du IIIe millénaire avant J.-C., s'étend brusquement vers les îles à partir de Trinidad et des côtes adjacentes des Guyanes pour atteindre Porto Rico dès le début du IIe siècle de notre ère. Ces groupes de simples horticulteurs vivant de cassaves (galettes) de manioc, comme l'attestent les grandes assiettes ou platines de terre cuite que l'on a retrouvées, étaient peu différents des sociétés tribales des forêts tropicales sud-américaines dont ils étaient issus. Les vestiges retrouvés, essentiellement de la poterie et certains ornements, témoignent cependant d'un raffinement inusité.

Les vases campaniformes qu'ils fabriquaient sont presque toujours décorés et souvent ornés de petites têtes humaines ou animales modelées ; la pâte mince et blanchâtre de leurs meilleures céramiques rappelle presque parfois la porcelaine. La décoration stylisée des poteries comprend de fines incisions croisillées ou une peinture blanche sur fond rouge qui leur est caractéristique. Elle obéit à des règles strictes de composition où domine le thème de batraciens ou de reptiles, tels que la grenouille ou la tortue. Certains gisements ont révélé de nombreux ornements, pendeloques ou grains de colliers, en nacre, en pierres semi-précieuses ou en jadéite.

Ces Saladoïdes constituent la culture mère de la préhistoire des Antilles puisque aucune trace de migration ultérieure n'est trouvée dans la séquence archéologique des îles. Entre les VIIe et IXe siècles de notre ère, cependant, des changements ethniques internes engendreront des groupes culturels régionaux, notamment dans les Grandes et dans les Petites Antilles. La colonisation des Grandes Antilles par des groupes connaissant l'agriculture se poursuit et s'étend à toutes les îles, y compris les Bahamas, à l'exception de la partie occidentale de Cuba où survivront jusqu'à l'arrivée des Espagnols des populations archaïques Ciboneys, sans agriculture et sans poterie.

Dans les Petites Antilles, ces changements se manifestent par la culture Troumassoïde, de caractère transitoire, durant laquelle la céramique connaît un déclin technologique qui se poursuit jusqu'à l'apparition de la culture Suazoïde vers le début du XIIe siècle ; la poterie comprend surtout des bols et des marmites de formes géométriques simples mais aussi quelques pièces mieux finies et décorées de motifs incisés ou d'une peinture linéaire en volutes et parallélogrammes. Bien que de massives platines, désormais tripodes, attestent la présence du manioc, les amas de coquilles formés de lambis (*Strombus*) et d'huîtres de mangrove témoignent de l'importance accrue des ressources marines et littorales. On a souvent identifié ces Suazoïdes avec les Caraïbes découverts par les Européens ; toutefois, des différences au niveau de la culture matérielle, notamment dans la poterie, indiquent qu'il s'agit d'autres populations.

Dans les Grandes Antilles, on assiste au contraire à un phénomène exceptionnel dans la préhistoire américaine : l'évolution locale d'une société hiérarchisée, ou chefferie, qui n'est pas influencée par les civilisations de la Mésoamérique ou des Andes. L'accroissement démographique qui l'accompagne permet le peuplement, grâce à une agriculture devenue plus intensive, des régions intérieures des îles. On citera les cultures Ostionoïde et Meillacoïde, l'une marquée par une poterie plus robuste et moins décorée, l'autre par un style original qui semble avoir emprunté le décor géométrique incisé des populations archaïques précédentes. Ces deux cultures régionales participent à la formation de la culture Chicoïde qui, dès le début du XIIe siècle, représentera l'apogée de cette évolution, comme en témoigneront leurs descendants, les Taino, découverts par Colomb.

Cet ensemble de chefs puissants se partageant de vastes provinces d'Hispaniola et de Porto Rico a laissé des vestiges qui reflètent ce développement. La poterie est maintenant sculpturale avec des vases anthropomorphes, des bouteilles mammiformes et des urnes à double panse. C'est dans la pierre que s'est le mieux exprimé l'art taino : pierres à trois pointes représentant leurs dieux ou « zémis », masques, haches monolithiques, idoles dont la tête est surmontée d'une plate-forme et qui sont peut-être utilisées au cours de l'inhalation de la *cohoba*, substance narcotique tirée d'une plante, et enfin anneaux de pierre qui ont sans doute un rapport avec le jeu de balle. Peu d'objets nous sont parvenus du travail du bois qui semble avoir été très développé chez les Taino : quelques statuettes, mais surtout les *duhos*, ou sièges cérémoniels, incrustés d'or ou de nacre. Les sites appartenant à cette culture sont vastes et nombreux, mais ont laissé peu de restes architecturaux. Les seuls vestiges à caractère relativement monumental sont les *bateys* ou jeux de balle, longs terrains bordés de pierres dressées et reliés par des avenues pavées, lieux cérémoniels où devaient s'accomplir les rites et les assemblées qui renforçaient et consacraient l'unité de leurs communautés.

Louis ALLAIRE

Objets caractéristiques de la culture Couri d'Haïti à l'Âge archaïque des Grandes Antilles

En haut, à gauche, hache à double tranchant en pierre polie ; à droite, polissoir de pierre polie. Au deuxième rang, au centre, grain de collier incisé, en pierre polie ; à droite, balle de pierre polie. Au troisième rang à gauche, fragment d'écuelle en pierre polie incisée ; fragment de pointe en os travaillé. En bas, de gauche à droite : *gladiolito** en pierre polie ; pendentif en pierre sculptée et incisée ; grande lame de silex retouchée en couteau ; grande lame de silex retouchée en « poignard ». The Peabody Museum of Natural History, Yale.

Vase caréné, ou campaniforme, à peinture blanche sur rouge, caractéristique de la culture Saladoïde des Antilles

Le décor d'aspect géométrique représente en projection planiforme le thème fortement stylisé d'animaux tels que la tortue et la grenouille. The Peabody Museum of Natural History, Yale.

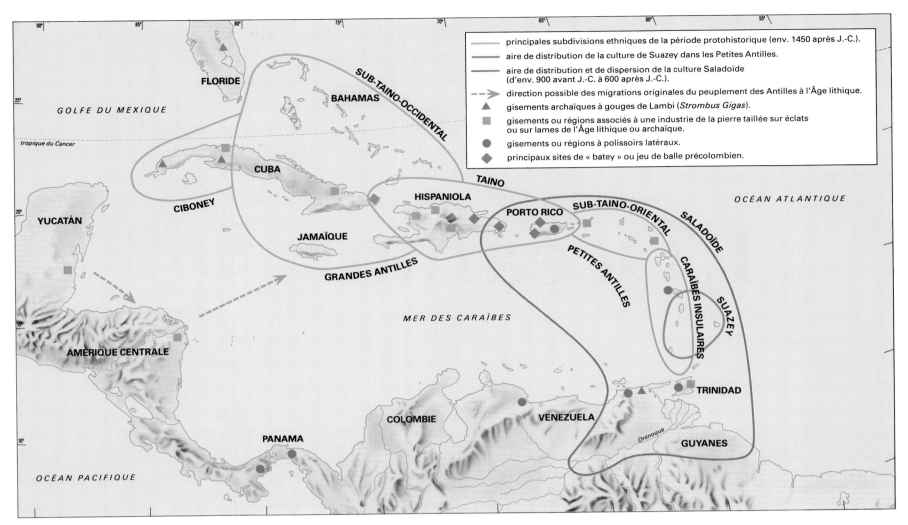

principales subdivisions ethniques de la période protohistorique (env. 1450 après J.-C.).

aire de distribution de la culture de Suazey dans les Petites Antilles.

aire de distribution et de dispersion de la culture Saladoïde (d'env. 900 avant J.-C. à 600 après J.-C.).

direction possible des migrations originales du peuplement des Antilles à l'Âge lithique.

▲ gisements archaïques à gouges de Lambi (*Strombus Gigas*).

■ gisements ou régions associés à une industrie de la pierre taillée sur éclats ou sur lames de l'Âge lithique ou archaïque.

● gisements ou régions à polissoirs latéraux.

◆ principaux sites de « batey » ou jeu de balle précolombien.

Les étapes de la préhistoire des Antilles

Cette carte illustre de façon simplifiée les étapes essentielles de la préhistoire antillaise, des origines jusqu'aux débuts de la période historique. Les flèches issues des côtes du Belize et de l'Amérique centrale suggèrent, à l'état d'hypothèse, l'origine probable du peuplement des Antilles sur la base d'un outillage de silex plus ou moins identique mais dont l'ancienneté relative sur le continent n'a pas été établie. La distribution de certains types d'outils de l'Âge archaïque (lames de silex, gouges en coquillage et polissoirs latéraux) révèle des discontinuités géographiques qui semblent être le résultat de dérives accidentelles successives provenant de divers points du bassin de la mer Caraïbe. Au contraire, l'expansion rapide des populations de culture saladoïde, qui fabriquent de la céramique et connaissent l'agriculture, dès le Iᵉʳ siècle de notre ère, a nettement emprunté l'arc insulaire des Petites Antilles. L'apogée des développements culturels des Antilles en plein épanouissement à l'arrivée des Européens correspond à l'aire *Taino* où se retrouvent les chefferies, l'art mobilier et les centres cérémoniels comportant des terrains de jeu de balle qui lui sont particuliers. On hésite à rattacher ces jeux de balle aux véritables « arènes » répandues au Mexique et notamment chez les Mayas, dont ils n'ont ni l'ampleur ni le caractère architectural ; une origine sud-américaine reste la plus plausible. Les régions adjacentes, moins évoluées mais qui en sont issues, représentent l'aire *Sub-Taino* qui s'étend aux Bahamas et que l'on peut également appliquer aux Leeward Islands des Petites Antilles. Toute la partie occidentale de Cuba restera marginale, c'est-à-dire sans agriculture et sans poterie, jusqu'à l'arrivée des Espagnols. Le segment principal des Petites Antilles, les Windward Islands, était à cette époque le pays des Caraïbes insulaires, mais la culture archéologique qui les précède immédiatement, la culture Suazoïde, occupait une aire plus restreinte n'ayant jamais atteint Trinidad ou le continent.

Grand vase naviforme de la culture Ostionoïde des Grandes Antilles

Ces récipients sans décor se distinguent par leur profil caréné à rebord infléchi et par leurs grandes anses surélevées en forme de ruban. The Peabody Museum of Natural History, Yale.

Terrain de jeu de balle au centre cérémoniel de Tibes, à Porto Rico

Ce centre cérémoniel comporte quatre jeux de balle. Ces « courts » délimités par des alignements de pierres dressées et reliés par des allées pavées sont les seuls vestiges structuraux laissés par les chefferies Tainos.

Vase anthropomorphe de la culture Taino proto-historique de Saint-Domingue

Ce type de bouteille à orifice occipital représente un personnage en position assise. Il s'agit vraisemblablement des restes desséchés d'un chef dans la position caractéristique de l'inhumation. Hauteur : 16 cm. Museo del Hombre dominicano, Santo Domingo.

Objets mobiliers de pierre polie ou sculptée de la culture Taino, Grandes Antilles

En haut, à gauche : bol de pierre polie ; à droite : balle de pierre incisée. En bas, de gauche à droite : statuette en pierre représentant un personnage assis ; pierre à trois pointes, ou « trigonolithe », à tête de reptile ; pilon en pierre à tête d'oiseau. The Peabody Museum of Natural History, Yale.

L'Océanie

L'Océanie regroupe deux domaines différents quant à leur passé préhistorique et historique : l'ensemble australien et l'Océanie insulaire. L'Australie et ses deux îles annexes, la Nouvelle-Guinée et la Tasmanie, qui lui étaient reliées par des ponts terrestres pendant les périodes les plus froides du Quaternaire, furent colonisées par l'homme il y a quelque quarante mille ans. L'agriculture et l'élevage y étaient encore inconnus, sauf en Nouvelle-Guinée, lorsque les Européens en commencèrent l'exploration à partir du XVIe siècle. Le second domaine est celui des îles et archipels dispersés dans l'immensité du Pacifique. L'homme n'a entrepris sa conquête que bien plus tardivement, vers 2000 avant notre ère, à l'ouest, et ne l'acheva que vers les années 800 après J.-C. pour ce qui est des îles les plus lointaines. Les Océaniens connaissaient donc les techniques de la navigation hauturière pour franchir de telles distances marines. Ils pratiquaient, en outre, l'agriculture, l'élevage et l'art céramique, mais ignoraient encore la roue, le tissage, la métallurgie et l'écriture. L'Océanie insulaire resta, plus longtemps que l'autre, inconnue des Européens. Magellan, certes, avait réussi, dès 1520, à traverser le Pacifique d'est en ouest, mais il n'y avait rencontré âme qui vive avant d'aborder les îles occidentales de la Micronésie. Ses successeurs espagnols ne furent pas plus chanceux dans leurs allers et retours réguliers de Calao, ou d'Acapulco, à Manille. Seul Mandana, naviguant plus au sud, découvrit l'archipel des Marquises en 1595. Au XVIIe siècle, quelques navigateurs hollandais s'aventurèrent dans le Pacifique Sud, mais l'Europe devra attendre les grandes expéditions scientifiques françaises et anglaises de la fin du XVIIIe siècle pour connaître cet univers insulaire, et notamment la Polynésie, dans toute son étendue. Les côtes néo-guinéennes, australiennes et tasmaniennes avaient alors été depuis longtemps explorées. Dès 1788, l'Angleterre installa une colonie pénitentiaire en Nouvelle-Galles du Sud, puis déporta, en Tasmanie, les forçats les plus intraitables. Des colons libres les suivirent bientôt, en Australie du Sud comme en Tasmanie. Hormis quelques esprits curieux, tels le gouverneur Phillip et R. Etheridge, qui se serait alors intéressé au passé des Aborigènes, à ces sauvages que l'on chassait comme des animaux dangereux, jusqu'aux lois de 1842 qui imposèrent leur protection ? La colonisation de l'Océanie insulaire fut plus tardive et généralement plus soucieuse de préserver l'existence des autochtones, au moins en Polynésie où l'aspect physique des insulaires, plus conforme à l'idéal de beauté des Européens, leur valut dès l'abord un préjugé favorable. Leur présence dans des îles à ce point isolées de toute terre continentale intriguait les esprits, et l'on chercha, très tôt, à résoudre cette énigme. Un tel problème ne se posait pas pour les insulaires de la Mélanésie, au physique et aux mœurs considérés comme beaucoup plus primitifs, et qui avaient pu, sans grande difficulté technique, et peut-être même à pied sec, gagner leur habitat actuel si proche du domaine australien.

Aussi grand fut l'intérêt que l'on portât, dès le XVIIIe siècle, au problème de l'origine des Polynésiens, il ne s'agissait pas de le résoudre par les méthodes de l'archéologie préhistorique, dont la notion même n'existait pas encore en Europe. C'est d'abord à travers leurs traditions orales que l'on pensa pouvoir retrouver l'histoire de ces peuples sans écriture et là où on les connaissait le mieux : aux îles de la Société et en Nouvelle-Zélande. Ici, les Maoris faisaient état de plusieurs grandes migrations de peuplement, effectuées en pirogues à partir de la Polynésie centrale et de Tahiti en particulier. Quant à leurs ancêtres tahitiens, ils auraient eu, pour patrie d'origine, un pays situé dans la direction du soleil couchant et nommé *Hawaiki*, nom que l'on retrouve, d'ailleurs, dans les îles Samoa sous la forme *Sava'i*, et qui aurait été celui de Raiatea, aux îles de la Société, avant d'être également attribué à l'île d'un archipel situé loin au nord de Tahiti et qui porte toujours le nom de *Hawai'i*. C'est au cours du XIXe siècle que les essais d'interprétation des données de la tradition prirent leur plus grande ampleur. On verra par la suite que l'étude des traditions orales peut aider l'archéologue à reconstruire l'histoire des Océaniens, ainsi au Vanuatu, mais à la condition que celles-ci soient encore vivantes, c'est-à-dire toujours indispensables à la cohésion des groupes sociaux. Au XIXe siècle, ce n'était déjà plus le cas des Polynésiens, devenus très acculturés par plusieurs décennies de présence étrangère. Il en serait allé autrement si les premiers découvreurs européens avaient effectué des enquêtes en ce sens, mais leur connaissance des langues locales était alors insuffisante et leur intérêt scientifique était surtout orienté vers l'étude du milieu naturel. Néanmoins, et en mettant en comparaison des données linguistiques, raciales et culturelles, encore mal assurées, on en vint rapidement à situer l'origine des Polynésiens en Asie, ou en Amérique, ou en Polynésie même. On pourrait s'étonner de voir formuler la dernière hypothèse en un temps où les dogmes de l'Église ne souffraient aucune contradiction, en particulier pour ce qui était de l'unicité de la création d'Adam. Elle n'en fut pas moins émise par l'un des compagnons de Cook : J. R. Forster, dès 1777. Dumont d'Urville et d'autres reprendront cette idée, mais son plus obstiné défenseur sera J. A. Moerenhout. Plusieurs chapitres de ses *Voyages aux îles du Grand Océan* (1837) y sont consacrés. En fondant son argumentation sur des considérations d'ordres linguistique et culturel, botanique, zoologique, géographique et géologique, il veut démontrer que les Polynésiens ne peuvent être d'origine asiatique ou amérindienne. Il existait jadis au centre du Pacifique un continent qui fut englouti sous les flots par un cataclysme, et seuls en subsistent les plus hauts sommets, c'est-à-dire les îles actuelles de l'Océanie. Les Polynésiens d'aujourd'hui sont les survivants de cette catastrophe qui les plongea dans la décadence. Ce qu'on pouvait encore observer de leurs croyances religieuses et de leurs mœurs politiques témoignait en effet de leur ancien état de civilisation. Le mythe d'un âge d'or primordial réapparaît ici, mais également l'idée de la hiérarchie des races, celles à peau claire étant prééminentes. C'est encore ainsi que, dans le même ouvrage, Moerenhout oppose les Polynésiens aux Noirs de la Mélanésie qui, eux, « représentent le dernier anneau qui sépare l'espèce humaine de la bête ». Ce racisme naïf pourrait être oublié si les mêmes conceptions n'avaient influencé, bien plus récemment, certains apriorismes scientifiques concernant la culture « proto-polynésienne ». Quoi qu'il en soit, ce que l'on sait aujourd'hui des fonds du Pacifique montre qu'aucun continent n'y exista jamais. L'hypothèse de l'origine amérindienne des Polynésiens fut également très tôt formulée, notamment par W. Ellis dans *Polynesian Researches* (1829). Elle renaîtra sans cesse de ses cendres, et jusque dans les années 1950, avec l'aventure du *Kon Tiki* et les publications de Thor Heyerdahl. La dernière hypothèse, celle d'une origine asiatique, n'est pas moins ancienne que les deux précédentes, mais fut plus généralement admise. Elle est aujourd'hui confirmée par les résultats de l'archéologie.

Très peu de fouilles archéologiques ont été pratiquées, en Polynésie, avant 1950. On pensait, en effet, en se fondant sur des calculs généalogiques, que son peuplement ne datait que de quelques siècles. Il était donc inutile de rechercher dans le sol ce que l'on pouvait facilement recueillir en surface ou simplement observer dans les collections ethnographiques déjà rassemblées. La grande diversité de ces témoins mobiliers conduisit à abandonner

Premiers relevés archéologiques à l'île de Pâques

Le 1er août 1785, Jean François de Galaup, comte de La Pérouse, accompagné de savants et d'artistes, entreprend un voyage d'exploration scientifique, décidé par Louis XVI et minutieusement préparé. Il aborde à l'île de Pâques le 9 avril 1786. L'ingénieur géographe Bernizet fit le relevé précis de nombreux monuments. Sur celui-ci, un *moai* se dresse, haut de cinq mètres ; c'est l'une des gigantesques statues qui firent l'étonnement des Européens. Les traits du visage sont moins stylisés que dans la réalité, et les plans, coupant le buste aux épaules, « à l'hermès », n'ont pas d'équivalent dans la sculpture locale. Les goûts esthétiques du temps se manifestent également dans la façon de représenter les insulaires, au physique plus grec que polynésien. Enfin, la notion de « bons sauvages » apparaît ici : on les voit commettre quelques larcins en toute innocence (dessin de Duché de Vancy illustrant le *Voyage de La Pérouse autour du monde (1785-1788)*, Paris, imprimerie de la République, an V).

l'ancienne conception d'un peuplement homogène et à imaginer diverses composantes ethniques et au moins trois migrations successives. Cela s'accordait, en effet, avec ce que l'on connaissait de l'ancienne organisation sociale, subdivisée en trois principales classes : les gens du peuple, les propriétaires terriens et les nobles. Les premiers, sans doute les plus anciens, avaient été dominés par les seconds, et ceux-ci par les derniers. Il en résultat de nouvelles théories, une plus grande confusion dans la compréhension des processus de peuplement, et quelques erreurs d'interprétation des premiers résultats archéologiques. C'est ainsi que, dans les années 1925-1930, l'inventaire des monuments religieux de la Polynésie centrale, les *marae*, aboutit à leur classification tripartite, à la fois spatiale et chronologique : *marae* de l'intérieur des îles (les plus anciens et ceux du peuple), *marae* des chefs princiers sur les côtes (les plus récents), et *marae* dits « intermédiaires ». On sait aujourd'hui que ces monuments sont tous relativement récents et que leur typologie est beaucoup plus complexe. On sait aussi que la stratification sociale variait considérablement d'une région à l'autre de la Polynésie. 1950 est une année importante pour l'histoire de l'archéologie polynésienne. D'une part, la toute nouvelle méthode de datation par le radiocarbone* y fut pour la première fois utilisée (à Hawaii). Des dates ainsi obtenues allaient peu à peu jalonner la préhistoire du Pacifique et confirmer son peuplement d'ouest en est. D'autre part, c'est l'année où paraît l'ouvrage de Roger Duff*, *The Moa-Hunter Period of Maori Culture*. Le *moa*, grand oiseau coureur du genre *dinornis*, faisait partie du monde mythique des Maoris jusqu'à ce que l'on en découvrit des ossements fossiles, puis, en 1847, des œufs percés de main d'homme et associés à un outillage sur éclats, non poli. D'autres découvertes suivirent, entraînant maintes controverses. Certains affirmaient que la disparition du *moa* était bien antérieure à l'arrivée des Polynésiens et contemporaine d'une très ancienne population paléolithique, d'autres, que des chasseurs mélanésiens avaient été les auteurs de sa disparition, avant d'être eux-mêmes exterminés par les Polynésiens : les Maoris ; d'autres, enfin, que ces chasseurs étaient les Maoris eux-mêmes, premiers colons de la Nouvelle-Zélande. Ces débats eurent l'intérêt de susciter, plus tôt qu'ailleurs, des fouilles archéologiques. Elles devinrent nombreuses et de plus en plus scientifiques. R. Duff confirmait l'origine polynésienne du premier peuplement, daté des années 900 de notre ère, définissait une période archaïque dite « des Chasseurs de moas », suivie quatre siècles plus tard, mais dans la seule île du Nord, d'une période classique, ou « maorie », résultant d'une évolution interne plutôt que d'un nouvel apport extérieur. Il semble aujourd'hui qu'il en ait été ainsi pour tout le Pacifique occidental, dont le centre fut colonisé, au début de notre ère, par une population culturellement homogène. Celle-ci essaima ensuite vers les îles plus lointaines : Hawaii, Nouvelle-Zélande et île de Pâques, où la culture évolua différemment, en raison d'une nécessaire adaptation à de nouveaux écosystèmes et dans un relatif isolement.

Une fois admise l'origine asiatique des Polynésiens, restait à préciser les étapes de leur migration à travers le Pacifique occidental. La voie micronésienne semblait la plus probable et malgré l'absence de toute preuve archéologique. On ne comprenait pas, en effet, qu'ils aient pu séjourner en Mélanésie sans qu'un inévitable métissage n'ait altéré leur aspect physique. La présence, ici, d'îlots polynésiens s'expliquait par une migration plus récente : un retour vers l'ouest de quelques-uns d'entre eux. Telle fut notamment la théorie développée par Peter Buck* dès 1938. La découverte, en Mélanésie, d'une céramique alors jugée trop belle pour être mélanésienne

(la céramique Lapita), allait relancer le débat après la Seconde Guerre mondiale et susciter nombre de travaux archéologiques dans cette région. L'étude des variétés stylistiques de la poterie Lapita, celle du mobilier qui lui est associé dans les sites, et de leur répartition spatio-temporelle a considérablement fait progresser, depuis 1964, notre compréhension des processus de peuplement du Pacifique. Nous verrons cependant que restent encore mal élucidés, et peut-être mal posés, les problèmes concernant les premières relations entre Mélanésiens et Polynésiens.

On peut s'étonner du caractère très récent de ces recherches archéologiques en Mélanésie, et qu'elles aient d'abord été motivées par le souci de préciser l'origine des Polynésiens. Sans parler du préjugé, déjà signalé, dont ces derniers ont toujours bénéficié de la part des Européens, leur aventure océanique apparemment unique dans l'histoire de l'humanité dite primitive, avait de quoi retenir l'attention. Le passé des Mélanésiens semblait beaucoup plus banal, et ces populations, tenues à l'écart par les Européens, et par là beaucoup moins acculturées, attiraient davantage les ethnologues par l'exotisme de leurs cultures présentes. L'Australie offrit, dès l'abord, un intérêt plus grand, pour les préhistoriens du XIXe siècle en particulier. On pensait en effet pouvoir y observer, encore vivants, les anciens stades d'évolution de l'homme paléolithique européen. l'enquête ethnographique fut d'abord dominante, la pratique des fouilles stratigraphiques* ne devenant réellement sérieuse qu'avec l'étude, en 1929, de l'abri-sous-roche de Devon Downs, en Australie du Sud. Mais on trouva ici, puis ailleurs, ce que l'on cherchait, c'est-à-dire une succession de séquences culturelles comparables à celles de l'Europe mais beaucoup plus courtes. On pensait, en effet, que la première occupation de l'Australie ne pouvait être que récente, nécessitant un savoir-faire nautique acquis au contact de populations néolithiques. À partir de 1962, les datations au radiocarbone allaient faire peu à peu reculer les limites de la préhistoire australienne, et la découverte de nouveaux sites, dont celui de Mungo en 1968, devait conduire à abandonner la conception trop européocentriste de cette préhistoire.

José GARANGER

L'Océanie

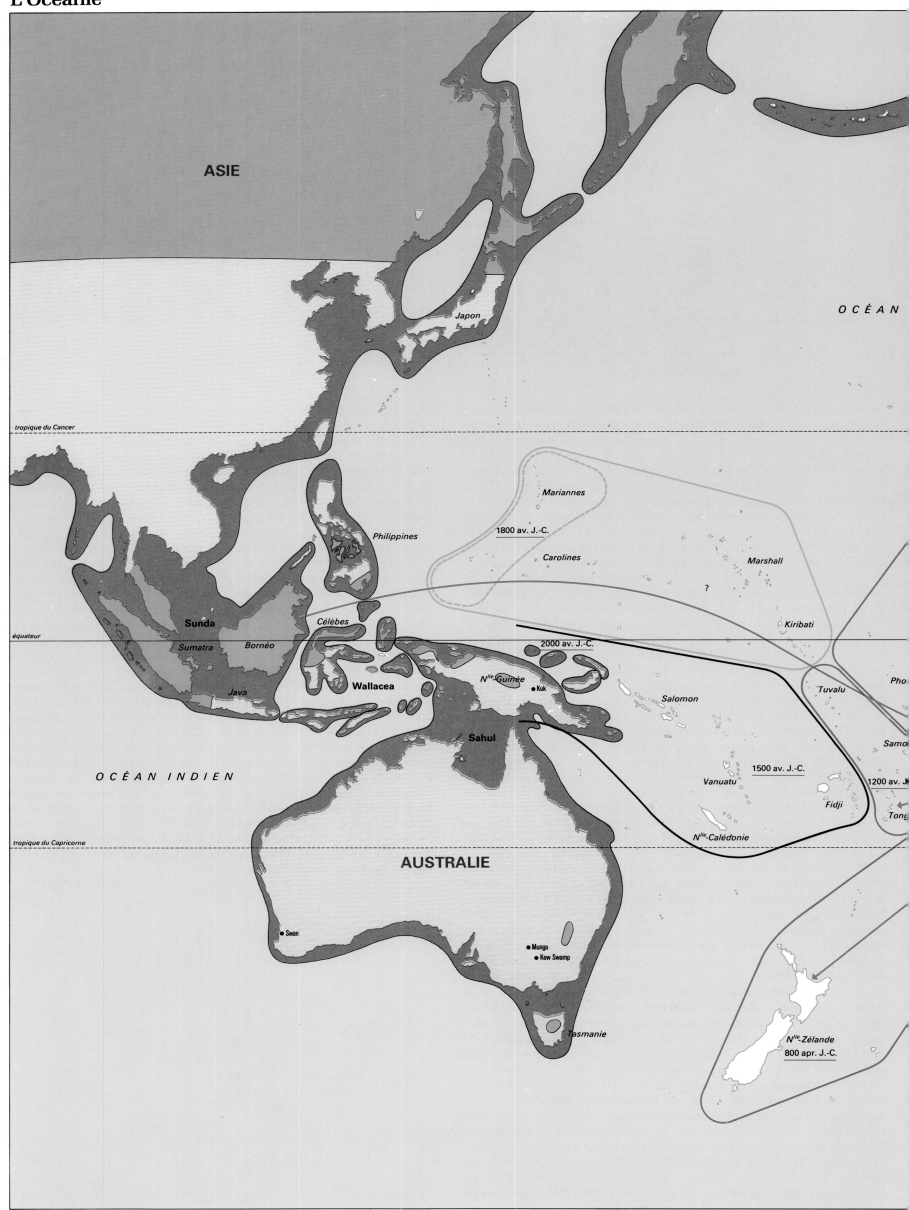

ASIE

OCÉAN

Japon

tropique du Cancer

Mariannes

1800 av. J.-C.

Philippines

Carolines

Marshall

?

Sunda

Célèbes

Kiribati

équateur

Sumatra   *Bornéo*

2000 av. J.-C.

N^lle-Guinée

● Kuk

Tuvalu

Pho

Java

Wallacea

Salomon

OCÉAN INDIEN

Sahul

1500 av. J.-C.

Samo

Vanuatu

1200 av. J

tropique du Capricorne

Fidji

N^lle-Calédonie

Tong

AUSTRALIE

● Swan

● Mungo

● Kow Swamp

N^lle-Zélande

800 apr. J.-C.

Tasmanie

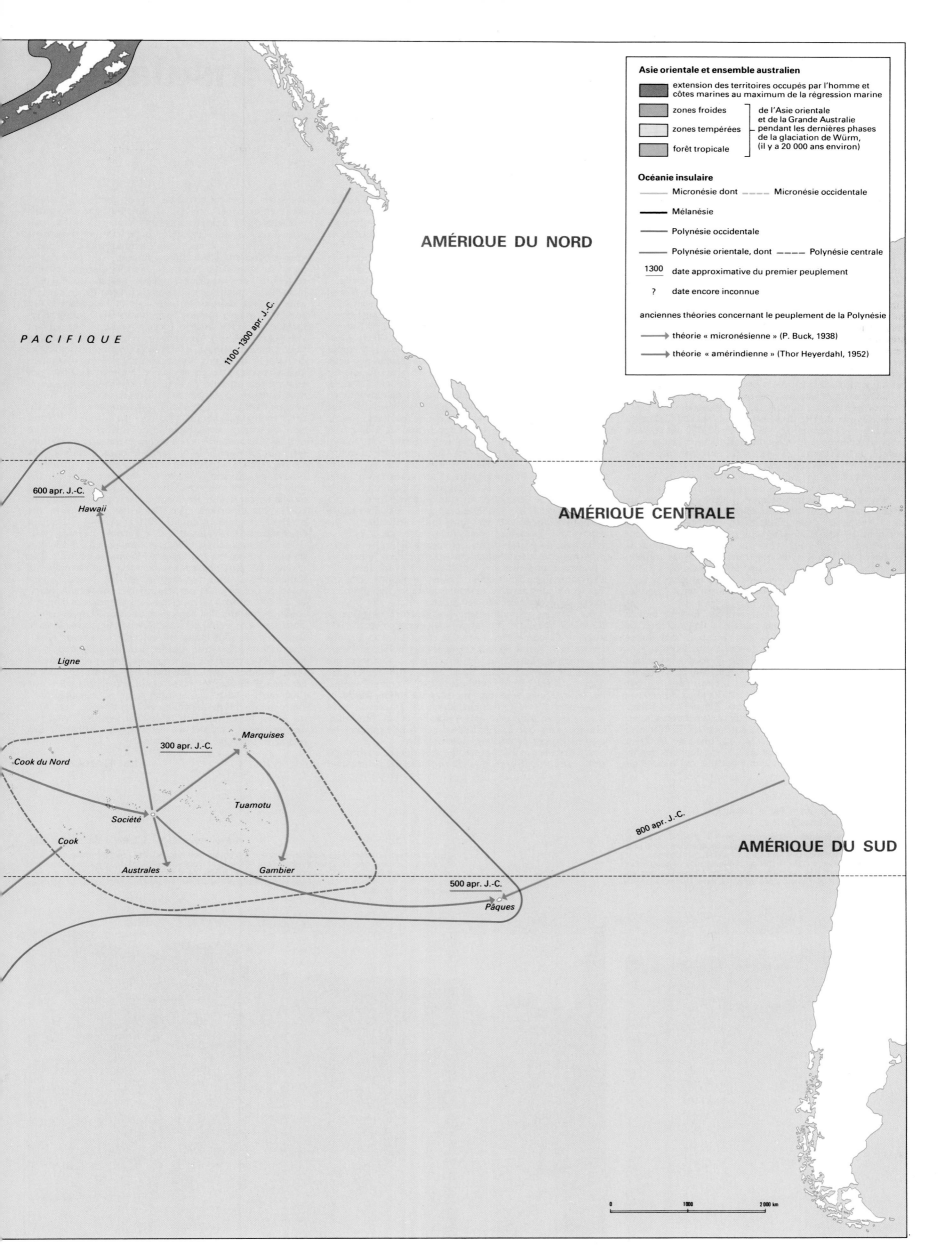

AMÉRIQUE DU NORD

AMÉRIQUE CENTRALE

AMÉRIQUE DU SUD

Asie orientale et ensemble australien

extension des territoires occupés par l'homme et
côtes marines au maximum de la régression marine

zones froides

zones tempérées

forêt tropicale

de l'Asie orientale
et de la Grande Australie
pendant les dernières phases
de la glaciation de Würm,
(il y a 20 000 ans environ)

Océanie insulaire

Micronésie dont — — — Micronésie occidentale

Mélanésie

Polynésie occidentale

Polynésie orientale, dont — — — — Polynésie centrale

1300   date approximative du premier peuplement

?   date encore inconnue

anciennes théories concernant le peuplement de la Polynésie

→ théorie « micronésienne » (P. Buck, 1938)

→ théorie « amérindienne » (Thor Heyerdahl, 1952)

1100 - 1300 apr. J.-C.

600 apr. J.-C.

Hawaii

Ligne

Marquises

300 apr. J.-C.

Cook du Nord

Tuamotu

Société

Cook

Australes

Gambier

800 apr. J.-C.

500 apr. J.-C.

Pâques

0   1000   2 000 km

L'Australie et ses deux annexes insulaires : Nouvelle-Guinée et Tasmanie

Pendant les périodes glaciaires du Quaternaire, la baisse du niveau des mers fit émerger de vastes ponts terrestres entre la Nouvelle-Guinée, l'Australie et la Tasmanie. Cet ensemble formait ainsi un continent aujourd'hui dénommé Sahul. La plupart des îles de l'Asie du Sud-Est étaient alors, et pour les mêmes raisons, réunies à l'Asie et formaient le sous-continent dit de Sunda. Entre Sahul et Sunda subsista toujours un petit archipel : la Wallacea. Ses îles, telles Sulawesi, Timor et les Moluques, naturellement plus étendues qu'aujourd'hui, restaient néanmoins séparées par des bras de mer très profonds et larges, pour certains, de près de 100 kilomètres. Contrairement à ce que l'on pensait jadis, les premiers immigrants « sahuliens » ne sont donc pas arrivés à pied sec, mais par mer. On sait aujourd'hui qu'ils le firent en des temps très lointains. En effet, les datations absolues obtenues par le radiocarbone* depuis 1955 ont peu à peu fait reculer l'âge de leur arrivée dans le sud de l'Australie. En 1969, la découverte du site de Mungo, en Nouvelle-Galles du Sud, allait révéler une ancienneté de 33 000 ans. Ce site reste actuellement le plus important pour la connaissance de l'homme et de son environnement au Pléistocène*, dans le sud-est australien. En 1981, un site découvert dans le vallée de la Swan (à la pointe sud-ouest de l'Australie) a été daté de 39 500 environ. Si sa valeur palethnologique* n'égale pas celle de Mungo, sa datation semble confirmer que le peuplement de l'Australie s'est effectué en longeant la côte occidentale de Sahul. On peut aussi raisonnablement penser que le dernier bras de mer qui séparait la Wallacea de Sahul avait été franchi quelques milliers d'années plus tôt : soit il y a 45 000 ans ou plus. Cette aventure maritime, qui remonte au Pléistocène*, est de loin la plus ancienne que l'on connaisse dans l'histoire de l'humanité.

Mungo est le nom d'un ancien lac, asséché depuis 10 000 ans et qui faisait partie d'un système de dépressions, périodiquement alimentées en eau douce lorsque le climat pléistocène devenait plus froid et plus humide. Pendant la même période, le vent accumulait, sur la plaine orientale bordant ces dépressions, des dunes en croissant dont la stratigraphie fut mise au jour par l'érosion récente. La nature des dépôts ainsi superposés varie en fonction des paléoclimats. On a pu identifier trois phases principales d'accumulations éoliennes séparées par des paléosols : Golgol, antérieur à 70 000 ans ; Mungo, entre 70 000 et 19 000 ; et Zanci, de 18 000 à 14 000 ans avant les temps actuels. C'est dans des dépôts de Mungo, correspondant à une période où le lac était

rempli à nouveau d'eau douce, que furent découverts les plus anciens témoins d'une activité humaine : foyers, outillage lithique (gros éclats peu retouchés et grattoirs nucléiformes), déchets alimentaires (os d'oiseaux et de poissons, coquillages...). Plusieurs datations au ¹⁴C situent cette première occupation aux environs de 31 050 avant J.-C. Trois sépultures furent découvertes dans des niveaux légèrement plus récents. Leur organisation suppose déjà le souci de l'avenir des morts. Anatomiquement, ces Anthropiens* de Mungo différaient peu des Aborigènes actuels. Il en était autrement d'une population qui vivait sur le site de Kow Swamp (à 300 km au sud de Mungo), entre 12 000 et 7 500 avant J.-C. Plus d'une quarantaine d'individus y furent exhumés qui présentent, bien que plus récents que ceux de Mungo, une morphologie crânienne, faciale et mandibulaire plus archaïque que ceux-ci. D'autres fossiles semblables, mais isolés, ont été mis au jour en Australie méridionale. Diverses hypothèses ont été avancées pour expliquer et l'origine de ces deux groupes parvenus à un stade évolutif apparemment différent et cette anomalie chronologique. Le problème reste encore mal résolu. Quoi qu'il en soit de cette énigme paléontologique, les témoins lithiques de la culture matérielle ne diffèrent guère d'un groupe à l'autre, comme à travers toute l'Australie et pendant tout le Pléistocène, à l'exception de quelques variations régionales dues à des différences dans les possibilités d'approvisionnement en matériaux utilisables. Une innovation cependant remarquable consiste à polir le tranchant de grands outils qui ressemblent à des lames d'herminettes. Cette technique apparaît dans le nord de l'Australie quelques milliers d'années avant la fin du Pléistocène. Partout ailleurs dans le monde, elle est beaucoup plus tardive et contemporaine des premiers essais de domestication des plantes.

Le dernier réchauffement postglaciaire entraîne la remontée générale du niveau des mers. Vers 12 000 avant J.-C. commence l'ennoiement des vastes régions littorales de Sahul. Vers 8000, le détroit de Bass se forme et isole la Tasmanie de l'Australie ; l'isthme qui subsistait entre le cap York et la Nouvelle-Guinée disparaît à son tour en 4000 avant J.-C. En même temps, les écosystèmes sont partout plus ou moins modifiés, les genres de vie également, mais un stade de vie en Tasmanie, mais d'une façon différente en Australie et en Nouvelle-Guinée, sans que l'on puisse encore bien expliquer les raisons de ces évolutions dissemblables.

À l'arrivée des Européens, les Aborigènes australiens utilisaient un outillage façonné sur lames, plus rarement

sur éclats, finement retouché, très diversifié et généralement emmanché. On sait aujourd'hui que ces outils relèvent de techniques fort différentes de celles, très primitives, des anciens habitants de Sahul et remontent à plusieurs millénaires, mais on ignore leur origine : apport extérieur ou évolution interne ? On peut également demander pourquoi ces populations étaient restées, à l'arrivée des Européens, des chasseurs-cueilleurs, alors qu'elles étaient depuis longtemps en contact avec les horticulteurs mélanésiens et indonésiens. On comprend mieux pourquoi les Tasmaniens aient conservé les techniques du Pléistocène. Ils ne purent rester en contact avec leurs voisins d'Australie qui, comme eux, ne disposaient d'aucun moyen nautique pour franchir le détroit de Bass. Ils n'ont pas connu davantage le dingo, le chien australien (dont on ignore encore comment il est parvenu en Australie au cours de l'Holocène*), ni le propulseur*, ni le boomerang, largement utilisés en Australie. Enfin, comme ils étaient depuis longtemps adaptés à des conditions écologiques moins modifiées qu'ailleurs à l'Holocène, des innovations techniques leur étaient peut-être inutiles. On connaît encore mal la préhistoire du dernier territoire de Sahul : la Nouvelle-Guinée. L'intérieur de l'Irian Jaya reste inexploré et le centre de la Papouasie - Nouvelle-Guinée n'est visité par les Européens que depuis 1933. C'est pourtant dans ses highlands, et depuis les années soixante, que les découvertes archéologiques ont été les plus importantes. En effet, à part un site de la côte nord-est, récemment daté de 38 000 avant J.-C., aucun site antérieur à 3000 avant J.-C. n'a encore été mis au jour dans les basses terres. Plusieurs abris-sous-roche et sites de plein air ont été fouillés dans la chaîne centrale. Les niveaux les plus anciens remontent à une trentaine de millénaires et sont caractérisés par une industrie sur éclats peu élaborée et par des galets aménagés. À partir de 16 000 avant J.-C. apparaissent de grandes lames à échancrures latérales, également connues dans l'Australie pléistocène, et qui devaient être emmanchées. Mais la découverte la plus étonnante est celle du site de Kuk : une zone marécageuse drainée par l'homme depuis au moins 7000 avant J.-C. Il s'agissait alors, probablement, d'un premier essai, préhorticole, pour faciliter la croissance de plantes comestibles indigènes, telles que l'igname*, le taro*, la canne à sucre ou le pandanus*. Cette manipulation du milieu naturel devient, vers 3000 au plus tard, une véritable horticulture avec un aménagement complet de cette zone, combinant des fossés de drainage et d'irrigation.

José GARANGER

L'ancienne plage du « lac » Mungo découverte par la déflation

Ici vivaient les premiers Aborigènes qui, il y a 33 000 ans, colonisèrent cette région du sud de l'Australie alors beaucoup plus humide qu'aujourd'hui. Les taches noires que l'on distingue sur le sol sont des nucléus, des outils ou des éclats de débitage. Les taches claires sont des bivalves d'eau douce (unionidés) que les habitants du site trouvaient alors dans les eaux du lac, asséché depuis l'Holocène.

La « muraille de Chine » du lac Mungo

C'est le nom qu'ont donné les Australiens à la dune en croissant qui borde la rive orientale du « lac » Mungo. La nature des sédiments ainsi stratifiés par le vent d'ouest reflète les fluctuations de l'environnement pendant le Quaternaire. Il en est de même de toutes les dunes bordant les anciens lacs de la région, drainés par le réseau hydrographique des affluents de la Murray pendant les périodes froides du Pléistocène.

Couteaux à dépecer le gibier

L'outillage australien, très simple pendant le Pléistocène, comme partout ailleurs sur le continent de Sahul, s'est très diversifié au cours des dix derniers millénaires. Il était fréquemment emmanché. Ces couteaux-scie sont faits de petits éclats non retouchés et fixés à un manche à l'aide de résine. Il n'en resterait que les éléments lithiques s'il avait été trouvé au cours de la fouille d'un niveau quelque peu ancien et leur interprétation fonctionnelle aurait été très aléatoire, si tant est qu'on y ait reconnu les témoins de l'industrie humaine. Ce « Paléolithique » encore vivant au XIXe siècle est ainsi riche d'enseignements pour le préhistorien. Musée de l'Homme, Paris, coll. 16586, MH.87.17.4 et MH.50.30.551.

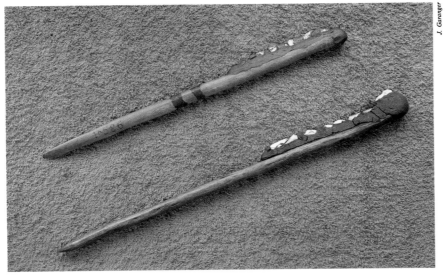

 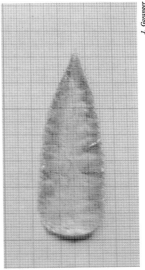

Outillage australien récent

Deux pointes (l'une en porcelaine, l'autre en verre) finement retouchées et denticulées. L'arrivée des Européens refoula les Aborigènes dans des régions souvent dépourvues de matériaux lithiques propres à façonner leur outillage traditionnel. Leur ingéniosité les conduisit à utiliser les succédanés involontairement fournis par les nouveaux venus : isolateur en porcelaine des poteaux télégraphiques et verre de bouteilles. Collection particulière.

Art rupestre tasmanien

Pétroglyphes de Sandowm Creek, sur la côte nord-ouest de la Tasmanie. Certains auteurs ont pensé qu'il s'agissait de symboles astronomiques. Rien n'est moins certain. Quoi qu'il en soit, on retrouve le même style et la même technique (piquetage) dans de nombreux sites pléistocènes de l'Australie où l'art rupestre a évolué pendant l'Holocène alors que la Tasmanie était désormais isolée de toute influence continentale.

Première recherches dans le site préhistorique de Kuk en Nouvelle-Guinée

L'ensemble des zones d'argile grise entourées de sédiments plus foncés datent de 6 000 ans et correspondent à un système combinant à la fois la culture de plantes alimentaires en milieu sec (drainage) et humide (irrigation). Les vestiges de fossés rectilignes sont plus récents. La poursuite des fouilles a révélé l'existence d'aménagements similaires et datés de 9 000 ans, mais qui peuvent avoir été destinés à faciliter la croissance naturelle des plantes plutôt qu'à une véritable horticulture.

Navigation en Tasmanie du Sud lors de la visite de Nicolas Baudin, en 1802

Ces frêles esquifs, faits de trois bottes de roseaux ligaturées, permettaient aux Aborigènes, comme avec leurs radeaux en écorce d'eucalyptus, de franchir les estuaires et d'atteindre les îles les plus proches, mais pas de naviguer au-delà de 6 ou 7 km. Cela explique l'isolement des Aborigènes après la formation du détroit de Bass qui séparait la Tasmanie de l'Australie et le dépeuplement des îles trop éloignées de la Tasmanie, telles les îles King et Furneaux (planche n° XIV de l'*Atlas* de Lesueur et Petit, 1812, accompagnant le *Voyage de découvertes aux Terres australes* de Pérou et L. de Freycinet, 1807-1816, Paris).

La culture Lapita et les Polynésiens

Les Polynésiens ignoraient l'art céramique quand les Européens les découvrirent. Dans le Pacifique oriental, aucune fouille archéologique n'a découvert de poterie, sinon quelques tessons dans les plus anciens niveaux de deux sites marquisiens (IIIe s. de notre ère). Au contraire, des potières œuvraient encore dans plusieurs villages mélanésiens. Les fouilles ont montré que cette technique était déjà pratiquée, et bien plus répandue, pendant la préhistoire. Il s'agit généralement d'une poterie aux formes simples, décorée d'incisions géométriques et de reliefs appliqués et apparentée, on le sait aujourd'hui, à une tradition céramique dite de « Mangaasi », dont l'éponyme est un site de l'île d'Efate au Vanuatu, daté du début du VIe siècle avant J.-C. Une autre tradition céramique, dite de « Lapita », fut découverte, qui n'a pas d'équivalent dans la tradition précédente, historique ou préhistorique. Elle est en effet très différente par ses formes souvent composites : carènes, épaulements, bords évasés, fonds plats..., et par son décor au pointillé, effectué sur engobe* rouge à l'aide d'un peigne, et composé de motifs très divers dont la spirale et la grecque. Elle apparaît dans le Pacifique occidental au cours du IIe millénaire avant J.-C. et disparaît, à peu près partout, aux débuts de notre ère. Après sa découverte, la poterie Lapita fut attribuée, non sans un certain préjugé, aux ancêtres des Polynésiens.

La poterie Lapita doit son nom à un lieu-dit de la Nouvelle-Calédonie, où l'archéologue américain Edward W. Gifford en recueillit en 1952. Quelques années plus tôt, il en avait également mis au jour dans plusieurs sites fidjiens. Les premières découvertes remontent au tout début du XXe siècle et sont le fait d'amateurs. En 1947, on découvrit à nouveau cette poterie à l'île des Pins, au sud de la Nouvelle-Calédonie, et on remarqua sa grande similitude avec celle de Watom (Nouvelle-Bretagne) découverte en 1909 par Otto Meyer. Les plus prudents en situèrent l'origine dans le Néolithique de l'Asie, puis on l'attribua aux ancêtres des Polynésiens partis à la conquête des îles océaniennes. Depuis une vingtaine d'années, les fouilles archéologiques se sont multipliées dans le Pacifique occidental, découvrant des sites Lapita de plus en plus nombreux, d'une extrémité à l'autre de la Mélanésie comme dans l'ensemble de la Polynésie occidentale : Tonga, Samoa, Wallis et Futuna. Aujourd'hui, les archéologues préfèrent parler, plutôt que de poterie Lapita, de « complexe culturel Lapita » ou de « culture Lapita », en tenant compte de l'ensemble des autres vestiges qui lui sont associés dans les sites et avec cette idée que ceux-ci sont les témoins de la culture ancestrale des Polynésiens dont ils jalonnent les étapes migratoires à travers la Mélanésie. On discute encore des détails, et des mobiles, de ce processus de peuplement, mais on s'accorde généralement sur un schéma d'ensemble devenu classique :

– Il y a quatre mille ans environ, les ancêtres des Polynésiens, de type mongoloïde et de langue austronésienne, quittent l'Asie sud-orientale et s'aventurent vers les îles du Pacifique occidental déjà peuplées par des Mélanésiens qui leur sont physiquement et culturellement différents. Peu nombreux à l'origine, ils s'installent sur les côtes et dans les petits îlots voisins, laissant l'intérieur des îles aux Mélanisiens, horticulteurs et terriens. Eux sont essentiellement des gens de mer, mais ils connaissent l'art céramique, puisqu'ils fabriquent la poterie Lapita. Les Polynésiens s'étendent rapidement du nord au sud de la Mélanésie mais entretiennent des réseaux de relations avec les établissements qu'ils ont précédemment fondés. C'est ainsi que l'on retrouve partout dans les sites Lapita, et jusqu'à l'île des Pins, de l'obsidienne exportée depuis l'extrême nord de la Mélanésie. Peut-être pratiquaient-ils des échanges avec les Mélanésiens, mais apparemment fort peu, car les sites Lapita conservent leur originalité à travers le temps et l'espace. Ils ont pu, à leur contact, apprendre ou perfectionner leurs techniques de l'horticulture et de l'élevage et, en retour, les initier à celle de la céramique. C'est ainsi que les Mélanésiens, quelques siècles plus tard, se sont mis à confectionner les poteries de Tradition Mangaasi. Quoi qu'il en soit, ces contacts, également attestés par l'évolution des langues, n'ont pas donné lieu à un réel métissage : ces ancêtres des Polynésiens devaient être endogames*.

– Poursuivant leur exploration maritime vers l'est, ils découvrent des archipels plus lointains et non encore colonisés : les îles Fidji et l'actuelle Polynésie occidentale où seuls existent des témoins de la culture Lapita. Dans leur ancien habitat occidental, ils disparaissent peu à peu, exterminés ou assimilés par les Mélanésiens. Ici, au contraire, ils peuvent longtemps prospérer, vivant des ressources de la mer mais aussi de l'élevage et de l'horticulture, sans concurrence, dans ces nouveaux espaces insulaires. C'est ainsi, et pendant tout un millénaire, que la culture polynésienne va lentement évoluer à partir d'une culture ancestrale née en Asie orientale, peu transformée par le séjour en Mélanésie, et former peu à peu ce monde polynésien tel qu'il sera découvert par les Européens au XVIIIe siècle, et qui resta différent du monde mélanésien.

– Vers 500 avant J.-C., des Mélanésiens colonisent à leur tour les Fidji, comme en témoigne l'aspect physique des habitants actuels, mais surtout les vestiges de leur culture matérielle, la céramique en particulier, découverts au cours des fouilles archéologiques. Cela, et l'augmentation de la pression démographique dans l'ensemble de la région, va contraindre les Polynésiens occidentaux à un nouvel exode, et alors que, pour des raisons encore inconnues, ils avaient abandonné toute pratique céramique. Vers le début de notre ère, certains d'entre eux vont atteindre la Polynésie centrale : les îles Marquises et de la Société notamment puis, quelques siècles plus tard, les extrémités de la Polynésie orientale.

Il existe une variante de ce schéma général. C'est ainsi que l'anthropologue William W. Howells a repris, en 1974, l'ancienne théorie, développée par Peter Buck* en particulier, selon laquelle les Polynésiens auraient cheminé, depuis l'Asie jusqu'en Polynésie occidentale, en passant par la Micronésie et non par la Mélanésie. Cela expliquait plus facilement leur non-métissage avec les Mélanésiens. Il est vrai qu'à l'époque où Howells écrivait son ouvrage les sites Lapita les plus anciens avaient été localisés aux Fidji et aux Tonga, et les plus récents, en Mélanésie. Quelques groupes Lapita se seraient ainsi plus tardivement aventurés à travers cette Mélanésie qui leur était restée jusque-là inconnue. On peut néanmoins se demander comment les Polynésiens auraient inventé, ou redécouvert, la technique céramique pour fabriquer des poteries Lapita aux Fidji et aux Tonga, après avoir vécu pendant des siècles dans les atolls micronésiens où l'argile fait naturellement défaut. L'étude des variations du niveau océanique montre d'ailleurs aujourd'hui que ces atolls étaient à fleur d'eau il y a 3 000 ans, c'est-à-dire à l'époque de cette hypothétique migration transmicronésienne. De nombreux sites Lapita plus anciens ont été depuis lors découverts en Mélanésie. Cette hypothèse, comme celle, plus récente, de l'endogamie pratiquée par les populations Lapita, a pour seule intention d'expliquer les différences observées dans l'aspect physique des Polynésiens, d'une part, et des Mélanésiens, d'autre part. On les a souvent exagérées en ne tenant compte que des caractères anatomiques, actuels, les plus extrêmes et en négligeant, aussi, le rôle du milieu dans l'évolution des phénotypes* au cours de plus de trois millénaires de pérégrinations océaniennes. Des distinctions raciales, réellement pertinentes, sont plutôt à rechercher hors du Pacifique et dans des temps beaucoup plus anciens que celui de son peuplement. Des études récentes en linguistique historique vont d'ailleurs en ce sens. Le « Proto-Austronésien » se serait en effet formé en Asie orientale, il y a 7 000 ans environ, sinon plus. Il est à l'origine, entre autres, de toutes les langues océaniennes (plus de quatre cents), les langues papoues mises à part, plus anciennes et d'origine différente. On peut également se demander si l'effort porté, dans le Pacifique occidental, sur la recherche et l'étude des sites Lapita, considérés comme les seuls témoins de la culture polynésienne ancestrale, n'a pas laissé dans l'ombre une réalité préhistorique beaucoup plus complexe. C'est du moins ce qui semble apparaître à la lumière de nouveaux résultats.

L'hypothèse qu'une population ait été présente en Mélanésie avant l'arrivée des Lapita (elle expliquerait l'unique installation de ces derniers en bord de mer) n'a jamais pu être démontrée, si ce n'est dans les îles proches de la Nouvelle-Guinée, beaucoup plus facilement accessibles pendant les régressions marines du Pléistocène*. Ailleurs, des migrations aussi anciennes, depuis l'ensemble de l'Australie préholocène, sont des plus improbables : les distances marines furent toujours trop considérables. De même, une présence mélanésienne dans le Pacifique occidental, austronésienne mais pré-Lapita, n'est que pure hypothèse : dans l'état actuel de nos connaissances, les sites Lapita sont partout les plus anciens. Leur unique localisation sur les côtes n'est peut-être qu'une illusion : ils sont les mieux repérables pour l'archéologue, à l'inverse des sites intérieurs, fossilisés sous un épais manteau d'alluvions. D'ailleurs, les anciens sites « mélanésiens », ou Mangaasi, jusqu'ici découverts le furent dans les zones côtières et, vice versa, des sites Lapita ont été mis au jour dans l'intérieur des îles où l'alluvionnement était plus faible et le couvert végétal moins dense. Une autre découverte récente est celle de vestiges d'horticulture et d'élevage dans les sites Lapita très anciens. Que la poterie de Mangaasi, plus tardive, résulte de l'apprentissage de l'art céramique par des Mélanésiens sédentaires et au contact des Lapita est une hypothèse de moins en moins fondée. On connaît plusieurs sites, du nord au sud de la Mélanésie, où les niveaux supérieur, Mangaasi, et inférieur, Lapita, sont séparés par un autre niveau où les deux types de céramique sont présents. On a supposé qu'il s'agissait là d'une stratigraphie* perturbée. On peut au contraire penser que ces niveaux intermédiaires sont les témoins d'une phase de transition culturelle et que les traditions Lapita et Mangaasi ne sont pas réellement attribuables à deux populations différentes. Enfin, la découverte de poterie Mangaasi, non plus seulement au centre et au sud de la Mélanésie, mais jusque dans des îles situées au large de la Nouvelle-Guinée et aux frontières de la Micronésie, montre bien que les « gens du Lapita » et les « Mélanésiens » pratiquaient le même système de relations interinsulaires. Il est d'ailleurs attesté, dans les sites, par d'autres témoins de la culture matérielle et il fonctionnait encore à l'arrivée des Européens. La distinction entre une ancienne population mélanésienne, terrienne et vivant de l'horticulture et de l'élevage, et une population de gens de mer, itinérants et céramistes, les Lapita, ancêtres directs des Polynésiens, apparaît de plus en plus artificielle. La seule présence de la poterie Lapita en Polynésie occidentale n'implique pas davantage que celle-ci ait été colonisée par une population distincte, mais seulement par l'un des groupes venus de l'aire mélanésienne et pratiquant cette technique. D'autres ont pu les accompagner qui n'étaient pas céramistes. C'est en effet, avec la mobilité, l'un des caractères des sociétés océaniennes que de se spécialiser, chacune, dans telle ou telle technique dont les produits entrent dans les circuits de relations entre groupes différents. La poterie en fait partie et sans être, nulle part, un instrument culinaire de première importance. La poterie disparaît en Polynésie en même temps qu'en Mélanésie, mais sans être suivie d'autres productions céramiques. C'est probablement que les réseaux de relation avec l'Ouest se sont alors affaiblis, au profit des archipels coralliens voisins, où les genres de vie, et les échanges, furent nécessairement différents. Ces populations, devenues acéramiques et « polynésiennes », ont ensuite essaimé vers le Pacifique oriental.

On a vainement cherché, en Asie du Sud-Est, la présence d'une poterie de Tradition Lapita. Il semble aujourd'hui qu'elle ait son origine dans le nord de la Mélanésie, du moins son style et non la technique céramique en elle-même, née ailleurs, comme les autres éléments de la culture matérielle des premiers océaniens. Seule l'Asie orientale peut avoir été le berceau de cette culture ancestrale et certains faits peuvent éclairer les processus de son émergence. Au Pléistocène, des populations différentes occupaient l'Asie orientale : des mélanodermes au sud et, sur les côtes chinoises et au Japon, des mongoloïdes et des Paléosibériens. Au cours de l'Holocène*, les populations du Sud-Est asiatique entreprirent la domestication du monde végétal, et toutes les plantes cultivées par les Océaniens ont ici leur origine. Les populations des plaines côtières de la Chine et du Japon, au contraire, n'ont connu l'agriculture que beaucoup plus tardivement (au IIIe s. av. J.-C. au Japon). Elles vivaient de la chasse et de la cueillette, et surtout des ressources de la mer grâce aux techniques de la navigation. Les régions côtières et insulaires de toute cette Asie orientale furent considérablement affectées par la transgression marine des débuts de l'Holocène. Elle recouvrit lentement 40 p. 100 des terres. Ce ne fut certainement pas sans conséquences pour l'ensemble des populations concernées, néolithiques ou prénéolithiques. Recherchant de nouveaux territoires, certaines ont pu être amenées à intensifier, au cours des temps, leurs relations interethniques, d'où une extension de la langue austronésienne et la formation de ce monde océanien à la fois unique et divers. Il paraît ainsi raisonnable d'abandonner l'hypothèse de l'arrivée successive, dans les îles du Pacifique, de deux populations culturellement étrangères l'une à l'autre.

José GARANGER

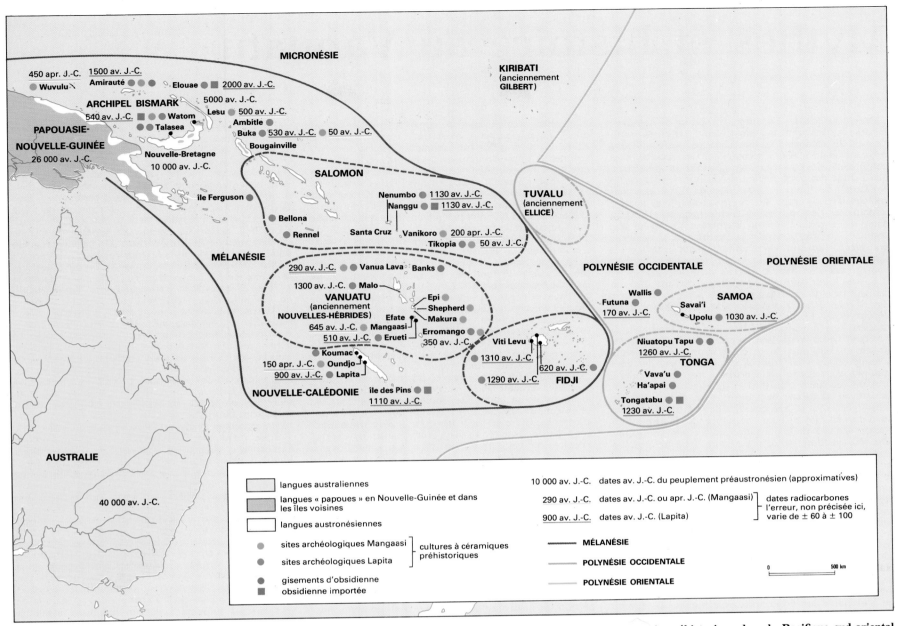

La poterie préhistorique dans le Pacifique sud-oriental

Poterie de la Tradition Lapita

La poterie Lapita diffère des autres traditions céramiques, et notamment de la Tradition Mangaasi, par ses formes composites et par son décor au pointillé, exécuté à l'aide d'un peigne. Un engobe rouge est très fréquent. Site de Watom, Nouvelle-Bretagne, VIᵉ siècle avant J.-C. Musée de l'Homme, Paris ; n° 34 188 1300.

Poterie de la Tradition Mangaasi

Cette tradition céramique est caractérisée par un décor incisé et des reliefs appliqués. Comme toutes les poteries de l'Océanie préhistorique, elle n'est pas associée aux sépultures. Les tessons se trouvent ainsi très dispersés dans les sites et aucun récipient complet ne peut être restauré. Il est néanmoins certain que toutes les poteries de Mangaasi étaient de formes simples, généralement sphéroïdes (centre du Vanuatu : VIIᵉ-VIᵉ s. av. J.-C.). Collection particulière.

Mangaasi sur la côte nord d'Efate, Vanuatu

Site éponyme de l'une des deux grandes traditions céramiques du Pacifique occidental. C'était aussi, selon la tradition, le lieu habité par le héros Roy Mata au XIIIᵉ siècle de notre ère. Les sépultures ici mises au jour sont plus récentes (XVIIᵉ s.). L'étude du site a permis de suivre l'évolution de la poterie de Mangaasi depuis son niveau le plus ancien (645 ± av. J.-C.).

Mythes et histoire au Vanuatu

Au XIXᵉ siècle, les Européens essayèrent de découvrir le passé des Polynésiens à travers leurs traditions orales. Le peu de succès de telles recherches, ici et ailleurs, conduisit peu à peu à penser que les sociétés sans écriture étaient des sociétés sans histoire et, finalement, que l'étude des mythologies, produits des inconscients collectifs, ne pouvait être féconde qu'à des fins comparatives et dans les perspectives d'une analyse structurale. Des recherches archéologiques, effectuées dans les années 1960 au Vanuatu, ont révélé que certaines informations de la mythologie océanienne pouvaient néanmoins avoir un fondement historique. Il s'agit en particulier de deux mythes imbriqués l'un dans l'autre : celui de Kuwae et celui de Roy Mata.

Kuwae était une île légendaire, détruite par un cataclysme et dont les seuls témoins actuels seraient les îles Shepherd, ainsi nommées par Cook lorsqu'il les découvrit en 1774. Un siècle plus tard, le premier missionnaire à s'installer dans ce petit archipel, le révérend Oscar Michelsen, apprend, de la bouche des indigènes, l'histoire de ce cataclysme : « Un jeune homme du nom de Tombuk fut trompé par des gens qui, par jeu, le firent coucher à son insu avec sa mère. L'ayant reconnue trop tard et désespéré de son geste incestueux, il décide de mourir et de faire en même temps périr tous les responsables de sa faute. Son oncle lui donne les moyens de sa vengeance sous la forme d'un lézard, véhicule de la puissance des volcans. Il organise une fête qui dure pendant six jours. Chaque jour, un porc est sacrifié dont il attache la vessie, après l'avoir gonflée, à un arbre de fer. Sous cet arbre, il avait caché le lézard. Il fait éclater successivement les quatre premières vessies, ce qui cause un tremblement de terre de plus en plus intense. Kuwae bascule puis éclate en morceaux en même temps que la cinquième vessie. Quand Tombuk fait éclater la sixième, un volcan surgit à l'emplacement de l'arbre de fer sous lequel était caché le lézard. Tous les assistants sont tués... » La tradition disait encore que plusieurs chefs de Kuwae, originaires d'Efate, y étaient retournés en pirogues dès les premiers signes avant-coureurs du cataclysme. Un adolescent, Asingmet, et une jeune fille en réchappèrent également en s'abritant des projections volcaniques. Ils furent recueillis par les habitants d'une île voisine : Makura. Quelques années passèrent et Asingmet aperçut de la végétation sur Tongoa, l'une des îles qui subsistaient de Kuwae. Il reçut alors le nom de Ti Tongoa Liseiriki.

et organisa la colonisation du nouvel archipel en faisant appel, notamment, aux chefs qui s'étaient réfugiés à Efate. À sa mort, il fut inhumé à Tongoa avec ses femmes et l'un des hommes de sa suite, telle était la coutume. En enquêtant sur la généalogie de tous les chefs qui s'étaient succédé depuis ces événements, O. Michelsen estima que la catastrophe de Kuwae avait pu se produire aux environs de l'an 1540 de notre ère.

Roy Mata est un héros prééminent dans la mythologie du Vanuatu et sa renommée dépasse de loin celle de Ti Tongoa Liseiriki. On dit qu'en des temps anciens il aborda au sud d'Efate, à Maniura, avec un groupe de pirogues venues de très loin. Il domina rapidement tout le centre de l'archipel, envoyant ses compagnons ici et là (et notamment à Kuwae), créant de nouvelles chefferies et organisant un système de relations hiérarchiques interinsulaires encore en vigueur aujourd'hui. Peu à peu, il transforma ainsi l'ensemble des structures sociales de la région qui connut, sous son autorité, une période de paix et de prospérité. Il avait demandé qu'après sa mort on l'inhumât à Retoka, un îlot proche de la côte d'Efate. Une grande foule participa à ses funérailles. Il fut enterré au pied de deux grandes dalles plantées verticalement, en compagnie de quelques membres de sa suite. Des individus et des couples, représentant les différents clans qui lui devaient allégeance, le furent également. Ils étaient volontaires pour l'accompagner au pays sous-marin des morts. D'autres individus furent sacrifiés. Après une longue cérémonie funèbre, les survivants se retirèrent et l'île fut déclarée tabou. Tout cela s'était passé longtemps avant le cataclysme de Kuwae.

L'intérêt d'entreprendre des fouilles archéologiques au Vanuatu ne concernait pas seulement ces questions de traditions orales, mais également les problèmes de sa plus lointaine préhistoire, alors totalement inconnue mais indispensable à explorer pour comprendre les processus de peuplement du Pacifique occidental, où le Vanuatu occupe une position centrale. C'est ainsi qu'à Efate fut pour la première fois identifiée la céramique Mangaasi, aujourd'hui connue dans l'ensemble de la Mélanésie. Elle est ici présente dès 645 ± 95 avant J.-C. et associée à un outillage lithique très commun dans l'ancienne Mélanésie. Celui-ci disparaît, de même que toute céramique, vers les années 1200 de notre ère. Il est remplacé par un outillage coquillier très divers et de type micronésien. Les recherches effectuées à Tongoa

ont également permis d'y suivre l'évolution de cette « culture Mangaasi » dans des sites recouverts par un volumineux dépôt de matériaux volcaniques, daté, par le radiocarbone*, de 1460 ± 37 après J.-C. Des observations géologiques ont révélé qu'il s'était agi non seulement d'un phénomène volcanique très violent, mais d'un véritable cataclysme volcano-tectonique, avec failles et effondrements, et lié au rejeu d'une vaste caldeira* située immédiatement à l'est des Shepherd. Elles ont également permis de repérer l'ancienne configuration de l'île ainsi détruite. On ne pouvait guère douter que celle-ci soit la légendaire Kuwae. La preuve en fut définitivement donnée par la découverte de la sépulture de Ti Tongoa Liseiriki, elle-même datée de 1475 ± 37 après J.-C. Cette datation et l'organisation de la sépulture sont également conformes aux données de la tradition. On découvrit aussi, à Retoka, le site funéraire de Roy Mata, vaste sépulture collective dont l'exceptionnelle importance est en rapport avec celle du héros : près de cinquante individus, dont onze couples enlacés, ont été mis au jour. L'étude de l'organisation spatiale de l'ensemble des vestiges a permis de retracer le déroulement des cérémonies funèbres, lui-même fort semblable à ce qu'en dit la tradition orale. Cette sépulture est datée de 1265 ± 140 après J.-C., confirmant l'information selon laquelle Roy Mata avait vécu longtemps avant le cataclysme de Kuwae.

Cette démarche concertée de l'ethnologie et de l'archéologie s'est ainsi révélée très fructueuse au Vanuatu, les traditions orales guidant l'enquête archéologique, et celle-ci donnant une dimension diachronique aux faits contemporains, sociaux et culturels observés par l'ethnologue. Elle n'était cependant possible que parce que la pérennisation des traditions garantit, ici, celle des structures sociales, jouant ainsi le rôle ailleurs dévolu aux différents codes écrits et à l'histoire. Dans le cas présent, une telle démarche conduit même au-delà des événements ainsi mémorisés. En effet, les traditions sont muettes sur les brusques transformations de la culture matérielle, observées et datées du XIIIᵉ siècle par le préhistorien. Elles s'avèrent ainsi contemporaines, et l'une des conséquences de l'arrivée de Roy Mata et de ses gens au Vanuatu ; elles en indiquent même la provenance : la Micronésie, et jettent un nouvel éclairage sur la préhistoire de l'ensemble du Pacifique occidental.

José GARANGER

L'île de Tongoa et le cataclysme de Kuwae

La côte du village de Mangarisu. Au premier plan : laves andésiques constituant le soubassement de l'île. Au-dessus : plusieurs niveaux éruptifs antérieurs à l'arrivée de l'homme. Ils sont surmontés d'une couche de sédiments brun foncé où sont stratifiés plusieurs niveaux d'occupation humaine (foyers, poterie...) datés de 600 à 1300 après J.-C. Une couche de ponces épaisse d'un mètre, témoin de la dernière éruption volcanique du cataclysme de Kuwae, recouvre l'ensemble.

Sépulture collective du héros Roy Mata à Retoka, XIIIᵉ siècle

Son organisation et sa datation sont conformes aux données de la tradition. L'étude de la répartition spatiale des différents témoins a permis de percevoir les étapes de la cérémonie, depuis le dépôt de Roy Mata dans la sépulture profonde (n° 13) jusqu'aux derniers sacrifices (celui des couples nᵒˢ 7, 2, 3, 4 et 5). La sépulture fut ensuite entièrement comblée, on installa des pierres dressées pour en signaler les principaux personnages, puis on déposa différentes conques marines sur le sol après avoir chanté un dernier hymne déclarant Retoka île « taboue », hymne dont la tradition orale conserve, aujourd'hui encore, la musique et les paroles.

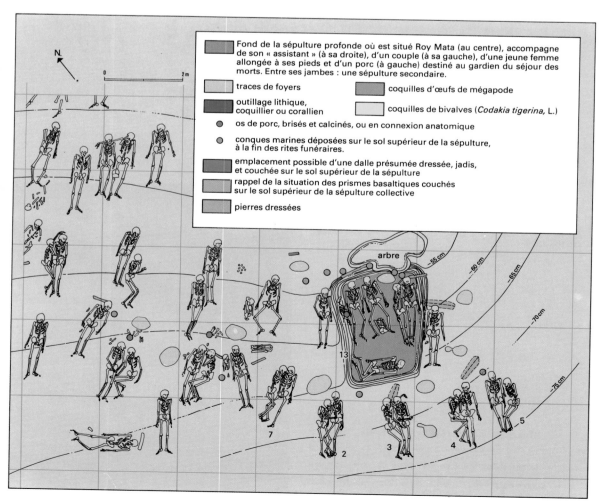

Fond de la sépulture profonde où est situé Roy Mata (au centre), accompagné de son « assistant » (à sa droite), d'un couple (à sa gauche), d'une jeune femme allongée à ses pieds et d'un porc (à gauche) destiné au gardien du séjour des morts. Entre ses jambes : une sépulture secondaire.

traces de foyers

outillage lithique, coquillier ou corallien

os de porc, brisés et calcinés, ou en connexion anatomique

conques marines déposées sur le sol supérieur de la sépulture, à la fin des rites funéraires

emplacement possible d'une dalle présumée dressée, jadis, et couchée sur le sol supérieur de la sépulture

rappel de la situation des prismes basaltiques couchés sur le sol supérieur de la sépulture collective

pierres dressées

coquilles d'œufs de mégapode

coquilles de bivalves (Codakia tigerina, L.)

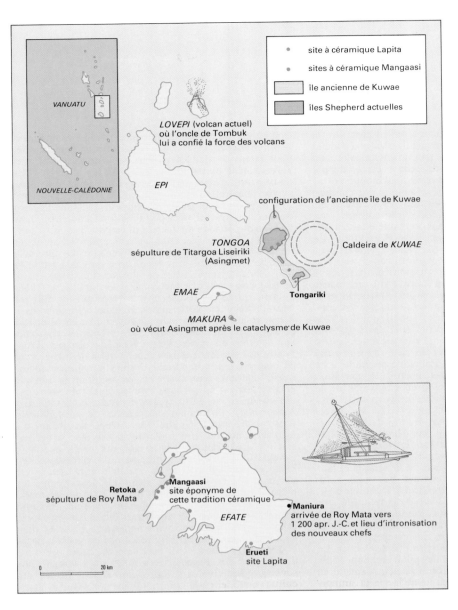

Début des travaux sur la sépulture collective de Roy Mata

Au premier plan : dégagement du sol supérieur de la sépulture. On y distingue plusieurs dalles, primitivement dressées mais brisées depuis ou penchées vers le sol. Au fond, à gauche, les deux grandes pierres plantées de chant à l'emplacement de la sépulture profonde et les conques marines que l'on y déposa. À l'arrière-plan, à droite, la fouille atteint le sol du deuxième niveau de la sépulture collective et a mis au jour un individu et trois couples enlacés.

L'un des couples de la sépulture collective de Roy Mata

La femme, blottie contre son compagnon, tient son bras droit à deux mains. Celui-ci est allongé sur le dos dans une position de repos. Les hommes étaient drogués par l'absorption d'une forte dose de *kawa* avant d'être sacrifiés, mais pas les femmes. Tous deux portent de nombreux colliers et bracelets ; à l'épaule de la femme une parure de cypréidés qui, perforés, résonnaient comme des grelots pendant les danses.

Roy Mata

Le héros est au centre, richement paré : colliers avec pendentifs en dents de cachalot et coquillages, trois bracelets en défenses de porc artificiellement recourbées, des brassards brodés de perles discoïdes taillées dans la pointe de coquillages (cônes). Tous ces ornements ont une valeur symbolique. Il porte également deux parures de danses en cypréidés perforés.

Zone centrale de la sépulture collective de Roy Mata

Au premier plan, deux couples du second niveau de la sépulture. Au fond, devant les deux grandes dalles dressées, la sépulture profonde où gît le héros ; un squelette empaqueté est placé entre ses jambes, à sa gauche un couple, à sa droite un homme seul : son *avati* chargé de maintenir la paix autour de lui, sur terre comme au pays des morts.

L'île de Pâques

L'île doit son nom au navigateur néerlandais Jacob Roggeveen, qui la découvrit le jour de Pâques 1722. Perdue dans l'immensité du Pacifique, à 4 000 kilomètres des côtes du Chili, à 1 900 kilomètres de l'île polynésienne la plus proche, elle a toujours étonné ses visiteurs par l'abondance et le gigantisme de ses monuments qui contrastent avec l'austérité de ses paysages volcaniques, sa faible superficie (180 km² environ) et le petit nombre et le dénuement de ses habitants. Beaucoup pensèrent que ceux-ci ne pouvaient être les auteurs de ces œuvres. Restait à découvrir ces derniers et les hypothèses les plus extravagantes ont été parfois imaginées. Des auteurs plus sérieux ont depuis longtemps souligné la vanité de ces théories. L'archéologie n'a pu que confirmer, depuis lors, la simple réalité humaine de la préhistoire des Pascuans.

L'origine polynésienne, et non amérindienne, des premiers habitants de l'île de Pâques n'est plus mise en doute aujourd'hui. Ce sont probablement des Puamotu d'origine marquisienne qui, vers l'an 500 de notre ère, vinrent s'établir sur cette île alors inhabitée. Ils y trouvèrent des conditions moins favorables que sous les tropiques : un climat plus frais et plus venteux gênait la culture des plantes alimentaires qu'ils avaient apportées dans leurs pirogues, comme le faisaient toujours les Polynésiens partis à la découverte de terres nouvelles. L'arbre à pain et le cocotier, par exemple, ne peuvent fructifier sur l'île. Mais ils ont pu y acclimater le bananier, l'igname et le taro, ainsi que d'autres plantes utiles d'origine tropicale, à condition de les entourer de soins tout particuliers. L'île était alors boisée, comme l'indiquent de récentes analyses polliniques, alors qu'il ne restait que quelques arbres à l'arrivée de Roggeveen, et seulement des arbustes rabougris quelques années plus tard. L'homme avait exploité ces ressources plus vite que la nature ne pouvait les renouveler. Cette dégradation du milieu celle de la société pascuane aux derniers temps de sa préhistoire. Un « mystère » est cependant éclairci : le bois ne manquait pas pour servir au transport et à l'érection des statues géantes, ni de solides liens en écorce pour faciliter ces opérations.

Ces célèbres statues, les *moai*, sont des colosses dépourvus de membres inférieurs et sculptés dans les tufs du volcan Rano Raraku. Trois cents y sont restés inachevées, face au ciel et plus ou moins dégagées de la masse rocheuse. Soixante-dix autres statues, terminées, sont dressées au pied du volcan et dans son cratère. La plupart d'entre elles étaient destinées à être transportées à travers l'île pour être placées sur la plate-forme d'un centre cérémoniel, ou *ahu*. Le moai était alors parachevé sur place afin de personnaliser un ancêtre : creusement des orbites pour y placer un œil taillé dans le corail blanc, avec un iris mobile en tuf rouge, gravures sur le corps pour figurer une ceinture ou des tatouages et, parfois, peinture rouge et blanche. La tête était souvent surmontée d'une coiffure : un énorme cylindre de plusieurs tonnes, taillé dans les tufs brun-rouge d'un autre volcan : le Puna Pau. La plate-forme d'une centaine de ahu, généralement construits sur le rivage, comportait ainsi une ou plusieurs statues alignées (jusqu'à quinze), tournant le dos à la mer et faisant face à la cour du sanctuaire. Leur hauteur moyenne varie de 4 à 5 mètres, les plus petites mesurant environ 2 mètres, la plus grande, 9,80 m (11,50 m avec sa coiffure cylindrique). Les plus anciens de ces moai, les plus petits, sont datés des tout débuts du Xe siècle de notre ère. D'autres statues isolées, d'un style différent et qui n'est pas sans rappeler celui que l'on rencontre ailleurs en Polynésie orientale, sont probablement plus archaïques encore et certaines d'entre elles doivent dater des premiers temps de la colonisation de l'île. Il en est de même de quelques ahu sans moai. Leur fonction est restée celle des autres monuments polynésiens : *marae* des îles de la Société, *tohua* marquisiens, *heiau* des îles Hawaii..., chaque groupe social érigeant son propre monument, qui le reliait à ses ancêtres et témoignait de sa généalogie. L'architecture des ahu pascuans et la statuaire ont évolué vers le gigantisme comme par une sorte d'hypertélie née de l'isolement culturel. Il semble bien, en effet, que la société pascuane se soit développée sans être influencée par des apports extérieurs importants. C'est ainsi que certaines innovations techniques, tels les nombreux types d'herminettes à épaulement de la Polynésie orientale, n'ont pas atteint l'île de Pâques. La situation géographique de l'île peut expliquer cet isolement mais aussi l'impossibilité dans laquelle se trouvèrent ses habitants d'entretenir, comme ailleurs dans le Pacifique, des relations interinsulaires avec les autres régions polynésiennes. Les premiers Européens ne virent pas, en effet, de pirogue de haute mer à l'île de Pâques, mais seulement quelques frêles embarcations en petites planches habilement cousues : le bois d'œuvre manquait, comme il manquait pour l'édification des habitations. Ces mêmes Européens ne virent aucune case solidement charpentée, mais de simples huttes de branchages. Les plus élaborées, longues et étroites,

avaient un soubassement de pierre : des blocs quadrangulaires alignés bout à bout et perforés en leur sommet pour retenir les faibles arceaux de la toiture. D'autres abris étaient construits uniquement en pierre et les nombreuses grottes de l'île avaient été aménagées pour servir d'habitation.

À la fin du XVIIe siècle, les sculpteurs du Rano Raraku cessent leur travail et la population de l'île entre dans une longue période de guerres intestines. Les moai sont renversés de leur piédestal, les uns après les autres et de telle façon qu'ils se brisent en tombant. Le spectacle est déjà si étonnant lors du passage de Cook en 1774 que Forster, naturaliste de l'expédition, pensa aux conséquences d'un cataclysme volcanique. En 1866, aucune statue ne restait plus dressée sur un ahu et ceux-ci étaient en partie ruinés. Pendant ces nombreuses décennies de guerres tribales, le culte de l'homme-oiseau se développa au village cérémoniel d'Orongo, construit sur la crête du cratère Rano Kau, au sommet d'une falaise qui s'enfonce dans la mer à plus de 200 mètres en contrebas. Il comprend un ahu que surmontait un moai, quarante-sept cases en pierre dont le toit en encorbellement est recouvert de gazon et un remarquable ensemble de pétroglyphes figurant le grand dieu Makemake et l'homme-oiseau. En face du site sont trois îlots où viennent pondre les sternes au début du printemps austral. Une foule très nombreuse se réunissait alors à Orongo. Les principaux chefs guerriers envoyaient l'un de leurs serviteurs sur le plus grand des îlots pour guetter, parfois pendant des semaines, l'arrivée des oiseaux et le début de leur ponte. Le premier qui rapportait à son maître l'un de ces œufs, symbole de fécondité, le faisait désigner comme l'homme-oiseau de l'île pour une année. Les pouvoirs religieux, politiques et économiques attachés à ce titre suprême n'empêchaient cependant pas les guerres de se poursuivre, ni la société pascuane de continuer à se désagréger. Les Pascuans n'avaient pu maintenir un nécessaire équilibre entre les ressources du milieu et leur croissance démographique, équilibre que savaient assurer, pour leur survie, nombre de Polynésiens. Isolés dans leur île au climat moins clément, et incapables désormais de la quitter, ils connurent un surpeuplement qui entraîna deux siècles de famines et de guerres, après plus d'un millénaire de relative prospérité et de réalisations techniques et artistiques ailleurs inégalées.

José GARANGER

L'*ahu* Te Pito Te Kura dans la baie de La Pérouse

Le monument qui est en ruine n'avait pas encore été détruit lorsque le navigateur le visita en 1786. Son *moai* (nommé Paro) a été délibérément renversé de son piédestal au cours de l'une des nombreuses guerres tribales qui agitèrent l'île pendant plus d'un siècle. Il se brisa dans sa chute et sa coiffure de tuf rouge fut projetée quelques mètres plus loin (au premier plan).

Quelques-unes des soixante-dix statues dressées sur les pentes du volcan Rano Raraku

Certaines de ces statues attendaient d'être terminées sur place avant d'être transportées sur l'un des *ahu* de l'île pour y figurer des ancêtres. D'autres étaient peut-être destinées à rester aux abords de la carrière. Des fouilles ont en effet montré que leur base reposait sur une plate-forme pavée. Toutes furent peu à peu fossilisées par les sédiments issus de la pente du volcan. Seule la partie supérieure émerge du sol, haute, ici, de 5 à 6 mètres, ce qui représente à peine la moitié de leur hauteur totale. Le plus grand de ces *moai*, inachevé et à peine dégagé de la masse rocheuse, mesure près de 20 mètres et aurait pesé, une fois terminé, quelque 300 tonnes... il est probable qu'il serait resté sur place !

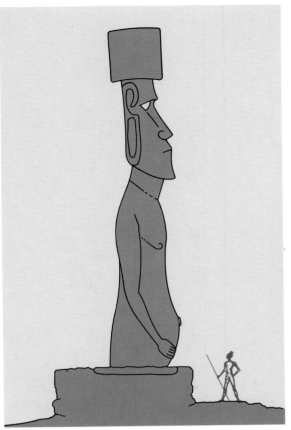

Le *moai* Te Pito Te Kura

Le *moai* Te Pito Te Kura (voir page ci-contre, en bas, à droite), restitué d'après un dessin de l'archéologue C. S. Smith (in T. Heyerdahl et E. N. Ferdon, 1961). Sa hauteur est de 9,80 m et son poids estimé à 80 tonnes. La coiffure a un diamètre de 2,40 m et une hauteur de 1,80 m. C'est le plus grand *moai* qui fût jamais dressé sur un *ahu*.

L'*ahu* Nau Nau en cours d'étude et de restauration, 1978

L'*ahu* fut construit dans la baie d'Anakena où, selon la tradition, débarqua le premier colonisateur de l'île : le chef Hotu Matua. Six *moai* tournant le dos à la mer sont dressés sur l'*ahu*. L'un d'eux n'a pu être entièrement restauré. Quatre sont surmontés de coiffures en tuf rouge et de formes variées. Deux rampes, régulièrement pavées de gros galets et bordées d'un alignement de pierres soigneusement équarries, conduisent à la plate-forme centrale. L'ensemble domine une vaste esplanade où l'on se réunissait pour des activités communautaires, sociales et religieuses.

L'œil du *moai* de Nau Nau à Anakena

En 1978, au cours des travaux archéologiques effectués sur l'*ahu* Nau Nau, furent mis au jour les débris de ce qui constituait un œil. La sclérotique est en corail blanc et l'iris est formé d'un disque de tuf rouge. Placé dans une fente aménagée à l'arrière de la sclérotique, l'iris restait mobile. L'ensemble était inséré dans une orbite creusée à cette fin lors du finissage de la statue. D'autres découvertes montrent que la plupart des *moai* dressés sur les *ahu* étaient ainsi pourvus d'yeux tournés vers le ciel (longueur de la sclérotique : 35,5 cm ; diamètre de l'iris : 10,5 cm).

L'*ahu* Akivi et ses sept *moai*

C'est l'un des très rares *ahu* construits à l'intérieur de l'île, à 2 kilomètres de la côte ouest. Il fut étudié et restauré en 1961. Les sept *moai*, très érodés, sont dressés sur une plate-forme prolongée par deux ailes latérales. La longueur de l'ensemble est de 80 mètres. Une rampe pavée y conduit, précédée d'une cour limitée par une levée de terre. Les deux personnages, à droite, permettent d'apprécier le gigantisme de ces *moai* qui, apparemment, ne furent jamais, et contrairement à beaucoup d'autres, surmontés d'une coiffure en tuf rouge.

Le village cérémoniel d'Orongo

De plan généralement ovale, comme l'étaient les cases ordinaires de l'île, les constructions d'Orongo sont en dalles de lave, avec une toiture en encorbellement recouverte de terre. L'entrée en est étroite et basse et l'intérieur, haut de moins de 1,50 m. On s'y abritait pendant tout le temps des fêtes consacrées au culte de l'homme-oiseau (plusieurs semaines). La face intérieure des dalles de soubassement était ornée de gravures et de peintures dont beaucoup ont depuis lors disparu : oiseaux, objets rituels – telles des pagaies – et même quelques bateaux européens.

Les trois îlots et les pétroglyphes du site d'Orongo

Au premier plan, l'une des nombreuses figures de l'homme-oiseau gravées sur les rochers du village cérémoniel d'Orongo, au lieu-dit Mata Na Rau. Le site domine trois îlots ; sur le plus grand, le Motu nui, on guettait au printemps le début de la ponte des sternes. Celui qui s'emparait du premier œuf permettait à son maître de devenir « homme-oiseau » et le chef principal de l'île pendant toute une année.

Les Temps modernes

Peut-on appliquer à l'époque moderne et contemporaine les méthodes de recherche mises au point pour l'étude de temps plus anciens ? Le développement de l'archéologie industrielle, l'apparition récente d'une archéologie moderne conçue comme une étude systématique des ouvrages fabriqués aux XIXe et XXe siècles, fournissent apparemment la réponse : jamais on n'a autant parlé d'archéologie moderne ou plutôt contemporaine, si l'on admet la terminologie des historiens selon laquelle les Temps modernes (XVIe-XVIIIe siècle) précèdent l'époque contemporaine.

Mais s'agit-il toujours, dans ces deux cas, d'archéologie ? Le succès de ces expressions nouvelles, dû en grande partie à leur caractère paradoxal, risque de faire oublier qu'il existe d'autres formes de recherche, incontestablement archéologiques, dont on parle moins... Toute réflexion sur l'archéologie moderne et contemporaine conduit donc à s'interroger sur l'archéologie elle-même car la définition de cette science devient de plus en plus problématique à mesure qu'on se rapproche de notre temps.

La recherche archéologique présente deux caractères : elle concerne des vestiges matériels (objets ou édifices), ce qui la distingue des recherches d'archive ou de bibliothèque portant sur des documents écrits ou figurés ; elle a pour but de découvrir ces vestiges et de les rendre lisibles en restituant leur état originel, en fixant leur date et leur provenance, en les situant dans un ensemble et une série. Elle apporte ainsi des éléments d'information nouveaux et spécifiques à l'histoire et à l'histoire de l'art. Comprise comme une méthode de recherche portant sur les produits matériels de l'activité humaine, enfouis ou toujours visibles, l'archéologie a sa place dans l'étude du monde moderne et contemporain, mais son importance dans la constitution du savoir historique y est nécessairement plus faible parce que les informations issues de la documentation écrite et figurée l'emportent de loin sur celles provenant de l'étude directe des objets ou des édifices. Les techniques industrielles de l'Antiquité, par exemple, sont connues par l'archéologie ; celles du Moyen Âge et des Temps modernes, à la fois par des représentations figurées, des textes et des données archéologiques ; celles de l'âge industriel essentiellement par les descriptions techniques. On n'a pas besoin de démonter un générateur d'électricité des années 1880 ni même de le voir pour le comprendre : son fonctionnement est expliqué dans les livres.

Cette dernière observation oblige à remettre en cause la notion d'archéologie industrielle telle qu'on l'entend aujourd'hui. La recherche archéologique, applicable à des machines fabriquées de façon artisanale, ne peut concerner des machines construites par application d'un savoir scientifique, dont tous les éléments sont connus par des textes et des schémas de montage. Elle ne sert pas non plus à l'étude des usines lorsque les bâtiments sont aisément lisibles et leur histoire bien documentée par les archives. Les recherches concernant l'architecture industrielle et les instruments de production ne sont donc qu'en partie de nature archéologique : elles ne devraient pas se poursuivre sous un label abusif dont le principal mérite fut sans doute de légitimer un champ d'étude nouveau – par une référence implicite à l'Antiquité...

L'archéologie moderne (en fait contemporaine) imaginée par Philippe Bruneau, spécialiste de la civilisation grecque qui s'est ensuite intéressé au monde contemporain, a un objectif beaucoup plus vaste puisqu'elle se propose l'étude de tout ce qui a été fabriqué aux XIXe et XXe siècles. L'idée est d'appliquer les méthodes de l'archéologie à ces « ouvrages » que les historiens ne regardent pas assez et que les ethnologues négligent parce qu'ils s'intéressent surtout aux sociétés traditionnelles. Le champ de recherche est neuf et passionnant, mais s'agit-il dans tous les cas d'archéologie ? Une enquête sur le culte actuel de saint Antoine à travers l'observation des statues en place dans les églises de Paris présente en effet un caractère archéologique parce qu'elle implique un inventaire fait sur le terrain, une observation attentive d'objets matériels. Une étude des affiches de la campagne électorale de 1981 portant sur des documents publiés, nous semble en revanche une

Archéologie du sol et histoire de l'architecture : les « fouilles » du Louvre en 1964

Les murs découverts devant la façade est du Louvre, lors du creusement du fossé, ont révélé les changements très rapides d'idées, survenus entre 1661 et 1673. Le soubassement visible au premier plan appartient à la façade projetée par Le Vau, commencée en 1661, abandonnée en 1664. En 1667, on commença la façade actuelle sans prendre le temps de démolir le soubassement. Un fossé était alors prévu puisque cette nouvelle façade comporte, elle aussi, un soubassement appareillé. La « colonnade » à peine achevée (1673), on abandonna les travaux, le roi ne pensant plus qu'à Versailles, et on décida d'en finir aux moindres frais en recouvrant de terre les soubassements, renonçant par là au fossé qui ne fut creusé que trois siècles plus tard. Fallait-il conserver ces murs, témoins précieux des hésitations de Colbert et du jeune Louis XIV, ou les détruire pour réaliser enfin le projet de 1667 et donner ainsi tout son sens à la colonnade, monument monarchique, chef-d'œuvre de l'architecture « à la française » ? Non sans raison, André Malraux a jugé que l'exigence monumentale, en ce cas, devait l'emporter sur les préoccupations archéologiques...

J. Guillaume

**Archéologie monumentale :
la chronologie de Chambord**

Raccord entre une tour du « donjon » (à droite) et la galerie ouest construite une quinzaine d'années plus tard. L'observation archéologique montre que le premier étage de la galerie était prévu dès l'origine puisqu'on a construit le début du mur en même temps que la tour (le chapiteau à droite de la fenêtre, et lui seul, est en effet semblable à ceux de la tour). Au contraire, le second étage n'était pas prévu sous cette forme, car la corniche et le toit viennent buter sur un chapiteau déjà sculpté.

étude historique conduite avec une grille de lecture particulière, de type iconographique (les deux sujets sont traités dans le second numéro de la *Revue d'archéologie moderne et générale*). On en revient donc encore à un problème de définition : Philippe Bruneau qualifie d'archéologique la recherche sur les affiches parce qu'il fait de l'archéologie une discipline autonome ayant pour objet l'étude de tous les « ouvrages » (y compris les images – mais pourquoi pas aussi les livres qui sont également fabriqués ?) alors que nous y voyons, avec beaucoup d'autres, une méthode de recherche fondamentalement distincte de la recherche documentaire, mais toujours associée à elle, dans le processus d'élaboration du savoir historique.

Le cas de la salle de bains, beau sujet d'archéologie moderne, permet d'éclairer ce point. Pour étudier l'évolution récente de cette pièce et, à travers elle, l'image changeante du corps dans la civilisation actuelle, procédera-t-on, comme pour les thermes, en étudiant des vestiges ou en collectionnant des baignoires ? L'observation de quelques ensembles conservés in situ sera sans doute utile, mais l'enquête portera avant tout sur des séries documentaires – catalogues de fabricants, publicités de revues – qui font parfaitement connaître le matériel utilisé et sa valeur symbolique. Ainsi, dans la plupart des cas, l'enquête contemporaine sera documentaire : elle ne portera pas sur les choses mais sur leur représentation. Le rôle de l'archéologie ne peut que se réduire dans une civilisation de l'écrit et de l'image, où tout, finalement, tend à être archivé.

Dans ces conditions, quelle place réserver à l'archéologie dans l'étude du monde moderne et contemporain ?

L'architecture offre un premier champ d'application. L'analyse archéologique s'impose en effet lorsqu'un édifice est mal connu par la documentation écrite et figurée – ce qui est très fréquent, surtout aux XVIe et XVIIe siècles. Pour expliquer les transformations d'un bâtiment, restituer son premier aspect, deviner le projet initial, il faut observer l'épaisseur des murs, les raccords de maçonnerie, l'assemblage de la charpente, la mouluration des portes et des fenêtres et distinguer les traces, souvent peu visibles, des états successifs de la construction. Des méthodes nouvelles – dendrochronologie, thermoluminescence* –, encore peu utilisées faute de laboratoires spécialisés, peuvent maintenant aider le chercheur en indiquant la date des bois et des briques employés dans un édifice, sans qu'il faille attendre de miracles de ces techniques, car les données objectives ne sont jamais concluantes par elles-mêmes (en cas de réemploi, par exemple, les matériaux peuvent être plus anciens que le bâtiment). Analogue à l'enquête policière ou au diagnostic médical parce que fondée comme eux sur l'observation d'indices, l'analyse architecturale est donc la forme la plus courante de l'archéologie moderne – et celle dont on parle le moins. Pour rappeler son importance dans l'étude des monuments comme dans celle de l'habitat le plus ordinaire, nous avons placé en tête de ces pages, de façon un peu provocante, la photographie d'un édifice qui semble relever exclusivement de l'histoire de l'art. Or le château de Chambord a une histoire compliquée qui ne peut être restituée que par l'observation archéologique, car les étapes de construction et les changements de parti, lisibles dans la pierre, ne sont signalés par aucun texte. Pour comprendre ce monument et procéder ultérieurement à une analyse stylistique, l'historien de l'architecture doit être d'abord archéologue.

Une autre forme, plus récente, d'archéologie moderne est la fouille destinée à retrouver un édifice détruit. Ce type de recherche est très développé en Angleterre, où beaucoup de grands châteaux du XVIe siècle ont disparu,

et en Hongrie, où l'invasion turque a anéanti presque tous les monuments de la Renaissance. Des reconstructions partielles, exécutées à partir des fragments trouvés dans le sol, peuvent même dans certains cas donner une idée concrète de l'édifice détruit. De telles découvertes permettent de renouveler l'histoire de l'architecture – surtout lorsqu'elles révèlent des édifices majeurs comme Non Such (Angleterre) ou Visegrád (Hongrie). On ne semble pas l'avoir encore compris en France où la première fouille monumentale moderne – celle de Saint-Léger, château de Henri II construit par Philibert de l'Orme – a été conduite dans l'indifférence générale.

La situation de l'archéologie urbaine apparaît heureusement plus favorable : le bouleversement des sols des villes a amené en effet la multiplication des fouilles sur des sites où les vestiges modernes ne sont pas les moins nombreux. La fouille méthodique de la cour Napoléon du Louvre, la plus grande entreprise à ce jour en France, va permettre ainsi de mieux connaître les objets utilisés par les Parisiens dans leur vie quotidienne du Moyen Âge au XIXe siècle. On notera cependant que cette archéologie urbaine reste pour l'essentiel une archéologie du sol alors qu'on pourrait lui donner un sens plus général et y inclure l'étude du bâti – d'autant plus nécessaire que les quartiers anciens se transforment très vite et que l'analyse archéologique devrait précéder les restaurations qui effacent souvent toute trace des dispositions intérieures originelles. Mais les maisons, pour le moment, n'intéressent que les historiens de l'art et concernent de ce fait une autre corporation...

L'archéologie du sol, de toute façon, ne jouera jamais un rôle très important pour les époques les plus récentes puisqu'une bonne part des ouvrages fabriqués par l'homme existent encore. Aussi la recherche des édifices ou des objets inédits ou mal connus prend-elle souvent la forme de l'inventaire qui nous semble une sorte de fouille « hors sol ». Dresser le répertoire des retables ou des moulins à vent d'une région, rechercher des outils ou des coiffes, étudier de façon systématique un canton, comme le fait pour la France l'Inventaire général, sont des activités de type archéologique puisqu'il s'agit dans tous les cas de découvrir et d'analyser des vestiges matériels pour écrire, ensuite, l'histoire. Sans doute, personne ne songe à qualifier d'archéologues ces historiens, ethnologues, historiens de l'art qui demandent à l'enquête archéologique des informations nouvelles, alors qu'on appelle archéologue l'historien ou l'historien de l'art qui travaille sur un site antique, mais les incertitudes du vocabulaire prouvent seulement qu'il est impossible d'identifier un type de recherche avec un « corps » de chercheurs.

L'archéologie moderne et contemporaine présente donc des caractères spécifiques : le grand nombre des témoins conservés réduit l'importance de la fouille, l'abondance de la documentation écrite ou figurée rend moins nécessaire l'étude des choses. Néanmoins, elle ne se distingue pas fondamentalement de l'archéologie antique ou médiévale : car elle s'intéresse, comme elle, aux édifices en place ou détruits, aux objets visibles ou enfouis. Beaucoup de confusions et de faux problèmes seraient sans doute évités si l'on cessait de réduire l'archéologie à la fouille ou de la confondre avec les travaux historiques fondés sur l'étude des vestiges matériels : ces deux erreurs opposées risquent de faire oublier l'unité d'une discipline qui utilise des méthodes très diverses mais vise toujours le même but : trouver des « ouvrages » et les rendre lisibles pour l'histoire.

Jean GUILLAUME

Le château du XVIᵉ siècle

Pour beaucoup de châteaux de la Renaissance, et non des moindres, l'investigation archéologique est la seule voie qui s'offre à qui veut assurer et approfondir ce difficile champ de l'histoire de l'architecture. Car le château du XVIᵉ siècle n'est pas aisé à connaître. Dans bien des cas, sa vie est courte : trente ans pour les demeures de Matthias Corvin, anéanties par les Turcs en 1541, cent trente ans pour les châteaux royaux de Non Such et de Saint-Léger-en-Yvelines, ce qui exclut la possibilité d'en trouver des représentations soignées, des relevés précis. Précoces ou tardives, les démolitions revêtent souvent un caractère drastique. Beaucoup de châteaux de la Renaissance ont littéralement disparu : en France, au Verger, à Limours, les lieux ne portent aucune empreinte d'un quelconque bâtiment ; en Hongrie, à Buda, à Visegrád, la ville turque a englouti une pléiade de demeures admirables. L'emplacement de ces édifices est souvent incertain, sinon oublié : on hésite à localiser le pavillon de la grotte du château de Montceaux, construit par Philibert Delorme en 1557. Gommé du paysage, le château du XVIᵉ siècle est difficilement restituable à partir des instruments documentaires habituels : les images qui le représentent sont floues ou fausses ; les textes qui en traitent sont ambigus et les archives fragmentaires ou rédigées à des niveaux descriptifs inadaptés à la restitution. Conservé, il traverse rarement les siècles sans subir des modifications qui altèrent son caractère original. Il y a encore peu de temps, la situation était acceptée comme telle. Un château disparu était, même pour les plus avertis, un château dont on ne pouvait rien savoir ; des châteaux conservés, on ne considérait que l'apparence, sans interroger l'état présent pour retrouver les étapes de transformation ou les modifications d'un projet initial. Et ce malgré des découvertes importantes : celle, en 1930, de l'escalier de la cour ovale, à Fontainebleau, renseigne de façon neuve sur l'organisation spatiale originelle de ce que fut le cœur du palais de François Iᵉʳ. Mais ces trouvailles, toujours guidées par le hasard, ne peuvent être considérées comme relevant d'une démarche archéologique. Leur caractère sporadique prouve le peu d'intérêt que les érudits portaient à ce type d'approche. À partir des années 1955-1960, les choses ont radicalement changé. Des travaux limités, mais d'une rigueur prometteuse, ont montré de quelle utilité peut être pour l'histoire de l'architecture le recours à la fouille. Refusant d'attendre du hasard l'exhumation d'un fragment utile, les historiens, suscitant les découvertes, organisant le programme de recherches, posent l'archéologie comme un des instruments nécessaires à leurs travaux.

La situation n'est pas identique dans tous les pays concernés, essentiellement ceux de l'Europe occidentale. Les problèmes soulevés, les moyens mis en œuvre, les résultats sont divers. L'avance de la Hongrie est considérable. Les découvertes faites au cours des années 1930 – à Nyék, dans les faubourgs de Budapest, la villa du roi Matthias ; le palais royal de Visegrád sur le Danube ; au nord de la capitale, à Esztergom, le palais de l'archevêque et les peintures murales de la chapelle – sont sans doute fortuites. Mais elles révèlent d'un coup à un peuple un pan prestigieux de son histoire, qu'on lui avait arraché. Alertées par l'intérêt exceptionnel des éléments mis au jour avant la guerre et décidées à écrire l'histoire absolument neuve du palais hongrois de la Renaissance, les équipes pluridisciplinaires se sont constituées après 1950. Elles sont chargées d'explorer systématiquement, avec des moyens importants, les sites occupés avant l'invasion turque par les résidences royales et princières. Toute proportion gardée, le projet anglais est de même nature. Dans les années 1955, les responsables de la monumentale *History of the King's Works* butaient sur l'épineuse question des demeures de Henri VIII. De la plus fameuse d'entre elles, Non Such, détruite à la fin du XVIIᵉ siècle, on ne possédait que des vues générales, insuffisantes. Du questionnement stimulant d'historiens exigeants a jailli l'impérieuse nécessité de s'adresser à des sources nouvelles : le site des châteaux disparus. Entre 1960 et 1975, huit chantiers ont été ouverts, dont certains en ville – Bridewell Palace, à Londres – menés avec une rapidité exemplaire, parce que les questions préalables avaient été rigoureusement posées, le travail préparé avec soin et confié à des équipes éprouvées. Dans ce pays l'archéologie des Temps modernes est une discipline reconnue qui possède praticiens, public et organe de publications (*Journal of Post-Mediaeval Archaeology*). Ces travaux exemplaires ont fourni une documentation inespérée. De palais jusqu'alors presque inconnus on peut aujourd'hui préciser non seulement le plan détaillé, les matériaux de construction, le décor des murs et des sols, mais aussi – ce que cèle toujours un édifice conservé – le réseau des canalisations et la technique de fondation. La situation en France est bien différente. Les travaux archéologiques, dans le domaine qui nous occupe, sont embryonnaires, limités, menés dans le plus grand désordre et dans l'indifférence générale. Le château du XVIᵉ siècle n'entre pas dans la politique officielle des fouilles. L'impossibilité où l'on est d'ouvrir un véritable chantier, de mener systématiquement les investigations qui s'imposent se trouve la preuve d'ailleurs. La découverte du site du château de Saint-Léger, édifié par Philibert Delorme, l'un des architectes les plus prestigieux du XVIᵉ siècle, n'a soulevé aucun enthousiasme. Il a fallu se contenter de sondages et abandonner l'espoir d'exhumer tous les précieux fragments moulurés. Les chantiers ouverts sur le site d'un château de la Renaissance sont rarissimes, menés aux moyens par des bonnes volontés sans compétence. Il n'y a pas de projets d'ensemble, aucune concertation pour élaborer un programme de fouilles qui comble enfin les manques les plus évidents, pallie la disparition d'édifices clés, les châteaux du Verger, de Bury, de Verneuil et de Charleval. Aucun effort sérieux n'est fait pour exploiter les occasions favorables. Il aurait fallu donner aux grands chantiers de restauration ouverts récemment, ceux de Gaillon et de la tour d'Aigues, les moyens de se constituer en laboratoires expérimentaux d'archéologie du sol et d'archéologie monumentale. L'histoire des procédés de construction utilisés à la Renaissance, si mal représentée en France, aurait progressé de façon certaine.

L'Italie et la Grande-Bretagne procèdent autrement, et avec succès. L'information in situ étant considérée comme essentielle, l'archéologie monumentale prend le relais de l'archéologie au sol. Un chantier de restauration est toujours accueilli comme une aubaine. La façade nord du palais du Té, à Mantoue, soigneusement sondée à partir de pistes fournies par les auteurs anciens, enfin lus avec attention, révèle les structures d'un petit casin, retraite des champs commandée par Frédéric de Gonzague à Jules Romain et englobée, à peine terminée, dans le nouveau projet d'un palais monumental. Sous le crépi du XVIIIᵉ siècle, on dégage le bossage original des murs, trois fois moins épais que le revêtement « apocryphe ». L'historien découvre alors qu'il a déduit les traits du style romanien de restaurations abusives, déformantes.

Ces analyses ressortissent à des procédés archéologiques traditionnels. Récemment, des moyens d'investigation hautement techniques, comme la thermoluminescence*, ont été utilisés. Les structures de quatre villas palladiennes ont été analysées par ce procédé et l'on a pu ainsi réécrire l'histoire de ces résidences. Le calendrier du chantier, la localisation et la datation des bâtiments préexistants englobés dans les nouvelles constructions, les reprises et les transformations ultérieures sont désormais clairement établis et repérés. L'archéométrie*, relayant la traditionnelle méthode de datation par appréciation stylistique, contribue à une transformation accélérée de l'histoire de l'architecture. L'analyse fine des structures (la *tectographie*, pour reprendre le néologisme utilisé par M. Kubelik et J. Tuttle) réoriente le travail du restaurateur et celui de l'historien. L'état original apparaît, débarbouillé, mais aussi les véritables conditions de la création de l'architecte : plus souvent reprise de bâtiments antérieurs qu'invention *ex nihilo*. Pour se défaire de ses a priori sur le grand projet jailli tout constitué de l'imagination de l'architecte, l'historien a besoin de l'investigation archéologique.

Françoise BOUDON

L. Szelényi, éditions A Képzőművészeti Alap Kiadóvállalata, Fonds des arts

L'archéologie hongroise et les châteaux de la première Renaissance

L'apport de l'archéologie à l'histoire nationale hongroise est tel que, souvent, on restitue les bâtiments dégagés, remettant en place les fragments retrouvés. À Visegrád, résidence d'été du roi Matthias Corvin (à gauche), on a remonté la cour carrée à arcades entourant la fontaine d'Hercule (1484). Le mélange des formes gothique et Renaissance est caractéristique. La vasque de marbre rouge sort de l'atelier du sculpteur italien Giovanni Dalmata (Galerie nationale hongroise, Budapest). Les balustres (à droite) de la villa de Nyék, faubourg de Buda (1488-1490), admirablement composés et exécutés, attribués au même artiste, reprennent un modèle utilisé par Brunelleschi (Történeti Museum, Budapest). Ainsi, les fouilles ont révélé le rôle des artistes italiens engagés en grand nombre sur les chantiers royaux hongrois. Les contacts entre les deux pays sont alors si étroits que l'on pourrait chercher en Italie les analogues des fragments mutilés trouvés en Hongrie.

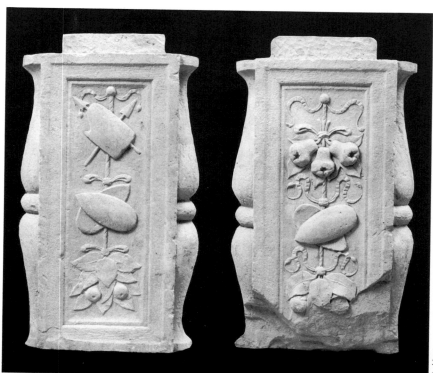

Fényképezte

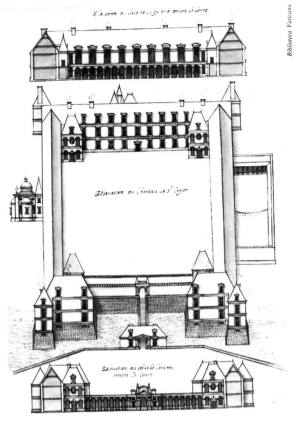

Le château royal de Saint-Léger-en-Yvelines

Du château de Henri II construit par Philibert Delorme (1548-1559), démoli en 1668, on ne savait rien. Les dessins retrouvés en 1956 révèlent son aspect. En 1978, l'analyse des cartes anciennes permet de repérer le site, et la fouille devient possible. Des quatre ailes projetées, seules ont été réalisées celles de l'ouest et du sud. La construction de l'aile est était prévue (pierres d'attente en 4) mais non réalisée (sondages 1, 2 et 3). Le château était construit en brique et pierre, comme l'ont prouvé les débris. La fouille permet de restituer avec exactitude le plan de l'aile de la galerie et des pavillons d'angle, d'un dessin savant qui engendre une remarquable organisation de l'espace intérieur. Ces découvertes apportent des éléments inédits sur l'œuvre de Delorme et autorisent une critique fine des dessins de Jacques Androuet du Cerceau (ci-dessus à droite), exacts dans leurs grandes lignes, erronés dans le détail. Biblioteca apostolica vaticana, ms. Barberini, Lat. 4398, f° 5. Fouilles J. Blécon et F. Boudon. C.N.R.S.

Le château royal de Non Such, Surrey

Non Such, commencé en 1538, le jour anniversaire de la trentième année du règne d'Henri VIII, était un édifice *sans pareil,* comme en témoigne le dessin aquarellé de Joris Hoefnagel, 1568 (collection particulière) : un palais immense, flanqué de tours polygonales à bulbes, décoré sur son pourtour de panneaux sculptés. Cette merveille, sans doute rapidement ruinée parce que construite en matériaux légers et fragiles, est démolie en 1682. Les fouilles (1959-1960) ont révélé l'exactitude de la représentation ; elles ont fourni aussi le plan précis du palais (ci-dessous, à droite), organisé autour de deux cours d'apparat ; la cour des cuisines était équipée d'un remarquable réseau de canalisations. Les 100 000 fragments recueillis ont permis de restituer la structure du décor extérieur qui s'étendait sur 2 055 m² (274 m × 7,5 m). Au-dessus du rez-de-chaussée maçonné, les murs étaient faits d'un pan de bois recouverts de panneaux (136 cm × 89 cm) de stuc moulés en haut relief encadrés d'ardoises gravées et dorées. Le programme iconographique développait des thèmes mythologiques. Très peu de panneaux ont pu être restitués. Œuvres de Nicholas Bellin de Modène, ils attestent l'influence de Rosso et de l'école de Fontainebleau. Avec l'aimable autorisation de Martin Biddle.

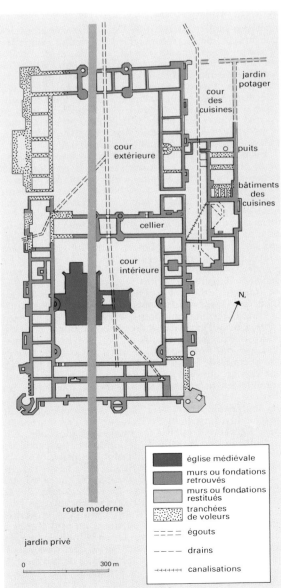

Archéologie des échanges entre l'Asie et l'Europe

Révélant l'histoire en exhumant ses vestiges, l'archéologie semble ne s'appliquer qu'à de lointaines et presque fantomatiques civilisations, au point que beaucoup la confondent avec la préhistoire. Ses méthodes peuvent également éclairer des événements beaucoup plus récents, même déjà fort bien connus par les textes, à tout le moins conduire à les reconsidérer. C'est le cas des échanges entre l'Europe et l'Asie depuis la Renaissance.

Il est vrai que les traces matérielles des apports asiatiques en Occident sont difficilement discernables, car l'Europe a surtout acheté des produits de luxe consommables. En outre, la multiplicité des intermédiaires rend cette étude difficile. Trois exemples suffisent à illustrer cette complexité : la poudre à canon, la boussole et le papier ; on sait bien en fait leur origine chinoise mais on ne peut reconstituer chronologiquement leur exacte migration. Les épices furent les produits les plus recherchés et les plus onéreux, aussi haut que nous remontions. Seuls les textes classiques nous permettent de deviner l'ampleur de ce trafic, puisque poivre ou cardamome n'ont pas survécu et qu'il ne fut pas possible de les transplanter. Ce commerce n'a nullement cessé après Rome, il a perduré durant tout le Moyen Âge, notamment pour le poivre. La réduction ou la suppression de ce commerce, conséquence de la conquête de Byzance par les Turcs, et du monopole de Venise poussèrent les Portugais, puis les Hollandais et enfin les Anglais à contourner l'Afrique et à fonder leurs comptoirs asiatiques. Malheureusement, là encore, en dehors des textes (et de l'influence de ce commerce sur le vocabulaire), aucun vestige ne subsiste de ce flux impressionnant d'importations, si ce n'est des effets indirects sur les techniques de navigation et de commerce.

Non moins considérable fut l'importation de textiles orientaux, et tout aussi difficile à saisir, si ce n'est par quelques lambeaux de tissus chinois et indiens exhumés au Proche-Orient et par l'imitation des motifs. La soie parvint à Byzance, où elle fut naturalisée, et elle fit l'objet d'une industrie désormais européenne. Il en fut de même avec les textiles indiens qui ont soulevé un immense intérêt en Europe. Déjà Elihu Yale, ancien gouverneur de la Compagnie des Indes orientales, Mazarin et le grand Condé raffolaient des toiles peintes en guise de tapisserie. Le cachemire devint au XVIIIe siècle une marque de statut social. Comme la soie, ces tissus furent imités : on imprima donc des « indiennes » et Oberkampf inventa la toile de Jouy. Tant et si bien que les industries européennes iront en Asie concurrencer, et en partie ruiner, les artisanats « inventeurs » ; de même pour les papiers décoratifs chinois, imités puis éliminés par Revillon.

Finalement, c'est la céramique, et surtout la porcelaine chinoise, qui constitue l'exemple privilégié des échanges eurasiatiques puisqu'elle a survécu. Dès le milieu du XVIe siècle, les « bleu-et-blanc » chinois connaissent un grand succès en Europe. En une première phase, l'Europe fit exécuter en Chine des formes et des décors à son goût alors que le terme de céladon emprunté pour désigner certains grès émaillés, aux rubans verts de ce berger héros de l'*Astrée*, sera adopté par les archéologues chinois eux-mêmes. La popularité de cette vaisselle – qui remplaçait économiquement l'argenterie – fut telle qu'on n'eut de cesse de l'imiter, de Delft à Augsbourg, de Dresde à Sèvres. L'histoire de ces efforts, depuis des pâtes tendres jusqu'à la vraie porcelaine, une fois le kaolin identifié, est bien connue. Mais l'européanisation de la céramique chinoise pourrait être mieux perçue encore, par exemple avec l'analyse des formes. Si l'on imita surtout les formes européennes de métal (étain et argent), il est possible que l'on ait aussi adopté certains modèles chinois, par exemple les tasses incrustées dans les soucoupes, les théières, les vases-balustres. L'imitation des techniques, des matériaux, des formes et des décors orientaux est un chapitre important de l'histoire de l'art européen. Déjà Rembrandt copiait les miniatures mogholes. On connaît surtout le goût de la chinoiserie à partir de Watteau (la boutique de Gersaint s'appelait « À la pagode »), avec Boucher et J. Pillement, ou en Angleterre avec Williams Chambers. Ne fut-ce qu'une mode ? Les panneaux de laque de Chine furent, dès le XVIIe siècle, importés pour décorer les meubles, et leur succès amena l'invention d'un substitut : le vernis Martin. Mais, au-delà de cet exotisme, on peut observer l'influence de la perspective aérienne utilisée par le peintre chinois sur ses panneaux laqués chez tel ébéniste qui a, très subtilement, conçu les volumes de son meuble en fonction de celle-ci. Chippendale, lui, imitera volontairement des meubles chinois. Il est aussi permis de penser que la peinture romantique a découvert certaines harmonies colorées dans les tissus indiens. Regardons au Louvre les *Deux Sœurs* de Chassériau, ou *Madame de Senonnes* d'Ingres : il est clair que les cachemires indiens ont déterminé ici les gammes chromatiques. Enfin, il n'est nul besoin d'insister sur la découverte de l'estampe japonaise par les impressionnistes et l'école de Pont-Aven. Une approche archéologique serait utile, qui nous montrerait que les apports de l'Orient furent plus importants qu'il n'y paraît dans le champ technique et esthétique, tout comme il va devenir significatif dans le domaine des idées avec les débuts de l'orientalisme.

L'influence matérielle de l'Europe sur l'Asie fut, croit-on généralement, infiniment plus considérable. Cela n'est vrai globalement qu'à partir de la fin du XVIIe siècle. Lorsque les Européens s'élancèrent sur les mers d'Asie, ils étaient à peu près au niveau technique de l'Inde ou de la Chine, en tout cas leurs solutions ne s'imposèrent pas. Commercialement, leur influence fut à peine sensible ; demandeurs de produits naturels ou de fabrication courante, ils devaient les payer en métaux précieux : longtemps les échanges furent lourdement déficitaires pour les Européens. Politiquement, leurs comptoirs, voire leurs premières conquêtes, ne furent que d'insignifiantes péripéties dans la suite des invasions qui, deux mille ans durant, façonnèrent le destin de l'Inde et de la Chine. Quel que fût leur zèle, les missionnaires n'eurent qu'un rôle infime au regard des immenses essors du bouddhisme puis de l'Islam...

Cependant, une analyse plus fine des témoignages matériels de l'apport européen révélerait les prodromes d'une évolution décisive. L'un des signes pertinents fut la diffusion des mathématiques appliquées aux mesures du temps et de l'espace grâce aux instruments de précision. L'Inde comme la Chine avaient développé des astronomies raffinées et, pour elles, efficaces. Mais l'Europe apportait des lunettes, des instruments de mesure d'arc, des horloges, des appareils de visée qui permettaient de cerner le temps et l'espace dans un réseau logique de références fondé sur des rapports univoques. Les progrès du comput, l'apparition des vraies cartes, la précision de la navigation ont profondément infléchi la connaissance et l'administration du territoire, les relations entre États. Des monuments très remarquables subsistent de cette pénétration, qui mériteraient une archéologie comparée : ce sont les grands observatoires bâtis sur les conseils d'Européens, depuis le bureau astronomique de Pékin réformé par Matteo Ricci à partir de 1601 jusqu'à l'observatoire de Jaipur en 1728. La montre et l'horloge seront, deux siècles durant, le cadeau qui fascinera et que sollicitera toute l'Asie.

L'influence occidentale sur les arts asiatiques a été étudiée en détail, surtout en Chine où on la relève très tôt, en particulier avec le père Castiglione qui traduisit en chinois la *Perspective* d'Andrea Pozzo (1729). Ce fut également le cas en Inde où les œuvres occidentales ont marqué les miniaturistes aussi bien pour le portrait que pour le paysage, influences déterminantes pour l'évolution ultérieure de l'art pictural. Une archéologie de l'influence occidentale devrait déborder le cadre de l'histoire de l'art. L'Asie plia, en partie, son art de cour aux modes occidentales, mais n'a guère adopté ni les techniques, ni les formes, ni le décor européens pour son mobilier, ses ustensiles ou sa vie quotidienne alors qu'elle confectionnait de tels objets pour les exporter. Seuls les arts religieux ont systématiquement représenté des Européens comme gardiens de temples : ceux-ci se devaient d'être abominables. Accessoirement, on a volontiers peint ces envahisseurs, mais comme on l'aurait fait de quelque animal curieux, par exotisme. L'Asie représente donc l'Occident avec une curiosité d'ethnographe mais le tient à l'écart, tandis que l'Europe multiplie les chinoiseries jusque sur ses objets les plus banals, mais en tant que « magots » et sans aucun réalisme... Il serait tout à fait passionnant d'analyser ce contraste sur de larges séries comparatives, et d'en dégager les causes.

En un domaine, pourtant, les modèles européens ont profondément marqué l'Asie, celui de l'architecture ou plus précisément de la cité comme siège du pouvoir. Non certes que la Chine et l'Inde et les royaumes d'Asie du Sud-Est n'aient, depuis des siècles, développé d'immenses cités fortifiées, centre du pouvoir, microcosmes propitiatoires assurant la stabilité de l'univers et la faveur des dieux. Mais les Européens vont créer un type nouveau de cité, mieux défendu, plus efficace et, surtout, essentiellement économique, géré par des groupes sociaux différents. Ce furent, d'abord, des ports ; or pas une seule des grandes capitales historiques, en Asie, ne s'était dressée au bord de la mer. Malacca offre un exemple privilégié de la nouvelle cité « maritime » avec le fort construit par Albuquerque en 1511 et l'église de saint François-Xavier, la forteresse des Hollandais, qui gouvernent la ville de 1614 à 1795, et la cité de bungalows de la caste britannique qui finalement s'impose. Ici apparaît en outre une composante nouvelle : les Chinois, déjà maîtres du commerce. Les canaux et les rues de Malacca bordés d'étroites maisons hollandaises à pignon, ornées de carreaux de faïence chinoise imitant les « Delft » (eux-mêmes copiés sur la Chine !), avec boutique en rez-de-chaussée, magasins sur cour surmontés du gynécée, sont des modèles fascinants dont on pourrait suivre les variantes dans toute l'Asie. Jakarta conserve de l'antique Batavia les canaux et les lourdes maisons hollandaises. Manille, en 1570, est une ville espagnole. Aux Philippines, cas unique, un art religieux, inspiré de l'Espagne et de l'Italie mais local par les matériaux et le dessin, a pris un essor qui mériterait une étude (par exemple les étonnantes églises villageoises et leurs orgues en bambou). L'Inde, bien sûr, présente la variété la plus grande de villes influencées par les Européens, depuis les cités portugaises Goa et Damian (1510-1558) jusqu'à Tranquebar reconstruite par les Danois en 1777 sur des dessins inspirés de J.-F. Blondel, en passant par Pondicherry refaite à partir de 1785 en post-Louis XV colonial, et Madras ou Calcutta, déployées à la fin du siècle sur de superbes plans néo-classiques. Ici, avant même l'installation définitive du pouvoir colonial, se mettent en place les cadres de ce pouvoir.

Bien évidemment, les techniques militaires européennes eurent un grand succès. Encore remarquera-t-on qu'armes à feu et fortifications avaient déjà gagné les Indes avec les dynasties turques qui, elles-mêmes, les avaient découvertes en luttant contre les Francs. Finalement, les forts à la Vauban vont s'imposer. Un des ensembles les plus remarquables, mais à peine connu, fut construit au Vietnam par les Français qui aidèrent Gia Long à reconquérir son trône à la fin du XVIIIe siècle. Partout des mercenaires vont couler des canons, organiser des arsenaux, instruire les armées. Une archéologie des armes à feu en Asie serait fascinante, en particulier pour les canons copiés sur les canons d'Europe – y compris les inscriptions et les armoiries. En outre, des ingénieurs au service des potentats locaux commencent à dessiner des factoreries, des ponts, des ports, des silos, des systèmes d'irrigation, qui amorcent la transformation technique du mode de production du pays.

Les bâtiments des nouveaux maîtres procèdent, en partie, des anciens palais, reprennent leurs meilleures dispositions, utilisent les tours de main locaux. Ce ne sont cependant plus les demeures de chefs héréditaires épaulés par la religion. Ce sont les édifices de maîtres civils ou même laïcs qui s'appuient sur l'armée, les clercs, les juristes, les manufacturiers, les prêteurs d'argent, réseaux indigènes mais appelés à un rôle nouveau et désormais en relation avec l'étranger. On voit alors apparaître des édifices jusque-là inconnus : salle d'assemblée des nouveaux « bourgeois », cours de justice, bureaux des clercs, écoles, casernes, hôpitaux et enfin banques et manufactures.

En conclusion, une connaissance des échanges matériels entre l'Europe et l'Asie jusqu'à la fin du XVIIIe siècle établirait un parallèle contrasté. D'un côté, l'Europe a, presque inconsciemment, subi une influence profonde de l'Asie : les épices ont marqué sa gastronomie, certaines de ses habitudes alimentaires – par exemple avec le thé – ont été changées. La vaisselle, la soie, les étoffes imprimées, le papier y ont connu un succès prodigieux qui a d'abord suscité une hémorragie monétaire, puis des industries considérables. Ces objets, directement puis par imitation, ont introduit en Europe un décor orientalisant. Cependant, ni les idées ni l'esthétique n'ont été profondément marquées par ces modes. Les apports scientifiques furent nuls. La connaissance de l'Asie restera le fait de quelques esthètes et des orientalistes. De l'autre côté, l'Asie a acquis davantage, surtout dans l'organisation de l'État, du commerce, de l'industrie, dans les sciences appliquées alors que rien de sa nourriture, de ses vêtements, de son mobilier, voire de son esthétique quotidienne, n'a changé, non plus que ses philosophies et ses religions. Le Japon, avant son ouverture en 1853 par Perry, est le parangon de cette résistance. Pourtant l'Asie recevait, fût-ce inconsciemment, un greffon si vigoureux qu'elle devait basculer du tout au tout, avant même – ou sans – la domination coloniale. Là encore, le Japon est l'exemple par excellence... De ces vastes mouvements, les objets, les techniques portent témoignage.

Bernard Philippe GROSLIER

« Européens dînant sur une terrasse »

Peinture indienne de style moghol. L'influence européenne – d'après des gravures, probablement – est évidente dans la mise en page, la perspective, les costumes. Cela ne va pas sans erreurs : voir le traitement des « gorges » féminines. Le paysage, la balustrade de marbre ajouré, les meubles, le service – et la façon de manger –, certains éléments du costume de la servante sont indigènes. La fusion des esthétiques est à la fois souple et heureuse, le résultat séduisant. Peinture sur toile. Fin du XVIIe siècle. British Museum, Londres.

British Museum

Commode Louis XV à panneaux chinois

Exemple exceptionnel d'intégration d'un art étranger. Les obliques chinoises sont amplifiées par les courbes du meuble français. La végétation du panneau latéral se prolonge dans les entrelacs des bronzes. L'harmonie or et noir des panneaux se retrouve dans l'or du bronze et le bois laqué noir. Estampille de Carel ; provient du château de Valençay ; hauteur : 0,95 m. Musée du Louvre, Paris.

Musées nationaux

Terrine chinoise en forme de tête de buffle

La tête est ornée d'une scène galante d'après les dessins envoyés d'Europe pour ces porcelaines dites de la Compagnie des Indes. L'Occidental trouve là, selon son goût, une terrine exprimant par sa forme le contenu, mais sous un aspect « exotique ». La scène galante devait lui apparaître déplacée, mais d'autant plus amusante : c'est le propre des « magots » et autres « chinoiseries » grotesques. Porcelaine Chien-lung, 1736-1795 ; hauteur : 0,41 m. Collection particulière, Lisbonne.

Office du livre, Fribourg

B. P. Groslier

Rue à Malacca, Malaisie

Dans la ville, les maisons du XVIIIe siècle et du début du XIXe imitent les maisons hollandaises : façades étroites (le terrain est cher), boutique au rez-de-chaussée, habitation en étage protégée du climat par des loggias, revêtement en carreaux de faïences chinois imitant ceux de Delft. La maison s'enfonce en profondeur avec des cours-magasins. Un canal dessert la rue. Les Chinois ont ainsi adopté, adapté et perfectionné la cité marchande hollandaise.

Grenier à grain dit Gola, Paṭnā, Bihār, Inde

Construit par John Garstin (1752-1820) en 1784 pour lutter contre les famines. Le grain était entassé par le haut ; deux escaliers hélicoïdaux permettaient l'ascension puis la descente ininterrompues des porteurs. Ce fut le seul silo construit, et il demeura inutilisé : premier exemple d'une approche technique des problèmes de sous-développement, et premier échec. On soupçonne l'influence de l'architecture « fonctionnelle » et « expressive » de Claude Nicolas Ledoux. Pierre et brique ; hauteur : 30 m.

S. Winchester

La colonisation européenne en Amérique du Nord

La présence européenne en Amérique du Nord est un phénomène relativement récent. Dans le cours du XVIᵉ siècle, des pêcheurs de baleine ou de morue fréquentent Terre-Neuve et le Saint-Laurent, mais c'est seulement au début du XVIIᵉ siècle que des établissements permanents liés à la pêche d'été puis au peuplement sont créés par les Français d'abord, puis par les Anglais. En 1604, Samuel Champlain hiverne à Sainte-Croix, dans le Maine actuel, puis il s'établit l'année suivante de l'autre côté de la baie de Fundy, à Port-Royal, l'actuelle Annapolis (Nouvelle-Écosse). En 1608, il remonte le Saint-Laurent et fonde Québec : désormais, le peuplement français de l'Acadie et du Saint-Laurent va se développer.

De leur côté, les Anglais commencent à se fixer sur la côte atlantique dès 1607, avec la fondation de Jamestown en Virginie. Plus au nord, divers établissements, qui deviendront des villes importantes, sont créés dans le Massachusetts, comme Plymouth en 1620 et Boston en 1630. Progressivement, diverses autres colonies vont s'établir entre celles du Nord, autour de Boston, et celles du Sud, en Virginie.

Dans le cours du XVIIᵉ siècle, un très fort déséquilibre apparaît entre les colonies françaises et celles de l'Angleterre établies le long de l'Atlantique sur une surface plus réduite, mais avec un peuplement infiniment plus considérable. Cette situation et les contrecoups de l'affrontement entre la France et l'Angleterre en Europe ont pour conséquence, dès la fin du XVIIᵉ siècle, une lutte quasi séculaire entre les deux métropoles sur les terres d'Amérique du Nord : c'est seulement avec le traité de Versailles qui, en 1783, met fin à la guerre d'Indépendance américaine que cesseront, au moins sur le terrain nord-américain, les heurts entre ces deux pays. Au XVIIIᵉ siècle, des forts ou des villes fortifiées sont créés dans les secteurs d'affrontement traditionnels : embouchure du Saint-Laurent et Acadie ; vallée du Saint-Laurent ; rivière Richelieu au sud de la Nouvelle-France vers Boston et New York ; zone des Grands Lacs et vallées de l'Ohio et du Mississippi.

Pour une large part, l'archéologie des sites coloniaux en Amérique du Nord est une recherche sur l'histoire de la colonisation au XVIᵉ et surtout au XVIIᵉ siècle et une étude des principaux et surtout des premiers sites de ces époques. C'est aussi une archéologie liée très souvent à la mise en valeur et à la présentation au public des lieux où s'affrontèrent, au XVIIᵉ et surtout au XVIIIᵉ siècle, la France et l'Angleterre.

Ces deux orientations de recherche furent dominantes aux États-Unis comme au Canada jusque vers les années soixante ; mais depuis quelques années, en élargissant ses thèmes de travail, l'archéologie nord-américaine touche désormais à des aspects qui sont parfois sans équivalents en Europe. Récemment, en abordant le XIXᵉ siècle, les chercheurs nord-américains ont commencé de développer une archéologie du sub-contemporain tout à fait originale et très peu courante en Europe.

Les premières recherches archéologiques nord-américaines ont d'abord été liées à l'étude et à la reconstruction des grands sites datant des origines de la colonisation, comme Jamestown et Williamsburg en Virginie (États-Unis), Louisbourg en Nouvelle-Écosse (Canada). On s'est appliqué aussi à rechercher les traces des grands ancêtres de la colonisation : sondages en 1958 et en 1959 pour retrouver les deux premiers lieux de campement de Jacques Cartier à Québec ; fouille en 1950 du site du premier hivernage nord-américain de Champlain à Sainte-Croix, fouille reprise sur une plus grande ampleur en 1968-1969. Dans la région des Grands Lacs, les mêmes efforts ont été faits pour étudier les missions de Sainte-Marie (Ontario), entre 1940 et 1954, et de Marquette à Saint-Ignace (Illinois). Dans les deux cas, il s'agissait des premiers établissements européens de la région, le premier datant d'entre 1639 et 1649, le second établi en 1671.

Les forts, témoins des affrontements franco-anglais, sont parallèlement restaurés et fouillés. Du fort Beauséjour (Nouveau-Brunswick), construit par les Français en 1751, à celui de Michilimackinac (Michigan), important comptoir commercial français créé sur le lac Huron en 1715, en passant par ceux de la rivière Richelieu, un travail important a été consacré à la fortification de bois et de pierre, l'un des exemples les plus remarquables étant certainement Louisbourg.

Mais, à partir de ces orientations de départ, l'archéologie de la période coloniale nord-américaine a développé depuis les années soixante-dix des travaux tout à fait originaux en s'intéressant à l'archéologie des villes édifiées du XVIIᵉ au XIXᵉ siècle, aux sites artisanaux et industriels, aux moyens de transport maritimes et fluviaux.

L'archéologie des villes est de développement très récent en Amérique du Nord, à Québec et à Montréal, par exemple. La naissance de Québec est bien connue depuis la fouille faite à partir de 1976 de la seconde habitation de Champlain, qui avait été reconstruite en pierre en 1624. De la même manière, les recherches actuellement en cours de Strawberry Banke à Portsmouth (New Hampshire) illustrent les débuts de ce port fondé en 1620.

Les recherches sur les postes de pêche et sur des épaves sont essentielles pour connaître les activités maritimes du XVIᵉ siècle. Les fouilles en cours à Red Bay, au Labrador, d'un établissement de pêche à la baleine et d'une épave coulée en 1565 sont parmi les travaux archéologiques les plus originaux et les plus parlants de toute l'Amérique du Nord. Là, pour la première fois, nous apparaissent les navires européens du XVIᵉ siècle pour la pêche et le commerce en Atlantique.

Grâce à d'autres programmes, on a trouvé aux États-Unis et au Canada des épaves de navires de mer et de rivière européens du XVIᵉ au XIXᵉ siècle : du Seneca Lake Project dans l'État de New York, qui porte sur la recherche d'épaves de canaux et de lacs dans un secteur essentiel pour l'économie régionale au XIXᵉ siècle, à la fouille à Restigouche au Québec d'une frégate destinée à l'approvisionnement des troupes françaises au Canada et coulée en 1760, les résultats sont remarquables. On y retrouve toujours ce souci constant de présentation au public des recherches. En Virginie, le Yorkstown Shipwreck Archaeological Project, en cours, illustre bien ces deux aspects : il s'agit, d'une part, d'étudier un bateau d'approvisionnement anglais coulé lors de la bataille de Yorkstown qui scella, le 19 octobre 1781, le sort des armées britanniques en Amérique du Nord et, d'autre part, de le présenter *in situ*, dans une enceinte étanche remplie d'eau filtrée transparente.

L'étude des activités industrielles et artisanales est un élément essentiel des orientations récentes de recherche aux États-Unis comme au Canada. Les principales activités – verrerie, céramique, métallurgie,

etc. – ont fait l'objet de fouilles récentes dans les deux pays : au Canada, les forges de Saint-Maurice, créées en 1730 au Québec et restées en activité jusqu'en 1883, aux États-Unis, plus anciennement, la forge de Saugus, dans un site de peuplement fondé en 1630 à peu de distance de Boston.

Les archéologues nord-américains ont développé une recherche fondée sur des problématiques comparables à celles des médiévistes européens, mais pour des périodes plus récentes. Leurs préoccupations s'étendent désormais au XIXᵉ siècle. On citera à ce propos les travaux consacrés en Californie à quelques-unes des vingt et une missions établies à la fin du XVIIIᵉ siècle dans cet État jusqu'à la rivière Sonora, pendant la période espagnole.

Des cimetières du XIXᵉ siècle sont actuellement en cours de fouille : ainsi celui de Monroeville, Glenn County (Californie), utilisé entre 1851 et 1910, ou bien à Philadelphie, en Pennsylvanie, le First African Baptist Church Cemetery, où quatre-vingts inhumations furent pratiquées entre 1820 et 1840. Cinquante y ont été étudiées en 1983.

L'intérêt de telles recherches peut sembler secondaire. Mais en Amérique du Nord comme en Europe, pour ces époques comme d'ailleurs pour d'autres plus anciennes, même avec une documentation écrite ou photographique abondante, bien des aspects de l'histoire humaine restent mal connus ou franchement incertains. De plus, les nécessités du sauvetage et surtout de la présentation au public de monuments font qu'il est souvent indispensable d'effectuer des fouilles avant disparition complète de sites ou de couches archéologiques. Ces travaux archéologiques montrent bien que la fouille est la seule source documentaire susceptible de produire certaines informations et plus encore de nourrir certaines problématiques. L'archéologie de la période coloniale en Amérique du Nord n'est pas seulement l'étude du prolongement outre-Atlantique de l'histoire européenne, le travail des archéologues nord-américains nous donne souvent aussi, sur les sociétés occidentales, des informations que nous ne possédons pas encore, sur les navires par exemple, et confirme l'intérêt du développement sur le Vieux Continent d'une archéologie des périodes postmédiévales.

Jean CHAPELOT

Le port et la forteresse de Louisbourg (1719-1760), Nouvelle-Écosse, Canada

1	bastion du Roi	13	four à chaux
2	casernes	14	courtine
3	corps de garde	15	poudrière
4	rempart	16	porte Dauphine
5	poterne	17	demi-bastion Dauphin
6	glacière	18	éperon
7	jardin du Roi	19	quai
8	place Royale	20	cale Dauphine
9	rue Royale	21	porte Frédéric
10	forge d'armurerie	22	cale Toulouse
11	boulangerie	23	hôtel de la Manne
12	forge d'artillerie	24	place du Port

Louisbourg, Nouvelle-Écosse, Canada, une place forte française du XVIIIᵉ siècle redécouverte

Par le traité d'Utrecht, en 1713, la France perd l'essentiel de ses possessions à l'embouchure du Saint-Laurent, Terre-Neuve et l'Acadie. Pour protéger l'entrée du fleuve et la pêche sur les bancs de Terre-Neuve, la France entreprend donc en 1719-1720 la construction de Louisbourg, port, forteresse et ville. Prise une première fois par les troupes anglaises en 1745, puis en 1758, la forteresse est détruite dès les années suivantes. À l'époque de sa splendeur, Louisbourg abritait une garnison de mille à quatre mille hommes, une population de l'ordre de deux mille personnes et d'importantes activités portuaires et de pêche et se plaçait au second rang derrière Boston comme port de l'Amérique du Nord. On retrouve là, dans une enceinte bastionnée, tous les éléments nécessaires à une garnison, tout un échantillonnage de bâtiments d'habitation ou de travail, notamment pour la pêche à la morue. Étudiés par les archéologues depuis une vingtaine d'années, ils ont été reconstruits progressivement susceptible avec informations issues de la fouille et aux très nombreux textes et documents graphiques conservés dans les archives françaises. L'ampleur des fouilles et des résultats ont fait de Louisbourg l'un des sites majeurs de l'Amérique du Nord pour l'époque coloniale.

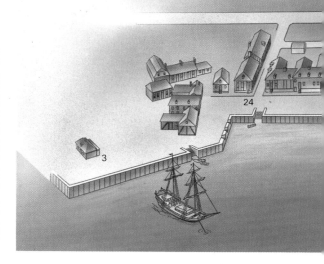

Red Bay, Labrador : l'épave d'un chasseur de baleine basque

Dès le début du XVIe siècle, des pêcheurs européens, surtout des Basques, viennent chasser la baleine sur les côtes du Labrador et du Québec. Entre 1540 et 1590, cette activité est très développée. En 1974, le site de Red Bay apparaissait, d'après les sources écrites, comme l'un des lieux très fréquentés par ces pêcheurs, et il fait depuis l'objet d'une fouille importante. L'habitat terrestre, notamment les installations de fonte de graisse de baleine et un petit cimetière, est en cours d'étude. Sous l'eau, dans la baie, une des plus grandes fouilles d'épaves jamais organisée est aussi en cours : plusieurs galions, les grosses unités de pêche de l'époque, et diverses annexes ont été repérés ; l'un des galions, peut-être le *San Juan*, dont on sait qu'il coula à Red Bay en 1565, est très attentivement étudié chaque année : en 1983, trois mille heures de plongée ont été faites sur le site, et la seule fouille subaquatique de cette épave et de son environnement a produit plus de 60 000 pièces, en particulier les éléments de la coque.

Un atelier de poterie à Hervey Brook's, Goshen, Connecticut

L'existence d'un atelier de poterie créé par Hervey Brooks et actif de 1818 à 1864 était connue par les textes et par des pièces de collection comme celle qui est présentée en haut et qui porte gravés le nom du fabricant « H. Brooks » ainsi que la date de son exécution « 1858 » (propriété de la Litchfield Historical Society). La fouille de l'atelier de Brooks, la découverte de multiples tessons (voir le plat représenté ci-dessus) permettent de mieux connaître ces objets ainsi que le processus de leur fabrication.

La mission San Juan Capistrano, Californie

En Californie, plusieurs missions analogues, caractéristiques des débuts de l'occupation espagnole, ont été fouillées ou sont en cours de fouille. La mission de San Juan Capistrano fut fondée sept ans après qu'une expédition espagnole eut reconnu les lieux en 1769. Une église fut dédicacée là en 1806 (et détruite en 1812 par un tremblement de terre). Autour de l'église, divers bâtiments abritaient différentes activités artisanales, en particulier une fabrique de poterie. Comme dans toute l'archéologie nord-américaine, ces recherches sont étroitement liées à des préoccupations de présentation des résultats et de mise en valeur du site, église ou ailes ouest et est (ici reproduite), du cloître.
Avec l'aimable autorisation de Nicholas M. Magalousis, directeur des fouilles.

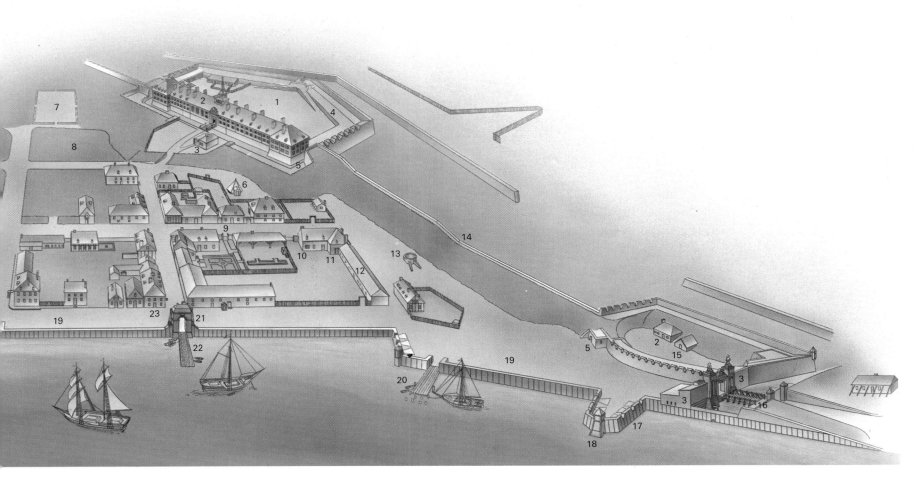

L'archéologie industrielle

De toutes les sciences de l'homme, *l'archéologie industrielle* est probablement l'une des plus contestées, car ce domaine, qui n'a pas trente ans d'histoire, fait l'objet d'un vif débat entre spécialistes – à la rencontre de plusieurs champs disciplinaires traditionnels. Archéologues, historiens de la société, historiens des techniques et historiens de l'art posent en effet des regards différents sur un objet identique ; et, s'ils ont parfaitement conscience que la richesse de leur démarche tient fondamentalement à cette diversité d'intérêt, ils n'en sont pas moins constamment affrontés à l'hétérogénéité de leurs formations, de leurs cultures et de leurs méthodes.

Bien que ce ne soit pas vraiment l'avis de R. A. Buchanan, le fondateur de l'archéologie industrielle en Angleterre, c'est bien la *seconde* révolution industrielle qui est à l'origine du développement d'une réflexion historique : la mutation technologique est un fait culturel essentiel, qui marque profondément notre sensibilité. Sur le plan de la technologie, le développement de l'électronique a totalement transformé et continue de transformer la conception et l'organisation – jusque-là purement mécaniques – des objets manufacturés. Des fonctions aussi simples que la mémorisation, la commande à distance ou le classement automatique appartenaient encore récemment au domaine de l'imaginaire ; inversement, la « pensée mécanique » – si l'on ose dire – avait un caractère concret qui la rendait accessible à tous. En brisant le rapport entre le visuel et le technique, la miniaturisation a profondément perturbé la culture mécanique du premier âge industriel.

Ce sont les pays les plus anciennement industrialisés et donc les plus gravement bouleversés par les mutations technologiques de notre époque qui, les premiers, ont été sensibles à l'existence d'un patrimoine industriel et à sa conservation : comme le signale très justement Maurice Daumas, c'est autour d'un monument datant des débuts de l'art industriel, la gare d'Euston, à Londres, que s'est cristallisé cet intérêt. En Allemagne ou en Pologne, les ravages de la Seconde Guerre mondiale ont suscité des mouvements similaires : sous le nom d'*histoire de la culture matérielle*, une réflexion s'est développée, qui avait pour objet la connaissance et la protection de tout un pan de l'histoire moderne. D'une façon générale, la vieille Europe est la plus directement concernée : on y découvre avec surprise que la pensée savante a bien souvent occulté depuis deux siècles le phénomène le plus important qui se soit produit depuis l'Antiquité – l'industrialisation. Et l'on s'efforce, un peu tardivement, d'en conserver la mémoire.

Pourtant, cette mémoire ne sera pas la même selon la discipline à laquelle se rattache l'observateur. L'histoire des techniques, qui n'avait pas bénéficié jusque-là d'une grande publicité, malgré son ancienneté (elle remonte à la création, en 1794, du Conservatoire des arts et métiers à Paris), va désormais prendre une place prééminente, au moins dans le domaine français, sous l'influence du livre de Maurice Daumas, *Histoire générale des techniques*. Les ponts, les machines et les objets manufacturés, qui avaient appartenu longtemps au domaine de l'art mais s'en étaient séparés depuis la fin du XVIIIe siècle, y font une rentrée remarquée.

Parallèlement, la mutation industrielle récente aura eu d'importantes conséquences urbanistiques et sociales. Le rejet des industries en dehors des agglomérations, la reconquête de leurs emplacements par la spéculation immobilière puis les effets dus au changement de la composition sociale des quartiers forment une chaîne de transformations dont il était difficile d'ignorer l'impact : sociologues et architectes vont se pencher simultanément sur la vie ouvrière des quartiers en mutation et sur l'évolution de leur architecture. Ils en tireront nombre d'études dont toute nostalgie n'est pas absente. Certains d'entre eux entretiennent d'ailleurs une forme de confusion entre architecture industrielle et architecture métallique (faisant d'une branche de l'histoire de l'art contemporain l'un des aspects de l'archéologie industrielle).

Enfin, les transformations très profondes de l'activité industrielle dans le monde, le déplacement d'usines en Orient ou en Extrême-Orient ont fait naître dans les villes européennes des « friches industrielles » dont l'idée même n'était pas concevable il y a un quart de siècle : quand l'industrie quitte une région, laissant derrière elle la marque de son activité à la fois dans le paysage et dans les mentalités, on découvre tout d'un coup l'importance des transformations qu'elle a opérées et l'on est tenté d'en préserver le souvenir.

Les derniers venus dans ce domaine auront été les historiens de l'art qui, par le biais du marché de l'art, ont découvert que la production industrielle – objet manufacturé, machine, architecture ou paysage – était susceptible d'une approche plastique, sinon culturelle. La notion de *patrimoine* industriel s'en est dégagée tardivement – posant le problème des critères d'observation et de protection de toute cette population d'objets, qui s'ajoute encore au corpus déjà énorme des productions de l'art (savant, populaire ou artisanal) accumulées par les générations précédentes.

Le champ de l'histoire s'élargissant, on découvre maintenant que l'industrialisation est un phénomène culturel ancien, dont les racines appartiennent au savoir antique et qui prend son essor dès le Moyen Âge : des études aussi remarquables que celle de Bertrand Gille sur l'histoire des techniques en apportent la preuve. Le brillant essai de José Federico Finó sur les *Forteresses de la France médiévale*, paru dès 1967, manifestait cet enrichissement que l'archéologie et l'histoire de l'art peuvent tirer du contact avec l'histoire des sciences et ouvrait implicitement la voie à la fondation d'une authentique archéologie industrielle.

On peut, à un niveau purement théorique, s'intéresser à une « archéologie du monde moderne » – c'est-à-dire considérer l'archéologie non pas comme une discipline de la connaissance du passé mais comme une méthodologie de la description et de l'analyse des objets matériels. C'est faire peu de cas, pourtant, des capacités méthodologiques de l'histoire et c'est sans doute restreindre abusivement le champ de l'archéologie (qui n'hésite pas, quand c'est possible, à recourir aux sources écrites). L'archéologie, d'autre part, reste une science du passé, fût-il des plus récents (comme l'estimait encore Buchanan, qui affirmait que la première génération des ordinateurs entrait dans le domaine de l'archéologie industrielle) ; c'est donc de sa confrontation avec ce passé qu'elle tire les résultats les plus stimulants (éclairant indirectement, par voie de réflexion, les caractères du temps présent – ce que l'histoire actuelle a fort bien compris). Il est à craindre pourtant que cette définition trop large ne finisse par se confondre totalement avec celle de l'histoire ; aussi est-il indispensable de rappeler, comme le fait Philippe Bruneau, le trait fondamental commun à l'histoire de l'art et à l'archéologie : seules parmi les sciences humaines, elles s'intéressent aux objets *matériels* – ce qui éclaire d'un jour beaucoup plus favorable la définition de l'archéologie industrielle en vigueur dans les pays de l'Est.

Ce qui distingue, ensuite, l'histoire de l'art de l'archéologie réside dans le type de regard – esthétique ou non – qu'elles portent sur l'objet. Les deux disciplines peuvent s'attacher aux mêmes objets sans en tirer les mêmes observations (selon que l'on considère un tableau de Monet comme révélateur des techniques de fabrication de la peinture employées au XIXe siècle ou comme œuvre d'art parmi d'autres œuvres d'art).

L'archéologie *industrielle* constitue, en ce sens, l'une des branches de l'archéologie générale – mais ce champ d'intérêt n'est en rien une discipline propre. Ne conviendrait-il pas mieux de parler de *patrimoine industriel*, comme le font Françoise Hamon et André Chastel ? Cette notion, liée à celle de protection, a un sens présent et désigne à tout le moins un terrain d'intervention. Certes, la méthode de l'archéologie peut tirer des productions industrielles un sujet d'étude original et stimulant (il faudrait alors créer parallèlement une histoire de l'art industriel où l'usine, le pont seraient considérés de la même manière que le meuble, le tableau ou l'architecture – dont la dimension artistique est depuis longtemps reconnue). Espérons donc qu'à l'avenir on parlera plutôt d'*histoire de la culture matérielle*, comme on le fait dans les pays de l'Est, et que le terme – séduisant, mais trompeur – d'*archéologie industrielle* sera réservé au domaine propre de l'archéologie, c'est-à-dire à l'étude de l'objet en lui-même (qu'il soit ou non le produit d'une fouille, ce qui est une distinction d'importance secondaire). L'archéologie industrielle reprendra alors sa place au sein des différentes disciplines historiques – histoire sociale, histoire technique, histoire économique, histoire de l'art, etc. – qui concourent à la connaissance de la civilisation industrielle.

François LOYER

Maisons des Onze Apôtres, Chexmsko, Basse-Silésie, Pologne

Ensemble de maisons de la première moitié du XVIIe siècle, qui abritaient les logements et les ateliers des artisans du textile. De ce type de groupement artisanal, autrefois très nombreux en Pologne, ne subsistent que deux ensembles, celui de Chexmsko étant le plus important. La Pologne fait des efforts déjà anciens et particulièrement importants pour la conservation et la mise en valeur des vestiges de la « civilisation matérielle », selon l'expression utilisée en Europe centrale pour désigner le patrimoine industriel.   F. H.

Forges de Cornwall, Pennsylvanie, États-Unis

La Pennsylvanie était au XVIIIe siècle le principal fournisseur de fer de la colonie américaine. Le fourneau de Cornwall, créé en 1742, fonctionnait au charbon de bois et était mû par la force hydraulique. En 1856, le haut fourneau est reconstruit et la roue remplacée par une machine à vapeur. Les forges cessent leur activité en 1883. Devenu depuis 1932 propriété de l'État de Pennsylvanie, le site est devenu musée.   F. H.

Fours à céramique de Coalport, Ironbridge, Shropshire, Grande-Bretagne

Construits près de la rivière Severn, ces fours produisaient depuis le milieu du XVIIIe siècle de la poterie commune, puis, à partir de 1772, de la porcelaine de type chinois. Les fours actuels datent de 1840 ; actifs jusqu'en 1926, ces fours monumentaux sont intégrés aujourd'hui dans le complexe muséal d'Ironbridge Gorge Museum, le plus ancien (il a été fondé en 1968) et le plus prestigieux des musées industriels existant actuellement.
Françoise Hamon

Plate-forme de cuivre de Creutz Schackt, Falun, Suède

Les mines de cuivre de Falun, exploitées depuis le VIIIe siècle et qui exportaient dès le XIIIe le cuivre en Europe du Nord, ont connu leur période d'apogée au XVIIe siècle (3 000 t de cuivre ont été produites pour l'année 1650 par exemple). En 1687, les trois puits s'effondrent et n'en forment plus qu'un, dénommé Stora Stöten. La production diminue au XVIIIe siècle et ne subsiste aujourd'hui qu'en quantité minime. Les anciens bâtiments en bois ont en grande partie disparu, mais les éléments encore en place constituent l'un des vestiges essentiels du patrimoine industriel suédois. La plate-forme Creutz Schackt date de 1836.
F. H.

Tuilerie de Malbrans, Doubs, France

Ce type d'établissement était fort répandu dans les régions où l'utilisation de la tuile s'était généralisée au XIXe siècle. La tuilerie de Malbrans a été établie en 1839-1864 ; elle fait aujourd'hui partie de la « chaîne » des musées comtois. La cheminée du four, la halle de séchage à grand toit ventilé par un lanterneau sont caractéristiques de ce type d'équipement industriel en milieu rural.
F. H.

Cimenterie de Camiers, Pas-de-Calais, France

Batterie de fours en ligne de la cimenterie créée à la fin du XIXe siècle et qui a cessé son activité.
F. H.

Le Lingotto, usine Fiat de Turin

Usine avec chaîne de montage intégrée, conçue par l'architecte turinois Giacomo Matte Truco pendant la Première Guerre mondiale sur le modèle de l'usine Ford de Highland Park et construite entre 1922 et 1925. Une piste d'essai avec rampe d'accès hélicoïdale était établie sur le toit du bâtiment (il existe un projet analogue pour les usines Citroën de Javel à Paris). L'usine du Lingotto, abandonnée au profit d'un établissement plus moderne, pose avec acuité le problème de la réutilisation des bâtiments industriels de grande qualité architecturale.
F. H.

Bibliographie

L'archéologie et l'homme 11

On propose ici une liste d'ouvrages, souvent récents, où le lecteur trouvera, avec des bibliographies détaillées, une présentation commode et de la réflexion sur les fonctions de l'archéologie et certaines des méthodes qu'elle met en œuvre.

Pour l'histoire de l'archéologie
G. DANIEL, *A Short History of Archaeology*, Thames & Hudson, Londres, 1981.

Ouvrages d'ensemble, ou portant sur un domaine particulier mais dans une perspective plus générale
M. DE BOUÄRD, *Manuel d'archéologie médiévale*, S.E.D.E.S., Paris, 1975 / D. L. CLARKE, *Analytical Archaeology*, Methuen, Londres, 1968 ; *Models in Archaeology*, *ibid.*, 1972 / H. CLEERE dir., *Approaches to the Archaeological Heritage*, Cambridge Univ. Press, 1984 / J. C. GARDIN, *Une archéologie théorique*, Hachette, Paris, 1979 / R. GINOUVÈS, *L'Archéologie gréco-romaine*, P.U.F., Paris, 2e éd. 1975 / C. A. MOBERG, *Introduction à l'archéologie*, Maspero, Paris, 1976.

Prospection aérienne et au sol
R. AGACHE, « Détection aérienne de vestiges protohistoriques, gallo-romains et médiévaux », numéro spéc. du *Bulletin de la Société de préhistoire du Nord*, 7, Musée d'Amiens, 1970 / G. CHOUQUER & F. FAVORY, « Contribution à la recherche des cadastres antiques. Traitement de photographies aériennes par filtrage optique », in *Annales univ. Besançon*, 31, 1980 / J. DASSIÉ, *Manuel d'archéologie aérienne*, Technip, Paris, 1978 / A. HESSE, *Manuel de prospection géophysique appliquée à la reconnaissance archéologique*, Centre de recherche sur les techniques gréco-romaines, Dijon, 1978.

Fouilles et fouilles subaquatiques
P. A. GIANFROTTA & P. POMEY, *Archeologia subacquae*, Mondadori, Milan, 1981 (*Archéologie sous la mer*, Nathan, Paris, 1981) / T. R. HOSTER, R. F. HEITZER & J. A. GRAHAM, *Field Methods in Archaeology*, Palo Alto, 6e éd. 1975 / M. JOUKOWSKY, *A Complete Manuel of Field Archaeology*, Prentice Hall, New York, 1980 / K. MUCKELROY, *Maritime Archaeology*, Cambridge Univ. Press, 1978 / U.N.E.S.C.O., *L'Archéologie subaquatique, une discipline naissante*, Paris, 1973 / M. WHEELER, *Archaeology from the Earth*, Clarendon Press, Oxford, 1954.

Archéologie expérimentale
J. COLES, *Archaeology by Experiment*, Hutchinson, Londres, 1973.

Techniques physiques, en particulier pour la datation
M. J. AITKEN, *Physics and Archaeology*, Clarendon Press, 1974 / S. FLEMING, *Thermoluminescence Techniques in Archaeology*, *ibid.*, 1979 ; *Dating in Archaeology*, St. Martin Press, New York, 1977 / M. S. TITE, *Methods of Physical Examination in Archaeology*, Seminar Press, Londres-New York 1972.

Techniques mathématiques
M. BORILLO dir., *Archéologie et calcul*, Union générale d'éditions, Paris, 1978 / J. E. DORAN & F. R. HODSON, *Mathematics and Computers in Archaeology*, Edinburgh Univ. Press, Édimbourg, 1975 / C. ORTON, *Mathematics in Archaeology*, Collins, Londres, 1980.
Pour l'utilisation d'un système expert, voir par exemple : M. S. LAGRANGE & M. RENAUD, « Simulation d'un raisonnement archéologique. Description de l'application d'un système expert : le système SNARK », in *Panorama 1983 des traitements de données en archéologie*, pp. 31-64, éd. H. Ducasse, Valbonne, 1983.

Archéologie du paysage et de l'environnement
J. BRADFORD, *Ancient Landscapes*, C. Chivers, Portway-Bath, 1974 / K. W. BUTZER, *Environment and Archaeology*, Methuen, Londres, 2e éd. 1972 / D. L. CLARKE dir., *Spatial Archaeology*, Acad. Press, Londres, 1977 / H. JANKUHN, *Einführung in die Siedlungsarchäologie*, W. de Gruyter, Berlin, New York, 1977.

Archéologie des systèmes culturels
C. RENFREW, *Approaches to Social Archaeology*, Edinburgh Univ. Press, Édimbourg, 1984.

L'EUROPE PRÉHISTORIQUE

Le Paléolithique et le Mésolithique

Historiographie 20

L. R. BINFORD, *In Pursuit of the Past. Decoding the Archaeological Record*, Thames & Hudson, Londres, 1983 / G. DANIEL, *150 Years of Archaeology*, Duckworth, Londres, 1978 (1re éd. 1952) / G. DANIEL dir., *Towards a History of Archaelogy*, Thames & Hudson, 1981 / A. LAMING-EMPERAIRE, *Origines de l'archéologie préhistorique en France*, Picard, Paris, 1964.

Les premiers habitants de l'Europe 22

E. BONIFAY, « Les Traces des premiers Hominidés en France », in *La Recherche*, no 128, Paris, déc. 1981 / R. DREIMAN, « Les premiers habitants de l'Europe, qui sont-ils ? », *ibid.*, no 142, mars 1983 / J. J. HUBLIN, « Les Origines de l'homme de type moderne en Europe », in *Pour la science*, no 64, Paris, févr. 1983 / H. DE LUMLEY dir., *La Préhistoire française*, 9e Congrès de l'U.I.S.P.P. (Union internationale des sciences préhistoriques et protohistoriques), t. I, 2 vol., C.N.R.S., Nice-Paris, 1976 / *Origine et évolution de l'homme*, laboratoire de préhistoire du musée de l'Homme, Muséum d'histoire naturelle, Paris, 1982 / *Les Origines de l'homme*, catal. expos., musée de l'Homme, Paris, 1976 / *Les Premiers Habitants de l'Europe (1 500 000-100 000 ans)*, laboratoire de préhistoire du musée de l'Homme, Muséum d'histoire naturelle, Paris, 1981.

Les cultures du Paléolithique moyen 24

F. BORDES, *Le Paléolithique dans le monde*, Hachette, Paris, 1968 / C. FARIZY & J. LECLERC, « Les Grandes Chasses de Mauran », in *La Recherche*, no 127, Paris, nov. 1981 / M. GABORI, *Les Civilisations du Paléolithique moyen entre les Alpes et l'Oural*, Akadémiai Kiado, Budapest, 1976 / H. DE LUMLEY dir., « Les Civilisations du Paléolithique moyen », in *La Préhistoire française*, 9e congrès de l'Union internationale des sciences préhistoriques et protohistoriques, Nice, t. I, pp. 988-1141, C.N.R.S., Paris, 1976.

Le passage de l'homme de Neandertal à l'Homo sapiens sapiens 26

A. & ARL. LEROI-GOURHAN, « Chronologie des grottes d'Arcy-sur-Cure », in *Gallia Préhistoire*, t. VII, pp. 1-64, Paris, 1965 / ARL. LEROI-GOURHAN, « Le Néandertalien IV de Shanidar », in *Bulletin de la Société préhistorique française*, t. LXV, no 3, pp. 79-83, C.R.S.M., Paris, 1968 ; « La Place du Néandertalien de Saint-Césaire dans la chronologie würmienne », *ibid.*, t. LXXXI, no 7, pp. 196-198, Paris, 1984 / C. LEROYER & ARL. LEROI-GOURHAN, « Problèmes de chronologie : le Castelperronien et l'Aurignacien », *ibid.*, t. LXXX, no 2, pp. 41-44, Paris, 1983 / F. LEVÊQUE & B. VANDERMEERSCH, « Découverte de restes humains dans un niveau castelperronien à Saint-Césaire (Charente-Maritime) », in *C.R. Acad. Sci.*, t. CCXCI, no 2, série D, pp. 187-189, Paris, 1980.

Les hommes et la mort 28

A. LEROI-GOURHAN, *Les Religions de la préhistoire*, coll. Mythes et religions, P.U.F., Paris, 1964, 2e éd. 1971 / G. QUECHON, « Vers une préhistoire de la mort », in *La Vie préhistorique*, no spéc. de *Sciences et Avenir*, Paris, 1971 / Y. TABORIN, « La Parure des morts », in *La Mort dans la préhistoire*, Histoire et archéologie. Dossiers, no 66, Paris, sept. 1982 / B. VANDERMEERSCH, « Les Premières Sépultures », *ibid.*

Le rôle de la femme 30

D. BAFFIER, M. JULIEN & C. KARLIN, « La Femme dans la préhistoire », in *Pénélope*, cahier 4 : *Les Femmes et la science*, Paris, 1981 / H. DELPORTE, *L'Image de la femme dans l'art préhistorique*, Picard, Paris, 1979 / H. E. FISHER, *The Sex Contract*, 1981 (trad. de l'amér., *La Stratégie du sexe*, Calmann-Lévy, Paris, 1983) / N. MAKEPEACE TANNER, *On Becoming Human*, Cambridge Univ. Press, Cambridge-Londres-New York-New Rochelle-Melbourne-Sidney, 1981 / L. R. NOUGIER, « La Femme préhistorique », in *Histoire mondiale de la femme*, t. I : *Préhistoire et Antiquité*, Nouvelle Librairie de France, Paris, 1965.

Scènes de la vie magdalénienne 32

D. BAFFIER, F. DAVID, G. GAUCHER, M. JULIEN, C. KARLIN, A. LEROI-GOURHAN & M. ORLIAC, « Les Occupations magdaléniennes de Pincevent : problèmes de durée », in *Les Habitats des derniers grands chasseurs de la préhistoire*, ouvr. coll. dédié à A. Leroi-Gourhan, Études préhistoriques, Romanèche-Thorens, 1985 / L. H. KEELEY, *Experimental Determination of Stone-Tool Uses : A Microwear Analysis*, Univ. of Chicago Press, Chicago, 1980 / « Revivre la préhistoire », no spéc. 46 de *Dossiers de l'archéologie*, sept.-oct. 1980 / H. DE SAINT-BLANQUAT, « La Vie quotidienne il y a treize mille ans », in *Sciences et avenir*, no 435, mai 1983 / P. VAUGHAN, « La Fonction des outils préhistoriques », in *La Recherche*, no 148, oct. 1983.

L'art pariétal et sa signification 34

Abbé H. BREUIL, *400 Siècles d'art pariétal*, F. Windels, Paris, 1952 / A. LAMING-EMPERAIRE, *La Signification de l'art rupestre paléolithique*, Picard, Paris, 1962 / A. LEROI-GOURHAN, *Les Religions de la préhistoire*, P.U.F., Paris, 2e éd. 1971 ; *Préhistoire de l'art occidental*, Mazenod, Paris, 2e éd. 1971.

Chasse à l'arc dans la forêt d'Europe 36

La Fin des temps glaciaires en Europe, 2 vol., Colloque intern. du C.N.R.S., no 271, C.N.R.S., Paris, 1979 / *The Mesolithic in Europe*, Symposium archéologique intern., Univ. Press, Varsovie, 1973 / *La Préhistoire française*, 3 vol., C.N.R.S., Paris, 1976 / J.-G. ROZOY, *Les Derniers Chasseurs*, 3 vol., bull. Soc. archéol. champenoise, Reims, 1978 / A. THEVENIN, *Rochedane, l'Azilien, l'Épipaléolithique de l'est de la France et les civilisations épipaléolithiques de l'Europe occidentale*, 2 vol., mémoires de la fac. des sci. sociales, no 1, univ. des sci. humaines de Strasbourg, 1982.

Le Néolithique

Historiographie 38

L. BERNABO BREA, *Gli scavi nella caverna delle Arene Candide*, Instituto di Studi Liguri, Bordighera, vol. I, 1946 ; vol. II, 1956 / J. BÖHM & S. DE LAET dir., *L'Europe à la fin de l'Âge de la pierre*, éd. de l'Académie tchécoslovaque des sciences, Prague, 1961 / G. CHILDE, *L'Aube de la civilisation européenne*, Payot, Paris, 4e éd. 1949 / E. HIGGS, *Palaeoeconomy*, Cambridge Univ. Press, Cambridge, 1975 / S. PIGGOTT, *Ancient Europe*, Edinburgh Univ. Press, Édimbourg, 1965 / C. RENFREW, *The Emergence of Civilisation, the Cyclades and the Aegean in the Third Millenium B.C.*, Methuen, Londres, 1972 ; *Before Civilisation*, Cape, Londres, 1973 / H. SCHWABEDISSEN, *Fundamenta. Die Anfänge des Neolithikums vom Orient bis Europa*, 8 t., Böhlau, Cologne, 1973.

L'agriculture à la conquête de l'Europe 40

D. GEDDES, *De la chasse au troupeau en Méditerranée occidentale*, Archives d'écologie préhistorique, 5, Toulouse, 1980 / J. GUILAINE, *Premiers Bergers et paysans de l'Occident méditerranéen*, Mouton, Paris-La Haye, 1976 / J. MURRAY, *The First European Agriculture*, Edinburgh Univ. Press, Édimbourg, 1970 / J. RENFREW, *Paleoethnobotany, the Prehistoric Food Plants of the Near East and Europe*, Methuen, Londres, 1973 / R. TRINGHAM, *Hunters, Fishers and Farmers of Eastern Europe*, Hutchinson, Londres, 1971.

Premiers villages d'Europe 42

G. BARKER & D. WEBLEY, « Causewayed camps and early Neolithic economies in Central Southern England », in *Proceedings of the Prehistoric Society*, 44, pp. 161-186, Londres, 1978 / J. G. D. CLARK, *L'Europe préhistorique. Les fondements de son économie*, Payot, Paris, 1955 / P. PÉTREQUIN, *Gens de l'eau, gens de la terre*, Hachette, Paris, 1984 / B. SOUDSKY, « Étude de la maison néolithique », in *Slovenska Archeologia*, vol. XVII, pp. 5-96, Bratislava, 1969 / D. THEOCHARIS, *Neolithic Greece*, National Bank, Athènes, 1973.

Les outils du paysan 44

J. G. CLARK, *L'Europe préhistorique. Les fondements de son économie*, Payot, Paris, 1955 / H. J. MÜLLER BECK, *Holzgeräte und Holzbearbeitung, Seeberg-Burgäschisee-Süd*, Acta Bernensia, II, Berne, 1965 / S. PIGGOTT, *The Earliest Wheeled Transport from the Atlantic Coast to the Caspian Sea*, Thames & Hudson, Londres, 1983 / F. SIGAUT, *L'Agriculture et le feu*, Mouton, Paris, 1975 / B. WAILES, « The Origins of settled farming in temperate Europe », in G. Cardona, H. M. Hoenigswald & A. Senn dir., *Indo-European and Indo-Europeans*, pp. 279-305, Univ. of Pennsylvania Press, Philadelphie, 1970.

Les mégalithes 46

Europe du Nord et de l'Ouest
J. D. EVANS, B. CUNLIFFE & C. RENFREW dir., *Antiquity and Man*, Thames & Hudson, Londres, 1981 / J. L'HELGOUACH, *Les Sépultures mégalithiques en Armorique*, travaux du laboratoire d'anthropologie préhistorique de la faculté des sciences, Rennes, 1965 / R. JOUSSAUME, *Des dolmens pour les morts*, Hachette, Paris, 1985 / E. SHEE TWOHIG, *The Megalithic Art of Western Europe*, Clarendon Press, Oxford, 1981.

Monde méditerranéen
G. CAMPS, *Aux origines de la Berbérie : monuments et rites protohistoriques*, Arts et métiers graphiques, Paris, 1961 / V. & G. LEISNER, *Die Megalithgräber der Iberischen Halbinsel*, Madrider Forschungen, t. I : *Der Suden*, Berlin, 1943 ; t. II : *Der Westen*, Berlin, 1956-1959 ; *Der Osten*, Berlin, 1965 / G. LILLIU, *La Civiltá Nuragica*, Cado Delfino, Sassari, 1982 / L. PERICOT, *Los Sepulcros Megaliticos catalanes y la cultura pirenaica*, Instituto de Estudios Pirenaicos, Barcelone, 1950 / M. STEKELIS, *Les Monuments mégalithiques de Palestine*, mémoires de l'Institut de paléontologie humaine, Paris, 15, 1935.

Cultes et concepts religieux 48

J. D. EVANS, *The Prehistoric Antiquities of the Maltese Islands*, Athlone Press, Londres, 1971 / M. GIMBUTAS, *The Gods and Goddesses of Old Europe. 7000 to 3500 B.C.*, Thames & Hudson, Londres, 1974 / N. KALICZ, *Dieux d'argile*, coll. Hereditas, Corvina Kiado, Budapest, 1980 / J. MELLAART, *Catal Huyuk, a Neolithic Town in Anatolia*, Thames & Hudson, 1967 / B. SOUDSKY & I. PAVLU, « Interprétation historique de l'ornementation linéaire », in *Pamatky Archeologicke*, t. III. pp. 91-125, Prague, 1966.

LA PROTOHISTOIRE

Historiographie 50

J. G. D. CLARK, *L'Europe préhistorique, les fondements de son économie*, Payot, Paris, 1955 / J. M. COLES & A. F. HARDING, *The Bronze Age in Europe*, Methuen, Londres, 1979 / J. FILIP, *Manuel encyclopédique de préhistoire et protohistoire européennes*, 2 vol., Academia, Prague, 1966 et 1969 / J. JENSEN, *The Prehistory of Danemark*, Methuen, 1982 / J. KASTELIC, *Situlenkunst*, Schrollverlag, Vienne-Munich, 1964 / J. P. MOHEN, *L'Âge du fer en Aquitaine*, mém. Société préhistorique française, 14, Paris, 1980 / H. MÜLLER-KARPE, *Handbuch der Vor- und Frügeschichte*, C. H. Becksche Verlag Buchhandlung, Munich, t. III, 1974, t. IV, 1980 / C. RENFREW, *The Emergence of Civilization, the Cyclades and the Aegean in the Third Millenium B.C.*, Methuen, 1972.

Les Âges des métaux 52

C. ELUÈRE, « Les Ors préhistoriques », in *L'Âge du Bronze en France*, 2, Picard, Paris, 1982 / J. D. MUHLY, *Copper and Tin, Transactions*, Connecticut Acad. of Arts and Sciences, New Haven, 1973 / R. PLEINER & al., *Frühes Eisen in Europa*, Verlag Peter Meili, Schaffhausen, 1981 / B. ROTHENBERG & A. BLANCO-FREIJEIRO, *Studies in Ancient Mining and Metallurgy in South West Spain*, Londres, 1981 / R. F. TYLECOTE, *Metallurgy in Archaeology*, Edward Arnold, Londres, 1962.

Du tumulus à la tombe plate 54

S. BERG, R. ROLLE & H. SEEMAN, *Der Archäologue und der Tod*, Bucher Report, Munich-Lucerne, 1981 / K. BITTEL, W. KIMMIG & S. SCHIEK, *Die Kelten in Baden-Württemberg*, Konrad Theiss, Stuttgart, 1981 / J. BRIARD, « Les Tumulus d'Armorique », in *L'Âge du bronze en France*, 3, Picard, Paris, 1984 / R. CHAPMAN, I. KINNES & K. RANDSBORG dir., *The Archaeology of Death*, New Directions in Archaeology, Cambridge Univ. Press, Cambridge, 1981 / P. V. GLOB, *The Bog People*, Faber & Faber, Londres, 1977.

Les routes de l'ambre 56

G. BANDI & V. CSERMENYI dir., *Nord-Süd-Beziehungen, Savaria*, 16, Szombathely, 1983 / C. W. BECK, M. GERVING & E. WILBUR, « The Provenience of archaeological amber artefacts », in *Art und Archaeology technical abstracts*, pp. 215-302, 1966, pp. 201-280, 1967 / G. von Merhart, *Hallstatt und Italien*, Römisch-germanisches Zentralmuseum zu Mainz, Mayence, 1969 / F. Rittatore Vonwiller, « La Diffusione dell'ambra in Europa e in Italia durante la protostoria », in *Studie richerche sulla problematica dell'ambra*, Rome, 1975 / H. Thrane, *Europaeiske forbindelser* (on the external relations of the danish late bronze age), Nationalmuseet, Copenhague, 1975.

Le cheval et le vin 58

F. Benoit, *Recherches sur l'hellénisation du midi de la Gaule*, Ophrys, Aix-en-Provence, 1965 / R. Joffroy, *Vix et ses trésors*, Tallandier, Paris, 1979 / G. Kossack, *Gräberfelder der Hallstattzeit am Main und Fränkischer Saale*, Michael Lassleben, Kallmünz, 1970 / S. Piggott, *The Earliest Wheeled Transport from the Atlantic Coast to the Caspian Sea*, Thames & Hudson, Londres, 1983 / W. Schüle, *Die Meseta-Kulturen der Iberischen Halbinsel, Mediterrane und eurasische Elemente in früheisenzeitlichen Kulturen Südwesteuropas*, coll. Madrider Forschungen, 3, Walter de Gruyter, Berlin, 1969.

Habitats fortifiés et habitats de plaine 60

Ausgrabungen in Deutschland, 1950-1975, catal. expos. Mayence, Römish-germanisches Zentralmuseum, 4 vol., Mayence, 1975 / G. Bailloud & J.-P. Mohen, « Archéologie et vie quotidienne : l'habitat du Fort-Harrouard », in *L'Âge du Bronze en France*, 4, Picard, Paris, sous presse / O. Büchsenschuts dir., *Les Structures d'habitat à l'Âge du fer en Europe tempérée*, Maison des sciences de l'homme, Paris, 1981 / P. Pétrequin, *Gens de l'eau, gens de la terre*, Hachette, Paris, 1984 / E. Sangmeister & H. Schubart, *Zambujal*, coll. Madrider Beiträge, 5, Philippe von Zabern, Mayence, 1981.

Les peuples protohistoriques de l'Europe 62

R. Bianchi Bandinelli & A. Giuliano, *Les Étrusques et l'Italie avant Rome*, coll. L'Univers des formes, Gallimard, Paris, 1973 / P.-M. Duval, *Les Celtes*, *ibid.*, 1977 / R. Menendez Pidal dir., *Historia de España*, t. I, vol. III, Espasa-Calpe, Madrid, 1963 / R. Rolle, *Die Welt der Skythen*, C. J. Bucher, Lucerne-Francfort-sur-le-Main, 1980 / I. Wenedikow & I. Marasow, *Gold der Thraker*, Philippe von Zabern, Mayence, 1979.

LE MONDE CLASSIQUE

Historiographie 64

Allgemeine Grundlagen der Archäologie, éd. U. Hausmann, C. H. Beck, Munich, 1969 / R. Bianchi Bandinelli, *Introduzione all' archeologia*, Laterza, Rome, 1976 / P. Courbin, *Qu'est-ce que l'archéologie ?*, Payot, Paris, 1982 / R. Ginouvès, *L'Archéologie gréco-romaine*, coll. Que sais-je ?, P.U.F., 2e éd. 1982 / J. E. Sandys, *A History of Classical Scholarchip*, Cambridge Univ. Press, Cambridge, 1908, reprint, New York, 1958 / A. Schnapp, « Archéologie et tradition académique en Europe aux XVIIIe et XIXe siècles », in *Les Annales*, pp. 760-777, Paris, 1982 / R. Weiss, *The Renaissance Discovery of Classical Antiquity*, Blackwell, Oxford, 1969.

Le monde grec

Les figurines néolithiques : idoles ou jouets ? 66

H. Delporte, *L'Image de la femme dans l'art préhistorique*, Picard, Paris, 1979 / M. Gimbutas, *The Gods and Goddesses of Old Europe 7000 to 3500 B.C.*, Thames & Hudson, Londres, 1974 / O. Höckmann, *Die menschengestaltige Figuralplastik der südosteuropäischen Jungsteinzeit und Steinkupferzeit*, Lax, Hildesheim, 1968 / A. Le Brun, *La Notion de style dans les figurines anthropomorphes néolithiques du Proche-Orient et de l'Europe du Sud-Est*, thèse de 3e cycle (inédite), univ. Paris-I, 1975 / P. Ucko, *Anthropomorphic Figurines of Predynastic Egypt and Neolithic Crete*, Szmidla, Londres, 1968 / R. Treuil, *Le Néolithique et le Bronze ancien égéens*, De Boccard, Paris, 1983.

La fin de la civilisation minoenne : cataclysme ou invasion ? 68

Acta of the 1st International Scientific Congress on the Volcano of Thera, Archaeological Services of Greece, Athènes, 1971 / C. Doumas, *Thera, Pompeii of the Ancient Aegean*, Thames & Hudson, Londres, 1983 ; « Santorin et la fin du monde égéen », in *La Recherche*, 14, pp. 456-463, Paris, 1983 / C. Doumas dir., *Thera and the Aegean World*, Aris & Phillips, Londres, t. I, 1978, t. II, 1980 / H. van Effenterre, *La Seconde Fin du monde, Mycènes et la mort d'une civilisation*, éd. des Hespérides, Toulouse, 1974 / E. Hallager, *The Mycenaean Palace at Knossos, Evidence for Final Destruction in the III B Period*, Museum Memoirs 1, Medelhavsmuseet, Stockholm, 1977 / D. Page, *The Santorini Volcano and the Destruction of Minoan Crete*, The Society for the Promotion of Hellenic Studies, Londres, 1970.

Funérailles de princes 70

M. Andronicos, « Totenkult », in *Archaeologia Homerica*, 3, Vandenhoeck & Ruprecht, Göttingen, 1968 ; « La Nécropole d'Aigai », in *Philippe de Macédoine*, Ekdotikè Athènon, Athènes, 1982 / C. Berard, « L'Hérôon à la porte de l'Ouest », in *Eretria III*, Francke Verlag, Berne, 1970 / G. Gnolo & J.-P. Vernant dir., *La Mort, les morts dans les sociétés anciennes*, Cambridge Univ. Press et éd. de la Maison des sciences de l'homme, Paris, 1982 / V. Karageorghis, *Salamis in Cyprus*, Thames & Hudson, Londres, 1969 / D. C. Kurtz & J. Boardman, *Greek Burial Customs*, Thames & Hudson, 1971 / G. Mylonas, *Polychrysoi Mykenai*, Ekdotikè Athènon, 1983.

Les écritures dans le monde égéen 72

G. Cadogan, *Palaces of Minoan Crete*, Barrie & Jenkins, Londres, 1976 / J. Chadwick, *Le Déchiffrement du linéaire B. Aux origines de la langue grecque*, Gallimard, Paris, 1972 / A. Heubeck, *Archeaologia Homerica*, vol. III, chap. x, Schrift, Vandenhoeck & Ruprecht, Göttingen, 1979 / F. Vandenabeele & J.-P. Olivier, *Les Idéogrammes archéologiques du linéaire B*, Geuthner, Paris, 1979 / M. Ventris & J. Chadwick, *Documents in Mycenaean Greek*, Cambridge Univ. Press, Cambridge, 2e éd. 1973.

L'expansion grecque en Méditerranée 74

E. Belin de Ballu, *L'Histoire des colonies grecques du littoral de la mer Noire*, Brill, Leyde, 2e éd. 1965 / J. Bérard, *L'Expansion et la colonisation grecque jusqu'aux guerres médiques*, Aubier, Paris, 1960 / J. Boardman, *The Greek Overseas*, Thames & Hudson, Londres, 2e éd. 1980 / N. J. Coldstream, *Geometric Greece*, E. Benn, Londres, 1977 / M. I. Finley, *Problèmes de la terre en Grèce ancienne*, pp. 15-112, Mouton, Paris-La Haye, 1973 / R. Martin, *L'Urbanisme dans la Grèce antique*, Picard, Paris, 2e éd. 1976 / J.-P. Morel, « L'Expansion phocéenne en Occident », in *Bull. de correspondance hellénique*, no 99, pp. 853-896, 1975 / C. Mossé, *La Colonisation dans l'Antiquité*, Nathan, Paris, 1970 / V. Tscherikower, « Die hellenistischen Städtegründungen... », in *Philologus*, supplément XIX, 1, Leipzig, 1927.

Voies commerciales et amphores 76

J.-Y. Empereur, « Les Anses d'amphores timbrées et les amphores : aspects quantitatifs », in *Bull. de correspondance hellénique*, no 106, pp. 219-233, 1982 / J.-Y. Empereur & A. Hesnard, « Les Amphores hellénistiques », in *Céramiques hellénistiques et romaines*, vol. II, Centre de recherche d'histoire ancienne, Besançon, 1985 / Y. Garlan, « Les Timbres amphoriques thasiens », in *Les Annales*, pp. 837-845, Paris, 1982 ; « Greek Amphorae and Trade », in P. Garnsey, K. Hopkins & C. R. Whittaker dir., *Trade in the Ancient Economy*, pp. 27-35, Londres, 1983 / V. Grace, *Amphoras and the Ancient Wine Trade*, American School of Classical Studies at Athens, Princeton, 2e éd. 1979 / V. Grace & J.-Y. Empereur, « Un groupe d'amphores ptolémaïques estampillées », in *Bull. de l'Inst. franç. d'archéologie orientale*, no 81, supplément, pp. 409-426, 1981.

Les trésors monétaires 78

Guide de Thasos, École française d'Athènes, Paris, 1968 / G. K. Jenkins, *Monnaies grecques*, bibliothèque des Arts, Paris, 1972 / C. Kraay, O. Morkholm & M. Thompson, *Inventory of Greek Coin Hoards*, American Numismatic Society, New York, 1973 / E. T. Newell, *Alexander's Hoards* II, *Demanhur Hoard*, *ibid.*, 1923 / O. Picard, « Monnayage thasien du Ve siècle avant J.-C. », in *Comptes rendus de l'Acad. des inscriptions et belles lettres*, pp. 412-424, Paris, 1982 / M. Price & N. Waggoner, *Archaic Greek Coinage, the « Asyut » Hoard*, Vechi & Sons, Londres, 1975.

Manuscrits et inscriptions 80

A. Bataille, « La Papyrologie », in *L'Histoire et ses méthodes, Encyclopédie de la Pléiade*, pp. 498-527, Gallimard, Paris, 1961 / A. Dain, *Les Manuscrits*, Les Belles Lettres, Paris, 2e éd. 1964 / G. Klaffenbach, *Griechische Epigraphik*, Vandenhoeck & Ruprecht, Göttingen, 2e éd. 1966 / A. Lesky, *A History of Greek Literature*, Methuen & Co. Ltd., Londres, 1966 / L. D. Reynolds & N. G. Wilson, *D'Homère à Érasme. La transmission des classiques grecs et latins*, Presses du C.N.R.S., Paris, 1984 / L. Robert, « L'Épigraphie », in *L'Histoire et ses méthodes, Encyclopédie de la Pléiade*, pp. 453-497, 1961 / E. G. Turner, *Greek Papyri. A Introduction*, Oxford Univ. Press, Oxford, 1968.

Le monde romain

Rome et la formation de la cité dans le Latium 82

F. Coarelli, *Il Foro romano*, t. I : *Periodo arcaico*, Quasar, Rome, 1983 / B. D'Agostino, « L'Ideologia funeraria nell' età del ferro in Campania : Pontecagnano. Nascità di un potere di funzione stabile », in *La Mort, les morts dans les sociétés anciennes*, G. Gnoli et J.-P. Vernant dir., Cambridge Univ. Press-Éditions de la Maison des sciences de l'homme, Cambridge-Paris, 1982 / *Enea nel Lazio. Archeologia e mito*, catal. expos., Campidoglio, Palazzo dei Conservatori, Rome, 22 sept.-31 déc. 1981, Fratelli Palombi, Rome, 1981 / « La Formazione della città nel Lazio fra X e VI sec. a. C. », in *Dialoghi di archeologia*, nouvelle série, no 2, Editori Riuniti, Rome, 1980, voir tout particulièrement les synthèses de C. Ampolo et de A. M. Bietti-Sestieri / *Naissance de Rome*, catal. expos., Petit Palais, mars-mai 1977, Les Presses artistiques, Paris, 1977 / D. Ridgway, *L'Alba della Magna Grecia*, Longanesi & Co., Milan, 1984 / M. Torelli, *Storia degli Etruschi*, Laterza, Rome-Bari, 1981.

Le passé d'une capitale : le palimpseste de la Rome républicaine 84

F. Coarelli, *Roma*, Guide archeologiche Laterza, Bari, 1980 / P. Gros, *Aurea Templa. Recherches sur l'architecture religieuse de Rome à l'époque d'Auguste*, École française de Rome, Rome, 1976 / X. Lafon & G. Sauron dir., *L'Art décoratif à Rome à la fin de la République et au début du principat*, *ibid.*, Rome, 1981 / C. Nicolet, *Le Métier de citoyen dans la Rome républicaine*, Gallimard, Paris, 1976 / M. Torelli, *Typology and Structure of Roman Historical Reliefs*, Ann Arbor, The Univ. of Michigan Press, 1982 / P. Zanker dir., *Hellenismus in Mittelitalien*, Kolloquium in Göttingen, 5-9 juin 1974, Abhandlungen der Akademie der Wissenschaften in Göttingen, Vandenhoeck & Ruprecht, Göttingen, 1976.

Marchandises, marchés et échanges en Méditerranée 86

P. Garnsey, K. Hopkins & C. R. Whittaker dir., *Trade in the Ancient Economy*, Londres, 1983 / A. Giardina & A. Schiavone dir., *Società romana e produzione schiavistica*, t. II : *Merci, mercati e scambio nel Mediterraneo*, Bari, 1981 / *Memoirs of the American Academy in Rome*, t. XXXVI : *The Seaborne Commerce in Ancient Rome : Studies in Archaeology and History*, 1980 / *Recherches sur les amphores romaines*, Actes d'un colloque organisé en 1971 par l'École française de Rome, Rome, 1972 / A. Tchernia, *Le Vin de l'Italie romaine, essai d'histoire économique d'après les amphores*, à paraître aux éditions de l'E.F.R., Rome.

Agriculture et vie rurale 88

R. Agache, *La Somme préromaine et romaine*, Société des antiquaires de Picardie, Amiens, 1978 / *Esclaves et maîtres en Étrurie romaine, les fouilles de la villa de Settefinestre*, textes de A. Carandini et S. Settis, trad. franç., éditions du C.D.S.H., Paris, 1981 / J. Kolendo, *L'Agricoltura nell'Italia romana*, Rome, 1980 / J. Percival, *The Roman Villa*, Londres, 1976.

Pompéi, 1748-1980 : les archives d'un décor domestique 90

B. Andreae & H. Kyrielis dir., *Neue Forschungen in Pompeji und den anderen vom Vesuvausbruch 79 n. Chr. verschütteten Städten*, Verlag Aurel Bongers, Recklinghausen, 1975 / I. Bragantini & M. de Vos, *Le Decorazioni della villa romana della Farnesina*, De Luca, Rome, 1982 / I. Bragantini, M. de Vos & F. Parise Badoni, *Pitture e pavimenti di Pompei*, vol. I : *Regioni 1, 2, 3*, ministero per i Beni Culturali e Ambientali, Istituto centrale per il catalogo e la documentazione, Rome, 1981 ; *eadem* & V. Sampaolo, vol. II : *Regioni 5, 6*, Rome, 1983 / G. Carettoni, *Das Haus des Augustus auf dem Palatin*, P. von Zabern, Mayence, 1983 / *Dialoghi di archeologia*, nos 1 et 2, publication de la table ronde d'Acquasparta (avr. 1983) : *Lettura ed interpretazione della produzione pittorica dal IV secolo A.C. all'ellenismo* (notamment I. Baldassarre, « Pittura parietale e mosaico pavimentale dal IV al II sec. A.C. », p. 65 sqq. et I. Bragantini, F. Parise Badoni, « Il Quadro pompeiano nel suo contesto decorativo », p. 119 sqq.), 1984 / *Pompei 1748-1980. I Tempi della documentazione*, catal. expos., Rome (Forum romain, Curie), juill-sept. 1981, et Pompéi (Antiquarium), oct. 1981, Multigrafica Editrice, Rome, 1981 / *Pompéi. Travaux et envois des architectes français au XIXe siècle*, catal. expos., École nationale des beaux-arts, Paris, janv.-mars 1981, Inst. franç., Naples, avr.-juin 1981, Macchiaroli, Naples, 1981 / G. Sauron, « Nature et signification de la mégalographie dionysiaque de Pompéi », in *Comptes rendus de l'Acad. des inscriptions et belles lettres*, p. 151 sqq., De Boccard, Paris, 1984.

La cité des morts à l'Isola Sacra 92

I. Baldassarre, « La Necropoli dell'Isola Sacra », in *Un decennio di ricerche archeologiche*, *Quaderni della ricerca scientifica*, no 100, Rome, 1978 ; « Una necropoli imperiale romana : proposte di lettura », in *Annali dell'Istituto universitaris orientale*, *Archeologia e storia antica*, vol. VI, p. 141 sqq., 1984 / G. Calza, *La Necropoli del porto di Roma all'Isola Sacra*, Poligrafico delle Stato, Rome, 1940 / R. Meiggs, *Roman Ostia*, Clarendon Press, Oxford, 1973.

Villes et campagnes dans l'Occident romain 94

P.-A. Février, M. Fixot, C. Goudineau & V. Kruta, « La Ville antique des origines au IXe siècle », in G. Duby dir., *Histoire de la France urbaine*, Seuil, Paris, 1980 / A. Giardina & A. Schiavone, *Società romana e produzione schiavistica*, t. I : *L'Italia : insediamenti e forme economiche*, Rome-Bari, 1981 / P. Leveau, « La Ville antique et l'organisation de l'espace rural », in *Annales E.S.C.*, no 4, pp. 920-942, 1983 / A. L. F. Rivet, *The Roman Villa in Britain*, Routledge & K. Paul, Londres, 1969.

Les frontières de l'Empire 96

D. J. Breeze, *The Northern Frontiers of Roman Britain*, Batsford, Londres, 1982 / H. von Petrikovits, *Die Innenbauten römischer Legionslager während der Prinzipatzeit*, Westdeutcher Verlag, Opladen, 1975 / A. Poidebard, *La Trace de Rome dans le désert de Syrie. Le limes de Trajan à la conquête arabe. Recherches aériennes (1925-1932)*, Geuthner, Paris, 1934 / R. Rebuffat, « Au-delà des camps romains d'Afrique mineure : renseignement, contrôle, pénétration », in H. Temporini & W. Haase dir., *Aufstieg und Niedergang der römischen Welt*, II, 10, 2, pp. 474-513, De Gruyter, Berlin - New York, 1982 / G. Webster, *The Roman Imperial Army of the First and Second Centuries AD*, Black, Londres, 1969.

LE HAUT-MOYEN ÂGE

Historiographie 98

L'Abbé Cochet et l'archéologie au XIXe siècle, centenaire de l'abbé Cochet, actes du Colloque international d'archéologie (Rouen, juill. 1975), Musée départemental des antiquités de la Seine-Maritime et Circonscription des Antiquités historiques de Haute-Normandie, 1978 / C. Ahrens, *Frühe Holzkirchen im nördlichen Europa*, catal. expos., Helms-Museum, Hambourg, 1981-1982 (ouvrage collectif) / *Ausgrabungen in Deutschland (1950-1975)*, catal. expos., t. II à IV, Römisch-Germanisches Zentralmuseum de Mayence, Mayence, 1975 / C. Heitz, *L'Architecture religieuse carolingienne*, Picard, Paris, 1980 / J. Hubert, J. Porcher & W.-F. Volbach, *L'Europe des invasions*, L'Univers des formes, Gallimard, Paris, 1967 ; *L'Empire carolingien*, *ibid.*, 1968 / P. Périn, *La Datation des tombes mérovingiennes. Historique, méthodes, applications*, Droz, Genève, 1980 / *Sachsen und Angelsachsen*, catal. expos., Helms-Museum, Hambourg, 1978-1979 / É. Salin, *La Civilisation mérovingienne d'après les sépultures, les textes et le laboratoire*, 4 vol., Picard, Paris, 1950-1959.

Grandes Invasions et archéologie 100

H. Ament, « Franken und Romanen im Merowingerreich als archäologisches Forschungsproblem », in *Bonner Jahrbücher*, t. CLXXVIII, pp. 377-394, Cologne, 1978 / L. Buchet dir., *Le Phénomène des « Grandes Invasions », réalité ethnique ou échanges culturels : l'anthropologie au secours de l'histoire*, Centre de recherches archéologiques, Valbonne, 1983 / E. James, « Cemeteries and the problem of frankish settlement in Gaul », in P. H. Sawyer dir., *Names, Words and Graves : Early Medieval Settlement*, pp. 55-89, Univ. de Leeds, Leeds, 1979 / C. Lorren, « Des Saxons en Basse-Normandie », in *Studien zur Sachsenforschung*, t. II, pp. 231-259, 1980 / P. Périn, « À propos de publications récentes concernant le peuplement en Gaule à l'époque mérovingienne : la "question franque" », in *Archéologie médiévale*, t. XI, pp. 125-145, Caen, 1981 / C. Pilet, *La Nécropole de Frénouville (Calvados)*, British Archaeological Reports, International Series, t. LXXXIII, Oxford, 1980 / J. Werner, « Zur Entstehung der Reihengräberzivilisation », in *Archaeologia geographica*, t. I, pp. 23-32, Hambourg, 1950.

La fin des villes antiques et l'émergence des villes nouvelles 102

Archéologie urbaine, actes du Colloque international de Tours (17-20 nov. 1980), Assoc. pour les fouilles archéologiques nationales, Paris, 1982 / M. W. Barley dir., *European Towns, their Archaeology and Early History*, Acad. Press, Londres, 1977 / M. Biddle & D. Hudson, *The Future of London's Past, a Survey of the Archaeological Implications of Planning and Development in the Nation's Capital*, Rescue, Hertford, 1973 / C. Bonnet, « Saint-Pierre de Genève, récentes découvertes archéologiques », in *Archéologie suisse*, n° 4, pp. 174-191, Bâle, 1980 ; « Les Origines du groupe épiscopal de Genève », in *Comptes rendus de l'Acad. des inscriptions et belles lettres*, juill.-oct. 1981, pp. 414-433, De Boccard, Paris, 1982 / P. Demolon & E. Louis, *Douai, une ville face à son passé. Bilan de six années de recherches archéologiques*, Société archéologique de Douai, Douai, 1982 / H. Galinié & B. Randouin, *Les Arvchives du sol à Tours, survie et avenir de l'archéologie de la ville*, Société archéologique de Touraine, Tours, 1979 / W. A. Van Es & W. J. H. Verwers, *Excavations at Dorestad 1. The Harbour : Hoogstraat I*, Nederlandse Ouheden, t. IX, 2 vol., Amersfoort, 1980.

La formation des campagnes médiévales 104

J. Chapelot & R. Fossier, *Le Village et la maison au Moyen Âge*, Hachette, Paris, 1980 / B. Florin, *L'Habitat du Haut-Moyen Âge en milieu rural dans le Nord - Pas-de-Calais. État de la question*, Centre culturel, Amis du Cambrésis, Cambrai, 1983 / W. Janssen & D. Lohrmann dir., *Villa-Curtis-Grangia. Économie rurale entre Loire et Rhin de l'époque gallo-romaine aux XIIe-XIIIe siècles*, Artemis, Munich-Zurich, 1982 (*Beihefte der Francia*, t. II) / C. Lorren, « Le Village de Saint-Martin-de-Mondeville, Calvados (Ier-XIIe siècle). Premiers résultats des fouilles (1978-1980) », in A. Van Doorselaer dir., *De Merovingische Beschaving in de Scheldevallei* (actes du Colloque international de Courtrai, 28-30 oct. 1980), pp. 169-198, Courtrai, 1981 / P. Porte, *L'Habitat mérovingien de Larina à Hières-sur-Amby (Isère)*, Centre d'archéologie historique des musées de Grenoble et de l'Isère, Grenoble, 1980.

Les nouvelles orientations de l'archéologie funéraire 106

R. Bruce-Mitford dir., *The Sutton Hoo Ship Burial*, 3 vol., British Museum, Londres, 1975, 1978 et 1981 / M. Colardelle, *Sépulture et traditions funéraires du Ve au XIIIe siècle dans les campagnes des Alpes françaises du Nord*, Société alpine de documentation et de recherche en archéologie historique, Grenoble, 1983 / O. Doppelfeld & R. Pirling, *Fränkische Fürsten im Rheinland. Die Gräber aus der Kölner Dom, von Krefeld-Gellep und Mor-Ken*, Rheinland-Verlag, Düsseldorf, 1966 / J. Mertens, « Tombes mérovingiennes et églises chrétiennes », in *Archaeologia belgica*, t. CLXXXVII, Bruxelles, 1976 / A.-M. & P. Pétrequin et al., « Le Site funéraire de Soyria à Clairvaux-les-Lacs (Jura) », II : « Le Cimetière mérovingien », in *Revue archéologique de l'Est et du Centre-Est*, n° 121-122, pp. 157-230, Dijon, juill.-déc. 1980 / B. Privati, *La Nécropole de Sézegnin (IVe-VIIIe siècle)*, Société d'histoire et d'archéologie de Genève, t. X, Genève, 1983 / B.-K. Young, *Quatre Cimetières mérovingiens de l'est de la France : Lavoye, Dieue-sur-Meuse, Mézières-Manchester et Mazerny. Étude quantitative et qualitative des pratiques funéraires*, British Archaeological Reports, International Series, t. CCVIII, Oxford, 1984.

La production artisanale 108

J. Chapelot, « L'Atelier céramique carolingien de Saran (Loiret). Les fouilles de 1969 à 1972 », in *Bull. Soc. archéologique et historique de l'Orléanais*, nouvelle série, t. VI, n° 43, pp. 49-72, Orléans, 1970 / J. Decaens, « Un nouveau cimetière du Haut-Moyen Âge en Normandie, Hérouvillette (Calvados) », in *Archéologie médiévale*, t. I, pp. 1-126, Paris, 1971 / E. Salin, *La Civilisation mérovingienne...*, t III : *Les Techniques*, Picard, Paris, 1957 / J. Werner, « Zur Verbreitung frühgeschichtlicher Metallarbeiten. Werkstatt, Wandernhandwerk, Handel, Familienverbindung », in *Antikvarist (Early Medieval Studies)*, t. XXXVIII, pp. 65-81, Stockholm, 1970 / J. Willems, « Le Quartier artisanal gallo-romain et mérovingien de "Batta" à Huy », in *Archaeologia belgica*, t. CXLVIII, fasc. 1 et 2, Bruxelles, 1973 / J. Ypey, « Au sujet des armes avec damas soudé en Europe », in *Archéologie médiévale*, t. XI, pp. 147-165, Paris, 1981.

Les échanges 110

J. Hubert, « Les Grandes Voies de circulation à l'intérieur de la Gaule mérovingienne d'après l'archéologie », in *Arts et vie sociale de la fin du monde antique au Moyen Âge*, pp. 317-324, Droz, Genève, 1977 / M.-P. Jézégou, « L'Épave byzantino-mérovinginne de Fos-sur-Mer (Bouches-du-Rhône) », in *Bull. de liaison Assoc. franç. d'Archéologie mérovingienne*, fasc. 2, pp. 93-102, Paris, 1980 / J. Lafaurie, « Les Routes commerciales indiquées par les trésors et trouvailles monétaires mérovingiennes », in *Moneta e scambi nell'Alto Medioevo, settimane di studio del Centro italiano di studi sull'Alto Medioevo (Spolète, 1960)*, pp. 231-278, Spolète, 1961 / P. Périn, L. Renou & P. Velay, *Collections mérovingiennes et du Haut-Moyen Âge du musée Carnavalet, catalogues d'art et d'histoire du musée Carnavalet*, t. II, Imprimerie municipale, Paris, 1985 / J. Werner, « Fernhandel und Naturalwirtschaft im östlichen Merowingerreich nach archäologischen und numismatischen Zeugnissen », in *Moneta e scambi nell'Alto Medioevo, settimane di studio del Centro italiano di studi sull'Alto Medioevo* (Spolète, 1960), pp. 557-618 ; Spolète, 1961 ; « Waage und Geld in der Merowingerzeit », in *Sitzungsberichte der Bayerischen Akademie der Wissenschaften*, Phil.-Hist. KL., 1, pp. 3-40, Munich, 1954.

L'archéologie de la vie quotidienne 112

L. Buchet, « La Nécropole gallo-romaine et mérovingienne de Frénouville (Calvados). Étude anthropologique », in *Archéologie médiévale*, t. VIII, pp. 5-53, Paris, 1978 / R. Christlein, « Besitzabstufungen zur Merowingerzeit im Spiegel reicher Grabfunde aus West- und Süddeutschland », in *Jahrbuch des Römisch-Germanisches Zentralmuseum Mainz*, 20 Jhrg., pp. 147-180, Mayence, 1973 / P. Demolon, *Le Village mérovingien de Brébières (Pas-de-Calais), VIe-VIIe siècle*, mémoires de la Commission départementale des monuments historiques du Pas-de-Calais, t. XIV (étude de la faune par T. Poulain-Josien), Arras, 1972 / M. Fleury & A. France-Lanord, « Bijoux et parures d'Arégonde », in *Dossiers de l'Archéologie-Archéologia*, n° 32, Paris, janv.-févr. 1979 / G. G. Koenig, « Schamane und Schmied, Medicus und Mönch : ein Überblick zur Archäologie der merowingerzeitlichen Medizin im südlichen Mitteleuropa », in *Helvetia Archaeologica*, t. XIII, n° 51-52, pp. 75-154, Bâle, 1982 / M. Martin, *Das fränkische Gräberfeld von Basel-Bernerring, Basler Beiträge zur Ur- und Frühgeschichte*, t. I, Mayence-Bâle, 1976 / P. Périn & P. Forni, *La Vie privée des hommes au temps des royaumes barbares* (nombreuses reconstitutions de costumes), Hachette, Paris, 1984 / C. Pilet, « La Nécropole de Frénouville (Calvados) », in *British Archaeological Reports*, International Series, 83, 3 vol., Oxford, 1980 / J. Werner et al., *Die Ausgrabungen in St. Ulrich und Afra in Augsburg* (1961-1966), *Münchner Beiträge zur Vor- und Frühgeschichte*, t. XXIII, 2 vol. (reconstitution de vêtements, plaques de ceinture chrétiennes), Munich, 1976.

Les cultures barbares en Europe orientale et septentrionale 114

Europe orientale
K. Godlowski, *Z badań nad zagadnieniem rozprzestrzenienia Slowian w V-VII w.n.e.* (Étude sur le problème de la diffusion des Slaves du Ve au VIIe siècle), Institut Archeologii Universitetu Jagellonskiego, Cracovie, 1979 / I. P. Rusanova, *Slavjanskie drevnosti VI-VII vv.* (Les Antiquités des Slaves des VIe-VIIe siècles), Nauka, Moscou, 1976 / V. V. Sedov, *Vostočnye slavjane v VI-XIII vv.* (Les Slaves orientaux du VIe au XIIIe siècle), *ibid.*, 1982 / P. N. Tret'jakov, *Finno-ugry, balty i slavjane na Dnepre i Volge* (Les Finno-Ougriens, les Baltes et les Slaves dans le bassin du Dniepr et de la Volga), *ibid.*, 1966 / Z. Váňa, *Le Monde slave ancien*, Cercle d'art, Paris, 1983.

Europe septentrionale
P. G. Foote & D. M. Wilson, *The Viking Achievement*, 3e éd. 1978 / E. G. Oxenstierna, *Die Nordgermanen*, Stuttgart, 1957 / M. Stenberger, *Vorgeschichte Schwedens*, Akademie-Verlag, Berlin, 1977.

LE MOYEN ÂGE

Historiographie 116

Articles concernant plus ou moins directement l'archéologie du Moyen Âge depuis la Seconde Guerre mondiale : R. Vaufrey, « L'Organisation des recherches et des études préhistoriques en France », in *Revue scientifique*, n° 10, pp. 438-518, Paris, 1941 / J. Hubert, « Archéologie médiévale », in C. Samaran dir., *L'Histoire et ses méthodes, Encyclopédie de la Pléiade*, Gallimard, Paris, 1961 / M. de Bouärd, « Où en est l'archéologie médiévale ? », in *Revue historique*, n° 489, Paris, 1969 / J. Chapelot & G. Démians d'Archimbaud, « Dix Ans d'archéologie médiévale en France (1970-1980) », in *Archeologia Medievale*, t. X, pp. 297-316, Gênes, 1983.

Ouvrages laissant une large place aux problèmes qui se posent à l'archéologie médiévale : M. de Bouärd, *Manuel d'archéologie médiévale*, S.E.D.E.S., Paris, 1975 / P. Barker, *The Techniques of Archaeological Excavations*, Londres, 1977.

Pour avoir une idée d'ensemble sur l'archéologie médiévale dans ses développements les plus récents, on consultera les revues spécialisées suivantes : *Medieval Archaeology*, Londres, dep. 1957 / *Archéologie médiévale*, éditions du C.N.R.S., Paris, dep. 1971 / *Zeistchrift für Archäologie des Mittelalters*, Cologne, dep. 1973 / *Archeologia Medievale*, Gênes, dep. 1974.

L'archéologie monumentale 118

J. Hubert, « Archéologie médiévale », in *L'Histoire et ses méthodes*, vol. XI, pp. 275-328, *Encyclopédie de la Pléiade*, Gallimard, Paris, 1961 / L. Pressouyre, « Le Cloître de Notre-Dame-en-Vaux à Châlons-sur-Marne », in *Congrès archéologique, Champagne, 1977*, pp. 298-306, Paris, 1980 / S. Pressouyre, *Images d'un cloître disparu. Le cloître de Notre-Dame-en-Vaux à Châlons-sur-Marne*, Joël Cuénot, s.l., 1976 / J.-P. Ravaux, « Les Campagnes de construction de la cathédrale de Reims au XIIIe siècle », in *Bulletin monumental*, t. CXXXVII, pp. 7-66, 1979 / F. Salet, « L'Archéologue devant le dessin d'architecture », in *Les Concours des monuments historiques de 1893 à 1979*, pp. 24-26, éd. de la Caisse nationale des monuments historiques et des sites, s. d. (1981) / J. Vallery-Radot, « L'Ancienne Prieurale Notre-Dame à la Charité-sur-Loire », in *Congrès archéologique de France, Nivernais*, t. CXXV, pp. 43-83, 1967.

Le village et la maison 120

J. Chapelot & R. Fossier, *Le Village et la maison au Moyen Âge*, Hachette, Paris, 1980. Une traduction anglaise est parue en 1985 aux éditions Batsford à Londres / M. Beresford & J. Hurst, *Deserted Medieval Villages*, Lutterworth Press, Londres, 1971.

Quelques monographies de sites ruraux sont essentielles, notamment celles de G. Démians d'Archimbaud, *Les Fouilles de Rougiers. Contribution à l'archéologie de l'habitat rural médiéval en pays méditerranéen*, éd. du C.N.R.S., Paris, 1980 ; de G. Beresford, *Glay Land Village : Excavations at Goltho and Barton Blount*, Londres, 1975 ; et de J. G. Hurst dir., *Wharram : Study of Settlement on the Yorkshire Wolds*, Londres, 1979 (ces deux derniers ouvrages édités par The Society for Medieval Archaeology, Monograph Series).

La fortification 122

M. de Bouärd, *Manuel d'archéologie médiévale*, S.E.D.E.S., Paris, 1975 / J.-F. Finó, *Forteresses de la France médiévale*, Picard, Paris, 1re éd. 1967 / R. Ritter, *L'Architecture militaire du Moyen Âge*, Fayard, Paris, 1974.

Pour la fortification de terre, on consultera les actes du colloque de Caen des 2-5 octobre 1980, « Les Fortifications de terre en Europe occidentale du Xe au XIIe siècle », publiés dans la revue *Archéologie médiévale*, t. XI, pp. 5-123, 1981.

Les édifices religieux d'époque romane 124

P. Addyman & R. Morris, *The Archaeological Study of Churches*, Council for British Archaeology research report n° 13, Londres, 1976 / P. Bargellini, G. Morozzi & G. Batini, *Loocking Back to Santa Reparata a Cathedral within the Cathedral*, Bonechi Editore, Florence, 1971 / C. Bonnet, « Saint-Pierre de Genève. Récentes découvertes archéologiques », in *Archéologie suisse*, n° 4, pp. 174-191, 1980 / C. Malone, « Les Fouilles de Saint-Bénigne de Dijon (1976-78) et le problème de l'église de l'an mil, in *Bulletin monumental*, t. III, pp. 253-292, 1980 / S. Renimel, « L'Établissement clunisien primitif de la Charité-sur-Loire : bilan préliminaire des découvertes archéologiques de 1975 », in *Bulletin monumental*, III, pp. 169-230, 1976 / J.-F. Reynaud, « L'Église Saint-Étienne du groupe épiscopal de Lyon », in *Revue de l'art*, n° 47, 1980 / R. Saint-Jean, « La Tribune monastique de Cruas », in *Les Cahiers de Saint-Michel de Cuxa*, pp. 153-166, 1975 / C. Sapin, « L'Ancienne Église de Saint-Pierre-L'Estrier à Autun », in *Archéologie medievale*, t. XII, pp. 51-106, 1982.

La ville médiévale 126

« Archéologie et projet urbain », n° spéc. 136 de *Monuments historiques*, déc. 1984-janv. 1985 / *Archéologie urbaine. Actes du colloque international, Tours, 17-20 nov. 1980*, Association pour les fouilles archéologiques nationales, Paris, 1982 / M. Biddle & D. Hudson, *The Future of London's Past : a Survey of the Archaeology Implications of Planning and Development on the Nation's Capital*, Rescue, Worcester, 1973 / G. Duby dir., *Histoire de la France urbaine*, 4 vol., Seuil, Paris, 1980-1983 / H. Galinié & B. Randoin, *Les Archives du sol à Tours et avenir de l'archéologie de la ville*, Laboratoire d'archéologie urbaine, château de Tours, Tours, 1979 / C. Heighway, *The Erosion of History*, Council for British Archaeology, Londres, 1972.

Artisanat et vie quotidienne 128

Il n'existe pas d'ouvrage d'ensemble sur ces questions. Deux catalogues d'expositions donnent une information assez complète sur les objets courants de la vie domestique et sur les artisanats médiévaux : *Aujourd'hui le Moyen Âge : archéologie et vie quotidienne en France méridionale*, Laboratoire d'archéologie médiévale méditerranéenne de l'université de Provence, Aix-en-Provence, 1981, *Des Burgondes à Bayard : mille ans de Moyen Âge. Recherches archéologiques et historiques*, Centre d'archéologie historique des musées de Grenoble et de l'Isère, Grenoble, 1981.

Pour le reste, on trouvera l'essentiel de la documentation dans les publications de fouilles, urbaines ou rurales. À propos de la céramique médiévale, qui constitue l'un des thèmes favoris de recherche des archéologues et l'une des sources principales d'étude sur les artisanats et la vie quotidienne, on consultera la revue anglaise *Medieval Ceramics*, sept volumes parus depuis 1977.

Du bateau viking au trois-mâts 130

G. F. Bass, F. H. van Doorninck Jr., *Yassi Ada*, vol. I : *A Seventh-Century Byzantine Shipwreck*, Texas A and M Univ. Press, 1982 / B. Greenhill, *Archaeology of the Boat*, Adam & Charles Black, Londres, 1976 / O. Olsen & Crumlin-Pedersen, « The Skudelev Ships », in *Acta Archaeologica*, 38, pp. 73-174, Copenhague, 1967.

LE MONDE BYZANTIN

Historiographie 132

P. Gylles, *De Bosporo Thracio libri tres*, Lyon, 1561 ; *De Topographia Constantinopoleos et de illius Antiquitatibus libri quatuor*, Lyon, 1561. Ces deux traités sont repris dans A. Banduri, *Imperium Orientale sive Antiquitates Constantino-politanae*, pp. 264-428, J.-B. Coignard, Paris, 1711 / C. H. Texier & R. P. Pullan, *Byzantine Architecture*, Day & Son, Londres, 1864 / M. de Vogüé, *Syrie centrale. Architecture civile et religieuse du Ier au VIIe siècle*, J. Baudry, Paris, 1865-1877 / G. L. Bell, « Churches and Monasteries of Tür Abdin and Neighbouring Districts », in *Zeitschrift für*

Geschichte der Architektur, Beiheft 9, Heidelberg, 1913. Réédition mise à jour par M. M. Mango, The Pindar Press, Londres, 1982 / A. L. Jakobson, *Rannesrednevekov-yj Hersones* (Chersonèse à la haute époque médiévale), Akademija Nauk C.C.C.P., Moscou, 1959 / J. H. Humphrey dir., *Excavations at Carthage Conducted by the University of Michigan*, vol. I-VII., Kelsey Museum, Ann Arbor, Michigan, 1976-1982.

Forschungen in Ephesos. IV, 1 : E. Reisch, F. Knoll & J. Keil, *Di Marienkirche*, Vienne, 1932 ; IV, 2 : C. Praschniker, F. Miltner & H. Gerstinger, *Das Coemeterium der Sieben Schläfer*, Vienne, 1937 ; IV, 3 : J. Keil, G. A. Soteriu, H. Hörmann & F. Miltner, *Die Johanneskirche*, Vienne, 1951 ; VIII, 1 : V. Strocka, *Die Wandmalereien der Hanghäuser*, Vienne, 1977 ; VIII, 2 : W. Jobst, *Römische Mosaiken aus Ephesos I : Die Hanghäuser des Embolos*, Vienne, 1977.

Antioch-on-the-Orontes, the Excavations. Publications of the Committee for the Excavations of Antioch and Its Vicinity. I : G. W. Elderkin, *The Excavations of 1932*, Princeton, 1934 ; II : R. Stillwell, *The Excavations of 1933-1936*, Princeton, 1938 ; III : R. Stillwell, *The Excavations of 1937-1939*, Princeton, 1941 ; IV, 1 : F. O. Waage, *Ceramics and Islamic Coins*, Princeton, 1948 ; IV, 2 : D. B. Waage, *Greek, Roman, Byzantine and Crusaders Coins*, Princeton, 1952 ; V : J. Lassus, *Les Portiques d'Antioche*, Princeton, 1972.

Les prolongements de l'urbanisme hellénistico-romain — 134

J. C. Balty, *Guide d'Apamée*, Centre belge de recherches archéologiques à Apamée de Syrie, Bruxelles, 1981 / C. Foss, *Byzantine and Turkish Sardis*, Harvard Univ. Press, Cambridge-Londres, 1976 ; *Ephesus after Antiquity : A Late Antique, Byzantine and Turkish City*, Cambridge Univ. Press, Cambridge-Londres, 1979 / V. Kondic & V. Popovic, *Caričin Grad*, galerie de l'Acad. serbe des sciences et des arts, Belgrade, 1977 / C. H. Kraeling, *Gerasa, City of the Decapolis*, American Schools of Oriental Research, New Haven, 1938.

Bourgades et villages — 136

Lycie
R. M. Harrison, « Nouvelles Découvertes romaines tardives et paléobyzantines en Lycie », in *Comptes rendus de l'Académie des inscriptions et belles lettres*, pp. 222-239, Klincksieck, Paris, 1979.

Cilicie
S. Eyice, « Einige byzantinische Kleinstädte im Rauhen Kilikien », in *150 Jahre, Deutsches Archäologisches Institut 1829-1979*, pp. 204-209, Verlag Philipp von Zabern, Mayence, 1982.

Syrie
H. C. Butler, *Syria. Publications of the Princeton University Archaeological Expeditions to Syria in 1904-1905 and 1909. Architecture*, section A : *Southern Syria*, Brill, Leyde, 1913 ; section B : Northern Syria, *ibid.*, 1920 / J.-P. Sodini, G. Tate ; B. & S. Bavant, J.-L. Biscop & D. Orssaud, « Déhès (Syrie du Nord), campagnes I-III (1976-1978) », in *Syria*, 57, pp. 1-306, Geuthner, Paris, 1980 / G. Tchalenko, *Villages antiques de la Syrie du Nord*, t. I-III, *ibid.*, 1953-1958.

La culture matérielle : productions et échanges — 138

G. F. Bass & F. H. van Doorninck Jr., *Yassi Ada*, vol. I : *A Seventh-Century Byzantine Shipwreck*, Texas A et M Univ. Press, 1982 / E. Cruikshank Dodd, *Byzantine Silver Stamps*, Dumbarton Oaks Studies, 7, Washington, 1961 / F. W. Deichmann, *Ravenna, Hauptstadt des spätantiken Abendlandes*, Verlag Fr. Steiner, Wiesbaden ; t. I : *Geschichte und Momunente*, 1969 ; t. II : *Kommentar*, 1, 1974, 2, 1976, 3 (en préparation) ; t. II : *Plananhang*, 1976 ; t. III : *Frühchristlichen Bauten und Mosaiken von Ravenna*, 1958, rééd. 1968 / J. W. Hayes, *Late Roman Pottery*, The British School at Rome, Londres, 1972 / J. A. Riley, « Coarse Pottery », in *Excavations at Sidi Khrebish Benghazi (Berenice)*, vol. II, suppl. de *Libya antiqua V*, vol. II, Tripoli, 1982 / M. C. Ross, *Catalogue of the Byzantine and Early Mediaeval Antiquites in the Dumbarton Oaks Collection*, Dumbarton Oaks Research Library and Collection, Washington ; vol. I : *Metalwork, Ceramics, Glass, Glyptics, Painting*, 1962 ; vol. II : *Jewelry, Enamels and Art of the Migration Period*, 1965 / J. C. Waldbaum, *Metalwork from Sardis : The Finds Through 1974*, Harvard Univ. Press, 1983 / J. Werner, « Byzantinische Gürtelschnallen des 6. und 7. Jahrhunderts aus Sammlung Diergardt », in *Kölner Jahrbuch für Vor- und Frühgeschichte*, 1, pp. 36-48, Berlin, 1955.

L'effondrement devant les invasions : les « siècles obscurs » — 140

C. Foss, « Archaeology and the « Twenty Cities » of Byzantine Asia », in *Amer. Journ. Archaeol.*, 81, pp. 469-486, Cincinnati, 1977 / Z. Kurnatowska, *Słowiańszczyzna poludniowa*, Wrocław-Varsovie-Gracovie-Gdańsk, 1977 / P. Lemerle, *Les Plus Anciens Recueils de miracles de saint Démétrius*, 2 vol. (I : texte ; II : commentaire), éd. du C.N.R.S, Paris, 1979-1981 / D. M. Metcalf, « Corinth in the Ninth Century : the Numismatic Evidence », in *Hesperia*, 42, pp. 180-251, Baltimore, 1973 / V. Popović, « Les Témoins archéologiques des invasions avaro-slaves dans l'Illyricum byzantin », in *Mélanges de l'École française de Rome, Antiquité*, 87, pp. 445-504, 1975 ; « La Descente des Koutrigours, des Slaves et des Avars vers la mer Égée : le témoignage de l'archéologie », in *C. R. Acad. des inscriptions et belles lettres*, pp. 596-648, 1978 ; « Aux origines de la slavisation des Balkans : la constitution des premières sklavinies macédoniennes vers la fin du VIe siècle », *ibid.*, pp. 230-257, 1980 / C. Preda, « Circulatsia monedelar bizantine in regiunea carpato-dunareana », in *Studi si cercetari de istorie veche*, 23, pp. 375-415, 1972.
Studies in the History and Archaeology of Jordan : I, A. Hadidi dir., Department of Antiquities, Amman, 1982 ; notamment les communications de : M. Piccirillo, « Forty Years of Archaeological Work at Mount Nebo-Siyagha in Late Roman-Byzantine Jordan », pp. 291-300 ; S. K. Tell, « Early Islamic Architecture in Jordan », pp. 323-328 ; J. A. Sauer, « The Pottery of Jordan in the Early Islamic Periods », pp. 329-336 ; A. McNicoll & A. Walmsley, « Pella/Fahl in Jordan during the Early Islamic Period », pp. 339-345.

Essor et crise : la fin de Byzance — 142

C. Bouras, « City and Village : Urban Design and Architecture », in *Jahrbuch der Österreichischen Byzantinistik*, 31 vol., pp. 611-653, Verlag der Österreichischen Akademie der Wissenschaften, Vienne, 1981 ; « Houses in Byzantium », in *Deltion tis Christianikis Archaiologikis Heterias*, 4e sér., t. XI, pp. 1-26, Athènes, 1982-1983 / J. Lefort, « En Macédoine orientale au Xe siècle : habitat rural, communes et domaines », in *Occident et Orient au Xe siècle*, Actes du IXe Congrès de la Société des historiens médiévistes de l'enseignement supérieur public (Dijon, 2-4 juin 1978), pp. 251-272, Les Belles Lettres, Paris, 1979 / C. Mango, *Storia dell'Arte, la Civilta Bizantina dal IX al XV secolo, Corsi di Studi II, 1977*, pp. 241-323, Universita degli Studi di Bari, Bari, 1978 / R. L. Scranton dir., *Corinth XVI, Mediaeval Architecture in the Central Area of Corinth*, American School of Classical Studies at Athens, Princeton (N. J.), 1957 / N. Zèkos, « Recherches préliminaires à Rodolibos et dans sa région » (en grec), in *Orphéas*, no 8-9, pp. 3-31, Serrès, 1983.

Pour la carte
J. Lefort, *Villages de Macédoine*, t. I : *La Chalcidique occidentale*, Paris, 1982 / P. Lemerle, *The Agrarian History of Byzantium from the Origins to the Twelfth Century*, Galway, 1979 / P. Lemerle éd., *Archives de l'Athos*, 12 vol. parus, Paris, dep. 1937.

La céramique : nouvelles approches — 144

A. Megaw, « Zeuxippus Ware », in *Annual of the British School at Athens*, t. LXIII, pp. 67-88, 1968 ; « An Early Thirteenth-Century Aegean Glazed Ware », in *Studies in Memory of D. Talbot Rice*, Edinburgh Univ. Press, pp. 34-45, Édimbourg, 1975 / C. T. Morgan, *Corinth*, vol. XI : *The Byzantine Pottery*, Harvard Univ. Press, Cambridge (Mass.), 1942 / U. Peschlow, « Byzantinische Keramik aus Istanbul », in *Istanbuler Mitteilungen* t. XXVII-XXVIII, pp. 363-414, Istanboul, 1977-1978 / D. Talbot Rice, *Byzantine Glazed Pottery*, Clarendon Press, Oxford, 1930.

L'ISLAM

Historiographie — 146

K. A. C. Creswell, *A Bibliography of Architecture, Arts and Crafts of Islam*, Amer. Univ. Press, Le Caire, 1961 / A. U. Pope, *A Survey of Persian Art*, Oxford Univ. Press, Londres, 1939 / H. Terrasse, *L'Art hispano-mauresque des origines au XIIIe siècle*, Van Oest, Paris, 1932.

La ville islamique : madina, quartier, agglomération — 148

D. & J. Sourdel, *La Civilisation de l'Islam classique*, Arthaud, Paris, 1962 / L. Torres Balbás, *Ciudades hispano-musulmanas*, Instituto hispano-arabe de cultura, Madrid, s. d. (1971).

La « redécouverte » de la mosquée — 150

K. A. C. Creswell, *Early Muslim Architecture*, Clarendon Press, Oxford, 1969 / A. Gabriel, *Monuments turcs d'Anatolie*, De Boccard, Paris, 1931-1934 / E. Galdieri, *Isfahan, Masjid i-Juma*, I.S.M.E.O., Rome, 1972 / H. Terrasse, *La Mosquée al-Qarawiyin à Fès*, Klincksieck, Paris, 1968.

Un signe de traditions régionales vivantes : la maison — 152

O. Aslanapa, *Turkish Art and Architecture*, Faber, Londres, 1971 / K. A. C. Creswell, *Muslim Architecture of Egypt*, Clarendon Press, Oxford, 1952-1959 / O. Grabar et al., *City in the Desert, Qasr al-Hayr East*, Harvard Univ. Press, Cambridge, 1978 / R. W. Hamilton, *Khirbat al-Mafjar : an Arabian Mansion in the Jordan Valley*, Clarendon Press, 1959 / D. Schlumberger & J. Sourdel, *Lashkari Bazar...*, Geuthner, Paris, 1978 / H. Terrasse, *Islam d'Espagne*, Plon, Paris, 1957.

Les routes du commerce — 154

P. Chalmeta, *El Señor del zocco*, Instituto hispano-arabe de cultura, Madrid, 1973 / *Città portuali del Mediterraneo*, ouvrage collectif, Faculté d'architecture, Gênes, 1985 / M. Garzon Pareja, *La Industria sedera en España*, Graficas del Sur, Grenade, 1972 / G. Rosello Bordoy, *Ensayo de systematización de la ceramica arabe en Mallorca*, Diputación Provincial, Palma de Mallorca, 1978.

Techniques hydrauliques — 156

O. Grabar et al., *City in the Desert, Qasr al-Hayr East*, Harvard Univ. Press, Cambridge, 1978 / M. Solignac, *Recherches sur les installations hydrauliques de Kairouan et des steppes tunisiennes*, Carbonel, Alger, 1952.

Fortification et sites fortifiés — 158

H. Basset & H. Terrasse, *Sanctuaires et forteresses almohades*, Larose, Paris, 1932 / *Encyclopédie de l'Islam*, Brill, Leyde-Paris, 2e éd., dep. 1954, en particulier articles « Burdj » et « Hisn » / M. Terrasse, *La Fortification omeiyade de Castille*, Instituto de estudios islamicos, Madrid, 1968 / L. Torres Balbás, *Ciudades hispano musulmanas*, Instituto hispano-arabe de cultura, Madrid, s. d. (1971).

Archéologie d'un jardin retrouvé — 160

O. Aslanapa, *Turkish art and architecture*, Faber, Londres, 1971 / K. A. C. Creswell, *Muslim Architecture of Egypt*, Clarendon Press, Oxford, 1952-1959 / O. Grabar et al., *City in the Desert, Qasr al-Hayr East*, Harvard Univ. Press, Cambridge, 1978 / R. W. Hamilton, *Khirbat al-Mafjar : an Arabian Mansion in the Jordan Valley*, Clarendon Press, 1959 / D. Schlumberger & J. Sourdel, *Lashkari Bazar...*, Geuthner, Paris, 1978 / H. Terrasse, *Islam d'Espagne*, Plon, Paris, 1957.

LE PROCHE-ORIENT

Le Proche-Orient préhistorique

Historiographie — 162

J. Cauvin & P. Sanlaville, *Préhistoire du Levant*, colloque intern. du C.N.R.S., no 598, Lyon, 10-14 juin 1980, C.N.R.S., Paris, 1981 / D. Garrod & D. Bate, *The Stone Age of Mount Carmel*, t. I, Oxford Univ. Press, Oxford, 1932 / F. Hours, L. Copeland & O. Aurenche, « Les Industries paléolithiques du Proche-Orient, essai de corrélation », in *L'Anthropologie*, 77, pp. 229-280 et 437-496, Paris, 1973 / A. Marks dir., *Prehistory and Paleoenvironments in the Central Negev, Israel*, 3 vol., Southern Methodist Univ. Press Dallas, 1976-1983 / R. Neuville, *Le Paléolithique et le Mésolithique du désert de Judée*, Masson, Paris, 1951 / A. Rust, *Die Höhlenfunde von Jabrud (Syrien)*, Karl Wachholtz, Neumünster, 1950 / F. Wendorf & A. Marks dir., *Problems in Prehistory, North Africa and the Levant*, Southern Methodist Univ. Press, Dallas, 1975.

L'occupation du Proche-Orient au Paléolithique — 164

J. Cauvin & P. Sanlaville dir., *Préhistoire du Levant.* colloque intern. du C.N.R.S., no 598, Lyon, 10-14 juin 1980, C.N.R.S., Paris, 1981 / F. Hours, L. Copeland & O. Aurenche, « Les Industries paléolithiques du Proche-Orient, essai de corrélation », in *L'Anthropologie*, 77, pp. 229-280 et 437-496, Paris, 1973 / F. Wendorf & A. Marks dir., *Problems in Prehistory, North Africa and the Levant*, Southern Methodist Univ. Press, Dallas, 1975.

La naissance de l'agriculture — 166

J. Cauvin, *Les Premiers Villages de Syrie Palestine du IXe au VIIe millénaire avant J.-C.*, Maison de l'Orient, Lyon, 1978 / J. Cauvin & P. Sanlaville dir., *Préhistoire du Levant*, colloque intern. du C.N.R.S., no 598, éd. du C.N.R.S., Paris, 1981 / J. Mellaart, *The Neolithic of the Near East*, Thames & Hudson, Londres, 1975 / C. L. Redman, *The Rise of Civilization : from Early Farmers to Urban Society in the Ancient Near East*, Freeman & Co., San Francisco, 1978 / P. J. Ucko, R. Tringham & G. W. Dimbleby dir., *Man, Settlement and Urbanism*, Duckworth, Londres, 1972.

Du village à la ville — 168

O. Aurenche, *La Maison orientale : l'architecture du Proche-Orient ancien des origines au milieu du IVe millénaire*, Librairie orientaliste Paul Geuthner, Bibliothèque archéologique et historique, no 109, Paris, 1981 ; « L'Architecture mésopotamienne du VIIe au IVe millénaire », in *Paléorient*, 7 (2), pp. 43-55, 1981 ; « Les Premières Maisons et les premiers villages », in *La Recherche*, no 135, pp. 880-889, juill.-août 1982.

L'expansion des arts du feu : chaux, plâtre et céramique — 170

R. J. Braidwood & L. Braidwood, *Excavations in the Plain of Antioch. The Earlier Assemblages Phases A-J*, Oriental Institute Publ., no 61, Oriental Institute of the Univ. of Chicago, Chicago, 1960 / W. H. Gourdin & W. D. Kingery, « The Beginnings of Pyrotechnology : Neolithic and Egyptian Lime Plaster », in *Journ. of Field Archaeology*, 2, pp. 133-150, Boston, 1975 / M. Le Mière, « La Céramique préhistorique de Tell Assouad, Djezireh, Syrie », in *Cahiers de l'Euphrate*, 2, pp. 4-76, Paris, 1979 / C. Maréchal, « Vaisselles blanches du Proche-Orient : El Kowm (Syrie) et l'usage du plâtre au Néolithique », *ibid.*, 3, pp. 217-251, Paris, 1982 / J. Meldgaard, P. Mortensen & H. Thrane, « Excavations at Tepe Guran, Luristan : a Preliminary Report of the Danish Archaeological Expedition to Iran », in *Acta Archaeologica*, 34, pp. 97-133, Copenhague, 1963.

La révolution idéologique : l'art néolithique au Proche-Orient — 172

J. Cauvin, *Religions néolithiques de Syro-Palestine*, J. Maisonneuve, Paris, 1972 / J. Mellaart, *Catal Hüyük. A Neolithic Town in Anatolia*, Thames & Hudson, Londres 1967.

Le Proche-Orient ancien

Historiographie — 174

P. Amiet, *L'Art antique du Proche-Orient*, éd. d'art Lucien Mazenod, Paris, 1977 / G. Charles-Picard, *L'Archéologie, découverte des civilisations disparues*, Larousse, Paris, 1969 / J. Deshayes, *Les Civilisations de l'Orient ancien*, Arthaud, Paris, 1969 / A. Parrot, *Archéologie mésopotamienne, les étapes*, Albin Michel, Paris, 1946.

Le peuplement de la Basse-Mésopotamie — 176

R. Mc C. Adams, *Heartland of Cities : Surveys of Ancient Settlement and Land Use on the Central Floodplain of the Euphrates*, Univ. of Chicago Press, Chicago-Londres, 1981 / R. Mc C. Adams & H. J. Nissen, *The Uruk Countryside, the*

Natural Setting of Urban Societies, ibid., 1972 / J. L. Huot et al., *Larsa et 'Oueili, travaux de 1978-1981*, éd. Recherche sur les civilisations, Paris, 1983 / C. L. Redman, *The Rise of Civilization, from Early Farmers to Urban Society in the Ancient Near East*, W. H. Freeman & Co., San Francisco, 1978.

Invention de l'écriture, invention de l'alphabet 178

Il n'existe aucun ouvrage de réflexion sur l'écriture cunéiforme : les histoires de l'écriture y consacrent un chapitre obligé, strictement factuel. On trouvera dans l'ouvrage suivant un recueil récent et abondamment illustré de documents accompagné d'une bibliographie : *Naissance de l'écriture. Cunéiformes et hiéroglyphes*, catal. expos., Grand Palais, Paris, 7 mai-9 août 1982.

Pratiques funéraires et société au IIIe millénaire 180

L. Binford, « Mortuary Practices : their study and their potential », in J. Brown dir., *Approaches to the Social Dimensions of Mortuary Practices*, Memoirs of the Society for American Archaeology, 25, pp. 6-29, Washington, 1971 / J. D. Forest, *Les Pratiques funéraires en Mésopotamie du cinquième millénaire au début du troisième*, éd. Recherche sur les civilisations, A.D.P.F. (Association pour la diffusion de la pensée française), Paris, 1983 / C. L. Woolley, *The Royal Cemetery. Ur Excavations*, vol. II, British Museum, Londres, 1934.

L'émergence de la Syrie à l'aube des temps historiques 182

J. C. Margueron éd., *Le Moyen Euphrate, zone de contacts et d'échanges*, Actes du colloque de Strasbourg, 10-12 mars 1977, Brill, Leyde, 1980 / P. Matthiae, *Ebla, un Impero ritrovato*, Giulio Einaudi, Turin, 1977 / E. Strommenger, *Habuba Kabira, ein Stadt vor 5000 Jahren*, P. von Zabern, Mayence, 1980.

Les villes du plateau iranien au IIIe millénaire 184

P. Amiet, « En Iran central, la civilisation du désert de Lut », in *Archéologia*, pp. 21-27, juill. 1973 / J. Deshayes dir., *Le Plateau iranien et l'Asie centrale, des origines à la conquête islamique*, éd. du C.N.R.S., Paris, 1978 / C. C. Lamberg-Karlovsky & M. Tosi, « Sahr-i-Sokhta and Tepe Yahya, Tracks on the Earliest History of the Iranian Plateau », in *East and West*, 23, pp. 21-58, Rome, 1973 / E. F. Schmidt, *Excavations at Tepe Hissar (Damghan)*, Univ. of Pennsylvania Press, Philadelphie, 1937 / G. Tucci dir., *La Città'bruciata del Deserto Salato*, Erizzo, Venise, 1977 (texte en italien et en anglais).

Une région découvre son passé : le Golfe 186

G. Bibby, *Looking for Dilmun*, Praeger, New York, 1970 (*Dilmoun, la plus ancienne civilisation*, Calmann-Lévy, Paris, 1972.) / S. Cleuziou & L. Costantini, « À l'origine des oasis », in *La Recherche*, no 137, pp. 1180-1182, 1982 / K. Frifelt, « On the Prehistoric Settlement and Chronology of the Oman Peninsula », in *East and West*, 25, pp. 359-424, Rome, 1975 / C. E. Larsen, *Life and Land Use in the Bahrain Islands*, Univ. of Chicago Press, Chicago, 1984 / J. Oates, « Prehistory in Northeastern Arabia », in *Antiquity*, vol. L, no 197, pp. 20-31, Londres, 1976.

La métallurgie du cuivre aux IVe et IIIe millénaires 188

T. Berthoud, S. Cleuziou et al., « Cuivres et alliages en Iran, Afghanistan et Oman aux IVe et IIIe millénaires », in *Paléorient*, Klincksieck, Paris, 1982 / H. Limet, *Le Travail du métal au pays de Sumer au temps de la IIIe dynastie d'Ur*, Les Belles Lettres, Paris, 1960 / J. D. Muhly, « Copper and Tin », in *Transactions*, 43, pp. 155-535, Connecticut Acad. of Arts and Sciences, New Haven, 1973 ; « Supplement to Copper and Tin », *ibid.*, 46, pp. 77-136, 1976 / T. A. Wertime & J. D. Muhly dir., *The Coming of the Age of Iron*, Yale Univ. Press, New Haven (Conn.), 1980.

La glyptique dans le monde hittite 190

T. Beran, *Die hethitische Glyptik von Boğazköy*, I, 76 : Wissenschaftliche Veröffentlichungen der deutschen Orient-Gesellschaft, Verlag Gebr. Mann, Berlin, 1967 / R. M. Boehmer, « Kleinasiatische Glyptik », in W. Orthmann dir., *Der Alte Orient, Propyläen Kunstgeschichte*, 14, Propyläen Verlag, Berlin, 1975 / H. G. Güterbock, *Siegel aus Boğazköy I u. II*, Archiv für Orientforschung, Beiheft 5 u. 7, Berlin, 1940 et 1942 / E. Laroche, *Les Hiéroglyphes hittites*, t. I, éd. du C.N.R.S., Paris, 1960 / E. Laroche, « Documents hittites et hourrites », *ibid.*, pp. 53-60, et D. Beyer, « Les Empreintes de sceaux », pp. 61-68, in *Meskéné-Emar, dix ans de travaux, 1972-1982, à l'occasion d'une exposition*, éd. Recherche sur les civilisations, Paris, 1982.

Le temple syrien : prototype du temple de Salomon 192

T. A. Busink, *Der Tempel von Jerusalem von Salomo bis Herodes*, Brill, Leyde, 1970 / J. Margueron, « À propos des temples de Syrie du Nord », in *Sanctuaires et clergés*, publ. du Centre d'histoire des religions de l'université de Strasbourg, P. Geuthner, sous presse / R. de Vaux, « Note sur le temple de Salomon », in *Bible et Orient*, pp. 203-216, Cerf, Paris, 1967.

Les Phéniciens en Phénicie ou les limites de l'archéologie 194

J. Briend & J. B. Humbert et al., *Tell Keisan (1971-1976), une cité phénicienne en Galilée*, Éd. universitaires, Fribourg, Suisse ; Vandenhoeck & Ruprecht, Göttingen ; J. Gabalda, Paris, 1980 / S. Moscati, *L'Épopée des Phéniciens*, Fayard, Paris, 1971 / J. E. Pritchard, *Recovering Sarepta, A Phoenician City*, Princeton Univ. Press, Princeton (N. J.), 1978.

L'ÉGYPTE ET LE SOUDAN

Historiographie 196

W. R. Dawson & E. P. Uphill, *Who was who in Egyptology ?*, Oxford, 2e éd. 1972 / P. Montet, *Isis, ou à la Recherche de l'Égypte ensevelie*, Hachette, Paris, 1956 / M. Schiff Giorgini, J. Leclant & C. Robichon, *Soleb*, I, Sansoni, Florence, 1965.

Le désert et l'Égypte : les gravures rupestres et les oasis 198

J.-L. de Cenival, *L'Égypte avant les pyramides*, catal. expos., Réunion des Musées nationaux, Paris, 1973 / P. Huard & J. Leclant, *La Culture des Chasseurs du Nil et du Sahara*, mémoire du C.R.A.P.E. (Centre de recherches anthropologiques, préhistoriques et ethnographiques), 2 vol., Alger, s. d. (1980).

La nécropole d'une capitale : Memphis et Saqqarah 200

J. Capart, *Memphis, à l'ombre des pyramides*, Vromant, Bruxelles, 1930 / G. Goyon, *Le Secret des bâtisseurs des grandes pyramides*, Pygmalion, Paris, 1977 / A. Labrousse, J.-P. Lauer & J. Leclant, *Le Temple haut du complexe funéraire du roi Ounas*, I.F.A.O. (Institut français d'archéologie orientale), Le Caire, 1977 / J.-P. Lauer, *Saqqarah, la nécropole royale de Memphis*, Tallandier, Paris, 1977 ; *Le Mystère des pyramides*, Presses de la Cité, Paris, 1974.

Un sanctuaire dynastique : Karnak 202

P. Barguet, *Le Temple d'Amon-Rê à Karnak*, I.F.A.O., Le Caire, 1962 / « Dossiers de l'archéologie », in *Karnak*, no 61, Paris, 1982 / J. Lauffray, *Karnak d'Égypte, domaine du divin*, C.N.R.S., Paris, 1979 / G. Legrain, *Les Temples de Karnak*, Vromant, Bruxelles, 1929 / R. A. Schwaller de Lubicz, *Les Temples de Karnak*, Dervy, Paris, 1982.

La nécropole thébaine 204

A. Bellod, J.-C. Golvin & C. Traunecker, *Du ciel de Thèbes*, Association pour le développement de la pensée française (A.D.P.F.), Paris, 1983 / J. Leclant, *Recherches sur les monuments thébains de la XXVe dynastie dite éthiopienne*, I.F.A.O., Le Caire, 1965 / C. Nims, *La Thèbes des pharaons*, Albin Michel, Paris, 1965.

Abou Simbel et la Nubie 206

W. Y. Adams, *Nubia, Corridor to Africa*, Princeton, 1977 / L. A. Christophe, *Abou-Simbel et l'épopée de sa découverte*, P. C. Merckx, Bruxelles, 1965 / C. Desroches-Noblecourt & C. Kuentz, *Le Petit Temple d'Abou Simbel*, Centre de documentation, Le Caire, 1968 / G. Gerster, *Nubien, Goldland am Nil*, Artemis Verlag, Zurich, 1964.

Les premiers empires d'Afrique : Kerma et Méroé 208

E. A. W. Budge, *The Egyptian Sûdân*, 2 vol., K. Paul, Trench, Trüber and Co., Londres, 1907 / B. Gratien, *Les Cultures Kerma, essai de classification*, publ. de l'univ. de Lille-III, Lille, 1978 / F. & U. Hintze, *Les Civilisations du Soudan antique*, Paris, 1967 / P. L. Shinnie, *Meroe, a Civilization of the Sudan*, F. Praeger, New York, 1967 / L. V. Zabkar, *Apedemak, Lion God of Meroe*, Aris & Phillips, Warminster, 1975.

LES SCYTHES ET LE MONDE DES STEPPES

Historiographie 210

I. B. Brašinskij, *V poiskax skifskix sokrovišč* (À la recherche des trésors scythes), Nauka, Leningrad, 1979 / Hérodote, *Histoires*, livre IV, Les Belles Lettres, Paris, 1945 / A. Mongait, *L'Archéologie en U.R.S.S.*, Éd. en langues étrangères, Moscou, 1959 / I. I. Tolstoï & N. S. Kondakov, *Russkie drevnosti v pamjatnikax iskusstva* (Les Antiquités russes dans les œuvres d'art), no 3, Saint-Pétersbourg, 1890 / E. V. Vadeckaja, *Skazy o drevnix kurganax* (La Geste des vieux kourganes), Nauka, Novosibirsk, 1981 / N. Witsen, *Noord-en-Oost Tartarye*, Amsterdam, 1785.

L'archéologie d'un monde nomade 214

Il n'existe pas d'ouvrage de synthèse directement consacré à ce sujet.

Les Scythes et l'Orient 216

B. B. Piotrovsky, *Ourartou*, Nagel, Genève, 1969.

L'art animalier et la religion 218

M. Artamonov, *Les Trésors d'art des Scythes*, Gründ, Paris, 1968 / S. S. Bessonova, *Religioznye predstavlenija Skifov* (Les Conceptions religieuses des Scythes), Naukova dumka, Kiev, 1983 (bibliographie substantielle pour les ouvrages en russe) / G. Charrière, *L'Art barbare scythe*, Cercle d'art, Paris, 1971 / K. Jettmar, *L'Art des steppes*, Albin Michel, Paris, 1965 / *Or des Scythes*, éd. des Musées nationaux, Paris, 1975 / *Skifo-sibirskij zverinyj stil' v iskusstve narodov Evrazii* (Le Style animalier scytho-sibérien dans l'art des peuples de l'Eurasie), Nauka, Moscou, 1976 / T. Talbot-Rice, *Les Scythes*, Arthaud, Paris, 1958 / A. M. Xazanov, *Zoloto skifov* (L'Or des Scythes), Sovetskij xudoznik, Moscou, 1975.

Les pratiques funéraires : Tolstaïa Mogila 220

B. M. Mozolevskij, *Tovsta Mogila*, Naukova dumka, Kiev, 1979.

Les matériaux périssables 222

M. Gryaznov, *Sibérie du Sud*, Nagel, Genève, 1969 / S. I. Rudenko, *Kul'tura naselenija gornogo Altaja v skifskoe vremja* (La Culture de la population du Haut Altaï à l'époque scythe), Moscou-Leningrad, 1953 ; *Kul'tura naselenija central'nogo Altaja v skifskoe vremja* (La Culture de la population de l'Altaï central à l'époque scythe), Moscou-Leningrad, 1960 ; *Drevnejšie v mire xudožestvennye kovry i tkani* (Les Plus Anciens Tapis et tissus ouvragés du monde), Iskusstvo, Moscou, 1968.

Grecs et Scythes 224

E. H. Minns, *Scythians and Greeks*, Univ. Press Cambridge, 1913 / N. A. Onaiko, *Antičnyi import v Pridneprv'e i Pobuž'e v VII-Vvv do n. è.* (Les Importations antiques dans la région du Dniepr et du Bug aux VIIe-Ve s. av. notre ère), S.A.I., Nauka, Moscou, 1966 ; *Antičnyi import v Pridneprov'e i Pobuž'e v IV-IIIvv do n. è.* (Les Importations antiques dans la région du Dniepr et du Bug aux IV-IIIe s. av. notre ère), S.A.I., Nauka, Moscou, 1970 / M. I. Rostovtzeff, *Iranians and Greeks in South Russia*, Clarendon Press, Oxford, 1922 ; *Skifja i Bospor* (La Scythie et le Bosphore), Leningrad, 1925.

L'ASIE CENTRALE

Historiographie 226

W. Ball, *Archaeological Gazetteer of Afghanistan* (catal. des sites archéologiques d'Afghanistan), éd. Recherche sur les civilisations, 2 vol., Paris, 1982 / V. V. Barthold, *La Découverte de l'Asie : histoire de l'orientalisme en Europe et en Russie*, Payot, Paris, 1947 / G. Frumkin, *Archaeology in Soviet Central Asia*, Brill, Leyde, 1970 / J. Harmatta dir., *Prolegomena to the Sources on the History of Pre-Islamic Central Asia*, Akademiai Kiado, Budapest, 1979 / P. Hopkirk, *Bouddhas et rôdeurs sur la route de la soie*, Arthaud, Paris, 1981 / B. V. Lunin, *Srednjaja Azija v nauchnom nasledii otechestvennogo vostokovedenija* (L'Asie centrale dans l'héritage scientifique de l'orientalisme national), éd. FAN Uzbekskoj SSR, Tashkent, 1979 / A. Von Gabain, *Einführung in der Zentralasienkunde*, Wissenschaftliche Buchgesellschaft, Darmstadt, 1979.

Les villes de l'Âge du bronze 228

J.-M. Casal, *Fouilles de Mundigak*, t. XVII : *Mémoires de la Délégation archéologique française en Afghanistan*, Klincksieck, Paris, 1961 / J. Deshayes, *Le Plateau iranien et l'Asie centrale des origines à la conquête islamique*, Colloque du C.N.R.S., Paris, 1977 / P. L. Kohl, *The Bronze Age Civilization of Central Asia* (recueil d'articles soviétiques traduits en anglais), Sharp, New York, 1981 ; *Central Asia. Palaeolithic Beginnings to the Iron Age*, synthèse no 14, éd. Recherches sur les civilisations, Paris, 1984 / V. M. Masson & V. I. Sarianidi, *Central Asia. Turkmenia Before the Achaemenids*, Thames & Hudson, Londres, 1972.

L'irrigation en Asie centrale : une région-témoin, la Bactriane orientale 230

A. I. Bilalov, *Iz istorii irrigacii Ustrushany* (Sur l'histoire de l'irrigation de l'Ustrushan), Donish, Dushanbe, 1980 / M. M. D'Jakonov, « Arkheologicheskie raboty v nizhnem techenii reki Kafirnigana (Kobadian) 1950-1951 gg. » (Travaux archéologiques sur le cours inférieur du Kafirnigan [Kobadian], 1950-1951), in *Trudy Tadzhikskoj Arkheologicheskoj Ekspedicii* (Travaux de la mission archéologique Tadjike), t. II, pp 258 sqq., A. Ju. Jakubovskij, Moscou-Leningrad, 1953 / J.-C. Gardin, « L'Archéologie du paysage bactrien », in *Comptes rendus de l'Académie des inscriptions et belles lettres*, année 1980, pp. 480-501, Paris, 1981 / J.-C. Gardin & P. Gentelle, « L'Exploration du sol en Bactriane antique », in *Bull. de l'École française d'Extrême-orient*, t. LXVI, pp. 1-29, Paris, 1979 / J.-C. Gardin & B. Lyonnet, « La Prospection archéologique de la Bactriane orientale (1974-1978) : premiers résultats », in *Mesopotamia*, t. XIII-XIV (1978-1979), pp. 99-154 et pl. I-XI, Florence, 1980 / P. Gentelle, *Étude géographique de la plaine d'Aï-Khanoum et de son irrigation depuis les temps antiques*, Mémoires de l'U.R.A. 10, C.N.R.S., Paris, 1978 / J. G. Guljamov, *Istorija oroshenija Khorezma drevnejshikh vremen do nashikh dnej* (Histoire de l'irrigation du Khwarezm depuis les temps les plus anciens jusqu'à nos jours), Acad. des sciences d'Uzbekistan, Tashkent, 1957 / G. N. Lisicyna, *Stanovlenie i razvitie oroshaemogo zemledelija v Juzhnoj Turkmenii* (Origine et développement de l'agriculture irriguée en Turkménie méridionale), Nauka, Moscou, 1978. Une version abrégée a été publiée en anglais sous le titre « The History of irrigation agriculture in Southern Turkmenia », in P. Kohl dir., *The Bronze Age Civilization of Central Asia*, pp. 350-358, M. E. Sharpe, Ammonk, New York, 1981 / T. I. Zejmal, «Drevnie i srednevekovye Kanaly Vakhshskoj doliny» (Canaux anciens et médiévaux de la vallée du Vakhsh), in *Strany i narody Vostoka* (Pays et peuples de l'Orient), t. X, pp. 37-57, Moscou, 1971.

L'urbanisme hellénistique en Asie centrale 232

La Fortification dans l'histoire du monde grec, actes du Colloque du C.N.R.S., 1982, C.R.A., Valbonne, 1985 / R. Martin, *L'Urbanisme dans la Grèce antique*, Picard, Paris, 2e éd. 1982 / D. Schlumberger, *L'Orient hellénisé*, Albin

Michel, Paris, 1970 / B. Ia Staviskii, *La Bactriane kouchane*, (sous presse), éd. du C.N.R.S., Paris / E. Will, *Histoire politique du monde hellénistique*, Presses univ. de Nancy, 2e éd. 1983.

La civilisation sogdienne : le site de Pendjikent 234

G. Azarpay, *Sogdian Painting* (avec les contributions de A. M. Belenitsky, B. I. Marshak et M. J. Dresden), Univ. of California Press, Berkeley-Los Angeles-Londres, 1981 / A. Belenitsky, *Asie centrale*, trad. P. A. Aellig et J. Marcadé, coll. Archaeologia Mundi, Nagel, Paris-Genève-Munich, 1968 ; *Mittelasien. Kunst der Sogden*, VEB E.A. Seemann Verlag, Leipzig, 1980 / A. M. Belenitsky & B. I. Marshak, « L'Art de Piandjikent à la lumière des dernières fouilles (1958-1968) », in *Arts asiatiques*, t. XXIII, p. 3, Paris, 1971.

Les pratiques funéraires dans l'Asie centrale préislamique 236

G. Azarpay, « Iranian Divinities in Sogdian painting », in *Acta Iranica*, no 4, pp. 19-29, Téhéran-Liège, 1975 / M. Boyce, *Zoroastrians. Their Religions Believes and Practices*, Routledge & Kegan Paul, Londres, 1979 / G. Frumkin, *Archaeology in Soviet Central Asia*, Handbuch der Orientalistik (VII. Abt., III. Bd., 1. Abschn.), Leyde-Cologne 1970 / F. Grenet, *Les Pratiques funéraires dans l'Asie centrale sédentaire de la conquête grecque à l'islamisation*, C.N.R.S., Paris, 1984.

LE MONDE INDIEN

Historiographie 238

B. & R. Allchin, *The Rise of civilization in India and Pakistan*, Cambridge Univ. Press, Cambridge, 1982 / W. A. Fairservis, *The Roots of Ancient India*, Allen & Unwin, Londres, 2e éd. 1971 / B. B. Lal & S. P. Gupta, *Frontiers of the Indus Civilization*, Indian Archaeological Society, New Delhi, 1984 / H. D. Sankalia, *Prehistory of India*, Munshiram Manoharlal Publ., New Delhi, 1977.

Les débuts de l'économie agricole dans le sous-continent indien 240

L. Costantini, « The Beginning of agriculture in the Kachi Plain : the evidence of Mehrgarh », in B. Allchin dir., *South Asian Archaeology 1981*, pp. 29-33, Cambridge Univ. Press, Cambridge, 1984 / J. F. Jarrige, « Chronology of the Earlier Periods of the Greater Indus as seen from Mehrgarh », *ibid.*, pp. 21-28 / M. Lechevallier & G. Quivron, « The Neolithic in Baluchistan : new evidence from Mehrgarh », in H. Härtel dir., *South Asian Archaeology 1979*, Dietrich Reimer Verlag, Berlin, 1981 / R. H. Meadow, « Prehistoric Animal Exploitation in the Greater Indus Valley : notes on the faunal remains from Mehrgarh, Pakistan, with a focus on Cattle (Bos.) », in B. Allchin dir., *South Asian Archeology 1981*, pp. 34-40, Cambridge Univ. Press, Cambridge, 1984 ; « Animal Domestication in the Middle East : a view from the eastern margin », in *Animals and Archaeology*, J. Clutton-Brock et C. Grigson dir., vol. III : « Early Herder and their Flocks », pp. 309-337, British Archaeological Reports International Series 202, 1984.

Des villages du Baluchistan aux villes de l'Indus 242

J.-M. Casal, *La Civilisation de l'Indus et ses énigmes*, Fayard, Paris, 1969 / J. F. Jarrige, « Economy and Society in the Early Chalcolithic/Bronze Age of Baluchistan : new perspectives from recent excavations at Mehrgarh », in H. Härtel dir., *South Asian Archaeology 1979*, pp. 93-114, Dietrich Reimer Verlag, Berlin, 1981 / J. G. Shaffer, *Prehistoric Baluchistan*, Indian Society for Prehistoric and Quaternary Studies, B. R. Publ. Corp., Delhi, 1978 / M. Wheeler, *The Indus Civilization*, 3e éd., Cambridge Univ. Press, Cambridge, 1968.

Le IIe millénaire ou la seconde révolution agricole 244

L. Costantini, « Paleoethnobotany at Pirak : a contribution to the 2nd. millennium B.C. agriculture of the Sibi-Kacchi Plain, Pakistan », in *South Asian Archaeology 1979*, H. Härtel dir., pp. 271-277, Dietrich Reimer Verlag, Berlin, 1981 / M. K. Dhavalikar, « Early Farming Cultures of the Deccan », in D. P. Agrawal et D. K. Chakrabarti dir., *Essays in Indian Protohistory*, Indian Society for Prehistoric and Quaternary Studies, B. R. Publ. Corp., Delhi, 1979 / J. F. Jarrige, M. Santoni & J. F. Enault, *Fouilles de Pirak*, De Boccard, Paris, 1979 / J. P. Joshi et al., « The Indus Civilization : a reconsideration on the basis of distribution maps », in B. B. Lal et S. P. Gupta dir., *Frontiers of the Indus Civilization*, pp. 511-530, Indian Archaeological Society, New Delhi, 1984.

La vallée du Gange à l'aube de la période historique 246

N. R. Banerjee, *The Iron Age in India*, Munshiram Manoharlol, Delhi, 1965 / A. Ghosh, *The City in Early Historical India*, Indian Institute for Advanced Study, Simla, 1973 / C. Silvi Antononi & G. Stacul, *The Proto-historic Graveyards of Swat*, IsMEO, Rome, 1972.

L'ASIE DU SUD-EST

Historiographie 248

Il n'existe pas d'étude d'ensemble sur l'archéologie de l'Asie du Sud-Est. Les principales revues scientifiques, par exemple le *Bulletin de l'École française d'Extrême-Orient* et l'*Annual Bibliography* du Kern Institute, publiaient, avant la guerre, d'excellentes chroniques. On consultera : B. P. Groslier dir., « Cinquante Ans d'orientalisme », in *Bull. Soc. études indoch.*, t. XXVI, vol. IV, Saigon, 1951 ; « Cinquante Ans d'orientalisme en France » no spéc. du *Journal Asiatique*, t. CCLXI, vol. IV, 1973 / J. Filliozat dir., *Travaux et perspectives de l'École française d'Extrême-Orient... 75e anniversaire*, E.F.E.O., Paris, 1976.

La préhistoire de la Thaïlande 250

C. Gorman, « Excavations at Spirit Cave, North Thailand », in W. G. Solheim II dir., *Asian Perspectives*, vol. XIII, pp. 79-107, Univ. of Hawaii Press, Honolulu, 1972 / H. R. van Heekeren & C. E. Knuth, « Sai-Yok. Stone-Age Settlements in the Kanchanaburi Province », in *Archaeological Excavations in Thailand*, vol. I, Munksgaard, Copenhague, 1967 / P. Sørensen, « Preliminary Note on the Relative and Absolute Chronology of two Early Palaeolithic Sites from Northern Thailand », in A. K. Ghosh, Union internationale des sciences préhistoriques et protohistoriques, IXe Congrès, Colloque VII, *Le Paléolithique inférieur et moyen en Inde, en Asie centrale, en Chine et dans le Sud-Est asiatique*, pp. 237-251, Nice, 1976 ; « Further Notes on the Early Palaeolithic of Northern Thailand », in *Annual Newsletter of the Scandinavian Institute of Asian Studies. The Year 1981*, vol. XV, pp. 26-30, Copenhague, 1982 / H. D. Tjia, « Changes of sea-level in the southern South China Sea area during Quaternary times in United Nations E.S.C.A.P., C.C.O.P. Techn. Publ. », in *Quaternary Geology of the Malay-Indonesian Coastal and Offshore Areas*, no 5, pp. 11-36, Bangkok, 1977 / H. T. Verstappen, « On Palaeo climates and landform development in Malesia », in G. J. Barstra & W. A. Casparie dir., *Modern Quaternary Research in Southeast Asia*, vol. I, pp. 3-35, A. A. Balkema, Rotterdam, 1975.

Les civilisations agricoles 252

D. T. Bayard, « Excavations at Non Nok Tha, Northeastern Thailand, 1968 : an Interim Report », in W. G. Solheim II dir., *Asian Perspectives*, vol XIII, pp. 109-144, Univ. of Hawaii Press, Honolulu, 1972 / C. Gorman & P. Chareonwongsa, « Ban Chiang : A Mosaic of Impressions from the first two years », in *Expedition*, vol. XVIII, no 4, pp. 14-26, Univ. of Pennsylvania, Univ. Museum, Philadelphie, 1976 / C. F. W. Higham, « The Ban Chiang Culture in Wider Perspective », in M. Wheeler, *Archaeological Lecture*, 1983 / P. Sørensen, *Ban-Kao. Neolithic Settlements with Cemeteries in the Knacjanaburi Province*, vol. II, part. 1, *Archaeological Excavations in Thailand*, Munksgaard, Copenhague, 1967 / J. C. White, « The Ban Chiang Tradition : Innovators and Artists in Prehistoric Northeast Thailand », in *Discovery of a Lost Bronze Age. Ban Chiang*, pp. 12-51, Univ. of Pennsylvania, Univ. Museum, Philadelphie, Smithsonian Institutions, Philadelphie, 1982.

Archéologie des échanges commerciaux 254

J. M. Casal, *Fouilles de Virampatnam-Arikamedu*, P.U.F., Paris, 1949 / J. Filliozat « La Valeur des connaissances gréco-romaines sur l'Inde », in *Journal des savants*, pp. 97-136, Paris, avr.-juin 1981 / L. Malleret, *Archéologie du delta du Mékong*, E.F.E.O., 4 vol., Paris, 1959-1962 / D. Schlumberger, *L'Orient hellénisé ; l'art dans le monde*, P. A. Michel, 1970 (éd. de poche, 1984) / E. H. Warmington, *The Commerce between the Roman Empire and India*, Cambridge Univ. Press, 1928 / M. Wheeler, *Rome Beyond the Imperial Frontier*, Bell, Londres, 1954.

Archéologie d'un empire agricole. La cité hydraulique angkorienne 256

B. P. Groslier, *Angkor et le Cambodge au XVIe siècle...*, P.U.F., Paris, 1958 ; « Pour une géographie historique du Cambodge », in *Cahiers d'outre-mer*, no 104, pp. 337-379, Bordeaux, 1973 ; « Agriculture et religion dans l'empire angkorien, in *Études rurales*, no 53-56, pp. 95-117, Paris, 1974 ; « La Cité hydraulique angkorienne... », in *Bull. École franç. d'Extrême-Orient*, t. LXV, pp. 161-202, Paris, 1978.

L'EXTRÊME-ORIENT

La Chine

Historiographie 258

Chang Kwang-chih, *The Archaeology of Ancient China*, Yale Univ. Press, New Haven-Londres, 3e éd. 1977 / D. & V. Elisseeff, *Nouvelles Découvertes en Chine, l'histoire revue par l'archéologie*, Office du livre, Fribourg, 1983 / P. Hughes-Stanton & R. Kerr, *Kiln Sites of Ancient China, Recent Finds in Pottery and Porcelain*, Oriental Ceramic Society, Londres, s. d. (1981) / D. N. Keightley dir., *The Origins of Chinese Civilization*, Univ. of California Press, Berkeley, 1983 / *Trésors d'art de la Chine*, palais des Beaux-Arts, Bruxelles, 1982 / Wang Zhongshu, *Han Civilization*, Yale Univ. Press, New Haven-Londres, 1982 / Wen Fong dir., *The Great Bronze Age of China*, The Metropolitan Museum of Art, New York, 1980 / *7000 Years of Chinese Civilization, Chinese Art and Archaeology from the Neolithic Period to the Han Dynasty*, Silvana Editoriale, Milan, 1983.

Cultures du Nord, cultures du Sud : les Néolithiques chinois 260

D. N. Keightley dir., *The Origins of Chinese Civilization*, Univ. of California Press, Berkeley, 1983 / Du Yaoxi & Li Jiafang, *Song Zhaolin, Zhongguo yuanshe shehuishi* (Histoire de la société primitive en Chine), Pékin, 1983 / Liu Shijin, « Shilun Zhongguo gudai wenmingzhi faxiandi » (Sur le berceau de la civilisation chinoise ancienne), in *Kaogu yu wenwu*, no 4, Pékin, 1982 / Su Bingqi & Yin Weizhang, « Guanyu kaoguxue wenhuade quxi leixing wenti » (À propos de la question de la différenciation des cultures en archéologie), in *Wenwu*, no 5, Pékin, 1981 / Yin Da, *Xin shiqi shidai*, (Le Néolithique), Pékin, 1955, 2e éd. 1979.

L'art du bronzier, les techniques du sidérurgiste 262

N. Barnard, *Bronze Casting and Bronze Alloys in Ancient China*, Australian National Univ., Canberra, 1961 ; « Further Evidence to support the hypothesis of indigenous origins of metallurgy in ancient China », in *The Origins of Chinese Civilization*, Univ. of California Press, Berkeley, 1983 / N. Barnard & Satō Tamotsu, *Metallurgical Remains in Ancient China*, Nichiōsha, Tōkyō, 1975 / U. M. Franklin, « On Bronze and Other Metals in Early China », in *The Origins of Chinese Civilization*, Univ. of California Press, 1983 / J. Needham, « Évolution de la technologie du fer et de l'acier en Chine », in *Revue d'histoire de la sidérurgie*, t. II et III, Nancy, nos 3 et 4, 1961 ; nos 1 et 2, 1962 / Wen Fong dir., *The Great Bronze Age of China*, The Metropolitan Museum of Art, New York, 1980.

Modes de sépulture dans le royaume de Chu 264

N. Barnard dir., *Early Chinese Art and its Possible Influence in the Pacific Basin*, Intercultural Press, New York, 1972 / A. L. Juliano, « Three Large Ch'u graves recently excavated in the Chiangling district of Hupei province », in *Artibus Asiae*, XXXIV, I pp. 5-17, Ascona / J. S. Major, « Research Priorities in the Study of Ch'u Religion », in M. Eliade et J. M. Kitagawa dir., *History of Religions*, vol. XVII, pp. 226-243, Univ. of Chicago Press, Chicago, 1978 / J. Rawson, *Ancient China, Art and Archaeology*, British Museum Publ., Londres, 1980.

Revues archéologiques et ouvrages chinois présentant les sites mentionnés dans le texte (entre parenthèses, le nom du site) : *Kaogu*, no 4, 1981 ; no 3, 1983 (évolution des tombes de Chu) / *Kaogu Tongxun*, no 11, 1958 (Changtaiguan) / *Kaogu Xuebao*, no 1, 1982 (Tianxingguan) ; no 2, 1982 (évolution des tombes de Chu) / *Kaogu yu Wenwu*, no 2, 1983 (évolution des tombes de Chu) / *Shouxian Cai hou mu chutu yiwu*, 1956 (Shouxian) / *Wenwu*, no 7, 1979 (Leigudun) ; no 10, 1980 (Xiasi) / *Wenwu Cankao Ziliao*, no 9, 1957 ; no 1, 1958 (Changtaiguan) / *Zhongguo Kaogu Xuehui di yi ci nianhui lunwenti*, 1979 (évolution des tombes de Chu).

Origine et production des laques 266

H. Garner, *Chinese Lacquer*, Faber & Faber, Londres, 1979 / T. Lawton, *Chinese Art of the Warring States Period – Change and Continuity, 480-222 B.C.*, Freer Gallery of Art, Smithsonian Institution, Washington (D. C.), 1982 / Satō Taketoshi, *Chūgoku kōdai kōgyō shi no kenkyū*, Tōkyō, 2e éd. 1975 (études historiques sur l'artisanat de la Chine antique, en japonais) / Yunmeng Chuihudi Qin mu bian xie zu, *Yunmeng Chuihudi Qin mu* (Les Tombes Qin de Chuihudi, district de Yunmeng, en chinois ; résumé succinct en anglais), Pékin, 1981.

Revues archéologiques chinoises et ouvrages présentant les sites mentionnés dans le texte (entre parenthèses, le nom des sites) : *Henan Xinyang Chu mu wenwu tulu*, 1959 (Changtaiguan) / *Kaogu*, no 5, 1980 (Yutaishan) / *Kaogu Xuebao*, no 2, 1974 (Fenshuiling) ; no 1, 1982 (Tianxingguan) / *Wenwu*, no 5, 1965 (Wangshan) ; no 8, 1974 (Taixicun) ; no 3, 1976 (Shangcunling) ; no 7, 1979 (Leigudun) ; no 1, 1981 (Qingchuan) / *Wenwu Kaogu gongzuo san shi nian*, 1949-1979 (Hemudu).

Les instruments de musique de la Chine préimpériale 268

K. J. De Woskin, *A Song for One or Two : Music and the Concept of Art in Early China* (Michigan Papers in Chinese Studies Nb.42), Center for Chinese Studies, Univ. of Michigan, Ann Arbor, 1982 / Ma Hiao Ts'iun, « La Musique chinoise », in N. Dufourcq dir., *La Musique des origines à nos jours*, pp. 438-446, Larousse, Paris, 1946 / Higuchi T., *Gakki*, Sen-oku Hakkōkan, Benrido, 1982 (en japonais) / V. Kane, « The Independant Bronze Industries in the South of China Contemporary with the Shang and Western Chou Dynasties », in *Archives of Asian Art*, XXVIII, pp. 77-107, Kansas City, 1974 / Trân vân Khê, *La Musique vietnamienne traditionnelle*, P.U.F., Paris, 1962.

Revues archéologiques et ouvrages chinois présentant les sites mentionnés dans le texte (entre parenthèses, le nom du site ou le thème) : *Jiang Han Kaogu*, no 1, 1981, no 2, 1982 (cloches de bronze) / *Kaogu*, no 2, 1981 (Xiasi) / *Kaogu Xuebao*, no 3, 1957 (cloches de bronze) ; no 4, 1959 (Tunxi) ; no 1, 1964 (sifflets) ; no 1, 1981 (cloches de bronze) / *Wenhua da geming qijian chutu wenwu*, 1972 (Jiangling) / *Wenwu*, no 10, 1978 (sifflets) ; no 7, 1979 (Leigudun) ; no 10, 1980 (Xiasi) / *Wenwu Cankao Ziliao*, no 1, 1958 (cloches de bronze) / *Wenwu kaogu gongzuo san shi nian*, 1949-1979 (Yumen) / *Yinxu Fu Hao mu*, 1980 (tombe de Fu Hao) / *Zhongguo Wenwu*, no 3, 1980 (*Chongyang*).

L'art de la table à l'époque Han 270

Changsha Mawangdui yihao Han mu (La Tombe Han no 1 de Mawangdui à Changsha), 2 vol., Wenwu chubanshe, Pékin, 1973 / Hayashi M., *Kandai no bumbutsu* (La Civilisation de l'époque Han), Research Institute for Humanistic Studies, Kyōto Univ., Kyōto, 1976 / M. Pirazzoli-t'Serstevens, *La Chine des Han*, P.U.F., Paris, 1982.

Philosophie et religions : nouvelles perspectives 272

« A Report on Stone Statues discovered in Mt Kongwangshan », in *Wenwu*, 1, pp. 1-7, Pékin, 1981 (texte en chinois, avec de nombreuses illustrations) / R. G. Henricks,

« Examing the Ma-wang-tui Silk Texts of the Lao-tzu », in *T'oung Pao*, LXV, 4-5, pp. 166-199, Leyde, 1979 / Y. H. JAN, « The Silk Manuscripts on Taoism », in *T'oung Pao*, LXIII, 1, pp. 65-84, Leyde, 1977 / M. LOEWE, *Ways to Paradise, the Chinese Quest for Immortality*, George Allen & Unwin, Londres, 1979 / W. M. TU, « The Thought of Huang-Lao : a reflection on the Lao Tzu and Huang Ti Texts in the silk manuscripts of Ma-wang-tui », in *Journal of Asian Studies*, XXXIX, 1, pp. 95-110, Univ. of Washington, nov. 1979.

Images d'une société courtoise : la peinture murale des sépultures Tang — 274

FONG M., « Four Royal Chinese Tombs of the Early 8th Century », in *Artibus Asiae*, XXXV, 4, pp. 307-334, Ascona, 1973 ; « T'ang Tombs Wall Paintings of the Early 8th Century », in *Oriental Art*, XXIV, 2, pp. 185-194, Londres, 1978 / QIN WEN, « Deux Galeries souterraines de peintures murales de la dynastie des Tang », in *Nouvelles Découvertes archéologiques en Chine*, II, pp. 100-109, Pékin, 1980 / M. SULLIVAN, *Chinese Landscape Painting in the Sui & T'ang Dynasties*, Univ. of California Press, Berkeley, 1980 / « La Tombe de Li Xian, prince impérial Zhanghuai », in *Trésors d'art de la Chine*, catal. expos., pp. 199-209 et notices 54 à 64, Bruxelles, 1982.

Scènes de la vie bourgeoise : l'art funéraire des dynasties Song, Liao et Jin — 276

P. EICHENBAUM KARETZKY, « The Recently Discovered Chin dynasty murals illustrating the life of the Buddha at Yen-shang ssu, Shansi », in *Artibus Asiae*, XLII, 4, pp. 245-260, Ascona, 1980 / R. J. MAEDA, « Some Sung, Chin and Yüan representations of actors », in *Artibus Asiae*, XLI, 2-3, pp. 132-156, Ascona, 1979 / « Peintures murales d'une tombe de la dynastie des Liao à Kulun », in *Nouvelles Découvertes archéologiques en Chine II*, pp. 110-115, Musée provincial de Jilin, Pékin, 1980 / SU BAI, *Baisha Songmu* (Tombes d'époque Song à Baisha), Pékin, 1957.

L'apparition de l'agriculture — 278

Ancient China's Technology and Science, Compiled by the Institute of the History of Natural Sciences, Chinese Acad. of Sci., Pékin, 1983 / CHANG KWANG-CHIH, *The Archaeology of Ancient China*, Yale Univ. Press, New Haven, 3e éd. 1977 / HO PING-TI, *The Cradle of the East*, Chinese Univ. of Hong Kong, Hong Kong, 1975 / HSU CHO-YUN, *Han Agriculture*, Univ. of Washington Press, Seattle, 1980 / D. N. KEIGHTLEY dir., *The Origins of Chinese Civilization*, Univ. of California Press, Berkeley, 1983 / LIU XIANZHOU, *Zhongguo gudai nongye jixie faming shi* (Histoire de la découverte des instruments agricoles dans la Chine ancienne), Science Press, Pékin, 1963.

Données récentes sur l'astronomie chinoise — 280

H. MASPERO, « L'Astronomie chinoise avant les Han », in *T'oung Pao*, vol. XVI, Leyde, 1929 ; « Les Instruments astrologiques des Han », in *Mélanges chinois et bouddhiques*, vol. VI, Institut belge des hautes études chinoises, Bruxelles, 1939 / J. NEEDHAM, *Science and Civilization in China*, vol. III, Cambridge Univ. Press, Cambridge-Londres-New York, 1957.
Pour les découvertes archéologiques mentionnées dans le texte, on se reportera aux revues : *Wenwu*, no 9, 1972, no 8, 1975, no 2, 1978 / *Kao gu*, no 1, 1975.

L'Iran et la Chine : importation et influences — 282

J. FONTEIN & TUNG WU, *Unearthing China's Past*, Museum of Fine Arts, Boston, 1973 / J. RAWSON, *The Ornament on Chinese Silver of the Tang Dynasty (AD 618-906)*, Occasional Paper no 40, British Museum, Londres, 1982 / *Trésors d'art de la Chine*, palais des Beaux-Arts, Bruxelles, 1982 / *Wenhua dageming qijian chutu wenwu* (Vestiges culturels découverts pendant la grande révolution culturelle), Wenwu chubanshe, Pékin, 1972.

La route de la céramique — 284

B. P. GROSLIER, « La Céramique chinoise en Asie du Sud-Est, quelques points de méthode », in *Archipel*, no 21, pp. 93-121, Paris, 1981 / B. GYLLENSVÄRD, « Recent Finds of Chinese Ceramics at Fostat », in *Bulletin of the Museum of Far Eastern Antiquities*, t. I-II, no 45, 1973, no 47, 1975, Stockholm / L. & C. LOCSIN, *Oriental Ceramics Discovered in the Philippines*, C. Tuttle, Tōkyō, 1967 / E. E MCKINNON, « Oriental Ceramics Excavated in North Sumatra », in *Transactions of the Oriental Ceramic Society*, pp. 59-120, Londres, 1975-1977 / C. SALMON & D. LOMBARD, « Un vaisseau du XIIIe siècle retrouvé avec sa cargaison dans la rade de Zaitun », in *Archipel*, no 18, pp. 57-67, Paris, 1979 / *Special Exhibition of Cultural Relics Found off Sinan Coast*, National Museum of Korea, Séoul, 1977 / M. TREGEAR, *La Céramique Song*, Office du livre, Fribourg, 1982 / D. WHITEHOUSE, « Maritime Trade in the Arabian Sea : the 9th and 10th centuries AD », in M. Taddei dir., *South Asian Archaeology*, Istituto universitario orientale, vol. II, pp. 865-885, Naples, 1979.

Le Vietnam

Historiographie — 286

L. BEZACIER, *L'Asie du Sud-Est*, t. II : *Le Viêtnam*, Paris, 1972 / *Bulletin de l'École française d'Extrême-Orient*, Hanoi, Paris / J. DAVIDSON, « Archaeology in Northern Viêt-Nam since 1954 », in *Early Southeast Asia*, Smith & Watson, Oxford, 1979 ; « Archaeology in Southern Viêt-Nam since 1954 », *ibid.*, Oxford, 1978 / « Données archéologiques », in *Études Viêtnamiennes*, no 46, Hanoi, 1976 / HA VAN TÂN, « Nouvelles Recherches préhistoriques et protohistoriques au Viêtnam », in *B.E.F.E.O.* (*Bulletin de l'École française d'Extrême-Orient*), 1980 / *Kao cô hoc* (revue archéologique), Hanoi / NGUYÊN PHUC LONG, « Les Nouvelles Recherches archéologiques au Viêtnam », in *Arts asiatiques*, t. XXXI, Paris, 1975.

Les galets aménagés du Hoabinhien — 288

P. I. BORISKOVKII, *Pervobitnoe Prochloe Vietnama* (*Le Passé préhistorique du Vietnam*), éd. Nauka, Moscou-Leningrad, 1966 (ouvr. trad. en anglais : « Vietnam in Primeval Times », in *Soviet Anthropology and Archaeology*, nos 7-9, International Art and Sciences Press, New York, 1968-1971) / M. COLANI, « L'Âge de la pierre dans la province de Hoà-Bình (Tonkin) », in *Mémoire du Service géologique de l'Indochine*, vol. XIV, fasc. 1, Hanoi, 1927 ; « Quelques Stations hoabinhiennes (notes préliminaires) », in *Bulletin de l'École française d'Extrême-Orient*, t. XXIX, Hanoi, 1929 / DINH TRONG HIEU, « Remarques après quelques travaux en archéologie préhistorique effectués sur le terrain et en laboratoire au Vietnam », in *Cahiers d'études vietnamiennes*, no 4, univ. Paris-VII, 1980 / HA VAN TÂN, « Le Hoabinhien dans le contexte du Viet Nam », in *Études vietnamiennes*, no 46 : « Données archéologiques », t. I, Hanoi, 1976 / J. M. MATTHEWS, *The Hoabinhian in South East Asia and Elsewhere*, thèse polygr., Australian National Univ., Canberra, 1964.

Un témoin de la protohistoire : le tambour de bronze — 290

V. GOLOUBEW, « L'Âge du bronze au Tonkin et dans le Nord-Annam », in *B.E.F.E.O.* (*Bulletin de l'École française d'Extrême-Orient*), vol. XXIX, Hanoi, 1929 / *Gudai tonggu xueshu taolunhui lunwenji*, (ouvr. coll.), Pékin, 1982 / F. HEGER, *Alte Metalltrommeln aus Sudost Asien*, Leipzig, 1902 / P. LÉVY, « Origine de la forme des tambours de bronze du type I », in *Dân Viêt-nam*, no 2, Hanoi, 1948 / NGUYÊN DUY HINH, « Vê quan diêm cua một sô học gia Trung quôc nghiên cú'u trông dông ngu'ò'i Viêt », in *Kháo cô học*, no 4, Hanoi, 1979 / H. PARMENTIER, « Anciens Tambours de bronze », in *B.E.F.E.O.*, t. XVIII, Hanoi, 1918 ; « Nouveaux Tambours de bronze », *ibid.*, t. XXXII, 1932 / M. PIRAZZOLI-t'SERSTEVENS, « The Bronze Drums of Shizhaishan, their Social and Ritual Significance », in *Early Southeast Asia*, Smith & Watson, Oxford, 1979 / « Viên bào tàng lịch su Viêt Nam », in *Nhūg trông dông Dông Son dã phát hiên o Viêt Nam*, Hanoi, 1975.

La Corée et le Japon

Historiographie — 292

Japon
La bibliographie concernant l'archéologie japonaise est très abondante. Universités et musées publient de nombreux bulletins. Les deux publications les plus anciennes et les plus importantes sont le *Shigaku zasshi* (Journal d'histoire) et le *Kokogaku zasshi* (Journal d'archéologie).
L'histoire de l'évolution de l'archéologie japonaise a été traitée par SAITŌ TADASHI, *Nihon kokogaku shi*, ouvrage publié en 1974 à Tōkyō par Yoshikawa Kobunkan (texte en japonais).
Nihon no bijutsu, publ. des Musées nationaux de Tōkyō, Kyōto et Nara, Tōkyō, 1982 : no 188, « Kyuseki jidai » (Paléolithique) ; no 189, « Jōmon jidai : Sōki-Zenki » (Époque Jōmon : proto- et pré-Jōmon) ; no 190, « Jōmon jidai : Chūki » (Époque Jōmon ; plein Jōmon) ; no 191, « Jōmon jidai : Gōki-Wanki » (Époque Jōmon : fin Jōmon, Jōmon tardif) ; no 192, « Yayoi jidai » (Époque Yayoi) / *Nihon no kokogaku* (L'Archéologie japonaise), 7 vol., Kawade Shōbo, Tōkyō, 1965 / V. ELISSEEFF, « Le Paléolithique de l'Asie nord-orientale et le Néolithique de l'Asie nord-orientale », in *L'Homme avant l'écriture*, coll. Destins du monde-Préhistoire, publ. sous la dir. d'A. Varagnac, Armand Colin, Paris, 1968 / *Japanese Archaeology*, expos. sur le développement de l'archéologie pendant les vingt-cinq dernières années, introd. et texte en japonais et en anglais, Musée national de Tōkyō, 1969 / *Sekai kokogaku jiten* (Dictionnaire mondial d'archéologie), Heibonsha, Tōkyō, 1979 / M.-P. DAVID, « L'Évolution de la céramique japonaise de l'époque des Grandes Sépultures à celle de Heian », in *Mélanges offerts à Charles Haguenauer en l'honneur de son quatre-vingtième anniversaire*, pp. 528-563, bibl. de l'Institut des hautes études japonaises, l'Asiathèque, Paris, 1980 / F. BERTHIER, *Extrême-Orient* (*Japon : art et archéologie*), Encyclopædia Universalis, 1984.

Corée
On trouvera une bibliographie très complète dans la *Revue de Corée*, publ. de la commission nationale coréenne pour l'U.N.E.S.C.O., vol. XIII, no 4, hiver 1981 (« Études coréennes d'aujourd'hui ») : KIM WON-YONG, « L'Archéologie coréenne aujourd'hui », pp. 55-96.
M.-P. DAVID, *Corée (arts)*, Encyclopædia Universalis, 1984 ; *Extrême-Orient (Corée : préhistoire, archéologie et art)*, *ibid.* / R. GOEPPER & R. WHITFIELD, *Treasures from Korea*, Trustees of the British Museum, Londres, 1984 / *5 000 Years of Korean Art*, catal. de l'expos. organisée par le National Museum of Korea dans plusieurs musées des États-Unis, 1979-1981.

L'émergence du Paléolithique — 294

AKAZAWA T., ODA S. & YAMANAKA I., *The Japanese Palaeolithic : a Techno-Typological Study*, Rippu shobo, Tōkyō, 1980 / EGAMI N., SERIZAWA C., OTSUKA H. & MŌRI K., *Kokogaku zeminaru* (Séminaire d'archéologie), Yamakawa shuppansha, Tōkyō, 1976 / *Image and Life : 50 000 Years of Japanese Prehistory* (expos. d'objets du Paléolithique, périodes Jōmon, Yayoi et Kofun, provenant de collections japonaises), Museum of Anthropology, Univ. of Michigan, Ann Arbor, (Mich.), 1978 / KIM WON-YONG, « L'Archéologie coréenne aujourd'hui », in *Revue de Corée*, vol. XIII, no 4, pp. 55-96, 1981 / R. PEARSON, « Palaeoenvironment and human settlement in Japan and Korea », in *Science*, 197, pp. 1239-1246, Washington, 1977.

La riziculture — 296

V. ELISSEEFF, *Japon*, coll. Archaeologia mundi, Nagel, Genève, 1974 / ISHIDA E. & IZUMI S., *Shimpojyumu. Nihon noko bunka no kigen*, symposium sur les origines de la civilisation agraire au Japon, Sobunsha, Tōkyō, 1966 / NEGI O., « The Significance of wooden agricultural tools », in *Kokogaku kenkyu*, 52, 4, pp. 93-116, Tōkyō, 1976 / OKAMOTO T., DOI T. & KANFKO H., *Jōmon jidai*, coll. Nihon no bijutsu, 188, 189, 190, Shibundo, Tōkyō, 1982 / *5 000 Years of Korean Art*, catal. de l'expos. organisée par le National Museum of Korea dans plusieurs musées des États-Unis, Asian Art Museum, San Francisco, 1979.

Le monde de la mort à l'époque des Trois Royaumes — 298

KIM CHE-WŎN & KIM WŎN-YONG, *Corée. 2 000 ans de création artistique*, Office du livre, Fribourg, 1966.

L'univers funéraire à l'ère des Sépultures antiques — 300

F. BERTHIER, *Arts du Japon. Les temps d'avant l'histoire*, Publications orientalistes de France, Paris, 1984 / V. ELISSEEFF, *Japon*, coll. Archaeologia mundi, Nagel, Genève, 1974 / J.-E. KIDDER, *Japon. Naissance d'un art*, Office du livre, Fribourg, 1965.

Monastères et palais dans la péninsule et l'archipel — 302

F. BERTHIER, *Genèse de la sculpture bouddhique japonaise*, Publications orientalistes de France, Paris, 1979 / MASUDA T., *Japon*, coll. Architecture universelle, Office du livre, Fribourg, 1969.

La céramique médiévale japonaise — 304

Ouvrages généraux
La Céramique japonaise, Office du livre, Fribourg, 1984 / *Japanische Keramik : Kunstwerke historischer Epochen und der Gegenwart*, Hetjens Museum, Düsseldorf, Deutsches Keramik Museum, Düsseldorf-Berlin-Stuttgart, 1978 / MIKAMI T., *The Art of Japanese Ceramics*, trad. Ann Herring, Weatherhill-Heibonsha, New York-Tōkyō, 1973 / *Nihon tōji zenshū* (*Ceramic Art of Japan*), 30 vol., Chuōkoronsha, Tōkyō.
Ouvrages concernant la céramique médiévale japonaise
NARAZAKI S., *Recent Studies on Ancient and Medieval Ceramics of Japan*, Intern. Symp., Seattle Art Museum, 1972 ; *Mino no kotō* (*Ancient Ceramics of Mino*), Kōrinsha, Kyōto, 1976 ; « Seto and Mino Ceramics of the Medieval age », trad. R. Mellot, *Chanoyu Quaterly*, no 29, Kyōto, 1981 / NARAZAKI S. & THE ZAUHO PRESS, *Sekai tōji zenshū, Nihon chūsei* (*Ceramic Art of the World, Japanese Medieval Period*), vol. III, Shōgakukan, Tōkyō, 1977 (nombreuses illustrations en couleurs et en noir et blanc, légendes en anglais) / C. SHIMIZU, « Musée Guimet : quelques pièces de céramique médiévale », in *Revue du Louvre*, no 5-6, Paris, 1984.

L'AFRIQUE

Historiographie — 306

B. CHAVANE, *Villages anciens du Tekrour*, Karthala C.R.A., Paris, 1985 / J. DEVISSE, « L'Apport de l'archéologie à l'histoire de l'Afrique entre le Ve et le XIIe siècle », in *Comptes rendus de l'Acad. des inscriptions et belles lettres*, pp 156-177, Paris, 1982 / N. ECHARD dir., *Métallurgies africaines*, Société des africanistes, Paris 1983 / B. DE GRUNNE, *Terres cuites anciennes de l'Ouest africain*, Louvain-la-Neuve, 1980 / S. & R. MC INTOSH, *Prehistoric Investigations at Jenne, Mali. A Study in the Development of Urbanism in the Sahel*, BAR International, Londres, 1980 / J.-B. KIETHEGA, *L'Or de la Volta noire*, Karthala C.R.A., Paris, 1984 / D. N. PHILLIPSON, *The Later Prehistory of Eastern and South Africa*, Heinemann, Londres, 1977 / P. R. SCHMIDT, *Historical Archaeology. A Structural Approach in an African Culture*, Westport, Londres, 1978 / T. SHAW, *Igbo-Ukwu, an Account of Archaeological Discoveries in Eastern Nigeria*, 2 vol., Northwestern Univ. Press, Londres, 1970 / J. E. G. SUTTON, « The Aquatic civilization of middle Africa », in *Journ. of African History*, pp. 527-546, Londres-New York, 1974 / T. VAN NOTEN et al., *The Archaeology of Central Africa*, Akademische Druck Verlag, Graz, 1982.

Origine de l'homme et premiers habitats — 308

L. BALOUT, *Préhistoire de l'Afrique du Nord*, Arts et métiers graphiques, Paris, 1955 / J. CHAVAILLON, N. CHAVAILLON, F. HOURS & M. PIPERNO, « From the Oldowan to the Middle Stone Age at Melka-Kunturé (Ethiopia) », in *Understanding Cultural Changes. Quaternaria*, t. XXI, Rome, 1979 / Y. COPPENS, *Le Singe, l'Afrique et l'homme*, Fayard, Paris, 1983 / Y. COPPENS, F. CLARK HOWELL, G. L. ISAAC & R. E. F. LEAKEY dir., *Earliest Man and Environments in the Lake Rudolf Basin*, Univ. of Chicago Press, 1976 / M. D. LEAKEY, *Olduvai Gorge ; Excavations in Bed I and II. 1960-1963*, vol. III, Cambridge Univ. Press, 1971.

Évolution de l'environnement et archéologie — 310

On consultera le volume I de l'*Histoire générale de l'Afrique*, U.N.E.S.C.O., qui comprend la bibliographie récente, 1re éd. 1980, rééd. 1984.

Archéologie et histoire de l'art — 312

G. CAMPS & M. GAST dir., *Les Chars préhistoriques du Sahara*, L.A.P.M.O., Aix-en-Provence, 1982 / W. DAVIS, « Representation and knowledge in the prehistoric rock art of Africa », in *African Archaeological Review*, no 2, pp. 7-35, 1984 / E. EYO, *Two Thousand Years of Nigerian Art*, Federal Department of

Antiquities, Lagos, 1974 / P. GARLAKE, *The Great Zimbabwe*, Londres, 1973 / J. D. LEWIS-WILLIAMS, *Believing and Seeing. Symbolic Meanings in Southern San Rock Paintings*, Acad. Press, Londres, 1981 / J.-P. ROSET, « Les Peintures préhistoriques du Sahara », in *La Recherche*, nº 151, pp. 22-33, 1984 / T. SHAW, *Nigeria. Its Archaeology and Early History*, Thames & Hudson, Londres, 1978.

Archéologie et échanges 314

Pour des informations complémentaires, voir les volumes en cours de publication de l'*Histoire générale de l'Afrique*, U.N.E.S.C.O., qui comportent une abondante bibliographie.

Or et fer en Afrique occidentale 316

J. DEVISSE, « Une enquête à développer : le problème de la propriété des mines en Afrique de l'Ouest du VIIIe au XVIe siècle », in *Bull. de l'Institut belge de Rome*, t. XLIV, 1972 / L. M. DIOP, « La Métallurgie traditionnelle et l'Âge du fer en Afrique », in *Bull. de l'I.F.A.N.*, série B, t. XXX, Dakar, 1968 / C. FRANCIS-BŒUF, « L'Industrie autochtone du fer en Afrique occidentale », in *Bull. du Comité d'études historiques et sociologiques de l'A.O.F.*, janv. 1937 / A. HOLL, « La Question de l'Âge du fer ancien de l'Afrique occidentale : essai de méthode », in *Colloque sur l'histoire de la métallurgie*, C.R.A., Paris, mars 1983 / R. MAUNY, « Essai sur l'histoire des métaux en Afrique occidentale », in *Bull. de l'I.F.A.N.*, série B, t. XIV, nº 2, 1952 ; *Tableau géographique de l'Ouest africain au Moyen Âge*, I.F.A.N., Dakar, 1961 / Capitaine NOIRE, *Origine des forgerons dans le Yatenga*, doc. XIII-0-10, microfilm 1069, I.F.A.N., Dakar, 1904.

Une production millénaire : la céramique 318

H. CAMPS-FABER, *Matière et art mobilier dans la préhistoire nord-africaine et saharienne*, A.M.G., Paris, 1966 / D. DROST, « Töpferei in Afrika : Ökonomie und Soziologie », in *Jahrbuch Museum Völkerkunde*, nº 25, pp. 131-258, Leipzig, 1968 / *Histoire générale de l'Afrique*, vol. I et II, Jeune Afrique-Stock-U.N.E.S.C.O., Paris, 1980, rééd. 1984 / J.-P. ROSET, « Nouvelles Données sur le problème de la néolithisation du Sahara méridional : Aïr et Ténéré au Niger », in *Cahiers O.R.S.T.O.M.*, série Géologie, vol. XIII, nº 2, pp. 119-142, Paris, 1983.

Archéologie et apartheid 320

M. CORNEVIN, *L'Afrique du Sud en sursis*, Paris, 1977 / J. R. DENBOW, *Iron Age Economics : Herding, Wealth and Politics along the Fringes of the Kalahari Desert during the Early Iron Age*, Ph. D. Dissertation Indiana University, 1983 ; « Prehistoric Herders and Foragers of the Kalahari, the evidence for 1500 years of interaction », in Carmel Schrire dir., *Past and Present in Hunter Gatherer Studies*, pp. 175-193, Acad. Press, New York, 1984 / L. FOUCHE, *Mapungubwe, Ancient Bantu Civilization on the Limpopo. Reports on Excavation from 1933-1935*, Cambridge Univ. Press, 1937 / T. N. HUFFMAN, « Archaeology and Ethnohistory of the African Iron Age », in *Annual Review of Anthropology*, XI, pp. 133-150, 1982 ; « Leopards Kopje and the nature on the Iron Age in Bantu Africa », in *Zimbabweana*, I, nº 1, 1984 ; « Southern Africa to the South of the Zambezi : known centers of cultural activity », in *Histoire générale de l'Afrique*, U.N.E.S.C.O., vol. III, chap. XXIV, à paraître en 1986 / D. W. PHILLIPSON, *African Archaeology*, Cambridge World Archaeology, Londres-New York, 1985 / *Trabachos de Arqueologia e antropologia*, I, pp. 1-10, universidade Eduardo Mondlane, Maputo, Mozambique, 1980.

Systèmes défensifs végétaux africains 322

R. PORTERES, « Le Caractère magique originel des haies vives et de leurs constituants (Europe et Afrique occidentale) », in *Journal d'agronomie tropicale et de botanique appliquée*, nos 6, 7, 8, Paris, 1965 / C. SEIGNOBOS, « Paysages de parcs et civilisations agraires (Tchad et Nord-Cameroun) », in *Annales de l'université du Tchad*, nº spécial, N'Djamena, 1978 ; « Les Systèmes de défense végétaux pré-coloniaux », *ibid.* ; « Stratégies de survie dans les économies de razziés », *ibid.*, 1979 ; « Des fortifications végétales dans la zone soudano-sahélienne (Tchad et Nord-Cameroun) », in *Cahiers Orstom*, sér. Sc. Hum., vol. XVII, nos 3, 4, Paris, 1980 ; « Matières grasses, parcs et civilisations agraires (Tchad et Nord-Cameroun) », in *Cahiers d'outre-mer*, nº 139, Bordeaux, 1982 ; « Végétations anthropiques dans la zone soudano-sahélienne : la problématique des parcs », in *Revue de géographie du Cameroun*, vol. III, nº 1, Yaoundé, 1982.

L'AMÉRIQUE

L'Amérique du Nord

Historiographie 324

P. COURBIN, *Qu'est-ce que l'archéologie ?*, Payot, Paris, 1982 / J. E. FITTING, *The Development of North American Archaeology*, Anchor Press, New York, 1973 / K. V. FLANNERY, « Archaeology with a capital S », in C. L. Redman, *Research and Theory in Current Archaeology*, pp. 47-58, John Wiley, New York, 1973 ; « The Golden Marshalltown : a parable for the archaeology of the 1980s », in *american Anthropologist*, vol. LXXXIV, nº 2, pp. 265-278, 1982 / A. LAMING-EMPERAIRE, *Le Problème des origines américaines*, Presses Univ. de Lille, Lille, 1980 / J. LUBBOCK, *Pre-historic Times*, Williams & Norgate, Londres, 1865 / A. MORLOT, « General Views on Archaeology », in *Annual Report of the Smithsonian Institution for the Year 1860*, pp. 284-343, 1861 / B. G. TRIGGER, « Archaeology and the Image of the American Indian », in *American Antiquity*, vol. XLV, nº 4, pp. 663-676, Austin (Texas), 1980 / G. R. WILLEY & J. A. SABLOFF, *A History of American Archaeology*, Freeman, 2e éd. revue et corrigée, San Francisco, 1980.

Le premier peuplement 326

A. L. BRYAN, *Early Man in America from a Circum-Pacific Perspective*, Occasional Papers nº 1, Department of Anthropology, Univ. of Alberta, Calgary, 1978 / D. M. HOPKINS, J. V. MATTHEWS, C. E. SCHWEGER & S. B. YOUNG, *Paleoecology of Beringia*, Acad. Press, New York, 1982 / A. LAMING-EMPERAIRE, *Le Problème des origines américaines. Théories, hypothèses, documents*, éd. de la Maison des sciences de l'homme, Presses univ. de Lille, Cahiers d'archéologie et d'ethnologie d'Amérique du Sud, Paris, 1980 / W. S. LAUGHLIN, *Aleuts : Survivors of the Bering Land Bridge*, Holt, Rinehart & Winston, New York, 1980 / W. S. LAUGHLIN & A. B. HARPER, *The First Americans : Origins, Affinities and Adaptations*, Gustav Fisher, New York-Stuttgart, 1979 / R. SHUTLER, *Early Man in the New World*, Sage Publications, Beverly Hills-Londres-New Delhi, 1983 / F. H. WEST, *The Archaeology of Beringia*, Columbia Univ. Press, New York, 1981.

Les chasseurs de l'Arctique 328

H. G. BANDI, *Eskimo Prehistory*, Univ. of Alaska Press, 3e éd. 1972 / D. E. DUMOND, *The Eskimos and Aleuts*, Thames & Hudson, Londres, 1977 / R. GESSAIN, *Ovibos, la grande aventure des hommes et des bœufs musqués*, Laffont, Paris, 1981 / J. L. GIDDINGS, *10 000 Ans d'histoire arctique*, coll. Civilisations du Nord, Fayard, Paris, 1973 / W. S. LAUGHLIN, *Aleuts, Survivors of the Bering Land Bridge*, Holt Rinehart & Winston, New York, 1980 / P. PLUMET, « L'Origine des Esquimaux », in *La Recherche*, nº 146, Paris, juill.-août 1983.

Les chasseurs des forêts de l'Est 330

C. CHAPDELAINE dir., « Images de la préhistoire du Québec », in *Recherches amérindiennes au Québec*, Montréal 1978 / B. G. TRIGGER dir., « Northeast », in *Handbook of North American Indians*, vol. XV, Smithsonian Institution, Washington, 1978.
La revue *Recherches amérindiennes au Québec* (Montréal) a publié de nombreux articles sur le sujet depuis 1971.

Le développement de l'agriculture 332

P. C. MANGELSDORF, *Corn Origin, Evolution and Improvement*, Harvard Univ. Press, Cambridge, 1974 / C. W. NOBLE, « Corn and the development of village life in Southern Ontario », in *Ontario Archaeology*, vol. XXV, pp. 37-46, 1975 / S. STRUEVER dir., *Prehistoric Agriculture*, The National History Press, Garden City, New York, 1971 / W. C. STURTEVANT dir., *Handbook of North American Indians*, 20 vol., début de la publication en 1978, Smithsonian Institution, Washington / R. A. YARNELL, « Early Plant Husbandry in Eastern North America », in C. E. Cleland dir., *Cultural Change and Continuity, Essays in Honor of James Bennett Griffin*, pp. 265-273, Acad. Press, New York, 1976.

Mesa Verde : de la chasse-cueillette aux immeubles troglodytes 334

C. A. AMSDEN, *Prehistoric Southwesterners, from Basketmakers to Pueblos*, Southwest Museum of Los Angeles, 1949 / G. S. CATTANACH Jr., « Long House, Mesa Verde National Park, Colorado », in *National Park Service Publications in Archaeology*, nº 7 H, Washington, 1980 / J. S. DEAN, « Tree Ring datins in archaeology », in *Anthropological Papers*, nº 99, Miscellaneous Collected Paper 19-24, étude 24, Univ. of Utah Press, Salt Lake City, 1978 / S. C. JETT, « Pueblo Indian migrations : an evaluation of the possible physical and cultural determinants », in *American Antiquity*, 29, 3, pp. 281-300, Washington (D.C.), 1964 / F. WATERS, *The Book of the Hopi*, Viking Press, New York, 1963.

L'art rupestre 336

S. DEWDNEY & K. E. KIDD, *Indian Rock Paintings of the Great Lakes*, Univ. of Toronto Press, Toronto, 1967 / C. GRANT, *Rock Art of the American Indian*, T. Y. Crowell Co., New York, 1967 / G. MALLERY, *Picture-Writing of the American Indian*, 2 vol., Dover-New York, 1972 / G. TASSÉ & S. DEWDNEY, *Relevés et travaux récents sur l'art rupestre amérindien*, laboratoire d'archéologie de l'Univ. du Québec à Montréal, coll. Paléo-Québec, nº 8, Montréal, 1977 / J. M. & R. K. VASTOKAS, *Sacred Art of the Algonkians*, Mansard Press, Peterborough (Ontario), 1973.

La Mésoamérique

Historiographie 338

I. BERNAL, *A History of Mexican Archaeology, the Vanished Civilizations of Middle America*, Thames & Hudson, Londres, 1980 / R. L. BRUNHOUSE, *In Search of the Maya*, Univ. of New Mexico Press, Albuquerque, 1973 ; *Pursuit of the Ancient Maya, some Archaeologists of Yesterday*, Univ. of New Mexico Press, Albuquerque, 1975 / D. MICHELET, *Amérique précolombienne : tendances actuelles de la recherche*, Encyclopædia Universalis, 1984, / M. PORTER WEAVER, *The Aztecs, Maya and their Predecessors : Archaeology of Mesoamerica*, Acad. Press, New York, 2e éd. 1981 / R. WAUCHOPE, *They Found the Buried Cities. Exploration and Excavation in the American Tropics*, The Univ. of Chicago Press, Chicago, 1965 / G. R. WILLEY & J. A. SABLOFF, *A History of American Archaeology*, W. H. Freeman & Co., San Francisco, 2e éd. 1980.

Vers le Néolithique 340

K. FLANNERY, *The Early American Village*, Acad. Press, New York, 1976 / R. S. MACNEISH et al., *Préhistoire de la vallée de Tehuacan*, 5 vol., Presses de l'univ. du Texas, Austin, 1967-1972 / A. NELKEN-TERNER, *Les Instruments de la mouture pré-hispanique : essai méthodologique*, thèse de l'univ. nationale autonome de Mexico, 1968 / B. L. TURNER, *Once Beneath the Forest. Prehistoric Terracing in the Rio Bec Region of the Maya Law Lands*, Dellplain Latin American Studies, nº 13, West View Press, Boulder, 1983 / G. R. WILLEY & J. A. SABLOFF, *A History of American Archaeology*, chap. VII, W. H. Freeman & Co., 1980.

Sédentarisation et paléoenvironnements 342

C. BATAILLON, « Régions géographiques au Mexique », in *Travaux et mémoires de l'Institut des hautes études de l'Amérique latine*, nº 20, univ. de Paris, Paris, 1968 / M. D. COE & K. V. FLANNERY, *Early Cultures and Human Ecology in South Coastal Guatemala*, vol. III, Smithsonian Contributions to Anthropology, Washington, 1967 / R. S. MACNEISH, D. S. BYERS et al., *The Prehistory of the Tehuacan Valley*, in D. S. Byers dir., vol. I : *Environment and Subsistence*, Univ. of Texas Press, Austin, 1967 / C. NIEDERBERGER BETTON, « Early sedentary economy in the basin of Mexico », in *Science*, vol. CCIII, pp. 131-142, American Association for the Advancement of Science, Washington, 1979 / B. STARK & B. VOORHIES, *Prehistoric Coastal Adaptations*, Acad. Press, New York, 1978.

La civilisation olmèque ou la naissance de la Mésoamérique 344

M. D. COE & R. A. DIEHL, *In the Land of the Olmec. The Archaeology of San Lorenzo Tenochtitlan* (vol. I), *The People of the River* (vol. II), Univ. of Texas Press, 1980 / V. FLANNERY KENT & JOYCE MARCUS dir., *The Cloud People*, Acad. Press, 1983 / D. GROVE, « The Olmec Paintings of Oxtotitlan, Guerrero, Mexico », in *Studies in Pre-Columbian Art and Archaeology*, nº 6, Dumbarton Oaks, Washington, 1970 / D. JORALEMON, « The Olmec Dragon : A study in Pre-Columbian Iconography », in H. B. Nicholson dir., *Origins of Religious Art and Iconography in Preclassic Mesoamerica*, vol. XXXI, pp. 27-71, Latin American Studies Series, Univ. of California, Los Angeles, 1976 / C. NIEDERBERGER BETTON, *Zohapilco. Cinco Milenios de Ocupación Humana en un Sitio Lacustre de la Cuenca de Mexico*, coll. Científica, nº 30, Arqueología, Institut national d'anthropologie et d'histoire, Mexico, 1976.

Les communautés préurbaines 346

K. V. FLANNERY et al., *The Early Mesoamerican Village*, Acad. Press, 1976 / J. A. GRAHAM, Ancient Mesoamerica, Peek Publ., Palo Alto (Calif.), 1981 / C. NIEDERBERGER BETTON, *Paléopaysages et archéologie préurbaine du bassin de Mexico*, Centre d'études mexicaines et centraméricaines, Mexico, 1985 / J. SOUSTELLE, *La Pensée cosmologique des anciens Mexicains*, Hermann et Cie, Paris, 1940 / P. TOLSTOY, « Western Mesoamerica before A.D. 900 », in R. E. Taylor & C. W. Meighan dir., *Chronologies in New World Archaeology*, pp. 241-284, Acad. Press, 1978.

L'urbanisme : des réalisations polymorphes 348

C. BATAILLON dir., *État, pouvoir et espace dans le Tiers Monde*, P.U.F., Paris, 1977 / R. E. BLANTON, S. A. KOWALEWSKI, G. FEINMAN & J. APPEL, *Ancient Mesoamerica. A Comparison of Change in Three Regions*, New Studies in Archaeology, Cambridge Univ. Press, 1981 / J. E. HARDOY & R. P. SCHAEDEL dir., *Las Ciudades de América latina y sus areas de influencia a través de la historia*, éd. Siap, Buenos Aires, 1975 / L. MARGOLIES & R. H. LAVANDA dir., *Urban Anthropology*, vol. VIII, nos 3 et 4, 1979 / R. MILLON, « Teotihuacan : City, State and Civilisation », in J. Sabloff dir., *Supplement to the Handbook of Middle American Indians*, pp. 198-243, Univ. of Texas Press, Austin, 1981.

Un siècle d'archéologie à Copán, Honduras 350

C. F. BAUDEZ dir., *Introducción a la arqueología de Copán, Honduras*, proyecto arqueológico Copán, secretaría de Estado en del despacho de cultura y turismo, 3 t., Tegucigalpa, 1983 / G. B. GORDON, « Prehistoric Ruins of Copán, Honduras », in *Memoirs of the Peabody Museum*, vol. I, nº 1, Harvard Univ., Cambridge, 1986 / J. M. LONGYEAR III, *Copan Ceramics. A Study of Southeastern Maya Pottery*, Carnegie Institution of Washington Publ., 597, Washington, 1952 / S. G. MORLEY, *The Inscriptions at Copan*, *ibid.*, 219, Washington, 1920 / G. STRÖMSVIK, *Guide Book to the Ruins of Copan*, *ibid.*, 577, Washington, 1947 / D. WEBSTER & E. M. ABRAMS, « An elite compound at Copan, Honduras », in *Journ. of Field Archaeology*, vol. X, nº 3, pp. 285-296, Boston, 1983.

L'effondrement de la civilisation maya classique 352

R. E. W. ADAMS & N. HAMMOND, « Maya archaeology, 1976-1980 : a review of major publication », in *Journ. Field Archaeology*, vol. IX, nº 4, pp. 487-512, Boston, 1982 / C. F. BAUDEZ & P. BECQUELIN, *Les Mayas*, coll. L'Univers des formes, Gallimard, Paris, 1984 / T. P. CULBERT dir., *The Classic Maya Collapse*, School of American Research, Univ. of New Mexico Press, Albuquerque, 1973 / C. RENFREW, M. J. ROWLANDS & B. ABBOTT SEGRAVES dir., *Theory and Explanation in Archaeology : the Southampton Conference*, Acad. Press, 1982 / J. E. S. THOMPSON, *The Rise and Fall of Maya Civilization*, Univ. of Oklahoma Press, Norman, 1954.

L'Amérique du Sud

Historiographie 354

D. BONAVIA & R. RAVINES dir., *Arqueologia peruana : precursores*, Casa de la Cultura del Peru, Lima, 1970 / D. BROWMAN dir., *Advances in Andean Archaeology*, Mouton, La Haye, 1978 / A. LAMING-EMPERAIRE, *Le Problème des origines américaines*, Cahiers d'archéologie et d'ethnologie d'Amérique du Sud, éd. de la Maison des sciences de l'homme, Presses univ. de Lille, 1980 / E. LANNING, *Peru before the Incas*, Prentice Hall, Englewood Cliffs (N. J.), 1967 / L. LUMBRERAS, *Arqueologia de la America andina*, éd. Milla Batres, Lima, 1981 / A. PROUS, « Historia da pesquisa e da bibliografia arqueológica no Brasil », in *Arquivos do museu de Historia natural*, vol. IV-V, pp. 11-23, univ. fédérale de Minas Gerais, Belo Horizonte, 1982 / R. RAVINES, *100 Años de arqueologia en el Perú*, Instituto de estudios peruanos et petroleos del Perú, Lima, 1970 ; *Panorama de la arqueologia andina*, Instituto de estudios peruanos, Lima, 1982 / M. L. Saco, *Fuentes para el estudio del arte peruano pre-colombino*, éd. Retablo de papel, Lima, 1978 / G. Willey, *An Introduction to American Archaeology*, vol. II : *South America*, Prentice Hall, 1971.

Les plus anciennes occupations humaines 356

A. & L. A. Cardich & A. Hajduk, « Secuencia arqueológica y cronología radiocarbónica de la Cueva 3 de Los Toldos (Santa Cruz, Argentina) », in *Relaciones*, t. VII, pp. 85-123, Buenos Aires, 1973 / T. Dillehay, « Monte Verde : radiocarbon dates from an Earlyman site in south-central Chile », in *Journ. of Field Archaeology*, vol. IX, pp. 547-550, Boston (Mass.), 1982 / N. Guidon, « Les Premières Occupations humaines de l'aire archéologique de São Raimundo Nonato (Piaui, Brésil) », in *L'Anthropologie* (sous presse), Paris / T. Lynch, « The Paleo-Indians », in J. Jennings & W. F. Freeman dir., *Ancient South Americans*, pp. 87-137, San Francisco, 1983 / R. MacNeish et al., *Prehistory of the Ayacucho Basin, Peru*, 3 vol. parus, R. S. Peabody Foundation for Archaeology, Univ. of Michigan Press, Ann Arbor, 1980-1983.

L'art rupestre préhistorique 358

A. R. Gonzalez, *El Arte precolombino de la Argentina. Introducción a su historia cultural*, Filmediciones Valero, Buenos Aires, 1977 / C. J. Gradin, « Algunos Aspectos de la metodología y el desarrollo del arte rupestre de Pampa-Patagonia », in *Actas. Primeras jornadas de arte rupestre de la provincia de San Luis (1978)*, Direccíon provincial de cultura, pp. 55-77, San Luis, 1980 / N. Guidon, « Peintures rupestres de Varzea Grande, Piaui, Brésil », in *Cahiers d'archéologie d'Amérique du Sud*, n° 3, École des hautes études en sciences sociales, 1975 ; *L'Art rupestre du Piaui dans le contexte sudaméricain* (première proposition concernant méthodes et terminologie), thèse de doctorat ès lettres, univ. de Paris-I, Panthéon-Sorbonne, 1984 / O. F. A. Menghin, « Estilos del arte rupestre de Patagonia », in *Acta prehistórica*, Centro argentino de estudios prehistóricos, t. I, pp. 57-87, Buenos Aires, 1957.

Domestication et sédentarisation dans la région andine 360

D. Bonavia, *Los Gavilanes*, Cofide, Lima, 1982 / T. F. Lynch, *Guitarrero Cave*, Studies in Archaeology, Acad. Press, New York, 1980 / D. M. Pearsall, « Phytolith Analysis : applications of a new Paleoethnobotanical technique in archaeology », in *American Anthropologist*, vol. LXXXIV, pp. 862-871, Washington, 1982 / B. Pickersgill & C. B. Heiser, « Origins and distribution of plants domesticated in the New World Tropics », in E. Benson dir., *Advances in Andean Archaeology*, pp. 133-165, Mouton, La Haye, 1978 / J. C. Wheeler, « Camelid domestication and early development of camelid pastoralism in the Andes », in *Animals and Archaeology*, British Archaeological Reports, Oxford, 1983 / E. S. Wing, « Domestication and use of animals in the Americas », in L. Peel & D. E. Tribe dir., *Domestication, Conservation and Use of Animal Resources*, pp. 21-39, Elsevier, Amsterdam, 1983.

L'apparition de la céramique 362

H. Bishof & J. Viteri, « Pre-Valdivia occupations on the Southwest coast of Ecuador », in *American Antiquity*, t. XXXVIII (oct. 1972), n° 4, pp. 548-551, Austin (Texas), 1972 / D. Lathrap, D. Collier & H. Chandra, *Ancient Ecuador : Culture, Clay and Creativity (3000-300 B.C.)*, Field Museum of Natural History, Chicago, 1975 / B. Meggers, C. Evans & E. Estrada, « The Early formative period of coastal Ecuador : the Valdivia and Machalilla phases », in *Smithsonian Contributions to Anthropology*, Smithsonian Institution, Washington (D. C.), 1965 / G. Reichel Dolmatoff, « Excavaciones arqueológicas en Puerto Hormiga (departamento de Bolivar) », in *Antropologia*, n° 2, universidad de los Andes, Bogotá, 1965 ; *La Céramique de Monsu*, Bogotá (sous presse).

Origine et expansion de la culture Chavín 364

E. P. Benson dir., *Dumbarton Oaks Conference on Chavín* (articles de L. Lumbreras, T. Patterson, S. Izumi, D. Lathrap et J. Rowe), Trustees for Harvard Univ., Washington (D. C.), 1971 / R. L. Burger, « The Radiocarbon evidence for the temporal priority of Chavín de Huantar », in *American Antiquity*, vol. XLVI, n° 3, pp. 592-602, Austin (Texas), 1981 / L. Lumbreras, « Los Estudios sobre Chavín », in *Revista del Museo nacional*, t. XXXVIII, pp. 73-92, Lima, 1973 ; « Excavaciones en el templo antiguo de Chavín (sector R) », in *Ñawpa Pacha*, n° 15, pp. 1-38, Berkeley, 1977 / J. H. Rowe, *Chavín ; an Inquiry Into Its Form and Meaning*, Museum of Primitive Art, New York, 1962 / J. C. Tello, *Chavín, cultura matriz de la civilisacíon andina*, univ. de San Marcos, Lima, 1960.

Contacts et échanges dans les Andes 366

O. Holm, « Hachas monedas del Ecuador », in *III Congreso peruano sobre el hombre y la cultura andina*, t. I, pp. 348-361, Lima, 1978 / J. Marcos & P. Norton, « Interpretación sobre la arqueologia de la Isla de La Plata », in *Miscelánea antropológica ecuatoriana*, vol. I, Banque centrale d'Équateur, pp. 136-151, Guayaquil, 1981 / J. V. Murra, « El Tráfico del *mullu* en la costa del Pacifico (1971) », in *Formaciones económicas y políticas del mundo andino*, Instituto de estudios peruanos, pp. 255-267, Lima, 1975 / A. C. Paulsen, « The Thorny oyster and the voice of God : *Spondylus* and *Strombus* in Andean Prehistory », in *American Antiquity*, vol. XXXIX, n° 4, pp. 597-607, 1974 / M. Rostworowski de Diez Canseco, « Mercaderes del valle de Chincha en la época prehispánica : un documento y unos comentarios », in *Revista española de antropológia americana*, vol. V, pp. 135-178, Madrid, 1970.

Naissance des grandes cités andines 368

J. E. Hardoy, *Urban Planning in Pre-Columbian America*, G. Braziller, New York, 1968 / W. H. Isabell, *The Rural Foundation for Urbanism : Economic and Stylistic Interaction Between Rural and Urban Communities in Eighth-Century Peru*, Univ. of Illinois Press, Urbana, 1977 / J. H. Rowe, « Urban settlements in Ancient Peru », in *Ñawpa Pacha*, n° 1, pp. 1-27, Institute of Andean Studies, Berkeley, 1963 / R. P. Schaedel, « Urban growth and ekistics on the peruvian coast », in *Actas y Memorias del 36° Congreso internacional de americanistas, 1964*, vol. I, pp. 531-539, Séville, 1966 ; « The City an the origin of the State in America », in *Actas y Memorias del 39° Congreso internacional de americanistas, 1970*, vol. II, pp. 15-33, Lima, 1972 / I. Shimada, « Economy of a prehistoric urban context : commodity and labor flow at Moche V Pampa Grande », in *American Antiquity*, vol. XLIII, n° 4, pp. 569-592, 1978.

L'archéologie des Antilles 370

R. E. Alegria, *Ball Courts and Ceremonial Plazas in the West Indies*, Yale Univ. Publ. in Anthropol., n° 79, New Haven, 1983 / J. K. Kozłowski, *Preceramic Cultures in the Caribbean*, Zeszyty Naukowe Uniwersytetu Jagiellońskiego, Prace Archeologiczne, Zeszyt 20, Varsovie, 1974 / M. V. Maggiolo, *Las Sociedades arcaicas de Santo Domingo*, museo del Hombre dominicano, Serie investigaciones antropológicas n° 12, Saint-Domingue, 1980 / I. Rouse, « Prehistory of the West Indies », in *Science*, vol. CXLIV, pp. 499-513, Washington, 1964 / I. Rouse & L. Allaire, « Caribbean », in R. E. Taylor & C. W. Meighan dir., *Chronologies in New World Archaeology*, pp. 431-481, Acad. Press, New York, 1978.

L'OCÉANIE

Historiographie 372

P. Bellwood, *Man's Conquest of the Pacific*, W. Collins publ., Auckland, Nouvelle-Zélande, 1978 / P. Buck, *Vikings of the Sunrise*, Stokes, New York, 1938 / R. Duff, *The Moa-Hunter Period of Maori Culture*, Government Printer, Wellington, Nouvelle-Zélande, 1950 / J. Garanger, « Petite Histoire d'une préhistoire », in *Journal de la Société des océanistes*, n° 74-75, Paris, 1973 / J. A. Moerenhout, *Voyages aux îles du Grand Océan*, A. Bertrand, Paris, 1867.

L'Australie et ses deux annexes insulaires : Nouvelle-Guinée et Tasmanie 376

J. Allen, J. Golson & R. Jones dir., *Sunda and Sahul, Prehistoric Studies in Southeast Asia, Melanesia and Australia*, Acad. Press, Londres, 1977 / D. J. Mulvaney, *The Prehistory of Australia*, Thames & Hudson, Londres, 1968 / D. J. Mulvaney & J. Golson dir., *Aboriginal Man and Environment in Australia*, Australian National Univ. Press, Canberra, Australie, 1971 / J. P. White & J. F. O'Connel, *A Prehistory of Australia, New Guinea and Sahul*, Acad. Press Australia, North Ryde, Australie, 1982.

La culture Lapita et les Polynésiens 378

P. Bellwood, *Les Polynésiens, archéologie et histoire*, éd. du Pacifique, Papeete-Tahiti, 1983 / J. Garanger, « La Poterie Lapita et les Polynésiens », in *Journal de la Société des océanistes*, n° 42-43, Paris, 1974 ; « Les Recherches préhistoriques dans l'arc insulindien : une base pour la compréhension du peuplement du Pacifique », in *Bulletin de la Société des études océaniennes*, n° 227, Papeete-Tahiti, 1984 / R. C. Green, « Lapita », in J. D. Jenning dir., *The Prehistory of Polynesia*, Harvard Univ. Press, Cambridge (É.-U.), 1979 / L. M. Groube, « Tonga, pottery and polynesian origins », in *Journal of the Polynesian Society*, vol. LXXX, n° 3, Wellington, 1971 / W. W. Howells, *The Pacific Islanders*, Scribner's Sons, New York, 1973 / P. V. Kirch, « Advances in polynesian prehistory : three decades in review », in F. Wendorf et A. E. Close dir., *Advances in World Archaeology*, Acad. Press, New York, 1982 / M. Spriggs, *The Lapita Cultural Complex : Origins, Distribution, Contemporaries and Successors*, Univ. of Hawaii at Manoa, Hawaii, 1984 / D. J. Tryon, « Le Peuplement du Pacifique : une évaluation linguistique », in *Bulletin de la Société des études océaniennes*, n° 227.

Mythes et histoire au Vanuatu 380

J. J. Espirat, J. Guiart et al., *Système de titres dans les Nouvelles-Hébrides centrales, d'Efate aux îles Shepherd*, Institut d'ethnologie, Paris, 1973 / J. Garanger, *Archéologie des Nouvelles-Hébrides, contribution à la connaissance des îles du centre*, Société des océanistes, Paris, 1972 ; « Traditions orales et préhistoire en Océanie », in *Cahiers O.R.S.T.O.M. sciences humaines*, vol. XIII, Paris, 1976.

L'île de Pâques 382

T. Heyerdahl & E. N. Ferdon dir., *Report of the Norwegian Archaeological Expedition to Easter Island and the East Pacific*, vol. I, School of American Research Museum, Santa Fe (É.-U.), 1961 / P. C. McCoy, « Easter Island », in J. D. Jennings dir., *The Prehistory of Polynesia*, pp. 135-166, Harvard Univ. Press, Cambridge-Londres, 1979 / A. Métraux, *L'Île de Pâques*, Gallimard, Paris, 1941.

LES TEMPS MODERNES

Historiographie 384

Il n'exite guère que deux revues spécialisées : *Post Medieval Archaeology* en Angleterre et *Historical Archaeology* aux États-Unis. Au Canada, on peut trouver de très nombreuses études d'archéologie dans la revue *Lieux historiques canadiens* et la série *Histoire et archéologie* (séries de monographies d'histoire, d'ethnologie, d'archéologie...), toutes les deux éditées par Parcs Canada, et dans les séries *Cahiers*..., et *Dossiers du patrimoine* éditées par le ministère des Affaires culturelles de la province de Québec. Plusieurs des études publiées là sont fondamentales, notamment celles qui concernent le matériel archéologique : verrerie, métal et surtout céramique.

Il existe un assez grand nombre d'ouvrages généraux, surtout en langue anglaise, le plus souvent orientés vers l'archéologie industrielle. Sur celle-ci, on citera notamment R. A. Buchanan, *Industrial Archaeology in Britain*, 1972 (1re éd.), première synthèse en langue anglaise due à l'un des plus éminents spécialistes de Grande-Bretagne, et M. Daumas, *L'Archéologie industrielle en France*, Laffont, Paris, 1980.

Les ouvrages plus largement consacrés à l'archéologie de la période du XVIe au XXe siècle sont un peu plus rares, mais on peut mentionner les ouvrages de I. N. Hume, *Historical Archaeology*, New York, 1969 ; *Here Lies Viriginia : an Archaeologist's View of Colonial Life and History*, New York, 1963 ; *Martin's Hundred. The Discovery of a Lost Colonial Virginia Settlement*, New York, 1982.

Plusieurs ouvrages récents dans ce domaine ont des visées méthodologiques : R. L. Schuyler dir., *Historical Archaeology : a Guide to Substantive and Theoretical Contributions*, New York, 1978 / S. South, *Research Strategies in Historical Archaeology*, Acad. Press, New York, 1977 ; *Method and Theory in Historical Archaeology, ibid.*, 1977.

Sur un domaine particulier, on ajoutera R. S. Dickens Jr. dir., *Archaeology of Urban America. The Search for Pattern and Process*, Acad. Press, 1982.

Périodiques : *The Journal of Industrial Archaeology*, Londres, trim. de 1964 à 1974 / *Industrial Archaeology Review*, National Association for Industrial Archaeology, Londres, trim. dep. 1976 / *L'Archéologie industrielle en France*, C.I.L.A.C., Paris, irrégulier, dep. 1977 / *Ramage*, univ. Paris-IV, Paris.

Le château du XVIe siècle 386

France
F. Boudon, J. Blécon & L. Saulnier, *Philibert Delorme et le château royal de Saint-Léger-en-Yvelines*, Picard, Paris, sous presse.

Grande-Bretagne
M. Biddle, « The Stuccoes of non such », in *The Burlington Magazine*, pp. 411-416, Londres, juill. 1984 / J. Dent, *The Quest for Non Such*, Hutchinson, Londres, 1962 / D. Gadd & T. Dyson, « Bridewell Palace. Excavations at 9-11 Bridewell Place and 1-3 Tudor Street, City of London, 1978 », in *Post-medieval Archaeology / The Journal of the Society for Post-medieval Archaeology*, vol. XV, pp. 1-79, Londres, 1981.

Hongrie
J. Balogh, *Die Anfänge der Renaissance in Ungarn. Matthias Corvinus und die Kunst*, vol. XVIII, Akademische Druck u.-Verlagsamstalt, Graz, 1975.

Italie
W. Forster & R. J. Tuttle, « The Palazzo del Te », in *Journal of the Society of Architectural Historians*, vol. XXX, n° 4, pp. 267-293, New York, 1971.

Archéologie des échanges entre l'Asie et l'Europe 388

C. & M. Beurdeley, *Castiglione, peintre jésuite à la cour de Chine*, Office du livre, Fribourg, 1971 / M. Edwardes, *Asia in the European Age*, Thames & Hudson, Londres, 1961 / M. Jarry, *Chinoiseries*, Office du livre, 1981 / D. Lach, *Asia in the Making of Europe*, Univ. of Chicago Press, 2 vol., 1970 / J. Morris, *Stones of the Empire*, Oxford Univ. Press, 1983 / S. Nilsson, *European Architecture in India*, Faber & Faber, Londres, 1968 / A. Reichwein, *China and Europe*, Kegan Paul, Londres, 2e éd., 1968 / Y. de Thomaz de Bossière, *F. X. Dentrecolles et l'apport de la Chine*, Les Belles Lettres, Paris, 1982.

La colonisation européenne en Amérique du Nord 390

I. N. Hume, *Historical Archaeology*, nouv. éd., W. W. Norton & Co. Inc., New York, 1975 ; *Martin's Hundred. The Discovery of a Lost Colonial Virginia Settlement*, A Delta Book, New York, 1982 / F. Picard, *Les Traces du passé*, les Dossiers de Québec Science, Québec, 1979.

Revues ou publications périodiques : on trouvera dans la revue *Dossiers de l'archéologie*, Dijon, mars-avr. 1978, un numéro spécial intitulé *Le Canada depuis ses origines* qui contient plusieurs articles sur les principales fouilles de sites historiques du pays. La revue *Historical Archaeology, Journal of the Society for Historical Archaeology*, publiée chaque année par l'Institute of Archaeology and Anthropology, University of South Carolina, Columbia (S. C.), donne des articles d'ensemble sur le sujet. Pour le Canada, les diverses publications de Parcs Canada, notamment les deux séries *Lieux historiques canadiens, cahiers d'archéologie et d'histoire* et *Histoire et archéologie*, à périodicité variable, sont des documents indispensables, ainsi que celles de la province de Québec *Les Cahiers du patrimoine* et la série *Dossier du patrimoine*.

L'archéologie industrielle 392

F. Borsi, *Introduzzione alla archeologia industriale*, Officina Edizioni, Rome, 1978 / M. Daumas, *L'Archéologie industrielle en France*, Laffont, Paris, 1980 / K. Hudson, *Industrial Archaeology. A New Introduction*, John Baker éd., Londres, 1963-1976 / T. A. Sande, *Industrial Archaeology, a New Look at the American Heritage*, Penguin Book, New York, 1976.

Archéologie industrielle en France, revue publiée par le C.I.L.A.C., Paris (périodicité irrégulière), 10 numéros, 1976-1984 / « Le Patrimoine industriel », éditorial de la *Revue de l'art*, n° 62, Paris, 1983.

Glossaire-Index

Cet Index est sélectif. Pas plus qu'il ne fait double emploi avec la table des matières, il n'offre l'inventaire de tous les noms et notions figurant dans l'ouvrage (notamment en ce qui concerne les cartes) ni de toutes les occurrences des termes retenus.

Afin d'éviter une double recherche, le glossaire des termes d'archéologie (signalés dans le texte par un astérisque) est intégré à l'index. Il est évident qu'une notice peut ne pas être suivie de références.

Les chiffres en romain renvoient au texte. Ils sont parfois suivis de la lettre a, b ou c. Celle-ci invite le lecteur à se reporter plus précisément à la première, deuxième ou troisième colonne du texte référencé. Les chiffres en italique renvoient aux illustrations et à leur légende. Pour faciliter la consultation, un chiffre en italique peut être suivi d'un mot repère tiré de l'intitulé de la légende qui offre l'information ou désigne l'illustration – par exemple, **ABRI-SOUS-ROCHE** : *289 : sites.*

Une entrée suivie de « voir » signifie soit qu'on relie des variantes toponymiques et orthographiques dont l'identification est malaisée – **GERASA** voir **DJERASH** –, soit qu'on indique une équivalence de sens – **BESTIAIRE** voir **ART ANIMALIER** –, soit enfin qu'on suggère des notions voisines apportant un complément d'information – **BIFACE** voir **ÉCLAT, GALET, SILEX.** Toutes les notices ont été rédigées par les auteurs de l'Atlas.

ABBASSIDES. 148b ; 150b ; 160b.

ABORIGÈNES AUSTRALIENS. 376b ; *376 : plage du lac Mungo ; 377 : outillage ; navigation.*

ABRI-SOUS-ROCHE. 34a ; 36b ; 250c ; 288c ; *289 : sites* ; 356 ; 358b ; *358 ;* 376c.

ABSIDE. *107 ;* 118b ; *119 : La Charité-sur-Loire ;* 124b, c.

ABYDOS, Égypte. 200a.

ACADEMIA SINICA. 258b.

ACCULTURATION. 38a ; 74c.

ACHÉENS. *75.*

ACHÉMÉNIDES. Dynastie iranienne originaire du Fârs (Iran méridional) qui, avec Cyrus le Grand, se souleva contre la monarchie mède et fonda l'Empire perse (vers 550 av. J.-C.). Cet Empire réunit pour la première fois l'ensemble des peuples de l'Orient – de la Thrace et de l'Égypte à la mer d'Aral et à la vallée de l'Indus – et eut pour capitales Pasargades, Suse et Persépolis. En dépit de son immensité et de sa diversité, l'Empire dura plus de trois siècles grâce à une administration efficace et à une politique religieuse tolérante. Son dernier souverain, Darius III Codoman, fut vaincu par Alexandre qui s'en proclama l'héritier (330 av. J.-C.) et tenta, en vain, une politique de fusion entre Grecs et Perses. 216c ; *217 : élément de harnachement ;* 232a ; 246c ; *246.*

ACHEULÉEN. Civilisation de la préhistoire ; son nom vient du gisement de Saint-Acheul, faubourg d'Amiens, où fut découvert un outillage du Paléolithique inférieur dont la pièce caractéristique est le biface. Cette culture apparaît en France vers – 700 000, mais en Afrique orientale l'Acheuléen semble débuter il y a 1,4 M.A. Le biface est partout l'outil le plus représentatif auquel sont associées une pièce tranchante et de grande taille, le hachereau, et des pièces nombreuses et variées sur petits éclats. La civilisation du biface, œuvre principalement de l'*Homo erectus*, est signalée du nord au sud de l'Afrique et de l'Europe occidentale jusqu'en Chine. 20b ; 22c ; *23 ;* 24a ; 164a ; *165.*
Voir **BIFACE ; ÉCLAT ; HACHEREAU.**

ACHÔRIS (CHAPELLE-REPOSOIR D'), Karnak. *203.*

ACHYRAOUS, Turquie. *142.*

ACIER. 262c.

ACOSTA, José de (1540 env.-1600). 354a.

ACROTÈRE. Décoration faîtière du fronton. *83.*

ADAMGARH. 239a ; 240c.

ADOBE. Matériau de construction en argile crue, modelé à la main et séché au soleil, utilisé encore aujourd'hui en Amérique moyenne pour l'édification des maisons paysannes. 346b.

AD SANCTOS (TOMBES). Dès la « paix de l'Église » (édit de tolérance de Milan, dû à Constantin, en 313), on eut soin, afin d'honorer leur mémoire, d'élever des *memoriae* sur les tombes des martyrs dont l'emplacement était connu grâce à la vénération clandestine des chrétiens. Nombre de ces édicules de bois ou de pierre ont été à l'origine des basiliques funéraires qui se multiplièrent dans les nécropoles suburbaines à partir du IVe siècle. Afin de bénéficier dans l'Au-delà de la protection des martyrs, des confesseurs ou des vierges, beaucoup de chrétiens souhaitèrent alors être enterrés près des tombes ou des reliques de ceux-ci : ils prirent donc l'habitude de se faire inhumer dans les églises ou à proximité immédiate, d'où l'expression de tombes *ad sanctos* (près des saints). *99 ;* 112c.

AGACHE, Roger. 88a, b ; *89 : Warfusée-Abancourt.*

AGAWA (SITE D'), lac Supérieur, Canada. *337 : Michipichou.*

AGHIA TRIADA.
Voir **HAGHIA TRIADA.**

AGRESTE (TRADITION). 358b ; *358 : Toca da Extrema.*

AGRICULTURE. 38 ; 40 ; 94 ; 166 ; 167 ; 176b ; 186 ; 230 ; 239a ; 240 ; 241b ; 244 ; 246a ; 252 ; 256b ; 260a ; 278 ; 296 ; 332 ; *333 ;* 334 ; 360a.

AHIRAM, roi de Byblos ; sarcophage. *195.*

AHMARIEN. 164c.

AHU, île de Pâques. 382b ; *382 ; 383.*

AÏ-KHANOUM, Afghanistan. *75 ;* 232a, b ; *233.*

AKINAKÈS. *217 : épée.*

AKIVI, île de Pâques. *383.*

AKKAD, AKKADIEN. *191 : tablette cunéiforme.*

AKROTIRI, île de Santorin. 68b ; *68 ; 69.*

ALAKILISE, Lycie, Turquie. 136a ; *136.*

AL-ANDALUS. *148 ;* 156b ; *156 : qanat ; 159 : de Marrakech à Séville ;* 160b.

ALA SAFAT, vallée du Jourdain. 46b.

AL-BADISI. 146a.

ALBÂTRE. *199 ; 173.*

ALÉMANS. *113.*

ALÉOUTES. 326c.

ALEP, Syrie. *149.*

ALEXANDRE III LE GRAND (356 av. J.-C.-323). 78b ; *79 ; 75.*

ALEXANDRIE. Cité grecque fondée par Alexandre en 332 avant J.-C. sur la côte méditerranéenne de l'Égypte. Capitale de la dynastie grecque des Ptolémées qui règne sur l'Égypte jusqu'en 30 avant J.-C., la ville devient très vite le centre de commerce et de culture le plus important de la Méditerranée orientale. Sa nombreuse population cosmopolite : grecque, égyptienne et juive, s'avéra difficile à gouverner. Avec des monuments tels que le Phare, la grande jetée de l'Heptastadion, les palais royaux où se développent une architecture et un art originaux, le Musée, sorte d'institut de recherches scientifiques et philologiques doté d'une bibliothèque qui fut la mémoire de la civilisation grecque, Alexandrie fut la métropole du monde hellénistique et, plus tard, le contrepoids oriental de Rome. *76 ; 79 ;* 80a ; *80.*

ALIMENTATION ET PRATIQUES ALIMENTAIRES. 22b ; *33 : le feu et la cuisine ;* 36b ; 40 ; 240a ; 270 ; 280b ; 314a ; 340b, c ; *347 : Oaxaca ;* 360.

ALMERÍA, Espagne. 46b.

AL MINA, Turquie. *75.*

ALMOHADES. *148 : Séville ;* 150c ; *158 ; 159 : château de Montalbán ;* 160b ; *161 : le palais et le jardin.*

ALPACA. *361.*

ALPHABET. *81 : fragment des lois de Gortyne ; 83 ;* 178, *179.*
Voir **PHÉNICIENS (ALPHABET ET LANGUE).**

ALTAÏ. 218a ; *219 : Pazyryk ;* 222 ; *223.*

ALTYN, Turkménistan soviétique. 228a, b ; *229.*

AMAS DE COQUILLAGES. 36b ; 288b ; 292a ; *297 : aiguilles ;* 370a, b.
Voir **KJÖKKENMÖDDING.**

AMBIANI. *63.*

AMBRE. 56 ; *57.*

AMIENS, Somme. *17.*

AMON, panthéon égyptien. 202.

AMPHIPOLIS. *79.*

AMPHORES. 76 ; *77 ;* 86 ; *87 ; 90 ;* 138a, b ; *139 ; 214.*

AMRI, Pakistan. 239a ; 242a.

AMSADONG, Corée. *297 : céramique.*

AMU DARYA (anc. Oxus). 230 ; *231 ;* 232a.

ANAGAMA (FOURS), Japon. *304.*

ANAK (TOMBE D'), Corée. 298a.

ANAKENA, île de Pâques. *383.*

ANALYSE PAR ACTIVATION NEUTRONIQUE. Méthode d'analyse consistant à irradier par un faisceau de neutrons l'échantillon céramique à analyser dont un certain nombre d'atomes deviennent alors radioactifs, émettant divers rayonnements *gamma* dont les caractéristiques de longueur d'ondes et d'intensité premettent l'analyse qualitative (nature des atomes présents) et quantitative (nombre des atomes présents). 39a ; 76c.

ANALYSE PAR FLUORESCENCE X. Méthode d'analyse consistant à envoyer un faisceau de rayons X sur l'échantillon céramique à analyser. Les atomes de l'échantillon réémettent alors un rayonnement X dit de fluorescence dont les caractéristiques de longueur d'ondes dépendent de la nature des atomes présents (analyse qualitative) et dont l'intensité dépend du nombre d'atomes présents (analyse quantitative). 76c.

ANASAZI. 334b, c ; *335 : Mesa Verde ; 337 : figures géométriques.*

ANASTYLOSE. 14a ; *203 ; 209 : Méroé.*

ANCÊTRES (CULTE DES). 48c.

ANCH-HOR (TOMBE DE), Thèbes. *205.*

ANCÓN, Pérou. *355.*

ANDERSSON, Johan Gunnar (1874-1960). Géologue de formation, ayant acquis dans son pays d'origine, la Suède, une solide réputation, il fut appelé en Chine où il séjourna de 1914 à 1924 en tant que conseiller à la recherche minière. En cumulant des recherches géologiques et paléontologiques, il devint rapidement un spécialiste de la préhistoire chinoise. Il découvre en 1920 le site néolithique de Yangshao, nom par lequel est dénommé encore aujourd'hui un ensemble de sites appartenant à une même culture, sites dont les dates s'échelonnent de 5000 à 3000 avant J.-C. Puis il explore sur de vastes régions quantité de sites néolithiques de première importance, notamment au Gansu. De retour en Suède, il créa le Museum of Far Eastern Antiquities pour lequel il fit l'acquisition de pièces majeures de toutes les époques. Si à présent le village néolithique de Yangshao paraît appartenir à la phase finale de la culture qui porte son nom tout en étant bien antérieur à la datation que J. G. Andersson lui assignait initialement, cette découverte reste fondamentale dans la mesure où elle est la première des découvertes préhistoriques faites en Chine. 258b.

ANDINA (TRADITION). 358c.

ANDROS, Cyclades. *75.*

ANGHELU RUJU, Sardaigne. *48.*

ANGLO-SAXONS. *101 : les Grandes Invasions.*

ANGON. *101 : répartition géographique.*

ANIMALIER (ART).
Voir **ART ANIMALIER.**

ANIMAUX (DOMESTICATION DES).
Voir **DOMESTICATION.**

ANJAR, Liban. 152a.

ANSE-AMOUR, Canada. *331 : comportements funéraires.*

ANTE. 192a ; *193 : temples retrouvés en Syrie.*

ANTÉLIEN. 164c.

ANTES. 114a ; 140a.

ANTHROPIENS. Groupe zoologique réunissant l'ensemble des formes fossiles ou actuelles qui possèdent les caractères propres au type humain. 376b.

ANTHROPOLOGIE. 22b ; 26c ; 30 ; 98b ; 100b ; 112b ; 180a.

ANTHROPOMORPHES (REPRÉSENTATIONS). *31 ; 49 ;* 66 ; *111 : plaques de ceinture ; 155 : fragment de tête ; 187 : grande tombe de Hili ; 293 ; 313 ; 321 ; 358 ; 359 ;* 362b ; *363 ; 371.*

ANTIOCHE (act. Antakya), Turquie. *75 ;* 133a.

ANTIQUITÉS, ART ET ARCHÉOLOGIE. 64b ; *117.*

ANYANG, Henan, Chine. 258 ; *259 ;* 268a ; *279 : objets funéraires.*
Voir **LI CHI.**

AOUDAGHOST, Mauritanie. 310b.

APAMÉE DE SYRIE. 134b ; *135.*

APIS. 200c.

APPAREIL. 46c ; 136b.

AQUEDUC. 156b ; *157.*

ARAGO (CRÂNE DE L'), Tautavel, Pyrénées-Orientales. 22a ; *22 ; 23.*

ARAIRE. 44b ; *45 : scènes de labour ;* 278c.

ARAMBOURG, Camille (1885-1969). Professeur au Muséum d'histoire naturelle, à Paris, C. Arambourg débuta comme ingénieur agronome en Algérie. Homme de terrain, il effectua de nombreuses prospections paléontologiques en Afrique : d'abord au Maghreb – on lui doit en particulier la fouille du gisement pré-acheuléen de l'Aïn Hanech et celle du site acheuléen de Ternifine où il découvrit un *Homo erectus* qu'il baptisa Atlanthrope ; ensuite en Éthiopie et au Kenya où il fit plusieurs missions – Omo-Turkana en 1932-1933 et vallée de l'Omo en 1967-1969 avec la découverte de la mandibule de *Para-Australopithecus aethiopicus.*

ARC, architecture. 136c ; *153 : mosquée de Zafar.*

ARC, armement. 36 ; *37 ; 62 ;* 224b ; *335.*

ARCHAÏQUE (ÉPOQUE). *75.*

ARCHANTHROPE.
Voir **HOMO ERECTUS.**

ARCHÉOGRAPHIE. Descriptions d'objets archéologiques faites sans visée proprement archéologique par des voyageurs, pèlerins, commerçants ou envoyés officiels qui ont souvent eu l'occasion de voir des sites et des monuments en bien meilleur état de conservation que ceux-ci ne le sont aujourd'hui et qui les ont décrits soit littérairement, soit par le dessin. 15a ; 146a ; 147a.
Voir **TEXTES ANCIENS ET ARCHÉOLOGIE.**

ARCHEOLOGICAL SURVEY OF INDIA. 238a, b.

ARCHÉOLOGIE ANALYTIQUE. La tendance à formaliser la démarche archéologique, apparue dans les années 1960, s'est affirmée avec les travaux de L. R. Bindford (États-Unis), de D. L. Clarke (Grande-Bretagne) et de J.-Cl. Gardin (France). Le recours aux sciences de l'information et aux mathématiques exige une réflexion sur les procédures qui permettent de passer des données archéologiques simplement décrites à des reconstitutions économiques, sociales et culturelles des sociétés anciennes. Le développement de ces recherches vise à donner à l'archéologie le cadre théorique rigoureux sans lequel il ne saurait y avoir de véritable science humaine. 51b ; 117b ; 218b.

ARCHÉOLOGIE EXPÉRIMENTALE. En étudiant les procédés de fabrication des objets qu'ils trouvent, les archéologues veulent vérifier leurs hypothèses en fabriquant eux-mêmes ces objets : les préhistoriens taillent le silex (expériences de Coutier et de Bordes), les protohistoriens coulent du bronze. Des techniques plus élaborées, comme la traction d'un mégalithe, la construction d'un village palafittique, la reconstitution des travaux agraires, permettent de tester le comportement du groupe humain dans son cadre naturel. Le cas du village de l'Âge du fer reconstitué à Butser en Angleterre est à ce sujet exemplaire, mais il marque aussi les limites de l'archéologie expérimentale qui ne peut saisir que les aspects matériels de la vie et non la totalité d'un passé à jamais aboli. 32b ; *33* ; *33* : reconstitution ; 39b ; 51b ; 60a ; *108* ; 108b ; *109* ; *167.*

ARCHÉOLOGIE SOUS-MARINE.
Voir **SUB-AQUATIQUE.**

ARCHÉOMAGNÉTISME. L'archéomagnétisme d'un matériau est l'ensemble des propriétés magnétiques de ce matériau résultant d'une transformation physique intervenue dans le passé qui a fixé dans le matériau considéré les paramètres du champ magnétique de l'endroit où il se trouvait, à l'instant de la transformation. Cette transformation étant liée à une élévation de température, l'archéomagnétisme est aussi connu sous le nom de thermorémanence. Ce phénomène a été mis en évidence dans les terres cuites et les roches volcaniques. Comme le champ magnétique terrestre a évolué au cours des millénaires en inclinaison et en déclinaison, on peut dater un matériau archéomagnétique s'il n'a pas été déplacé et si l'on connaît, pour le lieu considéré, les courbes de variation du champ magnétique au cours du temps.

ARCHÉOMÉTRIE. Science de la nature (physique, chimie, géologie, sciences naturelles, sciences de la vie...) appliquée à l'archéologie. 15a ; 51b ; 184b ; *307* ; 386c.

ARCHITECTURE ET ARCHÉOLOGIE. *14* ; 60b ; *71* ; 118 ; 168 ; 174b ; 368a ; *384* ; *386* ; 388b, c.
Voir **ÉGLISE ; MAISON ; MONUMENTALE (ARCHÉOLOGIE) ; PALAIS ; TEMPLE.**

ARCOSOLIUM. Forme de tombe attestée aussi bien à l'intérieur des sépultures païennes que chrétiennes consistant en une niche dont la partie supérieure forme une voûte cintrée. 92b ; *93.*

ARCY-SUR-CURE, Yonne. 26b ; *26* : comparaison d'un homme fossile et d'un homme moderne.

ARÉTINE, céramique. 86

ARGENT. 52a ; *53* : richesse métallique ; *72* ; *100* : Vicq ; *109* ; 138c ; *214* ; 220b, c ; *283.*

ARGILE. *31* : Vénus de Vestonice ; 70b ; *72* ; *73* ; *155* : four à briques ; *170* ; *171* ; 172b ; *178* ; *245* : jarre ; *253* ; *279* : labour ; *363* : figurines.
Voir **ADOBE ; COLOMBINS.**

ARGOS, Grèce. *135.*

ARINNA (DÉESSE SOLEIL D').
Voir **HITTITE.**

ARMATURE DE FLÈCHE. 36a ; *37.*
Voir **MICROBURIN (TECHNIQUE DU).**

ARMES ET ARMEMENT. *28* : Sounguir ; *36* ; *37* ; 52b ; *56* ; *56* ; *57* ; *59* : Vače ; *97* ; *101* : répartition des angons ; 108b ; *108* ; *112* ; *114* ; *115* ; *116* ; *216* ; 262a ; 357c ; 388c.

ARMURE. *97.*

ART ANIMALIER. *34* ; *49* ; *58* ; *59* ; 66b ; *67* ; *115* : Snartemo ; *147* ; *155* : filtre de gargoulette ; 172b, c ; *173* ; *177* : sanglier ; *185* : bouquetin ; *187* ; 198a, c ; *199* ; *211* ; *218* ; *219* ; *223* ; *224* ; *225* ; *283* ; *298* ; *299* ; *301* ; *336* ; *337* ; *364* ; *365.*

ARTISANAT. 52a ; *86* ; *94* ; *108* ; *109* ; *128* ; *129* ; 142b ; 184b ; *228* ; *228* ; *242.*
Voir **TECHNIQUES.**

ARVAD (ROUAD), Syrie. *194.*

ARYEN.
Voir **INDO-ARYEN.**

ASHANTI. *314.*

ASHGUSA.
Voir **SCYTHES.**

ASHIDA, Japon. 304b.

ASSEMBLAGE. 60b ; 120b ; *121* : Mirville ; 130b ; *131* ; 164a ; *164* : Levant central.

ASSIOUT, Égypte. 78 ; *79.*

ASSOUAN (BARRAGE D'). 197a ; 206.

ASSYRIENNE (LANGUE). Un des deux dialectes principaux de la Mésopotamie ancienne, utilisé au nord du pays. C'était une langue sémitique, très proche du babylonien dont elle aurait divergé à

la fin du IIᵉ millénaire. Elle disparut sans doute lors de la destruction de l'Assyrie, au VIIᵉ siècle avant J.-C. 178b ; *179.*

ASTARTÉ. 192b ; *192* : sanctuaire double d'Emar.

ASTRONOMIE. *205* : Séthi Iᵉʳ ; *280* ; *281* ; *365* : temple de Chavin ; *377* : art rupestre ; 388b.
Voir **SPHÈRE ARMILLAIRE.**

ASUKADERA (MONASTÈRE D'), Japon. 302a ; *302.*

ATELIERS MONÉTAIRES. 78 ; *79* ; 110c ; *111.*

ATHÈNES. *65* ; 78 ; *79* ; 80a ; 134a ; *135* ; *140* ; 142b ; 224b.

ATLANTHROPE.
Voir **HOMO ERECTUS.**

ATRIDES. Dynastie qui aurait régné à Mycènes à la fin du IIᵉ millénaire et aurait exercé une certaine prééminence sur les autres principautés grecques : c'est le roi de Mycènes, Agamemnon, qui, dans L'Iliade d'Homère, dirige l'expédition des Grecs contre Troie. Le meurtre d'Agamemnon par Clytemnestre, sa femme, et les tribulations de leurs enfants, Oreste, Électre et Iphigénie, ont été l'un des sujets préférés de la tragédie grecque. 70a.

ATSUMI, Japon. 304b, c ; *304* ; *305.*

ATTELAGE. 44b ; *45* : scènes de labour ; 58a, b ; *58* ; *214* : chariot ; *279* : labour.

AURIGES. *58.*

AURIGNACIEN. Faciès culturel du Paléolithique supérieur européen, nommé d'après le site éponyme d'Aurignac (Haute-Garonne), fouillé en 1868 par E. Lartet. Il s'étend de 30 000 à 27 000 environ avant notre ère. Les Aurignaciens sont les plus anciens *Homo sapiens sapiens* d'Europe occidentale. Leur industrie est caractérisée par de longues lames à bords repris avec une retouche écailleuse, des grattoirs « carénés » et des burins. L'industrie osseuse, pour la première fois très diversifiée, comporte des bâtons percés et des sagaies à base fendue, puis des sagaies losangiques. Les premières représentations, encore très schématiques, de l'art paléolithique apparaissent à cette époque. 20b ; *23* ; 26b ; *29* : grotte du Cavillon ; *34* : abri cellier.

AUSTRALANTHROPES. *23.*

AUSTRALOPITHECUS AFARENSIS. Découvert en Éthiopie, dans le Wollo, par la Mission internationale de l'Afar, *Australopithecus afarensis* est remarquable du fait de son ancienneté et du nombre élevé de pièces anatomiques (52 os du squelette) rassemblées en un même lieu et dans une même couche sédimentaire, datée de 3,0 à 3,5 M.A. Ce fossile, plus connu sous le nom de Lucy, est un minuscule bipède, de petite taille (un peu plus de 1 mètre). Pour ses inventeurs, D. Johanson et T. White, il représente l'ancêtre commun aux autres Australopithèques et au genre *Homo*. Pour d'autres paléontologues (Y. Coppens), il appartiendrait à une lignée distincte de celle de l'homme, celle du Pré-*Australopithecus*. *308* ; *309.*

AUSTRALOPITHÈQUES. Leur nom est dû aux premières découvertes effectuées en Afrique du Sud, mais les Australopithèques sont également nombreux en Afrique orientale. Leur capacité cérébrale est voisine de 400 à 500 cm³ (celle d'*Homo sapiens sapiens* étant en moyenne de 1 400 cm³). *Australopithecus afarensis* est connu vers 3,5 M.A. ; *A. africanus*, nommé aussi *A. gracilis*, avait une taille de 1,25 m et des caractères plus évolués que ceux d'*A. boisei* (ou *Zinjanthropus boisei*) d'Olduvai en Tanzanie, ou d'*A. robustus* qui vivait il y a encore 1,0 M.A. Celui-ci, robuste, de taille moyenne (1,50 m), était plutôt végétarien. S'il est vraisemblable que l'une des espèces d'Australopithèques soit à l'origine de la souche humaine, toutes les espèces ont des traits parfois très différents jusque vers 1,0 M.A. et sont ainsi, fort longtemps, contemporaines des espèces du genre *Homo*. *23* ; 320a.

AUTELS. *49* ; *85.*

AVARS. 114b ; 140a.

AXOLOTL. Sous ce vocable aztèque qui signifie « jouet d'eau » est désigné un amphibien néotène (*Ambystoma* spp.) du bassin de Mexico, très prisé dans l'alimentation préhispanique. Il présente un grand intérêt pour les biologistes qui étudient les phénomènes de non-métamorphose. 342c.

AXONOMÉTRIE. *137* ; *205* ; *274.*

AXOUM (ROYAUME D'). Créé au Iᵉʳ siècle de notre ère au sud-ouest de l'Éthiopie, le royaume d'Axoum est devenu au cours des siècles suivants un empire comprenant l'Éthiopie septentrionale, le Soudan et l'Arabie méridionale. Il a recueilli l'héritage culturel pré-axoumite, en particulier la graphie sud-arabique qui, née au Iᵉʳ millénaire, dérive de l'écriture sud-arabique. Axoum est le premier État d'Afrique orientale à frapper une monnaie d'or, d'argent ou de cuivre, qui témoigne d'une incontestable prospérité économique, résultat d'in-

cessants échanges avec le monde alors connu. La dynastie et le peuple d'Axoum adoptent le christianisme au IVᵉ siècle. 318b.

AYMONIER, Étienne (1844-1929). Saint-cyrien en Indochine, il devient en 1870 inspecteur des Affaires indigènes puis résident au Cambodge ; il sera le premier directeur de l'École coloniale de Paris. Une connaissance profonde du Cambodge et de ses monuments, l'étude du vieux-khmer lui permirent d'élaborer peu à peu l'histoire khmère. *Le Cambodge* (Paris, 1900-1903, 3 vol.), son ouvrage le plus important, est la première synthèse de l'archéologie et de l'histoire du pays. 248a.

AYYUBIDES. 158b.

AZEMMOUR, Maroc. 158c.

AZILIEN. Culture épipaléolithique, mise en évidence en 1889 par E. Piette dans la grotte du Mas-d'Azil. Ce faciès succède directement au Magdalénien final dans de nombreux sites français et espagnols et correspond aux premiers temps postglaciaires. Il se situe autour de 8 000 ans avant notre ère. Il est caractérisé par des pointes aziliennes, lames courtes à bord retouché convexe, de petits grattoirs unguiformes et des harpons plats en bois de cerf. 20b.

AZTÈQUES. 338b ; *339* ; 346b, c ; 348c ; *349* : Tenochtitlán.

BAAL. 192b ; *192.*

BABYLONE. 174b.

BABYLONIENNE (LANGUE). Langue sémitique, d'abord parlée et écrite en Mésopotamie du Sud où elle se substitua dès le début du IIIᵉ millénaire et où elle se substitua au sumérien. Elle devint, à partir du IIᵉ millénaire, la langue littéraire et diplomatique de tout le Proche-Orient, Égypte et Chypre compris. Si son reflux au profit de l'araméen, langue sémitique plus aisée à s'écrivant avec l'alphabet phénicien, fut au Iᵉʳ millénaire lent mais irrésistible, elle ne disparut pourtant qu'au Iᵉʳ siècle de notre ère. 178b.

BACSONIEN. De Bắc Sơn, massif calcaire situé au Nord-Vietnam ; le Bacsonien est un Néolithique découvert par H. Mansuy en 1924, caractérisé par des galets aménagés, polis sur le tranchant, par des « marques bacsoniennes » et par de la poterie. Les marques bacsoniennes désignent des sillons de polissage parallèles observés par H. Mansuy sur des galets bacsoniens et reproduits expérimentalement par S. A. Semenov en 1966. 260c ; 288a.

BACTRIANE. Province antique située dans la plaine du nord de l'Afghanistan, autour de l'oasis de Balkh (le delta du Balkh-Ab). Le nom de cette province remonte au moins à l'époque perse achéménide (VIᵉ-IVᵉ s. av. J.-C.) ; il nous a été transmis par les auteurs grecs anciens (Bactrianè). La Bactriane a formé une satrapie importante de l'Orient achéménide. Après la conquête d'Alexandre, elle a été au cœur d'un royaume gréco-bactrien qui s'est étendu du Syr Darya à l'Inde du Nord-Ouest. Les recherches archéologiques conduites depuis le début des années 1970 ont montré que la culture de la Bactriane de l'Âge du bronze s'étendait sur les deux rives de l'Amu Darya. *151* : Balkh ; 184c ; *227* ; *228* : Dashly 3 ; *230* ; *231* ; *232a* ; 236b ; 242c ; 254b.

BAFFIN (TERRE DE), Canada. *328.*

BAGOR, Rajasthan. 239a.

BAGUE-CACHET. 190b ; *191* ; *255.*

BAHREIN (ÎLE DE). 186b.

BAINS. 134b ; 152a, b ; 242c ; *243* : Mohenjo daro ; 385a.

BAISHA, Henan, Chine. *277* : bourgeoisie.

BAKRĪ-AL, (1040-1094). Géographe arabe qui appartenait à une très importante famille andalouse : son grand-père avait tenté de créer un royaume dans la région de Huelva. Il vécut et mourut à Cordoue où son père s'était réfugié. Son *Kitāb al-Masālik wa'l-Mamālik*, ouvrage d'érudition, est précieux pour la recherche archéologique car il décrit le monde islamique à la veille de la réaction sunnite. 146a ; 156b.

BALANCE. 110c ; *111* ; 367.

BALAWAT, Irak. *195* : le tribut de Tyr.

BÂLE-BERNERRING (NÉCROPOLE DE), Suisse. 112c.

BALKH, Afghanistan. *151.*

BALTES. 114b.

BALUCHISTAN. 240 ; *241* : principaux sites préhistoriques ; *242* ; *243.*

BAMPUR, Iran. 184c

BAMYAN, Afghanistan. *159.*

BIFACE. Pièce taillée sur les deux faces. Le support originel peut être un bloc de pierre, un rognon de silex, un galet ou un gros éclat. Le biface de forme ovale, triangulaire ou en amande est caractérisé par sa symétrie axiale, même si les marques d'usage sont plus abondantes sur une face ou sur un bord ; l'arête pouvait être rectiligne mais aussi très sinueuse. C'est la pièce classique des civilisations acheuléennes et l'outil principal de

l'*Homo erectus*. Selon la taille, la forme ou le poids, les bifaces pouvaient servir de pics, de couteaux, de racloirs ou bien d'armes, emmanchés ou non. *23* ; 24a ; *25 : gisements du Paléolithique* ; 164a ; 356 ; *357*.
Voir **SILEX ; GALET ; ÉCLAT.**

BIGE. Attelage de deux chevaux. 70b.

BIJOU. *52 ; 211 ; 215 ; 225 ; 227*.

BIOTOPE. Espace géographique restreint qui constitue l'habitat d'un groupement végétal et animal spécifique. 310b ; 342b, c.

BIR AL-ADIM, Tunisie. *157*.

BIRD, Junius B. (1907-1982). Anthropologue nord-américain. Il entre en 1928 à l'American Museum of Natural History à New York dont il sera conservateur jusqu'en 1974, puis conservateur honoraire jusqu'à sa mort. Après plusieurs missions dans les régions arctiques, il entreprend, à partir de 1931, des recherches en Amérique du Sud, sur la côte Pacifique et dans les Andes. Ses fouilles des grottes Fell et Palli-Aike (Patagonie chilienne) permettent d'établir une séquence de référence pour la préhistoire des régions australes. Ses recherches pionnières sur la période précéramique du Chili et du Pérou (*Preceramic Cultures in Chicama and Virú* et *Excavations in Northern Chile*, 1948) constituent encore d'excellents exemples méthodologiques et n'ont rien perdu de leur valeur scientifique. 355b.

BIR HASAN, Liban. *164*.

BIRKA.
Voir **HEDEBY ET BIRKA.**

BISON. *31* ; 34 ; *34 : La Grèze*.

BITURIGES CUBES. 88c.

BLACKFRIARS I (ÉPAVE DE), Grande-Bretagne. 130b.

BLÉ. 40a ; *40* ; *41* ; 86a ; 240a, b ; *241* ; 242a ; 270a.

BLOCKBAU. 60b.

BOAS, Franz (1858-1942). Anthropologue américain d'origine allemande qui étudia les Esquimaux et surtout les Indiens d'Amérique du Nord. En réaction contre les tendances évolutionnistes de la fin du XIXe siècle, il montra l'exemple d'un travail minutieux d'observations sur le terrain et d'analyses de sociétés traditionnelles contrastant avec les grandes synthèses ethnologiques. Son œuvre reflète un certain relativisme culturel. Avec lui, l'ethnologie sort vraiment du cabinet pour se confronter à la réalité du terrain. Franz Boas était à la fois linguiste, folkloriste et anthropologue physique. 324b.

BOCCHORIS (TOMBE DU VIZIR), Saqqarah. *200*.

BOIS, MATÉRIAU. *36* ; 42 ; 44 ; *50* ; 60b ; 99b ; *103 : aux origines d'une ville* ; 104a ; *113* ; 114c ; *120 : Mirville* ; *Wharram* ; *121 : Mirville* ; *183 : statuette* ; *214* ; 222a ; 266b ; *266* ; *267* ; *269* ; 270c ; *297*.

BOL. 284 ; *285*.
Voir **TEMMOKU.**

BOLA. Les faces et les arêtes de certaines boules à facettes ont été émoussées par un piquetage qui tend à donner à la pièce le volume d'une sphère proche de celui d'une boule de pétanque. On leur donna le nom de bola par assimilation à l'arme de jet, composée de boules de pierre ou d'ivoire enserrées dans un filet, utilisée en Amérique du Sud pour capturer le gibier de savane. On trouve les bolas dans les gisements africains de l'Acheuléen moyen et supérieur. Elles ont pu être utilisées à la chasse comme pour des activités domestiques. 308c ; 356c ; *356*.

BORDÉ. Ensemble des planches constituant le revêtement extérieur de la coque d'un navire. 130a, b ; *131*.

BORDES, François (1919-1981). Préhistorien français. Professeur à l'université de Bordeaux, où il crée en 1962 la chaire de géologie du Quaternaire et de préhistoire, directeur des Antiquités préhistoriques d'Aquitaine de 1957 à 1975, ce géologue de formation est aussi un remarquable technologue de la taille de la pierre. Il dirige plusieurs grands chantiers paléolithiques en Périgord, et effectue de fréquentes missions d'étude ou d'enseignement à l'étranger, en particulier aux États-Unis et en Australie. On lui doit une approche renouvelée de l'analyse des outillages préhistoriques, où interviennent à la fois des méthodes statistiques et des observations technologiques. Parmi les nombreux ouvrages de François Bordes, on retiendra plus particulièrement *Les Limons quaternaires du bassin de la Seine* (1951), *Typologie du Paléolithique ancien et moyen* (1961), *Le Paléolithique dans le monde* (1968). 21b ; 24a.

BOROBUḌUR, Java. *249*.

BOSPHORE (ROYAUME DU). 224b.

BOSRA, Syrie. *153*.

BOTTA, Paul-Émile (1802-1870). Né à Turin. Après avoir vécu en Égypte et au Yémen, Paul Botta fut choisi par le gouvernement français pour occuper le poste d'agent consulaire à Mossoul, en 1842. Attiré par les tells de Ninive où la tradition localisait l'ancienne capitale de l'Assyrie, il entreprit dès son arrivée des fouilles à Quyundjiq, puis se déplaça à Khorsabad, à 15 km de la ville, où il commença le dégagement de la capitale de Sargon II (721-705 av. J.-C.). Les premiers grands reliefs trouvés sur ce site arrivèrent au Louvre en 1847, et deux volumes de description furent publiés. Botta dut quitter Mossoul après la révolution de 1848. Ses travaux marquent les débuts de l'archéologie de terrain au Proche-Orient. 174a.

BOUÄRD, Michel de (né en 1909). Fils d'un professeur à l'École des Chartes, Michel de Bouärd suit d'abord cette carrière qui le conduit en 1930 à soutenir une thèse sur une encyclopédie du XIIIe siècle, le *Compendium philosophiae*. Élève de l'École de Rome, il prépare sa thèse de doctorat d'État sur *Les Origines des guerres d'Italie : la France et l'Italie au temps du grand schisme d'Occident* (Paris, 1936) puis est nommé professeur d'histoire de la Normandie à l'université de Caen peu avant la Seconde Guerre mondiale. Résistant et déporté, c'est autour de cet enseignement qu'il va, à son retour de captivité, implanter par son action l'archéologie médiévale dans la recherche universitaire et au C.N.R.S. Entré en contact avec l'archéologie médiévale anglaise et néerlandaise, il entreprend ses premières fouilles et crée en 1954 le Centre de recherches archéologiques médiévales de l'université de Caen, la première formation de recherche spécialisée en France. Puis, il développe les fouilles en Normandie, notamment au château de Caen, mais aussi hors de cette région, par exemple à Doué-la-Fontaine (Maine-et-Loire) où il fouille un grand palais carolingien. Une large part de son activité a été consacrée à l'étude des fortifications de terre mais aussi à celle de la céramique et à divers autres aspects de la culture matérielle médiévale. Nommé directeur du Centre de recherche archéologique, laboratoire du C.N.R.S. implanté à Sophia-Antipolis près d'Antibes, il le reste jusqu'en 1976 et y développe, suivant l'exemple du C.R.A.M. de Caen, une archéologie fondée sur différents laboratoires, aussi bien de chimie, de physique que de palynologie et d'anthropologie physique. Membre de l'Institut depuis 1972, Michel de Bouärd est l'auteur de multiples publications dont, en 1975, un *Manuel d'archéologie médiévale*. Il a fondé en 1971 la revue *Archéologie médiévale* qui est l'organe national, édité par le C.N.R.S., de cette discipline en France.

BOUCHER DE CRÈVECŒUR DE PERTHES, Jacques (1788-1868). Préhistorien français. Ce fonctionnaire des douanes d'Abbeville est considéré comme l'un des grands précurseurs de la préhistoire. Collectionneur passionné de pierres taillées et polies, il découvre en 1837, dans les alluvions de la Somme, des silex taillés au même niveau que des os de grands mammifères disparus. Grâce à ses travaux, il finira par convaincre l'opinion scientifique de l'existence d'un homme antédiluvien. 20.

BOUCLES D'OREILLE. *62 : Wraza* ; 138c ; *139 : objets métalliques*.

BOUCLIER. 56c ; *57* ; *58 : Vix* ; *59 : Vače* ; *71 : objets de la tombe de Vergina* ; *267*.

BOUDDHIQUE (ARCHÉOLOGIE). 239b ; *239* ; *249* ; 254 ; *255 : Sikendeng* ; 272c ; 292b ; 302.

BOUGON, Deux-Sèvres. *47*.

BOULES PERFORÉES. 44a ; *45*.

BOUQRAS, Syrie. *170, 171*.

BOURET, Sibérie. *31*.

BOUVETÉ (ASSEMBLAGE). *121 : Mirville*.

BOVIDÉS. 34c ; 40b ; *41* ; 48a ; 198a ; 208b ; *209* ; 320.
Voir **SANGA ; ZÉBU.**

BOZHONG (CLOCHE). 268a.

B. P. (BEFORE PRESENT).
Voir **RADIOCHRONOMÉTRIE.**

BRACELETS. 62b ; *115 : trésor d'Ekerö* ; *224* ; *253*.

BRACTÉES. *221 : femme* ; 224c ; *225*.

BRAHMI (ÉCRITURE). *255 : bague-sceau*.

BRAIDWOOD, Robert. 162b ; 166a ; 175a.

BRASSEUR DE BOURBOURG, Charles-Étienne (1814-1874). Voyageur et écrivain français. Son premier contact avec la Mésoamérique date de 1848 et marque le début d'une carrière d'une rare intensité où des contributions d'une valeur exceptionnelle côtoient des écrits aux thèses saugrenues. La curiosité de l'abbé Brasseur pour le monde indigène est exceptionnelle ; il parvint à parler douze langues indiennes. Ses « fouilles » eurent pour cadre les bibliothèques, les archives, les librairies, ce qui fit de lui le découvreur du *Popol-Vuh*, du *Memorial de Solola*, de la *Relación de las Cosas de Yucatán*, d'une partie d'un des trois codex maya qui ont survécu à la conquête espagnole. Dans la commission scientifique au Mexique, créée à l'initiative de Victor Duruy, son rôle fut décisif. 338b.

BRÊME (COGUE DE), République fédérale d'Allemagne. 130b ; *131*.

BREUIL, abbé Henri (1877-1961). Préhistorien français. On lui doit l'élaboration de chronologies du Paléolithique supérieur et ancien. Il consacre la plus grande partie de son activité aux relevés et à l'étude de l'art pariétal paléolithique en France et en Espagne ; il publie, en 1952, *400 Siècles d'art pariétal*, premier ouvrage de synthèse sur l'art préhistorique franco-cantabrique. Des fouilles en Chine, avec Teilhard de Chardin, et des voyages d'étude en Afrique du Sud, en Europe orientale et dans le Levant espagnol lui confèrent une réputation internationale. En 1929, on crée pour lui une chaire de préhistoire au Collège de France. 21a ; *29 : la Ferrassie* ; 34b.

BRIQUE CRUE. *43 : Dimini* ; *61* ; *155* ; 168b ; *169* ; 176c ; *185* ; *187 : fouilles de Hili* ; 202b ; 204b ; *207 : Buhen* ; 208b ; 232b ; 234a ; *235 : Pendjikent* ; *237* ; *240* ; *244 : agglomération*.

BRODERIE. 154c ; 222b.

BRONZE. *71 : Vergina* ; *108* ; *111* ; *147* ; *187* ; 220b ; *221 : hampe*.

BRONZE (ÂGE DU). 20a ; 44b ; *45* ; 48c ; *49 : Trundholm* ; *50* ; 52b ; *53 : Mariesminde* ; 54 ; *55 : Egtved* ; 58a ; *59* ; 60a ; 68a ; 82a ; *189* ; 192b ; *193 : Emar* ; 228 ; 230a ; *231* ; 252b, c ; 254c ; 260b ; 262 ; 268 ; *269* ; 278c.

BRUGSCH, Heinrich Karl, dit **BRUGSCH PACHA** (1827-1894). 196a.

BRÛLIS (CULTURE SUR). 44a ; 296a.

BUBASTEION. Nom des sanctuaires dédiés à la déesse chatte Bastet, qui était, entre autres, la maîtresse de Bubastis, l'actuelle ville de Zagazig, dans le Delta. Sur le rebord de la falaise de Saqqarah, en particulier, elle était adorée dans un temple dont les superstructures ont totalement disparu aujourd'hui ; il en subsiste en revanche de vastes galeries souterraines où étaient entassées par milliers les momies de chat offertes en ex-voto à la déesse, principalement à la basse époque. 200b.

BUCK, sir Peter H. (1880-1951). Ethnologue néo-zélandais. Il se nommait aussi Te Rangi Hiroa du fait de ses ascendances maori. Spécialiste des cultures polynésiennes, il dirigea le B. P. Bishop Museum de Honolulu, de 1936 jusqu'à sa mort. 372b ; 378b.

BUCRANE. 172a ; *172 : Çatal Hüyük*.

BUDAKALÁSZ, Hongrie. *44*.

BUHEN, Égypte. *207*.

BUHRS. 122a.

BU QIANQIU (TOMBE DE), Luoyang, Chine. 272b, c ; *272*.

BURGONDES. 100c ; *101 : les Grandes Invasions*.

BURIN SUR GALET.
Voir **GALET (OUTILS SUR).**

BUTKARA, Pakistan. 239b.

BYBLOS, Jbeil, Liban. 194a ; *171* ; *195*.

BYCISKALA, Moravie, Tchécoslovaquie. 54c.

CAATINGA. Formation végétale (forêt sèche décidue à épineux), caractéristique du nord-est du Brésil.

CABANE. 42a ; 82b.

CACHETS. 190 ; *191* ; *228 : artisanat d'Asie centrale* ; *243c*.

CADASTRATION. 136b ; *137*.
Voir **CENTURIATION.**

CAGLIARI, Sardaigne. *87*.

CAIRU. 46a.

CALAME. Instrument du scribe travaillant sur argile. Les calames étaient surtout en roseaux (en Mésopotamie où ce matériau, au moins dans le sud du pays, est surabondant) ou en bois, dont la pointe était taillée, pense-t-on, en triangle. L'application du calame sur l'argile permettait d'obtenir des signes en forme de coin (d'où l'écriture dite cunéiforme). En couchant plus ou moins le calame sur l'argile, on obtenait des traits plus ou moins longs. 178b.

CALCULI. *182 : bulle*.

CALDEIRA. Très vaste dépression circulaire dont l'effondrement résulte d'une activité volcanique intense, entraînant l'expulsion d'une grande quantité de magma interne. Elle est cernée de failles dont l'instabilité peut provoquer une reprise de l'activité volcanique et tectonique. 380c.

CALDEIRÃO DOS RODRIGUES. São Raimundo Nonato, Brésil. *359*.

CALIBRATION. La chronologie fondée sur le radiocarbone ne correspond pas étroitement à la réalité du temps, au sens strict des historiens. Ces perturbations sont dues aux variations du taux de carbone dans l'atmosphère au cours des temps. Pour obtenir des dates plus proches de la réalité, il faut les « calibrer ». La calibration est une opération qui permet de convertir les dates radiocarbone en dates « réelles » par application de la correction dendrochronologique. L'étude des cernes des arbres, notamment de très vieux arbres, par recoupements successifs avec des arbres fossiles a contribué en effet à asseoir une nouvelle chronologie plus conforme à la réalité. 38b ; 163b.

CAMIERS, Pas-de-Calais. *393*.

CAMP, antiquité romaine. 96b ; *96*.

CAMPAGNES DE CONSTRUCTION. 118c ; *119 : La Charité-sur-Loire*.

CAMPANIEN, céramique. 86b.

CANAUX. 156b ; 160b ; *160 : Generalife* ; 176b ; 230 ; *231* ; *279 : objets funéraires*.
Voir **IRRIGATION.**

CANNIBALISME. Divers arguments, d'inégale valeur, tendent à démontrer l'existence de pratiques de cannibalisme au Paléolithique. La signification de la présence, dans les habitats, d'ossements humains mêlés aux déchets alimentaires reste, en effet, ambiguë car un cadavre humain abandonné sur le sol peut ensuite avoir été disloqué par des charognards, et ses os intégrés aux dépôts antérieurs. Les traces de décarnisation sur les os témoignent soit d'opérations de boucherie, soit de pratiques funéraires, soit d'activités techniques (découpage de calottes crâniennes pour en faire des coupes...). L'élargissement du trou occipital peut résulter d'une action humaine pour consommer le cerveau ou de mauvaises conditions de conservation. L'argument le plus solide reste l'éclatement longitudinal des os longs afin d'en extraire la moelle. Un tel traitement est connu, dès le Paléolithique moyen, à Krapina (Yougoslavie) et à L'Hortus (Hérault), sans que puisse s'acquérir la certitude que le cannibalisme pratiqué y était d'origine rituelle.
Le cannibalisme est déjà attesté en Amérique moyenne, chez les chasseurs-cueilleurs du début de l'Holocène, vers 7000 avant J.-C. Cette coutume persiste au cours du Ier millénaire avant J.-C. dans les villages d'agriculteurs, où l'on a découvert, parmi les débris culinaires, des ossements humains isolés, portant des traces d'instruments tranchants. Il existe, enfin, de nombreux documents écrits sur le cannibalisme chez les Aztèques au XVe siècle. Deux tendances se dégagent chez les mésoaméricanistes qui étudient ce phénomène. La première soutient que la pénurie en aliments carnés et en protéines, due à l'absence d'animaux herbivores domestiques, a conduit les peuples préhispaniques à un *cannibalisme de nécessité*. Le second courant réfute l'existence de carences alimentaires chroniques en Mésoamérique et défend la thèse d'un *cannibalisme rituel*, lié au système de croyances. Chez les Aztèques, en particulier, l'être humain, sacrifié et donné en offrande aux dieux, se transformait en une nourriture sacrée. 28b ; 346c.
Voir **SACRIFICE HUMAIN.**

CARAQUE. *131*.

CARAVANSÉRAIL.
Voir **KHAN.**

CARBONE 14.
Voir **RADIOCHRONOMÉTRIE.**

CARÈNE. Partie de la coque d'un navire qui est submergée lorsqu'il est chargé et qui s'appelle aussi ses œuvres vives. Le carénage est l'opération qui consiste à réparer ou à radouber entièrement cette partie du navire. 130b.

CARIČIN GRAD. Site de Serbie méridionale où furent découvertes les ruines d'une ville qui semble avoir existé du milieu du VIe au début du VIIe siècle. Sa destruction est à mettre en liaison avec les invasions slaves et avars. Il faut peut-être l'identifier avec Justiniana Prima, ville fondée par l'empereur Justinien à proximité de son village natal. 140b.

CARIHUELA, Granada, Espagne. *25*.

CARNAC, Morbihan. 46a.

CARNAVON, George Herbert, lord (1866-1923). 197a.

CAROLINGIENS. 98a ; 102c ; 124.

CARRÉ INCUS. La monnaie grecque est une pastille de métal (or, argent ou bronze), appelée flan, sur laquelle sont imprimées par martèlement deux images gravées sur des matrices ou coins : le coin de revers, ou d'enclume, est celui sur lequel le flan est posé, tandis que le coin de droit, sur le flan, reçoit directement le coup de marteau. La plupart des coins étaient gravés en creux, l'image monétaire étant en relief, mais, dans plusieurs ateliers archaïques, le coin de revers, de forme carrée ou rectangulaire, porte un dessin irrégulier gravé en relief : la frappe donne alors une image en creux ou carré incus. *79 : Statère ; tétradrachme.*

CARTE DU CIEL.
Voir **PLANISPHÈRE.**

CARTER, Howard (1873-1939). 197a.

CARVEL (CONSTRUCTION À).
Voir **FRANC-BORD.**

CASO, Alfonso (1896-1970). Archéologue mexicain. L'œuvre archéologique de Caso est surtout liée à la région de Oaxaca, même si sa curiosité enthousiaste et ses fonctions l'entraînèrent sur bien d'autres terrains. Dans les années trente, une longue série de recherches à Monte Albán lui permirent d'établir l'une des plus longues séquences culturelles connues à l'époque, depuis 500 avant J.-C. jusqu'à la Conquête. Elles lui firent aussi découvrir la célèbre tombe 7. Ses contributions sur les principaux manuscrits pictographiques mixtèques et sur un grand nombre d'inscriptions révélèrent le caractère historique de beaucoup de textes précolombiens. Fondateur de l'Institut national indigéniste du Mexique. 339b.

CASQUE. *56 ; 57 ; 58 : Vix ; 59 : Vače ; 71 : tombe de Vergina ; 115.*

CASTEL DI GUIDO, Italie. *23.*

CASTELPERRONIEN ou **CHÂTELPERRONIEN.** Faciès culturel marquant le début du Paléolithique supérieur européen, nommé d'après le site éponyme de Châtelperron (Allier), fouillé en 1867, et qui s'étend de 35 000 à 30 000 environ avant notre ère. Des découvertes récentes ont montré que les hommes appartenant à cette culture étaient encore des Néandertaliens. Leur industrie, qui conserve encore beaucoup des caractères du Moustérien évolué, est caractérisée par le couteau de Châtelperron, lame tranchante avec un dos convexe à bord retouché abrupt, et par le développement d'une industrie osseuse (sagaies en bois de renne ou ivoire, « pioches » en os...). *23 ;* 26 ; *26 : comparaison.*

CASTLE BUTTE, Montana, États-Unis. *337 : scène de combat.*

CASTROS, péninsule Ibérique. 42a ; 60c.

ÇATAL HÜYÜK, Turquie. 48a ; 166b ; *167 ;* 168b ; 172 ; *172 ; 173.*

CAUMONT, Arcisse de (1801-1873). Né à Bayeux. Le contact d'aristocrates émigrés en Angleterre où ils avaient rencontré des érudits britanniques intéressés par les monuments médiévaux, l'atmosphère de la Restauration soucieuse de valoriser les monuments du Moyen Âge, témoins de la grandeur de la monarchie, et enfin plus largement celle du romantisme sensible au Moyen Âge et à ses ruines, tout cela incite A. de Caumont à fonder en 1823 la Société des Antiquaires de Normandie puis à entreprendre des cours publics sur l'architecture médiévale de cette province. Grand voyageur en France et dans une large partie de l'Europe, ses intérêts dépassent les monuments de premier plan et englobent aussi bien les édifices secondaires, comme les granges, que l'ensemble de l'architecture fortifiée. Son action en faveur de la conservation des vestiges les plus humbles sera importante. En 1834, il fonde la Société française d'archéologie dont les publications, le *Bulletin monumental* et les *Congrès archéologiques*, joueront un rôle essentiel dans le développement de l'étude des arts, de l'architecture et, à leurs débuts, de l'archéologie médiévale. Son *Abécédaire, ou Rudiment d'archéologie*, dont les divers volumes seront publiés de 1850 à 1862, atteindra pendant longtemps un large milieu. Son activité, ses multiples centres d'intérêt, son souci de l'inventaire et de la protection des monuments, sa méthode assez rigoureuse pour l'époque sont exemplaires de l'érudition de ce temps et ont fondé pour des décennies les orientations essentielles d'une large part de l'archéologie médiévale, celle qui s'intéresse aux édifices, notamment aux églises et aux châteaux. 116b.

CAURIS. 314c ; *315.*

CAVALIER. 58a, b ; *58 ; 97 ; 113 : Ladoix-Serrigny ; 215 ; 222 ; 245.*

CAVILLON (GROTTE DU), Ligurie. *29.*

CAYE. Nom donné dans les mers caraïbes aux îlots de sable corallien, situés « sous le vent », qui émergent des hauts-fonds sous-marins de madrépores. *341 : paysage du Belize.*

CAYLUS, comte de (1692-1765). 64b.

CEINTURES. *58 ; 59 ; 109 ; 111 ; 113 ;* 138c ; 216c ; *216.*

CELLIER (ABRI), Dordogne. *34.*

CELTES. 62b ; *63.*

CENTURIATION. La centuriation est une opération cadastrale consistant à définir au sol, à partir d'axes perpendiculaires est-ouest (*decumani*) et nord-sud (*cardines*), des unités rectangulaires ou carrées (assez souvent de 710 m de côté), bordées de fossés ou de chemins. Elle était liée dans certains cas à une redistribution des terres et à la création d'une cité nouvelle, la colonie. Dans d'autres cas, elle paraît avoir accompagné des défrichements de territoires pris aux indigènes. Elle était essentielle à l'établissement de l'assiette de l'impôt. Elle a durablement contribué à façonner le paysage rural ; l'examen en laboratoire des photographies aériennes (voir photo-interprétation) a permis de restituer des cadastres fossiles sur de grandes étendues. Sur ces questions, se reporter à M. Clavel-Lévêque dir., *Cadastres et espace rural, approches et réalités antiques,* Paris, 1983. 18 ; 88c ; *94 ;* 94b.

CENTURION. Officier légionnaire subalterne, commandant l'unité de base de la légion, la centurie (80 hommes). De jeunes chevaliers débutent leur carrière comme centurions, mais la majorité est composée d'anciens légionnaires et d'anciens prétoriens. Ils forment les meilleurs cadres de l'armée, dont les historiens se plaisent à rapporter les hauts faits. Leur avancement est strict : ils progressent de centurie en centurie, et de cohorte en cohorte (la cohorte comprend 6 centuries), selon l'ordre inverse des numéros. Le centurion de la première centurie de la première cohorte, le *primipile*, est un personnage important ; après un passage à Rome et un second primipilat, il peut accéder à la carrière équestre. 96b.

CÉRAMIQUE. *41 : Europe centrale ;* 68a ; *68 ;* 82b ; 86a, b ; *86 : boutique ;* 114a ; 140a ; *140 ;* 144 ; *145 ; 155 : fragment de vase ; 156 : Sidi Bou Othman ;* 170 ; *171 ;* 239b ; 242 ; 246c ; *247 ;* 252 ; *253 ;* 260 ; *261 ;* 264 ; 284 ; *285 ;* 292 ; 293 ; 296 ; *297 ; 299 ;* 304 ; *305 ;* 318 ; 344c ; 350b ; *351 ; 361 : un mets ;* 362 ; *363 ;* 364a ; *367 : embarcation ;* 370 ; 378.
Voir **COLOMBINS ; ENGOBE ; COUVERTE ; LAME-MINCE ; PEIGNE DE POTIER ; ZEUXIPPOS-WARE.**

CÉRÉALES. 40a ; *40 ; 41 : plantes cultivées ;* 86a ; 166 ; 240a, b ; 244b ; 270a ; 278 ; *279.*

CERF. 34b ; *35 : La Pasiega ; 36 ; 147 ;* 218a ; *219 ; 225.*

CERNAVODA, Roumanie. *49.*

ČERNJAHOV (CULTURE DE). 114a.

CÉSARÉE DE MAURÉTANIE, Cherchel, Algérie. 88c ; *95.*

CHABAS, François Joseph (1817-1882). 196a.

CHAIRE. Mot japonais apparu au cours de l'époque de Momoyama (dernier quart du XVIe s.). Il signifie littéralement « récipient à thé » et désigne une petite jarre en céramique destinée à contenir la poudre de thé dans les cérémonies du thé. L'usage en est réservé aux cérémonies dites *o-koi-cha* (thé fort). Le *chaire* est l'objet essentiel de la cérémonie du thé, à partir de l'époque de Muromachi jusqu'à l'époque d'Edo. Le corps du récipient mesure de trois à quatorze centimètres de hauteur et l'ouverture est fermée par un couvercle en ivoire, recouvert sur sa face interne d'une feuille d'or. L'ensemble est conservé dans une bourse de tissu, brocart (*kinran*), damas (*donsu*) ou dans une étoffe tissée de rayures (*kantō*).
Les premiers *chaire* étaient des récipients à médicaments ou à fards, fabriqués en Chine. On en attribue généralement l'introduction au Japon au moine zen, Eisai, en 1191. Leur utilisation dans la cérémonie du thé commença à se répandre à l'époque du shōgun Ashikaga Yoshimasa (1436-1490). Le manuel d'esthétique de l'époque (*Kundaikan Sōchōki*) reproduit dix-neuf formes de *chaire.* Elles furent plus tard augmentées. Les *chaire* de fabrication japonaise (*wa-mono*) finirent par suppléer aux importations chinoises limitées. Presque tous les fours du XVIIe siècle produisirent des *chaire* (Satsuma, Agano, Takatori, Bizen, Tamba, Zeze, Shigaraki, Iga...). 304c.

CHALCIDIQUE. *75 ; 143.*

CHALCIS. 74b ; *75.*

CHALCOLITHIQUE. 38b ; 54a ; 162b ; *177 : céramique commune ;* 230b ; 239a ; 252a.

CHÂLONS-SUR-MARNE, cloître de Notre-Dame-en-Vaux, Marne. 118c ; *119.*

CHALO-SAINT-MARS, Essonne. *14.*

CHAMANISME. 214b ; 218c ; 264a ; 272c ; 300c ; *301 : daim.*

CHAMBORD (CHÂTEAU DE), Loir-et-Cher. 385a ; *385.*

CHAMBRE FUNÉRAIRE. 46a ; *47 ;* 70b ; *71 ;* 92b ; *93 ;* 200a ; 220b ; 222a ; 224b ; 264c ; *264 ; 299 : Kongju.*

CHAMPA (ROYAUME DU). 248b.

CHAMP DE MARS, Rome. 84a.

CHAMP D'URNES (CIVILISATION DES). 54.

CHAMPLOST, Yonne. *25 : industrie moustérienne.*

CHAMPOLLION, Jean-François (1790-1832). Champollion est né à Figeac (Lot), d'une famille d'origine dauphinoise. Dès son très jeune âge, il apprend le latin, le grec, l'hébreu, l'arabe ; fasciné par l'Égypte pharaonique, il comprend que le copte, la langue des chrétiens d'Égypte, sera la voie d'accès vers les hiéroglyphes. Travaillant sur le célèbre trilingue de la pierre de Rosette (hiéroglyphique, démotique et grec), il reçoit de Nubie des cartouches aux noms royaux qui lui donnent la clef des hiéroglyphes ; en septembre 1822, il publie la *Lettre à M. Dacier relative à l'alphabet des hiéroglyphes phonétiques* et, en 1824, le *Précis du système hiéroglyphique.* Des voyages en Italie lui permettent d'étudier des papyrus, en particulier le Papyrus royal de Turin. Conservateur de la collection égyptienne du musée du Louvre, il organise, avec I. Rosellini, l'expédition franco-toscane (1828-1829), qui le mène jusqu'à la seconde cataracte. Membre de l'Académie des inscriptions (1830), il reçoit la chaire du Collège de France créée pour lui. Plusieurs de ses travaux sont posthumes : *Grammaire, Monuments de l'Égypte et de la Nubie.* 196a.

CHAMPS DÉCUMATES. Nom donné aux territoires situés au nord et à l'est du cours supérieur du Danube et du Rhin (Forêt Noire, Jura Souabe, Taunus). La frontière fixée aux fleuves formait un rentrant stratégiquement dangereux, que les empereurs romains du Ier siècle s'appliquèrent à réduire, en y implantant des garnisons et en construisant des routes. Domitien y construisit une première ligne de fortifications (fossés et palissades) au nord du Main et du Neckar, qu'Antonin repoussa encore vers l'est, en la renforçant. 96a.

CHANCAY (CULTURE DE), Pérou. *360 : mets ; lama ; 367 : embarcation.*

CHANCHÁN, Pérou. 368a, c ; *369.*

CHANG'AN, Shanxi, Chine. 266 ; 282c ; *283 : collier.*

CHANGSHA, Hunan, Chine. *265 : planche de bois ;* 266a ; *267 ;* 270a ; *271 ;* 272 ; *273 ; 284 : bol.*

CHANGTAIGUAN, Chine. 266c.

CHAPELLE-AUX-SAINTS (LA), Corrèze. 26a ; 28a.

CHAPELLE FUNÉRAIRE. 106b ; *106 ; 107.*

CHAPELLE-REPOSOIR. 202b ; *203.*

CHAPITEAUX. 138a ; *138 ; 246.*

CHAR. 44c ; *49 ;* 56c ; 58a, b ; *59 ;* 312a.

CHARIOT. 44c ; *44 ; 214 ; 227.*

CHARITÉ-SUR-LOIRE (LA), Nièvre. 118b ; *119.*

CHARPENTE. 60a ; *168 : Mureybet ; 169 : Çatal Hüyük.*

CHARPENTE PREMIÈRE.
Voir **FRANC-BORD.**

CHARRUE. 278c ; *278 ; 279.*

CHASSEURS-CUEILLEURS. 22b ; 24c ; 30a, b ; 36 ; 166a ; 172 ; 239 ; 240 ; 244b ; 312a ; 328 ; 330 ; 334 ; 340 ; 370.

CHÂTEAU. 385a ; *385 ;* 386 ; *386 ; 387.*

CHÂTEAU FORT. 122 ; *123 ;* 158a ; *159*

CHÂTEAUX DU DÉSERT. 147a.

CHÂTELPERRONIEN.
Voir **CASTELPERRONIEN.**

CHÂTENAY-MALABRY, Hauts-de-Seine. *116 ; 117.*

CHAUFFAGE (SYSTÈME DE). 120b ; *141 : maison slave.*

CHAUX. 170.

CHAVÍN (CULTURE DE), Pérou. 355b ; 364 ; *364 ; 365.*

CHENGDU, Sichuan, Chine. *268 ; 270 : spectacle de variétés ;* 278c ; *279 : objets funéraires.*

CHEVAL. 34c ; *34 ; 49 : char de Trundholm ;* 58 ; *59 ;* 70b, c ; *85 : lanuvium ;* 214a, b ; 220b ; 244c ; *245 ; 275 ;* 298c.
Voir **HARNACHEMENT.**

CHEVALIER. À Rome, membre de l'ordre équestre. 96b.
Voir **ORDRE ÉQUESTRE.**

CHEVET. *119 : Romainmôtier ;* 124a.

CHEXMSKO, Pologne. *393.*

CHICOÏDE (CULTURE), Antilles. 370c.

CHIEN. 360a ; *361.*

CHIETI, Italie. *89 : l'esclave intendant et ses subordonnés.*

CHIFLET, Jean-Jacques (1588-1673). Médecin de Philippe IV d'Espagne, Jean-Jacques Chiflet, originaire de Besançon, se fixa à Bruxelles. Il ajoutait à sa science médicale le talent d'un solide historien. C'est ce qui conduisit l'archiduc Léopold-Guillaume, gouverneur des Pays-Bas espagnols, à lui confier l'étude et la publication des objets découverts dans la tombe de Childéric Ier († 481/482), père de Clovis, mise au jour fortuitement à Tournai en 1653. Paru à Anvers en 1655, l'*Anastasis Childerici I...* peut être considéré à juste titre comme la plus ancienne publication archéologique scientifique. Celle-ci devait se révéler d'autant plus précieuse que le « trésor » de Childéric, offert à Louis XIV en 1655 et déposé au cabinet des Médailles et Antiques de la Bibliothèque royale (actuelle Bibliothèque nationale), fut en partie volé en novembre 1831.

CHILDE, Vere Gordon (1892-1957). Né à Sydney (Australie), professeur d'archéologie préhistorique aux universités d'Édimbourg (1927) puis de Londres (1946). Dans ses nombreux ouvrages (*The Dawn of European Civilization,* 1925 ; *The Most Ancient East,* 1928 ; *The Danube in Prehistory,* 1929 ; *The Bronze Age,* 1930), il fait une large place aux problèmes touchant à l'émergence des plus anciennes civilisations néolithiques dans certains secteurs privilégiés du Proche-Orient et à la diffusion de la nouvelle économie à travers l'Europe. Par la suite, il a traité dans plusieurs ouvrages de questions plus générales sur l'évolution des sociétés (*Man Makes Himself,* 1936 ; *What Happened in History,* 1942 ; *Social Evolution,* 1951 ; *Piecing together the Past,* 1956 ; *Society and Knowledge,* 1956). 38b ; 46a ; 166a.

CHINAMPAS. Îlots artificiels construits par accumulation de vase et de végétation aquatique dans les lagunes d'eau douce peu profondes du bassin de Mexico. Les chinampas sont le domaine de polycultures intensives. 346b ; 348b.

CHINE MÉTROPOLITAINE. Cette expression désigne la région de la Chine correspondant au cours moyen du fleuve Jaune et ses abords immédiats, soit le Henan septentrional, le Shanxi méridional et la région orientale du Shaanxi. Cette région est considérée comme le foyer de la civilisation chinoise. 266b.

CHINOISERIES, influence extrême-orientale. 388 ; *389 : terrine.*

CHINP'ARI (NOMBRE DE), Corée. 298b.

CHIOS (ÎLE DE). 76a.

CHIRAND. 246a.

CHOGA MAMI, Iraq. 176b.

CHOKKO-MON. 300b ; *301.*

CH'ŎMNA-CH'ONG (TOMBE DE), Kyŏngju, Corée. 298c.

CH'ŎNGAMNI (MONASTÈRE DE), Corée. 302b ; *302.*

CHONGYANG, Hubei, Chine. *269.*

CHOPPER et CHOPPING-TOOL. Outils façonnés sur galets ou sur blocs qui présentent un tranchant sinueux ou rectiligne. Certains auteurs préfèrent réserver le terme de chopper aux pièces qui sont taillées sur une seule face et nomment chopping-tools celles dont la préparation est bifaciale. D'autres préhistoriens donnent la priorité à la forme : chopper latéral, distal, à pointe... Ces tranchoirs étaient des outils à tout faire, souvent plus efficaces pour briser que pour couper. On les trouve dans les niveaux les plus anciens de l'Oldowayen ; bien qu'ils perdurent jusqu'au Néolithique, ils caractérisent généralement les civilisations pré-acheuléennes de l'Ancien Monde.
23 ; 24 : habitat du Paléolithique moyen ; 250 ; *251 ;* 288a ; 294b ; 308b ; *309 : pré-acheuléen.*
Voir **GALET (OUTILS SUR).**

CHOPPER PÉRIPHÉRIQUE. Pièce sur galet, taillée sur les deux faces et de forme souvent irrégulière. Le bord tranchant peut occuper toute la périphérie ou être interrompu, et la section peut être plano-convexe. Cet outil se distingue du biface par l'absence fréquente de symétrie axiale et par la position indifférenciée de l'arête vive,

partie active du chopper. Il caractérise les civilisations de l'Oldowayen et de l'Oldowayen évolué et se retrouve dans certains sites acheuléens. *250 : herminette ;* 308c.
Voir **GALET (OUTILS SUR).**

CHORASMIE. 236a, b.

CHORIS (CULTURE DE). 328c.

CHORRERA, Équateur. *365.*

CHRIST (REPRÉSENTATIONS DU). *113 : plaque-boucle de ceinture ; stèle de Niederdollendorf.*

CHRONOLOGIE. Ensemble de dates ou de datations successives fixant la position dans le temps d'une série de faits tels que les phases d'une civilisation ou les moments de l'histoire d'un État. Une chronologie est dite relative (ou « flottante ») lorsqu'on ne connaît que l'ordre de succession des faits sans pouvoir leur attribuer de dates, absolue dans le cas contraire. 20b ; 24 ; 26c ; *53 ;* 98b ; 106b ; 118c ; 324b ; 364c.
Voir **CALIBRATION ; DATATION ; REINECKE ; SÉRIATION.**

CHRYSOUPOLIS, Grèce. *143.*

CHUNQIU (ÉPOQUE), Chine. 262b.

CHURCH DOWN, Grande-Bretagne. *104.*

CHYPROMINOEN, écriture. 72a ; *73.*

CICÉRON, Marcus Tullius Cicero (106 env.-43 env.). 90c.

CIEZA DE LEÓN, Pedro (1520 env.-1554). 354a.

CIMETIÈRE. 54b ; 100a ; 106 ; *107 ; 117 ;* 180 ; *181 ; 209 ; 247 ;* 260a ; 390c.

CIMMÉRIENS. Installés avant les Scythes au nord de la mer Noire, notamment en Crimée, les Cimmériens franchissent le Caucase au VIIIe siècle avant notre ère et s'avancent profondément en Asie antérieure, causant des destructions archéologiquement lisibles sur nombre de sites et constituant une menace, les sources assyriennes s'en font l'écho, avant de se fondre dans les populations locales. 58b.

CINABRE. Sulfure naturel de mercure, de couleur rouge, employé dans le monde olmèque pour la décoration peinte de sculptures, de poteries et de figurines.

CINÉRITE. Roche composée de cendres volcaniques, plus ou moins consolidées, le plus souvent remaniées après l'éruption et redéposées par le ruissellement dans le fond de lacs ou de rivières. Excellents marqueurs stratigraphiques, elles sont utilisées pour l'obtention de datations par le potassium-argon (K/Ar) du fait de la présence de très petits cristaux. Les cinérites se trouvent dans les régions volcaniques, aussi bien en Auvergne qu'en Afrique orientale, où elles sont connues sous le nom anglo-saxon de *tuf.* 308a ; 382.

CIRCÉ (MONT), Latium. *25 ;* 28b.

CIRE PERDUE (FONTE À LA). Procédé de fonte où l'on utilise un modèle en cire ou en argile recouvert de cire, sur lequel on applique un moule en sable ou en plâtre. Lorsqu'on fait fondre la cire, elle laisse la place au métal en fusion. L'objet fabriqué peut donc être plein ou creux. Cette méthode, largement utilisée dans le monde, sauf dans la Chine des Shang, qui développa des techniques particulières, permet la fonte de formes très compliquées, en ajour par exemple, impossibles à obtenir autrement. *109 : paire de fibules ; Guelma ; 187 : tête de taureau ;* 188b ; 260b.

CISHAN (CULTURE DE), Chine. 259a ; 260a.

CISTE. Sépulture en forme de caisson, fermée par un couvercle et, sur quatre côtés, par des dalles de pierre dressées. Destinées à recevoir une ou plusieurs inhumations, à la différence des chambres mégalithiques, les cistes sont totalement ou partiellement enterrées et de volume limité. 334a.

CITADELLE. *60 ; 158 ; 159 ;* 232 ; *233 : Dilberjine ;* 234a ; *235 : Pendjikent ; 243 : Mohenjo daro ; 369.*

CITÉ ANTIQUE. 60c ; 232 ; 74a ; *75 ;* 82 ; 84 ; 94a ; 102a.

CITÉ MÉDIÉVALE. 102.

CITERNE. 156c ; *156.*

CITHARE. 268c ; *269.*

CIVILISATION IBÉRO-MAURUSIENNE. Civilisation des Mechta-el-Arbi, apparentés au type de Cro-Magnon, et installés en bordure de la Méditerranée, de la Tunisie au Maroc ; les Mechta-el-Arbi se sont « néolithisés » sur place et ont progressé vers le sud en longeant les côtes atlantiques. Leur genre de vie est lié à la présence de la mer : on retrouve sur le littoral du Sud marocain, du Sahara occidental et de la Mauritanie leurs déchets alimentaires sous forme d'amas parfois imposants de coquilles de moules et d'huîtres, ou d'arches (*Anadara senilis*). Y sont associées de la céramique et une industrie lithique aux outils peu nombreux accompagnant des foyers marqués encore parfois par des pierres supports. 318a.

CLAIRAMBAULT, Pierre de (1651-1740). *117.*

CLASSIFICATION. 20 ; 50b ; 210b ; 324b.

CLAYONNAGE. *43 : maison danubienne reconstituée ; 121 : Mirville ;* 60a ; *67 : Sabatinovka.*

CLEAVER.
Voir **HACHEREAU.**

CLIFF PALACE, Mesa Verde, États-Unis. *334 : habitat troglodyte.*

CLIN. Mode d'assemblage dans lequel les bordages (planches du revêtement de la coque) sont assemblés par recouvrement partiel comme les ardoises d'un toit. 130b.

CLOCHE DE BRONZE. 268a, b ; *269.*

CLOISONNÉ, orfèvrerie. *109 : fibule d'orfèvrerie.*

CLUNY (ABBATIALE DE), Saône-et-Loire. 118b ; *119 : La Charité-sur-Loire.*

CNÉMIDES. *57.*

CNIDE, Grèce. 76a, b ; *77 : cités productrices d'amphores.*

CNOSSOS, Crète. 72 ; *72 ; 73.*

COBAYE. 360a ; *361.*

COCHEREL (DOLMEN DE), Eure. *39 : La Pierre-Levée.*

COCHET, Jean Benoit Désiré (1812-1875). Né dans la banlieue du Havre, Jean Cochet est ordonné prêtre en 1836 ; il renoncera à un ministère sacerdotal très actif à la suite d'une grave maladie en 1845. En 1867, il est nommé conservateur du Musée départemental des antiquités à Rouen, il étudiera avant tout le département de la Seine-Maritime : les églises, dont il fait l'inventaire, entreprend le sauvetage et suit les restaurations et les nécropoles depuis la période gauloise jusqu'à la fin du Moyen Âge. Cette dernière activité lui assure une place essentielle aux origines de l'archéologie médiévale de terrain. Grâce à un réseau de correspondants, il peut exploiter toutes les découvertes fortuites. Parallèlement, sur les sites connus, il entreprend des fouilles qu'il dirige le plus souvent lui-même. Il va surtout se consacrer aux cimetières de la période mérovingienne. Suivant le modèle des « antiquaires » anglais, il en étudie les pratiques funéraires et jette les bases d'une typologie et d'une chronologie du matériel archéologique. Pour ses fouilles, J. Cochet se préoccupait aussi bien de tenir un journal que d'étudier les ossements ou de faire faire quelques analyses chimiques dont il pressentait l'importance. L'ensemble de son activité, d'une qualité remarquable et sans beaucoup d'équivalents à son époque, fera l'objet de nombreuses publications, notamment d'ouvrages qui restent souvent essentiels pour la connaissance des monuments et des sites de son département. 116b.

COEDÈS, George (1886-1969). Philologue français, il entra en 1911 à l'École française d'Extrême-Orient qu'il dirigea de 1929 à 1947 ; il avait été entre-temps conservateur de la Bibliothèque nationale du Siam. Maître de l'épigraphie khmère et thaïe (et aussi de l'épigraphie sanscrite, chame et malaise), il a publié les inscriptions d'Indochine. Son ouvrage *Les États hindouisés d'Indochine et d'Indonésie* (1944, 3e éd. 1964, trad. anglaise révisée en 1968) est devenu un manuel de base. Ses contributions à l'interprétation religieuse et symbolique des monuments angkoriens, à l'histoire des religions et des littératures de l'Indochine sont tout aussi remarquables. 248b ; 249a.

COFFRES FUNÉRAIRES. 46 ; 92a ; 106c ; *107 ;* 180b.

COGUE. *131.*

COHORTES PRÉTORIENNES. Garde de l'empereur (10 cohortes de 480 fantassins et 120 cavaliers), recrutée parmi les Italiens, et stationnée à Rome. Son chef, le préfet du prétoire, est le second personnage de l'État. Les prétoriens, bien payés (une fois et demie à deux fois la solde du légionnaire), bien équipés, doivent un service plus court (16 ans, contre 20 ans aux légionnaires). Ils accompagnent l'empereur lors des campagnes hors de Rome, et sont considérés comme l'élite de l'armée. Leur rôle dans les crises de l'Empire est complaisamment décrit par les historiens latins, mais ne doit pas être noirci.

COHORTES URBAINES. Corps de policiers (4 cohortes de 480 hommes) chargés de la sécurité et de l'ordre public à Rome, commandés par le préfet de la Ville. Carthage et Lyon eurent également une cohorte urbaine. 96b.

COLANI, Madeleine (1866-1943). Docteur ès sciences, connue pour ses travaux en préhistoire et en ethnographie comparée. Inventrice de l'industrie hoabinhienne (Hoà Bình, province du Nord-Vietnam) dont elle avait fouillé 54 sites, trop hâtivement peut-être, et dont l'étude du matériel reste inachevée. On lui doit de nombreuses publications sur la préhistoire de l'Indochine dans l'*Anthropologie* (1926, 1927), *Mémoires* et *Bulletin du service géologique de l'Indochine* (1927, 1928), *Bulletin, Cahier, Publications de l'École française d'Extrême-Orient* (1930, 1931, 1934, 1935, 1938, 1939), *Bulletin de la Société préhistorique française* (1929, 1939). Membre correspondant de l'École française d'Extrême-Orient, elle a participé au Ier congrès de préhistoire d'Extrême-Orient (1932). 249b ; 286b.

COLLECTIONS. 64a ; 210b.

COLOCASIA.
Voir **TARO.**

COLOMBINS. Boudins façonnés par le potier qui roule de l'argile entre ses paumes et servant à la fabrication de céramiques modelées. Ils sont posés en anneaux successifs ou en spirales, dont un lissage interne et externe efface toute trace. 318c ; 362a.

COLONISATION GRECQUE. 74 ; *75 ; 83 ;* 224 ; 232b.

COMITIUM. *82 : le forum romain au début de la République ;* 84a.

COMMERCE.
Voir **ÉCHANGE.**

CONCHEROS (COMPLEXE), État de Veracruz, Mexique. 340b.

CON MOONG, Vietnam. 288a ; *289.*

CONOPA. *361 : alpaca.*

CONSTANTINOPLE, Grand Palais. Élevé par l'empereur Constantin, agrandi et remanié de nombreuses fois, le Grand Palais fut la principale résidence des empereurs byzantins jusque vers la fin du XIe siècle. Seul un important ensemble de mosaïques en a été retrouvé. 132b ; *132 ;* 133a ; *133 ;* 134a ; 144a.

CONSTRUCTION (TECHNIQUES DE). 60 ; 120 ; *121 ; 129 : industrie du bâtiment ;* 130 ; *131 ; 155 : four à briques ;* 168.

CONSTRUCTION NAVALE. 110b ; *110 ;* 130 ; *131.*
Voir **BATEAU.**

COPÁN, Honduras. 350 ; *350 ; 351.*

COPROLITHES. Excréments fossilisés, d'origine animale ou humaine. Leur examen au microscope et l'analyse de leurs éléments permettent d'identifier la nature des aliments ingérés. On peut, en particulier, y retrouver des restes végétaux, dont il est ensuite possible de déterminer l'espèce. L'étude des coprolithes fournit ainsi des indications importantes sur la date d'apparition des espèces cultivées. 360b.

COQUILLES (PARURES DE). 28c.

CORINTHE, Grèce. 133a ; *140 ;* 142a ; *144.*

CORNALINE. Quartz rouge incarnat. On a longtemps pensé que cette pierre, quand on la trouvait en Afrique, ne pouvait provenir que de l'Inde. Or, il en existe de grandes quantités dans la vallée du Nil. *255 ; 315.*

CORNWALL (FORGES DE), Pennsylvanie, États-Unis. *393.*

CORROYAGE. Technique de la métallurgie protohistorique du fer par laquelle le forgeron martelle ensemble plusieurs barres plus ou moins carburées (aciers) afin de combiner les différentes qualités de souplesse ou de dureté de ces fers. Cette technique est utilisée à la fin de l'Âge du fer en Europe pour obtenir des lames d'épée d'une efficacité redoutable. Pendant le Haut-Moyen Âge, le corroyage caractérise la production des grands ateliers barbares. 52c ; 108b.

COSTUME. 28c ; *29 : Sounguir ; 51 ;* 54a ; *55 : Egtved ; 62 : archers ; 97 : infanterie ;* 112b ; *113 ;* 114a ; *129 ;* 138c ; *215 ; 217 : délégation sace ;* 222b ; 224c ; *235 : banqueteurs ; 277 ; 331 : adaptation au froid ;* 334a ; *389 : Européens.*

COUCY, Aisne. *123.*

COUFIQUE (ÉCRITURE). *144 : Corinthe, XIe siècle.*

COULÉE, technique. *52 : Petit-Villate ; 109 ;* 188b ; 260b, c.

COUPE, vase. *144 ; 145 ; 251 : Ban Kao.*

COUPELLATION. Procédé métallurgique qui consiste à fondre du métal dans un creuset (coupelle) pour en extraire l'élément principal. On l'utilise, par exemple, pour obtenir l'argent en le séparant du plomb auquel il est naturellement lié dans les minerais de plomb argentifère, ou pour obtenir l'or à partir de l'alliage naturel d'or argentifère (électrum). *53 : richesse métallique.*

COUPOLE. *119 : Saint-Front ;* 150b ; *151.*

COURI (CULTURE), Haïti. *370.*

COUVERTE. Revêtement vitrifié des céramiques (grès, porcelaine) cuit à haute température, utilisé pour imperméabiliser et décorer les récipients. Aux époques anciennes, un premier type de couverte (appelée couverte naturelle) fut obtenu de manière accidentelle. Lorsque la température du four devenait élevée, les cendres de bois de combustion contenant beaucoup d'alcalis (soude, potasse), qui permettent un point de fusion assez bas, se condensaient sous la voûte de la chambre de cuisson. Elles retombaient sur les pièces en formant des éclaboussures vitrifiées d'adhérence plus ou moins bonne et d'épaisseur inégale. Les potiers, utilisant de façon consciente ce phénomène, réalisèrent des préparations à base de cendres de bois, de feldspath et d'argile qui, à température élevée, constituèrent de belles couvertes. Un fondant, silicate (dans une proportion maximale de 75 p. 100) ou acide borique (dans une proportion maximale de 10 p. 100), est employé pour abaisser le point de fusion des couvertes. La présence d'oxydes métalliques (fer, cuivre, cobalt, chrome, manganèse, etc.) et les divers procédés de cuisson (atmosphère réductrice ou oxydante) offrent la possibilité de varier les couleurs des couvertes. Ainsi, l'oxyde de fer est-il à l'origine du vert céladon et du brun. Ces couvertes monochromes ou translucides sont appliquées de différentes façons : au pinceau, par pulvérisation ou par immersion. Un décor à base d'oxyde appliqué au pinceau peut être apposé au-dessus ou au-dessous de la couverte. Ce procédé fut parfaitement maîtrisé par les potiers chinois dans les décors des porcelaines.

COVA DE L'OR, Espagne. *40 : blés cultivés.*

COXCATLAN, Mexique. *340.*

CRÂNE, anthropologie. 22a ; *22 ;* 26 ; *27.*

CRÂNES (CULTE DES). 54c ; 172c.

CRATÈRE, vase. *58 ;* 74c.

CROMLECH. 46a.

CROSS-RIVER. Vallée du Nigeria où ont été découverts plus de 300 monolithes anthropomorphes de grandes dimensions datant probablement du XVIe siècle.

CRUCHE, vase. *81 ; 128 :* céramique médiévale ; *145.*

CRYPTE. 124a, b ; *125 : la cathédrale de Florence.*

CUCUTENI (CIVILISATION DE). *43 : habitat de Habasesti ; 67 : maison de Sabatinovka.*

CUEILLETTE.
Voir **CHASSEURS-CUEILLEURS.**

CUELLO, Belize. 346b.

CUEVA DE LAS MANOS, Rio Pinturas, Argentine. *359.*

CUICUILCO, Mexique. 346c ; 348b.

CUIR. 56c ; *129 ;* 222b, c ; *223 ;* 266c.

CUIRASSES. 56c ; *56 ; 57.*

CUIRY-LES-CHAUDARDES, Ain. *43.*

CUIVRE. *44 ; 45 : scènes de labour ;* 46b, c ; 52a ; *53 : richesse métallique ;* 188 ; *189 ;* 262 ; 320a ; *321 ;* 330c ; 366c.

CULTIGÈNE. Se dit d'une espèce végétale qui, à la suite d'une succession de changements cumulatifs due à une sélection opérée par l'homme (volontairement ou non), a acquis certaines qualités qui l'ont rendue plus apte à être cultivée et/ou plus productive. Par exemple, le blé cultivé dont les graines, à l'inverse de celles du blé sauvage, ne se dispersent pas lorsqu'elles sont parvenues à maturité mais restent attachées à l'épi. 332 ; 340c ; 360b, c.

CUNÉIFORME (ÉCRITURE). Par cette expression, on désigne aujourd'hui trois systèmes graphiques qui n'ont réellement en commun que leur apparence : des signes formés d'une combinaison plus ou moins compliquée de « coins », imprimés dans de l'argile, gravés dans les matières dures et même tatoués sur peau humaine. La première écriture cunéiforme est celle qui, depuis la Mésopotamie du Sud à la fin du IVe millénaire, se répandit dans tout le Levant. Elle était à la fois idéogrammatique et syllabique. La deuxième est un alphabet consonantique, utilisé à Ougarit et dans sa zone d'influence et qui disparut avec la ville où il était né au début du XIIe siècle. La troisième enfin est un syllabaire, utilisé exclusivement par les Perses achéménides pour écrire leur langue et qui n'eut qu'un emploi restreint pour les inscriptions monumentales et une vie brève, entre le VIe et le IVe siècle, mais c'est à partir de cette troisième écriture que commença le déchiffrement du cunéiforme au XIXe siècle. 178b ; *179 ; 183 : tablette ;* 188b ; 190a ; *191*. Voir **CALAME**.

CUNNINGHAM, sir Alexander (1814-1883). Général et archéologue britannique. En 1861, au moment où il laisse l'armée, Cunningham, âgé alors de quarante-sept ans, devient le premier directeur général du service archéologique de l'Inde (*Archaeological Survey of India*). Pendant vingt ans, il publie chaque année un rapport dans lequel sont répertoriés et décrits pour la première fois les principaux monuments de l'Inde ancienne. 238a.

CUZCO, Pérou. 368c.

CYCLOPÉEN. *47 : Ggantija.*

CYLINDRE. 242c ; *243 ; 253 ; 351.*
Voir **SCEAU-CYLINDRE.**

CYRÈNE, Libye. 76a.

DAI (TOMBE DE), Mawangdui, Chine. 270 ; *271 ;* 272 ; *273.*

DALLE FUNÉRAIRE. 46a ; *47 : nécropole de Bougon.*

DALOL, Éthiopie. *315.*

DAMAS, métallurgie. *108.*

DAMASQUINURE. *109 : garniture de ceinture.*

DANEVIRKE. Système défensif comprenant un talus de terre d'environ 10 mètres de haut et 2 mètres de large, une palissade de bois et un fossé qui protégeait la région d'Hedeby (Danemark) des incursions germaniques. Démentant la légende médiévale qui associe cette construction à la reine Thyre (Xe s.), des études dendrochronologiques faites après les fouilles récentes indiquent que la première construction, modifiée ultérieurement (6,5 km de long), remonte à 737. Au Xe siècle, les fortifications s'étendaient sur près de 14 kilomètres. 114c.

DANUBIENNE (CULTURE). 40b ; *41 : poterie décorée, Europe centrale ;* 42b ; *43 ;* 44a.

DAO-THINH (Yên Bai), Vietnam. *290.*

DAPENKENG (CULTURE DE), Taiwan. 278b.

DARIUS. Voir **GRAND ROI.**

DASHLY, Afghanistan. 228b ; *228.*

DATATION. Tandis que la date est un moment plus ou moins précis, mais objectif, la datation est l'opération intellectuelle par laquelle l'archéologue ou l'historien tente, par une hypothèse, de situer dans le temps un fait historique quelconque. Il peut recourir pour cela à des méthodes diverses : stratigraphiques (étude de la succession des couches), historiques (rapprochements avec des chronologies déjà établies, raisonnements comparatifs...), physiques (carbone 14 ou radiocarbone, potassium-argon, thermoluminescence, magnétisme rémanent...), chimiques. Lorsqu'il parvient seulement à établir l'ordre de succession des faits sans pouvoir fixer leur date, on dit qu'il aboutit à une datation *relative*. Son but est évidemment de parvenir à une datation *absolue*, c'est-à-dire à une proposition formulée en termes de calendrier : mais c'est avant tout du raisonnement qui l'y conduit que dépend la valeur de sa proposition. 15b ; 21b ; 22b ; 38b ; 51a ; 76b ; 98b ; 162b ; 163b ; 312b ; 356.
Voir **ARCHÉOMAGNÉTISME ; CHRONOLOGIE ; PALYNOLOGIE ; POTASSIUM-ARGON ; RADIOCHRONOMÉTRIE ; TEMPS ; THERMOLUMINESCENCE.**

DATONG, Shanxi, Chine. 282a, b ; *282.*

DAWENKOU (CULTURE DE), Chine. 259a ; 260 ; 278a.

DAXI (CULTURE DE), chine. 260b.

DÉBITAGE, industrie lithique. 22c ; *33 : remontage de lames de silex ; 164 : Levant central ; 289.*

DÉCADRACHME. Voir **DRACHME.**

DÉCHARNEMENT (SÉPULTURES À). 236a.

DÉCHELETTE, Joseph (1861-1914). Neveu de Bulliot, qui fouilla le mont Beuvray (Bibracte) près d'Autun, Joseph Déchelette est tôt initié à l'archéologie : il devient directeur du musée de Roanne. Outre quelques grandes monographies sur le mont Beuvray, sur le Hradischt de Stradonice en Bohême, sur les vases en céramique ornée de la Gaule romaine et sur la collection Millon, J. Déchelette rédige aussi le *Manuel d'archéologie préhistorique, celtique et gallo-romaine* publié à Paris, en 4 volumes, de 1908 à 1914. Pendant une cinquantaine d'années, cet ouvrage aura en France une grande influence sur les études protohistoriques. 50b.

DÉESSE MÈRE. 48a ; 66a ; 172c.

DÉESSE SOLEIL D'ARINNA.
Voir **HITTITE, DÉESSE SOLEIL D'ARINNA.**

DEFFUFA. Nom local de deux constructions massives de briques crues qui dominent la plaine de Kerma dans le nord du Soudan. Séparées par environ 3 km, ces deux sortes de plates-formes d'une vingtaine de mètres de hauteur, sur une superficie de 50 × 30 m environ, posent toujours problèmes. On a voulu y voir l'emplacement du palais des princes de Kerma, qui auraient ainsi dominé les alentours du haut d'une véritable colline artificielle, ou encore un sanctuaire funéraire puisque ces monuments se dressent au milieu d'une très vaste nécropole. Une nouvelle interprétation très séduisante vient d'être proposée par la Mission archéologique de l'université de Genève, qui a repris les fouilles sur le site. Pour la deffufa de l'Ouest, il s'agirait de la transposition au Soudan, au cœur d'une civilisation étrangère, de la silhouette d'un temple égyptien dont le rôle de réservoir de forces magiques avait sans doute pu frapper les esprits des dirigeants du royaume de Koush. 208b ; *209 : Kerma.*

DÉHÈS, Syrie. *137.*

DEHUA, Fujian, chine. *285 : jarre.*

DEICHMANN, Friedrich Wilhelm (né en 1909). Archéologue allemand qui a beaucoup apporté à la connaissance de l'architecture paléochrétienne de tout le bassin méditerranéen dont il a minutieusement étudié les spécificités et les convergences. Il a le premier mis en valeur l'importance de Constantinople au sein de cette architecture (plans, matériaux, sculpture architecturale). Outre le monumenal ouvrage sur Ravenne cité en bibliographie, ses principaux ouvrages sont : *Corpus der Kapitelle der Kirche von S. Marco zu Venedig* (Wiesbaden, 1981) ; *Rom, Ravenna, Konstantinopel* (recueil de travaux, Wiesbaden, 1981) ; *Einführung in die christliche Archäologie* (Darmstadt, 1983).

DEIR EL-BAHARI, Égypte. 196b ; *204.*

DEIR EL-MEDINEH, Égypte. 204c ; *204.*

DELGADITO (CAÑON), Nouveau-Mexique. *337 : divinités navahos.*

DEMANHOUR (HERMOPOLIS PARVA), Égypte. 78 ; *79.*

DÉMÉTRIAS, Grèce. 140b ; *140.*

DÉNALIENNE (CULTURE). Culture définie par l'archéologue H. West en 1967 à partir des sites des lacs Tangle en Alaska. Elle est caractérisée par des nucléus microlaminaires cunéiformes du type « désert de Gobi », des burins sur éclats, des bifaces, des grattoirs sur éclats, des microlames et de grandes lames. Cet outillage ressemble à celui de la culture sibérienne de Diuktai. La culture dénalienne est attestée entre 10 000 et 6 000 avant J.-C. 326b.
Voir **DIUKTAI (CULTURE) ; BÉRINGIENNE (TRADITION).**

DENDROCHRONOLOGIE. 38b ; 51a ; 163b ; 278a ; *335.* Voir **CALIBRATION.**

DENTICULÉ SUR GALET.
Voir **GALET (OUTILS SUR).**

DĒWĀSHTICH, roi de Sogdiane. 234a.

DIAGRAMME CUMULATIF. Technique de représentation graphique permettant d'évaluer le degré de ressemblance entre des assemblages d'outils ou des groupes de sites. En abscisse sont disposés, selon un ordre défini correspondant à la liste type des assemblages ou des sites, les outils ou caractères retenus ; en ordonnée, leurs fréquences relatives. Le diagramme se présente sous la forme d'un escalier dont chaque marche traduit l'importance numérique relative de chaque outil ou caractère, ajoutée aux fréquences relatives des éléments qui le précèdent dans la liste type. 324b.

DIDRACHME. Voir **DRACHME.**

DIEU DE L'ORAGE.
Voir **HITTITE, DIEU DE L'ORAGE.**

DIJON, Côte-d'Or. 124b ; *125 : Saint-Bénigne.*

DIKILI TASH, Grèce . *66 ; 67.*

DILBERGINE, Afghanistan. *233.*

DILMOUN (PAYS DE). 186a, c.

DIMINI, Grèce. *43.*

DING. 260c.

DINH BANG, Vietnam. *287.*

DIOP CHEIKH ANTA (1923-1986). Les thèses de ce savant sénégalais ont suscité beaucoup de discussions depuis trente ans. Elles portent sur l'origine africaine – et noire – de l'humanité et sur ce point l'accord est aujourd'hui largement établi ; la théorie qui veut que l'Égypte ait été, dans ses périodes les plus anciennes, exclusivement peuplée de Noirs continue à susciter plus de réserves. L'idée que les cultures africaines ont une grande profondeur chronologique n'est plus mise en cause par personne. On citera son dernier ouvrage paru en 1981, *Civilisation ou barbarie*, Présence africaine, Paris, qui constitue une synthèse de la plupart de ses travaux. Parmi ses nombreuses publications, il faut retenir en particulier : *Fondements culturels, techniques et industriels d'un futur État fédéral d'Afrique noire*, Présence africaine, Paris, 1960, édition revue et corrigée, 1974 ; *Le Laboratoire de radiocarbone de l'IFAN*, IFAN, Catalogues et documents, n° 21, Dakar, 1968 ; « La Métallurgie du fer dans l'Ancien Empire égyptien », Bulletin de l'Institut fondamental d'Afrique noire, B, XXXV, Dakar, 1973 ; « Introduction à l'étude des migrations en Afrique centrale et occidentale. Identification du berceau nilotique du peuple sénégalais », Bulletin de l'Institut fondamental d'Afrique noire, B, XXXV, Dakar, 1973 ; *Physique nucléaire et chronologie absolue*, Nouvelles Éditions africaines, Dakar, 1974. 306b.

DISCOID.
Voir **CHOPPER PÉRIPHÉRIQUE.**

DIUKTAI (CULTURE). La grotte de Diuktai, au confluent du Diuktai et de l'Aldan, deux affluents de la Lena en Sibérie, a donné son nom à une culture du Paléolithique supérieur sibérien caractérisée par des bifaces de formes variées, des burins sur éclats et sur lames, des lames et des microlames. Cet outillage est associé à des ossements de mammouth, de bison et de cheval et ressemble à celui de la Tradition dénalienne en Alaska. La grotte de Diuktai a livré les plus anciennes traces d'occupation de la Sibérie orientale, dès 33 000 avant J.-C. La culture de Diuktai n'est plus attestée à partir de 10 500 avant J.-C. 326a. Voir **BÉRINGIENNE (TRADITION).**

DIVINITÉS, représentations et cultes. 48 ; 66 ; *83 ; 97 : armure ;* 172b ; *173 ; 190 ; 191 ;* 200 ; 202 ; *222 ; 228 : artisanat ;* 296b ; *337 ; 363 : figurines ;* 364b ; 382c.
Voir **PALLADIUM ; ZÉMIS ; ZHENMUSHOU.**

DIVOSTIN (AUTEL DE), Kragujevac, Yougoslavie. *49.*

DJAGARAL, Cameroun. *323.*

DJAM, Afghanistan. *151.*

DJEMDET NASR (CULTURE DE). 176c.

DJERASH, Jordanie. 134c ; *134.*

DOCUMENTS DE FONDATION. *73 : chypro-minoen (cylindre en argile).*

DŌGU. *293.*

DOLMEN. *39 ;* 46 ; *47.*

DOLNI VESTONICE, Tchécoslovaquie. 28b.

DOMESTICATION. 40a ; *40 ; 41 ;* 58a ; *73 : Cnossos ;* 166a ; *215 : amphore ;* 240b ; 252c ; 260a ; 278b ; 312a ; 320a ; *331 ;* 342 ; 360 ; *361 ;* 378c.

DOMITIUS AHENOBARBUS (AUTEL DIT DE). *85.*

DO (MONT), Thanh Hoa, Vietnam. 287a.

DONG DAU, Thaïlande. 252c.

DÔNG DÂU (Vinh Phu), Vietnam. 240a.

DÔNG SON (Thanh Hoa), Vietnam. 286b ; 287 ; 290a.

DÔNGSONIEN. 287b ; 290 ; *291.*

DONG YI. 260a.

DONG ZUOBIN (1895-1963). Archéologue chinois. Dong Zuobin a participé aux fouilles menées scientifiquement par l'Academia Sinica sur le site de la dernière capitale des Shang, Yinxu près d'Anyang, à partir de 1928, soit dès le début des campagnes ; il était le spécialiste des inscriptions divinatoires sur os de la phase Yin des Shang (vers 1400-1100 ou 1027 av. J.-C.). Il a d'abord entrepris de reconstituer le contexte de leur découverte et recherché les critères permettant de détecter les faux. D'après ses estimations faites en totalisant les pièces découvertes clandestinement et celles qui ont été exhumées au cours des campagnes de 1928 à 1937, leur nombre se montait à près de 100 000 pièces complètes ou fragmentaires (ce nombre n'a que peu augmenté depuis lors). Il était donc indispensable d'en retrouver l'ordre chronologique afin de constituer des groupes homogènes. Les dix critères sur lesquels Dong Zuobin s'est fondé pour les dater ont, par leur caractère complet et leur utilisation aisée, fait considérablement avancer leur étude et par là même la connaissance de la civilisation des Shang. C'est aussi Dong Zuobin qui le premier a su mettre en évidence l'alternance cyclique des institutions des Shang. 258a.

DONJON. *103 : Douai ;* 122b ; *122 ; 123 ;* 158c ; *159 : Montalbán.*

DORESTAD, Pays-Bas. 102c ; *103 ;* 110a.

DORIENS. 74a ; *75.*

DORSÉTIEN. 328b ; *328 ; 329 ; 337 : masque esquimau.*

DŌTAKU. 292b ; *297 : mortier.*

DOU. 266c.

DOUAI (CITÉ MÉDIÉVALE DE), Nord. 102c ; *103.*

DRACHME. Dans de nombreux systèmes monétaires de la Grèce ancienne, notamment à Athènes, dans l'Empire d'Alexandre et à Thasos à partir de 395, l'unité monétaire est la drachme qui pèse, à Athènes et dans l'Empire, 4,30 g. Mais la monnaie la plus fréquente est un multiple, normalement un tétradrachme pour l'argent, un didrachme pour l'or. Les essais de monnaies plus lourdes, comme le décadrachme (43 g), ont été très limités dans le temps. 78 ; 79 ; *229 : bractées ;* 282b, c ; 283.

DRAPER, Ontario. *332.*

DRESSEL (LAMPES ET AMPHORES DITES DE). 86b ; *86.*

DROMOS. 70b, *70 : Salamine de Chypre ;* 220a, b.

DUE. *263.*

DUFF, Roger, Shepherd (1912-1978). Archéologue néo-zélandais, l'un des pionniers de l'archéologie polynésienne. Après des études universitaires et un court séjour dans l'administration, il entre comme ethnologue au Canterbury Museum dont il devient le directeur en 1948. Il avait déjà effectué plusieurs fouilles importantes, prouvant l'origine polynésienne des premiers occupants de la Nouvelle-Zélande. On lui doit de nombreux travaux d'un intérêt capital pour la préhistoire océanienne. 372b.

DUHOS. Grands sièges cérémoniels incurvés des Indiens Tainos des Grandes Antilles. Il sont en bois sculpté souvent serti d'or ou de nacre. 370c.

DUMÉZIL, Georges (1898-1986). 62c.

EBLA, Syrie. 180 ; *181 ;* 192b ; *193 : temples retrouvés en Syrie.*

ÉCHANGES (ARCHÉOLOGIE DES). *19 ;* 56 ; 58b ; 74b ; *75 ;* 76 ; *78 ;* 86 ; *87 ;* 94b ; 110 ; *111 ;* 154 ; 184b ; 224b ; 228c ; 242c ; 254 ; 282c ; 284 ; 312 ; 320c ; 366.

ECHIZEN, Japon. 304c.

ÉCLAT, industrie lithique. 22c ; 24b ; *25 : industrie moustérienne ;* 164a ; *164 ;* 238b ; 288b ; *295.*
Voir **HACHEREAU.**

ÉCOLE FRANÇAISE D'EXTRÊME-ORIENT (E.F.E.O.). 286.

ÉCONOMIE-MONDE. Zone économique sous contrôle d'une puissance régionale, religieuse ou nationale ; elle s'étend à une grande partie ou à la totalité de la planète. S'oppose à économie mondiale qui désigne l'ensemble des phénomènes économiques, toutes dominations confondues. 314a ; 320c.

ÉCOSYSTÈME. Unité spatiale dont les caractéristiques topographiques, géochimiques, microclimatiques et biotiques sont homogènes.

ÉCRITURE. *63 : peuples protohistoriques ;* 72 ; *73 ;* 178 ; *179 ; 183 : tablette ;* 184a ; 242c ; *255 : bague-sceau.* Voir **CUNÉIFORME (ÉCRITURE).**

ÉDAPHIQUE. Du grec *edaphos*, sol. Se dit de facteurs écologiques, liés aux propriétés du sol et de la roche sous-jacente, qui déterminent, avec le climat, les caractéristiques du monde végétal et animal environnant. 342a.

EESE, Pays-Bas. *44.*

EFATE, Vanuatu. *379 ;* 380b.

ÉGLISE. 99 ; 108b ; 118b, c ; *118 ; 119 ;* 120 ; *121 : Wharram ;* 124 ; *125 ; 132.*

EGOLZWIL, Lucerne, Suisse. 44b ; *45 : outils néolithiques.*

EGTVET, Danemark. *55.*

ÉGYPTOLOGIE. 196. Voir **CHAMPOLLION ; LEPSIUS ; MARIETTE-PACHA ; PETRIE.**

EIFEL, république fédérale d'Allemagne. *105.*

EIN GUEV, Israël. 168a.

EKERÖ (TRÉSOR D'), Uppland, Suède. *115.*

ELAM. 188a, b ; 228c.

EL ARBOLILLO, Mexique. 346c.

ELCHE (DAME D'). 63.

ÉLEVAGE. 38a ; 40b ; 88c ; 172a ; 240b ; 242a ; 244c ; 252c ; 320 ; *321.* Voir **DOMESTICATION.**

EL KOWM, Syrie. *170.*

EL PURGATORIO, Pérou. 368a, c ; *369.*

EL RIEGO (TRADITION). 340b.

EMAR ou **IMAR** (Meskéné), Syrie. 190a ; *191 ;* 192b ; *192 ; 193.*

ÉMIRÉEN. Ce nom recouvre une réalité complexe marquant le début du Paléolithique supérieur dans le Proche-Orient levantin. Le niveau éponyme de la grotte d'Emireh (D. Garrod, 1951) a livré des outils de types Paléolithique moyen et Paléolithique supérieur, plus une pointe triangulaire à la base amincie par des retouches bifaciales. Au Liban et au Neguev, d'autres caractéristiques mettent en question l'unité de cette « civilisation ». 162a.

EMPORIUM. 74b ; 110a.

EMPREINTES DE SCEAU OU DE CYLINDRE. *72 ;* 184a, b ; 190a ; *191.*

ENCEINTE. 42c ; *43 ;* 122a ; *122 ; 123 ;* 158c ; *159 : Montalbán ;* 202c ; *202 ;* 232a, b ; *233 : Dilbergine ; 237 ; 390.*

ENCOCHE SUR GALET.
Voir **GALET (OUTILS SUR).**

ENDOGAMIE. Du grec *gamos*, mariage, et *endon*, en dedans. Règle qui oblige à choisir son conjoint à l'intérieur de son propre groupe social et (ou) territorial, voire, mais plus rarement, parmi son groupe de parenté. 378b, c.

ENFUMAGE. Opération intervenant à la fin de la cuisson des poteries par la combustion dans le four ou dans le foyer de matières produisant une épaisse fumée. L'enfumage modifie l'aspect des poteries auxquelles il donne un noir profond et il atténue le degré de porosité des récipients. 318c.

ENGOBE. Ce terme désigne, en céramique, un enduit superficiel de texture homogène qui peut être support de décor ou décor lui-même. Dans le premier cas, il égalise sous forme de couche fine l'aspect de la surface d'un vase ou de tout autre objet en terre cuite, masque la coloration de l'argile et constitue un support pour la glaçure. Il est généralement composé d'argiles et peut devenir blanc après cuisson. Dans certains cas, il peut s'agir d'un enduit de lait de chaux. Mais, pour de nombreuses variétés de céramiques anciennes, on manque encore, faute d'analyses, de renseignements sur sa composition. En tant que décor, il constitue, utilisé sous une forme relativement épaisse, des motifs blancs ou teintés. On désigne couramment cette dernière technique par l'expression anglaise *slip-painted.* 138b ; 144c ; *145 : jarre ;* 260c.

ENKOMI ou **ENGÔMI,** Crète. *73.*

ENSEIGNEMENT DE L'ARCHÉOLOGIE. 116b ; 117.

ÉOLIENS. 74a ; *75.*

ÉOTILE (CULTURE). *313 : tête de terre cuite.*

ÉPAVE. 86b ; 110a ; *110 ;* 52b ; 130 ; *131 : cogue de Brême ;* 390b ; 391.

ÉPÉE. 56c ; *57 : armement du chef guerrier ; 108 : le damas soudé ; 115 ; 217 ; 225.*

ÉPHÈSE, Ionie (act. Selçik, Turquie). 132b ; 134b ; *135 ; 140.*

ÉPI-ACHEULÉEN. Terme utilisé pour désigner des industries lithiques de la phase ancienne du Paléolithique moyen, qui comprennent quelques très rares bifaces de type acheuléen et un outillage sur éclats déjà très évolué. 24a.

ÉPICES, production et échanges. 388a.

ÉPIGRAPHIE. 80b, c.

ÉPIPALÉOLITHIQUE. On a d'abord désigné sous ce terme les civilisations à l'outillage largement composé de microlithes apparues après la dernière glaciation, et précédant le Néolithique. On tend aujourd'hui, surtout au Proche-Orient, à qualifier d'Épipaléolithique toute industrie à dominante microlithique de la fin du Paléolithique supérieur, même si elle se situe avant la fin du dernier glaciaire (8300 av. J.-C.). 38a ; 164c ; *165 ;* 294 ; *295 : foyer.*
Voir **MICROLITHE ; NATOUFIENNE (CIVILISATION).**

ÉPONYME. Magistrat qui, dans les cités grecques, donnait son nom à l'année. À Athènes, il s'agit de l'un des dix archontes ; à Rhodes, du prêtre du Soleil ; à Cnide, du démiurge... La fonction éponymique est remplie à Rome par les deux consuls.

ERIDU, Iraq. 176b.

ERLITOU (CULTURE DE), Chine. 258b ; 262a ; *263.*

ESCLAVE. L'existence d'esclaves – qui n'ont aucun droit, et sont la propriété de leur maître – est attestée dans de très nombreuses sociétés ; mais ils ne jouent pas toujours un grand rôle dans la production. En Italie antique, le nombre des esclaves paraît s'être beaucoup accru entre le IIIe et le Ier siècle avant J.-C. Désormais (et jusqu'au IIe ou IIIe s. apr. J.-C.), ils y furent souvent utilisés dans l'agriculture. Mais d'autres esclaves étaient domestiques, ouvriers ou artisans ; d'autres encore, surtout sous l'Empire, travaillaient dans l'administration. Les affranchissements d'esclaves n'étaient pas rares. 88b ; *89 ;* 114c.

ESIE. Site du Nigeria où l'on a découvert des statuettes en stéatite représentant des hommes et des femmes avec des instruments de musique. Elles datent probablement des XVIIIe et XIXe siècles.

ESQUILIN (LAMPES DITE DE L'). 86b.

ESQUIMAUX. 326c ; 336a ; *337.*

ÉTAIN. 52b ; *53 : richesse métallique de l'Europe ; 188 : routes des minerais.*

ÉTAMBOT. Pièce verticale ou oblique dans l'axe d'un navire qui forme l'extrémité arrière de la coque. Dans certains cas, elle peut servir d'axe à un gouvernail qui porte alors le nom de gouvernail d'étambot et qui apparaît dans les navires de l'Europe du Nord et du Nord-Ouest à la fin du XIIe siècle. 130c.

ETHNIQUE. Qualificatif (souvent substantivé) qui indique l'appartenance à une cité d'un homme, d'un texte ou d'un objet. *Knidion*, par exemple, qui figure souvent sur les timbres des amphores (littéralement : appartenant aux Cnidiens), indique la production de la cité de Cnide.
76a ; *77 : anse d'amphore.*

ETHNOARCHÉOLOGIE. Discipline aux limites encore fluctuantes et dont certains principes restent controversés. L'intention est de mieux comprendre les sociétés disparues en se tournant vers celles qui sont encore vivantes. Elle ne se confond cependant pas avec le simple comparatisme ethnographique de la fin du XIXe siècle (voir **PALETHNOLOGIE**). Quelles que soient ses tendances et ses modalités, l'ethnoarchéologie a l'intérêt de renouveler les données du raisonnement archéologique. Elle est particulièrement féconde en technologie, enrichissant ainsi les recherches en archéologie expérimentale. Elle ne l'est pas moins lorsqu'il s'agit d'étudier les comportements de sociétés vivantes ou disparues, mais proches dans l'espace et dans le temps, fournissant à la fois des explications à des faits archéologiques et une dimension diachronique aux comportements actuels. 39b ; 214c ; 216c ; 325a.

ETHNOGRAPHIQUE (COMPARAISON). 21 ; 32c.

ETHNO-HISTOIRE. 332a ; 339b.

ÉTIOLLES, Essonne. *33 : remontage de lames de silex.*

ÉTRUSQUES. 58c ; 82c ; *83 ; 85 : fronton de Talamone.*

EUBÉE, EUBÉENS. *70 ; 75 ;* 82b.

EVANS, Arthur John (1851-1941). Riche Anglais, conservateur à l'Ashmolean Museum d'Oxford ; intéressé par les écritures crétoises primitives, il vint en Crète en 1894 pour réunir et étudier des sceaux en hiéroglyphique crétois. Il acheta le site de Cnossos, qu'il fouilla de 1900 à 1932, ce qui lui permit de mettre au jour – outre un palais de plus de 20 000 m² et les restes les plus marquants de la civilisation minoenne – 3 500 tablettes d'argile écrites dans une écriture inconnue qu'il baptisa linéaire B et que son compatriote Michael Ventris allait déchiffrer cinquante ans plus tard. Son nom restera attaché à la détermination des différentes séquences chronologiques de la civilisation minoenne. 68c ; 72a.

EXPLORATIONS ET EXPÉDITIONS ARCHÉOLOGIQUES. 65a ; 210b ; 226b ; 227 ; 238b ; 338b ; *373.*

FACIÈS. En archéologie, le faciès est un ensemble de caractères homogènes, d'ordre typologique et chronologique, qui renseignent sur l'origine d'une production artisanale : on parle par exemple de la céramique décorée du faciès peu-richardien en Saintonge (Peu-Richard étant le site éponyme d'un style céramique du Néolithique final). Le groupe culturel est défini à partir d'une réunion significative de faciès (céramique, lithique, métallique, etc.), des éléments d'une écologie harmonieuse et de pratiques funéraires et religieuses cohérentes. 82a ; 100b ; 164a ; *165.*

FALUN, Suède. *392.*

FARAS, Soudan. 197b.

FARDO. Terme employé, en archéologie du Pérou, pour désigner le paquet constitué par une momie humaine accompagnée de diverses offrandes funéraires (amulettes ou petits objets) et généralement enveloppée dans plusieurs mètres de tissu. On fixait souvent au sommet du *fardo* une fausse tête de bois ou de paille, ou un masque de métal. 355.

FATIMIDES. *155 : al-Mansuriya-Sabra.*

FAUCILLE. 44b ; *45 ; 177 ; 245 ; 278.*

FAUNE ET FLORE. 36 ; 39b ; 40 ; *41 : bœufs ;* 198 ; 244c ; 310a ; 326a ; *327 ;* 330 ; 342 ; *343 ;* 356b ; *357.*

FAVERSHAM, Grande-Bretagne. *131.*

FÉCONDITÉ, rites et symboles. 30c ; 48 ; *49 : Galovita ;* 66 ; *67 ;* 172c ; *365 : figurines ;* 366c.

FÉLIDÉS. *54 : tombe de Maïkop ; 217 : élément de harnachement ; 219 ;* 364a ; *365.*

FEMME (RÔLE ET IMAGE DE LA). 30 ; *31 ; 32 ; 49 ; 55 ; 63 : dame d'Elche ; 67 ; 69 ; 93 ;* 172 ; *173 ; 185 ; 208 ; 222 ; 293 ;* 334a ; 362b ; *363.*

FENSHWILING, Shanxi, Chine. 266b.

FER (ÂGE DU). 52 ; *53 ; 55 : Mailhac, Tollund ;* 58 ; 60a, b ; 239b ; *245 : jarre ;* 246b, c ; *247 : poterie ;* 252b, c ; 320a ; *321.*

FERME, habitat. 60a ; *74 : lotissement rural ; 169 : Sauwan.*

FERRASSIE (LA), Dordogne. 26a ; 28a ; *29.*

FERTILITÉ. Voir **FÉCONDITÉ.**

FÈS, Maroc. *148 ;* 152b ; *153.*

FEU (MAÎTRISE DU). 22c ; *32 : La Vigne-Brun ; 33 : le feu et la cuisine.*

FÈVE. *41 : diffusion des plantes cultivées.*

FIBULE. *100 : mobilier funéraire ; 109 ;* 114a ; *115 : objets ;* 138c ; 140a ; *141.*

FIGURINE. 34c ; 48 ; *49 ;* 66 ; *67 ; 171 ;* 172 ; *173 ; 185 ;* 208 ; *245 ; 246 ; 293 ; 313 ; 363.*

FILTRAGE OPTIQUE, techniques. 17a ; *18.*

FINAGE. 136b.

FINNOIS. 114b.

FLAMINIUS (CIRQUE DE), Rome. 84c ; *84.*

FLANQUEMENT. 158b, c.

FLAT-IRON. 250a, b.

FLAVIEN (PONT), Bouches-du-Rhône. *95.*

FLÈCHE. 36a ; *37 ;* 114b ; 239a ; 240b ; *253.*

FLEUVE BLEU. Voir **YANGZI.**

FLEUVE JAUNE. Voir **HUANGHE.**

FLORE. Voir **FAUNE ET FLORE.**

FLORENCE. 124a ; *125 : la cathédrale.*

FLOTTATION. Procédé simple qui permet d'extraire les restes organiques, notamment les graines et les débris végétaux, de la terre qui les contient. L'échantillon de sol est placé dans un récipient contenant de l'eau et agité doucement. La matière minérale, plus lourde, tombe au fond tandis que les restes végétaux, ou les fragments d'os, remontent à la surface où ils sont recueillis. 160c ; 360b.

FOLIACÉ. Ce terme est utilisé pour nommer des objets à retouche bifaciale plate. De nombreux outils du Paléolithique supérieur ont ainsi des noms de feuille (la feuille de laurier solutréenne étant la plus connue). Certaines industries du Paléolithique moyen sont caractérisées par la présence de bifaces, d'autres par la présence d'objets foliacés. Les industries moustériennes à foliacés se trouvent essentiellement en Europe centrale et orientale. 24a.

FOLLIS. Monnaie de bronze frappée dans l'Empire byzantin de 498 à 1092. Marquée à l'origine du chiffre de sa valeur (40 nummi), elle valait entre 1/180 et 1/360 du solidus. Du VIe au VIIIe siècle, le follis circule aux côtés de fractions (1/2, 1/4, 1/8) qui constituent la monnaie d'appoint. La monnaie d'argent paraît comme intermédiaire au VIIe siècle et surtout du VIIIe au XIe siècle. 140b.

FONCASTIN (CHÂTEAU DE), Espagne. 156a.

FONTBOUISSE (CULTURE DE), Languedoc. 42a.

FONTE. 260 ; 290c.
Voir **CIRE PERDUE (FONTE À LA).**

FORÊT PÉTRIFIÉE (PARC NATIONAL DE LA), Arizona. *337 : figures géométriques.*

FORMAE. 92b ; *93.*

FORTERESSE. 42a ; *123 : Beaumaris ; 142 : Achyraous ;* 158 ; *159 ; 198 ; 207 ;* 208b ; *390.*

FORT-HARROUARD, Sorel-Moussel, Eure-et-Loir. 52c.

FORTIFICATION. 42a ; *48 ; 60 ; 61 ;* 96a ; *115 : Tušemlja ;* 122 ; *123 ;* 154 ; 158 ; *158 ; 159 ;* 322 ; *323 ;* 388c. Voir **DANEVIRKE.**

FORUM. *82 ;* 84a.

FOS-SUR-MER, épave de l'anse Saint-Gervais, Bouches-du-Rhône. 110b ; *110.*

FOSSÉ, fortification. 42b ; *43 : habitat de Habasesti ; 123 : motte seigneuriale de Mirville.*

FOSSE, sépulture. 28a, b ; *28 : Sounguir ;* 46b ; 54a, b ; *55 : Mailhac ;* 70a, b ; 106c ; *107 ;* 220b ; 264c ; *264.*

FOSSES, foyers. *168 : village de Mureybet ;* 170a.

FOSSILES DIRECTEURS. 21a.

FOUCHER, Alfred (1865-1952). 227a.

FOUILLE ARCHÉOLOGIQUE. 13a ; 21 ; 39a ; 51a ; 99a ; *127 ;* 390c.

FOUR. *67 : Sabatinovka ;* 76c ; *76 ;* 108a ; *109 : expérience paléométallurgique ;* 128c ; *159 ;* 260a ; *263 ;* 284b, c ; *392.*

FOURNEAU. Ce terme est généralement employé pour désigner toute installation servant à la production du fer par les procédés directs. Il n'existe pas encore de typologie précise des fourneaux. 316c ; *317 ;* 262b ; 270c ; *393 : Cornwell.*

FOURRÉE (MONNAIE). On appelle ainsi les monnaies théoriquement en métal précieux mais, en fait, composées d'un cœur en métal vil (plomb ou bronze) recouvert d'une mince pellicule de métal précieux. Beaucoup de ces monnaies fourrées sont l'œuvre de faussaires, mais dans certains cas, par exemple à Athènes en 405 avant J.-C., des monnaies fourrées ont été frappées par l'État et ont eu un cours forcé.

FOYER, préhistoire. 22 ; *23 ; 32 ; 33 ;* 36 ; *295.*

FRANC-BORD (BORDÉ À). Type d'assemblage dans lequel les planches du bordé d'un navire sont disposées bord contre bord. 130b.

FRANCISQUE. *101 : répartition géographique.*

FRANCO-CANTABRIQUE, art pariétal. *35 ;* 172a.

FRANCOLISE (VILLA DE), Campanie, Italie. *88.*

FRANCS. 100b ; *101 : les Grandes Invasions ; 105 : occupation des sols, Gladbach.*

FRÉNOUVILLE (NÉCROPOLE DE), Calvados. 100b ; *101.*

FRESQUE. *89 : cadeaux de métayers ;* 90a ; *171 ; 172 ; 173 ;* 234c ; *235.*

FRISE. *71 : grande tombe de Lefcadia ; 89 : cadeaux de métayers.*

FRITTE. Terme emprunté au vocabulaire des verriers. Il désigne en archéologie un matériau artificiel, non plastique, à base de silice (quartz), utilisé pour créer des objets généralement moulés, partiellement vitrifiés à la cuisson (frittage). Le terme de « faïence » (céramique à revêtement vitrifié) est souvent utilisé à tort à la place du mot fritte dans l'archéologie du Proche-Orient et de l'Égypte.

FRONTON. *85.*

FUKUI, Japon. 293a.

FUNÉRAIRES (RITES). 26a ; *26 : tombe de Shanidar IV ;* 28a ; *28 ;* 54a ; *55 : Mailhac ; 59 : inhumation de chevaux ;* 70a, c ; 82 ; 92b ; 100 ; 106c ; 112 ; 172 ; *173 : fresque aux vautours ;* 180 ; *181 ;* 200 ; 204 ; 220 ; 236 ; 264 ; *331 ; 381.*

FUSTAT, Égypte. *152.*

FU XI, mythologie. *272.*

GABAL SAYS, Syrie. 152a.

GALET. Le galet est un caillou, charrié par les vagues de la mer ou par les eaux des torrents et des fleuves ; il porte les marques de ce transport, telles qu'écaillures et arrondi des formes dû à l'usure par frottement. Le chopper et les polyèdres sont aménagés à partir de galets ramassés sur les

plages marines ou les berges des fleuves. Ils peuvent aussi avoir été façonnés sur des cailloux non roulés aux arêtes anguleuses. *25 : Guattari ; 288 ; 289 ;* 294b.
Voir **PORPHYRITE ; QUARTZITE ; RHYOLITE ; SUMATRALITHE.**

GALET (OUTILS SUR). Le rabot et le grattoir sont des outils de pierre taillée, sur bloc ou sur galet, qui présentent une face plane ou légèrement concave, naturelle ou aménagée, à partir de laquelle on pratiqua une série d'enlèvements abruptes, plus ou moins réguliers, jointifs, qui dégage un front vertical (rabot) ou incliné (grattoir). Destinés à gratter les peaux, à écorcer, ils sont nombreux dans les sites oldowayens et même acheuléens. Le rabot perdure sous une forme souvent réduite dans les industries du Paléolithique supérieur européen, voire du Néolithique. Associés aux choppers, polyèdres, rabots, on trouve dans les sites oldowayens ou préacheuléens d'Afrique des pièces sur galets, souvent plats, qui ont été préparés en vue de dégager un biseau étroit (burin) ou des bords destinés à gratter, écorcer (encoches, denticulés). Ces mêmes types de pièces apparaissent dès l'époque oldowayenne, non plus sur galets, mais sur éclats, et remplaceront les pièces sur galets à la fin des temps acheuléens. *23 ;* 250 ; *250 ;* 288 ; *289 ;* 300.

GALLO-ROMAINS. *17 ;* 88c ; *88 ; 100 : nécropole de Frénouville.*

GAMIO, Manuel (1893-1960). Archéologue mexicain. Il appartient à la première génération d'archéologues modernes qui se sont consacrés à l'étude de la Mésoamérique. Son nom est lié à la réalisation des premières fouilles stratigraphiques exécutées au Mexique, mais son œuvre la plus importante est une étude monumentale des populations de la vallée de Teotihuacán. L'intérêt qu'il porta d'abord à l'archéologie puis à l'anthropologie sociale en fit véritablement le père fondateur d'une école mexicaine d'anthropologie. 339a.

GANDHARA, Inde. 239b ; 246c ; *247 : Katelai.*

GANGE (VALLÉE DU). 240c ; *241 : principaux sites préhistoriques ;* 244b ; 246 ; *247.*

GANSU, Yumen, Chine. 268a.

GAOCHENG, Henan, Chine. *279 : couteau xia.*

GARCILASO DE LA VEGA, dit **L'INCA** (1539-1616). 354a.

GARROD, Dorothy. 162a ; 163a.

GAULOIS, Gaule. *62 ;* 100.

GAZEL (GROTTE DE), Aude. *45.*

GAZI, Crète. *69.*

GAZURGAH, Afghanistan. 160c.

GÉANTS DE SARDAIGNE. 46c.

GENÈVE, Suisse. 124a ; *125 : la cathédrale.*

GENG. 270b, c.

GEOMETRICA (TRADITION). 358c ; *359 : Montalvania.*

GÉOMÉTRIQUE (ÉPOQUE). Première période (1100-700) de l'histoire grecque après la chute de la civilisation mycénienne, qui marque le passage de l'Âge du bronze à l'Âge du fer. Elle doit son nom aux motifs géométriques de la céramique, dont le style nouveau est élaboré à Athènes. Sa première phase, dite protogéométrique (1100-900), correspond aux « siècles obscurs » durant lesquels la Grèce vit repliée sur elle-même dans une grande indigence. Sa dernière phase, le géométrique récent (770-700), voit la reprise des relations avec l'Orient et l'amorce de la colonisation des rivages nord, sud et ouest de la Méditerranée. 70a.

GÉOMÉTRIQUE (MOTIF). 36 ; *171 ; 177 ;* 184 ; *185 : poteries grises ;* 242a ; *253 ;* 290b ; *337 ;* 358c ; *359 ; 362 ; 363 ; 370 : culture Saladoïde.*

GERASA.
Voir **DJERASH.**

GERMANIQUES (PEUPLES). 62c ; 100b ; *101 ;* 114.

GÉTO-DACE (CULTURE). 62a.

GGANTIJA (ÎLE DE GOZO), Malte. *47.*

GHIRSHMAN, Roman (1895-1979). Né à Kharkov, émigré après la révolution russe, il termina en France des études d'archéologie classique et de langues orientales anciennes. Le musée du Louvre lui confia une mission de sauvetage dans le Luristan iranien en 1931, avant de lui donner la direction de la fouille de Tépé Sialk, près de Kashan (1933-1937), site qui demeura longtemps une des références fondamentales de l'archéologie iranienne. R. Ghirshman fut appelé, après la Seconde Guerre mondiale, à la direction de l'importante fouille de Suse, en Iran du Sud-Ouest, qu'il conduisit – parallèlement à celle de Tchoga Zanbil – jusqu'en 1968. 175a.

GLAÇURE. Désigne une couverte de vase, qui a fonction à la fois esthétique et protectrice. La technique était déjà connue dans l'Égypte ancienne où l'on utilisait un mélange de poussière de sable, de quartz ou de cristal avec un fondant alcalin (soude, potasse). Cette glaçure adhérait mal à l'argile. À l'époque hellénistique, on invente la glaçure plombifère où des oxydes de plomb remplacent la soude ou la potasse. Il en résulte une bien meilleure adhérence à l'argile. C'est ce type de glaçure qui est généralement employé au Moyen Âge. 144b ; *144.*
Voir **COUVERTE.**

GLADBACH, Neuwied, république fédérale d'Allemagne. *105.*

GLADIOLITOS. Mot espagnol signifiant « petits glaives » et qui désigne des objets de pierre polie et de forme plus ou moins phallique, caractéristiques des cultures archaïques de Cuba et d'Hispaniola. *370 : culture Couri.*

GLYPHE. *351.*

GLYPTIQUE. Art de graver sur pierres fines. Désigne, dans l'archéologie de l'Orient ancien, la gravure des sceaux dont l'essor considérable dans ces régions invite à considérer cette technique comme un art majeur. Le terme de sigillographie n'est guère usité. 190 ; *190 ; 191 ;* 194c.

GOBELETS EN ENTONNOIR (CIVILISATION DES). 40c.

GOKSTAD (NAVIRE DE), Norvège. *130.*

GOLOVITA, Roumanie. *49.*

GOMBORÉ, Éthiopie. *308.*

GO MUN (CULTURE DE). 290a.

GÖNNERSDORF, république fédérale d'Allemagne. 30c ; *30.*

GORMAZ, Espagne. 158b.

GOSU-E. 304c.

GOTHS. *101 : les Grandes Invasions.*

GORTYNE, Crète. *81.*

GOURNIA, Crète. *69.*

GRAND ROI. Les Grecs donnaient au Roi des rois perse, maître tout-puissant d'une monarchie fondée par la volonté du dieu national, Ahura Mazda, le titre de *Basileus,* qui désigne en Grèce les rois homériques, puis, à l'époque classique, les titulaires de diverses fonctions, héréditaires ou non, fort différentes en fait de la monarchie perse ; les historiens modernes ont pris l'habitude de traduire dans ce cas Basileus par Grand Roi. 78a ; 190b ; 216c.

GRATTOIR SUR GALET.
Voir **GALET (OUTILS SUR).**

GRAVETTIEN. Ce faciès culturel du Paléolithique supérieur, nommé d'après le gisement éponyme de La Gravette (Dordogne), est aussi connu sous le nom de Périgordien supérieur. Il s'étend de 27 000 à 20 000 ans environ avant notre ère. L'industrie lithique est caractérisée par des pointes de La Gravette, lames élancées dont l'un des bords est rendu rectiligne par une retouche abrupte, des burins de types divers et des sagaies en os ou ivoire et, en Europe orientale, par de nombreux autres outils d'os gravés d'un décor géométrique élaboré. C'est de cette époque que datent les fameuses « vénus » sculptées dont les formes exagérées obéissent à un canon esthétique précis qui se retrouve depuis la France jusqu'à l'Oural. *23 ;* 30b ; *31 : Vénus de Vestonice ; 32 ; La Vigne-Brun ;* 34 : *La Grèze.*

GRAVURE RUPESTRE. *30 : femmes en file ;* 34a ; *34 ;* 198 ; *199 ;* 208b ; *273 ;* 336 ; *336 ; 337 : scènes de combat ;* 358c.

GRÉCO-BACTRIEN (ROYAUME). 232b, c.

GRÉCO-BOUDDHIQUE (ART). 254b.

GRENADE, Espagne. *150 ;* 160c ; *160 ; 161.*

GRENIER. *389 ; 176 ; 240 ;* 278.

GRÈZE (LA), Marquay, Dordogne. *34.*

GRIFFON. *219 ; 221 : sommets de hampe ; 223 : couverture de selle.*

GROTESQUES. Nom donné à la Renaissance aux peintures découvertes dans les « grottes » constituées à Rome par les restes de la Maison Dorée de Néron et désignant, par dérivation, les motifs fantastiques inspirés de l'antique créés par les artistes italiens, notamment Raphaël.

GROTTES ORNÉES.
Voir **PARIÉTAL (ART).**

GROUPE ÉPISCOPAL, cité médiévale. 102b ; *102 ;* 124a ; 134c.

GRYAZNOV, Mikhaïl P. (né en 1902). Archéologue russe. Initiateur, dès 1929, des fouilles de Pazyryk. Il a dirigé plusieurs expéditions en Sibérie et fouillé notamment, en 1971-1974, le grand kourgane princier d'Arjan. 211b.

GUELMA, Algérie. *109.*

GUERRES MÉDIQUES. Au cours de sa rapide expansion, l'Empire perse, qui s'étend, entre 549 et 525 avant J.-C., de l'Afghanistan à l'Égypte et à la Turquie, avait soumis les cités grecques d'Ionie (sur la côte ouest de l'Asie Mineure). Celles-ci se révoltent en 499, avec l'aide d'Athènes et d'une autre cité de Grèce et c'est pour en tirer vengeance que le Grand Roi Darius se lance dans la première guerre médique (490), qui est une expédition punitive de la flotte : elle échouera contre Athènes à Marathon.
Dix ans plus tard, son fils Xerxès monte, pour conquérir la Grèce, une gigantesque expédition par mer et sur terre, qui se termine en catastrophe à la suite de la défaite de la flotte à Salamine (480) et de l'armée à Platées (479).
Les deux guerres médiques, qui nous sont connues par le récit d'Hérodote, sont à l'origine d'une très vive activité monétaire, dont témoignent les nombreux trésors de monnaies grecques enfouis pendant ces années dans l'Empire perse : parmi eux, le trésor d'Assiout. 78 ; 224b.

GUÈZE
Voir **AXOUM.**

GUI. 260a, b.

GUILAK, Iran. *158.*

GUIZIGA. 322b ; *323.*

GUO MORUO (1892-1978). Guo Moruo est l'une des figures dominantes de l'archéologie chinoise. L'interprétation marxiste de l'histoire, dont il fut l'un des plus ardents défenseurs en Chine, influence l'ensemble de son œuvre. Étant l'un des meilleurs spécialistes des inscriptions sur os des Shang, des inscriptions sur bronze des Zhou, il s'est avant tout fondé sur ces premiers textes pour étudier la société chinoise. Ses recherches sur les bronzes de l'époque des Zhou, contemporaines de celles de B. Karlgren, suivent une démarche analogue : elles ont consisté à classer chronologiquement les bronzes d'après leurs inscriptions, compte non tenu de leur typologie, puis dans un deuxième temps, et seulement alors, à en étudier les formes et le décor. Il est ainsi parvenu à restituer l'évolution de ces bronzes et à définir les bases sur lesquelles les recherches menées aujourd'hui dans ce domaine s'appuient encore. 258b.

GWITHIAM, Cornouailles, Grande-Bretagne. 60a.

GYLLES, Pierre. 132a.

GYMNASE. *135 : l'académie d'Athènes.*

HABASESTI, Roumanie. *43.*

HABILLEMENT.
Voir **COSTUME.**

HABITAT PRÉHISTORIQUE. 22 ; 24 ; *24 ;* 30b ; 32 ; *32 ;* 36b ; 42 ; *43 ;* 60 ; *61 ;* 168 ; 252a ; 308 ; *309 ;* 330 ; 340b ; *340 ;* 356 ; *357.*
Voir **ABRI-SOUS-ROCHE.**

HABITAT RURAL. *17 ; 74 ;* 88 ; *89 ;* 99b ; 104 ; *105 ;* 120 ; 136 ; 142c ; *157.*

HABITAT URBAIN. 84 ; 99a ; 102 ; *103 ;* 126 ; 134 ; 142a ; 234 ; *235 : Pendjikent ;* 348 ; *349 ;* 368.

HABOUBA KABIRA, Syrie. 182 ; *182.*

HACHE. 44 ; *45 : outils néolithiques ;* 52 ; *52 ; 59 : Vače ; 101 : répartition des angons ;* 188b ; 262b ; *263 ;* 288b, c ; *289 : débitage ; 370.*

HACHE COURTE. Expression utilisée par M. Colani en 1927 pour désigner les galets plats aménagés présentant une fracture rectiligne sur le côté opposé au bord actif. 288a, b.

HACHE-MONNAIE. 366c ; *367.*

HACHEREAU. Outil taillé sur éclat, généralement grand (jusqu'à 25 cm), caractérisé par un tranchant transversal, vif, presque toujours ébréché par l'emploi mais jamais réaffuté. Cet instrument, fait pour couper, pouvait être emmanché et utilisé comme herminette. Avec le biface, c'était l'un des outils principaux de l'*Homo erectus.* Connu surtout en Afrique, il est très répandu dans les gisements acheuléens et en particulier dans ceux de l'Acheuléen supérieur. 308c.

HAGHIA TRIADA, Crète. *73.*

HAITHABU, république fédérale d'Allemagne. 102c.

HAJIKI, céramique. 304a, b ; *305.*

HALAFIENNE (CIVILISATION). Ainsi nommée d'après le site de Tell Halaf, sur le haut Khabbur, cette civilisation a pour épicentre, à la fin du VIe millénaire et au début du Ve, la haute Djezireh aux confins de la Turquie, de la Syrie et de l'Iraq actuels. Dans les villages, où le plan d'habitat spécifique est une maison ronde voûtée en coupole (*tholos*), on fabrique une remarquable céramique peinte à formes souvent carénées et à décor lustré, géométrique ou naturaliste. Cette céramique a été largement diffusée et imitée localement, jusqu'au littoral syrien et en Basse-Mésopotamie. 170b ; *171.*

HALIN, Birmanie. 254c.

HALLSTATT (CIVILISATION DE). 50a ; 52c.

HALOPHILES (PLANTES). Plantes qui supportent l'absorption d'une certaine quantité de sels minéraux présents dans les sols où elles croissent. Ces sels imprègnent les tissus végétaux. 314b.

HAMA, Syrie. *157.*

HAMADA KOSAKU (1881-1938). Né à Ōsaka, il étudia l'histoire de l'art à l'université de Kyōto et joua un rôle éminent dans le développement de l'archéologie au Japon. Il pratiqua des fouilles dans le Kansai et séjourna en Occident entre 1912 et 1916. Tenant compte des rapports de l'archipel avec le continent (Corée et Chine), il créa dans son université une chaire d'archéologie extrême-orientale. Il fonda en 1925 la Société d'archéologie d'Extrême-Orient avec Harada Yoshito (1885-1974), professeur d'histoire du Japon à l'université de Tōkyō qui, après un voyage en Occident et au Proche-Orient, effectua de nombreuses fouilles en Corée et au Liaoning (Chine du Nord-Est) et devint directeur des fouilles dans la péninsule coréenne. Auteur de nombreux rapports et d'ouvrages de méthodologie qui firent autorité, devenu membre de l'Académie japonaise, Hamada Kosaku fut en 1937 le président de l'université de Kyōto. 292.

HAMANGIA (CULTURE DE). *49 : statuette de Golovita.*

HAN (PÉRIODE), Chine. 262b ; *263 ;* 264b ; 270 ; 272 ; *273 ;* 274 ; *276 ; 277 : musiciens ;* 278c ; *279 ; 281.*

HANIWA. 292a ; 300.

HANOI, Vietnam. 286b.

HAOUSSA. 322a.

HARAPPÉENNE (CIVILISATION). La civilisation harappéenne (de Harappa, le premier site découvert) correspond à la phase d'urbanisation de la vallée de l'Indus entre 2400 et 1800 avant J.-C. Cette civilisation est caractérisée par le développement de vastes métropoles, Mohenjo-daro et Harappa en particulier, remarquables par la qualité de leur urbanisme et de leur système sanitaire public et privé. 228c ; *228 : artisanat ; 241 : sites préhistoriques ;* 242b ; 244a, b ; 246a ; *247 : principaux sites.*

HARIHARĀLAYA, Roluos, Angkor. 256b ; *257.*

HARNACHEMENT. 58a ; *58 ; 112 ;* 214a, b ; *215 ;* 216a ; *217 ;* 220b ; 300c ; *300.*

HARPON. *33 ;* 239a ; *297 ; 310 ; 329.*

HARPUT, Turquie. *159.*

HASSANLU, Iran. 216b.

HASSUNA (CIVILISATION D'). Civilisation néolithique de Haute-Mésopotamie qui a occupé, au VIe millénaire, l'actuelle Djezireh et la région de Mossoul. Ses petits villages à architecture rectangulaire ou ronde y vivent de cultures sèches et de l'élevage des ovicaprinés. Le mobilier est caractérisé par une céramique simple à formes globuleuses, ornée de motifs linéaires incisés (parfois peints dans sa phase finale). 166b.

HATCHEPSOUT (TEMPLE DE LA REINE), Deir el-Bahari. 204b.

HATTUSHA (act. Boğazköy, Turquie). 190a.

HAURAN, Syrie. 136b ; *137.*

HAUT-RELIEF. *83 : temple A de Pyrgi ; 172.*

HAYES, John W. Conservateur du département gréco-romain au Royal Ontario Museum, Hayes est un céramologue aux compétences extrêmement larges. Sa contribution essentielle a été d'unifier les classifications en vigueur pour les sigillées romaines d'Orient et d'Occident (IIe-VIIe s.) et d'y ajouter un matériel inédit très abondant. Son ouvrage principal est *Late Roman Pottery* (British School at Rome, Londres, 1972) dont un supplément a paru en 1980. Ses contributions dans les fouilles récentes de Carthage et ses catalogues du Royal Ontario Museum font autorité.

HEDEBY ET BIRKA. Dans ces *emporia,* ou comptoirs commerciaux, la vie urbaine se développa en Scandinavie, sans doute stimulée par les marchands frisons. Les fouilles récentes de l'habitat et du port d'Hedeby, stratégiquement situé sur l'isthme reliant le Danemark à la Saxe, prouvent une activité commerciale et artisanale florissante dès le VIIIe siècle ; Hedeby était protégé par des fortifications impressionnantes. À Birka, établi sur une île du lac Mälar, des fouilles ont mis au jour une statue de Bouddha ainsi que des bijoux provenant des îles Britanniques ; des tombes riches en mobilier funéraire (armes, bijoux, vaisselle et même un cheval), des sépultures placées dans des chambres de bois sous tumulus se trouvaient à l'extérieur de l'habitat fortifié. L'apogée de Birka se situe au IXe siècle, quand Anschaire a implanté, vers 830-853, une église chrétienne dans ce comptoir cosmopolite. 114b, c.

HEIAN (PÉRIODE DE), Japon. 304.

HEIJŌ (PALAIS), Nara, Japon. 302c ; *303*.

HEILBRONN-BÖCKINGEN, république fédérale d'Allemagne. *105*.

HEJIACUN (TRÉSOR DE), Xi'an, Chine. 282c ; *283*.

HELLÉNISTIQUE (ÉPOQUE). Dernière période de l'histoire grecque, l'époque hellénistique s'ouvre en 323 avant J.-C. avec la mort d'Alexandre et la naissance des royaumes issus de son Empire (Macédoine, Égypte, Séleucide, puis Pergame). Elle se clôt en 30 avant J.-C. avec l'achèvement de la conquête de ces États par Rome et par les Parthes. Au cours de ces trois siècles, la culture grecque, dépassant les frontières politiques, se diffuse de l'Atlantique à l'Inde, à partir des nombreuses cités qui sont alors fondées et, en particulier, des nouvelles capitales, Alexandrie, Antioche et Pergame, centres vivants d'intense création. Il s'établit alors dans tout le monde connu, et pour la première fois, une communauté de civilisation qui intègre l'héritage culturel de chaque région et marque ensuite profondément les institutions, la pensée, les religions et l'art des Empires romain, parthe et kouchan. *75 ; 77* ; 80b.

HELLÉNISTIQUE (URBANISME). L'urbanisme hellénistique se caractérise par deux principes essentiels : choix d'un site dont les défenses naturelles peuvent être mises à profit (par une enceinte puissante, adaptée au terrain et couronnée par une citadelle), organisation concertée de l'espace intérieur. Au IVe siècle avant J.-C., la ville est divisée selon un plan quadrillé qui prend pour base l'îlot d'habitation et dans lequel s'intègrent les monuments. Ce plan rigide ignore les impératifs de la topographie et aucune relation n'est établie avec la défense. Au IIIe siècle, en revanche, s'impose le souci de la soumission au terrain, en particulier pour la mise en valeur des monuments : à Pergame, la ville s'étage en une série de terrasses, reliées par une voie principale, qui permet d'organiser une véritable scénographie urbaine. 74b ; 232 ; *233*.

HÉMI-SPÉOS.
Voir **SPÉOS.**

HEMUDU (CULTURE DE), Chine. 259a ; 260b ; 266a ; 278b.

HENGE.
Voir **CROMLECH.**

HERCULANUM, Campanie. 190.

HERMINETTE. 44a ; *250 ; 251 : Ban Kao.*

HERMOPOLIS PARVA.
Voir **DEMANHOUR.**

HÉRODOTE (env. 484-env. 420). 210a ; 218c ; 220a ; *215 : plaque.*

HÉROÏSATION. Procédure rituelle par laquelle les Grecs reconnaissaient à un défunt des qualités divines (intelligence, force bienfaisantes) qui lui valaient d'être honoré d'un culte. Les fondateurs de cités (ainsi Thésée à Athènes) ont souvent été héroïsés. Héraclès est le héros panhellénique le plus célèbre, mais les héros locaux sont innombrables. 70b.

HÉRÔON. Espace ou bâtiment consacré au culte d'un héros, souvent autour de sa tombe ou d'un cénotaphe. 70b ; *82*.

HÉROUVILLETTE (NÉCROPOLE D'), Calvados. 108b.

HERVEY BROOK'S, Goshen, Connecticut. *391*.

HIATUS CHRONOLOGIQUE. 20b ; 24b ; 38a.

HIÉRAPÉTRA, Crète. *67*.

HIÉROGLYPHE. 190 ; *191 ; 351*.
Voir **CHAMPOLLION,** Jean-François.

HIÉROGLYPHIQUE CRÉTOIS. 72a ; *72 ; 73*.

HILI, Émirats arabes unis. 186a ; *187*.

HINOOKA, tombe, Japon. 300b.

HIRADOKORO, Japon. *301*.

HISPANIOLA. Île des Grandes Antilles partagée depuis le XVIIe siècle entre Haïti et la république Dominicaine. 370.

HISPANO-MAGHRÉBINE (TRADITION). *148 ; 150* ; 152b ; *161 : palais et jardin.*

HISTOIRE DE L'ART ET ARCHÉOLOGIE. 64b ; 99a ; 248 ; 254b ; 312 ; 388b ; 392b, c.

HISTOIRE ET ARCHÉOLOGIE. 17b ; 80c ; 392c.

HITTITE, DÉESSE SOLEIL D'ARINNA. Les textes mentionnent son nom hatti (pré-hittite) de Wurushemu, mais on ignore encore son nom hittite. Grande déesse solaire anatolienne, dont le sanctuaire d'Arinna n'a pas encore été identifié. Ses animaux attributs sont la panthère et la colombe. Pendant le dernier siècle de l'empire hittite, elle était assimilée à la déesse Hépat, la grande déesse hourrite. 190b ; *190 ; 191*.

HITTITE, DIEU DE L'ORAGE. Le type divin du dieu de l'Orage, dont l'attribut est le taureau, répond à une conception qui est celle des régions montagneuses de l'Orient ancien, où l'eau indispensable à la vie végétale provient de la pluie plus que de l'irrigation. Le nom du dieu de l'Orage est Tarhu ou Tarhunda en hittite, Teshub en hourrite. Il est identifié par le foudre, hiéroglyphe qu'il porte sur son poing, et il est armé de la massue ou d'une hachette. 190b, c ; *191 : tablette cunéiforme.*

HITTITE (LANGUE). Le hittite est le plus ancien témoin de l'indo-européen, groupe linguistique très divers qui comprend en particulier le grec, le latin, le gaulois... Attesté dès le début du IIe millénaire, le hittite a surtout été écrit entre 1500 et 1200 avant J.-C. comme langue principale du royaume hittite, au centre de l'Asie Mineure. L'invasion phrygienne lui porta un coup fatal au début du XIIe siècle. Tout en utilisant normalement le cunéiforme, emprunté à la Mésopotamie, les Hittites inventèrent concurremment, au milieu du IIe millénaire, une écriture « hiéroglyphique », pour des raisons nationalistes, mais ils la réservèrent surtout aux inscriptions monumentales. Elle resta en usage jusqu'au VIIe siècle avant J.-C. Son déchiffrement n'est pas totalement acquis aujourd'hui, mais elle paraît avoir noté le louvite plutôt que le hittite, malgré le nom qu'elle porte couramment. 178b.

HOABINHIEN. De Hoà Bình, massif calcaire situé au Nord-Vietnam ; le Hoabinhien est une industrie et une culture définies par M. Colani dès 1927, caractérisées par des galets aménagés trouvés dans des amas de coquillages. Mais Madeleine Colani le situait au Mésolithique et il a été redéfini depuis 1976 par Ha Van Tan comme appartenant au Paléolithique supérieur. 250a, c ; *250* ; 252a ; 260c ; 288 ; *289*.
Voir **COLANI,** Madeleine ; **PORPHYRITE.**

HOCHDORF, république fédérale d'Allemagne. *55*.

HOLMEGAARD, Danemark. *37*.

HOLOCÈNE. Période de transition entre le Pléistocène et les Temps actuels, qui débuta il y a 10 000 ans avec la fin de la dernière glaciation (Würm-Wisconsin) à laquelle succéda un réchauffement progressif. Durant l'Holocène, l'*Homo sapiens* a diversifié la technologie de son outillage, aménagé plus efficacement son habitat, adapté sa vie en société, d'abord pendant l'Épipaléolithique, ultime période de la pierre taillée, représentée en France par l'Azilien, le Sauveterrien, le Tardenoisien, puis tout au long des temps néolithiques et enfin au cours des grandes civilisations de la Métallurgie. *23* ; 250a.

HOMME-OISEAU (CULTE DE L'). 382c ; *383 : Orongo.*

HOMO ERECTUS. Connu aussi sous le nom de Pithécanthrope, Sinanthrope, Atlanthrope. Le passage d'*Homo habilis* à *Homo erectus* s'est fait graduellement. Caractérisé par des os crâniens très épais, un bourrelet sus-orbitaire proéminent, une capacité cérébrale voisine de 1 000 cm³, *Homo erectus* s'affirme vers 1,6 M.A. C'est un chasseur omnivore et migrateur. Il est généralement associé aux industries acheuléennes de l'Ancien Monde et a découvert l'utilisation du feu. Le passage à l'*Homo sapiens*, vers 300 000 à 200 000 ans, est sujet à controverses. 22a ; *23* ; 26 ; 250a, b.

HOMO HABILIS. Individu du genre *Homo* dont les premiers vestiges ont été découverts en 1960 par Louis Leakey dans le Bed I d'Olduvai en Tanzanie. Il fut d'abord dénommé Pré-*Zinjanthropus* du fait de sa position stratigraphique et chronologique antérieure à celle de l'Australopithèque, *Zinjanthropus boisei*. Sa capacité cérébrale est de 500 à 770 cm³. Il est associé aux industries oldowayennes et aurait vécu en Afrique orientale avant *Homo erectus*, de 2,2 à 1,7 M.A. *23*.

HOMO SAPIENS. Espèce correspondant à la dernière phase de l'évolution du genre *Homo*. Deux lignées se sont développées de façon plus ou moins synchrones à partir d'une souche archaïque dérivée de l'*Homo erectus* (Archanthropien) : l'*Homo sapiens neandertalensis* (Paléanthropien) et l'*Homo sapiens sapiens* (Néanthropien). Au cours de ce processus évolutif, qui dure plusieurs centaines de milliers d'années, apparaissent des fossiles possédant à des degrés divers des caractères structuraux archaïques et des caractères plus « modernes » préfigurant les deux sous-espèces *sapiens*. On les appelle souvent « prénéandertaliens » et « présapiens ». 22b ; 26a ; 250a, c ; 294a, b.
Voir **HOLOCÈNE.**

HOMO SAPIENS NEANDERTALENSIS. Apparu sous sa forme « classique » entre 100 000 et 75 000 ans avant notre ère en Europe occidentale, l'homme de Neandertal s'éteint sans descendance directe aux alentours de 35 000-30 000 ans. Cette sous-espèce *sapiens* est caractérisée par un squelette robuste, une face proéminente aux arcades sourcilières épaisses et une boîte crânienne aplatie au front fuyant. Il est connu en Europe, au Proche-Orient et en Asie centrale, et est contemporain du Paléolithique moyen.
On appelle Néandertaloïdes des restes humains qui présentent des caractères de Néandertalien sans être du type classique. 22b ; *23* ; 26a ; *27 : crâne de Saint-Césaire* ; 28a ; *29 : La Ferrassie* ; 164b.
Voir **CASTELPERRONIEN.**

HOMO SAPIENS SAPIENS. Cet ancêtre direct de l'homme actuel apparaît en Europe sous des formes déjà diversifiées aux alentours de 35 000 ans avant notre ère, mais des formes archaïques sont sans doute déjà présentes auparavant. Par rapport à l'*Homo sapiens neandertalensis*, sa face est réduite avec un front plus droit et des arcades sourcilières plus minces ; sa stature est plus gracile. Il a un volume cérébral qui varie de 1 000 à 2 000 cm³ et une irrigation méningée complexe. *23* ; 26a, b ; *27* ; 164b ; 294.
Voir **AURIGNACIEN.**

HOPI. *337 : figures géométriques.*

HOPLITES. *58*.

HORDAIN, Nord. *106*.

HORSE-HOOF. 250a, b.

HŌRYŪJI, monastère, Japon. 302c ; *303*.

HOUE. 42 ; *177 ; 189 ; 278 ; 297*.

HOUMA, Shanxi, Chine. 262a ; *263 : sites.*

HOURRITE (LANGUE). Le hourrite n'est apparenté à aucun groupe linguistique connu mais est proche de l'ourartéen. Il est attesté dès la fin du IIIe millénaire en Haute-Mésopotamie et son domaine s'élargit ensuite du Zagros à la Méditerranée au cours du millénaire suivant. Langue agglutinante, le hourrite ajoute aux substantifs ou aux verbes une chaîne de suffixes qui expriment les nuances grammaticales. Il semble avoir disparu au début du Ier millénaire avant notre ère. 178b.

HOURRITES. Les Hourrites sont un des peuples les plus mystérieux du Proche-Orient ancien. Ils sont installés dans les régions du nord de la Syrie et de l'Iraq ainsi que dans le sud-est de l'Anatolie, au moins depuis la fin du IIIe millénaire. Les Hourrites ont semble-t-il joué un rôle important, aux côtés de Sémites et d'Indo-Aryens, dans l'empire mitannien au IIe millénaire. On sait par les textes que les Hourrites ont exercé sur leurs voisins Hittites une influence culturelle et religieuse importante. Les caractéristiques de leur culture matérielle restent pourtant délicates à définir.
Voir **MITANNI.**

HU, vase. *268 ; 271*.

HUACAS. 368a.

HUANCHACO, Pérou. *360*.

HUANGHE (Fleuve Jaune). 260a ; *261 : principaux sites.*
Voir **CHINE MÉTROPOLITAINE.**

HUÁNUCO VIEJO, Pérou. *369*.

HUARI, Pérou. 368b.

HUA XIA. 260a.

HUILE, production et échange. *77 : cités productrices d'amphores* ; 86b, c ; *87* ; 88.

HUNGSI, Karmataka. 238b.

HUNS. *101 : les Grandes Invasions* ; 114a.

HUNTIAN (THÉORIE DU), cosmologie. 280b.

HUTTE. *32* ; 42a ; 241c ; *245 : Navdatoli* ; *308* ; 382b.

HWANGNAM (TOMBE DE), Kyongju, Corée. 298c ; *299*.

HYDRAULIQUES (TECHNIQUES). 156 ; *156 ; 157*.
Voir **IRRIGATION.**

HYPOGÉE. 46b ; *47* ; 200b.

HYPOSTYLE. 202b.

IBÈRES. 62c ; *62*.

ICONOCLASME. L'iconoclasme est une crise religieuse qui a secoué les fondements de l'Empire byzantin entre 726, où l'empereur fit détruire une image du Christ dans le quartier des Chalkoprateia (Chaudronniers) à Constantinople, et 843, date de la restauration officielle des images, qui marque le triomphe des iconodoules (serviteurs des images). Le fondement de la crise était de savoir si la divinité est représentable et si l'image vénérée participe au divin ou si elle n'est qu'un signe commémoratif de ce dernier. Les empereurs iconoclastes ne furent pas les soudards incultes que la tradition iconophile dépeint. Sans doute ont-ils été poussés à adopter cette hérésie par crainte de la défection des populations d'Asie Mineure, gagnées en forte partie à ces thèses qui les rapprochaient de l'islam conquérant. Aussi a-t-on pu voir dans l'iconoclasme, selon l'expression de P. Lemerle, « une concession, imposée par les circonstances, à la mentalité religieuse de l'Orient asiatique ». 80c ; 132a.

IDÉOGRAMME. Dans les écritures crétoises du IIe millénaire avant notre ère, signe symbolisant, au moyen d'un dessin pouvant être plus ou moins réaliste ou parfaitement arbitraire, un être vivant (homme, animal), une denrée (blé, vin), un objet naturel (arbre) ou fabriqué (vase) ; le terme de « logogramme » (signe de mot) serait plus exact. *72 : hiéroglyphes crétois, tablette en argile ; 73* ; 178a ; *179*.

IDERA, tombe, Japon. *301*.

IDOLES. *49 : penseur de Cernavoda* ; 66.
Voir **PALLADIUM.**

IFÉ, Nigeria. 312c.

IGBO UKWA, Nigeria. 312c.

IGEL, république fédérale d'Allemagne. *89 : cadeaux de métayers.*

IGNAMES. Ces tubercules succulents sont originaires d'Afrique. Ils ont, en quelques millénaires, gagné l'Asie et l'Amérique. Ces plantes tiennent un rôle capital dans la vie sociale et religieuse de certaines sociétés africaines. 314a.

IL HAYÂTE, Syrie. *137*.

ILIADE (L'). 70a.

ILLYRICUM. 140b.

ILLYRIENS. 62a.

IMGUR-BEL.
Voir **BALAWAT.**

IMHAE-JŎN, résidence, Corée. 302c.

IN ANTIS.
Voir **ANTE.**

INCAS. *360 ; 361 : alpaca* ; 368 ; *369 : Huánuco Viejo.*

INCHTUTHIL, Écosse. *96*.

INCINÉRATION. *55* ; 70a ; 82b ; 92b ; *93*.

INDÉPENDANCIEN. Le fjord de l'Indépendance, au nord-est du Groenland, est le site éponyme de deux formations du Paléoesquimau, l'Indépendancien I et l'Indépendancien II. La première semble être la plus ancienne manifestation de la Tradition microlithique de l'Arctique dans l'Arctique oriental. L'Indépendancien se distingue par les formes assez standardisées et précises des outils, une proportion importante de pointes à pédoncule effilé, une fine denticulation des bords des objets bifaciaux, l'absence de pierre polie et de lame d'herminette. Environ 40 p. 100 des habitations observées présentent un aménagement axial très caractéristique constitué de dalles placées verticalement, qui délimitent un foyer central, et, de chaque côté, des espaces pour entreposer les aliments. C'est peut-être la poursuite des troupeaux d'ovibos qui conduisit les chasseurs de l'Indépendancien jusqu'à l'extrémité nord du Groenland. Ils pratiquaient aussi la chasse au caribou et, saisonnièrement, la chasse au phoque. 328b ; *329*.

INDIGO. Plante tinctoriale sélectionnée en Afrique où elle est cultivée depuis longtemps ; elle donne par préparation un bleu très sombre, caractéristique, aujourd'hui encore, de nombreux tissus africains. 314b.

INDO-ARYEN. L'enquête philologique a permis d'établir que des clans parlant des langues de la famille indo-européenne se sont installés dans l'Iran oriental et en Afghanistan, sans doute au IIIe millénaire. Certains de ces groupes, qui se désignaient eux-mêmes sous le nom d'Aryens, semblent avoir pénétré progressivement dans le monde indien. Au Ier millénaire, ces groupes d'Indo-Aryens paraissent être responsables de la diffusion de la culture védique et du sanscrit dans toute l'Inde du Nord. 239b ; 244a ; 246a ; *247 : poterie.*
Voir **MITANNI.**

INDO-EUROPÉENS. 62c ; 184b.
Voir **HITTITE (LANGUE) ; LOUVITE (LANGUE).**

INDUS. 178 ; 228c ; 238 ; 239 ; 240a ; 242 ; 244.

INDUSTRIE LITHIQUE.
Voir **LITHIQUE.**

INDUSTRIELLE (ARCHÉOLOGIE). 384 ; 392.

INFIERNILLO (TRADITION). 340c.

INFORMATIQUE ET ARCHÉOLOGIE. 15 ; *16 ;* 51b ; *149 : Alep ; 189 : routes des minerais ;* 325b.

INHUMATION. 28a ; *29 ;* 36c ; 46b ; 54a, b ; 58b ; *59 ;* 92b ; *93 ;* 100a ; 106a ; *107 ;* 180c ; 200b, c ; 220c ; *241 ;* 252b ; 260b.

INSCRIPTION. *72 ; 73 ;* 80 ; *81 ; 87 : Monte Testaccio ; 89 : esclave intendant ; 113 : Ladoix-Serrigny ; 137 ; 139 : amphore ; 178 ; 179 ;* 190 ; *191 ; 195 ; 209 : gobelet ; 255 : bague-sceau ;* 258a ; *271 : Wenjiu Zun ;* 350b.

INVENTAIRE ET ARCHÉOLOGIE. 258a ; 385b.

IONIENS. 74a ; *75.*

IPIUTAK (CULTURE DE). 328c ; *329.*

IPOTEŞTI-CÎNDEŞTI (CULTURE D'). 140a.

IRAN, écriture. 184a ; *185 : tablettes.*

IRONBRIDGE GORGE MUSEUM, Shropshire, Grande-Bretagne. *392.*

IROQUOIS. *332.*

IRRIGATION. 156 ; *157 ;* 166b ; 176b ; 228b ; *229 ;* 230 ; *231 ;* 232a ; 256b, c ; *257 : Tâ Prohm ;* 278c ; *279 : objets funéraires.*

ISFAHAN, Iran. 150a ; 152c ; 160c.

ISOHYÈTE. Ligne cartographique qui relie les points d'égale pluviosité moyenne. 342a.

ISOMÉTRIQUE (RECONSTITUTION). *102.*

ITACOATIARAS (TRADITION DES). 358c.

IVOIRE. *31 ; 201 : cuillère ;* 320c ; *329.*

IWAJUKU, Japon. 294a.

IWAN. 152a.

JARRE. *145 ; 242 ; 245 ; 251 : Ban Kao ;* 284c ; *285 ; 290 ; 305.*

JEAN LÉON L'AFRICAIN. (1495-env. 1555). Al-Hasan ibn Muḥammad al-Wazzān al-Zaiyāti ou al-Fasi est connu sous le nom latin de Johannes Leo Africanus. Né à Grenade en 1495, élevé à Fès, il vécut à la cour des Banu Wattas. Il fut capturé au retour d'un voyage à La Mecque et à Istanbul par des pirates chrétiens qui le débarquèrent à Naples et en firent présent au pape Léon X. Il rédigea à Rome une *Description de l'Afrique* qui apporte maints renseignements concernant la géographie, l'histoire et l'archéologie de ce continent, en particulier sur des sites aujourd'hui détruits. Il mourut à Tunis. 146a

JENNÉ JENO, Mali. 312b, c ; *313 ;* 314a.

JENNINGS, Jesse David (né en 1909). Anthropologue et archéologue américain. Professeur à l'université de l'Utah depuis 1948, il est l'auteur de recherches approfondies sur les civilisations archaïques, dites Cultures du désert, qui ont occupé au cours des 10 000 dernières années les zones ouest semi-arides d'Amérique du Nord. Ses travaux dans la grotte de Danger, dans l'Utah, dont les niveaux les plus profonds sont datés de 9000 avant J.-C., confirment la persistance des modes de vie les plus anciens de l'Ouest américain jusqu'aux temps historiques. 342a.

JERMANOVICIEN. Industrie du début du Paléolithique supérieur dont la phase ancienne se rattache aux industries à pointes foliacées du Paléolithique moyen. L'industrie lithique semble se dégager plus rapidement des caractères moustériens que celle du Szélétien contemporain. Le site éponyme est la grotte Nietoperzowa à Jermanovice, près de Cracovie, en Pologne.

JÉRUSALEM. 134c ; 194b.

JÉRUSALEM (TEMPLE DE). 192a ; *193 ;* 194b.

JIANGLING, Hubei, Chine. 264b ; *265 : planche de bois ;* 268c.

JIAXIANG, Shandong, Chine. *281 : étoile double.*

JIAZHU (TECHNIQUE DU). 266b.

JIKI ou **SHIKI (TRADITION),** Japon. 304c ; *305.*

JIN (DYNASTIE), Chine. 276.

JIYUAN, Henan, Chine. *279 : préparation des céréales.*

JŌMON, culture. 292 ; *293 ;* 296a ; 304a.

JORWE (CÉRAMIQUES DE), Inde. 239b ; *245.*

JOUANNET, François-Bénit Vatar de (1765-1845). Professeur, il parcourt le Périgord au début du XIXe siècle, cherchant des restes d'animaux fossiles. Dès 1815-1816, il fouille les grottes paléolithiques de Combe-Gremal et du Pech-de-l'Aze, puis, en 1834, le gisement de Badegoule. Il remarque avant Boucher de Perthes que les outils de pierre taillée sont antérieurs à ceux de pierre polie. *21.*

JOUET. 48b ; 66c ; *129 : objets en os ; 361.*

JUE. 262a.

JUNGACHEULÉEN. 24a.

JÜRCHEN JIN. 276b.

JUSTINIANA PRIMA.
Voir **CARIČIN GRAD.**

KADADA, Soudan. 208a ; *208.*

KAGA, Japon. 304c ; *305.*

KAIROUAN, Tunisie. 148b ; *157.*

KAIZUKA. 292.
Voir **KJÖKKENMÖDDING.**

KAKOVATOS, Grèce. 56b.

KAME, jarre, Japon. 304 ; *305.*

KAMEGAOKA, Japon. 292a.

KAME-KAN. 292b.

KANAT ou **QANAT.** 156a ; *156 ;* 230a.

KANTŌ, Japon. 292a ; 294b.

KAOGU TU, catalogue. 258a ; *259.*

KAPROLIABA, Syrie. *137 : exemple de cadastration.*

KARAKABAKLI, Cilicie, Turquie. 136a ; *136.*

KARAKO, Japon. 296b.

KARANOVO, Bulgarie. *43 ;* 44c.

KAREYGOUROU-BIRNIWOL, Niger. 312b.

KARLGREN, Bernhard (1889-1978). Linguiste suédois. Les travaux de ce savant couvrent avec un égal succès des domaines aussi divers que la phonologie, la linguistique, la philologie et l'étude des bronzes anciens de la Chine. Le premier, il fut en mesure de reconstituer la phonologie des caractères chinois vers 600 après J.-C., puis ceux d'époques antérieures. S'attaquant ensuite à l'étude d'un grand nombre de textes fondamentaux pré-Han, il put en apprécier l'authenticité et en donner une traduction (en anglais) assortie de commentaires dont la valeur est irremplaçable. Dans le domaine des bronzes anciens, ayant appliqué une méthode aussi rigoureuse que dans ses travaux sur la linguistique, il a jeté les bases d'une analyse dont les principes restent valables aujourd'hui, même si sur certains points de détail les découvertes plus récentes infirment certaines de ses conclusions. 249b ; 258b.

KATELAI, vallée de Swat, Pakistan. *247.*

KATHOLIKON. Église principale d'un monastère byzantin.

KAUSAMBI, Uttar Pradesh. *246 ; 277 : principaux sites.*

KÉBARIEN. Industrie lithique identifiée par D. Garrod en 1937 à partir de la couche C de la grotte de Kebarah (Mont-Carmel, Israël). Elle est caractérisée par des microlithes, non géométriques dans les phases anciennes. La différence dans les proportions de l'outillage, selon les régions, a conduit certains archéologues à donner d'autres noms à des industries contemporaines, mais légèrement dissemblables. 164c ; 168a.

KELERMÈS. *217 ; 219.*

KEMIBA, Mali. *316.*

KENDIT, vase. *285.*

KEO PHAY (LANG SON), Vietnam. 286b.

KEQI ERBADI (tombe), Liaoning, Chine. 276a.

KERMA, Soudan. 208a.

KERN, Hendrik (1833-1917). Philologue néerlandais, spécialiste des langues indo-européennes. Dès 1871, il s'intéresse aux inscriptions sanscrites d'Asie du Sud-Est et fonde les études du vieux-javanais. Il discerne l'intérêt des textes littéraires javanais médiévaux et des versions locales des épopées indiennes. Abordant l'étude des dialectes des Fiji, il inaugura les recherches sur les langues malayo-polynésiennes. À l'université de Leyde, l'institut qui porte son nom fut la pépinière de l'école orientaliste néerlandaise. 248a.

KHALDÉ, Liban. 194c.

KHAN ou **CARAVANSÉRAIL.** 134b ; 154a ; *154.*

KHATTAB, Syrie. 164a ; *165.*

KHAZARS. 114b.

KHEIT QASIM, Iraq. 180 ; *181.*

KHETTARA. 156b.

KHIRBAT AL-MAFJAR. 160a.

KHIROKITIA, Grèce. 42a.

KHMERS. 248b ; 256.

KHOI KHOI. 320b.

KHORSABAD, Dur Sharruken, Iran. 174a.
Voir **BOTTA,** Paul-Émile.

KIENE, Burkina Faso. *317.*

KIEV (CULTURE DE). 114a.

KILI GHUL MOHAMMAD, Pakistan. 240b.

KITAN. 276.

KITORA, tombe, Japon. 300c.

KJÖKKENMÖDDING. Du danois *Kjökken,* cuisine, et *mödding,* fumier. Nom donné en 1847 par les archéologues danois aux déchets de cuisine entassés au milieu de poteries grossières et d'outils en bois et en corne découverts dans les tourbières de l'Europe septentrionale ; traduit en japonais par *Kaizuka* : amas de coquillages. 286b ; 292a.

KNOW SWAMP, Australie. 376b.

KOENIGSWALD, Gustav Heinrich Ralph von (1902-1982). Né à Berlin, il s'intéresse dès son jeune âge à la paléontologie. En 1930, chargé de diplômes, il participe à une mission à Java sur les traces d'Eugen Dubois. Un an plus tard, il collabore à la découverte de onze calottes crâniennes d'*Homo soloensis.* Esprit curieux, il prospecte les pharmacies chinoises où il trouve, sous le nom de « dents de dragon », des dents de Primates (*Gigantopithecus blacki*). Son activité principale fut la découverte des célèbres Pithécanthropes de Sangiran à Java ; l'étude qu'il en fit permit de les rattacher au genre *Homo.* Enfin, en 1950, à Java, il découvre le *Meganthropus palaeojavanicus.* Prisonnier des Japonais pendant la guerre, il devint, en 1947, professeur à la Rijksuniversiteit d'Utrecht, puis il gagna Fancfort où il s'occupa de muséographie. 249a.

KOFUN. Au Japon les grands tumulus du Kansai furent au XVIIIe siècle appelés ryō (sépultures impériales). D'autres, de dimensions moins importantes, furent désignés à la fin du XIXe siècle sous le nom de Kofun (tombes antiques). Dans la périodisation de l'histoire japonaise, le terme d'époque des Kofun (en français, les Grandes Sépultures) a été adopté pour la période s'étendant du IVe au VIIe siècle de notre ère. 292.

KOGURYŌ (ROYAUME DE), Corée. 292b ; 298 ; 302a.

KOJ-KRYLGAN-KALA, Chorasmie. *237.*

KOKCHA (LA). *230 ;* 232a.

KOK PHNOM DI, Thaïlande. 252a.

KOLDEWEY, Robert (1855-1925). Architecte chargé en 1886, par les Musées royaux prussiens, de l'exploration de deux tells de Mésopotamie du Sud, sans grands résultats. Mais, en 1898, la Deutsche Orient Gesellschaft, patronnée par Guillaume II, ayant décidé d'entreprendre la fouille du site prestigieux de Babylone, lui en confia la direction. Les travaux débutèrent en 1899 et se poursuivirent sans interruption jusqu'en 1917. Ce chantier, où furent formés la plupart des archéologues allemands du début du XXe siècle, révéla non pas la capitale de Hammurabi, détruite, mais celle de l'Empire néobabylonien (VIIe-VIe s. av. J.-C.) et les périodes séleuco-parthe et sassanide. Ces travaux marquent le début de l'archéologie scientifique au Proche-Orient, dans la mesure où, dirigés par un architecte de formation, ils s'attachèrent autant au relevé des vestiges architecturaux qu'à l'exhumation des objets de musée. 174b.

KOLČIN (CULTURE DE). 114a.

KONGJU, Corée. 298b ; *299.*

KONGWANG (MONTS), Jiangsu, Chine. 272c ; *273.*

KONYA, Turquie. 190c ; *191.*

KOSOVSKA, Yougoslavie. *49.*

KOSTIENKI, U.R.S.S. 28c.

KOSTROMKAÏA. *219.*

KOT DIJI, Pakistan. 239a.

KOTA CINA, Sumatra. *285 : jarre.*

KOUGRI, Burkina Faso. *317.*

KOUL-OBA, U.R.S.S. *62 ;* 211a ; *215 ; 225.*

KOURGANE. 54a ; *62 ;* 210a ; 214b ; 220, *221 ;* 222a.

KOUSH (ROYAUME DE), Afrique. 208a ; *209.*

KRAPINA, Yougoslavie. 28b.

KROEBER, Alfred L. (1876-1960). Anthropologue nord-américain. Après des études à l'université de Columbia, il prend, en 1901, la direction du musée d'Anthropologie de l'université de Californie, Berkeley, qu'il conservera jusqu'en 1946. Il est l'auteur de nombreuses monographies d'archéologie péruvienne et de plusieurs études de synthèse, dans lesquelles il esquisse une chronologie des cultures précolombiennes notablement enrichie par rapport aux schémas proposés par M. Uhle puis J. Tello (*Archaeological Explorations in Peru,* 1926-1937 ; *Peruvian Archaeology in 1942,* 1942 ; *Paracas Cavernas and Chavín,* 1953). On lui doit la création de l'école actuelle d'archéologie nord-américaine.

KROM, Nicolaas J. (1883-1945). Historien et archéologue néerlandais, il entre en 1907 au musée de Leyde puis au Service archéologique de Hollande. Membre en 1910 de la Commission des antiquités de Java, il conçoit le Service archéologique qu'il dirigera de 1913 à 1915 avant d'occuper la chaire d'histoire et d'archéologie des Indes néerlandaises à Leyde. Avec Van Erp, il publie la monographie de Borobudur. Son *Inleidig tot de Hindoe-Javaansche Kunst* (1921, rev. en 1923) fonde l'histoire de l'art indonésien. 248a.

KSAR AKIL, Liban. 162b.

KUFFARN (SITULE DE), Basse-Autriche. *51.*

KUI. Mot chinois désignant un motif de dragon vu de profil et doté d'une seule patte, fréquemment représenté sur les bronzes Shang et Zhou. 266b.
Voir **TAOTIE.**

KUK, Nouvelle-Guinée. 376c ; *377.*

KULUNQI, Jilin, Chine. 276b ; *276.*

KURA. 292b.

KUSHANE (DYNASTIE). 230c ; *231 : Bactriane orientale.*

KUSHUH, dieu-lune hourrite. *191 : tablette cunéiforme.*

KULLI (CULTURE DE), Pakistan. *242 : jarre peinte.*

KUWAE, mythologie océanienne. 380 ; *380.*

KYŎNGJU, Corée. 298c ; *299 ;* 302b.

KYŌZUKA. Mot japonais qui signifie littéralement « tertre à sûtra ». La pratique d'ensevelir dans des caches souterraines (ressemblant quelquefois à des cairn) des textes bouddhiques (*sûtra* en sanscrit, *kyō* en japonais) se répandit au Japon avec la croyance du *mappō,* troisième des cycles bouddhiques qui devait apporter le chaos et voir disparaître la foi. Cette coutume fut courante aux époques de Heian, de Kamakura et de Muromachi. Les rouleaux calligraphiés étaient placés dans un reliquaire (*kyōzutsu*) généralement de métal (bronze) qui était déposé à l'intérieur d'une céramique. On utilisait des jarres (*tsubo*) cuites dans les fours japonais de Tokoname, d'Atsumi ou de Seto ou, dans certains cas, des céladons chinois d'époque Song et des porcelaines à décor bleu et blanc d'époque Yuan. Les fouilles archéologiques ont permis de mettre en évidence de véritables « champs » de *kyōzuka,* comme celui du mont Hôrai-ji (Aichi-ken) : rapport archéologique de Takeshi Ezaki, *Medieval Ceramics Excavated at the Hôrai-ji san* (texte en japonais, résumé en anglais), Tôyō Tôji, Tōkyō, vol. III, 1974-1976. 304b.

KYŌZUTSU. 304b.

KYŪSHŪ, Japon. 292b.

LAANG SPEAN, Cambodge. 252a.

LABOUR. 44b ; *45 ; 279.*

LA CHAUSSÉE-TIRANCOURT, Somme.

LA CROIX, père Camille de (1831-1911). Établi à Poitiers en 1864, le père de La Croix commença sa carrière archéologique en 1877 ; ses recherches se révélèrent décisives pour la connaissance des monuments religieux de l'époque mérovingienne. En 1879, il découvrit le célèbre « hypogée-*martyrium* » des Dunes, dans l'un des cimetières antiques de Poitiers. Il s'agissait en fait d'un mausolée-chapelle édifié au VIIe siècle par un abbé Mellebaude, comme en témoignait une inscription. Magnifiquement publié en 1883, ce monument fut conservé et protégé in situ par un abri en 1906 : c'est l'un des plus remarquables témoins de l'architecture mérovingienne en Gaule. En 1885, le révérend père jésuite transforma en un pittoresque musée lapidaire le baptistère Saint-Jean à Poitiers, et il consacra plusieurs études à cet intéressant monument, édifié au IVe siècle et modifié au VIIe.

LAC VIÊT ou **LUO YUE**. 290a.

LACUSTRE (HABITAT). 39 ; *45 : outils néolithiques ;* 60 ; *343.*

LADOGA, U.R.S.S. 114b.

LADOIX-SERRIGNY, Côte-d'Or. *113.*

LAETOLIL, Tanzanie. *311.*

LAGAMIEN. 164c.

LA GRÈZE (GROTTE DE), Marquay, Dordogne. *34.*

LA HEUNEBURG, république fédérale d'Allemagne. *61.*

LAMA, camélidé. 360a ; *361.*

LAME, outillage lithique. *33 ;* 44c ; *45 : outils néolithiques ; 245 : ensemble ;* 288 ; 376c.

LAME D'ÉPÉE. 108 ; *108.*

LAME-MINCE. Échantillon d'argile qui, taillé en coupe et placé entre deux lames de verre, permet au pétrographe de lire et de déterminer, au moyen d'un microscope, les composantes d'une céramique. 76c ; 164c.

LAMING-EMPERAIRE, Annette (1917-1977). Préhistorienne française. Après des études de philosophie et de biologie, elle se spécialise dans l'étude de l'art rupestre préhistorique, dont sa thèse de doctorat démontre, pour la première fois, le caractère élaboré et organisé. À partir de 1951, elle effectue, en compagnie de son mari José Emperaire, des recherches archéologiques au Brésil, puis en Patagonie chilienne. On leur doit la découverte et l'étude de divers gisements préhistoriques du Chili austral – Englefield, Ponsonby, Munición – et du Brésil – José Vieira et plusieurs sambaquis (amas coquillers). Après la mort de J. Emperaire, elle poursuit leurs recherches : découverte et fouille de Marassi (Terre de Feu, 1965-1967), de Lapa Vermehla (Brésil, 1971) et analyse de nombreux sites d'art rupestre dans la région de Lagoa Santa au Brésil. De 1971 à sa mort, elle dirige une formation de recherche du C.N.R.S. consacrée à l'étude de la préhistoire sud-américaine. 34c ; 356a.

LAMPE. 86b ; *86 ;* 328b, c.

LANCE. *28 : Sounguir ; 57 : chef guerrier ; 59 ; 253.*

LÀNG VÀNH, Vietnam. 288c.

LANNATHAÏE (CULTURE). 250a, b.

LANUVIUM (Lanuvio, Italie). *85.*

LANZÓN (DIEU DU). 364b.

LAOZI (Daodejing). 272 ; *273.*

LA PASIEGA, Santander, Espagne. *35.*

LAPICIDE. Artisan spécialisé dans la gravure des inscriptions sur pierre. 80c.

LAPIS-LAZULI. 228b, c.

LA PLATA (ÎLE DE), Mexique. 366a, b ; *366.*

LAQUE. *265 ;* 266 ; *267 ; 269 ; 271 : Mawangdui ; 280 : objet astronomique ;* 388a ; *389 : commode.*

LA QUINA. Gisement français éponyme du Moustérien de type Quina. L'industrie lithique est riche en racloirs épais à tranchant très arqué et retouche écailleuse en escalier. Il existe une autre industrie très riche en racloirs minces sur débitage Levallois : le Moustérien de type Ferrassie. En raison de la suprématie des racloirs dans ces deux groupes d'industries et de l'abondance de ces groupes dans le nord du Périgord, on les a réunis sous l'appellation Moustérien de type Charentien. 24b ; *25 : gisements du Paléolitique.*

LARSA, Iraq. *178.*

LARTET, Édouard (1801-1871). Paléontologue et préhistorien français. Ce magistrat s'intéresse d'abord à la paléontologie et fouille en 1860 la grotte d'Aurignac (Haute-Garonne), où il découvre des niveaux d'occupation préhistoriques. À partir de 1863 et jusqu'à sa mort, il explore la région, encore inconnue d'un point de vue préhistorique, des Eyzies en Périgord, en compagnie de son ami et mécène, le banquier anglais H. Christy. Ils y découvrent la plupart des grands gisements paléolithiques de la région. On lui doit une des premières classifications du Paléolithique, et une œuvre posthume, signée Lartet et Christy, *Reliquiae Aquitanicae* (1865-1875), où sont décrits tous les gisements qu'il a fouillés en Périgord. 20b.

LASCAUX (GROTTE DE), Dordogne. 34b.

LASTOURS, Aude. 56b.

LATIFUNDIA. Le mot latin *latifundia*, encore utilisé à l'époque actuelle, désigne toujours de très grandes propriétés foncières. De nos jours, il ne s'emploie que lorsque ces propriétés font l'objet d'une gestion archaïque ; les latifundia se caractérisent par une culture de type extensif, par la carence des investissements fonciers, par une faible productivité et souvent par l'absentéisme des propriétaires. 88b.

LAUGERIE-BASSE, Dordogne. *31 ; 33 : ébauche de harpon magdalénien.*

LA VENTA, Mexique. 344b ; 348b.

LA VIGNE-BRUN, Villeret, Loire. *32.*

LAVINIUM. *82.*

LEAKEY, Louis Seymour Bazett (1903-1972). Né à Nairobi, L.S.B. Leakey passa presque toute sa vie en Afrique orientale, en particulier au Kenya. Il s'intéressa aux hommes du passé mais aussi aux populations actuelles du Kenya (entre autres les Kikuyu). Géologue et paléontologue, il précisa l'échelle paléoclimatique pléistocène. Mais la partie essentielle de son œuvre concerne la paléoprimatologie et la paléoanthropologie : *Proconsul*, Kenyapithèque, *Zinjanthropus boisei*, *Homo habilis*... Accompagné de sa femme Mary et souvent de ses enfants, en particulier de son fils Richard, il prospecta de nombreux gisements au Kenya et en Tanzanie, dont le très célèbre gisement d'Olduvai Gorge. 306a ; 308.

LÉCHAION (port de Corinthe). *138.*

LE FAYOUM. À l'ouest du Nil, à la hauteur de la Moyenne-Égypte, et reliée à la vallée par un ancien bras du fleuve, la dépression profonde du Fayoum consistait essentiellement en marécages autour du lac Qaroun, dont les poissons ont été de tout temps très appréciés des Égyptiens ; très abondant dans la région, le crocodile a toujours dominé le panthéon local. Au Moyen Empire (vers 2000 av. J.-C.), les pharaons (principalement Amenemhat III) entreprirent de vastes travaux d'irrigation et de drainage pour mettre la région en culture. Cernée par des déserts de sable et de pierre, Le Fayoum est devenu une véritable oasis, riche et fertile, aux paysages variés, célèbre pour ses vergers et ses jardins. Après une période de semi-déclin, les Ptolémées à leur tour s'intéressèrent au Fayoum, fondant de nombreuses petites villes dont les archives sur papyrus nous sont parvenues en abondance, dans un excellent état de conservation. Les masques du Fayoum, peintures à la cire sur bois, qu'on posait à cette époque sur les sarcophages nous ont livré une extraordinaire galerie de portraits. 80b.

LEFCANDI, Eubée. 70b ; *70 ; 71.*

LÉGION ROMAINE. 96a ; *97.*
Voir **CENTURION.**

LÉGISME. Ce courant, le plus important des IVe-IIIe siècles avant J.-C., apparaît dans le *Hanfeizi*, comme une réflexion sur la conduite et l'organisation de l'État, dont les institutions politiques et sociales sont, pour la première fois en Chine, rigoureusement soumises à la souveraineté d'une loi. Élaboré à l'époque féodale des Royaumes Combattants (475-221 av. J.-C.), il devint le fondement de l'État centralisé de Qin shi huangdi (221-210 av. J.-C.), fondateur de l'empire, et n'a cessé, dès lors, d'inspirer la pensée politique chinoise. 272.

LÉGUMINEUSES. 40a ; *41 : plantes cultivées ;* 270b ; 278a.

LEHNER, Arizona. *327.*

LEIBERSHEIM, Haut-Rhin. 104b.

LEIGUDUN, Hubei, Chine. 264a, b ; *265 : sépultures ;* 266c ; 268 ; *268 ; 269 ; 280 : objet astronomique.*

LEIWEN. Mot chinois désignant le motif du « tonnerre » représenté par une sorte de spirale carrée ou rectangulaire. Il est souvent utilisé en relief très plat pour couvrir le corps d'animaux fabuleux ou le fond sur lequel se détache un décor en relief plus accentué. 266b.

LEPENSKI VIR, Yougoslavie. 42a.

LEPSIUS, Karl-Richard (1810-1874). Né à Naumburg-an-der-Salle, K.-R. Lepsius fit des études classiques à Leipzig, Göttingen et Berlin ; il fut orienté vers l'égyptologie par le baron von Bunsen, ami du futur Frédéric-Guillaume IV de Prusse. Après un séjour à Paris de 1833 à 1836, il travaille à Rome à l'institut de Correspondance archéologique. De 1842 à 1845, il est chargé par le roi de Prusse d'une grande expédition en Égypte et au Soudan, d'où il rapporta le matériel publié dans les *Denkmäler* ainsi que de nombreuses antiquités ; à son retour, une chaire – la première d'Allemagne – fut créée pour lui à l'université de Berlin ; nommé membre de l'académie de Berlin (1850), il fut chargé au musée de Berlin de la collection d'égyptologie ; en 1873, il devint aussi conservateur de la bibliothèque de Berlin. Ayant véritablement recréé l'égyptologie après la mort prématurée de Champollion, il eut une influence décisive sur ces études. 196a.

LEROI-GOURHAN, André (1911-1986). Ethnologue et préhistorien français. Jeune diplômé de russe et de chinois, André Leroi-Gourhan publie, dès l'âge de 24 ans, un bestiaire du Bronze chinois et, un an plus tard, *La Civilisation du renne.* Dans ces deux ouvrages, il aborde déjà les domaines esthétiques (évolution morphologique et sémantique des thèmes représentés) et techniques (relation des faits matériels avec les autres faits sociaux) qui constitueront ses sources et ses champs de recherche privilégiés. Il entre au C.N.R.S. en 1940, après une mission de 2 ans au Japon ; sous la direction de Marcel Mauss, il soutiendra sa thèse de lettres à la Sorbonne en 1945 : *Archéologie du Pacifique nord.* Au cours des mêmes années paraîtront ses premiers ouvrages fondamentaux : *L'Homme et la Matière* (1943) et *Milieu et Technique* (1945), dans lesquels sont traités de façon totalement originale les comportements – apports, contacts, emprunts et échanges – des différents groupes humains, à travers l'étude et la classification des techniques (fabrication-acquisition-consommation). Il mène, à partir de cette même année 1945, une nouvelle carrière d'enseignant (nommé professeur d'ethnologie et de préhistoire à la faculté de Lyon, il sera nommé, dix ans plus tard, professeur à la Sorbonne puis, en 1968, professeur au Collège de France) et d'homme de terrain (il dirige les fouilles d'Arcy-sur-Cure de 1945 à 1963, celles de Pincevent de 1964 à sa mort, qui furent des écoles de fouille autant que des écoles de pensée). La matière de ses cours d'ethnologie générale et d'archéologie préhistorique à la Sorbonne est reprise dans les deux tomes du *Geste et la Parole* (*Technique et Langage,* 1964, et *La Mémoire et les Rythmes*, 1965). Ses fouilles d'Arcy le jettent dans un passé lointain et il abordera parallèlement des études anthropologiques et paléontologiques, soutenant en 1954 une thèse de sciences (*Les Tracés d'équilibre mécanique du crâne des vertébrés terrestres*) ; avec Pincevent, il renoue avec les peuples primitifs sibériens. Dès ses premières fouilles, Leroi-Gourhan cherche à faire parler les objets à partir de leur relation spatiale, découvrant l'organisation des habitats. Son influence sur la recherche de terrain sera déterminante (*Fouilles de Pincevent. Essai d'analyse ethnographique d'un habitat magdalénien,* 1972). Il en sera de même dans le domaine de l'art pariétal paléolithique, pour lequel il a ouvert de nouvelles voies d'étude à partir de son ouvrage *Préhistoire de l'art occidental* (1965), puis de ses cours au Collège de France dans lesquels il a mis en lumière l'organisation spatiale, symbolique et structurale des sanctuaires paléolithiques. 30c ; *31 : femmes-bisons ;* 34b, c ; *35.*

LEUBINGEN, Allemagne. 54b ; *54.*

LEVALLOISO-MOUSTÉRIEN. 24b ; 162a ; 164b ; *164 : Levant central ; 165.*

LEVALLOIS (TECHNIQUE). Procédé technologique assurant le débitage d'un éclat de forme prédéterminée à partir d'un nucléus soumis au préalable à une préparation plus ou moins complexe à laquelle on a donné le nom du site de Levallois-Perret, Hauts-de-Seine. L'éclat et la pointe Levallois portent les cicatrices de la préparation du nucléus, et le talon garde très souvent les marques du facettage par petites retouches du plan de frappe. La technique Levallois, connue dès l'Acheuléen, s'épanouit durant le Paléolithique moyen et fut utilisée jusqu'au Néolithique. L'adjectif « levalloisien » a de 1931 à 1953 désigné une industrie caractérisée par l'abondance des éclats Levallois ; on la considère maintenant comme l'un des faciès de la culture moustérienne. 22c ; 24b ; 164b ; *164 : Levant central.*

LEWIS (ÎLE DE), Grande-Bretagne. *21.*

LIAN. Dans son acception la plus courante, ce terme chinois désigne une boîte en bois laqué servant de nécessaire pour la toilette. Dans quelques cas, ce mot désigne une boîte à nourriture contenant vraisemblablement des céréales cuites. 266c.

LIANGTAI, Shandong, Chine. *271.*

LIANGZHU (CULTURE DE), Chine. 260c ; *261 : plaque en jade ;* 278b.

LIAO (DYNASTIE), Chine. 276 ; *281.*

LIBYZASDA, Grèce. *142.*

LI CHI (1896-1979). Le nom de Li Chi reste définitivement associé au site d'Anyang. Comme il possédait une double formation – éducation classique en Chine, études d'archéologie à l'université Harvard aux États-Unis –, Li Chi s'est vu confier la direction des grandes campagnes de fouilles menées à Anyang entre 1928 et 1937, tandis que l'étude des inscriptions revenait à Dong Zuobin (voir ce nom). La collecte des données sur le terrain lui a permis de mettre en valeur ce qui distingue la civilisation des Shang des cultures néolithiques antérieures. Parmi ses travaux, il faut mentionner une typologie des bronzes établie d'après leurs formes pour remplacer les appellations traditionnelles ; le corpus des céramiques exhumées à Xiaotun près d'Anyang qui comprend près de 250 000 tessons et plus de 1 500 pièces complètes ou presque ; enfin, des études de menus objets, comme les épingles à cheveux en os, négligés à Anyang par les voleurs de tombes et donc en nombre suffisant pour rendre possible une datation stratigraphique des vestiges. 258b.

LIMES, antiquité romaine. 96b ; 198b.

LIN. *41 : diffusion des plantes cultivées.*

LINDENSCHMIT, Ludwig (1809-1893). C'est aux frères Ludwig et Wilhelm (1806-1848) Lindenschmit que revient le mérite d'avoir attribué à l'époque des Grandes Invasions et à des Francs les sépultures qu'ils fouillèrent à Selzen, non loin de Mayence, de 1844 à 1846. Jusqu'alors, on considérait comme celtiques ou romaines les sépultures analogues découvertes en Allemagne. Outre le recours à la méthode comparative (tombe de Childéric Ier, découverte à Tournai en 1653), ils surent tirer parti du *terminus post quem* que la date de frappe de deux monnaies d'argent, émises sous Justinien Ier (527-565), donnait pour deux inhumations. Ces résultats furent publiés dans une monographie de qualité, parue en 1848 : *Das germanische Todtenlager bei Selzen.* Après la mort de son frère, Ludwig Lindenschmit fonda en 1852 le *Römisch-Germanisches Zentral-Museum* de Mayence ; on lui doit la publication en cinq tomes, de 1858 à 1911, d'un ouvrage encyclopédique *Die Alterthümer unserer heidnischen Vorzeit,* et celle des célèbres volumes du *Handbuch der deutschen Alterthumskunde,* de 1880 à 1889.

LINÉAIRE A, écriture. 72a ; *72 ; 73.*

LINÉAIRE B, écriture. 72a ; *73.*

LINGAN, Zhejiang, Chine. *280 : carte du ciel.*

LINGOT. *52 ; 86 : boutique.*

LINGOTTO (USINE DU), Turin. *393.*

LINGXIAN, Shaanxi, Chine. *279 : scène de labour.*

LITHIQUE (OUTILLAGE, INDUSTRIE). 21 ; *23 ;* 24 ; *25 ;* 26 ; *27 : outils châtelperroniens ;* 32b ; *33 ;* 36a ; 44 ; *45 ; 164 : Levant central ;* 176c ; 239a ; 246c ; 250 ; *251 ;* 260b, c ; 278a, b ; 288 ; 294b ; *295 ;* 326 ; *327 ;* 328 ; 340 ; *341 ;* 356 ; *357 ;* 376b.
Voir **BIFACE ; CHOPPER ET CHOPPING-TOOL ; GALETS ; MICROLITHE ; POLYÈDRE.**

LITHOPHONE. 268b ; *269.*

LITTÉRAIRE (ARCHÉOLOGIE).
Voir **TEXTES ANCIENS ET ARCHÉOLOGIE.**

LIULIGE, Henan, Chine. 268a.

LLANO (HORIZON). 326c.

LOCHES, Indre-et-Loire. *122.*

LOIS DE GORTYNE, Crète. *81.*

LOMBARDS. *101 : les Grandes Invasions.*

LONDRES. *127.*

LONGSHAN (CULTURE DE), Chine. 260a, b.

LOUISBOURG, Nouvelle-Écosse, Canada. *390.*

LOUP, technique.
Voir **RATÉ DE CUISSON.**

LOUVITE (LANGUE). Cette langue indo-européenne, apparentée au hittite, fut surtout parlée au IIe millénaire dans le sud-ouest de l'Asie Mineure. Éparpillée par l'invasion phrygienne, au XIIe siècle avant J.-C., elle survécut jusqu'à l'époque gréco-romaine, au moins dans les noms propres. 178b.

LOUVRE (FOUILLES DU). *384 ;* 385c.

LO YANG.
Voir **LUOYANG.**

LUBAANTUN, Belize. *348.*

LÜBECK, république fédérale d'Allemagne. *126.*

LUCE, Gordon Hannington (1889-1979). Après ses études à Cambridge, il est nommé en 1912 professeur d'anglais à Rangoon. Avec son beau-frère Pe Maung Tin, il traduit les chroniques birmanes. Réalisant l'insuffisance de ces sources, il se consacre à l'étude des inscriptions en môn, pyu et birman et recueille dans la littérature chinoise les données sur la Birmanie. Ses études sur l'iconographie et la symbolique des monuments birmans sont fondamentales. Expulsé en 1964, il poursuit son œuvre en Angleterre. *Old Burma, Early Pagan*, 1969-1970, en trois volumes, représente la synthèse de ses recherches. 249a.

LUCY.
Voir **AUSTRALOPITHECUS AFARENSIS.**

LUND, Peter W. (1801-1880). Naturaliste danois. Disciple de Cuvier, il se fixe au Brésil en 1834 dans la région de Lagoa Santa où il fouille plus de huit cents grottes. Ses nombreuses trouvailles de faune fossile seront utilisées par Darwin pour ses recherches sur l'évolution. La découverte d'ossements humains « associés » à de la faune pleistocène l'amène, en 1844, à proposer la contemporanéité de ces animaux et d'un homme « antédiluvien ». Très critiqué, il cesse ses recherches en 1844 mais continue de s'intéresser à l'archéologie, et notamment aux amas coquillers (*sambaquis*). Il est un des premiers à affirmer qu'il s'agit de déchets alimentaires accumulés par l'homme. 354b.

LUNI (INDUSTRIE DITE DE). 238b.

LUOYANG, Henan, Chine. *272 ;* 278c.

LYDENBURG, Transvaal, république d'Afrique du Sud. *321.*

LYON, Rhône. 124b ; *125 : Saint-Étienne et Sainte-Croix.*

MACHANG (CULTURE DE), Chine. 262a.

MAC THA II, Thaïlande. *251.*

MADINA. 148a.

MADINAT-AL-ZAHRA, Espagne. 160b.

MADRASA. 152b ; *153.*

MAE HOGSON, Thaïlande. 252a.

MAE MOH, Thaïlande. 250b.

MAE THA, Thaïlande. 250a, b.

MAGATAMA. Mot japonais qui signifie littéralement « joyau courbe ». Il s'agit de petits ornements en forme de virgule et faits en pierres fines, en cristal ou en or. Outre leur fonction décorative, les *magatama* possédaient une valeur magique : *tama* a non seulement le sens de « joyau », mais aussi celui d'« âme ». Ces éléments de parure sont propres au Silla (Corée) et au Yamato (Japon). 292a ; 298c ; 302b.

MAGDALÉNIEN. Faciès le plus récent du Paléolithique supérieur, nommé d'après la grotte éponyme de La Madeleine (Dordogne), fouillée dès 1863 par E. Lartet, qui attribua cette culture à l'Âge du renne. Il s'étend de 15 000 à 8 000 avant notre ère. L'industrie lithique comporte de nombreuses lamelles à bord retouché abrupt, des burins, des grattoirs et des perçoirs ; le Magdalénien est surtout caractérisé par une abondante industrie osseuse, avec des propulseurs, des sagaies de type varié selon les phases, des harpons à un ou deux rangs de barbelures et de très nombreuses œuvres d'art mobilier, gravées ou sculptées. Sa phase ancienne est connue seulement en France, mais, dans sa phase récente, cette culture s'étend à l'Europe septentrionale (Angleterre, Belgique) et orientale (Allemagne, Tchécoslovaquie). 20b ; *23 ; 30 : femmes en files ; 31 : Vénus impudique ;* 32 ; *33 ; 35 : La Pasiega.*

MAGDELEINE (GROTTE DE LA), Tarn. *31.*

MAGLEMOSIEN. Culture mésolithique caractérisée par des haches en pierre, des armatures triangulaires en silex et un outillage en os et en bois de cerf abondant, varié et souvent décoré. Il s'étend de 7600 à 5800 avant J.-C. et couvre les pays du nord et du nord-ouest de l'Europe. *37 : pagaie et massue.*

MAGNÉTOMÈTRE À PROTONS. Appareil qui permet de déceler les irrégularités du champ magnétique terrestre. Lorsqu'un corps est chauffé à plus de 600 °C, les particules magnétiques s'affolent ; lors du refroidissement, celles-ci se figent dans l'orientation locale du jour. L'ensemble cuit et recuit d'un four ou d'une céramique présentera donc une anomalie par rapport à l'environnement non cuit. 76c.

MAHDIYA, Tunisie. *158.*

MAÏKOP (KOURGANE DE), Caucase, U.R.S.S. 54a ; *54.*

MAILHAC, Aude. *55.*

MAIN NÉGATIVE, préhistoire. *359 : Rio Pinturas.*

MAÏS. 360b, c ; *360.*

MAISON. 42 ; *43 ;* 60 ; *61 ; 67 ;* 90 ; *91 ;* 104b ; 114a ; 120 ; *121 ;* 136 ; *136 ; 137 ; 141 ;* 152 ; *157 : propriété rurale ;* 168 ; *169 ; 185 ;* 232c ; 234c ; *234 ; 261 ;* 346b ; *347 ; 389 : Malacca ; 393.*
Voir **POMPÉIENS (STYLES).**

MAISON DES MORTS. Constructions en bois surmontant un tombeau ou liées à une sépulture, répandues au Danemark ou en Allemagne mais ayant été pratiquées dans d'autres régions de l'Europe du Nord au cours du Néolithique. Il pouvait s'agir d'un lieu de recueillement, comme le seront certaines chapelles mortuaires des temps historiques.

MAJIABIN (CULTURE DE), Chine. 260b, c.

MAKKAN (PAYS DE). 186 ; 188c.

MALACCA, Malaisie. 388c ; *389.*

MALAGA, Espagne. 152b.

MALBRANS, Doubs. *393.*

MALLERET, Louis (1901-1970). 254b ; *255.*

MALLIA ou **MALIA,** Crète. *72.*

MALTA, Sibérie. 30b.

MALWA (CULTURE DE). *245.*

MANGAASI (TRADITION DE). 378 ; *379 ;* 380b, c.

MANNA (PAYS DE). 216b.

MANSURA, Algérie. *150.*

MANSURIYA-SABRA (AL-), Tunisie. 148b, *155.*

MANSUY, Henri (1857-1937). Préhistorien français. Né en Lorraine, H. Mansuy, qui était ouvrier, se forme en géologie au Muséum d'histoire naturelle et sur le terrain dans la région parisienne. Il suit les cours du Dr Verneau qui l'initie à la paléontologie. Entré au Service géologique de l'Indochine à quarante-cinq ans, il effectue de nombreuses missions géologiques. Il découvre en 1909 le Bacsonien à Phô Binh Gia et travaille sur la paléontologie animale. Dans les années vingt, après avoir fouillé à Samrong Sen (Cambodge), il continue d'étudier le Bacsonien sur de nouveaux sites. 286.
Voir **BACSONIEN.**

MANTON, Wiltshire, Angleterre. *56 : disque d'ambre.*

MANTOUE, Italie. 386c.

MANYIKENI, Mozambique. *321.*

MAORIS. 372b.

MAQUETTE.
Voir **MINIATURISATION.**

MAQSURA. 150b.

MARAE. 372b.

MARASSI, Terre de Feu. *356.*

MARBRE. 138a.

MARÇAIS, Georges (1876-1962).
Voir **TERRASSE,** Henri.

MARGIANE. Province antique située dans la plaine du sud du Turkménistan soviétique, autour du delta du Murgab. La satrapie achéménide de Margiane s'est principalement illustrée par un soulèvement contre Darius Ier. Ensuite, son histoire tend à se confondre avec celle de la Bactriane. À l'Âge du bronze, la culture de la Margiane est tout à fait semblable à celle de la Bactriane, comme l'ont montré les recherches conduites depuis 1975 environ dans les ruines situées sur les franges du Kara Kum, au nord des zones cultivées actuellement. 228a, b ; *228 : Deshly 3 ;* 236b ; 242c ; 254b.
Voir **BACTRIANE.**

MARI, Syrie. 175a.

MARIESMINDE, Kirchpiel Rönninge, Danemark. *53.*

MARIETTE-PACHA, Auguste (1821-1881). Maître d'études au collège de Boulogne, il rêve à l'Égypte ; en 1849, il obtient un poste d'expéditionnaire au musée du Louvre et il est envoyé en Égypte en 1850 pour y acquérir des manuscrits coptes ; il emploie les crédits de mission à fouiller à Saqqarah et pénètre dans le Sérapeum ; il y découvre les sépultures des Apis et les bijoux au nom de Ramsès II. Nommé conservateur au musée du Louvre, il repart pour l'Égypte où il est chargé par Saïd Pacha, en 1857, de créer le Service des antiquités et d'organiser le Musée égyptien du Caire. Son activité est fabuleuse : dégagements à Saqqarah et Giza, Abydos, Thèbes, Edfou, Éléphantine, dans le Delta, employant jusqu'à plus de deux mille ouvriers à la fois. Il travaille en outre au livret et aux costumes d'*Aïda* de Verdi. Il mourut en Égypte et fut enterré dans un sarcophage devant le musée du Caire. 196a.

MARINATOS, Spyridon (1901-1974). 68a.

MARMESSE, Haute-Marne. *56.*

MARRAKECH, Maroc. 160a, b ; *161.*

MARSHALL, sir John (1876-1959). Archéologue britannique. Directeur général du Service archéologique de l'Inde (Archaeological Survey of India) de 1904 à 1934. Helléniste de formation, il s'intéressa d'abord aux campagnes d'Alexandre et aux monuments gréco-bouddhiques, puis à partir de 1920 il coordonna les importants chantiers de fouilles préhistoriques de Harappa et de Mohenjo-dâro. Il a fouillé également le site bouddhique de Sanchi et la ville de Taxila. 238a.

MAŞAT HÖYÜK, Turquie. 190a.

MASJID. 150a.

MASPERO, Gaston (1846-1916). D'origine milanaise, G. Maspero fut élevé en France ; pensionnaire au lycée Louis-le-Grand, il peut dès alors donner une interprétation des textes égyptiens signalés par Mariette ; l'École normale, dont il était élève, ayant été fermée, il part quelques mois en Amérique du Sud où il travaille sur la langue des Incas. Dès son retour à Paris, il est nommé suppléant du vicomte de Rougé à l'École des hautes études et, à la mort de celui-ci (1872), élu au Collège de France. Chargé en 1880 de créer la Mission archéologique, qui deviendra plus tard l'Institut français d'archéologie orientale, la mort soudaine de Mariette le fait nommer directeur des Antiquités. Il met la main, à Deir el Bahari, sur une fabuleuse collection de momies royales, organise l'inventaire et le musée des immenses collections, fait procéder à la publication des monuments de Nubie menacés par la construction du premier barrage d'Assouan. Secrétaire perpétuel de l'Académie des inscriptions en 1914, il meurt en 1916. Une série prestigieuse de publications assure son renom. 196b.

MASTABA. En arabe, « petit banc » ; nom donné par les ouvriers de Mariette aux tombes privées de l'Ancien Empire qu'ils dégageaient, dont la silhouette légèrement talutée évoquait une banquette. Constitués d'un caveau souterrain, muré après l'enterrement et relié par un puits à une chapelle de culte en superstructure, les mastabas sont souvent groupés autour d'un monument du pharaon lui-même : pyramide ou temple funéraire. La décoration des parois des chapelles s'inspire volontiers de scènes de la vie quotidienne, où abondent les détails naïfs et charmants. 200a.

MATARÓ (NEF DE), Espagne. *131.*

MATHURA (ART DU). 239b.

MAURAN, Haute-Garonne. *23 : bifaces et choppers ; 24.*

MAURYA (ÉPOQUE). 246c ; *246.*

MAVRO SPELIO, Crète. *72.*

MAWANGDUI, Changsha, Chine. 270a ; *271 ;* 272 ; *273 ;* 280b ; *281 : livre des présages.*

MAYA. 344b, c ; 348 ; 350 ; 352 ; *353.*

MAYAPAN, Mexique. 348c.

MECHTA-EL-ARBI.
Voir **CIVILISATION IBÉRO-MAURUSIENNE.**

MÈDES. 216b.

MEDINET HABOU (TEMPLE DE), Thèbes. 204a.

MÉGALITHE. *21 ;* 38b ; *39 : La Pierre-Levée ;* 46 ; *47 ;* 48c.

MÉGARE. *75.*

MEGIDDO, Israël. 174b.

MEHRGARH, Baluchistan, Pakistan. 239a ; 240a ; *240 ; 241 ;* 242.

MEILLACOÏDE (CULTURE), Antilles. 370c.

MEIPIN. Mot japonais (en chinois : *meiping*) désignant une forme de bouteille au col étroit, aux épaules hautes, à la base resserrée. Le nom de « bouteille à prunus » lui a été donné en raison de l'étroitesse de l'ouverture. Le *meipin* est, à l'origine, une création chinoise. Il fut très populaire aux époques Song, Yuan, Ming et au début de l'époque Qing. Cette forme fut transmise à la Corée (céladons Kŏryăo, par exemple) et au Japon. Dans ce pays, sous l'influence chinoise, les fours de Seto reprirent et transposèrent ce type de bouteille. 304c.

MELKA-KUNTURÉ, Éthiopie. 308b, c ; *308 : Homo erectus ; 309 : sol d'habitat.*

MEMBRURES. 110b ; 130a.

MEMPHIS. 200.

MENHIR. *21 ;* 46 ; *47 : monuments mégalithiques.*

MENSHET ABOU OMÂR, Égypte. 198b ; *199.*

MERCATI, Michael (1541-1593). Savant italien. Ce naturaliste, intendant des jardins du pape, réunit au cours de son existence une collection de fossiles et d'objets curieux. Dans l'inventaire qu'il rédige, il est le premier à affirmer, au XVIe siècle, que les « pierres de foudre » sont des outils fabriqués par l'homme, à une époque où la métallurgie n'était pas connue. Son ouvrage ne sera publié qu'en 1717, alors que les idées qu'il avait avancées commençaient à circuler dans le monde scientifique. 20a.

MÉRIDA, Espagne. 58b ; *59.*

MÉRINIDES. 146b ; *150.*

MÉROÉ (EMPIRE DE), Afrique. 208 ; *209.*

MÉROVINGIENS. 98 ; *99 ; 102 ;* 106 ; *107 ; 109 ;* 110b ; *111.*
Voir **SALIN,** Édouard.

MERV, Turkménistan soviétique. 232a.

MÉSOLITHIQUE. 20b ; 36a ; *37 ;* 38a.
Voir **MAGLEMOSIEN.**

MÉTAPONTE, Lucanie, Italie. *74.*

MÉTOPE. *171 : vase halaf.*

MEULE. 44c ; *310.*

MEZHIRITCH, Ukraine. *32 : hutte en os de mammouth.*

MEZURASHIZUKA (TOMBE), Japon. 300b ; *301.*

MIAO MAN. 260a.

MICHIPICHOU, mythologie algonquine. 336c ; *337.*

MICHUWANG-NŬNG, Kyŏngju, Corée. *299.*

MICOQUIEN. *23 : bifaces et choppers ;* 24b.

MICROBURIN (TECHNIQUE DU). Procédé qui permet d'obtenir une pointe acérée et solide en fragmentant des lamelles en silex à partir d'une encoche ; son déchet est le « microburin ». Rarement employée au Paléolithique supérieur, cette technique se généralise au Mésolithique pour la fabrication des armatures de flèche. 36a.

MICROLITHE. Outil en pierre de très petite dimension dont la longueur peut être inférieure à un centimètre. Le mot microlithe est souvent réservé aux outils de forme géométrique, tels que triangle, rectangle, trapèze, segment de cercle... nommés aussi microlithes géométriques. Bien que représentés dans les industries du Paléolithique supérieur, ce sont plutôt les niveaux épipaléolithiques qui en renferment abondamment. Ces très petites pièces pouvaient servir d'armatures de flèches ou bien, associées et maintenues dans une rainure, être les éléments utiles à la fabrication de harpons, de faucilles. 36a ; *37 : flèches d'Holmegaard ;* 164c ; 239a ; 240b, c ; 244b, c ; *245 : ensemble ;* 294b, c ; *329.*

MICROTOPONYMIE. Extension de la toponymie, l'étude des lieux, à de petits territoires tels que les rues d'une ville, les bois, les collines ou les ruisseaux d'une campagne. 146c.

MIDDLE RANGE THEORY. 325b.

MILAGRO DE SAN JOSÉ, Pérou. *369.*

MILET. *75.*

MILITAIRE (ARCHÉOLOGIE). 60 ; 96 ; 114c ; 122 ; *123 ;* 158 ; *275 ;* 388c.
Voir **FORTIFICATIONS.**

MILLET. 244b ; 260a, b ; 270a ; 278a.

MINARET. *151.*

MINATOGAWA, Japon. 294a.

MINGQI. Mot chinois désignant des objets, parfois très petits, imitant des objets appartenant à la vie matérielle, ou des architectures, et déposés dans les tombes comme offrandes. Leur origine semble assez ancienne, comme l'attestent quelques pièces de l'époque des Shang, mais reste encore mal connue. 264a ; 266c ; 292a.

MINIATURISATION. 48b ; 66b, c ; *103 ; 106 ; 107 ; 121 ; 131 : Mataró ; 182 ; 227 ; 279 : objets funéraires ; 303 ; 328.*

MINO, Japon. 304 ; *304.*

MINOENNE (CIVILISATION). Ainsi appelée par Arthur Evans d'après le nom du roi Minos : selon la tradition grecque du Ier millénaire avant notre ère, celui-ci avait régné sur la Crète et, grâce à sa flotte, il avait exercé son pouvoir sur l'Égée et commercé dans toute la Méditerranée orientale. L'apogée de la civilisation minoenne se situe entre 1900 et 1450 : ses palais et ses villes (avec leurs archives) témoignent de la puissance de son organisation économique et politique ; ses sanctuaires et les traces que ses mythes ont laissées, dans la religion grecque classique, de sa spiritualité ; son architecture, sa métallurgie, sa bijouterie, sa glyptique et sa peinture, du très haut niveau de ses techniques et de son art ; ses écritures, de son génie. 68a ; *69 : ruines de Gournaia, statuette de Gazi ;* 72a.

MIRGISSA, Égypte. *207.*

plein Kalahari ; ces vestiges datent de 1000 après J.-C. environ. 314b ; 320b.

SAN JOSÉ MOGOTE, Mexique. 346b.

SAN JUAN CAPISTRANO, Californie. *391.*

SANKALIA, H. D. (né en 1908). Archéologue indien. Ses travaux sur le terrain depuis 1929 ont joué un rôle considérable dans le développement de l'archéologie indienne. Professeur et directeur du Deccan College de Poona, il a formé des générations d'archéologues indiens jusqu'à sa retraite en 1973 et continue depuis lors à publier des ouvrages de synthèse et des recherches dont les plus importants portent sur la préhistoire du Deccan.

SAN LORENZO, Veracruz, Mexique. 344b ; 346b ; 348b.

SAN PEDRO (PHASE), Équateur. 362b ; *363.*

SAN SALVATORE IN CAMPO, Rome. *85 : autel de Domitius Ahenobarbus.*

SANTORIN, Grèce. 68b ; *68 ; 69.*

SÃO RAIMUNDO MONATO, Piauí, Brésil. 358a ; *358 ; 359.*

SAQQARAH, Égypte. 196b ; 200 ; *201.*

SARAFAND. Voir **SAREPTA.**

SARCOPHAGE. *99 ;* 108b ; *109 ;* 110b ; *195 ;* 222b ; 224c ; *245 : jarre.*

SARDES, Asie Mineure. 134b.

SAREPTA (Sarafand), Liban. 194b ; *195 : le signe de Tanit.*

SARKAR (VALLÉE DE), Afghanistan. *188 : méthode traditionnelle.*

SARMATES. Issus de l'union de tribus sauromates qui nomadisaient entre Oural et Caspienne, les Sarmates s'avancent vers l'ouest au IIIe siècle avant J.-C., refoulant les Scythes pour s'installer à leur place au nord de la mer Noire. Ils constituent au début de notre ère une force politique et culturelle dont l'influence s'étend en Asie centrale, en Transcaucasie, et aussi vers l'ouest de l'Europe où ils s'affrontent aux Romains avant d'être eux-mêmes refoulés par les Huns. 214a ; 224c.

SARQAQUIEN. Voir **PRÉDORSÉTIEN.**

SASSANIDES. *235 : banqueteurs ;* 236b ; 282 ; *283.*

SĀTAVĀHANA (DYNASTIE). 254b.

SATRAPIE. Division administrative de l'Empire perse achéménide, dont le nom nous a été transmis par les auteurs grecs. Le satrape, sorte de proconsul perse, tenait son pouvoir du souverain. Parfois, une satrapie devenait un apanage des princes du sang. Pour les Grecs, le plateau iranien et l'Asie centrale constituaient les « hautes satrapies ».
La satrapie, qui groupait des ethnies plutôt qu'elle ne délimitait exactement des territoires, devait à l'Empire des contributions (tribut) et des contingents militaires. Les bas-reliefs de l'*apadana* (salle d'apparat) de Persépolis représentent la procession des tributaires de l'Empire, de l'Égypte à l'Inde. Un texte grec (Hérodote) nous donne le montant (en talents) des tributs exigés des différentes satrapies ; les plus taxées, parce que les plus riches, étaient l'Égypte et la Babylonie ; l'Inde fournissait également un lourd tribut en poudre d'or. *229.*

SAUVETAGE (ARCHÉOLOGIE DE). 117a ; 197a ; 206a ; *206 ;* 208a ; 248 ; 259.

SAUVETERRIEN. Culture mésolithique caractérisée par des armatures de flèche en forme de triangle ou d'aiguille dont la dimension n'atteint souvent pas 2 cm ; des trapèzes s'y ajoutent dans les stades récents. Le Sauveterrien s'étend de 8000 à 4500 avant J.-C. ; il occupe la moitié sud de la France.

SCANDINAVIE. 114b, c ; *115.*

SCAPULOMANCIE. Procédé de divination dans la Chine ancienne qui consiste à brûler des omoplates d'animaux domestiques pour interpréter les craquelures causées par le feu. 260b.

SCEAU. *72 ; 131 ;* 190 ; *190 ; 191 ; 255 : bague-sceau.* Voir **GLYPTIQUE.**

SCEAU-CYLINDRE OU CYLINDRE-SCEAU. 184a ; 190.

SCHLIEMANN, Heinrich (1822-1890). Riche négociant allemand, autodidacte féru d'Homère, il entreprit, à quarante-six ans, de démontrer la véracité historique des épopées de celui-ci. En 1870, il découvrit sur le site d'Hissarlik, près des Dardanelles, une ville de l'Âge du bronze dont un des niveaux (VII A) pourrait être la Troie de l'Iliade. Le trésor de bijoux, dit de Priam, qu'il y trouva, disparut en 1945 lors de la prise de Berlin. En 1876, il découvrit à Mycènes des tombes disposées dans un enclos (Cercle A) qu'il identifia avec celles d'Agamemnon et de sa famille, alors qu'elles sont antérieures de quatre cents ans. En dépit de ses erreurs d'interprétation, il doit être considéré comme l'initiateur de l'archéologie protohistorique dans l'aire égéenne. 70a ; 174b.

SCYTHES. *62 ;* 210 ; 211 ; 214 ; *215 ;* 216 ; *217 ;* 218 ; *219 ;* 220 ; *221 ;* 222 ; *223 ;* 224 ; *225.*

SE (CITHARE). *269.*

SEBAAIENI (GROTTE DE), Afrique du Sud. *313.*

SEDEINGA, Soudan. 206c ; *209.*

SEIBAL, Guatemala. *353.*

SEIGLE. *41 : diffusion des plantes cultivées.*

SELER, Édouard (1849-1922). Formé en Allemagne aux sciences naturelles et à la philologie, Seler concilie une gigantesque érudition et un sens critique moderne. Il ne fit jamais de fouilles, mais ses éditions commentées des codex Borgia, Vaticanus B, Féjérváry-Mayer... ne sont pas encore démodées et ont révélé des pans entiers des mentalités précolombiennes. Sa grande connaissance de la Mésoamérique le convainquit très tôt de l'unité culturelle de cette région du Nouveau Monde. 339a.

SÉLEUCIDES. Dynastie fondée après la mort d'Alexandre par l'un de ses généraux, Séleucos Sôter qui, en 312 avant notre ère, hérita de la plus grande partie de l'Empire (Asie Mineure, Proche-Orient, Mésopotamie, Iran, Asie centrale). Durant un siècle, ce royaume connut une ère de puissance et ses deux capitales, Antioche et Séleucie, furent des centres actifs d'élaboration et de diffusion de la culture hellénistique. Dès 250, cependant, l'Asie Mineure, la Bactriane et la Parthie s'en détachent progressivement. Au IIe siècle, les Parthes s'emparent de toute la partie de l'Empire à l'est de l'Euphrate. Réduit à la seule Syrie, déchiré par des luttes internes, le royaume finit par être annexé par l'Arménie (83 av. J.-C.), puis par Rome (64) qui le réduit en province. *75 ;* 232a.

SÉMITIQUES (LANGUES). 178b.
Voir **ASSYRIENNE (LANGUE) ; BABYLONIENNE (LANGUE) ; OUGARITIQUE (LANGUE) ; PHÉNICIENS.**

SENECA LAKE PROJECT. 390b.

SÉPULTURE. Voir **CIMETIÈRE ; TOMBE ; NÉCROPOLE ; FUNÉRAIRES (RITES).**

SÉRIATION. Méthode de classement chronoculturel fondée sur un principe théorique « évolutionniste » selon lequel les traits culturels apparaissent, connaissent un apogée, puis disparaissent. En exprimant sous la forme de fréquences relatives (p. 100) l'importance des diverses catégories de témoins archéologiques trouvés dans un site ou appartenant à une culture, il devient alors possible de classer, les uns par rapport aux autres, plusieurs sites ou cultures pour lesquels on ne possède aucun autre repère chronologique. 324b.

SESKLO, Thessalie, Grèce. *66.*

SÉTHI Ier (TOMBE DE), Thèbes. *205.*

SETO, Japon. 304 ; *304.*

SETTEFINESTRE (VILLA DE), Cosa, Toscane. 88b.

SÉVILLE, Espagne. *148.*

SEXUALITÉ ET REPRÉSENTATIONS SEXUELLES. 30 ; *31 ;* 34 ; *34 : abri cellier ; 35 : Niaux ; 49 : Golovita ;* 66 ; *208.*

SGRAFFITO. 144c ; *144.*

SHAHDAD, Iran. 184b.

SHAHRESTÂN. Dans les villes islamiques d'Iran et d'Asie centrale, partie ancienne et fortifiée de la ville basse, distincte respectivement de la citadelle et du faubourg. 234b. Voir **RABAD.**

SHAHR-I-SOKHTA, Iran. 184b ; *185 ;* 228a.

SHANG (PÉRIODE), Chine. 258 ; 260c ; 262a, b ; *263 ;* 266a ; *267 ;* 268a ; *269 ;* 278c.
Voir **DONG ZUOBIN.**

SHANIDAR, Iraq. 26a ; *26 ;* 28b ; 164b.

SHINTO. 292 ; 296b.

SHIRASHI (CÉRAMIQUE). 304a, c.

SHORTUGHAÏ, Afghanistan. *228 ;* 230c ; *231.*

SHOUXIAN, Anhui, Chine. 264a.

SHUNGURIEN. En Éthiopie, la région de Shungura, dans la basse vallée de l'Omo, au nord du lac Turkana, est connue pour ses vestiges de faune et d'Hominidés. Plusieurs gisements archéologiques ont été découverts in situ (âge 2,0 M.A.) avec une industrie de très petits éclats (2-4 cm) en quartz, provenant d'un nucléus ou de l'éclatement accidentel de galets utilisés comme percuteurs. Rarement retouchés, ils ont été parfois utilisés. Cette industrie, le Shungurien, est différente de l'Oldowayen. 308b.

SIBRI, Baluchistan, Pakistan. 242c ; *243.*

SIDÉRAL (TEMPS). Les dates sidérales expriment l'âge d'un échantillon archéologique en années solaires réelles. Ces dates sont obtenues à partir de mesures classiques de radiocarbone ; elles sont, ensuite, corrigées par l'utilisation d'une courbe de corrélation entre une échelle de dates obtenues par le radiocarbone et une échelle de dates, plus exactes, fournies par la dendrochronologie.

SIDI BOU OTHMAN, Maroc. *156.*

SIDON, Liban. 194a.

SIFFLET. 268a.

SIGILLÉE. 86 ; 138b ; *139.*

SIGILLOGRAPHIE. Voir **GLYPTIQUE.**

SIGNES ET SYMBOLES. 34 ; *35 ;* 178 ; *179.*
Voir **HIÉROGLYPHE ; IDÉOGRAMME.**

SIGÜENZA Y GÓNGORA, Carlos de (1645-1700). Né au Mexique de parents espagnols, ce religieux, qui fut un temps membre de la Société de Jésus, paraît avoir été le premier à réaliser des fouilles à Teotihuacán, plus d'un siècle avant l'exploration fameuse de monticules en Virginie par Thomas Jefferson. Sigüenza est aussi le plus grand collectionneur de manuscrits et d'objets de son temps. C'est surtout l'un des premiers savants à considérer le passé précolombien comme une des composantes majeures de l'histoire de ce qui n'était pas encore le Mexique. 339b.

SIKENDENG, Sulawesi. *255.*

SILEX, Outillage lithique. 20 ; *24 : Biache-Saint-Vaast ; 25 : industrie moustérienne ;* 32 ; *33 ;* 36 ; 44c ; *45 ;* 176 ; *177 ; 245 ; 341 : grattoirs ; 370 : culture Couri ; 371.*

SILLA (ROYAUME DE), Corée. 298 ; 300c ; 302.

SINANTHROPE. Voir **HOMO ERECTUS.**

SĪRĀF, Fars, Iran. 284a ; *284 : jarre ; 285 : route de la céramique.*

SITE CATCHMENT. 39b.

SITULE. Du latin *situla*, terme employé pour désigner certains récipients en bronze, cylindriques et profonds (*thô* en vietnamien), de la protohistoire vietnamienne, par analogie avec les situles de l'Âge du bronze occidental. *51 ; 53 : Mariesminde ;* 290.

SKARA BRAE (ÎLE DE), Grande-Bretagne. 42b.

SKLAVÈNES. 114a ; 140a.

SLAVES. 114 ; *115 ;* 140a ; *141.*

SLIP-PAINTED. Voir **ENGOBE.**

SMITH, Charles Roach (1807-1890). Pharmacien de 1834 à 1856, Roach Smith abandonna son métier pour se consacrer à une brillante carrière d'archéologue amateur. Celle-ci avait débuté en 1836, par son élection comme *fellow* à la Société des Antiquaires de Londres. Les antiquités nationales britanniques n'intéressant guère alors les milieux archéologiques officiels, Roach Smith fonda en 1843 la British Archaeological Association. Il céda au British Museum 5 000 objets de sa collection et présenta le reste dans un musée privé situé à Strood in Kent, visité par les archéologues venus de toute l'Europe. Ayant beaucoup voyagé sur le continent, il entretint une correspondance scientifique avec de nombreux archéologues étrangers, tel l'abbé Cochet (1812-1875), conservateur du musée des Antiquités à Rouen. On doit à Roach Smith la publication des sept volumes des *Collectanea Antiqua* (de 1848 à 1880), où il aborde le premier les problèmes de subdivision chronologique et stylistique des antiquités anglo-saxonnes.

SMITHFIELD. Industrie lithique, présente dans le sud de l'Afrique, à peu près contemporaine du Wiltonien mais techniquement différente de celui-ci. 312b.

SNARTEMO, Norvège. *115.*

SOAN (VALLÉE DE LA), Pakistan. 238b.

SOGDIANE. 234 ; *235 ;* 236c.

SOIE, production et échanges. 222c ; 234a ; *235 : banqueteurs ;* 254c ; 278b ; 388a.

SOI-YOK, Kanchanaburi, Thaïlande. 250c.

SOJA. 278c.

SOKCHANG-NI, Corée. 294c ; *294.*

SOLANA DE CABAÑES, Logrosan, Cáceres, Espagne. *57.*

SOLEB, temple d'Aménophis III. *197 ;* 206c.

SOLIDUS. Monnaie d'or (en grec *nomisma*) frappée dans l'Empire byzantin de Constantin Ier au milieu du IVe siècle. D'un poids d'1/72 de livre (= 4,5 g) et d'une pureté extrême (99,9 p. 100 Au), elle subit une altération au XIe siècle ; restaurée à 20 carats (80 p. 100 Au) par Alexis Comnène en 1092, elle décline à nouveau après 1204 et tombe à 12 carats (50 p. 100 Au) dès 1300. *115 : trésor d'Ekkero ;* 141.

SOLOKHA. *215.*

SOLUTRÉEN. Faciès culturel du Paléolithique supérieur, nommé d'après le gisement éponyme de Solutré (Saône-et-Loire), fouillé dès 1866. Il s'étend de 20 000 à 15 000 environ avant notre ère. L'industrie lithique est avant tout caractérisée par des pointes façonnées par retouche rasante, dont les plus célèbres sont les « feuilles de laurier » caractéristiques du Solutréen moyen, et les « feuilles de saule », plus longues et plus étroites, correspondant au Solutréen final. L'aiguille à chas en os est inventée à cette époque. 20b ; *23 ; 35 : La Pasiega.*

SONG (DYNASTIE), Chine. 276.

SONKH. 239b.

SONVIIEN. De Sǒn Vi, collines situées au Nord-Vietnam, le Sonviien est une industrie sur galets appartenant au Paléolithique supérieur, définie par Ha Van Tan en 1968. 250c ; 288 ; *289.*

SORGHO. Céréale dont diverses variétés ont été sélectionnées en Afrique et au Proche-Orient, probablement à l'époque où le dessèchement a atteint, après 7000 B.P., des groupes humains déjà nombreux. Cette plante à beaux épis demande de 500 à 600 millimètres d'eau par an. On peut parler d'un véritable *sorghum-belt*, en Afrique, à l'image du *corn-belt* aux États-Unis. *187 ;* 244b.

SOTÉRIOLOGIQUE (MOUVEMENT). À la fin des Han occidentaux (206 av. J.-C. - 8 apr. J.-C.) règne un climat d'incertitude marqué par une instabilité politique, une crise agraire, des épidémies et le passage d'une comète, qui engendra, en 3 avant J.-C., un mouvement populaire messianique. Les adeptes, parcourant l'empire munis de talismans, clamaient l'avènement de la divinité Reine Mère de l'Ouest, dispensatrice de l'immortalité. Bien qu'éphémère, ce mouvement inaugura la tradition des soulèvements politico-religieux, qui, de façon endémique, ébranlèrent le pouvoir chinois. 272c.

SOUDAN. Les auteurs arabes désignaient par Biladwes-Sudan ou pays des Noirs les régions qui correspondent à l'Afrique-Occidentale. 197b ; 206b.

SOUDSKY, Bohumil (1922-1976). Enseignant à l'université de Prague (1948), puis chercheur à l'Institut archéologique de l'Académie des sciences de Tchécoslovaquie (1957), enfin professeur associé à l'université de Paris (1971). Après une thèse sur les premières civilisations agricoles de l'Asie antérieure, il a surtout approfondi les problèmes liés aux cultures de l'aire danubienne. Ses fouilles du site néolithique de Bylany en particulier (7 ha) et l'analyse informatique de la documentation lui ont permis d'avancer un modèle économique et social de la civilisation à céramique rubanée. On lui doit aussi des travaux sur la genèse et l'évolution du phénomène néolithique. Il a été l'un des premiers à préconiser en France la nécessité de fouilles extensives (opération de la vallée de l'Aisne).

SOUNGUIR, U.R.S.S. 28c ; *28 ; 29.*

SOUSSE, Tunisie. 158a.

SOYRIA, Jura. *107.*

SPATIAL ARCHAEOLOGY. 17a.

SPÉOS. Temple creusé dans la falaise, ou construit à l'intérieur d'une cavité de la montagne. Le plus célèbre est le temple d'Abou Simbel, où Ramsès II affirme physiquement dans le sous-sol nubien l'emprise coloniale de l'Égypte sur les pays du Sud ; les salles s'enfoncent sous la terre, comme à la rencontre du Noun, l'eau primordiale d'où le monde a été créé. **Hémi-spéos.** Monument à demi construit à ciel ouvert et à demi creusé dans la falaise, comme le temple d'Ouadi es-Seboua, en Nubie. *200 ;* 206c.

SPHÈRE ARMILLAIRE. Instrument de mesure astronomique composé d'anneaux gradués correspondant aux latitudes et longitudes célestes, indispensable pour déterminer une position dont on se servait autrefois. 280b.

SPHINX. 202b ; *202.*

SPONDYLE. *364 : Strombe ;* 366 ; *366.*

STABBAU (CONSTRUCTION PAR). 120b.

STAMNOS. 58b.

STARČEVO, Yougoslavie. 42a.

STATÈRE. Le mot désigne normalement, dans la Grèce antique, la monnaie la plus lourde d'un système monétaire, sauf à Athènes et dans les ateliers utilisant l'étalon attique, comme ceux d'Alexandre. En Grèce centrale, à l'exemple d'Égine, le statère est un didrachme. Ailleurs, notamment en Asie Mineure et à Thasos, le statère se subdivise en trois tritès. *63 ;* 78a ; *79.*

STATUE. 48c ; *48 ; 83 ; 85 ;* 382 ; *383.*

STATUETTE. *31 ; 49 ; 50 ; 66 ; 67 ; 68 ; 69 ;* 172 ; *173 ; 183 ; 208 ; 301 ;* 312b.

STAYLE HOWE, Grande-Bretagne. 60a.

STEIN, sir Aurel (1862-1943). Archéologue et explorateur britannique. Ses expéditions au Baluchistan, dans l'Iran oriental et en Asie centrale au cours de la première moitié du XXe siècle ont révélé l'existence de très nombreux sites dans des régions réputées inaccessibles. Ses publications constituent encore les ouvrages de base pour l'étude des régions qu'il a été le premier à visiter.

STÈLE. 48a ; *57 ; 89 : esclave intendant ; 107 : Vorges ; 113 ;* 116c ; *179 ; 218 ;* 350a, b ; *351 ; 353.*

STEPPES (ART DES). *62 : archers ;* 211b ; *211 ;* 214b ; 218a ; 222 ; *233.*

STERN, Philippe (1895-1979). Élève d'Alain et passionné d'esthétique, il est attaché en 1921 au musée Guimet, dont il sera conservateur en 1930 puis conservateur en chef après avoir assuré la direction du Musée indochinois du Trocadéro en 1925. Analysant les œuvres conservées dans ce musée, il s'aperçoit que la chronologie des monuments khmers, édifiée par extrapolation des inscriptions, est en partie fausse. Il entreprend de la restituer grâce à une analyse stylistique rigoureuse. En 1936, une mission à Angkor lui permet de trouver au cours d'une campagne de fouilles les preuves de ses hypothèses ; il est le fondateur de l'histoire de l'art khmer et de celui du Champa ; il faut encore noter sa contribution à l'histoire de l'art de l'Inde ancienne. 248b ; 256a.

STOBI, Yougoslavie. *134.*

STONEHENGE, Grande-Bretagne. 46b.

STRATIGRAPHIE. La stratigraphie est l'étude de la manière dont les sédiments, dans un gisement ou un site donné, se sont déposés en couches superposées, c'est-à-dire de leur stratification. Celle-ci présente en effet, comme en géologie, l'intérêt primordial de permettre une classification des vestiges des plus anciens (à la base) aux plus récents (au sommet). En fait, le détail de la stratification est souvent complexe et de nombreux remaniements ont pu affecter la disposition initiale des couches. La nature des matériaux utilisés dans la construction, le type de sédimentation et les modalités de l'érosion jouent également un rôle important.
Dans une fouille, la méthode stratigraphique consiste à enlever les sédiments couche après couche, en prenant bien soin de les distinguer l'une de l'autre. 13a ; 21a ; *25 ;* 26b ; *43 ;* 65b ; 68a ; 150b ; 174b.

STRETTWEG, Autriche. 58b.

STROMBE. *364 ;* 370b ; *371 : préhistoire des Antilles.*

STRONG, William D. (1899-1962). Anthropologue nord-américain. Il suit l'enseignement de A. Kroeber puis collabore à l'analyse des collections archéologiques rapportées du Pérou par M. Uhle. Les publications de ce matériel – *The Uhle Pottery Collections from Ica, ...Chincha, ...Ancon* (de 1924 à 1926) – font encore autorité. À partir de 1941, il travaille au Pérou, notamment à Pachacámac et, en 1946, participe, comme représentant de l'université de Columbia, au « Virú valley project », première recherche régionale pluridisciplinaire réalisée dans ce pays (*Cultural Stratigraphy in the Virú Valley : the Formative and Florecent Epochs*, 1952). En 1952-1953, il fouille sur la côte sud et définit la filiation stylistique des diverses cultures préincaïques de la région d'Ica.

STROPHANTUS SARMENTOSUS. Petit arbre qui pousse en Afrique et dont les graines faisaient l'objet d'un commerce actif car elles entraient dans la composition de poisons. On a longtemps cru que *Strophantus* servait uniquement à confectionner du poison de flèche. Pourtant, dans le bassin du lac Tchad, il a été utilisé comme poison pour d'autres armes de jet, les javelines par exemple, et il a surtout joué un rôle important dans les systèmes défensifs végétaux. *Strophantus sarmentosus*, qui pousse dans les monts Mandara à proximité des concessions des chefs de massifs, complétait le dispositif de défense, en association avec des plantes à latex. Le latex est, en effet, l'excipient obligatoire d'une préparation à base de graines de *Strophantus*. Il permet la conservation de son principe actif et en accélère l'effet. On enrobait de cette pâte les méricarpes particulièrement épineux de *Tribulus terrestris*, que l'on répandait ensuite à l'avant des fortifications végétales. L'ennemi qui s'aventurait là pieds nus risquait de se blesser gravement. L'opération était renouvelée au début de chaque saison sèche. 322c.

STUTTERHEIM, Willem Frederik (1892-1942). Nommé en 1918 au Service civil d'Indonésie, il se passionne pour le passé de Java et il cherche à en dégager le fonds indigène, notamment dans le passage de l'art indianisé de Java-Central à celui de Java-Oriental. Son interprétation du *Rāmāyaṇa* dans les bas-reliefs est décisive. Directeur du Service archéologique en 1936, il lui donne tout son essor, fait entreprendre la reconstruction de Prambanam ; il prévoit dès cette époque les travaux nécessaires à la sauvegarde de Borobuḍur. 248a.

SUAZOÏDE (CULTURE), Antilles. 370b ; *371 : préhistoire des Antilles.*

SUBAQUATIQUE (FOUILLE). 12b ; 51a ; *391 : Red Bay.*

SUCRE, industrie. 156c.

SUEKI, céramique. 304a, b ; *305.*

SUÈVES. *101 : les Grandes Invasions.*

ṢUḤĀR, Omān. 284a ; *285 : route de la céramique.*

SUIXIAN, Hubei, Chine. 262b.

SUMATRALITHE. Galets unifaces découverts en 1920 au nord de Sumatra ; cette dénomination fut étendue par la suite aux unifaces hoabinhiens. *250 : herminettes ;* 288a.

SUMER. 178 ; 182 ; 188b, c.

SUMÉRIENNE (LANGUE). Le sumérien paraît bien être la langue écrite sur les premières tablettes de Mésopotamie du Sud, à la fin du IVe millénaire. Il regroupe autour de racines invariables, bisyllabiques ou monosyllabiques, des préfixes ou des suffixes, eux-mêmes invariables, pour exprimer les nuances grammaticales : la structure de la langue a sans doute facilité l'invention de l'écriture et, dans un second temps, celle du syllabisme. Concurrencé très tôt par le babylonien, le sumérien n'est plus parlé au début du IIe millénaire, mais il devint alors langue de culture et il garda cette fonction jusqu'à l'extinction de l'écriture cunéiforme elle-même au Ier siècle de notre ère. 178.

SUNDA (SOUS-CONTINENT DE). 250b ; 376a.

SUPPILULIUMA Ier (env. 1380-1346). Grand roi hittite qui, après avoir soumis presque toute l'Asie Mineure, profita de la faiblesse de l'Égypte amarnienne pour instaurer l'empire hittite en Syrie du Nord, aux dépens du Mitanni. Il plaça les territoires syriens sous l'autorité de ses fils installés à Alep et à Karkemish. 190b ; *191 : Ras Shamra.*

SURIBACHI (BOL), Japon. 304.

SURVEY. Voir **PROSPECTION.**

SUSE (CIVILISATION DE). Caractérisée par une céramique fine à motifs géométriques peints en sombre sur un fond clair, la civilisation de Suse est née à la fin du VIe millénaire dans la partie orientale de la Basse-Mésopotamie, où se trouve Suse, le site éponyme. Elle s'est ensuite répandue sur le plateau iranien. Elle succède directement aux civilisations néolithiques du Zagros, et introduit, comme la civilisation d'Obeid, au phénomène urbain. Le développement des civilisations de Suse et d'Obeid, dans une même zone géographique (plaine alluviale), est parallèle. *13 ;* 168c ; 176a ; 188b, c ; *188 : vase.*

SU SIZHU (TOMBE DE), Xi'an, Chine. *275.*

SUTTON HOO, Grande-Bretagne. *113.*

SUZU, Japon. 304b, c ; *305.*

SWAN (VALLÉE DE LA), Australie. 376a.

SWAT, Himalaya. 244c ; *244 : agglomération ; 247.*

SYLLABOGRAMME. Dans les écritures crétoises du IIe millénaire avant notre ère, signe notant au moyen d'un dessin arbitraire une syllabe ouverte, généralement du type « consonne + voyelle » ou « voyelle seule ». *73 : tableau.*

SYRO-HITTITE (STYLE). 190b ; *191.*

SYSTÈME DU COMPTE LONG. Parmi les différentes formes de notation du temps utilisées en Mésoamérique, le système du Compte Long est le seul à se référer à une date initiale fixe qui pourrait correspondre à l'an 3113 avant J.-C. Le temps écoulé est noté par unités décroissantes équivalant respectivement à *x* fois 144 000 jours, *x* fois 72 000 jours, *x* fois 360 jours, *x* fois 20 jours, *x* fois 1 jour. Dans les Basses Terres mayas du Sud, le système du Compte Long a été utilisé entre 300 et 900 environ de notre ère, mais les Maya n'auraient pas été les inventeurs de cette forme du comput. 352a ; *352.*

SZEGVAR-TUZKOVES, Hongrie. 48b ; *49.*

SZÉLÉTIEN. Ce terme désigne normalement les industries à pointes foliacées bifaces du Paléolithique supérieur ancien du bassin danubien. Mais il a été souvent appliqué aux industries à pointes foliacées qui marquent le passage entre le Paléolithique moyen et supérieur dans tout l'est de l'Europe centrale. Le site éponyme est la grotte Szeleta, située dans les montagnes du Bükk en Hongrie.

TABLETTES, écriture. 72b ; *72 ; 73 ;* 178b ; *178 ;* 182 ; *183 ;* 184a ; *185 ;* 188b ; *191.*

TABUN (GROTTE DE). *163.*

TAINO (CULTURE), Antilles. 370c ; *371.*
Voir **DUHOS ; ZÉMIS.**

TAKAMATSUZUKA (TOMBE), Japon. 300c ; *301.*

TALATATE. Petits blocs en grès, de dimensions constantes (55 × 25 × 20 cm environ), portant en général sur au moins une face un décor sculpté et peint. De maniement facile, ils ont été utilisés par Akhénaton à Karnak pour la construction de très nombreux monuments dédiés par le pharaon hérétique au disque solaire Aton. Après le retour à l'orthodoxie amonienne, ces monuments furent démontés et leurs éléments ont été alors utilisés par les successeurs d'Akhénaton comme « bourrage » dans les constructions postérieures. *203.*

TALAVERA, Espagne. 148c.

TALAYOTS. 60c.

TAL-I-MALYAN, Iran. 184a.

TALUQAN, Afghanistan. 230b ; *231.*

TAMBOUR DE BRONZE. *269 ;* 286a ; 290 ; *290 ; 291.*

TAM ONGBAH, Thaïlande. 250c.

TAM PHII, Thaïlande. 250c.

TANG (PÉRIODE), Chine. 259a ; 262c ; 274 ; *275 ; 279 ;* 282.

TANIT, déesse. 194c ; *195.*

TAOÏSME ÉSOTÉRIQUE. À côté de l'école du taoïsme mystique telle qu'elle est décrite dans le *Huainanzi* (fin du IIe s. av. J.-C.) et de la pensée politique de Huanglao existait, dans la Chine des Han (206 av. J.-C.-220 apr. J.-C.), une tradition des techniques ésotériques héritées des confréries antiques de forgerons et de potiers. C'est de leur fusion, sous les Han, que naquit le taoïsme ésotérique. Le patron en devint l'empereur Jaune, premier souverain mythique civilisateur, à qui auraient été révélés les secrets des recettes de longue vie. 272b.

TAOÏSME MYSTIQUE. Plus que de philosophique, c'est de mystique qu'il convient de qualifier le taoïsme de la Chine des Royaumes Combattants (475-221 av. J.-C.), car celui-ci se caractérise moins par une démarche intellectuelle sur les causes premières que par un mode de vie en harmonie avec l'univers et une technique de l'extase. Intégrant des concepts antérieurs (*dao, ying-yang*), trois ouvrages en réunissent la pensée : le *daode jing* ou le *Laozi*, le *Zhuangzi* et le *Liezi*. Le modèle en est le sage retiré, cultivant le principe vital en suivant le rythme spontané de la nature. 272b.

TAOTIE. Mot chinois désignant le motif du glouton qui appartient au répertoire décoratif des bronzes Shang et Zhou. Il représente un masque zoomorphe vu de face avec une gueule dépourvue de mâchoire inférieure, deux yeux, deux oreilles et des cornes répartis symétriquement de part et d'autre d'un axe frontal vertical. Il se compose souvent de deux dragons *kui* (voir ce mot) affrontés et symétriques, dont on distingue le corps vu de profil, la queue sinueuse et une patte griffue. La réunion de leurs têtes forme le masque de glouton. 266b.

TAPISSERIE. *217 : élément de harnachement ;* 222c ; *223.*

TARDENOISIEN. Culture mésolithique caractérisée par des armatures de flèche en forme de triangle dans les stades anciens et de trapèze dans les stades récents ; leur dimension est en général inférieure à 2,5 cm. Le Tardenoisien s'étend de 7000 à 4000 avant J.-C., il couvre le Bassin parisien et le centre de la France.

TARO. Nom polynésien des *Colocasia* (*Aracées*). Plantes originaires de l'Asie du Sud-Est, où elles furent très anciennement domestiquées pour la richesse alimentaire de leur tubercule. Elles sont les plus importantes de toutes les plantes vivrières de l'Océanie. 376c.

TARUT (ÎLE DE). 186b.

TATE-ANA. 292.

TATICHTCHEV, Vassili Mikitich (1686-1750). 210b.

TATOUAGE. 222b.

TAUREAU. *48 ;* 172 ; *172 ; 187 ;* 200c ; *228 : artisanat.*

TAUTAVEL, Pyrénées-Orientales. 22a ; *22.*

TAWANANNA. Nom générique porté par la reine hittite qui joua un rôle considérable dans la monarchie. Son titre se transmettait indépendamment de celui de roi, la veuve d'un roi demeurant la reine en titre. Celle-ci assumait des responsabilités politiques aussi bien que religieuses. Il n'était pas rare qu'un jeune roi se heurte ainsi à la veuve de son père. *191 : Ras Shamra.*

TAXILA, Pakistan. 232b.

TAYNAT, Syrie. *193 : temples retrouvés en Syrie.*

TCHALENKO, Georges. Élève du Bauhaus, architecte, Georges Tchalenko a consacré sa vie à la Syrie du Nord. Il a su interpréter historiquement les habitats du IIe au VIIe siècle remarquablement préservés dans la région, dans un ouvrage qui a eu un grand retentissement, *Villages antiques de la Syrie du Nord* (Geuthner, Paris, 1953-1958). Un autre ouvrage sur les *Églises de villages de la Syrie du Nord* est en cours de publication. 88b ; 133a.

TCHERTOMLYK, U.R.S.S. *214.*

TECHIK-TACH, Ouzbekistan, U.R.S.S. 26a ; 28b.

TÉ (PALAIS DU), Mantoue. 386c.

TECHNIQUES. 52 ; *76 ;* 108 ; 128 ; *128 ;* 130 ; 156 ; *157 ;* 188 ; *229 : chaîne opératoire ;* 230 ; 262 ; 266. Voir **LITHIQUE.**

TEGDAOUST, Mauritanie. 310b.

TEHUACÁN (VALLÉE DE), Mexique. 342 ; *343.*

TÉLAMOU, Italie. *85.*

TELARMACHAY, Pérou. 360a ; *361 : les premiers bergers.*

TELL ARPACHIYAH, Iraq. *171.*

TELL CHUERA, Syrie. 192b ; *193 : temples retrouvés en Syrie.*

TELL EL'OUEILI, Iraq. 176b ; *176 ; 177.*

TELL FRAY. 192c.

TELL KEISAN, Israël. 194c.

TELLO, Julio C. (1880-1947). Archéologue péruvien. Après des études de médecine, il se tourne vers l'archéologie de son pays, à laquelle il voue une curiosité passionnée. Durant trente-cinq ans de recherches, il découvre, étudie et publie quelques-uns des sites les plus importants du Pérou : Chavín de Huantar en 1919 (*Chavín, cultura matriz de la civilización andina*, 1960) ; les nécropoles de Paracas en 1925 (*Paracas*, 1959) ; les temples de Cerro Blanco et Punkuri en 1933, Kotosh en 1935, Cerro Sechin en 1937 (*Arqueología del valle de Casma*, 1956). Ses travaux ont révélé le haut degré de développement des cultures préincaïques auxquelles, contrairement à M. Uhle, il prêtait une origine amazonienne (*Antiguo Perú*, 1929, et *Origen y desarollo de las civilizaciones prehistóricas andinas*, 1942). 355b ; 364a.

TELL QANNAS, Syrie. 182a.

TELL SAWWAN, Iraq. *173.*

TEMMOKU. Bol en grès à couverte de fer ou de manganèse, de couleur noire ou brune. Le terme de *temmoku*, originaire du Japon, fut appliqué aux bols chinois utilisés dans la cérémonie du thé, par référence aux pièces que les moines de la secte bouddhique Zen rapportèrent dans ce pays à l'époque de Kamakura et qui provenaient du mont Tianmushan (province du Zhejiang). Cependant, la désignation pose un problème d'identification. En effet, aucun four à *temmoku* n'a été découvert au Tianmushan. Il est certain que les bols étaient cuits à l'époque Song dans les fours de Jian (Fujian), non loin de la montagne. Ces bols à base étroite possèdent une couverte brune ou noire, ou imitant l'écaille de tortue. À l'époque Song, d'autres fours chinois ont produit des bols *temmoku*, comme les fours du Henan. À l'époque de Kamakura, les fours japonais de Seto, à l'imitation de la Chine, ont commencé une production de couverte du type des *temmoku*. Cependant, certains bols japonais sont appelés *temmoku* uniquement à cause de la similitude de la forme et non pas de la couverte : par exemple, les *temmoku* blancs (*shiro-temmoku*). Ces bols très appréciés au début de la cérémonie du thé (XVe s.) furent classés selon sept types de décor de couverte. Mais, avec la vogue d'un nouveau genre de cérémonie du thé inauguré par Sen-no-Rikyû (1521-1591) et basé sur la recherche d'une esthétique plus naturelle (*wabi-sabi*), l'emploi du *temmoku* fut limité aux cérémonies très formelles. 304c.

TEMPLE. *47* ; 48b ; *65* ; *70 : Herôon de Lefcandi* ; *83 : couple d'Hercule* ; *84* ; 168c ; 192 ; *192* ; *193* ; 194b ; 196 ; *197* ; 200a ; *201* ; 202 ; *203* ; 204 ; 206 ; *228* ; 232c ; 234c ; *338* ; *351* ; 364b ; *365*.
Voir **SPÉOS**.

TEMPS, LA NOTION DE TEMPS EN ARCHÉOLOGIE. L'archéologue cherchant à dater les événements qu'il met au jour est confronté à l'existence de diverses échelles de temps :
– Le temps physique qui se déroule de manière uniforme, continue. C'est le temps qui intervient dans les mesures de décomposition radioactive. C'est aussi ce temps qui est utilisé dans les modèles de la relativité restreinte ou de la relativité générale. Dans ces deux modèles, le temps dépend du référentiel choisi mais se déroule toujours de manière uniforme et continue.
– Le temps astronomique qui est lié au mouvement des planètes. Il est lié au temps physique par les lois de la mécanique céleste.
– Le temps des calendriers. Les calendriers utilisent très généralement le temps astronomique (calendrier solaire, lunaire, etc.). Les calendriers définissent un instant « zéro » par rapport à des événements humains : avènement d'un roi, naissance du Christ, fondation de Rome... Il se pose alors le problème de la mise en correspondance des divers calendriers.
– Les temps mythiques que sont ceux des grandes épopées (Gilgamesh) ou des textes sacrés (Ancien Testament). Ces temps correspondent à des événements historiques dont la perception temporelle est profondément déformée.
– Le temps vécu qui est celui que perçoit chaque individu et que l'archéologue doit tenter de comprendre, dans ses généralisations sociales, pour décrire les sociétés qu'il étudie. Une part du travail de l'archéologue est d'établir une cohérence entre les informations qu'il recueille et qui peuvent se rattacher selon les cas à l'une quelconque de ces échelles de temps.

TENOCHTITLÁN, Mexique. 348b, c ; *349*.

TEOTIHUACÁN, Mexique. 338b ; 339 ; 346c ; 348 ; *349*.

TEPE HISSAR, Iran. 184a ; *185* ; 228b.

TEPE YAHYA, Iran. 184a ; *185*.

TE PITO TE KURA, île de Pâques. *382* ; *383*.

TERMEZ, Afghanistan. 232b.

TERRASSE, Henri (1895-1971). Archéologue français. Sa thèse sur « L'Art hispano-mauresque des origines au XIIIe siècle » en fit le découvreur du monde hispano-maghrébin. Il appartient à la génération d'archéologues qui, aux deuxième et troisième quarts du XXe siècle, développa une prospection systématique. Historien autant qu'archéologue, il donna avec Georges Marçais (1876-1962) et Leopoldo Torres-Balbás (1888-1960) l'exemple d'une archéologie-service public qui dès les années vingt fut le modèle d'un fructueux travail d'équipe international. 147c.

TERRE CRUE. *158 : Harput* ; 170a ; 174b ; *182 : bulle* ; 234b.

TERRE CUITE. *44 : chariot* ; *67 : Sabatinovka* ; *69 : statuette* ; *72* ; *73 : Enkomi* ; *83 : statue acrotère* ; *relief* ; *85 : Telamon* ; 86 ; *128* ; 170 ; *171* ; *177* ; *185* ; 194c ; *237 : ostothèques* ; *245* ; 270 ; 278c ; *293* ; 307b ; *307* ; 312b ; *313* ; *321*.

TERREMOTE, Mexique. *346*.

TESHUB. Voir **HITTITE, DIEU DE L'ORAGE.**

TESSON. 76b, c ; *87 : Monte Testaccio* ; 128c ; 144a ; *145 : fragment de coupe* ; *171* ; 284c ; *284* ; *285* ; *362* ; *363* ; *379 : poterie de la Tradition Mangaasi*.

TÉTRADRACHME. Voir **DRACHME.**

TEXTES ANCIENS ET ARCHÉOLOGIE. 62a ; 64a ; 70 ; 74a ; 90 ; 146 ; 160c ; 210a, b ; *215 : plaque* ; 226 ; 248a ; 254 ; 312a ; 324a ; 325a ; 338b ; *341 : Codex Borgia* ; 350a ; 354 ; 366b, c ; 373a. Voir **ARCHÉOGRAPHIE.**

TEXTILE, production et échanges. *71 : objets de la tombe de Vergina* ; 128a ; *129 : fragment de tissu* ; 222c ; *223* ; *365* ; 388a.

THANK HOA, Vietnam. 286b ; 287a.

THASOS, Grèce. *75* ; 76a ; *77* ; *78* ; *139*.

THÉ (CÉRÉMONIE DU). Voir **CHAIRE.**

THÈBES, Égypte. 200b ; 202 ; 204a.

THÉRA, Grèce. *75*.

THERMES. Voir **BAINS.**

THERMOLUMINESCENCE (DATATION). La thermoluminescence est un phénomène physique qui permet la datation d'un certain nombre de matériaux archéologiques (céramique, silex, verre...) à condition qu'ils aient été chauffés. Sous l'effet de la radioactivité ambiante, ces matériaux subissent une modification de la répartition de leurs électrons à l'intérieur du réseau cristallin de certains de leurs composants (quartz, zircon). Au laboratoire, ces matériaux, quand il sont chauffés, émettent de la lumière dont l'intensité est proportionnelle à la quantité de radioactivité reçue depuis le chauffage précédent. Si les matériaux n'ont pas été chauffés, la thermoluminescence mesure leur âge géologique qui n'a guère d'intérêt pour l'archéologue. Cette technique est très employée à l'heure actuelle pour la datation des céramiques et des silex brûlés. 38b ; 307b ; 386c.

THOLOS. 46c.

THOMSEN, Christian Jürgensen (1788-1865). 20a ; 50b ; 52a.

THRACES. 58b ; 62a ; *62 : tumulus de Mogilanska* ; *75*.

THULÉENNE (CULTURE). La culture thuléenne, définie par l'archéologue Mathiassen en 1927, est celle des ancêtres des Inuit. Elle apparaît à l'extrême fin du Ier millénaire de notre ère dans le détroit de Béring et s'étend rapidement à l'ensemble de l'Arctique américain et au Groenland. Elle est caractérisée par une adaptation aux ressources essentiellement marines de l'Arctique, incluant les grands cétacés. L'outillage thuléen est surtout en os, en ivoire et en ardoise polie plutôt qu'en pierre taillée. Aujourd'hui, on regroupe parfois sous le terme de Tradition thuléenne une série de cultures côtières de l'Alaska et de Sibérie précédant le Thuléen (Vieux Béringien, Okvikien, Punukien, Birnikien) et la culture groenlandaise d'Inugsuk. 328c.

TIANKAI (THÉORIE DU), cosmologie. 280b, c.

TIBES, Porto-Rico. *371*.

TIERRAS LARGAS, Mexique. 346b.

TIESHENGGOU, Gongxian, Henan, Chine. 262b, c ; *263 : sites*.

TIKAL, Guatemala. 348b ; 352b ; *352 : forêt tropicale*.

TILLIA-TEPE, Afghanistan. *211*.

TIMBRE D'AMPHORE. 76a ; *77*.

TIN TALI, Ellora, Inde. *239*.

TISZA (CULTURE DE). *49 : dieu à la faucille*.

TISSU. Voir **TEXTILE.**

TI TONGOA LISEIRIKI, mythologie océanienne. 380.

TIYA (TOMBE DE LA PRINCESSE), Saqqarah. 200c ; *201*.

TLATILCO, Mexique. 346c ; *347*.

TOGUERE. 310c.

TŌKAI, Japon. 304a.

TOKONAME, Japon. 304b.

TOLLUND, Danemark. *55*.

TOLSTAÏA MOGILA. 220 ; *221*.

TOLTÈQUES. 348c.

TÔMÂS, Égypte. *199*.

TOMBE. *26* ; 28 ; 36c ; 46 ; 54 ; 70 ; *71* ; 98 ; 106 ; 112 ; 114b ; 180 ; *181* ; *185* ; 186b ; *187* ; 197a ; 200 ; *201* ; 204 ; *205* ; 206b ; 208 ; 216b ; 220 ; 222a ; *241* ; 258a ; 264 ; 274a ; 276 ; 298 ; 300.
Voir **AD SANCTOS ; ARCOSOLIUM ; CISTE ; MASTABA.**

TONGLÜSHAN, Hebei, Chine. 262a.

TONGOA (ÎLE DE). 380 ; *380*.

TONGSAM-DONG, Corée. 293b.

TONINA, Mexique. 352b ; *352*.

TORAZUKA, tombe. *301*.

TORCHIS. *43 : maison danubienne reconstituée* ; *66 : Sabatinovka*.

TOREUTIQUE. Voir **ORFÈVRERIE.**

TORO, Japon. 292b ; 296b ; *297*.

TORQUE. 62b ; *215* ; *220*.

TORRES-BALBÁS, Leopoldo (1888-1960).
Voir **TERRASSE,** Henri.

TŌSHŌDAIJI, Japon. 302c.

TOUR, architecture. 142 ; 158 ; *159* ; *183 : palais royal* ; *187 : fouilles de Hili* ; *237*.
Voir **ZIGGOURAT.**

TOUR DE POTIER. 128 ; *128* ; 242a.

TOUTANKHAMON (TOMBE DE). 197a ; 204b.

TRACÉOLOGIE. Étude des traces d'usage sur le tranchant des outils de pierre. Vers 1930, le Russe S. A. Semenov a le premier l'idée d'examiner au microscope les traces d'utilisation sur des outils préhistoriques et expérimentaux. Ses travaux ne seront repris que vers 1975 par plusieurs groupes de chercheurs qui étudient sous divers grossissements les bords utilisés d'outils préhistoriques et expérimentaux. L'observation à la binoculaire (× 10 à × 80) permet de reconnaître un travail sur des matières molles, résistantes ou dures, ainsi que le mouvement effectué par l'outil de pierre (équipe R. Tringham). Avec un microscope optique à réflexion (× 200 à × 400), il est possible de distinguer les micropolis spécifiques des matières travaillées que l'on peut identifier (L. Keeley). Enfin, on détecte au microscope électronique à balayage (× 1 000 à × 10 000) certains résidus laissés par les matières travaillées sur l'outil (P. Anderson-Gerfaud). 21b ; 32c ; *33 : traces d'utilisation* ; *travail de boucherie*.

TRADITION. Terme fréquemment utilisé en archéologie américaine (alors qu'il ne l'est que peu, ou plus, en Europe) pour caractériser un ensemble de groupes culturels distincts (ou les gisements qui les représentent), mais dont tous possèdent un ou plusieurs traits communs, tel que : l'usage d'un certain type d'outillage (par exemple la Tradition des pointes en queue de poisson, en Amérique du Sud), la pratique d'une certaine forme de subsistance (par exemple la Tradition des chasseurs de mégafaune) ou d'un certain mode de vie adapté à un environnement particulier (par exemple la Tradition du désert, en Amérique du Nord). 340.

TRADITIONS ORALES ET ARCHÉOLOGIE. 373a ; 380.

TRANCHOIR.
Voir **CHOPPER et CHOPPING-TOOL.**

TRÉSORS MONÉTAIRES. 78 ; *79* ; *115* ; *141* ; *227* ; 254a ; 282b.

TRIGONOLITHE OU PIERRE À TROIS POINTES. Objet de pierre triangulaire ou mammiforme, avec ou sans décor, et représentant généralement des Zémis. On en trouve aussi des petits spécimens en céramique ou en coquillage. Cet objet n'existe qu'aux Antilles. *371 : objets mobiliers*.
Voir **ZÉMIS.**

TRIVIÈRES, Belgique. *109*.

TROIE, Turquie. 70a ; 174b.

TROU D'EMMANCHEMENT (TECHNIQUE DU). La fixation d'un manche en bois par l'intermédiaire d'un trou situé dans le corps d'un outil (pioche, hache, marteau...) est une technique qui contribue de manière essentielle à l'efficacité de cet outil. Peu développée pour la pierre, cette technique a pris son essor avec les outils de métal. Les premières haches métalliques (entre 5000 et 3500 av. J.-C.) ne comportaient pas de trou d'emmanchement. La fixation du manche sur la lame était alors assurée par un lien souple (corde). Les premiers exemples de trous d'emmanchement, apparus à Sialk, Iran, au milieu du IVe millénaire, manifestent un souci d'efficacité de l'outil justifiant l'effort technique d'une élaboration complexe. Renvoyant à la notion de rentabilité de l'outil, l'apparition du trou d'emmanchement est un témoin important de l'évolution de la conception du travail dans les sociétés proche-orientales du IVe millénaire. 188b ; *189 : houe* ; *279 : couteau*.

TROU DE SERRURE (TOMBES EN). 300a ; *300*.

TROUMASSOÏDE (CULTURE), Antilles. 370b.

TRUNDHOLM, Danemark. *49*.

TSUBO, jarre, Japon. 304 ; *305*.

TUBE DE VISÉE. Complément de la sphère armillaire, employé, jusqu'à l'invention du télescope, pour isoler une partie du ciel.

TUDHALIYA IV (env. 1265-1235). Roi hittite dont les annales ne nous sont pas connues mais qui semble avoir été, entre autres, un grand bâtisseur : c'est lui qui renforça les murailles de Hattusha, la capitale, et qui réalisa le décor du célèbre sanctuaire rupestre de Yazilikaya. Il fut soucieux de l'affermissement de l'autorité royale, aussi bien dans le domaine religieux que dans l'administration.

TUF VOLCANIQUE. Voir **CINÉRITE.**

TUILE. 82c ; *302* ; *393*.

TULA, Mexique. 348c.

TUMULUS. 46a ; 54 ; *54* ; 70c ; 186c ; *187* ; 264b ; 298 ; 324b.
Voir **KOFUN.**

TUNXI, Anhui, Chine. 268c.

TURCO-BULGARES. 114.

TURENG TEPE, Iran. 184a ; *185*.

TURIN, usine du Lingotto. *393*.

TURUBONG, Corée. 294c.

TUŠEMLJA, U.R.S.S. *115*.

TYR, Liban. 194a ; *195*.

TYRANNIE. Dans les cités grecques, dictature établie généralement à la suite de graves tensions sociales. À l'époque archaïque (700-480), la tyrannie assure la transition entre les régimes féodaux de l'époque géométrique (1100-700) et les régimes représentatifs plus ou moins démocratiques de l'époque classique (480-338). Les tyrans, appuyés sur leur garde personnelle, ont souvent pratiqué une politique de grands travaux et de stimulation des activités culturelles et commerciales qui apparente leur régime à un despotisme éclairé de type bonapartiste. Ainsi la tyrannie correspond-elle dans nombre de grandes cités (Corinthe, Athènes, Samos) à une crise de croissance. Forme politique dépassée en Grèce métropolitaine dès la fin du VIe siècle, la tyrannie s'est maintenue dans certaines cités d'outre-mer, surtout en Sicile, jusqu'à la conquête romaine.

TYSKIEWICZ (GROUPE). 190b ; *190*.

UGARIT. Voir **OUGARIT.**

UHLE, Max (1856-1944). Anthropologue allemand. Auteur de très nombreuses études sur divers sites archéologiques d'Argentine, de Bolivie (*Die Ruinenstaette von Tiahuanaco*, 1892), du Chili et, surtout, du Pérou. *Pachacámac*, publié en 1898, constitue la première étude stratigraphique réalisée en Amérique. Uhle établit le premier une séquence chronologique des cultures péruviennes basée sur la stratigraphie et il en proposa une origine mésoaméricaine. Max Uhle a laissé plus de cent trente publications, et il est considéré comme le « père de l'archéologie péruvienne ». 355a.

UMCHARA SUEJI (1893-1982). Né près d'Ōsaka, il contribua en 1914 au classement des collections archéologiques de l'université de Kyōto. En 1921, il fut chargé des fouilles par le gouvernement général de Corée. De 1925 à 1929, il voyagea en Europe et aux États-Unis. Docteur en 1939 de l'université de Kyōto pour son étude sur l'Âge du bronze en Chine, dont il est l'un des plus célèbres spécialistes.

UNGAVA, Canada. *329* ; *337*.

UNTERUHLDINGEN, république fédérale d'Allemagne. *60*.

UPEMBA, Zaïre. *315*.

UR. Voir **OUR.**

URBAINE (ARCHÉOLOGIE). 84 ; 94 ; *95* ; 99a ; 102 ; 126 ; 134 ; 184 ; 228 ; 232 ; 368 ; 385b.
Voir **HABITAT URBAIN ; VILLE.**

URNE FUNÉRAIRE. 54 ; *58 : Mailhac* ; 82b ; *93* ; 236b ; *245 : jarre*.

URUK.
Voir **OURUK.**

VAČE, Yougoslavie. *59*.

VAILLANT, George C. (1901-1945). La vie trop brève de ce grand spécialiste nord-américain, surtout connu pour ses travaux sur le Haut Plateau central mexicain, est fondamentalement associée à l'amélioration radicale de nos connaissances en matière de chronologie mésoaméricaine. Le premier il explora de façon systématique les vestiges qui sont antérieurs à l'apogée des civilisations classiques. On oublie trop souvent que sa passion pour la chronologie s'exerça aussi fort heureusement en zone maya. 339b ; 346c.

VAISSELLE. *51* ; 58 ; 128 ; 138 ; 170 ; *188 : vase* ; 260b ; 270c ; *271* ; 388a.

VAL CAMONICA, Italie. *45*.

VALDIVIA (TRADITION), Équateur. 362 ; *363*.

VALENCE, Drôme. *18*.

VALSGÄRDE, Uppland, Suède. *115*.

VANDALES. *101 : les Grandes Invasions*.

VAN STEIN-CALLENFELS, Paul V. (1883-1938). Déçu par la carrière d'administrateur civil à Java et devenu planteur de café, il se passionne pour le théâtre d'ombre à partir duquel il identifie certains bas-reliefs indonésiens. Après de nouvelles études à Leyde (1921-1924), il entre au Service archéologique. Ses prospections et ses fouilles fondent la préhistoire de l'Indonésie qu'il intègre à l'ensemble de l'Asie du Sud-Est grâce à sa culture acquise lors de ses voyages. Son extraordinaire personnalité lui a valu d'être adoré comme génie local sur plusieurs sites de Java qu'il a fouillés ; il est ainsi le seul exemple connu d'archéologue déifié.

VARANGUE. Partie inférieure d'un membre (élément de la charpente transversale d'un navire) dont le centre est placé au-dessus de la quille. 130b.

VARÈGUES. 114b.

VASCOS (CITADELLE DE), Espagne. *159.*

VASES. *41 : poterie décorée ; 49 : Divostin ; 53 : Mariesminde ;* 58 ; *68 ;* 76 ; *81 ;* 110 ; *111 ; 116 ; 117 ;* 144 ; *145 ; 155 ; 181 ;* 184 ; *199 ; 259 ; 263 ; 271 ; 285 ; 296 ; 363 : récipients ;* 370 ; *370 ; 371.*

VAUX, Roland de (1903-1971). 192a ; *193 : deux restitutions du temple de Jérusalem.*

VAUX-ET-BORSET, Belgique. *41 : poterie décorée, Europe centrale.*

VENTA MICENA, Espagne. 22a.

VENTRIS, Michael (1922-1956). Architecte anglais. Passionné depuis l'adolescence par les écritures crétoises, il étudia pendant plus de quinze ans, avec une méthode d'investigation systématique et cohérente, l'écriture linéaire B découverte par Arthur Evans à Cnossos au début du siècle. Et, le 1er juin 1952, il put donner comme titre à une note qu'il envoya à une dizaine de savants s'intéressant aux écritures crétoises *Les tablettes de Cnossos et Pylos sont-elles écrites en grec ?* Les évidences difficilement contestables produites par sa méthode gagnèrent très vite l'adhésion de la communauté scientifique internationale. Une écriture qu'on ne lisait pas, qui notait une langue qu'on n'y cherchait pas, venait d'être déchiffrée. 72c.

VÉNUS PRÉHISTORIQUE. 30c ; *31 ;* 172b.

VERGINA, Macédoine, Grèce. 70c ; *71 ;* 224c.

VERRE. 138c ; *209 ;* 312c ; 314a ; *377 : outillage australien.*

VERTESSZÖLLÖS, Hongrie. 22b, c.

VESELOVSKIJ, Nikolaï I. (1848-1918). Archéologue et orientaliste russe. Il a fouillé en 1897 le kourgane de Maïkop dans le Caucase et nombre de kourganes scythes dans le Kouban (Kostromskaïa, Kelermès, Oulskii aoul) et sur le Dniepr (Solokha).

VESHNOVE, Iran. *189.*

VESTONICE, Tchécoslovaquie. *31.*

VEXILLATION. En latin *vexillatio* (pluriel *uexillationes*). Détachement composé de soldats prélevés dans divers corps et réunis sous le commandement d'un préfet. On connaît par l'épigraphie des vexillations d'auxiliaires et de légionnaires. Ces détachements, mobiles et maniables, sont constitués pour des opérations déterminées : construction d'une route, d'un fort, répression d'une révolte, et peuvent opérer loin de leur cantonnement habituel. 96b.

VICQ, Yvelines. *100.*

VIGNE-BRUN (LA), Villerest, Loire. *32.*

VIKING. 102c ; 114c ; *115 : Scandinavie ;* 130.

VILLAGES DÉSERTÉS. Entre 1050 et 1250 environ, l'Occident médiéval connaît une vaste croissance démographique qui a pour conséquence l'agrandissement des terroirs cultivés, essentiellement par des défrichements, et la création de nombreux centres de peuplement nouveaux. À partir des premières décennies du XIVe siècle, au contraire, des difficultés économiques, les conséquences des épidémies de peste qui affectent toute l'Europe à partir de la première grande attaque en 1347-1348, puis, pour la France, la guerre de Cent Ans entraîneront une chute très forte de la population et un abandon de nombreux terroirs situés hors des zones les plus faciles à exploiter ou les plus productives. Le regroupement des populations survivantes dans certaines agglomérations a pour conséquence un phénomène très général d'abandon de villages. Le retour de la croissance démographique et d'un nouvel essor économique à la fin du XVe siècle entraînera parfois la réoccupation de certains de ces villages, mais dans l'ensemble ceux qui ont été abandonnés à la fin du XIVe et au XVe siècle le restent définitivement. Ces désertions de villages ont beaucoup intéressé les historiens de l'économie et de la société médiévales au cours des années soixante en Italie, en France, dans les îles Britanniques et en Allemagne notamment. Mais surtout, parce qu'ils offrent aux chercheurs des informations exceptionnelles (textes permettant une localisation, structures non remaniées par des occupations postérieures, possibilités de datation...), les villages abandonnés ont été, à partir de la même époque, l'objet de nombreuses fouilles dans les mêmes pays, surtout dans les îles Britanniques. 117a.

VILLA MÉDIÉVALE. 104c.

VILLA ROMAINE. 88a ; 94c ; *95 : Caesarea de Maurétanie ;* 104.

VILLA NOVA DE SAO PEDRO, Portugal. *43.*

VILLAGE. 42 ; *43 ;* 60b ; *60 ; 89 : Picardie romaine ;* 104 ; *105 : reconstitution ;* 120 ; *121 ;* 136 ; *137 ; 143 ; 167 : le processus de néolithisation ;* 168 ; *169 ;* 176a, b ; 184a ; *228 : Dashly 3 ;* 240c ; 242 ; *245 ;* 246b ; *297 ;* 332 ; *333 ;* 334b ; 346 ; 360c.

VILLE. 82 ; 84 ; 94 ; *94 ; 95 ;* 102 ; *103 ;* 126 ; *127 ;* 134 ; 142a ; *143 ;* 148 ; *149 ;* 168c ; *169 ; 182 ;* 184 ; 228 ; 232 ; *233 ;* 234 ; *235 ;* 242 ; 246c ; 344 ; 346a ; 368 ; 388c ; 390b.
Voir **OPPIDUM.**

VIN, production et échanges. *51 ;* 58 ; 76 ; 86c ; *87 : commerce ;* 88 ; *89.*

VINÇA (CIVILISATION DE). *49 : autel de Divostin ; autel de Fafos I.*

VINDHYA (MONTS), Inde. 240c.

VIRAMPATNAM-ARIKAMEDU, Inde. 254a.

VIRURE. Ligne de bordages s'étendant sur toute la longueur de la coque d'un navire. 110b.

VISEGRÁD, Hongrie. 386.

VISMES-AU-MONT, Somme. *123.*

VITRUVE (Ier s. av. J.-C.). 90b.

VIX, Côte-d'Or. 58c ; *58.*

VOGÜÉ, Melchior, marquis de (1829-1916). 132b.

VOILE LATINE. Caractéristique de la Méditerranée, la voile latine de forme triangulaire, établie sur un mât court et une longue antenne, est attestée dans le bassin méditerranéen à partir du Haut-Moyen Âge seulement. 130c.

VOILURE. 130c.

VOLCANOLOGIE ET ARCHÉOLOGIE. 68 ; *69.*

VORGES, Aisne. *107.*

WALDALGESHEIM (STYLE DIT DE). 62b.

WALLACEA (ARCHIPEL DE LA). 376a.

WARENDORF, république fédérale d'Allemagne. 104b.

WARFUSÉE-ABANCOURT, Picardie. *89.*

WEI. 282 ; *282.*

WEIFOND, Shandong, Chine. *261.*

WEI JIONG (TOMBE DE). 274b.

WENXIAN, Henan, Chine. 262c ; *263.*

WERNER, Joachim (né en 1909). Archéologue allemand, le « spécialiste incontesté des problèmes archéologiques de l'époque des migrations » (P. Périn) : J. Werner s'est attaché à définir la chronologie (par la numismatique) et la typologie de certains objets (particulièrement les fibules et les plaques-boucles) en se fondant sur l'étude de la répartition topographique des tombes et des constituants du mobilier funéraire. Les premiers résultats de ses recherches parurent en 1935 (*Münzdatierte austrasiche Grabfunde*, Berlin, 1935) et furent affinés avec parfois de sensibles différences (*Katalog der Sammlung Diergardt. I Die Fibeln*, Berlin, 1961). Ses recherches sont fondamentales pour la Gaule mérovingienne, le règne d'Attila (*Beiträge zur Archäologie des Attila-Reiches*, Munich, 1956), les Lombards (*Die Langobarden in Pannonien*, Munich, 1962), les Slaves et les Bulgares (*Der Grabfund von Malaja Perescepina und Kuvrat, Kagan der Bulgaren*, Munich, 1984). 100b ; 138c.

WEST STOW, Grande-Bretagne. 104b ; *104.*

WETZIKON, Suisse. *45 : outils néolithiques.*

WHARRAM PERCY, Yorkshire. *121 ;* 124c ; *124.*

WHEELER, sir Mortimer (1890-1976). Archéologue britannique. Après une carrière archéologique en Grande-Bretagne, il devient directeur général du service archéologique de l'Inde (*Archaeological Survey of India*) en 1944. Il réorganise complètement l'archéologie indienne, introduit de nouvelles techniques de fouille, en particulier la fouille stratigraphique. Jusqu'à son départ en 1947, il forme dans divers chantiers écoles (Brahmagiri, Harappa) les futurs responsables de l'archéologie de l'Inde et du Pakistan. 238b ; 254.

WILTONIEN. Époque de la pierre postérieure à 15 000 B.P., dans le sud de l'Afrique. Le nom provient d'une grotte située dans la partie occidentale de la province du Cap. 312b.

WINCKELMANN, Johann Joachim (1717-1768). Fils d'un cordonnier, il étudie d'abord la théologie protestante à Halle, puis les humanités, et se convertit au catholicisme pour pouvoir être envoyé à Rome, où il s'installe en 1755. Protégé par le cardinal Albani, il devient en 1764 préfet du pape pour les antiquités. Son *Histoire de l'art de l'Antiquité* (1764) inaugure une critique stylistique cohérente fondée sur le primat de l'art grec classique, considéré comme la référence absolue. Cette esthétique normative eut un retentissement durable, surtout en Allemagne, où Winckelmann est considéré comme le fondateur et le patron de l'archéologie classique.

WISIGOTHS. *101 : les Grandes Invasions.*

WITSEN, Nicolas (1641-1717). Devient bourgmestre d'Amsterdam après avoir accompagné l'ambassadeur de Hollande à Moscou en 1664-1665. Reste en contact avec un réseau de correspondants qui lui font parvenir de Russie des informations et des pièces d'orfèvrerie sibérienne antique. Publie en 1692 l'ouvrage *Noord-en-Oost Tartarye*, réédité en 1705 et en 1785 et illustré de planches représentant les objets de sa collection, aujourd'hui disparue. Ami de Pierre le Grand qui est son hôte à Amsterdam en 1697, il a contribué à éveiller l'intérêt de celui-ci envers les antiquités sibériennes.

WŎLSONG, palais, Corée. 302c.

WRAZA, Bulgarie. *62.*

WUGUANCUN, Henan, Chine. *269.*

WURM, glaciation. 24a.

XIA. 258b ; 260c ; 262a ; *279.*

XI'AN. Voir **CHANG'AN.**

XIAOTUN. Voir **ANYANG.**

XIASI, Henan, Chine. 264a.

XIBEIGANG, Henan, Chine. *267 : empreintes.*

XICUN (FOUR DE), Canton. 284c ; *285 : plat.*

XIU, astronomie chinoise. 280a.

XIWANGMU, mythologie. 272b, c ; *272.*

XIYINCUN, Shanxi, Chine. 278b, c.

XUANHUA, Hebei, Chine. 276b ; *277 : musiciens ; 281 : carte du ciel.*

YABROUDIEN. Industrie lithique identifiée pour la première fois à Yabroud, en Syrie. Le mot Yabroudien est d'abord transcrit en allemand Jabrudien par son inventeur (A. Rust, 1950). Elle marque l'une des façons dont on passe, dans le Levant, du Paléolithique inférieur au Paléolithique moyen, vers 150 000 avant J.-C. Elle est caractérisée par des racloirs épais, le plus souvent accompagnés de bifaces, et par un débitage non levallois. 162a ; 163a ; 164a ; *165.*

YAMAJAWAN. 304c.

YAMASHITA, Japon. 294a.

YAMBASSA. 322c.

YANSHAN (TEMPLE), Shanxi, Chine. *277 : cités de Chine du Nord.*

YANGSHAO (CULTURE DE), Chine. 260a, b ; *261 ;* 268a ; 278.

YANGZI ou **FLEUVE BLEU.** 260a ; *261 : principaux sites.*

YASSI ADA, Turquie. 130a ; *139.*

YATENGA, Haute-Volta. 316c.

YAYOI (ÉPOQUE). 292b ; 296b ; *296 ; 297 : mortier ;* 304a.

YEMAEK TUNGUS. 293b ; 296c.

YEMAOTAI (TOMBE DE), Liaoning, Chine. 276a ; *277 : paysage.*

YIDE (TOMBE DE), Shaanxi, Chine. 274b ; *275 : architecture militaire.*

YIN et **YANG.** *272.*

YINXU, Chine. 262a.

YONGTAI (TOMBE DE), Shaanxi, Chine. 274b ; *275.*

YORK, Grande-Bretagne. 102c.

YORKSTOWN SHIPWRECH ARCHAEOLOGICAL PROJECT, Virginie. 390b.

YOUBA, Burkina Faso. *317.*

YOUYU, Shanxi, Chine. *271 : wenjiu zun.*

YUE (FOURS DE), Zhejiang, Chine. *285 : fond de bol.*

YUNMENG, Hubei, Chine. *266.*

ZACATENCO, Mexique. 346c.

ZAFAR, Yémen. *151, 153.*

ZAMBUJAL, Portugal. *60.*

ZARZIEN. Nom donné à l'Épipaléolithique de l'Iraq et de l'Iran, d'après le matériel trouvé dans la grotte de Zarzi, dans le Kurdistan iraqien (D. Garrod, 1930). L'industrie du Zarzien, microlithique, est peu caractéristique, mal connue, et se charge vers la fin de cette civilisation de formes géométriques. Il n'est pas sûr que, de la Caspienne au Zagros, ce nom désigne la même réalité. 164c.

ZAWIYAS. 152b.

ZÉBU. Race de bovidés très répandue en Afrique et à Madagascar ; caractérisée par une bosse graisseuse. *242 : jarre ; 243 : cylindre ;* 314b.

ZÉMIS. Êtres surnaturels ou divinités des Indiens Tainos des Grandes Antilles souvent représentés dans le décor des céramiques ou dans la sculpture sur pierre ou sur bois. 370c.

ZEUXIPPOS-WARE. Variété de céramique byzantine ainsi appelée parce qu'elle a été identifiée dans des fouilles faites à Istanbul à proximité des anciens thermes de Zeuxippos. Elle date de la fin du XIIe siècle et du début du XIIIe et se caractérise, entre autres, par une excellente qualité de l'argile et de la cuisson. 144c.

ZHANGHUAI (TOMBE DE), Shaanxi, Chine. 274b ; *275 : galop volant.*

ZHAO DAWENG (TOMBE DE), Baisha, Chine. *277 : bourgeoisie.*

ZHENGZHOU, Henan, Chine. 258b.

ZHENMUSHOU. Nom moderne chinois désignant une sculpture en bois naturel ou laqué représentant une divinité ou un monstre aux formes stylisées dont la tête est généralement surmontée par des bois de cerf. Les yeux sont globuleux et de la bouche sort une langue démesurée. Cette sculpture, commune à un grand nombre de tombes du royaume de Chu, possède un pouvoir magique de protection contre les influences néfastes. 266c.

ZHOU (PÉRIODE DES), Chine. 258b ; 262b ; 266b ; *267 : provenance des laques ;* 268b, c ; 278c.

ZICHNA, Grèce. *143.*

ZIGGOURAT. Monument caractéristique de la civilisation mésopotamienne qui se présente sous la forme d'une tour à plusieurs étages, sans doute surmontée d'un temple. Sous cette forme achevée, elle existe de l'époque de la troisième dynastie d'Our (env. 2100-2000 av. J.-C.) à la fin de l'histoire mésopotamienne (milieu Ier millénaire) et elle constitue l'un des pôles essentiels de la ville. Elle fut précédée pendant plus d'un millénaire par une forme architecturale plus simple, le temple sur haute terrasse, qui peut être considéré, à certains égards, comme une forme primitive de la ziggourat et qui connut en Syrie du Nord une postérité particulière. 228b.

ZIWIGÉ, Iran. 216b ; *216.*

ZOHAPILCO-TLAPACOYA, Mexique. 342c ; *343 : sites lacustres ;* 346b.

ZOOMORPHE (REPRÉSENTATION).
Voir **ART ANIMALIER.**

ZOROASTRISME. Religion prêchée par Zoroastre en Asie centrale, quelques siècles avant que ces régions aient été intégrées dans l'Empire perse achéménide, vers 540 avant J.-C. La doctrine est contenue dans les livres sacrés de l'Avesta, d'abord transmis oralement puis mis par écrit sous la dynastie sassanide (IIIe-VIIe s. apr. J.-C.) : les Gāthā, hymnes attribuables en propre à Zoroastre, prêchent un dualisme strict opposant au principe mauvais, Ahriman, le dieu Ahura Mazdah entouré d'entités morales ; l'Avesta dit « récent » réintroduit le culte de divinités antérieures au message de Zoroastre et dont les principales sont Mithra et Anāhitā. Devenu religion nationale de l'Iran sous les Achéménides, le zoroastrisme s'organisa en Église d'État hiérarchisée sous les Sassanides tout en poursuivant une carrière autonome en Asie centrale. Il conserve environ 130 000 adeptes, principalement en Inde (les Parsis) et en Iran. 234c ; 236a.

ZUKUODIAN (Chou Kou Tien), Chine. 250b.

ZUN. *263 ; 270 : spectacle ; 271.*

Table des auteurs

Louis ALLAIRE
docteur en anthropologie, Yale University,
professeur titulaire à l'université de Manitoba, Winnipeg.

Jean ANDREAU
agrégé de l'Université, ancien membre de l'École française de Rome,
maître assistant à l'École des hautes études en sciences sociales.

Daniel ARNAUD
directeur d'études à l'École pratique des hautes études.

Olivier AURENCHE
professeur à l'université de Lyon-II.

Dominique BAFFIER
technicienne au Laboratoire associé 275 du C.N.R.S.

Ida BALDASSARRE
professeur d'archéologie à l'Istituto Universitario Orientale de Naples.

François BERTHIER
docteur ès lettres, professeur à l'Institut national des langues
et civilisations orientales à l'université de Paris-III.

Thierry BERTHOUD
docteur ès sciences,
chef de laboratoire au Commissariat de l'énergie atomique.

Dominique BEYER
conservateur au département des Antiquités orientales du musée du Louvre.

Jean-François BOUCHARD
attaché de recherche au C.N.R.S.,
responsable de la Mission archéologique française en Équateur.

Françoise BOUDON
ingénieur au C.N.R.S.

Jacques CAUVIN
maître de recherche au C.N.R.S.,
directeur de l'Unité de recherche archéologique n° 17 :
« Les débuts de la sédentarisation en Proche-Orient »,
chargé de cours aux universités de Paris-I et Lyon-II.

Claude CHAPDELAINE
archéologue, responsable du laboratoire de fouille de l'université de Montréal.

Jean CHAPELOT
chef de travaux à l'École des hautes études en sciences sociales.

Jean CHAVAILLON
maître de recherche au C.N.R.S.,
directeur de l'Unité de recherche archéologique :
« Préhistoire de l'Afrique nord-équatoriale ».

Norman CLERMONT
professeur à l'université de Montréal.

Serge CLEUZIOU
docteur de 3e cycle, chargé de recherche au C.N.R.S.

Jean DEVISSE
professeur d'histoire de l'Afrique à l'université de Paris-I,
codirecteur du Laboratoire associé 363 du C.N.R.S.

Colette DIÉNY
ancienne attachée de recherche au C.N.R.S.

DINH Trong Hieu
chargé de recherche au C.N.R.S.,
chargé de cours à l'U.E.R. de langues et civilisations de l'Asie orientale
à l'université de Paris-VII.

Marcel DURLIAT
professeur émérite à l'université de Toulouse-Le Mirail,
correspondant de l'Institut.

Danielle ELISSEEFF
archiviste-paléographe,
chercheur à l'École des hautes études en sciences sociales.

Vadime ELISSEEFF
conservateur en chef du musée Guimet,
directeur d'études à l'École des hautes études en sciences sociales.

Jean-Yves EMPEREUR
agrégé de lettres, docteur de 3e cycle,
secrétaire général de l'École française d'archéologie d'Athènes.

Catherine FARIZY
docteur en préhistoire, chargée de recherche au C.N.R.S.

Jean-Daniel FOREST
docteur en histoire de l'art et archéologie, chargé de recherche au C.N.R.S.

Henri-Paul FRANCFORT
attaché de recherche au C.N.R.S.

José GARANGER
docteur ès lettres, professeur à l'université de Paris-I.

Jean-Claude GARDIN
directeur de recherche au C.N.R.S.,
directeur d'études à l'École des hautes études en sciences sociales.

René GINOUVÈS
professeur d'archéologie classique à l'université de Paris-X,
directeur du Laboratoire associé 375 du C.N.R.S.

Maud GIRARD-GESLAN
diplômée de chinois et de vietnamien de l'E.N.L.O.V.,
ancienne élève de l'École du Louvre, D.E.A. d'études extrêmes-orientales.

Frantz GRENET
attaché de recherche au C.N.R.S.

Bernard Philippe GROSLIER
directeur de recherche au C.N.R.S.

Niède GUIDON
maître de conférence à l'École des hautes études en sciences sociales,
responsable de la formation de recherche au C.N.R.S.,
Recherche coopérative par programme n° 394,
directeur scientifique de la Mission de sauvetage archéologique
de Salto Grande (U.N.E.S.C.O.).

Jean GUILAINE
directeur d'études à l'École des hautes études en sciences sociales,
directeur de recherche au C.N.R.S.

Jean GUILLAUME
professeur au Centre d'études supérieures de la Renaissance de Tours.

Caroline GYSS-VERMANDE
docteur de 3e cycle (études extrêmes-orientales),
attachée de recherche au C.N.R.S.

Françoise HAMON
conservateur de l'Inventaire général (cellule du Patrimoine industriel).

Bernard HOLTZMANN
ancien élève de l'École normale supérieure,
ancien membre de l'École française d'Athènes,
agrégé de lettres classiques,
maître assistant d'archéologie grecque à l'université de Paris-I.

Francis HOURS
docteur d'État ès lettres et sciences humaines, ingénieur au C.N.R.S.

Jean-Louis HUOT
professeur à l'université de Paris-I,
directeur de la Délégation archéologique française en Iraq.

Jean-François JARRIGE
chargé de recherche au C.N.R.S.,
directeur de la Mission archéologique de l'Indus.

Michèle JULIEN
chargée de recherche au C.N.R.S.
Unité de recherche archéologique n° 25
« Préhistoire des régions andines ».

Michel KAZANSKI
diplômé d'Études approfondies d'histoire et civilisation
du monde byzantin à l'université de Paris-I.

Jean-Baptiste KIETHEGA
maître assistant d'histoire à l'université de Ouagadougou.

Danièle LAVALLÉE
maître de recherche au C.N.R.S.,
responsable de l'Unité de recherche archéologique n° 25
« Préhistoire des régions andines ».

Jean LECLANT
membre de l'Académie des Inscriptions et Belles-Lettres,
professeur au Collège de France.

Jacques LEFORT
directeur d'études à l'École pratique des hautes études (IVe section).

Marie LE MIÈRE
maîtrise d'archéologie, technicienne au C.N.R.S.

Éliane LENOIR
ancienne élève de l'École normale supérieure,
agrégée de lettres classiques, détachée au Service de l'archéologie du Maroc.

Maurice LENOIR
ancien élève de l'École normale supérieure,
ancien membre de l'École française de Rome, agrégé de lettres classiques,
détaché au Service de l'archéologie du Maroc.

Pierre LERICHE
docteur de 3e cycle, chargé de recherche au C.N.R.S., professeur agrégé.

Arlette LEROI-GOURHAN
directeur du laboratoire de palynologie du musée de l'Homme.

Philippe LEVEAU
docteur ès lettres, maître assistant à l'université de Provence.

François LOYER
maître assistant en histoire de l'art moderne
à l'université de Haute-Bretagne, Rennes-II.

Roderick James McINTOSH
professeur d'anthropologie et d'archéologie, Rice University, Houston, Texas.

Susan Keech McINTOSH
professeur d'anthropologie et d'archéologie, Rice University, Houston, Texas.

Claudine MARÉCHAL
membre de l'Unité de recherche archéologique n° 17 du C.N.R.S.,
chercheur de 3e cycle.

Jean-Claude MARGUERON
docteur ès lettres,
professeur d'archéologie orientale à l'université de Strasbourg,
directeur des Missions archéologiques françaises de Mari et d'Emar.

Roland MARTIN
membre de l'Institut.

Évelyne MESNIL
diplômée de chinois, japonais et tibétain.

Dominique MICHELET
directeur du Centre d'études mexicaines et centraméricaines de Mexico
(ex-Mission archéologique et ethnologique française au Mexique).

Jean-Pierre MOHEN
docteur d'État en préhistoire,
conservateur au musée des Antiquités nationales de Saint-Germain-en-Laye.

Jean-François MOREAU
professeur-chercheur affilié à l'université du Québec à Montréal
et à l'université du Québec à Chicoutimi.

Carole MORGAN
docteur en études orientales.

Cécile MORRISSON
maître de recherche au C.N.R.S.

Antoinette NELKEN-TERNER
chargée de recherche au C.N.R.S.,
chercheur au Centre d'études mexicaines et centraméricaines de Mexico
(ex-Mission archéologique et ethnologique française au Mexique).

Christine NIEDERBERGER BETTON
docteur en archéologie, professeur
à l'École nationale d'anthropologie et d'histoire de Mexico.

Jean-Pierre OLIVIER
ancien membre belge de l'École française d'Athènes,
maître de recherche au Fonds national belge de la recherche scientifique.

Michel ORLIAC
technicien au C.N.R.S.

Madeleine PAUL-DAVID
ancien maître de recherche au C.N.R.S.,
professeur honoraire à l'École du Louvre, chargée de mission
au musée Guimet.

Nicole PÉRIN
agrégée d'histoire.

Patrick PÉRIN
conservateur-directeur des Musées départementaux de la Seine-Maritime.

Olivier PICARD
professeur à l'université de Paris-X,
directeur de l'École française d'Athènes.

Michèle PIRAZZOLI-t'SERSTEVENS
directeur d'études d'archéologie de la Chine
à l'École pratique des hautes études (IVe section).

Patrick PLUMET
directeur du Laboratoire d'archéologie
de l'université du Québec à Montréal.

Jean-François REYNAUD
maître assistant d'histoire de l'art et archéologie à l'université de Lyon-II,
directeur de l'Unité de recherche archéologique n° 26 du C.N.R.S.

Éric RIETH
docteur de 3e cycle en archéologie,
attaché de recherche au C.N.R.S., Laboratoire d'histoire maritime A 211.

Denise ROBERT-CHALEIX
docteur de 3e cycle,
détachée auprès de l'Institut mauritanien de recherche scientifique,
chargée de recherche en archéologie médiévale au C.N.R.S.

François RODRIGUEZ LOUBET
archéologue, chercheur au Centre d'études mexicaines et centraméricaines
de Mexico (ex-Mission archéologique et ethnologique française au Mexique).

Agnès ROUVERET
ancien membre de l'École française de Rome,
maître assistant à l'université de Paris-X.

Richard P. SCHAEDEL
professeur d'anthropologie, University of Texas, Austin.

Véronique SCHILTZ
maître assistant à l'université de Franche-Comté.

Christian SEIGNOBOS
attaché de recherche au C.N.R.S.

Christine SHIMIZU
conservateur au musée Guimet.

Samuel SIDIBÉ
docteur de 3e cycle en archéologie.

Jean-Pierre SODINI
professeur d'archéologie à l'université de Paris-I.

Per SØRENSEN
professeur d'archéologie au Scandinavian Institute of Asian Studies,
Copenhague,
secrétaire général de l'Association des archéologues
de l'Asie du Sud-Est en Europe de l'Ouest.

Jean-Michel SPIESER
professeur à l'université des sciences humaines de Strasbourg.

Gilles TASSÉ
professeur d'archéologie à l'université du Québec à Montréal.

Michel TERRASSE
directeur à l'École des hautes études (IVe section), Sorbonne, Paris.

Alain THOTE
ancien élève de l'École du Louvre,
diplômé d'études approfondies en études de l'Extrême-Orient (option Chine).

René TREUIL
professeur à l'université de Paris-I.

Bailey YOUNG
assistant associé, université de Lille-III.

Remerciements. Que les archéologues, les chercheurs, les organismes qui nous ont généreusement communiqué
des photographies et des dessins trouvent ici l'expression de notre reconnaissance.
Nous remercions également les auteurs et les éditeurs qui nous ont permis de reproduire des cartes et des dessins.

Le présent volume,
achevé d'imprimer
le huit juin mil neuf cent quatre-vingt-dix
sur chromomat des papeteries Arjomari-Prioux,
a été composé et imprimé par Maury à Malesherbes
et relié par Brun à Malesherbes.
Photogravure exécutée par Cornevin-Breton à Créteil,
Diafane à Paris, P.C.S. à Paris et Ateliers M.S. à Paris.

Printed in France

Dépôt légal : octobre 1985
N° de série d'éditeur : 306, n° de série d'imprimeur : D90/30081
ISBN 2-85229-900-3

Listings de collections de diapositives

À l'heure actuelle, l'information apportée par les publications imprimées (livres, revues, journaux, etc.) est susceptible d'être relayée par d'autres formes de supports, comme les collections de diapositives, particulièrement utiles dans la perspective d'une diffusion automatisée des connaissances. Celles du Centre de documentation photographique et photogrammétrique (dépendant de l'Institut d'architecture antique, C.N.R.S.) et celles du Centre de recherche sur la mosaïque (C.N.R.S. et université de Paris-X) peuvent être consultées au moyen d'un système informatisé, dont on voit ci-contre quelques exemples de sorties (le logiciel SIGMI est un produit du Centre d'automatique et informatique de l'École des mines de Paris) ; les images elles-mêmes peuvent être enregistrées sur un vidéodisque, directement piloté par le système de consultation (documents Centre de recherche sur les traitements automatisés en archéologie classique, C.N.R.S. et université de Paris-X).

```
********************************************************************************************
COTE = 1 08 13 05 / CDPP
    ( DECOUVERTE = DELPHES / GRECE / SANCTUAIRE D'APOLLON
      CONSERVATION = DELPHES / GRECE / IN SITU
      DOMAINE =. ARCHITECTURE
          ( SUJET = TRESOR DES ATHENIENS / TRESOR / ENSEMBLE / ORDRE / ENTABLEMENT / ORDRE DORIQUE / DISTYLE / I
                    ANTIS
            COMMENTAIRE = FACADE EST
            REALISATION = MARBRE
            DATE = -490 A -485
      BIBLIOGRAPHIE = P.DE LA COSTE-MESSELIERE, G.DE MIRE, DELPHES, PARIS, 1957, P.323-324, PL.94-125
      ANNEE = 1976
      MISSION = M.FOURMONT
      CLICHE = H.VIREPINTE

********************************************************************************************
COTE = 1 08 15 00 / CDPP
    ( DECOUVERTE = DELPHES / GRECE / SANCTUAIRE D'APOLLON
      COMMENTAIRE = DEUXIEME TRONCON DE LA VOIE SACREE
      CONSERVATION = DELPHES / GRECE / IN SITU
      DOMAINE = ARCHITECTURE / DECOR ARCHITECTURAL / DECOR GEOMETRIQUE / DECOR VEGETAL
          ( SUJET = CHAPITEAU / ORDRE IONIQUE / BALUSTRE
            REPRESENTATION = RAIS DE COEUR / PERLES ET PIROUETTES / ANTHEMION / OVES
            REALISATION = MARBRE / BAS RELIEF
      ANNEE = 1976
      MISSION = M.FOURMONT
      CLICHE = H.VIREPINTE

********************************************************************************************
COTE = 1 08 14 07 / CDPP
    ( DECOUVERTE = DELPHES / GRECE / SANCTUAIRE D'APOLLON
      COMMENTAIRE = DEUXIEME TRONCON DE LA VOIE SACREE
      CONSERVATION = DELPHES / GRECE / IN SITU
      DOMAINE = ARCHITECTURE / TECHNIQUE
          ( SUJET = MUR POLYGONAL / MUR DE SOUTENEMENT
            REALISATION = CALCAIRE / APPAREIL POLYGONAL / JOINT COURBE
            DATE = -540 A -510
      BIBLIOGRAPHIE = P.DE LA COSTE-MESSELIERE, G.DE MIRE, DELPHES, PARIS, 1957, P.318, PL.50-51
      ANNEE = 1976
      MISSION = M.FOURMONT
      CLICHE = H.VIREPINTE

********************************************************************************************
COTE = 1 08 01 03 / CDPP
    ( DECOUVERTE = DELPHES / GRECE / SANCTUAIRE D'ATHENA / MARMARIA
      CONSERVATION = DELPHES / GRECE / IN SITU
      DOMAINE = ARCHITECTURE
          ( SUJET = TRESOR DORIQUE / TRESOR / ENSEMBLE / SOUBASSEMENT / ORDRE DORIQUE
            REALISATION = CALCAIRE
            DATE = -490 A -460
          ( SUJET = TRESOR DE MARSEILLE / TRESOR / ENSEMBLE / SOUBASSEMENT / ORDRE IONIQUE
            REALISATION = CALCAIRE / MARBRE
            DATE = -530 A -510
            CLICHE = MEME DOCUMENT 1 08 01 03, 1 08 02 03, 1 08 02 02
          ( SUJET = THOLOS / ENSEMBLE / ORDRE / ENTABLEMENT / PERISTYLE / ORDRE DORIQUE
            REALISATION = MARBRE
            DATE = -399 A -375
            CLICHE = MEME DOCUMENT 1 08 01 03, 1 08 03 05, 1 09 08 02, 1 09 09 06
      BIBLIOGRAPHIE = P.DE LA COSTE-MESSELIERE, G.DE MIRE, DELPHES, PARIS, 1957, P.330
      ANNEE = 1976
      MISSION = M.FOURMONT
      CLICHE = H.VIREPINTE

********************************************************************************************
COTE = 1 08 02 03 / CDPP
    ( DECOUVERTE = DELPHES / GRECE / SANCTUAIRE D'ATHENA / MARMARIA
      CONSERVATION = DELPHES / GRECE / IN SITU
      DOMAINE = DECOR ARCHITECTURAL / DECOR GEOMETRIQUE
          ( SUJET = TRESOR DE MARSEILLE / TRESOR / ORDRE IONIQUE / TORE
            COMMENTAIRE = ANGLE NORD-EST EXTERNE / MODENATURE AU BAS DE L'ORTHOSTATE
            REPRESENTATION = CANNELURES / PERLES ET PIROUETTES
            REALISATION = MARBRE / CALCAIRE / RELIEF
            DATE = -530 A -510
      BIBLIOGRAPHIE = P.DE LA COSTE-MESSELIERE, G.DE MIRE, DELPHES, PARIS, 1957, P.330, PL.214-217
      ANNEE = 1976
      MISSION = M.FOURMONT
      CLICHE = H.VIREPINTE / MEME DOCUMENT 1 08 01 03, 1 08 02 03, 1 08 02 02

********************************************************************************************
COTE = 1 08 02 02 / CDPP
    ( DECOUVERTE = DELPHES / GRECE / SANCTUAIRE D'ATHENA / MARMARIA
      CONSERVATION = DELPHES / GRECE / IN SITU
      DOMAINE = ARCHITECTURE / DECOR ARCHITECTURAL / DECOR GEOMETRIQUE
          ( SUJET = TRESOR DE MARSEILLE / TRESOR / ORDRE IONIQUE / SOUBASSEMENT / MUR / ORTHOSTATE / MODENATURE
                    TORE
            REPRESENTATION = CANNELURES / PERLES ET PIROUETTES
            REALISATION = MARBRE / CALCAIRE / RELIEF
            DATE = -530 A -510
      BIBLIOGRAPHIE = P.DE LA COSTE-MESSELIERE, G.DE MIRE, DELPHES, PARIS, 1957, P.330, PL.214-217
      ANNEE = 1976
      MISSION = M.FOURMONT
      CLICHE = H.VIREPINTE / MEME DOCUMENT 1 08 01 03, 1 08 02 03, 1 08 02 02

********************************************************************************************
COTE = 1 08 03 05 / CDPP
    ( DECOUVERTE = DELPHES / GRECE / SANCTUAIRE D'ATHENA / MARMARIA
      CONSERVATION = DELPHES / GRECE / IN SITU
      DOMAINE = DECOR ARCHITECTURAL / DECOR VEGETAL
          ( SUJET = THOLOS / MUR / MODENATURE / TALON RENVERSE
            REPRESENTATION = FEUILLES D'EAU
            REALISATION = CALCAIRE / MARBRE / RELIEF
            DATE = -399 A -375
      BIBLIOGRAPHIE = P.DE LA COSTE-MESSELIERE, G.DE MIRE, DELPHES, PARIS, 1957, P.233
      ANNEE = 1976
      MISSION = M.FOURMONT
      CLICHE = H.VIREPINTE / MEME DOCUMENT 1 08 01 03, 1 08 03 05, 1 09 08 02, 1 09 09 06

********************************************************************************************
```